Angabe des ersten bzw. letzten Stichworteintrags der Seite

correspond [kɒrɪsˈpɒnd] *v (exchange letters)* korrespondieren, in Briefwechsel stehen

correspondence [kɒrɪsˈpɒndəns] *sb (letter writing)* Korrespondenz *f*, Briefwechsel *m*

Bedeutungshinweise kursiv in Klammern

correspondent bank [kɒrəsˈpɒndənt bæŋk] *sb* Korrespondenzbank *f*

Alphabetisches Daumenregister

cost [kɒst] *v irr* **1.** kosten; *sb* **2.** Kosten *pl; at no ~* kostenlos; **3.** *(fig)* Preis *m; at all ~s, at any ~* um jeden Preis

Kennzeichnung unregelmäßiger Verben

Stilangaben in Kursivschrift

cost accounting centre [kɒst əˈkauntɪŋ ˈsentə] *sb* Kostenstelle *f*

cost advantage [kɒst ədˈvɑːntɪdʒ] *sb* Kostenvorteil *m*

cost allocation [kɒst æləˈkeɪʃən] *sb* Kostenverrechnung *f*

cost and freight (C&F) [kɒst ænd ˈfreɪt] *sb* Kosten und Fracht (C&F)

cost-benefit analysis [kɒstˈbenɪfɪt əˈnælɪsɪs] *sb* Kosten-Nutzen-Analyse *f*

cost centre [kɒst ˈsentə] *sb* Kostenstelle *f*

cost cutting [kɒst ˈkʌtɪŋ] *sb* Kosteneinsparungen *f/pl*

cost-effective [kɒstɪˈfektɪv] *adj* rentabel

Angabe der Wortart

cost escalation [kɒst eskəˈleɪʃən] *sb* Kostenexplosion *f*

Genusangabe bei der deutschen Übersetzung der Substantive

cost estimate [kɒst ˈestɪmət] *sb* Kostenvoranschlag *m*

cost factor [kɒst ˈfæktə] *sb* Kostenfaktor *m*

costing expenditures [ˈkɒstɪŋ ɪksˈpendɪtʃəz] *pl* Anderskosten *pl*

costing rate [ˈkɒstɪŋ reɪt] *sb* Zuschlagssatz *m*

cost, insurance (C&I) [kɒst ɪnˈʃuərəns] *sb* Kosten und Versicherung (C&I)

cost, insurance, freight (CIF) [kɒst ɪnˈʃuərəns freɪt] *sb* Kosten, Versicherung, Fracht eingeschlossen (CIF)

cost, insurance, freight, collection, interest (CIFC&I) [kɒst ɪnˈʃuərəns freɪt kəˈlekʃən ˈɪntrɪst] *sb* Kosten, Versicherung, Fracht, Abholung und Zinsen (CIFC&I)

cost, insurance, freight, commission (CIF&C) [kɒst ɪnˈʃuərəns freɪt kəˈmɪʃən] *sb* Kosten, Versicherung, Fracht und Kommission eingeschlossen (CIF&C)

costly [ˈkɒstlɪ] *adj* teuer, kostspielig

Großes Wörterbuch

Business English

© Compact Verlag GmbH
Baierbrunner Straße 27, 81379 München
Ausgabe 2016

Text: Sarah Lewis-Schütz, Dorte Süchting
Redaktion: Helga Aichele
Fachkorrektur: Patricia McBride
Produktion: Ute Hausleiter
Gestaltung: textum GmbH, München
Umschlaggestaltung: Hartmut Baier

ISBN: 978-3-8174-1547-2
381741547/1

www.compactverlag.de

Inhalt

Benutzerhinweise

Dieses Wörterbuch bietet mit rund 120.000 Angaben schnellen Zugriff auf den aktuellen und umfassenden Wirtschafts-Wortschatz. Ergänzt wird das Nachschlagewerk durch zahlreiche Mustersätze und Formulierungshilfen, die schnelle Hilfe und zuverlässige Unterstützung für alle Bereiche des Geschäftslebens bieten.

1. Wörterbuch Englisch–Deutsch, Deutsch–Englisch

Alphabetisierung
Die blau gedruckten Stichwörter sind alphabetisch geordnet.

Die Buchstaben ä, ö, ü werden wie a, o, u alphabetisiert; ß wird wie ss eingeordnet.

Abkürzungen stehen in Klammern hinter dem Stichwort: *annual general meeting (AGM), Automatic Transferservice (ATS)*. Die in Klammern stehenden Abkürzungen und sonstigen Ergänzungen unterliegen nicht der Alphabetisierung.

Gliederung der Stichwörter
Um einen raschen Zugriff auf das gesuchte Wort zu ermöglichen, steht jedes Stichwort als eigener Eintrag; *multilateral* und *multilateraler Handel* stehen zum Beispiel nicht zusammen in einem Abschnitt, sondern sind selbstständige Stichwörter mit Lautschriftangabe.

Auch unregelmäßig gebildete Femininformen von Substantiven (z.B. *chairman/ chairwoman, Anwalt/Anwältin*) stehen als selbständige Stichwörter. Ebenso sind Abkürzungen, die einer Erläuterung oder mehrerer Übersetzungen bedürfen (z. B. *GmbH & Co. KG*), als Stichwörter aufgeführt.

Aufbau eines Eintrags
Innerhalb eines Stichworteintrages wird das blau gedruckte Stichwort nicht wiederholt, sondern durch eine Tilde (~) ersetzt, es sei denn, es steht in einer Form, die eine andere Schreibweise nach sich zieht. Im Eintrag *cancel* z. B. steht statt *cancelled* einfach *~led*. Die Tilde bezieht sich nie auf eventuelle Klammerergänzungen im Stichwort.

Innerhalb eines Eintrags sind die einzelnen Übersetzungen nach Wortart und Häufigkeit geordnet. Bedeutungsgleiche (synonyme) Übersetzungen werden durch Komma voneinander getrennt. Nicht bedeutungsgleiche Übersetzungen werden entsprechend der Häufigkeit ihrer Verwendung durchnummeriert und mit Strichpunkt abgetrennt.

Englische Verben werden in diesem Buch im Infinitiv ohne *to* aufgeführt. Eine Ausnahme bilden Wendungen mit *to be*, z. B. *to be in good repair*.

Homonyme, d. h. Wörter, die gleich geschrieben werden, aber eine unterschiedliche Bedeutung haben, z. B. *modern* (zeitgemäß/Moder ansetzen) werden mit hochgestellten Zahlen gekennzeichnet.

Sind Auslassungszeichen (...) direkt an ein Wort angehängt, bedeutet dies, dass das Wort als Teil einer Zusammensetzung wiedergegeben wird.
Beispiel: **speculative** [ˈspekjʊlətɪv] *adj* Spekulations...

Lautschrift
Der Stichwortangabe folgt jeweils in eckigen Klammern die dazugehörige Aussprache in internationaler Lautschrift. Eine Übersicht über die Lautschriftzeichen befindet sich auf Seite VIII. Das Betonungszeichen (ˈ) steht jeweils vor der Silbe, die betont werden muss. Die Lautschrift einsilbiger Wörter enthält kein Betonungszeichen, die Aussprache der englischen Stichworte orientiert sich am britischen Sprachstandard („Received Pronunciation").

Steht in einem Eintrag eine zusätzliche Lautschriftangabe, so werden alle folgenden Bedeutungen entsprechend dieser Phonetikangabe ausgesprochen.

Wortart
Nach Stichwort und Lautschrift wird die Wortart des Stichwortes in abgekürzter Form angegeben. Sie ist kursiv gedruckt. Die Abkürzungen werden auf Seite VII erläutert. Gibt es für ein Stichwort mehrere Bedeutungen mit unterschiedlichen Wortarten, so werden diese durch Strichpunkt voneinander getrennt aufgeführt.

Hat ein Stichwort sowohl eine maskuline als auch eine feminine Form oder werden für ein Wort zwei unterschiedliche Genera gleich häufig verwendet, so stehen die entsprechenden Angaben kursiv hinter dem betreffenden Wort. Alle unregelmäßigen Verben sind mit der Abkürzung *v irr* gekennzeichnet.

Wendungen
Wendungen und idiomatische Ausdrücke sind dem bedeutungstragenden Wort der Wendung – in der Regel dem Substantiv – zugeordnet.
(z.B. stock; *take ~ of the situation* die Lage abschätzen).

Britisches und amerikanisches Englisch
Wichtige Unterschiede und Unregelmäßigkeiten in der Rechtschreibung werden aufgeführt. Ob Wörter oder Wortformen nur im britischen *(UK)* oder nur im amerikanischen *(US)* Englisch gebräuchlich sind, wird hinter dem Wort gekennzeichnet.

Können Verben sowohl mit *-ise* als auch mit *-ize* geschrieben werden (*realise/realize, customise/customize*), ist in diesem Buch lediglich die Schreibweise mit *-ize* angegeben.

2. Begriffe und Wendungen

Der zweite Teil des Buches „Begriffe und Wendungen" ist in zehn Themengebiete untergliedert. Hier steht die praxisnahe Anwendung von Business English im Berufsalltag im Vordergrund. Die Verwendung der häufigsten Begriffe und Wendungen aus dem Geschäftsleben wird in Beispielsätzen, Textbausteinen und Musterdialogen verdeutlicht. Schlüsselbegriffe sind im Text farbig hervorgehoben, so prägen sie sich schnell ein und können gezielt angewendet werden.

Ein ausführliches Kapitel widmet sich der Geschäftskorrespondenz und stellt Beispiele für englische Geschäftsbriefe und E-Mails mit den jeweiligen Übersetzungen vor.

3. Anhang

Der Anhang bietet dem Benutzer zusätzliches Informationsmaterial, das übersichtlich dargestellt ist. Enthalten sind jeweils deutsche und englische Übersichten zu Themen wie Berufsbezeichnungen, Rechtsformen, Aufbau von Unternehmen sowie ein Musterlebenslauf.

Abkürzungen

adj	Adjektiv
adv	Adverb
art	Artikel
dem	demonstrativ
etw	etwas
f	weiblich
fam	umgangssprachlich
fig	bildlich
interj	Interjektion
interr	interrogativ
irr	unregelmäßig
jdm	jemandem
jdn	jemanden
jds	jemandes
jmd	jemand
konj	Konjunktion
m	männlich
n	sächlich
num	Zahlwort
o.s.	oneself
pl	Plural
pref	Präfix
prep	Präposition
pron	Pronomen
rel	relativ
sb	Substantiv
s.o.	someone
sth	something
UK	britisches Englisch
US	amerikanisches Englisch
v	Verb

Lautschrift

Konsonanten

Baum	b	big	Post, ab	p	pass		
mich	ç		Rand	r	road		
denn	d	day	nass, besser	s	sun, cellar		
fünf, vier	f	fish, photo	Schule, Sturm	ʃ	shot		
gut	g	get	Tisch, Sand	t	tap		
Hemd	h	hat		θ	think		
ja, Million	j	yes		ð	that		
Kind	k	keep, cat	Weg	v	vote		
Lob	l	life		w	wish		
mir	m	me	lachen	x			
nein	n	no, knit	sein	z	zoo, is		
links, lang	ŋ	hang	Genie	ʒ	pleasure		

Vokale

blass	a	
Bahn, Saal	a:	
Feder, Uhr	ɐ	
	ɑ:	jar, heart
	æ	back
egal	e	yes
weh, See	e:	
hätte, fett	ɛ	
Säge	ɛ:	
gefallen	ə	above
	ɜ:	turn, whirl
ist	ɪ	if
Diamant	i	
Liebe	i:	be, meet
Moral	o	
Boot	o:	
von	ɔ	
	ɔ:	short, warm
	ɒ	dog
ökonomisch	ø	
Öl	ø:	
völlig	œ	
Zunge	u	to
Zug	u:	blue, mood
	ʊ	put, hood
	ʌ	run, shove
Stück	y	
Typ	y:	

Doppellaute

heiß	aɪ	by, buy, lie
Maus	au	
	aʊ	round, now
	eɪ	late, day
	eə	chair, area
	əʊ	mow, go
	ɪə	near, here
neu, Häuser	ɔy	
	ɔɪ	joy, boil
	ʊə	sure, pure

Nasale (nur bei Fremdwörtern)

Orange	ɑ̃	en suite
Cousin	ɛ̃	
Saison	ɔ̃	bouillon

Englisch – Deutsch

A

abandon [əˈbændən] *v (a plan)* aufgeben

abandonment [əˈbændənmənt] *sb* **1.** *of a plan)* Aufgabe *f;* **2.** *(of a claim)* Verzicht *m;* **3.** *(a plant)* Stillegung *f,* Abandon *m*

abatement [əˈbeɪtmənt] *sb* Minderung *f,* Verringerung *f*

ABC evaluation analysis [eɪ biː ˈsiː ɪvæljuˈeɪʃən əˈnæləsɪz] *sb* ABC-Analyse *f*

abeyance [əˈbeɪəns] *sb* **1.** Schwebezustand *m;* **2.** *(legal)* Anwartschaft *f*

ability [əˈbɪlɪtɪ] *sb* Fähigkeit *f,* Befähigung *f,* Können *n*

ability to inherit [əˈbɪlɪtɪ tu ɪnˈherɪt] *sb* Erbenfähigkeit *f*

able [ˈeɪbl] *adj* **1.** fähig; *to be ~ to do sth* etw können, imstande sein, etw zu tun; **2.** *(efficient)* tüchtig

abolition [æbəˈlɪʃən] *sb* Abschaffung *f;* Aufhebung *f*

above-average [əˈbʌv ˈævərɪdʒ] *adv* überdurchschnittlich

abroad [əˈbrɔːd] *adv* **1.** *(in another country)* im Ausland; **2.** *(to another country)* ins Ausland

abrogate [ˈæbrəgeɪt] *v* aufheben, abschaffen

abrogation [æbrəʊˈgeɪʃən] *sb* Widerruf *m,* Aufhebung *f*

absence [ˈæbsəns] *sb* Abwesenheit *f,* Fehlzeit *f,* Fehlzeiten *f/pl*

absence rate [ˈæbsəns reɪt] *sb* Fehlzeitenquote *f*

absent [ˈæbsənt] *adj* abwesend, nicht erschienen

absenteeism [æbsənˈtiːɪzəm] *sb* häufiges Fernbleiben *n,* Krankfeiern *n*

absolute monopoly [ˈæbsəluːt məˈnɒpəlɪ] *sb* absolutes Monopol *n*

absolute value [ˈæbsəluːt ˈvæljuː] *sb* Absolutwert *m,* absoluter Wert *m*

absorb [əbˈzɔːb] *v* absorbieren

absorption [əbˈzɔːpʃən] *sb* Absorption *f,* Übernahme *f,* Vollkostenrechnung *f*

absorption account [əbˈzɔːpʃən əˈkaʊnt] *sb* Wertberichtigungskonto *n*

absorption costing [əbˈzɔːpʃən ˈkɒstɪŋ] *sb* Durchschnittskostenrechnung *f,* Vollkostenrechnung *f*

absorption of liquidity [əbˈzɔːpʃən əv lɪˈkwɪdɪtɪ] *sb* Liquiditätsabschöpfung *f*

absorption system [əbˈzɔːpʃən ˈsɪstəm] *sb* Abschöpfungssystem *n*

absorptive capacity of the market [əbˈsɔːptɪv kəˈpæsəti əv ðə ˈmɑːkɪt] *sb* Aufnahmefähigkeit des Marktes *f*

abuse [əˈbjuːz] *v* **1.** missbrauchen, misshandeln; [əˈbjuːs] *sb* **2.** Missbrauch *m*

abuse of authority [əˈbjuːs əv ɔːˈθɒrɪtɪ] *sb* Amtsmissbrauch *m*

acceleration clause [əkseləˈreɪʃən klɔːz] *sb* Fälligkeitsklausel *f*

acceleration in demand [əkseləˈreɪʃən ɪn dɪˈmɑːnd] *sb* Nachfragebelebung *f*

acceleration maturity [əkseləˈreɪʃən məˈtjʊərɪtɪ] *sb* frühzeitige Fälligstellung *f*

acceleration of inflation [əkseləˈreɪʃən əv ɪnˈfleɪʃən] *sb* Inflationsbeschleunigung *f*

acceleration principle [əkseləˈreɪʃən ˈprɪnsɪpl] *sb* Akzelerationsprinzip *n*

accelerator [əkˈseləreɪtə] *sb* Akzelerator *m,* Beschleuniger *m*

accept [əkˈsept] *v* **1.** annehmen, akzeptieren; *(responsibility)* übernehmen; **2.** Übernahme *f*

acceptability as collateral [əkseptəˈbɪlɪtɪ æz kəˈlætərəl] *sb* Lombardfähigkeit *f*

acceptable risk [əkˈseptəbl rɪsk] *sb* Restrisiko *n*

acceptance [əkˈseptəns] *sb* **1.** *(receipt)* Annahme *f;* **2.** *(of a bill of exchange)* Akzept *n*

acceptance banks [əkˈseptəns bæŋks] *pl* Akzepthäuser *n/pl*

acceptance bill [əkˈseptəns bɪl] *sb* Dokumententratte *f*

acceptance commitments [əkˈseptəns kəˈmɪtments] *pl* Wechselverbindlichkeiten *f/pl*

A

acceptance credit [ək'septəns 'kredɪt] *sb* Akzeptkredit *m*, Wechselkredit *m*, Trassierungskredit *m*

acceptance credit scheme [ək'septəns 'kredɪt 'skiːm] *sb* Wechselkreditverfahren *n*

acceptance for collection [ək'septəns fɔː kə'lekʃən] *sb* Inkassoakzept *n*

acceptance in blank [ək'septəns ɪn blæŋk] *sb* Blanko-Akzept *n*

acceptance in the marketplace [ək'septəns ɪn ðə 'maːkɪtpleɪs] *sb* Marktakzeptanz *f*

acceptance liability [ək'septəns laɪə'bɪlɪtɪ] *sb* Akzeptverbindlichkeit *f*

acceptance of a bid [ək'septəns əv ə bɪd] *sb* Auftragsvergabe *f*, Zuschlag *m*

acceptance of a bill [ək'septəns əv ə bɪl] *sb* Wechselakzept *m*

acceptance of a shipment [ək'septəns əv ə 'ʃɪpmənt] *sb* Frachtannahme *f*

acceptance test [ək'septəns test] *sb* Markttest *m*

acceptance without reservation [ək'septəns wɪ'ðaut rezə'veɪʃən] *sb* vorbehaltlose Annahme *f*

accepted bill [ək'septɪd bɪl] *sb* Akzept *n*

accepted finance bill [ək'septɪd 'faɪnæns bɪl] *sb* Finanzakzept *n*

acceptor [ək'septə] *sb* Akzeptant(in) *m/f*

access ['ækses] *sb* Zugang *m*, Zutritt *m*, Zugriff *m*

access code ['ækses kəud] *sb* Zugangscode *m*, Zugriffscode *m*

accession [ək'seʃən] *sb* Eintritt *m*, Beitritt *m*, Antritt *m*

accident-prevention rules ['æksɪdənt prɪ'venʃən ruːlz] *pl* Unfallverhütungsvorschriften *f/pl*

accommodation [əkɒmə'deɪʃən] *sb* **1.** Kulanz *f*, Entgegenkommen *n*; **2.** (*lodging*) Unterkunft *f*

accommodation acceptance [əkɒmə'deɪʃən ək'septəns] *sb* Gefälligkeitsakzept *m*

accommodation allowance [əkɒmə'deɪʃən ə'lauəns] *sb* Wohngeld *n*

accommodation credit [əkɒmə'deɪʃən 'kredɪt] *sb* Überbrückungskredit *m*

accommodation endorsement [əkɒmə'deɪʃən en'dɔːsmənt] *sb* Gefälligkeitsgiro *n*

accompanying documents [ə'kɒmpəniːɪŋ 'dɒkjuments] *pl* Begleitpapiere *n/pl*

account [ə'kaunt] *v* **1.** ~ *for* (*substantiate*) belegen; ~ *for* (*explain*) erklären; **2.** Konto *n*; **3.** (*customer*) Kunde/Kundin *m/f*

account analysis [ə'kaunt ə'næləsɪs] *sb* Kostenanalyse *f*

account balance [ə'kaunt 'bæləns] *sb* Kontostand *m*

account billing [ə'kaunt 'bɪlɪŋ] *sb* Werbekostenabrechnung *f*

account books and balance-sheets [ə'kaunt buks ənd 'bælənzʃiːts] *pl* Geschäftsbücher *n/pl*

account classification [ə'kaunt klæsɪfɪ'keɪʃən] *sb* Kontengliederung *f*

account costing [ə'kaunt 'kɒstɪŋ] *sb* Kontenkalkulation *f*

account current [ə'kaunt 'kʌrənt] für Konto, für Rechnung (a/c)

account day [ə'kaunt deɪ] *sb* Börsentag *m*

account development [ə'kaunt dɪ'veləpmənt] *sb* Kundenakquisition *f*

account executive [ə'kaunt ɪk'zekjutɪv] *sb* Kundenbetreuer(in) *m/f*

account expenditures [ə'kaunt ɪk'spendɪtʃəz] *pl* Aufwandsrechnung *f*

account expenses [ə'kaunt ɪk'spensɪz] *pl* Spesenkonto *n*

account for reimbursements of expenses [ə'kaunt fɔː riːɪm'bɜːsmənts əv ɪk'spensəz] *sb* Aufwandsausgleichkonto *n*

account heading [ə'kaunt 'hedɪŋ] *sb* Kontobezeichnung *f*

account holder [ə'kaunt 'həuldə] *sb* Kontoinhaber(in) *m/f*

account in arrears [ə'kaunt ɪn ə'rɪəz] *sb* Rechnungsrückstand *m*

account in foreign currency [ə'kaunt ɪn 'fɒrən 'kʌrənsɪ] *sb* Fremdwährungskonto *n*

account management [ə'kaunt 'mænɪdʒmənt] *sb* Kontoführung *f*

account movement [ə'kaunt 'muːvmənt] *sb* Kontenbewegung *f*

account number [ə'kaunt 'nʌmbə] *sb* Kontonummer *f*

account receivable [ə'kaunt rɪ'siːvəbl] *sb* Buchforderung *f*

accountable [ə'kaʊntəbl] *adj* verantwortlich, rechenschaftspflichtig
accountancy [ə'kaʊntənsɪ] *sb* Buchführung *f*, Buchhaltung *f*, Rechnungswesen *n*
accountant [ə'kaʊntənt] *sb* Buchhalter(in) *m/f*, Rechnungsprüfer(in) *m/f*
accounting [ə'kaʊntɪŋ] *sb* Buchführung *f*, Buchhaltung *f*, Rechnungslegung *f*
Accounting and Reporting Law [ə'kaʊntɪŋ ænd rɪ'pɔ:tɪŋ lɔ:] *sb* Bilanzrichtliniengesetz *n*
accounting department [ə'kaʊntɪŋ dɪ'pɑ:tmənt] *sb* Buchhaltung *f*, Rechnungstelle *f*
accounting exchange on the asset side [ə'kaʊntɪŋ ɪks'tʃeɪndʒ ɒn ði 'æset saɪd] *sb* Aktivtausch *m*
accounting exchange on the liabilities side [ə'kaʊntɪŋ ɪks'tʃeɪndʒ ɒn ðə leɪə'bɪlɪti:z saɪd] *sb* Passivtausch *m*
accounting loss [ə'kaʊntɪŋ lɒs] *sb* Buchverlust *m*
accounting period [ə'kaʊntɪŋ 'pɪərɪəd] *sb* Abrechnungszeitraum *m*
accounting policy [ə'kaʊntɪŋ 'pɒlɪsɪ] *sb* Bilanzpolitik *f*
accounting principles [ə'kaʊntɪŋ 'prɪnsɪpəlz] *pl* Bilanzierungsgrundsätze *m/pl*
accounting profit [ə'kaʊntɪŋ 'prɒfɪt] *sb* Buchgewinn *m*
accounting reference day [ə'kaʊntɪŋ 'refrəns deɪ] *sb* Bilanzstichtag *m*
accounting regulations [ə'kaʊntɪŋ regju'leɪʃənz] *pl* Bilanzierungsvorschriften *f/pl*
accounting rules [ə'kaʊntɪŋ ru:lz] *pl* Buchführungsrichtlinien *f/pl*
accounting statement [ə'kaʊntɪŋ 'steɪtmənt] *sb* Rechnungsaufstellung *f*
accounting system [ə'kaʊntɪŋ 'sɪstəm] *sb* Rechnungswesen *n*, Buchführung *f*
accounting transparency [ə'kaʊntɪŋ trænz'pærənsɪ] *sb* Bilanzklarheit *f*
accounting value [ə'kaʊntɪŋ 'vælju:] *sb* Buchwert *m*
accounting voucher [ə'kaʊntɪŋ 'vaʊtʃə] *sb* Buchungsbeleg *m*
accounts collection method [ə'kaʊnts kə'lekʃən 'meθəd] *sb* Rechnungseinzugsverfahren *n*

accounts payable [ə'kaʊnts 'peɪəbl] *pl* **1.** Verbindlichkeiten *f/pl;* **2.** Lieferkonto *n*
accounts payable department [ə'kaʊnts 'peɪəbl dɪ'pɑ:tmənt] *sb* Kreditorenbuchhaltung *f*
accounts receivable [ə'kaʊnts rɪ'si:vəbl] *pl* Außenstände *m/pl*, Forderungen *f/pl*
accounts receivable accounting [ə'kaʊnts rɪ'si:vəbl ə'kaʊntɪŋ] *sb* Debitorenbuchhaltung *f*
accounts receivable department [ə'kaʊnts rɪ'si:vəbl dɪ'pɑ:tmənt] *sb* Debitorenbuchhaltung *f*
accounts receivable risk [ə'kaʊnts rɪ'si:vəbl rɪsk] *sb* Vertriebswagnis *n*
accredit [ə'kredɪt] *v* (*a representative*) akkreditieren, beglaubigen; ~ to zuschreiben
accretion [ə'kri:ʃən] *sb* **1.** (*growth*) Zunahme *f*, Wachstum *n*, Wertsteigerung *f;* **2.** (*growing together*) Verschmelzung *f*
accrual basis [ə'kru:əl 'beɪsɪs] *sb* Fälligkeitsbasis *f*
accruals [ə'kru:əlz] *pl* Rückstellungen *f/pl*, Abgrenzungsposten *m/pl*, antizipative Posten *m/pl*
accruals and deferrals [ə'kru:əlz ænd də'fɜ:rəlz] *pl* Rechnungsabgrenzungsposten *m/pl*
accrue [ə'kru:] *v* **1.** anfallen, entstehen; **2.** (*interest*) auflaufen
accrued expense [ə'kru:d ɪk'spens] *sb* passive Rechnungsabgrenzung *f*
accumulation [əkju:mjʊ'leɪʃən] *sb* Akkumulation *f*, Ansammlung *f*
accumulation of capital [əkju:mjʊ'leɪʃən əv 'kæpɪtl] *sb* Kapitalbildung *f*, Kapitalakkumulation *f*, Thesaurierung *f*, Vermögensanhäufung *f*
accumulative investment fund [ə'kju:mjʊlətɪv ɪn'vestmənt fʌnd] *sb* Thesaurierungsfonds *m*
accusation [ækju:'zeɪʃən] *sb* Anklage *f*, Anschuldigung *f*, Beschuldigung *f*
acknowledgement of a debt [ək'nɒlɪdʒmənt əv ə 'det] *sb* Schuldanerkenntnis *n*
acknowledgement of receipt [ək'nɒlɪdʒmənt əv rɪ'si:t] *sb* Empfangsbestätigung *f*

A

acquire [əˈkwaɪə] *v* **1.** erwerben, erlangen, aneignen; **2.** *(purchase)* ankaufen

acquirer model [əˈkweɪrə ˈmɒdl] *sb* Erwerbermodell *n*

acquisition [ækwɪˈzɪʃən] *sb* **1.** Erwerb *m*, Anschaffung *f*, Akquisition *f*; **2.** *(purchase)* Ankauf *m*, Kauf *m*

acquisition agreement [ækwɪˈzɪʃən əˈgriːmənt] *sb* Unternehmenskaufvertrag *m*

acquisition value [ækwɪˈzɪʃən ˈvæljuː] *sb* Anschaffungswert *m*

acquittal [əˈkwɪtl] *sb* Schulderlass *m; (in court)* Freispruch *m*

act [ækt] *v* **1.** *(function)* handeln, tätig sein; ~ *upon sth*, ~ *on sth* aufgrund von etw handeln; ~ *for* (~ *on behalf of*) vertreten; *sb* **2.** Gesetz *n*

Act on Foreign Trade and Payments [ækt ɒn ˈfɒrən treɪd ænd ˈpeɪmənts] *sb* Außenwirtschaftsgesetz *n*

acting [ˈæktɪŋ] *adj (president, director)* stellvertretend, kommissarisch

action [ˈækʃən] *sb* Tat *f*, Handlung *f*, Aktion *f; (measure)* Maßnahme *f*

action for damages [ˈækʃən fɔː ˈdæmɪʒɪz] *sb* Schadensersatzklage *f*

action parameters [ˈækʃən pəˈrɑːmɪtəz] *pl* Aktionsparameter *m/pl*

active balance [ˈæktɪv ˈbæləns] *sb* Aktivsaldo *m*

active partner [ˈæktɪv ˈpɑːtnə] *sb* aktiver Teilhaber *m*

activity accounting [ækˈtɪvɪtɪ əˈkaʊntɪŋ] *sb* Grenzplankostenrechnung *f*

activity base [ækˈtɪvɪtɪ beɪs] *sb* Planbeschäftigung *f*

activity rate [ækˈtɪvɪtɪ reɪt] *sb* Erwerbsquote *f*, Erwerbsrate *f*

actual accounting [ˈæktʃuəl əˈkaʊntɪŋ] *sb* Nachkalkulation *f*

actual amount [ˈæktʃuəl əˈmaʊnt] *sb* ausmachender Betrag *m*

actual costs [ˈæktʃuəl kɒsts] *pl* Istkosten *pl*, tatsächliche Kosten *pl*

actual cost system [ˈæktʃuəl kɒst ˈsɪstəm] *sb* Istkostenrechnung *f*

actual currency clause [ˈæktʃuəl ˈkʌrɪnsɪ klɔːz] *sb* Effektivvermerk *m*

actual profit [ˈæktʃuəl ˈprɒfɪt] *sb* bereinigter Gewinn *m*

actual transaction [ˈæktʃuəl trænˈzækʃən] *sb* Effektivgeschäft *n*

actual value comparison [ˈæktjuəl ˈvælju kəmˈpærɪsən] *(production)* Soll-Ist-Vergleich *m*

actual wage [ˈæktʃuəl weɪdʒ] *sb* Effektivlohn *m*

actuarial [æktʃuˈeərɪəl] *adj* versicherungsstatistisch, versicherungsmathematisch

actuary [ˈæktʃuərɪ] *sb* Versicherungsstatistiker(in) *m/f*, Versicherungsmathematiker(in) *m/f*

ad [æd] *sb (fam: advertisement)* Anzeige *f*, Annonce *f*, Inserat *n*

ad hoc cooperation [æd ˈhɒk kəʊɒpəˈreɪʃən] *sb* Ad-hoc-Kooperation *f*

ad hoc disclosure [æd ˈhɒk dɪsˈkləʊ-ʒə] *sb* Ad-hoc-Publizität *f*

ad valorem [æd vælˈɔːrəm] *adj* dem Wert entsprechend, dem Wert nach

ad valorem duty [æd vælˈɔːrəm ˈdjuːtɪ] *sb* Wertzoll *m*

ad valorem tax [æd vælˈɔːrəm tæks] *sb* Wertzollsteuer *f*

adaptation [ædæpˈteɪʃən] *sb* Anpassung *f*, Umstellung *f*, Einstellung *f*

adaptive inflation [əˈdæptɪv ɪnˈfleɪʃən] *sb* Anpassungsinflation *f*

add [æd] *v* **1.** hinzufügen, anfügen, anschließen; **2.** *(contribute)* beitragen; **3.** *(numbers)* addieren, summieren

added value [ˈædɪd ˈvæljuː] *sb* **1.** Mehrwert *m;* **2.** Wertschöpfung *f*

addition [əˈdɪʃən] *sb* **1.** Addition *f;* **2.** *(adding sth to sth)* Beigabe *f*, Zusatz *m*

addition of accrued interest [əˈdɪʃən əv əˈkruːd ˈɪntrɪst] *sb* Aufzinsung *f*

additional capital [əˈdɪʃənl ˈkæpɪtl] *sb* Zusatzkapital *n*, zusätzliches Kapital *n*

additional carriage [əˈdɪʃənl ˈkærɪdʒ] *sb* Frachtzuschlag *m*

additional contribution [əˈdɪʃənl kɒntrɪˈbjuːʃən] *sb* Zuzahlung *f*

additional cost [əˈdɪʃənl kɒst] *sb* Zusatzkosten *pl*

additional delivery [əˈdɪʃənl dɪˈlɪvərɪ] *sb* Mehrlieferung *f*, zusätzliche Lieferung *f*

additional expenses [əˈdɪʃənl ɪkˈspensɪz] *pl* Nebenkosten *pl*, Mehrkosten *pl*

additional payment of taxes [ə'dıʃənl 'peımənt əv 'tæksız] *sb* Steuernachzahlung *f*

additional period [ə'dıʃənl 'pıərıəd] *sb* Nachfrist *f*

additional risk premium [ə'dıʃənl rısk 'priːmjəm] *sb* Risikozuschlag *m*

additional sale [ə'dıʃənl seıl] *sb* Zusatzverkauf *m*

address [ə'dres] *v* **1.** *(a letter)* adressieren; *(speak to)* ansprechen; *sb* **2.** *(where one lives)* Adresse *f*, Anschrift *f*; **3.** *(speech)* Ansprache *f*

address index [ə'dres 'ındeks] *sb* Adresskartei *f*

address labels [ə'dres 'leıblz] *pl* Adressetiketten *n/pl*

addressee [ədre'siː] *sb* Empfänger(in) *m/f*, Adressat(in) *m/f*

adequate and orderly accounting ['ædıkwət ənd 'ɔːdəlı ə'kauntıŋ] *sb* ordnungsgemäße Buchführung *f*

adequate and orderly preparation of a balance sheet ['ædıkwət ænd 'ɔːdəlı prepə'reıʃən əv ə 'bæləns ʃiːt] *sb* ordnungsmäßige Bilanzierung *f*

adhesion contract [əd'hiːʒən 'kɒntrækt] *sb* Knebelungsvertrag *m*

adhesive [əd'hiːsıv] *sb* Klebstoff *m*

adhesive stick [əd'hiːsıv stık] *sb* Klebestift *m*

adhesive tape [əd'hiːsıv teıp] *sb* Klebeband *n*

adjacent right [ə'dʒeısənt reıt] *sb* Nachbarrecht *n*

adjourn [ə'dʒɜːn] *v* **1.** *(stop for the time being)* vertagen; **2.** *(to another place)* sich begeben; **3.** *(end for good)* *(US)* beenden

adjournment [ə'dʒɜːnmənt] *sb* Vertagung *f*; *(within a day)* Unterbrechung *f*

adjudicated bankrupt [ə'dʒuːdıkeıtıd 'bæŋkrʌpt] *sb* Gemeinschuldner *m*

adjunct ['ædʒʌŋkt] *sb* **1.** *(person)* Mitarbeiter(in) *m/f*, Assistent(in) *m/f*; **2.** *(item)* Zusatz *m*

adjust [ə'dʒʌst] *v* **1.** *(a device)* einstellen, regulieren, justieren; **2.** *(an account)* ausgleichen; **3.** ~ *to* sich einstellen auf, sich anpassen an; **4.** *(settle differences)* schlichten; **5.** *(coordinate)*

abstimmen; **6.** *(parameter)* bereinigen, korrigieren

adjustment bond [ə'dʒʌstmənt bɒnd] *sb* Gewinnschuldverschreibung *f*

adjustment clause [ə'dʒʌstmənt klɔːz] *sb* Wertanpassungsklausel *f*, Preisanpassungsklausel *f*

adjustment item [ə'dʒʌstmənt 'aıtəm] *sb* Ausgleichsposten *m/pl*

adjustment lag [ə'dʒʌstmənt læg] *sb* Anpassungsverzögerung *f*

adjustment of an account [ə'dʒʌstmənt əv ən ə'kaunt] *sb* Kontobereinigung *f*

adjustment of value [ə'dʒʌstmənt əv 'væljuː] *sb* Wertberichtigung *f*

adjustment project [ə'dʒʌstmənt 'prɒdʒekt] *sb* Anpassungsinvestition *f*

administer [əd'mınıstə] *v* *(run a business)* verwalten; ~ *an oath* vereidigen

administration [ədmınıs'treıʃən] *sb* **1.** Verwaltung *f*; **2.** *(government under a certain leader)* Regierung *f*

administration of the finances [əd'mınıstreıʃən əv ðə faı'nænsəz] *sb* Finanzverwaltung *f*

administrative [əd'mınıstrətıv] *adj* Verwaltungs..., administrativ

administrator [əd'mınıstreıtə] *sb* Verwalter(in) *m/f*, Verwaltungsbeamte(r) *f/m*

administrator of the deceased's estate [əd'mınıstreıtə əv ðə dı'siːsts ı'steıt] *sb* Nachlassverwalter(in) *m/f*

admission [əd'mıʃən] *sb* Zulassung *f*; *(entry)* Zutritt *m*

admission of shares to official quotation [əd'mıʃən əv ʃeız tu ə'fıʃəl kwəu'teıʃən] *sb* Kotierung *f*

admission to the stock exchange [əd'mıʃən tu ðə stɒk ıks'tʃeındʒ] *sb* Börsenzulassung *f*

advance [əd'vɑːns] *v* **1.** fortschreiten, vordringen, vorankommen; **2.** *(to be promoted)* aufsteigen; **3.** *(further sth)* fördern; *sb* **4.** *(of money)* Vorschuss *m*; **5.** *(progress)* Fortschritt *m*

advance against securities [əd'vɑːns ə'genst sı'kjuərıtiz] *sb* Lombardkredit *m*

advance on expenses [əd'vɑːns ɒn ık'spensız] *pl* Spesenvorschuss *m*

A

advance on receivables [əd'vɑːns ɒn rɪ'ziːvəbəlz] *sb* Zessionskredit *m*

advance payment [əd'vɑːns 'peɪmənt] *sb* Vorauszahlung *f*

advanced vocational training [əd'vɑːnst vəʊ'keɪʃənəl 'treɪnɪŋ] *sb* berufliche Fortbildung *f*, Weiterbildung *f*

advancement [əd'vɑːnsmənt] *sb* **1.** (progress) Fortschritt *m*; **2.** (promotion) Beförderung *f*; **3.** (career ~) Aufstieg *m*

advances against securities [əd'vɑːnsəz ə'genst sɪ'kjʊərɪtiz] *pl* Effektenlombard *m*

advantage [əd'vɑːntɪdʒ] *sb* Vorteil *m*, Vorzug *m*; take ~ of sth etw ausnutzen

adventure marketing [əd'ventʃə 'mɑːketɪŋ] *sb* Erlebnis-Marketing *n*

adverse selection ['ædvɜːs sɪ'lekʃən] *sb* Gegenauslese *f*, Adverse Selection *f*

advert ['ædvɜːt] *sb* (fam: advertisement) Anzeige *f*, Annonce *f*, Inserat *n*

advertise ['ædvətaɪz] *v* **1.** Werbung machen für, anzeigen, ankündigen; **2.** (place an advertisement) annoncieren, inserieren; **3.** ~ a vacancy eine Stelle ausschreiben; **4.** (promote) werben für

advertisement [əd'vɜːtɪsmənt] *sb* **1.** Werbung *f*, Reklame *f*; **2.** (in the newspaper) Anzeige *f*, Annonce *f*, Inserat *n*; **3.** (announcement) Bekanntmachung *f*, Ankündigung *f*; **4.** an ~ for sth (fig: a fine representative) ein Aushängeschild für etw

advertisement of a vacancy [əd'vɜːtɪsmənt əv ə 'veɪkənsɪ] *sb* Stellenausschreibung *f*

advertiser ['ædvətaɪzə] *sb* **1.** Werber(in) *m/f*; **2.** Inserentin *m/f*

advertising ['ædvətaɪzɪŋ] *sb* **1.** Werbung *f*, Reklame *f*; **2.** (industry) Werbebranche *f*

advertising activity ['ædvətaɪzɪŋ æk'tɪvɪti] *sb* Werbeaktion *f*

advertising agency ['ædvətaɪzɪŋ 'eɪdʒənsɪ] *sb* Werbeagentur *f*

advertising aids ['ædvətaɪzɪŋ eɪdz] *pl* Werbemittel *n/pl*

advertising budget ['ædvətaɪzɪŋ 'bʌdʒɪt] *sb* Werbebudget *n*, Werbeetat *m*

advertising campaign ['ædvətaɪzɪŋ kæm'peɪn] *sb* Werbekampagne *f*

advertising copy ['ædvətaɪzɪŋ 'kɒpɪ] *sb* Werbetext *m*

advertising expert ['ædvətaɪzɪŋ 'eksp3ːt] *sb* Werbefachmann/Werbefachfrau *m/f*

advertising frequency ['ædvətaɪzɪŋ 'friːkwənsɪ] *sb* Werbefrequenz *f*

advertising gift ['ædvətaɪzɪŋ gɪft] *sb* Werbegeschenk *n*

advertising spot ['ædvətaɪzɪŋ spɒt] *sb* Werbespot *m*

advice [əd'vaɪs] *sb* (counsel) Beratung *f*, Rat *m*

advice note [əd'vaɪs nəʊt] *sb* Benachrichtigung *f*, Avis *m/n*

advice of delivery [əd'vaɪs əv dɪ'lɪvərɪ] *sb* Rückschein *m*

advise [əd'vaɪz] *v* **1.** (give advice) raten, anraten, (professionally) beraten; ~ gainst abraten; **2.** (inform) verständigen, benachrichtigen

adviser [əd'vaɪzə] *sb* Berater(in) *m/f*

advisory board [əd'vaɪzərɪ bɔːd] *sb* beratendes Gremium *n*, Beratungsgremium *n*, Beirat *m*

aeroplane ['eərəpleɪn] *sb* (UK) Flugzeug *n*

affidavit [æfɪ'deɪvɪt] *sb* Affidavit *n*, eidesstattliche Versicherung *f*

affiliated [ə'fɪlɪeɪtɪd] *adj* angegliedert, Tochter…

affiliated company [ə'fɪlɪeɪtɪd 'kʌmpənɪ] *sb* Tochtergesellschaft *f*

affiliation [əfɪlɪ'eɪʃən] *sb* Affiliation *f*

affluent society ['æfluənt sə'saɪtɪ] *sb* Wohlstandsgesellschaft *f*

afford [ə'fɔːd] *v* **1.** sich leisten; **2.** (provide) bieten

affordable [ə'fɔːdəbl] *adj* erschwinglich

after-date bill ['ɑːftədeɪt bɪl] *sb* Datowechsel *m*

after-hours dealing ['ɑːftəaʊəz 'diːlɪŋ] *sb* Nachbörse *f*

after-sales service ['ɑːftəseɪlz 'sɜːvɪs] *sb* Kundendienst *m*, After-Sales-Services *m/pl*

after-sight bill ['ɑːftəsaɪt bɪl] *sb* Nachsichtwechsel *m*

after treatment ['ɑːftə 'triːtmənt] *sb* Nachbereitung *f*

against cash [ə'genst kæʃ] gegen Barzahlung

against letter of credit [ə'genst 'letə əv 'kredɪt] gegen Akkreditiv

age profile [eɪdʒ 'prəʊfaɪl] *sb* Altersprofil *n*

agency ['eɪdʒənsɪ] *sb* **1.** Agentur *f*; **2.** (*government ~*) Amt *n*, Behörde *f*

agency abroad ['eɪdʒənsɪ ə'brɔːd] *sb* Auslandsvertretung *f*

agency agreement ['eɪdʒənsɪ ə'griːmənt] *sb* Geschäftsbesorgungsvertrag *m*

agency of equity financing transactions ['eɪdʒənsɪ əv 'ekwɪtɪ faɪ'nænsɪŋ træn'zækʃənz] *sb* Beteiligungsvermittlung *f*

agenda [ə'dʒendə] *sb* Tagesordnung *f*, Agenda *f*

agent ['eɪdʒənt] *sb* **1.** Agent(in) *m/f*, Makler(in) *m/f*, Vermittler(in) *m/f*; **2.** (*representative*) Stellvertreter(in) *m/f*

agglomeration [əglɒmə'reɪʃən] *sb* Agglomeration *f*, Anhäufung *f*

aggregate property ['ægrɪgət 'prɒpətɪ] *sb* Gesamtvermögen *n*

aggregation [ægrɪ'geɪʃən] *sb* Agglomeration *f*, Ansammlung *f*

agio ['ædʒɪəʊ] *sb* Aufgeld *n*, Agio *n*

agiotage ['ædʒɪəʊtədʒ] *sb* Agiotage *f*

AGM [eɪdʒiː'em] *sb* (*UK: annual general meeting*) Jahreshauptversammlung *f*

agree [ə'griː] *v* **1.** übereinstimmen; (*express ~ment*) zustimmen; **2.** (*come to an ~ment*) sich einigen, vereinbaren, sich absprechen; **3.** ~ *to*, ~ *with* (*approve, consent to*) billigen, einwilligen, auf etw eingehen

agreed [ə'griːd] *adj* vereinbart; *Agreed!* Abgemacht!

agreement [ə'griːmənt] *sb* **1.** Vereinbarung *f*, Übereinkunft *f*, Verständigung *f*; **2.** *come to an ~* übereinkommen, sich einigen; **3.** (*consent*) Einwilligung *f*, Zustimmung *f*; **4.** (*contract*) Abkommen *n*, Vertrag *m*

agreement of purchase and sale [ə'griːmənt əv 'pɜːtʃəs ænd seɪl] *sb* Kaufvertrag *m*

agreement to terminate a contract [ə'griːmənt tu 'tɜːmɪneɪt ə 'kɒntrækt] *sb* Aufhebungsvertrag *m*

agricultural [ægrɪ'kʌltʃərəl] *adj* landwirtschaftlich, Landwirtschafts..., Agrar...

agricultural crisis [ægrɪ'kʌltʃərəl 'kraɪsɪs] *sb* Agrarkrise *f*

agricultural economics [ægrɪ'kʌltʃərəl iːkə'nɒmɪks] *sb* Agrarwissenschaften *f/pl*

agricultural enterprise [ægrɪ'kʌltʃərəl 'entəpraɪz] *sb* Agrarbetrieb *m*

agricultural goods [ægrɪ'kʌltʃərəl gʊdz] *pl* Agrargüter *n/pl*

agricultural loan [ægrɪ'kʌltʃərəl ləʊn] *sb* Landwirtschaftskredit *m*

agricultural market [ægrɪ'kʌltʃərəl 'maːkɪt] *sb* Agrarmarkt *m*

agricultural policy [ægrɪ'kʌltʃərəl 'pɒləsɪ] *sb* Agrarpolitik *f*

agricultural product [ægrɪ'kʌltʃərəl 'prɒdʌkt] *sb* Agrarprodukt(e) *f/pl*, Agrarerzeugnis *n*

agricultural protectionism [ægrɪ'kʌltʃərəl prə'tekʃənɪzm] *sb* Agrarprotektionismus *m*

agricultural state [ægrɪ'kʌltʃərəl steɪt] *sb* Agrarstaat *m*

agricultural subsidies [ægrɪ'kʌltʃərəl 'sʌbsɪdiːz] *pl* Agrarsubventionen *f/pl*

agricultural surpluses [ægrɪ'kʌltʃərəl 'sɜːpləsɪz] *pl* Agrarüberschüsse *m/pl*

agriculture ['ægrɪkʌltʃə] *sb* Landwirtschaft *f*, Ackerbau *m*

aide [eɪd] *sb* Assistent(in) *m/f*, Helfer(in) *m/f*

air freight [eə freɪt] *sb* Luftfracht *f*

airline ['eəlaɪn] *sb* Fluggesellschaft *f*, Airline *f*

air mail [eə meɪl] *sb* Luftpost *f*

air route [eə ruːt] *sb* Luftweg *m*

airplane ['eəpleɪn] *sb* (*US*) Flugzeug *n*

airport ['eəpɔːt] *sb* Flughafen *m*

airwaybill ['eəweɪbɪl] *sb* Luftfrachtbrief *m*

allegiance [ə'liːdʒəns] *sb* Treuepflicht *f*

allocation [ælə'keɪʃən] *sb* Verteilung *f*, Zuteilung *f*, (*of tasks*) Vergabe *f*, Allokation *f*

allocation of capital [ælə'keɪʃən əv 'kæpɪtəl] *sb* Kapitalallokation *f*, Kapitalbewilligung *f*

allocation policy [ælə'keɪʃən 'pɒləsɪ] *sb* Allokationspolitik *f*, Vergabepolitik *f*

allot [ə'lɒt] *v* verteilen, zuweisen

A

allotment [ə'lɒtmənt] *sb* Verteilung *f*, Zuteilung *f*, Zuweisung *f*

allotment right [ə'lɒtmənt raɪt] *sb* Zuteilungsrechte *n/pl*

allowance [ə'laʊəns] *sb* **1.** Zuschuss *m*; **2.** *(supplement to salary)* Gehaltszulage *f*, Zuschuss *m*; **3.** *(paid by the state)* Beihilfe *f*; **4.** *(pocket money)* Taschengeld *n*, Bewilligung *f*

allowance for expenses [ə'laʊəns fɔː ɪk'spensɪz] *sb* Spesenpauschale *f*

all-round bank ['ɔːlraʊnd bæŋk] *sb* Universalbank *f*

all-share certificate [ɔːl'ʃeə sə'tɪfɪkət] *sb* Global-Anleihe *f*

alteration of a balance sheet [ɔːltə'reɪʃən əv ə 'bæləns ʃiːt] *sb* Bilanzänderung *f*

alternating current ['ɔːltəneɪtɪŋ 'kʌrənt] *sb* (AC) Wechselstrom *m*

alternative [ɔːl'tɜːnətɪv] *sb* **1.** *(choice)* Alternative *f*, Wahl *f*; **2.** *I have no other ~.* Ich habe keine andere Wahl. **3.** *(substitute)* Ersatz *m*

amalgamate [ə'mælgəmeɪt] *v (companies)* verschmelzen, fusionieren

amalgamation [əmælgə'meɪʃən] *sb* Fusion *f*

amalgamation tax [əmælgə'meɪʃən tæks] *sb* Fusionssteuer *f*

amendment [ə'mendmənt] *sb (to a bill)* Abänderung *f*, Änderung *f*

amendment of a contract [ə'mendmənt əv ə 'kɒntrækt] *sb* Vertragsänderung *f*

amendment of the statutes [ə'mendmənt əv ðə 'stætjuːts] *sb* Satzungsänderung *f*

amends [ə'mendz] *pl* Wiedergutmachung *f*; *make ~ for sth* etw wiedergutmachen

American accounting system [ə'mærɪkən ə'kaʊntɪŋ 'sɪstəm] *sb* amerikanisches Rechnungswesen *n*

American Bankers Association [ə'mærɪkən 'bæŋkəz əsəʊsiː'eɪʃən] *sb* Amerikanische Bankiersvereinigung *f*

amnesty ['æmnəstɪ] *sb* Amnestie *f*

amortizable mortgage loan [ə'mɔːtɪzəbəl 'mɔːgɪdʒ ləʊn] *sb* Tilgungshypothek *f*

amortization [əmɔːtɪ'zeɪʃən] *sb* Amortisierung *f*, Tilgung *f*

amortization fund [əmɔːtɪ'zeɪʃən fʌnd] *sb* Tilgungsfonds *m*

amortization instalment [əmɔːtɪ'zeɪʃən ɪn'stɔːlmənt] *sb* Tilgungsrate *f*

amount [ə'maʊnt] *sb* **1.** *(of money)* Betrag *m*, Summe *f*, Geldbetrag *m*; **2.** *(quantity)* Menge *f*, Quantität *f*; *v* **3.** ~ *to* sich belaufen auf

analyse ['ænəlaɪz] *v* analysieren, auswerten

analysis [ə'nælɪsɪs] *sb* Analyse *f*

analysis of actual performance [ə'nælɪsɪs əv 'æktʃuəl pə'fɔːməns] *sb* Istanalyse *f*

analysis of competitors [ə'nælɪsɪs əv kəm'petɪtəs] *sb* Konkurrenzanalyse *f*

analysis of fixed-cost allocation [ə'nælɪsɪs əv fɪkstkɒst ælə'keɪʃən] *sb* Fixkostendeckungsrechnung *f*

analysis of purchasing power [ə'nælɪsɪs əv 'pɜːtʃəsɪŋ 'paʊə] *sb* Kaufkraftanalyse *f*

analysis of requirements [ən'ælɪsɪs əv rɪ'kwaɪəmənts] *sb* Bedarfsanalyse *f*

analysis of shares [ə'nælɪsɪs əv ʃeəs] *sb* Aktienanalyse *f*

anchorage ['æŋkərɪdʒ] *sb* **1.** *(place for anchoring)* Ankerplatz *m*, Liegeplatz *m*; **2.** *(fees)* Liegegebühren *f/pl*

ancillary costs [æn'sɪlərɪ kɒsts] *pl* Nebenkosten *pl*

ancillary wage costs [æn'sɪlərɪ weɪdʒ kɒsts] *pl* Lohnnebenkosten *pl*

anniversary sales [ænɪ'vɜːsərɪ seɪlz] *pl* Jubiläumsverkauf *m*

annual ['ænjʊəl] *adj* jährlich, alljährlich, jährlich, Jahres...

annual accounts ['ænjʊəl ə'kaʊnts] *pl* Jahresabschluss *m*

annual audit ['ænjʊəl 'ɔːdɪt] *sb* Jahresabschlussprüfung *f*

annual balance sheet ['ænjʊəl 'bæləns ʃiːt] *sb* Jahresbilanz *f*

annual economic report ['ænjʊəl ɪkə'nɒmɪk rɪ'pɔːt] *sb* Jahreswirtschaftsbericht *m*

annual general meeting (AGM) ['ænjʊəl 'dʒenərəl 'miːtɪŋ] *sb* Jahreshauptversammlung *f*

annual holiday ['ænjʊəl 'hɒlɪdeɪ] *sb* Betriebsferien *pl*

annual income ['ænjʊəl 'ɪnkʌm] *sb* Jahreseinkommen *n*

annual need ['ænjʊəl niːd] *sb* Jahresbedarf *m*

annual profits ['ænjʊəl 'prɒfɪts] *pl* Jahresgewinn *m*

annual rental ['ænjʊəl rentəl] *sb* Jahrespacht *f*

annual report ['ænjʊəl rɪ'pɔːt] *sb* Geschäftsbericht *m*, Jahresgutachten *n*, Lagebericht *m*

annual statement of accounts ['ænjʊəl 'steɪtmənt əv ə'kaʊnts] *sb* Jahresabschluss *m*

annual surplus ['ænjʊəl 'sɜːplʌs] *sb* Jahresüberschuss *m*

annuity [ə'njuːɪtɪ] *sb* Rente *f*, Jahreszahlung *f*, Annuität *f*

annuity bond [ə'njuːɪtɪ bɒnd] *sb* Annuitätenanleihe *f*

annuity certificate [ə'njuːɪtɪ sə'tɪfɪkət] *sb* Rentenbrief *m*

annuity department [ə'njuːɪtɪ dɪ'pɑːtmənt] *sb* Rentenabteilung *f*

annuity loan [ə'njuːɪtɪ ləʊn] *sb* Annuitätendarlehen *n*

annul [ə'nʌl] *v* annullieren; *(a will)* umstoßen

annulment [ə'nʌlmənt] *sb* Annullierung *f*, Aufhebung *f*

anonymous savings accounts [ə'nɒnɪməs 'seɪvɪŋz ə'kaʊnts] *pl* anonyme Sparkonten *n/pl*

answering machine ['ɑːnsərɪŋ mə'ʃiːn] *sb* Anrufbeantworter *m*

answering service ['ɑːnsərɪŋ 'sɜːvɪs] *sb* Telefonauftragsdienst *m*

antedated cheque ['æntɪdeɪtɪd tʃek] *sb* zurückdatierter Scheck *m*

anticipation term [æntɪsɪ'peɪʃən tɜːm] *sb* Erwartungswert *m*

anticyclical reserve [ænti'saɪklɪkəl rɪ'sɜːv] *sb* Konjunkturausgleichsrücklage *f*

anti-dumping duty [ænti'dʌmpɪŋ 'djuːtɪ] *sb* Antidumpingzoll *m*

antitrust [ænti'trʌst] *adj (US)* Antitrust..., kartellfeindlich; ~ *laws* Kartellgesetzgebung *f*

antitrust authority [ænti'trʌst ɔː'θɒrɪti] *sb* Kartellbehörde *f*

app [æp] *sb (IT: application)* App *f*

appeal [ə'piːl] *sb* Berufung *f*, Rechtsbeschwerde *f*; *(actual trial)* Revision *f*

applicant ['æplɪkənt] *sb* Bewerber(in) *m/f*, Antragsteller(in) *m/f*, Akkreditivsteller *m*

application [æplɪ'keɪʃən] *sb* **1.** Antrag *m*, Bewerbung *f*, Gesuch *n; letter of* ~ Bewerbungsschreiben *n;* **2.** *(use)* Verwendung *f*, Anwendung *f;* **3.** *(software* ~*)* Anwendungsprogramm *n;* **4.** *(UK: for stocks)* Aktienzeichnung *f*

application documents [æplɪ'keɪʃən 'dɒkjumənts] *pl* Bewerbungsunterlagen *pl*

application file [æplɪ'keɪʃən faɪl] *sb* Bewerbungsunterlagen *pl*

application form [æplɪ'keɪʃən fɔːm] *sb* Anmeldeformular *n*, Antragsformular *n*

application for quotation [æplɪ'keɪʃən fɔː kwəʊ'teɪʃən] *sb* Antrag auf Börsenzulassung *m*

application service provider [æplɪ'keɪʃən 'sɜːvɪs prə'vaɪdə] *sb* Application Service Provider (ASP) *m*

appointment [ə'pɔɪntmənt] *sb* **1.** *(arranged meeting)* Termin *m*, Verabredung *f;* **2.** *(to office)* Ernennung *f*, Berufung *f*, Bestellung *f*

appointment book [ə'pɔɪntmənt bʊk] *sb* Terminkalender *m*

appointment for a meeting [ə'pɔɪntmənt fɔːr ə 'miːtɪŋ] *sb* Gesprächstermin *m*

apportionment [ə'pɔːʃənmənt] *sb* **1.** Verteilung *f*, Einteilung *f;* **2.** Erteilung *f*

apportionment between accounting periods [ə'pɔːʃənmənt bɪ'twiːn ə'kaʊntɪŋ 'pɪərɪəds] *sb* Rechnungsabgrenzung *f*

appraisal [ə'preɪzəl] *sb* Bewertung *f*, Schätzung *f*, Taxierung *f*

appraise [ə'preɪz] *v* abschätzen, einschätzen, beurteilen

appreciation [əpriːʃɪ'eɪʃən] *sb* **1.** Wertzuwachs *m;* **2.** *(esteem)* Wertschätzung *f*

apprentice [ə'prentɪs] *sb* Lehrling *m*, Auszubildende(r) *f/m*

apprenticeship [ə'prentɪsʃɪp] *sb* Lehre *f*, Lehrstelle *f*, Ausbildung *f*; *(period)* Lehrzeit *f*

appropriation account [əprəupri'eiʃən ə'kaunt] *sb* Bereitstellungskonto *n*

approval procedure [ə'pru:vəl prə'si:dʒə] *sb* Genehmigungsverfahren *n*

aptitude test ['æptɪtju:d test] *sb* Eignungstest *m*, Eignungsprüfung *f*

arbitrage ['a:bɪtrɪdʒ] *sb* Arbitrage *f*

arbitrage clause ['a:bɪtrɪdʒ klɔ:z] *sb* Arbitrageklausel *f*

arbitrage dealings ['a:bɪtrɪdʒ 'di:lɪŋz] *pl* Arbitragegeschäft *n*

arbitrage in bullion ['a:bɪtrɪdʒ ɪn 'buljən] *sb* Goldarbitrage *f*

arbitrage in securities ['a:bɪtrɪdʒ ɪn sɪ'kjuərɪtiz] *sb* Wertpapierarbitrage *f*

arbitrageur [a:bɪtra:'ʒuə] *sb* Arbitrageur *m*, Arbitragehändler *m*

arbitrage value ['a:bɪtrɪdʒ 'vælju:] *sb* Arbitragewert *m*

arbitrage voucher ['a:bɪtrɪdʒ 'vautʃə] *sb* Arbitragerechnung *f*

arbitrate ['a:bɪtreɪt] *v* schlichten

arbitration [a:bɪ'treɪʃən] *sb* Schlichtung *f*

arbitration in foreign exchange ['a:bɪtreɪʃən ɪn 'fɒrən ɪks'tʃeɪndʒ] *sb* Devisenarbitrage *f*

arbitrator ['a:bɪtreɪtə] *sb* Vermittler(in) *m/f*, Schlichter(in) *m/f*

archive ['a:kaɪv] *sb* Archiv *n*

archiving ['a:kaɪvɪŋ] *sb* Archivierung *f*

area calculation ['eəriə kælkju'leɪʃən] *sb* Flächenbedarfsermittlung *f*

area code ['eəriə kəud] *sb* (US) Vorwahl *f*

argue ['a:gju:] *v* 1. streiten; 2. (with one another) sich streiten; 3. (a case) diskutieren

argument ['a:gjumənt] *sb* 1. Wortstreit *m*, Streit *m*, Auseinandersetzung *f*; 2. (reason) Argument *n*; 3. (line of reasoning) Beweisführung *f*, Debatte *f*; 4. (discussion) Diskussion *f*

argumentation [a:gjumən'teɪʃən] *sb* Argumentation *f*

arithmetical average [æriθ'metɪkəl 'ævərɪdʒ] *sb* arithmetisches Mittel *n*

arraign [ə'reɪn] *v* to be ~ed angeklagt werden, beschuldigt werden

arrangement [ə'reɪndʒmənt] *sb* 1. Disposition *f*; 2. Vereinbarung *f*, Absprache *f*; 3. (legal) Vergleich *m*

arranging for a credit [ə'reɪndʒɪŋ fɔ:r ə 'kredɪt] *sb* Kreditvermittlung *f*

arrears [ə'rɪəz] *pl* Rückstand *m*, Rückstände *m/pl*; in ~ im Rückstand

arrears of payment [ə'rɪəz əv 'peɪmənt] *pl* Zahlungsrückstände *m/pl*

arrears on interests [ə'rɪəz ɒn 'ɪntrɪsts] *sb* Zinsrückstand *m*

arrival of goods [ə'raɪvəl əv gudz] *sb* Wareneingang *m*

article ['a:tɪkl] *sb* 1. (item) Gegenstand *m*; 2. ~ of clothing Kleidungsstück *n*; 3. (in a contract) Paragraf *m*; 4. ~s of incorporation Satzung *f*; 5. (goods) Ware *f*, Artikel *m*

article coding system ['a:tɪkl 'kəudɪŋ 'sɪstəm] *sb* Artikelnummernsystem *n*

articulated lorry [a:'tɪkjuleɪtɪd 'lɒrɪ] *sb* (UK) Sattelschlepper *m*

as agreed [æz ə'gri:d] *adv* vereinbarungsgemäß, wie vereinbart

ASAP [eɪeɪeɪ'pi:] (fam: as soon as possible) so bald wie möglich

Asian Dollar market ['eɪʒən 'dɒlə 'ma:kɪt] *sb* Asiendollarmarkt *m*

ask [a:sk] *v* fragen; ~ a question eine Frage stellen; If you ~ me... Wenn Sie mich fragen... ~ after s.o. nach jdm fragen; (require, demand) verlangen, fordern

ask(ed) price [a:sk(d) 'praɪs] *sb* Briefkurs *m*

asking price ['a:skɪŋ praɪs] *sb* offizieller Verkaufspreis *m*

assemble [ə'sembl] *v* 1. (come together, convene) sich versammeln, sich ansammeln, zusammentreten; 2. (an object) zusammenbauen, montieren

assembler [ə'semblə] *sb* Monteur(in) *m/f*

assembly [ə'semblɪ] *sb* 1. Versammlung *f*, Zusammenkunft *f*; 2. (of an object) Zusammenbau *m*, Montage *f*

assembly line [ə'semblɪ laɪn] *sb* Fließband *n*, Montageband *n*

assess [ə'ses] *v* bewerten, einschätzen

assessment [ə'sesmənt] *sb* Beurteilung *f*, Bewertung *f*

assessment basis [ə'sesmənt 'beɪsɪs] *sb* Bemessungsgrundlage *f*

assessment centre [ə'sesmənt 'sentə] *sb* Assessment-Center *n*, Auswahl von Stellenbewerbern *f*

assessment note [əˈsesmənt nəʊt] *sb* Steuerbescheid *m*, Steuerfestsetzung *f*

assessor [əˈsesə] *sb* **1.** Beisitzer(in) *m/f;* **2.** Steuerschätzer(in) *m/f*

asset [ˈæset] *sb* **1.** Vermögenswert *m;* **2.** *(fig)* Vorzug *m*, Plus *n*, Vorteil *m*

asset and liability statement [ˈæset ænd leɪəˈbɪlɪtɪ ˈsteɪtmənt] *sb* Vermögensbilanz *f*

asset erosion [ˈæset ɪˈrəʊʒən] *sb* substanzielle Abnutzung *f*

asset management [ˈæset ˈmænɪdʒmənt] *sb* Asset-Management *n*, Vermögensverwaltung *f*

asset market [ˈæset ˈmɑːkɪt] *sb* Asset Market *m*, Vermögensmarkt *m*

assets [ˈæsets] *pl* Vermögen *n*, Guthaben *n*, Güter *pl; (on a balance sheet)* Aktiva *pl*

assets account [ˈæsets əˈkaʊnt] *sb* Bestandskonto *n*

asset write-down [ˈæset ˈraɪtdaʊn] *sb* Anlagenabschreibung *f*

assign [əˈsaɪn] *v* **1.** *(a task)* anweisen, zuweisen; **2.** *(someone to a task)* beauftragen, aufgeben; **3.** *(sth to a purpose)* bestimmen; **4.** *(classify)* zuordnen; **5.** *(transfer rights or titles)* übereignen, übertragen

assignee [əsaɪˈniː] *sb* Zessionar(in) *m/f*, Assignat(in) *m/f*

assigner [əˈsaɪnə] *sb* Zedent(in) *m/f*, Anweisende(r) *f/m*

assignment [əˈsaɪnmənt] *sb* **1.** *(instruction)* Anweisung *f;* **2.** *(assigned task)* Aufgabe *f*, Auftrag *m;* **3.** *(legally)* Übertragung *f*, Abtretung *f*

assignment by way of security [əˈseɪnmənt baɪ weɪ əv sɪˈkjʊərɪtɪ] *sb* Sicherungsabtretung *f*

assistant [əˈsɪstənt] *sb* **1.** Assistent(in) *m/f*, Gehilfe/Gehilfin *m/f;* **2.** *(in a shop)* Verkäufer(in) *m/f*

associate [əˈsəʊʃɪət] *sb* **1.** Kollege/Kollegin *m/f*, Mitarbeiter(in) *m/f;* **2.** *(partner in a firm)* Gesellschafter(in) *m/f*

associated companies [əˈsəʊsɪeɪtəd ˈkʌmpənɪz] *pl* verbundene Unternehmen *n/pl*

association [əsəʊsɪˈeɪʃən] *sb* Verein *m*, Verband *m*, Vereinigung *f*, Gemeinschaft

f, Gesellschaft *f; articles of ~* Gesellschaftsvertrag *m*

Association of German Chambers of Industry and Commerce [əsəʊsɪˈeɪʃən əv dʒɜːmən ˈtʃeɪmbəz əv ˈɪndəstrɪ ænd ˈkɒməs] *sb* Deutscher Industrie- und Handelstag (DIHT) *m*

associations of shareholders [əsəʊsɪˈeɪʃənz əv ˈʃeəhəʊldəz] *pl* Aktionärsvereinigungen *f/pl*

assort [əˈsɔːt] *v* sortieren, ordnen, assortieren

assorted [əˈsɔːtɪd] *adj* gemischt, assortiert

assortment [əˈsɔːtmənt] *sb* Sortiment *n*, Mischung *f*

assortment policy [əˈsɔːtmənt ˈpɒlɪsɪ] *sb* Sortimentspolitik *f*

assumption of an obligation [əˈsʌmpʃən əv ən ɒblɪˈgeɪʃən] *sb* Schuldübernahme *f*

assurance [əˈʃʊərəns] *sb* Assekuranz *f*, Versicherung *f*

asynchronous data transfer [eɪsɪŋˈkrənəs ˈdeɪtə ˈtrænsfɜː] *sb* asynchrone Datenübertragung *f*

asynchronous transmission [eɪsɪŋˈkrənəs trænzˈmɪʃən] *sb* asynchrone Datenübertragung *f*

at best [æt best] *adv* bestens

at lowest [æt ˈləʊəst] *adv* billigst

ATM [eɪtiːˈem] *sb* *(automated teller machine)* Geldautomat *m*

atomic energy [əˈtɒmɪk ˈenədʒɪ] *sb* Atomenergie *f*

attach [əˈtætʃ] *v* befestigen, *(letter)* beilegen

attaché case [əˈtæʃeɪ keɪs] *sb* Aktenkoffer *m*, Aktentasche *f*

attached [əˈtætʃt] *adj* beigefügt; *Please find ~ …* In der Anlage erhalten Sie …

attachment [əˈtætʃmənt] *sb* **1.** *(IT)* Anhang *m;* **2.** *(letter)* Anlage *f;* **3.** *(tools)* Zubehörteil *n;* **4.** *(legal)* Pfändung *f*

attachment of earnings [əˈtætʃmənt əv ˈɜːnɪŋz] *sb* Lohnpfändung *f*

attendance stock exchange [əˈtendəns stɒk ɪksˈtʃeɪndʒ] *sb* Präsenzbörse *f*

attend to [əˈtend tu] *v* **1.** *(see to)* sich kümmern um, erledigen, sorgen für; **2.** *(serve)* bedienen, betreuen, abfertigen

A

attest [əˈtest] *v* beglaubigen, bescheinigen; ~ to bezeugen

attestation [ətesˈteɪʃən] *sb* (*document*) Bescheinigung *f*, Attest *n*

attorney [əˈtɜːnɪ] *sb* (*US*) Anwalt/Anwältin *m/f*, Rechtsanwalt/Rechtsanwältin *m/f*; power of ~ Vollmacht *f*; Bevollmächtigte(r) *f/m*

auction [ˈɔːkʃən] *sb* **1.** Auktion *f*, Versteigerung *f*; *v* **2.** ~ sth (*off*) etw versteigern

audio conference [ˈɔːdɪəʊ ˈkɒnfərəns] *sb* Audiokonferenz *f*

audit [ˈɔːdɪt] *v* **1.** prüfen; **2.** *sb* Buchprüfung *f*; **3.** (*final ~*) Abschlussprüfung *f*, Revision *f*

audit department [ˈɔːdɪt dɪˈpɑːtmənt] *sb* Revisionsabteilung *f*

auditing [ˈɔːdɪtɪŋ] *sb* Wirtschaftsprüfung *f*, Rechnungsprüfung *f*, Buchprüfung *f*

auditing association [ˈɔːdɪtɪŋ əsəʊsiˈeɪʃən] *sb* Prüfungsverband *m*

auditing requirements [ˈɔːdɪtɪŋ rɪˈkwaɪəmənts] *pl* Revisionspflicht *f*

audit of prospectus [ˈɔːdɪt əv ˈprɒspektəs] *sb* Prospektprüfung *f*

audit opinion [ˈɔːdɪt əˈpɪnjən] *sb* Testat *n*

auditor [ˈɔːdɪtə] *sb* Wirtschaftsprüfer(in) *m/f*, Rechnungsprüfer(in) *m/f*

audit report [ˈɔːdɪt rɪˈpɔːt] *sb* Prüfungsbericht *m*

autarchy [ˈɔːtɑːkɪ] *sb* Autarkie *f*

authentic [ɔːˈθentɪk] *adj* authentisch, echt, original

authenticate [ɔːˈθentɪkeɪt] *v* beglaubigen, authentifizieren

authentication [ɔːθentɪˈkeɪʃən] *sb* Beglaubigung *f*

authoritative style of leadership [ɔːˈθɒrɪteɪtɪv staɪl əv ˈliːdəʃɪp] *sb* autoritärer Führungsstil *m*

authority [ɔːˈθɒrɪtɪ] *sb* **1.** (*power*) Autorität *f*; **2.** (*of a ruler*) Staatsgewalt *f*; **3.** authorities *pl* Obrigkeit *f*; **4.** (*entitlement*) Befugnis *f*; **5.** (*specifically dedicated*) Vollmacht *f*; **6.** (*government, government department*) Amt *n*, Behörde *f*; **7.** (*an expert*) Sachverständige(r) *f/m*, Fachmann *m*, Fachfrau *f*

authorization [ɔːθəraɪˈzeɪʃən] *sb* **1.** Ermächtigung *f*, Genehmigung *f*, Berechtigung *f*; **2.** (*delegation of authority*) Bevollmächtigung *f*, Mandat *n*

authorization to sign [ɔːθəraɪˈzeɪʃən tʊ saɪn] *sb* Zeichnungsberechtigung *f*

authorize [ˈɔːθəraɪz] *v* ermächtigen, genehmigen, berechtigen; (*delegate authority*) bevollmächtigen

authorized [ˈɔːθəraɪzd] *adj* berechtigt, befugt

authorized balance sheet [ˈɔːθəraɪzd ˈbæləns ʃiːt] *sb* genehmigte Bilanz *f*

authorized capital [ˈɔːθəraɪzd ˈkæpɪtəl] *sb* autorisiertes Kapital *n*, genehmigtes Kapital *n*

authorized clerk [ˈɔːθəraɪzd klɑːk] *sb* Prokurist(in) *m/f*

authorized deposit [ˈɔːθəraɪzd dɪˈpɒzɪt] *sb* Ermächtigungsdepot *n*

authorized person [ˈɔːθəraɪzd ˈpɜːsən] *sb* Bevollmächtigte(r) *f/m*

authorized representative [ˈɔːθəraɪzd reprɪˈzentətɪv] *sb* Prokurist(in) *m/f*

authorized to undertake collection [ˈɔːθəraɪzd tu ʌndəˈteɪk kəˈlekʃən] *adj* inkassoberechtigt

autocorrelation [ɔːtəʊkɒrəˈleɪʃən] *sb* Autokorrelation *f*

automate [ˈɔːtəmɪt] *v* automatisieren

automated clearing house (ACH) [ˈɔːtəˈmeɪtɪd ˈklɪərɪŋ haʊs] *sb* computergestützte Clearingstelle *f*, Automated Clearing House *n*

automated teller machine (ATM) [ˈɔːtəˈmeɪtɪd ˈtelə məˈʃiːn] *sb* Geldautomat *m*

automatic quotation [ɔːtəˈmætɪk kwəʊˈteɪʃən] *sb* automatische Kursanzeige *f*

Automatic Transfer Service [ɔːtəˈmætɪk ˈtrænsfɜː ˈsɜːvɪs] *sb* Automatic Transfer Service (ATS) *m*

automation [ɔːtəˈmeɪʃən] *sb* Automation *f*, Automatisierung *f*

automation degree [ɔːtəˈmeɪʃən dɪˈgriː] *sb* Automatisationsgrad *m*

automatism [ɔːˈtɒmətɪzm] *sb* Automatismus *m*

automaton [ɔːˈtɒmətən] *sb* Roboter *m*, Automat *m*

autonomous teams [ɔː'tɒnəməs tiːmz] *pl* autonome Arbeitsgruppen *f/pl*
autonomous variables [ɔː'tɒnəməs 'væriəbəlz] *pl* autonome Größen *f/pl*
autonomous wage bargaining [ɔː'tɒnəməs weɪdʒ 'bɑːgənɪŋ] *sb* Tarifautonomie *f*
autonomy [ɔː'tɒnəmɪ] *sb* Autonomie *f*
autumn fair ['ɔːtəm feə] *sb* Herbstmesse *f*, Herbstausstellung *f*
auxiliary [ɔːg'zɪljərɪ] *adj* mitwirkend, Hilfs..., Zusatz...
availability [əveɪlə'bɪlɪtɪ] *sb* **1.** Verfügbarkeit *f*, Vorhandensein *n*; **2.** (*stocks*) Fälligkeit *f*
available [ə'veɪləbl] *adj* **1.** verfügbar, vorhanden, zu haben; **2.** (*not busy*) abkömmlich; **3.** (*to be bought*) erhältlich; **4.** (*from a supplier*) lieferbar; **5.** (*in stock*) vorrätig
available for distribution [ə'veɪləbl fə dɪstrɪ'bjuːʃən] ausschüttungsfähig
available funds [ə'veɪləbl fʌndz] *pl* Finanzdecke *f*

average ['ævərɪdʒ] *adj* **1.** durchschnittlich; *sb* **2.** Durchschnitt *m*; on ~ durchschnittlich; **3.** (*sea/air*) Havarie *f*
average costs ['ævərɪdʒ kɒsts] *pl* Durchschnittskosten *pl*
averaging ['ævərɪdʒɪŋ] *sb* **1.** Averaging *n*; Durchschnittskostenmethode *f*; **2.** (*mean*) Mittelwertbildung *f*
average price ['ævərɪdʒ praɪs] *sb* Durchschnittspreis *m*
average product ['ævərɪdʒ 'prɒdʌkt] (*ecomomics*) Durchschnittsprodukt *n*
average rate ['ævərɪdʒ reɪt] *sb* Durchschnittssatz *m*
average value ['ævərɪdʒ 'væljuː] *sb* Mittelwert *m*
average value date ['ævərɪdʒ 'væljuː deɪt] *sb* Durchschnittsvaluta *f*
average yield ['ævərɪdʒ 'jiːld] *sb* Durchschnittsertrag *m*
avoidance [ə'vɔɪdəns] *sb* **1.** Vermeidung *f*; **2.** tax ~ Steuerhinterziehung *f*
avoirdupois [ævwɑːdjuː'pwɑː] *sb* ~weight Handelsgewicht *n*

B

baby bonds ['beɪbi bɒndz] *pl* Baby-Bonds *pl*

back delegation [bæk delɪ'geɪʃən] *sb* Rückdelegation *f*

back instalment [bæk ɪn'stɔːlmənt] *sb* rückständige Rate *f*

backlog ['bæklɒg] *sb* Rückstand *m*

back-office career ['bækɒfɪs kə'rɪə] *sb* Innendienstkarriere *f*

back-office manager ['bækɒfɪs 'mænɪdʒə] *sb* Innendienstleiter(in) *m/f*

backpay ['bækpeɪ] *sb* Nachzahlung *f*

back-to-back letter of credit [bæk tu bæk 'letə əv 'kredɪt] *sb* Gegenakkreditiv *n*

backup ['bækʌp] *sb* Backup *n*, Sicherungskopie *f*

backwardation [bækwə'deɪʃən] **1.** Rückdatierung *f*; **2.** Deport *m*, Kursabschlag *m*

bad debt loss [bæd det lɒs] *sb* Ausfallforderung *f*

bad-weather compensation [bæd 'weðə kɒmpən'seɪʃən] *sb* Schlechtwettergeld *n*

bail [beɪl] *sb* Kaution *f*

bail bond ['beɪl bɒnd] *sb* Sicherheitsleistung *f*

bailiff ['beɪlɪf] *sb* Gerichtsvollzieher *m*

bailment ['beɪlmənt] *sb* Bürgschaftsleistung *f*, Kaution *f*

bailout ['beɪlaʊt] *sb* **1.** Notverkauf *m*; **2.** (*assistance*) Rettungsaktion *f*

balance ['bæləns] *sb* **1.** (*account ~*) Saldo *m*; ~ *carried forward* Übertrag *m*; **2.** (*remainder*) Rest *m*, Restbetrag *m*; *v* **3.** (*to be ~d*) ausgeglichen sein; **4.** (~ *the accounts*, ~ *the budget*) ausgleichen

balance analysis ['bæləns ə'næləsɪs] *sb* Bilanzanalyse *f*

balance date ['bæləns deɪt] *sb* Bilanzstichtag *m*

balance of account ['bæləns əv ə'kaʊnt] *sb* Kontenstand *m*, Saldo *m*

balance of capital transactions ['bæləns əv 'kæpɪtl træn'zækʃənz] *sb* Kapitalbilanz *f*

balance of goods and services ['bæləns əv gʊdz ænd 'sɜːvɪsɪz] *sb* Leistungsbilanz *f*

balance of interest ['bæləns əv 'ɪntrəst] *sb* Zinssaldo *m*

balance of payments ['bæləns əv 'peɪmənts] *sb* Zahlungsbilanz *f*

balance of payments deficit ['bæləns əv 'peɪmənts 'defəsɪt] *sb* Zahlungsbilanzdefizit *n*

balance of payments equilibrium ['bæləns əv 'peɪmənts ɪkwə'lɪbrɪəm] *sb* Zahlungsbilanzgleichgewicht *n*

balance of payments surplus ['bæləns əv 'peɪmənts 'sɜːpləs] *sb* Zahlungsbilanzüberschuss *m*

balance of trade ['bæləns əv 'treɪd] *sb* Handelsbilanz *f*

balance sheet ['bæləns ʃiːt] *sb* Bilanz *f*, Handelsbilanz *f*

balance sheet account ['bæləns ʃiːt ə'kaʊnt] *sb* Bilanzkonto *n*

balance sheet analysis ['bæləns ʃiːt ə'næləsɪs] *sb* Bilanzanalyse *f*, Bilanzkritik *f*

balance sheet audit ['bæləns ʃiːt 'ɔːdɪt] *sb* Bilanzprüfung *f*

balance sheet continuity ['bæləns ʃiːt kɒntɪ'njuːɪti] *sb* Bilanzkontinuität *f*

balance sheet equation ['bæləns ʃiːt ɪ'kweɪʒən] *sb* Bilanzgleichung *f*

balance sheet figures ['bæləns ʃiːt 'fɪgəz] *pl* Bilanzzahlen *f/pl*

balance sheet statistics ['bæləns ʃiːt stə'tɪstɪks] *pl* Bilanzstatistik *f*

balance sheet total ['bæləns ʃiːt 'təʊtəl] *sb* Bilanzsumme *f*

balance sheet valuation ['bæləns ʃiːt vælju:'eɪʃən] *sb* Bilanzbewertung *f*

balance sheet value ['bæləns ʃiːt 'vælju:] *sb* Bilanzwert *m*

balance-sheet items ['bælənsʃiːt 'aɪtɪmz] *pl* Bilanzpositionen *f/pl*

balance statement ['bæləns 'steɪtmənt] *sb* Saldoanzeige *f*

balance transparency ['bæləns træns'pærənsi] *sb* Bilanzklarheit *f*

balancing item ['bælənsɪŋ 'aɪtɪm] *sb* Ausgleichsposten *m*

B

balancing of the budget [ˈbælənsɪŋ əv ðə ˈbʌdʒɪt] *sb* Budgetausgleich *m*
ballot [ˈbælət] *sb* Stimmzettel *m;* ~ *vote* geheime Abstimmung *f*
ban on advertising [bæn ɒn ˈædvə taɪzɪŋ] *sb* Werbeverbot *n*
ban on competition [bæn ɒn kɒmpə ˈtɪʃən] *sb* Wettbewerbsverbot *n*
ban on exports [bæn ɒn ˈekspɔːts] *sb* Ausfuhrverbot *n*
ban on imports [bæn ɒn ˈɪmpɔːts] *sb* Importverbot *n*
ban on new issues [bæn ɒn njuː ˈɪʃuːz] *sb* Emissionssperre *f*
ban on recruitment [bæn ɒn rɪˈkruːtmənt] *sb* Einstellungsstopp *m*
bandwagon effect [ˈbændwægən ɪˈfekt] *sb* Nachahmungseffekt *m*, Bandwagon-Effekt *m*
bank [bæŋk] *sb (for financial affairs)* Bank *f*
bank acceptance [bæŋk ɪkˈseptəns] *sb* Bankakzept *n*
bank account [bæŋk əˈkaʊnt] *sb* Bankkonto *n*
bank audit [bæŋk ˈɔːdɪt] *sb* Bankrevision *f*
bank authorization [bæŋk ɔːθəraɪˈzeɪʃən] *sb* Bankausweis *m*
bank automation [bæŋk ɔːtəˈmeɪʃən] *sb* Bankautomation *f*
bank balance [bæŋk ˈbæləns] *sb* Bankguthaben *n*, Kontostand *m*
bank balance sheet [bæŋk ˈbæləns ʃiːt] *sb* Bankbilanz *f*
bank bonds [ˈbæŋk bɒndz] *pl* Bankanleihen *f/pl*, Bankobligation *f*, Bankschuldverschreibung *f*
bank branch numbering [bæŋk brɑːntʃ ˈnʌmbərɪŋ] *sb* Bankennummerierung *f*
bank charges [bæŋk ˈtʃɑːdʒɪz] *pl* Kontogebühren *f/pl*, Bankspesen *pl*
bank clerk [ˈbæŋk klɑːk] *sb* Bankangestellte(r) *f/m*, Bankkaufmann/-frau *m/f*
bank conditions [bæŋk kənˈdɪʃənz] *pl* Bankkonditionen *f/pl*
bank credit [bæŋk ˈkredɪt] *sb* Bankkredit *m*
Bank Custody Act [bæŋk ˈkʌstɪdi ækt] *sb* Bankdepotgesetz *n*
bank customer [bæŋk ˈkʌstəmə] *sb* Bankkunde/Bankkundin *m/f*

bank debit [bæŋk ˈdebɪt] *sb* Lastschrift *f*, Kontobelastung *f*
bank debts [ˈbæŋk dets] *pl* Bankschulden *f/pl*
bank deposit [bæŋk dɪˈpɒzɪt] *sb* Bankeinlage *f*
bank deposit insurance [bæŋk dɪˈpɒzɪt ɪnˈʃʊərəns] *sb* Depositenversicherung *f*
bank discount [bæŋk ˈdɪskaʊnt] *sb* Wechseldiskont *m*, Bankdiskont *m*
bank endorsed bill [bæŋk ɪnˈdɔːst bɪl] *sb* bankgirierter Warenwechsel *m*
Bank for International Settlements (BIS) [bæŋk fɔː ɪntəˈnæʃənəl ˈsetəlmənts] *sb* Bank für Internationalen Zahlungsausgleich (BIZ) *f*
bank guarantee [bæŋk gærənˈtiː] *sb* Bankgarantie *f*, Bankaval *m/n*
bank holiday [bæŋk ˈhɒlɪdeɪ] *sb* gesetzlicher Feiertag *m*
bank identification number [bæŋk aɪdentɪfɪˈkeɪʃən ˈnʌmbə] *sb* Bankleitzahl *f*
bank identifier code (BIC) [bæŋk aɪˈdentɪfaɪə kəʊd] *sb* BIC *m*
bank inquiry [bæŋk ɪnˈkwaɪərɪ] *sb* Bankauskunft *f*
bank letter of credit [bæŋk ˈletə əv ˈkredɪt] *sb* Bankakkreditiv *n*
bank liquidity [bæŋk lɪˈkwɪdɪtɪ] *sb* Bankliquidität *f*
bank manager [bæŋk ˈmænɪdʒə] *sb* Filialleiter(in) *m/f*
bank money order [bæŋk ˈmʌnɪ ˈɔːdə] *sb* Bankanweisung *f*
bank notification [bæŋk nəʊtɪfɪˈkeɪʃən] *sb* Bankavis *m/n*
bank order [bæŋk ˈɔːdə] *sb* Zahlungsanweisung *f*
bank rate [ˈbæŋk reɪt] *sb* Diskontsatz *m*
bank rate for loans on securities [ˈbæŋk reɪt fɔː ləʊns ɒn sɪˈkjʊərətɪz] *sb* Lombardsatz *m*
bank rate policy [ˈbæŋk reɪt ˈpɒlɪsɪ] *sb* Diskontpolitik *f*
bank relations [bæŋk rɪˈleɪʃəns] *pl* Bankbeziehungen *f/pl*
bank shares [ˈbæŋk ʃeəz] *pl* Bankaktie *f*
bank sort code [bæŋk ˈsɔːt kəʊd] *sb* Bankleitzahl *f*

bank statement [bæŋk ˈsteɪtmənt] *sb* Kontoauszug *m*, Bankauszug *m*

bank status [bæŋk ˈsteɪtɪs] *sb* Bankstatus *m*

bank stock [ˈbæŋk stɒk] *sb* Bankkapital *n*

bank supervision [bæŋk suːpəˈvɪʒən] *sb* Bankkontrolle *f*, Bankenaufsicht *f*

bank transfer [bæŋk ˈtrænsfɜː] *sb* Banküberweisung *f*

bank turnover [bæŋk ˈtɜːnəʊvə] *sb* Bankumsätze *m/pl*

bankbook [ˈbæŋkbʊk] *sb* Kontobuch *n*

banker [ˈbæŋkə] *sb* Bankier *m*, Banker(in) *m/f*

banker's commission [ˈbæŋkəz kəˈmɪʃən] *sb* Bankprovision *f*

banker's note [ˈbæŋkəz nəʊt] *sb* Dispositionsschein *m*

banker's order [ˈbæŋkəz ˈɔːdə] *sb* Dauerauftrag *m*

banker's reference [ˈbæŋkəz ˈrefərɪns] *sb* Bankauskunft *f*

banking [ˈbæŋkɪŋ] *sb* Bankwesen *n*, Bankgeschäft *n*

banking association [ˈbæŋkɪŋ əsəʊʃɪˈeɪʃən] *sb* Bankverband *m*

banking business [ˈbæŋkɪŋ ˈbɪznɪs] *sb* Bankgewerbe *n*

banking centre [ˈbæŋkɪŋ sentə] *sb* Bankplatz *m*

banking cover [ˈbæŋkɪŋ ˈkʌvə] *sb* Bankdeckung *f*

banking crisis [ˈbæŋkɪŋ ˈkraɪsɪs] *sb* Bankenkrise *f*

banking industry [ˈbæŋkɪŋ ˈɪndəstri] *sb* Kreditwirtschaft *f*, Bankgewerbe *n*

banking interest [ˈbæŋkɪŋ ˈɪntrɪst] *sb* Bankzinsen *m/pl*

Banking Law [ˈbæŋkɪŋ lɔː] *sb* Kreditwesengesetz *n*

banking legislation [ˈbæŋkɪŋ ledʒɪsˈleɪʃən] *sb* Bankengesetzgebung *f*

banking network [bæŋkɪŋ ˈnetwɜːk] *sb* Bankstellennetz *n*

banking secrecy [ˈbæŋkɪŋ ˈsiːkrəsɪ] *sb* Bankgeheimnis *n*

banking statistics [ˈbæŋkɪŋ stəˈtɪstɪks] *pl* Bankenstatistik *f*

banking stocks [ˈbæŋkɪŋ stɒks] *pl* Bankaktien *f/pl*, Bankwerte *m/pl*

banking syndicate [ˈbæŋkɪŋ ˈsɪndɪkət] *sb* Bankenkonsortium *n*

banking system [ˈbæŋkɪŋ ˈsɪstɪm] *sb* Bankensystem *n*

banking transactions [ˈbæŋkɪŋ trænˈzækʃənz] *pl* Bankgeschäft *n*

banknote [ˈbæŋknəʊt] *sb* Banknote *f*, Geldschein *m*

bankrupt [ˈbæŋkrʌpt] *adj* bankrott, nicht zahlungsfähig

bankruptcy [ˈbæŋkrʌptsɪ] *sb* Bankrott *m*, Konkurs *m*; ~ *proceedings* Konkursverfahren *n*

Bankruptcy Act [ˈbæŋkrʌptsɪ ækt] *sb* Konkursordnung *f*

bankruptcy assets [ˈbæŋkrʌptsɪ ˈæsets] *pl* Konkursmasse *f*

bankruptcy court [ˈbæŋkrʌptsɪ kɔːt] *sb* Konkursgericht *n*

bankruptcy offence [ˈbæŋkrʌptsɪ əˈfens] *sb* Konkursdelikt *n*

bankruptcy petition [ˈbæŋkrʌptsɪ pəˈtɪʃən] *sb* Konkursantrag *m*

bankruptcy proceedings [ˈbæŋkrʌptsɪ prəˈsiːdɪŋz] *pl* Konkursverfahren *n*

bankruptcy trustee [ˈbæŋkrʌptsɪ trʌˈstiː] *sb* Konkursverwalter(in) *m/f*

bankrupt's creditor [ˈbæŋkrʌpts ˈkredɪtə] *sb* Konkursgläubiger(in) *m/f*

bankrupt's estate [ˈbæŋkrʌpts ɪˈsteɪt] *sb* Konkursmasse *f*

bank's accounting [bæŋks əˈkaʊntɪŋ] *sb* Bankbuchhaltung *f*

bank's advice [bæŋks ədˈvaɪs] *sb* Bankavis *m/n*

banks' duty to publish [bæŋks ˈdjuːti tu ˈpʌblɪʃ] *sb* Bankpublizität *f*

banks' voting rights [bæŋks ˈvəʊtɪŋ raɪts] *pl* Bankenstimmrecht *n*

bar chart [ˈbɑː tʃɑːt] *sb* Balkendiagramm *n*, Säulenschaubild *n*, Blockdiagramm *n*

bar code [ˈbɑː kəʊd] *sb* Strichcode *m*, Barcode *m*

bargain [ˈbɑːgɪn] *v* **1.** feilschen, handeln; **2.** ~ *for* rechnen mit, erwarten; *sb* **3.** *(transaction)* Handel *m*, Geschäft *n*, Abkommen *n*; **4.** *drive a hard* ~ hart feilschen; **5.** *strike a* ~ sich einigen; **6.** *(sth bought at a ~ price)* Gelegenheitskauf *m*; **7.** *(good buy)* preiswertes Angebot *n*, Schnäppchen *n*

bargaining [ˈbɑːgənɪŋ] *sb* Verhandeln *n*, Bargaining *n*

barrel [ˈbærəl] *sb* Fass *n*, Tonne *f*, Barrel *n*

barriers to entry [ˈbærɪəz tu ˈentrɪ] *pl* Markteintrittsbarrieren *f/pl*

barrister [ˈbærɪstə] *sb (UK)* Rechtsanwalt/Rechtsanwältin *m/f* (bei höheren Gerichten), Barrister *m*

barter [ˈbɑːtə] *v* tauschen; *sb* Tauschhandel *m*, Tausch *m*

barter transaction [ˈbɑːtə trænˈzækʃən] *sb* Kompensationsgeschäft *n*, Tauschgeschäft *n*, Bartergeschäft *n*

base [beɪs] *sb* Basis *f*, Grundlage *f*

base level [ˈbeɪs levl] *sb* Ausgangsniveau *n*

base line [ˈbeɪs laɪn] *sb* Vergleichsbasis *f*

base period [beɪs ˈpɪərɪəd] *sb* Vergleichszeitraum *m*

base rate [ˈbeɪs reɪt] *sb* Leitzins *m*

base year [ˈbeɪs jɪə] *sb* Vergleichsjahr *n*, Basisjahr *n*

basic collective agreement [ˈbeɪsɪk kəˈlektɪv əˈgriːmənt] *sb* Manteltarifvertrag *m*

basic income [ˈbeɪsɪk ˈɪnkʌm] *sb* Grundgehalt *n*, Basiseinkommen *n*

basic knowledge [ˈbeɪsɪk ˈnɒlɪdʒ] *sb* Grundwissen *n*, Grundkenntnisse *pl*

basic price [ˈbeɪsɪk praɪs] *sb* Basispreis *m*

basic rate [ˈbeɪsɪk reɪt] *sb* Eingangssteuersatz *m*

basic rate of interest [ˈbeɪsɪk reɪt əv ˈɪntrɪst] *sb* Eckzins *m*

basic salary [ˈbeɪsɪk ˈsælərɪ] *sb* Grundgehalt *n*, Grundlohn *m*

basic savings [ˈbeɪsɪk ˈseɪvɪŋz] *pl* Spareckzins *m*

basic trend [ˈbeɪsɪk trend] *sb* Basistrend *m*

basic wage [ˈbeɪsɪk weɪdʒ] *sb* Grundlohn *m*

basis [ˈbeɪsɪs] *sb* Basis *f*, Grundlage *f*, Fundament *n*

basis price [ˈbeɪsɪs praɪs] *sb* Grundpreis *m*, Erwerbskurs *m*

basket currency [ˈbɑːskɪt ˈkʌrɪnsɪ] *sb* Korbwährung *f*

batch of commodities [bætʃ əv kəˈmɒdɪtiːz] *sb* Warenkorb *m*

batch production [bætʃ prəˈdʌkʃən] *sb* Chargenproduktion *f*

batch size [bætʃ saɪz] *(production)* Losgröße *f*, Seriengröße *f*

baud rate [ˈbɔːd reɪt] *sb* Baudrate *f*

bear [ˈbeə] *sb* Baissespekulant(in) *m/f*, Baissier *m; to sell a ~* auf Baisse spekulieren

bear clause [ˈbeə klɔːz] *sb* Baisseklausel *f*

bearer [ˈbeərə] *sb* **1.** *(of a message, of a cheque)* Überbringer(in) *m/f*; **2.** *(of a document)* Inhaber(in) *m/f*; **3.** *(carrier)* Träger(in) *m/f*

bearer bond [ˈbeərə bɒnd] *sb* Inhaberschuldverschreibung *f*

bearer cheque [ˈbeərə tʃek] *sb* Inhaberscheck *m*, Überbringerscheck *m*

bearer clause [ˈbeərə klɔːz] *sb* Inhaberklausel *f*

bearer instrument [ˈbeərə ˈɪnstrəmənt] *sb* Inhaberpapier *n*

bearer land charge [ˈbeərə lænd tʃɑːdʒ] *sb* Inhabergrundschuld *f*

bearer share [ˈbeərə ʃeə] *sb* Inhaberaktie *f*

bearer-type mortgage [ˈbeərətaɪp ˈmɔːgɪdʒ] *sb* Inhaberhypothek *f*

bearish [ˈbeərɪʃ] *adj (market)* bearish, auf Baisse gerichtet, flau

bear market [beə ˈmɑːkɪt] *sb* Baisse *f*

bear sale [ˈbeə seɪl] *sb* Leerverkauf *m*

bear seller [beə ˈselə] *(Börse)* Fixer *m*

bear selling position [beə ˈselɪŋ pəˈzɪʃən] *sb* Leerposition *f*

bear slide [ˈbeə slaɪd] *sb* Kursrutsch *m*

beat [biːt] *v irr* **1.** *(s.o. to sth)* zuvorkommen; **2.** *(surpass)* überbieten

beat down [biːt ˈdaʊn] *v irr (prices)* herunterdrücken, herunterhandeln

before hours dealing [bɪˈfɔːr ˈaʊəz ˈdiːlɪŋ] *sb* Vorbörse *f*

belong [bɪˈlɒŋ] *v* gehören

belongings [bɪˈlɒŋɪŋz] *pl* Habe *f*, Besitz *m*, Eigentum *n*

benchmark rate [ˈbentʃmɑːk reɪt] *sb* Ecklohn *m*

benchmarking [ˈbentʃmɑːkɪŋ] *sb* Benchmarking *n*, Leistungsvergleich *m*

beneficial [benɪˈfɪʃəl] *adj* nützlich, gut, von Vorteil

beneficiary [benɪˈfɪʃərɪ] *sb* Nutznießer(in) *m/f*, Begünstigte(r) *f/m*

beneficiary of payment [benɪˈfɪʃərɪ əv ˈpeɪmənt] *sb* Zahlungsberechtigte(r) *f/m*

benefit [ˈbenɪfɪt] *v* **1.** Nutzen ziehen, profitieren, gewinnen; *sb* **2.** Vorteil *m*,

Nutzen *m*, Gewinn *m*; **3.** *give s.o. the ~ of the doubt* im Zweifelsfalle zu jds Gunsten entscheiden; *(insurance ~)* Leistung *f*, Unterstützung *f*

benefit analysis ['benɪfɪt ə'nælɪsɪs] *sb* Nutzwertanalyse *f*

bequeath [bɪ'kwiːð] *v* vermachen, vererben

bequest [bɪ'kwest] *sb* Vermächtnis *n*; *(to a museum)* Stiftung *f*

bespoke [bɪ'spəʊk] *adj (UK)* nach Maß angefertigt, Maß...

best price [best 'praɪs] *adj* billigst

bestow [bɪ'stəʊ] *v* schenken, erweisen

bestseller [best'selə] *sb* Bestseller *m*

bestselling ['bestselɪŋ] *adj* Erfolgs..., bestverkauft

beta factor ['biːtə 'fæktə] *sb* Betafaktor *m*

beverage tax ['bevərɪdʒ tæks] *sb* Getränkesteuer *f*

BIC [bɪk] *sb (bank identifier code)* BIC *m*

bid [bɪd] *v irr* **1.** bieten; *sb* **2.** Angebot *n*; **3.** *(at an auction)* Gebot *n*

bidder ['bɪdə] *sb* Bieter(in) *m/f; the highest ~* der/die Meistbietende *m/f; the lowest ~* der/die Mindestbietende *m/f*

bidding ['bɪdɪŋ] *sb* Bieten *n*, Gebot *n; do s.o.'s ~* wie geheißen tun

bid price [bɪd 'praɪs] *sb* Geldkurs *m*

big bank [bɪg bæŋk] *sb* Großbank *f*

bilateral [baɪ'lætərəl] *adj* zweiseitig, bilateral, beiderseitig

bill [bɪl] *v* **1.** *(charge)* in Rechnung stellen; *sb* **2.** Rechnung *f*, Abrechnung *f*; **3.** *(US: banknote)* Banknote *f*, Geldschein *m*; **4.** *~ of sale* Verkaufsurkunde *f*

billboard ['bɪlbɔːd] *sb* Reklametafel *f*, Werbetafel *f*

bill brokerage [bɪl 'brəʊkərɪdʒ] *sb* Wechselcourtage *f*

bill discount rate [bɪl 'dɪskaʊnt reɪt] *sb* Wechseldiskontsatz *m*

bill drawn by the drawer himself [bɪl 'drɔːn baɪ ðə 'drɔːə hɪm'self] *sb* trassiert-eigener Wechsel *m*

billed [bɪld] *adj* in Rechnung gestellt, berechnet

bill endorsement [bɪl ɪn'dɔːsmənt] *sb* Wechselindossament *n*

bill finance [bɪl 'faɪnæns] *sb* Wechselfinanzierung *f*

bill for collection [bɪl fɔː kə'lekʃən] *sb* Inkassowechsel *m*

bill guarantee [bɪl gærən'tiː] *sb* Wechselbürgschaft *f*, Wechselgarantie *f*

bill in foreign currency [bɪl ɪn 'fɒrɪn 'kʌrɪnsɪ] *sb* Devisen-Wechsel *m*

billion ['bɪlɪən] *sb* **1.** *(a thousand million)* Milliarde *f*; **2.** *(formerly UK: a million millions)* Billion *f*

bill of entry [bɪl əv 'entrɪ] *sb* Zolleinfuhrschein *m*

bill of exchange [bɪl əv ɪk'stʃeɪndʒ] *sb* Wechsel *m*

bill of exchange drawn for third party [bɪl əv ɪk'stʃeɪndʒ drɔːn fɔː θɜːd 'pɑːtɪ] *sb* Kommissionstratte *f*

bill of lading [bɪl əv 'leɪdɪŋ] *sb* Konnossement *m*, Seefrachtbrief *m*

bill of quantities [bɪl əv 'kwɒntɪtɪz] *sb* Leistungsverzeichnis *n*

bill of receipts and expenditures [bɪl əv rɪ'siːts ænd ɪk'spendɪtʃəz] Einnahmen-Ausgabenrechnung *f*

bill payable [bɪl 'peɪəbəl] *sb* Schuldwechsel *m*

bill payable at sight [bɪl 'peɪəbəl ət saɪt] *sb* Sichtwechsel *m*

bill payable in instalments [bɪl 'peɪəbəl ɪn ɪn'stɔːlmənts] *sb* Ratenwechsel *m*

bills and checks returned unpaid [bɪlz ænd tʃeks rɪ'tɜːnd ʌn'peɪd] *pl (finance)* Retouren *f/pl*

bills discounted [bɪlz 'dɪskaʊntɪd] *pl* diskontierte Wechsel *m/pl*

bills drawn on debtors [bɪlz drɔːn ɒn 'detəz] *pl* Debitorenziehung *f*

bills receivable [bɪlz rɪ'siːvəbəl] *pl* Besitzwechsel *m*

bills rediscountable at the Federal Bank [bɪlz rɪdɪs'kaʊntɪbəl æt ðə 'fedərəl bæŋk] *pl* bundesbankfähige Wertpapiere *n/pl*

bill transaction [bɪl træn'zækʃən] *sb* Wechselgeschäft *n*

binding ['baɪndɪŋ] *adj* verbindlich, bindend, verpflichtend

biodegradable [baɪəʊdɪ'greɪdəbl] *adj* biologisch abbaubar

biogas ['baɪəʊgæs] *sb* Biogas *n*

biotechnology [baɪəʊtek'nɒlədʒɪ] *sb* Biotechnologie *f*

birthday ['bɜːθdeɪ] *sb* Geburtstag *m*

birthplace ['bɜːθpleɪs] *sb* Geburtsort *m*

bit [bɪt] *sb* **1.** Stückchen *n*, Stück *n; ~ by ~* stückweise, Stück für Stück; *every ~ as good as ...* genauso gut wie ...; **2.** *(US: coin)* Münze *f;* **3.** *computer)* Bit *n*

black box method [blæk bɒks 'meθəd] *sb* Black-Box-Methode *f*

black list [blæk lɪst] *sb* Blacklist *f*, schwarze Liste *f*

black market [blæk 'mɑːkɪt] *sb* Schwarzmarkt *m*

blank [blæŋk] *adj* Blanko..., leer, blanko

blank bill [blæŋk bɪl] *sb* Blanko-Wechsel *m*

blank cheque [blæŋk tʃek] *sb* Blankoscheck *m*

blanket agreement ['blæŋkɪt ə'griːmənt] *sb* Rahmenvereinbarung *f*

blanket allowance for special expenses ['blæŋkɪt ə'lauəns fɔː 'speʃəl ɪk'spensɪz] *sb* Sonderausgaben-Pauschbetrag *m*

blank form [blæŋk fɔːm] *sb* Blankoformular *n*

blank indorsement [blæŋk ɪn'dɔːsmənt] *sb* Blanko-Indossament *n*

blank signature [blæŋk 'sɪgnətʃə] *sb* Blankounterschrift *f*

block [blɒk] *v (credit)* sperren

block credit [blɒk 'kredɪt] *sb* Rahmenkredit *m*

blocked account [blɒkt ə'kaunt] *sb* Sperrkonto *n*

blocked balance [blɒkt 'bæləns] *sb* Sperrguthaben *n*

blocked deposit [blɒkt dɪ'pɒzɪt] *sb* gesperrtes Depot *n*

blocked safe-deposit [blɒkt seɪf dɪ'pɒzɪt] *sb* Sperrdepot *n*

blocked shares [blɒkt 'ʃeəz] *sb* gesperrte Aktien *f/pl*

block grant [blɒk 'grɑːnt] *sb* Pauschalsubvention *f*

block of shares [blɒk əv 'ʃeəz] *pl* Aktienpaket *n*

blue chips ['bluː tʃɪps] *pl* erstklassige Aktien *f/pl*, Blue Chips *m/pl*

board [bɔːd] *sb* **1.** *(of a computer)* Platine *f;* **2.** *(~ of directors)* Vorstand *m*, Direktorium *n*, Verwaltungsrat *m*

board of directors [bɔːd əv dɪ'rektəz] *sb* Direktion *f*, Vorstand *m*

board of trustees [bɔːd əv trʌs'tiːz] *sb* Kuratorium *n*

boardroom ['bɔːdruːm] *sb* Sitzungssaal *m*

body ['bɒdɪ] *sb* **1.** *(group of people)* Gruppe *f*, Gesellschaft *f;* **2.** *(administrative)* Körperschaft *f*

body of assets ['bɒdɪ əv 'æsets] *sb* Vermögensmasse *f*

bogus company ['bəugəs 'kʌmpənɪ] *sb* Briefkastenfirma *f*, Scheinfirma *f*

bond [bɒnd] *sb* Obligation *f*, festverzinsliches Wertpapier *n*

bond capital [bɒnd 'kæpɪtəl] *sb* Anleihekapital *n*

bond certificate [bɒnd sə'tɪfɪkɪt] *sb* Anleiheschein *m*

bond coupon [bɒnd 'kuːpɒn] *sb* Zinsschein *m*

bonded ['bɒndɪd] *adj* unter Zollverschluss *m*

bonded warehouse ['bɒndɪd 'weəhaus] *sb* Zolllagerhaus *n*

bondholder ['bɒndhəuldə] *sb* Pfandbriefinhaber(in) *m/f*, Obligationär(in) *m/f*

bond issue [bɒnd 'ɪʃuː] *sb* Obligationsausgabe *f*

bond market [bɒnd 'mɑːkɪt] *sb* Rentenmarkt *m*

bond option [bɒnd 'ɒpʃən] *sb* Bond-Option *f*

bonds [bɒndz] *pl* Rentenpapiere *n/pl*, Bonds *m/pl*, Obligation *f*

bond trading [bɒnd 'treɪdɪŋ] *sb* Rentenhandel *m*

bond warrant [bɒnd 'wɒrənt] *sb* Zollbegleitschein *m*

bonus ['bəunəs] *sb (monetary)* Prämie *f*, Bonus *m*, Gratifikation *f*, Bonifikation *f*, Zulage *f*

bonus-aided saving ['bəunəs 'eɪdɪd 'seɪvɪŋ] *sb* Prämiensparen *n*

bonus savings contract ['bəunəs 'seɪvɪŋz 'kɒntrækt] *sb* Prämiensparvertrag *m*

bonus share ['bəunəs ʃeə] *sb* Berichtigungsaktie *f*, Gratisaktie *f*, Zusatzaktie *f*

book [buk] *v (reserve)* buchen, reservieren, vorbestellen; *to be ~ed up* ausgebucht sein

book credit [bʊk ˈkredɪt] *sb* Buchkredit *m*

book debt [bʊk det] *sb* Buchschuld *f*

booking [ˈbʊkɪŋ] *f* Buchung *f*, Bestellung *f*

booking amount [ˈbʊkɪŋ əˈmaʊnt] *sb* Buchungsbetrag *m*

bookkeeper [ˈbʊkkiːpə] *sb* Buchhalter(in) *m/f*

bookkeeping [ˈbʊkkiːpɪŋ] *sb* Buchhaltung *f*, Buchführung *f*

bookkeeping department [ˈbʊkkiːpɪŋ dɪˈpɑːtment] *sb* Buchhaltungsabteilung *f*

bookkeeping error [ˈbʊkkiːpɪŋ ˈerə] *sb* Buchungsfehler *m*

book profit [bʊk ˈprɒfɪt] *sb* Buchgewinn *m*

books [bʊks] *pl* Bücher *n/pl*, Geschäftsbücher *n/pl*; keep the ~s die Bücher führen

book value [bʊk ˈvæljuː] *sb* Bilanzkurs *m*, Buchbestände *m/pl*; Buchwert *m*

boom [buːm] *v* **1.** (prosper) einen Aufschwung nehmen; Business is ~ing. Das Geschäft blüht. *sb* **2.** (upswing) Aufschwung *m*, Boom *m*, Hochkonjunktur *f*

boot [ˈbuːt] *v* (IT) laden

borrow [ˈbɒrəʊ] *v* borgen, sich leihen, sich entleihen

borrowed funds [ˈbɒrəʊd fʌndz] *pl* aufgenommene Gelder *n/pl*, fremde Mittel *n/pl*

borrower [ˈbɒrəʊə] *sb* Entleiher(in) *m/f*; (with a bank) Kreditnehmer(in) *m/f*

borrowing [ˈbɒrəʊɪŋ] *sb* Passivkredit *m*

borrowing limit [ˈbɒrəʊɪŋ ˈlɪmɪt] *sb* Kreditlimit *n*

borrowing line [ˈbɒrəʊɪŋ ˈlaɪn] *sb* Kreditlinie *f*

bottleneck [ˈbɒtlnek] *sb* (fig) Engpass *m*

bottle-neck factor [ˈbɒtlnek ˈfæktə] *sb* Engpassfaktor *m*

bottom [ˈbɒtəm] *v* auf dem Tiefpunkt sein, den tiefsten Stand erreicht haben; ~ out die Talsohle verlassen

bottom line [ˈbɒtəm ˈlaɪn] *sb* **1.** Saldo *m*; **2.** (result) Fazit *n*, Endergebnis *n*

bottom-up planning system [ˈbɒtəm ʌp ˈplænɪŋ ˈsɪstɪm] *sb* Gegenstromverfahren *n*

bottom-up principle [ˈbɒtəmʌp ˈprɪnsɪpəl] *sb* Bottom-Up-Prinzip *n*

bottom wage groups [ˈbɒtəm weɪʤ gruːps] *pl* Leichtlohngruppen *f/pl*

bourse [bauəs] *sb* Börse *f* (auf dem europäischen Kontinent)

box [bɒks] *v* **1.** (put in boxes) verpacken; **2.** *sb* Kasten *m*, Kiste *f*; (made of thin cardboard) Schachtel *f*

boxboard [ˈbɒksbɔːd] *sb* Wellpappe *f*, Karton *m*

boxcar [ˈbɒkskɑː] *sb* geschlossener Güterwagon *m*

box number [ˈbɒks ˈnʌmbə] *sb* Postfach *n*

boycott [ˈbɔɪkɒt] *sb* **1.** Boykott *m*; *v* **2.** boykottieren

brain drain [ˈbreɪn dreɪn] *sb* (fam) Braindrain *m*, Abwanderung hochqualifizierter Arbeitskräfte *f*

brains trust [ˈbreɪnz trʌst] *sb* Expertenausschuss *m*, Braintrust *m*

brainstorming [ˈbreɪnstɔːmɪŋ] *sb* Brainstorming *n*, Ideensammeln *n*

branch [brɑːnʧ] *sb* **1.** (area) Zweig *m*, Sparte *f*, Branche *f*; **2.** (~ office) Filiale *f*, Zweigstelle *f*; *v* **3.** ~ out sich ausdehnen

branch abroad [brɑːnʧ əˈbrɔːd] *sb* Auslandsniederlassung *f*

branch manager [brɑːnʧ ˈmænɪʤə] *sb* Filialleiter(in) *m/f*

branch office [brɑːnʧ ˈɒfɪs] *sb* Geschäftsstelle *f*, Zweigstelle *f*, Filiale *f*

branch of industry [brɑːnʧ əv ˈɪndəstrɪ] *sb* Wirtschaftszweig *f*

branch operation [brɑːnʧ ɒpəˈreɪʃən] *sb* Zweigstelle *m*

brand [brænd] *sb* (name) Marke *f*, Schutzmarke *f*

brand family [brænd ˈfæmɪlɪ] *sb* Markenfamilie *f*

brand leader [brænd ˈliːdə] *sb* führende Marke *f*

brand management [brænd ˈmænɪʤmənt] *sb* Produktmanagement *n*, Markenmanagement *n*

brand marketing [brænd ˈmɑːkɪtɪŋ] *sb* Brandmarketing *n*

brand name [ˈbrænd neɪm] *sb* Markenname *m*

brand name article [ˈbrænd neɪm ˈɑːtɪkl] *sb* Markenartikel *m*

brand (name) loyalty [brænd (neɪm) ˈlɔɪʤəltɪ] *sb* Markentreue *f*

brand switching [brænd ˈswɪtʃɪŋ] *sb* Markenwechsel *m*

brand trademark [brænd ˈtreɪdmɑːk] *sb* Marke *f*

brand trend survey [brænd trend ˈsɜːveɪ] *sb* Markenanalyse *f*

branding [ˈbrændɪŋ] *sb* Branding *n*, Markenentwicklung *f*

breach [briːtʃ] *v* **1.** *(a contract)* brechen, verletzen; *sb* **2.** Übertretung *f*, Verstoß *m*, Verletzung *f*; **3.** ~ *of contract* Vertragsbruch *m*

break [breɪk] *v irr* **1.** brechen; **2.** ~ *even* Kosten decken; **3.** ~ *the news to s.o.* jdm etw eröffnen; **4.** *(stop functioning)* kaputtgehen; **5.** *(ruin)* kaputtmachen; *sb* **6.** *(pause)* Pause *f; take a* ~ eine Pause machen

breakage [ˈbreɪkɪdʒ] *sb* Bruch *m; (damage)* Bruchschaden *m*

breakage frequency [ˈbreɪkɪdʒ ˈfriːkwənsɪ] *sb* Ausschussquote *f*

break down [breɪk ˈdaʊn] *v irr (machine)* versagen, stehen bleiben

breakdown [ˈbreɪkdaʊn] *sb* **1.** *(of a machine)* Versagen *n*, Betriebsstörung *f*; **2.** *(of a car)* Panne *f*; **3.** *(analysis)* Aufgliederung *f*

breakeven analysis [breɪkˈiːvən əˈnælɪsɪs] Break-Even-Analyse *f*, Gewinnschwellenanalyse *f*

break-even point [breɪkˈiːvən pɔɪnt] *sb* Gewinnschwelle *f*, Rentabilitätsschwelle *f*, Break-Even-Point *m*

breakthrough [ˈbreɪkθruː] *sb* Durchbruch *m*

bribe [braɪb] *v* **1.** bestechen, schmieren; **2.** *sb (money)* Bestechung *f*, Bestechungsgeld *n*

bridging loan [ˈbrɪdʒɪŋ ləʊn] *sb* Überbrückungskredit *m*

brief [briːf] *sb* **1.** Instruktionen *f/pl; v* **2.** ~ *s.o.* jdn einweisen, jdn instruieren

briefcase [ˈbriːfkeɪs] *sb* Aktentasche *f*, Aktenmappe *f*

briefing [ˈbriːfɪŋ] *sb* Briefing, vorbereitende Besprechung *f*

bring [brɪŋ] *v irr* **1.** bringen; **2.** ~ *a charge against s.o.* gegen jdn Anklage erheben

bring forward [brɪŋ ˈfɔːwəd] *v irr* **1.** übertragen; **2.** *(a meeting)* vorverlegen

broadcast [ˈbrɔːdkɑːst] *v irr* **1.** senden, übertragen; *sb* **2.** Übertragung *f*, Sendung *f*

brochure [ˈbrəʊʃə] *sb* Broschüre *f*, Prospekt *m*

broken-period interest [ˈbrəʊkən pɪərɪəd ˈɪntrest] *sb* Stückzinsen *pl*

broker [ˈbrəʊkə] *sb* Broker(in) *m/f*; Makler(in) *m/f*

brokerage [ˈbrəʊkərɪdʒ] *sb* Maklergeschäft *n*, Maklergebühr *f*, Provision *f*, Courtage *f*

brokerage bank [ˈbrəʊkərɪdʒ bæŋk] *sb* Maklerbank *f*

brokerage business [ˈbrəʊkərɪdʒ ˈbɪznɪs] *sb* Vermittlungsgeschäft *n*

brokers' code of conduct [ˈbrəʊkəz kəʊd əv ˈkɒndʌkt] *sb* Maklerordnung *f*

brown goods [braʊn ˈɡʊdz] *pl* Unterhaltungselektronik *f*

bubble company [ˈbʌbəl ˈkʌmpənɪ] *sb* Briefkastenfirma *f*, Scheinfirma *f*

bucket shop [ˈbʌkɪt ʃɒp] *sb* Winkelbörse *f*

budget [ˈbʌdʒɪt] *v* **1.** ~ *for sth* einplanen, einkalkulieren; *sb* **2.** Etat *m*, Budget *n*, Haushalt *m*

budget adjustment [ˈbʌdgɪt əˈdʒʌstmənt] *sb* Planrevision *f*

budgetary deficit [ˈbʌdʒɪtəri ˈdefəsɪt] *sb* Haushaltsdefizit *n*, Budgetdefizit *n*

budgetary planning [ˈbʌdʒɪtəri ˈplænɪŋ] *sb* Budgetplanung *f*

budget control [ˈbʌdʒɪt kənˈtrəʊl] *sb* Budgetkontrolle *f*

budget credit [ˈbʌdʒɪt ˈkredɪt] *sb* Haushaltskredit *m*

budget cut [ˈbʌdʒɪt kʌt] *sb* Etatkürzung *f*, Budgetkürzung *f*

budgeted balance sheet [ˈbʌdʒɪtɪd ˈbæləns ʃiːt] *sb* Planbilanz *f*

budgeted costs [ˈbʌdʒɪtɪd kɒsts] *pl* Sollkosten *pl*

budget law [ˈbʌdʒɪt lɔː] *sb* Haushaltsgesetz *n*

budgeting [ˈbʌdʒɪtɪŋ] *sb* Budgetierung *f*, Finanzplanung *f*

buffer [ˈbʌfə] *sb* **1.** Puffer *m; v* **2.** puffern, abfedern

buffer stock [ˈbʌfə stɒk] *sb* Pufferbestand *m*

bug [bʌg] *v* **1.** verwanzen, abhören; *sb* **2.** *(programming error)* Defekt *m*

B

build [bɪld] *v irr* **1.** bauen, erbauen, errichten; **2.** *(fig: business, career, relationship)* aufbauen; **3.** *(assemble)* bauen, konstruieren, herstellen

builder [ˈbɪldə] *sb* **1.** *(contractor)* Bauunternehmer *m;* **2.** Erbauer *m,* Bauträger *m*

building and contracting industry [ˈbɪldɪŋ ənd kɒnˈtræktɪŋ ˈɪndəstrɪ] *sb* Bauwirtschaft *f*

building financing [ˈbɪldɪŋ ˈfaɪnænsɪŋ] *sb* Baufinanzierung *f*

building loan [ˈbɪldɪŋ ləʊn] *sb* Baukredit *m,* Baudarlehen *n*

building site [ˈbɪldɪŋ saɪt] *sb* Bauland *n,* Baustelle *f*

building society [ˈbɪldɪŋ səˈsaɪtɪ] *sb* (UK) Bausparkasse *f*

build-up account [ˈbɪldʌp əˈkaʊnt] *sb* Aufbaukonto *n*

bulk [bʌlk] *sb* **1.** *(size)* Größe *f,* Masse *f;* **2.** *(large quantity)* Masse *f*

bulk buyer [bʌlk ˈbaɪə] *sb* Großabnehmer(in) *m/f*

bulk buying [bʌlk ˈbaɪɪŋ] *sb* Großeinkauf *m*

bulk carrier [bʌlk ˈkærɪə] *sb* Frachtschiff *n,* Frachter *m*

bulk delivery [bʌlk dɪˈlɪvərɪ] *sb* Großlieferung *f*

bulk goods [bʌlk gʊdz] *pl* Massengüter *n/pl*

bulk mail [ˈbʌlk meɪl] *sb* Postwurfsendung *f*

bulky cargo [ˈbʌlkɪ ˈkɑːgəʊ] *sb* Sperrgut *n*

bull [bʊl] *sb* Haussespekulant *m,* Haussier *m*

bull market [bʊl ˈmɑːkɪt] *sb* Hausse *f*

bullion [ˈbʊljən] *sb* **1.** Bullion *n;* **2.** Barren *m*

bullion broker [ˈbʊljən ˈbrəʊkə] *sb* Bullionbroker *m*

bullish [ˈbʊlɪʃ] *adj* bullish, in Hausse-Stimmung, haussierend

buoyant [ˈbɔɪjənt] *adj* freundlich, lebhaft

burden [ˈbɜːdn] *v* **1.** belasten; ~ s.o. with sth jdm etw aufbürden; *sb* **2.** Last *f;* **3.** *(of taxes)* Belastung *f*

burden sharing [ˈbɜːdn ˈʃeərɪŋ] *sb* Lastenverteilung *f*

bureau [ˈbjʊərəʊ] *sb (of the government)* Amt *n,* Behörde *f*

bureaucracy [bjʊəˈrɒkrəsɪ] *sb* Bürokratie *f*

bureaucrat [ˈbjʊərəkræt] *sb* Bürokrat(in) *m/f*

bureaucratic [bjʊərəˈkrætɪk] *adj* bürokratisch

burnout syndrome [ˈbɜːnaʊt ˈsɪndrəʊm] *sb* Burnout-Syndrom *n;* Burnout *m*

business [ˈbɪznɪs] *sb* **1.** *(firm)* Geschäft *n,* Betrieb *m,* Unternehmen *n;* **2.** go out of ~ zumachen; **3.** *(trade)* Geschäft *n,* Gewerbe *n;* *(matter)* Sache *f,* Affäre *f,* Angelegenheit *f;* **4.** get down to ~ zur Sache kommen

business acquisition [ˈbɪznɪs ækwɪˈzɪʃən] *sb* Geschäftsübernahme *f*

business administration [ˈbɪznɪs ədmɪnɪˈstreɪʃən] *sb* Betriebswirtschaftslehre *f*

business barometer [ˈbɪznɪs bəˈrɒmɪtə] *sb* Konjunkturbarometer *n*

business card [ˈbɪznɪs kɑːd] *sb* Geschäftskarte *f,* Visitenkarte *f*

business category costing [ˈbɪznɪs ˈkætəgərɪ ˈkɒstɪŋ] *sb* Geschäftsspartenkalkulation *f*

business combination [ˈbɪznɪs kɒmbɪˈneɪʃən] *sb* Unternehmenszusammenschluss *m*

business connections [ˈbɪznɪs kəˈnekʃənz] *pl* Geschäftsbeziehungen *f/pl,* Geschäftsverbindungen *f/pl*

business consulting [ˈbɪznɪs kənˈsʌltɪŋ] *sb* Unternehmensberatung *f*

business cycle [ˈbɪznɪs ˈsaɪkəl] *sb* Konjunkturverlauf *m,* Konjunkturzyklus *m*

business data processing [ˈbɪznɪs ˈdeɪtə ˈprəʊsesɪŋ] *sb* Wirtschaftsinformatik *f*

business deal [ˈbɪznɪs diːl] *sb* Geschäftsabschluss *m*

business economics [ˈbɪznɪs iːkəˈnɒmɪks] *pl* Betriebswirtschaftslehre *f*

business enterprise [ˈbɪznɪs ˈentəpraɪz] *sb* Erwerbsbetrieb *m,* Unternehmung *f*

business environment risk index [ˈbɪznɪs enˈvaɪənmənt rɪsk ˈɪndeks] *sb* BERI-Index *m*

business forecasting ['bɪznɪs 'fɔː-kɑːstɪŋ] *sb* Konjunkturprognose *f*
business friend ['bɪznɪs frend] *sb* Geschäftsfreund *m*
business hours ['bɪznɪs 'auəz] *sb* Geschäftszeit *f*, Öffnungszeiten *f/pl*
business in foreign countries ['bɪznɪs ɪn 'fɒrɪn 'kʌntrɪz] *sb* Auslandsgeschäft *n*
business income ['bɪznɪs 'ɪnkʌm] *sb* gewerbliches Einkommen *n*
business indicator ['bɪznɪs 'ɪndɪkeɪtə] *sb* Konjunkturindikator *m*
business letter ['bɪznɪs 'letə] *sb* Handelsbrief *m*
business licence ['bɪznɪs 'laɪsəns] *sb* Gewerbeschein *m*
businessman ['bɪznɪsmæn] *sb* Geschäftsmann *m*, Kaufmann *m*
business merger ['bɪznɪs mɜːdʒə] *sb* Unternehmenskonzentration *f*
business over the counter ['bɪznɪs 'əuvə ðə 'kauntə] *sb* Schaltergeschäft *n*
business papers ['bɪznɪs 'peɪpəz] *pl* Geschäftspapiere *n/pl*
business park ['bɪznɪs pɑːk] *sb* Gewerbegebiet *n*
business partner ['bɪznɪs 'pɑːtnə] *sb* Geschäftspartner(in) *m/f*
business practice ['bɪznɪs 'præktɪs] *sb* Handelsbrauch *m*
business relations ['bɪznɪs rɪ'leɪʃənz] *pl* Geschäftsverbindung *f*, Geschäftsbeziehung *f*
business report ['bɪznɪs rɪ'pɔːt] *sb* Geschäftsbericht *m*
business reply ['bɪznɪs rɪ'plaɪ] *sb* Werbeantwort *f*
business secret ['bɪznɪs 'siːkrət] *sb* Geschäftsgeheimnis *n*
business taxation ['bɪznɪs tæk'seɪʃən] *sb* Unternehmensbesteuerung *f*
business-to-business (B2B) ['bɪznɪs tu 'bɪznɪs] *sb* Business-to-Business, B2B (Geschäftsvorgänge zwischen Unternehmen)

business-to-consumer (B2C) ['bɪznɪs tu kəns'juːmə] *sb* Business-to-Consumer, B2C (Geschäftsvorgänge zwischen Unternehmen und Endkunden)
businesswoman ['bɪznɪswumən] *sb* Geschäftsfrau *f*
business year ['bɪznɪs jɪə] *sb* Wirtschaftsjahr *n*
busy ['bɪzɪ] *adj* **1.** beschäftigt, tätig; **2.** *(telephone line) (US)* besetzt
buy [baɪ] *v irr* **1.** kaufen, einkaufen; *sb* **2.** *(fam)* Kauf *m; a good ~* ein günstiger Kauf *m*
buy-back ['baɪbæk] *sb* Anteilsrückkauf *m*
buy-back arrangements ['baɪbæk ə'reɪndʒmənts] *pl* Rückkaufgeschäfte *n/pl*
buyer ['baɪə] *sb* Käufer(in) *m/f*, Abnehmer(in) *m/f*
buyer's commission ['baɪəz kə'mɪʃən] *sb* Käuferprovision *f*
buyer's group ['baɪəz 'gruːp] *sb* Käuferschicht *f*
buyer's market ['baɪəz 'mɑːkɪt] *sb* Käufermarkt *m*
buying rate ['baɪɪŋ reɪt] *sb* Geldkurs *m*
buy off [baɪ 'ɒf] *v irr (s.o.)* jdn abfinden
buy out [baɪ 'aut] *v irr* **1.** *(s.o.)* auszahlen; **2.** *(s.o.'s stock)* aufkaufen
by express [baɪ ɪk'spres] *adj* per Express
by lorry [baɪ 'lɒrɪ] *adj* per Lastwagen
by order [baɪ 'ɔːdə] *adj* im Auftrag
by procuration [baɪ prəkju'reɪʃən] *adj* per procura
by registered post [baɪ 'redʒɪstəd 'pəust] *adj* per Einschreiben
by return of post [baɪ rə'tɜːn əv 'pəust] *adj* postwendend
bylaws ['baɪlɔːz] *pl* Satzung *f*
by-product ['baɪprɒdʌkt] *sb* Nebenprodukt *n*, Abfallprodukt *n*
byte [baɪt] *sb* Byte *n*

B

C

cabotage ['kæbətaʒ] *sb* Kabotage *f*

calculable ['kælkjʊləbl] *adj* berechenbar, kalkulierbar

calculate ['kælkjʊleɪt] *v* **1.** rechnen; *(sth)* berechnen, errechnen; **2.** *(estimate)* kalkulieren

calculation [kælkjʊ'leɪʃən] *sb* Berechnung *f*, Kalkulation *f*, Rechnung *f*

calculation of compound interest [kælkjʊ'leɪʃən əv 'kɒmpaʊnd 'ɪntrɪst] *sb* Zinseszinsrechnung *f*

calculation of earning power [kælkjʊ'leɪʃən əv 'ɜːnɪŋ 'paʊə] *sb* Rentabilitätsberechnung *f*

calculation of price of shares [kælkjʊ'leɪʃən əv praɪs əv ʃeəz] *sb* Effektenrechnung *f*

calculation of probabilities [kælkjʊ'leɪʃən əv prɒbə'bɪlɪtɪz] *sb* Wahrscheinlichkeitsrechnung *f*

calculation of the budget costs [kælkjʊ'leɪʃən əv ðə 'bʌdʒɪt kɒsts] *sb* Plankostenrechnung *f*

calculation unit [kælkjʊ'leɪʃən 'juːnɪt] *sb* Recheneinheit *f*

calculator ['kælkjʊleɪtə] *sb (pocket ~)* Taschenrechner *m*

calendar year ['kæləndə jɪə] *sb* Kalenderjahr *n*

call [kɔːl] *v* **1.** *(on the telephone)* anrufen; *(a meeting)* einberufen; **2.** *(a bond)* aufrufen; **3.** *(a loan)* abrufen; *sb* **4.** *(telephone ~)* Anruf *m; make a ~* telefonieren; *return a ~* zurückrufen

callable ['kɔːləbl] *adj* rückkaufbar, rückforderbar

callable bond ['kɔːləbəl 'bɒnd] *sb* kündbare Schuldverschreibung *f*

callable forward transaction anticipato *m* ['kɔːləbəl 'fɔːwəd træn'zækʃən æntɪsɪ'pato] *sb* Wandelgeschäft *n*

callbox ['kɔːlbɒks] *sb (UK)* Telefonzelle *f*

call centre ['kɔːl sentə] *sb* Callcenter *n*, Telefonzentrale *f*

called ['kɔːld] *adj* eingefordert

called in [kɔːld 'ɪn] *adj* eingefordert

called in capital ['kɔːld ɪn 'kæpɪtl] *sb* eingefordertes Kapital *n*

call forwarding [kɔːl 'fɔːwədɪŋ] *sb* Anrufumleitung *f*

call letter [kɔːl 'letə] *sb* Einzahlungsaufforderung *f*

call off [kɔːl 'ɒf] *v (cancel)* absagen

call officer [kɔːl 'ɒfɪsə] *sb* Firmenkundenbetreuer(in) *m/f*

call option [kɔːl 'ɒpʃən] *sb* Kaufoption *f*

call order [kɔːl 'ɔːdə] *sb* Abrufauftrag *m*

call transaction [kɔːl træn'zækʃən] *sb* Call-Geschäft *n*

call up [kɔːl 'ʌp] *v* **1.** aufrufen; **2.** *(telephone)* anrufen

caller ['kɔːlə] *sb (on the telephone)* Anrufer(in) *m/f; (visitor)* Besucher(in) *m/f*

calling card ['kɔːlɪŋ kɑːd] *sb (fig, US)* Visitenkarte *f*

call-number ['kɔːlnʌmbə] *sb (UK)* Rufnummer *f*

camouflaged advertising ['kæməflɑːʒd 'ædvətaɪzɪŋ] *sb* Schleichwerbung *f*

canban system ['kænbæn 'sɪstɪm] *sb* Kanban-System *n*

cancel ['kænsəl] *v* **1.** streichen, durchstreichen; **2.** *~ each other out (fig)* sich gegenseitig aufheben; **3.** *(a command)* widerrufen, aufheben; **4.** *(call off)* absagen; **5.** *(an order for goods)* abbestellen, stornieren; **6.** *(a contract)* annullieren, kündigen; **7.** *to be ~led* ausfallen

cancellation [kænsə'leɪʃən] *sb* **1.** Streichung *f*, Aufhebung *f*, Annullierung *f*; **2.** *(of a contract)* Kündigung *f;* Abbestellung *f*, Stornierung *f*, Löschung *f*

cancellation fee [kænsə'leɪʃən fiː] *sb* Rücktrittsgebühr *f*, Stornogebühr *f*

cancellation of a debt [kænsə'leɪʃən əv ə det] *sb* Schuldenerlass *m*

cancellation period [kænsə'leɪʃən 'pɪərɪəd] *sb* Kündigungsfrist *f*

cancelled ['kænsld] *adj* **1.** ungültig, gestrichen; **2.** *(order)* storniert; **3.** *(meeting)* abgesagt; **4.** *(flight)* annulliert

candidate ['kændɪdeɪt] *sb* Kandidat(in) *m/f*, Anwärter(in) *m/f*, Bewerber(in) *m/f*

candidature ['kændɪdətʃə] *sb* Anwartschaft *f*, Kandidatur *f*

cap [kæp] *sb* Cap *n*, Obergrenze *f*

capacity [kə'pæsɪtɪ] *sb* **1.** *(ability)* Fähigkeit *f;* **2.** *(role)* Eigenschaft *f;* **3.** *in an advisory ~* in beratender Funktion; **4.** *(content)* Inhalt *m*, Umfang *m;* **5.** Kapazität *f*, Leistung *f;* *at full ~* bei voller Auslastung

capacity constraint(s) [kə'pæsɪtɪ kən'streɪnt(s)] *sb* Kapazitätsengpass *m*

capacity to contract [kə'pæsətɪ tu 'kɒntrækt] *sb* Geschäftsfähigkeit *f*

capacity to compete [kə'pæsətɪ tu kəm'piːt] *sb* Wettbewerbsfähigkeit *f*

capacity to pay [kə'pæsətɪ tu peɪ] *sb* Zahlungsfähigkeit *f*

capital ['kæpɪtəl] *sb* **1.** Kapital *n;* **2.** Hauptstadt *f*

capital account ['kæpɪtəl ə'kaʊnt] *sb* Vermögensrechnung *f*

capital accumulation ['kæpɪtəl əkjuːmjʊ'leɪʃən] *sb* Kapitalansammlung *f*

capital addition ['kæpɪtəl ə'dɪʃən] *sb* Anlagenzugang *m*

capital adjustment ['kæpɪtəl ə'dʒʌstmənt] *sb* Kapitalberichtigung *f*

capital aid ['kæpɪtəl eɪd] *sb* Kapitalhilfe *f*

capital analysis ['kæpɪtəl ə'nælɪsɪs] *sb* Kapitalanalyse *f*

capital assets ['kæpɪtəl 'æsets] *pl* Kapitalvermögen *n*

capital base ['kæpɪtəl beɪs] *sb* Kapitalbasis *f*

capital drain ['kæpɪtəl dreɪn] *sb* Kapitalabfluss *m*

capital expenditure ['kæpɪtəl ɪks'pendɪtʃə] *sb* Kapitalaufwand *m*, Investitionsausgaben *f/pl*

capital export ['kæpɪtəl 'ekspɔːt] *sb* Kapitalexport *m*

capital flow ['kæpɪtəl fləʊ] *sb* Kapitalfluss *m*

capital formation ['kæpɪtəl fɔː'meɪʃən] *sb* Vermögensbildung *f*

capital forming benefits ['kæpɪtəl 'fɔːmɪŋ 'benəfɪts] *pl* vermögenswirksame Leistungen *f/pl*

capital fund ['kæpɪtəl fʌnd] *sb* Kapitalfonds *m*

capital gains tax ['kæpɪtəl geɪnz tæks] *sb* Kapitalertragssteuer *f*

capital gearing ['kæpɪtəl 'gɪərɪŋ] *sb* Fremdkapitalanteil *m*, Verschuldungsgrad *m*

capital goods ['kæpɪtəl gʊdz] *pl* Investitionsgüter *pl*, Anlagegüter *pl*

capital grant ['kæpɪtəl grɑːnt] *sb* Kapitalzuschuss *m*

capital import ['kæpɪtəl 'ɪmpɔːt] *sb* Kapitalimport *m*

capital industry ['kæpɪtəl 'ɪndəstrɪ] *sb* Produktionsgüterindustrie *f*

capital investment ['kæpɪtəl ɪn'vestmənt] *sb* Kapitalanlage *f*

capital investment company ['kæpɪtəl ɪn'vestmənt 'kʌmpənɪ] *sb* Kapitalanlagegesellschaft *f*

capital investment law ['kæpɪtəl ɪn'vestmənt lɔː] *sb* Kapitalanlagegesetz *n*

capital issue ['kæpɪtəl 'ɪʃuː] *sb* Aktienemission *f*, Effektenemission *f*

capital levy ['kæpɪtəl 'levɪ] *sb* Vermögensabgabe *f*

capital majority ['kæpɪtəl mə'dʒɒrɪtɪ] *sb* Kapitalmehrheit *f*

capital market ['kæpɪtəl 'mɑːkɪt] *sb* Kapitalmarkt *m*

capital market financing ['kæpɪtəl 'mɑːkɪt 'faɪnənsɪŋ] *sb* Kapitalmarktfinanzierung *f*

capital market interest rate ['kæpɪtəl 'mɑːkɪt 'ɪntrɪst reɪt] *sb* Kapitalmarktzins *m*

capital market research ['kæpɪtəl 'mɑːkɪt rɪ'sɜːtʃ] *sb* Kapitalmarktforschung *f*

capital movements ['kæpɪtəl 'muːvmənts] *pl* Kapitalbewegungen *f/pl*

capital outflows ['kæpɪtəl 'aʊtfləʊz] *pl* Kapitalabfluss *m*

capital productivity ['kæpɪtəl prɒdʌk'tɪvɪtɪ] *sb* Kapitalproduktivität *f*

capital program ['kæpɪtəl 'prəʊgræm] *sb* Investitionsprogramm *n*

capital protection ['kæpɪtəl prə'tekʃən] *sb* Kapitalschutz *m*

C

capital reduction [ˈkæpɪtəl rɪˈdʌkʃən] *sb* Kapitalherabsetzung *f*

capital requirement calculation [ˈkæpɪtəl rɪˈkwaɪəmənt kælkjʊˈleɪʃən] *sb* Kapitalbedarfsrechnung *f*

capital requirement(s) [ˈkæpɪtəl rɪˈkwaɪəmənt(s)] *sb* Kapitalbedarf *m*

capital reserves [ˈkæpɪtəl rɪˈzɜːvz] *pl* Kapitalrücklage *f*

capital resources [ˈkæpɪtəl rɪˈsɔːsɪz] *pl* Kapitalausstattung *f*

capital serving as a guarantee [ˈkæpɪtəl ˈsɜːvɪŋ æz ə gærənˈtiː] *sb* Garantiekapital *n*

capital share [ˈkæpɪtəl ʃeə] *sb* Kapitalanteil *m*

capital spending [ˈkæpɪtəl ˈspendɪŋ] *sb* Investitionsaufwand *m*, Kapitalaufwand *m*

capital stock [ˈkæpɪtəl stɒk] *sb* Grundkapital *n*

capital sum required as cover [ˈkæpɪtəl sʌm rɪˈkwaɪəd æz ˈkʌvə] *sb* Deckungskapital *n*

capital tie-up [ˈkæpɪtəl ˈtaɪʌp] *sb* Kapitalbindung *f*

capital transactions [ˈkæpɪtəl trænˈzækʃənz] *pl* Kapitalverkehr *m*

capital transaction tax [ˈkæpɪtəl trænˈzækʃən tæks] *sb* Kapitalverkehrssteuer *f*

capital transfer tax [ˈkæpɪtəl ˈtrænsfɜːtæks] *sb (UK)* Erbschaftssteuer *f*

capital turnover [ˈkæpɪtəl ˈtɜːnəʊvə] *sb* Kapitalumschlag *m*

capital value [ˈkæpɪtəl ˈvæljuː] *sb* Kapitalwert *m*

capital yield tax [ˈkæpɪtəl ˈjiːld tæks] *sb* Kapitalertragsteuer *f*

capitalism [ˈkæpɪtəlɪzm] *sb* Kapitalismus *m*

capitalist [ˈkæpɪtəlɪst] *sb* Kapitalist(in) *m/f*

capitalization [kæpɪtəlaɪˈzeɪʃən] *sb* Kapitalisierung *f*

capitalized value [ˈkæpɪtəlaɪzd ˈvaljuː] *sb* Ertragswert *m*

capitation [kæpɪˈteɪʃən] *sb* Kopfsteuer *f*

cap rate of interest [kæp reɪt əv ˈɪntrɪst] *sb* Zinskappe *f*

car [kɑː] *sb* Auto *n*, Wagen *m*

cardboard [ˈkɑːdbɔːd] *sb* Karton *m*, Pappe *f*; ~ *box* Pappkarton *m*

cardphone [ˈkɑːdfəʊn] *sb* Kartentelefon *n*

card holder [kɑːd ˈhəʊldə] *sb* Karteninhaber(in) *m/f*

card index [kɑːd ˈɪndeks] *sb* Kartei *f*

career [kəˈrɪə] *sb* Karriere *f*, Laufbahn *f*

cargo [ˈkɑːgəʊ] *sb* Ladung *f*, Fracht *f*

carnet [ˈkɑːneɪ] *sb* Zollcarnet *n*, Carnet *n*

car phone [ˈkɑː fəʊn] *sb* Autotelefon *n*

carriage [ˈkærɪdʒ] *sb* Fracht *f*

carriage charges [ˈkærɪdʒ ˈtʃɑːdʒɪz] *pl* Frachtkosten *pl*, Transportkosten *pl*

carriage of goods [ˈkærɪdʒ əv ˈgʊdz] *sb* Güterbeförderung *f*, Gütertransport *m*

carriage paid [ˈkærɪdʒ peɪd] *adj* franko, portofrei

carrier [ˈkærɪə] *sb* **1.** Träger *m*, Frachtführer *m*; **2.** *(shipping firm)* Spediteur *m*

carry [ˈkærɪ] *v* **1.** tragen; **2.** *(the cost of sth)* bestreiten; **3.** *(ship goods)* befördern

carry forward [ˈkærɪ ˈfɔːwəd] *v* vortragen

carry-forward of the losses [ˈkærɪ ˈfɔːwəd əv ðə ˈlɒsɪz] *sb* Verlustvortrag *m*

carry over [ˈkærɪ ˈəʊvə] *v* vortragen

carte blanche [ˈkɑːt ˈblɒʃ] *sb* Blankovollmacht *f*, Carte blanche *f*

cartel [kɑːˈtel] *sb* Kartell *n*

cartel act [kɑːˈtel ækt] *sb* Kartellgesetz *n*

cartel authority [kɑːˈtel ɔːˈθɒrɪtɪ] *sb* Kartellbehörde *f*

cartel law [kɑːˈtel lɔː] *sb* Kartellgesetz *n*

cartel to be registered [kɑːˈtel tu biː ˈredʒɪstəd] *sb* genehmigungspflichtiges Kartell *n*

carton [ˈkɑːtən] *sb* Karton *m*, Pappschachtel *f*

cascade tax [kæˈskeɪd tæks] *sb* Kaskadensteuer *f*, Mehrphasensteuer *f*

case [keɪs] *sb* **1.** *(packing ~)* Kiste *f*; *(display ~)* Vitrine *f*, Schaukasten *m*; **2.** *(situation)* Angelegenheit *f*, Fall *m*; **3.** *(court ~)* Prozess *m*

cash [kæʃ] *sb* **1.** Bargeld *n;* **2.** ~ *on delivery* per Nachnahme; *adj* **3.** bar; *v* **4.** einlösen, einkassieren

cash accountancy [kæʃ ə'kaʊntənsɪ] *sb* Kassenhaltung *f*

cash against documents (c. a. d.) [kæʃ ə'genst 'dɒkjʊmənts] *sb* Zahlung gegen Dokumente (c.a.d.) *f*

cash and carry [kæʃ ænd 'kærɪ] *sb* Cash & Carry (C & C) *n*, Abholmarkt *m*

cash-and-carry clause [kæʃənd'kærɪ klɔːz] *sb* Cash-and-carry-Klausel *f*

cash assets [kæʃ 'æsets] *pl* Barvermögen *n*

cash audit [kæʃ 'ɔːdɪt] *sb* Kassenrevision *f*

cash-based ['kæʃbeɪst] *adj* pagatorisch

cash basis of accounting [kæʃ 'beɪsɪs əv ə'kaʊntɪŋ] *sb* Geldrechnung *f*

cash book ['kæʃ bʊk] *sb* Kassenbuch *n*

cash card ['kæʃ kɑːd] *sb* Bankautomatenkarte *f*, Geldautomatenkarte *f*

cash cheque ['kæʃ tʃek] *sb* (UK) Barscheck *m*

cash contribution [kæʃ kɒntrɪ'bjuːʃən] *sb* Bareinlage *f*

cash cover [kæʃ 'kʌvə] *sb* Bardeckung *f*

cash cow [kæʃ kaʊ] *sb* Cashcow *f*, ertragsstarkes Produkt *n*

cash credit [kæʃ 'kredɪt] *sb* Kassenkredit *m*, Barkredit *m*

cash deposit [kæʃ dɪ'pɒzɪt] *sb* Bardepot *n*, Bareinlage *f*

cash desk ['kæʃ desk] *sb* Kasse *f*

cash discount [kæʃ 'dɪskaʊnt] *sb* Barzahlungsrabatt *m*, Skonto *n*

cash dispenser [kæʃ dɪs'pensə] *sb* Geldautomat *m*

cash dividend [kæʃ 'dɪvɪdend] *sb* Bardividende *f*

cash flow [kæʃ fləʊ] *sb* Cash-Flow *m;* ~ *problems* Liquiditätsprobleme *n/pl*

cashier [kæ'ʃɪə] *sb* **1.** Kassierer(in) *m/f;* **2.** ~*'s check (US)* Bankscheck *m*

cash in [kæʃ 'ɪn] *v* ~ *on sth* aus etw Kapital schlagen

cash in advance (c. i. a.) [kæʃ ɪn əd'vɑːns] *sb* Vorauszahlung (c.i.a.) *f*

cash in hand ['kæʃ ɪn hænd] *sb* **1.** Bargeldbestand *m*, Kassenbestand *m; adj* **2.** (fam) bar auf die Hand

cash inpayment [kæʃ 'ɪnpeɪmənt] *sb* Bareinzahlung *f*

cashless checkout systems ['kæʃlɪs 'tʃekaʊt 'sɪstɪmz] *pl* bargeldlose Kassensysteme *n/pl*

cashless payments ['kæʃlɪs 'peɪmənts] *pl* bargeldloser Zahlungsverkehr *m*, Girogeschäft *n*

cash letter of credit [kæʃ 'letə əv 'kredɪt] *sb* Bar-Akkreditiv *n*

cash loss payment [kæʃ lɒs 'peɪmənt] *sb* Bareinschuss *m*

cash on delivery (c. o. d.) [kæʃ ɒn dɪ'lɪvərɪ] *sb* (Lieferung gegen) Nachnahme *f*, Zahlung per Nachnahme *f*, Cash on delivery (c.o.d.)

cash on shipment (c. o. s.) [kæʃ ɒn 'ʃɪpmənt] *sb* zahlbar bei Verschiffung (c.o.s.)

cash payment [kæʃ 'peɪmənt] *sb* Barzahlung *f*

cash point ['kæʃ pɔɪnt] *sb* Kasse *f*

cash purchase [kæʃ 'pɜːtʃɪs] *sb* Barkauf *m*

cash receipt [kæʃ rɪ'siːt] *sb* Kassenquittung *f*

cash sale [kæʃ seɪl] *sb* Barverkauf *m*

cash transactions [kæʃ træn'zækʃənz] *pl* Bargeschäft *n*, Kassageschäft *n*

cash transfer [kæʃ 'trænsfɜː] *sb* Barüberweisung *f*

cash with order (c. w. o.) [kæʃ wɪθ 'ɔːdə] *sb* Zahlung bei Auftragserteilung (c.w.o.)

casualty insurance ['kæʒʊəltɪ ɪn'sʊərəns] *sb* Schadensversicherung *f*

catalogue-based purchase ['kætəlɒg beɪst 'pɜːtʃɪs] *sb* Katalogkauf *m*

catalogue ['kætəlɒg] *v* **1.** katalogisieren; *sb* **2.** Katalog *m*, Verzeichnis *n*

catalytic converter [kætə'lɪtɪk kən'vɜːtə] *sb* Katalysator *m*

category of goods ['kætɪgərɪ əv 'gʊdz] *sb* Gütergruppe *f*, Güterkategorie *f*

cause [kɔːz] *v* **1.** verursachen, anstiften, bewirken; ~ *s.o. to do sth* jdn veranlassen, etw zu tun; *sb* **2.** Ursache *f;* ~ *and effect* Ursache und Wirkung

caution ['kɔːʃən] *v* **1.** warnen; (officially) verwarnen; *sb* **2.** Vorsicht *f*, *treat with ~* mit Vorsicht behandeln

cautionary land charge ['kɔːʃənərɪ lænd tʃɑːdʒ] *sb* Sicherungsgrundschuld *f*

cautionary mortgage ['kɔːʃənərɪ 'mɔːɡɪdʒ] *sb* Sicherungshypothek *f*

CD-I [siːdiːˈaɪ] *sb* CD-I *f*

CD-ROM [siːdiːˈrɒm] *sb* CD-ROM *f*

cease [siːs] *v* **1.** aufhören, enden; **2.** *(payments)* einstellen

ceiling ['siːlɪŋ] *sb* Plafond *m*

ceiling rate ['siːlɪŋ reɪt] *sb* Höchstzinssatz *m*

cellular phone ['seljʊlə fəʊn] *sb (US)* Mobiltelefon *n*, Handy *n*

centigrade ['sentɪɡreɪd] *adj degrees* ~ Grad Celsius

centimetre ['sentɪmiːtə] *sb* Zentimeter *m*

central bank ['sentrəl bæŋk] *sb* Zentralbank *f*, Notenbank *f*

Central Bank Council ['sentrəl bæŋk 'kaʊnsəl] *sb* Zentralbankrat *m*

central bank money ['sentrəl bæŋk 'mʌnɪ] *sb* Zentralbankgeld *n*

central credit institution ['sentrəl 'kredɪt ɪnstɪˈtjuːʃən] *sb* Zentralkasse *f*

central depository for securities ['sentrəl dɪˈpɒzɪtərɪ fɔː səˈkjʊərɪtɪz] *sb* Wertpapiersammelbank *f*

central giro institution ['sentrəl 'dʒaɪrəʊ ɪnstɪˈtjuːʃən] *sb* Girozentrale *f*

central rate ['sentrəl reɪt] *sb* Leitkurs *m*

centralization [sentrəlaɪˈzeɪʃən] *sb* Zentralisierung *f*, Zentralisation *f*

centralize ['sentrəlaɪz] *v* zentralisieren

centralized purchasing ['sentrəlaɪzd 'pɜːtʃəsɪŋ] *sb* Zentraleinkauf *m*

CEO [siːiːˈəʊ] *sb (US: chief executive officer)* Generaldirektor(in) *m/f*, Vorstandsvorsitzende(r) *f/m*

certificate [səˈtɪfɪkət] *sb* Bescheinigung *f*, Attest *n*, Urkunde *f*, Zertifikat *n*

certificate of audit [səˈtɪfɪkət əv 'ɔːdɪt] *sb* Prüfungsvermerk *m*

certificate of deposit [səˈtɪfɪkɪt əv dɪˈpɒzɪt] *sb* Einlagenzertifikat *n*

certificate of employment [səˈtɪfɪkət əv ɪmˈplɔɪmənt] *sb* Arbeitsbescheinigung *f*

certificate of indebtedness [səˈtɪfɪkət əv ɪnˈdetɪdnəs] *sb* Schuldschein *m*, Schuldbrief *m*

certificate of inheritance [səˈtɪfɪkət əv ɪnˈherɪtəns] *sb* Erbschein *m*

certificate of insurance (C/I) [səˈtɪfɪkət əv ɪnˈʃʊərəns] *sb* Versicherungszertifikat (C/I) *n*

certificate of origin [səˈtɪfɪkət əv 'ɒrɪdʒɪn] *sb* Ursprungszeugnis *n*, Ursprungszertifikat *n*, Herkunftsnachweis *m*

certificate of pledge [səˈtɪfɪkət əv pledʒ] *sb* Pfandschein *m*

certificate of shipment [səˈtɪfɪkət əv 'ʃɪpmənt] *sb* Ladeschein *m*

certificate of warranty [səˈtɪfɪkət əv 'wɒrəntɪ] *sb* Garantiekarte *f*

certificated land charge [səˈtɪfɪkeɪtɪd lænd tʃɑːdʒ] *sb* Briefgrundschuld *f*

certificated mortgage [səˈtɪfɪkeɪtɪd 'mɔːɡɪdʒ] *sb* Briefhypothek *f*

certification [sɜːtɪfɪˈkeɪʃən] *sb* Bescheinigung *f*, Beurkundung *f*, Beglaubigung *f*

certified ['sɜːtɪfaɪd] *adj* **1.** bescheinigt, bestätigt, beglaubigt; *sb* **2.** ~ *public accountant* amtlich zugelassener Bücherrevisor *m*

certified bonds ['sɜːtɪfaɪd bɒndz] *pl* zertifizierte Bonds *m/pl*

certified cheque ['sɜːtɪfaɪd tʃek] *sb* als gedeckt bestätigter Scheck *m*

certified copy ['sɜːtɪfaɪd 'kɒpɪ] *sb* beglaubigte Abschrift *f*, beglaubigte Kopie *f*

certified letter of credit ['sɜːtɪfaɪd letə əv 'kredɪt] *sb* bestätigtes Akkreditiv *n*

certify ['sɜːtɪfaɪ] *v* bescheinigen, bestätigen, beglaubigen; *this is to* ~ hiermit wird bescheinigt

cessation [seˈseɪʃən] *sb* Einstellung *f*, Ende *n*

cessation of payments [seˈseɪʃən əv 'peɪmənts] *sb* Zahlungseinstellung *f*

cession ['seʃən] *sb* Abtretung *f*, Zession *f*

chain store [tʃeɪn stɔː] *sb (US)* Filialbetrieb *m*, Filiale *f*, Kette *f*

chair [tʃeə] *sb* **1.** *(chairmanship)* Vorsitz *m*; *v* **2.** leiten; ~ *a committee* den Vorsitz über ein Komitee haben

chairman ['tʃeəmən] *sb* Vorsitzender *m*

chairman of the board ['tʃeəmən əv ðə bɔːd] *sb* Vorstandsvorsitzender *m*

chairman of the supervisory board ['tʃeəmən əv ðə suːpəˈvaɪzəri bɔːd] *sb* Aufsichtsratsvorsitzender *m*

chairmanship ['tʃeəmənʃɪp] *sb* Vorsitz *m*

chairwoman ['tʃeəwʊmən] *sb* Vorsitzende *f*

challenge ['tʃælɪndʒ] *v* **1.** anfechten; **2.** in Frage stellen; *sb* **3.** Anfechtung *f*; **4.** Herausforderung *f*

chamber of commerce ['tʃeɪmbər əv 'kɒmɜːs] *sb* Handelskammer *f*

chamber of foreign trade ['tʃeɪmbər əv 'fɒrən treɪd] *sb* Außenhandelskammer *f*

chamber of handicrafts ['tʃeɪmbər əv 'hændɪkrɑːfts] *sb* Handwerkskammer *f*

Chamber of Industry and Commerce ['tʃeɪmbər əv 'ɪndʌstrɪ ænd 'kɒmɜːs] *sb* Industrie- und Handelskammer (IHK) *f*

Chancellor of the Exchequer ['tʃɑːnsələr əv ðiː ɪksˈtʃekə] *sb (UK)* Finanzminister(in) *m/f*

change [tʃeɪndʒ] *sb* **1.** *(money)* Wechselgeld *n*; *(small ~)* Kleingeld *n*; *v* **2.** Wandel *m*; **3.** *(money: into smaller denominations)* wechseln; **4.** *(money: into another currency)* umtauschen

change in plant operation [tʃeɪndʒ ɪn plɑːnt ɒpəˈreɪʃən] *sb* Betriebsänderung *f*

change of shift [tʃeɪndʒ əv ʃɪft] *sb* Schichtwechsel *m*

changeover ['tʃeɪndʒəʊvə] *sb* Umstellungsmaßnahme *f*, Wechsel *m*

channel ['tʃænl] *sb* **1.** Kanal; **2.** official ~s *pl* Dienstweg *m*, amtlicher Weg *m*; *v* **3.** kanalisieren, lenken

channel of distribution ['tʃænl əv dɪstrɪˈbjuːʃən] *sb* Vertriebskanal *m*, Absatzweg *m*, Absatzkanal *m*

channel of information ['tʃænəl əv ɪnfəˈmeɪʃən] *sb* Informationsweg *m*

character ['kærɪktə] *sb (sign)* Zeichen *n*

character reference ['kærɪktə 'refərəns] *sb* Leumundszeugnis *n*, Referenz *f*

charge [tʃɑːdʒ] *v* **1.** ~ s.o. with a task jdn mit einer Arbeit beauftragen; **2.** *(ask in payment)* berechnen, anrechnen; **3.** *(set as the price)* fordern; **4.** ~ s.o. for sth jdn mit etw belasten, jdm etw in Rechnung stellen; **5.** *(arrange to be billed for)* in Rechnung stellen lassen, anschreiben lassen; ~ sth to s.o. etw auf Rechnung eines anderen kaufen; **6.** *(a battery)* laden, aufladen; *sb* **7.** *(official accusation)* Anklage *f*, *(in a civil case)* Klage *f*; press ~s against s.o. *pl* gegen jdn Anzeige erstatten; **8.** *(fee)* Gebühr *f*; free of ~ kostenlos; **9.** in ~ verantwortlich; put s.o. in ~ of sth jdm die Leitung übertragen; Who's in ~ here? Wer ist hier der Verantwortliche?

charge card [tʃɑːdʒ kɑːd] *sb* Kundenkreditkarte *f*

charge levied [tʃɑːdʒ 'leviːd] *sb* Umlage *f*

charge material [tʃɑːdʒ məˈtɪərɪəl] *sb (manufacturing)* Fertigungslos *n*

chargeable to ['tʃɑːdʒəbl tu] *adj* zu Lasten von, auf Kosten von

charge-back ['tʃɑːdʒbæk] *sb* Ausgleichsbuchung *f*

charge-off ['tʃɑːdʒɒf] *sb* Abschreibung *f*

chart [tʃɑːt] *sb* Tabelle *f*; *(diagram)* Schaubild *n*

chart analysis [tʃɑːt əˈnælɪsɪs] *sb* Chartanalyse *f*

chart of accounts [tʃɑːt əv əˈkaʊnts] *sb* Kontenplan *m*

charter ['tʃɑːtə] *sb* **1.** Charter *f*; *v* **2.** *(plane, bus, ship)* chartern, mieten

charter flight ['tʃɑːtə flaɪt] *sb* Charterflug *m*

charter member ['tʃɑːtə 'membə] *sb* Gründungsmitglied *n*

chartered accountant ['tʃɑːtəd əˈkaʊntənt] *sb* Wirtschaftsprüfer(in) *m/f*, Bilanzbuchhalter(in) *m/f*

cheap [tʃiːp] *adj* billig, preiswert

cheapen ['tʃiːpn] *v (price)* herabsetzen, senken, verbilligen

cheapening ['tʃiːpnɪŋ] *sb* Verbilligung *f*, Herabsetzung *f*

cheat [tʃiːt] *v (s.o.)* **1.** betrügen; *sb* **2.** Betrüger *m*, Schwindler *m*

check [tʃek] *v* **1.** *(make sure)* nachprüfen; **2.** *(~ figures)* nachrechnen; **3.** *(examine)* prüfen, kontrollieren, nachsehen; *sb* **4.** *(examination)* Kontrolle *f*, Überprüfung *f*; **5.** *(US: cheque)* Scheck *m*; **6.** *(US: bill)* Rechnung *f*

checker ['tʃekə] *sb* Kontrolleur(in) *m/f*; *(cashier)* Kassierer(in) *m/f*

check in [tʃek ˈɪn] *v* sich anmelden; *(at an airport)* einchecken

checking account [ˈtʃekɪŋ əˈkaʊnt] *sb* (*US*) Girokonto *n*

check list [ˈtʃek lɪst] *sb* Checkliste *f*

checkout scanner [ˈtʃekaʊt ˈskænə] *sb* Scannerkasse *f*

cheque [tʃek] *sb* (*UK*) Scheck *m; pay by* ~ mit Scheck bezahlen

cheque book [ˈtʃek bʊk] *sb* Scheckheft *n*

cheque card [ˈtʃek kɑːd] *sb* Scheckkarte *f*

cheque certification [tʃek sɜːtɪfɪˈkeɪʃən] *sb* Scheckbestätigung *f*

cheque clause [ˈtʃek klɔːz] *sb* Scheckklausel *f*

cheque clearance [tʃek ˈklɪərəns] *sb* Scheckabrechnung *f*

cheque collection [tʃek kəˈlekʃən] *sb* Scheckeinzug *m*

cheque department [tʃek dɪˈpɑːtmənt] *sb* Scheckabteilung *f*

cheque fraud [ˈtʃek frɔːd] *sb* Scheckbetrug *m*

cheque recourse [tʃek rɪˈkɔːs] *sb* Scheckregress *m*

cheque to bearer [tʃek tu ˈbeərə] *sb* Inhaberscheck *m*

cheque to order [tʃek tu ˈɔːdə] *sb* Orderscheck *m*

cheque transactions [tʃek trænˈzækʃənz] *pl* Scheckverkehr *m*

cheque voucher [tʃek ˈvaʊtʃə] *sb* Belegabschnitt *m*

chief accountancy [tʃiːf əˈkaʊntənsɪ] *sb* Hauptbuchhaltung *f*

chief executive officer (CEO) [tʃiːf ɪgˈzekjʊtɪv ˈɒfɪsə] *sb* (*US*) Generaldirektor(in) *m/f*, Vorstandsvorsitzende(r) *f/m*

child allowance [tʃaɪld əˈlaʊəns] *sb* Kinderfreibetrag *m*

child benefit [tʃaɪld ˈbenɪfɪt] *sb* Kindergeld *n*

child-rearing period [ˈtʃaɪldrɪərɪŋ ˈpɪərɪəd] *sb* Erziehungszeit *f*

chip [tʃɪp] *sb* Chip *m*

choice [tʃɔɪs] *sb* **1.** *(variety to choose from)* Auswahl *f;* **2.** *(chance to choose, act of choosing)* Wahl *f;* **3.** *make a* ~, *take one's* ~ wählen, eine Wahl treffen; **4.** *(thing chosen)* Wahl *f*, Option *f*

choice of location [tʃɔɪs əv ləʊˈkeɪʃən] *sb* Standortwahl *f*

circular [ˈsɜːkjʊlə] *sb* (*letter*) Rundschreiben *n*

circular to shareholders [ˈsɜːkjʊlə tu ˈʃeəhəʊldəz] *sb* Aktionärsbrief *m*

circulate [ˈsɜːkjʊleɪt] *v* (*blood, money*) fließen; (*news: get around*) in Umlauf sein, kursieren, sich verbreiten

circulation [sɜːkjʊˈleɪʃən] *sb* **1.** Kreislauf *m*, Zirkulation *f; out of* ~ außer Kurs; **2.** *(number of copies sold)* Auflagenziffer *f*

circulation of money [sɜːkjʊˈleɪʃən əv ˈmʌnɪ] *sb* Geldumlauf *m*

circumstances [ˈsɜːkəmstænsɪz] *pl* **1.** Umstände *f/pl; under the* ~ unter diesen Umständen, *under no* ~ auf gar keinen Fall; **2.** *(financial state)* Vermögensverhältnisse *f/pl*

citizenship [ˈsɪtɪzənʃɪp] *sb* Staatsangehörigkeit *f*, Staatsbürgerschaft *f*

civic [ˈsɪvɪk] *adj* bürgerlich, Bürger...

civil [ˈsɪvəl] *adj* zivil, bürgerlich, Zivil...

civil code [ˈsɪvəl kəʊd] *sb* bürgerliches Gesetzbuch *n*

civil engineer [ˈsɪvəl endʒɪˈnɪə] *sb* Bauingenieur(in) *m/f*

civil engineering [ˈsɪvəl endʒɪˈnɪərɪŋ] *sb* Tiefbau *m*

civil law [ˈsɪvəl lɔː] *sb* Zivilrecht *n*

civil partnership [ˈsɪvəl pɑːtnəʃɪp] *sb* Gesellschaft bürgerlichen Rechts (GbR) *f*

civil servant [ˈsɪvəl ˈsɜːvənt] *sb* Beamter/Beamtin *m/f*, Staatsbeamter/Staatsbeamtin *m/f*

civil service [ˈsɪvəl ˈsɜːvɪs] *sb* Staatsdienst *m*

claim [kleɪm] *v* **1.** *(demand)* fordern, Anspruch erheben auf, beanspruchen; *sb* **2.** *(demand)* Anspruch *m*, Forderung *f; lay* ~ *to sth* auf etw Anspruch erheben; **3.** Behauptung *f*

claimable [ˈkleɪməbl] *adj* einforderbar, rückforderbar

claimant [ˈkleɪmənt] *sb* (*by application*) Antragsteller(in) *m/f*

claim for damages [kleɪm fɔː ˈdæmɪdʒɪz] *sb* Schadenersatzansprüche *m/pl*, Schadensforderungen *f/pl*

claim for return [kleɪm fɔː rɪ'tɜːn] *sb* Herausgabeanspruch *m*

claim in default [kleɪm ɪn də'fɔːlt] *sb* Not leidende Forderung *f*

class of goods ['klɑːs əv gʊdz] *sb* Warenart *f*, Klasse *f*

classified advertisements ['klæsɪfaɪd əd'vɜːtɪsmənts] *pl* Kleinanzeigen *f/pl*

classified directory ['klæsɪfaɪd daɪ-'rektərɪ] *sb* Branchenverzeichnis *n*

classify ['klæsɪfaɪ] *v* klassifizieren, einteilen, einstufen

clause [klɔːz] *sb* Klausel *f*

clean bill of lading [kliːn bɪl əv 'leɪdɪŋ] *sb* reines Konossement *n*

clean factoring [kliːn 'fæktərɪŋ] *sb* echtes Factoring *n*

clear [klɪə] *v (approve)* abfertigen; ~ *sth through customs* etw zollamtlich abfertigen

clear off [klɪər 'ɒf] *v* **1.** *(debt)* zurückzahlen; **2.** *(mortgage)* abzahlen

clear up [klɪər 'ʌp] *v (a point, a situation)* klären, bereinigen, ausräumen

clearance ['klɪərəns] *sb* **1.** *(go-ahead)* Freigabe *f*; **2.** *(by customs)* Abfertigung *f*; **3.** *(of a debt)* volle Bezahlung *f*

clearance sale ['klɪərəns seɪl] *sb* Ausverkauf *m*, Räumungsverkauf *m;* (*end-of-season ~)* Schlussverkauf *m*

clearing bank ['klɪərɪŋ bæŋk] *sb* Clearingbank *f*, Verrechnungsbank *f*

clearing house ['klɪərɪŋ haʊs] *sb* Abrechnungsstelle *f*

clearing system ['klɪərɪŋ 'sɪstɪm] *sb* Abrechnungsverkehr *m*, Gironetz *n*

clearing unit ['klɪərɪŋ 'juːnɪt] *sb* Verrechnungseinheit *f*

clerical work ['klerɪkl wɜːk] *sb* Büroarbeit *f*

clerk [klɑːk] *sb* **1.** *(office ~)* Büroangestellte(r) *f/m*, kaufmännische(r) Angestellte(r) *f/m;* **2.** *(US: shop assistant)* Verkäufer(in) *m/f*

client ['klaɪənt] *sb* Kunde/Kundin *m/f*, Auftraggeber(in) *m/f;* (*of a solicitor)* Klient(in) *m/f;* (*of a barrister)* Mandant(in) *m/f*

client base ['klaɪənt beɪs] *sb* Kundenstamm *m*

clientele [kliːɒnˈtel] *sb* Kundschaft *f*, Kundenkreis *m*

climb [klaɪm] *v (prices)* steigen, klettern

clock off [klɒk 'ɒf] *v* stempeln (wenn man die Arbeit verlässt)

clock on [klɒk 'ɒn] *v* stempeln (wenn man zur Arbeit kommt)

close [kləʊz] *v* **1.** *(sth)* zumachen, schließen, verschließen; **2.** *(a deal)* abschließen; **3.** *(bring to an end)* schließen, beendigen; *sb* **4.** Ende *n*, Schluss *m; bring to a* ~ abschließen, beendigen

close down [kləʊz 'daʊn] *v* schließen, einstellen, beenden

close off [kləʊz 'ɒf] *v* abbuchen

closed-end real estate fund [kləʊzd-end rɪəl ɪ'steɪt fʌnd] *sb* geschlossener Immobilienfonds *m*

close of stock exchange business [kləʊz əv stɒk ɪk'stʃeɪndʒ 'bɪznɪs] *sb* Börsenschluss *m*

closed shop principle [kləʊzd ʃɒp 'prɪnsɪpəl] *sb* Closed-Shop-Prinzip *n*

closing balance ['kləʊzɪŋ 'bæləns] *sb* Schlussbilanz *f*

closing date ['kləʊzɪŋ deɪt] *sb* letzter Termin *m*, letzter Tag *m*

closing price ['kləʊzɪŋ praɪs] *sb* Schlusskurs *m*, Schlussnotierung *f*

closing time ['kləʊzɪŋ taɪm] *sb* Geschäftsschluss *m*, Büroschluss *m*, Ladenschluss *m*

closure ['kləʊʒə] *sb* Schließung *f*, Schließen *n*, Stilllegung *f*, Schluss *m*

cloud [klaʊd] *sb (data)* Cloud *f*, Datenwolke *f*

cloud-based ['klaʊdbæsd] *adj (IT)* cloudbasiert

code [kəʊd] *v* **1.** kodieren; *sb* Gesetzbuch *n*, Kodex *m;* **2.** *(of a computer)* Code *m*

code number [kəʊd 'nʌmbə] *sb* Kennzahl *f*

Code of Civil Procedure [kəʊd əv 'sɪvəl prə'siːdjə] *sb* Zivilprozessordnung (ZPO) *f*

codeword ['kəʊdwɜːd] *sb* Passwort *n*, Kodewort *n*, Kennwort *n*

co-contractor [kəʊkən'træktə] *sb* Mitunternehmer(in) *m/f*

co-entrepreneur [kəʊɒntrəprə'nɜː] *sb* Mitunternehmer(in) *m/f*

coin [kɔɪn] *sb* Münze *f*, Geldstück *n*

cold call [kəʊld kɔːl] *sb* Telefonaktion zur Werbung von Neukunden *f*

cold storage lorry [kəʊld ˈstɔːrɪdʒ ˈlɒrɪ] *sb* Kühlwagen *m*

collaborate [kəˈlæbəreɪt] *v* zusammenarbeiten, mitarbeiten

collaboration [kəlæbəˈreɪʃən] *sb* Zusammenarbeit *f*, Mitarbeit *f*

collaborator [kəˈlæbəreɪtə] *sb (associate)* Mitarbeiter(in) *m/f*

collapse [kəˈlæps] *sb* **1.** Kollaps *m*; **2.** *(price)* Preissturz *m*

collapse of prices [kəˈlæps əv ˈpraɪsɪz] *sb* Kurszusammenbruch *m*

collateral [kəˈlætərəl] *sb* Pfand *n*, Sicherheit *f*, Kreditsicherheit *f*

collateral credit [kəˈlætərəl ˈkredɪt] *sb* Lombardkredit *m*

collateral deposit [kəˈlætərəl dɪˈpɒzɪt] *sb* Lombarddepot *n*

collateral guarantee [kəˈlætərəl gærənˈtiː] *sb* Nachbürgschaft *f*

collateral holdings [kəˈlætərəl ˈhəʊldɪŋz] *pl* Lombard *m*

collateral loan business [kəˈlætərəl ləʊn ˈbɪznɪs] *sb* Lombardgeschäft *n*

colleague [ˈkɒliːg] *sb* Kollege/Kollegin *m/f*, Mitarbeiter(in) *m/f*

collect [kəˈlekt] *v* **1.** *(accumulate)* sich ansammeln, sich sammeln; **2.** *(get payment)* kassieren, einkassieren; **3.** *(taxes)* einnehmen, einziehen; **4.** *(debts)* einziehen

collect call [kəˈlekt kɔːl] *sb (US)* R-Gespräch *n*

collecting society [kəˈlektɪŋ səˈsaɪətɪ] *sb* Verwertungsgesellschaft *f*

collection [kəˈlekʃən] *sb* **1.** *(line of fashions)* Kollektion *f*; **2.** *(assortment)* Sortiment *n*, Ansammlung *f*; **3.** *(of taxes)* Einziehen *n*; **4.** *(of debts)* Eintreiben *n*, Inkasso *n*

collection business [kəˈlekʃən ˈbɪznɪs] *sb* Inkassogeschäft *n*, Einziehungsgeschäft *n*

collection commission [kəˈlekʃən kəˈmɪʃən] *sb* Inkassoprovision *f*

collection department [kəˈlekʃən dɪˈpɑːtmənt] *sb* Inkasso-Abteilung *f*

collection fee [kəˈlekʃən fiː] *sb* Inkassogebühr *f*

collection of bills of exchange [kəˈlekʃən əv bɪlz əv ɪkˈstʃeɪndʒ] *sb* Wechselinkasso *n*

collection on delivery (c.o.d.) [kəˈlekʃən ɒn dəˈlɪvərɪ] *sb* Zahlung gegen Nachnahme (c.o.d.) *f*

collection procedure [kəˈlekʃən prəˈsiːdʒə] *sb* Einzugsermächtigungsverfahren *n*

collection receipt [kəˈlekʃən rɪˈsiːt] *sb* Einzugsquittung *f*

collective [kəˈlektɪv] *adj* Kollektiv..., Gemeinschafts...

collective account [kəˈlektɪv əˈkaʊnt] *sb* Sammelkonto *n*

collective agreement [kəˈlektɪv əˈgriːmənt] *sb* Tarifvertrag *m*

collective bargaining [kəˈlektɪv ˈbɑːgənɪŋ] *sb* Tarifverhandlungen *f/pl*

collective bill [kəˈlektɪv bɪl] *sb* Sammeltratte *f*

collective debt register claim [kəˈlektɪv det ˈredʒɪstə kleɪm] *sb* Sammelschuldbuchforderung *f*

collective deposit [kəˈlektɪv dɪˈpɒzɪt] *sb* Sammeldepot *n*

collective order [kəˈlektɪv ˈɔːdə] *sb* Sammelauftrag *m*

collective property [kəˈlektɪv ˈprɒpətɪ] *sb* Gemeinschaftseigentum *n*

collective saving [kəˈlektɪv ˈseɪvɪŋ] *sb* Kollektivsparen *n*

collective transport [kəˈlektɪv ˈtrænspɔːt] *sb* Sammeltransport *m*

combat [ˈkɒmbæt] *v (sth)* bekämpfen, kämpfen gegen

combating rising costs [ˈkɒmbætɪŋ ˈraɪsɪŋ kɒsts] *adj* kostendämpfend

combination [kɒmbɪˈneɪʃən] *sb* **1.** Verbund *m*, Verbindung *f*; **2.** Konzern *m*, Kartell *n*

combine [ˈkɒmbaɪn] *sb* **1.** Konzern *m*; [kəmˈbaɪn] *v* **2.** kombinieren, verbinden, vereinigen

combined bank transfer [kəmˈbaɪnd bæŋk ˈtrænsfɜː] *sb* Sammelüberweisung *f*

come down [kʌm ˈdaʊn] *v irr (prices)* sinken, heruntergehen

come off [kʌm ˈɒf] *v irr* **1.** *(take place)* stattfinden; **2.** ~ *successfully* erfolgreich verlaufen; **3.** ~ *well/badly* gut/schlecht abschneiden

come out [kʌm ˈaʊt] *v irr* ~ *on the market* erscheinen, herauskommen

commencement of bankruptcy proceedings [kəˈmensmənt əv ˈbæŋkrʌpsɪ prəˈsiːdɪŋz] *sb* Konkurseröffnung *f*

comment [ˈkɒment] *sb* ~ *on* Stellungnahme *f*, Kommentar *m*

commerce [ˈkɒmɜːs] *sb* Handel *m*, Handelsverkehr *m*

commercial [kəˈmɜːʃəl] *adj* **1.** kommerziell, kaufmännisch, geschäftlich; *sb* **2.** *(advertisement)* Werbespot *m*

commercial agency [kəˈmɜːʃəl ˈeɪdʒənsɪ] *sb* Handelsvertretung *f*, Auskunftei *f*

commercial agent [kəˈmɜːʃəl ˈeɪdʒənt] *sb* Handelsvertreter(in) *m/f*

commercial balance sheet [kəˈmɜːʃəl ˈbæləns ʃiːt] *sb* Handelsbilanz *f*

commercial bank [kəˈmɜːʃəl bæŋk] *sb* Handelsbank *f*, Geschäftsbank *f*, Kreditbank *f*

commercial bill [kəˈmɜːʃəl bɪl] *sb* Warenwechsel *m*, Handelswechsel *m*

commercial book [kəˈmɜːʃəl bʊk] *sb* Handelsbuch *n*

commercial broker [kəˈmɜːʃəl ˈbrəʊkə] *sb* Handelsmakler *m*

Commercial Code [kəˈmɜːʃəl kəʊd] *sb* Handelsgesetzbuch (HGB) *n*

commercial credit [kəˈmɜːʃəl ˈkredɪt] *sb* Handelskredit *m*, Warenkredit *m*

commercial enterprise [kəˈmɜːʃəl ˈentəpraɪz] *sb* Handelsgewerbe *n*, Handelsbetrieb *m*

commercial instruments to order [kəˈmɜːʃəl ˈɪnstrʊmənts tu ˈɔːdə] *pl* kaufmännische Orderpapiere *n/pl*

commercial invoice [kəˈmɜːʃəl ˈɪnvɔɪs] *sb* Handelsfaktura *f*, Handelsrechnung *f*

commercial law [kəˈmɜːʃəl lɔː] *sb* Handelsrecht *n*

commercial letter of credit [kəˈmɜːʃəl ˈletər əv ˈkredɪt] *sb* Handelskreditbrief *m*, Akkreditiv (L/C) *n*

commercial paper [kəˈmɜːʃəl ˈpeɪpə] *sb* Commercial Paper *n*

commercial papers [kəˈmɜːʃəl ˈpeɪpəz] *pl* Geschäftspapier *n*, Handelspapiere *n/pl*

commercial policy [kəˈmɜːʃəl ˈpɒlɪsɪ] *sb* Handelspolitik *f*

commercial power of attorney [kəˈmɜːʃəl ˈpaʊə əv əˈtɜːnɪ] *sb* Handlungsvollmacht *f*

commercial principle [kəˈmɜːʃəl ˈprɪnsɪpəl] *sb* erwerbswirtschaftliches Prinzip *n*

commercial register [kəˈmɜːʃəl ˈredʒɪstə] *sb* Handelsregister *n*

commercial sample [kəˈmɜːʃəl ˈsɑːmpəl] *sb* Warenmuster *n*

commercial transactions [kəˈmɜːʃəl trænˈzækʃənz] *pl* Handelsgeschäfte *n/pl*

commercialism [kəˈmɜːʃəlɪzəm] *sb* Kommerz *m*, Kommerzialisierung *f*

commercialize [kəˈmɜːʃəlaɪz] *v* kommerzialisieren, vermarkten

commission [kəˈmɪʃən] *v* **1.** *(a person)* beauftragen; *(a thing)* in Auftrag geben; **2.** ~ *s.o. to do sth* jdn damit beauftragen, etw zu tun; *sb* **3.** ~ *to do sth* Auftrag *m*; *(form of pay)* Provision *f*, Kommission *f*; **4.** out of ~ außer Betrieb; **5.** *(committee)* Kommission *f*, Ausschuss *m*

commission agent [kəˈmɪʃən ˈeɪdʒənt] *sb* Kommissionär *m*

commission-bearing account [kəˈmɪʃənbeərɪŋ əˈkaʊnt] *sb* provisionspflichtiges Konto *n*

commission business [kəˈmɪʃən ˈbɪznɪs] *sb* Kommissionsgeschäft *n*

commission fee [kəˈmɪʃən fiː] *sb* Provisionsgebühr *f*

commission for acceptance [kəˈmɪʃən fɔː əkˈseptəns] *sb* Akzeptprovision *f*

commission-free account [kəˈmɪʃənfriː əˈkaʊnt] *sb* provisionsfreies Konto *n*

commission guarantee [kəˈmɪʃən gærənˈtiː] *sb* Provisionsgarantie *f*

Commission of the European Union [kəˈmɪʃən əv ðə jʊərəˈpɪən ˈjuːnjən] *sb* EU-Kommission *f*

commission on bank guarantee [kəˈmɪʃən ɒn bæŋk gærənˈtiː] *sb* Aval-Provision *f*

commission on turnover [kəˈmɪʃən ɒn ˈtɜːnəʊvə] *sb* Umsatzprovision *f*

commission payment [kəˈmɪʃən ˈpeɪmənt] *sb* Provisionszahlung *f*

commission trade [kəˈmɪʃən treɪd] *sb* Kommissionshandel *m*

commissioner [kəˈmɪʃənə] *sb* Bevollmächtigte(r) *f/m*

commissioning [kə'mıʃənıŋ] *sb* **1.** Auftragsvergabe *f;* **2.** Inbetriebnahme *f*

commitment [kə'mıtmənt] *sb* **1.** Engagement *n;* **2.** Verpflichtung *f;* **3.** Termin *m*

commitment fee [kə'mıtmən fi:] *sb* Bereitstellungskosten *pl*

committee of inspection [kə'mıtı əv ın'spekʃən] *sb* Gläubigerausschuss *m*

commodities [kə'mɒdıtız] *pl* **1.** *manufactured* ~ Bedarfsartikel *m/pl;* **2.** *(raw materials)* Rohstoffe *m/pl,* Commodities *f/pl*

commodities cartel [kə'mɒdıtız kɑː'tel] *sb* Rohstoffkartell *n*

commodity [kə'mɒdıtı] *sb* Ware *f,* Artikel *m*

commodity exchange [kə'mɒdıtı ıks-'tʃeındʒ] *sb* Warenbörse *f*

commodity forward trading [kə'mɒdıtı 'fɔːwəd 'treıdıŋ] Warenterminhandel *m*

commodity forward transaction [kə'mɒdıtı 'fɔːwəd træn'zækʃən] *sb* Rohstoffmarkt *m*

commodity futures [kə'mɒdıtı 'fjuːtʃəz] *pl* Commodity Futures *n/pl*

commodity futures exchange [kə'mɒdıtı 'fjuːtʃəz ıks'tʃeındʒ] *sb* Warenterminbörse *f*

commodity futures trading [kə'mɒdıtı 'fjuːtʃəz 'treıdıŋ] *sb* Warenterminngeschäft *n*

commodity market [kə'mɒdıtı 'mɑːkıt] *sb* Gütermarkt *m*

commodity restriction scheme [kə'mɒdıtı rı'strıkʃən skiːm] *sb* Quotenkartell *n*

commodity securities [kə'mɒdıtı sı'kjʊərıtız] *pl* Warenwertpapiere *n/pl*

common debtor ['kɒmən 'detə] *sb* Gemeinschaftsschuldner *m*

common law ['kɒmən lɔː] *sb* Gewohnheitsrecht *n*

common market ['kɒmən 'mɑːkıt] *sb* gemeinsamer Markt *m*

communicate [kə'mjuːnıkeıt] *v* **1.** *(with one another)* kommunizieren, sich verständigen; **2.** *(news, ideas)* vermitteln, übermitteln, mitteilen

communication medium [kəmjuːnı-'keıʃən miː'dıəm] *pl* Kommunikationsmittel *n,* Kommunikationsmedium *n*

communism ['kɒmjʊnızm] *sb* Kommunismus *m*

community [kə'mjuːnıtı] *sb* Gemeinde *f,* Gemeinschaft *f*

community of heirs [kə'mjuːnıtı əv eəz] *sb* Erbengemeinschaft *f*

community of interests [kə'mjuːnıtı əv 'ıntrısts] *sb* Interessengemeinschaft (IG) *f*

community of property [kə'mjuːnıtı əv 'prɒpətı] *sb* Gütergemeinschaft *f*

commute [kə'mjuːt] *v* **1.** *(travel back and forth)* pendeln; **2.** *(a right)* umwandeln

commuter [kə'mjuːtə] *sb* Pendler(in) *m/f*

commuting accident [kə'mjuːtıŋ 'æksıdənt] *sb* Wegeunfall *m*

compact ['kɒmpækt] *sb* *(agreement)* Vereinbarung *f,* Abmachung *f*

Companies Act ['kʌmpənız ækt] *sb* Aktiengesetz *n*

company ['kʌmpənı] *sb* *(firm)* Firma *f,* Unternehmen *n,* Gesellschaft *f*

company account ['kʌmpənı ə'kaʊnt] *sb* Firmenkonto *n*

company assets ['kʌmpənı 'æsets] *pl* Gesellschaftsvermögen *n*

company audit ['kʌmpənı 'ɔːdıt] *sb* Unternehmensprüfung *f,* Betriebsprüfung *f*

company board ['kʌmpənı bɔːd] *sb* Aufsichtsrat *m,* Verwaltungsrat *m*

company car ['kʌmpənı kɑː] *sb* Firmenwagen, Dienstwagen *m*

company law ['kʌmpənı lɔː] *sb* Aktienrecht *n,* Firmenrecht *n*

company limited by shares ['kʌmpənı 'lımıtıd baı ʃeəz] *sb* Kapitalgesellschaft *f*

company merger ['kʌmpənı 'mɜːdʒə] *sb* Firmenzusammenschluss *m,* Fusion *f*

company name ['kʌmpənı neım] *sb* Firmenname *m*

company objective ['kʌmpənı əb-'dʒektıv] *sb* Unternehmensziel *n*

company pension ['kʌmpənı 'penʃən] *sb* Betriebsrente *f*

company philosophy ['kʌmpənı fı'lɒsəfı] *sb* Unternehmensphilosophie *f*

company planning ['kʌmpənı 'plænıŋ] *sb* Unternehmensplanung *f*

company policy [ˈkʌmpənɪ ˈpɒlɪsɪ] *sb* Unternehmenspolitik *f*
company profile [ˈkʌmpənɪ ˈprəʊfaɪl] *sb* Unternehmensprofil *n*, Firmenportrait *n*
company profit [ˈkʌmpənɪ ˈprɒfɪt] *sb* Unternehmensgewinn *m*
company register [ˈkʌmpənɪ ˈredʒɪstə] *sb* Firmenregister *n*
company stability [ˈkʌmpənɪ stəˈbɪlɪtɪ] *sb* Firmenbeständigkeit *f*
company tax [ˈkʌmpənɪ tæks] *sb* Gesellschaftssteuer *f*
company-owned shares [ˈkʌmpənɪəʊnd ʃeəz] *pl* eigene Aktien *f/pl*
company's bank [ˈkʌmpənɪz bæŋk] *sb* Hausbank *f*
company's debts [ˈkʌmpənɪz dets] *pl* Gesellschaftsschulden *f/pl*
comparative balance sheet [kəmˈpærɪtɪv ˈbæləns ʃiːt] *sb* Vergleichsbilanz *f*
comparison [kəmˈpærɪsən] *sb* Vergleich *m; in ~ with* im Vergleich zu; *by way of ~* vergleichsweise
comparison of prices [kəmˈpærɪsən əv ˈpraɪsɪz] *sb* Kursvergleich *m*
compatibility [kəmpætəˈbɪlɪtɪ] *sb* Kompatibilität *f*, Vereinbarkeit *f*
compensate [ˈkɒmpenseɪt] *v* **1.** *(recompense)* entschädigen; **2.** *(US: pay in wages)* bezahlen; **3.** *~ for (in money, in goods)* ersetzen, vergüten, wettmachen; **4.** *~ a loss* jdm einen Verlust ersetzen
compensating item [ˈkɒmpenseɪtɪŋ ˈeɪtəm] *sb* Ausgleichsposten *m*
compensation [kɒmpenˈseɪʃən] *sb* **1.** *(damages)* Entschädigung *f*, Ersatz *m*, Schadenersatz *m;* **2.** *in ~* als Entschädigung; **3.** *(settlement)* Abfindung *f*, Kompensation *f*, Verrechnung *f;* **4.** *(US: pay)* Vergütung *f*, Entgelt *n*
compensation for loss suffered [kɒmpenˈseɪʃən fɔː lɒs ˈsʌfəd] *sb* Schadensersatz *m*
compensation fund [kɒmpenˈseɪʃən fʌnd] *sb* Ausgleichsfonds *m*
compensation offer [kɒmpenˈseɪʃən ɒfə] *sb* Abfindungsangebot *n*
compensation payment [kɒmpenˈseɪʃən ˈpeɪmənt] *sb* Ausgleichszahlung *f*

compensatory pricing [kɒmpenˈsəɪtərɪ ˈpraɪsɪŋ] *sb* Mischkalkulation *f*
compete [kəmˈpiːt] *v* konkurrieren, in Wettstreit treten
competence [ˈkɒmpətəns] *sb* **1.** Fähigkeit *f;* **2.** *(authority, responsibility)* Kompetenz *f*, Zuständigkeit *f*
competence to decide [ˈkɒmpətəns tu dɪˈsaɪd] *sb* Entscheidungskompetenz *f*
competent [ˈkɒmpɪtənt] *adj* **1.** *(responsible)* zuständig; **2.** *(witness)* zulässig
competing firm [kəmˈpiːtɪŋ fɜːm] *sb* Konkurrenzfirma *f*, konkurrierende Firma *f*
competition [kɒmpəˈtɪʃən] *sb* **1.** Konkurrenz *f;* **2.** *to be in ~ with s.o.* mit jdm konkurrieren, mit jdm wetteifern; **3.** *a ~* Wettbewerb *m*, Wettkampf *m;* **4.** *(write-in contest)* Preisausschreiben *n*
competition supervisory office [kɒmpəˈtɪʃən suːpəˈvaɪzərɪ ˈɒfɪs] *sb* Wettbewerbsaufsicht *f*
competitive [kəmˈpetɪtɪv] *adj* **1.** *(able to hold its own)* konkurrenzfähig, wettbewerbsfähig; **2.** *(nature, person)* vom Konkurrenzdenken geprägt; **3.** *(industry, market)* mit starker Konkurrenz
competitive advantage [kəmˈpetɪtɪv ədˈvɑːntɪdʒ] *sb* Wettbewerbsvorteil *m*
competitive policy [kəmˈpetətɪv ˈpɒlɪsɪ] *sb* Wettbewerbspolitik *f*
competitiveness [kəmˈpetɪtɪvnəs] *sb* *(of a thing)* Wettbewerbsfähigkeit *f*, Konkurrenzfähigkeit *f*
competitor [kəmˈpetɪtə] *sb* Konkurrent(in) *m/f*, Wettbewerber(in) *m/f*
complain [kəmˈpleɪn] *v* sich beklagen, sich beschweren; *~ about* klagen über
complainant [kəmˈpleɪnənt] *sb* Kläger(in) *m/f*
complaint [kəmˈpleɪnt] *sb* **1.** Reklamation *f*, Beanstandung *f;* **2.** Strafanzeige *f*
complementary goods [kɒmpləˈmentərɪ gʊdz] *pl* komplementäre Güter *pl*
complete [kəmˈpliːt] *v (finish)* beenden, abschließen, absolvieren; *(a form)* ausfüllen; *adj (finished)* fertig
completion [kəmˈpliːʃən] *sb* Fertigstellung *f*, Beenden *n*

C

compliance [kəmˈplaɪəns] *sb* Einhalten *n*, Befolgung *f*

comply [kəmˈplaɪ] *v* **1.** ~ with (a rule) befolgen; **2.** ~ with (a request) nachkommen, entsprechen

component [kəmˈpəʊnənt] *sb* **1.** Bestandteil *m*; Komponente *f*; **2.** (technical ~) Bauelement *n*

composition proceedings [kɒmpəˈzɪʃən prəˈsiːdɪŋz] *pl* Ausgleichsverfahren *n*, Vergleichsverfahren *n*

compound interest [ˈkɒmpaʊnd ˈɪntrəst] *sb* Zinseszins *m*

comprehensive insurance [kɒmprɪˈhensɪv ɪnˈʃʊərəns] *sb* Vollkaskoversicherung *f*

compromise [ˈkɒmprəmaɪz] *sb* **1.** Kompromiss *m*; *v* **2.** (agree on a ~) einen Kompromiss schließen; **3.** (put at risk) kompromittieren, gefährden

compulsory [kəmˈpʌlsərɪ] *adj* obligatorisch, Pflicht...

compulsory auction [kəmˈpʌlsərɪ ˈɔːkʃən] *sb* Zwangsversteigerung *f*

compulsory contribution [kəmˈpʌlsərɪ kɒntrɪˈbjuːʃən] *sb* Pflichteinlage *f*

compulsory disclosure [kəmˈpʌlsərɪ dɪsˈkləʊʒə] *sb* Publikationspflicht *f*

compulsory health insurance funds [kəmˈpʌlsərɪ helθ ɪnˈʃʊərəns fʌndz] *pl* Pflichtkrankenkassen *f/pl*

compulsory loan [kəmˈpʌlsərɪ ləʊn] *sb* Zwangsanleihe *f*

compulsory saving [kəmˈpʌlsərɪ ˈseɪvɪŋ] *sb* Zwangssparen *n*

compulsory settlement [kəmˈpʌlsərɪ ˈsetlmənt] *sb* Zwangsvergleich *m*

computation [kɒmpjuˈteɪʃən] *sb* Berechnung *f*, Kalkulation *f*

compute [kəmˈpjuːt] *v* (make calculations) rechnen; (sth) berechnen, errechnen

computer [kəmˈpjuːtə] *sb* Computer *m*, Rechner *m*

computer-aided design (CAD) [kəmˈpjuːteɪdɪd dɪˈzaɪn] *sb* Computer Aided Design (CAD) *n*

computer-aided engineering (CAE) [kəmˈpjuːteɪdɪd endʒɪˈnɪərɪŋ] *sb* Computer Aided Engineering (CAE) *n*

computer-aided manufacturing (CAM) [kəmˈpjuːteɪdɪd mænjuːˈfæktʃʊərɪŋ] *sb* Computer Aided Manufacturing (CAM) *n*

computer-aided quality assurance (CAQ) [kəmˈpjuːteɪdɪd ˈkwɒlɪtɪ əˈʃʊərəns] *sb* Computer Aided Quality Assurance (CAQ) *f*

computer-aided selling (CAS) [kəmˈpjuːteɪdɪd ˈselɪŋ] *sb* Computer Aided Selling (CAS) *n*

computer centre [kəmˈpjuːtə ˈsentə] *sb* Rechenzentrum *n*

computer graphics [kəmˈpjuːtə ˈɡræfɪks] *pl* Computergrafik *f*

computer-integrated manufacturing (CIM) [kəmˈpjuːtəɪntəɡreɪtɪd mænjuːˈfæktʃʊərɪŋ] *sb* Computer Integrated Manufacturing (CIM) *n*

computer network [kəmˈpjuːtə ˈnetwɜːk] *sb* Computernetzwerk *n*

computer ordering system [kəmˈpjuːtə ˈɔːdərɪŋ ˈsɪstəm] *sb* EDV-Bestellwesen *n*

computer program [kəmˈpjuːtə ˈprəʊɡræm] *sb* Computerprogramm *n*

computerise [kəmˈpjuːtəraɪz] *v* computerisieren, auf Computer umstellen

concentration [kɒnsənˈtreɪʃən] *sb* Konzentration *f*

concentration of banks [kɒnsənˈtreɪʃən əv bæŋks] *sb* Bankenkonzentration *f*

concentration of capital [kɒnsənˈtreɪʃən əv ˈkæpɪtəl] *sb* Kapitalkonzentration *f*

concept [ˈkɒnsept] *sb* Konzept *n*, Vorstellung *f*

conception [kənˈsepʃən] *sb* Konzeption *f*, Vorstellung *f*

concern [kənˈsɜːn] *v* **1.** ~ o.s. with sth sich mit etw beschäftigen, sich für etw interessieren; **2.** (worry) beunruhigen; **3.** to be ~ed about sich kümmern um; **4.** (to be about) sich handeln um, gehen um

concerted [kənˈsɜːtɪd] *adj* konzertiert, gemeinsam

concession [kənˈseʃən] *sb* Zugeständnis *n*, Konzession *f*

concessionary [kənˈseʃənərɪ] *adj* in Konzession, Konzessions...

conciliation board [kɒnsɪlɪˈeɪʃən bɔːd] *sb* Einigungsstelle *f*

conclusion [kənˈkluːʒən] *sb* Abschluss *m*

conclusion of a contract [kənˈkluːʒən əv ə ˈkɒntrækt] *sb* Vertragsabschluss *m*

conclusion of a deal [kənˈkluːʒən əv ə diːl] *sb* Geschäftsabschluss *m*

concordance of maturities [kɒnˈkɔːdəns əv məˈtʊərɪtɪz] *sb* Fristenkongruenz *f*

concretion [kənˈkriːʃən] *sb* Konkretisierung *f*, Verwirklichung *f*

concurrent [kənˈkʌrənt] *adj* **1.** (*simultaneous*) gleichzeitig; **2.** (*together*) zusammen; **3.** (*in agreement*) übereinstimmend

condition [kənˈdɪʃən] *sb* **1.** (*stipulation*) Bedingung *f*, Voraussetzung *f*, Kondition *f*; **2.** on ~ that ... unter der Bedingung, dass ...

condition cartel [kənˈdɪʃən cɑːˈtel] *sb* Konditionenkartell *n*

conditional capital increase [kənˈdɪʃənəl ˈkæpɪtəl ˈɪnkriːs] *sb* bedingte Kapitalerhöhung *f*

conditions [kənˈdɪʃənz] *pl* Konditionen *f/pl*

conditions of acceptance [kənˈdɪʃənz əv əkˈseptəns] *pl* Übernahmebedingungen *f/pl*

conditions of competition [kənˈdɪʃənz əv kɒmpəˈtɪʃən] *pl* Wettbewerbsverhältnisse *n/pl*, Wettbewerbsbedingungen *f/pl*

conditions of a contract [kənˈdɪʃənz əv ə ˈkɒntrækt] *pl* Vertragsbedingungen *f/pl*

conditions of delivery [kənˈdɪʃənz əv dɪˈlɪvərɪ] *pl* Lieferbedingungen *f/pl*

condo [ˈkɒndəʊ] *sb* (*US, fam: condominium*) Eigentumswohnung *f*

conduct [kənˈdʌkt] *v* **1.** (*direct*) führen, leiten, verwalten; [ˈkɒndʌkt] *sb* **2.** (*management*) Führung *f*, Leitung *f*; **3.** (*document*) Geleitbrief *m*

confer [kənˈfɜː] *v* **1.** (*consult together*) sich beraten, sich besprechen; **2.** (*bestow*) verleihen, übertragen

conference [ˈkɒnfərəns] *sb* Konferenz *f*, Besprechung *f*, Sitzung *f*; Tagung *f*

conference call [ˈkɒnfərəns kɔːl] *sb* Konferenzgespräch *n*

conference date [ˈkɒnfərəns deɪt] *sb* Besprechungstermin *m*

confidence goods [ˈkɒnfɪdəns gʊdz] *pl* Vertrauensgüter *n/pl*

confidential [kɒnfɪˈdenʃəl] *adj* vertraulich, geheim

confidential communication [kɒnfɪˈdenʃəl kəmjuːnɪˈkeɪʃən] *sb* vertrauliche Mitteilung *f*

confidentiality [kɒnfɪdenʃɪˈælɪtɪ] *sb* Vertraulichkeit *f*, Schweigepflicht *f*

configuration [kənfɪgjʊˈreɪʃən] *sb* Konfiguration *f*

confirmation [kɒnfəˈmeɪʃən] *sb* Bestätigung *f*

confirmation note [kɒnfəˈmeɪʃn nəʊt] *sb* Bestätigungsschreiben *n*

confirmation of cover [kɒnfəˈmeɪʃən əv ˈkʌvə] *sb* Deckungszusage *f*

confirmation of order [kɒnfəˈmeɪʃən əv ˈɔːdə] *sb* Auftragsbestätigung *f*

confiscate [ˈkɒnfɪskeɪt] *v* beschlagnahmen, einziehen, sicherstellen

confiscation [kɒnfɪsˈkeɪʃən] *sb* Beschlagnahme *f*, Einziehung *f*

conglomerate [kənˈglɒmərɪt] *sb* Konglomerat *n*

congress [ˈkɒŋgres] *sb* Kongress *m*, Tagung *f*

congruent [ˈkɒŋgrʊənt] *adj* **1.** deckungsgleich, kongruent; **2.** (*in agreement, corresponding*) übereinstimmend, sich deckend

connection [kəˈnekʃən] *sb* **1.** Verbindung *f*, Beziehung *f*; **2.** (*flight*) Anschluss *m*

consent [kənˈsent] *v* **1.** zustimmen, einwilligen, mit einverstanden sein; *sb* **2.** Zustimmung *f*, Einwilligung *f*, Genehmigung *f*; age of ~ Mündigkeit *f*

consequence [ˈkɒnsɪkwəns] *sb* **1.** (*importance*) Bedeutung *f*, Wichtigkeit *f*; **2.** (*effect*) Konsequenz *f*, Folge *f*, Wirkung *f*; take the ~s die Folgen tragen

consequential [kɒnsɪˈkwenʃəl] *adj* sich ergebend, folgend

conservation technology [kɒnsəˈveɪʃən tekˈnɒlədʒɪ] *sb* Umwelttechnik *f*

consign [kənˈsaɪn] *v* versenden, verschicken, schicken

consignee [kɒnsaɪ'niː] *sb* Adressat(in) *m/f*, Empfänger(in) *m/f*, Warenempfänger(in) *m/f*

consignment [kən'saɪnmənt] *sb* **1.** Übersendung *f;* **2.** on ~ in Kommission; *(overseas)* in Konsignation

consignment note [kən'saɪnmənt nəʊt] *sb* Frachtbrief *m*

consignment of goods [kən'saɪnmənt əv gʊdz] *sb* Warensendung *f*

consignment sale [kən'saɪnmənt seɪl] *sb* Kommissionsverkauf *m*

consignment stock [kən'saɪnmənt stɒk] *sb* Konsignationslager *n*, Kommissionslager *n*

consignment with value declared [kən'saɪnmənt wɪð 'væljuː dɪ'kleəd] *sb* Wertsendung *f*

consistency [kən'sɪstənsɪ] *sb (of a substance)* Konsistenz *f*, Beschaffenheit *f*

console ['kɒnsəʊlz] *sb* Konsole *f*, Tastatur *f*, Bedienungsplatz *m*

consolidate [kən'sɒlɪdeɪt] *v* **1.** konsolidieren, fundieren; **2.** *(combine)* zusammenlegen, vereinigen, zusammenschließen

consolidated balance sheet [kən'sɒlɪdeɪtɪd 'bæləns ʃiːt] *sb* konsolidierte Bilanz *f*

consolidated financial statement [kən'sɒlɪdeɪtɪd faɪ'nænʃəl 'steɪtmənt] *sb* Konzernabschluss *m*

consolidation [kənsɒlɪ'deɪʃən] *sb* **1.** *(bringing together)* Zusammenlegung *f*, Vereinigung *f*, Zusammenschluss *m*, Unifizierung *f;* **2.** Konsolidierung *f*

consolidation of shares [kən'sɒlɪdeɪʃən əv ʃeəz] *sb* Aktienzusammenlegung *f*

consortium [kən'sɔːtɪəm] *sb* Konsortium *n*, Zusammenschluss *m*

constant issuer ['kɒnstənt 'ɪʃjuːə] *sb* Dauerremittent *m*

Constitutional Court [kɒnstɪ'tjuːʃənəl kɔːt] *sb* Verfassungsgericht *n*

construction [kən'strʌkʃən] *sb (constructing)* Bau *m*, Konstruktion *f*, Errichtung *f; under* ~ im Bau

construction industry [kən'strʌkʃən 'ɪndəstrɪ] *sb* Bauindustrie *f*

consular invoice ['kɒnsjuːlə 'ɪnvɔɪs] *sb* Konsulatsfaktura *f*

consult [kən'sʌlt] *v* **1.** konsultieren, befragen, um Rat fragen; **2.** *(files)* einsehen

consultant [kən'sʌltənt] *sb* Berater(in) *m/f*

consultant on pensions [kən'sʌltənt ɒn 'penʃənz] *sb* Rentenberater *m*

consultation [kɒnsəl'teɪʃən] *sb* Beratung *f*, Rücksprache *f*

consulting [kən'sʌltɪŋ] *adj* beratend

consumable [kən'sjuːməbl] *adj* Konsum...

consume [kən'sjuːm] *v* **1.** *(use up)* verbrauchen, verzehren; **2.** *(buy)* kaufen, konsumieren

consumer [kən'sjuːmə] *sb* Verbraucher(in) *m/f*, Konsument(in) *m/f*

consumer acceptance [kən'sjuːmə ək'septəns] *sb* Kaufbereitschaft *f*

consumer advice [kən'sjuːmə əd'vaɪs] *sb* Kundenberatung *f*

consumer cooperative [kən'sjuːmə kəʊ'ɒpərətɪv] *sb* Konsumgenossenschaft *f*

consumer credit [kən'sjuːmə 'kredɪt] *sb* Konsumkredit *m*, Konsumentenkredit *m*

consumer credit act [kən'sjuːmə 'kredɪt ækt] *sb* Verbraucherkreditgesetz *n*

consumer goods [kən'sjuːmə gʊdz] *pl* Verbrauchsgüter *pl*, Konsumgüter *pl*

consumer loan [kən'sjuːmə ləʊn] *sb* Anschaffungsdarlehen *n*

consumer market [kən'sjuːmə 'mɑːkɪt] *sb* Verbrauchermarkt *m*

consumer protection [kən'sjuːmə prə'tekʃən] *sb* Verbraucherschutz *m*

consumer society [kən'sjuːmə sə'saɪtɪ] *sb* Konsumgesellschaft *f*

consumper spending [kən'suːmə spendɪŋ] *sb* Konsumausgabe *f*

Consumers' Central Offices [kən'sjuːməz 'sentrəl 'ɒfɪsɪz] *sb* Verbraucherzentralen *f/pl*

consumption [kən'sʌmpʃən] *sb* Verbrauch *m*, Konsum *m*, Verzehr *m*

contact ['kɒntækt] *sb* **1.** *(communication)* Verbindung *f; to be in* ~ *with s.o.* mit jdm in Verbindung stehen; *lose* ~ *with s.o.* die Verbindung zu jdm verlieren; *(person to ~)* Kontaktperson *f*, Ansprechpartner(in) *m/f;* 2. *(useful acquaintance)* Verbindung *f; make* ~*s* Verbindungen knüpfen; *v* **3.** sich in Verbindung setzen mit, Kontakt aufnehmen zu

contain [kən'teɪn] *v (have room for)* fassen, umfassen

container [kən'teɪnə] *sb* Behälter *m*, Gefäß *n*, Container *m*

container transport [kən'teɪnə 'trænspɔːt] *sb* Behälterverkehr *m*

containerize [kən'teɪnəraɪz] *v* in Container verpacken

contamination [kəntæmɪ'neɪʃən] *sb* Kontamination *f*, Verschmutzung *f*

contango [kən'tæŋgəʊ] *sb* Report *m*

contango securities [kən'tæŋgəʊ sɪ'kjuːrɪtiz] *pl* Reporteffekten *f/pl*

contango transaction [kən'tæŋgəʊ træn'zækʃən] *sb* Reportgeschäft *n*

content ['kɒntent] *sb* ~s *pl* Inhalt *m*

content norms ['kɒntent nɔːmz] *pl* Inhaltsnormen *f/pl*

contest [kən'test] *v* anfechten; *(dispute)* angreifen, bestreiten

contingency budget [kən'tɪndʒensɪ 'bʌdʒɪt] *sb* Eventualhaushalt *m*

contingency plan [kən'tɪndʒənsɪ plæn] *sb* Ausweichplan *m*

contingent [kən'tɪndʒənt] *adj* ~ upon abhängig von

contingent liability [kən'tɪndʒent laɪə'bɪlɪtɪ] *sb* Eventualverbindlichkeit *f*

continued pay [kən'tɪndjuːd peɪ] *sb* Entgeltfortzahlung *f*

continuous flow production [kən'tɪnjuəs fləʊ prə'dʌkʃən] *sb* Fließfertigung *f*

contract ['kɒntrækt] *sb* **1.** Vertrag *m*; *(order)* Auftrag *m*; *v* [kən'trækt] **2.** ~ *sth out* etw außer Haus machen lassen; ~ *to do sth* sich vertraglich verpflichten, etw zu tun

contract goods ['kɒntrækt gʊdz] *pl* Kontraktgüter *n/pl*

contract of assignment ['kɒntrækt əv ə'saɪnmənt] *sb* Abtretungsvertrag *m*

contract of carriage ['kɒntrækt əv 'kærɪdʒ] *sb* Frachtvertrag *m*

contract of employment ['kɒntrækt əv ɪm'plɔɪmənt] *sb* Arbeitsvertrag *m*, Dienstvereinbarung *f*

contract of pledge ['kɒntrækt əv pledʒ] *sb* Pfandvertrag *m*

contract of sale ['kɒntrækt əv seɪl] *sb* Kaufvertrag *m*

contract of service ['kɒntrækt əv 'sɜːvɪs] *sb* Dienstvertrag *m*

contract period ['kɒntrækt 'pɪərɪəd] *sb* Vertragsdauer *f*

contraction [kən'trækʃən] *sb* Kontrahierung *f*

contractor [kən'træktə] *sb* Auftragnehmer(in) *m/f*

contractor work and services [kən'træktə 'wɜːk ənd 'sɜːvɪsɪz] *sb* Werkvertrag *m*

contracts on capital collecting ['kɒntrækts ɒn 'kæpɪtəl kə'lektɪŋ] *pl* Kapitalsammlungsverträge *m/pl*

contractual [kən'træktʃuəl] *adj* vertraglich, Vertrags...

contractual obligation [kən'træktʃuəl ɒblɪ'geɪʃən] *sb* Vertragsverpflichtung *f*

contractual penalty [kən'træktʃuəl 'penəltɪ] *sb* Konventionalstrafe *f*, Vertragsstrafe *f*

contribute [kən'trɪbjuːt] *v* **1.** beitragen; **2.** ~ *to charity* spenden; **3.** *(food, supplies)* beisteuern

contribution [kɒntrɪ'bjuːʃən] *sb* **1.** Beitrag *m*; *make a* ~ *to sth* einen Beitrag zu etw leisten; **2.** *(donation)* Spende *f*

contribution margin [kɒntrɪ'bjuːʃən 'mɑːdʒɪn] *sb* Deckungsbeitrag *m*

contribution receipt [kɒntrɪ'bjuːʃən rɪ'siːt] *sb* Einschussquittung *f*

contribution refund [kɒntrɪ'bjuːʃən 'riːfʌnd] *sb* Beitragserstattung *f*

contributions [kɒntrɪ'bjuːʃənz] *pl* Beiträge *m/pl*

contributions paid to the building society [kɒntrɪ'bjuːʃənz peɪd tu ðə 'bɪldɪŋ sə'saɪətɪ] *pl* Bausparkassenbeiträge *m/pl*

control [kən'trəʊl] *v (sth)* **1.** Kontrolle haben über, kontrollieren; *(regulate)* kontrollieren; *(keep within limits)* in Schranken halten, in Rahmen halten, beschränken; *sb* **2.** Kontrolle *f*; *get under* ~ unter Kontrolle bringen; *get out of* ~ außer Kontrolle geraten; **3.** *(authority)* Leitung *f*, Macht *f*, Herrschaft *f*; *have no* ~ *over sth* keinen Einfluss auf etw haben; **4.** *(check)* Kontrolle *f*

C

control agreement [kənˈtrəul əˈgriː-mənt] sb Beherrschungsvertrag m

control board [kənˈtrəul bɔːd] sb Aufsichtsamt n

control factor [kənˈtrəul ˈfæktə] sb Steuerungsgröße f

control group [kənˈtrəul gruːp] sb Kontrollgruppe f

control key [kənˈtrəul kiː] sb (keyboard) Control-Taste f

controllable [kənˈtrəuləbl] adj kontrollierbar

controlled company [kənˈtrəuld ˈkʌmpənɪ] sb Organgesellschaft f

controlled corporate group [kənˈtrəuld ˈkɔːpərət gruːp] sb Beteiligungskonzern m

controlled economy [kənˈtrəuld ɪˈkɒnəmɪ] sb Dirigismus m

controller [kənˈtrəulə] sb Controller(in) m/f; financial ~ Finanzcontroller(in) m/f

controlling [kənˈtrəulɪŋ] sb 1. Controlling n; adj 2. have a ~ interest in sth eine Mehrheitsbeteiligung an etw besitzen

control of advertising effectiveness [kənˈtrəul əv ˈædvətaɪzɪŋ ɪˈfektɪvnɪs] sb Werbeerfolgskontrolle f

control panel [kənˈtrəul pænl] sb Schalttafel f, Bedienungsfeld n

convene [kənˈviːn] v (call together) einberufen, versammeln

convenience foods [kənˈviːnɪəns ˈfuːdz] pl Fertiggerichte pl, Schnellgerichte pl

convenience goods [kənˈviːnɪəns gudz] pl Verbrauchsgüter pl, Convenience Goods pl

convenience store [kənˈviːnɪəns ˈstɔː] sb (US) Nachbarschaftsladen m

convenient [kənˈviːnɪənt] adj 1. günstig, passend, geeignet; 2. ~ly located (shop) verkehrsgünstig; 3. (functional) brauchbar, praktisch, zweckmäßig

convention [kənˈvenʃən] sb 1. (conference) Fachkongress m, Tagung f; 2. (agreement) Abkommen n; 3. (social rule) Konvention f

conversion [kənˈvɜːʒən] sb Konvertierung f

conversion charge [kənˈvɜːʒən tʃɑːdʒ] sb Transaktionskosten pl

conversion table [kənˈvɜːʃən teɪbl] sb Umrechnungstabelle f

convert [kənˈvɜːt] v 1. umwandeln, verwandeln; 2. (measures) umrechnen; 3. (of currency) konvertieren, umwandeln

convertibility [kənˈvɜːtɪbɪlɪtɪ] sb Konvertibilität f, Konvertierbarkeit f

convertibility for residents [kənvɜːtɪˈbɪlɪtɪ fɔː ˈrezɪdənts] sb Inländerkonvertibilität f

convertible [kənˈvɜːtɪbl] adj konvertibel, austauschbar

convertible bonds [kənˈvɜːtɪbl bɒndz] pl Wandelschuldverschreibung f

convey [kənˈveɪ] v (rights, title) übertragen

conveyance [kənˈveɪəns] sb Übertragung f

conveyance by agreement [kənˈveɪəns baɪ əˈgriːmənt] sb Auflassung f

conveyor [kənˈveɪə] sb Fördergerät n

conveyor belt [kənˈveɪə belt] sb Fließband n, Förderband n

cooperate [kəuˈɒpəreɪt] v 1. zusammenarbeiten; 2. (comply) mitmachen

cooperation [kəuɒpəˈreɪʃən] sb Zusammenarbeit f, Kooperation f

cooperation loan [kəuɒpəˈreɪʃən ləun] sb Kooperationsdarlehen n

cooperative [kəuˈɒpərətɪv] adj 1. (prepared to comply) kooperativ, kollegial; sb 2. Genossenschaft f

cooperative apartment [kəuˈɒpərətɪv əˈpɑːtmənt] sb Eigentumswohnung f

cooperative banking sector [kəuˈɒpərətɪv ˈbæŋkɪŋ ˈsektə] sb genossenschaftlicher Bankensektor m

cooperative central banks [kəuˈɒpərətɪv ˈsentrəl bæŋks] pl genossenschaftliche Zentralbanken f/pl

coordination [kəuɔːdɪˈneɪʃən] sb Koordination f, Koordinierung f

co-owner [kəuˈəunə] sb Mitinhaber(in) m/f, Mitbesitzer(in) m/f

co-ownership [kəuˈəunəʃɪp] sb Miteigentum n

co-partner [kəuˈpɑːtnə] sb Partner(in) m/f, Teilhaber(in) m/f, Mitunternehmer m

copier [ˈkɒpɪə] sb Kopierer m, Kopierautomat m

co-plaintiff [kəʊ'pleɪntɪf] *sb* Nebenkläger *m*

co-product [kəʊ'prɒdʌkt] *sb* Nebenerzeugnis *n*

copy ['kɒpɪ] *v* **1.** (*reproduce*) kopieren, nachbilden; **2.** (*imitate*) nachmachen; *sb* Kopie *f*; **3.** (*written out separately*) Abschrift *f*; **4.** (*text of an advertisement or article*) Text *m*

copy machine ['kɒpɪ mə'ʃiːn] *sb* (*fam*) Kopierer *m*

copyright ['kɒpɪraɪt] *sb* Copyright *n*, Urheberrecht *n*

copy test ['kɒpɪ test] *sb* Copy-Test *m*

copywriter ['kɒpɪraɪtə] *sb* Werbetexter(in) *m/f*

core time [kɔː taɪm] *sb* Kernarbeitszeit *f*

corner ['kɔːnə] *v* in die Ecke treiben; ~ *the market* den Markt beherrschen

corporate ['kɔːpərɪt] *adj* (*of a corporation*) korporativ, Unternehmens...

corporate culture ['kɔːpərɪt 'kʌltʃə] *sb* Unternehmenskultur *f*

corporate design ['kɔːpərɪt dɪ'saɪn] *sb* Corporate Design *n*

corporate identity ['kɔːpərɪt aɪ'dentɪtɪ] *sb* Corporate Identity *f*

corporate management ['kɔːpərɪt 'mænɪdʒmənt] *sb* Unternehmensleitung *f*

corporate profit ['kɔːpərɪt 'prɒfɪt] *sb* Unternehmensgewinn *m*

corporate strategy ['kɔːpərɪt 'strætədʒɪ] *sb* Unternehmensstrategie *f*

corporate value ['kɔːpərɪt 'væljuː] *sb* Unternehmungswert *m*

corporation [kɔːpə'reɪʃən] *sb* **1.** (*UK*) Handelsgesellschaft *f*; **2.** (*US*) Aktiengesellschaft *f*, Unternehmen *n*

corporation tax [kɔːpə'reɪʃən tæks] *sb* Unternehmenssteuer *f*, Körperschaftsteuer *f*

corporative ['kɔːpərətɪv] *adj* Unternehmens..., Firmen...

correct [kə'rekt] *v* korrigieren, berichtigen

correction [kə'rekʃən] *sb* Berichtigung *f*, Korrektur *f*

correction of a balance sheet [kə'rekʃən əv ə 'bæləns ʃiːt] *sb* Bilanzberichtigung *f*

correlation [kɒrə'leɪʃən] *sb* Korrelation *f*, Wechselbeziehung *f*

correspond [kɒrɪs'pɒnd] *v* (*exchange letters*) korrespondieren, in Briefwechsel stehen

correspondence [kɒrɪs'pɒndəns] *sb* (*letter writing*) Korrespondenz *f*, Briefwechsel *m*

correspondent bank [kɒrəs'pɒndənt bæŋk] *sb* Korrespondenzbank *f*

cost [kɒst] *v irr* **1.** kosten; *sb* **2.** Kosten *pl*; *at no* ~ kostenlos; **3.** (*fig*) Preis *m*; *at all* ~*s*, *at any* ~ um jeden Preis

cost accounting centre [kɒst ə'kaʊntɪŋ 'sentə] *sb* Kostenstelle *f*

cost advantage [kɒst əd'vɑːntɪdʒ] *sb* Kostenvorteil *m*

cost allocation [kɒst ælə'keɪʃən] *sb* Kostenverrechnung *f*

cost and freight (C&F) [kɒst ænd freɪt] *sb* Kosten und Fracht (C&F)

cost-benefit analysis [kɒst'benɪfɪt ə'nælɪsɪs] *sb* Kosten-Nutzen-Analyse *f*

cost centre [kɒst 'sentə] *sb* Kostenstelle *f*

cost cutting [kɒst 'kʌtɪŋ] *sb* Kosteneinsparungen *f/pl*

cost-effective [kɒstɪ'fektɪv] *adj* rentabel

cost escalation [kɒst eskə'leɪʃən] *sb* Kostenexplosion *f*

cost estimate [kɒst 'estɪmət] *sb* Kostenvoranschlag *m*

cost factor [kɒst 'fæktə] *sb* Kostenfaktor *m*

costing expenditures ['kɒstɪŋ ɪks'pendɪtʃəz] *pl* Anderskosten *pl*

costing rate ['kɒstɪŋ reɪt] *sb* Zuschlagssatz *m*

cost, insurance (C&I) [kɒst ɪn'ʃʊərəns] *sb* Kosten und Versicherung (C&I)

cost, insurance, freight (CIF) [kɒst ɪn'ʃʊərəns freɪt] *sb* Kosten, Versicherung, Fracht eingeschlossen (CIF)

cost, insurance, freight, commission (CIF&C) [kɒst ɪn'ʃʊərəns freɪt kə'mɪʃən] *sb* Kosten, Versicherung, Fracht und Kommission eingeschlossen (CIF&C)

cost, insurance, freight, collection, interest (CIFC&I) [kɒst ɪn'ʃʊərəns freɪt kə'mɪʃən 'ɪntrɪst] *sb* Kosten, Versicherung, Fracht, Abholung und Zinsen (CIFC&I)

costly ['kɒstlɪ] *adj* teuer, kostspielig

C

cost of acquisition [ˈkɒst əv ækwɪˈzɪ-ʃən] *sb* Anschaffungskosten *pl*

cost of capital [kɒst əv ˈkæpɪtəl] *sb* Kapitalkosten *pl*

cost of credit [kɒst əv ˈkredɪt] *sb* Kreditkosten *pl*

cost of services [kɒst əv ˈsɜːvɪsɪz] *sb* Dienstleistungskosten *pl*

cost of wages [ˈkɒst əv ˈweɪdʒɪz] *sb* Lohnkosten *pl*

cost per unit [kɒst pə ˈjuːnɪt] *sb* Stückkosten *pl*

cost pressure [kɒst ˈpreʃʊə] *sb* Kostendruck *m*

cost price [kɒst praɪs] *sb* Selbstkostenpreis *m*, Einstandspreis *m*

cost recovery [kɒst rɪˈkʌvərɪ] *sb* Kostendeckung *f*

cost reduction [kɒst rɪˈdʌkʃən] *sb* Kostensenkung *f*

costs [kɒsts] *pl* Kosten *pl*

cost schedule [kɒst ˈʃedjuːl] *sb* Kostenplan *m*

cost types [kɒst taɪps] *pl* Kostenarten *f/pl*

cost unit [kɒst ˈjuːnɪt] *sb* Kostenträger *m*

cost variance analysis [kɒst ˈveərɪəns əˈnælɪsɪs] *sb* Abweichungsanalyse *f*

Cotton Exchange [ˈkɒtən ɪksˈtʃeɪndʒ] *sb* Baumwollbörse *f*

council tax [ˈkaʊnsl tæks] *sb (UK)* Gemeindesteuer *f*

counsel [ˈkaʊnsl] *sb* **1.** Rat *m*, Gremium *n*; **2.** *(US)* Anwalt/Anwältin *m/f*

counselling [ˈkaʊnsəlɪŋ] *sb* Beratung *f*

count [kaʊnt] *v* **1.** zählen; *sb* **2.** Zählung *f*

count in [kaʊnt ɪn] *v* mitzählen, mitrechnen

counter [ˈkaʊntə] *sb* **1.** *(shop)* Ladentisch *m*, Tresen *m*, Theke *f*; **2.** *(bank)* Schalter *m*

counterclaim [ˈkaʊntəkleɪm] *sb* Gegenanspruch *m*, Gegenforderung *f*

countercyclical development [kaʊntə-ˈsɪklɪkəl dəˈveləpmənt] *sb* antizyklisches Verhalten *n*

countercyclical fiscal policy [kaʊntə-ˈsɪklɪkəl ˈfɪskəl ˈpɒlɪsɪ] *sb* antizyklische Finanzpolitik *f*

counter entry [ˈkaʊntə ˈentrɪ] *sb* Storno *n*, Gegenbuchung *f*

counterfeit [ˈkaʊntəfɪt] *sb* **1.** Fälschung *f*; *adj* **2.** gefälscht

counterfeit money [ˈkaʊntəfɪt ˈmʌnɪ] *sb* Falschgeld *n*

counterfeiting [ˈkaʊntəfɪtɪŋ] **1.** Produktpiraterie *f*; **2.** Falschmünzerei *f*

countermand [kaʊntəˈmaːnd] *sb* Abbestellung *f*, Widerruf *m*, Storno *m/n*

counteroffer [ˈkaʊntərɒfə] *sb* Gegenangebot *n*, Gegengebot *n*

countersign [ˈkaʊntəsaɪn] *v* gegenzeichnen

counter stock [ˈkaʊntə stɒk] *sb* Schalterstücke *n/pl*

countertrade [ˈkaʊntətreɪd] *sb* Gegengeschäft *n*

countervailing duty [kaʊntəˈveɪlɪŋ ˈdjuːtɪ] *sb* Ausgleichsabgabe *f*

counting [ˈkaʊntɪŋ] *sb* Auszählung *f*

countries outside the customs frontier [ˈkʌntriz aʊtˈsaɪd ðə ˈkʌstəmz ˈfrʌntɪə] *pl* Zollausland *n*

country of origin [ˈkʌntrɪ əv ˈɒrɪdʒɪn] *sb* Herkunftsland *n*

country of purchase [ˈkʌntrɪ əv ˈpɜːtʃɪs] *sb* Einkaufsland *n*

country risk [ˈkʌntrɪ rɪsk] *sb* Länderrisiko *n*

coupon [ˈkuːpɒn] *sb (voucher)* Gutschein *m*, Kupon *m*, Zinsschein *m*

coupon collection department [ˈkuːpɒn kəˈlekʃən dəˈpaːtmənt] *sb* Kuponkasse *f*

coupon market [ˈkuːpɒn ˈmaːkɪt] *sb* Kuponmarkt *m*

coupon price [ˈkuːpɒn praɪs] *sb* Kuponkurs *m*

coupon sheet [ˈkuːpɒn ʃiːt] *sb* Kuponbogen *m*

coupon tax [ˈkuːpɒn tæks] *sb* Kuponsteuer *f*

courier [ˈkʊrɪə] *sb* Eilbote *m*, Kurier *m*

course of business [kɔːs əv ˈbɪznɪs] *sb* Geschäftsprozess *m*

court [kɔːt] *sb* **1.** *(~ of law)* Gericht *n*; **2.** take s.o. to ~ jdn verklagen

court collection proceedings [kɔːt kəˈlekʃən prəˈsiːdɪŋz] *pl* gerichtliches Mahnverfahren *n*

court fees [ˈkɔːt fiːz] *pl* Gerichtskosten *pl*, Prozesskosten *pl*

court of arbitration [kɔːt əv ɑːbɪˈtreɪ-ʃən] *sb* Schiedsgericht *n*
Court of Auditors [kɔːt əv ˈɔːdɪtəz] *sb* Rechnungshof *m*
Court of Justice of the European Community [kɔːt əv ˈdʒʌstɪs əv ðə juərəˈpɪən kəˈmjuːnɪtɪ] *sb* Europäischer Gerichtshof (EuGH) *m*
court order [kɔːt ˈɔːdə] *sb* Gerichtsbeschluss *m*
courtroom [ˈkɔːtruːm] *sb* Gerichtssaal *m*
cover [ˈkʌvə] *sb* **1.** Deckung; *under separate* ~ mit getrennter Post; *v* **2.** *(a loan, a check)* decken; **3.** *(costs)* bestreiten; **4.** *(insure)* versichern; **5.** *(include)* einschließen, umfassen, enthalten
cover clause [ˈkʌvə klɔːz] *sb* Deckungsklausel *f*
cover note [ˈkʌvə nəʊt] *sb* *(UK)* Deckungszusage *f*
cover of note circulation [ˈkʌvə əv nəʊt sɜːkjuˈleɪʃən] *sb* Notendeckung *f*
coverage [ˈkʌvrɪdʒ] *sb* *(insurance ~)* Versicherungsschutz *m*, Deckung *f*
coverage interest rate [ˈkʌvrɪdʒ ˈɪntrɪst reɪt] *sb* Deckungszinsen *m/pl*
coverage loan [ˈkʌvrɪdʒ ləʊn] *sb* Deckungsdarlehen *n*
covered cheque [ˈkʌvəd tʃek] *sb* gedeckter Scheck *m*
covered credit [ˈkʌvəd ˈkredɪt] *sb* gedeckter Kredit *m*
covering claim [ˈkʌvərɪŋ kleɪm] *sb* Deckungsforderung *f*
covering letter [ˈkʌvərɪŋ ˈletə] *sb* Begleitbrief *m*
covering operation [ˈkʌvərɪŋ ɒpəˈreɪʃən] *sb* Deckungsgeschäft *n*
covin [ˈkʌvɪn] *sb* Komplott *n*
coworker [kəʊˈwɜːkə] *sb* Mitarbeiter(in) *m/f*, Kollege/Kollegin *m/f*
craft [krɑːft] *sb* *(trade)* Handwerk *n*, Gewerbe *n*
craft trade [krɑːft treɪd] *sb* Handwerk *n*
craftsman [ˈkrɑːftsmən] *sb* Handwerker *m*
crank [kræŋk] *v* ~ *up the economy* die Wirtschaft ankurbeln
crash [kræʃ] *v* **1.** *(fam: computer)* abstürzen; *sb* **2.** *(stock market ~)* Börsenkrach *m*
crate [kreɪt] *sb* Kiste *f*, Kasten *m*

creation of credit [krɪˈeɪʃən əv ˈkredɪt] *sb* Kreditschöpfung *f*
creation of deposit money [krɪˈeɪʃən əv dɪˈpɒzɪt ˈmʌnɪ] *sb* Giralgeldschöpfung *f*
creation of money [krɪˈeɪʃən əv ˈmʌnɪ] *sb* Geldschöpfung *f*
credential [krɪˈdenʃəl] *sb* **1.** Beglaubigungsschreiben *n; pl* **2.** ~s *(papers)* Ausweispapiere *pl*
credible promise [ˈkredɪbəl ˈprɒmɪs] *sb* glaubhafte Zusicherung *f*
credit [ˈkredɪt] *sb* **1.** Kredit *m;* **2.** *(balance)* Guthaben *n*, Haben *n; v* **3.** gutschreiben
credit account [ˈkredɪt əˈkaʊnt] *sb* Kreditkonto *n*
credit advice [ˈkredɪt ədˈvaɪs] *sb* Gutschriftsanzeige *f*
credit against securities [ˈkredɪt əˈgenst sɪˈkjʊrɪtiz] *sb* Lombardkredit *m*
credit agreement [ˈkredɪt əˈgriːmənt] *sb* Krediteröffnungsvertrag *m*, Kreditvertrag *m*
credit authorizing negotiation of bills [ˈkredɪt ˈɔːθəraɪzɪŋ nɪgəʊʃiˈeɪʃən əv bɪlz] *sb* Negoziationskredit *m*
credit balance [ˈkredɪt ˈbæləns] *sb* Guthaben *n*
credit bank [ˈkredɪt bæŋk] *sb* Kreditbank *f*
credit based on collateral security [ˈkredɪt beɪst ɒn kəˈlætərəl sɪˈkjʊrɪtɪ] *sb* Sachkredit *m*
credit business [ˈkredɪt ˈbɪznɪs] *sb* Kreditgeschäft *n*
credit by bank guarantee [ˈkredɪt baɪ bæŋk gærənˈtiː] *sb* Bürgschaftskredit *m*, Aval-Kredit *m*
credit by discount of bills [ˈkredɪt baɪ ˈdɪskaʊnt əv bɪlz] *sb* Wechseldiskontkredit *m*
credit by overdraft [ˈkredɪt baɪ ˈəʊvədrɑːft] *sb* Überziehungskredit *m*, Dispositionskredit *m*
credit card [ˈkredɪt kɑːd] *sb* Kreditkarte *f*
credit ceiling [ˈkredɪt ˈsiːlɪŋ] *sb* Kreditplafond *m*
credit check [ˈkredɪt tʃek] *sb* Bonitätsprüfung *f*

credit-checking sheets [kredɪtˈtʃekɪŋ ʃiːts] *pl* Kreditprüfungsblätter *n/pl*

credit commission [ˈkredɪt kəˈmɪʃən] *sb* Kreditprovision *f*

credit committee [ˈkredɪt kəˈmɪtɪ] *sb* Kreditausschuss *m*

credit control [ˈkredɪt kənˈtrəʊl] *sb* Kreditkontrolle *f*

credit cooperative [ˈkredɪt kəʊˈɒpərətɪv] *sb* Kreditgenossenschaft *f*

credit culture [ˈkredɪt ˈkʌltʃə] *sb* Kreditkultur *f*

credit demand [ˈkredɪt dəˈmaːnd] *sb* Kreditbedarf *m*

credit department [ˈkredɪt dəˈpaːtmənt] *sb* Kreditabteilung *f*

credit facility [ˈkredɪt fəˈsɪlɪtɪ] *sb* Kreditrahmen *m*, Kreditlinie *f*

credit financing register [ˈkredɪt faɪˈnænsɪŋ ˈredʒɪstə] *sb* Teilzahlungsbuch *n*

credit folder [ˈkredɪt fəʊldə] *sb* Kreditakte *f*

credit granted in kind [ˈkredɪt ˈgraːntɪd ɪn kaɪnd] *sb* Naturalkredit *m*

credit granted to a local authority [ˈkredɪt ˈgraːntɪd tu ə ˈləʊkəl əˈθɒrɪtɪ] *sb* Kommunalkredit *m*

credit granted to the issuer by the bank [ˈkredɪt ˈgraːntɪd tu ðə ˈɪʃuə baɪ ðə bæŋk] *sb* Emissionskredit *m*

credit guarantee [ˈkredɪt gærənˈtiː] *sb* Kreditgarantie *f*

credit inflation [ˈkredɪt ɪnˈfleɪʃən] *sb* Kreditinflation *f*

credit information [ˈkredɪt ɪnfəˈmeɪʃən] *sb* Kreditauskunft *f*

credit institution [ˈkredɪt ɪnstɪˈtjuːʃən] *sb* Kreditinstitut *n*

credit insurance [ˈkredɪt ɪnˈʃʊərəns] *sb* Kreditversicherung *f*

credit interest [ˈkredɪt ˈɪntrəst] *sb* Habenzinsen *pl*

credit item [ˈkredɪt ˈaɪtəm] *sb* Aktivposten *m*

credit limit [ˈkredɪt ˈlɪmɪt] *sb* Kreditlimit *n*

credit limitation [ˈkredɪt lɪmɪˈteɪʃən] *sb* Kreditplafondierung *f*

credit line [ˈkredɪt laɪn] *sb* Rahmenkredit *m*, Kreditlinie *f*

credit margin [ˈkredɪt ˈmaːdʒɪn] *sb* Kreditrahmen *m*

credit money [ˈkredɪt ˈmʌnɪ] *sb* Kreditgeld *n*

credit on real estate [ˈkredɪt ɒn rɪəl ɪˈsteɪt] *sb* Realkredit *m*

creditor [ˈkredɪtə] *sb* Gläubiger(in) *m/f*, Kreditor(in) *m/f*

creditor paper [ˈkredɪtə ˈpeɪpə] *sb* Gläubigerpapier *n*

creditors' meeting [ˈkredɪtəz ˈmiːtɪŋ] *sb* Gläubigerversammlung *f*

credit period [ˈkredɪt ˈpɪərɪəd] *sb* Kreditfrist *f*

credit policy [ˈkredɪt ˈpɒlɪsɪ] *sb* Kreditpolitik *f*

credit purchase [ˈkredɪt ˈpɜːtʃəs] *sb* Kreditkauf *m*

credit rating [ˈkredɪt ˈreɪtɪŋ] *sb* Kreditwürdigkeit *f*

credit restriction [ˈkredɪt rɪˈstrɪkʃən] *sb* Kreditrestriktion *f*

credit risk [ˈkredɪt rɪsk] *sb* Kreditrisiko *n*

credit share [ˈkredɪt ʃeə] *sb* Kreditaktie *f*

credit side [ˈkredɪt saɪd] *sb* Habenseite *f*, Haben *n*

credit slip [ˈkredɪt slɪp] *sb* Einzahlungsbeleg *m*

credit solvency risk [ˈkredɪt ˈsɒlvənsɪ rɪsk] *sb* Bonitätsrisiko *n*

credit standing [ˈkredɪt ˈstændɪŋ] *sb* Kreditwürdigkeit *f*, Kreditstatus *m*

credit status investigation [ˈkredɪt ˈsteɪtəs ɪnvestɪˈgeɪʃən] *sb* Kreditprüfung *f*

credit system [ˈkredɪt ˈsɪstɪm] *sb* Kreditwesen *n*

credit transaction [ˈkredɪt trænˈzækʃən] *sb* Aktivgeschäft *n*

credit transfer [ˈkredɪt ˈtrænsfɜː] *sb* Kredittransfer *m*, Giro *n*

creditworthiness [ˈkredɪtwɜːðɪnəs] *sb* Kreditwürdigkeit *f*

creditworthy [ˈkredɪtwɜːðɪ] *adj* kreditwürdig

creeping inflation [ˈkriːpɪŋ ɪnˈfleɪʃən] *sb* schleichende Inflation *f*

crisis [ˈkraɪsɪs] *sb* Krise *f*

crisis feeling [ˈkraɪsɪs ˈfiːlɪŋ] *sb* Krisenstimmung *f*

crisis-proof [ˈkraɪsɪspruːf] *adj* krisenfest, krisensicher

criteria for success [kraɪˈtɪərɪə fə sʌkˈses] *sb* Erfolgskriterien *n/pl*

critical factors of performance [ˈkrɪtɪkəl ˈfæktəz əv pəˈfɔːməns] *pl* kritische Erfolgsfaktoren *m/pl*

cross [krɒs] *v (a cheque: UK)* zur Verrechnung ausstellen

cross rate [krɒs reɪt] *sb* Kreuzparität *f*

crossed cheque [krɒst tʃek] *sb* Verrechnungsscheck *m*, gekreuzter Scheck *m*

crowding-out competition [ˈkraʊdɪŋaʊt kɒmpəˈtɪʃən] *(finance)* Verdrängungswettbewerb *m*

crude oil [kruːd ɔɪl] *sb* Rohöl *n*

cubic measures [ˈkjuːbɪk ˈmæʒəz] *pl* Raummaße *n/pl*

culpa in contrahendo [ˈkʊlpə ɪn kɒntrəˈhendəʊ] *sb* Verschulden vor Vertragsabschluss (culpa in contrahendo) *n*

culpable [ˈkʌlpəbl] *adj* schuldig, schuldhaft

culprit [ˈkʌlprɪt] *sb* Täter(in) *m/f*, Schuldige(r) *f/m*

cum [kʌm] *prep* eingeschlossen, inklusive

cumulate [ˈkjuːmjʊleɪt] *v* akkumulieren, anhäufen

cumulative dividend [ˈkjuːmjʊlətɪv ˈdɪvɪdend] *sb* kumulative Dividende *f*

cure [kjʊə] *sb* Kur *f*

currency [ˈkʌrənsɪ] *sb* Währung *f*, Devisen *f/pl*

currency account [ˈkʌrənsɪ əˈkaʊnt] *sb* Währungskonto *n*

currency accounting [ˈkʌrənsɪ əˈkaʊntɪŋ] *sb* Devisenbuchhaltung *f*

currency agreement [ˈkʌrənsɪ əˈgriːmənt] *sb* Währungsabkommen *n*

currency area [ˈkʌrənsɪ ˈeərɪə] *sb* Währungsgebiet *n*

currency basket [ˈkʌrənsɪ ˈbaːskɪt] *sb* Währungskorb *m*

currency clause [ˈkʌrənsɪ klɔːz] *sb* Währungsklausel *f*, Kursklausel *f*

currency conversion [ˈkʌrənsɪ kənˈvɜːʒən] *sb* Währungsumstellung *f*

currency conversion compensation [ˈkʌrənsɪ kənˈvɜːʒən kɒmpenˈseɪʃən] *sb* Währungsausgleich *m*

currency dumping [ˈkʌrənsɪ ˈdʌmpɪŋ] *sb* Währungsdumping *n*

currency erosion [ˈkʌrənsɪ ɪˈrəʊʒən] *sb* Geldwertschwund *m*

currency exchange business [ˈkʌrənsɪ ɪksˈtʃeɪndʒ ˈbɪznɪs] *sb* Geldwechselgeschäft *n*

currency future [ˈkʌrənsɪ ˈfjuːtʃə] *sb* Devisentermingeschäft *n*

currency in circulation [ˈkʌrənsɪ ɪn sɜːkjuˈleɪʃən] *sb* Bargeldumlauf *m*

currency of investment [ˈkʌrənsɪ ɒv ɪnˈvestmənt] *sb* Anlagewährung *f*

currency policy [ˈkʌrənsɪ ˈpɒlɪsɪ] *sb* Valutapolitik *f*

currency pool [ˈkʌrənsɪ puːl] *sb* Währungspool *m*

currency risk [ˈkʌrənsɪ rɪsk] *sb* Währungsrisiko *n*

currency substitution [ˈkʌrənsɪ sʌbstɪˈtjuːʃən] *sb* Währungssubstitution *f*

currency swap [ˈkʌrənsɪ swɒp] *sb* Währungsswap *m*

currency transactions [ˈkʌrənsɪ trænˈzækʃənz] *pl* Valutageschäft *n*

currency union [ˈkʌrənsɪ ˈjuːnjən] *sb* Währungsunion *f*

currency zone [ˈkʌrənsɪ zəʊn] *sb* Währungszone *f*

current [ˈkʌrənt] *sb* **1.** *(of electricity)* Strom *m; adj* **2.** gegenwärtig

current account [ˈkʌrənt əˈkaʊnt] *sb* Girokonto *n*, Kontokorrent *n*, laufende Rechnung *f*

current account credit [ˈkʌrənt əˈkaʊnt ˈkredɪt] *sb* Kontokorrentkredit *m*

current account with a bank [ˈkʌrənt əˈkaʊnt wɪθ ə bæŋk] *sb* Bankkontokorrent *n*

current assets [ˈkʌrənt ˈæsets] *pl* Umlaufvermögen *n*

current market value [ˈkʌrənt ˈmaːkɪt ˈvæljuː] *sb* Zeitwert *m*, gegenwärtiger Marktwert *m*

current quotation [ˈkʌrənt kwəʊˈteɪʃən] *sb* Tageskurs *m*

current value [ˈkʌrənt ˈvæljuː] *sb* Tageswert *m*

curriculum vitae [kəˈrɪkjʊləm ˈviːtaɪ] *sb (UK)* Lebenslauf *m*

cursor [ˈkɜːsə] *sb* Cursor *m*

custodian bank [kʌˈstəʊdɪən bæŋk] *sb* Depotbank *f*

custodianship [kʌˈstəʊdɪənʃɪp] *sb* **1.** Vormundschaft *f*; **2.** Treuhänderschaft *f*

custody [ˈkʌstədɪ] *sb* Verwahrung *f*, Gewahrsam *m*

custody fee [ˈkʌstədɪ fiː] *sb* Verwahrungskosten *pl*

custody ledger [ˈkʌstədɪ ˈledʒə] *sb* Verwahrungsbuch *n*

custom of trade [ˈkʌstəm əv treɪd] *sb* Handelsusancen *f/pl*

customary law [ˈkʌstəmeərɪ lɔː] *sb* Stammrecht *n*

custom-built [ˈkʌstəmbɪlt] *adj* maßgefertigt, spezialgefertigt

customer [ˈkʌstəmə] *sb* Kunde/Kundin *m/f*

customer account [ˈkʌstəmə əˈkaʊnt] *sb* Debitorenkonto *n*

customer costing [ˈkʌstəmə ˈkɒstɪŋ] *sb* Kundenkalkulation *f*

customer service [ˈkʌstəmə ˈsɜːvɪs] *sb* Kundenbetreuung *f*, Kundendienst *m*

customer survey [ˈkʌstəmə ˈsɜːveɪ] *sb* Kundenbefragung *f*, Kundenumfrage *f*

customers' credit [ˈkʌstəməz ˈkredɪt] *sb* Kundschaftskredit *m*

customer's liability on bills [ˈkʌstəməz laɪəˈbɪlɪtɪ ɒn bɪlz] *sb* Wechselobligo *n*

customer's order [ˈkʌstəməz ˈɔːdə] *sb* Kundenauftrag *m*

customer's reference number [ˈkʌstəməz ˈrefərəns ˈnʌmbə] *sb* Kundennummer *f*

customer's security deposit [ˈkʌstəməz sɪˈkjʊərɪtɪ dəˈpɒzɪt] *sb* Personendepot *n*

customize [ˈkʌstəmaɪz] *v* individuell herrichten, speziell anfertigen

customs [ˈkʌstəmz] *pl* Zoll *m*

customs application [ˈkʌstəmz æplɪˈkeɪʃən] *sb* Zollantrag *m*

customs convention [ˈkʌstəmz kənˈvenʃən] *sb* Zollabkommen *n*

customs declaration [ˈkʌstəmz dekləˈreɪʃən] *sb* Zollerklärung *f*

customs documents [ˈkʌstəmz ˈdɒkjumənts] *pl* Zollpapiere *n/pl*

customs drawback [ˈkʌstəmz ˈdrɔːbæk] *sb* Rückzoll *m*

customs duties [ˈkʌstəmz ˈdjuːtɪz] *pl* Zollgebühren *f/pl*

customs duty [ˈkʌstəmz ˈdjuːtɪ] *sb* Zoll *m*

customs frontier [ˈkʌstəmz ˈfrʌntɪə] *sb* Zollgrenze *f*

customs inspection [ˈkʌstəmz ɪnˈspekʃən] *sb* Zollkontrolle *f*

customs invoice [ˈkʌstəmz ˈɪnvɔɪs] *sb* Zollfaktura *f*

customs official [ˈkʌstəmz əˈfɪʃəl] *sb* Zollbeamter/Zollbeamtin *m/f*

customs procedure [ˈkʌstəmz prəˈsiːdʒə] *sb* Zollverkehr *m*

customs seal [ˈkʌstəmz siːl] *sb* Zollverschluss *m*

customs tariff [ˈkʌstəmz ˈtærɪf] *sb* Zolltarif *m*

customs territory [ˈkʌstəmz ˈterɪtərɪ] *sb* Zollgebiet *n*

customs union [ˈkʌstəmz ˈjuːnjən] *sb* Zollunion *f*

customs warehouse [ˈkʌstəmz ˈweəhaʊs] *sb* Zolllager *n*

customs warehouse procedure [ˈkʌstəmz ˈweəhaʊs prəˈsiːdʒə] *sb* Zolllagerung *f*

cut back [kʌt ˈbæk] *v irr (reduce)* kürzen, verringern

cut down [kʌt ˈdaʊn] *v irr (reduce expenditures)* sich einschränken

cut in working hours [kʌt ɪn ˈwɜːkɪŋ aʊəz] *sb* Arbeitszeitverkürzung *f*

cutback [ˈkʌtbæk] *sb* Verringerung *f*, Kürzung *f*

cybernetics [saɪbəˈnetɪks] *pl* Kybernetik *f*

cycle [ˈsaɪkl] *sb* Zyklus *m*, Kreislauf *m*

cycle operations [ˈsaɪkəl ɒpəˈreɪʃənz] *pl* Taktproduktion *f*

cyclical [ˈsɪklɪkəl] *adj* zyklisch, konjunkturell

cyclical unemployment [ˈsɪklɪkəl ʌnɪmˈplɔɪmənt] *sb* konjunkturelle Arbeitslosigkeit *f*

D

daily statement [ˈdeɪlɪ ˈsteɪtmənt] *sb* Tagesauszug *m*

daily trial balance sheet [ˈdeɪlɪ ˈtraɪəl ˈbæləns ʃiːt] *sb* Tagesbilanz *f*

damage [ˈdæmɪdʒ] *v* **1.** schaden, beschädigen, schädigen; *sb* **2.** Schaden *m*, Beschädigung *f*; ~s *pl* **3.** *(compensation for ~s)* Schadenersatz *m*

damage at sea [ˈdæmɪdʒ æt siː] *sb* Havarie *f*

damage limitation [ˈdæmɪdʒ lɪmɪˈteɪʃən] *sb* Schadensbegrenzung *f*

damage report [ˈdæmɪdʒ rɪˈpɔːt] *sb* Schadensbericht *m*, Havariezertifikat *n*

damaged share certificates [ˈdæmɪdʒd ʃeə səˈtɪfɪkɪts] *pl* beschädigte Aktie *f*

danger [ˈdeɪndʒə] *sb* Gefahr *f*

danger money [ˈdeɪndʒə ˈmʌnɪ] *sb* Gefahrenzulage *f*

data [ˈdeɪtə] *sb* Daten *pl*, Angaben *pl*

data access security [ˈdeɪtə ˈækses sɪˈkjuːrɪtɪ] *sb* Datensicherheit *f*

data acquisition [ˈdeɪtə ækwɪˈzɪʃn] *sb* Datenerfassung *f*

data administration [ˈdeɪtə ədmɪnɪˈstreɪʃən] *sb* Datenverwaltung *f*

data analysis [ˈdeɪtə əˈnælɪsɪs] *sb* Datenanalyse *f*

data bank [ˈdeɪtə bæŋk] *sb* Datenbank *f*

database [ˈdeɪtəbeɪs] *sb* Datenbank *f*

database access [ˈdeɪtəbeɪs ˈækses] *sb* Datenbankabfrage *f*

data collection [ˈdeɪtə kəˈlekʃən] *sb* Datenerfassung *f*

data entry [ˈdeɪtə ˈentrɪ] *sb* Datenerfassung *f*

data integration [ˈdeɪtə ɪntəˈgreɪʃən] *sb* Datenintegration *f*

data medium [ˈdeɪtə ˈmiːdɪəm] *sb* Datenträger *m*

data processing [ˈdeɪtə ˈprəʊsesɪŋ] *sb* Datenverarbeitung *f*

data protection [ˈdeɪtə prəˈtekʃən] *sb* Datenschutz *m*

Data Protection Act [ˈdeɪtə prəˈtekʃən ækt] *sb* Datenschutzgesetz *n*

data record [ˈdeɪtə ˈrekɔːd] *sb* Datensatz *m*

data security [ˈdeɪtə sɪˈkjuərɪtɪ] *sb* Datensicherung *f*, Datensicherheit *f*

data transmission [ˈdeɪtə trænzˈmɪʃən] *sb* Datenfernübertragung *f*

date [deɪt] *v* datieren; *sb* Datum *n*, Termin *m*

date bill [ˈdeɪt bɪl] *sb* Datowechsel *m*

date of application [ˈdeɪt əv æplɪˈkeɪʃən] *sb* Bewerbungsdatum *n*, Antragsdatum *n*

date of arrival [ˈdeɪt əv əˈraɪvl] *sb* Ankunftsdatum *n*, Ankunftstermin *m*

date of balance sheet [ˈdeɪt əv ˈbæləns ʃiːt] *sb* Bilanzstichtag *m*

date of delivery [ˈdeɪt əv dɪˈlɪvərɪ] *sb* Liefertermin *m*

date of departure [ˈdeɪt əv dɪˈpɑːtʒə] *sb* Abreisedatum *n*, Abreisetermin *m*

date of dispatch [ˈdeɪt əv dɪˈspætʃ] *sb* Versanddatum *n*

date of entry [ˈdeɪt əv ˈentrɪ] *sb* Buchungsdatum *n*

date of payment [ˈdeɪt əv ˈpeɪmənt] *sb* Zahlungstermin *m*

date of receipt [ˈdeɪt əv rɪˈsiːt] *sb* Empfangsdatum *n*

date of the balance [ˈdeɪt əv ðə ˈbæləns] *sb* Bilanzstichtag *m*

date stamp [ˈdeɪt stæmp] *sb* Datumsstempel *m*

DAX-index [dæks ˈɪndeks] *sb* DAX-Index *m*

day bill [ˈdeɪ bɪl] *sb* Tageswechsel *m*

day of account [ˈdeɪ əv əˈkaʊnt] *sb* Abrechnungstag *m*

day of expiry [deɪ əv ɪksˈpaɪrɪ] *sb* Verfallstag *m*

day rate [ˈdeɪ reɪt] *sb* Tageskurs *m*

day-to-day money [deɪ tu deɪ ˈmʌnɪ] *sb* Tagesgeld *n*

de facto employer/employee relationship [dɪ ˈfæktəʊ ɪmˈplɔɪə/ɪmˈplɔɪiː rɪˈleɪʃənʃɪp] *sb* faktisches Arbeitsverhältnis *n*

de facto group [dɪ 'fæktəʊ gruːp] *sb* faktischer Konzern *m*

de facto standard [dɪ 'fæktəʊ 'stændəd] *sb* De-facto-Standard *m*

dead capital [ded 'kæpɪtl] *sb* totes Kapital *n*, ungenutzte Mittel *n/pl*

dead freight (d.f.) [ded 'freɪt] *sb* Leerfracht (d.f.) *f*

deadline ['dedlaɪn] *sb* letzter Termin *m*, Frist *f; set a ~* eine Frist setzen; *meet the ~* die Frist einhalten

deadweight [ded'weɪt] *sb* Leergewicht *n*, Eigengewicht *n*

deal [diːl] *v irr* **1.** *~ in sth* mit etw handeln; *sb* **2.** Geschäft *n*, Handel *m*, Abkommen *n; make a ~ with s.o.* mit jdm ein Geschäft machen

dealer ['diːlə] *sb* **1.** Händler(in) *m/f;* **2.** *(wholesaler)* Großhändler(in) *m/f;* **3.** Eigenhändler *m;* **4.** Händlerfirma *f*

dealer commission ['diːlə kə'mɪʃən] *sb* Händlerprovision *f*

dealer in securities ['diːlə ɪn sɪ'kjʊərɪtiz] *pl* Effektenhändler *m*

dealer transaction ['diːlə træn'zækʃən] *sb* Händlergeschäft *n*

dealer's brand ['diːləz brænd] *sb* Handelsmarke *f*

dealership ['diːləʃɪp] *sb* Händlerbetrieb *m*

dealing before official hours ['diːlɪŋ bɪ'fɔː ə'fɪʃəl 'aʊəz] *adv* Vorbörse *f*

dealing in foreign notes and coins ['diːlɪŋ ɪn 'fɒrən nəʊts ænd kɔɪnz] *sb* Sortenhandel *m*

dealing in large lots ['diːlɪŋ ɪn lɑːdʒ lɒts] *sb* Pakethandel *m*

debenture [dɪ'bentʃə] *sb* Schuldschein *m*

debenture bond [dɪ'bentʃə bɒnd] *sb* Pfandbrief *m*, Obligation *f*, Schuldverschreibung *f*

debenture loan [dɪ'bentʃə ləʊn] *sb* Obligationsanleihe *f*

debenture stock [dɪ'bentʃə stɒk] *sb* Schuldverschreibung *f*

debit ['debɪt] *v* **1.** debitieren, belasten; *sb* **2.** Soll *n*, Belastung *f*, Debet *n*

debit card ['debɪt kɑːd] *sb* Kundenkreditkarte *f*, Lastschriftkarte *f*

debit entry ['debɪt 'entrɪ] *sb* Lastschrift *f*

debiting ['debɪtɪŋ] *sb* Einziehung *f*, Belastung *f*

debit interest ['debɪt 'ɪntrəst] *sb* Kreditzins *m*, Sollzins *m*

debit note ['debɪt nəʊt] *sb* Lastschrift *f*, Debet Nota (D/N) *f*

debt [det] *sb* Schuld *f; to be in ~* verschuldet sein; *repay a ~* eine Schuld begleichen

debt agency [det 'eɪdʒənsɪ] *sb* Inkassobüro *n*

debt capital [det 'kæpɪtəl] *sb* Fremdkapital *n*, Leihkapital *n*

debt collectible by the debtor [det kə'lektɪbl baɪ ðə 'detə] *sb* Holschuld *f*

debt deferral [det dɪ'fərəl] *sb (money)* Moratorium *n*

debt discount [det 'dɪskaʊnt] *sb* Damnum *n*

debt facility [det fə'sɪlətɪ] *sb* Dispositionskredit *m*, Kreditrahmen *m*

debt financing [det faɪ'nænsɪŋ] *sb* Fremdfinanzierung *f*

debtor ['detə] *sb* Schuldner(in) *m/f*, Debitor(in) *m/f*

debtor interest rates ['detə 'ɪntrəst reɪts] *pl* Sollzinsen *m/pl*

debtor warrant ['detə 'wɒrənt] *sb* Besserungsschein *m*

debt-register claim [det'redʒɪstə kleɪm] *sb* Schuldbuchforderung *f*

debt rescheduling [det rɪ'ʃedjuːlɪŋ] *sb* Umschuldung *f*

debt service [det 'sɜːvɪs] *sb* Schuldendienst *m*

debt terms ['det tɜːms] *pl* Kreditbedingungen *f/pl*

debts [dets] *sb* Schulden *pl; pay off ~* Schulden abbezahlen

debts profit levy [dets 'prɒfɪt 'levɪ] *sb* Kreditgewinnabgabe *f*

debug [diː'bʌg] *v* von Fehlern befreien

deceased [dɪ'siːst] *adj* verstorben

deceit [dɪ'siːt] *sb* Betrug *m*, Täuschung *f*

deceitful [dɪ'siːtfʊl] *adj* betrügerisch, falsch, hinterlistig

deceive [dɪ'siːv] *v* täuschen, betrügen

decentralization [diːsentrəlaɪ'zeɪʃn] *sb* Dezentralisierung *f*

decentralize [diː'sentrəlaɪz] *v* dezentralisieren

decimetre ['desɪmiːtə] *sb* Dezimeter *m*

decision [dɪˈsɪʒən] *sb* Entscheidung *f*, Entschluss *m*, Beschluss *m;* *make a ~* eine Entscheidung treffen

decision exercise [dɪˈsɪʒn ˈeksəsaɪz] *sb* Unternehmensplanspiel *n*

decision-making [dɪˈsɪʒənmeɪkɪŋ] *sb* Entscheidungsfindung *f*

decision-making hierarchy [dɪˈsɪʒən meɪkɪŋ ˈhaɪərɑːkɪ] *sb* Entscheidungshierarchie *f*

decision of accession [dɪˈsɪʒən əv əkˈseʃən] *sb* Beitrittsbeschluss *m*

decision rule [dɪˈsɪʒən ruːl] *sb* Entscheidungsregel *f*

decision to purchase [dɪˈsɪʒən tu ˈpɜːtʃəs] *sb* Kaufentscheidung *f*

declarable [dɪˈkleərəbl] *adj* zu verzollen

declaration [dekləˈreɪʃən] *sb* **1.** Erklärung *f*, Bekanntgabe *f*; **2.** *(customs)* Anmeldung *f*

declaration inwards [dekləˈreɪʃən ˈɪnwədz] *pl* Zolleinfuhrdeklaration *f*

declaration of intent [dekləˈreɪʃən əv ɪnˈtent] *sb* Willenserklärung *f*, Absichtserklärung *f*

declaration to exercise the subscription right [dekləˈreɪʃən tu ˈeksəsaɪz ðə sʌbˈskrɪpʃən raɪt] *sb* Bezugsrechterklärung *f*

declare [dɪˈkleə] *v* **1.** (sich) erlären, bekannt machen; **2.** *(to customs)* verzollen

decline [dɪˈklaɪn] *v* **1.** *(business, prices)* zurückgehen; **2.** *(not accept)* ablehnen

decline in gross profits [dɪˈklaɪn ɪn grəʊs ˈprɒfɪts] *sb* Rohertragsminderung *f*

decline in prices [dɪˈklaɪn ɪn ˈpraɪsɪz] *sb* Preisverfall *m*, Preisrückgang *m*

declining balance depreciation [dɪˈklaɪnɪŋ ˈbæləns dəprɪʃɪˈeɪʃən] *sb* Buchwertabschreibung *f*

decline in profits [dɪˈklaɪn ɪn ˈprɒfɪts] *sb* Gewinnabschwächung *f*

decode [diːˈkəʊd] *v* dekodieren, entschlüsseln, dechiffrieren

decommission [diːkəˈmɪʃən] *v* außer Betrieb setzen, stilllegen

decoration [dekəˈreɪʃən] *sb* Schmuck *m*, Dekoration *f*, Verzierung *f*

decrease [dɪˈkriːs] *v* **1.** abnehmen, sich vermindern, nachlassen; *(sth)* verringern, vermindern, reduzieren; *sb* **2.** Abnahme *f*, Verminderung *f*, Verringerung *f*, Rückgang *m*

decrease in demand [ˈdiːkriːs ɪn ˈdɪmɑːnd] *sb* Nachfragerückgang *m*, Verringerung der Nachfrage *f*

decrease in value [ˈdiːkriːs ɪn ˈvæljuː] *sb* Wertminderung *f*

decree [dɪˈkriː] *sb* **1.** Verordnung *f*, Erlass *m/f;* *v* **2.** *~ sth* etw verfügen; *~ that …* beschließen, dass …

deduct [dɪˈdʌkt] *v* abziehen, abrechnen, absetzen

deductible [dɪˈdʌktɪbl] *adj* abzugsfähig; *(tax ~)* absetzbar

deduction [dɪˈdʌkʃən] *sb* **1.** *(from a price)* Nachlass *m*, Rabatt *m;* **2.** *(from one's wage)* Abzug *m*

deduction of input tax [dɪˈdʌkʃən əv ˈɪnpʊt tæks] *sb* Vorsteuerabzug *m*

deduction of travelling expenses [dɪˈdʌkʃən əv ˈtrævəlɪŋ ɪkˈspensɪz] *sb* Reisekostenabrechnung *f*, Reisekostenabzug *m*

deed [diːd] *sb* *(document)* Urkunde *f*, Dokument *n*

deed of partnership [ˈdiːd əv ˈpɑːtnəʃɪp] *sb* Gesellschaftsvertrag *m*

default [dɪˈfɔːlt] *sb* **1.** Versäumnis *n*, Nichterfüllung *f;* **2.** *(failure to pay)* Nichtzahlung *f;* *v ~ on a debt* seine Schuld nicht bezahlen

default action [dɪˈfɔːlt ˈækʃn] *sb* Mahnverfahren *n*

default interest [dɪˈfɔːlt ˈɪntrest] *sb* Verzugszinsen *pl*

default of acceptance [dɪˈfɔːlt əv əkˈseptəns] *sb* Annahmeverzug *m*

default of delivery [dɪˈfɔːlt əv dɪˈlɪvərɪ] *sb* Lieferverzug *m*

default risk [dɪˈfɔːlt rɪsk] *sb* Ausfallrisiko *n*

defaulter [dɪˈfɔːltə] *sb* säumiger Schuldner *m*

defect [ˈdiːfekt] *sb* Fehler *m*, Defekt *m*, Mangel *m*

defective [dɪˈfektɪv] *adj* fehlerhaft, mangelhaft, schadhaft, defekt

defects rate [dɪˈfekts reɪt] *sb* Ausschussquote *f*

defence industry [dɪˈfens ɪndəstrɪ] *sb* Rüstungsindustrie *f*

deferment [dɪˈfɜːmənt] *sb* Verschiebung *f*, Verlegung *f*

deferrals [dɪˈfɜːrəlz] *sb* transitorische Posten *m/pl*

deferred payment [dɪˈfɜːd ˈpeɪmənt] *sb* Ratenzahlung *f*

deferred taxes [dɪˈfɜːd ˈtæksɪz] *pl* latente Steuern *f/pl*

deficiency [dɪˈfɪʃənsɪ] *sb* **1.** (*shortage*) Mangel *m*, Fehlen *n*; **2.** (*defect*) Mangelhaftigkeit *f*, Schwäche *f*

deficiency guarantee [dɪˈfɪʃənsɪ gærənˈtiː] *sb* Ausfallbürgschaft *f*

deficiency payment [dɪˈfɪʃənsɪ ˈpeɪmənt] *sb* Ausgleichszahlung *f*

deficient [dɪˈfɪʃənt] *adj* unzulänglich, mangelhaft

deficit [ˈdefɪsɪt] *sb* Defizit *n*, Fehlbetrag *m*

deficit balance [ˈdefɪsɪt ˈbæləns] *sb* Unterbilanz *f*

deficit financing [ˈdefɪsɪt faɪˈnænsɪŋ] *sb* Defizitfinanzierung *f*

deficit spending [ˈdefɪsɪt ˈspendɪŋ] *sb* Deficit Spending *n*, öffentliche Verschuldung durch Kreditaufnahme *f*

definite [ˈdefɪnət] *adj* **1.** endgültig, eindeutig; **2.** (*confirmation*) bindend, fest

definitive [dɪˈfɪnətɪv] *adj* maßgeblich

deflation [diːˈfleɪʃən] *sb* Deflation *f*

deflection [dɪˈflekʃən] *sb* Umlenkung *f*, Ablenkung *f*

defraud [dɪˈfrɔːd] *v* betrügen; ~ *the revenue (UK)* Steuern hinterziehen

defrauder [dɪˈfrɔːdə] *sb* Steuerhinterzieher(in) *m/f*

defray [dɪˈfreɪ] *v* (*costs*) tragen, übernehmen

defrayal [dɪˈfreɪəl] *sb* (*of costs*) Übernahme *f*

degradable [dɪˈgreɪdəbl] *adj* abbaubar

degree [dɪˈgriː] *sb* **1.** (akademischer) Grad *m*; **2.** Grad *m*

degree of unionization [dɪˈgriː əv juːnjənaɪˈzeɪʃən] (*employees*) Organisationsgrad *m*

degree of utilisation [dɪˈgriː əv juːtɪlaɪˈzeɪʃən] *sb* Auslastungsgrad *m*

degression [dɪˈgreʃən] *sb* Degression *f*

degressive costs [dɪˈgresɪv kɒsts] *pl* degressive Kosten *pl*

degressive depreciation [dɪˈgresɪv dɪpriːʃɪˈeɪʃən] *sb* degressive Abschreibung *f*

delay [dɪˈleɪ] *v* **1.** (*sth, s.o.*) (*hold up*) aufhalten, hinhalten; **2.** (*postpone*) verschieben, aufschieben, hinausschieben; **3.** *to be ~ed* aufgehalten werden; *sb* **4.** Verspätung *f*, Verzögerung *f*, Aufschub *m*, Verzug *m*

delay in delivery [dɪˈleɪ ɪn dɪˈlɪvərɪ] *sb* Lieferverzug *m*, Lieferungsverzögerung *f*

delay penalty [dɪˈleɪ ˈpenəltɪ] *sb* Säumniszuschlag *m*

del credere [del krəˈdərə] *sb* Delkredere *n*, Bürgschaft *f*; ~ *agent* Delkrederevertreter(in) *m/f*

delegate [ˈdelɪgeɪt] *v* **1.** (*a task*) delegieren, übertragen; **2.** (*a person*) abordnen, delegieren, bevollmächtigen; **3.** *sb* Delegierte(r) *f/m*, bevollmächtigter Vertreter *m*

delegated authority [ˈdelɪgeɪtɪd ɔːˈθɒrɪtɪ] *sb* Untervollmacht *f*

delegation [delɪˈgeɪʃən] *sb* Delegation *f*, Abordnung *f*

delete [dɪˈliːt] *v* streichen; (*data*) löschen; ~ *as appropriate* Nichtzutreffendes streichen

deletion [dɪˈliːʃən] *sb* Streichung *f*

deliver [dɪˈlɪvə] *v* **1.** liefern, zustellen, überbringen; **2.** (*by car*) ausfahren; (*on foot*) austragen; **3.** (*a message*) überbringen; (~ *the post each day*) zustellen; (~ *up: hand over*) aushändigen, übergeben, überliefern; **4.** (*an ultimatum*) stellen

deliverable [dɪˈlɪvərəbl] *adj* lieferbar

deliverable security [dɪˈlɪvərəbl sɪˈkjʊərɪtɪ] *sb* lieferbares Wertpapier *n*

deliverer [dɪˈlɪvərə] *sb* Lieferant(in) *m/f*

delivery [dɪˈlɪvərɪ] *sb* Lieferung *f*, Auslieferung *f*; (*of the post*) Zustellung *f*, Erfüllungsgeschäft *n*

delivery capacity [dɪˈlɪvərɪ kəˈpæsɪtɪ] *sb* Lieferkapazität *f*

delivery clause [dɪˈlɪvərɪ klɔːz] *sb* Lieferklausel *f*

delivery costs [dɪˈlɪvərɪ kɒsts] *pl* Bezugskosten *pl*, Lieferkosten *pl*

delivery note [dɪ'lɪvərɪ nəʊt] *sb* Lieferschein *m*

delivery order [dɪ'lɪvərɪ 'ɔːdə] *sb* Auslieferungsschein (D.O.) *m*

delivery terms [dɪ'lɪvərɪ tɜːms] *pl* Lieferbedingungen *f/pl*

delivery van [dɪ'lɪvərɪ væn] *sb* Lieferwagen *m*

demand [dɪ'mɑːnd] *v* **1.** verlangen, fordern; **2.** *(task)* erfordern, verlangen; *sb* **3.** Verlangen *n*, Forderung *f*; **4.** in ~ gefragt, begehrt; **5.** *(for goods)* Nachfrage *f*

demandable [dɪ'mɑːndəbl] *adj* einzufordernd

demand assessment [dɪ'mɑːnd ə'sesmənt] *sb* Bedarfsermittlung *f*

demand bill [dɪ'mɑːnd bɪl] *sb* Sichtwechsel *m*

demand for money [dɪ'mɑːnd fɔː 'mʌnɪ] *sb* Geldnachfrage *f*

demand for payment [dɪ'mɑːnd fɔː 'peɪmənt] *sb* Mahnung *f*

demand instrument [dɪ'mɑːnd 'ɪnstrʊmənt] *sb* Sichtpapier *n*

demand price [dɪ'mɑːnd praɪs] *sb* Geldkurs *m*

demarcation [dɪmɑː'keɪʃən] *sb* Abgrenzung *f*, Begrenzung *f*

demote [dɪ'məʊt] *v* zurückstufen, degradieren

demurrage [dɪ'mʌrɪdʒ] *sb* Liegegeld *n*, Standgeld *n*, Lagergeld *n*

denationalization [diːnæʃnəlaɪ'zeɪʃən] *sb* Privatisierung *f*

denomination [dɪnɒmɪ'neɪʃən] *sb* *(of money)* Nennwert *m*

denote [dɪ'nəʊt] *v* kennzeichnen, bezeichnen

density of population ['densɪtɪ əv pɒpjuː'leɪʃən] *sb* Bevölkerungsdichte *f*

department [dɪ'pɑːtmənt] *sb* **1.** Abteilung *f*; **2.** Ministerium *n*, Ressort *n*

department manager [dɪ'pɑːtmənt 'mænɪdʒə] *sb* Abteilungsleiter(in) *m/f*

department store [dɪ'pɑːtmənt stɔː] *sb* Kaufhaus *n*, Warenhaus *n*

departure [dɪ'pɑːtʃə] *sb* *(of a train, of a bus)* Abfahrt *f*; *(of a plane)* Abflug *m*

deposit [dɪ'pɒzɪt] *v* **1.** *(money)* deponieren, einzahlen; *sb* **2.** *(to a bank account)* Einzahlung, Depot *f*; **3.** *(returna-*ble security)* Kaution, Aufbewahrung *f*; **4.** *(down payment)* Anzahlung *f*

depositary [dɪ'pɒzɪtərɪ] *sb* Treuhänder *m*

deposit account [dɪ'pɒzɪt ə'kaʊnt] *sb* Sparkonto *n*

deposit acknowledgement [dɪ'pɒzɪt æk'nɒlɪdʒmənt] *sb* Depotanerkenntnis *f*

deposit at call [dɪ'pɒzɪt æt kɔːl] *sb* täglich fälliges Geld *n*

deposit at notice [dɪ'pɒzɪt æt 'nəʊtɪs] *sb* Kündigungsgeld *n*

deposit balance [dɪ'pɒzɪt 'bæləns] *sb* Guthabenkonto *n*

deposit bank [dɪ'pɒzɪt bæŋk] *sb* Depositenbank *f*

deposit banking [dɪ'pɒzɪt 'bæŋkɪŋ] *sb* Depotgeschäft *n*, Depositengeschäft *n*

deposit bill [dɪ'pɒzɪt 'bɪl] *sb* Depotsitenwechsel *m*, Einlagewechsel *m*

deposit book [dɪ'pɒzɪt bʊk] *sb* Depotbuch *n*

deposit business [dɪ'pɒzɪt 'bɪznɪs] *sb* Einlagengeschäft *n*, Passivgeschäft *n*

deposit clause [dɪ'pɒzɪt klɔːz] *sb* Depositenklausel *f*

deposit clearing bank [dɪ'pɒzɪt 'klɪərɪŋ bæŋk] *sb* Girobank *f*

deposit currency [dɪ'pɒzɪt 'kʌrənsɪ] *sb* Buchgeld *n*

deposit funds [dɪ'pɒzɪt 'fʌndz] *pl* (Spar-)Einlagen *f/pl*

deposit guarantee fund [dɪ'pɒzɪt gærən'tiː fʌnd] *sb* Einlagensicherungsfonds *m*

deposited share [dɪ'pɒzɪtɪd ʃeə] *sb* Depotaktie *f*

deposit for insurance payments [dɪ'pɒzɪt fɔː ɪn'ʃʊərəns 'peɪmənts] *sb* Prämiendepot *n*

deposit of securities [dɪ'pɒzɪt əv sɪ'kjʊərɪtɪz] *sb* Effektendepot *n*

depositor [dɪ'pɒzɪtə] *sb* Einzahler(in) *m/f*, Deponent(in) *m/f*

depository [dɪ'pɒzɪtərɪ] *sb* Verwahrungsort *m*, Aufbewahrungsort *m*

deposit payment [dɪ'pɒzɪt 'peɪmənt] *sb* Anzahlung *f*

deposit policy [dɪ'pɒzɪt 'pɒlɪsɪ] *sb* Einlagenpolitik *f*

deposit receipt [dɪ'pɒzɪt rɪ'siːt] *sb* Depotschein *m*

D

deposits [dɪ'pɒzɪts] *sb* Depositen *f/pl*
deposits on a current account [dɪ-'pɒzɪts ɒn ə 'kʌrənt ə'kaʊnt] *sb* Giroeinlage *f*
depot ['depəʊ] *sb* Depot *n*
depreciate [dɪ'pri:ʃɪeɪt] *v* **1.** *(fall in value)* an Kaufkraft verlieren; **2.** *(sth)* mindern
depreciation [dɪpri:ʃɪ'eɪʃən] *sb* **1.** Kaufkraftverlust *m*, **2.** Abschreibung; *f* **3.** Entwertung *f*
depreciation fund [dɪpri:ʃɪ'eɪʃən fʌnd] *sb* Abschreibungsfonds *m*
depreciation per period [dɪpri:ʃɪ'eɪʃən pɜ: 'pɪərɪəd] *sb* Zeitabschreibung *f*
depressed [dɪ'presd] *adj (market)* schleppend
depression [dɪ'preʃən] *sb* Wirtschaftskrise *f*, Depression *f*
depute ['depjʊt] *v* deligieren
deputize ['depjʊtaɪz] *v (for s.o.)* die Vertretung übernehmen
deputy ['depjʊtɪ] *sb* Stellvertreter(in) *m/f*
deregulate [di:'regjʊleɪt] *v* **1.** *(tariff)* freigeben; **2.** *(legal)* deregulieren, liberalisieren
deregulation [di:regjʊ'leɪʃən] *sb* Deregulierung *f*, Liberalisierung *f*
derelict ['derɪlɪkt] *adj* verlassen, brachliegend
dereliction [derɪ'lɪkʃən] *sb* Vernachlässigung *f*, Versäumen *n*
derivative financial instruments [dɪ'rɪvɪtɪv faɪ'nænʃəl 'ɪnstrəmənts] *pl* Derivate *n/pl*
design [dɪ'zaɪn] *v* **1.** entwerfen, zeichnen; **2.** *(machine, bridge)* konstruieren; *sb* **3.** *(planning)* Entwurf *m;* **4.** *(of a machine, of a bridge)* Konstruktion *f;* **5.** *(as a subject)* Design *n;* **6.** *(pattern)* Muster *n;* **7.** *(intention)* Absicht *f*
designation [dezɪg'neɪʃən] *sb* Designation *f*
designer [dɪ'zaɪnə] *sb* Designer(in) *m/f*
design fault [dɪ'zaɪn fɔ:lt] *sb* Konstruktionsfehler *m*
design patent [dɪ'zaɪn 'pætɪnt] *sb* Geschmacksmuster *n*
desk [desk] *sb* **1.** Schreibtisch *m*, Pult *n;* **2.** *(in a store)* Kasse *f*
desktop ['desktɒp] *sb* Arbeitsfläche *f*

desktop computer ['desktɒp kəm-'pju:tə] *sb* Tischcomputer *m*
desktop publishing ['desktɒp 'pʌblɪʃɪŋ] *sb* Desktop-Publishing (DTP) *n*
desk work ['desk wɜ:k] *sb* Schreibtischarbeit *f*
despatch [dɪ'spætʃ] *v* versenden, verschicken
destroyed securities [dɪs'trɔɪd sɪ-'kjʊərɪtɪz] *pl* vernichtete Wertpapiere *n/pl*
destructive price cutting [dɪs'trʌktɪv praɪs 'kʌtɪŋ] *sb* Verdrängungswettbewerb *m*
details of order ['di:teɪlz əv 'ɔ:də] *pl* Bestelldaten *pl*, Bestellangaben *pl*
determination [dɪtɜ:mɪ'neɪʃən] *sb* **1.** *(specifying)* Bestimmung *f*, Festsetzung *f;* **2.** *(decision)* Entschluss *m*, Beschluss *m*
determination of profits [dɪtɜ:mɪ-'neɪʃən əv 'prɒfɪts] *sb* Gewinnermittlung *f*
determination of the value [dɪtɜ:mɪ-'neɪʃən əv ðə 'vælju:] *sb* Wertermittlung *f*
determine [dɪ'tɜ:mɪn] *v* **1.** *(resolve)* sich entschließen, beschließen; **2.** *(fix, set)* festsetzen, festlegen; **3.** *(be a decisive factor in)* bestimmen, determinieren; **4.** *(ascertain)* ermitteln
detriment ['detrɪmənt] *sb* Nachteil *m*, Schaden *m; to the ~ of sth* zum Nachteil einer Sache, zum Schaden von etw
devaluation [di:vælju:'eɪʃən] *sb* Abwertung *f*
devaluation race [di:vælju:'eɪʃən reɪs] *sb* Abwertungswettlauf *m*
devalue [di:'vælju:] *v* abwerten, entwerten
develop [dɪ'veləp] *v* **1.** *(sth)* entwickeln; **2.** *(~ something already begun)* weiterentwickeln; **3.** *(a plot of land)* erschließen
developer [dɪ'veləpə] *sb (property ~)* Baulandentwickler *m*, Baufirma *f*
developing [dɪ'veləpɪŋ] *adj ~ country* Entwicklungsland *n*
development [dɪ'veləpmənt] *sb* **1.** Entwicklung *f*, Ausführung *f*, Entfaltung *f*, Erschließung *f;* **2.** *(economic)* Wachstum *n*, Aufbau *m*

development aid [dɪˈveləpmənt eɪd] *sb* Entwicklungshilfe *f*

development area [dɪˈveləpmənt ˈeərɪə] *sb* Entwicklungsgebiet *n*

development bank [dɪˈveləpmənt bæŋk] *sb* Entwicklungsbank *f*

development costs [dɪˈveləpmənt kɒsts] *pl* Entwicklungskosten *pl*, Erschließungsbeiträge *m/pl*

development fund [dɪˈveləpmənt fʌnd] *sb* Entwicklungsfonds *m*

development phase [dɪˈveləpmənt feɪz] *sb* Aufbauphase *f*, Entwicklungsphase *f*

deviation [diːvɪˈeɪʃən] *sb* Abweichen *n*, Abweichung *f*

device [dɪˈvaɪs] *sb* **1.** Gerät *n*, Vorrichtung *f*, Apparat *m*; **2.** *(scheme)* List *f*; **3.** *leave s.o. to his own ~s* jdn sich selbst überlassen

dexterity [deksˈterɪtɪ] *sb* Geschicklichkeit *f*, Gewandtheit *f*, Fingerfertigkeit *f*

dexterous [ˈdekstərəs] *adj* gewandt, geschickt, behände

diagram [ˈdaɪəgræm] *sb* Diagramm *n*, Schaubild *n*, Schema *n*

dial [daɪəl] *v (telephone)* wählen

dialling code [ˈdaɪəlɪŋ kəʊd] *sb (UK)* Vorwahl *f*

diameter [daɪˈæmɪtə] *sb* Durchmesser *m*, Diameter *m*

diary [ˈdaɪərɪ] *sb (appointment book)* Terminkalender *m*

dictaphone [ˈdɪktəfəʊn] *sb* Diktaphon *n*, Diktiergerät *n*

dictate [dɪkˈteɪt] *v* diktieren

dictionary [ˈdɪkʃənrɪ] *sb* Wörterbuch *n*, Lexikon *n*

differ [ˈdɪfə] *v* **1.** sich unterscheiden; **2.** *(hold a different opinion)* anderer Meinung sein

difference [ˈdɪfrəns] *sb* **1.** Unterschied *m*; **2.** Differenzbetrag *m*

difference between purchase and hedging price [ˈdɪfrəns bɪˈtwiːn ˈpɜːtʃəs ænd ˈhedʒɪŋ praɪs] *sb* Kursspanne *f*

differential piece-rate system [dɪfəˈrentʃəl ˈpiːsreɪt ˈsɪstɪm] *sb* Differenziallohnsystem *n*

differentiated tariffs [dɪfəˈrentʃieɪtɪd ˈtærɪfs] *pl* gespaltener Tarif *m*

differentiation [dɪfərenʃɪˈeɪʃən] *sb* Unterscheidung *f*, Differenzierung *f*

diffusion barriers [dɪˈfjuːʒən ˈbæriəz] *pl* Diffusionsbarrieren *f/pl*

diffusion process [dɪˈfjuːʒən ˈprɒses] *sb* Diffusion *f*

diffusion strategy [dɪˈfjuːʒən ˈstrætɪdʒɪ] *sb* Diffusionsstrategie *f*

digit [ˈdɪdʒɪt] *sb* Ziffer *f*, Stelle *f*

digital [ˈdɪdʒɪtəl] *adj* digital, Digital

digitization [dɪdʒɪtaɪˈseɪʃən] *sb* Digitalisierung *f*

diminish [dɪˈmɪnɪʃ] *v (to be ~ed)* sich vermindern, abnehmen; *(sth)* verringern, vermindern, verkleinern

diminished [dɪˈmɪnɪʃt] *adj* verringert, reduziert

dip into [dɪp ˈɪntuː] *v ~ funds* Reserven angreifen

diploma [dɪpˈləʊmə] *sb* Diplom *n*

dipstick [ˈdɪpstɪk] *sb* Messtab *m*

direct [daɪˈrekt] *v* **1.** *(aim, address)* richten; **2.** *~ s.o.'s attention to sth* jds Aufmerksamkeit auf etw lenken; **3.** *(order)* anweisen, befehlen; **4.** *(supervise)* leiten, lenken, führen

direct access [daɪˈrekt ˈækses] *sb* Direktzugriff *m*

direct advertising [daɪˈrekt ˈædvɜːtaɪzɪŋ] *sb* Direktwerbung *f*

direct and indirect material [daɪˈrekt ænd ˈɪndaɪrekt məˈtɪrɪəl] *(cost accounting)* Fertigungslos *n*

direct bank [daɪˈrekt bæŋk] *sb* Direktbank *f*

direct cost [daɪˈrekt kɒst] *sb* Einzelkosten *pl*

direct costing [daɪˈrekt kɒstɪŋ] *sb* Direct Costing *n*

direct current [daɪˈrekt ˈkʌrənt] *sb* Gleichstrom *m*

direct debit [daɪˈrekt ˈdebɪt] *sb (UK)* Einzugsermächtigung *f*, Lastschrift *f*

direct debit authorization [daɪˈrekt ˈdebɪt ɔːθəraɪˈzeɪʃən] *sb* Einziehungsermächtigung *f*

direct debit instruction [daɪˈrekt ˈdebɪt ɪnˈstrʌkʃən] *sb* Abbuchungsauftrag *m*, Einzugsermächtigung *f*

direct debit procedure [daɪˈrekt ˈdebɪt prəˈsiːdʒə] *sb* Abbuchungsverfahren *n*

D

direct debiting [daɪ'rekt 'debɪtɪŋ] *sb* Bankeinzugsverfahren *n*, Lastschriftverfahren *n*

direct debiting transactions [daɪ'rekt 'debɪtɪŋ træn'zækʃənz] *pl* Lastschriftverkehr *m*

direct discount [daɪ'rekt 'dɪskaunt] *sb* Direktdiskont *m*

direct exchange [daɪ'rekt ɪks'tʃeɪndʒ] *sb* Mengenkurs *m*

direct export [daɪ'rekt 'ekspɔːt] *sb* Direktausfuhr *f*

direct insurance [daɪ'rekt ɪn'ʃuərəns] *sb* Direktversicherung *f*

direct investments [daɪ'rekt ɪn'vestmənts] *pl* Direktinvestitionen *pl*

direction [daɪ'rekʃən] *sb* **1.** *(management)* Leitung *f*, Führung *f*; **2.** ~s *pl* Anweisungen *pl*; **3.** *(~s for use)* Gebrauchsanweisung *f*

directive [daɪ'rektɪv] *sb* Direktive *f*, Vorschrift *f*

direct marketing [daɪ'rekt 'mɑːkɪtɪŋ] *sb* Direct Marketing *n*

director [daɪ'rektə] *sb* Direktor(in) *m/f*, Leiter(in) *m/f*

direct ordering [daɪ'rekt 'ɔːdərɪŋ] *sb* Direktbestellung *f*

director general [daɪ'rektə 'dʒenərəl] *sb* Generaldirektor *m*

directorate [daɪ'rektərɪt] *sb* *(body of directors)* Direktorium *n*, Vorstand *m*

directors' fees tax [daɪ'rektəz fiːz tæks] *sb* Aufsichtsratsteuer *f*

directory [dɪ'rektərɪ] *v* **1.** Telefonbuch *n*; **2.** *(yellow pages)* Branchenverzeichnis *n*; **3.** *(table of contents)* Inhaltsverzeichnis *n*

directory enquiries [daɪ'rektərɪ ɪn'kwaɪərɪz] *pl* *(UK)* Telefonauskunft *f*

direct selling [daɪ'rekt 'selɪŋ] *sb* Direktverkauf *m*, Direktvertrieb *m*, direkter Absatz *m*

direct taxes [daɪ'rekt 'tæksɪz] *pl* direkte Steuern *pl*

direct telex transfer system [daɪ'rekt 'teleks 'trænsfɜ: 'sɪstɪm] *sb* Blitzgiro *n*

dirigisme [dɪrɪ'ʒiːzm] *sb* Dirigismus *m*

disability [dɪsə'bɪlɪtɪ] *sb* Behinderung *f*, Arbeitsunfähigkeit *f*

disabled [dɪs'eɪbld] *adj* **1.** behindert, arbeitsunfähig, erwerbsunfähig; **2.** *(machine)* unbrauchbar

disadvantage [dɪsəd'vɑːntɪdʒ] *sb* Nachteil *m*, Schaden *m*

disaffirm [dɪsə'fɜːm] *v* widerrufen

disagio [dɪs'eɪdʒəu] *sb* Disagio *n*

disapproval [dɪsə'pruːvl] *sb* *(of sth)* Missbilligung *f*

disapprove [dɪsə'pruːv] *v* dagegen sein; ~ *of sth* etw missbilligen

disarmament [dɪs'ɑːməmənt] *sb* Abrüstung *f*

disassemble [dɪsə'sembl] *v* auseinander nehmen, zerlegen

disburse [dɪs'bɜːs] *v* auszahlen, ausbezahlen

disbursement [dɪs'bɜːsmənt] *sb* Auszahlung *f*, Ausbezahlung *f*

discard [dɪs'kɑːd] *v* ablegen, aufgeben, ausrangieren

discharge [dɪs'tʃɑːdʒ] *v* **1.** *(electricity)* entladen; **2.** *(cargo)* löschen; **3.** *(a debt)* begleichen; *sb* ['dɪstʃɑːdʒ] **4.** *(of electricity)* Entladung *f*; **5.** *(dismissal)* Entlassung *f*; **6.** *(~ papers)* Entlassungspapier *n*; **7.** Freispruch *m*

discharging expenses [dɪs'tʃɑːdʒɪŋ ɪks'pensɪz] *pl* Entladungskosten *pl*, Löschgebühren *pl*

disciplinary ['dɪsəplɪnərɪ] *adj* Disziplinar..., disziplinarisch

discipline ['dɪsəplɪn] *v* disziplinieren; *sb* Disziplin *f*

disclaim [dɪs'kleɪm] *v* ausschlagen, ablehnen

disclaimer [dɪs'kleɪmə] *sb* **1.** Dementi *n*, Widerruf *m*; **2.** *(legal)* Ausschlussklausel *f*, Haftungsablehnungserklärung *f*

disclose [dɪs'kləuz] *v* bekannt geben, bekannt machen

disconnection [dɪskə'nekʃən] *sb* *(on the telephone)* Unterbrechung *f*

discontinue [dɪskən'tɪnjuː] *v* **1.** *(a line of products)* auslaufen lassen; **2.** *(a subscription)* abbestellen

discount ['dɪskaunt] *sb* Preisnachlass *m*, Rabatt *m*, Abschlag *m*, Skonto *n*, Diskont *m*

discountable [dɪs'kauntəbl] *adj* abzugsfähig

discountable paper [dɪsˈkaʊntəbl ˈpeɪpə] sb Diskontpapier n

discount bank [ˈdɪskaʊnt bæŋk] sb Diskontbank f

discount broker [ˈdɪskaʊnt ˈbrəʊkə] sb Diskontmakler(in) m/f, Wechselmakler(in) m/f

discount business [ˈdɪskaʊnt ˈbɪznɪs] sb Diskontgeschäft n

discount calculation [ˈdɪskaʊnt kælkjuːˈleɪʃən] sb Diskontrechnung f

discount commission [ˈdɪskaʊnt kəˈmɪʃən] sb Diskontprovision f

discount credit [ˈdɪskaʊnt ˈkredɪt] sb Diskontkredit m

discount deduction [ˈdɪskaʊnt dɪˈdʌkʃən] sb Skontoabzug m

discount factor [ˈdɪskaʊnt ˈfæktə] sb Diskontierungsfaktor m

discount houses [ˈdɪskaʊnt ˈhaʊzɪz] pl Diskonthäuser n/pl

discounting [ˈdɪskaʊntɪŋ] sb Diskontierung f, Abzinsung f

discount market [ˈdɪskaʊnt ˈmɑːkɪt] sb Diskontmarkt m

discount of bills [ˈdɪskaʊnt əv bɪlz] sb Wechseldiskont m

discount on advance orders [ˈdɪskaʊnt ɒn əˈdvɑːns ɔːdəz] sb Vorbestellrabatt m

discount on repurchase [ˈdɪskaʊnt ɒn rɪˈpɜːtʃəs] sb Rückkaufdisagio n

discount rate [ˈdɪskaʊnt reɪt] sb Diskontsatz m

discount store [ˈdɪskaʊnt stɔː] sb Discountgeschäft n, Discountladen m

discredit [dɪsˈkredɪt] v in Misskredit bringen, in Verruf bringen; sb Misskredit m

discrepancy [dɪsˈkrepənsɪ] sb Diskrepanz f, Unstimmigkeit f

discretion [dɪsˈkreʃən] sb 1. (tact) Diskretion f; 2. (prudence) Besonnenheit f; 3. (freedom to decide) Ermessen n; use your own ~ handle nach eigenem Ermessen; at one's ~ nach Belieben

discretionary [dɪˈskreʃənrɪ] adj Ermessens...

discriminate [dɪˈskrɪmɪneɪt] v ~ against s.o. jdn diskriminieren

discrimination [dɪskrɪmɪˈneɪʃən] sb (differential treatment) Diskriminierung f

discussion [dɪsˈkʌʃən] sb Diskussion f, Erörterung f; (meeting) Besprechung f

disencumberment [dɪsɪnˈkʌmbəmənt] sb Entschuldung f

disenfranchise [dɪsɪnˈfræntʃaɪz] v die Konzession entziehen

disinflation [dɪsɪnˈfleɪʃən] sb Deflation f

disinvestment [dɪsɪnˈvestmənt] sb Desinvestition f

disk [dɪsk] sb Platte f, Diskette f

disk crash [ˈdɪsk kræʃ] sb Diskcrash m, Störung eines Laufwerkes f

disk drive [ˈdɪsk draɪv] sb Laufwerk n

disloyalty [dɪsˈlɔɪəltɪ] sb Untreue f

dismantlement [dɪsˈmæntlmənt] sb Abbruch m, Demontage f

dismiss [dɪsˈmɪs] v entlassen, gehen lassen

dismissal [dɪsˈmɪsəl] sb Entlassung f, Kündigung f

disparity [dɪsˈpærɪtɪ] sb Disparität f, Ungleichheit f

dispatch [dɪˈspætʃ] v 1. senden, schicken, absenden; sb 2. (sending) Versand m, Absendung f, Abfertigung f

dispatch agent [dɪˈspætʃ ˈeɪdʒənt] sb Abfertigungsspediteur m

dispatch case [dɪˈspætʃ keɪs] sb (UK) Aktenmappe f

dispatch department [dɪˈspætʃ dɪˈpɑːtmənt] sb Versandabteilung f

dispatch manager [dɪˈspætʃ ˈmænɪdʒə] sb Versandleiter(in) m/f

display [dɪsˈpleɪ] v 1. (show) zeigen, beweisen; 2. (goods) ausstellen, auslegen; sb 3. Zeigen n, Zurschaustellung f, Vorführung f; to be on ~ ausgestellt sein; 4. (of goods) Ausstellung f, Auslage f; 5. (IT) Display n, Bildschirm m

displayer [dɪsˈpleɪə] sb Aussteller m

disposable [dɪsˈpəʊzəbl] adj 1. (to be thrown away) wegwerfbar; 2. (available) verfügbar

disposable income [dɪsˈpəʊzəbl ˈɪnkʌm] sb verfügbares Einkommen n

disposable share [dɪsˈpəʊzəbl ʃeə] sb Vorratsaktie f

disposal [dɪsˈpəʊzəl] sb 1. (throwing away) Wegwerfen n; 2. (waste ~ unit) Müllschlucker m; 3. (removal) Beseitigung f; 4. (control) Verfügungsrecht n;

D

5. *place sth at s.o.'s ~* jdm etw zur Verfügung stellen; *have sth at one's ~* über etw verfügen; **6.** *(positioning)* Aufstellung *f*

disposal business [dɪˈspəʊzl ˈbɪznɪs] *sb* Entsorgungsunternehmen *n*

disposal costs [dɪˈspəʊzl kɒsts] *pl* Entsorgungskosten *pl*

dispose [dɪsˈpəʊz] *v ~ of (have at one's disposal)* verfügen über

disposition [dɪspəˈzɪʃən] *sb* Verfügung *f*

dispossess [dɪspəˈzes] *v* enteignen

disproportionate [dɪsprəˈpɔːʃənɪt] *adj* unverhältnismäßig

dispute [dɪsˈpjuːt] *v* **1.** streiten; **2.** *(a claim)* anfechten; *sb* **3.** Streit *m*, Disput *m*; **4.** *industrial ~* Tarifkonflikt *m*

dissaving [dɪsˈseɪvɪŋ] *sb* Entsparen *n*

dissociate [dɪˈsəʊʃɪeɪt] *v ~ o.s. from* sich distanzieren von

distribute [dɪˈstrɪbjuːt] *v* **1.** *(goods)* vertreiben; **2.** *(dividends)* ausschütten

distribution [dɪstrɪˈbjuːʃən] *sb* **1.** *(of dividends)* Ausschüttung *f;* **2.** *(of goods)* Vertrieb *m*, Verteilung *f*

distribution centre [dɪstrɪˈbjuːʃən ˈsentə] *sb* Auslieferungslager *n*

distribution channel [dɪstrɪˈbjuːʃən ˈtʃænl] *sb* Vertriebskanal *m*, Vertriebsweg *m*

distribution cost [dɪstrɪˈbjuːʃən kɒst] *sb* Distributionskosten *pl*

distribution of income [dɪstrɪˈbjuːʃən əv ˈɪnkʌm] *sb* Einkommensverteilung *f*

distribution of profit [dɪstrɪˈbjuːʃən əv ˈprɒfɪt] *sb* Gewinnausschüttung *f*

distribution organs [dɪstrɪˈbjuːʃən ˈɔːɡənz] *pl* Distributionsorgane *n/pl*

distribution policy [dɪstrɪˈbjuːʃən ˈpɒlɪsɪ] *sb* Distributionspolitik *f*

distribution store [dɪstrɪˈbjuːʃən stɔː] *sb* Auslieferungslager *n*

distributor [dɪˈstrɪbjʊtə] *sb (wholesaler)* Großhändler(in) *m/f*

disturbance [dɪsˈtɜːbəns] *sb* Störung *f*

dive [daɪv] *sb* Kurssturz *m*, Preissturz *m*

diversification [daɪvɜːsɪfɪˈkeɪʃən] *sb* Diversifizierung *f*, Streuung der Aktivitäten *f*

diversified holdings [daɪˈvɜːsɪfaɪd ˈhəʊldɪŋz] *pl* Streubesitz *m*

diversify [daɪˈvɜːsɪfaɪ] *v* diversifizieren, streuen

dividend [ˈdɪvɪdənd] *sb* Dividende *f; pay ~s (fig)* sich bezahlt machen

dividend coupon [ˈdɪvɪdend ˈkuːpɒn] *sb* Gewinnanteilsschein *m*

dividend guarantee [ˈdɪvɪdend ɡærənˈtiː] *sb* Dividendengarantie *f*

dividend in bankruptcy [ˈdɪvɪdend ɪn ˈbæŋkrʌpsɪ] *sb* Konkursquote *f*

dividend on account [ˈdɪvɪdend ɒn əˈkaʊnt] *sb* Abschlagsdividende *f*

dividend tax [ˈdɪvɪdend tæks] *sb* Dividendenabgabe *f*

division [dɪˈvɪʒən] *sb* **1.** Teilung *f*, Aufteilung *f*, Einteilung *f;* **2.** *(of a firm)* Abteilung *f;* **3.** Sparte *f*

divisional organization [dɪˈvɪʒənl ɔːɡənaɪˈzeɪʃən] *sb* Geschäftsbereichsorganisation *f*

division of labour [dɪˈvɪʒən əv ˈleɪbə] *sb* Arbeitsteilung *f*

dock [dɒk] *sb* Dock *n; ~s* Hafen *m*

dockage [ˈdɒkɪdʒ] *sb* Hafengebühren *pl*, Dockgebühren *pl*

dockyard [ˈdɒkjɑːd] *sb* Werft *f*

doctoring a balance sheet [ˈdɒktərɪŋ ə ˈbæləns ʃiːt] *sb* Bilanzverschleierung *f*

document [ˈdɒkjumənt] *v* beurkunden, dokumentieren; *sb* Dokument *n*, Urkunde *f*, Unterlage *f*

documentary [dɒkjuˈmentərɪ] *adj ~ evidence* Urkundenbeweis *m*

documentary acceptance credit [dɒkjuˈmentərɪ əkˈseptəns ˈkredɪt] *sb* Rembourskredit *m*

documentary letter of credit [dɒkjuˈmentərɪ ˈletər əv ˈkredɪt] *sb* Dokumentakkreditiv *n*

document of title [ˈdɒkjumənt əv ˈtaɪtəl] *sb* Warenpapier *n*, Besitzurkunde *f*

documents against acceptance (D/A) [ˈdɒkjumənts əˈɡenst əkˈseptəns] *pl* Dokumente gegen Akzept (d/a)

documents against payment (D/P) [ˈdɒkjumənts əˈɡenst ˈpeɪmənt] *pl* Dokumente gegen Bezahlung (d/p) *pl*

dole [dəʊl] *sb (fam, UK)* Stempelgeld *n; to be on the ~* stempeln gehen

dollar area [ˈdɒlə ˈæːrɪə] *sb* Dollarblock *m*

dollar bond [ˈdɒlə bɒnd] *sb* Dollaranleihe *f*
dollar clause [ˈdɒlə klɔːz] *sb* Dollarklausel *f*
dollar quotation [ˈdɒlə kwəʊˈteɪʃn] *sb* Dollarnotierung *f*
dollar standard [ˈdɒlə ˈstændəd] *sb* Dollar-Standard *m*
domain [dəˈmeɪn] *sb* **1.** *(area)* Gebiet *n*, Fachgebiet *n*; *public* ~ öffentliches Eigentum *n*; **2.** *(IT)* Domain *f*
domestic [dəˈmestɪk] *adj* Innen..., Inland..., Binnen...
domestic capital [dəˈmestɪk ˈkæpɪtəl] *sb* Inlandsvermögen *n*
domestic customs territory [dəˈmestɪk ˈkʌstəmz ˈterɪtəri] *sb* Zollinland *n*
domestic market [dəˈmestɪk ˈmɑːkɪt] *sb* Binnenmarkt *m*
domestic trade [dəˈmestɪk treɪd] *sb* Binnenhandel *m*
donation [dəʊˈneɪʃən] *sb* **1.** *(thing donated)* Spende *f*, Stiftung *f*, Gabe *f*, Schenkung *f*; **2.** *(the act of donating)* Spenden *n*, Stiften *n*
dormant deposit [ˈdɔːmənt dɪˈpɒzɪt] *sb* totes Depot *n*
dormant partnership [ˈdɔːmənt ˈpɑːtnəʃɪp] *sb* stille Gesellschaft *f*
double currency [ˈdʌbl ˈkʌrənsɪ] *sb* Doppelwährung *f*
double currency loan [ˈdʌbl ˈkʌrənsɪ ləʊn] *sb* Doppelwährungsanleihe *f*
double entry bookkeeping [ˈdʌbl ˈentrɪ ˈbʊkiːpɪŋ] *sb* doppelte Buchführung *f*
double housekeeping [ˈdʌbl ˈhaʊskiːpɪŋ] *sb* doppelte Haushaltsführung *f*
double option operation [ˈdʌbl ˈɒpʃən ɒpəˈreɪʃən] *sb* Stellagegeschäft *n*
double taxation [ˈdʌbl tækˈseɪʃən] *sb* Doppelbesteuerung *f*
double time [ˈdʌbl taɪm] *sb* *(payment)* hundert Prozent Überstundenzuschlag *m*
doubtful [ˈdaʊtfəl] *adj* zweifelhaft
doubtful debts [ˈdaʊtfəl dets] *pl* dubiose Forderung *f*
down cycle [ˈdaʊn saɪkl] *sb* rückläufiger Konjunkturzyklus *m*
downfall [ˈdaʊnfɔːl] *sb* *(fig)* Niedergang *m*, Untergang *m*

download [ˈdaʊnləʊd] *v* *(a computer)* laden
down payment [daʊn ˈpeɪmənt] *sb* Anzahlung *f*, Abschlagszahlung *f*
down-ship [daʊnˈʃɪp] *sb* Abschwung *m*
downsizing [ˈdaʊnsaɪzɪŋ] *sb* Abbau *m*, Verkleinerung *f*
downswing [ˈdaʊnswɪŋ] *sb* Abwärtstrend *m*
down time [ˈdaʊn taɪm] *sb* Ausfalldauer *f*, Stillstandszeit *f*
downturn [ˈdaʊntɜːn] *sb* Rückgang *m*, Abnahme *f*
downward trend [ˈdaʊnwəd trend] *sb* Abwärtstrend *m*
draft [drɑːft] *v* **1.** *(draw)* entwerfen, skizzieren; **2.** *(write)* aufsetzen, abfassen; *sb* **3.** Entwurf *m*, Tratte *f*
draft book [ˈdrɑːft bʊk] *sb* Wechselbuch *n*
draft collection [ˈdrɑːft kəˈlekʃən] *sb* Wechselinkasso *n*
drag [dræg] *sb* Belastung *f*
draw [drɔː] *v irr* **1.** *(money from a bank)* abheben; **2.** *(a salary)* beziehen
drawback [ˈdrɔːbæk] *sb* **1.** Nachteil *m*; **2.** *(tax)* Steuerrückvergütung *f*
drawee [drɔːˈiː] *sb* Bezogene(r) *f/m*, Trassat(in) *m/f*
drawer [ˈdrɔːə] *sb* Wechselgeber(in) *m/f*, Aussteller(in) *m/f*
drawer of a bill [ˈdrɔːə əv ə bɪl] *sb* Wechselaussteller(in) *m/f*
drawing [ˈdrɔːɪŋ] *sb* Trassierung *f*, Ziehung *f*
drawing authorization [ˈdrɔːɪŋ ɔːθəraɪˈzeɪʃən] *sb* Kontovollmacht *f*, Verfügungsermächtigung *f*
drawing credit [ˈdrɔːɪŋ ˈkredɪt] *sb* Wechselkredit *m*, Trassierungskredit *m*
drawing limit [ˈdrɔːɪŋ ˈlɪmɪt] *sb* Abhebungshöchstbetrag *m*
drawing rights [ˈdrɔːɪŋ raɪts] *pl* Ziehungsrechte *pl*
drawing up of a budget [ˈdrɔːɪŋ ʌp əv ə ˈbʌdʒɪt] *sb* Budgetierung *f*
drawn bill [drɔːn bɪl] *sb* gezogener Wechsel *m*
drive [draɪv] *sb* **1.** *(of a computer)* Laufwerk *n*; **2.** *(energy)* Schwung *m*
drop [drɒp] *sb* **1.** *(fall)* Sturz *m*, Fall *m*; **2.** *(decrease)* Rückgang *m*, Abfall *m*

D

drop in demand [drɒp ɪn dɪˈmɑːnd] *sb* Nachfragerückgang *m*

drop in expenditure [drɒp ɪn ɪkˈspendɪtʃə] *sb* Ausgabensenkung *f*

drop in investment [drɒp ɪn ɪnˈvestmənt] *sb* Investitionsrückgang *m*

duality [djuːˈælɪtɪ] *sb* Dualität *f*

dud [dʌd] *sb* (US) ungedeckter Scheck *m*

due [djuː] *adj* **1.** (owed) fällig; (expected) fällig, erwartet; **2.** in ~ time zur rechten Zeit

due date [ˈdjuː deɪt] *sb* Fälligkeitstag *m*, Fälligkeitstermin *m*

due payment reserved [djuː ˈpeɪmənt rɪˈzɜːvd] *adv* Eingang vorbehalten

dues [djuːz] *pl* Gebühren *pl*

dummy [ˈdʌmi] *sb* **1.** Versuchsmuster *n*, Schaupackung *f*; *adj* **2.** (fake) vorgeschoben, Schein…; ~ company Briefkastenfirma *f*

dumping [ˈdʌmpɪŋ] *sb* Dumping *n*

dun [dʌn] *v* (an)mahnen

duopoly [djuːˈɒpəlɪ] *sb* Dyopol *n*

duplicate [ˈdjuːplɪkət] *v* **1.** kopieren, vervielfältigen; *sb* **2.** Duplikat *n*, Kopie *f*, Doppel *n*; in ~ in zweifacher Ausfertigung

durability [djʊərəˈbɪlɪtɪ] *sb* (of goods) Haltbarkeit *f*

durable [ˈdjʊərəbl] *adj* (material, goods) haltbar

durable consumer goods [ˈdjʊərəbl kənˈsjuːmə gʊdz] *pl* Gebrauchsgüter *pl*

duration [djuˈreɪʃən] *sb* Länge *f*, Dauer *f*, Duration *f*

duration of capital tie-up [djuˈreɪʃən əv ˈkæpɪtəl ˈtaɪʌp] *sb* Kapitalbindungsdauer *f*

duration of credit [djuˈreɪʃən əv ˈkredɪt] *sb* Kreditlaufzeit *f*

dutiable [ˈdjuːtɪəbl] *adj* zollpflichtig

duty [ˈdjuːtɪ] *sb* **1.** (task) Aufgabe *f*, Pflicht *f*; **2.** (working hours) Dienst *m*; on ~ im Dienst, Dienst habend; **3.** to be off ~ dienstfrei haben; **4.** (tax) Zoll *m*

duty based on weight [ˈdjuːtɪ beɪst ɒn weɪt] *sb* Gewichtszoll *m*

duty on exports [ˈdjuːtɪ ɒn ˈekspɔːts] *sb* Ausfuhrzoll *m*

duty on imports [ˈdjuːtɪ ɒn ˈɪmpɔːts] *sb* Einfuhrzoll *m*

duty roster [ˈdjuːtɪ rɒstə] *sb* Dienstplan *m*

duty to deliver [ˈdjuːtɪ tu dɪˈlɪvə] *sb* Lieferungspflicht *f*

duty unpaid [ˈdjuːtɪ ʌnˈpeɪd] *adj* unverzollt

duty-free [djuːtɪˈfriː] *adj* zollfrei, unverzollt

duty-paid [djuːtɪˈpeɪd] *adj* verzollt

dynamics [daɪˈnæmɪks] *sb* **1.** Dynamik *f*; **2.** (power) Kräftespiel *n*

E

early retirement [ˈɜːlɪ rɪˈtaɪəmənt] *sb* Vorruhestand *m*

earn [ɜːn] *v* verdienen; *(interest)* bringen

earned income [ɜːnd ˈɪnkʌm] *sb* Arbeitseinkommen *n*

earner [ˈɜːnə] *sb* Erwerbsfähige(r) *f/m*, Verdiener(in) *m/f*

earning power [ˈɜːnɪŋ ˈpaʊə] *sb* Verdienstchancen *f/pl*

earnings [ˈɜːnɪŋz] *pl* **1.** Verdienst *m*, Bezüge *pl;* **2.** *of a business)* Einnahmen *f/pl*

earnings after tax [ˈɜːnɪŋz ˈɑftə tæks] *pl* Gewinn nach Steuern *m*

earnings analysis [ˈɜːnɪŋz əˈnæləsɪs] *pl* Erfolgsanalyse *f*

earnings available for distribution [ˈɜːnɪŋz əˈveɪləbl fɔː dɪstrɪˈbjuːʃən] *pl* ausschüttungsfähiger Gewinn *m*

earnings before tax [ˈɜːnɪŋz bɪˈfɔː tæks] *pl* Bruttogewinn *m*, Vorsteuergewinn *m*

earnings per share [ˈɜːnɪŋz pɜː ˈʃeə] *pl* Aktienrendite *f*

earnings retention [ˈɜːnɪŋz rɪˈtenʃən] *pl* Gewinnthesaurierung *f*

earnings statement [ˈɜːnɪŋz ˈsteɪtmənt] *pl* Erfolgsrechnung *f*

ecological [iːkəˈlɒdʒɪkəl] *adj* ökologisch

ecological balance [iːkəˈlɒdʒɪkəl ˈbæləns] *sb* Öko-Bilanz *f*

ecological tax reform [iːkəˈlɒdʒɪkəl tæks rɪˈfɔːm] *sb* ökologische Steuerreform *f*

ecologist [ɪˈkɒlədʒɪst] *sb* Ökologe/Ökologin *m/f*, Umweltschützer(in) *m/f*

e-commerce [iːˈkɒmɜːs] *sb* elektronischer Handel *m*, E-commerce *m*

economic [iːkəˈnɒmɪk] *adj* wirtschaftlich, ökonomisch, Wirtschafts...

economical [iːkəˈnɒmɪkəl] *adj* wirtschaftlich, sparsam

economic circulation [iːkəˈnɒmɪk sɜːkjuːˈleɪʃən] *sb* Wirtschaftskreislauf *m*

economic cycle [iːkəˈnɒmɪk ˈsaɪkl] *sb* Konjunktur *f*

economic miracle [iːkəˈnɒmɪk ˈmɪrəkəl] *sb* Wirtschaftswunder *n*

economic order [iːkəˈnɒmɪk ˈɔːdə] *sb* Wirtschaftsordnung *f*

economic outlook [iːkəˈnɒmɪk ˈaʊtluːk] *sb* Konjunkturerwartungen *f/pl*

economic policy [iːkəˈnɒmɪk ˈpɒlɪsɪ] *sb* Wirtschaftspolitik *f*, Konjunkturpolitik *f*

economic process [iːkəˈnɒmɪk ˈprəʊses] *sb* Wirtschaftskreislauf *m*

economic purchasing quantity [iːkəˈnɒmɪk ˈpɜːtʃəsɪŋ ˈkwɒntɪtɪ] *sb* optimale Bestellmenge *f*

economics [iːkəˈnɒmɪks] *pl* *(subject)* Volkswirtschaft *f*, Wirtschaftswissenschaften *f/pl*

economic sector [iːkəˈnɒmɪk sektə] *sb* Wirtschaftszweig *m*

economic union [iːkəˈnɒmɪk ˈjuːnjən] *sb* Wirtschaftsunion *f*

economic upturn [iːkəˈnɒmɪk ˈʌptɜːn] *sb* Konjunkturbelebung *f*

economies of scale [ɪˈkɒnəmiz əv skeɪl] *pl* Größenvorteile *m/pl*

economist [ɪˈkɒnəmɪst] *sb* Volkswirtschaftler(in) *m/f;* Betriebswirt(in) *m/f*

economize [ɪˈkɒnəmaɪz] *v* sparen, haushalten

economy [ɪˈkɒnəmɪ] *sb* **1.** *(system)* Wirtschaft *f*, Ökonomie *f;* **2.** *(thrift)* Sparsamkeit *f;* **3.** *(measure to save money)* Einsparung *f*, Sparmaßnahme *f*

economy drive [ɪˈkɒnəmɪ draɪv] *sb* Sparprogramm *n*

education [edjuˈkeɪʃən] *sb* Erziehung *f*, Ausbildung *f*, Bildung *f*

educational policy [edjuˈkeɪʃənəl ˈpɒlɪsɪ] *sb* Bildungspolitik *f*

effective [ɪˈfektɪv] *adj* **1.** *(getting results)* wirksam, erfolgreich, wirkungsvoll; **2.** *(in effect)* gültig, in Kraft, rechtskräftig; **3.** *(real)* effektiv, tatsächlich, wirklich

effective interest [ɪˈfektɪv ˈɪntrəst] *sb* Effektivzins *m*

effective interest yield [ɪˈfektɪv ˈɪntrəst jiːəld] *sb* Effektivverzinsung *f*

effectiveness [ɪˈfektɪvnɪs] *sb* Wirksamkeit *f*

effectivity [efekˈtɪvɪtɪ] *sb* Effektivität *f*, Wirksamkeit *f*

efficiency [ɪˈfɪʃənsɪ] *sb* **1.** *(of a person)* Tüchtigkeit *f*, Fähigkeit *f;* **2.** *(of a method)* Effizienz *f;* **3.** *(of a machine, of a firm)* Leistungsfähigkeit *f*

efficiency audit [ɪˈfɪʃənsɪ ˈɔːdɪt] *sb* Wirtschaftlichkeitsprüfung *f*

efficiency bonus [ɪˈfɪʃənsɪ ˈbəʊnəs] *sb* Leistungsprämie *f*, Leistungszulage *f*

efficiency drive [ɪˈfɪʃənsɪ draɪv] *sb* Rationalisierungsprogramm *n*

efficiency improvement [ɪˈfɪʃənsɪ ɪmˈpruːvmənt] *sb* Produktivitätssteigerung *f*

efficiency review [ɪˈfɪʃənsɪ rɪˈvjuː] *sb* Erfolgskontrolle *f*

efficient [ɪˈfɪʃənt] *adj (person)* tüchtig, fähig, effizient; *(method)* effizient; *(machine, firm)* leistungsfähig

EFTA [iːeftiˈeɪ] *sb (European Free Trade Association)* Europäische Freihandelszone *f*

electrical engineering [ɪˈlektrɪkəl endʒɪˈnɪərɪŋ] *sb* Elektrotechnik *f*

electricity and fuels funds [ɪlekˈtrɪsɪtɪ ænd ˈfjuːəlz fʌndz] *pl* Energiefonds *m/pl*

electronic [ɪlekˈtrɒnɪk] *adj* elektronisch

electronic cash [ɪlekˈtrɒnɪk kæʃ] *sb (Internet)* Electronic Cash *n*, E-Cash *n*

electronic commerce [ɪlekˈtrɒnɪk ˈkɒməs] *sb* Electronic Commerce *m*, E-Commerce *m*

electronics [ɪlekˈtrɒnɪks] *pl* Elektronik *f*

element of costs [ˈelɪmənt əv kɒsts] *sb* Kostenbestandteil *m*

element in demand [ˈelɪmənt ɪn dɪˈmɑːnd] *sb* Nachfragekomponente *f*

eligibility [elɪdʒəˈbɪlɪtɪ] *v* **1.** *(entitlement)* Berechtigung *f*, Anspruch *m;* **2.** *(for a job)* Eignung *f*, Qualifikation *f*

eligible paper [ˈelɪdʒɪbəl ˈpeɪpə] *sb* discontfähiges Wechselmaterial *n*

e-mail [ˈiːmeɪl] *sb (electronic mail)* elektronische Post *f*, E-Mail *n*

embargo [ɪmˈbɑːgəʊ] *sb* Embargo *n*

embark [ɪmˈbɑːk] *v* einschiffen; *(goods)* verladen

embezzlement [ɪmˈbezlmənt] *sb* Veruntreuung *f*, Unterschlagung *f*

emblem [ˈembləm] *sb* Emblem *n*, Symbol *n*, Abzeichen *n*

emergency meeting [ɪˈmɜːdʒənsɪ ˈmiːtɪŋ] *sb* Krisensitzung *f*

emerging countries [ɪˈmɜːdʒɪŋ ˈkʌntrɪz] *pl* Schwellenländer *pl*

emerging markets [ɪˈmɜːdʒɪŋ ˈmɑːkɪts] *pl* aufstrebende Märkte *pl*

emission [ɪˈmɪʃən] *sb* **1.** *(bonds)* Ausgabe *f*, Emission *f;* **2.** *(environment)* Schadstoffausstoß *m*, Emission *f*

emit [ɪˈmɪt] *v* **1.** ausstoßen; **2.** *(bonds)* ausgeben, emittieren

empirical contents [ɪmˈpɪrɪkəl ˈkɒntents] *sb* empirischer Gehalt *m*

empirical economic research [ɪmˈpɪrɪkəl ɪkəˈnɒmɪk rɪˈsɜːtʃ] *sb* empirische Wirtschaftsforschung *f*

employ [ɪmˈplɔɪ] *v* **1.** beschäftigen; *(take on)* anstellen; **2.** *(use)* anwenden, einsetzen, verwenden

employed [ɪmˈplɔɪd] *adj* berufstätig, beschäftigt

employee [ɪmplɔɪˈiː] *sb* Arbeitnehmer(in) *m/f*, Angestellte(r) *f/m*

employee appraisal [ɪmplɔɪˈiː əˈpreɪzl] *sb* Mitarbeiterbeurteilung *f*

employee leasing [ɪmplɔɪˈiː ˈliːsɪŋ] *sb* Arbeitnehmerüberlassung *f*

employee meeting [ɪmplɔɪˈiː ˈmiːtɪŋ] *sb* Betriebsversammlung *f*

employee pension scheme [ɪmplɔɪˈiː ˈpenʃən skiːm] *sb* betriebliche Altersversorgung *f*

employee's contribution [ɪmplɔɪˈiːz kɒntrɪˈbjuːʃən] *sb* Arbeitnehmeranteil *m*

employee selection [ɪmplɔɪˈiː sɪˈlekʃən] *sb* Personalauswahl *f*

employee's allowable deduction [ɪmplɔɪˈiːz əˈlaʊəbəl dɪˈdʌkʃən] *sb* Arbeitnehmer-Freibetrag *m*

employee's savings premium [ɪmplɔɪˈiːz ˈseɪvɪŋz ˈpriːmɪəm] *sb* Arbeitnehmersparzulage *f*

employee's shares [ɪmplɔɪˈiːz ʃeəz] *sb* Arbeitnehmeraktie *f*

employee suggestion system [ɪmplɔɪˈiː sʌˈdʒestʃən ˈsɪstɪm] *sb* betriebliches Vorschlagswesen *n*

employee's zero bracket amount [ɪmplɔɪˈiːz ˈzɪərəʊ ˈbrækɪt əˈmaʊnt] *sb* Arbeitnehmer-Pauschbetrag *m*

employer [ɪmˈplɔɪə] *sb* Arbeitgeber(in) *m/f*

employer's association [ɪmˈplɔɪəz əsəʊsɪˈeɪʃən] *sb* Arbeitgeberverband *m*

employer's contribution [ɪmˈplɔɪəz kɒntrɪˈbjuːʃən] *sb* Arbeitgeberanteil *m*, Arbeitgeberzuschüsse *m/pl*

employer's duty of care [ɪmˈplɔɪəz ˈdjuːtɪ əv keə] *sb* Fürsorgepflicht des Arbeitgebers *f*

employer's pension commitment [ɪmˈplɔɪəz ˈpenʃən kəˈmɪtmənt] *sb* Pensionszusage *f*

employment [ɪmˈplɔɪmənt] *sb* **1.** Arbeit *f*, Stellung *f*, Beschäftigung *f*, Dienstverhältnis *n*; **2.** (*employing*) Beschäftigung *f*, **3.** (*taking on*) Anstellung *f*; **4.** (*use*) Anwendung *f*, Verwendung *f*, Einsatz *m*

employment agency [ɪmˈplɔɪmənt ˈeɪdʒənsɪ] *sb* Stellenvermittlung *f*

employment costs [ɪmˈplɔɪmənt kɒsts] *pl* Personalkosten *pl*

employment exchange [ɪmˈplɔɪmənt ɪksˈtʃeɪndʒ] *sb* (*UK*) Arbeitsamt *n*

employment policy [ɪmˈplɔɪmənt ˈpɒlɪsɪ] *sb* Beschäftigungspolitik *f*, Arbeitspolitik *f*

employment protection [ɪmˈplɔɪmənt prəˈtekʃən] *sb* Arbeitsplatzschutz *m*

employment rate [ɪmˈplɔɪmənt reɪt] *sb* Erwerbsquote *f*

employment relationship [ɪmˈplɔɪmənt rɪˈleɪʃənʃɪp] *sb* Arbeitsverhältnis *n*

employment structure [ɪmˈplɔɪmənt ˈstrʌkʃə] *sb* Beschäftigtenstruktur *f*

emporium [emˈpɔːrɪəm] *sb* Warenhaus *n*

empower [ɪmˈpaʊə] *v* ermächtigen, bevollmächtigen

enclose [ɪnˈkləʊz] *v* (*in a package*) beilegen, beifügen

enclosure [ɪnˈkləʊʒə] *sb* (*in a package*) Anlage *f*

encode [ɪnˈkəʊd] *v* verschlüsseln, chiffrieren, kodieren

end of the month [ˈend əv ðə mʌnθ] *sb* Ultimo *m*, Monatsende *n*

end of the quarter [ˈend əv ðə ˈkwɔːtə] *sb* Quartalsende *n*

end of the year [end əv ðə jɪə] *sb* Jahresultimo *m*

end of term [end əv tɜːm] *sb* Fristablauf *m*

end-of-period inventory [end əv ˈpɪərɪəd ˈɪnventərɪ] *sb* Stichtagsinventur *f*

endorsable [ɪnˈdɔːsəbl] *adj* indossabel, girierbar, indossierbar

endorsable securities [ɪnˈdɔːsəbl sɪˈkjuərɪtɪz] *sb* indossable Wertpapiere *n/pl*

endorse [ɪnˈdɔːs] *v* **1.** (*approve of*) billigen, gutheißen; **2.** (*a cheque*) auf der Rückseite unterzeichnen, indossieren; **3.** (*approve*) billigen

endorsee [ɪndɔːˈsiː] *sb* Indossatar(in) *m/f*

endorsement [ɪnˈdɔːsmənt] *sb* **1.** (*approval*) Billigung *f*; **2.** (*on a cheque*) Indossament *n*, Giro *n*

endorsement for collection [ɪnˈdɔːsmənt fɔː kəˈlekʃən] *sb* Inkasso-Indossament *n*

endorsement liabilities [ɪnˈdɔːsmənt leɪəˈbɪlɪtɪz] *pl* Indossamentverbindlichkeiten *f/pl*

endorsement made out to bearer [ɪnˈdɔːsmənt meɪd aʊt tu ˈbeərə] *sb* Inhaberindossament *n*

endorsement of an overdue bill of ex-change [ɪnˈdɔːsmənt əv æn ˈəʊvədjuː bɪl əv ɪksˈtʃeɪndʒ] *sb* Nachindossament *n*

endorser [ɪnˈdɔːsə] *sb* Girant *m*, Indossant *m*

endow [ɪnˈdaʊ] *v* stiften; ~ *s.o. with* sth jdm etw schenken

endowment [ɪnˈdaʊmənt] *sb* Dotierung *f*

endowment funds [ɪnˈdaʊmənt fʌndz] *pl* Dotationskapital *n*

energizer [ˈenədʒaɪzə] *sb* Energiequelle *f*

energy [ˈenədʒɪ] *sb* Energie *f*

energy balance statement [ˈenədʒɪ ˈbæləns ˈsteɪtmənt] *sb* Energiebilanz *f*

energy policy [ˈenədʒɪ ˈpɒlɪsɪ] *sb* Energiepolitik *f*

energy tax [ˈenədʒɪ tæks] *sb* Energiesteuer *f*

E

E

energy taxation [ˈenədʒɪ tækˈseɪʃən] *sb* Energiebesteuerung *f*

energy transformation [ˈenədʒɪ trænsfəˈmeɪʃn] *sb* Energiewende *f*

enforce [ɪnˈfɔːs] *v* durchführen, Geltung verschaffen

enforcement [ɪnˈfɔːsmənt] *sb* Durchführung *f; (judicial)* Vollstreckung *f*

enforcement fine [ɪnˈfɔːsmənt faɪn] *sb* Zwangsgeld *n*

engage [ɪnˈgeɪdʒ] *v* **1.** *(employ)* anstellen, einstellen; **2.** ~ *in sth* sich an etw beteiligen, sich mit etw beschäftigen

engagement [ɪnˈgeɪdʒmənt] *sb (job)* Anstellung *f,* Stellung *f; (appointment)* Verabredung *f*

engagement book [ɪnˈgeɪdʒmənt bʊk] *sb* Terminkalender *m*

engagement clause [ɪnˈgeɪdʒmənt klɔːz] *sb* Freizeichnungsklausel *f*

enrol [ɪnˈrəʊl] *v* **1.** verzeichnen, registrieren; **2.** *(sign in)* einschreiben

entailment [ɪnˈteɪlmənt] *sb* Fideikommiss *n,* unveräußerliches Erbe *n*

enterprise [ˈentəpraɪz] *sb* **1.** *(an undertaking, a firm)* Unternehmen *n,* **2.** *(in general)* Unternehmertum *n; free* ~ freies Unternehmertum *n*

entitle [ɪnˈtaɪtl] *v* ~ *to (authorize)* berechtigen zu, ein Anrecht geben auf

entitlement [ɪnˈtaɪtlmənt] *sb* Berechtigung *f,* Anspruch *m*

entrant [ˈentrənt] *sb* Bewerber(in) *m/f*

entrepôt [ˈɒntrəpəʊ] *sb (warehouse)* Lagerhalle *f; (port)* Umschlaghafen *m*

entrepreneur [ɒntrəprəˈnɜː] *sb* Unternehmer(in) *m/f*

entrepreneurial [ɒntrəprəˈnɜːrɪəl] *adj* unternehmerisch

entrepreneurship [ɒntrəprəˈnɜːʃɪp] *sb* Unternehmertum *n*

entry [ˈentrɪ] *sb* **1.** *(notation)* Eintrag *m;* **2.** *(act of entering)* Eintragung *f,* (Ver-)Buchung *f*

entry certificate [ˈentrɪ səˈtɪfɪkət] *sb* Einfuhrbescheinigung *f*

entry form [ˈentrɪ fɔːm] *sb* Anmeldeformular *n*

entry formula [ˈentrɪ ˈfɔːmjʊlə] *sb* Buchungssatz *m*

entry inwards [ˈentrɪ ˈɪnwədz] *sb* Einfuhrerklärung *f,* Einfuhrdeklaration *f*

entry outwards [ˈentrɪ ˈaʊtwədz] *sb* Ausfuhrerklärung *f,* Ausfuhrdeklaration *f*

entry strategies [ˈentrɪ ˈstrætədʒiːz] *pl* Eintrittsstrategien *f/pl*

envelope [ˈenvələʊp] *sb* Briefumschlag *m,* Kuvert *n*

environment [ɪnˈvaɪrənmənt] *sb* Umwelt *f*

environmental [ɪnvaɪrənˈmentəl] *adj* umweltbedingt

environmental awareness [ɪnvaɪrənˈmentəl əˈweənɪs] *sb* Umweltbewusstsein *n*

environmental label [ɪnvaɪrənˈmentəl ˈleɪbəl] *sb* Umweltzeichen *n*

environmental levy [ɪnvaɪrənˈmentəl ˈlevɪ] *sb* Umweltabgabe *f*

environmental policy [ɪnvaɪrənˈmentəl ˈpɒlɪsɪ] *sb* Umweltpolitik *f*

environmental pollution [ɪnvaɪrənˈmentəl pɒˈluːʃən] *sb* Umweltverschmutzung *f*

environmentalist [ɪnvaɪrəˈmentəlɪst] *sb* Umweltschützer(in) *m/f*

environmentally damaging activities [ɪnvaɪrənˈmentəlɪ ˈdæmɪdʒɪŋ ækˈtɪvɪtɪz] *pl* Umweltbelastungen *f/pl*

equalization and covering claim [iːkwəlaɪˈzeɪʃən ænd ˈkʌvərɪŋ kleɪm] *sb* Ausgleichs- und Deckungsforderung *f*

equalization claim [iːkwəlaɪˈzeɪʃən kleɪm] *sb* Ausgleichsforderung *f*

equalization of burdens [iːkwəlaɪˈzeɪʃən əv ˈbɜːdənz] *sb* Lastenausgleich *m*

Equalization of Burdens Fund [iːkwəlaɪˈzeɪʃən əv ˈbɜːdənz fʌnd] *sb* Lastenausgleichsfonds *m*

equal opportunity [ˈiːkwəl ɒpəˈtjuːnɪtɪ] *sb* Chancengleichheit *f*

equalization right [iːkwəlaɪˈzeɪʃən raɪt] *sb* Ausgleichsrecht *n*

equilibrium interest rate [ɪkwɪˈlɪbrɪəm ˈɪntrɪst reɪt] *sb* Gleichgewichtszins *m*

equilibrium on current account [ɪkwɪˈlɪbrɪəm ɒn ˈkʌrənt əˈkaʊnt] *sb* Leistungsbilanzausgleich *m*

equilibrium price [ɪkwɪˈlɪbrɪəm praɪs] *sb* Gleichgewichtspreis *n*

equip [ɪˈkwɪp] *v* ausrüsten, ausstatten, einrichten; *to be* ~*ped with* verfügen über, ausgestattet sein mit

equipment [ɪˈkwɪpmənt] *sb* Ausrüstung *f; (appliances)* Geräte *n/pl*, Anlagen *f/pl*, Apparatur *f*

equity [ˈekwɪtɪ] *sb* **1.** Gerechtigkeit *f;* **2.** Eigenkapital *n*

equity account [ˈekwɪtɪ əˈkaʊnt] *sb* Eigenkapitalkonto *n*

equity capital [ˈekwɪtɪ ˈkæpɪtl] *sb* Eigenkapital *n*

equity financing [ˈekwɪtɪ faɪˈnænsɪŋ] *sb* Beteiligungsfinanzierung *f*

equity financing transactions [ˈekwɪtɪ faɪˈnænsɪŋ trænsˈækʃənz] *pl* Beteiligungshandel *m*

equity fund [ˈekwɪtɪ fʌnd] *sb* Aktienfonds *m*, Beteiligungsfonds *m*

equity holder [ˈekwɪtɪ ˈhəʊldə] *sb* Anteilseigner(in) *m/f*, Aktionär(in) *m/f*

equity investment [ˈekwɪtɪ ɪnˈvestmənt] *sb* Kapitalinvestition *f*, Kapitalbeteiligung *f*

equity participation [ˈekwɪtɪ pɑːtɪsɪˈpeɪʃən] *sb* Kapitalbeteiligung *f*

equity ratio [ˈekwɪtɪ ˈreɪʃɪəʊ] *sb* Eigenkapitalquote *f*

equity return [ˈekwɪtɪ rɪˈtɜːn] *sb* Eigenkapitalrentabilität *f*

equity security [ˈekwɪtɪ sɪˈkjʊərɪtɪ] *sb* Anteilspapiere *n/pl*

equity yield rate [ˈekwɪtɪ jiːld reɪt] *sb* Eigenkapitalzinsen *m/pl*

equivalence coefficient costing [ɪˈkwɪvələns kəʊɪˈfɪʃənt ˈkɒstɪŋ] *sb* Äquivalenzzifferkalkulation *f*

error [ˈerə] *sb* **1.** Irrtum *m*, Fehler *m*, Versehen *n;* **2.** *of omission* Unterlassungssünde *f*

errors and omissions excepted (E. & O. E.) [ˈerəz ænd əˈmɪʃənz ɪkˈseptɪd] Irrtümer und Auslassungen vorbehalten (E. & O. E.)

escalation clause [eskəˈleɪʃən klɔːz] *sb* Gleitklausel *f*

escalation parity [eskəˈleɪʃən ˈpærɪtɪ] *sb* Gleitparität *f*

escape clause [ɪˈskeɪp klɔːz] *sb* Rücktrittsklausel *f*

establish [ɪˈstæblɪʃ] *v* **1.** *(found)* gründen; **2.** *(relations)* herstellen, aufnehmen; **3.** *(power, a reputation)* sich verschaffen

establishment [ɪˈstæblɪʃmənt] *sb (institution)* Institution *f*, Anstalt *f; (founding)* Gründung *f*

estate [ɪˈsteɪt] *sb* **1.** *(possessions)* Besitz *m*, Eigentum *n;* **2.** *(land)* Gut *n;* **3.** *(dead person's)* Nachlass *m*, Erbmasse *f;* **4.** *(rank)* Stand *m;* **5.** the fourth ~ *(fam)* die Presse *f*

estate agent [ɪˈsteɪt ˈeɪdʒənt] *sb (UK)* Immobilienmakler(in) *m/f*

estate register [ɪˈsteɪt ˈredʒɪstə] *sb* Grundbuch *n*, Kataster *m/n*

estimate [ˈestɪmeɪt] *v* schätzen; *sb* Schätzung *f; rough* ~ grober Überschlag *m; (of cost)* Kostenvoranschlag *m*

estimated [ˈestɪmeɪtɪd] *adj* geschätzt

estimated price [ˈestɪmeɪtɪd praɪs] *sb* Taxkurs *m*

estimated value [ˈestɪmeɪtɪd ˈvæljuː] *sb* Schätzwert *m*, Taxwert *m*

estimation [estɪˈmeɪʃən] *sb* Einschätzung *f; in my* ~ meiner Einschätzung nach

estimation of cost [estɪˈmeɪʃən əv kɒst] *sb* Vorkalkulation *f*

ETF [iːtiːˈef] *sb (exchange-traded fund)* ETF *m*, börsennotierter Indexfonds *m*

ethical fund [ˈeθɪkl fʌnd] *sb* ethischer Fonds *m*

euro [ˈjʊərəʊ] *sb* Euro *m*

Eurobond [ˈjʊərəʊbɒnd] *sb* Euroanleihe *f*

Eurocapital market [ˈjʊərəʊkæpɪtəl ˈmɒkɪt] *sb* Euro-Kapitalmarkt *m*

euro crisis [ˈjʊərəʊ kraɪsɪs] *sb* Eurokrise *f*

Eurocurrency [ˈjʊərəʊkʌrənsɪ] *sb* Euro-Währung *f*

Eurocurrency loan market [ˈjʊərəʊkʌrənsɪ ləʊn ˈmɑːkɪt] *sb* Euro-Anleihenmarkt *m*

Eurocurrency loans [ˈjʊərəʊkʌrənsɪ ləʊnz] *pl* Euro-Anleihe *f*

Eurocurrency market [ˈjʊərəʊkʌrənsɪ ˈmɑːkɪt] *sb* Euro-Geldmarkt *m*

Eurodollar [ˈjʊərəʊdɒlə] *sb* Euro-Dollar *m*

Eurodollar market [ˈjʊərəʊdɒlə ˈmɑːkɪt] *sb* Euro-Dollarmarkt *m*

euromarket [ˈjʊərəʊmɑːkɪt] *sb* Euromarkt *m*

euronotes [ˈjʊərəʊnəʊts] *pl* Euronotes *pl*

Europe [ˈjʊərəp] *sb* Europa *n; central* ~ Mitteleuropa; *pro~n* europafreundlich

European article number (EAN) [jʊərə-
ˈpiːən ˈɑːtɪkəl ˈnʌmbə] *sb* Einheitliche
Europäische Artikelnummer (EAN) *f*

European Central Bank (ECB) [jʊərə-
ˈpiːən ˈsentrəl bæŋk] *sb* Europäische
Zentralbank (EZB) *f*

European Commission [jʊərəˈpiːən
kəˈmɪʃən] *sb* Europäische Kommission *f*

European Community [jʊərəˈpiːən
kəˈmjuːnɪtɪ] *sb* Europäische Gemeinschaft *f*

European Council [jʊərəˈpiːən ˈkaʊn-
səl] *sb* Europäischer Rat *m*

European Court of Auditors
[jʊərəˈpiːən kɔːt əv ˈɔːdɪtəz] *sb* Europäischer Rechnungshof (EuRH) *m*

European Development Fund (EDF)
[jʊərəˈpiːən dɪˈveləpmənt fʌnd] *sb*
Europäischer Entwicklungsfonds *m*

**European Financial Supervisory
Authority** [ˈjʊərəpɪən faɪˈnænʃl supə-
ˈvaɪzəri ɔːˈθɒrɪti] *sb* Europäische Bankenaufsicht *f*

European Investment Bank [jʊərə-
ˈpiːən ɪnˈvestmənt bæŋk] *sb* Europäische Investitionsbank *f*

European Monetary Agreement
[jʊərəˈpiːən ˈmʌnɪtərɪ əˈgriːmənt] *sb*
Europäisches Währungsabkommen *n*

European Monetary System [jʊərə-
ˈpɪən ˈmʌnɪtərɪ ˈsɪstəm] *sb* Europäisches Währungssystem *n*

European Monetary Union (EMU)
[jʊərəˈpiːən ˈmʌnɪtərɪ ˈjuːnjən] *sb*
Europäische Währungsunion *f*

European Parliament [jʊərəˈpiːən ˈpɑː-
ləmənt] *sb* Europäisches Parlament *n*

European patent [jʊərəˈpiːən ˈpeɪtənt]
sb Europapatent *n*

European Patent Office [jʊərəˈpiːən
ˈpeɪtənt ˈɒfɪs] *sb* Europäisches Patentamt *n*

European Payments Union [jʊərə-
ˈpiːən ˈpeɪmənts ˈjuːnjən] *sb* Europäische Zahlungsunion *f*

European Single Market [jʊərəˈpiːən
ˈsɪŋgl ˈmɑːkɪt] *sb* EG-Binnenmarkt *m*

European standard specification
[jʊərəˈpiːən ˈstændəd spesɪfɪˈkeɪʃən]
sb europäische Norm *f*

European stock exchange guidelines
[jʊərəˈpiːən stɒk ɪksˈtʃeɪndʒ ˈgaɪdlaɪnz]
pl europäische Börsenrichtlinien *f/pl*

European trading company [jʊərə-
ˈpiːən ˈtreɪdɪŋ ˈkʌmpəni] *sb* Europäische Handelsgesellschaft *f*

European Union [jʊərəˈpiːən ˈjuːnjən]
sb Europäische Union *f*

euro security issue [ˈjʊərəʊ sɪˈkjʊərɪti
ˈɪsjuː] *sb* Euro-Emission *f*

euro share market [ˈjʊərəʊ ʃeə ˈmɑː-
kɪt] *sb* Euro-Aktienmarkt *m*

euro shield [ˈjʊərəʊ ʃiːld] *sb* Euro-
Rettungsfond *m*

eurozone [ˈjʊərəʊzəʊn] *sb* Eurozone *f*,
Euroländer *n/pl*

evade [ɪˈveɪd] *v* **1.** *(taxes)* hinterziehen;
2. *(an obligation)* sich entziehen

evaluation [ɪvæljuˈeɪʃən] *sb* Bewertung *f*, Beurteilung *f*, Einschätzung *f*,
Auswertung *f*

evasion of taxes [ɪˈveɪʃən əv ˈtæksɪz]
sb Steuerhinterziehung *f*

evening stock exchange [ˈiːvnɪŋ stɒk
ɪksˈtʃeɪndʒ] *sb* Abendbörse *f*

evidence [ˈevɪdəns] *sb* Beweis *m*

examination [ɪgzæmɪˈneɪʃən] *sb* Prüfung *f*

examining commission [ɪkˈsæmɪnɪŋ
kəˈmɪʃən] *sb* Prüfungskommission *f*

exceed [ɪkˈsiːd] *v* überschreiten, übersteigen; *(expectations)* übertreffen

excess [ɪkˈses] *sb* Übermaß *n; (remainder)* Überschuss *m; in ~ of* mehr als

excess of authority [ɪkˈses əv ɔːˈθɒrəti]
sb Kompetenzüberschreitung *f*, Wäh-
rungsgarantie *f*

excess weight [ɪkˈses weɪt] *sb* Mehr-
gewicht *n*

excessive indebtedness [ɪkˈsesɪv
ɪnˈdetɪdnɪs] *sb* Überschuldung *f*

excessive supply of money [ɪkˈsesɪv
səˈplaɪ əv ˈmʌni] *sb* Geldüberhang *m*

exchange [ɪksˈtʃeɪndʒ] *v* **1.** tauschen;
2. *(letters, words)* wechseln; **3.** *(currency)* wechseln, umtauschen; **4.** *(ideas,
stories)* austauschen; *sb* **5.** (Um-)Tausch
m; **6.** *(act of exchanging)* Wechseln *n,*
7. *bill of ~* Wechsel *m;* **8.** *(place)* Wechselstube *f;* **9.** *(Stock Exchange)* Börse *f*

exchange arbitrage [ɪksˈtʃeɪndʒ
ˈɑːbɪtrɑːʒ] *sb* Devisenarbitrage *f*

exchange broker [ɪksˈtʃeɪndʒ ˈbrəʊkə]
sb Devisenkursmakler(in) *m/f*

exchange clearing [ɪksˈtʃeɪndʒ ˈkliərɪŋ] sb Devisenclearing n

exchange cover [ɪksˈtʃeɪndʒ ˈkʌvə] sb Devisendeckung f

exchange department [ɪksˈtʃeɪndʒ dəˈpɑːtmənt] sb Börsenabteilung f

exchange for forward delivery [ɪksˈtʃeɪndʒ fɔː ˈfɔːwəd dəˈlɪvərɪ] sb Termindevisen f/pl

exchange guarantee [ɪksˈtʃeɪndʒ gærənˈtiː] sb Devisenkurssicherung f

exchange listing [ɪksˈtʃeɪndʒ ˈlɪstɪŋ] sb Börsennotierung f

exchange market intervention [ɪksˈtʃeɪndʒ ˈmɑːkɪt ɪntəˈvenʃən] sb Devisenmarktintervationen f

exchange of acceptances [ɪksˈtʃeɪndʒ əv ɪkˈseptənsɪz] sb Akzeptaustausch m

exchange of shares [ɪksˈtʃeɪndʒ əv ʃeəz] sb Aktienaustausch m

exchange option [ɪksˈtʃeɪndʒ ˈɒpʃən] sb Devisenoption f

exchange price [ɪksˈtʃeɪndʒ praɪs] sb Börsenpreis m

exchange rate [ɪksˈtʃeɪndʒ reɪt] sb Umrechnungskurs m, (Wechsel-)Kurs m, Devisenkurs m

exchange rate formation [ɪksˈtʃeɪndʒ reɪt fɔːˈmeɪʃən] sb Devisenkursbildung f

exchange rate mechanism [ɪksˈtʃeɪndʒ reɪt ˈmekənɪzəm] sb Wechselkursmechanismus m

exchange risk [ɪksˈtʃeɪndʒ rɪsk] sb Valutarisiko n

exchequer [ɪksˈtʃekə] sb (UK) Schatzamt n, Fiskus m, Staatskasse f

exchequer bond [ɪksˈtʃekə bɒnd] sb (UK) Schatzanweisung f

excisable [ɪkˈsaɪzəbl] adj steuerpflichtig

excise tax [ˈeksaɪz tæks] sb Verbrauchssteuer f

exclusion principle [ɪksˈkluːʒən ˈprɪnsɪpl] sb Ausschlussprinzip n

exclusive service clause [ɪksˈkluːsɪv ˈsɜːvɪs klɔːz] sb Wettbewerbsklausel f

ex coupon [eks ˈkuːpɒn] adj ohne Kupon

ex dividend [eks ˈdɪvɪdənd] adj ohne Dividende

execute [ˈeksɪkjuːt] v (a task) durchführen, ausführen, erfüllen

execution [eksɪˈkjuːʃən] sb (of a task) Durchführung f, Ausführung f, Erfüllung f

executive [ɪgˈzekjʊtɪv] adj 1. exekutiv, geschäftsführend; sb 2. Exekutive f, Verwaltung f; 3. (of a firm) leitende(r) Angestellte(r) f/m, Führungskraft f

executive commitee [ɪgˈzekjʊtɪv kəˈmɪtɪ] sb Vorstand f

executive employee [ɪgˈzekjʊtɪv ɪmˈplɔɪˈiː] sb leitende(r) Angestellte(r) f/m

executive level [ɪgˈzekjʊtɪv ˈlevl] sb Führungsebene f

exemption [ɪgˈzempʃən] sb 1. Befreiung f, Freistellung f; 2. (tax) Freibetrag m

exemption from liability [ɪgˈzempʃən frɒm laɪəˈbɪlətɪ] sb Haftungsausschluss m

exercise [ˈeksəsaɪz] v 1. (use) ausüben, geltend machen, anwenden; sb 2. (use) Ausübung f, Gebrauch m, Anwendung f

exhaust [ɪgˈzɔːst] sb Abgase n/pl

exhibit [ekˈzɪbɪt] v 1. (merchandise) ausstellen, auslegen; 2. (manifest) zeigen; ~ bravery Mut beweisen

exhibition [eksɪˈbɪʃən] sb 1. Ausstellung f, Schau f; 2. (act of showing) Vorführung f

exhibitor [ekˈzɪbɪtə] sb Aussteller m

exodus of capital [ˈeksədəs əv ˈkæpɪtəl] sb Kapitalflucht f

expand [ɪkˈspænd] v 1. expandieren, sich ausweiten; 2. (production) zunehmen

expansion [ɪksˈpænʃən] sb Ausdehnung f, Expansion f, Ausweitung f

expansion investment [ɪkˈspænʃən ɪnˈvestmənt] sb Erweiterungsinvestition f

expansion of credit [ɪkˈspænʃən əv ˈkredɪt] sb Kreditausweitung f

expectancy cover procedure [ɪkˈspektənsɪ ˈkʌvə prəʊˈsiːdʒə] sb Anwartschaftsdeckungsverfahren n

expected inflation [ɪkˈspektɪd ɪnˈfleɪʃən] sb Inflationserwartung f

expend [ɪkˈspend] v 1. (energy, time) aufwenden; 2. (money) ausgeben

expenditure [ɪksˈpendɪtʃə] sb 1. Ausgabe f; (money spent) Ausgaben pl; 2. (time, energy) Aufwand m

expenditure of material [ɪksˈpendɪtʃər əv məˈtɪrɪəl] sb Materialaufwand m

E

expenditure of time [ɪksˈpendɪtʃər əv
taɪm] *sb* Zeitaufwand *m*
expense [ɪkˈspens] *sb* **1.** Kosten *pl; at
great* ~ mit großen Kosten; *pl* **2.** *~s
(business ~, travel ~)* Spesen *pl,* Kosten
pl; incur ~ Unkosten haben
expense account [ɪkˈspens əˈkaʊnt]
sb Spesenkonto *n,* Aufwandskonto *n*
expenses [ɪkˈspensɪz] *pl* Ausgaben *pl,*
Spesen *pl*
expenses incurred [ɪkˈspensɪz ɪnˈkɜːd]
sb Aufwandskosten *pl*
expensive [ɪkˈspensɪv] *adj* teuer, kostspielig
experience curve [ɪkˈspiːrɪəns kɜːv]
sb Erfahrungskurve *f*
expert [ˈekspɜːt] *sb* Sachverständige(r)
f/m, Experte/Expertin *m/f,* Fachmann/
Fachfrau *m/f*
expert interview [ˈekspɜːt ˈɪntəvjuː]
sb Expertenbefragung *f*
expert opinion [ˈekspɜːt əˈpɪnjən] *sb*
Gutachten *n*
expert witness [ˈekspɜːt ˈwɪtnɪs] *sb*
Sachverständige(r) *f/m*
expiration [ekspɪˈreɪʃən] *sb* Ablauf *m,*
Verfall *m*
expiration date [ekspɪˈreɪʃən deɪt] *sb*
(US) Verfallsdatum *n*
expire [ɪkˈspaɪə] *v* ablaufen, ungültig
werden
expiry date [ɪksˈpaɪrɪ deɪt] *sb (UK)*
Verfallsdatum *n*
explanation [ekspləˈneɪʃən] *sb* Erklärung *f*
exploit [eksˈplɔɪt] *v* ausbeuten, ausnutzen; *(commercially)* verwerten
exploitation [eksplɔɪˈteɪʃən] *sb* Aus-
beutung *f,* Ausnutzung *f; (commercial)*
Verwertung *f*
export [ˈekspɔːt] *sb* **1.** Export *m,* Ausfuhr *f;* [ɪksˈpɔːt] *v* **2.** exportieren, ausführen
export clearance [ˈekspɔːt ˈklɪərəns]
sb Ausfuhrabfertigung *f*
export control [ˈekspɔːt kɒnˈtrəʊl] *sb*
Ausfuhrkontrolle *f,* Exportkontrolle *f*
export coverage [ˈekspɔːt ˈkʌvərɪdʒ]
sb Ausfuhrdeckung *f*
Export Credit Company [ˈekspɔːt
ˈkredɪt ˈkʌmpənɪ] *sb* Ausfuhrkreditanstalt (AKA) *f*

export credit guarantee [ˈekspɔːt
ˈkredɪt gærənˈtiː] *sb* Ausfuhrbürgschaften *f/pl,* Ausfuhrgarantie *f*
export credits [ˈekspɔːt ˈkredɪts] *pl*
AKA-Kredite *m/pl;* Exportkredit *m*
export declaration [ˈekspɔːt deklə-
ˈreɪʃən] *sb* Ausfuhrerklärung *f,* Zollerklärung *f*
export department [ˈekspɔːt dəˈpɑːt-
mənt] *sb* Außenhandelsabteilung *f*
export deficit [ˈekspɔːt ˈdefɪsɪt] *sb*
Außenhandelsdefizit *n*
export documents [ˈekspɔːt ˈdɒkjʊ-
mənts] *pl* Ausfuhrpapiere *n/pl,* Export-
papiere *n/pl*
export duties [ˈekspɔːt ˈdjuːtiːz] *pl*
Ausfuhrabgaben *f/pl*
export duty [ˈekspɔːt ˈdjuːtɪ] *sb* Ex-
portzoll *m,* Ausfuhrzoll *m*
exporter [ɪksˈpɔːtə] *sb* Exporteur(in)
m/f
export exchange [ˈekspɔːt ɪks-
ˈtʃeɪndʒ] *sb* Exportdevisen *f/pl*
export financing [ˈekspɔːt faɪˈnænsɪŋ]
sb Ausfuhrfinanzierung *f*
export licence [ˈekspɔːt ˈlaɪsəns] *sb*
Ausfuhrgenehmigung *f*
export of capital [ˈekspɔːt əv ˈkæpɪ-
təl] *sb* Kapitalausfuhr *f*
export premium [ˈekspɔːt ˈpriːmɪəm]
sb Exportprämie *f*
export promotion [ˈekspɔːt prəˈməʊ-
ʃən] *sb* Exportförderung *f*
export regulations [ˈekspɔːt regjʊ-
ˈleɪʃənz] *pl* Exportbestimmungen *f/pl,*
Ausfuhrbestimmungen *f/pl*
export restriction [ˈekspɔːt rɪsˈtrɪk-
ʃən] *sb* Exportbeschränkung *f,* Ausfuhrbeschränkung *f*
export subsidy [ˈekspɔːt ˈsʌbsɪdɪ] *sb*
Exportsubvention *f*
export surplus [ˈekspɔːt ˈsɜːpləs] *sb*
Exportüberschuss *m,* Ausfuhrüberschuss *m*
export trade [ˈekspɔːt treɪd] *sb* Ausfuhrhandel *m,* Exporthandel *m*
express delivery [ɪkˈspres dɪˈlɪvərɪ] *sb*
Eilzustellung *f*
express goods [ɪkˈspres gʊdz] *sb*
Expressgut *n*
express letter [ɪkˈspres ˈletə] *sb* Eilbrief *m*

express messenger [ɪkˈspres ˈmes-ɪndʒə] *sb* Eilbote *m*

express parcel [ɪkˈspres ˈpɑːsl] *sb* Eilpaket *n*

express tariff [ɪkˈspres ˈtærɪf] *sb* Eilguttarif *m*

express train [ɪksˈpres treɪn] *sb* Schnellzug *m*

expropriate [ɪkˈsprəʊprɪeɪt] *v* enteignen

expropriation [ɪksprəʊprɪˈeɪʃən] *sb* Enteignung *f*

ex rights [eks ˈraɪts] *adv* ohne/ex Bezugsrechte

extension [ɪksˈtenʃən] *sb* **1.** Verlängerung *f*, Prolongation *f*, **2.** Nebenanschluss *m*, Apparat *m*; **3.** *(individual number)* Durchwahl *f*

extension of contract [ɪksˈtenʃən əv ˈkɒntrækt] *sb* Vertragsverlängerung *f*

extension of credit [ɪksˈtenʃən əv ˈkredɪt] *sb* Zahlungsaufschub *m*

extension of liability [ɪksˈtenʃən əv laɪəˈbɪlətɪ] *sb* Haftungserweiterung *f*

extension of time for payment [ɪksˈtenʃən əv taɪm fɔː ˈpeɪmənt] *sb* Zahlungsaufschub *m*

extent [ɪksˈtent] *sb* **1.** *(degree)* Grad *m*, Maß *n*; *to some ~* einigermaßen; *to a certain ~* in gewissem Maße; *to what ~* inwieweit; **2.** *(scope)* Umfang *m*, Ausmaß *n*; **3.** *(size)* Ausdehnung *f*

external accounting [ɪksˈtɜːnəl əˈkaʊntɪŋ] *sb* externes Rechnungswesen *n*

external analysis [ɪksˈtɜːnəl əˈnælɪsɪs] *sb* Betriebsvergleich *m*

external balance [ɪksˈtɜːnəl ˈbæləns] *sb* außenwirtschaftliches Gleichgewicht *n*

external bonds validation [ɪksˈtɜːnəl bɒndz vælɪˈdeɪʃən] *sb* Auslandsbondsbereinigung *f*

external effects [ɪksˈtɜːnəl ɪˈfekts] *pl* externe Effekte *m/pl*

external financing [ɪksˈtɜːnəl faɪˈnænsɪŋ] *sb* Außenfinanzierung *f*

external funds [ɪksˈtɜːnəl fʌndz] *pl* fremde Gelder *n/pl*

external income [ɪksˈtɜːnəl ˈɪnkʌm] *sb* externe Erträge *m/pl*

external indebtedness [ɪksˈtɜːnəl ɪn-ˈdetɪdnəs] *sb* Auslandsverschuldung *f*

external investment [ɪksˈtɜːnəl ɪnˈvestmənt] *sb* Fremdinvestition *f*

external market [ɪksˈtɜːnəl ˈmɑːkɪt] *sb* Außenmarkt *m*

external procurement [ɪksˈtɜːnəl prəˈkjʊəmənt] *sb* Fremdbezug *m*

external value of currency [ɪksˈtɜːnəl ˈvælju: əv ˈkʌrənsɪ] *sb* Außenwert der Währung *m*

extort [ɪkˈstɔːt] *v* erpressen

extortion [ɪksˈtɔːʃən] *sb* **1.** Erpressung *f*; **2.** *(price)* Wucher *m*

extra [ˈekstrə] *adv (costing ~)* gesondert berechnet, extra berechnet; *sb* Zugabe *f*

extra charge [ˈekstrə tʃɑːdʒ] *sb* Zuschlag *m*

extra dividend [ˈekstrə ˈdɪvɪdend] *sb* Bonus *m*, Sonderausschüttung *f*

extra pay [ˈekstrə peɪ] *sb* Zulage *f*

extract [ˈekstrækt] *sb* **1.** Auszug *m*, Abriss *m*; *v* [ɪkˈstrækt] **2.** *(commodities)* fördern, gewinnen

extrajudicial [ekstrədʒuːˈdɪʃəl] *adj* außergerichtlich

extraordinary budget [ɪkˈstrɔːdənərɪ ˈbʌdʒɪt] *sb* außerordentlicher Haushalt *m*

extraordinary depreciation [ɪkˈstrɔːdənərɪ dɪpriːʃiːˈeɪʃən] *sb* außerordentliche Abschreibung *f*

extraordinary expenditures [ɪkˈstrɔːdənərɪ ɪkˈspendɪtʃəz] *pl* außerordentliche Aufwendungen *f/pl*, außerordentliche Ausgaben *f/pl*

extraordinary expenses [ɪkˈstrɔːdənərɪ ɪkˈspensɪz] *pl* außergewöhnliche Belastung *f*

extraordinary income [ɪkˈstrɔːdənərɪ ˈɪnkʌm] *sb* außerordentliche Einkünfte *pl*, außerordentliche Einnahmen *f/pl*, außerordentliche Erträge *m/pl*

extraordinary trend [ɪkˈstrɔːdənərɪ trend] *sb* Sonderbewegung *f*

extrapolation [ɪkstrəpəˈleɪʃən] *sb* Extrapolation *f*

ex works [eks ˈwɜːks] *adv (Incoterm)* ab Werk, EXW

F

face value [feɪs ˈvæljuː] *sb* Nennwert *m*, Nominalwert *m*

face-to-face communication [ˈfeɪs tu feɪs kəmjuːnɪˈkeɪʃən] *sb* Face-to-Face-Kommunikation *f*, direkte Kommunikation *f*

facility [fəˈsɪlɪti] *sb (building)* Anlage *f*

facility location [fəˈsɪlɪti ləʊˈkeɪʃən] *sb* Betriebsstandort *m*

facility management [fəˈsɪlɪti ˈmænɪdʒmənt] *sb* Objektverwaltung *f*, Immobilienverwaltung *f*

facsimile [fækˈsɪməlɪ] *sb* **1.** Reproduktion *f*, Kopie *f;* **2.** *(fax)* Fax *n*

fact [fækt] *sb* Tatsache *f*

factorage [ˈfæktərɪdʒ] *sb* Kommissionsgebühr *f*, Provision *f*

factor costs [ˈfæktə kɒsts] *sb* Faktorkosten *pl*

factor income [ˈfæktə ˈɪnkʌm] *sb* Leistungseinkommen *n*, Faktoreinkommen *n*

factoring [ˈfæktərɪŋ] *sb* Finanzierung von Forderungen *f*, Factoring *n*

factory [ˈfæktərɪ] *sb* Fabrik *f*, Werk *n*, Betrieb *m*

factory costs [ˈfæktərɪ kɒsts] *pl* Herstellungskosten *pl*, Produktionskosten *pl*

factory outlet store [ˈfæktərɪ ˈaʊtlət stɔː] *sb* Fabrikverkauf *m*

factory supplies [ˈfæktərɪ səˈplaɪz] *pl (manufacturing)* Betriebsstoffe *m/pl*

facts [fækts] *pl* **1.** Daten *pl*, Sachverhalt *m;* **2.** *(~ of the case)* Tatbestand *m*

factsheet [ˈfæktʃiːt] *sb* Tatsachendokument *n*, Informationsblatt *n*

facultative money [ˈfækəlteɪtɪv ˈmʌnɪ] *sb* fakultatives Geld *n*

failure [ˈfeɪljə] *sb* **1.** *(unsuccessful thing)* Misserfolg *m*, Fehlschlag *m*, Scheitern *n;* Pleite *f;* **2.** *(breakdown)* Ausfall *m*, Versagen *n*, Störung *f;* **3.** *(to do sth)* Versäumnis *n*, Unterlassung *f*

failure cause [ˈfeɪljə kɔːz] *sb* Ausfallursache *f*

failure to complete [ˈfeɪljə tu kəmˈpliːt] *sb* Nichtfertigstellung *f*

failure to pay on due date [ˈfeɪljə tu peɪ ɒn djuː deɪt] *sb* Zahlungsverzug *m*

failure to perform [ˈfeɪljə tu pəˈfɔːm] *sb* mangelnde Vertragserfüllung *f*, Nichterfüllung *f*

fair [feə] *sb (trade show)* Messe *f*, Ausstellung *f*

fair market value [feə ˈmɑːkɪt ˈvæljuː] *sb* Marktwert *m*

fairness in trade [ˈfeənɪs ɪn treɪd] *sb* Kulanz *f*

fake [feɪk] *v* **1.** vortäuschen, fingieren; **2.** *(forge)* fälschen; *sb* **3.** Fälschung *f*

fall [fɔːl] *v irr* **1.** *(decrease)* fallen, sinken, abnehmen; *sb* **2.** *(decrease)* Fallen *n*, Sinken *n*, Abnahme *f*

fall-back [ˈfɔːlbæk] *sb* Abschwächung *f*, Rückgang *m*

falling [ˈfɔːlɪŋ] *adj* rückläufig, nachgebend

fall-off [ˈfɔːlɒf] *sb* Rückgang *m*, Abnahme *f*

fallow [ˈfæləʊ] *sb* **1.** brachliegendes Land *n; adj* **2.** brachliegend

false factoring [fɔːls ˈfæktərɪŋ] *sb* unechtes Factoring *n*

falsification [fɒlsɪfɪˈkeɪʃən] *sb* Falsifikat *n*

falsification of the balance sheet [fɒlsɪfɪˈkeɪʃən əv ðə ˈbæləns ʃiːt] *sb* Bilanzfälschung *f*

family allowance [ˈfæmlɪ əˈlaʊəns] *sb* Familienzulage *f*

family-owned companies [ˈfæmlɪəʊnd ˈkʌmpəniz] *pl* Familiengesellschaften *f/pl*

fare [feə] *sb* **1.** *(bus ~, train ~)* *(charge)* Fahrpreis *m;* **2.** air ~ Flugpreis *m;* **3.** *(money)* Fahrgeld *n*

fare cut [feə kʌt] *sb* Tarifsenkung *f*

farm product [fɑːm ˈprɒdəkt] *sb* Agrarprodukt *n*, landwirtschaftliches Produkt *n*

farming [ˈfɑːmɪŋ] *sb* Agrarwirtschaft *f*, Landwirtschaft *f*

fashion [ˈfæʃən] *sb* Mode *f*

fashion article [ˈfæʃən ˈɑːtɪkl] *sb* Modeartikel *m*

fax [fæks] *sb* **1.** *(facsimile transmission)* Fax *n*, Telefax *n; v* **2.** faxen

fax machine ['fæks mə'ʃiːn] *sb* Telefaxgerät *n*, Faxgerät *n*

fax number ['fæks 'nʌmbə] *sb* Telefaxnummer *f*, Faxnummer *f*

feasibility study [fiːzə'bɪlɪtɪ 'stʌdɪ] *sb* Durchführbarkeits-Studie *f*

Federal Administrative Court ['fedərəl əd'mɪnɪstrətɪv kɔːt] *sb* Bundesverwaltungsgericht (BVerwG) *n*

Federal Audit Office ['fedərəl 'ɔːdɪt 'ɒfɪs] *sb* Bundesrechnungshof *m*

Federal Bank assets ['fedərəl bæŋk 'æsets] *sb* Bundesbankguthaben *n*

Federal bonds ['fedərəl bɒndz] *sb* Bundesobligation *f*

federal budget ['fedərəl 'bʌdʒɪt] *sb* Bundeshaushalt *m*

Federal Cartel Authority ['fedərəl kɑː'tel ɔː'θɒrɪtɪ] *sb* Bundeskartellamt *n*

Federal Cartel Register ['fedərəl kɑː'tel 'redʒɪstə] *sb* Kartellregister *n*

Federal Collective Agreement for Public Employees ['fedərəl kə'lektɪv ə'griːmənt fɔː 'pʌblɪk ɪmplɔɪ'iːz] *sb* Bundes-Angestellten-Tarifvertrag (BAT) *m*

Federal Constitutional Court ['fedərəl kɒnstɪ'tjuːʃənəl kɔːt] *sb* Bundesverfassungsgericht (BverfG) *n*

Federal Court ['fedərəl kɔːt] *sb* Bundesgericht *n*

Federal Fiscal Court ['fedərəl 'fɪskəl kɔːt] *sb* Bundesfinanzhof (BFH) *m*

Federal guarantee ['fedərəl gærən'tiː] *sb* Bundesbürgschaft *f*

Federal Labour Court ['fedərəl 'leɪbə kɔːt] *sb* Bundesarbeitsgericht *n*

Federal Labour Office ['fedərəl 'leɪbə 'ɒfɪs] *sb* Bundesagentur für Arbeit (BA) *f*

Federal loan ['fedərəl ləʊn] *sb* Bundesanleihe *f*

Federal Official Gazette ['fedərəl ə'fɪʃəl gə'zet] *sb* Bundesanzeiger *m*

federal revenue authorities ['fedərəl 'revɪnjuː ɔː'θɒrɪtiːz] *sb* Bundesfinanzbehörden *f/pl*

Federal Statistical Office ['fedərəl stə'tɪstɪkəl 'ɒfɪs] *sb* Statistisches Bundesamt *n*

Federal Supervisory Office ['fedərəl suːpə'vaɪzərɪ 'ɒfɪs] *sb* Bundesaufsichtsamt *n*

Federal Supreme Court ['fedərəl su'priːm kɔːt] *sb* Bundesgerichtshof (BGH) *m*

federal tax ['fedərəl tæks] *sb* Bundessteuer *f*

federal treasury bill ['fedərəl 'treʒərɪ bɪl] *sb* Bundesschatzbrief *m*

federation [fedə'reɪʃən] *sb* Vereinigung *f*, Verband *m*

fee [fiː] *sb* Gebühr *f*, Honorar *n; for a ~* gegen Entgelt

feedback ['fiːdbæk] *sb* Rückkopplung *f*, Feedback *n*

fictitious bill [fɪk'tɪʃəs bɪl] *sb* Kellerwechsel *m*

fictitious formation [fɪk'tɪʃəs fɔː'meɪʃən] *sb* Scheingründung *f*

fictitious independence [fɪk'tɪʃəs ɪndə'pendəns] *sb* Scheinselbständigkeit *f*

fictitious invoice [fɪk'tɪʃəs 'ɪnvɔɪs] *sb* fingierte Rechnung *f*

fictitious order [fɪk'tɪʃəs 'ɔːdə] *sb* fingierte Order *f*

fictitious overheads [fɪk'tɪʃəs 'əʊvəhedz] *pl* unechte Gemeinkosten *pl*

fictitious profit [fɪk'tɪʃəs 'prɒfɪt] *sb* Scheingewinn *m*

fictitious quotation price [fɪk'tɪʃəs kwəʊ'teɪʃən praɪs] *sb* Scheinkurs *m*

fictitious security price [fɪk'tɪʃəs sɪ'kjʊərɪtɪ praɪs] *sb* Ausweichkurs *m*

fictitious transaction [fɪk'tɪʃəs træn'zækʃən] *sb* Scheingeschäft *n*

fiduciary [fɪ'djuːʃɪərɪ] *sb* **1.** Treuhänder *m; adj* **2.** treuhänderisch

fiduciary account [fɪ'djuːʃɪərɪ ə'kaʊnt] *sb* Anderkonto *n*

fiduciary deposit [fɪ'djuːʃɪərɪ dɪ'pɒzɪt] *sb* Anderdepot *n*, Fremddepot *n*

fiduciary funds [fɪ'djuːʃɪərɪ fʌndz] *sb* fiduziäres Geld *n*

field [fiːld] *sb* **1.** *(profession, ~ of study)* Gebiet *n*, Fach *n*, Bereich *m;* **2.** *the ~ (for a salesman)* Außendienst *m*

field audit [fiːld 'ɔːdɪt] *(accountancy)* Außenprüfung *f*

field of activity [fiːld əv æk'tɪvɪtɪ] *sb* Tätigkeitsfeld *n*, Tätigkeitsbereich *m*

field of application [fi:ld əv æplɪˈkeɪʃən] *sb* Einsatzgebiet *n*, Anwendungsgebiet *n*

field of reference [fi:ld əv ˈrefrəns] *sb* Sachgebiet *n*

field office [fi:ld ˈɒfɪs] *sb* Außenstelle *f*, Geschäftsstelle *f*

field research [fi:ld rɪˈsɜːtʃ] *sb* Feldforschung *f*

field staff [fi:ld stɑ:f] *sb* Außendienstmitarbeiter *m*

field survey [fi:ld ˈsɜːveɪ] *sb* Marktforschung vor Ort *f*

field work [ˈfi:ld wɜːk] *sb (for a salesman)* Außendienst *m*

figure [ˈfɪgə] *sb* **1.** *(number)* Zahl *f*; *(digit)* Ziffer *f*; **2.** *sum)* Summe *f*; **3.** *facts and ~s* klare Informationen *pl*, genaue Daten *pl*

figure out [ˈfɪgə aʊt] *v (calculate)* berechnen, ausrechnen

file [faɪl] *v* **1.** *(put in files)* ablegen, abheften, einordnen; **2.** *(a petition, a claim)* einreichen, erheben; *sb* **3.** Akte *f*; on ~ bei den Akten; **4.** *(holder)* Aktenordner *m*, Aktenhefter *m*, Sammelmappe *f*; **5.** *(computer)* Datei *f*; *save/delete a ~* eine Datei speichern/löschen; **6.** ~s Unterlagen *pl*

file access [faɪl ˈækses] *sb* Datenzugriff *m*

file card [ˈfaɪlkɑːd] *sb* Karteikarte *f*

filename [ˈfaɪlneɪm] *sb* Dateiname *m*

filing [ˈfaɪlɪŋ] *sb* Aktenablage *f*, Archivierung *f*

filing cabinet [ˈfaɪlɪŋ ˈkæbɪnət] *sb* Aktenschrank *m*

filing system [ˈfaɪlɪŋ ˈsɪstem] *sb* Archivierungssystem *n*

fill [fɪl] *v* **1.** *(a job opening)* besetzen; **2.** *(take a job opening)* einnehmen

fill in [fɪl ˈɪn] *v* **1.** ~ *for s.o.* für jdn einspringen; **2.** *(a form)* ausfüllen; *(information)* eintragen

final control [ˈfaɪnəl kənˈtrəʊl] *sb* Endkontrolle *f*, Schlusskontrolle *f*

final cost center [ˈfaɪnəl kɒst ˈsentə] *sb* Endkostenstelle *f*

final demand [ˈfaɪnəl dɪˈmɑːnd] *sb* Endnachfrage *f*

final dividend [ˈfaɪnəl ˈdɪvɪdend] *sb* Schlussdividende *f*

final order [ˈfaɪnəl ˈɔːdə] *sb* Abschlussauftrag *m*

finance [ˈfaɪnæns] *v* **1.** finanzieren; *sb* **2.** Finanz *f*, Finanzwesen *n*; **3.** ~s *pl* Finanzen *pl*, Vermögenslage *f*, Finanzlage *f*

finance bill [ˈfaɪnæns bɪl] *sb* Finanzwechsel *m*, Leerwechsel *m*

finance deficit [ˈfaɪnæns ˈdefɪsɪt] *sb* Finanzierungsdefizit *n*

finance house [ˈfaɪnæns haʊs] *sb* Finanzierungsgesellschaft *f*, Kreditinstitut *n*

financial [faɪˈnænʃəl] *adj* finanziell, pagatorisch, Finanz..., Wirtschafts...

financial acceptance [faɪˈnænʃəl ɪkˈseptəns] *sb* Kreditakzept *n*

financial account [faɪˈnænʃəl əˈkaʊnt] *sb* Finanzkonto *n*

financial accounting [faɪˈnænʃəl əˈkaʊntɪŋ] *sb* Finanzbuchhaltung *f*

financial advantage [faɪˈnænʃəl ədˈvɑːntɪdʒ] *sb* geldwerter Vorteil *m*

financial aid [faɪˈnænʃəl eɪd] *sb* Beihilfe *f*

financial analysis [faɪˈnænʃəl əˈnælɪsɪs] *sb* Finanzanalyse *f*

financial arrangement [faɪˈnænʃəl əˈreɪndʒmənt] *sb* Finanzdisposition *f*

financial assets [faɪˈnænʃəl ˈæsets] *sb* Geldvermögen *n*, Finanzanlagevermögen *n*, Finanzvermögen *n*

financial assistance [faɪˈnænʃəl əˈsɪstəns] *sb* finanzieller Beistand *m*

financial capital [faɪˈnænʃəl ˈkæpɪtəl] *sb* Finanzkapital *n*

financial credit [faɪˈnænʃəl ˈkredɪt] *sb* Finanzkredit *m*

financial crisis [faɪˈnænʃ ˈkraɪsɪs] *sb* Finanzkrise *f*

financial difficulties [faɪˈnænʃ ˈdɪfɪkəltiz] *pl* Zahlungsschwierigkeit *f*

financial equalization [faɪˈnænʃəl iːkwəlaɪˈzeɪʃən] *sb* Finanzausgleich *m*

financial equilibrium [faɪˈnænʃəl ɪkwəˈlɪbriəm] *sb* finanzielles Gleichgewicht *n*

financial facilities [faɪˈnænʃəl fəˈsɪlɪtiz] *pl* Finanzierungsmöglichkeiten *f/pl*, Finanzierungsinstrumente *n/pl*

financial failure [faɪˈnænʃəl ˈfeɪljə] *sb* finanzieller Zusammenbruch *m*

financial futures contract [faɪˈnænʃəl ˈfjuːtʃəz ˈkɒntrækt] *sb* Finanzterminkontrakt *n*

financial hedging [faɪˈnænʃəl ˈhedʒɪŋ] *sb* Finanzhedging *n*

financial innovation [faɪˈnænʃəl ɪnəʊˈveɪʃən] *sb* Finanzinnovationen *f/pl*

financial institution [faɪˈnænʃəl ɪnstɪˈtjuːʃən] *sb* Geldinstitut *n*

financial investment [faɪˈnænʃəl ɪnˈvestmənt] *sb* Finanzanlage *f*

financial market [faɪˈnænʃəl ˈmɑːkɪt] *sb* Finanzmarkt *m*

financial mathematics [faɪˈnænʃəl mæθəˈmætɪks] *sb* Finanzmathematik *f*

financial obligation [faɪˈnænʃəl ɒblɪˈgeɪʃən] *sb* Obligo *n*

financial plan [faɪˈnænʃəl plæn] *sb* Finanzplan *m*

financial policy [faɪˈnænʃəl ˈpɒlɪsɪ] *sb* Geldpolitik *f*, Finanzpolitik *f*

financial press [faɪˈnænʃəl pres] *sb* Finanzpresse *f*

financial reform [faɪˈnænʃəl rɪˈfɔːm] *sb* Finanzreform *f*

financial report [faɪˈnænʃəl rɪˈpɔːt] *sb* Finanzbericht *m*

financial requirements [faɪˈnænʃəl rɪˈkwaɪəmənts] *pl* Finanzbedarf *m*

financial reserve [faɪˈnænʃəl rɪˈzɜːv] *sb* Finanzierungsreserve *f*

financial sector [faɪˈnænʃəl ˈsektə] *sb* Finanzsektor *m*

financial services [faɪˈnænʃəl ˈsɜːvɪsɪz] *pl* Finanzdienstleistungen *f/pl*

financial soundness [faɪˈnænʃəl ˈsaʊndnɪs] *sb* Bonität *f*

financial sovereignty [faɪˈnænʃəl ˈsɒvrɪntɪ] *sb* Finanzhoheit *f*

financial standing [faɪˈnænʃəl ˈstændɪŋ] *sb* Kreditfähigkeit *f*

financial statement [faɪˈnænʃəl ˈsteɪtmənt] *sb* Bilanz *f*

financial strength [faɪˈnænʃəl streŋθ] *sb* Finanzkraft *f*

financial system [faɪˈnænʃəl ˈsɪstəm] *sb* Finanzverfassung *f*

financial transaction [faɪˈnænʃəl trænˈzækʃən] *sb* Finanztransaktion *f*

financial transaction tax [faɪˈnænʃl trænˈzækʃn tæks] *sb* (FTT) Finanztransaktionssteuer *f*

financial year [faɪˈnænʃəl jɪə] *sb* (UK) Geschäftsjahr *n*, Rechnungsjahr *n*

financier [faɪˈnænsɪə] *sb* Finanzier *m*

financing [faɪˈnænsɪŋ] *sb* Finanzierung *f*

financing mix [faɪˈnænsɪŋ mɪks] *sb* Kapitalstruktur *f*

financing of building projects [faɪˈnænsɪŋ əv ˈbɪldɪŋ ˈprɒdʒekts] *sb* Baufinanzierung *f*

financing of capital projects [faɪˈnænsɪŋ əv ˈkæpɪtl ˈprɒdʒekts] *sb* Investitionsfinanzierung *f*

financing of exports [faɪˈnænsɪŋ əv ˈekspɔːts] *sb* Exportfinanzierung *f*

financing of investment in fixed assets [faɪˈnænsɪŋ əv ɪnˈvestmənt ɪn fɪkst ˈæsets] *sb* Anlagenfinanzierung *f*

financing power [faɪˈnænsɪŋ ˈpaʊə] *sb* Finanzierungsvermögen *n*

financing principles [faɪˈnænsɪŋ ˈprɪnsɪpəlz] *pl* Finanzierungsgrundsätze *m/pl*

financing ratio [faɪˈnænsɪŋ ˈreɪʃɪəʊ] *sb* Finanzierungskennzahl *f*

financing rules [faɪˈnænsɪŋ ruːlz] *sb* Finanzierungsregeln *f/pl*

financing theory [faɪˈnænsɪŋ ˈθɪərɪ] *sb* Finanzierungstheorie *f*

fine [faɪn] *v* **1.** mit einer Geldstrafe belegen; *sb* **2.** Geldstrafe *f*, Bußgeld *n*

fine print [faɪn ˈprɪnt] *sb* the ~ das Kleingedruckte *n*

finished product [ˈfɪnɪʃt ˈprɒdʌkt] *sb* Fertigprodukt *n*, Endprodukt *n*

finishing technique [ˈfɪnɪʃɪŋ tekˈniːk] *sb* Abschlusstechnik *f*

fire-fighting fund [ˈfaɪəfaɪtɪŋ fʌnd] *sb* Feuerwehrfonds *m*

firm [fɜːm] *sb* Firma *f*, Unternehmen *n*

firm deal [fɜːm diːl] *sb* Festgeschäft *n*

firm's bank [fɜːmz bæŋk] *sb* Hausbank *f*

first acquisition [fɜːst ækwɪˈzɪʃən] *sb* Ersterwerb *m*

first class [fɜːst klɑːs] *adj* **1.** erstklassig; **2.** (train ticket) erster Klasse

first-class quality [ˈfɜːstklɑːs ˈkwɒlɪtɪ] *sb* beste Qualität *f*

first issue [fɜːst ˈɪʃuː] *sb* Erstemission *f*

first of exchange [fɜːst əv ɪksˈtʃeɪndʒ] *sb* Prima Warenwechsel *m*

first-quarter [ˈfɜːstkwɔːtə] *adj* im ersten Quartal

fiscal [ˈfɪskəl] *adj* fiskalisch, Finanz..., Steuer...

F

fiscal audit of operating results ['fɪskəl 'ɔːdɪt əv 'ɒpəreɪtɪŋ rɪ'zʌlts] *sb* Betriebsprüfung *f*

fiscal code ['fɪskəl kəʊd] *sb* Abgabenordnung *f*

fiscal fraud ['fɪskəl frɔːd] *sb* Steuerbetrug *m*

fiscal monopoly ['fɪskəl mə'nɒpəlɪ] *sb* Finanzmonopol *n*

fiscal policy ['fɪskəl 'pɒlɪsɪ] *sb* Steuerpolitik *f*, Finanzpolitik *f*, Fiskalpolitik *f*

fitter ['fɪtə] *sb* Monteur *m; (for machines)* Schlosser *m*

fixed annual salary [fɪkst 'ænjʊəl 'sælərɪ] *sb* Jahresfixum *n*

fixed assets [fɪkst 'æsets] *pl* feste Anlagen *pl*, Anlagevermögen *n*

fixed cost degression [fɪkst kɒst də'greʃən] *sb* Fixkostendegression *f*

fixed costs [fɪkst kɒsts] *pl* Festkosten *pl*, Fixkosten *pl*

fixed-date land charge ['fɪkstdeɪt lænd tʃɑːdʒ] *sb* Fälligkeitsgrundschuld *f*

fixed-date land mortgage ['fɪkstdeɪt lænd 'mɔːgɪdʒ] *sb* Fälligkeitshypothek *f*

fixed department costs [fɪkst də'pɑːtmənt kɒsts] *pl* Bereichsfixekosten *pl*

fixed deposit [fɪkst dɪ'pɒsɪt] *sb* Festgeld *n*, befristete Einlagen *f/pl*

fixed exchange rate [fɪkst ɪks'tʃeɪndʒ reɪt] *sb* Mengennotierung *f*, starrer Wechselkurs *m*

fixed income [fɪkst 'ɪnkʌm] *sb* Festeinkommen *n*

fixed-interest bearing account [fɪkst 'ɪntrəst 'beərɪŋ ə'kaʊnt] *sb* Festzinskonto *n*

fixed interest (rate) [fɪkst 'ɪntrəst (reɪt)] *sb* fester Zins *m*, Festzins *m*

fixed-interest securities [fɪkst'ɪntrəst sɪ'kjʊərɪtiz] *pl* festverzinsliche Wertpapiere *n/pl*

fixed-interest securities fund [fɪkst 'ɪntrəst sɪ'kjʊərɪtiz fʌnd] *sb* Rentenfonds *m*

fixed issue of notes [fɪkst 'ɪʃuː əv nəʊts] *sb* Notenkontingent *n*

fixed price [fɪkst praɪs] *sb* Festpreis *m*

fixed property [fɪkst prɒpətɪ] *sb* Gebäude und Grundstücke *pl*

fixed-rate mortgage ['fɪkstreɪt 'mɔːgɪdʒ] *sb* Festzinshypothek *f*

fixed sum [fɪkst sʌm] *sb* Fixum *n*

fixed value [fɪkst 'væljuː] *sb* Festwert *m*

fixing ['fɪksɪŋ] *sb (fig)* Festsetzen *n*, Fixing *n*

fixing of a quota ['fɪksɪŋ əv ə 'kwəʊtə] *sb* Kontingentierung *f*

fixing of exchange rate ['fɪksɪŋ əv ɪks'tʃeɪndʒ reɪt] *sb* Valutierung *f*

fixing of prices ['fɪksɪŋ əv 'praɪsɪz] *sb* Kursfestsetzung *f*

flat [flæt] *adj* **1.** *(market)* lau, lahm, lustlos; **2.** *(rate, fee)* Pauschal...

flat fee [flæt fiː] *sb* Pauschalgebühr *f*

flat rate [flæt reɪt] *sb* Pauschalbetrag *m*

flexibility [fleksɪ'bɪlɪtɪ] *sb* Flexibilität *f*

flexible ['fleksɪbəl] *adj* flexibel

flexible age limit ['fleksɪbəl eɪdʒ 'lɪmɪt] *sb* flexible Altersgrenze *f*

flexible budgeting ['fleksɪbəl 'bʌdʒɪtɪŋ] *sb* flexible Plankostenrechnung *f*

flexible currency rates ['fleksɪbəl 'kʌrənsɪ reɪts] *pl* flexible Wechselkurse *m/pl*

flexible discount rate ['fleksɪbəl 'dɪskaʊnt reɪt] *sb* flexibler Diskontsatz *m*

flexible exchange rate ['fleksɪbəl ɪks'tʃeɪndʒ reɪt] *sb* flexibler Wechselkurs *m*

flexible retirement ['fleksɪbəl rɪ'taɪəmənt] *sb* gleitender Ruhestand *m*

flexible working hours ['fleksɪbəl 'wɜːkɪŋ aʊəz] *pl* gleitende Arbeitszeit *f*

flexitime ['fleksɪtaɪm] *sb* Gleitzeit *f*

float [fləʊt] *sb* Float *m*

floatation [fləʊ'teɪʃən] *sb* **1.** *(bond)* Ausgabe *f*, Emission *f;* **2.** *(company)* Börseneinführung *f*, Börsengang *m*, Gründung *f*

floater ['fləʊtə] *sb* Springer *m/f*

floating ['fləʊtɪŋ] *sb* Floating *n*

floating assets ['fləʊtɪŋ 'æsets] *pl* Umlaufvermögen *n*

floating debt ['fləʊtɪŋ det] *sb* schwebende Schuld *f*

floating policy ['fləʊtɪŋ 'pɒlɪsɪ] *sb* offene Police (O.P.) *f*

floating rate note ['fləʊtɪŋ reɪt nəʊt] *sb* Floating Rate Note *f*

floor [flɔː] *sb (stock market)* Floor *m*, Parkett *n*

floor price [flɔː praɪs] *sb* Niedrigstkurs *m*

floor trader [flɔ:ˈtreɪdə] *sb* freier Makler *m*

flow chart [fləʊ tʃɑ:t] *sb* Flussdiagramm *n*, Ablaufdiagramm *n*

flow of capital [fləʊ əv ˈkæpɪtl] *sb* Kapitalverkehr *m*, Kapitalwanderung *f*

flow shop production [fləʊ ʃɒp prəˈdʌkʃən] *sb* Reihenfertigung *f*

flow statement [fləʊ ˈsteɪtmənt] *sb* Bewegungsbilanz *f*

flow-of-funds analysis [fləʊ əv fʌndz əˈnælɪsɪs] *sb* Geldstromanalyse *f*

fluctuate [ˈflʌktjʊeɪt] *v* schwanken, fluktuieren

fluctuation [flʌktjʊˈeɪʃən] *sb* Schwankung *f*, Fluktuation *f*

fluctuation inventory [flʌktjʊˈeɪʃən ˈɪnvəntrɪ] *sb* Sicherheitsbestand *m*

folder [ˈfəʊldə] *sb* **1.** Aktendeckel *m*, Mappe *f*, Schnellhefter *m*; **2.** *(brochure)* Faltblatt *n*, Broschüre *f*

follow-up financing [ˈfɒləʊʌp faɪˈnænsɪŋ] *sb* Anschlussfinanzierung *f*

follow-up order [ˈfɒləʊʌp ˈɔ:də] *sb* Folgeauftrag *m*, Nachorder *f*

for account only [fɔ: əˈkaʊnt ˈəʊnlɪ] *adv* nur zur Verrechnung

for safekeeping [fɔ: seɪfˈki:pɪŋ] *adv* zu treuen Händen

for the monthly settlement [fɔ: ðə ˈmʌnθlɪ ˈsetəlmənt] *adv* per Ultimo

force [fɔ:s] *v* **1.** ~ *sth on s.o.* jdm etw aufdrängen; **2.** *(conditions)* jdm etw auferlegen

force down [fɔ:s ˈdaʊn] *v (prices)* drücken

force majeure [fɔ:s mæˈʒɜ:] *sb* höhere Gewalt *f*

forced sale [fɔ:st seɪl] *sb* Zwangsverkauf *m*

forecast [ˈfɔ:kɑ:st] *sb* Voraussage *f*, Vorhersage *f*, Prognose *f*

foreclosure [fɔ:ˈkləʊʒə] *sb* Zwangsvollstreckung *f*

foreign acceptance [ˈfɒrən əkˈseptəns] *sb* Auslandsakzept *n*

foreign account [ˈfɒrən əˈkaʊnt] *sb* Auslandskonto *n*

foreign assets [ˈfɒrən ˈæsets] *sb* Auslandsvermögen *n*

foreign bank [ˈfɒrən bæŋk] *sb* Auslandsbank *f*

foreign bill of exchange [ˈfɒrən bɪl əv ɪksˈtʃeɪndʒ] *sb* Auslandswechsel *m*

foreign bond [ˈfɒrən bɒnd] *sb* Auslandsanleihe *f*

foreign business [ˈfɒrən ˈbɪznɪs] *sb* Auslandsgeschäft *n*

foreign capital [ˈfɒrən ˈkæpɪtl] *sb* Auslandskapital *n*

foreign cheque [ˈfɒrən tʃek] *sb* Auslandsscheck *m*

foreign credit [ˈfɒrən ˈkredɪt] *sb* Auslandskredit *m*

foreign currencies eligible as cover [ˈfɒrən ˈkʌrənsiz ˈelɪdʒɪbəl æz ˈkʌvə] *pl* deckungsfähige Devisen *f/pl*

foreign currency [ˈfɒrən ˈkʌrənsɪ] *sb* Devisen *pl*

foreign currency accept [ˈfɒrən ˈkʌrənsɪ əkˈsept] *sb* Valuta-Akzept *n*

foreign currency account [ˈfɒrən ˈkʌrənsɪ əˈkaʊnt] *sb* Währungskonto *n*

foreign currency bill [ˈfɒrən ˈkʌrənsɪ bɪl] *sb* Fremdwährungswechsel *m*

foreign currency bonds [ˈfɒrən ˈkʌrənsɪ bɒndz] *pl* Auslandsbonds *m/pl*

foreign currency clause [ˈfɒrən ˈkʌrənsɪ klɔ:z] *sb* Valutaklausel *f*

foreign currency coupon [ˈfɒrən ˈkʌrənsɪ ˈku:pɒn] *sb* Valutakupon *m*

foreign currency debt [ˈfɒrən ˈkʌrənsɪ det] *sb* Währungsschuld *f*

foreign currency loan [ˈfɒrən ˈkʌrənsɪ ləʊn] *sb* Valutakredit *m*

foreign currency rate [ˈfɒrən ˈkʌrənsɪ reɪt] *sb* Sortenkurs *m*

foreign customer [ˈfɒrən ˈkʌstəmə] *sb* Auslandskunde *m*

foreign debts [ˈfɒrən dets] *pl* Auslandsschulden *pl*

foreign demand [ˈfɒrən dɪˈmɑ:nd] *sb* Auslandsnachfrage *f*

foreigner [ˈfɒrənə] *sb* Ausländer(in) *m/f*

foreign exchange [ˈfɒrən ɪksˈtʃeɪndʒ] *sb* Devisen *pl*, Valuta *f*

foreign exchange account [ˈfɒrən ɪksˈtʃeɪndʒ əˈkaʊnt] *sb* Devisenkonto *n*

foreign exchange advisor [ˈfɒrən ɪksˈtʃeɪndʒ ədˈvaɪzə] *sb* Devisenberater *m*

foreign exchange balance [ˈfɒrən ɪksˈtʃeɪndʒ ˈbæləns] *sb* Devisenbilanz *f*

foreign exchange business [ˈfɒrən ɪksˈtʃeɪndʒ ˈbɪznɪs] *sb* Devisengeschäft *n*

foreign exchange control [ˈfɒrən ɪks-ˈtʃeɪndʒ kənˈtrəʊl] *sb* Devisenbewirt-schaftung *f*, Devisenkontrolle *f*

foreign exchange dealer [ˈfɒrən ɪks-ˈtʃeɪndʒ ˈdiːlə] *sb* Devisenhändler *m*

foreign exchange dealings [ˈfɒrən ɪks-ˈtʃeɪndʒ ˈdiːlɪŋz] *pl* Devisenhandel *m*

foreign exchange market [ˈfɒrən ɪks-ˈtʃeɪndʒ ˈmɑːkɪt] *sb* Devisenmarkt *m*, Devisenbörse *f*

foreign exchange operations [ˈfɒrən ɪksˈtʃeɪndʒ ɒpəˈreɪʃənz] *sb* Devisen-verkehr *m*

foreign exchange outflow [ˈfɒrən ɪks-ˈtʃeɪndʒ ˈaʊtfləʊ] *sb* Devisenabschluss *m*

foreign exchange quotas [ˈfɒrən ɪks-ˈtʃeɪndʒ ˈkwəʊtəz] *sb* Devisenquoten *f/pl*

foreign exchange quotations [ˈfɒrən ɪksˈtʃeɪndʒ kwəʊˈteɪʃənz] *pl* Devisen-notierung *f*

foreign exchange rate [ˈfɒrən ɪks-ˈtʃeɪndʒ reɪt] *sb* Devisenkurs *m*

foreign exchange risk [ˈfɒrən ɪks-ˈtʃeɪndʒ rɪsk] *sb* Wechselkursrisiko *n*

foreign exchange spot dealings [ˈfɒrən ɪksˈtʃeɪndʒ spɒt ˈdiːlɪŋz] *pl* Devisenkassageschäft *n*

foreign exchange spot operations [ˈfɒrən ɪksˈtʃeɪndʒ spɒt ɒpəˈreɪʃənz] *pl* Devisenkassakurs *m*

foreign exchange surplus [ˈfɒrən ɪks-ˈtʃeɪndʒ ˈsɜːpləs] *sb* Devisenüberschuss *m*

foreign exchange transactions for customers [ˈfɒrən ɪksˈtʃeɪndʒ trænˈzækʃənz fɔː ˈkʌstəməz] *pl* Devisen-kommissionsgeschäft *n*

foreign investment [ˈfɒrən ɪnˈvest-mənt] *sb* Auslandsinvestition *f*

foreign loan [ˈfɒrən ləʊn] *sb* Auslands-anleihe *f*

foreign markets [ˈfɒrən ˈmɑːkɪts] *pl* Auslandsmärkte *m/pl*

foreign patents [ˈfɒrən ˈpætənts] *pl* Auslandspatente *n/pl*

foreign security [ˈfɒrən sɪˈkjʊərɪtɪ] *sb* ausländisches Wertpapier *n*

foreign shareholder [ˈfɒrən ˈʃeəhəʊldə] *sb* ausländischer Anteilseigner *m*

foreign trade [ˈfɒrən treɪd] *sb* Außen-handel *m*, Außenwirtschaft *f*

foreign trade and payments trans-actions [ˈfɒrən treɪd ænd ˈpeɪmənts trænˈzækʃənz] *pl* Außenwirtschafts-verkehr *m*

foreign trade deficit [ˈfɒrən treɪd ˈdefɪsɪt] *sb* Außenhandelsdefizit *n*

foreign trade monopoly [ˈfɒrən treɪd məˈnɒpəlɪ] *sb* Außenhandelsmonopol *n*

foreign trade structure [ˈfɒrən treɪd ˈstrʌkʃə] *sb* Außenhandelsrahmen *m*

foreign workers [ˈfɒrən ˈwɜːkəz] *pl* ausländische Arbeitnehmer *pl*

forfaiting [ˈfɔːfeɪtɪŋ] *sb* Forfaitierung *f*

forfeit [ˈfɔːfɪt] *v* verwirken

forfeiture [ˈfɔːfɪtʃə] *sb* Verwirkung *f*, Verfall *m*

forfeiture of shares [ˈfɔːfɪtʃə əv ʃeəz] *sb* Kaduzierung *f*

forge [fɔːdʒ] *v (counterfeit)* fälschen

forged cheque [fɔːdʒd tʃek] *sb* ge-fälschter Scheck *m*

form [fɔːm] *sb (document)* Formular *n*, Vordruck *m*

form of address [ˈfɔːm əv əˈdres] *sb* Anrede *f*

form of application [fɔːm əv æplɪˈkeɪ-ʃən] *sb* Anmeldeformular *n*, Antrags-formular *n*

formal identity [ˈfɔːməl aɪˈdentɪtɪ] *sb* Bilanzkontinuität *f*

formal requirements [ˈfɔːməl rɪˈkwaɪə-mənts] *pl* Formvorschriften *f/pl*

formality [fɔːˈmælɪtɪ] *sb (a ~)* Formali-tät *f; Let's dispense with the formalities.* Lassen wir die Formalitäten beiseite.

format [ˈfɔːmæt] *(a disk) v* formatieren; *sb* Format *n*

format of the balance sheet [ˈfɔːmæt əv ðə ˈbæləns ʃiːt] *sb* Bilanzgliederung *f*

formation [fɔːˈmeɪʃən] *sb* Gründung *f*

formation involving subscription in kind [fɔːˈmeɪʃən ɪnˈvɒlvɪŋ sʌbˈskrɪp-ʃən ɪn kaɪnd] *sb* qualifizierte Grün-dung *f*

formation of capital [fɔːˈmeɪʃən əv ˈkæpɪtəl] *sb* Kapitalbildung *f*

formation report [fɔːˈmeɪʃən rɪˈpɔːt] *sb* Gründungsbericht *m*

forward [ˈfɔːwəd] *v* 1. *(send on)* nach-senden; 2. *(dispatch)* befördern

forward contract [ˈfɔːwəd ˈkɒntrækt] *sb* Terminkontrakt *m*

forwarder [ˈfɔːwədə] *sb* Absender *m*; *(freight)* Spediteur *m*

forward exchange dealings [ˈfɔːwəd ɪksˈtʃeɪndʒ ˈdiːlɪŋz] *pl* Devisentermingeschäft *n*

forward exchange market [ˈfɔːwəd ɪksˈtʃeɪndʒ ˈmɑːkɪt] *sb* Devisenterminmarkt *m*

forward exchange rate [ˈfɔːwəd ɪksˈtʃeɪndʒ reɪt] *sb* Devisenterminkurs *m*

forward exchange trading [ˈfɔːwəd ɪksˈtʃeɪndʒ ˈtreɪdɪŋ] *sb* Devisenterminhandel *m*

forwarding [ˈfɔːwədɪŋ] *sb* Versand *m*

forwarding address [ˈfɔːwədɪŋ əˈdres] *sb* Nachsendeadresse *f*

forwarding agent [ˈfɔːwədɪŋ ˈeɪdʒənt] *sb* Spediteur *m*

forwarding conditions [ˈfɔːwədɪŋ kənˈdɪʃənz] *pl* Beförderungsbedingungen *f/pl*

forwarding goods [ˈfɔːwədɪŋ gʊdz] *pl* Speditionsgut *n*

forwarding merchandise [ˈfɔːwədɪŋ ˈmɜːtʃəndaɪz] *sb* Speditionsgut *n*

forward merchandise dealings [ˈfɔːwəd ˈmɜːtʃəndaɪz ˈdiːlɪŋz] *pl* Warentermingeschäft *n*

forward price [ˈfɔːwəd praɪs] *sb* Terminkurs *m*

forward sale [ˈfɔːwəd seɪl] *sb* Terminverkauf *m*

forward securities [ˈfɔːwəd sɪˈkjʊərɪtiz] *pl* Terminpapiere *n/pl*

found [faʊnd] *v* gründen, errichten

foundation [faʊnˈdeɪʃən] *sb* **1.** *(founding)* Gründung *f*, Errichtung *f*; **2.** *(institution)* Stiftung *f*; **3.** *(fig: basis)* Grundlage *f*, Basis *f*

foundation in which founders take all shares [faʊnˈdeɪʃən ɪn wɪtʃ ˈfaʊndəz teɪk ɔːl ʃeəz] *sb* Übernahmegründung *f*

founder [ˈfaʊndə] *sb* Gründer(in) *m/f*

fraction [ˈfrækʃən] *sb* Bruchteil *m*

fractional amount [ˈfrækʃənəl əˈmaʊnt] *sb* Kleinstücke *n/pl*

fractional order [ˈfrækʃənəl ˈɔːdə] *sb* Fraktion *f*

fragile [ˈfrædʒaɪl] *adj* zerbrechlich; "~, handle with care" „Vorsicht, zerbrechlich"

fragmentation [frægmenˈteɪʃən] *sb* Stückelung *f*

framework [ˈfreɪmwɜːk] *sb* Gefüge *n*, Rahmen *m*

franchise [ˈfræntʃaɪz] *sb* Konzession *f*, Franchise *n*

franchisee [fræntʃaɪˈziː] *sb* Franchisenehmer *m*

franchising [ˈfræntʃaɪzɪŋ] *sb* Franchising *n*

frank [fræŋk] *v* frankieren, freimachen

fraud [frɔːd] *sb* Betrug *m*

fraud foundation [frɔːd faʊnˈdeɪʃən] *sb* Schwindelgründung *f*

fraudulent [ˈfrɔːdjʊlənt] *adj* betrügerisch

fraudulent bankruptcy [ˈfrɔːdjʊlənt ˈbæŋkrʌptsɪ] *sb* betrügerischer Bankrott *m*

free [friː] *adj* (~ *of charge*) kostenlos, frei, gratis; *get sth ~* etw umsonst bekommen

free access to the market [friː ˈækses tu ðə ˈmɑːkɪt] *sb* freier Marktzutritt *m*

free alongside ship (FAS) [friː əˈlɒŋsaɪd ʃɪp] frei Längsseite Schiff (FAS)

free carrier (FCA) [friː ˈkærɪə] frei Frachtführer (FCA)

free currency area [friː ˈkʌrənsɪ ˈeərɪə] *sb* freier Währungsraum *m*

free domicile [friː ˈdɒmɪsaɪl] frei Haus

freedom of contract [ˈfriːdəm əv ˈkɒntrækt] *sb* Vertragsfreiheit *f*

freedom of occupation [ˈfriːdəm əv ɒkjuːˈpeɪʃən] *sb* Berufsfreiheit *f*

freedom of trade [ˈfriːdəm əv treɪd] *sb* Gewerbefreiheit *f*

free enterprise [friː ˈentəpraɪz] *sb* freies Unternehmertum *n*

free ex station [ˈfriː eks ˈsteɪʃən] frei Station

free ex warehouse [ˈfriː eks ˈweəhaʊs] frei Lager

free export [friː ˈekspɔːt] frei Hafen

free frontier [friː ˈfrɒntɪə] frei Grenze

free goods [friː gʊdz] *pl* freie Güter *n/pl*

free in and out (FIO) [friː ɪn ænd aʊt] freie Ein- und Ausladung (FIO)

freelance [ˈfriːlæns] *v* freiberuflich tätig sein; *adj* freiberuflich, freischaffend

freelancer [ˈfriːlænsə] *sb* **1.** Freiberufler(in) *m/f*; **2.** (*with a particular firm*) freie(r) Mitarbeiter(in) *m/f*

F

free liquid reserves [fri: ˈlɪkwɪd rɪˈzɜːvz] *pl* freie Liquiditätsreserven *f/pl*

freely convertible [ˈfriːli kənˈvɜːtɪbəl] *adj* frei konvertierbar

freely convertible currency [ˈfriːli kənˈvɜːtɪbəl ˈkʌrənsi] *sb* freie Währung *f*

freely fluctuating exchange rate [ˈfriːli ˈflʌktʃueɪtɪŋ ɪksˈtʃeɪndʒ reɪt] *sb* freier Wechselkurs *m*

free market economy [fri: ˈmɑːkɪt ɪˈkɒnəmɪ] *sb* freie Marktwirtschaft *f*

free movement of capital [fri: ˈmuːvmənt əv ˈkæpɪtl] *sb* freier Kapitalverkehr *m*

free of all average (FAA) [fri: əv ɔːl ˈævərɪdʒ] frei von jeder Beschädigung (FAA)

free of charge (FOC) [fri: əv ˈtʃɑːdʒ] gratis, kostenfrei, kostenlos, unentgeltlich (FOC)

free of damage (FOD) [fri: əv ˈdæmɪdʒ] keine Beschädigung (FOD)

free of defects [fri: əv ˈdiːfekts] mangelfrei

free on board (FOB) [fri: ɒn bɔːd] frei an Bord (FOB)

free on board harbour (FBH) [fri: ɒn bɔːd ˈhɑːbə] frei an Bord im Hafen (FBH)

free on board railroad station (FOR) [fri: ɒn bɔːd ˈreɪlrəʊd ˈsteɪʃən] frei Bahnhof (FOR)

free on rail [fri: ɒn reɪl] ab Bahnhof

free on ship [fri: ɒn ʃip] frei Schiff

free on truck (FOT) [fri: ɒn trʌk] frei Waggon (FOT)

free port [fri: pɔːt] *sb* Freihafen *m*

free rider principle [fri: ˈraɪdə ˈprɪnsɪpəl] *sb* Trittbrettfahrer-Verhalten *n*

free station [fri: ˈsteɪʃən] *sb* frei Station

free trade [fri: treɪd] *sb* Freihandel *m*

free trade area [fri: treɪd ˈeərɪə] *sb* Freihandelszone *f*

free trade zone [fri: treɪd zəʊn] *sb* Freihandelszone *f*

free warehouse [fri: ˈweəhaʊs] *sb* frei Lager

freeze [fri:z] *v irr* **1.** (*wages*) stoppen, einfrieren; **2.** (*assets*) festlegen

freight [freɪt] *sb* (*goods transported*) Fracht *f*, Frachtgut *n*, Ladung *f*

freight and charges paid [freɪt ænd ˈtʃɑːdʒɪz peɪd] fracht- und spesenfrei

freight basis [freɪt ˈbeɪsɪs] *sb* Frachtbasis *f*

freight bill (w/b) [freɪt bɪl] *sb* Frachtbrief *m*, Frachtzettel (w/b) *m*

freight charges [freɪt ˈtʃɑːdʒɪz] *pl* Frachtkosten *pl*, Frachtgebühren *pl*

freighter [ˈfreɪtə] *sb* Frachter *m*, Frachtschiff *n*

freight exchange [freɪt ɪksˈtʃeɪndʒ] *sb* Frachtbörse *f*

freight forward (frt. fwd.) [freɪt ˈfɔːwəd] *sb* Frachtnachnahme (frt. fwd) *f*

freight goods [freɪt gʊdz] *pl* Frachtgut *n*

freight management [freɪt ˈmænɪdʒmənt] *sb* Transportdisposition *f*

freight operator [freɪt ˈɒpəreɪtə] *sb* Fuhrunternehmer *m*

freight paid [freɪt peɪd] Fracht bezahlt

freight per weight or measurement (w/m) [freɪt pə weɪt ɔː ˈmeʒəmənt] Fracht nach Gewicht oder Maß (w/m)

freight prepaid (frt. pp.) [freɪt priːˈpeɪd] Fracht vorausbezahlt (frt. pp.)

freight train [ˈfreɪt treɪn] *sb* Güterzug *m*

frequency of contact [ˈfriːkwɪnsɪ əv ˈkɒntækt] *sb* Kontakthäufigkeit *f*

fringe benefits [frɪndʒ ˈbenəfɪts] *pl* zusätzliche Leistungen *f/pl*, freiwillige Sozialleistungen des Arbeitgebers *f/pl*

front desk [frʌnt desk] *sb* Rezeption *f*, Empfang *m*

front money [frʌnt ˈmʌnɪ] *sb* Vorschuss *m*

frozen [ˈfrəʊzn] *adj* (*wages*) eingefroren

frustrate [frʌˈstreɪt] *v* (*plans*) vereiteln, zunichte machen

frustration of contract [frʌˈstreɪʃən əv ˈkɒntrækt] *sb* Wegfall der Geschäftsgrundlage *m*

full cost [fʊl kɒst] *sb* Vollkosten *pl*

full employment [fʊl ɪmˈplɔɪmənt] *sb* Vollbeschäftigung *f*

full power [fʊl ˈpaʊə] *adj* Vollmacht *f*

full power of attorney [fʊl ˈpaʊə əv əˈtɜːnɪ] *sb* Prokura *f*

full-scale [ˈfʊlskeɪl] *adj* in vollem Umfang, umfassend

full-time ['fʊltaɪm] *adj* **1.** ganztägig, Ganztags...; *adv* **2.** ganztags

full-time job ['fʊltaɪm dʒɒb] *sb* Ganztagsstellung *f*, Full-time-Job *m*

function ['fʌŋkʃən] *v* **1.** funktionieren; *sb* **2.** Funktion *f*; **3.** *(duties)* Aufgaben *f/pl*, Pflichten *f/pl*; **4.** *official ceremony)* Feier *f*

function key ['fʌŋkʃən kiː] *sb (of a computer)* Funktionstaste *f*

function of markets ['fʌŋkʃən əv 'mɑː-kɪts] *sb* Funktionsweise von Märkten *f*

functional ['fʌŋkʃənl] *adj (in working order)* funktionsfähig

functional analysis ['fʌŋkʃənəl ə'næ-lɪsɪs] *sb* Aufgabenanalyse *f*, Funktionsanalyse *f*

functional organization ['fʌŋkʃənəl ɔːgənaɪ'zeɪʃən] *sb* Funktionalorganisation *f*

functionary ['fʌŋkʃənərɪ] *sb* Funktionär *m*

functions of money ['fʌŋkʃənz əv 'mʌnɪ] *pl* Geldfunktionen *f/pl*

fund [fʌnd] *v* **1.** *(put up money for)* das Kapital aufbringen für; *sb* **2.** Fonds *m*; *pl* **3.** ~s Mittel *n/pl*, Gelder *n/pl*

fund assets [fʌnd 'æsets] *pl* Fondsvermögen *n*

funded debts ['fʌndɪd dets] *pl* fundierte Schulden *f/pl*

funding cutback ['fʌndɪŋ 'kʌtbæk] *sb* Mittelkürzung *f*

funding loan ['fʌndɪŋ ləʊn] *sb* Fundierungsanleihe *f*

funding paper ['fʌndɪŋ 'peɪpə] *sb* Finanzierungspapier *n*

funding start-up of a business ['fʌndɪŋ 'stɑːtʌp əv ə 'bɪznɪs] *sb* Gründungsfinanzierung *f*

fund-linked life insurance ['fʌndlɪŋkt laɪf ɪn'ʃʊərəns] *sb* fondsgebundene Lebensversicherung *f*

fund management [fʌnd 'mænɪdʒmənt] *sb* Fondsverwaltung *f*

fund of funds [fʌnd əv fʌndz] *sb* Dachfonds *m*

fund raiser [fʌnd 'reɪzə] *sb* Kapitalnehmer(in) *m/f*, Geldbeschaffer(in) *m/f*

funds flow [fʌndz fləʊ] *sb* Kapitalströme *pl*, Kapitalfluss *m*

funds statement [fʌndz 'steɪtmənt] *sb* Kapitalflussrechnung *f*

funds transfer [fʌndz 'trænsfɜː] *sb* Mittelumschichtung *f*

fungibility [fʌndʒɪ'bɪlɪtɪ] *sb* Fungibilität *f*

fungible securities ['fʌndʒɪbəl sɪ'kjʊərɪtɪz] *pl* vertretbare Wertpapiere *n/pl*

fungible security deposit ['fʌndʒɪbəl sɪ'kjʊərɪtɪ dɪ'pɒzɪt] *sb* Aberdepot *n*

further processing ['fɜːðə 'prəʊsesɪŋ] *sb* Weiterverarbeitung *f*

fuse [fjuːz] *v* verschmelzen, vereinigen

fusion ['fjuːʒən] *sb* Fusion *f*, Verschmelzung *f*

futile ['fjuːtaɪl] *adj* nutzlos, vergeblich

future bonds ['fjuːtʃə bɒndz] *pl* Zukunftswert *m*

future deal ['fjuːtʃə diːl] *sb* Fixkauf *m*

futures exchange ['fjuːtʃəz ɪks-'tʃeɪndʒ] *sb* Terminbörse *f*

futures price ['fjuːtʃəz praɪs] *sb* Terminkurs *m*, Terminpreis *m*

future prospects ['fjuːtʃə 'prɒspekts] *pl* Zukunftschancen *pl*, Zukunftsaussichten *pl*

futures ['fjuːtʃəz] *pl* Termingeschäfte *pl*, Futures *pl*

futures business ['fjuːtʃəz 'bɪznɪs] *sb* Termingeschäft *n*

futures market ['fjuːtʃəz 'mɑːkɪt] *sb* Terminbörse *f*, Terminkontraktmarkt *m*, Futures-Markt *m*

futures quotation ['fjuːtʃəz kwəʊ-'teɪʃən] *sb* Terminnotierung *f*

futures trading in stocks and bonds ['fjuːtʃəz 'treɪdɪŋ ɪn stɒks ænd bɒndz] *sb* Effektenterminhandel *m*

fuzzy logic ['fʌzɪ 'lɒdʒɪk] *sb* Fuzzy-Logik *f*

F

G

gain [geɪn] *v* **1.** gewinnen, erwerben, sich verschaffen; **2.** *(profit)* profitieren; *sb* **3.** *(increase)* Zunahme *f*, Zuwachs *m*, Gewinn *m*, Profit *m*

gainful [ˈgeɪnfəl] *adj* Gewinn bringend, einträglich

gainfully-employed [ˈgeɪnfəlɪ ɪmˈplɔɪd] *adj* erwerbstätig

gainfully-employed person [ˈgeɪnfəlɪ ɪmˈplɔɪd ˈpɜːsən] *sb* Erwerbstätige(r) *f/m*

gain in efficiency [geɪn ɪn ɪˈfɪʃnsɪ] *sb* Produktivitätsgewinn *m*, Produktivitätszuwachs *m*

gainings [ˈgeɪnɪŋz] *pl* Gewinn *m*, Verdienst *m*, Einkünfte *n/pl*

gain of redemption [geɪn əv rɪˈdempʃən] *sb* Tilgungsgewinn *m*

gain on disposal [geɪn ɒn dɪsˈpəʊzəl] *sb* Veräußerungsgewinn *m*

gains from trade [geɪnz frɒm treɪd] *sb* Außenhandelsgewinn *m*

gains tax [geɪnz tæks] *sb* Gewinnabgabe *f*

galloping inflation [ˈgæləpɪŋ ɪnˈfleɪʃən] *sb* galoppierende Inflation *f*

gambling in futures [ˈgæmblɪŋ ɪn ˈfjuːtʃəz] *sb* Terminspekulation *f*

gambling on the exchange [ˈgæmblɪŋ ɒn ðɪ ɪksˈtʃeɪndʒ] *sb* Börsenspekulation *f*

gap analysis [gæp əˈnælɪsɪs] *sb* Gap-Analyse *f*, Lückenanalyse *f*

gap between interest rates [gæp bɪˈtwiːn ˈɪntrəst reɪts] *sb* Zinsgefälle *n*

garnish [ˈgɑːnɪʃ] *v (impound)* pfänden

garnishment [ˈgɑːnɪʃmənt] *sb* Zahlungsverbot *n*

gather [ˈgæðə] *v* **1.** erfassen, (auf)sammeln; **2.** *(taxes)* einziehen

gear up [gɪə ʌp] *v (production)* hochfahren

general agent [ˈdʒenərəl ˈeɪdʒənt] *sb* Generalvertreter *m*, Handelsbevollmächtigter *m*

General Arrangements to Borrow [ˈdʒenərəl əˈreɪndʒmənts tu ˈbɒrəʊ] *sb* Allgemeine Kreditvereinbarung *f*

general assembly [ˈdʒenərəl əˈsemblɪ] *sb* Generalversammlung *f*

general bad-debt provision [ˈdʒenərəl bæd det prəˈvɪʒən] *sb* Pauschalwertberichtigung *f*

general charge [ˈdʒenərəl tʃɑːdʒ] *sb* Arbeitnehmer-Pauschbetrag *m*

general contractor [ˈdʒenərəl kənˈtræktə] *sb* Generalunternehmer *m*

general credit agreements [ˈdʒenərəl ˈkredɪt əˈgriːmənts] *sb* allgemeine Kreditvereinbarungen *pl*

General Insurance Conditions [ˈdʒenərəl ɪnˈʃuərəns kənˈdɪʃənz] *sb* Allgemeine Versicherungsbedingungen *f/pl*

general mortgage [ˈdʒenərəl ˈmɔːgɪdʒ] *sb* Gesamthypothek *f*

general partner [ˈdʒenərəl ˈpɑːtnə] *sb* Komplementär *m*

general partnership [ˈdʒenərəl ˈpɑːtnəʃɪp] *sb* offene Handelsgesellschaft *f*

general power of attorney [ˈdʒenərəl ˈpauər əv əˈtɜːnɪ] *sb* Generalvollmacht *f*

general public [ˈdʒenərəl ˈpʌblɪk] *sb* Öffentlichkeit *f*, Allgemeinheit *f*

general-purpose [ˈdʒenərəl ˈpɜːpəs] *adj* Mehrzweck..., Universal...

General Standard Terms and Conditions [ˈdʒenərəl ˈstændəd tɜːmz ænd kənˈdɪʃənz] *sb* Allgemeine Geschäftsbedingungen (AGB) *f/pl*

general strike [ˈdʒenərəl straɪk] *sb* Generalstreik *m*

general tax on consumption [ˈdʒenərəl tæks ɒn kənˈsʌmpʃən] *sb* Verbrauchsteuern *f/pl*

generic [dʒəˈnerɪk] *adj* nicht geschützt

generic product [dʒəˈnerɪk ˈprɒdʌkt] *sb* No-Name-Produkt *n*

German bond market [ˈdʒɜːmən bɒnd ˈmɑːkɪt] *sb* Markt für deutsche Staatsanleihen *m*

German commercial code [ˈdʒɜːmən kəˈmɜːʃəl kəʊd] *sb* Handelsgesetzbuch (HGB) *n*

German Council of Economic Experts [ˈdʒɜːmən ˈkaʊnsəl əv iːkəˈnɒmɪk ˈeksbɜːts] *sb* Sachverständigenrat *m*

German Salaried Employee Union [ˈdʒɜːmən ˈsælərid ɪmplɔɪˈiː ˈjuːnjən] *sb* Deutsche Angestellten-Gewerkschaft (DAG) *f*

German Trade Union Federation [ˈdʒɜːmən treɪd ˈjuːnjən fedəˈreɪʃən] *sb* Deutscher Gewerkschaftsbund (DGB) *m*

gestation period [dʒeˈsteɪʃən ˈpɪərɪəd] *sb* Entwicklungszeit *f*, Ausreifungszeit *f*

gift tax [gɪft tæks] *sb* Schenkungssteuer *f*

gilt-edged securities [gɪltˈedʒd sɪˈkjʊərɪtiz] *pl* mündelsichere Wertpapiere *pl*

gilts [gɪlts] *sb* Staatsanleihen *f/pl*, Staatspapiere *f/pl*

giro [ˈdʒaɪrəʊ] *sb (UK)* Giro *n*

giro account [ˈdʒaɪrəʊ əˈkaʊnt] *sb (UK)* Girokonto *n*

giro inpayment form [ˈdʒaɪrəʊ ˈɪnpeɪmənt fɔːm] *sb* Zahlkarte *f*

giro slip [ˈdʒaɪrəʊ slɪp] *sb* Überweisungsformular *n*

giro transfer [ˈdʒaɪrəʊ ˈtrænsfɜː] *sb* Banküberweisung *f*, Postschechüberweisung *f*

giveaway [ˈgɪvəweɪ] *sb* **1.** *(gift)* Geschenk *n;* **2.** *(of prizes)* Preisraten *n*

giving for a call [ˈgɪvɪŋ fɔː ə kɔːl] *sb* Erwerb einer Kaufoption *m*

glamour stock [ˈglæmə stɒk] *sb* spekulativer Wachstumswert *m*

global [ˈgləʊbəl] *adj* global, Welt..., Global...

global control [ˈgləʊbəl kənˈtrəʊl] *sb* Globalsteuerung *f*

global delcredere [ˈgləʊbəl delkreˈdɜːrɪ] *sb* Pauschaldelkredere *n*

globalization [gləʊbəlaɪˈzeɪʃən] *sb* Globalisierung *f*

global market share [ˈgləʊbəl ˈmɑːkɪt ʃeə] *sb* Weltmarktanteil *m*

global value adjustment [ˈgləʊbəl ˈvæljuː əˈdʒʌstmənt] *sb* Sammelwertberichtigung *f*

glossary [ˈglɒsərɪ] *sb* Wörterverzeichnis *n*, Glossar *n*

glut [glʌt] *v* **1.** überschwemmen; *sb* **2.** Schwemme *f*, Überangebot *n*

go about [gəʊ əˈbaʊt] *v irr (set to work at)* anpacken, in Angriff nehmen

go against [gəʊ əˈgenst] *v* sich widersetzen

go-ahead [ˈgəʊəhed] *sb* **1.** Zustimmung *f*, grünes Licht *n; adj* **2.** fortschrittlich, modern

goal [gəʊl] *sb (objective)* Ziel *n*

go-between [ˈgəʊbɪtwiːn] *sb* Vermittler *m*, Unterhändler *m*

go down [gəʊ ˈdaʊn] *v irr (decrease)* zurückgehen, sinken, fallen

going [ˈgəʊɪŋ] *adj* in Betrieb

go into [gəʊ ˈɪntu] *v irr (a profession)* gehen in, einsteigen in

gold [gəʊld] *sb* Gold *n*

gold and foreign exchange balance [gəʊld ænd ˈfɒrən ɪksˈtʃeɪndʒ ˈbæləns] *sb* Gold- und Devisenbilanz *f*

gold auction [gəʊld ˈɔːkʃən] *sb* Goldauktion *f*

gold backing [gəʊld ˈbækɪŋ] *sb* Golddeckung *f*

gold bar [gəʊld ˈbɑː] *sb* Goldbarren *m*

gold bullion [gəʊld ˈbʊlɪən] *sb* Barrengold *n*, Goldbarren *m*

gold card [ˈgəʊld kɑːd] *sb* goldene Kreditkarte *f*

gold certificate [gəʊld səˈtɪfɪkɪt] *sb* Goldzertifikat *n*

gold characteristics [gəʊld kærəktəˈrɪstɪks] *pl* Goldeigenschaften *f/pl*

gold coin [gəʊld kɔɪn] *sb* Goldmünze *f*

gold content [gəʊld ˈkɒntent] *sb* Goldgehalt *m*

gold convertibility [gəʊld kənˈvɜːtəbɪlɪtɪ] *sb* Goldkonvertibilität *f*

gold cover [gəʊld ˈkʌvə] *sb* Golddeckung *f*

gold currency [gəʊld ˈkʌrənsɪ] *sb* Goldwährung *f*

golden parachute [ˈgəʊldn ˈpærəʃuːt] *sb (fig)* reichliche Abfindung eines leitenden Angestellten *f*

gold quotation [gəʊld kwəʊˈteɪʃn] *sb* Goldnotierung *f*

golden rule of financing [ˈgəʊldən ruːl əv faɪˈnænsɪŋ] *sb* goldene Finanzierungsregel *f*

gold exchange standard [gəʊld ɪksˈtʃeɪndʒ ˈstændəd] *sb* Gold-Devisen-Standard *m*

gold market [gəʊld 'mɑ:kɪt] *sb* Goldmarkt *m*

gold option [gəʊld 'ɒpʃən] *sb* Goldoption *f*

gold parity [gəʊld 'pærɪtɪ] *sb* Goldparität *f*

gold point [gəʊld pɔɪnt] *sb* Goldpunkt *m*

gold pool [gəʊld pu:l] *sb* Goldpool *m*

gold price [gəʊld praɪs] *sb* Goldpreis *m*

gold production [gəʊld prə'dʌkʃən] *sb* Goldproduktion *f*

gold reserve [gəʊld rə'zɜ:v] *sb* Goldreserven *f/pl*

gold share [gəʊld ʃeə] *sb* Goldaktie *f*

gold standard [gəʊld 'stændəd] *sb* Goldwährung *f*, Goldstandard *m*

gold swap [gəʊld swɒp] *sb* Goldswap *m*

gold trade [gəʊld treɪd] *sb* Goldhandel *m*

gold transactions [gəʊld træn'zækʃənz] *pl* Goldgeschäft *n*

good faith [gʊd feɪθ] *sb* guter Glauben *m*, Treu und Glaube

goods [gʊdz] *pl* Güter *pl*, Waren *pl*

goods department [gʊdz dɪ'pɑ:tmənt] *sb* Güterabfertigungsstelle *f*

goods on approval [gʊdz ɒn ə'pru:vəl] *sb* Ware zur Ansicht *f*

goods on hand [gʊdz ɒn hænd] *sb* Lagerbestand *m*, Warenbestand *m*

goods on sale or return [gʊdz ɒn seɪl ɔ: rɪ'tɜ:n] *sb* Kommissionsware *f*

goods receipt [gʊdz rɪ'si:t] *sb* Warenempfangsschein *m*

goods returned [gʊdz rɪ'tɜ:nd] *sb* Rückwaren *f/pl*, Retouren *f/pl*

goods tariff [gʊdz tærɪf] *sb* Gütertarif *m*

goods to declare [gʊdz tu dɪ'kleə] *sb* anmeldepflichtige Ware *f*

goodwill [gʊd'wɪl] *sb* **1.** (immaterieller) Firmenwert *m*, Geschäftswert *m;* **2.** Kulanz *f*

goodwill advertising [gʊd'wɪl 'ædvətaɪzɪŋ] *sb* Vertrauenswerbung *f*, Imagewerbung *f*

google ['gu:gl] *v* googeln

go-slow ['gəʊsləʊ] *sb* (UK) Bummelstreik *m*

government ['gʌvənmənt] *sb* Regierung *f*

government assistance ['gʌvənmənt ə'sɪstəns] *sb* staatliche Unterstützung *f*, Subvention *f*

government audit ['gʌvənmənt 'ɔ:dɪt] (taxes) Außenprüfung *f*

government bond ['gʌvənmənt bɒnd] *sb* Staatsanleihe *f*, Regierungsanleihe *f*

government expenditure rate ['gʌvənmənt ɪk'spendɪtʃə reɪt] *sb* Staatsquote *f*

government grant ['gʌvənmənt grɑ:nt] *sb* Staatszuschuss *m*, Regierungszuschuss *m*

government loan ['gʌvənmənt ləʊn] *sb* Staatsanleihen *pl*

government supervision of certain economic branches ['gʌvənmənt su:pə'vɪʒən əv 'sɜ:tən i:kə'nɒmɪk 'brɑ:ntʃɪz] *sb* Fachaufsicht *f*

government unit ['gʌvənmənt 'ju:nɪt] *sb* Gebietskörperschaft *f*

government-inscribed debt ['gʌvənmənt ɪn'skraɪbd det] *sb* Wertrechtanleihe *f*

governor ['gʌvənə] *sb* **1.** (UK: of a bank or prison) Direktor(in) *m/f;* **2.** POL Gouverneur(in) *m/f*

grace [greɪs] *sb* (until payment is due) Aufschub *m*, Zahlungsfrist *f*

gradation [grə'deɪʃən] *sb* Gradeinteilung *f*, Abstufung *f*

grade [greɪd] *sb* **1.** (quality) Qualität *f*, Handelsklasse *f*, Güteklasse *f; v* **2.** (classify) klassifizieren, sortieren

grade labeling [greɪd 'leɪblɪŋ] *sb* Qualitätskennzeichnung *f*, Gütekennzeichnung *f*

graduated ['grædjueɪtɪd] *adj* gestaffelt

graduated price ['grædjueɪtɪd praɪs] *sb* Staffelpreis *m*

graduated tariff ['grædjueɪtɪd 'tærɪf] *sb* Staffeltarif *m*

graduated-interest loan ['grædjueɪtɪd 'ɪntrɪst ləʊn] *sb* Staffelanleihe *f*

grain exchange [greɪn ɪks'tʃeɪndʒ] *sb* Getreidebörse *f*

gram [græm] *sb* (US) see "gramme"

gramme [græm] *sb* Gramm *n*

grant [grɑ:nt] *v* **1.** (permission) erteilen; **2.** (a request) stattgeben; **3.** (land, *pension)* zusprechen, bewilligen; *~ a discount* Rabatt gewähren; *sb* **4.** Subvention *f;* **5.** *(for students, research)* Stipendium *n*

grant of delay [grɑːnt əv dɪˈleɪ] *sb* Stundung *f*

gratis [ˈgrætɪs] *adj* gratis, unentgeltlich, umsonst

gratuitous [grəˈtjuːɪtəs] *adj* kostenlos, unentgeltlich, gratis

gratuity [grəˈtjuːɪtɪ] *sb* Gratifikation *f*

greenback [ˈgriːnbæk] *sb* US-Dollarnote *f*

green card [ˈgriːn kɑːd] *sb* **1.** *(US: for foreigners)* Arbeits- und Aufenthaltsgenehmigung *f;* **2.** *(for motorists)* grüne Versicherungskarte *f*

green goods [ˈgriːn gʊdz] *pl* ökologische Erzeugnisse *f*

grocery [ˈgrəʊsərɪ] *sb* **1.** *(~ store)* Lebensmittelgeschäft *n; pl* **2.** *groceries* Lebensmittel *pl*

gross [grəʊs] *adj (total)* brutto, Brutto...

gross dividend [grəʊs ˈdɪvɪdend] *sb* Brutto-Dividende *f*

gross domestic product (GDP) [grəʊs dəˈmestɪk ˈprɒdʌkt] *sb* Bruttoinlandsprodukt *n*

gross earnings [grəʊs ˈ3ːnɪŋz] *sb* Bruttoverdienst *m*

gross income [grəʊs ˈɪnkʌm] *sb* Bruttoeinkommen *n*

grossing up [ˈgrəʊsɪŋ ʌp] *sb* Bruttoberechnung *f*

gross monetary reserve [grəʊs ˈmɒnətərɪ rɪˈzɜːv] *sb* Bruttowährungsreserve *f*

gross national product (GNP) [grəʊs ˈnæʃənl ˈprɒdʌkt] *sb* Bruttosozialprodukt *n*

gross pay [grəʊs peɪ] *sb* Bruttolohn *m*

gross price [grəʊs praɪs] *sb* Bruttopreis *m*

gross proceeds [grəʊs ˈprəʊsiːdz] *sb* Rohertrag *m*

gross profit [grəʊs ˈprɒfɪt] *sb* Rohgewinn *m*, Bruttogewinn *m*

gross register(ed) ton [grəʊs ˈredʒɪstə(d) tʌn] *sb* Bruttoregistertonne *f*

gross return [grəʊs rɪˈtɜːn] *sb* Bruttoertrag *m*

gross wage [grəʊs weɪdʒ] *sb* Bruttolohn *m*

gross weight [grəʊs weɪt] *sb* Bruttogewicht *n*

ground rent [graʊnd rent] *sb* Grundrente *f*

ground work [graʊnd wɜːk] *sb* Vorarbeit *f*, Grundlagenarbeit *f*

group [gruːp] *sb* Konzern *m*

group account [gruːp əˈkaʊnt] *sb* Konzernkonto *n*

group accounting [gruːp əˈkaʊntɪŋ] *sb* Konzernbuchhaltung *f*

group assets [gruːp ˈæsets] *sb* Konzernvermögen *n*

group balance sheet [gruːp ˈbæləns ʃiːt] *sb* Konzernbilanz *f*

group collection security [gruːp kəˈlekʃən sɪˈkjʊərɪtɪ] *sb* Sammelinkassoversicherung *f*

group depreciation [gruːp dəpriːʃɪˈeɪʃən] *sb* Pauschalabschreibung *f*

group funds [gruːp fʌndz] *sb* Konzerneigenmittel *pl*

group holding [gruːp ˈhəʊldɪŋ] *sb* Konzernbeteiligung *f*

group interim benefits [gruːp ˈɪntərɪm ˈbenɪfɪts] *sb* Konzernzwischengewinn *m*

group of Seventy-Seven [gruːp əv ˈsevɪntɪ ˈsevən] *sb (at UN)* Gruppe der 77 *f* (loser Zusammenschluss von Staaten der Dritten Welt)

group orders [gruːp ˈɔːdəz] *sb* Konzernaufträge *m/pl*

group piece rate [gruːp piːs reɪt] *sb* Gruppenakkordlohn *m*

group piecework [gruːp ˈpiːswɜːk] *sb* Gruppenakkord *m*

group relationships [gruːp rɪˈleɪʃənʃɪps] *sb* Unternehmensvernetzung *f*

group valuation [gruːp væljuːˈeɪʃən] *sb* Pauschalbewertung *f*

grow [grəʊ] *v irr* **1.** wachsen, größer werden; **2.** *(number)* zunehmen

growing [ˈgrəʊɪŋ] *adj* **1.** wachsend; **2.** *(increasing)* zunehmend

growth [grəʊθ] *sb* Wachstum *n*

growth centre [grəʊθ ˈsentə] *sb* Entwicklungsschwerpunkt *m*

growth fund [grəʊθ ˈfʌnd] *sb* Wachstumsfonds *m*

growth impulse [grəʊθ ˈɪmpʌls] *sb* Wachstumsimpuls *m*

growth industry [grəʊθ ˈɪndəstrɪ] *sb* Wachstumsindustrie *f*

growth policy [grəʊθ ˈpɒlɪsɪ] *sb* Wachstumspolitik *f*

growth rate [ˈgrəʊθ reɪt] *sb* Wachstumsrate *f*

growth sector [ˈgrəʊθ sektə] *sb* Wachstumsbranche *f*

guarantee [gærənˈtiː] *v* **1.** garantieren, Gewähr leisten; **2.** *(a loan, a debt)* bürgen für; *sb* **3.** Garantie *f;* **4.** *(pledge of obligation)* Bürgschaft *f;* **5.** *(deposit, money as a ~)* Kaution *f,* Haftsumme *f*

guarantee authorization [gærənˈtiː ɔːθəraɪˈzeɪʃən] *sb* Garantiezusage *f*

guarantee business [gærənˈtiː ˈbɪznɪs] *sb* Garantiegeschäft *n*

guarantee commission [gærənˈtiː kəˈmɪʃən] *sb* Delkredereprovision *f*

guarantee for proper execution [gærənˈtiː fɔː ˈprɒpə eksɪˈkjuːʃən] *sb* Gewährleistungsgarantie *f*

guarantee limit [gærənˈtiː ˈlɪmɪt] *sb* Bürgschaftsplafond *m*

guarantee obligation [gærənˈtiː ɒblɪˈgeɪʃən] *sb* Garantieverpflichtung *f*

guarantee of a bill [gærənˈtiː əv ə bɪl] *sb* Aval *m*

guarantee of delivery [gærənˈtiː əv dəˈlɪvərɪ] *sb* Liefergarantie *f*

guarantee of deposit [gærənˈtiː əv dɪˈpɒzɪt] *sb* Einlagensicherung *f*

guarantee of foreign exchange transfer [gærənˈtiː əv ˈfɒrən ɪksˈtʃeɪndʒ ˈtrænsfɜː] *sb* Transfergarantie *f*

guarantee of tender [gærənˈtiː əv ˈtendə] *sb* Submissionsgarantie *f*

guarantee period [gærənˈtiː ˈpɪərɪəd] *sb* Garantiezeit *f,* Gewährleistungsfrist *f*

guarantee securities [gærənˈtiː sɪˈkjʊərɪtiz] *pl* Kautionseffekten *f/pl*

guaranteed interest [gærənˈtiːd ˈɪntrɪst] *sb* Zinsgarantie *f,* garantierter Zins *m*

guarantor [ˈgærəntɔː] *sb* Bürge *m,* Garant *m,* Garantiegeber *m*

guaranty [ˈgærəntɪ] *sb* **1.** Garantie *f;* **2.** *(pledge of obligation)* Bürgschaft *f*

guaranty fund [ˈgærəntɪ fʌnd] *sb* Garantiefonds *m/pl*

guide price [gaɪd praɪs] *sb* Orientierungspreis *m*

guideline [ˈgaɪdlaɪn] *sb* Richtlinie *f,* Richtwert *m*

guild [gɪld] *sb* Gilde *f,* Zunft *f,* Innung *f*

guildsman [ˈgɪldzmən] *sb* Mitglied einer Innung *n*

H

half-year ['hɑːfjɪə] *adj* Halbjahres...

hall [hɔːl] *sb (building)* Halle *f*

hallmark ['hɔːlmɑːk] *sb* **1.** Gütesiegel *n*, Kennzeichen *n;* **2.** *(on precious metals)* Feingehaltsstempel *m*

halt [hɔːlt] *v (come to a ~)* zum Stillstand kommen, anhalten, stehen bleiben

hand [hænd] *sb* **1.** *cash in ~* Kassenbestand *m;* **2.** *(worker)* Arbeitskraft *f,* Arbeiter *m*

hand assembly [hænd ə'semblɪ] *sb* manuelle Fertigung *f*

handfast ['hændfɑːst] *sb* durch Handschlag besiegeltes Geschäft *n*

handicraft ['hændɪkrɑːft] *sb* Kunsthandwerk *n,* Handwerk *n*

handle ['hændl] *v* **1.** *(work with, deal with)* sich befassen mit, handhaben; **2.** *~s (succeed in dealing with)* fertig werden mit, erledigen

handling ['hændlɪŋ] *sb* **1.** Behandlung *f,* Handhabung *f,* Handling *n;* **2.** Beförderung *f*

handling capacity ['hændlɪŋ kə'pæsətɪ] *sb* Umschlagskapazität *f*

handling fee ['hændlɪŋ fiː] *sb* Bearbeitungsgebühr *f,* Verwaltungsgebühr *f*

handling of business ['hændlɪŋ əv 'bɪznɪs] *sb* Geschäftsabwicklung *f*

handling of goods ['hændlɪŋ əv gʊdz] *sb* Güterumschlag *m*

handling of mail ['hændlɪŋ əv meɪl] *sb* Postbearbeitung *f*

hand-made ['hændmeɪd] *adj* handgearbeitet, von Hand gemacht

hand-over ['hændəʊvə] *sb* Übergabe *f*

handwork ['hændwɜːk] *sb* Handarbeit *f*

handy ['hændɪ] *adj* **1.** *(useful)* praktisch; **2.** *come in ~* gelegen kommen; *(skilled)* geschickt, gewandt

hanging file ['hæŋɪŋ faɪl] *sb* Hängeordner *m*

hang up [hæŋ 'ʌp] *v irr (a telephone receiver)* auflegen, aufhängen

harbour ['hɑːbə] *sb* Hafen *m*

harbour dues ['hɑːbə djuːz] *sb* Hafengebühren *f/pl*

hard currency [hɑːd 'kʌrənsɪ] *sb* harte Währung *f*

hard disk ['hɑːd dɪsk] *sb* Festplatte *f*

hardening ['hɑːdnɪŋ] *sb (stock-exchange)* Befestigung *f,* Anstieg *m*

hardware ['hɑːdweə] *sb* Hardware *f*

hardware failure ['hɑːdweə 'feɪljə] *sb* Maschinenstörung *f*

hard-wearing [hɑːd'weərɪŋ] *adj* verschleißfest, strapazierfähig

harmonization [hɑːmənaɪ'zeɪʃən] *sb* Harmonisierung *f*

haul [hɔːl] *v (transport by lorry)* befördern, transportieren

haulage ['hɔːlɪdʒ] *sb* Spedition *f,* Rollgeld *n*

haulage contractor ['hɔːlɪdʒ kən'træktə] *sb* Transportunternehmer *m*

haulage fleet ['hɔːlɪdʒ fliːt] *sb* Fahrzeugpark *m*

haulage trade ['hɔːlɪdʒ treɪd] *sb* Speditionsgewerbe *n,* Straßengüterverkehr *m*

have in stock [hæv ɪn stɒk] *v irr* auf Lager haben, vorrätig haben

having legal capacity [hævɪŋ 'liːgl kə'pæsɪtɪ] *adj* rechtsfähig

head [hed] *v* **1.** *(lead)* anführen, führen, an der Spitze stehen von; *sb* **2.** *(leader, boss)* Chef(in) *m/f,* Leiter(in) *m/f,* Führer(in) *m/f*

head agency [hed 'eɪdʒənsɪ] *sb* Generalvertretung *f*

head branch [hed brɑːntʃ] *sb* Hauptfiliale *f*

head clerk [hed klɑːk] *sb* Bürovorsteher(in) *m/f*

header information ['hedə ɪnfə'meɪʃən] *sb* Vorlaufinformation *f*

headhunter ['hedhʌntə] *sb* Headhunter *m*

heading ['hedɪŋ] *sb (on a letter)* Briefkopf *m*

head of administration [hed əv ədmɪnɪ'streɪʃən] *sb* Verwaltungsdirektor(in) *m/f*

head of department ['hed əv de'pɑːtmənt] *sb* Abteilungsleiter(in) *m/f*

head of division [hed əv dɪˈvɪʒn] *sb* Abteilungsleiter(in) *m/f*

head office [hed ˈɒfɪs] *sb* Zentrale *f*, Hauptbüro *n*, Hauptgeschäftsstelle *f*

head organization [hed ɔːɡənaɪˈzeɪʃən] *sb* Dachverband *m*, Dachorganisation *f*

headquarters [ˈhedkwɔːtəz] *sb* Zentrale *f*, Hauptgeschäftsstelle *f*

head reduction [hed rɪˈdʌkʃən] *sb* (US) Personalabbau *m*

health and safety legislation [helθ ænd ˈseɪftɪ ledʒɪsˈleɪʃən] *sb* Arbeitsschutzgesetze *n/pl*

health care [helθ keə] *sb* Gesundheitsfürsorge *f*; ~ *reform* Gesundheitsreform *f*

health certificate [helθ səˈtɪfɪkət] *sb* Gesundheitszeugnis *n*

health insurance [helθ ɪnˈʃʊərəns] *sb* Krankenversicherung *f*

health insurance contribution [helθ ɪnˈʃʊərəns kɒntrɪˈbjuːʃən] *sb* Krankenkassenbeitrag *m*

health insurance society [helθ ɪnˈʃʊərəns səˈsaɪətɪ] *sb* Ersatzkasse *f*

health protection [helθ prəˈtekʃən] *sb* Gesundheitsschutz *m*

hearing [ˈhɪərɪŋ] *sb* Verhandlung *f*, Vernehmung *f*, Hearing *n*

heartland [ˈhɑːtlænd] *sb* Hauptabsatzgebiet *n*

heavy-duty [hevɪˈdjuːtɪ] *adj* **1.** Hochleistungs...; **2.** strapazierfähig

heavyfreight [hevɪˈfreɪt] *sb* Schwergut *n*

heavy-priced securities [ˈhevɪpraɪst sɪˈkjʊərɪtɪz] *pl* schwere Papiere *n/pl*

hectogram [ˈhektəɡræm] *sb* Hektogramm *n*

hectolitre [ˈhektəliːtə] *sb* Hektoliter *m*

hedge [hedʒ] *sb* Sicherungsgeschäft *n*, Deckungsgeschäft *n*

hedge fund [hedʒ fʌnd] *sb* spekulativer Fonds *m*, Hedge-Fonds *m*

hedge operation [hedʒ ɒpəˈreɪʃən] *sb* Hedgegeschäft *n*

height [haɪt] *sb* **1.** Höhe *f*; **2.** (of a person) Größe *f*

heir [eə] *sb* Erbe *m*

heirdom [ˈeədəm] *sb* Erbe *n*

heiress [ˈeəres] *sb* Erbin *f*

heritage [ˈherɪtɪdʒ] *sb* Erbe *n*, Erbschaft *f*

heterogeneous goods [hetərəʊˈdʒiːnɪəs ɡʊdz] *pl* heterogene Güter *n/pl*

hidden inflation [ˈhɪdən ɪnˈfleɪʃən] *sb* versteckte Inflation *f*

hidden reserves [ˈhɪdn rɪˈzɜːvz] *pl* stille Reserve *f*

hidden unemployment [ˈhɪdən ʌnɪmˈplɔɪmənt] *sb* versteckte Arbeitslosigkeit *f*

hierarchy [ˈhaɪərɑːkɪ] *sb* Hierarchie *f*, Rangordnung *f*

hierarchy of authority [ˈhaɪərɑːkɪ əv ɔːˈθɒrətɪ] *sb* Entscheidungshierarchie *f*

Hifo-procedure [ˈhaɪfəʊ prəˈsiːdʒə] *sb* Hifo-Verfahren *n*

high [haɪ] *adj* **1.** hoch; *the* ~ *season* die Hochsaison *f*; *It's* ~ *time that...* Es wird höchste Zeit, dass ...; *adv* **2.** *aim* ~ (*fig*) sich hohe Ziele setzen

high-bay racking [ˈhaɪbeɪ ˈrækɪŋ] *sb* Hochregallager *n*

high-coupon [haɪˈkuːpɒn] *adj* hochverzinslich

high-end [ˈhaɪend] *adj* hochwertig

Higher Administrative Court [ˈhaɪə ədˈmɪnɪstrətɪv kɔːt] *sb* Oberverwaltungsgericht (OVG) *n*

higher bid [ˈhaɪə bɪd] *sb* Übergebot *n*

highest-bidding [ˈhaɪstbɪdɪŋ] *adj* meistbietend

highest rate [ˈhaɪst reɪt] *sb* Höchstkurs *m*

high-freight [ˈhaɪfreɪt] *adj* frachtintensiv

high-income [haɪˈɪnkʌm] *adj* einkommensstark

high interest rate policy [haɪ ˈɪntrɪst reɪt ˈpɒlɪsɪ] *sb* Hochzinspolitik *f*

highly speculative securities [ˈhaɪlɪ ˈspekjʊlətɪv sɪˈkjʊərɪtɪz] *pl* Exoten *m/pl*

high-margin [haɪˈmɑːdʒɪn] *adj* mit hoher Gewinnspanne, gewinnträchtig

high point [haɪ pɔɪnt] *sb* Höhepunkt *m*

high-return [haɪrɪˈtɜːn] *adj* hochrentierlich

high voltage [haɪ ˈvəʊltɪdʒ] *sb* Hochspannung *f*

high-wage [haɪˈweɪdʒ] *adj* lohnintensiv

high-yielding [ˈhaɪjiːldɪŋ] *adj* hochverzinslich, renditenstark

hike [haɪk] *sb* Steigerung *f*, (Preis-)Anstieg *m*

hire [haɪə] *v* **1.** *(give a job to)* anstellen, engagieren; **2.** mieten; ~ out vermieten, verleihen; *sb* **3.** Mieten *n; for* ~ zu mieten, zu vermieten

hired car [ˈhaɪəd kɑː] *sb* Leihwagen *m*, Mietwagen *m*

hire-purchase [ˈhaɪəpətʃɪs] *sb (UK)* Ratenkauf *m*, Teilzahlungskauf *m*

hiring [ˈhaɪərɪŋ] *sb* **1.** Anmietung *f;* **2.** *(of personnel)* Anwerbung *f*, Einstellung *f*

histogram [ˈhɪstəgræm] *sb* Stabdiagramm *n*, Säulengrafik *f*

historical costing [hɪˈstɒrɪkəl ˈkɒstɪŋ] *sb* Nachkalkulation *f*

historical securities [hɪsˈtɒrɪkəl sɪˈkjʊərɪtiz] *sb* historische Wertpapiere *n/pl*

hitch [hɪtʃ] *sb* Stockung *f*, Störung *f*

hive off [haɪv ɒf] *v* abstoßen, verkaufen, ausgliedern

hold [həʊld] *v irr* **1.** *(shares)* besitzen; **2.** *(contain)* fassen; **3.** *(truck, plane)* Platz haben für; **4.** *(a meeting)* abhalten; **5.** *(an office, a post)* innehaben, bekleiden; *sb* **6.** Laderaum *m*

holder [ˈhəʊldə] *sb (person)* Besitzer(in) *m/f*, Inhaber(in) *m/f*

holder in due course [ˈhəʊldər ɪn djuː kɔːs] *sb* rechtmäßige(r) Inhaber(in) *m/f*

holder of an interest [ˈhəʊldər əv ən ˈɪntrəst] *sb* Anteilsinhaber(in) *m/f*, Miteigentümer(in) *m/f*

holding company [ˈhəʊldɪŋ ˈkʌmpənɪ] *sb* Dachgesellschaft *f*, Holdinggesellschaft *f*

holding costs [ˈhəʊldɪŋ kɒsts] *pl* Lagerhaltungskosten *pl*

holding fund [ˈhəʊldɪŋ fʌnd] *sb* Dachfonds *m*

holding level [ˈhəʊldɪŋ levl] *sb* Bestandshöhe *f*, Lagerbestand *m*

holding period [ˈhəʊldɪŋ ˈpɪərɪəd] *sb* Sperrfrist *f*

holdings [ˈhəʊldɪŋz] *pl* Besitz *m; (financial)* Anteile *m/pl*

holdings of foreign exchange [ˈhəʊldɪŋz əv ˈfɒrən ɪksˈtʃeɪndʒ] *pl* Währungsreserven *f/pl*, Devisenbestände *m/pl*

holdings of securities [ˈhəʊldɪŋz əv sɪˈkjʊərɪtiz] *pl* Wertpapierbestand *m*

hold order [həʊld ˈɔːdə] *sb* Arbeitsunterbrechungsanweisung *f*

holdover [ˈhəʊldəʊvə] *sb* übertragene Konzession *f*

hold-up [ˈhəʊldʌp] *sb (delay)* Verzögerung *f*

holiday [ˈhɒlɪdeɪ] *sb* Feiertag *m; (day off)* freier Tag *m*

holiday allowance [ˈhɒlɪdeɪ əˈlaʊəns] *sb* Urlaubsgeld *n*

holiday closing [ˈhɒlɪdeɪ ˈkləʊzɪŋ] *sb* Feiertagsruhe *f*

holiday deputy [ˈhɒlɪdeɪ ˈdepjʊtɪ] *sb* Urlaubsvertretung *f*

home banking [həʊm ˈbæŋkɪŋ] *sb* Homebanking *n*

home consumption [həʊm kənˈsʌmʃən] *sb* Inlandsverbrauch *m*

home delivery [həʊm dɪˈlɪvərɪ] *sb* Hauszustellung *f*

home demand [həʊm dɪˈmɑːnd] *sb* Inlandsnachfrage *f*

home market [həʊm ˈmɑːkɪt] *sb* Binnenmarkt *m*

homepage [ˈhəʊmpeɪdʒ] *sb* Homepage *f*

home trade [həʊm treɪd] *sb* Binnenwirtschaft *f*, Binnenhandel *m*

homeworking [ˈhəʊmwɜːkɪŋ] *sb* Heimarbeit *f*

homogeneous products [həʊməʊˈdʒiːnɪəs ˈprɒdʌkts] *pl* homogene Güter *n/pl*

honorary degree [ˈɒnərərɪ dɪˈgriː] *sb* ehrenhalber verliehener akademischer Grad *m*

honour [ˈɒnə] *v* **1.** *(a cheque)* annehmen, einlösen; **2.** *(a credit card)* anerkennen; **3.** *(a debt)* begleichen; **4.** *(a commitment)* stehen zu; **5.** *(a contract)* erfüllen

horizontal corporate concentration [hɒrɪˈzɒntəl ˈkɔːpərɪt kɒnsenˈtreɪʃən] *sb* horizontale Unternehmenskonzentration *f*

horizontal diversification [hɒrɪˈzɒntəl daɪvɜːsɪfɪˈkeɪʃən] *sb* horizontale Diversifikation *f*

horizontal financing rules [hɒrɪˈzɒntəl faɪˈnænsɪŋ ruːlz] *pl* horizontale Finanzierungsregeln *f*

H

horizontal restraints of competition [hɒrɪˈzɒntəl rɪˈstreɪnts əv kɒmpɪˈtɪ-ʃən] *pl* horizontale Wettbewerbsbeschränkung *f*

hospitality [hɒspɪˈtælɪtɪ] *sb* Gastfreundschaft *f*, Bewirtung *f*

hotline [ˈhɒtlaɪn] *sb* Hotline *f*

hourly wage [ˈauəlɪ weɪdʒ] *sb* Stundenlohn *m*

hours of business [ˈauəz əv ˈbɪznɪs] *sb* Öffnungszeiten *f/pl*, Geschäftszeiten *f/pl*

hours reduction [ˈauəz rɪˈdʌkʃən] *sb* Arbeitszeitverkürzung *f*

house bill [haus bɪl] *sb* Spediteur-Konnossement *n*

house brand [haus brænd] *sb* Eigenmarke *f*, Hausmarke *f*

house cheque [haus tʃek] *sb* Filialscheck *m*

housebreaking insurance [ˈhausbreɪkɪŋ ɪnˈʃuərəns] *sb* Einbruchversicherung *f*

household [ˈhaushəuld] *sb* Haushalt *m*

housekeeping account [ˈhauskiːpɪŋ əˈkaunt] *sb* Wirtschaftsstatistik *f*

housing construction [ˈhauzɪŋ kənˈstrʌkʃən] *sb* Wohnungsbau *m*

hub [hʌb] *sb* **1.** Verkehrsknotenpunkt *m*; **2.** *(centre)* Zentrum *n*

huckster [ˈhʌkstə] *sb* **1.** *(person preparing advertising)* Werbemensch *m*; **2.** *(peddler)* Straßenhändler *m*, Trödler *m*

human capital [ˈhjuːmən ˈkæpɪtəl] *sb* Humankapital *n*

human resources [ˈhjuːmən rəˈsɔːsɪz] *pl* Humanvermögen *n*, Arbeitskraft *f*; ~ *department* Personalabteilung *f*

hundredweight [ˈhʌndrɪdweɪt] *sb* *(UK: 50,8 kg) (US: 45,4 kg)* Zentner *m*

hybrid competitive strategies [ˈhaɪbrɪd kɒmˈpetɪtɪv ˈstrætɪdʒiːz] *pl* hybride Wettbewerbsstrategien *f/pl*

hybrid financing instruments [ˈhaɪbrɪd faɪˈnænsɪŋ ˈɪnstrumənts] *pl* hybride Finanzierungsinstrumente *n/pl*

hybrid forms of organization [ˈhaɪbrɪd fɔːmz əv ɔːɡənaɪˈzeɪʃən] *pl* hybride Organisationsformen *f/pl*

hype [haɪp] *v* **1.** *(promote, publicize)* aggressiv propagieren; *sb* **2.** *(publicity)* Publizität *f*, aggressive Propaganda *f*

hyperinflation [haɪpərɪnˈfleɪʃən] *sb* Hyperinflation *f*

hypermarket [ˈhaɪpəmɑːkɪt] *sb (UK)* Großmarkt *m*, Verbrauchermarkt *m*

H

I

IBAN [ˈaɪbæn] *sb* *(International Bank Account Number)* IBAN *f*, Internationale Bankkontonummer *f*

ID card [aɪˈdiː kaːd] *sb* Dienstausweis *m*, Personalausweis *m*

idea [aɪˈdɪə] *sb* **1.** Idee *f*, Einfall *m*; **2.** *(concept)* Vorstellung *f*, Ansicht *f*; give s.o. an ~ of ... jdm eine ungefähre Vorstellung von ... geben

identification [aɪdentɪfɪˈkeɪʃən] *sb* *(proof of identity)* Ausweis *m*, Legitimation *f*

identification character [aɪdentɪfɪˈkeɪʃən ˈkærəktə] *sb* Kennung *f*

identification paper [aɪdentɪfɪˈkeɪʃən ˈpeɪpə] *sb* Ausweispapier *n*, Legitimationspapier *n*

idle [ˈaɪdl] *adj* **1.** *(not working)* müßig, untätig; **2.** *(machine)* stillstehend, außer Betrieb; **3.** *(threat, words)* leer

ill-effect [ɪlɪˈfekt] *sb* nachteilige Folge *f*

illegal [ɪˈliːgəl] *adj* illegal, ungesetzlich, gesetzwidrig

illegality [ɪlɪˈgælətɪ] *sb* Rechtswidrigkeit *f*

illegible [ɪˈledʒɪbl] *adj* unleserlich

illicit [ɪˈlɪsɪt] *adj* verboten, illegal

illicit trade [ɪˈlɪsɪt treɪd] *sb* Schwarzhandel *m*

illicit work [ɪˈlɪsɪt wɜːk] *sb* Schwarzarbeit *f*

illiquidity [ɪlɪˈkwɪdɪtɪ] *sb* Illiquidität *f*

image advertising [ˈɪmɪdʒ ˈædvətaɪzɪŋ] *sb* Prestigewerbung *f*

image building [ˈɪmɪdʒ ˈbɪldɪŋ] *sb* Imagepflege *f*

imaginary profit [ɪˈmædʒɪnərɪ ˈprɒfɪt] *sb* imaginärer Gewinn *m*

imitate [ˈɪmɪteɪt] *v* nachahmen, imitieren, nachmachen

imitation [ɪmɪˈteɪʃən] *sb* Imitation *f*, Nachahmung *f*

immaterial [ɪməˈtɪərɪəl] *adj* unwesentlich, unerheblich

immediate delivery [ɪˈmiːdɪət dɪˈlɪvərɪ] *sb* sofortige Lieferung *f*

immediately [ɪˈmiːdɪətlɪ] *adv* umgehend, sofort

immediate payment [ɪˈmiːdɪət ˈpeɪmənt] *sb* sofortige Zahlung *f*

immobilization [ɪməʊbɪlaɪˈzeɪʃən] *sb* **1.** Stilllegung *f*, Immobilisierung *f*; **2.** *(money)* Festlegung *f*, Bindung *f*

immovable property [ɪˈmuːvəbəl ˈprɒpətɪ] *sb* Liegenschaft *f*, unbewegliches Vermögen *n*

immovables [ɪˈmuːvəbəlz] *pl* Immobilien *f/pl*

immunity [ɪˈmjuːnɪtɪ] *sb* Immunität *f*; Straffreiheit *f*

impact analysis [ˈɪmpækt əˈnæləsɪs] *sb* Werbewirksamkeitsanalyse *f*

impact of tax [ˈɪmpækt əv tæks] *sb* Steuerbelastung *f*

impairment in value [ɪˈmpeəmənt ɪn ˈvæljuː] *sb* Wertminderung *f*

impediment [ɪmˈpedɪmənt] *sb* Hindernis *n*, Hemmnis *n*

imperfect market [ɪmˈpɜːfekt ˈmɑːkɪt] *sb* unvollkommener Markt *m*

impersonal security deposit [ɪmˈpɜːsənəl sɪˈkjʊərɪtɪ dəˈpɒzɪt] *sb* Sachdepot *n*

impersonal taxes [ɪmˈpɜːsənəl ˈtæksɪz] *pl* Realsteuern *f/pl*

implement [ˈɪmplɪment] *v* durchführen, ausführen

implementation [ɪmplɪmenˈteɪʃən] *sb* **1.** Ausführung *f*, Durchführung *f*, Handhabung *f*; **2.** *(EDV)* Implementierung *f*

implication [ɪmplɪˈkeɪʃən] *sb* Auswirkung *f*, Begleiterscheinung *f*

implicit basis of a contract [ɪmˈplɪsɪt ˈbeɪsɪs əv ə ˈkɒntrækt] *sb* Geschäftsgrundlage *f*

implicit costs [ɪmˈplɪsɪt kɒsts] *pl* kalkulatorische Kosten *pl*

import [ɪmˈpɔːt] *v* einführen, importieren; [ˈɪmpɔːt] *sb* Einfuhr *f*, Import *m* ; ~s *pl* *(goods)* Einfuhrartikel *m/pl*, Einfuhrwaren *f/pl*

import and export merchant [ˈɪmpɔːt ənd ˈekspɔːt ˈmɜːtʃənt] *sb* Außenhandelskaufmann/Außenhandelskauffrau *m/f*

import cartel [ˈimpɔːt kɑːˈtel] *sb* Importkartell *n*

import ceiling [ˈimpɔːt ˈsiːliŋ] *sb* Importquote *f*

import declaration [ˈimpɔːt dekləˈreiʃən] *sb* Einfuhrerklärung *f*, Importerklärung *f*

import deposit [ˈimpɔːt diˈpɒzit] *sb* Importdepot *n*

import documents [ˈimpɔːt ˈdɒkjumənts] *pl* Einfuhrpapiere *n/pl*, Importdokumente *m/pl*

import duty [ˈimpɔːt ˈdjuːti] *sb* Einfuhrzoll *m*, Einfuhrabgabe *f*

import financing [ˈimpɔːt faiˈnænsiŋ] *sb* Importfinanzierung *f*

import levy [ˈimpɔːt ˈlevi] *sb* Einfuhrabschöpfung *f*

import licence [ˈimpɔːt ˈlaisəns] *sb* Einfuhrgenehmigung *f*, Importlizenz *f*

import of capital [ˈimpɔːt əv ˈkæpitəl] *sb* Kapitalimport *m*

import penetration [ˈimpɔːt peniˈtreiʃən] *sb* Importanteil *m*

import permit [ˈimpɔːt ˈpɜːmit] *sb* Einfuhrgenehmigung *f*, Importerlaubnis *f*

import quota [ˈimpɔːt ˈkwəutə] *sb* Importquote *f*, Importkontingent *n*

import restriction [ˈimpɔːt riˈstrikʃən] *sb* Einfuhrbeschränkung *f*, Importbeschränkung *f*

import restrictions [ˈimpɔːt riˈstrikʃənz] *pl* Importrestriktionen *f/pl*

import surcharge [ˈimpɔːt ˈsɜːtʃɑːdʒ] *sb* Einfuhrsonderzoll *m*

import surplus [ˈimpɔːt ˈsɜːpləs] *sb* Importüberschuss *m*

import tariff [ˈimpɔːt ˈtærif] *sb* Importzoll *m*

import trade [ˈimpɔːt treid] *sb* Importhandel *m*

import turnover tax [imˈpɔːt ˈtɜːnəuvə tæks] *sb* Einfuhrumsatzsteuer *f*

imported inflation [imˈpɔːtid inˈfleiʃən] *sb* importierte Inflation *f*

importer [imˈpɔːtə] *sb* Importeur(in) *m/f*

impose [imˈpəuz] *v* 1. (*a fine*) verhängen; 2. (*a tax*) erheben

imposition [impəˈziʃən] *sb* Auferlegung *f*, Verhängung *f*, Erhebung *f*

impost [ˈimpəust] *sb* 1. (*tax, duty*) Ausgleichsabgabe *f*, Steuer; 2. Einfuhrzoll *m*

impound [imˈpaund] *v* beschlagnahmen, sicherstellen

improper [imˈprɒpə] *adj* unsachgemäß, nicht sachgerecht

improve [imˈpruːv] *v* 1. (*sth*) verbessern; 2. (*refine*) verfeinern; 3. (*sth's appearance*) verschönern

improvement [imˈpruːvmənt] *sb* Verbesserung *f*, Besserung *f*, Verschönerung *f*

improvement area [imˈpruːvmənt ˈeəriə] *sb* Erschließungsgebiet *n*

improvement grant [imˈpruːvmənt grɑːnt] *sb* Modernisierungszuschuss *m*

improvement of efficiency [imˈpruːvmənt əv iˈfiʃənsi] *sb* Rationalisierungserfolg *m*

improver [imˈpruːvə] *sb* Praktikant(in) *m/f*, Volontär(in) *m/f*

impulse purchase [ˈimpʌls ˈpɜːtʃis] *sb* Impulskauf *m*

imputation [impjuˈteiʃən] *sb* Anrechnung *f*, Zuschreibung *f*

impute [imˈpjuːt] *v* zuschreiben, beimessen

in cash [in ˈkæʃ] in bar

in duplicate [in ˈdjuːplikət] in zweifacher Ausfertigung

in lieu of payment [in ljuː əv ˈpeimənt] zahlungsstatt

in liquidation [in likwiˈdeiʃən] in Liquidation

in prospect [in ˈprɒspekt] Exante

in rem [in ˈrem] dinglich

in retrospect [in ˈretrəspekt] Expost

in stock [in ˈstɒk] auf Lager, vorrätig

in total [in ˈtəutəl] unter dem Strich

inability to work [inəˈbiliti tə wɜːk] *sb* Erwerbsunfähigkeit *f*

inactive security [inˈæktiv siˈkjuəriti] *sb* totes Papier *n*

inaugurate [iˈnɔːgjureit] *v* (*an official*) ins Amt einsetzen; (*a building*) einweihen

incapacitated [inkəˈpæsiteitid] *adj* (*unable to work*) erwerbsunfähig

incapacity to contract [inkəˈpæsəti tu: kənˈtrækt] *sb* Geschäftsunfähigkeit *f*

incentive [inˈsentiv] *sb* Ansporn *m*, Anreiz *m*

incentive bonus [ɪnˈsentɪv ˈbəʊnəs] *sb* Leistungsprämie *f*

incentive payment [ɪnˈsentɪv ˈpeɪmənt] *sb* Erfolgsprämie *f*, Gratifikation *f*

incentive system [ɪnˈsentɪv ˈsɪstəm] *sb* Anreizsystem *n*

inch [ɪntʃ] *sb (measurement)* Zoll *m*; ~ by ~ Zentimeter um Zentimeter

incidence of taxation [ˈɪnsɪdəns əv tækˈseɪʃən] *sb* Steuerbelastung *f*

incidental [ɪnsɪˈdentl] *sb (~ expenses)* Nebenkosten *pl*

incidental labour costs [ɪnsɪˈdentl ˈleɪbə kɒsts] *pl* Lohnnebenkosten *pl*

incidentals [ɪnsɪˈdentəlz] *pl* Nebenkosten *pl*

include [ɪnˈkluːd] *v* einschließen, enthalten, umfassen; *tax* ~d einschließlich Steuer, inklusive Steuer

included [ɪnˈkluːdɪd] *adj* eingeschlossen, inbegriffen

included in the price [ɪnˈkluːdɪd ɪn ðə ˈpraɪs] *adv* im Preis inbegriffen, im Preis enthalten

including [ɪnˈkluːdɪŋ] *adv* einschließlich, inklusive

inclusion on the liabilities side [ɪnˈkluːʒən ɒn ðə laɪəˈbɪlɪtiz saɪd] *sb* Passivierung *f*

inclusive [ɪnˈkluːsɪv] *adj* ~ of einschließlich, inklusive

income [ˈɪnkʌm] *sb* Einkommen *n*, Einkünfte *pl*, Erfolgsrechnung *f*

income after tax [ˈɪnkʌm ˈɑːftə tæks] *sb* Gewinn nach Abzug der Steuern *m*

income band [ˈɪnkʌm bænd] *sb* Gehaltsstufe *f*, Gehaltsklasse *f*

income before tax [ˈɪnkʌm bɪˈfɔː tæks] *sb* Gewinn vor Abzug der Steuern *m*

income bond [ˈɪnkʌm bɒnd] *sb* Gewinnobligation *f*

income bracket [ˈɪnkʌm ˈbrækɪt] *sb* **1.** Einkommensgruppe *f*, Einkommenskategorie *f*; **2.** *(tax)* Einkommensteuerklasse *f*

income declaration [ˈɪnkʌm dekləˈreɪʃən] *sb* Einkommenserklärung *f*

income effect [ˈɪnkʌm ɪˈfekt] *sb* Einkommenseffekt *m*

income from capital [ˈɪnkʌm frɒm ˈkæpɪtəl] *sb* Kapitalertrag *m*

income from gainful employment [ˈɪnkʌm frɒm ˈgeɪnfəl ɪmˈplɔɪmənt] *sb* Erwerbseinkommen *n*

income from interests [ˈɪnkʌm frɒm ˈɪntrɪsts] *sb* Zinsertrag *m*

income from investments [ˈɪnkʌm frɒm ɪnˈvestmənts] *sb* Kapitalerträge *m/pl*

income fund [ˈɪnkʌm fʌnd] *sb* Einkommensfond *m*

income generating effect [ˈɪnkʌm ˈdʒenəreɪtɪŋ ɪˈfekt] *sb* Einkommenseffekt *m*

income limit for the assessment of contributions [ˈɪnkʌm ˈlɪmɪt fɔː ðiː əˈsesmənt əv kɒntrɪˈbjuːʃənz] *sb* Beitragsbemessungsgrenze *f*

income statement [ˈɪnkʌm ˈsteɪtmənt] *sb* Erfolgsbilanz *f*

income tax [ˈɪnkʌm tæks] *sb* Einkommensteuer *f*; ~ *return* Einkommensteuererklärung *f*

income tax allowance [ˈɪnkʌm tæks əˈlauəns] *sb* Einkommensteuerfreibetrag *m*

income value [ˈɪnkʌm ˈvæljuː] *sb* Ertragswert *m*

incoming [ˈɪnkʌmɪŋ] *adj (post)* eingehend

incoming order [ˈɪnkʌmɪŋ ˈɔːdə] *sb* Auftragseingang *m*

incompetence [ɪnˈkɒmpɪtəns] *sb* Unfähigkeit *f*, Untauglichkeit *f*, Inkompetenz *f*, Unzuständigkeit *f*

incompetent [ɪnˈkɒmpɪtənt] *adj* **1.** unfähig; **2.** *(for sth)* untauglich, inkompetent; **3.** *(legally)* nicht zuständig

incomplete [ɪnkəmˈpliːt] *adj* unvollständig, unvollendet, unvollkommen

incorporate [ɪnˈkɔːpəreɪt] *v* **1.** gesellschaftlich organisieren; **2.** *(US)* als Aktiengesellschaft eintragen

incorporation [ɪnkɔːpəˈreɪʃən] *sb* Gründung *f*, Eintragung einer Gesellschaft *f*

Incoterms [ˈɪŋkəʊtɜːmz] *pl* Incoterms *pl*, Internationale Lieferbedingungen für den Außenhandel *pl*

increase [ɪnˈkriːs] *v* **1.** zunehmen; **2.** *(amount, number)* anwachsen; **3.** *(sales, demand)* steigen; **4.** *(sth)* vergrößern; **5.** *(taxes, price, speed)* erhöhen; **6.** *(performance)* steigern; [ˈɪŋkriːs] *sb* **7.** Zunahme *f*, Erhöhung *f*, Steigerung *f*

increase in efficiency [ˈɪŋkriːs ɪn ˈɪfɪʃənsɪ] *sb* Leistungssteigerung *f*

increase in own capital [ˈɪŋkriːs ɪn əʊn ˈkæpɪtəl] *sb* Eigenkapitalerhöhung *f*

increase in salary [ˈɪŋkriːs ɪn ˈsælərɪ] *sb* Gehaltserhöhung *f*

increase in taxes [ˈɪŋkriːs ɪn ˈtæksɪz] *sb* Steuererhöhung *f*

increase in total assets and liabilities [ˈɪŋkriːs ɪn ˈtəʊtəl ˈæsets ænd laɪəˈbɪlɪtiːz] *sb* Bilanzverlängerung *f*

increase in wages [ˈɪŋkriːs ɪn ˈweɪdʒɪz] *sb* Lohnerhöhung *f*

increase of capital [ˈɪŋkriːs əv ˈkæpɪtl] *sb* Kapitalerhöhung *f*

increase of the share capital [ˈɪŋkriːs əv ðə ʃeə ˈkæpɪtl] *sb* Kapitalerhöhung *f*

increased valuation on previous balancesheet figures [ɪnˈkriːst væljuˈeɪʃən ɒn ˈpriːvɪəs ˈbælənsʃiːt ˈfɪɡəz] *(taxes)* Wertaufholung *f*

increment [ˈɪŋkrəmənt] *sb* Zuwachs *m*, (Wert-)Steigerung *f*

incriminate [ɪnˈkrɪmɪneɪt] *v* belasten

incrimination [ɪnkrɪmɪˈneɪʃən] *sb* Belastung *f*

indebtedness [ɪnˈdetɪdnɪs] *sb* Verschuldung *f*

indemnification [ɪndemnɪfɪˈkeɪʃən] *sb* **1.** Entschädigung *f*; **2.** *(insurance)* Versicherung *f*

indemnify [ɪnˈdemnɪfaɪ] *v* **1.** entschädigen; **2.** *(insurance)* versichern

indemnity [ɪnˈdemnɪtɪ] *sb* **1.** Entschädigung *f*; **2.** *(insurance)* Versicherung *f*

indemnity bond [ɪnˈdemnətɪ bɒnd] *sb* Garantieverpflichtung *f*, Ausfallbürgschaft *f*

indemnity claim [ɪnˈdemnətɪ kleɪm] *sb* Schadensersatzanspruch *m*

indemnity clause [ɪnˈdemnətɪ klɔːz] *sb* Haftungsfreistellungsklausel *f*

independence [ɪndɪˈpendəns] *sb* Unabhängigkeit *f*, Selbstständigkeit *f*

independent [ɪndɪˈpendənt] *adj* unabhängig, selbstständig

index [ˈɪndeks] *sb* **1.** *(number showing ratio)* Index *m*; **2.** *(card ~)* Kartei *f*

index card [ˈɪndeks kɑːd] *sb* Karteikarte *f*

index clause [ˈɪndeks klɔːz] *sb* Indexklausel *f*

index numbers [ˈɪndeks ˈnʌmbəz] *pl* Kennziffern *f/pl*

index tracker fund [ˈɪndeks ˈtrækə fʌnd] *sb* dynamischer Fonds *m*, Indexfonds *m*

indexation [ɪndekˈseɪʃən] *sb* Indexierung *f*

index-based [ˈɪndeksbeɪsd] *adj* indexgebunden, indexiert, Index…

index-linked [ˈɪndekslɪŋkd] *adj* sich nach der Inflationsrate richtend, Index…

index-linked currency [ˈɪndekslɪŋkt ˈkʌrənsɪ] *sb* Indexwährung *f*

index-linked loan [ˈɪndekslɪŋkt ləʊn] *sb* Indexanleihe *f*

index-linked wage [ˈɪndekslɪŋkt weɪdʒ] *sb* Indexlohn *m*

index-linking [ˈɪndekslɪŋkɪŋ] *sb* Indexbindung *f*

indicator [ˈɪndɪkeɪtə] *sb* Indikator *m*

indifferent goods [ɪnˈdɪfərənt ɡʊdz] *pl* indifferente Güter *n/pl*

indirect centre [ˈɪndaɪrekt ˈsentə] *sb* Nebenkostenstelle *f*

indirect method of depreciation [ˈɪndaɪrekt ˈmeθəd əv dɪpriːʃɪˈeɪʃən] *sb* indirekte Abschreibung *f*

indirect selling [ˈɪndaɪrekt ˈselɪŋ] *sb* indirekter Absatz *m*

indirect taxes [ˈɪndaɪrekt ˈtæksɪz] *pl* indirekte Steuern *f/pl*

individual [ɪndɪˈvɪdjʊəl] *adj* einzeln, Einzel…

individual credit insurance [ɪndɪˈvɪdjʊəl ˈkredɪt ɪnˈʃʊərəns] *sb* Einzelkreditversicherung *f*

individual deposit of securities [ɪndɪˈvɪdjʊəl dəˈpɒzɪt əv sɪˈkjʊərɪtiːz] *sb* Streifbanddepot *n*

individual employment contract [ɪndɪˈvɪdjʊəl ɪmˈplɔɪmənt ˈkɒntrækt] *sb* Einzelarbeitsvertrag *m*

individual income [ɪndɪˈvɪdjʊəl ˈɪnkʌm] *sb* Individualeinkommen *n*

individual labor law [ɪndɪˈvɪdjʊəl ˈleɪbə lɔː] *sb* Individualarbeitsrecht *n*

individually [ɪndɪˈvɪdjʊəlɪ] *adv* *(separately)* einzeln

individual power of procuration [ɪndɪˈvɪdjʊəl ˈpaʊə əv prɒkjuːˈreɪʃən] *sb* Einzelprokura *f*

individual power of representation [ˌɪndɪˈvɪdjʊəl ˈpaʊə əv reprɪzənˈteɪʃən] *sb* Einzelvollmacht *f*

individual production *sb* [ˌɪndɪˈvɪdjʊəl prəˈdʌkʃən] *sb* Einzelfertigung *f*

indorsement [ɪnˈdɔːsmənt] *sb* Indossament *n*

induce [ɪnˈdjuːs] *v* **1.** *(a reaction)* herbeiführen; **2.** ~ s.o. to do sth *(persuade)* jdn veranlassen, etw zu tun/jdn dazu bewegen, etw zu tun/jdn dazu bringen, etw zu tun

inducement [ɪnˈdjuːsmənt] *sb (incentive)* Anreiz *m*, Ansporn *m*

industrial [ɪnˈdʌstriəl] *adj* industriell, Industrie..., Betriebs..., Arbeits...

industrial accident [ɪnˈdʌstriəl ˈæksɪdənt] *sb* Arbeitsunfall *m*

industrial area [ɪnˈdʌstriəl ˈeəriə] *sb* Industriegebiet *n*

industrial bank [ɪnˈdʌstriəl bæŋk] *sb* Gewerbebank *f*

industrial bond [ɪnˈdʌstriəl bɒnd] *sb* Industrieobligation *f*

Industrial Constitution Law [ɪnˈdʌstriəl kɒnstɪˈtjuːʃən lɔː] *sb* Betriebsverfassungsgesetz (BetrVerfG, BetrVG) *n*

industrial credit [ɪnˈdʌstriəl ˈkredɪt] *sb* Industriekredit *m*

industrial credit bank [ɪnˈdʌstriəl ˈkredɪt bæŋk] *sb* Industriekreditbank *f*

industrial design [ɪnˈdʌstriəl dɪˈzaɪn] *sb* Industriedesign *n*

industrial enterprise [ɪnˈdʌstriəl ˈentəpraɪz] *sb* Industriebetrieb *m*

industrial espionage [ɪnˈdʌstriəl ˈespiənɑːʒ] *sb* Industriespionage *f*

industrial estate [ɪnˈdʌstriəl ɪˈsteɪt] *sb* (UK) Industriegebiet *n*

industrial injury [ɪnˈdʌstriəl ˈɪndʒərɪ] *sb* Arbeitsunfall *m*, Betriebsunfall *m*

industrialism [ɪnˈdʌstriəlɪzm] *sb* Industrialismus *m*

industrialist [ɪnˈdʌstriəlɪst] *sb* Industrielle(r) *f/m*

industrialization [ɪndʌstriəlaɪˈzeɪʃən] *sb* Industrialisierung *f*

industrial loan [ɪnˈdʌstriəl ləʊn] *sb* Industrieanleihe *f*, Industriekredit *m*

industrial plant [ɪnˈdʌstriəl plɑːnt] *sb* Industrieanlage *f*

industrial production [ɪnˈdʌstriəl prəˈdʌkʃən] *sb* Industrieproduktion *f*, industrielle Herstellung *f*

industrial robot [ɪnˈdʌstriəl ˈrəʊbɒt] *sb* Industrieroboter *m*

industrial shares [ɪnˈdʌstriəl ʃeəz] *pl* Industrieaktie *f*

industrial stock exchange [ɪnˈdʌstriəl stɒk ɪksˈtʃeɪndʒ] *sb* Industriebörse *f*

industrial syndicate [ɪnˈdʌstriəl ˈsɪndɪkət] *sb* Industriekonsortium *n*

industrial undertaking [ɪnˈdʌstriəl ʌndəˈteɪkɪŋ] *sb* Industrieunternehmen *n*

industry [ˈɪndəstri] *sb* Industrie *f*, Branche *f*, Industriezweig *m*

industry ratio [ˈɪndəstri ˈreɪʃɪəʊ] *sb* Branchenkennziffer *f*

industry standard [ˈɪndəstri ˈstændəd] *sb* Industriestandard *m*

industry statistics [ˈɪndəstri stəˈtɪstɪks] *sb* Branchenstatistik *f*

industry survey and appraisal [ˈɪndəstri ˈsɜːveɪ ænd əˈpreɪzəl] *sb* Branchenbeobachtung *f*

industry-wide union [ˈɪndəstrɪwaɪd ˈjuːnjən] *sb* Industriegewerkschaft (IG) *f*

inefficiency [ɪnɪˈfɪʃənsɪ] *sb* **1.** *(of a method)* Unproduktivität *f*; **2.** *(of a person)* Untüchtigkeit *f*; **3.** *(of a machine, of a company)* Leistungsunfähigkeit *f*

inefficient [ɪnɪˈfɪʃənt] *adj* **1.** *(method)* unproduktiv, ineffizient; *(person)* untüchtig; **2.** *(machine, company)* leistungsunfähig

inexpensive [ɪnɪkˈspensɪv] *adj* nicht teuer, billig

inexperienced [ɪnɪksˈpɪərɪənst] *adj* unerfahren

inexpert [ɪnˈekspɜːt] *adj* unfachmännisch, laienhaft

inferior [ɪnˈfɪərɪə] *adj* **1.** niedriger, geringer, geringwertiger; **2.** to be ~ to s.o. jdm unterlegen sein; *(low-quality)* minderwertig

inferior goods [ɪnˈfɪərɪə gʊdz] *pl* geringwertige Güter *pl*

inflate [ɪnˈfleɪt] *v (prices)* hochtreiben, in die Höhe treiben

inflation [ɪnˈfleɪʃən] *sb* Inflation *f*; rate of ~ Inflationsrate *f*

inflation import [ɪnˈfleɪʃən ˈɪmpɔːt] *sb* Inflationsimport *m*

inflationary [ɪnˈfleɪʃənərɪ] *adj* inflationär

influence [ˈɪnfluəns] *sb* Einfluss *m*

influence of demand [ˈɪnfluːəns əv dəˈmɑːnd] *sb* Bedarfsbeeinflussung *f*

influential [ɪnfluˈenʃəl] *adj* einflussreich

influx [ˈɪnflʌks] *sb* Zufuhr *f*, Zufluss *m*

infomercial [ɪnfəʊˈmɜːʃəl] *sb* Werbesendung *f*

informal [ɪnˈfɔːməl] *adj* zwanglos, ungezwungen, inoffiziell

informal groups [ɪnˈfɔːməl gruːps] *pl* informelle Gruppen *f/pl*

informal organization [ɪnˈfɔːməl ɔːgənaɪˈzeɪʃən] *sb* informelle Organisation *f*

information [ɪnfəˈmeɪʃən] *sb* **1.** Information *f*; **2.** *(provided)* Auskunft *f*, Informationen *f/pl*

information and communications system [ɪnfəˈmeɪʃən ænd kəmjuːnɪˈkeɪʃənz ˈsɪstɪm] *sb* Informations- und Kommunikationssystem (IuK-System) *n*

information broker [ɪnfəˈmeɪʃən ˈbrəʊkə] *sb* Informationsbroker *m*

information bureau [ɪnfəˈmeɪʃən ˈbjʊərəʊ] *sb* Auskunftei *f*, Informationsbüro *n*

information centre [ɪnfəˈmeɪʃən ˈsentə] *sb* Evidenzzentrale *f*

information costs [ɪnfəˈmeɪʃən kɒsts] *pl* Informationskosten *pl*

information desk [ɪnfəˈmeɪʃən desk] *sb* Auskunft *f*, Information *f*, Informationsstand *m*

information file [ɪnfəˈmeɪʃən faɪl] *sb* Auskunftdatei *f*

information highway [ɪnfəˈmeɪʃən ˈhaɪweɪ] *sb* Datenautobahn *f*, Datenhighway *m*

information markets [ɪnfəˈmeɪʃən ˈmɑːkɪts] *pl* Informationsmärkte *m/pl*

information processing [ɪnfəˈmeɪʃən ˈprəʊsesɪŋ] *sb* Datenverarbeitung *f*

information resource management [ɪnfəˈmeɪʃən rɪˈsɔːs ˈmænɪdʒmənt] *sb* Informationsmanagement *n*

information retrieval [ɪnfəˈmeɪʃən rɪˈtriːvl] *sb* Datenabruf *m*

information science [ɪnfəˈmeɪʃən ˈsaɪəns] *sb* Informatik *f*

information search [ɪnfəˈmeɪʃən sɜːtʃ] *sb* Informationsbeschaffung *f*

information services [ɪnfəˈmeɪʃən ˈsɜːvɪsɪz] *pl* Informationsdienste *m/pl*

information technology [ɪnfəˈmeɪʃən tekˈnɒlədʒɪ] *sb* Informationstechnologie *f*

information theory [ɪnfəˈmeɪʃən ˈθɪərɪ] *sb* Informationstheorie *f*

information value [ɪnfəˈmeɪʃən ˈvæljuː] *sb* Informationswert *m*

infrastructural credit [ɪnfrəˈstrʌktʃərəl ˈkredɪt] *sb* Infrastrukturkredit *m*

infrastructural measures [ˈɪnfrəˈstrʌktʃərəl ˈmeʒəz] *pl* Infrastrukturmaßnahmen *f/pl*

infrastructure [ˈɪnfrəstrʌktʃə] *sb* Infrastruktur *f*

infrastructure policy [ˈɪnfrəstrʌktʃə ˈpɒlɪsɪ] *sb* Infrastrukturpolitik *f*

infringe [ɪnˈfrɪndʒ] *v* **1.** ~ *upon* verstoßen gegen; **2.** *(law, copyright)* verletzen; ~ *upon s.o.'s rights* in jds Rechte eingreifen

infringement [ɪnˈfrɪndʒmənt] *sb* Verletzung *f*, Verstoß *m*

inherit [ɪnˈherɪt] *v* erben

inheritable [ɪnˈherɪtəbl] *adj* vererbbar, erblich

inheritance [ɪnˈherɪtəns] *sb* Nachlass *m*, Erbschaft *f*

inheritance tax [ɪnˈherɪtəns tæks] *sb* Erbschaftssteuer *f*

in-house training [ˈɪnhaʊs ˈtreɪnɪŋ] *sb* betriebliche Ausbildung *f*

initial allowance set [ɪˈnɪʃəl əˈlaʊəns set] *sb* Erstausstattung *f*

initial contribution [ɪˈnɪʃəl kɒntrɪˈbjuːʃən] *sb* Stammeinlage *f*

initial order [ɪˈnɪʃəl ɔːdə] *sb* Erstauftrag *m*

initial period [ɪˈnɪʃəl ˈpɪərɪəd] *sb* Anlaufperiode *f*, Anlaufzeit *f*

initialize [ɪˈnɪʃəlaɪz] *v* *(a computer)* initialisieren

initiative right [ɪˈnɪʃətɪv raɪt] *sb* Initiativrecht *n*

injection of credit [ɪnˈdʒekʃən əv ˈkredɪt] *sb* Kreditspritze *f*

injunction [ɪnˈdʒʌŋkʃən] *sb* gerichtliche Verfügung *f*

ink pad [ˈɪŋkpæd] *sb* Stempelkissen *n*

inland ['ɪnlænd] *adj* **1.** Inland...; *adv* **2.** landeinwärts

Inland Revenue ['ɪnlænd 'revənjuː] *sb (UK)* Finanzamt *n*

inland revenue office ['ɪnlænd 'revənuː 'ɒfɪs] *sb (UK)* Finanzamt *n*

inner notice to terminate ['ɪnə 'nəʊtɪs tu 'tɜːmɪneɪt] *sb* innere Kündigung *f*

innovate ['ɪnəveɪt] *v* Neuerungen vornehmen

innovation [ɪnə'veɪʃən] *sb* Neuerung *f*, Innovation *f*

innovation management [ɪnə'veɪʃən 'mænɪdʒmənt] *sb* Innovationsmanagement *n*

innovative ['ɪnəvətɪv] *adj* auf Neuerungen aus, innovatorisch, innovativ

innovator ['ɪnəveɪtə] *sb* Neuerer *m*

inoperative [ɪn'ɒpərətɪv] *adj (not working)* außer Betrieb, nicht einsatzfähig

inoperative account [ɪn'ɒpərətɪv ə'kaʊnt] *sb* totes Konto *n*

input ['ɪnpʊt] *v* **1.** eingeben; *sb* **2.** Input *m*

input factor ['ɪnpʊt 'fæktə] *sb* Einsatzfaktor *m*

input tax ['ɪnpʊt tæks] *sb* Vorsteuer *f*

input-output analysis [ɪnpʊt'aʊtpʊt ə'nælɪsɪs] *sb* Input-Output-Analyse *f*

inquest ['ɪnkwest] *sb* gerichtliche Untersuchung *f*

inquiry [ɪn'kwaɪrɪ] *sb* Anfrage *f*

insert [ɪn'sɜːt] *v* **1.** *(an advertisement)* setzen; ['ɪnsɜːt] *sb* **2.** *(in a magazine or newspaper)* Beilage *f*

inserted [ɪn'sɜːtɪd] *adj* beigefügt, beigelegt, hineingesteckt

insertion of an advertisement [ɪn'sɜːʃən əv ən əd'vɜːtɪsmənt] *sb* Anzeigenschaltung *f*

in-service training ['ɪnsɜːvɪs 'treɪnɪŋ] *sb* innerbetriebliche Weiterbildung *f*

inside money ['ɪnsaɪd 'mʌnɪ] *sb* Innengeld *n*

insider information ['ɪnsaɪdə ɪnfə'meɪʃən] *sb* Insiderinformation *f*

insider security ['ɪnsaɪdə sɪ'kjʊərɪtɪ] *sb* Insiderpapier *n*

insider trading ['ɪnsaɪdə 'treɪdɪŋ] *sb* Insiderhandel *m*

insolvency [ɪn'sɒlvənsɪ] *sb* Zahlungsunfähigkeit *f*, Insolvenz *f*

insolvency administrator [ɪn'sɒlvənsɪ əd'mɪnɪstreɪtə] *sb* Insolvenzverwalter(in) *m/f*

insolvency proceedings [ɪn'sɒlvənsɪ prəsiːdɪŋz] *pl* Insolvenzverfahren *f*

insolvent [ɪn'sɒlvənt] *adj* zahlungsunfähig

insourcing ['ɪnsɔːsɪŋ] *sb* Insourcing *n*

inspect [ɪn'spekt] *v* kontrollieren, prüfen

inspection [ɪn'spekʃən] *sb* Kontrolle *f*, Prüfung *f*, Einsichtnahme *f*

inspection of records [ɪn'spekʃən əv 'rekɔːds] *sb* Akteneinsicht *f*

installation [ɪnstə'leɪʃən] *sb* Installation *f*, Montage *f*, Aufbau *m*, Aufstellung *f*

installment *(US see "instalment")*

instalment [ɪn'stɔːlmənt] *sb (payment)* Rate *f*

instalment arrears [ɪn'stɔːlmənt ə'rɪəz] *sb* Ratenverzug *m*, Ratenrückstand *m*

instalment contract [ɪn'stɔːlmənt 'kɒntrækt] *sb* Abzahlungskauf *m*

instalment credit [ɪn'stɔːlmənt 'kredɪt] *sb* Teilzahlungskredit *m*

instalment loans [ɪn'stɔːlmənt ləʊnz] *pl* Ratenanleihen *f/pl*

instalment mortgage [ɪn'stɔːlmənt 'mɔːgɪdʒ] *sb* Abzahlungshypothek *f*, Amortisationshypothek *f*

instalment plan [ɪn'stɔːlmənt plæn] *sb (US)* Ratenzahlung *f*

instalment rate [ɪn'stɔːlmənt reɪt] *sb* Amortisationsquote *f*

instalment sale transaction [ɪn'stɔːlmənt seɪl træn'zækʃən] *sb* Abzahlungsgeschäft *n*

instalment sales credit [ɪn'stɔːlmənt seɪlz 'kredɪt] *sb* Ratenkredit *m*

instalment sales financing institution [ɪn'stɔːlmənt seɪlz faɪ'nænsɪŋ ɪnstɪ'tjuːʃən] *sb* Teilzahlungsbank *f*

instance ['ɪnstəns] *(legal system)* Instanz *f*

institutional investor [ɪnstɪ'tjuːʃənəl ɪn'vestə] *sb* institutioneller Anleger *m*

institutional investors [ɪnstɪ'tjuːʃənəl ɪn'vestəz] *sb* Kapitalsammelstelle *f*

institutional trustee [ɪnstɪ'tjuːʃənəl trʌs'tiː] *sb* Treuhandanstalt *f*

in-store ['ɪnstɔː] *adj* ladeneigen

instruct [ɪnˈstrʌkt] *v* **1.** unterrichten; **2.** *(tell, direct)* anweisen; **3.** *(a jury)* instruieren

instruction [ɪnˈstrʌkʃən] *sb* **1.** *(order)* Anweisung *f*, Instruktion *f*; ~s *pl* **2.** *(for use)* Gebrauchsanweisung *f*

instrument made out to order [ˈɪnstrʊmənt meɪd aʊt tu ˈɔːdə] *sb* Orderpapier *n*

instruments conferring title [ˈɪnstrʊmənts kənˈfɜːrɪŋ ˈtaɪtəl] *pl* Forderungspapiere *n/pl*

instruments of balance sheet policy [ˈɪnstrʊmənts əv ˈbæləns ʃiːt ˈpɒlɪsɪ] *pl* bilanzpolitische Instrumente *n/pl*

instruments to order by law [ˈɪnstrʊmənts tu ˈɔːdə baɪ lɔː] *pl* geborene Orderpapiere *n/pl*

instruments to order by option [ˈɪnstrʊmənts tu ˈɔːdə baɪ ˈɒpʃən] *pl* gewillkürte Orderpapiere *n/pl*

insubordination [ɪnsʌbɔːdɪˈneɪʃən] *sb* Ungehorsamkeit *f*, Insubordination *f*

insurance [ɪnˈʃʊərəns] *sb* Versicherung *f*

insurance agent [ɪnˈʃʊərəns ˈeɪdʒənt] *sb* Versicherungsvertreter *m*

insurance benefit [ɪnˈʃʊərəns ˈbenɪfɪt] *sb* Versicherungsleistung *f*

insurance clause [ɪnˈʃʊərəns klɔːz] *sb* Versicherungsklausel *f*

insurance company [ɪnˈʃʊərəns ˈkʌmpənɪ] *sb* Versicherungsgesellschaft *f*

insurance company share [ɪnˈʃʊərəns ˈkʌmpənɪ ʃeə] *sb* Versicherungsaktie *f*

insurance contract [ɪnˈʃʊərəns ˈkæntrɒkt] *sb* Versicherungsvertrag *m*

insurance coverage [ɪnˈʃʊərəns ˈkʌvərɪdʒ] *sb* Versicherungsschutz *m*

insurance fund [ɪnˈʃʊərəns fʌnd] *sb* Versicherungsfonds *m*

insurance industry principle [ɪnˈʃʊərəns ˈɪndəstrɪ ˈprɪnsɪpəl] *sb* Assekuranzprinzip *n*

insurance of persons [ɪnˈʃʊərəns əv ˈpɜːsənz] *sb* Personenversicherung *f*

insurance policy [ɪnˈʃʊərəns ˈpɒlɪsɪ] *sb* Versicherungspolice *f*

insurance premium [ɪnˈʃʊərəns ˈpriːmɪəm] *sb* Versicherungsprämie *f*

insurance reserve [ɪnˈʃʊərəns rɪˈzɜːv] *sb* Deckungsrücklage *f*

insurance system [ɪnˈʃʊərəns ˈsɪstəm] *sb* Assekuranz *f*

insure [ɪnˈʃʊə] *v* versichern

insured [ɪnˈʃʊəd] *adj* versichert

insured letter [ɪnˈʃʊəd ˈletə] *sb* Wertbrief *m*

insured person [ɪnˈʃʊəd ˈpɜːsən] *sb* Versicherungsnehmer(in) *m/f*, Versicherte(r) *f/m*

insured sum [ɪnˈʃʊəd sʌm] *sb* Versicherungssumme *f*

insurer [ɪnˈʃʊərə] *sb* Versicherer *m*, Versicherungsgesellschaft *f*

intake [ˈɪnteɪk] *sb* **1.** Aufnahme *f*, Abnahme *f*; **2.** *(of orders)* Eingang *m*

intangible assets [ɪnˈtændʒɪbəl ˈæsets] *pl* immaterielle Werte *m/pl*

intangible stocks and bonds [ɪnˈtændʒɪbəl stɒks ænd bɒndz] *pl* intangible Effekte *f/pl*

integral part [ˈɪntɪgrəl pɑːt] *sb* wesentlicher Bestandteil *m*

integration [ɪntɪˈgreɪʃən] *sb* Integration *f*, Eingliederung *f*

interact [ɪntərˈækt] *v* aufeinander wirken, interagieren

interaction [ɪntərˈækʃən] *sb* Wechselwirkung *f*, Interaktion *f*

interactive [ɪntərˈæktɪv] *adj* interaktiv

interbank rate [ˈɪntəbæŋk reɪt] *sb* Interbankrate *f*, Interbankensatz *m*

intercom [ˈɪntəkɒm] *sb* Gegensprechanlage *f*; *(in a building)* Lautsprecheranlage *f*

inter-company agreements [ɪntəˈkʌmpənɪ əˈgriːmənts] *pl* Unternehmensverträge *m/pl*

intercontinental [ɪntəkɒntɪˈnentl] *adj* interkontinental

interdependence [ɪntədɪˈpendəns] *sb* Interdependenz *f*

interest [ˈɪntrest] *sb* **1.** Zinsen *m/pl*; **2.** *(share, stake)* Anteil *m*, Beteiligung *f*; **3.** taxation of ~ Zinsbesteuerung *f*

interest balance [ˈɪntrest ˈbæləns] *sb* Zinssaldo *m*

interest differential [ˈɪntrest dɪfəˈrenʃəl] *sb* Zinsgefälle *n*

interested party [ˈɪntrestɪd ˈpɑːtɪ] *sb* Interessent *m*

interest elasticity [ˈɪntrest ɪlæsˈtɪsɪtɪ] *sb* Zinselastizität *f*

interest-free [ɪntrest'fri:] *adj* zinslos

interest group ['ɪntrest gru:p] *sb* Interessenverband *m*

interest margin ['ɪntrest 'mɑ:dʒɪn] *sb* Zinsmarge *f*, Zinsspanne *f*

interest on borrowed capital ['ɪntrest ɒn 'bɒrəʊd 'kæpɪtəl] *sb* Fremdkapitalzins *m*

interest on capital ['ɪntrest ɒn 'kæpɪtl] *sb* Kapitalzins *m*

interest on debts ['ɪntrest ɒn dets] *sb* Schuldzins *m*

interest on long-term debts ['ɪntrest ɒn 'lɒŋtɜ:m dets] *sb* Dauerschuldzinsen *m/pl*

interest on money ['ɪntrest ɒn 'mʌnɪ] *sb* Geldzins *m*

interest parity ['ɪntrest 'pærɪtɪ] *sb* Zinsparität *f*

interest payable ['ɪntrest 'peɪjəbl] *sb* Passivzins *m*

interest payment date ['ɪntrest 'peɪmənt deɪt] *sb* Zinstermin *m*

interest rate ['ɪntrest reɪt] *sb* Zinssatz *m*

interest rate arbitrage ['ɪntrest reɪt 'ɑ:bɪtrɪdʒ] *sb* Zinsarbitrage *f*

interest rate control ['ɪntrest reɪt kən'trəʊl] *sb* Zinsbindung *f*

interest rate customary in the market ['ɪntrest reɪt 'kʌstəmərɪ ɪn ðə 'mɑ:ket] *sb* marktüblicher Zins *m/pl*

interest rate for accounting purposes ['ɪntrest reɪt fɔ:r ə'kaʊntɪŋ 'pɜ:pəsɪs] *sb* Rechnungszins *m*

interest rate future ['ɪntrest reɪt 'fju:tʃə] *sb* Interest Rate Future *n*

interest rate level ['ɪntrest reɪt 'levl] *sb* Zinsniveau *n*

interest rate on a loan ['ɪntrest reɪt ɒn ə ləʊn] *sb* Leihzins *m*

interest rate policy ['ɪntrest reɪt 'pɒlɪsɪ] *sb* Zinspolitik *f*

interest rate structure ['ɪntrest reɪt 'strʌktʃə] *sb* Zinsstruktur *f*

interest rate swap ['ɪntrest reɪt swɒp] *sb* Zinsswap *m*

interest rate table ['ɪntrest reɪt 'teɪbl] *sb* Zinsstaffel *f*

interest receivable ['ɪntrest rɪ'si:vəbl] *sb* Aktivzins *m*

interest service ['ɪntrest 'sɜ:vɪs] *sb* Zinsendienst *m*

interest surplus ['ɪntrest 'sɜ:plʌs] *sb* Zinsüberschuss *m*

interest tender ['ɪntrest 'tendə] *sb* Zinstender *m*

interface ['ɪntəfeɪs] *sb* Interface *n*, Schnittstelle *f*

inter-generation compact [ɪntədʒenə-'reɪʃən 'kɒmpækt] *sb* Generationenvertrag *m*

intergroup agreement ['ɪntəgru:p əgri:mənt] *sb* Organschaftsvertrag *m*

interim ['ɪntərɪm] *adj* **1.** vorläufig, Übergangs..., Interims...; *sb* **2.** Zwischenzeit *f*

interim account ['ɪntərɪm ə'kaʊnt] *sb* Zwischenkonto *n*

interim balance sheet ['ɪntərɪm 'bæləns ʃi:t] *sb* Zwischenbilanz *f*

interim budget ['ɪntərɪm 'bʌdʒɪt] *sb* Nachtragshaushalt *m*

interim financing ['ɪntərɪm faɪ'nænsɪŋ] *sb* Zwischenfinanzierung, Überbrückungsfinanzierung *f*

interim interest ['ɪntərɪm 'ɪntrest] *sb* Zwischenzinsen *m/pl*

interim loan ['ɪntərɪm ləʊn] *sb* Zwischenkredit *m*

interim retirement pension ['ɪntərɪm rɪ'taɪəmənt 'penʃən] *sb* Überbrückungsrente *f*

interim shareholder ['ɪntərɪm 'ʃeəhəʊldə] *sb* Zwischenaktionär *m*

interim solution ['ɪntərɪm sə'lu:ʃən] *sb* Interimslösung *f*, Übergangslösung *f*

interior [ɪn'tɪərɪə] *adj (domestic)* Binnen..., Innen...

interlocking ['ɪntəlɒkɪŋ] *sb* Verschachtelung *f*

interlocking directorate ['ɪntəlɒkɪŋ daɪ'rektərɪt] *sb* Überkreuzverflechtung *f*

intermediary [ɪntə'mi:dɪərɪ] *sb* **1.** Vermittler *m*, Mittelsmann *m;* **2.** *act as ~* vermitteln

intermediate broker [ɪntə'mi:dʒət 'brəʊkə] *sb* Untermakler *m*

intermediate company [ɪntə'mi:dʒət 'kʌmpənɪ] *sb* Zwischengesellschaft *f*

Intermediate Court of Appeals [ɪntə-ˈmiːdjət kɔːt əv əˈpiːlz] *sb* Oberlandesgericht (OLG) *n*

intermediate inventory [ɪntəˈmiːdjət ˈɪnventrɪ] *sb* Zwischenlager *n*

intermediate products [ɪntəˈmiːdjət ˈprɒdʌkts] *pl* Vorprodukte *n/pl*

intermediate share certificate [ɪntəˈmiːdjət ʃeə sɜːˈtɪfɪkɪt] *sb* Anrechtscheine *m/pl*

intermediation [ɪntəmiːdɪˈeɪʃən] *sb* Mitwirkung *f*

internal [ɪnˈtɜːnl] *adj* **1.** *(within an organization)* intern; **2.** *(within a country)* Innen..., Binnen...

internal accounting [ɪnˈtɜːnl əˈkaʊntɪŋ] *sb* internes Rechnungswesen *n*

internal audit [ɪnˈtɜːnl ˈɔːdɪt] *sb* interne Revision *f*

internal financing [ɪnˈtɜːnl faɪˈnænsɪŋ] *sb* Innenfinanzierung *f*

internal interest rate [ɪnˈtɜːnl ˈɪntrest reɪt] *sb* interner Zinsfuß *m*

internalization of external effects [ɪntɜːnəlaɪˈzeɪʃən əv ˈekstɜːnl ɪˈfekts] *sb* Internalisierung externer Effekte *f*

Internal Market of the European Community [ɪnˈtɜːnl ˈmɑːkɪt əv ðɪ ˈjʊərəpɪən kəˈmjuːnɪtɪ] *sb* Europäischer Binnenmarkt *m*

internal partnership [ɪnˈtɜːnl ˈpɑːtnəʃɪp] *sb* Innengesellschaft *f*

internal services [ɪnˈtɜːnl ˈsɜːvɪsɪz] *pl* innerbetriebliche Leistungen *f/pl*

internal supervision system [ɪnˈtɜːnl suːpəˈvɪʒən ˈsɪstəm] *sb* internes Überwachungssystem *n*

internal syndicate [ɪnˈtɜːnl ˈsɪndɪkɪt] *sb* Innenkonsortium *n*

international [ɪntəˈnæʃnəl] *adj* international

International Bank Account Number (IBAN) [ɪntəˈnæʃnəl ˈbæŋk əkaʊnt ˈnʌmbə] *sb* internationale Kontonummer *f*, IBAN *f*

international capital transactions [ɪntəˈnæʃnəl ˈkæpɪtəl trænˈzækʃənz] *pl* internationaler Kapitalverkehr *m*

international cash position [ɪntəˈnæʃnəl kæʃ pəˈzɪʃən] *sb* internationale Liquidität *f*

International Commodity Agreements [ɪntəˈnæʃnəl kəˈmɒdɪtɪ əˈgriːmənts] *sb* Rohstoffabkommen *n*

international commodity exchange [ɪntəˈnæʃnəl kəˈmɒdɪtɪ ɪksˈtʃeɪndʒ] *sb* Internationale Warenbörsen *f/pl*

international consignment note [ɪntəˈnæʃnəl kənˈsaɪnmənt nəʊt] *sb* internationaler Frachtbrief *m*

international credit markets [ɪntəˈnæʃnəl ˈkredɪt ˈmɑːkɪts] *pl* internationale Kreditmärkte *m/pl*

international economic order [ɪntəˈnæʃnəl iːkəˈnɒmɪk ˈɔːdə] *sb* Weltwirtschaftsordnung *f*

international economic policy [ɪntəˈnæʃnəl iːkəˈnɒmɪk ˈpɒlɪsɪ] *sb* Außenwirtschaftspolitik *f*

international economic system [ɪntəˈnæʃnəl iːkəˈnɒmɪk ˈsɪstɪm] *sb* Weltwirtschaftsordnung *f*

International Federation of Stock Exchanges [ɪntəˈnæʃnəl fedəˈreɪʃən əv stɒk ɪksˈtʃeɪndʒɪz] *sb* Internationale Vereinigung der Wertpapierbörsen *f*

international foreign exchange markets [ɪntəˈnæʃnəl ˈfɒrən ɪksˈtʃeɪndʒ ˈmɑːkɪts] *pl* Internationale Devisenbörsen *f/pl*

internationalization strategy [ɪntəˈnæʃənəlaɪˈzeɪʃən ˈstrætɪdʒɪ] *sb* Internationalisierungsstrategie *f*

international law [ˈɪntənæʃnəl lɔː] *sb* Völkerrecht *n*

international monetary system [ɪntəˈnæʃnəl ˈmʌnɪtərɪ ˈsɪstəm] *sb* Weltwährungssystem *n*, internationales Währungssystem *n*

international payments [ɪntəˈnæʃnəl ˈpeɪmənts] *sb* internationaler Zahlungsverkehr *m*

international price system [ɪntəˈnæʃnəl praɪs ˈsɪstɪm] *sb* internationaler Preiszusammenhang *m*

international product liability [ɪntəˈnæʃnəl ˈprɒdʌkt laɪəˈbɪlɪtɪ] *sb* internationale Produkthaftung *f*

Internet [ˈɪntənet] *sb* Internet *n*

Internet economy [ˈɪntənet ɪˈkɒnəmɪ] *sb* Internet-Ökonomie *f*

internship [ˈɪntɜːnʃɪp] *sb* Praktikum *n*, Volontariat *n*

interpolation [ɪntəpə'leɪʃən] *sb* Interpolation *f*

interpret [ɪn'tɜːprɪt] *v* dolmetschen, übersetzen

interpreter [ɪn'tɜːprɪtə] *sb* Dolmetscher(in) *m/f*, Übersetzer(in) *m/f*

interrelation [ɪntərɪ'leɪʃən] *sb* Verflechtung *f*, Wechselbeziehung *f*

intertemporal trade [ɪntə'tempərəl treɪd] *sb* intertemporaler Handel *m*

intervene [ɪntə'viːn] *v* intervenieren, eingreifen

intervention [ɪntə'venʃən] *sb* Intervention *f*, Eingreifen *n*

intervention buying [ɪntə'venʃən 'baɪɪŋ] *sb* Interventionskäufe *m/pl*

intervention point [ɪntə'venʃən pɔɪnt] *sb* Interventionspunkte *m/pl*

interview ['ɪntəvjuː] *sb* **1.** *(formal talk)* Gespräch *n*; **2.** *(job ~)* Vorstellungsgespräch *n*

interviewer ['ɪntəvjuːə] *sb* *(for a job)* Leiter eines Vorstellungsgesprächs *m*

intestate [ɪn'testeɪt] *adj* nicht testamentarisch geregelt

intra-Community deliveries [ɪntrə-kə'mjuːnəti də'lɪvəriːz] *pl* innergemeinschaftliche Lieferungen *f/pl*

intra-Community trade [ɪntrə-kə'mjuːnəti treɪd] *sb* innergemeinschaftlicher Verkehr *m*

Intranet ['ɪntrənet] *sb* Intranet *n*

intra-trade statistics ['ɪntrətreɪd stə'tɪstɪks] *pl* Intrahandelsstatistik *f*

intrinsic motivation [ɪn'trɪnzɪk məʊtɪ-'veɪʃən] *sb* intrinsische Motivation *f*

intrinsic value [ɪn'trɪnzɪk 'væljuː] *sb* innerer Wert *m*, Substanzwert *m*

introduce [ɪntrə'djuːs] *v* *(s.o.)* vorstellen; *(to a subject)* einführen; *~ o.s.* sich vorstellen; *(reforms, a method, a fashion)* einführen

introduction [ɪntrə'dʌkʃən] *sb* **1.** *(to a person)* Vorstellung *f*; **2.** *letter of ~* Empfehlungsschreiben *n*, Empfehlungsbrief *m*; **3.** *(of a method)* Einführung *f*

introduction stage [ɪntrə'dʌkʃən steɪdʒ] *sb* Einführungsphase *f*

introductory discount [ɪntrə'dʌktəri 'dɪskaʊnt] *sb* Einführungsrabatt *m*

introductory price [ɪntrə'dʌktəri praɪs] *sb* Einführungskurs *m*

inure [ɪn'jʊə] *v* *(legal)* in Kraft treten

invent [ɪn'vent] *v* erfinden

invention [ɪn'venʃən] *sb* Erfindung *f*

inventor [ɪn'ventə] *sb* Erfinder(in) *m/f*

inventory ['ɪnvəntəri] *sb* Inventar *n*, Bestandsaufnahme *f*; *take an ~ of sth* Inventar von etw aufnehmen

inventory accounting ['ɪnvəntəri ə'kaʊntɪŋ] *sb* Lagerbuchführung *f*, Materialbuchhaltung *f*

inventory balance sheet ['ɪnvəntəri 'bæləns ʃiːt] *sb* Inventurbilanz *f*

inventory change ['ɪnvəntəri tʃeɪndʒ] *sb* Bestandsveränderung *f*

inventory-sales ratio ['ɪnvəntəri seɪlz 'reɪʃɪəʊ] *sb* Umschlagshäufigkeit eines Lagers *f*

inventory valuation at average prices ['ɪnvəntəri væljuː'eɪʃən æt 'ævərɪdʒ 'praɪsɪz] *sb* Durchschnittsbewertung *f*

inventory value ['ɪnvəntəri 'væljuː] *sb* Inventarwert *m*

inverse interest rate structure ['ɪn-vɜːs 'ɪntrɪst reɪt 'strʌktʃə] *sb* inverse Zinsstruktur *f*

inverse method of cost estimating ['ɪnvɜːs 'meθəd əv kɒst 'estɪmeɪtɪŋ] *sb* retrograde Kalkulation *f*

inverse method of determining income ['ɪnvɜːs 'meθəd əv də'tɜːmɪnɪŋ 'ɪnkʌm] *sb* retrograde Erfolgsrechnung *f*

invested capital [ɪn'vestɪd 'kæpɪtəl] *sb* investiertes Kapital *n*

invested wages [ɪn'vestɪd 'weɪdʒɪz] *pl* Investivlohn *m*

investigation [ɪnvestɪ'geɪʃən] *sb* Nachforschung *f*, Ermittlung *f*

investigation by the tax authorities [ɪnvestɪ'geɪʃən baɪ ðə tæks ɔː'θɒrɪtiːz] *sb* Betriebsprüfung *f*

investment [ɪn'vestmənt] *sb* Anlage *f*, Geldanlage *f*, Investition *f*, Vermögensanlage *f*

investment accounts [ɪn'vestmənt ə'kaʊnts] *pl* Anlagekonten *n/pl*

investment advisor [ɪn'vestmənt əd-'vaɪzə] *sb* Vermögensberater(in) *m/f*, Anlageberater(in) *m/f*

investment aid [ɪn'vestmənt eɪd] *sb* Investitionshilfe *f*

investment appraisal [ɪnˈvestmənt
əˈpreɪzəl] sb Investitionsrechnung f
investment assistance [ɪnˈvestmənt
əˈsɪstəns] sb Investitionshilfe f
investment bank [ɪnˈvestmənt bæŋk]
sb Investmentbank f, Investitionsbank f
investment banking [ɪnˈvestmənt
ˈbæŋkɪŋ] sb Effektenbankgeschäft n
investment bond [ɪnˈvestmənt bɒnd]
sb festverzinsliches Anlagepapier n
investment boom [ɪnˈvestmənt buːm]
sb Investmentboom m
investment bottleneck [ɪnvest-
mənt ˈbɒtlnek] sb Investitionsstau m
investment business [ɪnˈvestmənt
ˈbɪznɪs] sb Emissionsgeschäft n
investment capital [ɪnˈvestmənt
ˈkæpɪtl] sb Kapitalanlage f, Anlagekapital n
investment certificate [ɪnˈvestmənt
səˈtɪfɪkət] sb Investmentzertifikat n
investment committee [ɪnˈvestmənt
kəˈmɪtɪ] sb Anlageausschuss m
investment company [ɪnˈvestmənt
ˈkʌmpənɪ] sb Investmentgesellschaft f
investment counseling [ɪnˈvest-
mənt ˈkaʊnsəlɪŋ] sb Anlageberatung f,
Vermögensberatung f, Wertpapierbera-
tung f
investment credit [ɪnˈvestmənt ˈkredɪt]
sb Investitionskredit m, Anlagekre-
dit m
investment credit insurance [ɪnˈvest-
mənt ˈkredɪt ɪnˈʃʊərəns] sb Investi-
tionskreditversicherung f
investment fund [ɪnˈvestmənt fʌnd]
sb Investmentfonds m
investment fund certificates [ɪnˈvest-
mənt fʌnd səˈtɪfɪkɪts] pl Invest-
mentzertifikate n/pl
investment grant [ɪnˈvestmənt
graːnt] sb Investitionszulage f
investment in kind [ɪnˈvestmənt ɪn
kaɪnd] sb Sacheinlage f
investment in securities [ɪnˈvestmənt
ɪn sɪˈkjʊərɪtiz] sb Wertpapieranlage f
investment index [ɪnˈvestmənt
ˈɪndeks] sb Investitionskennzahl f
investment mix [ɪnˈvestmənt mɪks] sb
Anlagestruktur f
investment loan [ɪnˈvestmənt ləʊn]
sb Investitionskredit m

investment program [ɪnˈvestmənt
ˈprəʊgræm] sb Programmgesellschaft f
investment promotion [ɪnˈvestmənt
prəˈməʊʃən] sb Investitionsförderung f
investment return [ɪnˈvestmənt rɪˈtɜːn]
sb Anlageertrag m, Kapitalrendite f
investment risk [ɪnˈvestmənt rɪsk] sb
Anlagewagnis n
investment scheme [ɪnˈvestmənt
skiːm] sb Investitionsplan m
investment securities [ɪnˈvestmənt
sɪˈkjʊərɪtiz] pl Anlagepapiere n/pl
investment share [ɪnˈvestmənt ʃeə]
sb Investmentanteil m
investment subsidy [ɪnˈvestmənt ˈsʌb-
sədɪ] sb Investitionszuschuss m
investment tax [ɪnˈvestmənt tæks] sb
Investitionssteuer f
investor [ɪnˈvestə] sb Kapitalanleger(in)
m/f, Investor(in) m/f
**investor-state dispute settlement
(ISDS)** [ɪnˈvestəˈsteɪt dɪspjuːt setl-
mənt] sb Schlichtung von Streitigkeiten
zwischen Investoren und dem Staat f,
ISDS n
invisible hand [ɪnˈvɪzɪbəl hænd] sb
Ausgleichsfunktion des Preises f; un-
sichtbare Hand f (nach Adam Smith)
invitation to tender [ɪnvɪˈteɪʃən tu
ˈtendə] sb Ausschreibung f, Submission f
invoice [ˈɪnvɔɪs] sb **1.** Rechnung f, Fak-
tura f; v **2.** fakturieren, in Rechnung stellen
invoice amount [ˈɪnvɔɪs əˈmaʊnt] sb
Rechnungssumme f
invoice number [ˈɪnvɔɪs ˈnʌmbə] sb
Rechnungsnummer f
invoice total [ˈɪnvɔɪs ˈtəʊtl] sb Rechnungsbetrag m
invoicing [ˈɪnvɔɪsɪŋ] sb **1.** Fakturierung
f, Rechnungsstellung f; **2.** Inrechnung-
stellung f, Berechnung f
iron and steel industry [ˈaɪən ænd
stiːl ˈɪndəstrɪ] sb Eisen- und Stahlindustrie f
iron exchange [ˈaɪən ɪksˈtʃeɪndʒ] sb
Eisenbörse f
irredeemable [ɪrɪˈdiːməbl] adj **1.**
(bonds) unkündbar; **2.** (currency) nicht
einlösbar; **3.** (debt, pawned object)
nicht ablösbar

irregularity [ɪregjʊˈlærətɪ] *sb* Unregelmäßigkeit *f*

ISO standards [aɪ es əʊ ˈstændədz] *pl* ISO-Normen *f/pl*

issue [ˈɪʃuː] *v* **1.** *(a command)* ausgeben, erteilen; **2.** *(currency)* ausgeben, emittieren; **3.** *(documents)* ausstellen; **4.** *(stamps, a newspaper, a book)* herausgeben; *sb* **5.** *(magazine, currency, stamps)* Ausgabe *f;* **6.** *(of documents)* Ausstellung *f;* date of ~ Ausstellungsdatum *n;* **7.** *(of stocks)* Emission *f*, Ausgabe *f;* **8.** *(goods)* Abgang *m*

issue at par [ˈɪʃuː æt pɑː] *sb* Pari-Emission *f*

issue below par [ˈɪʃuː bəˈləʊ pɑː] *sb* Unter-Pari-Emission *f*

issue broker [ˈɪʃuː ˈbrəʊkə] *sb* Emissionsmakler(in) *m/f*

issue calendar [ˈɪʃuː ˈkælɪndə] *sb* Emissionskalender *m*

issue commission [ˈɪʃuː kəˈmɪʃən] *sb* Emissionsvergütung *f*

issue date [ˈɪʃuː deɪt] *sb* Ausstellungstag *m*

issue department [ˈɪʃuː dəˈpɑːtmənt] *sb* Emissionsabteilung *f*

Issue Law [ˈɪʃuː lɔː] *sb* Emissionsgesetz *n*

issue market [ˈɪʃuː mɑːkət] *sb* Emissionsmarkt *m*, Primärmarkt *m*

issue of securities [ˈɪʃuː əv sɪˈkjʊərɪtiz] *sb* Effektenemission *f*, Wertpapieremission *f*

issue of shares [ˈɪʃuː əv ʃeəz] *sb* Aktienemission *f*, Aktienausgabe *f*

issue permit [ˈɪʃuː ˈpɜːmɪt] *sb* Emissionsgenehmigung *f*

issue premium [ˈɪʃuː ˈpriːmɪəm] *sb* Emissionsagio *n*

issue price [ˈɪʃuː praɪs] *sb* Emissionskurs *m*

issuer [ˈɪʃuːə] *sb* Emittent *m*, emittierendes Unternehmen *n*

issue yield [ˈɪʃuː jiːld] *sb* Emissionsrendite *f*

issuing [ˈɪʃuːɪŋ] *sb* Emission *f*, Ausgabe *f*, Erscheinen *n*

issuing bank [ˈɪʃuːɪŋ bæŋk] *sb* Effektenbank *f*, Emissionsbank *f*

issuing house [ˈɪʃuːɪŋ haʊs] *sb* Emissionshaus *n*

issuing of shares [ˈɪʃuːɪŋ əv ʃeəz] *sb* Aktienausgabe *f*

issuing price [ˈɪʃuːɪŋ praɪs] *sb* Ausgabepreis *m*, Begebungspreis *m*, Ausgabekurs *m*

issuing procedure [ˈɪʃuːɪŋ prəʊˈsiːdʒə] *sb* Emissionsverfahren *n*

item [ˈaɪtəm] *sb* **1.** *(object, thing)* Stück *n*, Ding *n*, Gegenstand *m;* **2.** *(on an agenda)* Punkt *m;* **3.** *(in an account book)* Posten *m*

item charge [ˈaɪtəm tʃɑːdʒ] *sb* Postengebühr *f*

item free of charge [ˈeɪtəm friː əv tʃɑːdʒ] *sb* Frankoposten *m*

itemization [aɪtəmaɪˈzeɪʃən] *sb* Aufgliederung *f*, Spezifizierung *f*

itemize [ˈaɪtəmaɪz] *v* einzeln aufführen, spezifizieren

item numbering system [ˈeɪtəm ˈnʌmbərɪŋ ˈsɪstɪm] *sb* Artikelnummernsystem *n*

item of real estate [ˈaɪtəm əv ˈrɪəl ɪˈsteɪt] *sb* Immobilie *f*

itinerant trade [aɪˈtɪnərənt treɪd] *sb* ambulantes Gewerbe *n*

itinerary [aɪˈtɪnərərɪ] *sb* **1.** Reiseroute *f*, Fahrstrecke *f;* **2.** *(outline)* Reiseplan *m*

I

J/K

jacket ['dʒækɪt] *sb* Schutzhülle *f*, Umschlag *m*

jam [dʒæm] *sb* **1.** *(blockage)* Stauung *f*; **2.** *traffic ~* (Verkehrs-)Stau *m*

janitor ['dʒænɪtə] *sb (US)* Hausmeister(in) *m/f*

jargon ['dʒɑːgən] *sb* Jargon *m*, Fachsprache *f*

jet [dʒet] *sb (~ plane)* Düsenflugzeug *n*, Jet *m*

jingle ['dʒɪŋgl] *sb* Werbemelodie *f*, Erkennungsmelodie *f*

job [dʒɒb] *sb* **1.** *(employment)* Stelle *f*, Job *m*, Stellung *f*; **2.** *(piece of work)* Arbeit *f*; **3.** *to be paid by the ~* pro Auftrag bezahlt werden; *pl* **4.** *odd ~s* Gelegenheitsarbeiten *pl*; **5.** *(responsibility, duty)* Aufgabe *f*; *That's not my ~.* Dafür bin ich nicht zuständig.

job account log [dʒɒb ə'kaʊnt lɒg] *sb* Auftragsabrechnungsbuch *n*

job account number [dʒɒb ə'kaʊnt 'nʌmbə] *sb* Auftragsnummer *f*

job allocation [dʒɒb ælə'keɪʃən] *sb* Aufgabenverteilung *f*, Aufgabenzuweisung *f*

job application [dʒɒb æplɪ'keɪʃən] *sb* Bewerbung *f*, Stellengesuch *n*

jobbing ['dʒɒbɪŋ] *sb* Jobben *n*

job card [dʒɒb 'kɑːd] *sb* Arbeitszettel *m*

job centre ['dʒɒb sentə] *sb (UK)* Arbeitsamt *n*

job changeover [dʒɒb 'tʃeɪndʒəʊvə] *sb* Auftragswechsel *m*

job controlling [dʒɒb kən'trəʊlɪŋ] *sb* Auftragssteuerung *f*

job counselor [dʒɒb 'kaʊnsələ] *sb* Berufsberater(in) *m/f*

job demand ['dʒɒb dɪ'mɑːnd] *sb* Arbeitsnachfrage *f*

job description ['dʒɒb dɪskrɪpʃən] *sb* Tätigkeitsbeschreibung *f*

job engineering ['dʒɒb endʒɪn'iːrɪŋ] *sb* Arbeitsplatzgestaltung *f*

job enlargement [dʒɒb ɪn'lɑːdʒmənt] *sb* Erweiterung des Aufgabenbereichs *f*

job entrant [dʒɒb 'entrənt] *sb* Berufsanfänger(in) *m/f*

job execution [dʒɒb eksɪ'kjuːʃən] *sb* Auftragsdurchführung *f*

job evaluation ['dʒɒb ɪvælju'eɪʃən] *sb* Arbeitsbewertung *f*

job freeze ['dʒɒb friːz] *sb* Einstellungsstopp *m*, Einstellungssperre *f*

job history [dʒɒb 'hɪstrɪ] *sb* beruflicher Werdegang *m*

job interview [dʒɒb 'ɪntəvjuː] *sb* Vorstellungsgespräch *n*, Bewerbungsgespräch *n*

job layout [dʒɒb 'leɪaʊt] *sb* Arbeitsplatzgestaltung *f*

jobless ['dʒɒbləs] *adj* arbeitslos

job lot [dʒɒb lɒt] *sb (of articles)* Posten *m*

job order [dʒɒb 'ɔːdə] *sb* Arbeitsauftrag *m*, (Lohn-)Fertigungsauftrag *m*

job order costing [dʒɒb 'ɔːdə 'kɒstɪŋ] *sb* Zuschlagskalkulation *f*

job placement [dʒɒb 'pleɪsmənt] *sb* Stellenvermittlung *f*

job preparation [dʒɒb prepə'reɪʃən] *sb* Arbeitsvorbereitung *f*

job pricing [dʒɒb 'praɪsɪŋ] *sb* Lohnkostenkalkulation *f*

job production [dʒɒb prə'dʌkʃən] *sb* Einzelfertigung *f*, Auftragsfertigung *f*

job rate [dʒɒb 'reɪt] *sb* **1.** Tarifgrundlohn *m*; **2.** *(piece work)* Akkordlohnsatz *m*

job record [dʒɒb 'rekɔːd] *sb* beruflicher Werdegang *m*

job rotation [dʒɒb rəʊ'teɪʃən] *sb* Jobrotation *f*, systematischer Arbeitsplatzwechsel *m*

job satisfaction ['dʒɒb sætɪs'fækʃən] *sb* Arbeitszufriedenheit *f*

job search ['dʒɒb sɜːtʃ] *sb* Stellensuche *f*

job sequence [dʒɒb 'siːkwəns] *sb* Arbeitsfolge *f*, Arbeitsablauf *m*

job sharing [dʒɒb 'ʃeərɪŋ] *sb* Jobsharing *n*, Teilen einer Arbeitsstelle *n*

job shop operation [dʒɒb ʃɒp ɒpə'reɪʃn] *sb* Werkstattfertigung *f*

job shop schedule [dʒɒb ʃɒp ˈʃedjuːl] *sb* Maschinenbelegungsplan *m*

job time [ˈdʒɒb taɪm] *sb* Stückzeit *f*, Auftragszeit *f*

join [dʒɔɪn] *v* **1.** eintreten, beitreten; **2.** *(combine)* zusammenfügen, verbinden

joining [ˈdʒɔɪnɪŋ] *sb* Beitritt *m*

joint [dʒɔɪnt] *adj* gemeinsam, gemeinschaftlich, Gemeinschafts...; ~ *and several* gesamtschuldnerisch

joint account [dʒɔɪnt əˈkaʊnt] *sb* Gemeinschaftskonto *n*, Oder-Konto *n*

joint and several debtor [dʒɔɪnt ænd ˈsevərəl ˈdetə] *sb sb* Gesamtschuldner *m*

joint and several guaranty [dʒɔɪnt ænd ˈsevərəl gærənˈtiː] *sb* gesamtschuldnerische Bürgschaft *f*

joint and several liability [ˈdʒɔɪnt ænd ˈsevərəl laɪləˈbɪlɪtɪ] *sb* Solidarhaftung *f*

joint committee [dʒɔɪnt kəˈmɪtɪ] *sb* gemischter Ausschuss *m*

joint debt [dʒɔɪnt det] *sb* Gesamthandschuld *f*

joint debtor [dʒɔɪnt ˈdetə] *sb* Mitschuldner(in) *m/f*

joint deposit [dʒɔɪnt dɪˈpɒsɪt] *sb* Oder-depot *n*

joint funds [dʒɔɪnt fʌnds] *pl* Gemeinschaftsfonds *m*

joint issue [dʒɔɪnt ˈɪʃjuː] *sb* Gemeinschaftsemission *f*

joint loan [dʒɔɪnt ləʊn] *sb* Gemeinschaftsanleihe *f*

joint loan issue [dʒɔɪnt ləʊn ˈɪʃuː] *sb* Sammelanleihe *f*

joint owner [dʒɔɪnt ˈəʊnə] *sb* Miteigentümer(in) *m/f*, Mitbesitzer(in) *m/f*

joint possession [dʒɔɪnt pəˈzeʃn] *sb* Mitbesitz *m*

joint power of attorney [dʒɔɪnt ˈpaʊə əv əˈtɜːnɪ] *sb* Gesamtvollmacht *f*

joint proxy [dʒɔɪnt ˈprɒksɪ] *sb* Gesamtprokura *f*

joint property [dʒɔɪnt ˈprɒpertɪ] *sb* gemeinschaftliches Eigentum *n*

joint publicity [dʒɔɪnt pʌˈblɪsɪtɪ] *sb* Gemeinschaftswerbung *f*

joint saving [dʒɔɪnt ˈseɪvɪŋ] *sb* Gemeinschaftssparen *n*

joint security deposit [dʒɔɪnt sɪkˈjʊərɪtɪ dɪˈpɒsɪt] *sb* Gemeinschaftsdepot *n*

joint stock [dʒɔɪnt stɒk] *sb* Aktienkapital *m*

joint stock bank [dʒɔɪnt stɒk bæŋk] *sb* Aktienbank *f*

joint stock company [dʒɔɪnt stɒk ˈkʌmpənɪ] *sb* Aktiengesellschaft *f*

joint tenancy [dʒɔɪnt ˈtenənsɪ] *sb* Gesamthandeigentum *n*

jointly owned claim [ˈdʒɔɪntlɪ əʊnd kleɪm] *sb* Gesamthandforderung *f*

joint-stock company [ˈdʒɔɪntstɒk ˈkʌmpənɪ] *sb* Kapitalgesellschaft *f*, Aktiengesellschaft *f*

joint venture [dʒɔɪnt ˈventʃə] *sb* Gemeinschaftsunternehmen *n*, Joint Venture *n*

joint-venture company [dʒɔɪntˈventʃə ˈkʌmpənɪ] *sb* Projektgesellschaft *f*

jottings [ˈdʒɒtɪŋz] *pl* Notizen *f/pl*

journal [ˈdʒɜːnəl] *sb* **1.** Journal *n*; **2.** *(Rechnungswesen)* Primanota *f*

journeyman [ˈdʒɜːnɪmən] *sb* Geselle *m*

judge [dʒʌdʒ] *v* **1.** urteilen; **2.** *(sth)* beurteilen; **3.** *(consider, deem)* halten für, erachten für; **4.** *(estimate)* einschätzen; *sb* **5.** Richter(in) *m/f*

judge in bankruptcy [dʒʌdʒ ɪn ˈbæŋkrəpsɪ] *sb* Konkursrichter(in) *m/f*

judgement [ˈdʒʌdʒmənt] *sb* **2.** Urteil *n*, Beurteilung *f*; **2.** *(estimation)* Einschätzung *f*

judgement debt [ˈdʒʌdʒmənt det] *sb* Vollstreckungsschuld *f*

judgement note [ˈdʒʌdʒmənt nəʊt] *sb* Schuldanerkenntnisschein *m*

judgement on appeal [ˈdʒʌdʒmənt ɒn əˈpiːl] *sb* Berufungsurteil *n*

judicable [dʒuːˈdɪkəbl] *adj* rechtsfähig

judicial [ˈdʒuːdɪʃəl] *adj* gerichtlich, Justiz...

judicial authority [dʒuːˈdɪʃəl ɔːˈθɒrətɪ] *sb* Gerichtsbehörde *f*, gerichtliche Instanz *f*

jumbo bond issue [ˈdʒʌmbəʊ bɒnd ˈɪʃuː] *sb* Großemission *f*

jump [dʒʌmp] *v* **1.** sprunghaft ansteigen; *sb* **2.** sprunghafter Anstieg *m*

jump in prices [dʒʌmp ɪn ˈpraɪsɪz] *sb* Kurssprung *m*

J

K

junior financing [ˈdʒuːnjə faɪˈnænsɪŋ] *sb* nachrangige Finanzierung *f*

junior lawyer [ˈdʒuːnɪə ˈlɔːjə] *sb* Rechtsreferendar(in) *m/f*

junior market [ˈdʒuːnɪə ˈmɑːkɪt] *sb* nachrangiger Markt *m*

junior mortgage [ˈdʒuːnɪə ˈmɔːgɪdʒ] *sb* nachrangige Hypothek *f*

junior partner [ˈdʒuːnɪə ˈpɑːtnə] *sb* jüngere(r) Teilhaber(in) *m/f*, jüngere(r) Partner(in) *m/f*

junior stock [ˈdʒuːnɪə stɒk] *sb* junge Emission *f*

junk bond [dʒʌŋk bɒnd] *sb* niedrig eingestuftes Wertpapier *n*

junk mail [ˈdʒʌŋk meɪl] *sb* Postwurfsendungen *f/pl*, Reklame *f*

jurisdiction [dʒʊərɪsˈdɪkʃən] *sb* Zuständigkeitsbereich *m*, Zuständigkeit *f*

jurisdiction at the place of performance [dʒʊərɪsˈdɪkʃən ət ðə pleɪs əv pəˈfɔːməns] *sb* Gerichtsstand des Erfüllungsortes *m*

jurisdiction clause [dʒʊərɪsˈdɪkʃən klɔːz] *sb* Zuständigkeitsklausel *f*

jurisdiction to tax [dʒʊərɪsˈdɪkʃen tu ˈtæks] *sb* Steuerhoheit *f*

jurisprudence [dʒʊərɪsˈpruːdəns] *sb* Rechtswissenschaft *f*

juror [ˈdʒʊərə] *sb* Geschworene(r) *f/m*, Schöffe/Schöffin *m/f*

jury [ˈdʒʊərɪ] *sb* Geschworene *pl*

justice [ˈdʒʌstɪs] *sb* (*system*) Gerichtsbarkeit *f*, Justiz *f*

justification [dʒʌstɪfɪˈkeɪʃn] *sb* Rechtfertigung *f*; Begründung *f*

justify [ˈdʒʌstɪfaɪ] *v* rechtfertigen; ~ *these measures* diese Maßnahmen rechtfertigen

just-in-time [dʒʌstɪnˈtaɪm] *adv* just-in-time, produziert zur sofortigen Auslieferung

juxtapose [dʒʌkstəˈpəʊz] *v* nebeneinanderstellen, einander gegenüberstellen

juxtaposition [dʒʌkstəpəˈzɪʃən] *sb* Nebeneinanderdarstellung *f*

keelage [ˈkiːlɪdʒ] *sb* Hafengebühr *f*

keen [kiːn] *adj* **1.** begeistert, leidenschaftlich; *be ~ to do sth* etw unbedingt tun wollen; **2.** scharf; ~ *mind* scharfer Verstand

keep [kiːp] *v irr* **1.** (*accounts, a diary*) führen; **2.** (*an appointment*) einhalten; **3.** (*a promise*) halten, einhalten, einlösen; **4.** (*run a shop, a hotel*) führen

keeping of an account [ˈkiːpɪŋ əv ən əˈkaʊnt] *sb* Kontoführung *f*

keeper [ˈkiːpə] *sb* Verwahrer(in) *m/f*, Halter(in) *m/f*

keeping in stock [ˈkiːpɪŋ ɪn stɒk] *sb* Lagerhaltung *f*

keeping of the minutes [ˈkiːpɪŋ əv ðə ˈmɪnɪts] *sb* Protokollführung *f*

keeping of the records [ˈkiːpɪŋ əv ðə ˈrekɔːdz] *sb* Registerführung *f*, Geschäftsbuchführung *f*

keeping period [ˈkiːpɪŋ ˈpɪərɪəd] *sb* Aufbewahrungsfrist *f*

kerb market [kɜːb ˈmɑːkɪt] *sb* Nachbörse *f*, Freiverkehr *m*

key [kiː] *sb* **1.** Schlüssel *m*; **2.** (*of a typewriter, of a keyboard*) Taste *f*

key account manager [kiː əˈkaʊnt ˈmænɪdʒə] *sb* Key-account-Manager(in) *m/f*, Großkundenmanager(in) *m/f*

keyboard [ˈkiːbɔːd] *sb* Tastatur *f*

key costs [kiː kɒsts] *pl* Hauptunkosten *pl*

key currency [kiː ˈkʌrensɪ] *sb* Leitwährung *f*

key customer [kiː ˈkʌstəmə] *sb* Hauptkunde/-kundin *m/f*, Großkunde/-kundin *m/f*

key data [kiː ˈdeɪtə] *sb* Eckdaten *pl*, Schlüsselwerte *m/pl*

key date [kiː deɪt] *sb* Stichtag *m*

key employee [kiː ɪmplɔɪˈiː] *sb* leitende(r) Angestellte(r) *f/m*

key in [kiː ˈɪn] *v* eingeben (per Tastatur), eintippen

key indicator [kiː ˈɪndɪkeɪtə] *sb* Primärindikator *m*

key industry [kiː ˈɪndəstrɪ] *sb* Schlüsselindustrie *f*

key interest rate [kiː ˈɪntrest reɪt] *sb* Leitzinssatz *m*

keylock [ˈkiːlɒk] *sb* (*IT*) Tastensperre *f*

key money [kiː ˈmʌnɪ] *sb* (*UK*) Provision *f*

Keynes Theory [kiːns ˈθɪərɪ] *sb* Keynes'sche Theorie *f*

key number [kiː ˈnʌmbə] *sb* Kontrollnummer *f*

key of payment [kiː əv ˈpeɪmənt] *sb* Kostenschlüssel *m*

key of ratings [kiː əv ˈreɪtɪŋz] *sb* Bewertungsschlüssel *m*

key operating area [kiː ˈɒpəreɪtɪŋ ˈeərɪə] *sb* Hauptgeschäftsbereich *m*

key qualification [kiː kwɒlɪfɪˈkeɪʃn] *sb* Schlüsselqualifikation *f*

key rate [kiː reɪt] *sb* Leitzins *m*

key responsibility area [kiː rɪspɒnsə-ˈbɪlətɪ ˈeərɪə] *sb* Hauptverantwortungsbereich *m*

keystroke [ˈkiːstrəʊk] *sb* Anschlag *m*

key word [kiː wɜːd] *sb* Schlüsselwort *n*

key workers [kiː ˈwɜːkəs] *pl* Stammbelegschaft *f*

kickback [ˈkɪkbæk] *sb* **1.** *(fam)* Schmiergeld *n;* **2.** *(reaction) feel the ~ from* die Auswirkungen spüren von

kill [kɪl] *v* **1.** *(fam) (a proposal)* zu Fall bringen; **2.** *(an engine)* abschalten

kilobyte [ˈkɪləbaɪt] *sb* Kilobyte *n*

kilogramme [ˈkɪləɡræm] *sb (UK)* Kilogramm *n*

kilohertz [ˈkɪləhɜːts] *sb* Kilohertz *n*

kilometre [kɪˈlɒmɪtə] *sb* Kilometer *m; ~s per hour* Stundenkilometer *m/pl*

kiloton [ˈkɪlətʌn] *sb* Kilotonne *f*

kilovolt [ˈkɪləvɒlt] *sb* Kilovolt *n*

kilowatt [ˈkɪləwɒt] *sb* Kilowatt *n*

kind [kaɪnd] *sb* **1.** Art *f,* Sorte *f;* **2.** *(similar) contribution in ~* Sacheinlage *f*

king-sized [ˈkɪŋsaɪzd] *adj* Riesen..., sehr groß

kite [kaɪt] *sb* **1.** Gefälligkeitswechsel; **2.** *(uncovered cheque)* ungedeckter Scheck *m*

kite flying [kaɪt ˈflaɪɪŋ] *sb* Wechselreiterei *f*

knitwear industry [ˈnɪtweə ˈɪndəstrɪ] *sb* Strickwarenindustrie *f*

knock down [nɒk daʊn] *v (Auktion)* zuschlagen

knock-down price [ˈnɒkdaʊn praɪs] *sb* **1.** Schleuderpreis *m;* **2.** *(auction)* Mindestgebot *n*

knock-for-knock [nɒkfɔːˈnɒk] *sb (insurance)* gegenseitige Aufrechnung *f*

knockoff [ˈnɒkɒf] *sb (fam)* Imitation *f*

knock-on [ˈnɒkɒn] *adj ~ effect* Dominoeffekt *m*

know [nəʊ] *v irr* wissen, kennen

knowhow [ˈnəʊhaʊ] *sb* Sachkenntnis *f,* Know-how *n*

knowhow agreement [ˈnəʊhaʊ əˈɡriːmənt] *sb* Lizenzvertrag *m*

knowledge [ˈnɒlɪdʒ] *sb* Wissen *n,* Kenntnisse *f/pl*

knowledge management [ˈnɒlɪdʒ ˈmænɪdʒmənt] *sb* Wissensmanagement *n*

J

K

L

label ['leɪbl] *v* **1.** etikettieren; *sb* **2.** Etikett *n*, Schild *n*

labelling ['leɪbəlɪŋ] *sb* Etikettierung *f*, Kennzeichnung *f*

labelling provisions ['leɪbəlɪŋ prə-'vɪʃns] *pl* Kennzeichnungsverordnung *f*

laboratory [lə'bɒrətrɪ] *sb* Laboratorium *n*, Labor *n*

labour ['leɪbə] *sb* **1.** Arbeit *f*, Anstrengung *f*, Mühe *f*; **2.** *(workers)* Arbeiter *pl*, Arbeitskräfte *pl*

labour and management ['leɪbə ænd 'mænɪdʒmənt] *sb* Tarifpartner *m/pl*, Tarifparteien *f/pl*

labour agreement ['leɪbə ə'griːmənt] *sb* Tarifvertrag *m*

labour cost level ['leɪbə kɒst 'levl] *sb* Lohnkostenniveau *n*

labour costs ['leɪbə kɒsts] *pl* Lohnkosten *pl*

labour cost subsidy ['leɪbə kɒst 'sʌbsədɪ] *sb* Lohnkostenzuschuss *m*

labour court ['leɪbə kɔːt] *sb* Arbeitsgericht *n*

labour/employment costs ['leɪbə ɪm-'plɔɪmənt kɒsts] *sb (Personal)* Arbeitskosten *f*

labour exchange ['leɪbər ɪk'stʃeɪndʒ] *sb (UK)* Arbeitsamt *n*

labour grading ['leɪbə 'greɪdɪŋ] *sb* Arbeitsbewertung *f*

labour law ['leɪbə lɔː] *sb* Arbeitsrecht *n*

labour leader ['leɪbə 'liːdə] *sb* Gewerkschaftsführer *m*

labour market ['leɪbə 'mɑːkɪt] *sb* Arbeitsmarkt *m*

labour market policy ['leɪbə 'mɑːkɪt 'pɒlɪsɪ] *sb* Arbeitsmarktpolitik *f*

labour permit ['leɪbə 'pɜːmɪt] *sb* Arbeitserlaubnis *f*, Arbeitsgenehmigung *f*

Labour Promotion Law ['leɪbə prə-'məʊʃn lɔː] *sb* Arbeitsförderungsgesetz (AFG) *n*

labour relations ['leɪbə rɪ'leɪʃənz] *pl* Arbeitsverhältnis, Arbeitsklima *n*

labour time standard ['leɪbə taɪm 'stændəd] *sb* Arbeitszeitvorgabe *f*

labourer ['leɪbərə] *sb* Arbeiter *m*, Arbeitskraft *f*

labour-intensive ['leɪbərɪntensɪv] *adj* arbeitsintensiv

lack [læk] *v* **1.** Mangel haben an, nicht haben, nicht besitzen; *sb* **2.** Mangel *m*

lack of foreign exchange [læk əv 'fɒrɪn ɪk'stʃeɪndʒ] *sb* Devisenmangel *m*

lack of jurisdiction [læk əv dʒʊərɪs-'dɪkʃən] *sb* Unzuständigkeit *f*

lack of liquidity [læk əv lɪ'kwɪdɪtɪ] *sb* Unterliquidität *f*

lading ['leɪdɪŋ] *sb* Ladung *f*

lag [læg] *sb* Verzögerung *f*, Rückstand *m*

lagged adjustment of variable costs [lægd ə'dʒʌstmənt əv 'veəriəbl kɒsts] *sb* Kostenremanenz *f*

land bank ['lænd bæŋk] *sb* Bodenkreditanstalt *f*, Hypothekenbank *f*

land charge ['lænd tʃɑːdʒ] *sb* Grundschuld *f*

land charge certificate [lænd tʃɑːdʒ sə'tɪfɪkət] *sb* Grundschuldbrief *m*

land charge in favour of the owner [lænd tʃɑːdʒ ɪn 'feɪvə əv ði: 'əʊnə] *sb* Eigentümer-Grundschuld *f*

land charge not repayable until called [lænd tʃɑːdʒ nɒt riː'peɪəbl ʌn'tɪl kɔːld] *sb* Kündigungsgrundschuld *f*

land credit [lænd 'kredɪt] *sb* Immobiliarkredit *m*

land holder [lænd 'həʊldə] *sb* Grundbesitzer *m*

land investment [lænd ɪn'vestmənt] *sb* Grundstücksanlage *f*

land price ['lænd praɪs] *sb* Bodenpreis *m*

land reform [lænd rɪ'fɔːm] *sb* Bodenreform *f*

land surveying [lænd sə'veɪɪŋ] *sb* Landvermessung *f*

land tenancy [lænd 'tenənsɪ] *sb* Landpacht *f*, Grundstückspacht *f*

land transfer tax [lænd 'trænsfɜː tæks] *sb* Grunderwerbssteuer *f*

landlady ['lændleɪdɪ] *sb* Vermieterin *f*

landlord [ˈlændlɔːd] *sb* Vermieter *m*

lane [leɪn] *sb* **1.** *(shipping route)* Schifffahrtsweg *m;* **2.** *(of an aircraft)* Route *f*

lapse [læps] *sb* **1.** *(of time)* Zeitspanne *f,* Zeitraum *m;* **2.** *(expiration)* Ablauf *m;* **3.** *(of a claim)* Verfall *m;* **4.** *(mistake)* Fehler *m,* Versehen *n*

lapse profit [læps ˈprɒfɪt] *sb* Stornogewinn *m*

lapse provision [læps prəˈvɪʒən] *sb* Stornoklausel *f*

laptop [ˈlæptɒp] *sb* Laptop *m*

large container [lɑːdʒ kənˈteɪnə] *sb* Großcontainer *m*

large-scale [ˈlɑːdʒskeɪl] *adj* Groß..., groß, umfangreich

large-scale chain operation [ˈlɑːdʒskeɪl tʃeɪn ɒpəˈreɪʃn] *sb* Massenfilialbetrieb *m*

large-scale lending [ˈlɑːdʒskeɪl ˈlendɪŋ] *sb* Großkredit *m*

large-scale operation [ˈlɑːdʒskeɪl ɒpəˈreɪʃən] *sb* Großbetrieb *m,* Großunternehmen *n*

large-scale order [ˈlɑːdʒskeɪl ˈɔːdə] *sb* Großauftrag *m*

laser printer [ˈleɪzə ˈprɪntə] *sb* Laserdrucker *m*

last will and testament [ˈlɑːst wɪl ænd ˈtestəmənt] *sb* Testament *n*

last-day business [lɑːstˈdeɪ ˈbɪznɪs] *sb* Ultimogeschäft *n*

last-day money [lɑːstˈdeɪ ˈmʌnɪ] *sb* Ultimogeld *n*

latency time [ˈleɪtənsɪ taɪm] *sb* Zugriffszeit *f,* Wartezeit *f*

lateness [ˈleɪtnɪs] *sb* **1.** Zuspätkommen *n;* **2.** *(of payments, of a train)* Verspätung *f*

latent funds [ˈleɪtənt fʌndz] *pl* stille Rücklage *f*

launch [lɔːntʃ] *v* **1.** *(a product)* auf den Markt bringen; **2.** *(with publicity)* lancieren; **3.** *(a company)* gründen

launch customer [lɔːntʃ ˈkʌstəmə] *sb* Pilotkunde/Pilotkundin *m/f*

launch of a product [lɔːntʃ əv ə ˈprɒdʌkt] *sb* Produkteinführung *f*

launching costs [ˈlɔːntʃɪŋ kɒsts] *pl* Anlaufkosten *pl*

launching finance [ˈlɔːntʃɪŋ ˈfaɪnæns] *sb* Anschubfinanzierung *f*

law [lɔː] *sb* *(system)* Recht *n;* under German ~ nach deutschem Recht

law of balancing organizational plans [lɔː əv ˈbælənsɪŋ ɔːɡənaɪˈzeɪʃnl plænz] *sb* Ausgleichsgesetz der Planung *n*

law of non-proportional returns [lɔː əv nɒnprɒˈpɔːʃnl rɪˈtɜːns] *sb* Ertragsgesetz *n*

law of obligations [lɔː əv ɒblɪˈɡeɪʃns] *sb* Schuldrecht *n*

law of real and personal property [lɔː əv ˈrɪəl ænd ˈpɜːsnl ˈprɒpətɪ] *sb* Sachenrecht *n*

law of succession [lɔː əv sʌkˈseʃn] *sb* Erbrecht *n*

law of taxation [lɔː əv tækˈseɪʃn] *sb* Steuerrecht *n*

law on competition [lɔː ɒn kɒmpəˈtɪʃən] *sb* Wettbewerbsrecht *n*

law on environmental issues [lɔː ɒn ɪnvaɪrənˈmentl ˈɪʃuːs] *sb* Umwelthaftungsgesetz (UmweltHG) *n*

law on food processing and distribution [lɔː ɒn fuːd ˈprəʊsesɪŋ ænd dɪstrɪˈbjuːʃn] *sb* Lebensmittelgesetz *n*

law on semi-retirement [lɔː ɒn ˈsemɪ rɪˈtaɪəmənt] *sb* Altersteilzeitgesetz *n*

lawful [ˈlɔːfəl] *adj* rechtmäßig

lawless [ˈlɔːləs] *adj* gesetzlos

lawsuit [ˈlɔːsuːt] *sb* Prozess *m,* Klage *f,* Gerichtsverfahren *n*

lawyer [ˈlɔːjə] *sb* Anwalt/Anwältin *m/f,* Rechtsanwalt/Rechtsanwältin *m/f*

lay off [leɪ ˈɒf] *v irr* *(worker)* entlassen

layoff [ˈleɪɒf] *sb* Massenentlassung *f*

lay out [leɪ aʊt] *v irr* **1.** *(money)* ausgeben; **2.** *(invest)* investieren; **3.** *(design)* anlegen, planen

layout [ˈleɪaʊt] *sb* **1.** Anordnung *f,* Anlage *f,* Planung *f;* **2.** *(of a publication)* Layout *n*

lead [liːd] *v irr* führen; ~ the way vorangehen

lead contractor [liːd kənˈtræktə] *sb* Generalunternehmer(in) *m/f*

lead hand [ˈliːd hænd] *sb* Vorarbeiter(in) *m/f*

leader [ˈliːdə] *sb* **1.** *(of a project)* Leiter(in) *m/f;* **2.** *(product)* Spitzenreiter *m*

leadership [ˈliːdəʃɪp] *sb* **1.** Führung *f*, Leitung *f*; **2.** *(quality)* Führungsqualitäten *pl*

lead time [liːd taɪm] *sb* **1.** *(production)* Produktionszeit *f*; **2.** *(delivery)* Lieferzeit *f*

leaflet [ˈliːflɪt] *sb* Prospekt *m*, Flugblatt *n*

learning curve [ˈlɜːnɪŋ kɜːv] *sb* Lernkurve *f*

lease [liːs] *v* **1.** *(take)* pachten, in Pacht nehmen, mieten; **2.** *(give)* verpachten, in Pacht geben, vermieten; *sb* **3.** Pacht *f*, Miete *f*

leasehold [ˈliːshəʊld] *sb* Pacht *f*

leasehold rent [ˈliːshəʊld rent] *sb* Pachtzins *m*

leaseholder [ˈliːshəʊldə] *sb* Pächter(in) *m/f*

lease renewal option [liːs rɪˈnjuːəl ˈɒpʃn] *sb* Mietverlängerungsoption *f*

lease with option to purchase [liːs wɪθ ˈɒpʃn tuː ˈpɜːtʃɪs] *sb* Mietkauf *m*

leasing [ˈliːsɪŋ] *sb* Leasing *n*

leasing company [ˈliːsɪŋ ˈkʌmpəni] *sb* Leasing-Gesellschaft *f*

leasing contract [ˈliːsɪŋ ˈkɒntrækt] *sb* Leasing-Vertrag *m*

leasing payment [ˈliːsɪŋ ˈpeɪmənt] *sb* Leasing-Rate *f*

leasing rate [ˈliːsɪŋ reɪt] *sb* Leasing-Rate *f*

leasing rental [ˈliːsɪŋ ˈrentl] *sb* Pachtertrag *m*

leave [liːv] *v irr* **1.** weggehen; **2.** *(car, bus, train)* abfahren; **3.** *(plane)* abfliegen; ~ *for* fahren nach; **4.** *(a message)* ~ *behind* hinterlassen; **5.** *(entrust)* überlassen; *sb* **6.** *(time off)* Urlaub *m*

leave bonus [liːv ˈbəʊnəs] *sb* Urlaubsgeld *n*

ledger [ˈledʒə] *sb* Hauptbuch *n*

ledger account [ˈledʒə əˈkaʊnt] *sb* Sachkonto *n*

legacy [ˈlegəsi] *sb* Vermächtnis *n*

legal [ˈliːgl] *adj (lawful)* legal; *(tender, limit)* gesetzlich

legal action [ˈliːgl ˈækʃən] *sb* Klage *f*, Rechtsstreit *m; take ~ against s.o.* gegen jdn gerichtlich vorgehen

legal adviser [ˈliːgl ədˈvaɪzə] *sb* Rechtsbeistand *m*, Syndikus *m*

legal aid [ˈliːgl eɪd] *sb* Rechtsbeistand *m*, Rechtshilfe *f*

legal capacity [ˈliːgl kəˈpæsɪti] *sb* Rechtsfähigkeit *f*

legal competence [ˈliːgl ˈkɒmpɪtəns] *sb* Geschäftsfähigkeit *f*

legal costs [ˈliːgl kɒsts] *pl* Gerichtskosten *pl*

legal entity [ˈliːgl ˈentɪti] *sb* juristische Person *f*

legal fees [ˈliːgl fiːz] *pl* Gerichtskosten *pl*

legal forms of commercial entities [ˈliːgl fɔːmz əv kəˈmɜːʃl ˈentɪtiz] *pl* Gesellschaftsformen *f/pl*

legalize [ˈliːgəlaɪz] *v* legalisieren

legal obligation of disclosure [ˈliːgl ɒblɪˈgeɪʃn əv dɪsˈkləʊʒə] *sb* Anzeigepflicht *f*

legal obligation to capitalize [ˈliːgl ɒblɪˈgeɪʃn tuː ˈkæpɪtəlaɪz] *sb* Aktivierungspflicht *f*

legal position [ˈliːgl pəˈzɪʃən] *sb* Rechtslage *f*, rechtliche Lage *f*

legal prohibition to capitalize [ˈliːgl prəʊhɪˈbɪʃn tuː ˈkæpɪtəlaɪz] *sb* Aktivierungsverbot *n*

legal recourse for non-payment of a bill [ˈliːgl rɪˈkɔːs fɔː nɒnˈpeɪmənt əv ə bɪl] *sb* Wechselregress *m*

legal relationship [ˈliːgl rɪˈleɪʃənʃɪp] *sb* Rechtsverhältnis *n*

legal remedy [ˈliːgl ˈremədi] *sb* Rechtsbehelf *m*

legal reserves [ˈliːgl rɪˈzɜːvz] *pl* gesetzliche Rücklage *f*

legal responsibility [ˈliːgl rɪspɒnsəˈbɪlɪti] *sb* Rechtshaftung *f*

legal settlement in bankruptcy [ˈliːgl ˈsetlmənt ɪn ˈbæŋkrʌpsi] *sb* Zwangsvergleich *m*

legal situation [ˈliːgl sɪtjuˈeɪʃən] *sb* Rechtslage *f*, rechtliche Lage *f*

legal structure [ˈliːgl ˈstrʌkʃə] *sb* Rechtsform *f*

legal succession [ˈliːgl sʌkˈseʃn] *sb* Rechtsnachfolge *f*

legal supervision [ˈliːgl suːpəˈvɪʒn] *sb* Rechtsaufsicht *f*

legal system [ˈliːgl ˈsɪstəm] *sb* Rechtsordnung *f*

legal tender ['liːɡəl 'tendə] *sb* gesetzliches Zahlungsmittel *n*
legal transaction ['liːɡəl træn'zækʃən] *sb* Rechtsgeschäft *n*
legal transaction in fulfillment of an obligation ['liːɡəl træn'zækʃn ɪn fʊl'filmənt əv ən ɒblɪ'ɡeɪʃn] *sb* Erfüllungsgeschäft *n*
legislation [ledʒɪ'sleɪʃən] *sb* Gesetzgebung *f; (laws)* Gesetze *n/pl*
legislative sovereignty ['ledʒɪslətɪv 'sɒvərɪntɪ] *sb* Gesetzgebungshoheit *f*
lend [lend] *v irr* leihen, verleihen
lender ['lendə] *sb* Darlehensgeber *m*
lending limit ['lendɪŋ 'lɪmɪt] *sb* Beleihungssatz *m*
lending margin ['lendɪŋ 'mɑːdʒɪn] *sb* Kreditrente *f*, Kreditzinsen *pl*
lending on bills ['lendɪŋ ɒn bɪlz] *sb* Wechsellombard *m*
lending on goods ['lendɪŋ ɒn ɡʊdz] *sb* Warenbeleihung *f*
lending on securities ['lendɪŋ ɒn sɪ'kjʊərɪtiz] *sb* Wertpapierleihe *f*, Lombardgeschäft *n*
lending rate ['lendɪŋ reɪt] *sb* Lombardzinsfuß *m*
lend-lease ['lend'liːs] *sb* ~ **agreement** Leih-Pacht-Abkommen *n*
less [les] *prep* abzüglich
lessee [le'siː] *sb* **1.** Pächter(in) *m/f*, **2.** Mieter(in) *m/f*, **3.** Leasing-Nehmer(in) *m/f*
lessor ['lesɔː] *sb* Verpächter(in) *m/f*, Vermieter(in) *m/f*
let [let] *v irr* **1.** *(UK: hire out)* vermieten; *sb* **2.** Vermietung *f*, Verpachtung *f*
letdown ['letdaʊn] *sb* **1.** Enttäuschung *f; ***2.** Abnahme *f*, Rückgang *m*
letter ['letə] *sb (written message)* Brief *m*, Schreiben *n*
letter-box ['letəbɒks] *sb* Briefkasten *m*
letterhead ['letəhed] *sb* Briefkopf *m; (paper with ~)* Kopfbogen *m*
letter of acceptance ['letər əv ək'septəns] *sb* Akzept *n*
letter of allotment ['letər əv ə'lɒtmənt] *sb* Bezugsrechtsmitteilung *f*
letter of application ['letər əv æplɪ'keɪʃən] *sb* Bewerbungsschreiben *n*, Bewerbung *f*

letter of authority ['letər əv ɔː'θɒrətɪ] *sb* Vollmachtserklärung *f*
letter of confirmation ['letər əv kɒnfə'meɪʃn] *sb* Bestätigungsschreiben *n*
letter of credit (L/C) ['letər əv 'kredɪt] *sb* Kreditbrief (L/C) *m*, Akkreditiv *n*
letter of deposit ['letər əv dɪ'pɒzɪt] *sb* Hinterlegungsurkunde *f*
letter of recommendation ['letər əv rekəmen'deɪʃən] *sb* Empfehlungsschreiben *n*, Referenz *f*
letter of reference ['letər əv 'refərəns] *sb* Zeugnis *n*
letter of renunciation ['letər əv rɪnʌnsɪ'eɪʃən] *sb* Verzichtserklärung *f*
letter of thanks ['letər əv θæŋks] *sb* Dankschreiben *n*
level ['levl] *sb (standard)* Niveau *n*, Ebene *f*
level of employment ['levl əv ɪm'plɔɪmənt] *sb* Beschäftigungsgrad *m*
level of internationalization ['levl əv ɪntənæʃənəlaɪ'zeɪʃn] *sb* Internationalisierungsgrad *m*
level of organization ['levl əv ɔːɡənaɪ'zeɪʃn] *sb (Betrieb)* Organisationsgrad *m*
level of taxation ['levl əv tæk'seɪʃən] *sb* Steuerlastquote *f*
levelling ['levəlɪŋ] *sb* Nivellierung *f*
leverage effect ['liːvərɪdʒ ɪ'fekt] *sb* Leverage-Effekt *m*
leveraged buyout ['liːvərɪdʒd 'baɪaʊt] *sb* Management-Buyout *n*
levy ['levɪ] *sb* **1.** *(tax)* Steuer *f*, Abgaben *pl; ***2.** *(act of ~ing)* Erhebung *f*, Umlage *f*
levy on mortgage profits ['levɪ ɒn 'mɔːɡɪdʒ 'prɒfɪts] *sb* Hypothekengewinnabgabe *f*
liabilities [laɪə'bɪlitiːz] *pl* Passiva *pl*
liability [laɪə'bɪlɪtɪ] *sb* **1.** Obligo *n*, Verbindlichkeit *f; ***2.** *assets and liabilities* Aktiva und Passiva *pl; ***3.** *(responsibility)* Haftung *f*
liability account [laɪə'bɪlətɪ ə'kaʊnt] *sb* Passivkonto *n*
liability for breach of warranty [laɪə'bɪlɪtɪ fɔː 'briːtʃ əv 'wɒrəntɪ] *sb* Gewährleistungshaftung *f*, Garantiehaftung *f*
liability for damages [laɪə'bɪlɪtɪ fɔː 'dæmɪdʒɪz] *sb* Schadensersatzpflicht *f*

L

liability of heirs [laɪə'bɪlɪtɪ əv eəz] *sb* Erbenhaftung *f*
liability to insure [laɪə'bɪlɪtɪ tu: ɪn'ʃʊə] *sb* Versicherungspflicht *f*
liable equity capital ['laɪəbl 'ekwɪtɪ 'kæpɪtl] *sb* Haftungskapital *f*
liable funds ['laɪəbl 'fʌnds] *pl* haftendes Eigenkapital *n*
liable to prosecution ['laɪəbl tu: prɒsɪ'kjuːʃən] *adj* straffällig
liable to tax ['laɪəbl tu: tæks] *adj* abgabenpflichtig, steuerpflichtig
liaison [li:'eɪzən] *sb* **1.** Verbindung *f*, Zusammenarbeit *f;* **2.** *(person)* Verbindungsmann *m*
liberal ['lɪbərəl] *adj (supply)* großzügig; *(politically)* liberal
liberal profession ['lɪbərəl prɒ'feʃn] *sb* freier Beruf *m*
liberalism ['lɪbərəlɪzm] *sb* Liberalismus *m*
liberalization of foreign trade [lɪbərəlaɪ'zeɪʃn əv 'fɒrɪn 'treɪd] *sb* Handelsliberalisierung *f*
liberation of capital [lɪbə'reɪʃn əv 'kæpɪtl] *sb* Kapitalfreisetzung *f*
Libor loan ['laɪbə ləʊn] *sb* Liboranleihe *f*
licence ['laɪsəns] *sb* Genehmigung *f*, Erlaubnis *f*, Lizenz *f*, Konzession *f*
licence agreement ['laɪsəns ə'gri:mənt] *sb* Lizenzvertrag *m*
licence fee ['laɪsəns fi:] *sb* Lizenzgebühr *f*
licence number ['laɪsəns 'nʌmbə] *sb* Kraftfahrzeugnummer *f*, Kraftfahrzeugkennzeichen *n*
license ['laɪsəns] *v* **1.** eine Lizenz vergeben an; **2.** *(a product)* lizenzieren, konzessionieren; *sb* **3.** *(US: see "licence");* **4.** *(US)* ~*plate* Nummernschild *n*
license to trade ['laɪsəns tu: treɪd] *sb* Gewerbeschein *n*
licensee [laɪsən'si:] *sb* Konzessionsinhaber *m*, Lizenzinhaber *m*
licenser ['laɪsənsə] *sb* Lizenzgeber *m*
licensing application ['laɪsənsɪŋ æplɪ'keɪʃən] *sb* Zulassungsantrag *m*
licensor ['laɪsənsə] *sb (US: siehe „licenser")*
lien ['li:n] *sb* Pfandrecht *n*
life annuity [laɪf ə'nju:ɪtɪ] *sb* Leibrente *f*

life assurance [laɪf ə'ʃʊərəns] *sb (UK)* Lebensversicherung *f*
life cycle of a product [laɪf 'saɪkl əv ə 'prɒdʌkt] *sb* Lebenszyklus eines Produkts *m*
life insurance ['laɪf ɪn'ʃʊərəns] *sb* Lebensversicherung *f*
limit ['lɪmɪt] *v* **1.** begrenzen, beschränken, einschränken; *sb* **2.** Grenze *f*, Beschränkung *f*, Begrenzung *f; "off ~s" pl* „Zutritt verboten"
limitation [lɪmɪ'teɪʃən] *sb* Beschränkung *f*, Einschränkung *f; (statutory period of ~)* Verjährung *f*, Verjährungsfrist *f*
limitation of actions [lɪmɪ'teɪʃən əv 'ækʃənz] *sb* Verjährung *f*
limited ['lɪmɪtɪd] *adj* begrenzt, beschränkt
limited capacity to enter into legal transactions ['lɪmɪtɪd kə'pæsɪtɪ tu: 'entə 'ɪntu: 'li:gəl træn'zækʃns] *sb* beschränkte Geschäftsfähigkeit *f*
limited commercial partnership ['lɪmɪtɪd kɒ'mɜːʃl 'pɑːtnəʃɪp] *sb* Kommanditgesellschaft (KG) *f*
limited company ['lɪmɪtɪd 'kʌmpənɪ] *sb* Aktiengesellschaft *f*
limited dividend ['lɪmɪtɪd 'dɪvɪdend] *sb* limitierte Dividende *f*
limited employment contract ['lɪmɪtɪd ɪm'plɔɪmənt 'kɒntrækt] *sb* befristetes Arbeitsverhältnis *n*
limited liability ['lɪmɪtɪd laɪə'bɪlɪtɪ] *sb* beschränkte Haftung *f*
limited liability company ['lɪmɪtɪd laɪə'bɪlɪtɪ 'kʌmpənɪ] *sb* Gesellschaft mit beschränkter Haftung (GmbH) *f*
limited liability shareholder ['lɪmɪtɪd laɪə'bɪlɪtɪ 'ʃeəhəʊldə] *sb* Kommanditaktionär *m*
limited partner ['lɪmɪtɪd 'pɑːtnə] *sb* Kommanditist *m*
limited partnership ['lɪmɪtɪd 'pɑːtnəʃɪp] *sb* Kommanditgesellschaft *f*
limiting value ['lɪmɪtɪŋ 'vælju:] *sb* Grenzwert *m*
limit of liability ['lɪmɪt əv laɪə'bɪlətɪ] *sb* Haftungsgrenze *f*
line [laɪn] *sb* **1.** *(of products)* Produktlinie *f;* **2.** *(type of business)* Branche *f*, Fach *n; What's his ~?* Was macht er beruflich? **3.** *(telephone ~)* Leitung *f*, Hold

the ~! Bleiben Sie am Apparat! **4.** *(of products)* Posten *m*

linear depreciation [ˈlɪnɪə dɪpriːʃɪˈeɪʃən] *sb* lineare Abschreibung *f*

linear measures [ˈlɪnɪə ˈmeʒəs] *pl* Längenmaße *n/pl*

line management [laɪn ˈmænɪdʒmənt] *sb* Fachgebietsleitung *f*

line of acceptance [laɪn əv əkˈseptæns] *sb* Akzeptlinie *f*

line of business [ˈlaɪn əv ˈbɪznɪs] *sb* Branche *f*, Zweig *m*, Sparte *f*

line of goods [laɪn əv ˈgʊdz] *sb* Artikelserie *f*, Warensortiment *n*

line of resistance [laɪn əv rɪˈsɪstəns] *sb* Widerstandslinie *f*

line-staff organization structure [ˈlaɪnstɑːf ɔːrgənaɪˈzeɪʃn ˈstrʌkʃə] *sb* Stab-Linien-Organisation *f*

linked currency [lɪŋkd ˈkʌrənsɪ] *sb* gebundene Währung *f*

liquid assets [ˈlɪkwɪd ˈæsɪts] *pl* flüssige Mittel *n/pl*

liquid money market [ˈlɪkwɪd ˈmʌnɪ ˈmɑːkɪt] *sb* flüssiger Geldmarkt *m*

liquid reserves [ˈlɪkwɪd rɪˈzɜːvz] *pl* Liquiditätsreserve *f*

liquidate [ˈlɪkwɪdeɪt] *v (a company)* liquidieren, auflösen; *(a debt)* tilgen

liquidating dividend [ˈlɪkwɪdeɪtɪŋ ˈdɪvɪdənd] *sb* Liquidationsrate *f*

liquidation [lɪkwɪˈdeɪʃn] *sb* Liquidation *f*, Realisierung *f*, Tilgung *f*

liquidation account [lɪkwɪˈdeɪʃn əˈkaʊnt] *sb* Abwicklungskonto *n*

liquidation bond [lɪkwɪˈdeɪʃn bʌnd] *sb* Liquidationsschuldverschreibung *f*

liquidation certificate [lɪkwɪˈdeɪʃn sɜːˈtɪfɪkɪt] *sb* Liquidationsanteilsschein *m*

liquidation fee [lɪkwɪˈdeɪʃn fiː] *sb* Liquidationsgebühr *f*

liquidation gain [lɪkwɪˈdeɪʃən geɪn] *sb* Verwertungsgewinn *m*

liquidation outpayment rate [lɪkwɪˈdeɪʃn aʊtˈpeɪmənt reɪt] *sb* Liquidationsauszahlungskurs *m*

liquidator [ˈlɪkwɪdeɪtə] *sb* Liquidator *m*

liquidity [lɪˈkwɪdɪtɪ] *sb (of assets)* Liquidität *f*

liquidity audit [lɪˈkwɪdɪtɪ ˈɔːdɪt] *sb* Liquiditätsprüfung *f*

liquidity crunch [lɪˈkwɪdɪtɪ krʌntʃ] *sb* Liquiditätskrise *f*

liquidity loan [lɪˈkwɪdɪtɪ ləʊn] *sb* Liquiditätsanleihe *f*

liquidity loss [lɪˈkwɪdɪtɪ lɒs] *sb* Liquiditätsentzug *m*

liquidity management [lɪˈkwɪdɪtɪ ˈmænɪdʒmənt] *sb* Liquiditätsmanagement *n*, Liquiditätssteuerung *f*

liquidity of the banking system [lɪˈkwɪdɪtɪ əv ðə ˈbæŋkɪŋ ˈsɪstəm] *sb* Bankenliquidität *f*

liquidity papers [lɪˈkwɪdɪtɪ ˈpeɪpəs] *sb* Liquiditätspapier *n*

liquidity ratio [lɪˈkwɪdɪtɪ ˈreɪʃɪəʊ] *sb* Deckungsgrad *m*, Liquiditätsgrad *m*, Liquiditätsquote *f*

liquidity reserves [lɪˈkwɪdɪtɪ rɪˈzɜːvz] *pl* Liquiditätsreserve *f*

liquidity risk [lɪˈkwɪdɪtɪ rɪsk] *sb* Liquiditätsrisiko *n*

liquidity squeeze [liˈkwɪdɪtɪ skwiːz] *sb* Liquiditätsengpass *m*

liquidity status [lɪˈkwɪdɪtɪ ˈsteɪtəs] *sb* Liquiditätsstatus *m*

liquidity syndicate bank [lɪˈkwɪdɪtɪ ˈsɪndɪkət bæŋk] *sb* Liquiditätskonsortialbank *f*

liquidity theory [lɪˈkwɪdɪtɪ ˈθɪərɪ] *sb* Liquiditätstheorie *f*

listing [ˈlɪstɪŋ] *sb* **1.** Auflistung *f*, Verzeichnis *n*; **2.** *(entry)* Eintrag *m*, Eintragung *f*; **3.** *(stock-index)* Börsenzulassung *f*, Börsennotierung *f*

list of balances [lɪst əv ˈbælænsɪz] *sb* Saldenbilanz *f*

list of exchange [lɪst əv ɪkˈstʃeɪndʒ] *sb* Devisenkurszettel *m*

list of insolvents [lɪst əv ɪnˈsɒlvənts] *sb* Schuldnerverzeichnis *n*

list of securities deposited [lɪst əv sɪˈkjʊərɪtiz dɪˈpɒzɪtɪd] *sb* Depotaufstellung *f*

list of securities eligible as collateral [lɪst əv sɪˈkjʊərɪtiz ˈelɪdʒɪbl æz kɒˈlætərəl] *sb* Lombardverzeichnis *n*

list of serial numbers of securities purchases [lɪst əv ˈsiːrɪəl ˈnʌmbəz əv sɪˈkjʊərɪtiz ˈpɜːtʃɪsɪz] *sb* Nummernverzeichnis *n*

list price [lɪst praɪs] *sb* Listenpreis *m*

liter [ˈliːtə] *sb (US: siehe "litre")*

L

litigant ['lɪtɪgənt] *sb* Prozess führende Partei *f*

litre ['liːtə] *sb* Liter *m*

load [ləʊd] *v* **1.** laden, beladen; ~ up aufladen; *sb* **2.** *(cargo)* Ladung *f*, Fracht *f*

loading ['ləʊdɪŋ] *sb* Ladung *f*, Fracht *f*

loading charges ['ləʊdɪŋ 'tʃɑːdʒɪz] *sb* Verladekosten *pl*, Frachtkosten *pl*

loan [ləʊn] *v* **1.** leihen; *sb* **2.** Darlehen *n*, Anleihe *f*, Kredit *m*

loan at variable rates [ləʊn æt 'væriəbl reɪts] *sb* zinsvariable Anleihe *f*

loan business [ləʊn 'bɪznɪs] *sb* Anleihegeschäft *n*

loan calculation [ləʊn kælkjʊ'leɪʃn] *sb* Anleiherechnung *f*

loan ceiling ['ləʊn siːlɪŋ] *sb* Kreditobergrenze *f*, Kredithöchstgrenze *f*

loan custodianship [ləʊn kʌs'təʊdɪənʃɪp] *sb* Anleihetreuhänderschaft *f*

loan extension [ləʊn ɪk'stenʃən] *sb* Kreditvergabe *f*, Kreditgewährung *f*

loan financing [ləʊn faɪ'nænsɪŋ] *sb* Darlehensfinanzierung *f*

loan for special purposes [ləʊn fɔː 'speʃl 'pɜːpəsɪz] *sb* Objektkredit *m*

loan granted by way of bank guarantee [ləʊn 'grɑːntɪd baɪ 'weɪ əv 'bæŋk gærən'tiː] *sb* Avalkredit *m*

loan granted for building purposes ['ləʊn 'grɑːntɪd fɔː 'bɪldɪŋ 'pɜːpəsɪz] *sb* Bauspardarlehen *n*

loan granted to a local authority ['ləʊn 'grɑːntɪd tuː ə 'ləʊkl ɔː'θɒrɪti] *sb* Kommunaldarlehen *n*

loan granted to managers [ləʊn 'grɑːntɪd tuː 'mænɪdʒəz] *sb* Organkredit *m*

loan guarantee [ləʊn gærən'tiː] *sb* Kreditbürgschaft *f*

loan in foreign currency ['ləʊn ɪn 'fɒrɪn 'kʌrensɪ] *sb* Valuta-Anleihen *f/pl*

loan of credit ['ləʊn əv 'kredɪt] *sb* Kreditleihe *f*

loan on a gold basis ['ləʊn ɒn ə gəʊld 'beɪsɪz] *sb* Goldanleihe *f*

loan on a trust basis ['ləʊn ɒn ə trʌst 'beɪsɪz] *sb* Treuhandkredit *m*

loan on landed property ['ləʊn ɒn 'lændɪd 'prɒpəti] *sb* Bodenkredit *m*

loan with profit participation [ləʊn wɪθ 'prɒfɪt pɑːtɪsɪ'peɪʃn] *sb* Beteiligungsdarlehen *n*

lobby ['lɒbɪ] *v* **1.** sich einsetzen, Einfluss nehmen; ~s.o. jdn beeinflussen; *sb* **2.** Lobby *f*; **3.** Vorzimmer *n*

lobbyist ['lɒbiːɪst] *sb* Lobbyist(in) *m/f*

local ['ləʊkəl] *adj* örtlich, Orts...

local authorities bank ['ləʊkl ɔː'θɒrɪtiz bæŋk] *sb* Kommunalbank *f*

local authorities loan ['ləʊkl ɔː'θɒrɪtiz ləʊn] *sb* Kommunalanleihe *f*

local authority ['ləʊkəl ɔː'θɒrɪti] *sb* (UK) örtliche Behörde *f*

local authority loan ['ləʊkəl ɔː'θɒrɪti ləʊn] *sb* Kommunalanleihen *f/pl*

local bank ['ləʊkəl bæŋk] *sb* Lokalbank *f*

local bill [ləʊkəl 'bɪl] *sb* Platzwechsel *m*

local bond [ləʊkəl 'bɒnd] *sb* Kommunalobligation *f*

local call ['ləʊkəl kɔːl] *sb* Ortsgespräch *n*

local expenses [ləʊkəl ɪks'pensɪz] *sb* Platzspesen *pl*

local government [ləʊkəl 'gʌvənment] *sb* Kommunalverwaltung *f*

localization [ləʊkəlaɪ'zeɪʃən] *sb* Lokalisierung *f*, Dezentralisierung *f*

local stock exchange ['ləʊkəl stɒk ɪks'tʃeɪndʒ] *sb* Lokalbörse *f*

local time ['ləʊkəl taɪm] *sb* Ortszeit *f*

local transfer ['ləʊkəl 'trænsfɜː] *sb* Platzübertragung *f*

location [ləʊ'keɪʃən] *sb* Standort *m*, Lage *f*

locational [ləʊ'keɪʃənəl] *adj* standortbedingt

location factor [ləʊ'keɪʃən 'fæktə] *sb* Standortfaktor *m*

lock out [lɒk 'aʊt] *v* aussperren

lockage ['lɒkɪdʒ] *sb* (fees) Schleusengebühr *f*

locker ['lɒkə] *sb* Schließfach *n*

lockout ['lɒkaʊt] *sb* (of workers) Aussperrung *f*

log [lɒg] *v* ~ in einloggen, ~ out ausloggen

logistics [lɒ'dʒɪstɪks] *pl* Logistik *f*

logo ['ləʊgəʊ] *sb* Logo *n*, Emblem *n*

long-distance call [lɒŋ 'dɪstəns kɔːl] *sb* Ferngespräch *n*

long distance giro [lɒŋ ˈdɪstæns ˈdʒaɪrəʊ] *sb* Ferngiro *n*

long distance traffic [lɒŋ ˈdɪstəns ˈtræfɪk] *sb* Fernverkehr *m*

long run [ˈlɒŋ rʌn] *sb* lange Sicht *f*

long-term [ˈlɒŋtɜːm] *adj* langfristig, Langzeit...

long-term credit [ˈlɒŋtɜːm ˈkredɪt] *sb* langfristiger Kredit *m*

long-term deposit [ˈlɒŋtɜːm dɪˈpɒsɪt] *sb* langfristige Einlage *f*

loro account [ˈlɒrəʊ əˈkaʊnt] *sb* Lorokonto *n*

loro balance [ˈlɒrəʊ ˈbæləns] *sb* Loroguthaben *n*

lorry [ˈlɒrɪ] *sb* (UK) Lastwagen *m*, Lastkraftwagen *m*

lorry-load [ˈlɒrɪləʊd] *sb* Wagenladung *f*, Lastwagenladung *f*

losing business [ˈluːzɪŋ ˈbɪznɪs] *sb* Verlustgeschäft *n*

loss [lɒs] *sb* Damnum *n*, Verlust *m*

loss adjuster [lɒs eˈdʒʌstə] *sb* Schadenssachbearbeiter(in) *m/f*

loss advice [lɒs ədˈvaɪs] *sb* Schadensanzeige *f*

loss allocation [lɒs æləˈkeɪʃn] *sb* Verlustzuweisung *f*

loss assumption [lɒs əˈsʌmpʃən] *sb* Verlustübernahme *f*

loss compensation [lɒs kɒmpənˈseɪʃn] *sb* Verlustausgleich *m*

loss in value [lɒs ɪn ˈvæljuː] *sb* Wertverfall *m*, Wertverlust *m*

lossmaker [ˈlɒsmeɪkə] *sb* (UK) Verlustgeschäft *n*

loss-making business [ˈlɒsmeɪkɪŋ ˈbɪznɪs] *sb* Verlustgeschäft *n*

loss of goods in transit [lɒs əv ɡʊdz ɪn ˈtrænsɪt] *sb* Transportschaden *m*

loss of production [ˈlɒs əv prəˈdʌkʃən] *sb* Produktionsausfall *m*

loss on exchange [lɒs ɒn ɪksˈtʃeɪndʒ] *sb* (Wechsel-)Kursverlust *m*

loss on stock prices [lɒs ɒn ˈstɒk ˈpraɪsɪz] *sb* Kursverlust *m*

loss on takeover [lɒs ɒn ˈteɪkəʊvə] *sb* Übernahmeverlust *m*

lost shipment [lɒst ˈʃɪpmənt] *sb* verloren gegangene Sendung *f*

lot [lɒt] *sb* **1.** *(property, plot)* Parzelle *f*, Gelände *n*; **2.** *(quantity)* Posten *m*

lot size [ˈlɒt saɪz] *sb* *(Statistik)* Losgröße *f*

lottery bond [ˈlɒtərɪ bɒnd] *sb* Lotterieanleihe *f*, Auslosungsanleihe *f*

lottery loan [ˈlɒtərɪ ləʊn] *sb* Prämienanleihe *f*

lottery premium saving [ˈlɒtərɪ ˈpriːmjəm ˈseɪvɪŋ] *sb* Gewinnsparen *n*

lottery quotation [ˈlɒtərɪ kwəʊˈteɪʃn] *sb* Loskurs *m*

low-denomination share for small savers [ˈləʊdɪnɒmɪˈneɪʃn ʃeə fɔː smɔːl ˈseɪvəz] *sb* Volksaktie *f*

lowest value principle [ˈləʊɪst ˈvæljuː ˈprɪnsɪpl] *sb* Niederstwertprinzip *n*

low-grade [ˈləʊɡreɪd] *adj* minderwertig

low-loader [ˈləʊləʊdə] *sb* Tieflader *m*

low-margin [ləʊˈmɑːdʒɪn] *adj* mit niedriger Gewinnspanne, knapp kalkuliert

low-paid employment [ˈləʊpeɪd ɪmˈplɔɪmənt] *sb* geringfügige Beschäftigung *f*

low-price store [ˈləʊpraɪs stɔː] *sb* Discounter *m*

low-priced securities [ˈləʊpraɪsd sɪˈkjʊərɪtiːz] *sb* leichte Papiere *n/pl*

low-value items [ləʊˈvæljuː ˈaɪtəmz] *pl* geringwertige Wirtschaftsgüter *n/pl*

lull [lʌl] *sb* Stagnation *f*, Flaute *f*

lump sum [ˈlʌmp sʌm] *sb* **1.** Pauschalsumme *f*, Pauschalbetrag *m*; **2.** Arbeitnehmer-Pauschbetrag *m*

lump-sum payment [ˈlʌmpsʌm ˈpeɪmənt] *sb* Kapitalabfindung *f*

lunch break [ˈlʌntʃ breɪk] *sb* Mittagspause *f*

lunch hour [ˈlʌntʃ aʊə] *sb* Mittagspause *f*

luxury [ˈlʌkʃərɪ] *sb* Luxus *m*

luxury goods [ˈlʌkʃərɪ ɡʊdz] *sb* Luxusgüter *pl*, Luxusartikel *pl*

luxury tax [ˈlʌkʃərɪ tæks] *sb* Luxussteuer *f*

L

M

machine [mə'ʃiːn] *sb* **1.** Maschine *f*, Apparat *m*; **2.** *(vending ~)* Automat *m*

machine accounting [mə'ʃiːn ə'kaʊntɪŋ] *sb* Maschinenbuchhaltung *f*

machine breakdown [mə'ʃiːn 'breɪkdaʊn] *sb* Anlagenausfall *m*, Maschinenstörung *f*

machine insurance [mə'ʃiːn ɪn'ʃʊərəns] *sb* Maschinenversicherung *f*

machine loading [mə'ʃiːn ləʊdɪŋ] *sb* Maschinenbelastung *f*

machine operator [mə'ʃiːn 'ɒpəreɪtə] *sb* Maschinist(in) *m/f*

machine overhead rate [mə'ʃiːn 'əʊvəhed reɪt] *sb* Maschinenkostensatz *m*

machine processing [mə'ʃiːn 'prəʊsesɪŋ] *sb* maschinelle Produktion *f*

machine-readable [mə'ʃiːnriːdəbl] *adj* maschinenlesbar, computerlesbar

machinery [mə'ʃiːnərɪ] *sb* Maschinen *f/pl*, Maschinenpark *m*

machine scheduling [mə'ʃiːn 'ʃedjuːlɪŋ] *sb* Maschinenbelegung *f*

machine utilization [mə'ʃiːn juːtɪlaɪ'zeɪʃən] *sb* Maschinenauslastung *f*

machining [mə'ʃiːnɪŋ] *sb* maschinelle Bearbeitung *f*

macroeconomics [mækrəʊiːkə'nɒmɪks] *sb* Makroökonomie *f*

made-to-order [meɪdtu'ɔːdə] *adj* auf Bestellung, kundenspezifisch

magazine ['mægəziːn] *sb* Zeitschrift *f*, Magazin *n*

magnitude ['mægnɪtjuːd] *sb* **1.** Größe *f*; **2.** *(importance)* Bedeutung *f*

maiden name ['meɪdn neɪm] *sb* Mädchenname *m*

mail [meɪl] *sb* **1.** Post *f*; **2.** by ~ mit der Post; *v* **3.** *(US)* schicken, abschicken

mailbag ['meɪlbæg] *sb* Postsack *m*

mailbox ['meɪlbɒks] *sb* *(computer ~)* Mailbox *f*; *(US)* Briefkasten *m*

mail distribution [meɪl dɪstrɪ'bjuːʃən] *sb* Postvertrieb *m*

mailing department ['meɪlɪŋ dɪ'pɑːtmənt] *sb* Postabteilung *f*

mailing list ['meɪlɪŋ lɪst] *sb* Adressenliste *f*, Versandliste *f*

mailing machine ['meɪlɪŋ mə'ʃiːn] *sb* Frankierautomat *m*

mailman ['meɪlmæn] *sb* *(US)* Briefträger *m*, Postbote *m*

mail-order ['meɪlɔːdə] *adj* Postversand...

mail-order business ['meɪlɔːdə 'bɪznɪs] *sb* Versandhandel *m*, Versandgeschäft *n*

mailshot ['meɪlʃɒt] *sb* Direktwerbung *f*

mail transfer [meɪl 'trænsfɜː] *sb* postalische Überweisung *f*

main centres [meɪn 'sentəs] *sb* Hauptplätze *m/pl*

mainframe ['meɪnfreɪm] *sb* Großrechner *m*

main line [meɪn laɪn] *sb* Hauptstrecke *f*

maintain [meɪn'teɪn] *v* **1.** *(keep in good condition)* in Stand halten; **2.** *(a machine)* warten

maintainer [meɪn'teɪnə] *sb* Wärter(in) *m/f*, für die Wartung zuständige Person *f*

maintenance ['meɪntənəns] *sb* **1.** Aufrechterhaltung *f*, Beibehaltung *f*; **2.** *(keeping in good condition)* Instandhaltung *f*, Wartung *f*

maintenance bond ['meɪntənəns bɒnd] *sb* *(US)* Gewährleistungsgarantie *f*

maintenance costs ['meɪntənəns kɒsts] *sb* Instandhaltungskosten *pl*

maintenance engineer ['meɪntənəns endʒɪ'nɪə] *sb* Kundendiensttechniker *m*

maintenance expenditure ['meɪntənəns ɪks'pendɪtʃə] *sb* Erhaltungsaufwand *m*

maintenance guarantee ['meɪntənəns gærən'tiː] *sb* Gewährleistungsgarantie *f*

maintenance of capital ['meɪntənəns əv 'kæpɪtl] *sb* Kapitalerhaltung *f*

maintenance service ['meɪntənəns 'sɜːvɪs] *sb* Wartungsdienst *m*

majority [mə'dʒɒrɪtɪ] *sb* Majorität *f*, Mehrheit *f*

majority holding [mə'dʒɒrɪtɪ 'həʊldɪŋ] *sb* Mehrheitsbeteiligung *f*

majority of stock [mə'dʒɒrɪtɪ əv stɒk] *sb* Aktienmehrheit *f*

majority of votes [məˈdʒɒrɪtɪ əv vəʊts] *sb* Stimmenmehrheit *f*
majority-owned [məˈdʒɒrɪtɪəʊnd] *adj* im Mehrheitsbesitz
majority-ownership [mədʒɒrɪtɪˈəʊnəʃɪp] *sb* Mehrheitsbesitz *m*
majority participation [məˈdʒɒrɪtɪ pɑːtɪsɪˈpeɪʃn] *sb* Mehrheitsbeteiligung *f*
majority partner [məˈdʒɒrɪtɪ ˈpɑːtnə] *sb* Mehrheitsgesellschafter *m*
make [meɪk] *v irr* **1.** *(manufacture)* herstellen; **2.** *(arrangements, a choice)* treffen; **3.** *(earn)* verdienen; **4.** *(a profit, a fortune)* machen; *sb* **5.** Marke *f*, Fabrikat *n*
make out [meɪk ˈaʊt] *v irr* **1.** *(write out)* ausstellen; **2.** *(a bill)* zusammenstellen
make over [meɪk ˈəʊvə] *v irr* übertragen, abtreten
maker [ˈmeɪkə] *sb* Hersteller *m*, Produzent *m*
makeshift [ˈmeɪkʃɪft] *sb* **1.** Notlösung *f*, Behelf *m; adj* **2.** provisorisch
make up [meɪk ˈʌp] *v irr* ausfertigen, bilden
making [ˈmeɪkɪŋ] *sb* Herstellung *f*
making out an invoice [ˈmeɪkɪŋ aʊt ən ˈɪnvɔɪs] *sb* Fakturierung *f*
making-up price [meɪkɪŋʌp praɪs] *sb* Kompensationskurs *m*, Liquidationskurs *m*
maladjustment [mæləˈdʒʌstmənt] *sb* Unausgeglichenheit *f*
maladminister [mælədˈmɪnɪstə] *v* schlecht verwalten, Misswirtschaft betreiben
malfunction [mælˈfʌŋkʃən] *v* **1.** versagen, schlecht funktionieren; *sb* **2.** Versagen *n*, schlechtes Funktionieren *n*
mall [mɔːl] *sb* **1.** Promenade *f;* **2.** *shopping ~* Einkaufszentrum *n*
manage [ˈmænɪdʒ] *v* **1.** *(supervise)* führen, verwalten, leiten; **2.** *(a team, a band)* managen
managed currency [ˈmænɪdʒd ˈkʌrənsɪ] *sb* manipulierte Währung *f*
management [ˈmænɪdʒmənt] *sb* **1.** Management *n*, Führung *f*, Verwaltung *f*, Leitung *f;* **2.** *(people)* Geschäftsleitung *f*, Geschäftsführung *f*, Direktion *f*, Betriebsleitung *f*

management accounting [ˈmænɪdʒmənt əˈkaʊntɪŋ] *sb* internes Rechnungswesen *n*
management board [ˈmænɪdʒmənt bɔːd] *sb* Vorstand *m*
management bonus [ˈmænɪdʒmənt ˈbəʊnəs] *sb* Tantieme *f*
management consultant [ˈmænɪdʒmənt kənˈsʌltənt] *sb* Unternehmensberater(in) *m/f*
management games [ˈmænɪdʒmənt geɪmz] *sb* Planspiel *n*
management group [ˈmænɪdʒmənt gruːp] *sb* Konsortium *n*
management information system [ˈmænɪdʒmənt ɪnfəˈmeɪʃn ˈsɪstəm] *sb* Führungsinformationssystem *n*, Managementinformationssystem *n*
management of demand [ˈmænɪdʒmənt əv dɪˈmaːnd] *sb* Nachfragelenkung *f*, Globalsteuerung *f*
management of property [ˈmænɪdʒmənt əv ˈprɒpətɪ] *sb* Vermögensverwaltung *f*
management techniques [ˈmænɪdʒmənt tekˈniːks] *sb* Führungstechniken *f/pl*
management unit (in organizations) [ˈmænɪdʒmənt ˈjuːnɪt] *sb* Instanz (in der Organisation) *f*
manager [ˈmænɪdʒə] *sb* Geschäftsführer(in) *m/f*, Leiter(in) *m/f*, Direktor(in) *m/f*, Manager(in) *m/f*
manageress [mænɪdʒəˈres] *sb* Managerin *f*
managerial [mænəˈdʒɪərɪəl] *adj* Führungs..., leitend
managerial hierarchy [mænəˈdʒɪərɪəl ˈhaɪərɑːkɪ] *sb* Führungshierarchie *f*
managerial principles [mænəˈdʒɪərɪəl ˈprɪnsɪpls] *sb* Führungsgrundsätze *m/pl*
managerial staff [mænəˈdʒɪərɪəl staːf] *sb* Geschäftsleitung *f*
manager in bankruptcy [ˈmænɪdʒə ɪn ˈbæŋkrʌpsɪ] *sb* Konkursverwalter *m*
manager's commission [ˈmænɪdʒəz kəˈmɪʃn] *sb* Führungsprovision *f*
managing [ˈmænɪdʒɪŋ] *adj* geschäftsführend, leitend, Betriebs...
managing director [ˈmænɪdʒɪŋ daɪˈrektə] *sb* Generaldirektor(in) *m/f*, Hauptgeschäftsführer(in) *m/f*

M

mandate ['mændeɪt] *sb* **1.** Mandat *n;* **2.** *(authorization)* Vollmacht *f*
mandate to provide credit for a third party ['mændeɪt tu prə'vaɪd 'kredɪt fɔː ə θɜːd 'pɑːtɪ] *sb* Kreditauftrag *m*
mandatory ['mændətərɪ] *adj* **1.** obligatorisch; **2.** to be ~ Pflicht sein
man-hour ['mænaʊə] *sb* Arbeitsstunde *f*
manipulate [mə'nɪpjʊleɪt] *v* **1.** manipulieren; **2.** *(handle, operate)* handhaben; **3.** *(a machine)* bedienen
manipulation [mənɪpjʊ'leɪʃən] *sb* Manipulation *f*
manner of delivery ['mænər əv dɪ'lɪvərɪ] *sb* Versandform *f*
manpower ['mænpaʊə] *sb* Arbeitskräfte *f/pl*, Arbeitspotenzial *n*
manpower policy ['mænpaʊə 'pɒlɪsɪ] *sb* Arbeitsmarktpolitik *f*
manual ['mænjʊəl] *adj* **1.** mit der Hand, Hand..., manuell; *sb* **2.** Handbuch *n*
manual labour ['mænjʊəl 'leɪbə] *sb* Handarbeit *f*
manual work ['mænjʊəl wɜːk] *sb* Handarbeit *f*
manufacture [mænjʊ'fæktʃə] *v* **1.** herstellen; *sb* **2.** Herstellung *f*; Manufaktur *f*; **3.** *(products)* Waren *f/pl*, Erzeugnisse *n/pl*
manufacture to customer's specifications [mænjʊ'fæktʃə tu 'kʌstəməz spesɪfɪ'keɪʃənz] *v* sonderanfertigen
manufactured quantity [mænjʊ'fæktʃəd 'kwɒntɪtɪ] *sb* Fertigungsmenge *f*
manufactured to measure [mænjʊ'fæktʃəd tu 'meʒə] *adj* maßgefertigt
manufacturer [mænjʊ'fæktʃərə] *sb* Hersteller *m*, Erzeuger *m*
manufacture under licence [mænjʊ'fæktʃə 'ʌndə 'laɪsəns] *sb* Lizenzfertigung *f*
manufacturing [mænjʊ'fæktʃərɪŋ] *sb* Erzeugung *f*, Herstellung *f*
manufacturing abroad [mænjʊ'fæktʃərɪŋ ə'brɔːd] *sb* Auslandsfertigung *f*
manufacturing data sheet [mænjʊ'fæktʃərɪŋ 'deɪtə ʃiːt] *sb* Fertigungsablaufplan *m*
margin ['mɑːdʒɪn] *sb* Marge *f*, Spanne *f*
margin account ['mɑːdʒɪn ə'kaʊnt] *sb* Effektenkreditkonto *n*

marginal analysis ['mɑːdʒɪnl ə'nælɪsɪs] *sb* Marginalanalyse *f*
marginal cost ['mɑːdʒɪnl 'kɒst] *sb* Grenzkosten *pl*
marginal cost accounting ['mɑːdʒɪnl 'kɒst ə'kaʊntɪŋ] *sb* Differenzkostenrechnung *f*
marginal costing ['mɑːdʒɪnl 'kɒstɪŋ] *sb* Grenzkostenrechnung *f*, Grenzkostenkalkulation *f*
marginal earnings ['mɑːdʒɪnl 'ɜːnɪŋz] *sb* Grenzerlös *m*
marginal productivity ['mɑːdʒɪnl prɒdʌk'tɪvɪtɪ] *sb* Grenzproduktivität *f*
marginal utility ['mɑːdʒɪnl juː'tɪlɪtɪ] *sb* Grenznutzen *m*
marginal value ['mɑːdʒɪnl 'væljuː] *sb* Marginalwert *m*
margin of profit ['mɑːdʒɪn əv 'prɒfɪt] *sb* Gewinnspanne *f*
margin over costs ['mɑːdʒɪn 'əʊvə kɒsts] *sb* Gewinnspanne *f*
margin requirement ['mɑːdʒɪn rɪ'kwaɪəmənt] *sb* Einschuss *m*
margin trading ['mɑːdʒɪn 'treɪdɪŋ] *sb* Effektendifferenzgeschäft *n*
mark [mɑːk] *v* **2.** *(damage)* beschädigen; **2.** *(scratch)* zerkratzen; *sb* **3.** Marke *f*; **4.** Kennzeichnung *f*; shipping ~s Versandkennzeichnungen *f/pl*
mark down [mɑːk 'daʊn] *v* *(prices)* herabsetzen, senken
markdown ['mɑːkdaʊn] *sb* *(amount lowered)* Preissenkung *f*, Preisabschlag *m*
market ['mɑːkɪt] *sb* **1.** *(demand)* Absatzmarkt *m*, Markt *m;* **2.** to be in the ~ for Bedarf haben an; **3.** *(stock ~)* Börse *f; v* **4.** vertreiben, vermarkten
marketable ['mɑːkɪtəbl] *adj* marktfähig, absatzfähig
market acceptance ['mɑːkɪt ək'septəns] *sb* Absatzfähigkeit *f*, Marktaufnahme *f*
market adjustment ['mɑːkɪt ə'dʒʌstmənt] *sb* Marktanpassung *f*
market after official hours ['mɑːkɪt 'ɑːftə ə'fɪʃəl 'aʊəz] *sb* Nachbörse *f*
market analysis ['mɑːkɪt ə'næləsɪs] *sb* Marktanalyse *f*
market approach ['mɑːkɪt ə'prəʊtʃ] *sb* Marktauftritt *m*
market average ['mɑːkɪt 'ævərɪdʒ] *sb* Durchschnittskurs *m*

market barometer [ˈmaːkɪt bəˈrɒmɪtə] *sb* Börsenbarometer *n*

market before official hours [ˈmaːkɪt bɪˈfɔː əˈfɪʃəl ˈauəz] *sb* Vorbörse *f*

market coverage [ˈmaːkɪt ˈkʌvərɪdʒ] *sb* Marktanteil *m*

market day [ˈmaːkɪt deɪ] *sb* Börsentag *m*

market dominance [ˈmaːkɪt ˈdɒmɪnæns] *sb* Marktbeherrschung *f*

market economy [ˈmaːkɪt ɪˈkɒnəmɪ] *sb* Marktwirtschaft *f*

market fluctuation [ˈmaːkɪt flʌktjʊˈeɪʃn] *sb* Marktschwankung *f*

market forecasting [ˈmaːkɪt ˈfɔːkastɪŋ] *sb* Börsenprognose *f*

market forces [ˈmaːkɪt ˈfɔːsɪz] *sb* Marktkräfte *f/pl*

market form [ˈmaːkɪt fɔːm] *sb* Marktform *f*

market gap [ˈmaːkɪt gæp] *sb* Marktlücke *f*

marketing [ˈmaːkɪtɪŋ] *sb* Marketing *n*, Vermarktung *f*, Absatzwirtschaft *f*

marketing budget [ˈmaːkɪtɪŋ ˈbʌdʒɪt] *sb* Werbeetat *m*

marketing consultant [ˈmaːkɪtɪŋ kənˈsʌltənt] *sb* Marketingberater *m*

marketing department [ˈmaːkɪtɪŋ dɪˈpaːtmənt] *sb* Marketingabteilung *f*

marketing logistics [ˈmaːkɪtɪŋ ləˈdʒɪstɪks] *sb* Distributionslogistik *f*

marketing mix [ˈmaːkɪtɪŋ mɪks] *sb* Marketingmix *m*, Marketingstrategie *f*

marketing record [ˈmaːkɪtɪŋ ˈrekɔːd] *sb* Absatzbilanz *f*

marketing subsidiary [ˈmaːkɪtɪŋ səbˈsɪdɪərɪ] *sb* Vertriebstochter *f*

marketing syndicates [ˈmaːkɪtɪŋ ˈsɪndɪkəts] *sb* Verwertungskonsortien *n/pl*

market inquiry [ˈmaːkɪt ɪnˈkwaɪərɪ] *sb* Marktanalyse *f*

market matrix [ˈmaːkɪt ˈmeɪtrɪks] *sb* Marktmatrix *f*

market operator [ˈmaːkɪt ˈɒpəreɪtə] *sb* Spekulant(in) *m/f*, Börsianer(in) *m/f*

market organization [ˈmaːkɪt ɔːgənaɪˈzeɪʃn] *sb* Marktordnung *f*

market outlet [ˈmaːkɪt ˈautlet] *sb* Absatzventil *n*

market penetration [ˈmaːkɪt penetreɪʃn] *sb* Marktdurchdringung *f*

market performance [ˈmaːkɪt pəˈfɔːməns] *sb* Marktergebnis *n*

market pointer [ˈmaːkɪt ˈpɔɪntə] *sb* Börsentipp *m*

market position [ˈmaːkɪt pəˈsɪʃən] *sb* Marktposition *f*

market potential [ˈmaːkɪt pəʊˈtenʃəl] *sb* Marktpotential *n*, Marktvolumen *n*

market power [ˈmaːkɪt ˈpauə] *sb* Marktmacht *f*

market price [ˈmaːkɪt praɪs] *sb* Kurs *m*, Marktpreis *m*

market quotation [ˈmaːkɪt kwəʊˈteɪʃən] *sb* Börsennotierung *f*

market rate of interest [ˈmaːkɪt reɪt əv ˈɪntrest] *sb* Marktzins *m*

market regulator [ˈmaːkɪt ˈregjʊleɪtə] *sb* Aufsichtsbehörde *f*

market research [ˈmaːkɪt rɪˈsɜːtʃ] *sb* Marktforschung *f*

market research institute [ˈmaːkɪt rɪˈsɜːtʃ ˈɪnstɪtjuːt] *sb* Marktforschungsinstitut *n*

market saturation [ˈmaːkɪt sætʃəˈreɪʃn] *sb* Marktsättigung *f*

market segmentation [ˈmaːkɪt segmənˈteɪʃn] *sb* Marktsegmentierung *f*

market share [ˈmaːkɪt ʃeə] *sb* Marktanteil *m*

market-sharing cartel [ˈmaːkɪtʃeərɪŋ kaːˈtel] *sb* Gebietskartell *n*

market structure [ˈmaːkɪt ˈstrʌktʃə] *sb* Marktstruktur *f*

market value [ˈmaːkɪt ˈvæljuː] *sb* Marktwert *m*, gemeiner Wert *m*

market volume [ˈmaːkɪt ˈvɒljuːm] *sb* Marktvolumen *n*

mark of quality [maːk əv ˈkwɒlɪtɪ] *sb* (Patente) Gütezeichen *n*

mark-up [ˈmaːkʌp] *sb* (amount added) Preiserhöhung *f*, Preisaufschlag *m*

mass communication [ˈmæs kəmjuːnɪˈkeɪʃn] *sb* Massenkommunikation *f*

mass-market [ˈmæsmaːkɪt] *adj* Massenwaren...

mass media [mæs ˈmiːdɪə] *pl* Massenmedien *n/pl*

mass production [mæs prəˈdʌkʃən] *sb* Massenfertigung *f*, Massenproduktion *f*

master copy ['mɑːstə 'kɒpɪ] *sb* Original *n*

master craftsman ['mɑːstə 'krɑːftsmən] *sb* Handwerksmeister *m*

master data ['mɑːstə 'deɪtə] *sb* Stammdaten *pl*

master planning ['mɑːstə 'plænɪŋ] *sb* Gesamtplanung *f*

master sample ['mɑːstə sɑːmpl] *sb* Ausgangsstichprobe *f*

material [mə'tɪərɪəl] *sb* **1.** Material *n; pl* **2.** ~s *(files, notes)* Unterlagen *pl; adj* **3.** wesentlich, erheblich

material asset investment fund [mə'tɪərɪəl 'æset ɪn'vestmənt fʌnd] *sb* Sachwert-Investmentfonds *m*

material assets [mə'tɪərɪəl 'æsets] *sb* Sachvermögen *n*

material costs [mə'tɪərɪəl kɒsts] *sb* Materialkosten *pl*

material damage [mə'tɪərɪəl 'dæmɪdʒ] *sb* Sachschaden *m*

materialistic [mətɪərɪə'lɪstɪk] *adj* materialistisch

material value loan [mə'tɪərɪəl 'væljuː ləʊn] *sb* Sachwertanleihe *f*

maternity allowance [mə'tɜːnɪtɪ ə'laʊəns] *sb* Mutterschaftsgeld *n*

matrix organization ['meɪtrɪks ɔːgənaɪ'zeɪʃn] *sb* Matrix-Organisation *f*

maturity [mə'tjʊərɪtɪ] *sb* **1.** Fälligkeit *f;* **2.** *date of* ~ Fälligkeitsdatum *n*

maturity distribution [mə'tjʊərɪtɪ dɪstrɪbjuːʃən] *sb* Laufzeitenstruktur *f*

maturity value [mə'tjʊərɪtɪ 'væljuː] *sb* Fälligkeitswert *m*

maximisation of profits [mæksɪmaɪ'zeɪʃən əv 'prɒfɪts] *sb* Gewinnmaximierung *f*

maximize ['mæksɪmaɪz] *v* maximieren

maximum ['mæksɪməm] *sb* **1.** Maximum *n;* **2.** *adj* Höchst..., maximal

maximum price ['mæksɪməm praɪs] *sb* Höchstpreis *m*

maximum voting right ['mæksɪməm 'vəʊtɪŋ raɪt] *sb* Höchststimmrecht *n*

mean [miːn] *adj* **1.** mittlere(r,s); *sb* **2.** Mittel *n*, Mittelwert *m; pl* **3.** ~s Mittel *n/pl;* Gelder *n/pl*

mean due date [miːn 'djuː deɪt] *sb* mittlere Verfallszeit *f*

means of advertising ['miːnz əv 'ædvətaɪzɪŋ] *sb* Werbemittel *n*

means of borrowing ['miːnz əv 'bɒrəʊɪŋ] *sb* Kreditinstrument *n*

means of payment ['miːnz əv 'peɪmənt] *sb* Zahlungsmittel *n*

means of transport ['miːnz əv 'trænspɔːt] *sb* Transportmittel *n*, Beförderungsmittel *n*

means test ['miːnz test] *sb* Einkommensüberprüfung *f*

measurability [meʒərə'bɪlɪtɪ] *sb* Messbarkeit *f*

measurable ['meʒərəbl] *adj* messbar

measure ['meʒə] *v* **1.** messen; *sb* **2.** Maß *n*

measurements ['meʒəmənts] *sb* **1.** Messwerte *m/pl;* **2.** Messungen *f/pl*

measure of constraint ['meʒə əv kən'streɪnt] *sb* Zwangsmaßnahme *f*

measures of investment assistance ['meʒəs əv ɪn'vestmənt ə'sɪstəns] *sb* investitionsfördernde Maßnahmen *f/pl*

measures to encourage exports ['meʒəz tu ɪn'kʌrɪdʒ 'ekspɔːts] *pl* Ausfuhrförderung *f*, Exportförderung *f*

measures to spur the economy ['meʒəs tu spɜː ðiː ɪ'kɒnəmɪ] *pl* Wirtschaftsförderung *f*

mechanic [mɪ'kænɪk] *sb* Mechaniker *m*

mechanical [mɪ'kænɪkəl] *adj* mechanisch

mechanical engineering [mɪ'kænɪkəl endʒɪ'nɪərɪŋ] *sb* Maschinenbau *m*

mechanics [mɪ'kænɪks] *sb* Mechanik *f*

mechanize ['mekənaɪz] *v* mechanisieren

media ['miːdɪə] *pl* Medien *n/pl*

media analysis ['miːdɪə ə'næləsɪs] *sb* Werbeträgeranalyse *f*

media event ['miːdɪə ɪ'vent] *sb* Medienereignis *n*

mediate ['miːdɪeɪt] *v* vermitteln

mediation [miːdɪ'eɪʃən] *sb* Vermittlung *f*

mediator ['miːdɪeɪtə] *sb* Vermittler *m*, Mittelsmann *m*

medium ['miːdɪəm] *adj* **1.** mittlere(r,s); *sb* **2.** *(mass ~) (TV, radio, press)* Medium *n*

medium price ['miːdɪəm praɪs] *sb* Mittelkurs *m*

medium-sized ['miːdɪəmsaɪzd] *adj* mittelgroß, medium

medium-term ['miːdɪəmtɜːm] *adj* mittelfristig

medium-term bonds [ˈmiːdɪəmtɜːm bɒndz] *sb* Kassenobligationen *f/pl*

meeting [ˈmiːtɪŋ] *sb* **1.** Begegnung *f*, Zusammentreffen *n;* **2.** *(arranged ~)* Treffen *n;* **3.** *(business ~)* Besprechung *f;* **4.** *(of a committee)* Sitzung *f*

meeting date [ˈmiːtɪŋ deɪt] *sb* Besprechungstermin *m*

meeting of shareholders [ˈmiːtɪŋ əv ˈʃeəhəʊldəz] *sb* Gesellschafterversammlung *f*

megabyte [ˈmegəbaɪt] *sb* Megabyte *n*

megahertz [ˈmegəhɜːts] *sb* Megahertz *n*

member [ˈmembə] *sb* Mitglied *n*

member of the board [ˈmembər əv ðə bɔːd] *sb* Vorstandsmitglied *n*

memo [ˈmeməʊ] *sb* **1.** *(fam)* Mitteilung *f;* **2.** Notiz *f*

memorandum [meməˈrændəm] *sb* **1.** Mitteilung *f;* **2.** Aktennotiz *f*

memorandum clause [meməˈrændəm klɔːz] *sb* Ausschlussklausel *f*

memorandum item [meməˈrændəm ˈaɪtəm] *sb* Merkposten *m*

memorandum of association [meməˈrændəm əv əsəʊsɪˈeɪʃən] *sb* Gründungsurkunde *f*, Gesellschaftsvertrag *m*

memory [ˈmemərɪ] *sb* **1.** Speicher *m;* **2.** *(capacity)* Speicherkapazität *f*

mend [mend] *v* **1.** *(sth)* reparieren; **2.** *(clothes)* ausbessern; *sb* **3.** *(in fabric)* ausgebesserte Stelle *f;* **4.** *(in metal)* Reparatur *f*

mensal [ˈmensl] *adj* monatlich, Monats...

menu [ˈmenjuː] *sb* *(of a computer)* Menü *n*

menu-driven [ˈmenjuːdrɪvn] *adj* menügesteuert

mercantile [ˈmɜːkəntaɪl] *adj* kaufmännisch, Handels...

mercantile system [ˈmɜːkəntaɪl ˈsɪstəm] *sb* Merkantilismus *m*

mercantilism [ˈmɜːkəntɪlɪzm] *sb* Merkantilismus *m*

merchandise [ˈmɜːtʃəndaɪz] *sb* Ware *f*

merchandise accounting [ˈmɜːtʃəndaɪz əˈkaʊntɪŋ] *sb* Warenbuchhaltung *f*

merchandise broker [ˈmɜːtʃəndaɪz ˈbrəʊkə] *sb* Produktenmakler(in) *m/f*

merchandise turnover [ˈmɜːtʃəndaɪz ˈtɜːnəʊvə] *sb* Warenumsatz *m*

merchandising [ˈmɜːtʃəndaɪzɪŋ] *sb* Merchandising *n*, Verkaufsförderung *f*

merchant [ˈmɜːtʃənt] *sb* **1.** Kaufmann *m;* **2.** *(dealer)* Händler *m*

merchant bank [ˈmɜːtʃənt bæŋk] *sb* Handelsbank *f*

merchant trade [ˈmɜːtʃənt treɪd] *sb* Transithandel *m*

merge [mɜːdʒ] *v* **1.** zusammenkommen; **2.** *(companies)* fusionieren

merger [ˈmɜːdʒə] *sb* Fusion *f*, Verschmelzung *f*

merger balance sheet [ˈmɜːdʒə ˈbæləns ʃiːt] *sb* Fusionsbilanz *f*

merger bid [ˈmɜːdʒə bɪd] *sb* Fusionsangebot *f*

merger control [ˈmɜːdʒə kənˈtrəʊl] *sb* Fusionskontrolle *f*

merit [ˈmerɪt] *sb* **1.** Leistung *f*, Verdienst *n;* **2.** *(advantage, positive aspect)* Vorzug *m*

message [ˈmesɪdʒ] *sb* **1.** Mitteilung *f*, Nachricht *f*, Botschaft *f;* **2.** *May I take a ~?* Kann ich etwas ausrichten?

messenger [ˈmesɪndʒə] *sb* Bote *m*

metal cover [ˈmetəl kʌvə] *sb* Metalldeckung *f*

metallic currency [meˈtælɪk ˈkʌrənsɪ] *sb* Hartgeld *n*, Metallwährung *f*

meter [ˈmiːtə] *sb* **1.** *(measuring device)* Zähler *m*, Messgerät *n;* **2.** *(unit of measurement)* *(UK: see "metre")*

method of cost allocation, [ˈmeθəd əv kɒst æləˈkeɪʃn] *sb* **1.** Kostenrechnung *f;* **2.** *(Sozialversicherung)* Umlageverfahren *n*

metre [ˈmiːtə] *sb* *(UK)* Meter *m/n*

metric [ˈmetrɪk] *adj* metrisch

microbiology [maɪkrəʊbaɪˈɒlədʒɪ] *sb* Mikrobiologie *f*

microchip [ˈmaɪkrəʊtʃɪp] *sb* Mikrochip *m*

microcomputer [maɪkrəʊkəmˈpjuːtə] *sb* Mikrocomputer *m*

microeconomics [maɪkrəʊiːkəˈnɒmɪks] *pl* Mikroökonomie *f*

microelectronics [maɪkrəʊelekˈtrɒnɪks] *pl* Mikroelektronik *f*

microfiche [ˈmaɪkrəʊfiːʃ] *sb* Mikrofiche *m*

microfilm [ˈmaɪkrəʊfɪlm] *sb* Mikrofilm *m*

microprocessor [maɪkrəʊˈprəʊsesə] *sb* Mikroprozessor *m*

M

middleman ['mɪdlmæn] *sb* Zwischenhändler *m*

migration of buyers [maɪ'greɪʃn əv 'baɪəz] *sb* Käuferwanderung *f*

mile [maɪl] *sb* Meile *f*

mileage ['maɪlɪdʒ] *sb* Meilenzahl *f*

mileage allowance ['maɪlɪdʒ ə'laʊəns] *sb* Kilometergeld *n*

milestone report ['maɪlstəun rɪ'pɔːt] *sb* Fortschrittsbericht *m*

milligramme ['mɪlɪgræm] *sb (UK)* Milligramm *n*

millilitre ['mɪlɪliːtə] *sb* Milliliter *m/n*

millimetre ['mɪlɪmiːtə] *sb* Millimeter *m*

million ['mɪljən] *sb* Million *f*

millionaire ['mɪljəneə] *sb* Millionär(in) *m/f*

mine [maɪn] *v* **1.** Bergbau betreiben; **2.** *(sth)* fördern, abbauen; *sb* **3.** Bergwerk *n*, Mine *f*, Grube *f*

miner ['maɪnə] *sb* Bergarbeiter *m*, Kumpel *m*

mineral ['mɪnərəl] *sb* Mineral *n*

mineral oil ['mɪnərəl ɔɪl] *sb* Mineralöl *n*

mineral oil tax ['mɪnərəl ɔɪl tæks] *sb* Mineralölsteuer *f*

minicomputer [mɪnɪkəm'pjuːtə] *sb* Kleincomputer *m*

minimal damage ['mɪnɪməl 'dæmɪdʒ] *sb* Bagatellschaden *m*

minimisation of costs [mɪnɪmaɪ'zeɪʃn əv kɒsts] *sb* Kostenminimierung *f*

minimize ['mɪnɪmaɪz] *v* minimieren, auf ein Minimum reduzieren, möglichst gering halten

minimum ['mɪnɪməm] *sb* **1.** Minimum *n; adj* **2.** minimal, Mindest...

minimum amount ['mɪnɪməm ə'maʊnt] *sb* Mindesthöhe *f*

minimum capital ['mɪnɪməm 'kæpɪtl] *sb* Mindestkapital *n*

minimum cost ['mɪnɪməm 'kɒst] *sb* Minimalkosten *pl*

minimum import price ['mɪnɪməm 'ɪmpɔːt praɪs] *sb* Mindesteinfuhrpreise *m/pl*

minimum interest rate ['mɪnɪməm 'ɪntrest reɪt] *sb* Mindestzins *m*

minimum inventory level ['mɪnɪməm ɪn'ventərɪ 'levəl] *sb (Betriebswirtschaft)* eiserner Bestand *m*

minimum investment ['mɪnɪməm ɪn'vestmənt] *sb* Mindesteinlage *f*, Mindestbeteiligung *f*

minimum lending rate ['mɪnɪməm 'lendɪŋ reɪt] *sb (UK)* Diskontsatz *m*

minimum nominal amount ['mɪnɪməm 'nɒmɪnəl ə'maʊnt] *sb* Mindestnennbetrag *m*

minimum price ['mɪnɪməm praɪs] *sb* Mindestpreis *m*

minimum purchase ['mɪnɪməm 'pɜːtʃɪs] *sb* Mindestabnahme *f*

minimum quantity order ['mɪnɪməm 'kwɒntɪtɪ 'ɔːdə] *sb* Mindestbestellmenge *f*

minimum (legal) reserve ['mɪnɪməm (liːgəl) rɪ'sɜːv] *sb* Mindestreserve *f*, Mindestreservesatz *m*, Pflichtreserve *f*

minimum turnover ['mɪnɪməm 'tɜːnəʊvə] *sb* Mindestumsatz *m*

minimum wage ['mɪnɪməm 'weɪdʒ] *sb* Mindestlohn *m*

mining ['maɪnɪŋ] *sb* Bergbau *m*

mining company ['maɪnɪŋ 'kʌmpənɪ] *sb* Bergbauunternehmen *n*

mining industry ['maɪnɪŋ 'ɪndəstrɪ] *sb* Montanindustrie *f*

mining share ['maɪnɪŋ 'ʃeə] *sb* Kux *m*

minor ['maɪnə] *adj* **1.** klein, unbedeutend; **2.** *sb* Jugendliche(r) *f/m*

minting ['mɪntɪŋ] *sb* Prägung *f*

minute ['mɪnɪt] *sb* ~s *pl (of a meeting)* Protokoll *n*

misapplication of deposit [mɪsæplɪ'keɪʃn əv dɪ'pɒsɪt] *sb* Depotunterschlagung *f*

misappropriation [mɪsəprəuprɪ'eɪʃən] *sb* **1.** Entwendung *f;* **2.** *(money)* Veruntreuung *f*

miscalculate [mɪs'kælkjʊleɪt] *v* **1.** sich verrechnen; **2.** *(sth)* falsch berechnen, falsch einschätzen

miscalculation [mɪskælkjʊ'leɪʃən] *sb* Rechenfehler *m*, Fehlkalkulation *f*

miscount [mɪs'kaʊnt] *v* **1.** sich verrechnen, sich verzählen; *sb* **2.** Rechenfehler *m*

misdirect [mɪsdɪ'rekt] *v (letter)* falsch adressieren

misfit analysis ['mɪsfɪt ə'næIɪsɪs] *sb* Misfit-Analyse *f*

misguided investment [mɪs'gaɪdɪd ɪn'vestmənt] *sb* Kapitalfehlleitung *f*

M

mishandle [mɪs'hændl] *v* falsch behandeln, schlecht handhaben

mishandling [mɪs'hændlɪŋ] *sb* schlechte Handhabung *f*, Verpatzen *n*

misinform [mɪsɪn'fɔːm] *v* falsch informieren; *You were ~ed.* Man hat Sie falsch informiert.

misinterpretation [mɪsɪntɜːprɪ'teɪʃən] *sb* Fehldeutung *f*, Fehlinterpretation *f*

mismanage [mɪs'mænɪdʒ] *v* **1.** schlecht verwalten; **2.** *(a deal)* unrichtig handhaben

mismanagement [mɪs'mænɪdʒmənt] *sb* schlechte Verwaltung *f*, Misswirtschaft *f*

mismatch ['mɪsmætʃ] *sb* Fehlanpassung *f*

mission statement ['mɪʃən 'steɪtmənt] *sb* Grundsatzerklärung *f*

mistake [mɪs'teɪk] *sb* Fehler *m*

mistake of law [mɪs'teɪk əv 'lɔː] *sb* Rechtsirrtum *m*

misuse [mɪs'juːs] *sb* Missbrauch *m*

mixed cargo [mɪkst 'kɑːgəʊ] *sb* Stückgut *n*

mixed company [mɪkst 'kʌmpənɪ] *sb* gemischte Firma *f*

mixed economy [mɪkst ɪ'kɒnəmɪ] *sb* gemischte Wirtschaftsform *f*

mixed financing [mɪkst 'faɪnænsɪŋ] *sb* Mischfinanzierung *f*

mixed fund [mɪkst 'fʌnd] *sb* gemischter Fonds *m*

mixed manufacturing [mɪkst mænjʊ'fæktʊərɪŋ] *sb* Gruppenfertigung *f*

mixed tariff [mɪkst 'tærɪf] *sb* Mischzoll *m*

mixed top-down [mɪkst 'tɒpdaʊn] *sb* Gegenstromverfahren *n*

mixture of marketing strategies ['mɪkstʃə əv 'mɑːkɪtɪŋ 'strætɪdʒiz] *sb* Marketingmix *m*

mobbing ['mɒbɪŋ] *sb* Mobbing *n*

mobile ['məʊbaɪl] *adj* **1.** beweglich; **2.** *(object)* fahrbar

mobile phone ['məʊbaɪl fəʊn] *sb* Handy *n*, Mobiltelefon *n*

mobility allowance [məʊ'bɪlətɪ ə'laʊəns] *sb* Fahrtkostenzuschuss *m*

mobilization draft [məʊbɪlaɪ'zeɪʃn drɑːft] *sb* Mobilisierungstratte *f*

mobilization mortgage bond [məʊbɪlaɪ'zeɪʃn 'mɔːgɪdʒ bɒnd] *sb* Mobilisierungspfandbrief *m*

mobilization papers [məʊbɪlaɪ'zeɪʃn 'peɪpəs] *sb* Mobilisierungspapiere *n/pl*

modality [məʊ'dælɪtɪ] *sb* Modalität *f*

model ['mɒdl] *sb* **1.** Modell *n;* **2.** *(perfect example)* Muster *n;* **3.** *(role ~)* Vorbild *n; adj* **4.** vorbildlich, musterhaft, Muster...

model agreement [mɒdl ə'griːmənt] *sb* Mustervertrag *m*

modem ['məʊdem] *sb* Modem *n*

modification [mɒdɪfɪ'keɪʃn] *sb* Formwechsel *m*

monetarism ['mʌnɪtərɪzm] *sb* Monetarismus *m*

monetary ['mʌnɪtərɪ] *adj* **1.** geldlich, Geld...; **2.** *(politically)* Währungs..., monetär

monetary agreement ['mʌnɪtərɪ ə'griːmənt] *sb* Währungsabkommen *n*

monetary arrangement ['mʌnɪtərɪ ə'reɪndʒmənt] *sb* Gelddisposition *f*

monetary authority ['mʌnɪtərɪ ɔː'θɒrɪtɪ] *sb* Währungsbehörde *f*

monetary base ['mʌnɪtərɪ 'beɪs] *sb* Geldbasis *f*, monetäre Basis *f*

monetary base principle ['mʌnɪtərɪ 'beɪs 'prɪnsɪpl] *sb* Geldbasiskonzept *n*

monetary block ['mʌnɪtərɪ 'blɒk] *sb* Währungsblock *m*

monetary capital ['mʌnɪtərɪ 'kæpɪtl] *sb* Geldkapital *n*

monetary crisis ['mʌnɪtərɪ 'kraɪsɪs] *sb* Währungskrise *f*

monetary devaluation ['mʌnɪtərɪ diːvæljʊ'eɪʃn] *sb* Geldentwertung *f*

monetary factor ['mʌnɪtərɪ 'fæktə] *sb* Geldfaktor *m*

monetary fund ['mʌnɪtərɪ fʌnd] *sb* Währungsfonds *m*

monetary parity ['mʌnɪtərɪ 'pærɪtɪ] *sb* Währungsparität *f*

monetary policy ['mʌnɪtərɪ 'pɒlɪsɪ] *sb* Geldpolitik *f*, Währungspolitik *f*

monetary reform ['mʌnɪtərɪ rɪ'fɔːm] *sb* Währungsreform *f*

monetary reserves ['mʌnɪtərɪ rɪ'zɜːvz] *sb* Währungsreserven *f/pl*

monetary restriction ['mʌnɪtərɪ rɪ'strɪkʃən] *sb* Geldverknappung *f*

monetary sovereignty ['mʌnɪtərɪ 'sɒvərɪntɪ] *sb* Münzhoheit *f*

M

monetary stability [ˈmʌnɪtərɪ stəˈbɪlɪtɪ] *sb* Geldwertstabilität *f*

monetary structure [ˈmʌnɪtərɪ ˈstrʌkʃə] *sb* Geldverfassung *f*

monetary system [ˈmʌnɪtərɪ ˈsɪstəm] **1.** Geldwesen *n;* **2.** Währungssystem *n,* Währungsordnung *f*

monetary union [ˈmʌnɪtərɪ ˈjuːnjən] *sb* Währungsunion *f*

monetary unit [ˈmʌnɪtərɪ ˈjuːnɪt] *sb* Währungseinheit *f*

monetization [mʌnɪtaɪˈzeɪʃn] *sb* Monetisierung *f*

money [ˈmʌnɪ] *sb* Geld *n*

money and capital market [ˈmʌnɪ ænd ˈkæpɪtl ˈmaːkɪt] *sb* Kreditmarkt *m*

money broker [ˈmʌnɪ ˈbrəʊkə] *sb* Finanzmakler *m,* Kreditvermittler *m*

moneychanger [ˈmʌnɪtʃeɪndʒə] *sb* **1.** Geldwechsler *m;* **2.** *(machine)* Wechselautomat *m*

money claim [ˈmʌnɪ kleɪm] *sb* Barforderung *f*

money constraint [ˈmʌnɪ kənˈstreɪnt] *sb* Liquiditätsengpass *m*

money counting machine [ˈmʌnɪ ˈkaʊntɪŋ məˈʃiːn] *sb* Geldzählautomat *m*

money demand [ˈmʌnɪ dɪˈmaːnd] *sb* Geldnachfrage *f*

money deposited [ˈmʌnɪ dɪˈpɒzɪtɪd] *sb* Einlage *f*

money economy [ˈmʌnɪ ɪˈkɒnəmɪ] *sb* Geldwirtschaft *f*

money export [ˈmʌnɪ ˈekspɔːt] *sb* Geldexport *m*

money factor [ˈmʌnɪ ˈfæktə] *sb* Geldfaktor *m,* Nominalfaktor *m*

money flow [ˈmʌnɪ fləʊ] *sb* Kapitalfluktuation *f*

money guarantee clause [ˈmʌnɪ gærənˈtiː klɔːz] *sb* Geldwertsicherungsklausel *f*

money holdings [ˈmʌnɪ ˈhəʊldɪŋz] *sb* Geldbestände *m/pl,* Kassenhaltung *f*

money illusion [ˈmʌnɪ ɪˈluːʒn] *sb* Geldillusion *f*

money import [ˈmʌnɪ ˈɪmpɔːt] *sb* Geldimport *m*

money in account [ˈmʌnɪ ɪn əˈkaʊnt] *sb* Buchgeld *n,* Giralgeld *n*

money in cash [ˈmʌnɪ ɪn kæʃ] *sb* Kassenbestand *m,* Bargeld *n*

money in trust [ˈmʌnɪ ɪn trʌst] *sb* Treuhandgelder *n/pl*

money laundering [ˈmʌnɪ ˈlɔːndərɪŋ] *sb* Geldwäsche *f*

moneylender [ˈmʌnɪlendə] *sb* Geldverleiher *m*

money-maker [ˈmʌnɪmeɪkə] *sb (product)* Renner *m (fam),* Verkaufserfolg *m*

money management [ˈmʌnɪ ˈmænɪdʒmənt] *sb* Geldhaltung *f*

money market [ˈmʌnɪ ˈmaːkɪt] *sb* Geldmarkt *m,* Geldbörse *f*

money market account [ˈmʌnɪ ˈmaːkɪt əˈkaʊnt] *sb* Geldmarktkonto *n*

money market credit [ˈmʌnɪ ˈmaːkɪt ˈkredɪt] *sb* Geldmarktkredit *m*

money market funds [ˈmʌnɪ ˈmaːkɪt ˈfʌnds] *sb* Geldmarktfonds *m*

money market policy [ˈmʌnɪ ˈmaːkɪt ˈpɒlɪsɪ] *sb* Geldmarktpolitik *f*

money market rate [ˈmʌnɪ ˈmaːkɪt ˈreɪt] *sb* Geldmarktsatz *m*

money market securities [ˈmʌnɪ ˈmaːkɪt sɪˈkjʊərɪtiz] *sb* Geldmarktpapier *n*

money market trading [ˈmʌnɪ ˈmaːkɪt ˈtreɪdɪŋ] *sb* Geldmarktdispositionen *f/pl*

money on deposit [ˈmʌnɪ ɒn dɪˈpɒzɪt] *sb* Einlagen *f/pl*

money order [ˈmʌnɪ ɔːdə] *sb* Postanweisung *f,* Zahlungsanweisung *f*

money owed [ˈmʌnɪ əʊd] *sb* Guthaben *n*

money piece rate [ˈmʌnɪ piːs reɪt] *sb* Geldakkord *m*

money rate [ˈmʌnɪ reɪt] *sb* Geldsatz *m*

money sorting machine [ˈmʌnɪ ˈsɔːtɪŋ məˈʃiːn] *sb* Geldsortiermaschine *f*

money standard [ˈmʌnɪ ˈstændəd] *sb* Währung *f*

money stock [ˈmʌnɪ stɒk] *sb* Geldmenge *f*

money substitute [ˈmʌnɪ ˈsʌbstɪtjuːt] *sb* Geldsubstitut *n*

money supply [ˈmʌnɪ səˈplaɪ] *sb* Geldvolumen *n*

money supply target [ˈmʌnɪ səˈplaɪ ˈtaːgɪt] *sb* Geldmengenziel *n*

money transfer transactions [ˈmʌnɪ ˈtrænsfɜː trænˈzækʃənz] *sb* Überweisungsverkehr *m*

money wage [ˈmʌnɪ ˈweɪdʒ] *sb* Geldlohn *m*

monitor [ˈmɒnɪtə] *v* **1.** überwachen; **2.** (*a phone conversation*) abhören; *sb* **3.** (*screen*) Monitor *m*

monitoring [ˈmɒnɪtərɪŋ] *sb* Monitoring *n*

monopolies commission [məˈnɒpəlɪz kəˈmɪʃən] *sb* Monopolkommission *f*

monopolize [məˈnɒpəlaɪz] *v* monopolisieren

monopoly [məˈnɒpəlɪ] *sb* Monopol *n*

monopoly agreement [məˈnɒpəlɪ əˈɡriːmənt] *sb* Kartellabsprache *f*

monopoly authority [məˈnɒpəlɪ ɔːˈθɒrɪtɪ] *sb* Kartellbehörde *f*

monopoly price [məˈnɒpəlɪ ˈpraɪs] *sb* Monopolpreis *m*

monthly [ˈmʌnθlɪ] *adj* monatlich, Monats...

monthly allowance [ˈmʌnθlɪ əˈlaʊəns] *sb* Monatsgeld *n*

monthly balance sheet [ˈmʌnθlɪ ˈbæləns ʃiːt] *sb* Monatsbilanz *f*

monthly income statement [ˈmʌnθlɪ ˈɪnkʌm ˈsteɪtmənt] *sb* monatliche Erfolgsrechnung *f*, kurzfristige Erfolgsrechnung *f*

monthly instalment [ˈmʌnθlɪ ɪnˈstɔːlmənt] *sb* monatliche Teilzahlungsrate *f*, monatliche Rate *f*

monthly report [ˈmʌnθlɪ rɪˈpɔːt] *sb* Monatsbericht *m*

monthly return [ˈmʌnθlɪ rɪˈtɜːn] *sb* Monatsausweis *m*

moratorium [mɒrəˈtɔːrɪəm] *sb* Stundung *f*, Zahlungsaufschub *m*

mortgage [ˈmɔːɡɪdʒ] *sb* **1.** Hypothek *f*; *v* **2.** hypothekarisch belasten, eine Hypothek aufnehmen auf

mortgage as security for a loan [ˈmɔːɡɪdʒ æz ə sɪˈkjʊərɪtɪ fɔː ə ˈləʊn] *sb* Darlehenshypothek *f*

mortgage bank [ˈmɔːɡɪdʒ bæŋk] *sb* Hypothekenbank *f*, Grundkreditanstalt *f*, Bodenkreditinstitut *n*

mortgage bank law [ˈmɔːɡɪdʒ bæŋk lɔː] *sb* Hypothekenbankgesetz *n*

mortgage bond [ˈmɔːɡɪdʒ bɒnd] *sb* (Hypotheken-)Pfandbrief *m*

mortgage broker [ˈmɔːɡɪdʒ ˈbrəʊkə] *sb* Hypothekenmakler(in) *m/f*

mortgage credit [ˈmɔːɡɪdʒ ˈkredɪt] *sb* Hypothekenkredit *m*

mortgage creditor [ˈmɔːɡɪdʒ ˈkredɪtə] *sb* Hypothekengläubiger(in) *m/f*

mortgage debenture [ˈmɔːɡɪdʒ dɪˈbentʃə] *sb* Hypothekenpfandbrief *m*

mortgage deed [ˈmɔːɡɪdʒ diːd] *sb* Hypothekenbrief *m*

mortgage for the benefit of the owner [ˈmɔːɡɪdʒ fɔː ðə ˈbenəfɪt əv ðiː ˈəʊnə] *sb* Eigentümer-Hypothek *f*

mortgage insurance [ˈmɔːɡɪdʒ ɪnˈʃʊərəns] *sb* Hypothekenversicherung *f*

mortgage interest [ˈmɔːɡɪdʒ ˈɪntrəst] *sb* Hypothekenzinsen *m/pl*, Darlehenszinsen *m/pl*

mortgage law [ˈmɔːɡɪdʒ lɔː] *sb* Pfandbriefgesetz *n*

mortgage loan [ˈmɔːɡɪdʒ ləʊn] *sb* Hypothekarkredit *m*, Pfandbriefdarlehen *n*

mortgage rate [ˈmɔːɡɪdʒ reɪt] *sb* Hypothekenzins *m*

mortgage register [ˈmɔːɡɪdʒ ˈredʒɪstə] *sb* Hypothekenregister *n*

mortgage repayment [ˈmɔːɡɪdʒ rɪˈpeɪmənt] *sb* Hypothekentilgung *f*

most favourable offer [məʊst ˈfeɪvərəbl ˈɒfə] *sb* günstigstes Angebot *n*, bestes Angebot *n*

most-favoured nation clause [məʊst-ˈfeɪvəd ˈneɪʃən klɔːz] *sb* Meistbegünstigungsklausel *f*

most-favoured nation treatment [məʊst-ˈfeɪvəd ˈneɪʃən ˈtriːtmənt] *sb* Meistbegünstigung *f*

motherboard [ˈmʌðəbɔːd] *sb* Hauptplatine *f*, Motherboard *n*

motion [ˈməʊʃən] *sb* (*proposal*) Antrag *m; propose a ~* einen Antrag stellen

motivation [məʊtɪˈveɪʃən] *sb* Motivation *f*

motive [ˈməʊtɪv] *sb* Motiv *n*, Beweggrund *m*

motor insurance [ˈməʊtər ɪnˈsʊərəns] *sb* Kraftfahrzeugversicherung *f*

motor vehicle [ˈməʊtə ˈviːɪkl] *sb* Kraftfahrzeug *n*

motor vehicle tax [ˈməʊtə ˈviːɪkl tæks] *sb* Kraftfahrzeugsteuer *f*

mouse [maʊs] *sb* (*computer*) Maus *f*

movable goods [ˈmuːvəbl ˈɡʊds] *pl* Mobilien *pl*

M

move [muːv] *v* **1.** *(change residences)* umziehen; **2.** *(transport)* befördern; *sb* **3.** *(to a different job)* Wechsel *m*; **4.** *(to a new residence)* Umzug *m*

movement certificate [ˈmuːvmənt səˈtɪfɪkət] *sb* Warenverkehrsbescheinigung *f*

mover [ˈmuːvə] *sb* *(person who moves furniture)* Umzugsspediteur *m*, Möbelpacker *m*

multi [ˈmʌltɪ] *adj* ~... viel..., mehr..., Multi...

multi-digit [mʌltɪˈdɪdʒɪt] *adj* mehrstellig

multilateral [mʌltɪˈlætərəl] *adj* multilateral

multilateral trade [mʌltɪˈlætərəl treɪd] *sb* multilateraler Handel *m*

multilingual [mʌltɪˈlɪŋgwəl] *adj* mehrsprachig

multimedia [mʌltɪˈmiːdɪə] *adj* multimedial, Multimedia...

multimillionaire [mʌltɪmɪlɪəˈneə] *sb* Multimillionär(in) *m/f*

multimillion credit [mʌltɪˈmɪlɪən ˈkredɪt] *sb* Millionenkredit *m*

multinational [mʌltɪˈnæʃənəl] *adj* multinational

multinational company [mʌltɪˈnæʃənəl ˈkʌmpənɪ] *sb* multinationales Unternehmen *n*

multinational group [mʌltɪˈnæʃənəl gruːp] *sb* multinationaler Konzern *m*

multipack [ˈmʌltɪpæk] *sb* Mehrstückpackung *f*

multi-part [mʌltɪˈpɑːt] *adj* mehrteilig

multiple exchange rates [ˈmʌltɪpl ɪkstʃeɪndʒ reɪts] *sb* gespaltener Wechselkurs *m*

multiple-line organization [ˈmʌltɪpl-laɪn ɔːrgənaɪˈzeɪʃən] *sb* Mehrlinienorganisation *f*

multiple-process production [ˈmʌltɪpl-ˈprəʊsəs prəˈdʌkʃən] *sb* Mehrfachfertigung *f*

multiple voting right [ˈmʌltɪpl ˈvəʊtɪŋ raɪt] *sb* Mehrstimmrecht *n*

multiple voting share [ˈmʌltɪpl ˈvəʊtɪŋ ʃeə] *sb* Mehrstimmrechtsaktie *f*

multiplication [mʌltɪplɪˈkeɪʃən] *sb* **1.** Multiplikation *f*; **2.** *(fig)* Vermehrung *f*

multiply [ˈmʌltɪplaɪ] *v* **1.** multiplizieren; **2.** *(sth)* vermehren, vervielfachen

multiprocessing [mʌltɪˈprəʊsesɪŋ] *sb* Rechnerverbundbetrieb *m*

multi-product company [mʌltɪˈprɒdʌkt ˈkʌmpənɪ] *sb* Mehrproduktunternehmen *n*

multipurpose [mʌltɪˈpɜːpəs] *adj* Mehrzweck...

multi-stage fixed-cost accounting [ˈmʌltɪsteɪdʒ fɪksdˈkɒst əˈkaʊntɪŋ] *sb* stufenweise Fixkostendeckungsrechnung *f*

multitasking [mʌltɪˈtɑːskɪŋ] *sb* Multitasking *n*

municipal [mjuːˈnɪsɪpl] *adj* städtisch, Stadt..., kommunal

municipal bonds [mjuːˈnɪsɪpl bɒndz] *pl* Kommunalobligationen *f/pl*

municipal economy [mjuːˈnɪsɪpl ɪˈkɒnəmɪ] *sb* Kommunalwirtschaft *f*

municipality [mjuːnɪsɪˈpælɪtɪ] *sb* Kommune *f*, Gemeinde *f*

municipal measures to spur the economy [mjuːˈnɪsɪpl ˈmeʒəs tu spɜː ðiː ɪˈkɒnəmɪ] *sb* kommunale Wirtschaftsförderung *f*

mutual [ˈmjuːtʃuəl] *adj* **1.** *(shared)* gemeinsam; **2.** *(bilateral)* beiderseitig

mutual fund [ˈmjuːtʃuəl fʌnd] *sb (US)* Investmentfonds *m*

mutual insurance [ˈmjuːtʃuəl ɪnˈʃuərəns] *sb* Versicherung auf Gegenseitigkeit *f*

mutual life insurance company [ˈmjuːtʃuəl laɪf ɪnˈʃuərəns ˈkʌmpənɪ] *sb* Versicherungsverein auf Gegenseitigkeit (VVaG) *m*

N

name [neɪm] *v* **1.** *(specify)* nennen; **2.** *(appoint)* ernennen; *sb* **3.** Name *m*; **4.** *(reputation)* Name *m*, Ruf *m*; **5.** *give s.o. a bad ~* jdn in Verruf bringen; **6.** *make a ~ for o.s. as* sich einen Namen machen als

name of account [neɪm əv ə'kaʊnt] *sb* Kontenbezeichnung *f*

name of the maker [neɪm əv ðə 'meɪkə] *sb* Name des Ausstellers *m*

name-plate ['neɪmpleɪt] *sb* **1.** Namensschild *n*; **2.** *(on a door)* Türschild *n*

name tag ['neɪm tæg] *sb* Namensschild *m*

name transaction [neɪm træn'zækʃən] *sb* Aufgabegeschäft *n*

national ['næʃənəl] *adj* national, öffentlich, Landes...

national accounting ['næʃənəl ə'kaʊntɪŋ] *sb* volkswirtschaftliche Gesamtrechnung *f*

National Audit Office ['næʃənəl 'ɔːdɪt 'ɒfɪs] *sb (UK)* Rechnungshof *m*

national bankruptcy ['næʃənəl 'bæŋkrʌpsɪ] *sb* Staatsbankrott *m*

national bond ['næʃənəl bɒnd] *sb* steuerfreier Schuldschein *m*

national certificate ['næʃənəl sə'tɪfɪkət] *sb* Sparbrief *m*

national economy ['næʃənəl ɪ'kɒnəmɪ] *sb* Volkswirtschaft *f*

national income ['næʃənəl 'ɪnkʌm] *sb* Volkseinkommen *n*

national insurance ['næʃənəl ɪn'ʃʊərəns] *sb (UK)* Sozialversicherung *f*

nationality [næʃə'nælɪtɪ] *sb* Staatsangehörigkeit *f*, Nationalität *f*

nationalization [næʃnəlaɪ'zeɪʃən] *sb* Verstaatlichung *f*

nationalize ['næʃnəlaɪz] *v (an industry)* verstaatlichen

national product ['næʃənəl 'prɒdʌkt] *sb* Sozialprodukt *n*

national sovereignty rights ['næʃənəl 'sɒvərɪntɪ raɪts] *pl* nationale Souveränitätsrechte *n/pl*

national wealth ['næʃənəl 'welθ] *sb* Volksvermögen *n*

nationwide [neɪʃən'waɪd] *adj* landesweit

native ['neɪtɪv] *adj* inländisch, Inlands...

natural person ['nætʃrəl 'pɜːsən] *sb* natürliche Person *f*

naught [nɔːt] *sb* Null *f*

navigability [nævɪgə'bɪlɪtɪ] *sb* Schiffbarkeit *f*

navigable ['nævɪgəbl] *adj* schiffbar

near bank ['nɪə bæŋk] *pl* Near Bank *f*, banknahes Institut *n*

near money [nɪə 'mʌnɪ] *sb* Geldsubstitut *n*

near-consumer [nɪəkən'sjuːmə] *adj* verbrauchernah

near-monopoly [nɪəmə'nɒpəlɪ] *sb* Quasimonopol *n*

near-operating [nɪə'ɒpəreɪtɪŋ] *adj* betriebsnah

necessary business property ['nesɪsərɪ 'bɪznəs 'prɒpətɪ] *sb* notwendiges Betriebsvermögen *n*

necessary private property ['nesɪsərɪ 'praɪvət 'prɒpətɪ] *sb* notwendiges Privatvermögen *n*

necessity [nɪ'sesətɪ] *sb* **1.** Notwendigkeit *f*; **2.** *of ~* notwendigerweise

need [niːd] *sb* **1.** *(necessity)* Notwendigkeit *f*; **2.** *(requirement)* Bedürfnis *n*, Bedarf *m*; **3.** *to be in ~ of sth* etw dringend brauchen

need for action [niːd fɔː 'ækʃən] *sb* Handlungsbedarf *m*

need-based ['niːdbeɪsd] *adj* bedürfnisorientiert, bedarfsorientiert

negative advance interest ['negətɪv əd'vɑːns 'ɪntrəst] *sb* Vorschusszinsen *m/pl*

negative clause ['negətɪv klɔːz] *sb* Negativklausel *f*

negative declaration ['negətɪv deklə'reɪʃn] *sb* Negativerklärung *f*

negative interest ['negətɪv 'ɪntrest] *sb* Negativzins *m*

negligence ['neglɪdʒəns] *sb* **1.** Nach-lässigkeit *f*, Unachtsamkeit *f*; **2.** Fahr-lässigkeit *f*

negligence claim ['neglɪdʒəns kleɪm] *sb* Schadensersatzforderung *f*

negligent ['neglɪdʒənt] *adj* fahrlässig, nachlässig, unachtsam

negligible ['neglɪdʒəbl] *adj* unerheb-lich, gering

negotiable [nɪ'gəʊʃɪəbl] *adj* **1.** ver-käuflich; **2.** *It's ~.* Darüber kann verhan-delt werden.

negotiable document of title [nɪ'gəʊ-ʃɪəbl 'dɔkjəmənt əv 'taɪtl] *sb* Traditi-onspapier *n*

negotiate [nɪ'gəʊʃɪeɪt] *v* **1.** verhandeln; **2.** *(bring about)* aushandeln; **3.** *(sth)* handeln über

negotiating brief [nɪ'gəʊʃɪeɪtɪŋ bri:f] *sb* Verhandlungsmandat *n*

negotiating machinery [nɪ'gəʊʃɪeɪtɪŋ mə'ʃi:nərɪ] *sb* Verhandlungsprozedur *f*

negotiating package [nɪ'gəʊʃɪeɪtɪŋ 'pækɪdʒ] *sb* Verhandlungspaket *n*

negotiating team [nɪ'gəʊʃɪeɪtɪŋ ti:m] *sb* Verhandlungsdelegation *f*

negotiation [nɪgəʊʃɪ'eɪʃən] *sb* **1.** Ver-handlung *f*; **2.** *enter into ~s* in Verhand-lungen eintreten

negotiation price [nɪgəʊʃɪ'eɪʃən praɪs] *sb* Übernahmepreis *m*, Übernahmkurs *m*

negotiation skills [nɪgəʊʃɪ'eɪʃən skɪlz] *pl* Verhandlungsgeschick *n*

negotiator [nɪ'gəʊʃɪeɪtə] *sb* Unter-händler(in) *m/f*, Verhandelnde(r) *f/m*

neoliberalism [ni:əʊ'lɪbərəlɪzm] *sb* Neoliberalismus *m*

neomercantilism [ni:əʊ'mɜ:kəntaɪlɪzm] *sb* Neomerkantilismus *m*

nepotism ['nepətɪzm] *sb* Nepotismus *m*, Vetternwirtschaft *f*

net [net] *adj* **1.** netto, Netto..., Rein...; *v* **2.** netto einbringen; **3.** *(in wages)* netto verdienen

net assets [net 'æsets] *pl* Reinvermö-gen *n*, Nettovermögen *n*

net book value [net bʊk 'vælju:] *sb* Restwert *m*

net borrowing [net 'bɒrəʊɪŋ] *sb* Nettokreditaufnahme *f*

net dividend [net 'dɪvɪdənd] *sb* Netto-Dividende *f*

net earnings [net 'ɜ:nɪŋz] *pl* Netto-ertrag *m*

net export [net 'ekspɔ:t] *sb* Außenbei-trag *m*

net financial investment [net faɪ'nænʃl ɪn'vestmənt] *sb* Finanzierungssaldo *n*

net foreign demand [net 'fɒrən dɪ-'mɑ:nd] *sb* Außenbeitrag *m*

net income [net 'ɪnkʌm] *sb* Nettoein-kommen *n*

net income method ['net ɪnkʌm 'meθəd] *sb* Einnahme-/Überschuss-rechnung *f*

net income percentage of turnover [net 'ɪnkʌm pə'sentɪdʒ əv 'tɜ:nəʊvə] *sb* Umsatzrendite *f*

net indebtedness [net ɪn'detɪdnɪs] *sb* Nettoverschuldung *f*

net interest rate [net 'ɪntrəst reɪt] *sb* Nettozinssatz *m*

net investment [net ɪn'vestmənt] *sb* Nettoinvestition *f*

net loss [net lɒs] *sb* Bilanzverlust *m*

net loss for the year [net lɒs fɔ: ðə 'jɪə] *sb* Jahresfehlbetrag *m*

net movement of foreign exchange [net 'mu:vmənt əv 'fɒrɪn ɪks'tʃeɪndʒ] *sb* Devisenbilanz *f*

net national product [net 'næʃənəl 'prɒdʌkt] *sb* Nettosozialprodukt *n*

net new indebtedness [net nju: ɪn'detɪdnɪs] *sb* Nettoneuverschuldung *f*

net present value [net 'præsənt 'vælju:] *sb* Kapitalwert *m*

net price [net praɪs] *sb* Nettopreis *m*

net proceeds [net 'prəʊsi:dz] *pl* Netto-ertrag *m*

net product [net 'prɒdʌkt] *sb* Wert-schöpfung *f*

net profit [net 'prɒfɪt] *sb* Reingewinn *m*, Nettogewinn *m*

net profit for the year [net 'prɒfɪt fɔ: θə jɪə] *sb* Bilanzgewinn *m*

net profit ratio [net 'prɒfɪt reɪʃɪəʊ] *sb* Umsatzrentabilität *f*

netting out [netɪŋ 'aʊt] *sb* Saldierung *f*

net turnover [net 'tɜ:nəʊvə] *sb* Netto-umsatz *m*

net wages [net 'weɪdʒɪz] *pl* Netto-lohn *m*

net weight [net weɪt] *sb* Nettogewicht *n*, Reingewicht *n*, Eigengewicht *n*

network ['netwɜ:k] *sb* **1.** Netz *n*, Netzwerk *n*; *v* **2.** vernetzen, verbinden

networking ['netwɜ:kɪŋ] *sb* **1.** Vernetzung *f*, Vernetzen *n*; **2.** Kontakte knüpfen *n*

network management system ['netwɜ:k 'mænɪdʒmənt 'sɪstəm] *sb* Netzplantechnik *f*

network operator [netwɜ:k 'ɒpəreɪtə] *sb* Netzbetreiber *m*

neutralization [njuːtrəlaɪ'zeɪʃən] *sb* **1.** Neutralisation *f*; **2.** *(of money)* Stilllegung *f*

neutral money ['njuːtrəl 'mʌnɪ] *sb* neutrales Geld *n*

new assessment [njuː ə'sesmənt] *sb* Neuveranlagung *f*

newcomer ['njuːkʌmə] *sb (beginner)* Neuling *m*

new endorsement [njuː ɪn'dɔːsmənt] *sb* Neugiro *n*

new foundation [njuː faʊn'deɪʃən] *sb* Neugründung *f*

new indebtedness [njuː ɪn'detɪdnɪs] *sb* Neuverschuldung *f*

new market [njuː 'mɑːkɪt] *sb* Neuer Markt *m*

news [njuːz] *pl* Nachricht *f*, Neuigkeiten *f/pl*

news bulletin [njuːz 'bʊlətɪn] *sb* Kurznachrichten *f/pl*

new shares [njuː 'ʃeəz] *pl* junge Aktien *f/pl*

newsletter ['njuːzletə] *sb* Rundschreiben *n*, Rundbrief *m*

newspaper ['njuːspeɪpə] *sb* Zeitung *f*

newsroom ['njuːzruːm] *sb* Nachrichtenredaktion *f*

news value ['njuːz 'vælju:] *sb* Neuigkeitswert *m*

niche [niːʃ] *sb* Nische *f*

night desk [naɪt desk] *sb* Nachtschalter *m*

night duty [naɪt 'djuːtɪ] *sb* Nachtdienst *m*

night safe ['naɪt seɪf] *sb* Nachtsafe *m*, Nachttresor *m*

night school ['naɪt skuːl] *sb* Abendschule *f*

night shift ['naɪt ʃɪft] *sb* Nachtschicht *f*

night watchman [naɪt 'wɒtʃmən] *sb* Nachtwächter *m*, Nachtportier *m*

nil tariff [nɪl 'tærɪf] *sb* Nulltarif *m*

no-fault ['nəʊfɔːlt] *adj (US)* Vollkasko…

nominal ['nɒmɪnəl] *adj* nominell, Nominal…

nominal amount ['nɒmɪnəl ə'maʊnt] *sb* Nominalbetrag *m*

nominal capital ['nɒmɪnəl 'kæpɪtl] *sb* Nominalkapital *n*

nominal capital borrowed ['nɒmɪnəl 'kæpɪtl 'bɒrəʊd] *sb* nominelles Eigenkapital *n*

nominal income ['nɒmɪnəl 'ɪnkʌm] *sb* Nominaleinkommen *n*

nominal rate of interest ['nɒmɪnəl reɪt əv 'ɪntrəst] *sb* Nominalzins *m*

nominal value ['nɒmɪnəl 'vælju:] *sb* Nennwert *m*, Nominalwert *m*, Ausgabewert *m*

nominee [nɒmɪ'niː] *sb* **1.** Kandidat(in) *m/f*; **2.** *(authorized person)* Bevollmächtigte(r) *f/m*

nominee company [nɒmɪ'niː 'kʌmpənɪ] *sb* Briefkastenfirma *f*

nominee holder [nɒmɪ'niː 'həʊldə] *sb* Fremdbesitzer(in) *m/f*

non-acceptance [nɒnək'septəns] *sb* Akzeptverweigerung *f*

non-admissible [nɒnəd'mɪsəbl] *adj* unzulässig

non-appealable [nɒnə'piːləbl] *adj* formal rechtskräftig

non-assignable [nɒnə'saɪnəbl] *adj* nicht übertragbar

non-banks ['nɒnbæŋks] *pl* Nicht-Banken *f/pl*

non-branded [nɒn'brændɪd] *adj* markenfrei

non-calling period ['nɒnkɔːlɪŋ 'pɪərɪəd] *sb* Kündigungssperrfrist *f*

non cash [nɒn kæʃ] *adj* **1.** unbar; **2.** zahlungsunwirksam

non-chargeable [nɒn'tʃɑːdʒəbl] *adj* steuerfrei

non-compliance [nɒnkəm'plaɪəns] *sb (with rules)* Nichterfüllung *f*, Nichteinhaltung *f*

non-conforming [nɒnkən'fɔːmɪŋ] *adj* nicht vertragsgemäß

non-cyclical [nɒn'saɪklɪkl] *adj* azyklisch

nonexistent [nɒnɪg'zɪstənt] *adj* nicht existierend, nicht vorhanden

N

non-forfeitability [nɒnfɔːrfɪtə'bɪlɪtɪ] *sb* Unverfallbarkeit *f*

non-liability [nɒnlaɪə'bɪlətɪ] *sb* Haftungsausschluss *m*

non-liquidity [nɒnlɪ'kwɪdɪtɪ] *sb* Illiquidität *f*

non-negotiable [nɒnnɪ'gəʊʃɪəbl] *adj* (*ticket*) unübertragbar, nicht übertragbar

non-negotiable bill of exchange ['nɒnnɪ'gəʊʃɪəbl bɪl əv ɪks'tʃeɪndʒ] *sb* Rektawechsel *m*

nonoperating expense ['nɒnɒpəreɪtɪŋ ɪks'pens] *sb* betriebsfremder Aufwand *m*, neutraler Aufwand *m*

nonoperating income ['nɒnɒpəreɪtɪŋ 'ɪnkʌm] *sb* neutraler Ertrag *m*

nonoperating revenue ['nɒnɒpəreɪtɪŋ 'revənjuː] *sb* betriebsfremder Ertrag *m*

non-profit-making [nɒn'prɒfɪtmeɪkɪŋ] *adj* (*UK*) gemeinnützig

nonprofit organization ['nɒnprɒfɪt ɔːgənaɪ'zeɪʃn] *sb* Nonprofit-Organisation *f*

non-property presumption [nɒn'prɒpətɪ prɪ'zʌmpʃn] *sb* Fremdvermutung *f*

non-quotation [nɒnkwəʊ'teɪʃn] *sb* Kursstreichung *f*

non-real-estate fixed assets ['nɒnrɪəlɪsteɪt fɪkst 'æsəts] *pl* bewegliches Anlagevermögen *n*

non-recourse [nɒnrɪ'kɔːs] *adj* regresslos

non-recourse financing [nɒnrɪ'kɔːs 'faɪnænsɪŋ] *sb* Forfaitierung *f*

non-resident [nɒn'resɪdənt] *sb* Devisenausländer(in) *m/f*, Gebietsfremde(r) *f/m*

non-returnable [nɒnrɪ'tɜːnəbl] *adj* Einweg...

nonstop [nɒn'stɒp] *adj* **1.** ohne Halt, pausenlos; **2.** (*train*) durchgehend

nonsuit ['nɒnsuːt] *sb* Klagezurückweisung *f*

non-voting share ['nɒnvəʊtɪŋ ʃeə] *sb* stimmrechtslose Vorzugsaktie *f*

norm [nɔːm] *sb* Norm *f*

normal ['nɔːml] *adj* normal, üblich

normal cost ['nɔːml kɒst] *sb* Normalkosten *pl*

normal level of capacity utilization ['nɔːml 'levl əv kə'pæsɪtɪ jutɪlaɪ'zeɪʃn] *sb* Normalbeschäftigung *f*

normal transactions ['nɔːml træn'zækʃnz] *pl* Normalverkehr *m*

norm price [nɔːm praɪs] *sb* Zielpreis (Zoll) *m*

nostro account ['nɒstrəʊ ə'kaʊnt] *sb* Nostrokonto *n*

North American Free Trade Agreement (NAFTA) ['nɔːθ ə'merikən 'friː treɪd ə'griːment] *sb* Nordamerikanische Freihandelszone (NAFTA) *f*

nostro balance ['nɒstrəʊ 'bæləns] *sb* Nostroguthaben *n*

nostro liability ['nɒstrəʊ laɪə'bɪlɪtɪ] *sb* Nostroverbindlichkeit *f*

notarize ['nəʊtəraɪz] *v* notariell beglaubigen

notary ['nəʊtərɪ] *sb* Notar(in) *m/f*

not binding [nɒt 'baɪndɪŋ] *adj* unverbindlich

note [nəʊt] *sb* Notiz *f*, Vermerk *m*, Schein *m*

noteholder ['nəʊthəʊldə] *sb* Schuldscheininhaber(in) *m/f*

note issue [nəʊt ɪʃuː] *sb* Notenausgabe *f*

note of acceptance [nəʊt əv ək'septəns] *sb* Annahmevermerk *m*

note of charges [nəʊt əv 'tʃɑːdʒəz] *sb* Gebührenrechnung *f*

note of the minutes [nəʊt əv ðə 'mɪnɪts] *sb* Protokollnotiz *f*

notes and coins in circulation [nəʊts ænd 'kɔɪnz ɪn sɜːkjʊ'leɪʃən] *pl* Zahlungsmittelumlauf *m*

notes appended to quotation [nəʊts ə'pændɪt tu kwəʊ'teɪʃn] *pl* Kurszusätze *m/pl*

notes in circulation [nəʊts ɪn sɜːkjʊ'leɪʃən] *pl* Notenumlauf *m*

notes payable [nəʊts 'peɪəbl] *pl* Wechselverbindlichkeiten *f/pl*

notes receivable [nəʊt rɪ'siːvəbl] *pl* Wechselforderungen *f/pl*

notes to group financial statements [nəʊts tu 'gruːp faɪ'nænʃl 'steɪtmənts] *pl* Konzernanhang *m*

notice ['nəʊtɪs] *sb* **1.** (*notification*) Bescheid *m*, Benachrichtigung *f*; **2.** (*in writing*) Mitteilung *f*; **3.** until further ~ bis auf weiteres; **4.** at short ~ kurzfristig; **5.** (*of quitting a job, of moving out*) Kündigung *f*; give s.o. ~ (to an employee, *to a tenant)* jdm kündigen; *(to an employer, to a landlord)* bei jdm kündigen; **6.** *(public announcement)* Bekanntmachung *f*

notice board ['nəʊtɪs bɔ:d] *sb* Schwarzes Brett *n*, Pinnwand *f*

notice of action ['nəʊtɪs əv 'ækʃən] *sb* Klagemitteilung *f*

notice of arrival ['nəʊtɪs əv ə'raɪvl] *sb* Eingangsbestätigung *f*

notice of assessment ['nəʊtɪs əv ə'sesmənt] *sb* Steuerbescheid *m*

notice of defect ['nəʊtɪs əv 'di:fekt] *sb* Mängelanzeige *f*

notice of deposit ['nəʊtɪs əv dɪ'pɒzɪt] *sb* Hinterlegungsbescheid *m*

notice of dividend ['nəʊtɪs əv 'dɪvɪdend] *sb* Dividendenbekanntmachung *f*

notice of termination ['nəʊtɪs əv termɪ'neɪʃən] *sb* Kündigung *f*

notice period ['nəʊtɪs pɪərɪəd] *sb* Kündigungsfrist *f*

notice to terminate for operational reasons ['nəʊtɪs tu 'tɜ:mɪneɪt fɔ: ɒpə'reɪʃənl 'ri:zns] *sb* betriebsbedingte Kündigung *f*

notifiable ['nəʊtɪfaɪəbl] *adj* meldepflichtig

notifiable cartel ['nəʊtɪfaɪəbl cɑ:'tel] *sb* anmeldepflichtige Kartelle *n*

notification [nəʊtɪfɪ'keɪʃən] *sb* Benachrichtigung *f*, Mitteilung *f*, Meldung *f*

notification of approval [nəʊtɪfɪ'keɪʃən əv ə'pru:vl] *sb* Bewilligungsbescheid *f*

notification of damage [nəʊtɪfɪ'keɪʃən əv 'dæmɪdʒ] *sb* Schadensmeldung *f*

notional ['nəʊʃənl] *adj* symbolisch, fiktiv

novelty ['nɒvəltɪ] *sb (newness)* Neuheit *f*

noxious ['nɒkʃəs] *adj* umweltbelastend, umweltschädlich

nuclear energy ['nju:klɪər enədʒɪ] *sb* Atomenergie *f*, Kernenergie *f*

nuclear power ['nju:klɪə 'paʊə] *sb* Atomkraft *f*

nuclear (power) phase-out ['nju:klɪə (paʊə) 'feɪzaʊt] *sb* Atomausstieg *m*

nuclear power plant ['nju:klɪə 'paʊə plɑ:nt] *sb* Atomkraftwerk *n*, Kernkraftwerk *n*

nuisance tax ['nju:səns tæks] *sb* Bagatellsteuer *f*

null [nʌl] *adj* nichtig, ungültig

null and void [nʌl ænd vɔɪd] null und nichtig

nullify ['nʌlɪfaɪ] *v* annullieren, für null und nichtig erklären, ungültig machen

nullity ['nʌlətɪ] *sb* Ungültigkeit *f*

number ['nʌmbə] *sb* **1.** Zahl *f*; **1.** *(numeral)* Ziffer *f*; **3.** *(phone ~, house ~)* Nummer *f*; **4.** *(quantity)* Anzahl *f*; *on a ~ of occasions* des Öfteren

numbered account ['nʌmbəd ə'kaʊnt] *sb* Nummernkonto *n*

numbering ['nʌmbrɪŋ] *sb* Nummerierung *f*

nursing allowance ['nɜ:sɪŋ ə'laʊəns] *sb* Pflegegeld *n*

nursing insurance fund ['nɜ:sɪŋ ɪn'ʃʊərəns fʌnd] *sb* Pflegekrankenversicherung *f*

nursing pension insurance fund ['nɜ:sɪŋ 'penʃn ɪn'ʃʊərəns fʌnd] *sb* Pflegerentenversicherung *f*

N

O

oath of disclosure [əʊθ əv dɪs'kləʊʒə] *sb* Offenbarungseid *m*

oath of office [əʊθ əv 'ɒfɪs] *sb* Amtseid *m*, Diensteid *m*

obedience [ə'biːdɪəns] *sb* Gehorsamkeit *f*

obey [ə'beɪ] *v* **1.** gehorchen, folgen; **2.** *(an order)* Folge leisten, befolgen

object clause ['ɒbdʒɪkt klɔːz] *sb* Zweckbestimmungsklausel *f*

object insured ['ɒbdʒɪkt ɪn'ʃʊəd] *sb* Versicherungsgegenstand *m*

objection [əb'dʒekʃən] *sb* Beanstandung *f*, Einwand *m*

objective [əb'dʒektɪv] *sb* Ziel *n*

objective of the audit [əb'dʒektɪv əv ðə 'ɔːdɪt] *sb* Prüfungsziel *n*

objectivity [ɒbdʒek'tɪvɪtɪ] *sb* Objektivität *f*

object of discernment ['ɒbdʒɪkt əv dɪ'sɜːnmənt] *sb* Erkenntnisobjekt *n*

object of the contract ['ɒbdʒɪkt əv ðə 'kɒntrækt] *sb* Vertragsgegenstand *m*

object of the enterprise ['ɒbdʒɪkt əv ðə 'entəpraɪz] *sb* Unternehmensziel *n*

object of negotiations ['ɒbdʒɪkt əv nɪgəʊʃɪ'eɪʃənz] *sb* Verhandlungsgegenstand *m*

object principle ['ɒbdʒɪkt 'prɪnsɪpl] *sb* Objektprinzip *n*

obligation [ɒblɪ'geɪʃən] *sb* **1.** Verpflichtung *f*, Pflicht *f*, Schuldverhältnis *n*; **2.** without ~ unverbindlich

obligation to accept [ɒblɪ'geɪʃən tu ək'sept] *sb* Annahmepflicht *f*

obligation to buy [ɒblɪ'geɪʃən tu baɪ] *sb* Bezugspflicht *f*

obligation to compensate [ɒblɪ'geɪʃən tu 'kɒmpənseɪt] *sb* Schadensersatzpflicht *f*

obligation to contract [ɒblɪ'geɪʃn tu kən'trækt] *sb* Kontrahierungszwang *m*

obligation to furnish information [ɒblɪ'geɪʃn tu 'fɜːnɪʃ ɪnfə'meɪʃn] *sb* Mitteilungspflicht *f*

obligation to give information [ɒblɪ'geɪʃn tu gɪv ɪnfə'meɪʃn] *sb* Auskunftspflicht *f*

obligation to intervene [ɒblɪ'geɪʃn tu ɪntə'viːn] *sb* Interventionspflicht *f*

obligation to lodge a complaint [ɒblɪ'geɪʃn tu 'lɒdʒ ə kəm'pleɪnt] *sb* Rügepflicht *f*

obligation to make an additional contribution [ɒblɪ'geɪʃn tu 'meɪk ən ə'dɪʃnl kɒntrɪ'bjuːʃn] *sb* Nachschusspflicht *f*

obligation to maintain secrecy [ɒblɪ'geɪʃn tu meɪn'teɪn 'siːkrəsɪ] *sb* Schweigepflicht *f*, Geheimhaltungspflicht *f*

obligation to pay subscription [ɒblɪ'geɪʃn tu peɪ sʌb'skrɪpʃn] *sb* Einzahlungspflicht *f*

obligation to perform [ɒblɪ'geɪʃn tu pə'fɔːm] *sb* Erfüllungspflicht *f*, Leistungspflicht *f*

obligation to preserve records [ɒblɪ'geɪʃn tu prɪ'zɜːv 'rekɔːdz] *sb* Aufbewahrungspflicht *f*

obligation to redeem [ɒblɪ'geɪʃn tu rɪ'diːm] *sb* Einlösungspflicht *f*

obligation to repay [ɒblɪ'geɪʃn tu rɪ'peɪ] *sb* Rückerstattungspflicht *f*

obligation to register [ɒblɪ'geɪʃn tu 'redʒɪstə] *sb* Meldepflicht *f*

obligation to take delivery [ɒblɪ'geɪʃn tu 'teɪk dɪ'lɪvərɪ] *sb* Abnahmepflicht *f*

obligation under a warranty [ɒblɪ'geɪʃn 'ʌndə ə 'wɒrəntɪ] *sb* Gewährleistungspflicht *f*

obligatory [ə'blɪgətrɪ] *adj* obligatorisch; It is ~. Es ist Pflicht.

obligor [ɒblɪ'gɔː] *sb* Schuldner(in) *m/f*, Haftende(r) *f/m*

observance of the deadline [ɒb'zɜːvəns əv ðə 'dedlaɪn] *sb* Fristwahrung *f*

observation [ɒbzə'veɪʃən] *sb* Beobachtung *f*

observation of markets [ɒbzə'veɪʃən əv 'maːkɪts] *sb* Marktbeobachtung *f*

obsolescence [ɒbsə'lesns] *sb* Obsoleszenz *f*, Veralten *n*; planned ~ geplanter Verschleiß *m*

obsolete ['ɒbsəliːt] *adj* veraltet, überholt

obstruct [əbˈstrʌkt] *v* hindern, blockieren

obtainable [əbˈteɪnəbl] *adj* erhältlich

occupancy rate [ˈɒkjʊpənsɪ reɪt] *sb* Belegungsrate *f*, Auslastungsquote *f*

occupation [ɒkjʊˈpeɪʃən] *sb* **1.** (*employment*) Beruf *m*, Tätigkeit *f*; **2.** (*pastime*) Beschäftigung *f*, Betätigung *f*, Tätigkeit *f*

occupational [ɒkjʊˈpeɪʃənəl] *adj* beruflich, Berufs..., Arbeits...

occupational disability [ɒkjʊˈpeɪʃənəl dɪsəˈbɪlɪtɪ] *sb* Berufsunfähigkeit *f*

occupational hazard [ɒkjʊˈpeɪʃənəl ˈhæzəd] *sb* Berufsrisiko *n*

ocean bill of lading [ˈəʊʃn bɪl əv ˈleɪdɪŋ] *sb* Seefrachtbrief *m*, Seekonnossement *n*

odd jobs [ɒd ˈdʒɒbz] *pl* Gelegenheitsarbeiten *f/pl*, Gelegenheitsjobs *m/pl*

odd lot [ɒd ˈlɒt] *sb* **1.** krummer Auftrag *m*; **2.** Sondermenge *f*, Restposten *m*

oddment [ˈɒdmənt] *sb* Restposten *m*

off-duty [ɒfˈdjuːtɪ] *adj* dienstfrei

offence [əˈfens] *sb* Straftat *f*, Delikt

offer [ˈɒfə] *v* **1.** anbieten; **2.** ~ *to do sth* anbieten, etw zu tun/sich bereit erklären, etw zu tun; **3.** ~ *one's hand* jdm die Hand reichen; **4.** (*a price*) bieten; *sb* **5.** Angebot *n*

offer by competitive bidding [ˈɒfə baɪ kəmˈpetɪtɪv ˈbɪdɪŋ] *sb* Ausschreibung *f*

offer for subscription [ˈɒfə fɔːsəbˈskrɪpʃən] *sb* Zeichnungsangebot *n*

offering premium [ˈɒfərɪŋ ˈpriːmɪəm] *sb* Emissionsagio *n*, Ausgabezuschlag *m*

offer of employment [ˈɒfər əv ɪmˈplɔɪmənt] *sb* Stellenangebot *n*

offer of settlement [ˈɒfə əv ˈsetlmənt] *sb* Vergleichsangebot *n*, Abfindungsangebot *n*

offer without engagement [ˈɒfə wɪðˈaʊt ɪnˈgeɪdʒmənt] *sb* unverbindliches Angebot *n*

offical stock exchange list [əˈfɪʃl stɒk ɪksˈtʃeɪndʒ lɪst] *sb* offizielles Kursblatt *n*

office [ˈɒfɪs] *sb* **1.** Büro *n*; **2.** (*lawyer's*) Kanzlei *f*; **3.** (*public position*) Amt *n*; **4.** take ~ sein Amt antreten; **5.** (*department*) Abteilung *f*; **6.** (*department of*

the government) Behörde *f*, Amt *n*; **7.** (*one location of a business*) Geschäftsstelle *f*

office automation [ˈɒfɪs ɔːtəˈmeɪʃn] *sb* Büroautomation *f*

office bearer [ˈɒfɪs ˈbeərə] *sb* Amtsinhaber(in) *m/f*

office block [ˈɒfɪs blɒk] *sb* Bürogebäude *n*

office clerk [ˈɒfɪs klɑːk] *sb* Sachbearbeiter(in) *m/f*, Kontorist(in) *m/f*

office communication [ˈɒfɪs kəmjuːnɪˈkeɪʃn] *sb* Bürokommunikation *f*

office copy [ˈɒfɪs ˈkɒpɪ] *sb* Dienstexemplar *n*

officeholder [ˈɒfɪshəʊldə] *sb* Amtsinhaber(in) *m/f*

office hours [ˈɒfɪs aʊəz] *pl* **1.** Dienststunden *f/pl*, Geschäftszeit *f*; **2.** (*time available for consultation*) Sprechstunden *f/pl*

office junior [ˈɒfɪs ˈdʒuːnjə] *sb* Bürogehilfe/Bürogehilfin *m/f*

office manager [ˈɒfɪs ˈmænɪdʒə] *sb* Bürovorsteher(in) *m/f*

office of destination [ˈɒfɪs əv destɪˈneɪʃən] *sb* Bestimmungszollstelle *f*

officer [ˈɒfɪsə] *sb* (*official*) Beamter/Beamtin *m/f*, Funktionär(in) *m/f*

officer in charge [ˈɒfɪsə ɪn tʃɑːdʒ] *sb* Sachbearbeiter(in) *m/f*

office supplies [ˈɒfɪs səˈplaɪz] *pl* Bürobedarf *m*, Büromaterial *n*

official [əˈfɪʃəl] *adj* **1.** offiziell, amtlich; *sb* **2.** Beamter/Beamtin *m/f*, Funktionär(in) *m/f*

official business [əˈfɪʃəl ˈbɪznɪs] *sb* (*on a letter*) Dienstsache *f*

officialdom [əˈfɪʃəldəm] *sb* Bürokratie *f*

official fees [əˈfɪʃl fiːz] *sb* Verwaltungsgebühr *f*

official market [əˈfɪʃl ˈmɑːkɪt] *sb* amtlicher Markt *m*

official receiver [əˈfɪʃəl rɪˈsiːvə] *sb* Konkursverwalter(in) *m/f*

official secret [əˈfɪʃəl ˈsiːkrɪt] *sb* Dienstgeheimnis *n*, Amtsgeheimnis *n*

official trading [əˈfɪʃəl ˈtreɪdɪŋ] *sb* amtlicher Handel *m*

official trading hours [əˈfɪʃəl ˈtreɪdɪŋ ˈaʊəz] *pl* Börsenzeit *f*

O

off-limits [ɒf'lɪmɪts] *adj* mit Zugangsbeschränkung

offlist ['ɒflɪst] *sb* Nachlass vom Listenpreis *m*

off-peak hours ['ɒfpiːk 'auəz] *pl* verkehrsschwache Stunden *pl*

offset ['ɒfset] *sb* Ausgleich *m*

offset account ['ɒfset ə'kaunt] *sb* Verrechnungskonto *n*

offset balance ['ɒfset 'bæləns] *sb* Verrechnungssaldo *m*

offset deal ['ɒfset diːl] *sb* Kompensationsgeschäft *n*

offset tax ['ɒfset 'tæks] *sb* Kompensationssteuer *f*

offsetting and reconciliation ['ɒfsetɪŋ ænd rekənsɪlɪ'eɪʃn] *sb* Überleitungsrechnung *f*

offsetting arbitrage ['ɒfsetɪŋ 'aːrbɪtrɑːʒ] *sb* Ausgleichs-Arbitrage *f*

offsetting costs ['ɒfsetɪŋ kɒsts] *pl* kompensatorische Kosten *pl*

offset transaction ['ɒfset træn'zækʃn] *sb* Kompensationsgeschäft *n*

offshoot ['ɒfʃuːt] *sb* Tochtergesellschaft *f*, Konzerngesellschaft *f*

offshore centres ['ɒfʃɔː 'sentəz] *pl* Offshore-Zentren *n/pl*

offshore dealings ['ɒfʃɔː 'diːlɪŋz] *pl* Offshore-Geschäft *n*

offshore purchases ['ɒfʃɔː 'pɜːtʃəsɪz] *pl* Offshore-Käufe *m/pl*

off-the-board [ɒfðə'bɔːd] *adj* außerbörslich

off-the-job [ɒfðə'dʒɒb] *adj* außerbetrieblich

off-the-record [ɒfðə'rekɔːd] *adv* inoffiziell, im Vertrauen

oil [ɔɪl] *sb* Öl *n*

oil deposit [ɔɪl dɪ'pɒzɪt] *sb* Ölvorkommen *n*

oil futures dealings [ɔɪl 'fjuːtʃəz 'diːlɪŋz] *pl* Ölterminhandel *m*

oil futures exchange [ɔɪl 'fjuːtʃəz ɪks'tʃeɪndʒ] *sb* Ölterminbörse *f*

old-age pension ['əuldeɪdʒ 'penʃn] *sb* Altersruhegeld *n*

old-age pensioner ['əuldeɪdʒ 'penʃənə] *sb* Rentner(in) *m/f*

old-age social security system ['əuldeɪdʒ səuʃl sɪ'kjuərɪtɪ sɪstəm] *sb* Altersvorsorge *f*

old-established [əuldɪs'tæblɪʃd] *adj* alteingesessen, alt

old-fashioned [əuld'fæʃənd] *adj* altmodisch

omnibus account ['ɒmnɪbəs ə'kaunt] *sb* Gemeinschaftskonto *n*, Sammelkonto *n*

omnibus clause ['ɒmnɪbəs klɔːz] *sb* Generalklausel *f*

omnibus item ['ɒmnɪbəs 'aɪtəm] *sb* Sammelposten *m*

on a commission basis [ɒn ə kə'mɪʃən 'beɪsɪs] *adv* auf Provisionsbasis

on approval [ɒn ə'pruːvəl] *adv* zur Ansicht

on call [ɒn 'kɔːl] *adv* auf Abruf

one-item clause ['wʌnaɪtəm klɔːz] *sb* Einpunktklausel *f*

one-man corporation ['wʌnmæn kɔːpə'reɪʃn] *sb* Einpersonengesellschaft *f*

one's own capital [wʌnz 'əun 'kæpɪtl] *sb* Eigenkapital *n*

one-stop ['wʌnstɒp] *adj* alles an einem Ort

one-to-one [wʌntu'wʌn] *adj* eins-zu-eins, sich genau entsprechend

one-way ['wʌnweɪ] *adj* **1.** *(traffic)* Einbahn...; *(ticket)* einfache Fahrkarte *f*; **2.** *(packaging, bottles)* Einweg...

one-year contract of employment ['wʌnjɪə 'kɒntrækt əv ɪm'plɔɪmənt] *sb* Jahresarbeitsvertrag *m*

ongoing ['ɒngəuɪŋ] *adj* **1.** laufend, im Gang befindlich; **2.** *(long-term)* andauernd

online [ɒn'laɪn] *adj* online, Online...

online banking [ɒnlaɪn 'bæŋkɪŋ] *sb* Onlinebanking *n*

online operation [ɒn'laɪn ɒpə'reɪʃn] *sb* Online-Betrieb *m*

on receipt of the invoice [ɒn rɪ'siːt əv ðiː 'ɪnvɔɪs] *adv* nach Erhalt der Rechnung

on schedule [ɒn 'ʃedjuːl] *adv* termingerecht

onshore business ['ɒnʃɔː 'bɪznɪs] *sb* Onshore-Geschäft *n*

on time [ɒn taɪm] *adv* fristgerecht

on trial [ɒn traɪl] *adv* auf Probe

open ['əupən] *v* **1.** *(shop)* aufmachen, öffnen; **2.** *(trial, exhibition, new business)* eröffnen

open account [ˈəʊpən əˈkaʊnt] *sb* offenes Konto *n*

open cheque [ˈəʊpən tʃek] *sb* Barscheck *m*

open credit [ˈəʊpən ˈkredɪt] *sb* Blanko-Kredit *m*

open day [ˈəʊpən deɪ] *sb* Tag der offenen Tür *m*

open-end fund [ˈəʊpənˈend fʌnd] *sb* offener Fonds *m*

opening balance sheet [ˈəʊpənɪŋ ˈbæləns ʃiːt] *sb* Eröffnungsbilanz *f*

opening capital [ˈəʊpənɪŋ ˈkæpɪtl] *sb* Anfangskapital *n*, Startkapital *n*

opening date [ˈəʊpənɪŋ deɪt] *sb* Submissionstermin *m*

opening of a business [ˈəʊpənɪŋ əv ə ˈbɪznɪs] *sb* Geschäftseröffnung *f*

opening of an account [ˈəʊpənɪŋ əv ən əˈkaʊnt] *sb* Kontoeröffnung *f*

opening of new markets [ˈəʊpənɪŋ əv njuː ˈmɑːkɪts] *sb* Markterschließung *f*

opening price [ˈəʊpənɪŋ praɪs] *sb* Eröffnungskurs *m*

opening stock [ˈəʊpənɪŋ stɒk] *sb* Anfangsbestand *m*

opening time [ˈəʊpənɪŋ taɪm] *sb (UK)* Öffnungszeit *f*

open-item accounting [əʊpnˈaɪtəm əˈkaʊntɪŋ] *sb* Offene-Posten-Buchhaltung *f*

open market [ˈəʊpn ˈmɑːkɪt] *sb* offener Markt *m*

open position [əʊpn pəˈsɪʃn] *sb* offene Position *f*

operate [ˈɒpəreɪt] *v* **1.** *(machine)* funktionieren, in Betrieb sein; **2.** *(system, organization)* arbeiten; **3.** *(manage)* betreiben, führen; **4.** *(a machine)* bedienen; **5.** *(a brake, a lever)* betätigen

operating [ˈɒpəreɪtɪŋ] *adj* Betriebs...

operating account [ˈɒpəreɪtɪŋ əˈkaʊnt] *sb* Betriebsrechnung *f*

operating assets [ˈɒpəreɪtɪŋ ˈæsəts] *pl* Betriebsvermögen *n*

operating capital [ˈɒpəreɪtɪŋ ˈkæpɪtl] *sb* Betriebskapital *n*

operating costs [ˈɒpəreɪtɪŋ kɒsts] *pl* Betriebskosten *pl*

operating expenses [ˈɒpəreɪtɪŋ ɪkˈspensɪz] *pl* Betriebskosten *pl*, Geschäftskosten *pl*

operating fund [ˈɒpəreɪtɪŋ fʌnd] *sb* Betriebsfonds *m*

operating grant [ˈɒpəreɪtɪŋ grɑːnt] *sb* Betriebsmittelzuschuss *m*

operating instructions [ˈɒpəreɪtɪŋ ɪnˈstrʌkʃənz] *pl* Betriebsanleitung *f*, Bedienungsvorschrift *f*

operating level [ˈɒpəreɪtɪŋ levl] *sb* Kapazitätsauslastung *f*

operating life [ˈɒpəreɪtɪŋ laɪf] *sb* Nutzungsdauer *f*, Betriebsdauer *f*

operating margin [ˈɒpəreɪtɪŋ ˈmɑːdʒɪn] *sb* Handelsspanne *f*, Gewinnspanne *f*

operating performance [ˈɒpəreɪtɪŋ pəˈfɔːməns] *sb* Betriebsleistung *f*

operating permit [ˈɒpəreɪtɪŋ ˈpɜːmɪt] *sb* Betriebserlaubnis *f*

operating plan [ˈɒpəreɪtɪŋ plæn] *sb* Geschäftsplan *m*

operating ratio [ˈɒpəreɪtɪŋ ˈreɪʃɪəʊ] *sb* Wirtschaftlichkeitskoeffizient *m*

operating system [ˈɒpəreɪtɪŋ ˈsɪstəm] *sb* Betriebssystem *n*

operation [ɒpəˈreɪʃən] *sb* **1.** *(control)* Bedienung *f*, Betätigung *f*; **2.** *(running)* Betrieb *m*; put out of ~ außer Betrieb setzen; **3.** *(enterprise)* Unternehmen *n*; **4.** Unternehmung *f*, Operation *f*

operational [ɒpəˈreɪʃənəl] *adj* **1.** *(in use)* in Betrieb, im Gebrauch; **2.** *(ready for use)* betriebsbereit, einsatzfähig

operational accountancy [ɒpəˈreɪʃənəl əˈkaʊntənsɪ] *sb* betriebliches Rechnungswesen *n*

operational analysis [ɒpəˈreɪʃənəl əˈnælɪsɪs] *sb* Betriebsanalyse *f*

operational profitability [ɒpəˈreɪʃənəl prɒfɪtəˈbɪlɪtɪ] *sb* Betriebsrentabilität *f*

operation chart [ɒpəˈreɪʃən tʃɑːt] *sb* Fertigungsablaufplan *m*

operation layout [ɒpəˈreɪʃən ˈleɪaʊt] *sb* Arbeitsplan *m*

operation manual [ɒpəˈreɪʃən ˈmænjʊəl] *sb* Betriebsanleitung *f*

operations statistics [ɒpəˈreɪʃnz stəˈtɪstɪks] *sb* Betriebsstatistik *f*

operator [ˈɒpəreɪtə] *sb* **1.** *(telephone)* Vermittlung *f*; **2.** *(company)* Unternehmer(in) *m/f*; **3.** *(of a machine)* Bedienungsperson *f*, Arbeiter(in) *m/f*; **4.** *(of a vehicle)* Führer(in) *m/f*

opinion [ə'pınjən] *sb* **1.** Meinung *f;* **2.** *(professional advice)* Gutachten *n*

opinion leader [ə'pınjən 'li:də] *sb* Meinungsführer(in) *m/f*

opinion poll [ə'pınjən pəʊl] *sb* Meinungsumfrage *f*

opinion research [ə'pınjən rı'sɜ:tʃ] *sb* Meinungsforschung *f*, Demoskopie *f*

opportunity costs [ɒpə'tju:nıtı kɒsts] *pl* Opportunitätskosten *pl*

opportunity for advancement [ɒpə-'tju:nıtı fɔ:r əd'va:nsmənt] *sb* Aufstiegsmöglichkeit *f*

opposition [ɒpə'zıʃn] *sb* Opposition *f*

opposition patent [ɒpə'zıʃn 'peıtənt] *sb* Einspruchspatent *n*

opposition period [ɒpə'zıʃn 'pıərıəd] *sb* Einspruchsfrist *f*

optimisation [ɒptımaı'zeıʃən] *sb* Optimierung *f*

optimisation of operations [ɒptımaı-'zeıʃən əv ɒpə'reıʃəns] *sb* Betriebsoptimierung *f*

optimism ['ɒptımızm] *sb* Optimismus *m*

optimistic [ɒptı'mıstık] *adj* optimistisch

optimize ['ɒptımaız] *v* optimieren

optimum ['ɒptıməm] *adj* optimal

option ['ɒpʃn] *sb* Option *f*

optional ['ɒpʃnəl] *adj* **1.** freiwillig; **2.** *(accessory)* auf Wunsch erhältlich

optional loan ['ɒpʃnəl ləʊn] *sb* Optionsdarlehen *n*

option bond ['ɒpʃn bɒnd] *sb* Optionsanleihe *f*

option buyer ['ɒpʃŋ 'baıə] *sb* Prämienkäufer(in) *m/f*

option clause ['ɒpʃn klɔ:z] *sb* Fakultativklausel *f*

option contract ['ɒpʃn 'kɒntrækt] *sb* Prämienbrief *m*

option day ['ɒpʃŋ deı] *sb* Prämienerklärungstag *m*

option dealing ['ɒpʃŋ 'di:lıŋ] *sb* Optionsgeschäft *n*, Prämiengeschäft *n*

option holder ['ɒpʃŋ 'həʊldə] *sb* Optionsberechtigte(r) *f/m*

option of repayment ['ɒpʃŋ əv rı'peımənt] *sb* Rückzahlungsoption *f*

option of withdrawal ['ɒpʃŋ əv wıð-'drɔ:əl] *sb* Rücktrittsvorbehalt *m*

option operator ['ɒpʃŋ 'ɒpəreıtə] *sb* Prämienspekulant(in) *m/f*

option price ['ɒpʃn praıs] *sb* Optionspreis *m*

option right ['ɒpʃn raıt] *sb* Optionsrecht *n*

option seller ['ɒpʃn 'selə] *sb* Stillhalter(in) *m/f*

option to buy ['ɒpʃŋ tu baı] *sb* Kaufanwartschaft *f*

option to capitalize ['ɒpʃn tu 'kæpıtəlaız] *sb* Aktivierungswahlrecht *n*

option to sell ['ɒpʃn tu sel] *sb* Verkaufsoption *f*

option warrant ['ɒpʃŋ 'wɒrənt] *sb* Bezugsrechtsschein *m*, Optionsschein *m*

opt out [ɒpt 'aʊt] *v* aussteigen

opt-out clause ['ɒptaʊt klɔ:z] *sb* Rücktrittsklausel *f*

oral ['ɔ:rəl] *adj (verbal)* mündlich

order ['ɔ:də] *v* **1.** bestellen; **2.** *(place an ~ for)* bestellen; **3.** *(~ to be manufactured)* in Auftrag geben; **4.** *(command)* befehlen, anordnen; **5.** *(arrange)* ordnen; *sb* **6.** *(sequence)* Reihenfolge *f*, Folge *f*, Ordnung *f; in ~ of priority* je nach Dringlichkeit; **7.** *(working condition)* Zustand *m; to be out of ~* außer Betrieb sein; **8.** *(command)* Befehl *m*, Anordnung *f; to be under ~s to do sth* Befehl haben, etw zu tun; *by ~ of* auf Befehl von, im Auftrag von; **9.** *(for goods, in a restaurant)* Bestellung *f;* **10.** *(to have sth made)* Auftrag *m; make to ~* auf Bestellung anfertigen

order accounting ['ɔ:dər ə'kaʊntıŋ] *sb* Auftragsabrechnung *f*

order backlog ['ɔ:də 'bæklɒg] *sb* Auftragsbestand *m*

order bill of lading ['ɔ:də bıl əv 'leıdıŋ] *sb* Orderkonnossement *n*

order book ['ɔ:də bʊk] *sb* Auftragsbuch *n*, Bestellbuch *n*

order booking ['ɔ:də bʊkıŋ] *sb* Bestellwesen *n*

order book value ['ɔ:də bʊk 'vælju:] *sb* Auftragsbestandwert *m*

order cheque ['ɔ:də tʃek] *sb* Orderscheck *m*

order clause ['ɔ:də klɔ:z] *sb* Orderklausel *f*

order code ['ɔːdə kəʊd] *sb* Bestellnummer *f*

order coupon ['ɔːdə 'kuːpɒn] *sb* Bestellabschnitt *m*

order date ['ɔːdə deɪt] *sb* Auftragsdatum *n*, Bestelldatum *n*

order deadline ['ɔːdə 'dedlaɪn] *sb* Bestellfrist *f*

ordered quantity ['ɔːdəd 'kwɒntɪti] *sb* Bestellmenge *f*

order filling ['ɔːdə 'fɪlɪŋ] *sb* Auftragserledigung *f*

order for payment ['ɔːdə fɔː 'peɪmənt] *sb* Zahlungsauftrag *m*, Zahlungsbefehl *m*, Zahlungsanweisung *f*

order form ['ɔːdə fɔːm] *sb* Bestellschein *m*

order handling ['ɔːdə 'hændlɪŋ] *sb* Auftragsabwicklung *f*

order inflow ['ɔːdər 'ɪnfləʊ] *sb* Auftragseingang *m*

ordering costs ['ɔːdərɪŋ kɒsts] *pl* Bestellkosten *pl*

order number ['ɔːdə 'nʌmbə] *sb* Auftragsnummer *f*

order picking ['ɔːdə 'pɪkɪŋ] *sb* Kommissionieren *n*, Auftragszusammenstellung *f*

order processing ['ɔːdə 'prəʊsesɪŋ] *sb* Auftragsbearbeitung *f*

order scheduling ['ɔːdə 'ʃedjuːlɪŋ] *sb* Auftragsplanung *f*

order size ['ɔːdə saɪz] *sb* Bestellmenge *f*, Auftragsgröße *f*

order slip ['ɔːdə slɪp] *sb* Bestellzettel *m*

order status information ['ɔːdə 'steɪtəs ɪnfə'meɪʃən] *sb* Auftragsbestandübersicht *f*

order to pay ['ɔːdə tu peɪ] *sb* Zahlungsanweisung *f*

ordinary budget ['ɔːdnəri 'bʌdʒɪt] *sb* ordentlicher Haushalt *m*

ordinary expenditure ['ɔːdnəri ɪks'pændɪtʃə] *sb* ordentliche Ausgaben *f/pl*

ordinary increase in capital ['ɔːdnəri 'ɪnkriːs ɪn 'kæpɪtl] *sb* ordentliche Kapitalerhöhung *f*

ordinary revenue ['ɔːdnəri 'revənjuː] *sb* ordentliche Einnahmen *f/pl*

ordinary share ['ɔːdnəri ʃeə] *sb* Stammaktie *f*

organization [ɔːgənaɪ'zeɪʃən] *sb* Organisation *f*

organizational [ɔːgənaɪ'zeɪʃnl] *adj* organisatorisch

organizational chart [ɔːgənaɪ'zeɪʃnl tʃɑːt] *sb* Organisationsdiagramm *n*, Organigramm *n*

organizational information system [ɔːgənaɪ'zeɪʃnl ɪnfə'meɪʃn sɪstəm] *sb* betriebliches Informationssystem *n*

organizational standards [ɔːgənaɪ'zeɪʃnl 'stændəds] *pl* Betriebsnormen *f/pl*

organizational structure [ɔːgənaɪ'zeɪʃnl 'strʌkʃə] *sb* Organisationsstruktur *f*

organization and methods department [ɔːgənaɪ'zeɪʃn ænd 'meθədz dɪ'pɑːtmənt] *sb* Organisationsabteilung *f*

organization expense [ɔːgənaɪ'zeɪʃn ɪks'pens] *sb* Organisationskosten *pl*

organize ['ɔːgənaɪz] *v* organisieren

organizer ['ɔːgənaɪzə] *sb* **1.** Organisator(in) *m/f*; **2.** *(of an event)* Veranstalter(in) *m/f*; **3.** *(tool)* Terminplaner *m*

orientation period [ɔːrɪən'teɪʃən 'pɪərɪəd] *sb* Einarbeitungszeit *f*

origin ['ɒrɪdʒɪn] *sb* Ursprung *m*, Herkunft *f*, Provenienz *f*

original [ə'rɪdʒɪnl] *adj (version)* original, Original...

original capital contribution [ər'ɪdʒɪnl 'kæpɪtl kɒntrɪ'bjuːʃn] *sb* Stammeinlage *f*

original investment [ər'ɪdʒɪnl ɪn'vestmənt] *sb* Stammeinlage *f*

ostensible company [ɒs'tensɪbl 'kʌmpənɪ] *sb* Scheingesellschaft *f*

ostensible merchant [ɒs'tensɪbl mɜːtʃənt] *sb* Scheinkaufmann *m*

ouster ['aʊstə] *sb* Enteignung *f*

outage ['aʊtɪdʒ] *sb* Ausfall *m*

outbid [aʊt'bɪd] *v irr* überbieten

outbound ['aʊtbaʊnd] *adj* ausgehend

outdated [aʊt'deɪtɪd] *adj* überholt, veraltet

outdoor advertising ['aʊtdɔːr 'ædvətaɪzɪŋ] *sb* Außenwerbung *f*

outfit ['aʊtfɪt] *v* **1.** ausrüsten, ausstatten; *sb* **2.** *(equipment)* Ausrüstung *f*, Ausstattung *f*

outfitter ['aʊtfɪtə] *sb (UK)* Ausrüster *m*, Ausstatter *m*

outgoing goods ['aʊtgəʊɪŋ gʊdz] *pl* Warenausgang *m*

outlaw ['aʊtlɔ:] *v* für ungesetzlich erklären, verbieten

outlay ['aʊtleɪ] *sb* Geldauslage *f*

outlay tax ['aʊtleɪ tæks] *sb* Ausgabensteuer *f*

outlet ['aʊtlet] *sb* **1.** (*electrical ~*) Steckdose *f*; **2.** (*shop*) Verkaufsstelle *f*; **3.** (*for goods*) Absatzmöglichkeit *f*

outline ['aʊtlaɪn] *v* **1.** darlegen, erläutern; *sb* **2.** Übersicht *f*, Grundriss *m*, Abriss *m*

outline agreement ['aʊtlaɪn ə'gri:mənt] *sb* Rahmenvereinbarung *f*

outlook ['aʊtlʊk] *sb* (*prospects*) Aussichten *pl*

outmoded [aʊt'məʊdɪd] *adj* unzeitgemäß

out-of-court settlement [aʊtəv'kɔ:t 'setlmənt] *sb* außergerichtlicher Vergleich *m*

out-of-date [aʊtəv'deɪt] *adj* veraltet, altmodisch

output ['aʊtpʊt] *sb* Produktion *f*, Output *m*, Fördermenge *f*

output-capital ratio ['aʊtpʊtkæpɪtl 'reɪʃɪəʊ] *sb* Kapitalproduktivität *f*

output maximum ['aʊtpʊt 'mæksɪməm] *sb* Leistungsgrenze *f*

output tax ['aʊtpʊt tæks] *sb* Umsatzsteuer *f*, Produktionssteuer *f*

outright owner ['aʊtraɪt 'əʊnə] *sb* Volleigentümer(in) *m/f*

outside financing ['aʊtsaɪd faɪ'nænsɪŋ] *sb* Fremdfinanzierung *f*

outsider [aʊt'saɪdə] *sb* Branchenfremder *m*, Betriebsfremder *m*, Außenseiter *m*

outside services ['aʊtsaɪd 's3:vɪsɪz] *pl* Fremdleistung *f*

outsource ['aʊtsɔ:s] *v* an Fremdfirmen vergeben, outsourcen

outsourcing ['aʊtsɔ:sɪŋ] *sb* Fremdvergabe *f*, Auslagerung *f*, Outsourcing *n*

outstanding [aʊt'stændɪŋ] *adj (not yet paid)* ausstehend

outstanding account [aʊt'stændɪŋ ə'kaʊnt] *sb* offene Rechnung *f*

outstanding accounts [aʊt'stændɪŋ ə'kaʊntz] *pl* Außenstände *m/pl*

outstanding contributions [aʊt'stændɪŋ kɒntrɪ'bjuʃnz] *pl* ausstehende Einlagen *f/pl*

outstanding debts [aʊt'stændɪŋ dets] *pl* Außenstände *pl*

overachieve [əʊvərə'tʃi:v] *v* besser abschneiden als erwartet

overall adjustment [əʊvər'ɔ:l ə'dʒʌstmənt] *sb* Globalwertberichtigung *f*

overall assignment [əʊvər'ɔ:l ə'saɪnmənt] *sb* Globalzession *f*

overall costs [əʊvər'ɔ:l 'kɒsts] *pl* Gesamtkosten *pl*

overbid ['əʊvəbɪd] *sb* Mehrgebot *n*

overcapitalization [əʊvəkæpɪtəlaɪ'zeɪʃn] *sb* Überkapitalisierung *f*

overcharge [əʊvə'tʃɑ:dʒ] *v* zu viel berechnen

overdraft ['əʊvədrɑ:ft] *sb* Kontoüberziehung *f*

overdraft commission ['əʊvədrɑ:ft kə'mɪʃn] *sb* Überziehungsprovision *f*

overdraft credit ['əʊvədrɑ:ft 'kredɪt] *sb* Überziehungskredit *m*

overdraft interest ['əʊvədrɑ:ft 'ɪntrəst] *sb* Überziehungszinsen *m/pl*

overdraft of an account ['əʊvədrɑ:ft əv ən ə'kaʊnt] *sb* Kontoüberziehung *f*

overdraw [əʊvə'drɔ:] *v irr* überziehen

overdue [əʊvə'dju:] *adj* überfällig

overestimate [əʊvər'estɪmeɪt] *v* überschätzen, überbewerten

overfinancing [əʊvəfaɪ'nænsɪŋ] *sb* Überfinanzierung *f*

overflow ['əʊvəfləʊ] *sb* Überschuss *m*

overhaul [əʊvə'hɔ:l] *v* **1.** (*a machine*) überholen; **2.** (*plans*) gründlich überprüfen; *sb* **3.** Überholung *f*, gründliche Überprüfung *f*

overhead allocation sheet ['əʊvəhæd ælə'keɪʃn ʃi:t] *sb* Betriebsabrechnungsbogen (BAB) *m*

overhead centre ['əʊvəhed 'sentə] *sb* Gemeinkostenstelle *f*

overhead charge ['əʊvəhed tʃɑ:dʒ] *sb* Gemeinkostenzuschlag *m*

overhead cost allocation ['əʊvəhed kɒst ælə'keɪʃən] *sb* Gemeinkostenumlage *f*

overhead costs ['əʊvəhed kɒsts] *pl* Gemeinkosten *pl*, allgemeine Unkosten *pl*

overhead value analysis ['əʊvəhæd 'vælju ə'nælɪsɪs] *sb* Gemeinkostenwertanalyse (GWA) *f*

o

overinflation [əʊvəɪn'fleɪʃən] *sb* Überteuerung *f*

overinvestment [əʊvəɪn'vestmənt] *sb* Investitionsüberhang *f*

overland [əʊvə'lænd] *adv* auf dem Landweg, über Land

overleaf [əʊvə'liːf] *adv* umseitig

overload [əʊvə'ləʊd] *v* **1.** überladen; **2.** *(with electricity)* überlasten; ['əʊvələʊd] *sb* **3.** Überbelastung *f;* **4.** *(electricity)* Überlastung *f*

overperform [əʊvəpə'fɔːm] *v* mehr als gefordert leisten

overqualified [əʊvə'kwɒlɪfaɪd] *adj* überqualifiziert

overrate [əʊvə'reɪt] *v* überschätzen, überbewerten

override [əʊvə'raɪd] *v irr* **1.** *(cancel out)* umstoßen, aufheben; **2.** *(an objection)* ablehnen

overrule [əʊvə'ruːl] *v* aufheben, verwerfen

overseas [əʊvə'siːz] *adv* nach Übersee, in Übersee

oversell [əʊvə'sel] *v irr* überbuchen

oversubscribe [əʊvəsəb'skraɪb] *v* überzeichnen

over-subscription [əʊvəsʌb'skrɪpʃn] *sb* Überzeichnung *f*

oversupply [əʊvəsə'plaɪ] *sb* Angebotsüberhang *m,* Überangebot *n*

overtaxation [əʊvətæk'seɪʃən] *sb* Überbesteuerung *f*

over-the-counter business [əʊvəðə-'kaʊntə 'bɪznɪs] *sb* Tafelgeschäft *n*

over-the-counter trade [əʊvəðə-'kaʊntə 'treɪd] *sb* Freihandel *m*

over-the-counter trading [əʊvəðə-'kaʊntə 'treɪdɪŋ] *sb* Effektenverkauf *m*

overtime ['əʊvətaɪm] *sb* Überstunden *pl*

overtime hours ['əʊvətaɪm 'aʊəz] *pl* Überstundenzeit *f*

overtime pay ['əʊvətaɪm peɪ] *sb* Überstundenzulage *f,* Überstundenzuschlag *m*

overturn [əʊvə'tɜːn] *v* außer Kraft setzen, revidieren, aufheben

owe [əʊ] *v* **1.** schulden, schuldig sein; **2.** *(have s.o. to thank for sth)* jdm etw verdanken; **3.** *(owing to)* wegen, infolge, dank

own [əʊn] *v* **1.** besitzen, haben; *sb* **2.** come into one's ~ sein rechtmäßiges Eigentum erlangen

own capital withdrawal [əʊn 'kæpɪtl wɪθ'drɔːəl] *sb* Eigenkapitalentzug *m*

own contributions ['əʊn kɒntrɪ'bjuː-ʃnz] *pl* Eigenleistungen *f/pl*

owner ['əʊnə] *sb* **1.** Besitzer(in) *m/f;* **2.** *(of a house, of a firm)* Eigentümer(in) *m/f*

owner-manager [əʊnə'mænɪdʒə] *sb* Einzelkaufmann *m,* Einzelkauffrau *f*

owner-occupied flat [əʊnə'ɒkjʊpaɪd 'flæt] *sb* Eigentumswohnung *f*

owner-operated municipal enterprise [əʊnə'ɒpəreɪtəd mjuː'nɪsɪpəl 'entəpraɪz] *sb* Eigenbetrieb *m*

owner's risk ['əʊnəs rɪsk] *sb* Eigners Gefahr *f,* Unternehmerrisiko *n*

owner's salary ['əʊnəs 'sælərɪ] *sb* Unternehmerlohn *m*

ownership ['əʊnəʃɪp] *sb* **1.** Besitz *m;* **2.** under new ~ unter neuer Leitung

ownership account ['əʊnəʃɪp ə'kaʊnt] *sb* Kapitalkonto *f*

ownership claim ['əʊnəʃɪp kleɪm] *sb* Eigentumsanspruch *m*

ownership in fractional shares ['əʊnəʃɪp ɪn 'frækʃənl 'ʃeəs] *sb* Bruchteilseigentum *n*

ownership transfer ['əʊnəʃɪp 'trænsfɜː] *sb* Eigentumsübertragung *f*

ozone-friendly [əʊzəʊn'frendlɪ] *adj* umweltfreundlich

own security deposit [əʊn sɪ'kjʊərɪtɪ dɪ'pɒsɪt] *sb* Eigendepot *n*

own security holdings [əʊn sɪ'kjʊərɪtɪ 'həʊldɪŋ] *sb* eigene Effekten *pl*

o

P

pack [pæk] *v* **1.** *(a container)* voll packen; **2.** *(a case)* packen; **3.** *(things into a case)* einpacken; *sb* **4.** *(packet)* Paket *n*
package ['pækɪdʒ] *sb* **1.** Paket *n*, Packung *f;* **2.** ~s Frachtstücke *pl*
packaging ['pækɪdʒɪŋ] *sb* Verpackung *f*
packet ['pækɪt] *sb* Paket *n*, Päckchen *n*, Schachtel *f*
packing ['pækɪŋ] *sb (material)* Verpackungsmaterial *n*, Verpackung *f*
packing costs ['pækɪŋ kɒsts] *pl* Verpackungskosten *pl*
packing instructions ['pækɪŋ ɪn'strʌkʃənz] *pl* Verpackungsvorschriften *f/pl*
packing unit ['pækɪŋ 'juːnɪt] *sb* Verpackungseinheit *f*
packing waste ['pækɪŋ weɪst] *sb* Verpackungsmüll *m*, Verpackungsabfall *m*
pad [pæd] *sb* Schreibblock *m*
padded ['pædɪd] *adj* gepolstert
padding [pædɪŋ] *sb* Füllmaterial *n*
paid [peɪd] *adj* bezahlt
paid-up capital ['peɪdʌp 'kæpɪtl] *sb* eingezahltes Kapital *n*
paid vacation [peɪd veɪ'keɪʃn] *sb* bezahlter Urlaub *m*
pair [peə] *sb* **1.** Paar *n; v* **2.** paarweise anordnen
pallet ['pælɪt] *sb* Palette *f*
pane [peɪn] *sb* **1.** Glasscheibe *f;* **2.** *window* ~ Fensterscheibe *f*
panel ['pænl] *sb* **1.** *(of switches)* Schalttafel *f*, Kontrolltafel *f;* **2.** *(of a car)* Armaturenbrett *n;* **3.** *(of experts, of interviewers)* Gremium *n*
panel control ['pænl kən'trəul] *sb* Schalttafelsteuerung *f*
panel envelope ['pænl 'envələup] *sb* Fensterbriefumschlag *m*
panel discussion ['pænl dɪs'kʌʃən] *sb* Podiumsdiskussion *f*
panellist ['pænəlɪst] *sb* Diskussionsteilnehmer(in) *m/f*
panel of experts ['pænl əv 'ekspɜːts] *sb* Sachverständigenrat *m*
panel report ['pænl rɪ'pɔːt] *sb* Ausschussbericht *m*

panic buying ['pænɪk 'bajɪŋ] *sb* Panikkauf *m*
panic selling ['pænɪk 'selɪŋ] *sb* Panikverkäufe *m/pl*
paper ['peɪpə] *sb* **1.** Papier *n;* **2.** ~s *pl (writings, documents)* Papiere *n/pl*
paper company ['peɪpə 'kʌmpənɪ] *sb* Scheinfirma *f*
paper for collection ['peɪpə fɔː kə'lekʃən] *sb* Inkassopapier *n*
paper gain ['peɪpə geɪn] *sb* Buchgewinn *m*
paper money ['peɪpə 'mʌnɪ] *sb* Papiergeld *n*
paperwork ['peɪpəwɜːk] *sb* **1.** Schreibarbeit *f;* **2.** *(in a negative sense)* Papierkram *m*
paper securities ['peɪpə sɪ'kjuərɪtiz] *pl* Effekten *pl*
par [pɑː] *adj* pari
parallel currency ['pærələl 'kʌrənsɪ] *sb* Parallelwährung *f*
parallel loan ['pærələl 'ləun] *sb* Parallelanleihe *f*
parallel market ['pærələl 'mɑːkɪt] *sb* Parallelmarkt *m*
parcel ['pɑːsl] *sb* **1.** Paket *n;* **2.** *(land)* Parzelle *f*
parcel carrier ['pɑːsl 'kærɪə] *sb* Paketdienst *m*
parcel receipt ['pɑːsl rɪ'siːt] *sb* Paketempfangsschein *m*
par price ['pɑː praɪs] *sb* Parikurs *m*
par value share [pɑː 'vælju ʃeə] *sb* Nennwertaktie *f*
pardon ['pɑːdn] *v* **1.** begnadigen; verzeihen; ~ me! Entschuldigung! *sb* **2.** Begnadigung *f*
parent company ['peərənt 'kʌmpənɪ] *sb* Muttergesellschaft *f*, Stammhaus *n*
parent plant ['peərənt plɑːnt] *sb* Stammwerk *n*, Stammbetrieb *m*
paring down ['peərɪŋ daun] *sb* Gesundschrumpfung *f*
parity codetermination ['pærɪtɪ kəudɪtɜːmɪ'neɪʃn] *sb* paritätische Mitbestimmung *f*

parity grid [ˈpærɪtɪ grɪd] *sb* Paritätengitter *n*
parity of rates [ˈpærɪtɪ əv ˈreɪts] *sb* Kursparität *f*
parity payment [ˈpærɪtɪ ˈpeɪmənt] *sb* Ausgleichszahlung *f*
part delivery [pɑːt dɪˈlɪvərɪ] *sb* Teillieferung *f*
part exchange [pɑːt ɪksˈtʃeɪndʒ] *sb* **1.** *offer sth in* ~ etw in Zahlung geben; **2.** *take sth in* ~ etw in Zahlung nehmen
partial [ˈpɑːʃl] *adj* Teil..., teilweise, partiell
partial acceptance [ˈpɑːʃl əkˈsæptəns] *sb* Teilakzept *n*
partial balance sheet [ˈpɑːʃl ˈbæləns ʃiːt] *sb* Teilbilanz *f*
partial bill of lading [ˈpɑːʃl bɪl əv ˈleɪdɪŋ] *sb* Teilkonnossement *n*
partial claim [ˈpɑːʃl ˈkleɪm] *sb* Teilforderung *f*
partial damage [ˈpɑːʃl ˈdæmɪdʒ] *sb* Teilbeschädigung (P.A.) *f*
partial delivery [ˈpɑːʃl dɪˈlɪvərɪ] *sb* Teillieferung *f*
partial edition [ˈpɑːʃl ɪdˈɪʃən] *sb* Teilauflage *f*
partial endorsement [ˈpɑːʃl ɪnˈdɔːsmənt] *sb* Teilindossament *n*
partial loss (p. l.) [ˈpɑːʃl ˈlɒs] *sb* Teilverlust (P.L.) *m*
partial payment [ˈpɑːʃl ˈpeɪmənt] *sb* Teilzahlung *f*
partial privatisation [ˈpɑːʃl praɪvətaɪˈzeɪʃən] *sb* Teilprivatisierung *f*
partial rights [ˈpɑːʃl ˈraɪts] *pl* Teilrechte *n/pl*
partial value [ˈpɑːʃl ˈvæljuː] *sb* Teilwert *m*
participant [pɑːˈtɪsɪpənt] *sb* Teilnehmer(in) *m/f*
participate [pɑːˈtɪsɪpeɪt] *v* sich beteiligen, teilnehmen
participating bond [pɑːˈtɪsɪpeɪtɪŋ bɒnd] *sb* Gewinnschuldverschreibung *f*
participating certificate [pɑːˈtɪsɪpeɪtɪŋ səˈtɪfɪkət] *sb* Anteilschein *m*, Genussschein *m*
participating debenture [pɑːˈtɪsɪpeɪtɪŋ dɪˈbentʃʊə] *sb* Gewinnobligation *f*
participating in yield [pɑːˈtɪsɪpeɪtɪŋ ɪn ˈjiːld] *sb* Ergebnisbeteiligung *f*

participating receipt [pɑːˈtɪsɪpeɪtɪŋ rɪˈsiːt] *sb* Partizipationsschein *m*
participation [pɑːtɪsɪˈpeɪʃən] *sb* Beteiligung *f*, Teilnahme *f*
participation in profits [pɑːtɪsɪˈpeɪʃən ɪn ˈprɒfɪts] *sb* Gewinnbeteiligung *f*
participation loan [pɑːtɪsɪˈpeɪʃən ləun] *sb* Konsortialkredit *m*
participation rights [pɑːtɪsɪˈpeɪʃən raɪts] *pl* Genussrecht *n*
participation wage [pɑːtɪsɪˈpeɪʃən weɪdʒ] *sb* Investivlohn *m*
particularity [pətɪkjʊˈlærɪtɪ] *sb* Besonderheit *f*, besonderer Umstand *m*, Einzelheit *f*
particularize [pəˈtɪkjʊləraɪz] *v* einzeln angeben, detailliert aufführen
particulars [pəˈtɪkjʊləz] *pl* Einzelheiten *f/pl*
parties to a collective wage agreement [ˈpɑːtɪz tu ə kəˈlektɪv ˈweɪdʒ əˈgriːmənt] *pl* Tarifpartner *m/pl*
part interest [pɑːt ˈɪntrest] *sb* Teilanspruch *m*
part-load traffic [ˈpɑːtləud ˈtræfɪk] *sb* Stückgutverkehr *m*
partly finished product [ˈpɑːtlɪ ˈfɪnɪʃd ˈprɒdʌkt] *sb* (Produktion) unfertiges Erzeugnis *n*
partner [ˈpɑːtnə] *sb* **1.** Partner(in) *m/f*; **2.** (in a limited company) Gesellschafter(in) *m/f*, Teilhaber(in) *m/f*, Sozius *m*
partnership [ˈpɑːtnəʃɪp] *sb* Partnerschaft *f*, Personengesellschaft *f*, Sozietät *f*
partnership account [ˈpɑːtnəʃɪp əˈkaunt] *sb* Teilhaberkonto *n*
partnership assets [ˈpɑːtnəʃɪp ˈæsɪts] *pl* Gesellschaftsvermögen *n*
partnership insurance [ˈpɑːtnəʃɪp ɪnˈʃuərəns] *sb* Teilhaberversicherung *f*
partnership limited by shares [ˈpɑːtnəʃɪp ˈlɪmɪtɪd baɪ ˈʃeəz] *sb* Kommanditgesellschaft auf Aktien *f*
partnership property [ˈpɑːtnəʃɪp ˈprɒpətɪ] *sb* Gesellschaftsvermögen *n*
part payment [pɑːt ˈpeɪmənt] *sb* Abschlagszahlung *f*, Teilzahlung *f*
part performance [pɑːt pəˈfɔːməns] *sb* Teilleistung *f*
part-time [ˈpɑːttaɪm] *adj* **1.** Teilzeit...; **2.** *adv* auf Teilzeit, stundenweise

part-time employment [ˈpɑːttaɪm ɪmˈplɔɪmənt] *sb* geringfügige Beschäftigung *f*

part-time job [ˈpɑːttaɪm dʒɒb] *sb* Teilzeitstelle *f*

part-time work [ˈpɑːttaɪm wɜːk] *sb* Teilzeitarbeit *f*

party [ˈpɑːtɪ] *sb* Partei *f*

party line [ˈpɑːtɪ laɪn] *sb* **1.** (of a telephone line) Gemeinschaftsanschluss *m;* **2.** (of a political party) Parteilinie *f*

passage [ˈpæsɪdʒ] *sb* **1.** (voyage) Überfahrt *f,* Reise *f;* **2.** (fare) Überfahrt *f*

passage of risk [ˈpæsɪdʒ əv ˈrɪsk] *sb* Gefahrübergang *m*

passbook [ˈpɑːsbʊk] *sb* Sparbuch *n*

passing of a resolution [ˈpɑːsɪŋ əv ə resəˈluːʃn] *sb* Beschlussfassung *f*

passive deposit transactions [ˈpæsɪv dɪˈpɒsɪt trænˈzækʃnz] *pl* Passivgeschäft *n*

passive reserves [ˈpæsɪv rɪˈsɜːvz] *pl* passive Rückstellungen *f/pl*

passkey [ˈpɑːskiː] *sb* Hauptschlüssel *m*

passport [ˈpɑːspɔːt] *sb* Pass *m,* Reisepass *m*

password [ˈpɑːswɛːd] *sb* Kennwort *n,* Passwort *n*

pasteboard [ˈpeɪstbɔːd] *sb* Karton *m,* Pappe *f*

patent [ˈpeɪtənt] *v* **1.** patentieren lassen; *sb* **2.** Patent *n*

patent attorney [ˈpeɪtənt əˈtɜːnɪ] *sb* Patentanwalt/Patentanwältin *m/f*

patentee [peɪtənˈtiː] *sb* Patentinhaber *m*

patent licence [ˈpeɪtənt ˈlaɪsəns] *sb* Patentlizenz *f*

patented [ˈpeɪtəntɪd] *adj* patentrechtlich geschützt

Patent Office [ˈpeɪtənt ˈɒfɪs] *sb* Patentamt *n*

patentor [ˈpeɪtəntə] *sb* Patentgeber *m*

patent protection [ˈpeɪtənt prəˈtekʃən] *sb* Urheberschutz *m,* Patentschutz *m*

patron [ˈpeɪtrən] *sb* **1.** (customer) Kunde/Kundin *m/f,* Gast *m;* **2.** (benefactor) Mäzen *m*

patronage refund [ˈpætrənɪdʒ ˈriːfʌnd] *sb* Kundenrabatt *m*

patronize [ˈpætrənaɪz] *v* (a business) besuchen (als Stammkunde)

pattern book [ˈpætən bʊk] *sb* Musterbuch *n*

pattern of organization [ˈpætən əv ɔːgənaɪˈzeɪʃən] *sb* Organisationsform *f*

pause [pɔːz] *sb* **1.** Pause *f;* **2.** give s.o. ~ jdm zu Denken geben

pawn [pɔːn] *v* **1.** verpfänden, versetzen; *sb* **2.** (object pawned) Pfand *n*

pawnbroker [ˈpɔːnbrəʊkə] *sb* Pfandleiher *m*

pawnbroking [ˈpɔːnbrəʊkɪŋ] *sb* Pfandleihe *f*

pawnshop [ˈpɔːnʃɒp] *sb* Pfandhaus *n*

pay [peɪ] *v irr* **1.** bezahlen, **2.** (a bill, interest) zahlen; ~ for bezahlen für; **3.** (to be profitable) sich lohnen, sich auszahlen; *sb* **4.** Lohn *m;* **5.** (salary) Gehalt *n*

payable [ˈpeɪəbl] *adj* **1.** zahlbar; **2.** (due) fällig; **3.** make a cheque ~ to s.o. einen Scheck auf jdn ausstellen

payable on delivery (POD) [ˈpeɪəbl ɒn dɪˈlɪvərɪ] *adj* zahlbar bei Ablieferung (POD)

pay advance [peɪ ədˈvɑːns] *sb* Gehaltsvorschuss *m*

pay back [ˈpeɪ bæk] *v irr* zurückzahlen

pay bracket [peɪ ˈbrækɪt] *sb* Lohngruppe *f,* Gehaltsklasse *f*

paycheck [ˈpeɪtʃek] *sb* (US) Lohnscheck *m,* Gehaltsscheck *m*

pay clerk [peɪ klɑːk] *sb* Lohnbuchhalter(in) *m/f*

pay day [ˈpeɪ deɪ] *sb* account day Zahltag *m,* Abrechnungstag *m*

payee [peɪˈiː] *sb* Zahlungsempfänger(in) *m/f,* Remittent *m*

payee of a bill of exchange [peɪˈiː əv ə bɪl əv ɪksˈtʃeɪndʒ] *sb* Wechselnehmer(in) *m/f*

payer [ˈpeɪə] *sb* Zahler(in) *m/f*

pay freeze [peɪ friːz] *sb* Lohnstopp *m*

pay in [peɪ ˈɪn] *v irr* einzahlen

pay increase [peɪ ˈɪnkriːs] *sb* Lohnerhöhung *f,* Gehaltserhöhung *f*

paying authority [ˈpeɪɪŋ ɔːˈθɒrətɪ] *sb* Kostenträger *m*

paying off [ˈpeɪɪŋ ˈɒf] *sb* Entlohnung *f*

paying out [ˈpeɪɪŋ aʊt] *sb* Auszahlung *f*

paying slip [ˈpeɪɪŋ slɪp] *sb* Einzahlungsschein *m*

paying office [ˈpeɪɪŋ ɒfɪs] *sb* Zahlstelle *f*

P

pay interest on [peɪ ˈɪntrəst ɒn] *v* verzinsen

payload [ˈpeɪləʊd] *sb* Nutzlast *f*

payment [ˈpeɪmənt] *sb* **1.** Zahlung *f*, Einzahlung *f*; Bezahlung *f*; **2.** Besoldung *f*, Auszahlung *f*

payment against delivery [ˈpeɪmənt əˈgenst dɪˈlɪvərɪ] *sb* Lieferung per Nachnahme *f*

payment authorization [ˈpeɪmənt ɔːθəraɪˈzeɪʃən] *sb* Zahlungsermächtigung *f*

payment by instal(l)ments [ˈpeɪmənt baɪ ɪnˈstɔːlmənts] *sb* Ratenzahlung *f*

payment by results [ˈpeɪmənt baɪ rɪˈzʌlts] *sb* Leistungslohn *m*

payment guarantee [ˈpeɪmənt gærənˈtiː] *sb* Anzahlungsbürgschaft *f*

payment habit [ˈpeɪmənt ˈhæbɪt] *sb* Zahlungssitte *f*

payment in advance [ˈpeɪmənt ɪn ədˈvɑːns] *sb* Vorauszahlung *f*

payment in arrears [ˈpeɪmənt ɪn əˈrɪəs] *sb* Zahlungsrückstand *m*

payment in full [ˈpeɪmənt ɪn ˈfʊl] *sb* vollständige Bezahlung *f*

payment in kind [ˈpeɪmənt ɪn ˈkaɪnd] Zahlung in Sachwerten *f*

payment medium [ˈpeɪmənt ˈmiːdɪəm] *sb* Zahlungsmittel *n*

payment of a bill of exchange [ˈpeɪmənt əv ə bɪl əv ɪkˈstʃeɪndʒ] *sb* Wechseleinlösung *f*

payment of interest [ˈpeɪmənt əv ˈɪntrəst] *sb* Verzinsung *f*

payment of redundancy benefit(s) [ˈpeɪmənt əv riːˈdʌndənsɪ ˈbenɪfɪt(s)] *sb* Konkursausfallgeld *n*

payment of taxes [ˈpeɪmənt əv ˈtæksɪz] *sb* Steuerzahlung *f*

payment on account [ˈpeɪmənt ɒn əˈkaʊnt] *sb* Akontozahlung *f*

payment order [ˈpeɪmənt ˈɔːdə] *sb* Anweisung *f*

payment risk [ˈpeɪmənt ˈrɪsk] *sb* Zahlungsrisiko *n*

payment slip [ˈpeɪmənt ˈslɪp] *sb* Zahlschein *m*

payment supra protest [ˈpeɪmənt ˈsuːprə ˈprəʊtest] *sb* Zahlung unter Protest *f*

payment transaction [ˈpeɪmənt trænˈzækʃən] *sb* Zahlungsverkehr *m*

payment with order [ˈpeɪmənt wɪθ ˈɔːdə] *sb* Zahlung bei Auftragserteilung *f*

payments office [ˈpeɪmənts ˈɒfɪs] *sb* Zahlstelle *f*

payoff [ˈpeɪɒf] *sb* (*bribe*) Bestechungsgeld *n*

pay off [peɪ ˈɒf] *v irr* **1.** (*to be profitable*) (*fam*) sich lohnen; **2.** (*a debt*) abbezahlen; **3.** (*a mortgage*) ablösen; **4.** (*creditors*) befriedigen; **5.** (*workmen*) auszahlen

payout [ˈpeɪaʊt] *sb* **1.** Auszahlung *f*; **2.** (*dividend*) Ausschüttung *f*

pay over duty [peɪ ˈəʊvə ˈdjuːtɪ] *sb* Abführungspflicht *f*

pay packet [peɪ ˈpækɪt] *sb* Lohntüte *f*

pay raise [peɪ reɪz] *sb* (*US*) Lohnerhöhung *f*, Gehaltserhöhung *f*

pay rate [peɪ reɪt] *sb* Rückzahlungsrate *f*, Tilgungsrate *f*

pay rise [peɪ raɪz] *sb* (*UK*) Lohnerhöhung *f*, Gehaltserhöhung *f*

payroll [ˈpeɪrəʊl] *sb* **1.** Lohnliste *f*; **2.** have s.o. on one's ~ jdn beschäftigen

pay round [peɪ raʊnd] *sb* Lohnrunde *f*

pay the postage [ˈpeɪ ðə ˈpɒstɪdʒ] *v* frankieren

peacekeeping duty [ˈpiːskiːpɪŋ ˈdjʊtɪ] *sb* Friedenspflicht *f*

peak [piːk] *adj* Höchst..., Spitzen...

peak hours [piːk ˈaʊəz] *pl* Hauptverkehrszeit *f*, Stoßzeit *f*

peak quotation [piːk kwəʊˈteɪʃn] *sb* Extremkurs *m*

pecuniary [pɪˈkjuːnɪərɪ] *adj* Geld..., finanziell, pekuniär

pedlar [ˈpedlə] *sb* Hausierer *m*

penalize [ˈpiːnəlaɪz] *v* bestrafen

penalty [ˈpænltɪ] *sb* **1.** Strafe; **2.** (*punishment*) Bußgeld *n*

penalty cost [ˈpænltɪ kɒst] *sb* Fehlmengenkosten *pl*

penalty interest [ˈpænltɪ ˈɪntrəst] *sb* Strafzins *m*

pending [ˈpendɪŋ] *adj* anhängig, schwebend

pending transactions [ˈpendɪŋ trænˈzækʃns] *pl* schwebende Geschäfte *n/pl*

pension [ˈpenʃən] *sb* **1.** Rente *f*; **2.** (*from an employer*) Pension *f*

pensioner [ˈpenʃənə] *sb* Rentner(in) *m/f*

P

pension expectancy [ˈpenʃən ɪksˈpektənsɪ] *sb* Pensionsanwartschaft *f*

pension for general disability [ˈpenʃən fɔː ˈdʒenrəl dɪsəˈbɪlɪtɪ] *sb* Erwerbsunfähigkeitsrente *f*

pension fund [ˈpenʃən fʌnd] *sb* Rentenfonds *m*, Pensionsfonds *m*

pension reserve [ˈpenʃən rɪˈsɜːv] *sb* Pensionsrückstellung *f*

pent-up inflation [ˈpentʌp ɪnˈfleɪʃn] *sb* zurückgestaute Inflation *f*

per annum [pɜː ˈænəm] *adv* pro Jahr

per capita [pɜː ˈkæpɪtə] *adv* pro Kopf

per capita income [ˈpɜː ˈkæpɪtə ˈɪnkʌm] *sb* Pro-Kopf-Einkommen *n*

per capita tax [ˈpɜː ˈkæpɪtə ˈtæks] *sb* Kopfsteuer *f*

per cent [pɜː ˈsent] *sb* Prozent *n*

percentage [pəˈsentɪdʒ] *sb* **1.** Prozentsatz *m;* **2.** *(proportion)* Teil *m;* **3.** on a ~ basis prozentual, auf Prozentbasis

percentage excess [pəˈsentɪdʒ ɪkˈses] *sb* Selbstbeteiligung *f*

percentage of profits [pəˈsentɪdʒ əv ˈprɒfɪts] *sb* Tantieme *f*

percentage premium [pəˈsentɪdʒ ˈpriːmiəm] *sb* Anteilsprämie *f*

percentage quotation [pəˈsentɪdʒ kwəʊˈteɪʃən] *sb* Prozentkurs *m*

per diem [pɜː ˈdaɪem] *sb (money)* Tagegeld *n*

perforated [ˈpɜːfəreɪtɪd] *adj* perforiert, gelocht

perform [pəˈfɔːm] *v* **1.** leisten; ~ well eine gute Leistung bringen; **2.** *(a task, a duty)* erfüllen

performance [pəˈfɔːməns] *sb* **1.** *(carrying out)* Erfüllung *f*, Durchführung *f;* **2.** *(effectiveness)* Leistung *f*

performance appraisal [pəˈfɔːməns əˈpreɪzl] *sb* Mitarbeiterbeurteilung *f*

performance bond [pəˈfɔːməns bɒnd] *sb* Leistungsgarantie *f*, Liefergarantie *f*

performance date [pəˈfɔːməns deɪt] *sb* Erfüllungstag *m*

performance depth [pəˈfɔːməns depθ] *sb* Leistungstiefe *f*

performance guarantee [pəˈfɔːməns gərənˈtiː] *sb* Leistungsgarantie *f*

performance-linked [pəˈfɔːməns-lɪŋkd] *adj* leistungsbezogen

performance-oriented [pəˈfɔːmənsɔːrɪəntɪd] *adj* leistungsorientiert

performance principle [pəˈfɔːməns ˈprɪnsɪpl] *sb* Erfüllungsprinzip *n*

performance regulations [pəˈfɔːməns regjuˈleɪʃnz] *pl* Effizienzregeln *f/pl*

period [ˈpɪərɪəd] *sb* Frist *f*, Zeitraum *m*

period for application [ˈpɪərɪəd fɔː æplɪˈkeɪʃən] *sb* Anmeldefrist *f*

period for payment [ˈpɪərɪəd fɔː ˈpeɪmənt] *sb* Zahlungsziel *n*

period of grace [ˈpɪərɪəd əv greɪs] *sb* Nachfrist *f*

period of notice [ˈpɪərɪəd əv ˈnəʊtɪs] *sb* Kündigungsfrist *f*

period of protest [ˈpɪərɪəd əv ˈprəʊtest] *sb* Protestzeit *f*

period of respite [ˈpɪərɪəd əv ˈrespaɪt] *sb* Zahlungsaufschub *m*

period under review [ˈpɪərɪəd ˈʌndə ˈrɪvjuː] *sb* Berichtsperiode *f*

peripheral [pəˈrɪfərəl] *sb* Peripheriegerät *n*

peripheral units [pəˈrɪfərəl ˈjuːnɪts] *pl* Pripheriegeräte *n/pl*

perish [ˈperɪʃ] *v (goods)* verderben, schlecht werden

perishable [ˈperɪʃəbl] *adj (goods)* verderblich

perjure [ˈpɜːdʒə] *v* ~ oneself einen Meineid leisten

perjury [ˈpɜːdʒərɪ] *sb* Meineid *m*

permanent debts [ˈpɜːmənent ˈdets] *pl* Dauerschuld *f*

permanent establishment abroad [ˈpɜːmənent ɪsˈtæblɪʃmənt əˈbrɔːd] *sb* ausländische Betriebsstätte *f*

permanent evaluation [ˈpɜːmənent ɪvæljuˈeɪʃn] *sb* Festbewertung *f*

permanent holding [ˈpɜːmənent ˈhəʊldɪŋ] *sb* Dauerbesitz *m*

permanent shareholder [ˈpɜːmənent ˈʃeəhəʊldə] *sb* Daueraktionär(in) *m/f*

permission [pɜːˈmɪʃən] *sb* Genehmigung *f*, Erlaubnis *f*

permit [pəˈmɪt] *v* **1.** erlauben, gestatten; [ˈpɜːmɪt] *sb* **2.** Genehmigung *f*, Erlaubnis *f*

perpetrator [ˈpɜːpɪtreɪtə] *sb* Täter(in) *m/f*

perpetual annuity [pəˈpetjʊəl ənˈjuːɪtɪ] *sb* ewige Rente *f*

perpetual bonds [pə'petjʊəl bɒndz] *pl* Rentenanleihe *f*

perpetual debt [pə'petjʊəl det] *sb* ewige Schuld *f*

perpetual loan [pə'petjʊəl 'ləʊn] *sb* ewige Anleihe *f*

per procuration endorsement [pɜː prɒkjʊ'reɪʃn ɪn'dɔːsmənt] *sb* Prokuraindossament *f*

perquisite ['pɜːkwɪzɪt] *sb* Vergünstigung *f*

person in charge ['pɜːsən ɪn tʃɑːdʒ] *sb* Verantwortliche(r) *f/m*

personal account ['pɜːsənl ə'kaʊnt] *sb* Privatkonto *n*

personal computer ['pɜːsənl kəm'pjuːtə] *sb* Personalcomputer *m*, PC *m*

personal consumption ['pɜːsənl kən'sʌmpʃən] *sb* Eigenverbrauch *m*

personal consumption expenditure ['pɜːsənl kən'sʌmpʃn ɪks'pendɪtʃə] *sb* privater Verbrauch *m*

personal conversation ['pɜːsənl kɒnvə'seɪʃən] *sb* persönliches Gespräch *n*

personal identification number ['pɜːsnəl aɪdentɪfɪ'keɪʃn 'nʌmbə] *sb* persönliche Identifikationsnummer (PIN) *f*

personal loan ['pɜːsənl ləʊn] *sb* Personalkredit *m*

personal organizer ['pɜːsənl 'ɔːgənaɪzə] *sb* Terminplaner *m*, Zeitplaner *m*

personnel [pɜːsə'nel] *sb* Personal *n*, Belegschaft *f*

personnel department [pɜːsə'nel dɪ'pɑːtmənt] *sb* Personalabteilung *f*

personnel development [pɜːsə'nel dɪ'veləpmənt] *sb* Personalentwicklung *f*

personnel director [pɜːsə'nel daɪ'rektə] *sb* Personalleiter(in) *m/f*, Personalchef(in) *m/f*

personnel layoff [pɜːsə'nel 'leɪɒf] *sb* Personalfreisetzung *f*

personnel leasing [pɜːsə'nel 'liːsɪŋ] *sb* Personal-Leasing *n*

personnel management [pɜːsə'nel 'mænædʒmənt] *sb* Personalführung *f*, Personalmanagement *n*

personnel office [pɜːsə'nel 'ɒfɪs] *sb* Personalbüro *n*

personnel strategy [pɜːsə'nel 'strætədʒɪ] *sb* Personalstrategie *f*

pessimism ['pesɪmɪzm] *sb* Pessimismus *m*

pessimistic [pesɪ'mɪstɪk] *adj* pessimistisch

petition [pə'tɪʃən] *sb* Gesuch *n*, Petition *f*

petition in bankruptcy [pə'tɪʃən ɪn 'bæŋkrəpsɪ] *sb* Konkursantrag *f*

petitioner [pe'tɪʃənə] *sb* Antragsteller(in) *m/f*

petrodollar ['petrəʊdɒlə] *sb* Petrodollar *m*

petrol ['petrəl] *sb (UK)* Benzin *n*

petroleum revenue tax [pɪ'trəʊliəm 'revənjuː tæks] *sb* Mineralölsteuer *f*

petrol station ['petrəl steɪʃən] *sb (UK)* Tankstelle *f*

petty cash ['peti 'kæʃ] *sb* Portokasse *f*

phases of business cycles ['feɪzɪs əv 'bɪsnɪs 'saɪkls] *pl* Konjunkturphasen *f/pl*

phone [fəʊn] *sb (see "telephone")*

phonecard ['fəʊnkɑːd] *sb* Telefonkarte *f*

photo CD ['fəʊtəʊ siː'diː] *sb* Foto-CD *f*

photocopier ['fəʊtəʊkɒpɪə] *sb* Fotokopiergerät *n*, Kopierer *m*

photocopy ['fəʊtəʊkɒpɪ] *v* **1.** fotokopieren, kopieren; *sb* **2.** Fotokopie *f*, Kopie *f*

photograph ['fəʊtəgrɑːf] *v* **1.** fotografieren, aufnehmen; *sb* **2.** Fotografie *f*, Aufnahme *f*, Lichtbild *n*

physical examination ['fɪzɪkəl ɪgzæmɪ'neɪʃən] *sb* ärztliche Untersuchung *f*

physical handicap ['fɪzɪkəl 'hændɪkæp] *sb* körperliche Behinderung *f*

picket ['pɪkɪt] *sb* Streikposten *m*

piece [piːs] *sb* **1.** Stück *n;* **2.** *(article)* Artikel *m;* **3.** *(coin)* Münze *f*

piece rate [piːs reɪt] *sb* Leistungslohn *m*, Stücklohn *m*

piece time [piːs taɪm] *sb* Stückzeit *f*

piecework ['piːswɜːk] *sb* Akkordarbeit *f*

piecework pay ['piːswɜːk peɪ] *sb* Stücklohn *m*

piecework wage ['piːswɜːk weɪdʒ] *sb* Akkordlohn *m*

piggy bank ['pɪgɪ bæŋk] *sb* Sparbüchse *f*

piggyback advertisement ['pɪgɪbæk əd'vɜːtɪsmənt] *sb* Huckepack-Werbung *f*

P

pile [paɪl] *v* **1.** stapeln; *sb* **2.** Stapel *m*, Stoß *m*

pilot scheme ['paɪlət ski:m] *sb* Versuchsprojekt *n*, Pilotprogramm *n*

pilot study ['paɪlət stʌdɪ] *sb* Pilot-Studie *f*

piracy ['paɪrəsɪ] *sb (plagiarism)* Plagiat *n*, Produktpiraterie *f*

pirate copy ['paɪrɪt 'kɒpɪ] *sb* Raubkopie *f*

pitchman ['pɪtʃmən] *sb* **1.** *(vendor)* Straßenverkäufer *m;* **2.** *(advertising ~)* Werbeträger *m*

place [pleɪs] *v* **1.** ~ *an order* bestellen, einen Auftrag erteilen; **2.** *(an advertisement)* platzieren

place of birth [pleɪs əv 'bɜ:θ] *sb* Geburtsort *m*

place of business ['pleɪs əv 'bɪznɪs] *sb* Arbeitsstelle *f*, Arbeitsplatz *m*

place of destination ['pleɪs əv destɪ-'neɪʃən] *sb* Bestimmungsort *m*

place of employment ['pleɪs əv ɪm-'plɔɪmənt] *sb* Arbeitsplatz *m*, Arbeitsstelle *f*

place of jurisdiction ['pleɪs əv dʒʊərɪs'dɪkʃən] *sb* Gerichtsstand *m*

place of payment [pleɪz əv 'peɪmənt] *sb* Zahlungsort *m*, Domizilstelle *f*

place of performance [pleɪz əv pə-'fɔ:mənz] *sb* Erfüllungsort *m*

place of residence [pleɪz əv 'rezɪdəns] *sb* Wohnort *m*

placement of an advertisement ['pleɪsmənt əv ən əd'vɜ:tɪsmənt] *ab* Anzeigenschaltung *f*

placing ['pleɪsɪŋ] *sb* Platzierung *f*

placing commission ['pleɪsɪŋ kə'mɪʃn] *sb* Bankierbonifikation *f*

placing of an order ['pleɪsɪŋ əv ən 'ɔ:də] *sb* Auftragserteilung *f*

plagiarism ['pleɪdʒərɪzm] *sb* **1.** Plagiat *f;* **2.** Plagiieren *n*

plagiarize ['pleɪdʒəraɪz] *v* plagiieren

plaintiff ['pleɪntɪf] *sb* Kläger(in) *m/f*

plan analysis [plæn ə'næləsɪs] *sb* Plananalyse *f*

plan engineer [plæn endʒɪ'nɪə] *sb* Verfahrenstechniker(in) *m/f*

planned economy [plænd ɪ'kɒnəmɪ] *sb* Planwirtschaft *f*

planning ['plænɪŋ] *sb* Planung *f*

planning control ['plænɪŋ kən'trəʊl] *sb* Planungskontrolle *f*

planning figures ['plænɪŋ 'fɪgəz] *pl* Planwerte *m/pl*

planning game ['plænɪŋ geɪm] *sb* Planspiel *n*

planning permission ['plænɪŋ pə'mɪ-ʃən] *sb* Baugenehmigung *f*

plan of expenditure [plæn əv ɪks'pendɪdʒʊə] *sb* Ausgabenplan *m*

plant [plɑ:nt] *sb* **1.** *(factory)* Werk *n;* **2.** *(equipment)* Anlagen *f/pl*

plant agreement [plɑ:nt ə'gri:mənt] *sb* Betriebsvereinbarung *f*

plant closing [plɑ:nt 'kləʊzɪŋ] *sb* Betriebsstilllegung *f*

plant engineering and construction [plɑ:nt endʒə'nɪərɪŋ ænd kɒnstrʌkʃən] *sb* Anlagenbau *m*

plant inspection [plɑ:nt ɪn'spekʃən] *sb* Betriebsaufsicht *f*

plastic ['plæstɪk] *sb* **1.** Kunststoff *m*, Plastik *n; adj* **2.** *(made of plastic)* Plastik...

pledge [pledʒ] *v* **1.** *(pawn, give as collateral)* verpfänden; **2.** *(promise)* versprechen; *sb* **3.** *(in a pawnshop)* Pfand *n*, Verpfändung *f;* **4.** Versprechen *n*

pledged securities deposit [pledʒd sɪk'jʊərɪtɪz dɪ'pɒsɪt] *sb* Pfanddepot *n*

pledgee [pledʒ'i:] *sb* Pfandgläubiger *m*

pledge endorsement [pledʒ ɪn'dɔ:smənt] *sb* Pfandindossament *n*

pledging ['pledʒɪŋ] *sb* Verpfändung *f*, Pfandbestellung *f*

pledgor ['pledʒə] *sb* Pfandschuldner *m*, Verpfänder *m*

plenipotentiary [plenɪpə'tenʃərɪ] *sb* Generalbevollmächtigte(r) *f/m*

plough back [plaʊ 'bæk] *v* reinvestieren, wieder anlegen

plug [plʌg] *sb* **1.** *(electric)* Stecker *m;* **2.** *(bit of publicity)* Schleichwerbung *f*

plus ['plʌs] *sb* Plus *n*

P.O. box [pi:'əʊ bɒks] *sb* Postfach *n*

point of sale system (POS) [pɔɪnt əv seɪl 'sɪstəm] *sb* bargeldloses Kassensystem *n*

point sampling [pɔɪnt 'sɑ:mplɪŋ] *sb* Stichprobenverfahren *n*

policy ['pɒlɪsɪ] *sb* **1.** *(principles of conduct)* Verfahrensweise *f*, Politik *f*, Taktik *f;* **2.** *(insurance ~)* Police *f*

policy holder [ˈpɒlɪsɪ ˈhəʊldə] *sb* Versicherungsnehmer *m*

policy limit [ˈpɒlɪsɪ ˈlɪmɪt] *sb* Haftungshöchstbetrag *m*

policy of sterilization funds [ˈpɒlɪsɪ əv sterɪlaɪˈzeɪʃn fʌndz] *sb* Sterilisierungspolitik *f*

policy relating to capital formation [ˈpɒlɪsɪ rɪˈleɪtɪŋ tu ˈkæpɪtl fɔːˈmeɪʃn] *sb* Vermögenspolitik *f*

policy value [ˈpɒlɪsɪ ˈvæljuː] *sb* Versicherungswert *m*, Deckungssumme *f*

poll [pəʊl] *sb (opinion ~)* Umfrage *f*

pollster [ˈpəʊlstə] *sb (US)* Meinungsforscher(in) *m/f*

pollutant [pəˈluːtənt] *sb* Schadstoff *m*

pollute [pəˈluːt] *v* verschmutzen, verunreinigen

polluter pays principle [pəˈluːtə peɪz ˈprɪnsɪpl] *sb* Verursacherprinzip *n*

pollution [pəˈluːʃən] *sb* **1.** Verschmutzung *f*; **2.** *(of the environment)* Umweltverschmutzung *f*

polytechnic [pɒlɪˈteknɪk] *sb (UK)* Polytechnikum *n*, Fachhochschule *f*

pooling of accounts [ˈpuːlɪŋ əv əˈkaʊnts] *sb* Kontenzusammenlegung *f*

pooling of interests [ˈpuːlɪŋ əv ˈɪntrəsts] *sb* Interessengemeinschaft *f*

poor quality [puə ˈkwɒlɪtɪ] *sb* schlechte Qualität *f*

popular [ˈpɒpjʊlə] *adj* **1.** *(with the public)* populär, beliebt; **2.** *(prevalent)* weit verbreitet

popular share [ˈpɒpjʊlə ʃeə] *sb* Publikumsaktie *f*

popularity [pɒpjʊˈlærɪtɪ] *sb* Beliebtheit *f*, Popularität *f*

population [pɒpjʊˈleɪʃən] *sb* Bevölkerung *f*, Einwohnerschaft *f*

port [pɔːt] *sb* Hafen *m*

portable [ˈpɔːtəbl] *adj* tragbar

portage [ˈpɔːtɪdʒ] *sb* Transportkosten *pl*, Beförderungskosten *pl*

portfolio [pɔːtˈfəʊljəʊ] *sb* **1.** Portfolio *n*; **2.** *(folder)* Mappe *f*

portfolio analysis [pɔːtˈfəʊljəʊ əˈnælɪsɪs] *sb* Portfolio-Analyse *f*, Fundamentalanalyse *f*

portfolio controlling [pɔːtˈfəʊljəʊ kənˈtrəʊlɪŋ] *sb* Portfeuillesteuerung *f*

portfolio holdings [pɔːtˈfəʊljəʊ ˈhəʊldɪŋz] *pl* Depotbestand *m*

portfolio investments [pɔːtˈfəʊljəʊ ɪnˈvestmənts] *pl* indirekte Investition *f*

portfolio manager [pɔːtˈfəʊljəʊ ˈmænɪdʒə] *sb* Effektenverwalter(in) *m/f*, Depotverwalter(in) *m/f*

portfolio selection [pɔːtˈfəʊljəʊ sɪˈlækʃn] *sb* Portfolio Selection *f*

portion of overall costs [ˈpɔːʃn əv ˈəʊvərɔːl kɒsts] *sb* Teilkosten *pl*

position [pəˈzɪʃən] *v* **1.** aufstellen, platzieren; *sb* **2.** Position *f*, Stellung *f*; **3.** *(job)* Stelle *f*; **4.** *(point of view)* Standpunkt *m*, Haltung *f*, Einstellung *f*

positioning [pəˈzɪʃənɪŋ] *sb* Platzierung *f*

position offered [pəˈzɪʃən ˈɒfəd] *sb* Stellenanzeige *f*

possess [pəˈzes] *v* besitzen, haben

possession [pəˈzeʃən] *sb* Besitz *m*

possessor [pəˈzesə] *sb* Besitzer(in) *m/f*

post [pəʊst] *sb* **1.** *(mail)* Post *f*; by return of ~ postwendend; **2.** *(job)* Stelle *f*, Posten *m*; *v* **3.** put in the ~ *(UK)* aufgeben, mit der Post schicken

postage [ˈpəʊstɪdʒ] *sb* Porto *n*, Gebühr *f*

postage deduction [ˈpəʊstɪdʒ dɪˈdʌkʃən] *sb* Portoabzug *m*

postage due [ˈpəʊstɪdʒ djuː] *sb* Strafporto *n*, Nachporto *n*

postage-free [ˈpəʊstɪdʒfriː] *adj* portofrei, gebührenfrei

postage stamp [ˈpəʊstɪdʒ stæmp] *sb* Briefmarke *f*

postal [ˈpəʊstl] *adj* Post...

postal cheque [ˈpəʊstl tʃek] *sb* Postscheck *m*

postal code [ˈpəʊstl kəʊd] *sb (UK)* Postleitzahl *f*

postal giro [ˈpəʊstl ˈdʒaɪrəʊ] *sb* **1.** Postgiro *n*; **2.** *(cheque)* Postscheck *m*

postal giro account [ˈpəʊstl ˈdʒaɪrəʊ əˈkaʊnt] *sb* Postscheckkonto *n*

postal money order [ˈpəʊstl ˈmʌnɪ ˈɔːdə] *sb* Postanweisung *f*

postal order [ˈpəʊstl ˈɔːdə] *sb (UK)* Postanweisung *f*

Postal Savings Bank [ˈpəʊstl ˈseɪvɪŋz bæŋk] *sb* Postbank *f*

postal service [ˈpəʊstl ˈsɜːvɪs] *sb* Postdienst *m*, Post *f*

postal transfer ['pəʊstl 'trænsfɜ:] *sb* Postüberweisung *f*

postal wrapper ['pəʊstl 'ræpə] *sb* Streifband *n*

postbox ['pəʊstbɒks] *sb (UK)* Briefkasten *m*

postcard ['pəʊstkɑ:d] *sb* Postkarte *f*

postcode ['pəʊstkəʊd] *sb (UK)* Postleitzahl *f*

postdate [pəʊst'deɪt] *v (a document)* nachdatieren

post-dated [pəʊst'deɪtɪd] *adj* nachdatiert

poste restante [pəʊst res'tãt] *adv* postlagernd

post-formation acquisition [pəʊstfɔ:'meɪʃn əkwɪ'sɪʃn] *sb* Nachgründung *f*

posting reference ['pəʊstɪŋ 'refrəns] *sb* Buchungsvermerk *m*

postman ['pəʊstmən] *sb* Briefträger *m*, Postbote *m*

postmark ['pəʊstmɑ:k] *sb* Poststempel *m*

post office [pəʊst 'ɒfɪs] *sb* Post *f*, Postamt *n*

post office box [pəʊst 'ɒfɪs bɒks] *sb (P. O. box)* Postfach *n*

post-paid [pəʊst'peɪd] *adj* freigemacht, frankiert

postpone [pəst'pəʊn] *v* **1.** aufschieben; **2.** *(for a specified period)* verschieben

postponement [pəst'pəʊnmənt] *sb (act of postponing)* Verschiebung *f*, Vertagung *f*, Aufschub *m*

postseason [pəʊst'si:zn] *sb* Nachsaison *f*

potential [pə'tenʃl] *sb* Potenzial *n*

potential cash [pə'tenʃl kæʃ] *sb* potentielles Bargeld *n*

pound [paʊnd] *sb (unit of weight, money)* Pfund *n*

poundage ['paʊndɪdʒ] *sb* **1.** *(weight)* Gewicht in Pfund *n;* **2.** *(fee)* auf Gewichtsbasis errechnete Gebühr *f*

power ['paʊə] *sb* **1.** Macht *f; I will do everything in my ~.* Ich werde tun, was in meiner Macht steht. **2.** *(of an engine, of loudspeakers)* Leistung *f*

power failure ['paʊə feɪljə] *sb* Stromausfall *m*, Netzausfall *m*

power lunch ['paʊə lʌntʃ] *sb (fam)* Geschäftsessen *n*

power of agency ['paʊə əv 'eɪdʒənsɪ] *sb* Handlungsvollmacht *f*, Vertretungsbefugnis *f*

power of attorney ['paʊə əv ə'tɜ:nɪ] *sb* Vollmacht *f*, Prokura *f*

power of revocation ['paʊə əv revə'keɪʃən] *sb* Widerrufsrecht *n*

power of signature ['paʊə əv 'sɪgnətʃə] *sb* Zeichnungsvollmacht *f*, Unterschriftsbefugnis *f*

power to contract ['paʊə tu kən'trækt] *sb* Vertragsvollmacht *f*

power pack ['paʊə pæk] *sb* Netzteil *n*

power plant ['paʊə plɑ:nt] *sb* Kraftwerk *n*

power to draw on an account ['paʊə tu drɔ: ɒn ən ə'kaʊnt] *sb* Kontovollmacht *f*

PR *(see "public relations")*

practicable ['præktɪkəbl] *adj* durchführbar, machbar

practice ['præktɪs] *sb (business ~)* Verfahrensweise *f*

practice of payment ['præktɪs əv 'peɪmənt] *sb* Zahlungsgewohnheit *f*

practise ['præktɪs] *v (a profession, a religion)* ausüben, praktizieren

prearrange [pri:ə'reɪndʒ] *v* vorher abmachen, vorher bestimmen

precaution [prɪ'kɔ:ʃən] *sb* **1.** Vorsichtsmaßnahme *f;* **2.** *take ~s* Vorsichtsmaßnahmen treffen; **3.** *as a ~* vorsichtshalber

precautionary holding [prɪ'kɔ:ʃənərɪ 'həʊldɪŋ] *sb* Vorsichtskasse *f*

precedence ['presɪdəns] *sb* Vorrang *m*, Vorrecht *n*

precedent ['presɪdənt] *sb* Präzedenzfall *m*

precision [prɪ'sɪʒən] *sb* Genauigkeit *f*, Präzision *f*

precondition [pri:kən'dɪʃən] *sb* Voraussetzung *f*, Bedingung *f*

predate [pri:'deɪt] *v* **1.** *(come before)* vorausgehen; **2.** *(a document)* zurückdatieren

predecessor ['pri:dɪsesə] *sb* Vorgänger(in) *m/f*

preemption right [pri:'empʃn raɪt] *sb* Vorkaufsrecht *n*

preemptive shares [pri:'emtɪv ʃeəz] *pl* Bezugsaktien *f/pl*

pre-export financing [priːˈekspɔːt faɪ-ˈnænsɪŋ] *sb* Präexport-Finanzierung *f*

preference [ˈprefərəns] *sb* **1.** Präferenz *f*; **2.** Vorkaufsrecht *n*

preference bond [ˈprefərens bɒnd] *sb* Vorzugsobligation *f*

preference share [ˈprefərens ʃeə] *sb* Vorzugsaktie *f*, Prioritätsaktie *f*

preferential creditor [prefəˈrenʃl ˈkredɪtə] *sb* bevorrechtigter Gläubiger *m*

preferential discount [prefəˈrenʃl ˈdɪskaʊnt] *sb* Vorzugsrabatt *m*

preferential dividend [prefəˈrenʃl ˈdɪvɪdənd] *sb* Vorzugsdividende *f*

preferential price [prefəˈrenʃl ˈpraɪs] *sb* Vorzugskurs *m*

preferential rate [prefəˈrenʃl ˈreɪt] *sb* Ausnahmetarif *m*

preferment [prɪˈfɜːmənt] *sb (promotion)* Beförderung *f*

prefinancing [priːfaɪˈnænsɪŋ] *sb* Vorfinanzierung *f*

prejudice [ˈpredʒʊdɪs] *sb* **1.** Vorurteil *n*; **2.** *(detriment)* Schaden *m*

prejudicial [predʒʊˈdɪʃəl] *adj* schädlich

preliminaries [prɪˈlɪmɪnəriz] *pl* vorbereitende Maßnahmen *f/pl*, Vorarbeit *f*

preliminary [prɪˈlɪmɪnəri] *adj* vorläufig

preliminary conditions [priːˈlɪmɪnəri kɒnˈdɪʃnz] *pl* Vorschaltkonditionen *f/pl*

preliminary injunction [priːˈlɪmɪnəri ɪnˈdʒʌnkʃn] *sb* Vorausklage *f*

premises [ˈpremɪsɪz] *pl* **1.** Grundstück *n*; **2.** *(of a factory)* Gelände *n*; **3.** *(of a shop)* Räumlichkeiten *pl*

premium [ˈpriːmjʊm] *sb* **1.** *(bonus)* Bonus *m*, Prämie *f*; **2.** *(insurance ~)* Prämie *f*; **3.** *(surcharge)* Zuschlag *m*

premium bond [ˈpriːmjʊm bɒnd] *sb* Prämienanleihe *f*

premium for double option [ˈpriːmjʊm fɔː ˈdʌbl ˈɒpʃn] *sb* Stellgeld *n*

premium payable on redemption [ˈpriːmjʊm ˈpeɪəbl ɒn rɪˈdempʃn] *sb* Rückzahlungsagio *m*

premium-aided saving [ˈpriːmjʊm-eɪdɪd ˈseɪvɪŋ] *sb* prämienbegünstigtes Sparen *n*

premium on bonds [ˈpriːmjʊm ɒn bɒndz] *sb* Anleiheagio *n*

premium offer [ˈpriːmjʊm ˈɒfə] *sb* Zugabeangebot *n*

prepaid [priːˈpeɪd] *adj* vorausbezahlt, im Voraus bezahlt

preparation [prepəˈreɪʃən] *sb* Vorbereitung *f*

prepay [priːˈpeɪ] *v irr* vorausbezahlen, im Voraus bezahlen

prepay the postage [priːˈpeɪ ðə ˈpəʊstɪdʒ] *v irr* frankieren

prepayable [priːˈpeɪəbl] *adj* im Voraus zu bezahlen

prepayment [priːˈpeɪmənt] *sb* Vorauszahlung *f*

preproduction cost [priːprɒˈdʌkʃn kɒst] *sb* Rüstkosten *pl*

prerequisite [priːˈrekwɪzɪt] *sb* Voraussetzung *f*, Vorbedingung *f*

prerogative [prɪˈrɒgətɪv] *sb* Vorrecht *n*

presale [ˈpriːseɪl] *sb* Vorverkauf *m*

presentation [preznˈteɪʃən] *sb* **1.** *(act of presenting)* Vorlage *f*, Präsentation *f*; **2.** *(handing over)* Überreichung *f*, **3.** *(of an award)* Verleihung *f*

presentation clause [preznˈteɪʃn klɔːz] *sb* Präsentationsklausel *f*

presentation for acceptment [preznˈteɪʃən fɔː əkˈseptmənt] *sb* Vorlage zum Akzept *f*

presentation period [preznˈteɪʃn ˈpɪərɪəd] *sb* Präsentationsfrist *f*

present value [ˈpreznt ˈvæljʊ] *sb* Gegenwartswert *m*

preservation [prezəˈveɪʃən] *sb* **1.** Erhaltung *f*; **2.** *(keeping)* Aufbewahrung *f*

preservation of real-asset values [prezəˈveɪʃn əv rɪəlˈæsɪt ˈvæljʊz] *sb* Substanzerhaltung *f*

preservative [prɪˈzɜːvətɪv] *sb* Konservierungsmittel *n*

preserve [prɪˈzɜːv] *v* **1.** *(maintain)* erhalten; **2.** *(keep from harm)* bewahren

preside [prɪˈzaɪd] *v* ~ *over* den Vorsitz haben über

presidency [ˈprezɪdənsi] *sb (of a company)* Vorsitz *m*

president [ˈprezɪdənt] *sb (of a company)* Vorsitzende(r) *f/m*, Präsident(in) *m/f*

press [pres] *sb* Presse *f*

press conference [pres ˈkɒnfərəns] *sb* Pressekonferenz *f*

press release [pres rɪˈliːs] *sb* Presseverlautbarung *f*, Pressemitteilung *f*

press report [pres rɪˈpɔːt] *sb* Pressenotiz *f*

pressure group [ˈpreʃə gruːp] *sb* Interessengemeinschaft *f*

prestige [presˈtiːʒ] *sb* Prestige *n*

pre-tax [priːˈtæks] *adj* Brutto..., vor Abzug der Steuern

preventive [prɪˈventɪv] *sb* ~ *measure* Präventivmaßnahme *f*, Vorsichtsmaßnahme *f*

preview [ˈpriːvjuː] *sb* Vorschau *f*

price [praɪs] *sb* 1. Preis *m; v* 2. *(fix the ~ of sth)* den Preis von etw festsetzen

price advance [praɪs ədˈvɑːns] *sb* Kurssteigerung *f*

price ceiling [praɪs ˈsiːlɪŋ] *sb* Preisobergrenze *f*

price control [praɪs kɒnˈtrəʊl] *sb* Preiskontrolle *f*

price deduction [praɪs dɪˈdʌkʃən] *sb* Preisabzug *m*

price-demand function [praɪsdɪˈmɑːnd ˈfʌŋkʃn] *sb* Preisabsatzfunktion *f*

price differentiation [praɪs dɪfərenʃɪˈeɪʃn] *sb* Preisdifferenzierung *f*

price-earnings ratio [praɪsˈɜːnɪŋz ˈreɪʃəʊ] *sb* Kurs-Gewinn-Verhältnis *n*, Price-Earning Ratio *n*

price elasticity [praɪs eləsˈtɪsɪtɪ] *sb* Preiselastizität *f*

price-fixing [ˈpraɪsfɪksɪŋ] *sb* Preisfestlegung *f*

price fixing cartel [praɪs ˈfɪksɪŋ kɑːˈtel] *sb* Preiskartell *n*

price floor [ˈpraɪs flɔː] *sb* Preisuntergrenze *f*

price formation [praɪs fɔːˈmeɪʃn] *sb* Preisbildung *f*

price gain [praɪs ˈgeɪn] *sb* Kursgewinn *m*

price increase [praɪs ˈɪnkriːs] *sb* Preissteigerung *f*, Preiserhöhung *f*

price index [praɪs ˈɪndeks] *sb* 1. Preisindex *m;* 2. Kursindex *m*

price inflation [praɪs ɪnˈfleɪʃən] *sb* Preissteigerung *f*

price intervention [praɪs ɪntəˈvenʃn] *sb* Kursintervention *f*

price level [praɪs ˈlevl] *sb* Preisniveau *n*

price limit [praɪs ˈlɪmɪt] *sb* Kurslimit *n*

price list [praɪs lɪst] *sb* Preisliste *f*

price maintenance [praɪs ˈmeɪntənəns] *sb* Preisbindung *f*

price margin [praɪs ˈmɑːdʒɪn] *sb* Preisspanne *f*

price-marking [ˈpraɪsmɑːkɪŋ] *sb* Preisauszeichnung *f*

price marking ordinance [praɪs ˈmɑːkɪŋ ˈɔːdɪnens] *sb* Preisangabeverordnung *f*

price nursing [praɪs ˈnɜːsɪŋ] *sb* Kurspflege *f*

price of gold [praɪs əv ˈgəʊld] *sb* Goldpreis *m*

price pegging [praɪs ˈpegɪŋ] *sb* Kursstützung *f*

price per share [praɪs pɜː ˈʃeə] *sb* Stückkurs *m*

price policy [praɪs ˈpɒlɪsɪ] *sb* Preispolitik *f*

price quotation [praɪs kwəʊˈteɪʃən] *sb* Preisnotierung *f*

price recommendation [praɪs rekəmenˈdeɪʃən] *sb* Preisempfehlung *f*

price reduction [praɪs rɪˈdʌkʃən] *sb* Preissenkung *f*, Preisreduzierung *f*

price regulation [praɪs regjʊˈleɪʃn] *sb* Kursregulierung *f*

price risk [ˈpraɪs rɪsk] *sb* Kursrisiko *n*

prices of farm products [ˈpraɪsɪz əv ˈfɑːm ˈprɒdʌkts] *pl* Agrarpreise *m/pl*

prices quoted [praɪsɪz ˈkwəʊtɪd] *pl* Preisnotierung *f*

price-sensitive [ˈpraɪssensɪtɪv] *adj* preissensibel

price stop [ˈpraɪs stɒp] *sb* Preisstopp *m*

price strategy [praɪs ˈstrætədʒɪ] *sb* Preispolitik *f*

price support [praɪs səˈpɔːt] *sb* Kursstützung *f*

price tag [ˈpraɪs tæg] *sb* Preisschild *n*

price war [ˈpraɪs wɔː] *sb* Preiskrieg *m*

price watering [praɪs ˈwɔːtərɪŋ] *sb* Kursverwässerung *f*

primary demand [ˈpraɪmərɪ dɪˈmɑːnd] *sb* Primärbedarf *m*

primary energy [ˈpraɪmərɪ ˈenədʒɪ] *sb* Primärenergie *f*

primary expenses [ˈpraɪmərɪ ɪkˈspensɪz] *sb* Primäraufwand *m*

primary market [ˈpraɪmərɪ ˈmɑːkɪt] *sb* Emissionsmarkt *m*, Primärmarkt *m*

primary power [ˈpraɪmərɪ ˈpaʊə] *sb* Hauptvollmacht *f*

primary sector of the economy [ˈpraɪmərɪ ˈsektə əv ði: ɪˈkɒnemɪ] *sb* primärer Sektor *m*

prime [praɪm] *adj* **1.** Haupt...; **2.** *(excellent)* erstklassig

prime acceptance [ˈpraɪm əˈkseptæns] *sb* Privatdiskont *m*

prime cost [praɪm ˈkɒst] *sb* Selbstkosten *pl*, Entstehungskosten *pl*

prime name [ˈpraɪm ˈneɪm] *sb* beste Adresse *f*

prime rate [praɪm ˈreɪt] *sb* Prime Rate *f*, Kreditzinssatz der Geschäftsbanken in den USA für Großkunden *m*

principle of common burden [ˈprɪnsɪpl əv ˈkɒmən ˈbɜːdn] *sb* Gemeinlastprinzip *n*

principle of equivalence [ˈprɪnsɪpl əv ɪˈkwɪvələns] *sb* Äquivalenzprinzip *n*

principle of highest value [ˈprɪnsɪpl əv ˈhaɪəst ˈvælju] *sb* Höchstwertprinzip *n*

principle of satisfaction of needs [ˈprɪnsɪpl əv sætɪsˈfækʃn əv ˈniːdz] *sb* Bedarfsdeckungsprinzip *n*

principle of seniority [ˈprɪnsɪpl əv siːnɪˈɒrɪtɪ] *sb* Senioritätsprinzip *n*

principle of subsidiarity [ˈprɪnsɪpl əv səbsɪdɪˈærətɪ] *sb* Subsidiaritätsprinzip *n*

principles of capital resources and the banks' liquid assets [ˈprɪnsɪplz əv ˈkæpɪtl rɪˈsɔːses ænd ðə ˈbæŋks lɪkwɪd ˈæsɪts] *pl* Grundsätze über das Eigenkapital und die Liquidität der Kreditinstitute *m/pl*

principles of orderly bookkeeping and balancesheet makeup [ˈprɪnsɪplz əv ˈɔːdəlɪ ˈbʊkkiːpɪŋ ænd ˈbælænsʃiːt ˈmeɪkʌp] *pl* Grundsätze ordnungsgemäßer Buchführung und Bilanzierung (GoB) *m/pl*

principles on own capital [ˈprɪnsɪplz ɒn əʊn ˈkæpɪtl] *pl* Eigenkapitalgrundsätze *m/pl*

print [prɪnt] *v* **1.** drucken; **2.** *(not write in cursive)* in Druckschrift schreiben

print advertising [ˈprɪnt ˈædvətaɪzɪŋ] *sb* Printwerbung *f*

printed matter [ˈprɪntɪd ˈmætə] *sb* Drucksache *f*

printer [ˈprɪntə] *sb* Drucker *m*

printer's error [ˈprɪntəz ˈerə] *sb* Druckfehler *m*

print-out [ˈprɪntaʊt] *sb* Ausdruck *m*

priority bonds [ˈpraɪˈɒrɪtɪ bɒndz] *pl* Prioritätsobligationen *f/pl*

private [ˈpraɪvɪt] *adj* **1.** privat, Privat...; **2.** *(confidential)* vertraulich

private automatic branch exchanges [ˈpraɪvət ɔːtəˈmætɪk ˈbrɑːnʃ ɪksˈtʃeɪndʒəs] *pl* Nebenstellenanlagen *f/pl*

private bank [ˈpraɪvət bæŋk] *sb* Privatbank *f*

private consumption [ˈpraɪvət kɒnˈsʌmpʃn] *sb* privater Verbrauch *m*, Privatkonsum *m*

private contribution [ˈpraɪvət kɒntrɪˈbjuːʃən] *sb* Privateinlagen *f/pl*

private goods [ˈpraɪvət ˈgʊdz] *pl* private Güter *n/pl*

private health and accident insurance [ˈpraɪvət ˈhelθ ænd ˈæksɪdənt ɪnˈʃʊərəns] *sb* private Kranken- und Unfallversicherung *f*

private household [ˈpraɪvət ˈhaʊshəʊld] *sb* privater Haushalt *m*

private insurance [ˈpraɪvət ɪnˈʃʊərəns] *sb* Privatversicherung *f*

private law [ˈpraɪvət lɔː] *sb* Privatrecht *n*

private property [ˈpraɪvət ˈprɒpətɪ] *sb* Privateigentum *n*, Privatbesitz *m*

private purchase [ˈpraɪvət ˈpɜːtʃəs] *sb* bürgerlicher Kauf *m*

private sector [ˈpraɪvət ˈsektə] *sb* privater Sektor *m*

private transaction [ˈpraɪvət trænˈzækʃn] *sb* Privatgeschäft *n*

private transportation [ˈpraɪvət trænspəˈteɪʃn] *sb* Individualverkehr *m*

privatization [praɪvətaɪˈzeɪʃən] *sb* Privatisierung *f*

privatize [ˈpraɪvətaɪz] *v* privatisieren

privilege [ˈprɪvɪlɪdʒ] *sb* Vorrecht *n*, Privileg *n*

prize-winning [ˈpraɪzwɪnɪŋ] *adj* preisgekrönt

pro [prəʊ] *sb* **1.** *(fam: professional)* Profi *m*; **2.** *the ~s and cons pl* das Für und Wider, das Pro und Kontra

probation [prəˈbeɪʃən] *sb* *(~ period)* Probezeit *f*

probationary employment [prəˈbeɪʃənərɪ ɪmˈplɔɪmənt] *sb* Probearbeitsverhältnis *n*, Probezeit *f*

P

problem analysis ['prɔbləm ə'nælɪsɪs] *sb* Problemanalyse *f*

procedural [prə'siːdʒərəl] *adj* verfahrensmäßig, verfahrenstechnisch

procedure [prə'siːdʒə] *sb* Verfahren *n*, Prozedur *f*

procedure of drawing up a balance sheet [prə'siːdʒə ɒv 'drɔːɪŋ ʌp ə 'bæləns ʃiːt] *sb* Bilanzierung *f*

proceeding [prə'siːdɪŋ] *sb* **1.** Vorgehen *n*, Verfahren *n;* **2.** (*legal*) ~s *pl* (gerichtliches) Verfahren *n*

proceedings in bankruptcy [prə'siːdɪŋz ɪn 'bæŋkrʌptsɪ] *pl* Konkursverfahren *n*

proceeds ['prəusiːdz] *pl* Erlös *m*, Ertrag *m*

proceeds from disposal ['prəusiːdz frɒm dɪ'spəuzl] *pl* Veräußerungserlös *m*

process ['prəuses] *v* **1.** bearbeiten, verarbeiten; *sb* **2.** Verfahren *n*, Prozess *m;* **3.** *due ~ of law* rechtliches Gehör *n*

process chart ['prəuses tʃaːt] *sb* Ablaufdiagramm *n*

process of production ['prəuses əv prə'dʌkʃən] *sb* Produktionsprozess *m*, Herstellungsprozess *m*

processing ['prəusesɪŋ] *sb* **1.** Verarbeitung *f*, Bearbeitung *f;* **2.** (*industrial*) Veredelung *f*

processing of an order [prəusesɪŋ əv ən 'ɔːdə] *sb* Auftragsabwicklung *f*, Auftragsbearbeitung *f*

processing time ['prəusesɪŋ taɪm] *sb* Durchlaufzeit *f*

process organization ['prəuses ɔːgənaɪ'zeɪʃn] *sb* Prozessorganisation *f*

process system of accounting ['prəuses 'sɪstəm əv ə'kauntɪŋ] *sb* Divisionskalkulation *f*

processor ['prəusesə] *sb* Prozessor *m*

procuration [prɒkjuə'reɪʃn] *sb* **1.** (*procurement*) Beschaffung *f;* **2.** (*power*) Vollmacht *f*, Prokura *f*

procurement [prɒ'kjuəmənt] *sb* Beschaffung *f*

procurement market [prɒ'kjuəmənt 'maːkɪt] *sb* Beschaffungsmarkt *m*

procurement of capital [prɒ'kjuəmənt əv 'kæpɪtl] *sb* Kapitalbeschaffung *f*

procurement planning [prɒ'kjuəmənt 'plænɪŋ] *sb* Beschaffungsplanung *f*

procurement policy [prɒ'kjuəmənt 'pɒləsɪ] *sb* Einkaufspolitik *f*

produce ['prɒdjuːs] *sb* **1.** (*agriculture*) Produkte *n/pl*, Erzeugnis *n; v* [prə'djuːs] **2.** produzieren, herstellen; **3.** (*energy*) erzeugen

producer [prə'djuːsə] *sb* Hersteller(in) *m/f*, Erzeuger(in) *m/f*

producer advertising [prə'djuːsə 'ædvətaɪzɪŋ] *sb* Herstellerwerbung *f*

producer price [prə'djuːsə praɪs] *sb* Erzeugerpreis *m*, Herstellerpreis *m*

producer's surplus [prə'djuːsəz 'sɜːpləs] *sb* Produzentenrente *f*

producers' co-operative [prə'djuːsəz kəu'ɒpərɪtɪv] *sb* Produktionsgenossenschaft *f*, Produktionsgemeinschaft *f*

produce exchange ['prɒdjuːs ɪks'tʃeɪndʒ] *sb* Produktenbörse *f*

produce trade ['prɒdjuːs 'treɪd] *sb* Produktenhandel *m*

product ['prɒdʌkt] *sb* Produkt *n*

product business ['prɒdʌkt 'bɪznɪs] *sb* Produktgeschäft *n*

product costing ['prɒdʌkt 'kɒstɪŋ] *sb* Stückkostenrechnung *f*

product design ['prɒdʌkt dɪ'zaɪn] *sb* Produktgestaltung *f*

product development ['prɒdʌkt dɪ'veləpmənt] *sb* Produktentwicklung *f*

product differentiation ['prɒdʌkt dɪfərentsɪ'eɪʃn] *sb* Produktdifferenzierung *f*

product diversification ['prɒdʌkt daɪvɜːsɪfɪ'keɪʃn] *sb* Produktdiversifikation *f*

product elimination ['prɒdʌkt ɪlɪmɪ'neɪʃn] *sb* Produktelimination *f*

product family ['prɒdʌkt 'fæmɪlɪ] *sb* Produktfamilie *f*

production [prə'dʌkʃn] *sb* Herstellung *f*, Produktion *f*

production capacity [prə'dʌkʃn kə'pæsɪtɪ] *sb* Produktionskapazität *f*

production control [prə'dʌkʃn kən'trɔːl] *sb* Fertigungssteuerung *f*

production cost centres [prə'dʌkʃn kɒst 'sentəs] *pl* Hauptkostenstellen *f/pl*

production costs [prə'dʌkʃn kɒsts] *pl* Herstellungskosten *pl*, Produktionskosten *pl*

production department [ˈprɒdʌkʃn dɪˈpɑːtmənt] *sb* Fertigungsabteilung *f*

production facilities [prəˈdʌkʃn fəˈsɪlɪtiz] *pl* Produktionsanlagen *f/pl*

production factors [prəˈdʌkʃn ˈfæktəz] *pl* Produktionsfaktoren *m/pl*

production limit [prəˈdʌkʃn ˈlɪmɪt] *sb* Förderlimit *n*

production line [prəˈdʌkʃn laɪn] *sb* Fließband *n*, Produktionslinie *f*

production mix [ˈprɒdʌkʃn mɪks] *sb* Fertigungssortiment *n*

production planning [prəˈdʌkʃn ˈplænɪŋ] *sb* Produktionsplanung *f*, Fertigungsvorbereitung *f*

production plant [prəˈdʌkʃn plɑːnt] *sb* Produktionsanlage *f*

production potential [prəˈdʌkʃn pɒˈtenʃl] *sb* Produktionspotenzial *n*

production procedure [prəˈdʌkʃn prəˈsiːdʒə] *sb* Fertigungsprozess *m*

production process [prəˈdʌkʃn ˈprəʊses] *sb* Fertigungsverfahren *n*

production program(me) [prəˈdʌkʃn ˈprəʊgræm] *sb* Produktionsprgramm *n*

production risk [prəˈdʌkʃn rɪsk] *sb* Fabrikationsrisiko *n*, Fertigungswagnis *n*

production run [ˈprɒdʌkʃn rʌn] *sb* Fertigungsserie *f*, Stückzahl *f*

production scheduling [prəˈdʌkʃn ˈʃedjuːlɪŋ] *sb* Produktionsplanung *f*

production shop [ˈprɒdʌkʃn ʃɒp] *sb* Montagehalle *f*

production theory [prəˈdʌkʃn ˈθɪəri] *sb* Produktionstheorie *f*

production value [prəˈdʌkʃn ˈvæljuː] *sb* Produktionswert *m*

productive [prəˈdʌktɪv] *adj* **1.** produktiv; **2.** *(mine, well)* ergiebig

productive property [prəˈdʌktɪv ˈprɒpəti] *sb* Produktivvermögen *n*

productive wealth [prəˈdʌktɪv ˈwelθ] *sb* Produktivvermögen *n*

productivity [prɒdʌkˈtɪvəti] *sb* Produktivität *f*

productivity of labour [prɒdʌkˈtɪvəti əv ˈleɪbə] *sb* Arbeitsproduktivität *f*

product launch [ˈprɒdʌkt lɔːntʃ] *sb* Produkteinführung *f*

product liability [ˈprɒdʌkt laɪəˈbɪləti] *sb* Produkthaftung *f*

product life cycle [ˈprɒdʌkt laɪf ˈsaɪkl] *sb* Lebenszyklus eines Produktes *m*

product line [ˈprɒdʌkt laɪn] *sb* Produktpalette *f*

product matrix [ˈprɒdʌkt ˈmeɪtrɪks] *sb* Produktmatrix *f*

product number [ˈprɒdʌkt ˈnʌmbə] *sb* Artikelnummer *f*

product placement [ˈprɒdʌkt ˈpleɪsmənt] *sb* Produktplatzierung *f*, Product-placement *n*

product planning [ˈprɒdʌkt ˈplænɪŋ] *sb* Produktplanung *f*

product promotion [ˈprɒdʌkt prəˈməʊʃən] *sb* Absatzförderung *f*

product standardization [ˈprɒdʌkt stændədaɪˈzeɪʃn] *sb* Produktstandardisierung *f*

product update [ˈprɒdʌkt ˈʌpdeɪt] *sb* Produkterneuerung *f*

profession [prəˈfeʃən] *sb (occupation)* Beruf *m*

professional [prəˈfeʃənl] *adj* **1.** beruflich, Berufs...; **2.** *(competent, expert)* fachmännisch; **3.** *(using good business practices)* professionell; *sb* **4.** Profi *m*

professional activity description [prəˈfeʃənl ækˈtɪvɪti dɪsˈkrɪpʃn] *sb* Berufsbild *n*

professional discretion [prəˈfeʃənl dɪsˈkreʃən] *sb* Schweigepflicht *f*

professional knowledge [prəˈfeʃənl ˈnɒlɪdʒ] *sb* Fachwissen *n*

professional promotion [prəˈfeʃənl prəˈməʊʃn] *sb* Berufsförderung *f*

professional secret [prəˈfeʃənl ˈsiːkrɪt] *sb* Berufsgeheimnis *n*

professional trader [prəˈfeʃənl ˈtreɪdə] *sb* Berufshändler *m*

professional training [prəˈfeʃənl ˈtreɪnɪŋ] *sb* Berufsausbildung *f*

profit [ˈprɒfɪt] *sb* **1.** Gewinn *m*, make a ~ on sth mit etw einen Gewinn machen; **2.** *(fig)* Nutzen *m*, Vorteil *m; v* **3.** profitieren

profitability [prɒfɪtəˈbɪlɪti] *sb* Rentabilität *f*

profitability rate [prɒfɪtəˈbɪlɪti reɪt] *sb* Ertragsrate *f*

profitable [ˈprɒfɪtəbl] *adj* **1.** rentabel; **2.** *(advantageous)* vorteilhaft

P

profit and loss ['prɒfɪt ænd lɒs] *sb* Gewinn und Verlust *m*

profit and loss account ['prɒfɪt ænd 'lɒs ə'kaʊnt] *sb* Aufwands- und Ertragsrechnung *f*, Gewinn- und Verlustrechnung *f*

profit and loss transfer agreement ['prɒfɪt ænd 'lɒs 'trænsfɜ: ə'gri:mənt] *sb* Ergebnisabführungsvertrag *m*

profit breakdown ['prɒfɪt 'breɪkdaʊn] *sb* Gewinnaufschlüsselung *f*

profit carried forward ['prɒfɪt 'kæri:d 'fɔ:wəd] *sb* Gewinnvortrag *m*

profit centre ['prɒfɪt sentə] *sb* Profitcenter *n*

profit commission ['prɒfɪt kə'mɪʃən] *sb* Gewinnbeteiligung *f*

profit distribution ['prɒfɪt dɪstrɪ'bju:ʃən] *sb* Gewinnausschüttung *f*

profiteer [prɒfɪ'tɪə] *v* wuchern, Wucher treiben

profiteering [prɒfɪ'tɪərɪŋ] *sb* Wucher *m*, Wucherei *f*

profit margin ['prɒfɪt 'mɑ:dʒɪn] *sb* Gewinnspanne *f*

profit mark-up ['prɒfɪt 'mɑ:kʌp] *sb* Gewinnaufschlag *m*

profit of the enterprise ['prɒfɪt əv ði: 'entəpraɪz] *sb* Unternehmensgewinn *m*

profit pool ['prɒfɪt pu:l] *sb* Gewinngemeinschaft *f*

profit rate ['prɒfɪt reɪt] *sb* Profitrate *f*

profit retention ['prɒfɪt rɪ'tənʃən] *sb* Gewinnthesaurierung *f*

profits ['prɒfɪts] *pl* Ertrag *m*

profit-sharing ['prɒfɪtʃeərɪŋ] *sb* Gewinnbeteiligung *f*, Erfolgsbeteiligung *f*

profit squeeze ['prɒfɪt 'skwi:z] *sb* Gewinndruck *m*

profit-taking ['prɒfɪtteɪkɪŋ] *sb* Gewinnmitnahme *f*

profit tax ['prɒfɪt tæks] *sb* Erwerbsteuer *f*

profit-pooling ['prɒfɪt'pu:lɪŋ] *sb* Gewinnpoolung *f*

pro forma invoice [prəʊ 'fɔ:mə 'ɪnvɔɪs] *sb* Proformarechnung *f*

prognosis [prəg'nəʊsɪs] *sb* Prognose *f*

prognosticate [prəg'nɒstɪkeɪt] *v* (*sth*) prognostizieren

programmable ['prəʊgrəməbl] *adj* programmierbar

programme ['prəʊgræm] *v* **1.** programmieren; *sb* **2.** Programm *n*

programmer ['prəʊgræmə] *sb* Programmierer(in) *m/f*

programming language ['prəʊgræmɪŋ 'læŋgwɪdʒ] *sb* Programmiersprache *f*

progress ['prəʊgres] *sb* **1.** Fortschritt *m*; in ~ im Gange; make ~ Fortschritte machen; **2.** (*movement forwards*) Fortschreiten *n*, Vorwärtskommen *n*

progress control ['prəʊgres kən'trəʊl] *sb* Terminkontrolle *f*

progression [prə'greʃən] *sb* (*taxation*) Progression *f*, Staffelung *f*

progressive depreciation [prə'gresɪv dɪpri:ʃɪ'eɪʃən] *sb* progressive Abschreibung *f*

progress report ['prəʊgres rɪ'pɔ:t] *sb* Zwischenbericht *m*

prohibited [prə'hɪbɪtəd] *adj* verboten

prohibited share issue [prə'hɪbɪtəd 'ʃeə 'ɪʃu:] *sb* verbotene Aktienausgabe *f*

prohibition [prəʊhɪ'bɪʃn] *sb* Verbot *n*

prohibition of assignment [prəʊhɪ'bɪʃn əv ə'saɪnmənt] *sb* Abtretungsverbot *n*

prohibition of investment [prəʊhɪ'bɪʃn əv ɪn'vestmənt] *sb* Investitionsverbot *n*

prohibition of raising of credits [prəʊhɪ'bɪʃn əv 'reɪzɪŋ əv 'kredɪts] *sb* Kreditaufnahmeverbot *n*

prohibition order [prəʊhɪ'bɪʃn 'ɔ:də] *sb* Untersagungsverfügung *f*

prohibition to advertise [prəʊhɪ'bɪʃn tu 'ædvətaɪz] *sb* Werbeverbot *n*

prohibition to compete [prəʊhɪ'bɪʃn tu kɒm'pi:t] *sb* Wettbewerbsverbot *n*

prohibitive duty [prə'hɪbɪtɪv 'dju:tɪ] *sb* Prohibitivzoll *m*

prohibitive price [prə'hɪbɪtɪv 'praɪs] *sb* Prohibitivpreis *m*

project ['prɒdʒekt] *sb* **1.** Projekt *n*; [prə'dʒekt] *v* **2.** vorausplanen, voraussagen

project financing ['prɒdʒekt 'faɪnænsɪŋ] *sb* Projektfinanzierung *f*

projection [prə'dʒekʃən] *sb* **1.** Projektion *f*; **2.** Prognose *f*

project life ['prɒdʒekt laɪf] *sb* Projektdauer *f*

project management ['prɒdʒekt 'mænɪdʒmənt] *sb* Projektmanagement *n*

project-type organization ['prɒdʒekt taɪp ɔːgənaɪ'zeɪʃn] *sb* Projektorganisation *f*

prolongation [prɒlɒŋ'geɪʃn] *sb* Prolongation *f*

prolongation business [prɒlɒŋ'geɪʃn 'bɪznɪs] *sb* Prolongationsgeschäft *n*

prolongation charge [prɒlɒŋ'geɪʃn 'dʒɑːdʒ] *sb* Belassungsgebühr *f*

prolongation of payment [prɒlɒŋ-'geɪʃən əv 'peɪmənt] *sb* Zahlungsaufschub *m*

promise ['prɒmɪs] *sb* Zusage *f*

promise of credit ['prɒmɪs əv 'kredɪt] *sb* Kreditzusage *f*

promise of reward ['prɒmɪs əv rɪ'wɔːd] *sb* Auslobung *f*

promise to fulfil an obligation ['prɒmɪs tu fʊl'fɪl ən ɒblɪ'geɪʃn] *sb* Schuldversprechen *n*

promise to perform ['prɒmɪs tu pə'fɔːm] *sb* Leistungszusage *f*

promissory note (p.n.) [prɒ'mɪsərɪ nəʊt] *sb* Schuldschein *m*, Eigenwechsel (p.n.) *m*, eigener Wechsel *m*, Promesse *f*, persönliches Schuldanerkenntnis *n*, vertragliches Schuldversprechen *n*, Solawechsel *m*

promissory note bond [prɒ'mɪsərɪ 'nəʊt bɒnd] *sb* Schuldscheindarlehen *f*

promote [prə'məʊt] *v* **1.** *(in rank)* befördern; **2.** *(advertise)* werben für

promoter [prə'məʊtə] *sb* **1.** Förderer(in) *m/f*; **2.** *(of an event)* Veranstalter(in) *m/f*, Promoter(in) *m/f*

promotion [prə'məʊʃən] *sb* **1.** *(to a better job)* Beförderung *f*; **2.** *(advertising, marketing)* Werbung *f*, Promotion *f*; **3.** *(of an event)* Veranstaltung *f*

promotional gift [prə'məʊʃənl gɪft] *sb* Werbegeschenk *n*

promotion of housing construction [prə'məʊʃn əv 'haʊzɪŋ kɒn'strʌkʃn] *sb* Wohnungsbauförderung *f*

promotion of original innovation [prəməʊʃn əv ɒ'rɪdʒɪnəl ɪnɒ'veɪʃn] *sb* Innovationsförderung *f*

promotion of residential property [prə'məʊʃn əv 'rezɪdenʃl 'prɒpətɪ] *sb* Wohneigentumsförderung *f*

promotion of saving through building societies [prə'məʊʃn əv 'seɪvɪŋ θruː 'bɪldɪŋ sɒ'saɪəti:z] *sb* Bausparförderung *f*

prompt (ppt.) ['prɒmt] *adj* sofort

prompt shipment ['prɒmt 'ʃɪpmənt] *sb* sofortiger Versand *m*

proof [pruːf] *sb* Beweis *m*, Nachweis *m*

proof of identity ['pruːf əv aɪ'dentɪtɪ] *sb* Identitätsnachweis *m*, Legitimation *f*

propaganda [prɒpə'gændə] *sb* Propaganda *n*

propensity to consume [prɒ'pensɪtɪ tu kɒn'sjuːm] *sb* Konsumquote *f*

propensity to invest [prɒ'pensɪtɪ tu ɪn'vest] *sb* Investitionsquote *f*

property ['prɒpətɪ] *sb* **1.** Eigentum *n*; Gut *n*, Vermögen *n*; **2.** *(house, estate)* Besitz *m*; **3.** *(characteristic)* Eigenschaft *f*

property acquisition tax ['prɒpətɪ əkwɪ'sɪʃn tæks] *sb* Grunderwerbssteuer *f*

property deed ['prɒpətɪ diːd] *sb* Eigentumsurkunde *f*

property fund ['prɒpətɪ fʌnd] *sb* Immobilienfonds *m*

property income ['prɒpətɪ 'ɪnkʌm] *sb* Besitzeinkommen *n*

property insurance ['prɒpətɪ ɪn'ʃʊərəns] *sb* Sachversicherung *f*

property law securities ['prɒpətɪ lɔː sɪ'kjʊərɪti:z] *pl* sachenrechtliche Wertpapiere *n/pl*

property of the bankrupt ['prɒpətɪ əv ðə 'bæŋkrʌpt] *sb* Konkursmasse *f*

property rights ['prɒpətɪ raɪts] *pl* Eigentumsrechte *n/pl*

property tax ['prɒpətɪ tæks] *sb* Grundsteuer *f*

property yield ['prɒpətɪ jiːld] *sb* Immobilienrendite *f*, Objektrendite *f*

proportion [prə'pɔːʃən] *sb* Verhältnis *n*, Proportion *f*

proportional cost [prə'pɔːʃənl 'kɒst] *sb* proportionale Kosten *pl*

proposal [prə'pəʊsl] *sb* Vorschlag *m*

proprietary [prə'praɪətərɪ] *adj* besitzend, Besitz...

proprietor [prə'praɪətə] *sb* **1.** Besitzer(in) *m/f*, **2.** Eigentümer(in) *m/f*

proprietor's capital holding [prə-'praɪətəz 'kæpɪtl 'həʊldɪŋ] *sb* Geschäftsguthaben *n*

P

proprietor's loan [prə'praɪətəz 'ləʊn] *sb* Gesellschafter-Darlehen *n*

pro rata [prəʊ 'rɑːtə] *adj* anteilmäßig

prosecute ['prɒsɪkjuːt] *v* (*s.o.*) strafrechtlich verfolgen, strafrechtlich belangen

prospect ['prɒspekt] *sb* Aussicht *f*

prospectus [prə'spektəs] *sb* Prospekt *m*

prosperity [prɒ'sperɪtɪ] *sb* Prosperität *f*, Wohlstand *m*

prosperous ['prɒspərəs] *adj* florierend, gut gehend, blühend

protection [prə'tekʃn] *sb* Schutz *m*, Protektion *f*

protection against dismissal [prə'tekʃn ə'genst dɪs'mɪsəl] *sb* Kündigungsschutz *m*

protection for the investor [prə'tekʃn fɔː ðɪ ɪn'vestə] *sb* Anlegerschutz *m*

protection of a bill [prə'tekʃn əv ə bɪl] *sb* Wechseleinlösung *f*

protection of credit [prə'tekʃn əv 'kredɪt] *sb* Kreditschutz *m*

protection of creditors [prə'tekʃn əv 'kredɪtəz] *sb* Gläubigerschutz *m*

protection of investment [prə'tekʃn əv ɪn'vestmənt] *sb* Investitionsschutz *m*

protection of jobs [prə'tekʃn əv 'dʒɒbz] *sb* Arbeitsplatzschutz *m*

protection of mothers [prə'tekʃn əv 'mʌðəz] *sb* Mutterschutz *m*

protection of tenants [prə'tekʃn əv 'tenənts] *sb* Mieterschutz *m*

protectionism [prə'tekʃənɪzm] *sb* Protektionismus *m*

protective clothing [prə'tektɪv 'kləʊθɪŋ] *sb* Schutzkleidung *f*

protective duty [prə'tektɪv 'djuːtɪ] *sb* Schutzzoll *m*

protest ['prəʊtest] *sb* Protest *m*

protested bill ['prəʊtestɪd 'bɪl] *sb* Protestwechsel *m*

protest for non-delivery ['prəʊtest fɔː 'nɒndɪ'lɪvərɪ] *sb* Ausfolgungsprotest *m*

protocol ['prəʊtəkɒl] *sb* Protokoll *n*

provenance ['prɒvənəns] *sb* Provenienz *f*, Herkunft *f*

provide [prə'vaɪd] *v* **1.** besorgen, beschaffen, liefern; **2.** (*an opportunity*) bieten; **3.** (*make available*) zur Verfügung stellen

providing of guarantee [prə'vaɪdɪŋ əv gærən'tiː] *sb* Garantieleistung *f*

provision [prə'vɪʒən] *sb* **1.** (*supplying*) Bereitstellung *f*; **2.** (*for oneself*) Beschaffung *f*; **3.** (*supplies*) Vorräte *m/pl*; **4.** (*of a contract*) Bestimmung *f*; **5.** (*allowance*) Berücksichtigung *f*

provisional [prə'vɪʒənl] *adj* provisorisch; (*measures, legislation*) vorläufig

provisional account [prə'vɪʒənl ə'kaʊnt] *sb* vorläufiger Abschluss *m*

provisional filing of an objection [prə'vɪʒənl 'faɪlɪŋ əv ən ɒb'dʒekʃn] *sb* Widerspruchsvormerkung *f*

provisional inefficacy [prə'vɪʒənl ɪn'efɪkəsɪ] *sb* schwebende Unwirksamkeit *f*

provisional receipt [prə'vɪʒənl rɪ'siːt] *sb* Zwischenschein *m*

proviso [prə'vaɪzəʊ] *sb* **1.** Vorbehalt *m*; **2.** (*clause*) Vorbehaltsklausel *f*

provisory [prə'vaɪzərɪ] *adj* **1.** (*provisional*) provisorisch, vorläufig; **2.** (*conditional*) vorbehaltlich

proxy ['prɒksɪ] *sb* **1.** (*power*) Vollmacht *f*; **2.** by ~ in Vertretung; **3.** (*person*) Vertreter *m*

proxy for disposal ['prɒksɪ fɔː dɪs'pəʊsəl] *sb* Ermächtigung zur Verfügung *f*

public ['pʌblɪk] *adj* **1.** öffentlich; *in the* ~ *eye* im Lichte der Öffentlichkeit; *make* ~ bekannt machen; *sb* **2.** Öffentlichkeit *f*

public assistance ['pʌblɪk ə'sɪstəns] *sb* Spezialhilfe *f*

publication [pʌblɪ'keɪʃən] *sb* **1.** Veröffentlichung *f*; **2.** (*thing published*) Publikation *f*

public authentication ['pʌblɪk ɔːθentɪ'keɪʃn] *sb* öffentliche Beurkundung *f*

public authorities ['pʌblɪk ɔː'θɒrɪtiːz] *pl* öffentliche Hand *f*

public bank ['pʌblɪk 'bæŋk] *sb* öffentliche Bank *f*

public body ['pʌblɪk 'bɒdɪ] *sb* öffentlich-rechtliche Körperschaft *f*

public bonds ['pʌblɪk 'bɒndz] *sb* Staatsanleihen *f/pl*

public budget ['pʌblɪk 'bʌdʒɪt] *sb* öffentlicher Haushalt *m*

public certification ['pʌblɪk sɜːtɪfɪ'keɪʃn] *sb* öffentliche Beglaubigung *f*

public company ['pʌblɪk 'kʌmpənɪ] *sb* Aktiengesellschaft *f*

public debt ['pʌblɪk 'det] *sb* öffentliche Schuld *f*

public enterprise ['pʌblɪk 'entəpraɪz] *sb* öffentliches Unternehmen *n*

public finance ['pʌblɪk 'faɪnæns] *sb* Finanzwissenschaft *f*

public fund ['pʌblɪk 'fʌnd] *sb* Publikumsfonds *m*

public goods ['pʌblɪk gʊdz] *pl* öffentliche Güter *n/pl*

public health ['pʌblɪk helθ] *sb* Gesundheitswesen *n*

public holiday ['pʌblɪk 'hɒlɪdeɪ] *sb* gesetzlicher Feiertag *m*

public institution ['pʌblɪk ɪnstɪ'tjuːʃən] *sb* gemeinnütziges Unternehmen *n*, öffentliches Unternehmen *n*

publicity [pʌb'lɪsɪtɪ] *sb* **1.** Publizität *f*; **2.** Werbung *f*, Reklame *f*

publicity department [pʌb'lɪsɪtɪ dɪ'pɑːtmənt] *sb* Werbeabteilung *f*

publicity effect [pʌb'lɪsɪtɪ ɪ'fekt] *sb* Werbewirkung *f*

publicity expenses [pʌb'lɪsɪtɪ ɪks'pensɪz] *pl* Werbungskosten *pl*

publicity leaflet [pʌb'lɪsɪtɪ 'liːflɪt] *sb* Werbeprospekt *m*

publicize ['pʌblɪsaɪz] *v (promote)* Reklame machen für

public law ['pʌblɪk lɔː] *sb* öffentliches Recht *n*

public limited company (PLC) ['pʌblɪk 'lɪmɪtɪd 'kʌmpənɪ] *sb (UK)* Aktiengesellschaft *f*

public loan ['pʌblɪk 'ləʊn] *sb* öffentlicher Kredit *m*

publicly owned enterprise ['pʌblɪklɪ 'əʊnd 'entəpraɪz] *sb* Regiebetrieb *m*

public mortgage bank ['pʌblɪk 'mɔːgɪdʒ 'bæŋk] *sb* Grundkreditanstalt *f*

public opinion research ['pʌblɪk ə'pɪnjən rɪ'sɜːtʃ] *sb* Meinungsforschung *f*

public ownership ['pʌblɪk 'əʊnəʃɪp] *sb* Staatseigentum *n*

public property ['pʌblɪk 'prɒpətɪ] *sb* Staatseigentum *n*

public relations (PR) ['pʌblɪk rɪ'leɪʃənz] *pl* Öffentlichkeitsarbeit *f*, Public Relations (PR) *pl*

public relations of the company ['pʌblɪk rɪ'leɪʃənz əv ðə 'kɒmpənɪ] *pl* Firmenöffentlichkeit *f*

public revenue ['pʌblɪk 'revənjuː] *sb* Staatseinnahmen *f/pl*

public sector ['pʌblɪk 'sektə] *sb* öffentlicher Sektor *m*

public securities ['pʌblɪk sɪ'kjʊərɪtiːz] *pl* Staatspapiere *n/pl*

public servant ['pʌblɪk 'sɜːvənt] *sb* Angestellte(r) im öffentlichen Dienst *f/m*

public spending ['pʌblɪk 'spendɪŋ] *sb* Staatsausgaben *f/pl*, öffentliche Ausgaben *f/pl*

public supervision of banking ['pʌblɪk suːpə'vɪʒn əv 'bæŋkɪŋ] *sb* Bankenaufsicht *f*

public tender ['pʌblɪk 'tendə] *sb* offene Ausschreibung *f*

public transportation ['pʌblɪk trænspɔː'teɪʃn] *sb* öffentliche Verkehrsmittel *n/pl*

publisher ['pʌblɪʃə] *sb* Verleger(in) *m/f*

publisher's mark ['pʌblɪʃəs 'mɑːk] *sb* Signet *n*

publishing house ['pʌblɪʃɪŋ haʊs] *sb* Verlag *m*

pull-down menu ['pʊldaʊn 'menjuː] *sb* Pull-down-Menü *n*

pulling strategy ['pʊlɪŋ strˈætədʒiː] *sb* Pull-Strategie *f*

punctual ['pʌŋktjʊəl] *adj* pünktlich

punctuality [pʌŋktjʊ'ælɪtɪ] *sb* Pünktlichkeit *f*

punishable ['pʌnɪʃəbl] *adj* strafbar

punishment ['pʌnɪʃmənt] *sb* **1.** *(penalty)* Strafe *f*; **2.** *(punishing)* Bestrafung *f*

punter ['pʌntə] *sb (UK: average person)* Otto Normalverbraucher *m*

purchase ['pɜːtʃəs] *v* **1.** kaufen, erwerben; *sb* **2.** Kauf *m*, Anschaffung *f*, Ankauf *m*

purchase account ['pɜːtʃəs ə'kaʊnt] *sb* Wareneingangskonto *n*, Einkaufskonto *n*

purchase against cash in advance ['pɜːtʃəs ə'genst 'kæʃ ɪn əd'vɑːns] *sb* Kauf gegen Vorauszahlung *m*

purchase agreement ['pɜːtʃəs ə'griːmənt] *sb* Kaufvertrag *m*

P

purchase costs [ˈpɜːtʃəs kɒsts] *pl* Anschaffungskosten *pl*

purchase-money loan [ˈpɜːtʃəsˈmʌnɪ ləʊn] *sb* Restdarlehen *n*

purchase of accounts receivable [ˈpɜːtʃəs əv əˈkaʊnts rɪˈsiːvəbl] *sb* Forderungskauf *m*

purchase of foreign exchange for later sale [ˈpɜːtʃəs əv ˈfɒrɪn ɪkˈtʃeɪndʒ fɔː ˈleɪtə ˈseɪl] *sb* Devisenpensionsgeschäft *n*

purchase of securities [ˈpɜːtʃəs əv sɪˈkjʊərɪtiːz] *sb* Effektenkauf *m*

purchase on credit [ˈpɜːtʃəs ɒn ˈkredɪt] *sb* Zielkauf *m*

purchase on the spot [ˈpɜːtʃəs ɒn ðə ˈspɒt] *sb* Platzkauf *m*

purchase pattern [ˈpɜːtʃəs ˈpætən] *sb* Kaufverhalten *n*

purchase price [ˈpɜːtʃəs praɪs] *sb* Kaufpreis *m*

purchase quantity [ˈpɜːtʃəs ˈkwɒntɪtɪ] *sb* Abnahmemenge *f*

purchaser [ˈpɜːtʃəsə] *sb* Käufer(in) *m/f*

purchase right [ˈpɜːtʃəs raɪt] *sb* Ankaufsrecht *n*

purchase with delivery by instal(l)-ments [ˈpɜːtʃəs wɪθ dɪˈlɪvərɪ baɪ ɪnˈstɔːlmənts] *sb* Teillieferungskauf *m*

purchasing association [ˈpɜːtʃəsɪŋ əsəʊsɪˈeɪʃn] *sb* Einkaufsgemeinschaft *f*

purchasing cheque [ˈpɜːtʃəsɪŋ ˈtʃek] *sb* Kaufscheck *m*

purchasing cooperative [ˈpɜːtʃəsɪŋ kəʊˈɒprətɪv] *sb* Einkaufsgenossenschaft *f*

purchasing costs [ˈpɜːtʃəsɪŋ kɒsts] *pl* Bezugskosten *pl*

purchasing credit [ˈpɜːtʃəsɪŋ ˈkredɪt] *sb* Kaufkredit *m*

purchasing management [ˈpɜːtʃəsɪŋ ˈmænɪdʒmənt] *sb* Beschaffungswesen *n*

purchasing pattern [ˈpɜːtʃəsɪŋ ˈpætən] *sb* Kaufverhalten *n*

purchasing power [ˈpɜːtʃəsɪŋ ˈpaʊə] *sb* Kaufkraft *f*

purchasing power parity [ˈpɜːtʃəsɪŋ paʊə ˈpærɪtɪ] *sb* Kaufkraftparität *f*

purchasing terms [ˈpɜːtʃəsɪŋ tɜːmz] *pl* Einkaufsbedingungen *f/pl*

pure endowment insurance [ˈpjʊər ɪnˈdaʊmənt ɪnˈsʊəræns] *sb* Erlebensfallversicherung *f*

purpose [ˈpɜːpəs] *adj* on ~ absichtlich, mit Absicht

purpose-built [pɜːpəsˈbɪlt] *adj* spezialgefertigt, Spezial...

pursuant [pəˈsjuːənt] *adj* ~ to gemäß, laut

purveyor [pəˈveɪə] *sb* Lieferant(in) *m/f*

push [pʊʃ] *v* **1.** *(s.o.) (put pressure on)* drängen, antreiben; **2.** *(promote)* propagieren

pushing strategy [ˈpʊʃɪŋ ˈstrætɪdʒiː] *sb* Push-Strategie *f*

put and call [pʊt ænd ˈkɔːl] *sb* Stellgeschäft *n*

put and call price [pʊt ænd ˈkɔːl praɪs] *sb* Stellkurs *m*

put down [pʊt ˈdaʊn] *v irr* **1.** *(a deposit)* eine Anzahlung leisten; **2.** *(write down)* aufschreiben, notieren; **3.** *(on a form)* angeben

put in [pʊt ˈɪn] *v irr* **1.** ~ for sth sich um etw bewerben; **2.** *(a claim, an application)* einreichen; **3.** *(time)* zubringen; **4.** ~ an hour's work eine Stunde arbeiten

put off [pʊt ˈɒf] *v irr* **1.** *(postpone)* verschieben; **2.** *(a decision)* aufschieben; **3.** put s.o. off *(by making excuses)* jdn hinhalten

put through [pʊt ˈθruː] *v irr (connect)* durchstellen

put together [pʊt təˈgethə] *v irr* **1.** *(assemble)* zusammensetzen, zusammenbauen; **2.** *(a brochure)* zusammenstellen

put up [pʊt ˈʌp] *v irr* put sth up for sale etw zum Verkauf anbieten

pyramid selling [ˈpɪrəmɪd ˈselɪŋ] *sb* Schneeballsystem *n*, Lawinensystem *n*

P

Q/R

qualification [kwɒlɪfɪˈkeɪʃən] *sb* **1.** *(suitable skill, suitable quality)* Qualifikation *f*, Voraussetzung *f*; **2.** *(UK: document)* Zeugnis *n*

qualified [ˈkwɒlɪfaɪd] *adj* **1.** *(person)* qualifiziert, geeignet; **2.** *(entitled)* berechtigt

qualifying period [ˈkwɒlɪfaɪŋ ˈpɪərɪəd] *sb* Karenzzeit *f*

qualitative [ˈkwɒlɪtətɪv] *adj* qualitativ

qualitative growth [ˈkwɒlɪtətɪv ˈɡrəʊθ] *sb* qualitatives Wachstum *n*

quality [ˈkwɒlɪtɪ] *sb* Qualität *f*

quality assurance [ˈkwɒlɪtɪ əˈsʊərəns] *sb* Qualitätssicherung *f*

quality circle [ˈkwɒlɪtɪ ˈsɜːkl] *sb* Qualitätszirkel *m*

quality control [ˈkwɒlɪtɪ kənˈtrəʊl] *sb* Qualitätskontrolle *f*

quality engineer [ˈkwɒlɪtɪ endʒɪˈnɪə] *sb* Güteprüfer(in) *m/f*

quality label [ˈkwɒlɪtɪ ˈleɪbl] *sb* Gütezeichen (Marketing) *n*

quality management [ˈkwɒlɪtɪ ˈmænɪdʒmənt] *sb* Qualitätsüberwachung *f*, Qualitätssicherung *f*

quality of service [ˈkwɒlɪtɪ əv ˈsɜːvɪs] *sb* Leistungsstandard *m*

quantify [ˈkwɒntɪfaɪ] *v* in Zahlen ausdrücken, quantifizieren

quantitative [ˈkwɒntɪtətɪv] *adj* quantitativ

quantitative tariff [ˈkwɒntɪtətɪv ˈtærɪf] *sb* Mengenzoll *m*

quantity [ˈkwɒntɪtɪ] *sb* **1.** Quantität *f*; **2.** *(amount)* Menge *f*

quantity buyer [ˈkwɒntɪtɪ ˈbaɪə] *sb* Großabnehmer(in) *m/f*

quantity discount [ˈkwɒntɪtɪ ˈdɪskaʊnt] *sb* Mengenrabatt *m*

quantity equation [ˈkwɒntɪtɪ ɪˈkweɪʒn] *sb* Quantitätsgleichung *f*

quantity production [ˈkwɒntɪtɪ prəˈdʌkʃn] *sb* Massenproduktion *f*, Massenerzeugnis *n*

quantity surveyor [ˈkwɒntɪtɪ səˈveɪə] *sb* Aufmaßtechniker(in) *m/f*

quantity theory [ˈkwɒntɪtɪ ˈθɪərɪ] *sb* Quantitätstheorie *f*

quantity unit [ˈkwɒntɪtɪ ˈjuːnɪt] *sb* Mengeneinheit *f*

quantity variance [ˈkwɒntɪtɪ ˈveərɪəns] *sb* Mengenabweichung *f*

quart [kwɔːt] *sb* *(UK: 1.14 litres; US: 0.95 litres)* Quart *n*

quarter [ˈkwɔːtə] *sb* **1.** *(of a year)* Quartal *n*, Vierteljahr *n*; **2.** *(US: 25 cents)* 25-Centstück *n*

quarter day [ˈkwɔːtə deɪ] *sb* vierteljährlicher Zahltag *m*

quarter days [ˈkwɔːtə ˈdeɪz] *pl* Zinstage *m/pl*

quarterly [ˈkwɔːtəlɪ] *adj* Quartals...

quarterly invoice [ˈkwɔːtəlɪ ˈɪnvɔɪs] *sb* Quartalsrechnung *f*

quarterly report [ˈkwɔːtəlɪ rɪˈpɔːt] *sb* Quartalsbericht *m*

quarter under review [ˈkwɔːtə ˈʌndə rɪˈvjuː] *sb* Berichtsquartal *n*

quarter wage [ˈkwɔːtə weɪdʒ] *sb* Quartalsgehalt *n*, Vierteljahreszahlung *f*

quasi-equity capital [kweɪzaɪˈekwɪtɪ ˈkæpɪtl] *sb* verdecktes Stammkapital *n*

quasi money [ˈkweɪzaɪ ˈmʌnɪ] *sb* Quasigeld *n*, Beinahegeld *n*

quasi monopoly [ˈkweɪzaɪ məˈnɒpəlɪ] *sb* Quasimonopol *n*

quasi rent [ˈkweɪzaɪ ˈrent] *sb* Quasirente *f*

quay [kiː] *sb* Kai *m*

quayage [ˈkiːɪdʒ] *sb* Kaigebühren *f/pl*

questionnaire [kwestʃəˈneə] *sb* Fragebogen *m*

queue [kjuː] *sb* (Warte-)Schlange *f*

queue up [kjuː ˈʌp] *v* anstehen, Schlange stehen

quid [kwɪd] *sb* *(fam)* *(UK)* Pfund *n*

quit [kwɪt] *v irr (leave one's job)* kündigen

quittance [ˈkwɪtəns] *sb* Schuldenerlass *m*

quorum [ˈkwɔːrəm] *sb* Quorum *n*

quota [ˈkwəʊtə] *sb* **1.** Quote *f*; **2.** *(of goods)* Kontingent *n*

Q
R

quota allocation [ˈkwəʊtə æləˈkeɪʃən] *sb* Kontingentzuweisung *f*

quota ceiling [ˈkwəʊtə ˈsiːlɪŋ] *sb* Höchstkontingent *n*

quota system [ˈkwəʊtə ˈsɪstəm] *sb* Quotensystem *n*

quotation [kwəʊˈteɪʃən] *sb* **1.** (*price ~*) Kostenvoranschlag *m*, Preisangabe *f*; **2.** (*stock ~*) Börsennotierung *f*, Kursanzeige *f*, Quotation *f*

quotation ex dividend [kwəʊˈteɪʃən eks ˈdɪvɪdənd] *sb* Dividendenabschlag *m*

quotation of prices [kwəʊˈteɪʃən əv ˈpraɪsɪz] *sb* Kursnotierung *f*

quotation on the stock exchange [kwəʊˈteɪʃən ɒn ðə ˈstɒk ɪksˈtʃeɪndʒ] *sb* Börsenkurs *m*

quotation on the unofficial market [kwəʊˈteɪʃən ɒn ði: ˈʌnəfɪʃl ˈmɑːkɪt] *sb* Kulissenwert *m*

quota transactions [ˈkwəʊtə trænˈzækʃnz] *pl* Quotenhandel *m*

quota wage [ˈkwəʊtə ˈweɪdʒ] *sb* Pensumlohn *m*

quote [kwəʊt] *v* **1.** (*a price*) nennen; **2.** (*at the stock exchange*) notieren

quote at par [kwəʊt ət ˈpɑː] *v* zum Nennwert notieren

quote clean [kwəʊt ˈkliːn] *v* ex Dividende notieren

quoted securities [ˈkwəʊtɪd sɪˈkjʊərɪtiz] *pl* börsengängige Wertpapiere *n/pl*

quotient [ˈkwəʊʃənt] *sb* Quotient *m*

rack jobbing [ˈræk dʒɒbɪŋ] *sb* **1.** Streckengeschäft *n;* **2.** Regalbestückung *f*

radio advertising [ˈreɪdɪəʊ ˈædvətaɪzɪŋ] *sb* Rundfunkwerbung *f*

rail freight [ˈreɪl freɪt] *sb* Bahnfracht *f*

railroad [ˈreɪlrəʊd] *sb* (*US*) Eisenbahn *f*, Bahn *f*

railway [ˈreɪlweɪ] *sb* Eisenbahn *f*, Bahn *f*

railway tariff [ˈreɪlweɪ ˈtærɪf] *sb* Eisenbahntarif *m*

raise [reɪz] *v* **1.** (*salary, price*) erhöhen, anheben; **2.** (*gather money*) aufbringen, auftreiben; **3.** (*an objection*) erheben; ~ one's voice against sth seine Stimme gegen etw erheben; *sb* **4.** (*in salary*) Gehaltserhöhung *f;* (*in wages*) Lohnerhöhung *f*

raising of credits [ˈreɪzɪŋ əv ˈkredɪts] *sb* Kreditaufnahme *f*

raising of the bank rate [ˈreɪzɪŋ əv ðə bæŋk reɪt] *sb* Leitzinserhöhung *f*

rally [ˈrælɪ] *sb* Markterholung *f*, Kurserholung *f*

RAM [ræm] *sb* (*random access memory*) RAM *n*

ramp [ræmp] *sb* **1.** Rampe *f;* **2.** (*for loading*) Laderampe *f*

random test [ˈrændəm test] *sb* Stichprobe *f*

range [reɪndʒ] *sb* **1.** (*distance*) Entfernung *f;* at close ~ auf kurze Entfernung; **2.** (*selection*) Reihe *f*, Auswahl *f*, Sortiment *n*

range of products [ˈreɪndʒ əv ˈprɒdʌkts] *sb* Produktpalette *f*

rank [ræŋk] *sb* (*status*) Stand *m*, Rang *m*

ranking [ˈræŋkɪŋ] *sb* Rangfolge *f*, Rangeinteilung *f*

rapid money transfer [ˈræpɪd ˈmʌnɪ ˈtrænsfɜː] *sb* Eilüberweisung *f*

rate [reɪt] *v* **1.** (*estimate the worth of*) schätzen, einschätzen; *sb* **2.** Rate *f*, Ziffer *f;* **3.** at the ~ of im Verhältnis von; **4.** at any ~ jedenfalls; **5.** (*speed*) Tempo *n;* **6.** (*UK: local tax*) Gemeindesteuer *f;* **7.** (*stock exchange*) Satz *m;* **8.** (*fixed charge*) Tarif *m*

rateable [ˈreɪtəbl] *adj* steuerpflichtig, zu versteuern

rate for foreign notes and coins [ˈreɪt fɔː ˈfɒrɪn ˈnəʊts ænd ˈkɔɪnz] *sb* Sortenkurs *m*

rate of activity [reɪt əv ækˈtɪvətɪ] *sb* Beschäftigungsgrad *m*

rate of contribution [reɪt əv kɒntrɪˈbjuːʃən] *sb* Beitragssatz *m*

rate of conversion [ˈreɪt əv kənˈvɜːʃən] *sb* Umrechnungskurs *m*

rate of discount [reɪt əv ˈdɪskaunt] *sb* Diskontsatz *m*

rate of exchange [ˈreɪt əv ɪksˈtʃeɪndʒ] *sb* Umrechnungskurs *m*

rate of flow [ˈreɪt əv ˈfləʊ] *sb* Stromgröße *f*

rate of growth [ˈreɪt əv grəʊθ] *sb* Wachstumsrate *f*

rate of inflation [ˈreɪt əv ɪnˈfleɪʃən] *sb* Inflationsrate *f*

rate of interest [reɪt əv ˈɪntrest] *sb* Zinssatz *m*, Zins *m*

Q
R

rate of inventory turnover [ˈreɪt əv ɪnˈventərɪ ˈtɜːnəʊvə] *sb* Umschlagshäufigkeit eines Lagers *f*

rate of issue [ˈreɪt əv ˈɪʃuː] *sb* Emissionskurs *m*

rate of return [reɪt əv rɪˈtɜːn] *sb* Verzinsung *f*, Rendite *f*

rate of taxation [reɪt əv tækˈseɪʃən] *sb* Steuersatz *m*

ratification [rætɪfɪˈkeɪʃən] *sb* Ratifikation *f*

rating [ˈreɪtɪŋ] *sb* **1.** *(assessment)* Schätzung *f;* **2.** *(category)* Klasse *f*

ratio [ˈreɪʃɪəʊ] *sb* Verhältnis *n*

rational buying [ˈræʃənəl ˈbaɪɪŋ] *sb* Rationalkauf *m*

rationalisation [ræʃnəlaɪˈzeɪʃən] *sb* Rationalisierung *f*

rationalization investment [ræʃnəlaɪˈzeɪʃən ɪnˈvestmənt] *sb* Rationalisierungsinvestition *f*

rationalization profit [ræʃnəlaɪˈzeɪʃən ˈprɒfɪt] *sb* Rationalisierungsgewinn *m*

rationing [ˈræʃənɪŋ] *sb* Rationierung *f*

raw material [rɔː məˈtɪərɪəl] *sb* Rohstoff *m*

raw material funds [ˈrɔː məˈtɪərɪəl fʌnds] *pl* Rohstoff-Fonds *m*

raw material shortage [rɔː məˈtɪərɪəl ˈʃɔːtɪdʒ] *sb* Rohstoffknappheit *f*

re [riː] *(on a letter)* betrifft

reach [riːtʃ] *v (a conclusion, an agreement)* kommen zu, gelangen zu, erreichen

readily [ˈredɪlɪ] *adv* **1.** bereitwillig; **2.** *(easily)* leicht

readiness to operate [ˈredɪnəs tu ˈɒpəreɪt] *sb (Produktion)* Leistungsbereitschaft *f*

readjust [riːəˈdʒʌst] *v (~ sth)* anpassen, angleichen

readjustment [riːəˈdʒʌstmənt] *sb* Anpassung *f*, Angleichung *f*

ready [ˈredɪ] *adj* **1.** bereit, fertig; **2.** *(finished)* fertig

ready for collection [ˈredɪ fɔː kəˈlekʃən] *adv* abholbereit

ready for dispatch [ˈredɪ fɔː dɪˈspætʃ] *adv* versandbereit

ready-made [redɪˈmeɪd] *adj* gebrauchsfertig, fertig

ready money [ˈredɪ ˈmʌnɪ] *sb* Bargeld *n*, jederzeit verfügbares Geld *n*

ready-to-wear [redɪtuˈweə] *adj* Konfektions...

real account [rɪəl əˈkaʊnt] *sb* Bestandskonto *n*

real balance effect [rɪəl ˈbæləns ɪˈfekt] *sb* Vermögenseffekten *pl*, Vermögenseinkommen *n*

real capital [rɪəl ˈkæpɪtl] *sb (Volkswirtschaft)* Realkapital *n*, Sachkapital *n*

real estate [ˈrɪəl ɪˈsteɪt] *sb* Immobilien *f/pl*, Grundstück *n*

real estate agent [ˈrɪəl ɪˈsteɪt ˈeɪdʒənt] *sb* Immobilienmakler(in) *m/f*

real estate credit [ˈrɪəl ɪˈsteɪt ˈkredɪt] *sb* Grundkredit *m*, Immobiliarkredit *m*

real estate credit institution [ˈrɪəl ɪˈsteɪt ˈkredɪt ɪnstɪˈtjuːʃn] *sb* Realkreditinstitut *n*

real estate fund [ˈrɪəl ɪˈsteɪt fʌnd] *sb* Immobilienfonds *m*

real estate leasing [ˈrɪəl ɪˈsteɪt liːsɪŋ] *sb* Immobilien-Leasing *n*

real estate property [ˈrɪəl ɪˈsteɪt ˈprɒpətɪ] *sb* Immobilienbesitz *m*, Betongold *n (fam)*

realign [riːəˈlaɪn] *v* neu festsetzen

realignment of parities [riːəˈleɪnmənt əv ˈpærɪtɪz] *sb* Realignment *n*

real income [rɪəl ˈɪnkʌm] *sb* Realeinkommen *n*

real indebtedness [rɪəl ɪnˈdetɪdnɪs] *sb* effektive Verschuldung *f*

real interest [rɪəl ˈɪntrəst] *sb* Realzins *m*

real investment [rɪəl ɪnˈvestmənt] *sb* Realinvestition *f*

realization [rɪəlaɪˈzeɪʃən] *sb (of assets)* Realisation *f*, Flüssigmachen *n*

realization loss [rɪəlaɪˈzeɪʃən lɒs] *sb* Veräußerungsverlust *m*

realization of assets [rɪəlaɪˈzeɪʃən əv ˈæsets] *sb* Veräußerung von Anlagewerten *f*

realization of pledge [rɪəlaɪˈzeɪʃən əv ˈpledʒ] *sb* Pfandverwertung *f*

realization profit [rɪəlaɪˈzeɪʃən ˈprɒfɪt] *sb* Liquidationsüberschuss *m*

realize [ˈrɪəlaɪz] *v* **1.** *(achieve)* verwirklichen; **2.** *(assets)* realisieren, verflüssigen

real property [rɪəl ˈprɒpətɪ] *sb* Grundvermögen *n*

Q
R

real rate of interest [rɪəl ˈreɪt əv ˈɪntrest] *sb* Realzins *m*

real right [rɪəl raɪt] *sb* dingliches Recht *n*

real security [rɪəl sɪˈkjʊərɪtɪ] *sb* dingliche Sicherung *f*

realtor [ˈrɪəltə] *sb* Immobilienmakler *m*

realty [ˈrɪəltɪ] *sb* Immobilien *f/pl*

real value [rɪəl ˈvælju:] *sb* Substanzwert *m*, Sachwert *m*

real wages [rɪəl ˈweɪdʒɪz] *pl* Reallohn *m*

real wealth [rɪəl welθ] *sb* Realvermögen *n*

re-apply [ri:əˈplaɪ] *v* neu beantragen

reappraisal [ri:əˈpreɪzl] *sb* Neubewertung *f*, Neuschätzung *f*

rearrange [ri:əˈreɪndʒ] *v* neu anordnen

rearrangement of holdings [ri:əˈreɪndʒmənt əv ˈhəʊldɪŋz] *sb* Beteiligungsumschichtung *f*

reasonable [ˈri:znəbəl] *adj* **1.** (*sensible*) vernünftig; **2.** (*price*) angemessen; **3.** (*in price*) preiswert

reasoning [ˈri:znɪŋ] *sb* Argumentation *f*

reassemble [rɪəˈsembl] *v* (*put back together*) wieder zusammenbauen

reassign [rɪəˈsaɪn] *v* (*s.o.*) versetzen

rebate [ˈri:beɪt] *sb* **1.** (*money back*) Rückvergütung *f*, Rückzahlung *f;* **2.** (*discount*) Rabatt *m*

rebuke [rɪˈbju:k] *v* **1.** rügen; *sb* **2.** Rüge *f*

recall [rɪˈkɔ:l] *sb* **1.** Rückruf *m*; **2.** (*withdrawal*) Zurücknahme *f;* **3.** (*of capital*) Aufkündigung *f*

receipt [rɪˈsi:t] *sb* **1.** Eingang *m*, Erhalt *m*, Quittung *f*, Beleg *m;* **2.** ~s *pl* Einnahmen *f/pl*

receipt of money [rɪˈsi:t əv ˈmʌnɪ] *sb* Geldeingang *m*

receive [rɪˈsi:v] *v* **1.** bekommen, erhalten; **2.** (*take delivery of*) empfangen; **3.** (*welcome*) empfangen

receiver [rɪˈsi:və] *sb* **1.** Empfänger(in) *m/f;* **2.** (*of the phone*) Hörer *m;* **3.** (*UK: in bankruptcy*) Konkursverwalter(in) *m/f*

receivership [rɪˈsi:vəʃɪp] *sb* Konkursverwaltung *f;* go into ~ in Konkurs gehen

reception [rɪˈsepʃən] *sb* Empfang *m*

receptionist [rɪˈsepʃənɪst] *sb* Empfangssekretär(in) *m/f*

reception room [rɪˈsepʃən ru:m] *sb* Empfangsraum *m*

recession [rɪˈseʃən] *sb* Rezession *f*, Konjunkturrückgang *m*

recessionary [rɪˈseʃənərɪ] *adj* Rezessions...

recessive [rɪˈsesɪv] *adj* rezessiv

recipient [rɪˈsɪpɪənt] *sb* Empfänger(in) *m/f*

reciprocal [rɪˈsɪprəkəl] *adj* gegenseitig, wechselseitig, reziprok

reciprocal contract [rɪˈsɪprəkəl ˈkɒntrækt] *sb* gegenseitiger Vertrag *m*

reciprocity [resɪˈprɒsɪtɪ] *sb* Gegenseitigkeit *f*, Wechselseitigkeit *f*, Reziprozität *f*

recision [rɪˈsɪʒən] *sb* Stornierung *f*, Streichung *f*, Entwertung *f*

reckon [ˈrekən] *v* **1.** (*calculate*) rechnen; **2.** (*calculate sth*) berechnen, errechnen; **3.** (*estimate*) schätzen

reclaim [rɪˈkleɪm] *v* zurückfordern

reclamation [rekləˈmeɪʃən] *sb* (*demanding back*) Zurückforderung *f*, Rückforderung *f*

recognizance [rɪˈkɒgnɪzəns] *sb* schriftliche Verpflichtung *f*

recommend [rekəˈmend] *v* **1.** empfehlen; **2.** She has much to ~ her. Es spricht sehr viel für sie.

recommendable [rekəˈmendəbl] *adj* empfehlenswert

recommendation [rekəmenˈdeɪʃən] *sb* **1.** Empfehlung *f;* **2.** (*letter of ~*) Empfehlungsschreiben *n*

recommended retail price [rekəˈmended ri:teɪl praɪs] *sb* unverbindliche Preisempfehlung *f*

recompense [ˈrekəmpens] *sb* **1.** (*repayment*) Entschädigung *f;* **2.** (*reward*) Belohnung *f*

reconciliation of accounts [rekənsɪlɪˈeɪʃən əv əˈkaʊnts] *sb* Kontenabstimmung *f*

recondition [ri:kənˈdɪʃən] *v* generalüberholen

reconsider [ri:kənˈsɪdə] *v* nochmals überlegen; He has ~ed his decision. Er hat es sich anders überlegt.

reconsideration [ri:kənsɪdəˈreɪʃən] *sb* erneute Betrachtung *f*, Überdenken *n*, Revision *f*

reconstruction [riːkənˈstrʌkʃn] *sb* Sanierung *f*

record [rɪˈkɔːd] *v* **1.** *(write down)* aufzeichnen; *(register)* eintragen; **2.** by ~ed delivery (UK) per Einschreiben; **3.** *(keep minutes of)* protokollieren; [ˈrekɔːd] *sb* **4.** *(account)* Aufzeichnung *f*; **5.** *(of a meeting)* Protokoll *n*; on the ~ offiziell; off the ~ nicht für die Öffentlichkeit bestimmt; **6.** *(official document)* Unterlage *f*, Akte *f*

record of success [ˈrekɔːd əv səkˈses] *sb* Erfolgsbilanz *f*

recourse [rɪˈkɔːs] *sb* Regress *m*, Rückgriff *m*

recoverable [rɪˈkʌvərəbl] *adj* **1.** *(damages)* ersetzbar; **2.** *(deposit)* rückzahlbar

recovery [rɪˈkʌvəri] *sb* **1.** Aufschwung *m*, Erholung *f*; **2.** economic ~ Konjunkturaufschwung *m*

recovery of damages [rɪˈkʌvəri əv ˈdæmɪdʒɪz] *sb* Schadensersatz *m*

recruit [rɪˈkruːt] *v* *(members)* werben, anwerben, gewinnen

recruitment [rɪˈkruːtmənt] *sb* Anwerbung *f*, Werbung *f*

rectification of defects [rektɪfɪˈkeɪʃn əv ˈdiːfekts] *pl* Nachbesserung *f*

rectify [ˈrektɪfaɪ] *v* berichtigen, korrigieren

recyclable [riːˈsaɪkləbl] *adj* wieder verwertbar, recycelbar

recycle [riːˈsaɪkl] *v* wieder verwerten, recyceln

recycling [riːˈsaɪklɪŋ] *sb* Recycling *n*, Wiederverwertung *f*

recycling exchange [riːˈsaɪklɪŋ ɪksˈtʃeɪndʒ] *sb* Abfallbörse *f*

red tape [red teɪp] *sb* **1.** *(fig)* Amtsschimmel *m*; **2.** *(paperwork)* Papierkrieg *m*

redeem [rɪˈdiːm] *v* **1.** *(a coupon)* einlösen; **2.** *(a mortgage)* abzahlen; **3.** *(a pawned object)* auslösen

redeemable [rɪˈdiːməbl] *adj* kündbar

redemption [rɪˈdempʃn] *sb* Tilgung *f*, Abzahlung *f*

redemption account [rɪˈdempʃn əˈkaʊnt] *sb* Amortisierungskonto *n*, Tilgungskonto *n*

redemption guarantee [rɪˈdempʃn gærənˈtiː] *sb* Rücknahmegarantie *f*

redemption fund [rɪˈdempʃn ˈfʌnd] *sb* Tilgungsfonds *m*

redemption in arrears [rɪˈdempʃn ɪn əˈrɪəs] *sb* Tilgungsrückstände *m/pl*

redemption loan [rɪˈdempʃn ˈləʊn] *sb* Ablösungsanleihe *f*, Tilgungsanleihe *f*

redemption premium [rɪˈdempʃn ˈpriːmɪəm] *sb* Tilgungsprämie *f*

redemption sum [rɪˈdempʃn sʌm] *sb* Ablösesumme *f*

redemption value [rɪˈdempʃn ˈvæljuː] *sb* Rückkaufswert *m*

redemption yield [rɪˈdempʃn jiːld] *sb* Effektivverzinsung *f*

redirect [riːdaɪˈrekt] *v* *(forward)* nachsenden, nachschicken

rediscount [ˈriːdɪskaʊnt] *sb* **1.** Rediskont *m*, Rediskontierung *f*; **2.** *v* rediskontieren

reduce [rɪˈdjuːs] *v* **1.** *(a price, standards)* herabsetzen; **2.** *(expenses)* kürzen

reduced tariffs [rɪˈdjuːst ˈtærɪfs] *pl* ermäßigte Tarife *m/pl*

reduction [rɪˈdʌkʃən] *sb* **1.** Verminderung *f*, Reduzierung *f*; **2.** *(of prices)* Herabsetzung *f*

reduction for cash [rɪˈdʌkʃən fɔː kæʃ] *sb* Barzahlungsrabatt *m*

reduction of interest [rɪˈdʌkʃən əv ˈɪntrest] *sb* Zinssenkung *f*

reduction of liquidity [rɪˈdʌkʃən əv lɪˈkwɪdəti] *sb* Liquiditätsabschöpfung *f*

reduction of staff [rɪˈdʌkʃən əv stɑːf] *sb* Personalabbau *m*

reduction of the bank rate [rɪˈdʌkʃən əv ðə bæŋk reɪt] *sb* Diskontsenkung *f*

reduction of the interest rate [rɪˈdʌkʃən əv ðiː ˈɪntrest reɪt] *sb* Zinssenkung *f*

reduction of the share capital [rɪˈdʌkʃən əv ðə ʃeə ˈkæpɪtl] *sb* Herabsetzung des Grundkapitals *f*

reduction of the workforce [rɪˈdʌkʃən əv ðə ˈwɜːkfɔːs] *sb* Personalabbau *m*

reduction of working hours [rɪˈdʌkʃən əv ˈwɜːkɪŋ ˈaʊəz] *sb* Arbeitszeitverkürzung *f*

redundancy [rɪˈdʌndənsi] *sb* Redundanz *f*

redundant [rɪˈdʌndənt] *adj* **1.** überflüssig; **2.** *(UK: worker)* arbeitslos

re-export [riːekˈspɔːt] *v* reexportieren, wieder ausführen

reexportation [riːekspɔːˈteɪʃən] *sb* Wiederausfuhr *f*

refer [rɪˈfɜː] *v* 1. ~ s.o. to s.o. jdn an jdn verweisen; 2. *(regard)* sich beziehen auf; 3. *(rule)* gelten für; 4. *(consult a book)* nachschauen in

referee [refəˈriː] *sb (UK: person giving a reference)* Referenzgeber *m*

reference [ˈrefrəns] *sb* 1. *(testimonial)* Referenz *f*, Zeugnis *n*; 2. *(US: person giving a ~)* Referenz *f*; 3. with ~ to ... was ... betrifft; 4. *(in a business letter)* bezüglich

reference base [ˈrefrəns beɪs] *sb* Bezugsbasis *f*

reference book [ˈrefrəns bʊk] *sb* Nachschlagewerk *n*

reference rate [ˈrefrəns reɪt] *sb* Richtkurs *m*

reference year [ˈrefrəns jɪə] *sb* Vergleichsjahr *n*

referring to [rɪˈfɜːrɪŋ tuː] *adv* Bezug nehmend, mit Bezug auf

refinancing [rɪfaɪˈnænsɪŋ] *sb* Refinanzierung *f*, Umfinanzierung *f*

refinancing policy [rɪfaɪˈnænsɪŋ ˈpɒlɪsɪ] *sb* Refinanzierungspolitik *f*

refinery [rɪˈfaɪnərɪ] *sb* Raffinerie *f*

reflate [riːˈfleɪt] *v* ankurbeln

reflation [riːˈfleɪʃən] *sb* Reflation *f*, Ankurbelung der Konjunktur *f*

reflux [ˈriːflʌks] *sb* Rückfluss *m*

reform [rɪˈfɔːm] *v* 1. *(sth)* reformieren; *sb* 2. Reform *f*

refrain [rɪˈfreɪn] *v* ~ from Abstand nehmen von, absehen von, sich enthalten

refund [rɪˈfʌnd] *v* 1. zurückzahlen, zurückerstatten; 2. *(expenses)* erstatten; [ˈriːfʌnd] *sb* 3. Rückzahlung *f*, Rückerstattung *f*

refunding [riːˈfʌndɪŋ] *sb* 1. Umschuldung *f*, Refundierung *f*; 2. Rückerstattung *f*

refund of tax [ˈriːfʌnd əv tæks] *sb* Steuerrückerstattung *f*

refurbish [riːˈfɜːbɪʃ] *v* renovieren

refusal [rɪˈfjuːzəl] *sb* Ablehnung *f*; have first ~ of sth etw als Erster angeboten bekommen

refusal of delivery [rɪˈfjuːzəl əv dɪˈlɪvərɪ] *sb* Annahmeverweigerung *f*

refusal of pay [rɪˈfjuːzəl əv peɪ] *sb* Zahlungsverweigerung *f*

regional authority [ˈriːdʒənl ɔːˈθɒrɪtɪ] *sb* Gebietskörperschaft *f*, Regionalverband *m*

regional bank [ˈriːdʒənl ˈbæŋk] *sb* Landesbank *f*, Regionalbank *f*

regional planning [ˈriːdʒənl ˈplænɪŋ] *sb* Raumplanung *f*

regional policy [ˈriːdʒənl ˈpɒlɪsɪ] *sb* Regionalpolitik *f*; Raumordnung *f*

regional promotion [ˈriːdʒənl prəˈməʊʃn] *sb* Regionalförderung *f*

regional stock exchange [ˈriːdʒənl ˈstɒk ɪksˈtʃeɪndʒ] *sb* Provinzbörse *f*

register [ˈredʒɪstə] *v* 1. sich anmelden; 2. *(for classes)* sich einschreiben; 3. *(sth)* registrieren; 4. *(a trademark)* anmelden, eintragen lassen; 5. *(a letter)* als Einschreiben aufgeben; 6. *(in files)* eintragen; 7. *(a statistic)* erfassen, *sb* 8. Register *n*

registered [ˈredʒɪstəd] *adj* eingetragen

egistered association [ˈredʒɪstəd əsəʊsɪˈeɪʃn] *sb* eingetragener Verein (e.V.) *m*

registered letter [ˈredʒɪstəd ˈletə] *sb* Einschreibebrief *m*

registered post [ˈredʒɪstəd pəʊst] *sb* 1. eingeschriebene Sendung *f*; 2. by ~ per Einschreiben

registered securities [ˈredʒɪstəd sɪˈkjʊərɪtiz] *pl* Namenspapier *n*

registered share [ˈredʒɪstəd ʃeə] *sb* Namensaktie *f*

registered trader [ˈredʒɪstəd ˈtreɪdə] *sb* Vollkaufmann *m*

register office [ˈredʒɪstər ˈɒfɪs] *sb* Handelsregisteramt *n*

register of land titles [ˈredʒɪstər əv ˈlænd taɪtlz] *sb* Grundbuch *n*

register of ships [ˈredʒɪstər əv ʃɪps] *sb* Schiffsregister *n*

registration [redʒɪˈstreɪʃən] *sb* 1. Anmeldung *f*; 2. *(by authorities)* Registrierung *f*; 3. *(of a trademark)* Einschreibung *f*; 4. *vehicle ~* Kraftfahrzeugbrief *m*

registration document [redʒɪˈstreɪʃən ˈdɒkjʊmənt] *sb* Kraftfahrzeugbrief *m*

registration form [redʒɪˈstreɪʃən fɔːm] *sb* Anmeldeformular *n*

registration in the Commercial Register [redʒɪˈstreɪʃən ɪn ðə kɒˈmɜːʃl ˈredgɪstə] *sb* Eintragung im Handelsregister *f*

registration number [redʒɪˈstreɪʃən ˈnʌmbə] *sb (of a car)* Kennzeichen *n*

registration of a title [redʒɪˈstreɪʃən əv ə ˈtaɪtl] *sb* Grundbucheintragung *f*

registration statement [redʒɪˈstreɪʃən ˈsteɪtmənt] *sb* Gründungsbilanz *f*

regress [rɪˈgres] *v* sich rückläufig entwickeln

regression [rɪˈgreʃn] *sb* Regression *f*

regressive [rɪˈgresɪv] *adj* regressiv, rückläufig

regular [ˈregjʊlə] *adj* ordnungsgemäß

regular customer [ˈregjʊlə ˈkʌstəmə] *sb* Stammkunde/-kundin *m/f*

regularity [regjʊˈlærɪtɪ] *sb* Regelmäßigkeit *f*

regular meeting [ˈregjʊlə ˈmiːtɪŋ] *sb* ordentliche Versammlung *f*

regulate [ˈregjʊleɪt] *v* regulieren, regeln

regulation [regjʊˈleɪʃən] *sb* **1.** Regulierung *f;* **2.** *(rule)* Vorschrift *f; adj* **3.** vorschriftsmäßig, vorgeschrieben

rehabilitation [riːəbɪlɪˈteɪʃn] *sb* Rehabilitation *f*

reimburse [riːɪmˈbɜːs] *v* **1.** *(s.o.)* entschädigen; **2.** *(costs)* zurückerstatten, ersetzen

reimbursement [riːɪmˈbɜːsmənt] *sb* Entschädigung *f,* Erstattung *f,* Rückerstattung *f,* Ersatz *m*

reimport [riːɪmˈpɔːt] *v* reimportieren, wieder einführen

reimportation [riːɪmpɔːˈteɪʃən] *sb* Reimport *m*

reinforce [riːɪnˈfɔːs] *v* **1.** verstärken; **2.** *(a statement, an opinion)* bestätigen

reinstatement of original values [riːɪnˈsteɪtmənt əv əˈrɪdʒɪnəl ˈvæljʊz] *sb* Wertaufholung *f*

reinsurance [riːɪnˈʃʊərəns] *sb* Rückversicherung *f*

reinsure [riːɪnˈʃʊə] *v* rückversichern

reinvestment [riːɪnˈvestmənt] *sb* Reinvestition *f,* Wiederanlage *f*

reinvestment of discount [riːɪnˈvestmənt əv ˈdɪskaʊnt] *sb* Wiederanlagerabatt *m*

reject [rɪˈdʒekt] *v* **1.** ablehnen; **2.** *(a possibility, a judgment)* verwerfen; **3.** *(by a machine)* zurückweisen, nicht annehmen

reject rate [ˈriːdʒekt reɪt] *sb* Ausschussquote *f*

rejection [rɪˈdʒekʃən] *sb* Ablehnung *f,* Verwerfung *f,* Zurückweisung *f*

relationship management [rɪˈleɪʃənʃɪp ˈmænɪdʒmənt] *sb* Kundenbetreuung *f*

relaunch [ˈriːlɔːntʃ] *sb* Wiedereinführung *f*

release [rɪˈliːs] *v* **1.** *(a new product)* herausbringen; **2.** *(news, a statement)* veröffentlichen; *sb* **3.** *(of a new product)* Neuerscheinung *f;* **4.** *(press ~)* Verlautbarung *f*

release from liability [rɪˈliːs frɒm laɪəˈbɪlətɪ] *sb* Haftungsfreistellung *f*

release of funds [rɪˈliːs əv fʌndz] *sb* Mittelfreigabe *f*

reliability [rɪlaɪəˈbɪlɪtɪ] *sb (of a company)* Vertrauenswürdigkeit *f*

reliable [rɪˈlaɪəbl] *adj* **1.** zuverlässig; **2.** *(company)* vertrauenswürdig

relocate [riːləʊˈkeɪt] *v* **1.** umziehen; **2.** *(sth)* verlegen

relocation [riːləʊˈkeɪʃən] *sb* Umzug *m*

relocation costs [riːləʊˈkeɪʃən kɒsts] *pl* Umzugskosten *pl*

remainder [rɪˈmeɪndə] *sb* **1.** Rest *m;* **2.** ~s *pl* Restbestände *m/pl*

remaining life expectancy [rɪˈmeɪnɪŋ laɪf ɪksˈpektənsɪ] *sb* Restnutzungsdauer *f*

remaining stock [rɪˈmeɪnɪŋ stɒk] *sb* Restposten *m*

reminder [rɪˈmaɪndə] *sb (letter of ~)* Mahnung *f,* Mahnbrief *m*

remission [rɪˈmɪʃən] *sb (of a sentence)* Straferlass *m*

remit [rɪˈmɪt] *v* **1.** überweisen, anweisen; **2.** *(debts)* erlassen

remittal [rɪˈmɪtl] *sb (money)* Überweisung *f*

remittance [rɪˈmɪtəns] *sb* Rimesse *f,* Überweisung *f*

remittance slip [rɪˈmɪtəns slɪp] *sb* Überweisungsträger *m*

remittent [rɪˈmɪtnt] *adj* remittierend

remote control [rɪˈməʊt kənˈtrəʊl] *sb* Fernsteuerung *f*

Q

R

removal [rɪ'mu:vəl] *sb (UK: move from a house)* Umzug *m*

remunerable [rɪ'mju:nərəbl] *adj* zu bezahlen, zu vergüten

remunerate [rɪ'mju:nəreɪt] *v* **1.** *(pay)* bezahlen; **2.** *(reward)* belohnen

remuneration [rɪmju:nə'reɪʃn] *sb* **1.** Arbeitsentgelt *n*, Entgeld *n*, Vergütung *f*, Bezahlung *f*; **2.** *(reward)* Belohnung *f*

remuneration in kind [rɪmju:nə'reɪʃn ɪn kaɪnd] *sb* Sachbezüge *pl*

remuneration package [rɪmju:nə-'reɪʃn 'pækɪdʒ] *sb* Gesamtbezüge *pl*

remunerative [rɪ'mju:nərətɪv] *adj* einträglich, lukrativ

render ['rendə] *v* leisten, erbringen

rendering of account ['rendərɪŋ əv ə'kaʊnt] *sb* Rechenschaft *f*, Rechenschaftslegung *f*

renew [rɪ'nju:] *v* erneuern

renewal charge [rɪ'nju:əl tʃɑ:dʒ] *sb* Prolongationsgebühr *f*

renewal coupon [rɪ'nju:əl 'ku:pɒn] *sb* Stichkupon *m*, Erneuerungschein *m*

renewal funds [rɪ'nju:əl 'fʌndz] *pl* Erneuerungsrücklagen *f/pl*

renewal order [rɪ'nju:əl 'ɔ:də] *sb* Anschlussauftrag *m*

renewal rate [rɪ'nju:əl 'reɪt] *sb* Prolongationssatz *m*

renewal reserve [rɪ'nju:əl rɪ'zɜ:v] *sb* Erneuerungsfonds *m*

renovate ['renəveɪt] *v* renovieren

renovation [renə'veɪʃən] *sb* Renovierung *f*

rent [rent] *v* **1.** mieten, *(a building)* pachten, *(a machine)* leihen; **2.** *(~ out)* vermieten, *(a building)* verpachten, *(a machine)* verleihen; *sb* **3.** Miete *f*, Pacht *f*; **4.** for ~ *(US)* zu vermieten

rentability [rentə'bɪlɪtɪ] *sb* Rentabilität *f*

rentable ['rentəbl] *adj* zu vermieten

rental ['rentəl] *sb* **1.** Miete *f*; **2.** *(for a machine, for a car)* Leihgebühr *f*; **3.** *(for land)* Pacht *f*; **4.** *(rented item)* Leihgerät *n*

rental car [rentəl 'kɑ:] *sb* Mietwagen *m*

rental tariff ['rentəl 'tærɪf] *sb* Mietzins *m*

rent control [rent kən'trəʊl] *sb* Mietpreisbindung *f*

renter ['rentə] *sb* Mieter(in) *m/f*, Pächter(in) *m/f*

rent-free [rent'fri:] *adj* mietfrei

renunciation [rɪnʌnsɪ'eɪʃən] *sb* Verzichtserklärung *f*, Verzicht *m*

reopen [ri:'əʊpən] *v* **1.** *(sth)* wieder eröffnen; **2.** *(negotiations, a case)* wieder aufnehmen

reorder [ri:'ɔ:də] *v* **1.** nachbestellen, neu bestellen; *sb* **2.** Nachbestellung *f*

reorder system [ri:'ɔ:də 'sɪstəm] *sb* Bestellsystem *n*

reorganization [rɪɔ:gənaɪ'zeɪʃn] *sb* Reorganisation *f*, Umgründung *f*

reorganize [ri:'ɔ:gənaɪz] *v* neu organisieren, umorganisieren

re-pack [ri:'pæk] *v* umpacken

repair [rɪ'peə] *v* **1.** reparieren; *sb* **2.** Reparatur *f*, Ausbesserung *f*; **3.** *damaged beyond* ~ nicht mehr zu reparieren; **4.** *to be in good* ~ in gutem Zustand sein

repairable [rɪ'peərəbl] *adj* zu reparieren, reparabel

repairman [rɪ'peəmæn] *sb* Handwerker *m*

reparable ['repərəbl] *adj* reparabel, wieder gutzumachen

reparation [repə'reɪʃn] *sb* **1.** Reparation *f*, Wiedergutmachung *f*; **2.** *(for damage)* Entschädigung *f*

repartition [ri:pɑ:'tɪʃn] *sb* *(Gewinn-)* Verteilung *f*

repay [ri:'peɪ] *v irr* **1.** *(a debt)* abzahlen; **2.** *(expenses)* erstatten; **3.** *(fig: a visit)* erwidern

repayable [ri:'peɪəbl] *adj* rückzahlbar

repayment [ri:'peɪmənt] *sb* Rückzahlung *f*, Abzahlung *f*, Rückerstattung *f*

repayment account [ri:'peɪmənt ə'kaʊnt] *sb* Tilgungskonto *n*

repayment by instalments [ri:'peɪmənt baɪ ɪn'stɔ:lmənts] *sb* Rückzahlung in Raten *f*

repayment extension [ri:'peɪmənt ɪks'tenʃn] *sb* Tilgungsstreckung *f*

repayment in cash [ri:'peɪmənt ɪn kæʃ] *sb* Barablösung *f*

repeat order [rɪ'pi:t 'ɔ:də] *sb* Nachstellung *f*

replace [rɪ'pleɪs] *v* **1.** *(substitute for)* ersetzen; **2.** *(put back)* zurücksetzen, zurückstellen; **3.** ~ *the receiver* den

Q
R

Hörer auflegen; **4.** *(parts)* austauschen, ersetzen

replaceable [rɪˈpleɪsəbl] *adj* **1.** ersetzbar; **2.** *(part)* auswechselbar

replacement [rɪˈpleɪsmənt] *sb* **1.** Ersatz *m*, Wiederbeschaffung *f*; **2.** ~ part Ersatzteil *n*; **3.** *(person: temporary)* Stellvertreter *m*

replacement delivery [rɪˈpleɪsmənt dɪˈlɪvərɪ] *sb* Ersatzlieferung *f*

replacement funds [rɪˈpleɪsmənt fʌndz] *pl* Erneuerungsrücklagen *f/pl*

replacement investment [rɪˈpleɪsmənt ɪnˈvestmənt] *sb* Erhaltungsinvestition *f*

replacement of capital assets [rɪˈpleɪsmənt əv ˈkæpɪtl ˈæsɪts] *sb* Ersatzinvestition *f*

replacement share certificate [rɪˈpleɪsmənt ˈʃeə səˈtɪfɪkət] *sb* Ersatzaktie *f*

replacement value [rɪˈpleɪsmənt ˈvælju:] *sb* Erneuerungswert *m*, Wiederbeschaffungswert *m*

replica [ˈreplɪkə] *sb* Kopie *f*

replicate [ˈreplɪkeɪt] *v (reproduce)* nachahmen, nachbilden

replication [replɪˈkeɪʃən] *sb (duplicate)* Kopie *f*, Nachbildung *f*

reply [rɪˈplaɪ] *sb* Antwort *f*

reply-paid (RP) [rɪplaɪˈpeɪd] *adj* Rückantwort bezahlt

report [rɪˈpɔːt] *v* **1.** *(announce o.s.)* sich melden; **2.** ~ for duty sich zum Dienst melden; **3.** *(sth)* berichten über; **4.** *(inform authorities about)* melden; *sb* **5.** Bericht *m*; **6.** *(give a ~)* berichten

reporting [rɪˈpɔːtɪŋ] *sb* Berichterstattung *f*

reporting date [rɪˈpɔːtɪŋ deɪt] *sb* Stichtag *m*

reposit [rɪˈpɒzɪt] *v (deposit)* hinterlegen

repository [rɪˈpɒzɪtərɪ] *sb (store)* Laden *m*, Magazin *n*

represent [reprɪˈzent] *v (act for, speak for)* vertreten

representation [reprɪzenˈteɪʃən] *sb (representatives)* Vertretung *f*

representative [reprɪˈzentətɪv] *adj* **1.** *(acting for)* vertretend; **2.** *(typical)* repräsentativ; **3.** *(symbolic)* symbolisch;

sb **4.** Repräsentant(in) *m/f*, Vertreter(in) *m/f*; **5.** *(deputy)* Stellvertreter(in) *m/f*; **6.** *(legal)* Bevollmächtigte(r) *f/m*

reprieve [rɪˈpriːv] *sb (temporary)* Aufschub *m*

reprise [rɪˈpriːz] *sb* Reprise *f*

re-privatisation [riːpraɪvɪtaɪˈzeɪʃən] *sb* Reprivatisierung *f*

reproduction [riːprəˈdʌkʃən] *sb* **1.** *(copy)* Reproduktion *f*; **2.** *(photo)* Kopie *f*

reproduction cost [riːprəˈdʌkʃən kɒst] *sb* Reproduktionskosten *pl*

reproduction value [riːprəˈdʌkʃən ˈvælju:] *sb* Reproduktionswert *m*

repurchase [rɪˈpɜːtʃəs] *sb* Rückkauf *m*

repurchase clause [rɪˈpɜːtʃəs klɔːz] *sb* Rücknahmeklausel *f*

repurchase guarantee [rɪˈpɜːtʃəs gærənˈtiː] *sb* Rücknahmegarantie *f*

reputation [repjʊˈteɪʃən] *sb* Ruf *m*

request [rɪˈkwest] *v* **1.** bitten um, ersuchen um; **2.** ~ s.o. to do sth jdn bitten, etwas zu tun; *sb* **3.** Bitte *f*, Wunsch *m*; **4.** *(official ~)* Ersuchen *n*

require [rɪˈkwaɪə] *v* **1.** *(need)* brauchen, benötigen; **2.** I'll do whatever is ~d. Ich werde alles Nötige tun. **3.** *(order)* verlangen, fordern

required [rɪˈkwaɪəd] *adj* erforderlich, notwendig

requirement [rɪˈkwaɪəmənt] *sb* **1.** *(condition)* Erfordernis *n*, Anforderung *f*, Voraussetzung *f*; **2.** *(need)* Bedürfnis *n*, Bedarf *m*

requisite [ˈrekwɪzɪt] *adj* erforderlich, notwendig

rerate [riːˈreɪt] *v* neu bewerten

resale [ˈriːseɪl] *sb* Wiederverkauf *m*

resale ban [ˈriːseɪl ˈbæn] *sb* Veräußerungsverbot *n*

resale price [ˈriːseɪl praɪs] *sb* Wiederverkaufspreis *m*

reschedule [riːˈʃedju:l] *v* **1.** verlegen; **2.** *(to an earlier time)* vorverlegen

rescind [rɪˈsɪnd] *v* annullieren, aufheben

rescission [rɪˈsɪʃən] *sb* Rücktritt *m*

rescue company [ˈreskju: ˈkʌmpənɪ] *sb* Auffanggesellschaft *f*

rescue deal [ˈreskju: diːl] *sb* Sanierungsplan *m*

rescue package [ˈreskju: ˈpækɪdʒ] *sb* Sanierungsprogramm *n*

Q
R

research [rɪˈsɜːtʃ] *sb* Forschung *f*

research and development (R&D) [ˈrɪsɜːtʃ ænd dɪˈveləpmənt] *sb* Forschung & Entwicklung (F&E) *f*

research and development risk [ˈrɪsɜːtʃ ænd dɪˈveləpmənt ˈrɪsk] *sb* Entwicklungswagnis *n*

reservation [rezəˈveɪʃən] *sb* **1.** *(qualification of opinion)* Vorbehalt *m*; **2.** *without* ~ ohne Vorbehalt; **3.** *(booking)* Reservierung *f*, Vorbestellung *f*

reservation of price [rezəˈveɪʃən əv praɪs] *sb* Preisvorbehalt *m*

reservation of title [resəˈveɪʃn əv taɪtl] *sb* Eigentumsvorbehalt *m*

reserve [rɪˈzɜːv] *v* **1.** *(book)* reservieren lassen; **2.** *(keep)* aufsparen, aufheben; **3.** ~ *the right to do sth* sich das Recht vorbehalten, etw zu tun; *all rights* ~*d* alle Rechte vorbehalten; *sb* **4.** *(store)* Reserve *f*, Vorrat *m*; *in* ~ in Reserve

reserve account [rɪˈzɜːv əˈkaʊnt] *sb* Rücklagenkonto *n*

reserve assets [rɪˈzɜːv ˈæsets] *pl* Währungsguthaben *n*

reserve bank [rɪˈsɜːv bæŋk] *sb* Reservebank *f*

reserve currency [rɪˈzɜːv ˈkʌrənsɪ] *sb* Reservewährung *f*

reserve for bad debts [rɪˈsɜːv fɔː bæd dets] *sb* Delkredere *n*

reserve fund [rɪˈzɜːv fʌnd] *sb* Reservefonds *m*

reserve item [rɪˈzɜːv ˈaɪtəm] *sb* Rückstellungsposten *m*

reserve price [rɪˈzɜːv praɪs] *sb* Mindestgebot *n*

reserve ratio [rɪˈzɜːv ˈreɪʃɪəʊ] *sb* Liquiditätssatz *m*, Deckungsrate *f*

reserves [rɪˈzɜːvz] *pl* Reserven *f/pl*, Rücklagen *f/pl*, Rückstellung *f*

reserve stock [rɪˈzɜːv stɒk] *sb* Reserve *f*

reset [riːˈset] *v* rücksetzen, zurücksetzen

residence permit [ˈrezɪdəns ˈpɜːmɪt] *sb* Aufenthaltsgenehmigung *f*, Aufenthaltserlaubnis *f*

resident [ˈrezɪdent] *sb* **1.** Deviseninländer(in) *m/f*, Gebietsansässige(r) *f/m*; **2.** Bewohner(in) *m/f*

residual debt insurance [rɪˈzɪdjʊəl det ɪnˈʃʊərəns] *sb* Restschuldversicherung *f*

residual quota [rɪˈzɪdjʊəl ˈkwəʊtə] *sb* Restquote *f*

residual securities of an issue [rɪˈzɪdjʊəl sɪˈkjʊərɪtiz əv ən ˈɪʃuː] *pl* Emissionsreste *f/pl*

residual value [rɪˈzɪdjʊəl ˈvæljuː] *sb* Restwert *m*

residues [ˈrezɪdjuːz] *pl* Rückstände *m/pl*

resign [rɪˈzaɪn] *v* **1.** kündigen; **2.** *(from public office, from a committee)* zurücktreten

resignation [rezɪgˈneɪʃən] *sb* Rücktritt *m*, Kündigung *f*

resistant [rɪˈzɪstənt] *adj* **1.** *(material)* widerstandsfähig, beständig; *fire-*~ feuerfest; *water-*~ Wasser abweisend; **2.** *(immune)* resistent

resources [rɪˈsɔːsɪz] *pl* **1.** Ressourcen *f/pl*; **2.** Geldmittel *pl*

respite [ˈrespaɪt] *sb* Stundung *f*

responsibility [rɪspɒnsəˈbɪlɪtɪ] *sb* **1.** Verantwortung *f*; **2.** *take* ~ *for* die Verantwortung übernehmen für; **3.** *(sense of* ~*)* Verantwortungsgefühl *n*

responsible [rɪˈspɒnsɪbl] *adj* **1.** verantwortlich; **2.** *hold s.o.* ~ *for sth* jdn für etw verantwortlich machen; **3.** *(job)* verantwortungsvoll

responsible to a limited extent [rɪsˈpɒnsɪbl tu ə ˈlɪmɪtɪd ɪkˈstent] *adj* beschränkt geschäftsfähig

restitution [restɪˈtjuːʃən] *sb* **1.** Rückerstattung *f*, Rückgabe *f*; **2.** *(compensation payment)* Schadenersatz *m*, Entschädigung *f*

restore [rɪˈstɔː] *v* **1.** wiederherstellen; **2.** *(pay back)* rückerstatten; **3.** *(renew)* in Stand setzen

restraint of competition [rɪˈstreɪnt əv kɒmpəˈtɪʃən] *sb* Wettbewerbsbeschränkung *f*

restraint of competition clause [rɪˈstreɪnt əv kɒmpɪˈtɪʃn klɔːz] *sb* Wettbewerbs-Klausel *f*

restricted market [rɪˈstrɪktɪd ˈmɑːkɪt] *sb* enger Markt *m*

restriction [resˈtrɪkʃən] *sb* Restriktion *f*, Beschränkung *f*

restrictive endorsement [rɪˈstrɪktɪv ɪnˈdɔːsmənt] *sb* Rektaindossament *n*

restructuring [riːˈstrʌktʃərɪŋ] *sb* Umstrukturierung *f*

Q
R

restructuring of assets [riː'strʌktʃərɪŋ əv 'æsets] *sb* Vermögensumschichtung *f*
restructuring of debts [riː'strʌktʃərɪŋ əv dets] *sb* Umschuldung *f*
result [rɪ'zʌlt] *v* **1.** sich ergeben, resultieren; ~ *from* sich ergeben aus; ~ *in* führen zu; *sb* **2.** *(consequence)* Folge *f*; *as a* ~ folglich; **3.** *(outcome)* Ergebnis *n*, Resultat *n*
results accounting [rɪ'sʌlts ə'kauntɪŋ] *sb* Erfolgsbilanz *f*
results from operations [rɪ'sʌlts frɒm ɒpə'reɪʃnz] *pl* Betriebsergebnis *n*
résumé ['rezuːmeɪ] *sb* **1.** *(US: curriculum vitae)* Lebenslauf *m*; **2.** *(summary)* Zusammenfassung *f*
resumption [rɪ'zʌmpʃən] *sb* Wiederaufnahme *f*
retail ['riːteɪl] *v* **1.** im Einzelhandel verkaufen; *It ~s at $3.99.* Es wird im Einzelhandel für $3.99 verkauft. *sb* **2.** *(~ trade)* Einzelhandel *m*
retail chain ['riːteɪl tʃeɪn] *sb* Einzelhandelskette *f*
retail consumer ['riːteɪl kən'sjuːmə] *sb* Endverbraucher(in) *m/f*
retailer ['riːteɪlə] *sb* Einzelhändler(in) *m/f*
retail price ['riːteɪl praɪs] *sb* Einzelhandelspreis *m*, Ladenpreis *m*
retail price margin ['riːteɪl praɪs 'maːdʒɪn] *sb* Einzelhandelsspanne *f*
retail trade ['riːteɪl treɪd] *sb* Einzelhandel *m*
retainer [rɪ'teɪnə] *sb (fee)* Honorar *n*
retaliatory duty [rɪ'tælɪətrɪ 'djuːtɪ] *sb* Kampfzoll *m*
retention [rɪ'tenʃn] *sb* Selbstbeteiligung *f*
retention of payment [rɪ'tenʃn əv 'peɪmənt] *sb* Zahlungsverweigerungsrecht *n*
retention of title [rɪ'tenʃn əv 'taɪtl] *sb* Eigentumsvorbehalt *m*
retention period [rɪ'tenʃn pɪərɪəd] *sb* Aufbewahrungsfrist *f*
retire [rɪ'taɪə] *v* **1.** sich zurückziehen, in Pension gehen; **2.** *(s.o.)* pensionieren
retired [rɪ'taɪəd] *adj* pensioniert
retirement [rɪ'taɪəmənt] *sb* **1.** *(state)* Ruhestand *m*; **2.** *(act of retiring)* Zurückziehen *n*, Ausscheiden *n*, Pensionierung *f*

retirement fund [rɪ'taɪəmənt fʌnd] *sb* Pensionsfonds *m*
retirement offer [rɪ'taɪəmənt 'ɒfə] *sb* Abfindungsangebot *n*
retirement pension [rɪ'taɪəmənt 'penʃən] *sb* Altersruhegeld *n*, Rente *f*
retool [riː'tuːl] *v (a machine)* umrüsten
retrain [riː'treɪn] *v* umschulen
retraining [riː'treɪnɪŋ] *sb* Umschulung *f*
retrospective [retrə'spektɪv] *adj* rückblickend, retrospektiv
return [rɪ'tɜːn] *v* **1.** *(a letter)* zurücksenden, zurückschicken; **2.** *(profit, interest)* abwerfen; *sb* **3.** *(giving back)* Rückgabe *f*; **4.** *(profit)* Ertrag *m*
returnable [rɪ'tɜːnəbl] *adj* **1.** *(purchased item)* umtauschbar; **2.** *(deposit)* rückzahlbar
return account [rɪ'tɜːn ə'kaunt] *sb* Retourenkonto *n*
return after tax [rɪ'tɜːn 'aːftə tæks] *sb* Rendite nach Steuern *f*
returned cheque [rɪ'tɜːnd tʃek] *sb* Rückscheck *m*
returner [rɪ'tɜːnə] *sb (to the work force)* Wiedereinsteiger(in) (ins Berufsleben) *m/f*
return of premium [rɪ'tɜːn əv 'priːmɪəm] *sb* Beitragsrückvergütung *f*, Beitragsrückerstattung *f*
return on assets [rɪ'tɜːn ɒn 'æsets] *sb* Betriebsrendite *f*
return on capital [rɪ'tɜːn ɒn 'kæpɪtl] *sb* Kapitalertrag *m*
return on investment [rɪ'tɜːn ɒn ɪn'vestmənt] *sb* Kapitalrendite *f*, Kapitalrentabilität *f*, Return on Investment (ROI) *m*
return on net worth [rɪ'tɜːn ɒn net wɜːθ] *sb* Eigenkapitalrendite *f*
returns [rɪ'tɜːnz] *pl* Returen *f/pl*
re-use [riː'juːz] *v* wieder verwenden, wieder benutzen
revaluation [riːvæljuː'eɪʃən] *sb* Aufwertung *f*
revalue [riː'væljuː] *v* neu bewerten
revenue accounting ['revenjuː ə'kauntɪŋ] *sb* Erlösrechnung *f*
revenue accounts ['revenjuː ə'kaunts] *pl* Erlöskonten *m/pl*
revenue correction ['revenjuː kə'rekʃn] *sb* Erlösberichtigung *f*

Q
R

revenue planning ['revenju: 'plænɪŋ] *sb* Erlösplanung *f*

revenue reduction ['revenju: rɪ'dʌkʃn] *sb* Erlösminderung *f*

revenue reserves ['revenju: rɪ'zɜ:vz] *pl* Gewinnrücklagen *f/pl*

reversal [rɪ'vɜ:səl] *sb* Storno *n*

reversing entry [rɪ'vɜ:sɪŋ 'entrɪ] *sb* Stornobuchung *f*

reversion to private ownership [rɪ'vɜ:ʒn tu 'praɪvət 'əʊnəʃɪp] *sb* Reprivatisierung *f*

review [rɪ'vju:] *v* **1.** *(a situation)* überprüfen; *(re-examine)* erneut prüfen, nochmals prüfen; *sb* **2.** *(re-examination)* Prüfung *f*, Nachprüfung *f*; **3.** *(summary)* Überblick *m*

revival [rɪ'vaɪvəl] *sb (coming back)* Wiederaufleben *n*, Wiederaufblühen *n*

revival of demand [rɪ'vaɪvəl əv dɪ'mɑːnd] *sb* Nachfragebelebung *f*

revive [rɪ'vaɪv] *v* **1.** *(a business)* wieder aufleben; **2.** *(a product)* wieder einführen

revocation [revə'keɪʃən] *sb* Aufhebung *f*, Widerruf *m*

revocation clause [revə'keɪʃən klɔ:z] *sb* Widerrufsklausel *f*

revoke [rɪ'vəʊk] *v* **1.** *(licence)* entziehen; **2.** *(a decision)* widerrufen; **3.** *(a law)* aufheben

revolving letter of credit [rɪ'vɒlvɪŋ 'letər əv 'kredɪt] *sb* revolvierendes Akkreditiv *n*

reward [rɪ'wɔ:d] *v* **1.** belohnen; *sb* **2.** Belohnung *f*

rewarding [rɪ'wɔ:dɪŋ] *adj* **1.** *(financially)* lohnend; **2.** *(task)* dankbar

rework [ri:'wɜ:k] *v* **1.** überarbeiten, neu fassen; *sb* **2.** Nachbesserung *f*

rhetoric ['retərɪk] *sb* Rhetorik *f*

rich [rɪtʃ] *adj* reich

rider ['raɪdə] *sb* Zusatzklausel *f*

right [raɪt] *sb* **1.** *(to sth)* Anrecht *n*, Anspruch *m*, Recht *n; have a ~ to sth* einen Anspruch auf etw haben; **2.** *equal ~s pl* Gleichberechtigung *f*

right issue ['raɪt 'ɪʃu:] *sb* Bezugsangebot *n*

right of disposal ['raɪt əv dɪs'pəʊzl] *sb* Verfügungsrecht *n*

right of pre-emption ['raɪt əv pri:'empʃən] *sb* Vorkaufsrecht *n*

right of redemption ['raɪt əv rɪ'dempʃən] *sb* Rückgaberecht *n*

right of revocation ['raɪt əv rəvə'keɪʃən] *sb* Widerrufswert *n*

rights equivalent to real property ['raɪts ɪ'kwɪvələnt tu 'rɪəl 'prɒpətɪ] *pl* grundstücksgleiche Rechte *n/pl*

right to a cumulative dividend ['raɪt tu ə 'kju:mjʊlətɪv 'dɪvɪdənd] *sb* Nachbezugsrecht *n*

right to be given information ['raɪt tu bi 'gɪvən ɪnfə'meɪʃn] *sb* Informationsrecht *n*

right to benefits [raɪt tu 'benɪfɪts] *sb* Leistungsanspruch *m*

right to cancel credit entry ['raɪt tu 'kænsl 'kredɪt 'entrɪ] *sb* Stornorecht *n*

right to claim ['raɪt tu 'kleɪm] *sb* Forderungsrecht *n*

right to refund [raɪt tu 'ri:fʌnd] *sb* Rückerstattungsanspruch *m*

right to rescind a contract ['raɪt tu rɪ'sɪnd ə 'kɒntrækt] *sb* Rücktrittsrecht *n*

right to use ['raɪt tu ju:z] *sb* Benutzungsrecht *n*

right to vote [raɪt tu vəʊt] *sb* Stimmrecht *n*

rise [raɪz] *sb (in prices, in pay)* Erhöhung *f*, Anstieg *m*

rise in price [raɪz ɪn praɪs] *sb* Preisanstieg *m*, Preiserhöhung *f*

risk [rɪsk] *v irr* **1.** riskieren; *sb* **2.** Risiko *n; calculated ~* kalkuliertes Risiko; *put at ~* gefährden; *run a ~* ein Risiko eingehen

risk assessment [rɪsk ə'sesmənt] *sb* Risikobewertung *f*

risk coverage [rɪsk 'kʌvərɪdʒ] *sb* Risikoabsicherung *f*

risk-induced costs ['rɪskɪndju:st 'kɒsts] *pl* Risikokosten *pl*

risk of payment ['rɪsk əv 'paɪmənt] *sb* Zahlungsrisiko *n*

risk of transfer ['rɪsk əv 'trænsfɜ:] *sb* Transferrisiko *n*

risk premium [rɪsk 'pri:mɪəm] *sb* Risikoprämie *f*

risky ['rɪskɪ] *adj* **1.** riskant; **2.** *(dangerous)* gefährlich

rival ['raɪvəl] *sb* Konkurrent(in) *m/f*

Q
R

rock-bottom ['rɒkbɒtəm] *sb* **1.** Tiefststand *m*, absoluter Tiefpunkt *m; adj* **2.** ~ *prices pl* Tiefpreise *pl*

roll [rəʊl] *sb (list)* Liste *f*, Register *n*

roll-over credit ['rəʊləʊvə 'kredɪt] *sb* Roll-over-Kredit *m*

roster ['rɒstə] *sb* Dienstplan *m*

rotation [rəʊ'teɪʃən] *sb (taking turns)* turnusmäßiger Wechsel *m*

rough balance [rʌf 'bæləns] *sb* Rohbilanz *f*

round table [raʊnd 'teɪbl] *sb* runder Tisch *m*

route [ru:t] *sb* Route *f*, Strecke *f*

route sheet [ru:t ʃi:t] *sb* Arbeitsablaufkarte *f*

routine [ru:'ti:n] *adj* **1.** *(everyday)* alltäglich, immer gleich bleibend, üblich; **2.** *(happening on a regular basis)* laufend, regelmäßig, routinemäßig; *sb* **3.** Routine *f*

royalty ['rɔɪəltɪ] *sb* Lizenzgebühr *f*

ruinous ['ru:ɪnəs] *adj (financially)* ruinös

ruinous exploitation ['ru:ɪnəs eksplɔɪ'teɪʃən] *sb* Raubbau *m*

rule [ru:l] *v (give a decision)* entscheiden

rule-bound policy ['ru:lbaʊnd 'pɒlɪsɪ] *sb* Regelbindung *f*

rules for investment of resources ['ru:lz fɔ: ɪn'vestmənt əv rɪ'sɔ:sɪs] *pl* Anlagevorschriften *f/pl*

rules of procedure ['ru:lz əv prə'si:dʒə] *pl* Geschäftsordnung *f*, Verfahrensordnung *f*

rummage sale ['rʌmɪdʒ seɪl] *sb (clearance sale)* Ramschverkauf *m*, Ausverkauf *m*

run [rʌn] *v irr* **1.** *(machine)* laufen; **2.** ~ *low*, ~ *short* knapp werden; **3.** ~ *a risk* ein Risiko eingehen; **4.** *(US: for office)* kandidieren; **5.** ~ *against s.o.* jds Gegenkandidat(in) sein; **6.** *(manage)* führen, leiten; **7.** *(operate a machine)* betreiben; **8.** *(with a person as operator)* bedienen; *sb* **9.** Lauf *m*, Run *m*

run back [rʌn 'bæk] *v (production)* zurückfahren

run out [rʌn 'aʊt] *v irr* **1.** *(period of time)* ablaufen; *We're running out of time.* Wir haben nicht mehr viel Zeit. **2.** *(supplies, money)* ausgehen; *He ran out of money.* Ihm ging das Geld aus.

rural economy ['rʊərəl ɪ'kɒnəmɪ] *sb* Agrarwirtschaft *f*

rush hour ['rʌʃ aʊə] *sb* Hauptverkehrszeit *f*, Stoßzeit *f*

Q
R

S

sabbatical [sə'bætɪkəl] *sb* Bildungsurlaub *m*, Forschungsurlaub *m*

sabotage ['sæbətɑːʒ] *v* **1.** sabotieren; *sb* **2.** Sabotage *f*

sack [sæk] *sb* get the ~ gefeuert werden

safe [seɪf] *v* **1.** sichern; *sb* **2.** Safe *m*, Tresor *m*

safe custody account [seɪf 'kʌstədɪ ə'kaʊnt] *sb* offenes Depot *n*

safe custody charges [seɪf 'kʌstədɪ 'tʃɑːdʒəs] *pl* Depotgebühren *f/pl*

safe custody department [seɪf 'kʌstədɪ dɪ'pɑːtmənt] *sb* Depotabteilung *f*

safe deposit [seɪf dɪ'pɒzɪt] *sb* verschlossenes Depot *n*

safe deposit box [seɪf dɪ'pɒzɪt bɒks] *sb* Bankschließfach *n*

safeguard ['seɪfgɑːd] *sb* **1.** Vorsichtsmaßnahme *f*, Vorkehrung *f*; **2.** *(guarantee)* Garantie *f*; *v* **3.** gewährleisten, garantieren

safeguarding of credit ['seɪfgɑːdɪŋ əv 'kredɪt] *sb* Kreditsicherung *f*

safeguarding of the currency ['seɪfgɑːdɪŋ əv ðə 'kʌrənsɪ] *sb* Währungsabsicherung *f*

safekeeping [seɪf'kiːpɪŋ] *sb* sichere Verwahrung *f*, Gewahrsam *m*; for ~ zur sicheren Aufbewahrung

safekeeping period [seɪf'kiːpɪŋ pɪəriəd] *sb* Aufbewahrungsfrist *f*

safety ['seɪftɪ] *sb* Sicherheit *f*

safety bond ['seɪftɪ bɒnd] *sb* Sicherheitsleistung *f*, Kaution *f*

safety catch ['seɪftɪ kætʃ] *sb* Sicherung *f*

salaried ['sælərɪd] *adj* angestellt

salary ['sælərɪ] *sb* Gehalt *n*

salary account ['sælərɪ ə'kaʊnt] *sb* Gehaltskonto *n*

salary advance ['sælərɪ əd'vɑːns] *sb* Gehaltsvorschuss *m*

salary bracket ['sælərɪ 'brækɪt] *sb* Gehaltsgruppe *f*

salary continuation ['sælərɪ kəntɪnjʊ'eɪʃən] *sb* Gehaltsfortzahlung *f*

salary increase ['sælərɪ 'ɪnkriːs] *sb* Gehaltserhöhung *f*

salary statement ['sælərɪ 'steɪtmənt] *sb* Gehaltsabrechnung *f*

sale [seɪl] *sb* **1.** Verkauf *m*; for ~ zu verkaufen; not for ~ unverkäuflich; **2.** *(at reduced prices)* Ausverkauf *m*; on ~ reduziert; **3.** *(a transaction)* Geschäft *n*, Abschluss *m*; ~s *pl* **4.** *(department)* Verkaufsabteilung *f*; ~s *pl* **5.** *(turnover)* Absatz *m*; Verkauf *m*, Veräußerung *f*; **6.** I'm in ~s. *(fam)* Ich bin im Verkauf.

saleable ['seɪləbl] *adj* absatzfähig; in ~ condition verkäuflich

sale by tender [seɪl baɪ 'tendə] *sb* Submissionsverkauf *m*

sale for quick delivery ['seɪl fɔː kwɪk dɪ'lɪvərɪ] *sb* Promptgeschäft *n*

sale of goods [seɪl əv 'gʊdz] *sb* Warenausgang *m*

sale on approval [seɪl ɒn ə'pruːvəl] *sb* Kauf auf Probe *m*, zur Ansicht *f*

sale on commission [seɪl ɒn kə'mɪʃən] *sb* Provisionsverkauf *m*

sale proceeds [seɪl 'prəʊsiːdz] *pl* Verkaufserlös *m*

sales analysis [seɪlz ə'næɪsɪs] *sb* Absatzanalyse *f*

sales campaign [seɪlz kæm'peɪn] *sb* Verkaufskampagne *f*

sales chain ['seɪlz tʃeɪn] *sb* Handelskette *f*

sales clerk ['seɪlz klɑːk] *sb* *(US)* Verkäufer(in) *m/f*

sales commission [seɪlz kə'mɪʃən] *sb* Verkäuferprovision *f*, Umsatzprovision *f*

sales contract [seɪlz 'kɒntrækt] *sb* Verkaufsabschluss *m*

sales cost accounting [seɪlz kɒst ə'kaʊntɪŋ] *sb* Vertriebskostenrechnung *f*

sales crisis [seɪlz 'kraɪsɪs] *sb* Absatzkrise *f*

sales discount [seɪlz 'dɪskaʊnt] *sb* Skonto *m/n*

sales financing [seɪlz 'faɪnænsɪŋ] *sb* Absatzfinanzierung *f*

sales force [seɪlz 'fɔːs] *sb* Vertriebspersonal *n*, Außendienst *m*

sales ledger [seɪlz ˈledʒə] *sb* Debitorenbuch *n*

salesman [ˈseɪlzmən] *sb* Verkäufer *m*

salesmanship [ˈseɪlzmənʃɪp] *sb* Verkaufskunst *f*

sales manager [seɪlz ˈmænɪdʒə] *sb* Verkaufsleiter(in) *m/f*

sales note [seɪlz nəʊt] *sb* Schlussbrief *m*

sales pitch [seɪlz pɪtʃ] *sb* Verkaufsgespräch *n*, Verkaufstaktik *f*

sales planning [seɪlz ˈplænɪŋ] *sb* Absatzplanung *f*

sales possibilities [seɪlz pɒsɪˈbɪlɪtiz] *pl* Verkaufschance *f*

sales promotion [seɪlz prəˈməʊʃən] *sb* Absatzförderung *f*, Verkaufsförderung *f*

sales prospects [seɪlz ˈprɒspekts] *pl* Absatzchance *f*

sales publicity [seɪlz pʌbˈlɪsətɪ] *sb* Absatzwerbung *f*

sales report [seɪlz rɪˈpɔːt] *sb* Verkaufsbericht *m*

salesroom [ˈseɪlzruːm] *sb* Auktionsraum *m*

sales segment [seɪlz ˈsegmənt] *sb* Absatzsegment *n*

sales slip [seɪlz slɪp] *sb* Kassenbon *m*

sales staff [seɪlz stɑːf] *pl* Verkaufsstab *m*

sales statistics [seɪlz stəˈtɪstɪks] *pl* Absatzstatistik *f*

sales strategy [seɪlz ˈstrætɪdʒɪ] *sb* Verkaufsmethoden *pl*

sales target [seɪlz ˈtɑːgɪt] *sb* Absatzziel *n*

sales tax [ˈseɪlz tæks] *sb* (US) Verkaufssteuer *f*

sales technique [seɪlz tekˈniːk] *sb* Verkaufstechnik *f*

sales training [seɪlz ˈtreɪnɪŋ] *sb* Verkäuferschulung *f*

saleswoman [ˈseɪlzwʊmən] *sb* Verkäuferin *f*

sample [ˈsɑːmpl] *v* **1.** probieren; (food, drink) kosten; *sb* **2.** (of blood, of a mineral) Probe *f*, Muster *n*, Warenprobe *f*; **3.** (for tasting) Kostprobe *f*; **4.** (statistical) Sample *n*, Stichprobe *f*

sample bag [ˈsɑːmpl bæg] *sb* Mustermappe *f*

sample book [ˈsɑːmpl bʊk] *sb* Musterbuch *n*

sample consignment [ˈsɑːmpl kənˈsaɪnmənt] *sb* Mustersendung *f*

samples fair [ˈsɑːmplz feə] *sb* Mustermesse *f*

sample with no commercial value [ˈsɑːmpl wɪð ˈnəʊ kəˈmɜːʃəl ˈvæljuː] *sb* Muster ohne Wert *n*

sampling inspection [ˈsɑːmplɪŋ ɪnˈspekʃən] *sb* Stichprobenprüfung *f*

sampling procedure [ˈsɑːmplɪŋ prəˈsiːdʒə] *sb* Stichprobenverfahren *n*

sanction [ˈsæŋkʃən] *v* **1.** sanktionieren; *sb* **2.** (punishment) Sanktion *f*; **3.** (permission) Zustimmung *f*

satellite office [ˈsætəlaɪt ˈɒfɪs] *sb* Zweigstelle *f*, Außenstelle *f*

satisfaction [sætɪsˈfækʃən] *sb* **1.** (of conditions) Erfüllung *f*; **2.** (state) Zufriedenheit *f*

satisfactory [sætɪsˈfæktərɪ] *adj* ausreichend, akzeptabel, zufrieden stellend

satisfy [ˈsætɪsfaɪ] *v* **1.** befriedigen; **2.** (customers) zufrieden stellen; **3.** (conditions, a contract) erfüllen

save [seɪv] *v* **1.** (avoid using up) sparen; **2.** (keep) aufheben, aufbewahren; **3.** (money) sparen; **4.** (computer) speichern

saver [ˈseɪvə] *sb* Sparer(in) *m/f*

savers' tax-free amount [ˈseɪvəs ˈtæksfriː əˈmaʊnt] *sb* Sparerfreibetrag *m*

saving [ˈseɪvɪŋ] *sb* **1.** Sparen *n*; *adj* **2.** (economical) sparend, einsparend

savings [ˈseɪvɪŋz] *pl* Ersparnisse *pl*

savings account [ˈseɪvɪŋz əˈkaʊnt] *sb* Sparguthaben *n*, Sparkonto *n*

savings agreement with the building society [ˈseɪvɪŋz əˈgriːmənt wɪθ ðə ˈbɪldɪŋ səˈsaɪətɪ] *sb* Bausparvertrag *m*

savings bank [ˈseɪvɪŋz bæŋk] *sb* Sparkasse *f*

savings bond [ˈseɪvɪŋz bɒnd] *sb* Sparobligation *f*

savings bonus [ˈseɪvɪŋz ˈbəʊnəs] *sb* Sparzulage *f*

savings book [ˈseɪvɪŋz bʊk] *sb* Sparbuch *n*

savings certificate [ˈseɪvɪŋz səˈtɪfɪkət] *sb* Sparbrief *m*

S

savings club ['seɪvɪŋz klʌb] *sb* Spar-verein *m*

savings department ['seɪvɪŋz dɪ'pɑːt-mənt] *sb* Sparabteilung *f*

savings deposit ['seɪvɪŋz dɪ'pɒsɪt] *sb* Spareinlage *f*

savings gift credit voucher ['seɪvɪŋz 'gɪft 'kredɪt 'vaʊtʃə] *sb* Spargeschenk-gutschein *m*

savings plans ['seɪvɪŋz plænz] *pl* Spar-pläne *m/pl*

savings premium ['seɪvɪŋz 'priːmɪəm] *sb* Sparprämie *f*

savings promotion ['seɪvɪŋz prɒ'məʊ-ʃn] *sb* Sparförderung *f*

savings ratio ['seɪvɪŋz 'reɪʃɪəʊ] *sb* Sparquote *f*

savings scheme ['seɪvɪŋz skiːm] *sb* Sparplan *m*

savings stamp ['seɪvɪŋz 'stæmp] *sb* Sparmarke *f*

saving through building societies ['seɪvɪŋ θruː 'bɪldɪŋ sə'saɪəti:z] *sb* Bausparen *n*

scalage ['skeɪlɪdʒ] *sb* Schwundgeld *n*

scale [skeɪl] *sb* **1.** *(indicating a reading)* Skala *f;* **2.** *(measuring instrument)* Messgerät *n;* **3.** *(table, list)* Tabelle *f;* **4.** *(of a map)* Maßstab *m;* **5.** *(fig)* Um-fang *m,* Ausmaß *n*

scale rate ['skeɪl reɪt] *sb* Tarifpreis *m*

scan [skæn] *v (an image)* scannen

scanner ['skænə] *sb* Scanner *m*

scant [skænt] *adj (supply)* spärlich

scarce [skeəs] *adj* **1.** *(not plentiful)* knapp; **2.** *(rare)* selten

scarcity ['skeəsətɪ] *sb* Mangel *m,* Knappheit *f*

schedule ['ʃedjuːl] *v* **1.** planen; *(add to a timetable)* ansetzen; *sb* **2.** *(list)* Ver-zeichnis *n;* **3.** *(timetable)* Plan *m;* ahead of ~ vor dem planmäßigen Zeit-punkt; to be behind ~ Verspätung haben; on ~ planmäßig, pünktlich

scheduled ['ʃedjuːld] *adj* **1.** *(planned)* vorgesehen, geplant; **2.** *(time)* planmäßig

schedule of accounts ['ʃedjuːl əv ə'kaʊnts] *sb* Kontenrahmen *m*

schedule of charges ['ʃedjuːl əv 'tʃɑːdʒəz] *sb* Gebührentabelle *f,* Gebüh-renordnung *f*

scheduler ['ʃedjuːlə] *sb* Disponent(in) *m/f*

scheduling ['ʃedjuːlɪŋ] *sb* Terminpla-nung *f*

scheme [skiːm] *sb* **1.** *(plan)* Plan *m,* Pro-gramm *n;* **2.** *(dishonest plan)* Intrige *f;* **3.** *(system)* System *n*

science ['saɪəns] *sb* Wissenschaft *f*

science park ['saɪəns pɑːk] *sb* For-schungspark *m*

scientific [saɪən'tɪfɪk] *adj* wissenschaft-lich

scientist ['saɪəntɪst] *sb* Wissenschaft-ler(in) *m/f*

scramble ['skræmbl] *sb* starke Nach-frage *f*

scrap [skræp] *v* **1.** *(a vehicle, a machine)* verschrotten; **2.** *(plans)* fallen lassen

screen [skriːn] *v* **1.** *(applicants)* über-prüfen; *sb* **2.** Bildschirm *m*

screen job ['skriːn dʒɒb] *sb* Bild-schirmarbeitsplatz *m*

screen work ['skriːn wɜːk] *sb* Bild-schirmarbeit *f*

sea bill of lading ['siː bɪl əv 'leɪdɪŋ] *sb* Seekonnossement *n*

seal [siːl] *sb* Siegel *n*

seaproof packing ['siːpruːf 'pækɪŋ] *sb* seemäßige Verpackung *f*

sea route ['siː ruːt] *sb* Seeweg *m*

season ['siːzn] *sb (of the year)* Jahres-zeit *f*

seasonal ['siːzənəl] *adj* Saison...

seasonal adjustment ['siːzənəl ə'dʒʌst-mənt] *sb* Saisonbereinigung *f*

seasonal fluctuations ['siːzənəl flʌk-tjuˈeɪʃənz] *pl* Saisonschwankungen *f/pl*

seasonal loan ['siːzənəl ləʊn] *sb* Sai-sonkredit *m*

seasonally adjusted ['siːzənəli ə'd-ʒʌstɪd] *adj* saisonbedingt, saisonberei-nigt

seasonal reserves ['siːzənəl rɪ'zɜːvz] *pl* Saison-Reserven *f/pl*

seasonal sale ['siːzənəl seɪl] *sb* Schlussverkauf *m,* Saisonausverkauf *m*

seasoned securities ['siːznd sɪ'kjʊər-ɪti:z] *pl* Favoriten *m/pl*

seat of business [siːt əv 'bɪznɪs] *sb* Niederlassung *f,* Firmensitz *m*

sea-worthy packing ['siːwɜːðɪ 'pækɪŋ] *sb* seemäßige Verpackung *f*

secondary benefit ['sekəndərɪ 'benə-fɪt] *sb* Zweitnutzen *m*

S

secondary energy [ˈsekəndərɪ ˈenədʒɪ] *sb* Sekundärenergie *f*

secondary liquidity [ˈsekəndərɪ lɪˈkwɪdɪtɪ] *sb* Sekundär-Liquidität *f*

secondary market [ˈsekəndərɪ ˈmɑːkɪt] *sb* Umlaufmarkt *m*, Sekundär-Markt *m*

secondary occupation [ˈsekəndərɪ ɒkjʊˈpeɪʃn] *sb* Nebentätigkeit *f*

secondary sector [ˈsekəndərɪ ˈsektə] *sb* sekundärer Sektor *m*

second-class [sekəndˈklɑːs] *adj* **1.** zweitklassig, zweitrangig; **2.** zweiter Klasse

second-hand [sekəndˈhænd] *adj* **1.** gebraucht; **2.** *(fig: information)* aus zweiter Hand

second of exchange [ˈsekənd əv ɪksˈtʃeɪndʒ] *sb* Sekunda-Wechsel *m*

second-rate [ˈsekəndˈreɪt] *adj* zweitklassig, zweitrangig

secretarial [sekrəˈteərɪəl] *adj* Sekretariats...

secretariat [sekrəˈteərɪət] *sb* *(UK)* Sekretariat *n*

secretary [ˈsekrətrɪ] *sb* **1.** Sekretär(in) *m/f;* **2.** *(US: minister)* Minister(in) *m/f*

section [ˈsekʃən] *sb* **1.** Abschnitt *m;* **2.** Bereich *m;* **3.** *(of a law)* Paragraf *m*

section head [ˈsekʃən hed] *sb* Referent(in) *m/f*, Bereichsleiter(in) *m/f*

sector [ˈsektə] *sb* Gebiet *n*, Sektor *m*, Branche *f*

secular inflation [ˈsekjʊlə ɪnˈfleɪʃn] *sb* säkulare Inflation *f*

securities [sɪˈkjʊərɪtɪz] *pl* Effekten *pl*, Valoren *f/pl*, Stücke *n/pl*

securities account [sɪˈkjʊərɪtɪz əˈkaʊnt] *sb* Effektenkonto *n*

securities business [sɪˈkjʊərɪtɪz ˈbɪznɪs] *sb* Effektengeschäft *n;* Wertpapiergeschäft *n*

securities capitalism [sɪˈkjʊərɪtɪz ˈkæpɪtəlɪzm] *sb* Effektenkapitalismus *m*

securities commission agent [sɪˈkjʊərɪtɪz kɒˈmɪʃn ˈeɪdʒənt] *sb* Effektenkommissionär *m*

securities dealer [sɪˈkjʊərɪtɪz ˈdiːlə] *sb* Börsenhändler(in) *m/f*, Effektenhändler(in) *m/f*

securities department [sɪˈkjʊərɪtɪz dɪˈpɑːtmənt] *sb* Wertpapierabteilung *f*, Effektenabteilung *f*

Securities Deposit Act [sɪˈkjʊərɪtɪz dɪˈpɒsɪt ˈækt] *sb* Depotgesetz *n*

securities deposit audit [sɪˈkjʊərɪtɪz dɪˈpɒsɪt ˈɔːdɪt] *sb* Depotprüfung *f*

securities deposit contract [sɪˈkjʊərɪtɪz dɪˈpɒsɪt ˈkɒntrækt] *sb* Depotvertrag *m*

securities deposit reconciliation [sɪˈkjʊərɪtɪz dɪˈpɒsɪt rɪkɒnsɪlɪˈeɪʃn] *sb* Depotabstimmung *f*

securities discount [sɪˈkjʊərɪtɪz ˈdɪskaʊnt] *sb* Effektendiskont *m*

securities eligible as cover [sɪˈkjʊərɪtɪz ˈelɪdʒɪbl æz ˈkʌvə] *pl* deckungsfähige Wertpapiere *n/pl*

securities fund [sɪˈkjʊərɪtɪz fʌnd] *sb* Wertpapierfonds *m*

securities issue [sɪˈkjʊərɪtɪz ˈɪʃuː] *sb* Wertpapieremission *f*

securities-linked savings scheme [sɪˈkjʊərɪtɪzlɪŋkt ˈseɪvɪŋz ˈskiːm] *sb* Wertpapiersparvertrag *m*

securities market [sɪˈkjʊərɪtɪz ˈmɑːkɪt] *sb* Wertpapierbörse *f*, Wertpapiermarkt *m*

securities owned by a bank [sɪˈkjʊərɪtɪz ˈəʊnd baɪ ə bæŋk] *pl* Nostroeffekten *pl*

securities placing [sɪˈkjʊərɪtɪz ˈpleɪsɪŋ] *sb* Effektenplatzierung *f*

securities portfolio [sɪˈkjʊərɪtɪz pɔːtˈfəʊlɪəʊ] *sb* Wertpapierdepot *n*

securities price [sɪˈkjʊərɪtɪz praɪs] *sb* Effektenkurs *m*

securities publicly notified as lost [sɪˈkjʊərɪtɪz ˈpʌblɪklɪ ˈnəʊtɪfɒɪd æs ˈlɒst] *sb* aufgerufene Wertpapiere *n/pl*

securities redeemable [sɪˈkjʊərɪtɪz rɪˈdiːməbl] *sb* Agiopapiere *n/pl*

securities research [sɪˈkjʊərɪtɪz riːˈsɜːtʃ] *sb* Wertpapieranalyse *f*

securities serving as collateral [sɪˈkjʊərɪtɪz ˈsɜːvɪŋ æz kɒˈlætərəl] *sb* Lombardeffekten *pl*

securities statistics [sɪˈkjʊərɪtɪz stəˈtɪstɪks] *pl* Effektenstatistik *f*

securities substitution [sɪˈkjʊərɪtɪz sʌbstɪˈtjuːʃn] *sb* Effektensubstitution *f*

securities transactions on commission [sɪˈkjʊərɪtɪz trænˈzækʃnz ɒn kəˈmɪʃn] *pl* Effektenkommissionsgeschäft *n*

S

security [sɪˈkjʊərɪtɪ] *sb* **1.** Wertpapier *n*, Papier *n;* **2.** *(guarantee)* Bürgschaft *f;* **3.** *(deposit)* Kaution *f*

security dealing [sɪˈkjʊərɪtɪ ˈdiːlɪŋ] *sb* Effektenhandel *m*, Wertpapierhandel *m*

security department counter [sɪˈkjʊərɪtɪ dɪˈpɑːtmənt ˈkaʊntə] *sb* Effektenkasse *f*

security deposit [sɪˈkjʊərɪtɪ dɪˈpɒsɪt] *sb* Tauschdepot *n*

security deposit account [sɪˈkjʊərɪtɪ dɪpɒsɪt əˈkaʊnt] *sb* Depotbuchhaltung *f*, Depotkonto *n*

security discount [sɪˈkjʊərɪtɪ ˈdɪskaʊnt] *sb* Effektendiskont *m*

security financing [sɪˈkjʊərɪtɪ ˈfaɪnænsɪŋ] *sb* Effektenfinanzierung *f*

security held on giro-transferable deposit [sɪˈkjʊərɪtɪ held ɒn ˈdʒaɪrɒtrænsˈfɜːrəbl dɪˈpɒsɪt] *sb* Girosammelstück *n*, Girosammeldepotstück *n*

security house [sɪˈkjʊərɪtɪ haʊs] *sb* Effektenbank *f*

security issue for third account [sɪˈkjʊərɪtɪ ˈɪʃuː fɔː ˈθɜːd əˈkaʊnt] *sb* Fremdemission *f*

security note [sɪˈkjʊərɪtɪ ˈnəʊt] *sb* Sicherungsschein *m*

security of credit [sɪˈkjʊərɪtɪ əv ˈkredɪt] *sb* Kreditsicherheit *f*

security-taking syndicate [sɪˈkjʊərɪtɪ ˈteɪkɪŋ ˈsɪndɪkət] *sb* Übernahmekonsortium *n*

security trading for own account [sɪˈkjʊərɪtɪ ˈtreɪdɪŋ fɔː ˈəʊn əˈkaʊnt] *sb* Effekteneigengeschäft *n*

security transaction [sɪˈkjʊərɪtɪ trænˈzækʃn] *sb* Sicherungsgeschäft *n*

security transactions under repurchase [sɪˈkjʊərɪtɪ trænˈzækʃnz ˈʌndə riːˈpɜːtʃəs] *pl* Pensionsgeschäft *n*

segment [ˈsegmənt] *sb* **1.** Geschäftsbereich *m;* **2.** Marktsegment *n*, Sparte *f*

seize [siːz] *v* **1.** *(an opportunity)* ergreifen; **2.** *(power)* an sich reißen; **3.** *(confiscate)* beschlagnahmen

seizure [ˈsiːʒə] *sb* *(confiscation)* Beschlagnahme *f*, Pfändung *f*

select [sɪˈlekt] *v* **1.** auswählen; *adj* **2.** auserwählt, auserlesen; **3.** *(exclusive)* exklusiv

selection [sɪˈlekʃən] *sb* **1.** Auswahl *f*, Auslese *f;* **2.** Wahl *f*

selection interview [sɪˈlekʃən ˈɪntəvjuː] *sb* Vorstellungsgespräch *n*

selection procedure [sɪˈlekʃən prɒˈsiːdʒʊə] *sb* Auswahlverfahren *n*

self-addressed [selfəˈdresd] *adj (envelope)* an die eigene Anschrift adressiert

self-balancing item [selfˈbælænsɪŋ ˈaɪtəm] *sb* durchlaufende Posten *m*

self-contained market [selfkənˈteɪnd ˈmɑːkɪt] *sb* geschlossener Markt *m*

self-defence [selfdɪˈfens] *sb* Notwehr *f*

self-employed [selfɪmˈplɔɪd] *adj* **1.** selbstständig erwerbstätig, freiberuflich; *sb* **2.** *(person)* Selbstständige(r) *f/m*

self-financing [selfˈfaɪnænsɪŋ] *sb* Eigenfinanzierung, Selbstfinanzierung *f*

self-service [selfˈsɜːvɪs] *sb* Selbstbedienung *f*

self-starter [selfˈstɑːtə] *sb* *(person)* Mensch mit Eigeninitiative *m*

sell [sel] *v irr* **1.** *(have sales appeal)* sich verkaufen lassen; **2.** *(sth)* verkaufen

sell-by date [ˈselbaɪ deɪt] *sb* Haltbarkeitsdatum *n; pass one's* ~ *(fig)* seine besten Tage hinter sich haben

seller [ˈselə] *sb* Verkäufer(in) *m/f*

seller's commission [ˈseləz kəˈmɪʃən] *sb* Umsatzbeteiligung *f*

sellers competition [ˈseləz kɒmpəˈtɪʃən] *sb* Verkäuferwettbewerb *m*

seller's market [ˈseləz ˈmɑːkɪt] *sb* Verkäufermarkt *m*

selling commission [ˈselɪŋ kəˈmɪʃn] *sb* Schalterprovision *f*

selling costs [ˈselɪŋ kɒsts] *pl* Vertriebskosten *pl*, Absatzkosten *pl*

selling price [ˈselɪŋ praɪs] *sb* Briefkurs *m*

selling value [ˈselɪŋ ˈvæljuː] *sb* Verkaufswert *m*

sell off [sel ɒf] *v irr* **1.** verkaufen; **2.** *(quickly, cheaply)* abstoßen

sell out [sel aʊt] *v irr* **1.** alles verkaufen; *(sth)* ausverkaufen; **2.** *(one's share)* verkaufen; **3.** *sold out* ausverkauft

sell up [sel ʌp] *v irr* zu Geld machen, ausverkaufen

semi-annual [semɪˈænjʊəl] *adj (US)* halbjährlich

semi-annual balance sheet [semɪˈænjʊəl ˈbælæns ʃiːt] *sb* Halbjahresbilanz *f*

semi-finished goods [semɪˈfɪnɪʃt gʊdz] *pl* Halberzeugnis *n*

semi-fixed [semɪˈfɪksd] *adj* teilvariabel

semi-monthly [semɪˈmʌnθlɪ] *adj (US)* zweimal monatlich

semiskilled [semɪˈskɪld] *adj* angelernt

send [send] *v irr* schicken

send away [send əˈweɪ] *v irr* ~ for sth etw kommen lassen, etw anfordern

send back [send ˈbæk] *v irr* zurückschicken; *(food in a restaurant)* zurückgehen lassen

send down [send ˈdaʊn] *v (prices)* drücken, fallen lassen

sender [ˈsendə] *sb* Absender(in) *m/f*; return to ~ zurück an Absender

send for [send fɔː] *v irr* kommen lassen, sich bestellen

send in [send ˈɪn] *v irr* einschicken

send off [send ˈɒf] *v irr (a letter)* abschicken

send up [send ˈʌp] *v (prices)* hochtreiben

senior [ˈsiːnɪə] *adj* älter, ältere(r); *(in time of service)* dienstälter; *(in rank)* vorgesetzt

senior citizen [ˈsiːnɪə ˈsɪtɪzən] *sb* **1.** Senior(in) *m/f*; **2.** *(pensioner)* Rentner(in) *m/f*

senior position [ˈsiːnɪə pɒˈsɪʃn] *sb* leitende Position *f*

sentiment [ˈsentɪmənt] *sb* Stimmungslage *f*, Tendenz *f*

separate account [ˈsepərɪt əˈkaʊnt] *sb* Sonderkonto *n*

separate deposit [ˈsepərɪt dɪˈpɒsɪt] *sb* Sonderdepot *n*

separate item [ˈsepərɪt ˈaɪtəm] *sb* Sonderposten *m*

sequence [ˈsiːkwəns] *sb* Folge *f*; *(order)* Reihenfolge *f*

sequestration [siːkweˈstreɪʃən] *sb* Beschlagnahme *f*, Zwangsvollstreckung *f*

sequestrator [siːkweˈstreɪtə] *sb* Gerichtsvollzieher(in) *m/f*, Zwangsvollstrecker(in) *m/f*

serial [ˈsɪərɪəl] *adj* Serien...

serial number [ˈsɪərɪəl ˈnʌmbə] *sb* **1.** laufende Nummer *f*; **2.** *(on goods)* Fabrikationsnummer *f*, Seriennummer *f*

serial port [ˈsɪərɪəl pɔːt] *sb* serieller Anschluss *m*

series [ˈsɪəriːz] *sb* Serie *f*, Reihe *f*

series production [ˈsɪəriːz prəˈdʌkʃən] *sb* Serienfertigung *f*

seriousness [ˈsɪərɪəsnɪs] *sb* Seriosität *f*

serve [sɜːv] *v* **1.** *(sth, s.o.)* dienen; **2.** *(a summons)* zustellen; **3.** ~ notice on s.o. jmd. kündigen; **4.** It ~s no purpose. Es hat keinen Zweck. **5.** *(in a restaurant, in a shop)* bedienen; *(food, drinks)* servieren

server [ˈsɜːvə] *sb* Server *m*

service [ˈsɜːvɪs] *sb* **1.** Dienst *m*, Dienstleistung *f*; I'm at your ~. Ich stehe Ihnen zur Verfügung. **2.** to be of ~ nützlich sein; Can I be of ~? Kann ich Ihnen behilflich sein? **3.** *(to customers)* Service *m*; *(in a restaurant, in a shop)* Bedienung *f*; **4.** *(regular transport, air ~)* Verkehr *m*; **5.** *(operation)* Betrieb *m*; **6.** *(upkeep of machines)* Wartung *f*

service business [ˈsɜːvɪs ˈbɪznɪs] *sb* Dienstleistungsunternehmen *n*

service center [ˈsɜːvɪs ˈsentə] *(US) sb* Kundendienststelle *f*

service charge [ˈsɜːvɪs tʃɑːdʒ] *sb* Bearbeitungsgebühr *f*

service company [ˈsɜːvɪs ˈkʌmpənɪ] *sb* Dienstleistungsgesellschaft *f*

service contract [ˈsɜːvɪs ˈkɒntrækt] *sb* Wartungsvertrag *m*, Servicevertrag *m*

service contractor [ˈsɜːvɪs kənˈtræktə] *sb* Wartungsunternehmen *n*

service control [ˈsɜːvɪs kənˈtrəʊl] *sb* Dienstaufsicht *f*

service economy [ˈsɜːvɪs ɪˈkɒnəmɪ] *sb* Dienstleistungsgesellschaft *f*

service engineer [ˈsɜːvɪs endʒɪˈnɪə] *sb* Kundendiensttechniker(in) *m/f*

service income [ˈsɜːvɪs ˈɪnkʌm] *sb* Arbeitseinkommen *n*

service industry [ˈsɜːvɪs ˈɪndəstrɪ] *sb* Dienstleistungsgewerbe *n*

service life [ˈsɜːvɪs laɪf] *sb* Nutzungsdauer *f*

service marketing [ˈsɜːvɪs ˈmɑːkɪtɪŋ] *sb* Dienstleistungsmarketing *n*

service obligation [ˈsɜːvɪs ɒblɪˈgeɪʃn] *sb* Dienstverpflichtung *f*

service of capital [ˈsɜːvɪs əv ˈkæpɪtl] *sb* Kapitaldienst *m*

service organisation [ˈsɜːvɪs ɔːgənaɪˈzeɪʃən] *sb* Kundendienstorganisation *f*

service sector [ˈsɜːvɪs ˈsektə] *sb* Dienstleistungssektor *m*

S

setback ['setbæk] *sb* Rückschlag *m*

set of bills of exchange [set əv bɪls əv ɪk'stʃeɪndʒ] *sb* Wechselserie *f*

set-off ['setɒf] *sb* Aufrechnung *f*

set of figures [set əv 'fɪgəz] *sb* Statistik *f*

setting day ['setɪŋ deɪ] *sb* Abrechnungstag *m*

setting procedure ['setɪŋ prə'siːdʒə] *sb* Abrechnungsverfahren *n*

settle ['setl] *v (a bill)* begleichen, bezahlen

settlement ['setlmənt] *sb* **1.** *(sorting out)* Erledigung *f*, Regelung *f*; Abwicklung *f*; **2.** *(of a debt)* Begleichung *f*; **3.** *(agreement)* Übereinkommen *n*, Abmachung *f*; **4.** *an out-of court ~* ein außergerichtlicher Vergleich *m*

settlement account ['setlmənt ə'kaunt] *sb* Abwicklungskonto *n*

settlement clause ['setlmənt klɔːz] *sb* Zahlungsklausel *f*

settlement date ['setlmənt deɪt] *sb* Erfüllungstermin *m*, Fälligkeit *f*

settlement day ['setlmənt deɪ] *sb* Abrechnungstag *m*

settlement discount ['setlmənt 'dɪskaunt] *sb* Skonto *m/n*

settlement in cash ['setlmənt ɪn 'kæʃ] *sb* Barabfindung *f*

settlement of accounts ['setlmənt əv ə'kaunts] *sb* Abrechnung *f*

settlement offer ['setlmənt 'ɒfə] *sb* Vergleichsangebot *n*, Abfindungsangebot *n*

settlement of time bargains ['setlmənt əv 'taɪm 'bɑːgɪnz] *sb* Skontration *f*

settle on [setl 'ɒn] *v (agree on)* sich einigen auf

settle up [setl 'ʌp] *v* bezahlen

settling days ['setlɪŋ deɪz] *pl* Bankstichtage *f/pl*

set up [set 'ʌp] *v irr* **1.** *(arrange)* arrangieren, vereinbaren; **2.** *(establish)* gründen; **3.** *(fit out)* einrichten

severance claim ['sevərəns kleɪm] *sb* Abfindungsanspruch *m*

shape [ʃeɪp] *sb* **1.** *(figure)* Gestalt *f*; **2.** *(state)* Zustand *m*; **3.** *(physical condition)* Kondition *f*, Zustand *m*

share [ʃeə] *v* **1.** teilen; **2.** *~ in sth* an etw teilnehmen; *sb* **3.** (Geschäfts-)Anteil *m*; **4.** *(in a public limited company)* Aktie *f*

share account [ʃeər ə'kaunt] *sb* Aktienkonto *n*

share at a fixed amount [ʃeər æt ə 'fɪkst ə'maunt] *sb* Summenaktie *f*

share block ['ʃeə blɒk] *sb* Aktienpaket *n*

share capital [ʃeə 'kæpɪtl] *sb* Aktienkapital *n*, Stammkapital *n*

share certificate [ʃeə sə'tɪfɪkət] *sb* Aktienzertifikat *n*, Anteilscheine *m/pl*

share denomination [ʃeə dɪnɒmɪ'neɪʃən] *sb* Aktienstückelung *f*

share deposit [ʃeə dɪ'pɒzɪt] *sb* Aktiendepot *n*

share discount [ʃeə 'dɪskaunt] *sb* Aktienagio *n*, Emissionsagio *n*

share fund [ʃeə fʌnd] *sb* Aktienfonds *m*

shareholder ['ʃeəhəuldə] *sb* Aktionär(in) *m/f*, Anteilseigner(in) *m/f*

shareholder value ['ʃeəhəuldə 'væljuː] *sb* Shareholder Value *m*

shareholding ['ʃeəhəuldɪŋ] *sb* Aktienbestand *m*

share in capital [ʃeər ɪn 'kæpɪtl] *sb* Kapitalanteil *m*

share index [ʃeər 'ɪndeks] *sb* Aktienindex *m*

share in the loss [ʃeər ɪn ðə 'lɒs] *sb* Verlustanteil *m*

share in the market [ʃeər ɪn ðə 'mɑːkɪt] *sb* Marktposition *f*, Marktanteil *m*

share in the profits [ʃeər ɪn ðə 'prɒfɪts] *sb* Gewinnanteil *m*

share issue [ʃeər 'ɪʃuː] *sb* Aktienausgabe *f*

share market [ʃeə 'mɑːkɪt] *sb* Aktienmarkt *m*

share of no par value [ʃeər əv nəu pɑː 'væljuː] *sb* Quotenaktie *f*

share price [ʃeə praɪs] *sb* Aktienkurs *m*

share purchase warrant [ʃeə 'pɜːtʃəs 'wɒrənt] *sb* Optionsschein *m*

share quorum [ʃeə 'kwɔːrəm] *sb* Aktienquorum *n*

share quotation [ʃeə kwəu'teɪʃən] *sb* Aktiennotierung *f*

share register [ʃeə 'redʒɪstə] *sb* Aktienbuch *n*, Aktienregister *n*

shares account [ʃeəz ə'kaunt] *sb* Stückekonto *n*

share stock option [ʃeə stɒk 'ɒpʃn] *sb* Aktienoption *f*

shareware [ˈʃeəweə] *sb* Shareware *f*
share with low par value [ʃeə wɪθ ləʊ pɑː ˈvæljuː] *sb* Kleinaktie *f*
shelf [ʃelf] *sb* **1.** Brett *n*, Bord *n;* **2.** *(in a cupboard)* Fach *n, put sth on the ~ (fig)* etw an den Nagel hängen; *off the ~* von der Stange
shelf life [ˈʃelf laɪf] *sb* Lagerfähigkeit *f*, Haltbarkeit *f*
shell company [ʃel ˈkʌmpənɪ] *sb* Briefkastenfirma *f*
shelve [ʃelv] *v* **1.** *(put on a shelf)* in ein Regal stellen; **2.** *(fig: a plan)* beiseite legen, zu den Akten legen
shelving [ˈʃelvɪŋ] *sb* Regale *pl*
shift [ʃɪft] *sb (work period)* Schicht *f*
shift work [ˈʃɪft wɜːk] *sb* Schichtarbeit *f*
ship [ʃɪp] *v* **1.** *(send)* versenden, befördern; **2.** *(grain, coal)* verfrachten
ship broker [ʃɪp ˈbrəʊkə] *sb* Schiffsmakler(in) *m/f*
shipbuilding [ˈʃɪpbɪldɪŋ] *sb* Schiffbau *m*
shipment [ˈʃɪpmənt] *sb* **1.** Sendung *f; (by sea)* Verschiffung *f;* **2.** *(batch of goods)* Lieferung *f*
ship mortgage [ʃɪp ˈmɔːgɪdʒ] *sb* Schiffshypothek *f*
shipowner [ˈʃɪpəʊnə] *sb* Schiffseigner(in) *m/f*, Reeder(in) *m/f*
shipper [ˈʃɪpə] *sb* Spediteur *m*
shipping [ˈʃɪpɪŋ] *sb* **1.** Schifffahrt *f;* **2.** *(transportation)* Versand *m;* Warenausgang *m;* **3.** *(by sea)* Verschiffung *f*
shipping company [ˈʃɪpɪŋ ˈkʌmpənɪ] *sb* Reederei *f*
shipping document [ˈʃɪpɪŋ ˈdɒkjumənt] *sb* Versanddokument *n*
shipping exchange [ˈʃɪpɪŋ ɪksˈtʃeɪndʒ] *sb* Frachtbörse *f*, Schifffahrtsbörse *f*
shipping line [ˈʃɪpɪŋ laɪn] *sb* Reederei *f*
shipyard [ˈʃɪpjɑːd] *sb* Werft *f*, Schiffswerft *f*
shockproof [ˈʃɒkpruːf] *adj* stoßfest
shop [ʃɒp] *sb* **1.** Laden *m*, Geschäft *n; set up ~* einen Laden eröffnen, ein Geschäft eröffnen; **2.** *talk ~* fachsimpeln; **3.** *closed ~* Unternehmen mit Gewerkschaftszwang *n; v* **4.** einkaufen; *go ~ping* einkaufen gehen
shop assistant [ʃɒp əˈsɪstənt] *sb* Verkäufer(in) *m/f*

shop-closing law [ʃɒpˈkləʊzɪŋ lɔː] *sb* Ladenschlussgesetz *n*
shop hours [ʃɒp aʊəz] *pl* Ladenöffnungszeiten *f/pl*
shopkeeper [ˈʃɒpkiːpə] *sb* Ladenbesitzer(in) *m/f*
shopping mall [ˈʃɒpɪŋ mɔːl] *sb* Einkaufsgalerie *f*
short [ʃɔːt] *adj* **1.** *to be ~ (not have enough)* zu wenig haben; *~ of cash* knapp bei Kasse; **2.** *(expectations) fall ~ of* nicht erreichen; nicht entsprechen
shortage [ˈʃɔːtɪdʒ] *sb* **1.** Knappheit *f;* **2.** *(of people, of money)* Mangel *m*
shortage of goods [ˈʃɔːtɪdʒ əv ˈgʊdz] *sb* Warenknappheit *f*
shortage of staff [ˈʃɔːtɪdʒ əv ˈstɑːf] *sb* Personalmangel *m*
shortcoming [ˈʃɔːtkʌmɪŋ] *sb* Unzulänglichkeit *f*, Mangel *m*
short covering [ʃɔːt ˈkʌvərɪŋ] *sb* Deckungskäufe *m/pl*
short delivery [ʃɔːt dɪˈlɪvərɪ] *sb* Minderlieferung *f*
shortfall [ˈʃɔːtfɔːl] *sb* Fehlbetrag *m*
shorthand [ˈʃɔːthænd] *sb* Kurzschrift *f*
short sale [ʃɔːt seɪl] *sb* Blankoverkauf *m*
short-term [ˈʃɔːttɜːm] *adj* kurzfristig
short-term credit [ˈʃɔːttɜːm ˈkredɪt] *sb* kurzfristiger Kredit *m*
short-time work [ˈʃɔːttaɪm wɜːk] *sb* Kurzarbeit *f*
shredder [ˈʃredə] *sb* **1.** Zerkleinerungsmaschine *f;* **2.** *(paper-~)* Reißwolf *m*
shutdown [ˈʃʌtdaʊn] *sb* Stilllegung *f*
sick-leave [ˈsɪkliːv] *sb to be on ~* krankgeschrieben sein
sick note [ˈsɪk nəʊt] *sb* Krankmeldung *f*
sick pay [ˈsɪk peɪ] *sb* Krankengeld *n*
side agreement [saɪd əˈgriːmənt] *sb* Sonderabkommen *n*
sight balance [saɪt ˈbæləns] *sb* Sichtguthaben *n*
sight credit [saɪt ˈkredɪt] *sb* Kontokorrentkredit *m*
sight deposits [ˈsaɪt dɪˈpɒzɪts] *pl* Sichteinlagen *f/pl*
sight draft [ˈsaɪt drɑːft] *sb* Sichtwechsel *m*
sight letter of credit [saɪt ˈletə əv ˈkredɪt] *sb* Sichtakkreditiv *n*

S

sight rate ['saɪt reɪt] *sb* Sichtkurs *m*

sign [saɪn] *v* unterschreiben

signalling effect of price ['sɪgnəlɪŋ ɪ'fekt əv praɪs] *sb* Signalfunktion des Preises *f*

signatory ['sɪgnətrɪ] *sb* Unterzeichner(in) *m/f*, Vertragspartner(in) *m/f*

signature ['sɪgnətʃə] *sb* Unterschrift *f*

signature authorization ['sɪgnətʃə ɔ:θəraɪ'zeɪʃən] *sb* Zeichnungsberechtigung *f*

sign for ['saɪn fɔ:] *v* den Empfang bestätigen

sign in [saɪn 'ɪn] *v* sich eintragen

sign off [saɪn 'ɒf] *v (letter)* Schluss machen

sign on [saɪn 'ɒn] *v (for unemployment benefits)* sich arbeitslos melden

sign up [saɪn 'ʌp] *v* 1. *(by signing a contract)* sich verpflichten; 2. *(s.o.)* verpflichten, anstellen

silent partner ['saɪlənt 'pɑ:tnə] *sb* stille(r) Teilhaber(in) *m/f*

SIM card ['sɪm kɑ:d] *sb* SIM-Karte *f*

simulate ['sɪmjʊleɪt] *v* simulieren

simulation [sɪmjʊ'leɪʃən] *sb* 1. Simulation *f*; 2. *(feigning)* Vortäuschung *f*

simulator ['sɪmjʊleɪtə] *sb* Simulator *m*

single ['sɪŋgl] *adj* 1. *(only one)* einzige(r,s); not a ~ one kein Einziger/keine Einzige/kein Einziges; 2. *(not double or triple)* einzeln

single-asset depreciation [sɪŋgl'æsɪt dɪprɪʃɪ'eɪʃn] *sb* Einzelabschreibung *f*

single-item manufacturing ['sɪŋglaɪtəm mænjʊ'fæktʃʊrɪŋ] *sb* Einzelfertigung *f*

single operation [sɪŋgl ɒpə'reɪʃn] *sb* Sologeschäft *n*

single-price market ['sɪŋglpraɪs 'mɑ:kɪt] *sb* Einheitsmarkt *m*

single-product firm [sɪŋgl'prɒdʌkt fɜ:m] *sb* Einproduktbetrieb *m*

situation [sɪtjʊ'eɪʃən] *sb (job)* Stelle *f*

situations wanted [sɪtjʊ'eɪʃənz 'wɒntɪd] *pl* Stellengesuche *n/pl*

size [saɪz] *sb* 1. Größe *f; v* 2. ~ up abschätzen

sizeable ['saɪzəbl] *adj (sum, difference)* beträchtlich

size of an order ['saɪz əv ən 'ɔ:də] *sb* Auftragsgröße *f*

skeleton agreement ['skelɪtn ə'gri:mənt] *sb* Rahmenabkommen *n*

skill [skɪl] *sb (acquired technique)* Fertigkeit *f*

skilled [skɪld] *adj* 1. geschickt; 2. *(trained)* ausgebildet

skim [skɪm] *v (fig: profits)* abschöpfen

slack [slæk] *adj* geschäftslos, lustlos

slash [slæʃ] *v (fig: reduce)* stark herabsetzen

slip [slɪp] *sb* Zettel *m*, Abschnitt *m*, Beleg *m*

slow down [sləʊ daʊn] *v* 1. *(in an activity)* etw langsamer machen; 2. *(sth)* verlangsamen

slump [slʌmp] *sb* Krise *f*, Rezession *f*

slump-proof ['slʌmppru:f] *adj* krisenfest

small and medium-sized enterprises (SMEs) ['smɔ:l ənd 'mi:dɪəmsaɪzd 'entəpraɪzɪz] *pl* Mittelstand *m*, Kleine und mittelständische Unternehmen (KMU) *n/pl*

small business [smɔ:l 'bɪznɪs] *sb* Kleinbetrieb *m*

small change [smɔ:l 'tʃeɪndʒ] *sb* Kleingeld *n*

small package [smɔ:l 'pækɪdʒ] *sb* Päckchen *n*

small personal loan [smɔ:l 'pɜ:sənl 'ləʊn] *sb* Kleinkredit *m*

small saver [smɔ:l 'seɪvə] *sb* Kleinsparer(in) *m/f*

small shareholder [smɔ:l 'ʃeəhəʊldə] *sb* Kleinaktionär(in) *m/f*

small trader [smɔ:l 'treɪdə] *sb* Minderkaufmann *m*

snowball system ['snəʊbɔ:l 'sɪstəm] *sb* Schneeballsystem *n*

soar [sɔ:] *v (prices)* in die Höhe schnellen

sociable ['səʊʃəbl] *adj* gesellig, umgänglich

social ['səʊʃəl] *adj* gesellschaftlich, Gesellschafts..., sozial

social compensation plan [səʊʃəl kɒmpən'seɪʃn plæn] *sb* Sozialplan *m*

social fund [səʊʃəl fʌnd] *sb* Sozialfonds *m*

social insurance ['səʊʃəl ɪn'ʃʊərəns] *sb* Sozialversicherung *f*

Social Insurance Office [ˈsəʊʃəl ɪnˈʃʊərəns ˈɒfɪs] *sb* Versicherungsanstalt *f*

socialism [ˈsəʊʃəlɪzm] *sb* Sozialismus *m*

social market economy [ˈsəʊʃəl ˈmɑːkɪt ɪˈkɒnəmɪ] *sb* soziale Marktwirtschaft *f*

social network [səʊʃəl ˈnetwɜːk] *sb* Soziales Netzwerk *n*

social policy [ˈsəʊʃəl ˈpɒlɪsɪ] *sb* Sozialpolitik *f*

social security [ˈsəʊʃəl sɪˈkjʊərɪtɪ] *pl* Sozialversicherung *f*, Sozialhilfe *f*

social services [ˈsəʊʃəl ˈsɜːvɪsɪz] *pl* Sozialleistungen *f/pl*, Sozialwesen *n*

societal [səˈsaɪətl] *adj* gesellschaftlich

society [səˈsaɪətɪ] *sb* Gesellschaft *f*

socio-economic [ˌsəʊʃiəʊiːkəˈnɒmɪk] *adj* sozioökonomisch

soft currency [sɒft ˈkʌrənsɪ] *sb* weiche Währung *f*

soften [ˈsɒfn] *v* nachgeben, sich abschwächen

solar energy [ˈsəʊlər ˈenədʒɪ] *sb* Sonnenenergie *f*

solar power [ˈsəʊlər ˈpaʊə] *sb* Solarenergie *f*, Sonnenenergie *f*

sole [səʊl] *adj* **1.** einzig; **2.** (*exclusive*) alleinig

sole agency [səʊl ˈeɪdʒənsɪ] *sb* Alleinvertretung *f*

sole heir [səʊl ˈeə] *sb* Alleinerbe *m*

sole owner [səʊl ˈəʊnə] *sb* Alleininhaber(in) *m/f*

solicit [səˈlɪsɪt] *v* umwerben, erbitten

solicitation [səlɪsɪˈteɪʃən] *sb* (Kunden-)Werbung *f*

solicitor [səˈlɪsɪtə] *sb* (*UK*) Rechtsanwalt/Rechtsanwältin *m/f*

solve [sɒlv] *v* (*a problem*) lösen

solvency [ˈsɒlvənsɪ] *sb* Zahlungsfähigkeit *f*, Solvenz *f*

solvent [ˈsɒlvənt] *adj* zahlungsfähig

sort [sɔːt] *v* **1.** sortieren; *sb* **2.** Art *f*, Sorte *f*; *all ~s of things* alles Mögliche; *that sort of thing* diese Sachen; *nothing of the ~* nichts dergleichen

sort out [sɔːt aʊt] *v* (*straighten out*) in Ordnung bringen, klären

sound [saʊnd] *adj* (*company, investment*) solide

source [sɔːs] *sb* **1.** (*of information*) Quelle *f;* **2.** (*origin*) Ursprung *m*

source of revenue [sɔːs əv ˈrevənjuː] *sb* Einnahmequelle *f*, Steuerquelle *f*

source of supply [sɔːs əv səˈplaɪ] *sb* Bezugsquelle *f*

source principle [sɔːs ˈprɪnsɪpl] *sb* Quellenprinzip *n*

span of control [spæn əv kɒnˈtrəʊl] *sb* Kontrollspanne *f*

spare [speə] *v* **1.** (*do without*) entbehren, verzichten auf; **2.** (*use sparingly*) sparen mit; *adj* **3.** übrig, überschüssig

spare part [speə pɑːt] *sb* Ersatzteil *n*

spare time [speə ˈtaɪm] *sb* Freizeit *f*

sparingly [ˈspeərɪŋlɪ] *adv use sth ~* mit etw sparsam umgehen

special [ˈspeʃəl] *adj* **1.** besondere(r,s), Sonder...; *nothing ~* nichts Besonderes; **2.** (*specific*) bestimmt; *Were you looking for anything ~?* Suchten Sie etwas Bestimmtes? *sb* **3.** (*reduced price*) Sonderangebot *n*

special agreements [ˈspeʃəl əˈgriːmənts] *pl* Sondervereinbarung *f*

special allowance [ˈspeʃəl əˈlaʊəns] *sb* Sondervergütung *f*

special business property [ˈspeʃəl ˈbɪznɪs ˈprɒpətɪ] *sb* Sonderbetriebsvermögen *n*

special delivery [ˈspeʃəl dɪˈlɪvərɪ] *sb* (*US*) Eilzustellung *f*

special depreciation [ˈspeʃəl dɪprɪʃiˈeɪʃn] *sb* Sonderabschreibung *f*

special direct cost [ˈspeʃəl ˈdaɪrekt kɒst] *sb* Sondereinzelkosten *pl*

special discount [ˈspeʃəl ˈdɪskaʊnt] *sb* Sonderrabatt *m*

special expenses [ˈspeʃəl ɪkˈspensɪz] *pl* Sonderausgaben *pl*

special fund [ˈspeʃəl fʌnd] *sb* Sondervermögen *n*

special interests [ˈspeʃəl ˈɪntrests] *pl* Sonderzinsen *m/pl*

special lombard facility [ˈspeʃəl ˈlɒmbəd fəˈsɪlɪtɪ] *sb* Sonderlombard *m*

special meeting [ˈspeʃəl ˈmiːtɪŋ] *sb* Sondersitzung *f*

special offer [ˈspeʃəl ˈɒfə] *sb* Sonderangebot *n*

special power [ˈspeʃəl ˈpaʊə] *sb* Spezialvollmacht *f*

special remuneration [ˈspeʃəl rɪmjuːnəˈreɪʃən] *sb* Sondervergütung *f*

S

specialist [ˈspeʃəlɪst] *sb* Fachmann/
Fachfrau *m/f*, Spezialist(in) *m/f*

specialization [speʃəlaɪˈzeɪʃən] *sb* Spezialisierung *f*

specialize [ˈspeʃəlaɪz] *v* ~ *in sth* sich auf
etw spezialisieren

specialized fund [ˈspeʃəlaɪzd ˈfʌnd]
sb Spezialfonds *m*

specialized lawyer [ˈspeʃəlaɪzd ˈlɔːjə]
sb Fachanwalt/-anwältin *m/f*

special-purpose association [speʃəl-
ˈpɜːpəs əsəʊʃɪˈeɪʃn] *sb* Zweckgemeinschaft *f*

specialty debt [ˈspeʃəltɪ ˈdet] *sb* ver-
briefte Schuld *f*

specialty store [ˈspeʃəltɪ stɔː] *sb* Fachgeschäft *n*

specie [ˈspiːʃiː] *sb* Hartgeld *n*, Münzgeld *n*

specific duty [speˈsɪfɪk ˈdjuːtɪ] *sb*
Mengenzoll *m*

specification [spesɪfɪˈkeɪʃən] *sb* Spezifikation; *(stipulation)* Bedingung *f*

specifications [spesɪfɪˈkeɪʃənz] *pl*
(design) technische Daten *pl*

specify [ˈspesɪfaɪ] *v* genau angeben

specimen [ˈspesɪmɪn] *sb* *(sample)*
Muster *n*

speculate [ˈspekjʊleɪt] *v* spekulieren

speculation [spekjʊˈleɪʃən] *sb* Spekulation *f*

speculation in foreign currency [spe-
kjʊˈleɪʃən ɪn ˈfɒrɪn ˈkʌrənsɪ] *sb* Devisenspekulation *f*

speculation in futures [spekjʊˈleɪʃən
ɪn ˈfjuːtʃəz] *sb* Terminspekulation *f*

speculative [ˈspekjʊlətɪv] *adj* Spekulations...

speculative operations [ˈspekjʊlətɪv
ɒpəˈreɪʃənz] *pl* Spekulationsgeschäft *n*

speculative profit [ˈspekjʊlətɪv ˈprɒ-
fɪt] *sb* Spekulationsgewinn *m*

speculative security [ˈspekjʊlətɪv sɪ-
ˈkjʊərɪtɪ] *sb* Hoffnungswert *m*, Speku-
lationspapier *n*

speculative transaction [ˈspekjʊlətɪv
trænˈzækʃən] *sb* Spekulationsgeschäft *n*

speculator [ˈspekjʊleɪtə] *sb* Speku-
lant(in) *m/f*

speculator for a fall [ˈspekjʊleɪtə fɔː ə
ˈfɔːl] *sb* Baissespekulant(in) *m/f*, Baissier *m*

speculator for a rise [ˈspekjʊleɪtə fɔː
ə ˈraɪz] *sb* Haussespekulant(in) *m/f*,
Haussier *m*

spell out [spel ˈaʊt] *v irr* buchstabieren

spend [spend] *v irr* **1.** *(money)* ausgeben; **2.** *(energy, resources)* verbrauchen; **3.** *(time: pass)* verbringen,
4. *(time: use)* brauchen

spending [ˈspendɪŋ] *sb* Ausgaben *pl*

spending costs [ˈspendɪŋ kɒsts] *pl*
ausgabenwirksame Kosten *pl*

sphere of responsibility [sfɪə əv
rɪspɒnsəˈbɪlətɪ] *sb* Zuständigkeitsbereich *m*

spiel [ʃpiːl] *sb* *(salesman's)* Verkaufs-
masche *f*

spokesperson [ˈspəʊkspɜːsn] *sb* Spre-
cher(in) *m/f*

sponsor [ˈspɒnsə] *v* **1.** fördern; *sb*
2. Förderer/Förderin *m/f*

sponsored [ˈspɒnsəd] *adj* gesponsert,
gefördert, unterstützt

sponsorship [ˈspɒnsəʃɪp] *sb* Sponsern
n, Unterstützung *f*, Förderung *f*

spot exchange [spɒt ɪksˈtʃeɪndʒ] *sb*
Kassadevisen *pl*

spot market [spɒt ˈmɑːkɪt] *sb* Kassamarkt *m*, Spotmarkt *m*

spot price [ˈspɒt praɪs] *sb* Kassakurs *m*

spot transaction [spɒt trænˈzækʃn] *sb*
Lokogeschäft *n*, Spotgeschäft *n*

spreadsheet [ˈspredʃiːt] *sb* Tabellen-
kalkulation *f*

squander [ˈskwɔːndə] *v* **1.** *(money)* vergeuden; **2.** *(opportunities)* vertun

square [skweə] *adj* **1.** *to be* ~ *(debts)* in
Ordnung sein; **2.** *to be all* ~ *(not to owe)*
quitt sein; *v* **3.** *(debts)* begleichen

square measurement [skweə ˈmeʒə-
mənt] *sb* Flächenmaße *n/pl*

stability [stəˈbɪlɪtɪ] *sb* Stabilität *f*

stability of prices [stəˈbɪlɪtɪ əv ˈpraɪ-
sɪz] *sb* Preisstabilität *f*

stability pact [stəˈbɪlɪtɪ ˈpækt] *sb* Sta-
bilitätspakt *m*

stability policy [stəˈbɪlɪtɪ ˈpɒlɪsɪ] *sb*
Stabilitätspolitik *f*

stabilization [steɪbɪlaɪˈzeɪʃən] *sb* Stabilisierung *f*

stabilize [ˈsteɪbɪlaɪz] *v* sich stabilisieren; *(sth)* stabilisieren

stable [steɪbl] *adj* stabil, dauerhaft

stable exchange rates [steɪbl iks-ˈtʃeɪndʒ reɪts] *pl* stabile Wechselkurse *m/pl*

staff [stɑːf] *sb (personnel)* Personal *n*, Belegschaft *f; to be on the ~ of* Mitarbeiter sein bei

staff administration [stɑːf ədmɪnɪ-ˈstreɪʃən] *sb* Personalverwaltung *f*

staff changes [stɑːf ˈtʃeɪndʒɪz] *pl* Personalwechsel *m*

staffer [ˈstɑːfə] *sb* feste(r) Mitarbeiter(in) *m/f*

staff manager [stɑːf ˈmænɪdʒə] *sb* Personalleiter(in) *m/*

staff pension fund [stɑːf ˈpenʃn fʌnd] *sb* Pensionskasse *f*

staff shares [ˈstɑːf ʃeəz] *sb* Belegschaftsaktie *f*

stagnate [stægˈneɪt] *v* stagnieren

stagnation [stægˈneɪʃən] *sb* **1.** Stagnieren *n;* **2.** *(of a market)* Stagnation *f*

stake [steɪk] *v* **1.** *~ a claim to sth* sich ein Anrecht auf etw sichern; *sb* **2.** *(financial interest)* Anteil *m*

stamp [stæmp] *v* **1.** *(sth)* stempeln; **2.** *(with a machine)* prägen; **3.** *(put postage on)* frankieren; *sb* **4.** *(postage ~)* Briefmarke *f;* **5.** *(mark, instrument)* Stempel *m*

stamp duty [ˈstæmp ˈdjuːtɪ] *sb* Transfersteuer *f*, Stempelsteuer *f*

stamping [ˈstæmpɪŋ] *sb* Abstempelung *f*

stamping of bank notes [ˈstæmpɪŋ əv ˈbæŋk nəʊts] *sb* Notenabstempelung *f*

standard [ˈstændəd] *adj* **1.** handelsüblich, Standard..., Norm...; *sb* **2.** *(monetary)* Standard *m*, Norm *f;* **3.** Feingehalt *m*, Feingewicht *n*

standard bill [ˈstændəd bɪl] *sb* Einheitswechsel *m*

standard inventory [ˈstændəd ɪnˈventərɪ] *sb* Durchschnittsbestand *m*

standardization [stændədaɪˈzeɪʃn] *sb* Standardisierung *f*

standardize [ˈstændədaɪz] *v* vereinheitlichen, normen, normieren

standard price [ˈstændəd praɪs] *sb* fester Verrechnungspreis *m*

standard value [ˈstændəd ˈvæljuː] *sb* Einheitswert *m*

standard wages [ˈstændəd ˈweɪdʒɪz] *pl* Tariflohn *m*

stand-by [ˈstændbaɪ] *sb on ~* in Bereitschaft *f*

stand-by costs [ˈstændbaɪ kɒsts] *pl* Bereitschaftskosten *pl*

stand-by man [ˈstændbaɪ mæn] *sb* Springer *m*

stand in [stænd ˈɪn] *v irr ~ for s.o.* jdn vertreten

stand-in [ˈstændɪn] *sb* Ersatz *m*

standing [ˈstændɪŋ] *sb* **1.** *(position)* Rang *m; of long ~* langjährig, alt; *sb* **2.** *(repute)* Ruf *m*

standing costs [ˈstændɪŋ kɒsts] *pl* fixe Kosten *pl*

standing order [ˈstændɪŋ ˈɔːdə] *sb* Dauerauftrag *m*

standstill agreement [ˈstændstɪl əˈgriːmənt] *sb* (Recht) Moratorium *n*

standstill credit [ˈstændstɪl ˈkredɪt] *sb* Stillhalte-Kredit *m*

staple goods [steɪpl gʊdz] *pl* Stapelware *f*

stapler [ˈsteɪplə] *sb* Heftmaschine *f*

start [stɑːt] *v* **1.** *(engine)* anspringen; **2.** *(found)* gründen; **3.** *(career, argument)* anfangen, beginnen

starting date [ˈstɑːtɪŋ deɪt] *sb* Einstellungstermin *m*

starting salary [ˈstɑːtɪŋ ˈsælərɪ] *sb* Anfangsgehalt *n*

start up [stɑːt ʌp] *sb* Start-Up *m*

startup costs [ˈstɑːtʌp ˈkɒsts] *pl* Ingangsetzungskosten *pl*

start-up grant [ˈstɑːtʌp grɑːnt] *sb* Unternehmensgründungsbeihilfe *f*

startup money [ˈstɑːtʌp ˈmʌnɪ] *sb* Startkapital *n*

state [steɪt] *sb* **1.** Staat *m;* **2.** *~ of affairs* Stand *m*, Lage *f;* **3.** *(condition)* Zustand *m; adj* **4.** staatlich

state bank [ˈsteɪt bæŋk] *sb* Staatsbank *f*

state bound by the rule of law [ˈsteɪt baʊnd baɪ ðə ruːl əv ˈlɔː] *sb* Rechtsstaat *m*

state indebtedness [steɪt ɪnˈdetɪdnəs] *sb* Staatsverschuldung *f*

stated [ˈsteɪtɪd] *adj* angegeben, genannt, aufgeführt, aufgelistet

statement [ˈsteɪtmənt] *sb* Ausweisung *f*, Kontoauszug *m*

S

statement analysis [ˈsteɪtmənt əˈnæləsɪs] *sb* Bilanzanalyse *f*

statement of account [ˈsteɪtmənt əvˈkaʊnt] *sb* Kontoauszug *m*

statement of commission [ˈsteɪtmənt əv kəˈmɪʃən] *sb* Provisionsabrechnung *f*

statement of costs [ˈsteɪtmənt əv ˈkɒsts] *sb* Kostenrechnung *f*, Erfolgskonto *n*

statement of damages [ˈsteɪtmənt əv ˈdæmɪdʒɪz] *sb* Schadensrechnung *f*

statement of earnings [ˈsteɪtmənt əv ˈɜːnɪŋz] *sb* Ertragsbilanz *f*

statement of expenses [ˈsteɪtmənt əv ɪksˈpensɪz] *sb* Spesenrechnung *f*

statement of intent [ˈsteɪtmənt əv ɪnˈtent] *sb* Absichtserklärung *f*

statement of net assets [ˈsteɪtmənt əv net ˈæsets] *sb* Vermögensaufstellung *f*

statement of operating results [ˈsteɪtmənt əv ˈɒpəreɪtɪŋ rɪˈzʌlts] *sb* Ergebnisrechnung *f*

statement of overindebtedness [ˈsteɪtmənt əv əʊvəɪnˈdetɪdnəs] *sb* Überschuldungsbilanz *f*

statement of quantity [ˈsteɪtmənt əv ˈkwɒntəti] *sb* Mengenangabe *f*

statement of securities [ˈsteɪtmənt əv sɪˈkjʊərɪtiz] *sb* Depotauszug *m*

state of the market [ˈsteɪt əv ðə ˈmɑːkɪt] *sb* Marktlage *f*

state supervision of credit institutions [ˈsteɪt suːpəˈvɪʒn əv ˈkredɪt ɪnstɪˈtjuːʃnz] *sb* Kreditaufsicht *f*

station of destination [ˈsteɪʃən əv destɪˈneɪʃən] *sb* Bestimmungsbahnhof *m*

statistical cost accounting [stəˈtɪstɪkl ˈkɒst əˈkaʊntɪŋ] *sb* Nachkalkulation *f*

statistics [stəˈtɪstɪks] *pl* Statistik *f*

status [ˈsteɪtəs] *sb* **1.** Status *m;* **2.** *marital* ~ Familienstand *m*

status in law [ˈsteɪtəs ɪn ˈlɔː] *sb* Rechtscharakter *m*

status inquiry [ˈsteɪtəs ɪnˈkwaɪəri] *sb* Vermögensauskunft *f*, Kreditauskunft *f*

status report [ˈsteɪtəs rɪˈpɔːt] *sb* Lagebericht *m*

statute [ˈstætʃuːt] *sb* (*of an organization*) Statut *n*

statutes [ˈstætʃuːts] *pl* Satzung *f*

statutory accident insurance [ˈstætʃʊtəri ˈæksɪdənt ɪnˈʃʊərəns] *sb* gesetzliche Unfallversicherung *f*

statutory audit [ˈstætʃʊtəri ˈɔːdɪt] *sb* Prüfungspflicht *f*

statutory damage [ˈstætʃʊtəri ˈdæmɪdʒ] *sb* Konventionalstrafe *f*

statutory health insurance fund [ˈstætʃʊtəri ˈhelθ ɪnˈʃʊərəns fʌnd] *sb* gesetzliche Krankenversicherung *f*

statutory pension insurance fund [ˈstætʃʊtəri ˈpenʃn ɪnˈʃʊərəns fʌnd] *sb* gesetzliche Rentenversicherung *f*

statutory period of notice [ˈstætʃʊtəri piːrɪəd əv ˈnəʊtɪs] *sb* gesetzliche Kündigungsfrist *f*

stenography [stəˈnɒɡrəfɪ] *sb* Kurzschrift *f*, Stenografie *f*

stimulant [ˈstɪmjʊlənt] *sb* Konjunkturspritze *f*, Auftriebsimpuls *m*

stimulus [ˈstɪmjʊləs] *sb* Stimulus *m; (incentive)* Anreiz *m*

stint [stɪnt] *sb* Schicht *f*

stipend [ˈstaɪpənd] *sb* Lohn *m*

stipulate [ˈstɪpjʊleɪt] *v* (*specify*) festsetzen; (*make a condition*) voraussetzen

stipulation [stɪpjʊˈleɪʃən] *sb* Bedingung *f*

stock [stɒk] *v* **1.** (*a product*) führen; *sb* **2.** (*supply*) Vorrat *m*, (Waren-) Bestand *m;* **3.** (*financial*) Aktien *pl; in* ~ vorrätig; *take* ~ *of the situation* die Lage abschätzen

stock committee [stɒk kɒˈmɪtiː] *sb* Börsenausschuss *m*

stock corporation [stɒk kɔːpəˈreɪʃn] *sb* Aktiengesellschaft (AG) *f*

stock dividend [stɒk ˈdɪvɪdənd] *sb* Stockdividende *f*

stock exchange [ˈstɒk ɪksˈtʃeɪndʒ] *sb* Börse *f*, Börsenumsätze *m/pl*, Effektenbörse *f*, Stock Exchange *f*

Stock Exchange Act [ˈstɒk ɪksˈtʃeɪndʒ ækt] *sb* Börsengesetz *n*

stock exchange average [stɒk ɪksˈtʃeɪndʒ ˈævərɪdʒ] *sb* Börsenindex *m*

stock exchange centre [ˈstɒk ɪksˈtʃeɪndʒ ˈsentə] *sb* Börsenplatz *m*

stock exchange customs [ˈstɒk ɪksˈtʃeɪndʒ ˈkʌstəms] *pl* Börsenusancen *f/pl*

stock exchange dealings [ˈstɒk ɪksˈtʃeɪndʒ ˈdiːlɪŋz] *pl* Börsenhandel *m*

stock exchange index ['stɒk ɪks-'tʃeɪndʒ ɪndeks] *sb* Börsenindex *m*, Kursindex *m*

stock exchange list ['stɒk ɪks'tʃeɪndʒ lɪst] *sb* Kursblatt *n*, Kurszettel *m*

stock exchange operations ['stɒk ɪks'tʃeɪndʒ ɒpə'reɪʃnz] *pl* Börsengeschäfte *n/pl*

stock exchange order ['stɒk ɪks-'tʃeɪndʒ 'ɔːdə] *sb* Börsenauftrag *m*

stock exchange price ['stɒk ɪks-'tʃeɪndʒ praɪs] *sb* Börsenkurs *m*

stock exchange quotation ['stɒk ɪks-'tʃeɪndʒ kwəʊ'teɪʃən] *sb* Börsennotierung *f*

stock exchange regulations ['stɒk ɪks'tʃeɪndʒ regjʊ'leɪʃnz] *pl* Börsenordnung *f*

stock exchange report ['stɒk ɪks-'tʃeɪndʒ rɪ'pɔːt] *sb* Börsenbericht *m*

stock exchange rules ['stɒk ɪks-'tʃeɪndʒ ruːlz] *pl* Börsenrecht *n*

stock exchange supervision ['stɒk ɪks'tʃeɪndʒ suːpə'vɪʒn] *sb* Börsenaufsicht *f*

stock market ['stɒk 'mɑːkɪt] *sb* Börse *f*

stock market crash ['stɒk 'mɑːkɪt kræʃ] *sb* Börsenkrach *m*

stock market information ['stɒk 'mɑːkɪt ɪnfə'meɪʃn] *sb* Börsenauskunft *f*

stock market transactions ['stɒk 'mɑːkɪt træn'zækʃənz] *pl* Börsengeschäfte *n/pl*

stockbook ['stɒkbʊk] *sb* Effektenbuch *n*

stockbroker ['stɒkbrəʊkə] *sb* Börsenmakler(in) *m/f*, Effektenmakler(in) *m/f*, Kursmakler(in) *m/f*

stockholder ['stɒkhəʊldə] *sb (US)* Aktionär *m*

stockkeeping ['stɒkkiːpɪŋ] *sb* Lagerhaltung *f*

stockpile ['stɒkpaɪl] *sb* **1.** Vorrat *m*, Stapelbestand *m*; *v* **2.** aufstapeln

stockpiling ['stɒkpaɪlɪŋ] *sb* Vorratshaltung *f*

stock profits [stɒk 'prɒfɪts] *pl* Neubewertungsgewinn *m*

stockroom ['stɒkrʊm] *sb* Lager *n*

stocks [stɒks] *sb* Bestand *m*

stock-taking ['stɒkteɪkɪŋ] *sb* Bestandsaufnahme *f*

stock warrant [stɒk 'wɒrənt] *sb* Aktienbezugsrechtsschein *m*

stone [stəʊn] *sb (UK: unit of weight)* 6,35 kg

stop [stɒp] *v* **1.** *(come to a halt)* anhalten; **2.** *Stop!* Halt! **3.** *(cease)* aufhören; ~ at nothing vor nichts zurückschrecken; *(an action)* aufhören mit; **4.** *(interrupt temporarily)* unterbrechen; **5.** *(a machine)* abstellen; **6.** *(payments, production)* einstellen; **7.** *(a cheque)* sperren; *sb* **8.** Stillstand *m*; come to a ~ zum Stillstand kommen

stoppage ['stɒpɪdʒ] *sb* **1.** *(interruption)* Unterbrechung *f*; **2.** *(strike)* Streik *m*

stopping payment ['stɒpɪŋ 'peɪmənt] *sb* Schecksperre *f*

storage ['stɔːrɪdʒ] *sb* (Ein-)Lagerung *f*; put into ~ lagern

storage capacity ['stɔːrɪdʒ kə'pæsɪtɪ] *sb* Lagerkapazität *f*

store [stɔː] *v* **1.** lagern; *(documents)* aufbewahren; *sb* **2.** *(large shop)* Geschäft *n*; *(US: shop)* Laden *m*; **3.** *(storage place)* Lager *n*; *(supply)* Vorrat *m*; **4.** *(UK: computer)* Speicher *m*

storehouse ['stɔːhaʊs] *sb* Lagerhaus *n*

storekeeper ['stɔːkiːpə] *sb* Ladenbesitzer(in) *m/f*

storeroom ['stɔːrʊm] *sb* Lagerraum *m*

stores [stɔːz] *pl* Vorräte *pl*, Bestände *pl*

stowage ['stəʊɪdʒ] *sb* **1.** *(stowing)* Beladen *n*, Verstauen *n*; **2.** *(charge)* Staugebühr *f*

stow away [stəʊ ə'weɪ] *v (sth)* verstauen

strategic [strə'tiːdʒɪk] *adj* strategisch

strategic business area [strə'tiːdʒɪk 'bɪznɪs eərɪə] *sb* strategisches Geschäftsfeld *n*

strategic management [strə'tiːdʒɪk mænɪdʒmənt] *sb* strategische Führung *f*

strategic planning [strə'tiːdʒɪk 'plænɪŋ] *sb* strategische Planung *f*

strategy ['strætɪdʒɪ] *sb* Strategie *f*

streamline ['striːmlaɪn] *v* rationalisieren, bereinigen

stress test ['stres test] *sb* Stresstest *m*

strictly confidential ['strɪktlɪ kɒnfɪ'denʃəl] *adj* streng vertraulich

strike [straɪk] *v irr* **1.** *(employees)* streiken; *sb* **2.** *(by workers)* Streik *m*, Ausstand *m*

S

strikebound ['straɪkbaʊnd] *adj* bestreikt, von Streik betroffen

strike-breaker ['straɪkbreɪkə] *sb* Streikbrecher(in) *m/f*

strike pay ['straɪk peɪ] *sb* Streikgelder *n/pl*

striker ['straɪkə] *sb* Streikende(r) *f/m*, Ausständige(r) *f/m*

structural ['strʌktʃərəl] *adj* strukturell, Struktur...

structural change ['strʌktʃərəl 'tʃeɪndʒ] *sb* Strukturwandel *m*

structural loan ['strʌktʃərəl 'ləʊn] *sb* Strukturkredit *m*

structural policy ['strʌktʃərəl 'pɒlɪsɪ] *sb* Strukturpolitik *f*

structural reform ['strʌktʃərəl rɪ'fɔːm] *sb* Strukturreform *f*

structure ['strʌktʃə] *v* **1.** strukturieren; **2.** *(an argument)* aufbauen, gliedern; *sb* **3.** Struktur *f*

structure of distribution ['strʌktʃə əv dɪstrɪ'bjuːʃən] *sb* Vertriebsstruktur *f*

structure of the balance sheet ['strʌktʃə əv ðə 'bæləns ʃiːt] *sb* Bilanzstruktur *f*

structuring of operations ['strʌktʃərɪŋ əv ɒpə'reɪʃns] *sb* Ablauforganisation *f*

suable ['sjuːəbl] *adj* einklagbar

subaccount ['sʌbə'kaʊnt] *sb* Unterkonto *n*

subagent ['sʌbeɪdʒənt] *sb* Untervertreter *m*

subbranch ['sʌbbrɑːntʃ] *sb* Zweigstelle *f*

subcontractor ['sʌbkəntræktə] *sb* Subunternehmer *m*, Zulieferer *m*

subdivision ['sʌbdɪvɪʒn] *sb* Aufgliederung *f*, Untergliederung *f*

subject to confirmation ['sʌbtʃekt tu kɒnfɜː'meɪʃn] *adj* freibleibend

sublease ['sʌbliːs] *sb* Untervermietung *f*, Unterverpachtung *f*

submission [səb'mɪʃən] *sb* Vorlage *f*, Einreichung *f*

subordinate [sə'bɔːdɪneɪt] *sb* Untergebene(r) *f/m*, Mitarbeiter(in) *m/f*

subscribe [səb'skraɪb] *v* ~ *to (a publication)* abonnieren

subscribed capital [səb'skraɪbd 'kæpɪtl] *sb* gezeichnetes Kapital *n*

subscriber [səb'skraɪbə] *sb* Abonnent *m*

subscription agency [səb'skrɪpʃn 'eɪdʒənsɪ] *sb* Bezugsstelle *f*

subscription blank [səb'skrɪpʃn blæŋk] *sb* Zeichnungsschein *m*

subscription conditions [səb'skrɪpʃn kən'dɪʃnz] *pl* Bezugsbedingungen *f/pl*

subscription day [səb'skrɪpʃn deɪ] *sb* Bezugstag *m*

subscription for shares [səb'skrɪpʃn fɔː ʃeəz] *sb* Aktienzeichnung *f*

subscription form [səb'skrɪpʃn fɔːm] *sb* Zeichnungsschein *m*

subscription period [səb'skrɪpʃn pɪərɪəd] *sb* Bezugsfrist *f*, Zeichnungsfrist *f*

subscription premium [səb'skrɪpʃn 'priːmɪəm] *sb* Zeichnungsagio *n*

subscription price [səb'skrɪpʃn praɪs] *sb* Bezugskurs *m*, Bezugsrechtnotierung *f*, Bezugsrechtskurs *m*

subscription right [səb'skrɪpʃn raɪt] *sb* Bezugsrecht *n*

subscription rights parity [səb'skrɪpʃn raɪts 'pærɪtɪ] *sb* Bezugsrechtsparität *f*

subscription warrant [səb'skrɪpʃn wɒrənt] *sb* Bezugsschein *m*

subsequent ['sʌbsɪkwənt] *adj* nachfolgend, nachträglich

subsequent payment ['sʌbsɪkwent 'peɪmənt] *sb* Nachschuss *m*

subsidiary [səb'sɪdɪərɪ] *adj* **1.** Tochter..., Neben...; *sb* **2.** Tochtergesellschaft *f*

subsidiary agreement [səbsɪdɪərɪ ə'griːmənt] *sb* Nebenabreden *f/pl*

subsidize ['sʌbsɪdaɪz] *v* subventionieren

subsidy ['sʌbsədɪ] *sb* Subvention *f*, Zuschuss *m*

subsistence [səb'sɪstəns] *sb* *(means of ~)* Lebensunterhalt *m*

subsistence minimum [səb'sɪstəns 'mɪnɪməm] *sb* Existenzminimum *n*

substance ['sʌbstəns] *sb* Substanz *f*

substitute ['sʌbstɪtjuːt] *v* **1.** ~ *for s.o.* jdn vertreten, als Ersatz für jdn dienen; *sb* Ersatz *m*; **2.** *(person)* Vertretung *f*; *adj* Ersatz...

substitute delivery ['sʌbstɪtjuːt dɪ'lɪvərɪ] *sb* Ersatzlieferung *f*

substitute goods ['sʌbstɪtjuːt 'gʊdz] *sb* Substitutionsgüter *n/pl*

substitute purchase ['sʌbstɪtjuːt 'pɜːtʃɪs] *sb* Ersatzkauf *m*

substitute transfer [ˈsʌbstɪtjuːt ˈtrænsfə] *sb* Ersatzüberweisung *f*

substitution [sʌbstɪˈtjuːʃən] *sb* Substitution *f*, Ersetzen *n*, Einsetzen *n*

substitution of debt [sʌbstɪˈtjuːʃən əv det] *sb* Schuldenauswechslung *f*

subtract [sebˈtrækt] *v* abziehen, subtrahieren

succession [səkˈseʃən] *sb* (to a post) Nachfolge *f*

successor [səkˈsesə] *sb* Nachfolger(in) *m/f*

successor company [səkˈsesə ˈkʌmpənɪ] *sb* Betriebsnachfolge *f*

success-oriented [səkˈsesˈɔːrɪəntɪd] *adj* erfolgsorientiert

success rate [səkˈses reɪt] *sb* Erfolgsquote *f*

sue [suː] *v* klagen, Klage erheben; ~ *s.o.* gegen jdn gerichtlich vorgehen, jdn belangen; ~ *s.o. for damages* jdn auf Schadenersatz verklagen

sufficient [səˈfɪʃənt] *adj* genügend, genug, ausreichend

suit [suːt] *sb* Prozess *m*, Verfahren *n*

suitability [suːtəˈbɪlɪtɪ] *sb* (of an applicant) Eignung *f*

suitable [ˈsuːtəbl] *adj* geeignet, passend

sum [sʌm] *sb* **1.** Summe *f*; **2.** (of money) Betrag *m*, Summe *f*, Geldsumme *f*; *v* **3.** summieren, zusammenzählen

sum due [sʌm ˈdjuː] *sb* ausstehender Betrag *m*, fälliger Betrag *m*

sum total [sʌm ˈtəutəl] *sb* Gesamtbetrag *m*

summons [ˈsʌmənz] *sb* gerichtliches Mahnverfahren *n*

Sunday work [ˈsʌndeɪ wɜːk] *sb* Sonntagsarbeit *f*

super-dividend [ˈsuːpədɪvɪdənd] *sb* Überdividende *f*

superficial [suːpəˈfɪʃəl] *adj* oberflächlich

superfluous [suˈpɜːfluəs] *adj* überflüssig

superior [suˈpɪərɪə] *adj* **1.** (better) besser; (abilities) überlegen; (in rank) höher; *sb* **2.** (in rank) Vorgesetzte(r) *f/m*

superstore [ˈsuːpəstɔː] *sb* Verbrauchermarkt *m*

supervise [ˈsuːpəvaɪz] *v* beaufsichtigen, überwachen

supervision [suːpəˈvɪʒn] *sb* Dienstaufsicht *f*, Aufsicht *f*, Beaufsichtigung *f*

supervisor [ˈsuːpəvaɪzə] *sb* Aufseher(in) *m/f*

supervisory board [suːpəˈvaɪzərɪ bɔːd] *sb* Aufsichtsrat *m*

supplement [ˈsʌplɪmənt] *v* **1.** ergänzen; *sb* **2.** Ergänzung *f*; **3.** (in a newspaper) Beilage *f*

supplementary [sʌplɪˈmentərɪ] *adj* zusätzlich, Zusatz...

supplementary payment [sʌplɪˈmentərɪ ˈpeɪment] *sb* Nachzahlung *f*

supplementary staff costs [sʌplɪˈmentərɪ ˈstɑːf kɒsts] *pl* Personalnebenkosten *pl*

supplier [səˈplaɪə] *sb* Lieferant *m*

supplier's credit [səˈplaɪəz ˈkredɪt] *sb* Lieferantenkredit *m*

supplies [səˈplaɪz] *pl* **1.** Betriebsstoffe *m/pl*, Hilfsstoffe *m/pl*; **2.** Vorräte *m/pl*

supply [səˈplaɪ] *v* **1.** sorgen für; **2.** (goods, public utilities) liefern; *sb* **3.** (act of supplying) Versorgung *f*; **4.** ~ *and demand* Angebot und Nachfrage; **5.** (thing supplied) Lieferung *f*; (delivery) Lieferung *f*; **6.** (stock) Vorrat *m*

supply bond [səˈplaɪ bɒnd] *sb* Leistungsgarantie *f*, Erfüllungsgarantie *f*

supply contract [səˈplaɪ ˈkɒntrækt] *sb* Liefervertrag *m*

supply of capital [səˈplaɪ əv ˈkæpɪtl] *sb* Kapitalangebot *n*

supply of money [səˈplaɪ əv ˈmʌnɪ] *sb* Geldangebot *n*

supply-oriented economic policy [səˈplaɪˈɔːrɪentɪd iːkəˈnɒmɪk ˈpɒlɪsɪ] *sb* angebotsorientierte Wirtschaftspolitik *f*

supply structure [səˈplaɪ ˈstrʌkʃə] *sb* Angebotsstruktur *f*

support [səˈpɔːt] *sb* **1.** Unterstützung *f*; **2.** Kursunterstützung *f*, Kurspflege *f*

support buying [səˈpɔːt ˈbaɪɪŋ] *sb* Stützungskauf *m*

support fee [səˈpɔːt fiː] *sb* Avalprovision *f*

support level [səˈpɔːt ˈlevəl] *sb* Unterstützungslinie *f*

supreme [suˈpriːm] *adj* the Supreme Court das oberste Gericht *n*

surcharge [ˈsɜːtʃɑːdʒ] *sb* Zuschlag *m*

S

surety [ˈʃʊərətɪ] *sb* Sicherheit *f*, Kaution *f*, Delkredere *n*

surety bond [ˈʃʊərətɪ bɒnd] *sb* Kautionsurkunde *f*, Bürgschaftserklärung *f*

surpass [səˈpɑːs] *v* übersteigen, übertreffen

surplus [ˈsɜːplʌs] *sb* **1.** Überschuss *m; adj* **2.** überschüssig

surplus on current account [ˈsɜːplʌs ɒn ˈkʌrənt əˈkaʊnt] *sb* Leistungsbilanzüberschuss *m*

surplus reserve [ˈsɜːplʌs rɪˈzɜːv] *sb* Überschussreserve *f*

surplus saving [ˈsɜːplʌs ˈseɪvɪŋ] *sb* Plus-Sparen *n*, Überschuss-Sparen *n*

surtax [ˈsɜːtæks] *sb* Steuerzuschlag *m*

survey [sɜːˈveɪ] *v* **1.** *(fam: poll)* befragen; [ˈsɜːveɪ] *sb* **2.** *(poll)* Umfrage *f*

survey report [ˈsɜːveɪ rɪˈpɔːt] *sb* Haveriezertifikat *n*

suspension of payments [sʌsˈpenʃən əv ˈpeɪmənts] *sb* Zahlungseinstellung *f*

swap [swɒp] *v* **1.** tauschen; ~ *sth for sth* etw gegen etw austauschen; *sb* **2.** Tausch *m*

swap agreement [swɒp əˈɡriːmənt] *sb* Swapabkommen *n*

swap credit [swɒp ˈkredɪt] *sb* Swapkredit *m*

swap market [swɒp ˈmɑːkɪt] *sb* Swapmarkt *m*

swap policy [swɒp ˈpɒlɪsɪ] *sb* Swappolitik *f*

swap rate [ˈswɒp reɪt] *sb* Swapsatz *m*

swap transaction [swɒp trænˈzækʃn] *sb* Swapgeschäft *n*

swing [swɪŋ] *sb* Swing *m*, Kreditmarge *f*

swing shift [ˈswɪŋ ʃɪft] *sb (US)* Spätschicht *f*

switchboard [ˈswɪtʃbɔːd] *sb* **1.** Telefonvermittlung *f; (in an office)* Telefonzentrale *f;* **2.** *(panel)* Schalttafel *f*

switch off [swɪtʃ ˈɒf] *v* ausschalten, abschalten

switch on [swɪtʃ ˈɒn] *v* einschalten, anschalten

switch premium [swɪtʃ ˈpriːmɪəm] *sb* Switchprämie *f*

switch-type financing [ˈswɪtʃtaɪp ˈfaɪnænsɪŋ] *sb* Umfinanzierung *f*

sworn statement [swɔːn ˈsteɪtmənt] *sb* beeidigte Erklärung *f*

synchronization [sɪŋkrənaɪˈzeɪʃən] *sb* Abstimmung *f*

synchronize [ˈsɪŋkrənaɪz] *v* **1.** abstimmen; *(two or more things)* aufeinander abstimmen; **2.** *(clocks)* gleichstellen; ~ *your watches* stimmen Sie Ihre Uhren aufeinander ab

synchronous production [ˈsɪŋkrənəs prɒˈdʌkʃn] *sb* Synchronfertigung *f*

syndic [ˈsɪndɪk] *sb* Syndikus *m*

syndicate [ˈsɪndɪkət] *sb* Konsortium *n*

syndicated credit [ˈsɪndɪkeɪtɪd ˈkredɪt] *sb* Konsortialkredit *m*

syndicate department [ˈsɪndɪkət dɪˈpɑːtmənt] *sb* Konsortialabteilung *f*

syndicate holdings [ˈsɪndɪkət ˈhəʊldɪŋz] *pl* Konsortialbeteiligungen *f/pl*

syndicate transaction [ˈsɪndɪkət trænˈzækʃn] *sb* Konsortialgeschäft *n*

syndication [sɪndɪˈkeɪʃən] *sb* Syndizierung *f*

synergy [ˈsɪnədʒiː] *sb* Synergieeffekte *m/pl*

system [ˈsɪstəm] *sb* System *n*

systematic [sɪstəˈmætɪk] *adj* systematisch

system control [ˈsɪstəm kɒnˈtrəʊl] *sb* Systemsteuerung *f*

system of exchange rates [ˈsɪstəm əv ɪksˈtʃeɪndʒ reɪts] *sb* Wechselkurssystem *n*

system of internal audits [ˈsɪstəm əv ɪnˈtɜːnəl ˈɔːdɪts] *sb* internes Kontrollsystem (IKS) *n*

system of specialized banking [ˈsɪstəm əv ˈspeʃəlaɪzd ˈbæŋkɪŋ] *sb* Trennbanksystem *n*

system of taxation [ˈsɪstəm əv tækˈseɪʃən] *sb* Steuersystem *n*

systems analyst [sɪstəmz ˈænəlɪst] *sb* Systemanalytiker(in) *m/f*

systems engineering [sɪstəmz endʒɪˈnɪərɪŋ] *sb* Anlagenbau *m*

T

tab [tæb] *sb (on a file card)* Reiter *m*

table [teɪbl] *sb* Tabelle *f*

table of costs [teɪbl əv ˈkɒsts] *sb* Gebührenverzeichnis *n*

tablet [ˈtæblɪt] *sb* **1.** *(US: note pad)* Notizblock *m;* **2.** *~ computer* Tablet *n*

table work [teɪbl wɜːk] *sb* Tabellensatz *m*

tabular [ˈtæbjʊlə] *adj* tabellarisch

tabulate [ˈtæbjʊleɪt] *v* tabellarisch darstellen, tabellarisieren

tactics [ˈtæktɪks] *pl* Taktik *f*

tag [tæg] *sb (label)* Schild *n; (name ~)* Namensschild *n; (with manufacturer's name)* Etikett *n*

tailboard [ˈteɪlbɔːd] *sb* Ladeklappe *f*

tailor-made [ˈteɪləmeɪd] *adj (fig)* genau zugeschnitten

take [teɪk] *v irr* **1.** *(~ over)* übernehmen; **2.** *(measurement)* messen; **3.** *(transport)* bringen; **4.** *(dictation)* aufnehmen

take in [teɪk ˈɪn] *v irr (money)* einnehmen

take off [teɪk ˈɒf] *v irr* **1.** *(start to have success)* ankommen; **2.** *(a day from work)* frei nehmen

take on [teɪk ˈɒn] *v irr* **1.** *(undertake)* übernehmen; **1.** *(an opponent)* antreten gegen; **3.** *(give a job to)* einstellen, anstellen

take out [teɪk ˈaʊt] *v irr (money from a bank)* abheben; *~ an insurance policy* eine Versicherung abschließen

take over [teɪk ˈəʊvə] *v irr* die Leitung übernehmen

takeover [ˈteɪkəʊvə] *sb* Übernahme *f*, Machtergreifung *f; hostile ~* feindliche Übernahme *f*

takeover of a business [ˈteɪkəʊvə əv ə ˈbɪznɪs] *sb* Geschäftsübernahme *f*

takeover offer [ˈteɪkəʊvə ˈɒfə] *sb* Übernahmeangebot *n*

take-over profit [teɪkˈəʊvə ˈprɒfɪt] *sb* Übernahmegewinn *m*

take-over speculation [teɪkˈəʊvə spekjʊˈleɪʃn] *sb* Aufkaufspekulation *f*

takeover target [ˈteɪkəʊvə ˈtɑːgɪt] *sb* Übernahmekandidat *m*

taker [ˈteɪkə] *sb* Käufer *m*

taking of the inventory [ˈteɪkɪŋ əv ðiː ɪnˈventərɪ] *sb* Inventur *f*

talk [tɔːk] *sb* Gespräch *n; have a ~ with s.o.* mit jdm reden

talk over [tɔːk ˈəʊvə] *v* besprechen

tally sheet [ˈtælɪ ʃiːt] *sb* Kontrollliste *f*

talon [ˈtælən] *sb* Erneuerungsschein *m*

tangible asset [ˈtændʒɪbl ˈæset] *sb* Sachwert *m*

tangible fixed assets [ˈtændʒɪbl fɪkst ˈæsets] *pl* Sachanlagevermögen *n*

tap issue [tæp ˈɪʃuː] *sb* Daueremission *f*

tardy [ˈtɑːdɪ] *adj* spät; *(person)* säumig

tare [teə] *sb* Tara *f*, Leergewicht *n*

target band [ˈtɑːgɪt bænd] *sb* Zielkorridor *m*

target calculation [ˈtɑːgɪt kælkjʊˈleɪʃən] *sb* Plankalkulation *f*

target cost accounting [ˈtɑːgɪt kɒst əˈkaʊntɪŋ] *sb* Zielkostenrechnung *f*

target date [ˈtɑːgɪt deɪt] *sb* Stichtag *m*, Termin *m*

target figures [ˈtɑːgɪt ˈfɪgəz] *pl* Sollzahlen *f/pl*

target group [ˈtɑːgɪt gruːp] *sb* Zielgruppe *f*

target price [ˈtɑːgɪt praɪs] *sb* Zielpreis *m*

target saving [ˈtɑːgɪt ˈseɪvɪŋ] *sb* Zwecksparen *n*

target-performance comparison [ˈtɑːgɪtpəˈfɔːməns kɒmˈpærɪsn] *sb* Soll-Ist-Vergleich *(Betriebswirtschaft) m*

target value [ˈtɑːgɪt ˈvæljuː] *sb* Richtwert *m*, Zielwert *m*

target yield [ˈtɑːgɪt jiːld] *sb* Sollaufkommen *n*

tariff [ˈtærɪf] *sb* **1.** *(Zoll-)*Tarif *m*, Zollgebühr *f;* **2.** *(price list)* Preisverzeichnis *n*

tariff barriers [ˈtærɪf ˈbærɪəz] *pl* tarifäre Handelshemmnisse *n/pl*

tariff quota [ˈtærɪf ˈkwəʊtə] *sb* Zollkontingent *n*

tariff value [ˈtærɪf ˈvæljuː] *sb* Tarifwert *m*

task-oriented synthesis [ˈtɑːskɔːrɪent-ɪd ˈsɪnθɪsɪs] *sb* Aufgabensynthese *f*

task wage [ˈtɑːsk weɪdʒ] *sb* Akkordlohn *m*

taskwork [ˈtɑːskwɜːk] *sb* Akkordarbeit *f*

tax [tæks] *sb* Steuer *f; v (s.o., sth)* besteuern

taxable [ˈtæksəbl] *adj* steuerpflichtig

tax abatement [tæks əˈbeɪtmənt] *sb* Steuernachlass *m*

tax accounting [tæks əˈkaʊntɪŋ] *sb* Steuerbuchhaltung *f*

tax adviser [tæks ədˈvaɪzə] *sb* Steuerberater(in) *m/f*

tax assessment [tæks əˈsesmənt] *sb* Steuerveranlagung *f*, Veranlagung *f*

taxation [tækˈseɪʃn] *sb* **1.** Besteuerung *f;* **2.** Steuereinnahmen *f/pl*, Steuern *f/pl; direct/indirect* ~ direkte/indirekte Steuern *f/pl*

taxation of specific property [tækˈseɪʃn əv spəˈsɪfɪk ˈprɒpəti] *sb* Objektbesteuerung *f*

taxation privilege [tækˈseɪʃən ˈprɪvəlɪdʒ] *sb* Steuervergünstigung *f*

taxation procedure [tækˈseɪʃn prəˈsiːdʒə] *sb* Besteuerungsverfahren *n*

tax at source [tæks æt ˈsɔːs] *sb* Quellensteuer *f*

tax audit [tæks ˈɔːdɪt] *sb* Betriebsprüfung *f*

tax auditor [tæks ˈɔːdɪtə] *sb* Steuerprüfer(in) *m/f*

tax balance sheet [tæks ˈbæləns ʃiːt] *sb* Steuerbilanz *f*

tax basis [tæks ˈbeɪsɪs] *sb* Besteuerungsgrundlage *f*

tax bracket [tæks ˈbrækɪt] *sb* Steuerklasse *f*

tax deduction [tæks dɪˈdʌkʃn] *sb* Steuerabzug *m*

tax deferral [tæks dɪˈfɜːrəl] *sb* Steuerstundung *f*

taxes from income and property [ˈtæksɪz frɒm ˈɪnkʌm ænd ˈprɒpəti] *pl* Besitzsteuern *f/pl*

taxes on transactions [ˈtæksɪz ɒn trænˈzækʃns] *pl* Verkehrsteuern *f/pl*

tax evasion [tæks ɪˈveɪʒən] *sb* Steuerhinterziehung *f*

tax exemption [tæks əksˈempʃn] *sb* Steuerbefreiung *f*

tax form [tæks fɔːm] *sb* Steuerformular *n*

tax-free [ˈtæksfriː] *adj* steuerfrei

tax-free amount [ˈtæksfriː əˈmaʊnt] *sb* Freibetrag *m*

tax haven [tæks ˈheɪvn] *sb* Steueroase *f*

tax increase [tæks ˈɪŋkriːs] *sb* Steuererhöhung *f*

tax inspection [tæks ɪnˈspekʃən] *sb* Steuerprüfung *f*

tax item [tæks ˈaɪtəm] *sb* Steuerposten *m*

taxless [ˈtæksləs] *adj* unbesteuert

tax loss carryback [tæks lɒs ˈkerɪbæk] *sb* Verlustrücktrag *m*

tax on earnings [tæks ɒn ˈɜːnɪŋz] *sb* Ertragsteuer *f*

tax on income [tæks ɒn ˈɪnkʌm] *sb* Ertragssteuer *f*

tax on investment income [tæks ɒn ɪnˈvestmənt ˈɪnkʌm] *sb* Kapitalertragsteuer *f*

tax on real estate [tæks ɒn rɪəl ɪsˈteɪt] *sb* Realsteuern *f/pl*

tax on speculative gains [tæks ɒn ˈspekjʊlətɪv ˈgeɪnz] *sb* Spekulationssteuer *f*

taxpayer [ˈtækspeɪə] *sb* Steuerzahler(in) *m/f*

tax-privileged saving [ˈtæksprɪvɪlɪdʒd ˈseɪvɪŋ] *sb* steuerbegünstigtes Sparen *n*

tax-privileged securities [ˈtæksprɪvɪlɪdʒd sɪˈkjʊərɪtiz] *pl* steuerbegünstigte Wertpapiere *n/pl*

tax reform [ˈtæks rɪˈfɔːm] *sb* Steuerreform *f*

tax return [ˈtæks rɪˈtɜːn] *sb* Steuererklärung *f*, Deklaration *f*

tax shelter company [tæks ʃeltə ˈkʌmpəni] *sb* Abschreibungsgesellschaft *f*

tax sheltered [tæks ˈʃeltəd] *adj* steuerbegünstigt

tax treatment of yield [tæks ˈtriːtmənt əv ˈjiːld] *sb* Ertragsbesteuerung *f*

tax write-off [tæks ˈraɪtɒf] *sb* Steuerabschreibung *f*

tax yield [tæks jiːld] *sb* Steueraufkommen *n*

team [tiːm] *sb* Mannschaft *f*, Team *n*

team work [ˈtiːm wɜːk] *sb* Teamarbeit *f*, Gruppenarbeit *f*

tech issue [tek ˈɪʃuː] *sb* Technologiewert *m*, Technologieaktie *f*

technical [ˈteknɪkl] *adj* technisch, Fach...

technical analysis [ˈteknɪkl əˈnælɪsɪs] *sb* technische Analyse *f*

technical book [ˈteknɪkl bʊk] *sb* Fachbuch *n*

Technical Control Board [ˈteknɪkl kənˈtrəʊl bɔːd] *sb* Technischer Überwachungsverein (TÜV) *m*

technical journal [ˈteknɪkl ˈdʒɜːnəl] *sb* Fachzeitschrift *f*

technical term [ˈteknɪkl tɜːm] *sb* Fachausdruck *m*, Fachterminus *m*

technicality [teknɪˈkælɪtɪ] *sb* (*petty detail*) Formsache *f*

technician [tekˈnɪʃən] *sb* Techniker *m*

technique [tekˈniːk] *sb* (Arbeits-)Technik *f*

technological [teknəˈlɒdʒɪkəl] *adj* technologisch

technology centre [tekˈnɒlədʒɪ sentə] *sb* Technologiezentrum *n*

technology push [tekˈnɒlədʒɪ pʊʃ] *sb* Innovationsschub *m*

technology stock market [tekˈnɒlədʒɪ stɒk ˈmaːkɪt] *sb* Technologiebörse *f*

telebanking [ˈtelɪbæŋkɪŋ] *sb* Tele-Banking *n*

telecommunications [telɪkəmjʊnɪˈkeɪʃnz] *pl* Telekommunikation *f*

telecommunications market [telɪkəmjʊnɪˈkeɪʃnz maːkɪt] *sb* Telekommunikationsmarkt *m*

telecommuter [ˈtelɪkəmjuːtə] *sb* Telearbeiter(in) *m/f*

telecoms provider [ˈtelɪkɒmz prəˈvaɪdə] *sb* Telekommunikationsanbieter *m*

teleconference [telɪˈkɒnfərens] *sb* Telekonferenz *f*

telegram [ˈtelɪgræm] *sb* Telegramm *n*; *send a* ~ telegrafieren

telemarketing [ˈtelɪmaːkətɪŋ] *sb* Telefonmarketing *n*, Telemarketing *n*

teleorder [ˈtelɪɔːdə] *v* elektronisch bestellen

telephone [ˈtelɪfəʊn] *sb* **1.** Telefon *n*; *to be on the* ~ am Telefon sein; *v* **2.** (*s.o.*) anrufen; telefonieren

telephone call [ˈtelɪfəʊn kɔːl] *sb* Telefonanruf *m*

telephone carrier [ˈtelɪfəʊn ˈkærɪə] *sb* Telefonnetzbetreiber *m*

telephone conversation [ˈtelɪfəʊn kɒnvəˈseɪʃən] *sb* Telefongespräch *n*

telephone dealings [ˈtelɪfəʊn ˈdiːlɪŋz] *pl* Telefonverkehr *m*

telephone directory [ˈtelɪfəʊn daɪˈrektərɪ] *sb* Telefonbuch *n*, Telefonverzeichnis *n*

telephone marketing [ˈtelɪfəʊn ˈmaːkɪtɪŋ] *sb* Telefonmarketing *n*

teleselling [ˈtelɪselɪŋ] *sb* (*UK*) Telefonverkauf *m*

teleservice [ˈtelɪsɜːvɪs] *sb* Teleservice *m*, Fernwartung *f*

teleshopping [ˈtelɪʃɒpɪŋ] *sb* Teleshopping *n*

telework [ˈtelɪwɜːk] *sb* Telearbeit *f*

teller [ˈtelə] *sb* (*in a bank*) Kassierer(in) *m/f*

temp [temp] *sb* (*fam*) Aushilfe *f*, Aushilfskraft *f*

temporality [tempəˈrælɪtɪ] *sb* zeitliche Befristung *f*

temporary [ˈtemprərɪ] *adj* **1.** (*provisional*) vorläufig, provisorisch; *sb* **2.** (~ *employee*) Aushilfe *f*, Aushilfskraft *f*

temporary assistance [ˈtemprərɪ əˈsɪstəns] *sb* Überbrückungsgeld *n*

temporary help [ˈtemprərɪ help] *sb* Aushilfe *f*, Aushilfskraft *f*

temporary injunction [ˈtemprərɪ ɪnˈdʒʌŋkʃən] *sb* einstweilige Verfügung *f*

temporary joint venture [ˈtemprərɪ dʒɔɪnt ˈventʃə] *sb* Gelegenheitsgesellschaft *f*

temporary restraining order [ˈtemprərɪ rɪˈstreɪnɪŋ ˈɔːdə] *sb* einstweilige Verfügung *f*

tenancy [ˈtenənsɪ] *sb* Mietverhältnis *n*, Pachtverhältnis *n*

tenant [ˈtenənt] *sb* Mieter(in) *m/f*

tenant's contribution to the construction costs [ˈtenənts kɒntrɪˈbjuːʃn tu ðə kənˈstrʌkʃn kɒsts] *sb* Baukostenzuschuss *m*

tenant's credit [ˈtenənts ˈkredɪt] *sb* Pächterkredit *m*

tend [tend] *v* **1.** (*a machine*) bedienen; **2.** tendieren, neigen

tendency [ˈtendənsɪ] *sb* Richtung *f*, Tendenz *f*

T

tender ['tendə] *sb* **1.** Angebot *n*, Offerte *f*; Tender *m*; **2.** *legal* ~ gesetzliches Zahlungsmittel *n*

tender agreement ['tendə ə'gri:mənt] *sb* Submissionsvertrag *m*

tender date ['tendə deɪt] *sb* Ausschreibungstermin *m*

tender guarantee ['tendə gærən'ti:] *sb* Bietungsgarantie *f*

tender procedure ['tendə prə'si:dʒə] *sb* Tenderverfahren *n*

term [tɜ:m] *sb (period)* Zeit *f*, Dauer *f*, Laufzeit *f*; *(limit)* Frist *f*

term account [tɜ:m ə'kaʊnt] *sb* Festgeldkonto *n*

term for acceptance [tɜ:m fɔ: ək'septəns] *sb* Annahmefrist *f*, Akzeptfrist *f*

term for filing [tɜ:m fɔ: 'faɪlɪŋ] *sb* Einreichungsfrist *f*

term fund [tɜ:m fʌnd] *sb* Laufzeitfonds *m*

terminable ['tɜ:mɪnəbl] *adj* befristet, begrenzt

terminate ['tɜ:mɪneɪt] *v* **1.** *(contract)* ablaufen; **2.** *(sth)* beenden, beschließen; **3.** *(a contract)* kündigen

termination [tɜ:mɪ'neɪʃn] *sb* Kündigung *f*

termination agreement [tɜ:mɪ'neɪʃən ə'gri:mənt] *sb* Abfindungsvertrag *m*

termination of business [tɜ:mɪ'neɪʃn əv 'bɪznɪs] *sb* Betriebsaufgabe *f*

termination without notice [tɜ:mɪ'neɪʃən wɪð'aʊt 'nəʊtɪs] *sb* fristlose Kündigung *f*

term of a contract [tɜ:m əv ə 'kɒntrækt] *sb* Vertragsdauer *f*

term of delivery [tɜ:m əv dɪ'lɪvərɪ] *sb* Lieferfrist *f*

term of maturity [tɜ:m əv mə'tjʊərətɪ] *sb* Laufzeit *f*

term of protection [tɜ:m əv prə'tekʃən] *sb* Schutzfrist *f*

terms and conditions of business [tɜ:mz ænd kən'dɪʃnz əv 'bɪznɪs] *pl* Geschäftsbedingungen *f/pl*

terms and conditions of employment [tɜ:mz ænd kən'dɪʃnz əv ɪm'plɔɪmənt] *pl* Arbeitsbedingungen *f/pl*

terms and conditions of issue [tɜ:mz ænd kən'dɪʃnz əv 'ɪʃu:] *pl* Emissionsbedingungen *f/pl*

terms of delivery ['tɜ:mz əv dɪ'lɪvərɪ] *pl* Lieferbedingung *f*

terms of payment ['tɜ:mz əv 'peɪmənt] *pl* Zahlungsbedingung *f*, Zahlungsfrist *f*

territory ['terɪtərɪ] *sb (sales ~)* Bezirk *m*, Bereich *m*

tertiary demand ['tɜ:ʃərɪ dɪ'ma:nd] *sb* Tertiärbedarf *m*

tertiary sector ['tɜ:ʃərɪ 'sektə] *sb* tertiärer Sektor *m*

test [test] *v* **1.** testen, prüfen; *sb* **2.** Test *m*, Prüfung *f*, Probe *f*; *put sth to the ~* etw auf die Probe stellen; *stand the ~ of time* die Zeit überdauern; **3.** *(check)* Kontrolle *f*

test case [test keɪs] *sb* Musterfall *m*

test market [test 'ma:kɪt] *sb* Testmarkt *m*

testate ['testeɪt] *adj* ein Testament hinterlassend

testify ['testɪfaɪ] *v (in a courtroom, at the police)* aussagen

testimonial [testɪ'məʊnjəl] *sb* **1.** Zeugnis *n*; **2.** *(character recommendation)* Empfehlungsschreiben *n*

testimony ['testɪmənɪ] *sb* Aussage *f*

text [tekst] *sb* **1.** Text *m*, Inhalt *m*; **2.** *(~ message)* SMS *f*; *v* **3.** ~ *s.o.* jmd simsen

text configuration [tekst kɒnfɪgjə'reɪʃən] *sb* Textgestaltung *f*

theory ['θɪərɪ] *sb* Theorie *f*

theory of income determination ['θɪərɪ əv 'ɪnkʌm dɪtɜ:mɪ'neɪʃn] *sb* Einkommenstheorie *f*

theory of interaction ['θɪərɪ əv ɪntə'ækʃn] *sb* Interaktionstheorie *f*

theory of interest ['θɪərɪ əv 'ɪntrəst] *sb* Zinstheorie *f*

think tank ['θɪŋk tæŋk] *sb* Denkfabrik *f*

third countries [θɜ:d 'kʌntri:z] *pl* Drittländer *f/pl*

third-party debtor [θɜ:d'pɑ:tɪ 'detə] *sb* Drittschuldner *m*

third-party information [θɜ:d'pɑ:tɪ ɪnfə'meɪʃn] *sb* Drittauskunft *f*

third-party liability insurance [θɜ:d'pɑ:tɪ laɪə'bɪlɪtɪ ɪn'ʃʊərəns] *sb* Haftpflichtversicherung *f*

third-party mortgage [θɜ:d'pɑ:tɪ 'mɔ:gɪdʒ] *sb* Fremdhypothek *f*

third-rate ['θɜ:dreɪt] *adj* drittklassig, drittrangig

three months' money ['θri: mʌnθs 'mʌnɪ] *sb* Dreimonatsgeld *n*

three months' papers ['θri: mʌnθs 'peɪpəz] *pl* Dreimonatspapier *n*

three-mile zone [θri:'maɪl zəʊn] *sb (nautical)* Dreimeilenzone *f*

thriftiness ['θrɪftɪnɪs] *sb* Sparsamkeit *f*, Wirtschaftlichkeit *f*

thrifty ['θrɪftɪ] *adj* sparsam

thrive [θraɪv] *v irr (fig: do well)* blühen, Erfolg haben

throw away [θrəʊ ə'weɪ] *v irr* wegwerfen; *(fam: money)* verschwenden

throw in [θrəʊ 'ɪn] *v irr (with a purchase)* mit in den Kauf geben, dazugeben, dreingeben

throw-in ['θrəʊɪn] *sb* Zugabe *f*

ticker ['tɪkə] *sb* Ticker *m*

ticket day ['tɪkɪt deɪ] *sb* Tag vor dem Abrechnungstag *m*

tide-over credit ['taɪdəʊvə 'kredɪt] *sb* Überbrückungskredit *m*

tied production [taɪd prə'dʌkʃən] *sb* Koppelproduktion *f*

tight [taɪt] *adj* **1.** *(fig: money)* knapp; *(schedule)* knapp bemessen; **2.** *(control)* streng

till [tɪl] *sb* Ladenkasse *f*

time ['taɪm] *sb* Zeit *f*; ~ and a half fünfzig Prozent Zuschlag

time bargain [taɪm 'bɑ:gən] *sb* Termingeschäft *n*

time card ['taɪm kɑ:d] *sb (US)* Stempelkarte *f*

time clock [taɪm klɒk] *sb* Stechuhr *f*

time deposit [taɪm dɪ'pɒsɪt] *sb* Termineinlagen *f/pl*, Termingeld *n*, Festgeld *n*

time draft [taɪm drɑ:ft] *sb* Zeitwechsel *m*, Zeittratte *f*

time for delivery [taɪm fɔ: dɪ'lɪvərɪ] *sb* Lieferfrist *f*

time-lag ['taɪmlæg] *sb* Zeitverschiebung *f*

time limit ['taɪm 'lɪmɪt] *sb* Befristung *f*, Ablauffrist *f*

time loan ['taɪm ləʊn] *sb* Ratenkredit *m*

timely ['taɪmlɪ] *adj* fristgerecht

time of expiration [taɪm əv ekspɪ'reɪʃn] *sb* Verfallzeit *f*

time of validity [taɪm əv və'lɪdətɪ] *sb* Geltungsdauer *f*

time off [taɪm 'ɒf] *sb* Fehlzeiten *f/pl*

timescale ['taɪmskeɪl] *sb* zeitlicher Rahmen *m*

time-share ['taɪmʃeə] *adj* Timesharing...

time study [taɪm 'stʌdɪ] *sb* Zeitstudie *f*

timetable ['taɪmteɪbl] *sb* Zeittabelle *f*, Fahrplan *m (fam)*

time wages [taɪm 'weɪdʒɪz] *pl* Zeitlohn *m*

time wasted [taɪm 'weɪstɪd] *sb* Leerlauf *m*

time work [taɪm wɜːk] *sb* nach Zeit bezahlte Arbeit *f*, Zeitarbeit *f*

time work rate [taɪm wɜːk reɪt] *sb* Stundenlohnsatz *m*

time zone ['taɪm zəʊn] *sb* Zeitzone *f*

tip [tɪp] *sb (for rubbish)* Abladeplatz *m; (for coal)* Halde *f*

tipper ['tɪpə] *sb (lorry)* Kipplaster *m*

title [taɪtl] *sb* **1.** Rechtsanspruch *m;* **2.** *(to property)* Eigentumsrecht *n;* **3.** *(document)* Eigentumsurkunde *f*

title deed [taɪtl di:d] *sb* Eigentumsurkunde *f*, Besitzurkunde *f*

title-evidencing instrument [taɪtl-'evɪdensɪŋ 'ɪnstrəmənt] *sb* Legitimationspapiere *n/pl*

title of account [taɪtl əv ə'kaʊnt] *sb* Kontenbezeichnung *f*

titre [ti:trə] *sb* Feingehalt *m*

tobacco exchange [tə'bækəʊ ɪks-'tʃeɪndʒ] *sb* Tabakbörse *f*

token ['təʊkən] *sb* **1.** *(voucher)* Gutschein *m;* **2.** *(sign)* Zeichen *n*

token payment ['təʊkən 'peɪmənt] *sb* symbolische Bezahlung *f*

toll [təʊl] *sb* **1.** Zoll *m*, Gebühr *f;* **2.** *(for a road)* Straßengebühr *f*, Maut *f*

toll road ['təʊl rəʊd] *sb* gebührenpflichtige Straße *f*, Mautstraße *f*

tonnage ['tʌnɪdʒ] *sb* Tonnage *f*

tonne [tʌn] *sb* Tonne *f*

tool [tu:l] *sb* Werkzeug *n*, Gerät *n*, Instrument *n*

tool wear [tu:l weə] *sb* Maschinenverschleiß *m*

top [tɒp] *adj* **1.** oberste(r,s), höchste(r,s); **2.** *(first-rate)* erstklassig, Top... *(fam)*, Spitzen...

top-down principle [tɒp'daʊn 'prɪnsɪpl] *sb* Top-Down-Prinzip *n*

topical ['tɒpɪkəl] *adj* aktuell

top-level [tɒp'levl] *adj* Spitzen...

T

top management [tɒp ˈmænɪdʒmənt] *sb* Top-Management *n*

top price [tɒp praɪs] *sb* Höchstpreis *m*

top wage [tɒp weɪdʒ] *sb* Spitzenlohn *m*

total [ˈtəʊtl] *v* **1.** *(add)* zusammenzählen, zusammenrechnen; **2.** *(amount to)* sich belaufen auf; *sb* **3.** Gesamtsumme *f*, Gesamtbetrag *m*

total amount [ˈtəʊtl əˈmaʊnt] *sb* Gesamtsumme *f*, Gesamtbetrag *m*

total capital profitability [ˈtəʊtl ˈkæpɪtl prɒfɪtəˈbɪlɪtɪ] *sb* Gesamtkapitalrentabilität *f*

total claim [ˈtəʊtl kleɪm] *sb* Gesamtforderung *f*

total costs [ˈtəʊtl kɒsts] *pl* Gesamtkosten *pl*

total credit outstanding [ˈtəʊtl ˈkredɪt aʊtˈstændɪŋ] *sb* Kreditvolumen *n*

total debt [ˈtəʊtl det] *sb* Gesamtschuld *f*

total delivery [ˈtəʊtl dɪˈlɪvərɪ] *sb* Gesamtlieferung *f*

total loss [ˈtəʊtl lɒs] *sb* Totalschaden *m*

total loss only (t. l. o.) [ˈtəʊtl lɒs ˈəʊnlɪ] *adv* nur gegen Totalverlust versichert (t.l.o.)

total market value [ˈtəʊtl ˈmɑːkɪt ˈvæljuː] *sb* Gesamtkurs *m*

total proceeds [ˈtəʊtl ˈprəʊsiːdz] *pl* Gesamtertrag *m*

total result [ˈtəʊtl rɪˈzʌlt] *sb* Totalerfolg *m*

touch screen [tʌtʃ skriːn] *sb* Sensorbildschirm *m*

tour schedule [ˈtʊə ˈʃedjuːl] *sb* Tourenplan *m*

toxic [ˈtɒksɪk] *adj* giftig

toxic waste [ˈtɒksɪk ˈweɪst] *sb* Giftmüll *m*

toxin [ˈtɒksɪn] *sb* Giftstoff *m*

tracer note [ˈtreɪsə nəʊt] *sb* Kontrollmitteilung *f*

trade [treɪd] *v* **1.** handeln, Handel treiben; ~ *in sth* mit etw handeln; ~ *sth for sth* etw gegen etw tauschen; ~ *in one's car* sein Auto in Zahlung geben; *sb* **2.** *(commerce)* Handel *m*, Gewerbe *n*; **3.** *(exchange)* Tausch *m*; **4.** *(line of work)* Branche *f*; *know all the tricks of the* ~ alle Kniffe kennen; *by* ~ von Beruf

trade and commerce [treɪd ænd ˈkɒmɜːs] *sb* Handelsverkehr *m*

trade analysis [treɪd əˈnælɪsɪs] *sb* Branchenanalyse *f*

trade association [treɪd əsəʊsɪˈeɪʃən] *sb* Wirtschaftsverband *m*

trade balance [treɪd ˈbæləns] *sb* Handelsbilanz *f*

trade barrier [treɪd ˈbærɪə] *sb* Handelsschranke *f*

trade brand [treɪd brænd] *sb* Handelsmarke *f*

trade certificate [treɪd səˈtɪfɪkət] *sb* Gewerbeschein *m*

trade centre [treɪd ˈsentə] *sb* Handelsplatz *m*, Handelszentrum *n*

trade clause [treɪd klɔːz] *sb* Handelsklausel *f*

trade comparison [treɪd kəmˈpærɪsən] *sb* Branchenvergleich *m*

trade credit [treɪd ˈkredɪt] *sb* Warenkredit *m*

trade cycle [treɪd saɪkl] *sb* Konjunkturzyklus *m*, Wirtschaftskreislauf *m*

trade debtor [treɪd ˈdetə] *sb* Kontokorrentschuldner(in) *m/f*

trade discount [treɪd ˈdɪskaʊnt] *sb* Händlerrabatt *m*

trade-earnings tax [treɪdˈɜːnɪŋs tæks] *sb* Gewerbeertragssteuer *f*

trade embargo [treɪd ɪmˈbɑːgəʊ] *sb* Handelsembargo *n*

trade expert [treɪd ˈekspɜːt] *sb* Branchenkenner *m*

trade fair [treɪd fəə] *sb* Handelsmesse *f*

trade-in [ˈtreɪdɪn] *sb* In-Zahlung-Gegebenes *n*

trademark [ˈtreɪdmɑːk] *v* **1.** gesetzlich schützen lassen; *sb* **2.** Markenzeichen *n*, Warenzeichen *n*

trademark protection [ˈtreɪdmɑːk prəˈtekʃən] *sb* Markenschutz *m*

trade mission [treɪd ˈmɪʃən] *sb* Handelsmission *f*

trade name [treɪd neɪm] *sb* Handelsname *m*

trade practice [treɪd ˈpræktɪs] *sb* Handelsbrauch *m*, Handelsusancen *f/pl*

trader [ˈtreɪdə] *sb* **1.** *(person)* Händler *m*; *(ship)* **2.** Handelsschiff *n*

trade-registered article [treɪdˈredʒɪstəd ˈɑːtɪkəl] *sb* Markenartikel *m*

Trade Regulation Act [treɪd regjʊˈleɪʃn ækt] *sb* Gewerbeordnung (GewO) *f*

trade relations [treɪd rɪˈleɪʃənz] *pl* Handelsbeziehungen *f/pl*

trade restrictions [treɪd rɪˈstrɪkʃənz] *pl* Handelsbeschränkungen *f/pl*

trade school [treɪd skuːl] *sb* Berufsschule *f*

trade secret [treɪd ˈsiːkrɪt] *sb* Betriebsgeheimnis *n*

tradesman [ˈtreɪdzmən] *sb* **1.** Händler *m;* **2.** *(craftsman)* Handwerker *m*

trade structure [treɪd ˈstrʌktʃə] *sb* Branchenstruktur *f*

trade supervisory authority [treɪd suːpəˈvaɪzərɪ ɔːˈθɒrɪtɪ] *sb* Gewerbeaufsichtsamt *n*

trade surplus [treɪd ˈsɜːpləs] *sb* Handelsüberschuss *m*

trade tariff [treɪd ˈtærɪf] *sb* Gütertarif *m*

trade tax [treɪd tæks] *sb* Gewerbesteuer *f*

trade tax on capital [treɪd tæks ɒn ˈkæpɪtl] *sb* Gewerbekapitalsteuer *f*

trade union [treɪd ˈjuːnɪən] *sb* Gewerkschaft *f*

trade union bank [treɪd ˈjuːnjən bæŋk] *sb* Gewerkschaftsbank *f*

trade war [treɪd wɔː] *sb* Handelskrieg *m*

trading [ˈtreɪdɪŋ] *sb* Handel *m,* Handeln *n*

trading account [ˈtreɪdɪŋ əˈkaʊnt] *sb* Verkaufskonto *n*

trading area [ˈtreɪdɪŋ ˈeərɪə] *sb* Absatzgebiet *n,* Handelszone *f*

trading chain [ˈtreɪdɪŋ tʃeɪn] *sb* Handelskette *f*

trading estate [ˈtreɪdɪŋ ɪˈsteɪt] *sb* Gewerbegebiet *n*

trading in calls [ˈtreɪdɪŋ ɪn kɔːls] *sb* Vorprämiengeschäft *n*

trading in foreign exchange [ˈtreɪdɪŋ ɪn ˈfɒrən ɪksˈtʃeɪndʒ] *sb* Usancenhandel *m*

trading in futures on a stock exchange [ˈtreɪdɪŋ ɪn ˈfjuːtʃəs ɒn ə stɒk ɪksˈtʃeɪndʒ] *sb* Börsentermingeschäfte *n/pl*

trading in options [ˈtreɪdɪŋ ɪn ˈɒpʃəns] *sb* Optionshandel *m*

trading in security futures [ˈtreɪdɪŋ ɪn sɪˈkjʊərɪtɪ ˈfjuːtʃəs] *sb* Wertpapier-Terminhandel *m*

trading limit [ˈtreɪdɪŋ ˈlɪmɪt] *sb* Kurslimit *n*

trading margin [ˈtreɪdɪŋ ˈmɑːdʒɪn] *sb* Handelsspanne *f*

trading on own account [ˈtreɪdɪŋ ɒn əʊn əˈkaʊnt] *sb* Eigenhandel *m*

trading partner [ˈtreɪdɪŋ ˈpɑːtnə] *sb* Handelspartner *m*

trading-up [ˈtreɪdɪŋʌp] *sb* Sortimentsanhebung *f*

traffic [ˈtræfɪk] *sb* **1.** Verkehr *m;* **2.** *(trade)* Handel *m*

train [treɪn] *v (s.o.)* ausbilden

trainee [treɪˈniː] *sb* Auszubildende(r) *f/m,* Lehrling *m,* Praktikant(in) *m/f*

trainer [ˈtreɪnə] *sb (instructor)* Ausbilder *m*

training [ˈtreɪnɪŋ] *sb* Ausbildung *f,* Schulung *f*

training relationship [ˈtreɪnɪŋ rɪˈleɪʃnʃɪp] *sb* Ausbildungsverhältnis *n*

training staff [ˈtreɪnɪŋ stɑːf] *sb* Schulungspersonal *n*

tranche [ˈtrænʃ] *sb* Tranche *f*

transact [trænˈzækt] *v* durchführen, abschließen

transaction [trænˈzækʃən] *sb* Geschäft *n,* Transaktion *f*

transaction balance [trænˈzækʃn ˈbæləns] *sb* Transaktionskasse *f*

transaction number [trænˈzækʃn ˈnʌmbə] *sb* Transaktionsnummer (TAN) *f*

transactions for third account [trænˈzækʃnz fɔː θɜːd əˈkaʊnt] *sb* Kundengeschäft *n*

transactions on own account [trænˈzækʃnz ɒn əʊn əˈkaʊnt] *sb* Eigengeschäft *n*

transcript [ˈtrænskrɪpt] *sb* Kopie *f;* *(of a tape)* Niederschrift *f*

transcription error [trænˈskrɪpʃən ˈerə] *sb* Übertragungsfehler *m*

transfer [trænsˈfɜː] *v* **1.** *(money between accounts)* überweisen; **2.** *(an employee)* versetzen; [ˈtrænsfɜː] *sb* **3.** *(handing over)* Transfer *m,* Übertragung *f;* *(of funds)* Überweisung *f;* **4.** *(of an employee)* Versetzung *f*

transferable [trænsˈfɜːrəbl] *adj* übertragbar

transfer account [ˈtrænsfɜː əˈkaʊnt] *sb* Kontokorrentkonto *n,* Girokonto *n* transfer agreement ['trænsfɜ: ə'griː-mənt] *sb* Transferabkommen *n*

transfer bank ['trænsfɜ: bæŋk] *sb* Girobank *f*

transfer cheque ['trænsfɜ: tʃek] *sb* Überweisungsscheck *m*

transfer expenditure ['trænsfɜ: ɪks-'pendɪdʒʊə] *sb* Transferausgaben *f/pl*

transfer in blank ['trænsfɜ: ɪn blæŋk] *sb* Blankozession *f*

transfer of an entry ['trænsfɜ: əv ən 'entrɪ] *sb* Umbuchung *f*

transfer of money by means of a clearing ['trænsfɜ: əv 'mʌnɪ baɪ miːns əv ə 'kliːrɪŋ] *sb* Giroverkehr *m*

transfer of ownership ['trænsfɜ: əv 'əʊnəʃɪp] *sb* Eigentumsübertragung *f*

transfer of profit ['trænsfɜ: əv 'prɒfɪt] *sb* Gewinnabführung *f*

transfer of resources ['trænsfɜ: əv rɪ'sɔːsɪz] *sb* Ressourcentransfer *m*

transfer of technology ['trænsfɜ: əv tek'nɒlədʒɪ] *sb* Technologietransfer *m*

transfer payments ['trænsfɜ: 'peɪ-mənts] *pl* Transferleistungen *f/pl*

transfer prices ['trænsfɜ: 'praɪsɪz] *pl* Verrechnungspreise *m/pl*

transfer voucher ['trænsfɜ: 'vaʊtʃə] *sb* Überweisungsbeleg *m*, Überweisungs-formular *n*

transit ['trænzɪt] *sb* Durchreise *f*, Transit *m*

transit certificate ['trænzɪt sə'tɪfɪkət] *sb* Durchgangsschein *m*

transit duty ['trænzɪt 'djuːtɪ] *sb* Transitzoll *m*

transition [træn'zɪʃən] *sb* Übergang *m*

transitional arrangement [træn'zɪʃə-nəl ə'reɪndʒmənt] *sb* Übergangsrege-lung *f*

transitional pay [træn'zɪʃənəl peɪ] *sb* Übergangsgeld *n*

transit item ['trænzɪt 'aɪtəm] *sb* durch-laufender Posten *m*

transit trade ['trænzɪt treɪd] *sb* Transithandel *m*

transmission [trænz'mɪʃən] *sb* Über-tragung *f*; *(of news)* Übermittlung *f*

transmitted accounts [trænz'mɪtɪd ə'kaʊnts] *pl* durchlaufende Gelder *n/pl*

transmitted loans [træns'mɪtɪd 'ləʊns] *pl* durchlaufende Kredite *m/pl*

transnational corporations [træns-'næʃənl kɔrpɒ'reɪʃnz] *pl* transnationale Unternehmung *f*

transparency [træn'spærənsɪ] *sb* Trans-parenz *f*

transparency of the market [træns-'pærənsɪ əv ðə 'maːkɪt] *sb* Markttrans-parenz *f*

transport [træns'pɔːt] *v* **1.** transportie-ren, befördern; ['trænspɔːt] *sb* **2.** Trans-port *m*, Beförderung *f*

transportation [trænspɔː'teɪʃən] *sb* **1.** Transport *m*, Beförderung *f*; **2.** *(means of ~)* Beförderungsmittel *n*

transportation insurance against all risks (a. a. r.) [trænspɔː'teɪʃn ɪn'ʃʊəræns ə'gænst ɔːl rɪsks] *sb* Transportversi-cherung gegen alle Risiken (a. a. r.) *f*

transport chain ['trænspɔːt tʃeɪn] *sb* Transportkette *f*

transport documents ['trænspɔːt 'dɒk-jʊmənts] *sb* Transportpapiere *n/pl*

transport insurance ['trænspɔːt ɪn-'sʊərəns] *sb* Transportversicherung *f*

transship [træns'ʃɪp] *v* umladen, um-schlagen

transshipment [træns'ʃɪpmənt] *sb* Umschlag *m*

transshipment point [træns'ʃɪpmənt 'pɔɪnt] *sb* Umschlagplatz *m*

travel ['trævəl] *sb* **1.** Verkehr *m*, Touris-mus *m*; *v* **2.** reisen; ~ *on business* ge-schäftlich reisen

traveling salesman ['trævəlɪŋ 'seɪlz-mən] *sb* Handlungsreisender *m*

traveller's letter of credit ['trævələz 'letə əv 'kredɪt] *sb* Reisekreditbrief *m*

travelling expenses ['trævəlɪŋ ɪk-'spensɪz] *pl* Reisespesen *pl*

tray [treɪ] *sb* *(for papers)* Ablagekorb *m*

treasury ['treʒərɪ] *sb the Treasury (UK)* Finanzministerium *n*; Fiskus *m*

treasury bill ['treʒərɪ bɪl] *sb* Schatz-wechsel *m*, Treasury Bill *m*

treasury bond ['treʒərɪ bɒnd] *sb* Schatzanweisung *f*, Treasury Bond *m*

treasury note ['treʒərɪ nəʊt] *sb* Treasury Note *f*

treasury stock ['treʒərɪ stɒk] *sb* Ver-waltungsaktien *f/pl*

trend analysis [trend ə'nælɪsɪs] *sb* Trendanalyse *f*

trend in prices [trend ɪn ˈpraɪsez] *sb* Preisentwicklung *f*

trend of demand [trend əv dɪˈmɑːnd] *sb* Nachfrageentwicklung *f*

trend of the market [trend əv ðə ˈmɑːkɪt] *sb* Börsenentwicklung *f*

trespass [ˈtrespəs] *v* unbefugt betreten; *"no ~ing"* „Betreten verboten"

trespasser [ˈtrespəsə] *sb* Unbefugte(r) *f/m*

triable [ˈtraɪəbl] *adj* verhandelbar, verhandlungsfähig, belangbar

triad [ˈtraɪəd] *sb* Triade *f*

trial [ˈtraɪəl] *sb* **1.** Prozess *m*, Verfahren *n;* **2.** *(test)* Probe *f; on a ~ basis* probeweise

trial package [ˈtraɪəl ˈpækɪdʒ] *sb* Probepackung *f*

trial period [ˈtraɪəl ˈpiːrɪəd] *sb* Probezeit *f*

trial run [ˈtraɪəl rʌn] *sb* Versuchslauf *m*

trial shipment [ˈtraɪəl ˈʃɪpmənt] *sb* Probelieferung *f*

triangular arbitrage [traɪˈæŋgjʊlə ˈɑːbɪtrɪdʒ] *sb* Dreiecksarbitrage *f*

triangular transaction [traɪˈæŋgjʊlə trænˈzækʃən] *sb* Dreiecksgeschäft *n*

trillion [ˈtrɪljən] *sb* *(UK)* Trillion *f; (US)* Billion *f*

trim [trɪm] *v* *(fig: a budget)* kürzen

trivial damage [ˈtrɪvɪəl ˈdæmɪdʒ] *sb* Bagatellschaden *m*

troy ounce [ˈtrɔɪ aʊns] *sb* Feinunze *f*

truck [trʌk] *sb* *(US)* Lastwagen *m*, Laster *m*

truckage [ˈtrʌkɪdʒ] *sb* **1.** *(transport)* Transport *m;* **2.** *(charge)* Transportkosten *pl*, Rollgeld *n*

trucking [ˈtrʌkɪŋ] *sb* **1.** Transport *m;* **2.** *(bartering)* Tauschgeschäfte *n/pl*

truckload [ˈtrʌkləʊd] *sb* Lkw-Ladung *f*

trunk call [trʌŋk kɔːl] *sb* *(UK)* Ferngespräch *n*

trust [trʌst] *sb* **1.** Treuhand *f;* **2.** Stiftung *f;* **3.** Investmentfonds *m*

trust account [trʌst əˈkaʊnt] *sb* Treuhandkonto *n*, Anderkonto *n*

trust assets [trʌst ˈæsəts] *pl* Treuhandvermögen *n*

trust banks [ˈtrʌst bæŋks] *pl* Treuhandbanken *f/pl*

trust business [trʌst ˈbɪznɪs] *sb* Treuhandwesen *n*

trust company [trʌst ˈkʌmpənɪ] *sb* Treuhandgesellschaft *f*, Verwaltungsgesellschaft *f*

trust deposits [trʌst dɪˈpɒzɪts] *pl* Treuhanddepots *n/pl*

trust funds [trʌst fʌndz] *pl* Treuhandfonds *m*

trust investment [trʌst ɪnˈvestmənt] *sb* Fondsanlagen *f/pl*

trust manager [trʌst ˈmænɪdʒə] *sb* Fondsverwalter(in) *m/f*

trustee [trʌsˈtiː] *sb* Treuhänder *m; (of an institution)* Verwalter *m*

trustee securities [trʌsˈtiː sɪˈkjʊərɪtiːz] *pl* mündelsichere Papiere *n/pl*

trusteeship [trʌsˈtiːʃɪp] *sb* Treuhandschaft *f*, Mandat *n*

try [traɪ] *v* *(a case)* verhandeln

turn down [tɜːn daʊn] *v* ablehnen, absagen

turn out [tɜːn aʊt] *v* *(produce)* hervorbringen

turnabout [ˈtɜːnəbaʊt] *sb* Wende *f*, Wendung *f*

turnaround [ˈtɜːnəraʊnd] *sb* Turnaround *n*

turnkey project [ˈtɜːnkiː ˈprɒdʒekt] *pl* Turnkey-Projekt *n*, schlüsselfertiges Projekt *n*

turnout [ˈtɜːnaʊt] *sb* Beteiligung *f*, Teilnahme *f*

turnover [ˈtɜːnəʊvə] *sb* Umsatz *m*

turnover allowance [ˈtɜːnəʊvə əˈlaʊəns] *sb* Umsatzbonifikation *f*

turnover balance [ˈtɜːnəʊvə ˈbæləns] *sb* Summenbilanz *f*

turnover forecast [ˈtɜːnəʊvə ˈfɔːkɑːst] *sb* Umsatzprognose *f*

turnover increase [ˈtɜːnəʊvə ˈɪnkriːs] *sb* Umsatzanstieg *m*

turnover of money [ˈtɜːnəʊvə əv ˈmʌnɪ] *sb* Geldumsatz *m*

turnover plan [ˈtɜːnəʊvə plæn] *sb* Umsatzplan *m*

turnover tax [ˈtɜːnəʊvə tæks] *sb* Umsatzsteuer *f*

turnover trend [ˈtɜːnəʊvə trend] *sb* Umsatzentwicklung *f*

tutorial [tjuːˈtɔːrɪəl] *sb* Benutzerhandbuch *n*

T

twitter [ˈtwɪtə] *v (social networking)* twittern; *twitter* ~ Twitternutzer(in) *m/f*

two-tier exchange rate [tuːˈtɪər ɪksˈtʃeɪndʒ reɪt] *sb* gespaltene Wechselkurse *m/pl*

two-tier foreign exchange market [ˈtuːtɪər ˈfɒrən ɪksˈtʃeɪndʒ ˈmɑːkɪt] *sb* gespaltener Devisenmarkt *m*

two-way package [ˈtuːweɪ ˈpækɪdʒ] *sb* Mehrwegverpackung *f*

type [taɪp] *v* **1.** *(use a keyboard)* eingeben, tippen; *sb* **2.** Gattung *f,* Typ *m,* Sorte *f*

type purchase [taɪp ˈpɜːtʃəs] *sb* Typenkauf *m*

types of deposit [taɪps əv dɪˈpɒzɪt] *pl* Depotarten *f/pl*

types of issuing [taɪps əv ˈɪʃuːɪŋ] *pl* Emissionsarten *f/pl*

types of property [taɪps əv ˈprɒpətɪ] *pl* Vermögensarten *f/pl*

typification [taɪpɪfɪˈkeɪʃn] *sb* Typisierung *f*

typographical error [taɪpəˈgræfɪkəl ˈerə] *sb* Tippfehler *m; (printing error)* Druckfehler *m*

T

U

ultimate [ˈʌltɪmət] *adj* **1.** *(last)* letzte(r,s), endgültig; **2.** *(greatest possible)* äußerste(r,s)

ultimate buyer [ˈʌltɪmət ˈbaɪə] *sb* Endabnehmer(in) *m/f*

ultimate consumer [ˈʌltɪmət kənˈsjuːmə] *sb* Endverbraucher(in) *m/f*, Endkonsument(in) *m/f*

ultimatum [ʌltɪˈmeɪtəm] *sb* Ultimatum *n*

ultimo [ˈʌltɪməʊ] *adv* am letzten des Monats

umbrella agreement [ʌmˈbrelə əˈgriːmənt] *sb* Rahmenabkommen *n*

umbrella brand [ʌmˈbrelə brænd] *sb* Dachmarke *f*

umbrella company [ʌmˈbrelə ˈkʌmpənɪ] *sb* Dachgesellschaft *f*

umbrella effect [ʌmˈbrelə ɪˈfekt] *sb* Umbrella-Effekt *m*

umbrella logo [ʌmˈbrelə ˈləʊgəʊ] *sb* Konzernlogo *n*, Dachmarkenlogo *n*

umbrella marketing [ʌmˈbrelə ˈmɑːkɪtɪŋ] *sb* Gemeinschaftswerbung *f*

unable to contract [ʌnˈeɪbl tu kənˈtrækt] *adj* geschäftsunfähig

unacceptability of continued employment [ʌnəkseptəˈbɪlɪtɪ əv kənˈtɪnjuːd ɪmˈplɔɪmənt] *sb* Unzumutbarkeit der Weiterbeschäftigung *f*

unacceptable [ʌnəkˈseptəbl] *adj* nicht akzeptabel, unannehmbar

unanimity [juːnəˈnɪmətɪ] *sb* Einstimmigkeit *f*

unanimous [juːˈnænɪməs] *adj* einstimmig

unannounced [ʌnəˈnaʊnst] *adj* unangemeldet

unauthorized [ʌnˈɔːθəraɪzd] *adj* unbefugt

unavailable [ʌnəˈveɪləbl] *adj* nicht erhältlich, nicht verfügbar

uncertified [ʌnˈsɜːtɪfaɪd] *adj* unbeglaubigt

unconditional [ʌnkənˈdɪʃənl] *adj* bedingungslos; *(offer, agreement)* vorbehaltlos

unconvertible [ʌnkənˈvɜːtəbl] *adj* nicht konvertierbar

uncovered cheque [ʌnˈkʌvəd ˈtʃek] *sb* ungedeckter Scheck *m*

uncovered credit [ʌnˈkʌvəd ˈkredɪt] *sb* ungedeckter Kredit *m*

uncredited [ʌnˈkredɪtɪd] *adj* nicht gutgeschrieben

undeclared [ʌndɪˈkleəd] *adj* unverzollt

under separate cover [ˈʌndə ˈsepərɪt ˈkʌvə] *sb* mit getrennter Post

underbidder [ˈʌndəbɪdə] *sb* Unterbieter(in) *m/f*

undercapitalization [ʌndekæpɪtəlaɪˈzeɪʃən] *sb* Unterkapitalisierung *f*

undercharge [ʌndəˈtʃɑːdʒ] *v* zu wenig berechnen

undercut [ʌndəˈkʌt] *v irr (prices)* unterbieten

underemployment [ʌndəɪmˈplɔɪmənt] *sb* Unterbeschäftigung *f*

underestimate [ʌndərˈestɪmeɪt] *v* unterschätzen

underground economy [ˈʌndəgraʊnd ɪˈkɒnəmɪ] *sb* Schattenwirtschaft *f*

underinsured [ʌndəˈɪnʃʊəd] *adj* unterversichert

underpaid [ʌndəˈpeɪd] *adj* unterbezahlt

underprice [ʌndəˈpraɪs] *v* unter Preis anbieten

underquote [ʌndəˈkwəʊt] *v* unterbieten

undersell [ʌndəˈsel] *v* unterbieten

understaffed [ʌndəˈstɑːft] *adj* unterbesetzt

understanding [ʌndəˈstændɪŋ] *sb (agreement)* Vereinbarung *f*, Abmachung *f*; come to an ~ with s.o. zu einer Einigung mit jdm kommen; on the ~ that ... unter der Voraussetzung, dass ...

understood [ʌndəˈstʊd] *adj (agreed)* vereinbart, festgesetzt

undertake [ʌndəˈteɪk] *v irr* unternehmen; *(a task)* übernehmen; *(a risk)* eingehen

U

undertaking [ˌʌndəˈteɪkɪŋ] *sb* **1.** Unternehmen *n;* **2.** *(task)* Aufgabe *f;* **3.** *(risky ~, bold ~)* Unterfangen *n*
undertaking of guarantee [ˌʌndəˈteɪkɪŋ əv ˌgærənˈtiː] *sb* Garantieleistung *f*
undervaluation [ˌʌndəvæljuːˈeɪʃən] *sb* Unterbewertung *f*
undervalue [ˌʌndəˈvæljuː] *v* unterschätzen, unterbewerten
underwriter [ˈʌndəraɪtə] *sb* Versicherer *m*
underwriting agent [ˌʌndəˈraɪtɪŋ ˈeɪdʒənt] *sb* Versicherungsvertreter(in) *m/f,* Versicherungsgent(in) *m/f*
underwriting bank [ˌʌndəˈraɪtɪŋ bæŋk] *sb* Syndikatsbank *f*
underwriting business [ˌʌndəˈraɪtɪŋ ˈbɪznɪs] *sb* Versicherungsgeschäft *n*
underwriting commission [ˌʌndəˈraɪtɪŋ kəˈmɪʃən] *sb* Konsortialprovision *f,* Bonifikation *f*
underwriting commitment [ˌʌndəˈraɪtɪŋ kəˈmɪtmənt] *sb* Konsortialverpflichtung *f*
underwriting costs [ˌʌndəˈraɪtɪŋ kɒsts] *sb* Kapitalkosten *pl,* Emissionskosten *pl*
underwriting limit [ˌʌndəˈraɪtɪŋ ˈlɪmɪt] *sb (insurance)* Zeichnungsgrenze *f*
underwriting premium [ˌʌndəˈraɪtɪŋ ˈpriːmɪəm] *sb* Emissionsagio *n*
unearned income [ʌnˈɜːnd ˈɪnkʌm] *sb* Kapitaleinkommen *n,* Besitzeinkommen *n*
uneconomical [ˌʌnekəˈnɒmɪkl] *adj* unwirtschaftlich, unökonomisch
unemployed [ˌʌnɪmˈplɔɪd] *adj* arbeitslos
unemployed person [ˌʌnɪmˈplɔɪd ˈpɜːsn] *sb* Erwerbslose(r) *f/m*
unemployment [ˌʌnɪmˈplɔɪmənt] *sb* Arbeitslosigkeit *f*
unemployment benefit [ˌʌnɪmˈplɔɪmənt ˈbenɪfɪt] *sb* Arbeitslosengeld *n*
unemployment insurance [ˌʌnɪmˈplɔɪmənt ɪnˈʃʊərəns] *sb* Arbeitslosenversicherung *f*
unemployment rate [ˌʌnɪmˈplɔɪmənt reɪt] *sb* Arbeitslosenrate *f*
unencumbered [ˌʌnɪnˈkʌmbəd] *adj* schuldenfrei, hypothekenfrei
unethical [ʌnˈeθɪkl] *adj* sittenwidrig
unfair advertising [ˈʌnfeə ˈædvətaɪzɪŋ] *sb* unlautere Werbung *f*

unfair competition [ˈʌnfeə kɒmpəˈtɪʃn] *sb* unlauterer Wettbewerb *m*
unfilled [ʌnˈfɪld] *adj* **1.** unerledigt; **2.** *(vacant)* offen, frei, vakant
unified balance sheet [ˈjuːnɪfaɪd ˈbæləns ʃiːt] *sb* Einheitsbilanz *f*
unified company [ˈjuːnɪfaɪd ˈkʌmpənɪ] *sb* Einheitsgesellschaft *f*
unified currency [ˈjuːnɪfaɪd ˈkʌrənsɪ] *sb* Einheitswährung *f*
uniform [ˈjuːnɪfɔːm] *adj* einheitlich, gleich
uniform classification of accounts for industrial enterprises [ˈjuːnɪfɔːm ˌklæsɪfɪˈkeɪʃn əv əˈkaʊnts fɔː ɪnˈdʌstrɪəl ˈentəpraɪzɪz] *sb* Industriekontenrahmen (IKR) *m*
uniform duty [ˈjuːnɪfɔːm ˈdjuːtɪ] *sb* Einheitszoll *m*
uniformity [juːnɪˈfɔːmɪtɪ] *sb* Einförmigkeit *f,* Gleichförmigkeit *f,* Eintönigkeit *f*
uniform price [ˈjuːnɪfɔːm praɪs] *sb* Einheitskurs *m*
uniform system of accounts for the whole-sale trade [ˈjuːnɪfɔːm ˈsɪstəm əv əˈkaʊnts fɔː ðə ˈhəʊlseɪl treɪd] *sb* Großhandelskontenrahmen *m*
unilateral [juːnɪˈlætərəl] *adj* einseitig
unilateral transfer [juːnɪˈlætərəl ˈtrænsfɜː] *sb* einseitige Übertragung *f*
union [ˈjuːnjən] *sb* **1.** *(group)* Vereinigung *f,* Verband *m,* Verein *m;* **2.** *(labor ~, trade ~)* Gewerkschaft *f*
union affiliation [ˈjuːnjən əfɪlɪˈeɪʃən] *sb* Gewerkschaftszugehörigkeit *f*
union contract [ˈjuːnjən ˈkɒntrækt] *sb* Tarifvertrag *m,* Tarifabschluss *m*
union funds [ˈjuːnjən fʌndz] *sb* Gewerkschaftskasse *f*
union leader [ˈjuːnjən ˈliːdə] *sb* Gewerkschaftsführer(in) *m/f*
union official [ˈjuːnjən əˈfɪʃl] *sb* Gewerkschaftsfunktionär(in) *m/f*
unionism [ˈjuːnjənɪzm] *sb* Gewerkschaftswesen *n*
unionist [ˈjuːnjənɪst] *sb* Gewerkschaftler(in) *m/f*
unique selling proposition (USP) [juːˈniːk ˈselɪŋ prɒpəsɪʃn] *sb* Alleinstellungsmerkmal *n,* einmaliges Verkaufsargument *n,* USP *m*
unit [ˈjuːnɪt] *sb* Einheit *f*

unit billing ['juːnɪt 'bɪlɪŋ] *sb* Sammelabrechnung *f*

unit certificate ['juːnɪt sə'tɪfɪkət] *sb* Anteilscheine *m/pl*

unit cost accounting ['juːnɪt kɒst ə'kaʊntɪŋ] *sb* Stückkostenkalkulation *f*

unit depreciation ['juːnɪt dɪpriːʃɪ'eɪʃən] *sb* Einzelabschreibung *f*

unit holder ['juːnɪt 'həʊldə] *sb* Anteilsscheinbesitzer(in) *m/f*

unit-linked ['juːnɪtlɪŋkt] *adj* fondsgebunden

unit of account ['juːnɪt əv ə'kaʊnt] *sb* Rechnungseinheit *f*

unit of manufacture ['juːnɪt əv mænjʊ'fæktʃə] *sb* Fertigungseinheit *f*

unit of organization ['juːnɪt əv ɔːgənaɪ'zeɪʃn] *sb* Unternehmenseinheit *f*

unit of reference ['juːnɪt əv 'refrəns] *sb* Bezugsgröße *f*

unit of value ['juːnɪt əv 'væljuː] *sb* Währungseinheit *f*, Werteinheit *f*

unit of work ['juːnɪt əv 'wɜːk] *sb* Arbeitseinheit *f*

unit production ['juːnɪt prə'dʌkʃn] *sb* Stückproduktion *f*, Einzelfertigung *f*

unit trust fund ['juːnɪt trʌst fʌnd] *sb* Investmentfonds *m*

United Nations Conference on Trade and Development (UNCTAD) [jʊ'naɪtɪd 'neɪʃnz 'kɒnfərens ɒn 'treɪd ænd dɪ'veləpmənt] *sb* Welthandelskonferenz *f*, UNCTAD *f*

United Nations Industrial Development Organization (UNIDO) [jʊ'naɪtɪd 'neɪʃnz ɪn'dʌstrɪəl dɪ'veləpmənt ɔːgənaɪ'zeɪʃən] *sb* Organisation der Vereinten Nationen für industrielle Entwicklung *f*, UNIDO *f*

universal [juːnɪ'vɜːsəl] *adj* **1.** universal, Universal..., Welt...; **2.** *(general)* allgemein

universal bank [juːnɪ'vɜːsəl bæŋk] *sb* Universalbank *f*

universal banking [juːnɪ'vɜːsəl bæŋkɪŋ] *sb* Universalbankgeschäft *n*

unlawful [ʌn'lɔːfʊl] *adj* rechtswidrig, gesetzwidrig, ungesetzlich

unlimited power ['ʌnlɪmɪtɪd 'paʊə] *sb* Generalvollmacht *f*

unlimited tax liability ['ʌnlɪmɪtɪd tæks laɪə'bɪlɪtɪ] *sb* unbeschränkte Steuerpflicht *f*

unlisted [ʌn'lɪstɪd] *adj* **1.** nicht verzeichnet; **2.** *(stock-exchange)* unnotiert

unlisted securities [ʌn'lɪstɪd sɪ'kjʊərɪtɪz] *pl* unnotierte Werte *m/pl*

unload [ʌn'ləʊd] *v (freight)* ausladen

unmortgaged [ʌn'mɔːgɪdʒd] *adj* hypothekenfrei, unbelastet

unofficial [ʌnə'fɪʃəl] *adj* inoffiziell

unofficial dealings [ʌnə'fɪʃl 'diːlɪŋz] *pl* Freiverkehr *m*

unofficial dealings committee [ʌnə'fɪʃl 'diːlɪŋz kɒ'mɪtiː] *sb* Freiverkehrsausschuss *m*

unofficial market [ʌnə'fɪʃl 'mɑːkɪt] *sb* geregelter Freiverkehr *m*

unofficial stock market [ʌnə'fɪʃl 'stɒk 'mɑːkɪt] *sb* Kulisse *f*

unpacked [ʌn'pækt] *adj* unverpackt

unpaid [ʌn'peɪd] *adj* unbezahlt

unpaid bill of exchange [ʌn'peɪd bɪl əv ɪks'tʃeɪndʒ] *sb* Rückwechsel *m*

unpaid vacation [ʌn'peɪd veɪ'keɪʃən] *sb* unbezahlter Urlaub *m*

unproductive [ʌnprə'dʌktɪv] *adj* unproduktiv, unergiebig

unprofitable [ʌn'prɒfɪtəbl] *adj* wenig einträglich, unrentabel

unqualified [ʌn'kwɒlɪfaɪd] *adj (applicant)* unqualifiziert, nicht qualifiziert

unquoted securities ['ʌnkwəʊtɪd sɪ'kjʊrɪtɪz] *pl* amtlich nicht notierte Werte *m/pl*

unquoted share ['ʌnkwəʊtɪd ʃeə] *sb* nichtnotierte Aktie *f*

unredeemable bond [ʌnrɪ'diːməbl bɒnd] *sb* Dauerschuldverschreibung *f*

unreserved [ʌnrɪ'zɜːvd] *adj* uneingeschränkt

unrestricted retained earnings [ʌnrɪ'strɪktɪd rɪ'teɪnd 'ɜːnɪŋz] *pl* freie Rücklage *f*

unsalable [ʌn'seɪləbl] *adj* unverkäuflich

unsecured credit [ʌnsɪ'kjʊəd 'kredɪt] *sb* Blankokredit *m*

unseizable [ʌn'siːzeɪbl] *adj* unpfändbar

unsettled account [ʌn'setld ə'kaʊnt] *sb* offene Rechnung *f*

U

untaxed [ʌnˈtækst] *adj* steuerfrei, unbesteuert

unused [ʌnˈjuːzd] *adj* ungenutzt

unwarranted [ʌnˈwɒrəntɪd] *adj* ohne Garantie

upbeat [ˈʌpbiːt] *adj* optimistisch

update [ʌpˈdeɪt] *v* auf den neuesten Stand bringen

upkeep [ˈʌpkiːp] *sb* **1.** Instandhaltung *f;* **2.** *(costs)* Instandhaltungskosten *pl*

uptake [ˈʌpteɪk] *sb* Akzeptanz *f*, Annahme *f*

upturn [ˈʌptɜːn] *sb* **1.** Aufwärtstrend *m*, Aufschwung *m;* **2.** *(stock-exchange)* Kurssteigerung *f*

upvaluation [ˈʌpvæljʊeɪʃən] *sb* Aufwertung *f*

upvalue [ʌpˈvæljuː] *v* höher bewerten, aufwerten

upward trend [ˈʌpwəd trend] *sb* Aufwärtstrend *m*

usage [ˈjuːsɪdʒ] *sb* Usancen *f/pl*

usance [ˈjuːsəns] *sb* Uso *m*, Usance *f*, Handelsbrauch *m*

USB [juːesˈbiː] *sb (universal serial bus)* USB *m*

USB drive [juːesˈbiː draɪv] *sb* USB-Stick *m*, Speicherstick *m*

USB port [juːesˈbiː pɔːt] *sb* USB-Port *m*, USB-Anschluss *m*

use [juːs] *sb* Nutzung *f*

user cost [ˈjuːzə kɒst] *sb* kalkulatorische Abschreibung *f*

user friendliness [ˈjuːzə ˈfrendlɪnes] *sb* Benutzerfreundlichkeit *f*

user-friendly [ˈjuːzəfrendlɪ] *adj* benutzerfreundlich, anwenderfreundlich

user interface [ˈjuːzər ˈɪntəfeɪs] *sb* Benutzeroberfläche *f*

usual conditions (u. c.) [ˈjuːʒʊəl kənˈdɪʃnz] *pl* übliche Bedingungen (u. c., u. t.) *f/pl*

usual terms (u. t.) [ˈjuːʒʊəl ˈtɜːmz] *pl* übliche Bedingungen (u. c., u. t.) *f/pl*

usufruct [ˈjuːsjufrʌkt] *sb* Nießbrauch *m*, Ususfruktus *m*

usufructuary right [juːsjuˈfrʌktʃʊərɪ raɪt] *sb* Nutzungsrecht *n*

usury [ˈjuːʒərɪ] *sb* Wucher *m*, Zinswucher *m*

utility [juːˈtɪlɪtɪ] **1.** Nutzen; *m* **2.** *public utilities pl (services)* Leistungen der öffentlichen Versorgungsbetriebe *f/pl*

utility analysis [juːˈtɪlɪtɪ əˈnæləsɪs] *sb* Nutzwertanalyse *f*

utility costs [juːˈtɪlɪtɪ kɒsts] *pl* Nutzkosten *pl*

utility-model patent [juːˈtɪlɪtɪmɒdəl ˈpeɪtənt] *sb* Gebrauchsmuster *n*

utilization of capacity [juːtɪlaɪˈzeɪʃən əv kəˈpæsɪtɪ] *sb* Kapazitätsauslastung *f*

utilization rights [juːtɪlaɪˈzeɪʃən raɪts] *pl* Verwertungsrechte *n/pl*

utilize [ˈjuːtɪlaɪz] *sb* verwerten, verwenden, benutzen

V

vacancy [ˈveɪkənsɪ] *sb (job)* freie Stelle *f*
vacant [ˈveɪkənt] *adj* **1.** frei, leer, unbesetzt, vakant; **2.** *(building)* unbewohnt, unvermietet
vacate [veɪˈkeɪt] *v (a job)* aufgeben
vacation [veɪˈkeɪʃən] *sb (US)* Ferien *pl*, Urlaub *m*
valid [ˈvælɪd] *adj* gültig; *(argument)* stichhaltig
valid contract [ˈvælɪd ˈkɒntrækt] *sb* rechtsgültiger Vertrag *m*
valid today [ˈvælɪd tʊˈdeɪ] heute gültig
validate [ˈvælɪdeɪt] *v* gültig machen; *(claim)* bestätigen
validity [vəˈlɪdɪtɪ] *sb* **1.** Gültigkeit *f*; **2.** *(of an argument)* Stichhaltigkeit *f*
validity in law [vəˈlɪdɪtɪ ɪn lɔː] *sb* Rechtsgültigkeit *f*
validity of a claim [vəˈlɪdɪtɪ əv ə kleɪm] *sb* Anspruchsberechtigung *f*
valorization [væləraɪˈzeɪʃn] *sb* Valorisation *f*
valorize [ˈvæləraɪz] *v* valorisieren, aufwerten
valuable [ˈvæljʊəbl] *adj* **1.** wertvoll; *sb* **2.** Wertgegenstand *m*
valuation [væljʊˈeɪʃən] *sb* **1.** *(process)* Schätzung *f*, Bewertung *f*, Wertansatz *m*; **2.** *(estimated value)* Schätzwert *m*
valuation account [væljʊˈeɪʃən əˈkaʊnt] *sb* Wertberichtigungskonto *n*
valuation of enterprises [væljʊˈeɪʃən əv ˈentəpraɪzɪz] *sb* Bewertung von Unternehmen *f*
valuation standards [væljʊˈeɪʃən ˈstændədz] *pl* Bewertungsmaßstäbe *m/pl*
valuator [ˈvæljʊeɪtə] *sb* Schätzer(in) *m/f*
value [ˈvælju:] *v* **1.** *(estimate the ~ of)* schätzen, abschätzen; *sb* **2.** Wert *m*, Preis *m*
value added [ˈvælju: ˈædɪd] *sb* Mehrwert *m*
value-added tax [vælju:ˈædɪd tæks] *sb (VAT)* Mehrwertsteuer *f*
value compensated [ˈvælju: ˈkɒmpənseɪtɪd] *sb* kompensierte Valuta *f*, Valuta kompensiert *f*

value date [ˈvælju: deɪt] *sb* Wertstellung *f*
value guarantee [ˈvælju: gærənˈtiː] *sb* Wertsicherung *f*
value in cash [ˈvælju: ɪn kæʃ] *sb* Barwert *m*
value in use [ˈvælju: ɪn ju:s] *sb* Gebrauchswert *m*
value of collateral [ˈvælju: əv kəˈlætərəl] *sb* Beleihungswert *m*
value of custody [ˈvælju: əv ˈkʌstədɪ] *sb* Verwahrungsbetrag *m*
value of money [ˈvælju: əv ˈmʌnɪ] *sb* Geldwert *m*
value of the subject matter at issue [ˈvælju: əv ðə ˈsʌbtʃekt ˈmætə æt ˈɪʃuː] *sb (legal)* Geschäftswert *m*
value to be attached [ˈvælju: tu biː əˈtætʃt] *sb* beizulegender Wert *m*
valuer [ˈvæljʊə] *sb* Schätzer(in) *m/f*
van [væn] *sb* Lieferwagen *m*, Transporter *m*
variable [ˈveərɪəbl] *adj* **1.** veränderlich, wechselnd; **2.** *(adjustable)* regelbar, verstellbar; *sb* **3.** Variable *f*, veränderliche Größe *f*
variable cost [ˈveərɪəbl ˈkɒst] *sb (Kostenrechnung)* Arbeitskosten *pl*
variable costing [ˈveərɪəbl ˈkɒstɪŋ] *sb* Teilkostenrechnung *f*
variable costs [ˈveərɪəbl kɒsts] *pl* variable Kosten *pl*
variable market [ˈveərɪəbl ˈmɑːkɪt] *sb* variabler Markt *m*
variable price [ˈveərɪəbl praɪs] *sb* variabler Kurs *m*
variable price quoting [ˈveərɪəbl praɪs ˈkwəʊtɪŋ] *sb* fortlaufende Notierung *f*
variable rate of interest [ˈveərɪəbl reɪt əv ˈɪntrest] *sb* variabler Zins *m*
variable value [ˈveərɪəbl ˈvælju:] *sb* variabler Wert *m*
variance [ˈveərɪəns] *sb* Varianz *f*
variant [ˈveərɪənt] *sb* Variante *f*
variety [vəˈraɪətɪ] *sb* **1.** *(assortment)* Vielfalt *f*; **2.** *(selection)* Auswahl *f*

vary ['veərɪ] *v* **1.** *(to be different)* unterschiedlich sein; *(fluctuate)* schwanken; **2.** *(give variety to)* variieren

vault [vɔːlt] *sb* *(of a bank)* Tresorraum *m*

velocity of circulation of money [ve'lɒsɪtɪ əv sɜːkjʊ'leɪʃn əv 'mʌnɪ] *sb* Geldumlaufsgeschwindigkeit *f*

venal ['viːnl] *adj* käuflich, korrupt

vendible ['vendɪbl] *adj* verkäuflich, gängig

vending machine ['vendɪŋ mə'ʃiːn] *sb* Verkaufsautomat *m*

vendition [ven'dɪʃən] *sb* Verkauf *m*

vendor ['vendə] *sb* **1.** Verkäufer(in) *m/f*; **2.** *(machine)* Automat *m*

venture ['ventʃə] *sb* Wagnis *n*

venture capital ['ventʃə 'kæpɪtl] *sb* Venture-Kapital *n*, Risikokapital *n*

verbal ['vɜːbəl] *adj* *(oral)* mündlich

verbatim [vɜː'beɪtɪm] *adv* wortwörtlich

verdict ['vɜːdɪkt] *sb* Urteil *n*

verification [verɪfɪ'keɪʃən] *sb* **1.** *(check)* Überprüfung *f*, Kontrolle *f*; **2.** *(confirmation)* Bestätigung *f*, Nachweis *m*

verification of documents [verɪfɪ'kaɪʃən əv 'dɒkjumənts] *sb* Belegprüfung *f*

verify ['verɪfaɪ] *v* **1.** *(check)* prüfen, nachprüfen; **2.** *(confirm)* bestätigen

versatile ['vɜːsətaɪl] *adj* vielseitig

versatility [vɜːsə'tɪlɪtɪ] *sb* Vielseitigkeit *f*

version ['vɜːʒən] *sb* Modell *n*

versus ['vɜːsəs] *prep* kontra

vertical integration ['vɜːtɪkl ɪntɪ'greɪʃn] *sb* vertikale Integration *f*, vertikale Konzentration *f*

vested interest stock ['vestɪd 'ɪntrest stɒk] *sb* Interessenwert *m*

veto ['viːtəʊ] *sb* **1.** Veto *n*; *v* **2.** ~ *sth* ein Veto gegen etw einlegen

via ['vaɪə] *prep* per, über

viability study [vaɪə'bɪlɪtɪ 'stʌdɪ] *sb* Wirtschaftlichkeitsstudie *f*

viable ['vaɪəbl] *adj* *(fig)* durchführbar

video ['vɪdɪəʊ] *sb* **1.** Video *n*, Videoclip *m*; *v* **2.** ~ *sth* etw auf Video aufnehmen

video conference ['vɪdɪəʊ 'kɒnfərəns] *sb* Videokonferenz *f*

videodisc ['vɪdɪəʊdɪsk] *sb* Video-Disc *f*

videophone ['vɪdɪəʊfəʊn] *sb* Bildschirmtelefon *n*

videotape ['vɪdɪəʊteɪp] *sb* Videoband *n*

videotext ['vɪdɪəʊtekst] *sb* Videotext *m*

violate ['vaɪəleɪt] *v* **1.** *(a contract, a treaty, an oath)* verletzen; **2.** *(a law)* übertreten

violation [vaɪə'leɪʃən] *sb* **1.** *(of a contract)* Verletzung *f*; **2.** *(of a law)* Gesetzübertretung *f*

violation of competition rule [vaɪə'leɪʃn əv kɒmpə'tɪʃən ruːl] *sb* Wettbewerbsverstoß *m*

virtual companies ['vɜːtjʊəl 'kʌmpəniz] *pl* virtuelle Unternehmen *n/pl*

virtual reality ['vɜːtʃʊəl rɪ'ælɪtɪ] *sb* virtuelle Realität *f*

virtualization [vɜːtjʊəlaɪ'zeɪʃn] *sb* Virtualisierung *f*

virus ['vaɪrəs] *sb* *(computer)* Virus *n*

visa ['viːzə] *sb* Visum *n*

visiting card ['vɪzɪtɪŋ kɑːd] *sb* *(UK)* Visitenkarte *f*

visiting hours ['vɪzɪtɪŋ 'aʊəz] *pl* Besuchszeiten *f/pl*

visitor ['vɪzɪtə] *sb* Besucher(in) *m/f*, Gast *m*

vocation [vəʊ'keɪʃən] *sb* *(profession)* Beruf *m*

vocational [vəʊ'keɪʃənl] *adj* Berufs..., beruflich

vocational college [vəʊ'keɪʃənl 'kɒlɪdʒ] *sb* Berufsfachschule *f*

vocational counselling [vəʊ'keɪʃənl 'kaʊnsəlɪŋ] *sb* Berufsberatung *f*

vocational retraining [vəʊ'keɪʃənl riː'treɪnɪŋ] *sb* berufliche Umschulung *f*

vocational school [vəʊ'keɪʃənl 'skuːl] *sb* Berufsschule *f*

vocational training [vəʊ'keɪʃənl 'treɪnɪŋ] *sb* Berufsausbildung *f*

voice mail [vɔɪs meɪl] *sb* Voice-Mail *f*

void [vɔɪd] *adj* ungültig, nichtig; *become* ~ verfallen; *declare* ~ für ungültig erklären; *stand~* ungültig sein

void bill [vɔɪd bɪl] *sb* präjudizierter Wechsel *m*

voidable ['vɔɪdəbl] *adj* aufhebbar, anfechtbar

volatility [vɒlə'tɪlɪtɪ] *sb* Volatilität *n*

volatility analysis [vɒlətɪlɪtɪ ə'næləsɪs] *sb* Volatilitätsanalyse *f*

volt [vɒlt] *sb* Volt *n*

voltage [ˈvɒltɪdʒ] *sb* Spannung *f*

volume [ˈvɒljuːm] *sb* **1.** *(measure)* Volumen *n;* **2.** *(fig: of business, of traffic)* Umfang *m*

volume of business [ˈvɒljuːm əv ˈbɪznɪs] *sb* Geschäftsvolumen *n*

volume of foreign trade [ˈvɒljuːm əv ˈfɒrɪn treɪd] *sb* Außenhandelsvolumen *n*

volume of money [ˈvɒljuːm əv ˈmʌnɪ] *sb* Geldvolumen *n*

volume order [ˈvɒljuːm ˈɔːdə] *sb* Großauftrag *m*, Mengenauftrag *m*

volume variance [ˈvɒljuːm ˈveərɪəns] *sb* Beschäftigungsabweichungen *f/pl*

voluntary [ˈvɒləntərɪ] *adj* freiwillig, ehrenamtlich

voluntary contributions [ˈvɒləntərɪ kɒntrɪˈbjuːʃnz] *pl* Spenden *f/pl*

voluntary disclosure [ˈvɒləntərɪ dɪsˈkləʊʒə] *sb* Selbstauskunft *f*

voluntary retirement [ˈvɒləntərɪ rɪˈtaɪəmənt] *sb* Austritt *m*

vostro account [ˈvɒstrəʊ əˈkaʊnt] *sb* Vostrokonto *n*

voting rights of nominee shareholders [ˈvəʊtɪŋ raɪts əv nɒmɪˈniː ˈʃeəhəʊldəz] *pl* Depotstimmrecht *n*

voting share [ˈvəʊtɪŋ ʃeə] *sb* Stimmrechtsaktie *f*

voucher [ˈvaʊtʃə] *sb* **1.** *(coupon)* Gutschein *m*, Bon *m;* **2.** *(receipt)* Beleg *m*, Quittung *f*

vouchsafe [vaʊtʃˈseɪf] *v* gewähren

V

W

wage [weɪdʒ] *sb* (~s) Lohn *m*

wage agreement [ˈweɪdʒ əˈgriːmənt] *sb* Lohnvereinbarung *f*

wage arrears [weɪdʒ əˈrɪez] *pl* Lohnrückstände *m/pl*

wage bargaining [weɪdʒ ˈbɑːgɪnɪŋ] *sb* Lohnverhandlungen *f/pl*

wage bracket [weɪdʒ ˈbrækɪt] *sb* Lohngruppe *f*, Lohnklasse *f*

wage claim [ˈweɪdʒ kleɪm] *sb* Lohnforderung *f*

wage continuation [weɪdʒ kəntɪnjʊˈeɪʃən] *sb* Lohnfortzahlung *f*

wage costs [ˈweɪdʒ kɒsts] *pl* Lohnkosten *pl*

wage cut [ˈweɪdʒ kʌt] *sb* Lohnkürzung *f*, Lohnsenkung *f*

wage-earner [ˈweɪdʒɜːnə] *sb* Lohnempfänger(in) *m/f*

wage freeze [ˈweɪdʒfriːz] *sb* Lohnstopp *m*

wage in cash [ˈweɪdʒ ɪn ˈkæʃ] *sb* Barlohn *m*

wage-induced [weɪdʒɪnˈdjuːst] *adj* lohnkostenbedingt

wage-intensive [weɪdʒɪnˈtensɪv] *sb* lohnintensiv

wage per hour [weɪdʒ pɜː ˈaʊə] *sb* Stundenlohn *m*

wage-price spiral [ˈweɪdʒˈpraɪs ˈspaɪrəl] *sb* Lohn-Preis-Spirale *f*

wage scale [ˈweɪdʒ skeɪl] *sb* Lohntarif *m*

wages paid in kind [ˈweɪdʒɪz peɪd ɪn ˈkaɪnd] *pl* Naturallohn *m*

wages policy [ˈweɪdʒɪz ˈpɒlɪsɪ] *sb* Lohnpolitik *f*

wage rate [ˈweɪdʒ reɪt] *sb* Lohntarif *m*

wage tax [ˈweɪdʒ tæks] *sb* Lohnsteuer *f*

wage tax class [ˈweɪdʒ tæks klɑːs] *sb* Lohnsteuerklasse *f*

wait-and-see attitude [weɪtændˈsiː ˈætɪtjuːd] *sb* abwartende Haltung *f*, Attentismus *m*

waiting allowance [ˈweɪtɪŋ əˈlaʊəns] *sb* Karenzentschädigung *f*

waive [weɪv] *v* verzichten

waiver [ˈweɪvə] *sb* **1.** Verzicht *m*; **2.** (*form, written* ~) Verzichterklärung *f*

waiver of a claim [ˈweɪvər əv ə ˈkleɪm] *sb* Anspruchsverzicht *m*

wallet [ˈwɒlɪt] *sb* Brieftasche *f*

Wall Street [ˈwɔːl striːt] *sb* New Yorker Börse *f*, Wall Street *f*

want [wɒnt] *sb* **1.** (*need*) Bedürfnis *n*; **2.** (*lack*) Mangel *m*; *for* ~ *of* mangels; **3.** (*poverty*) Not *f*

wantage [ˈwɑːntɪdʒ] *sb* Fehlbetrag *m*

wanting [ˈwɒntɪŋ] *adj* fehlend, mangelnd; *to be found* ~ sich als mangelhaft erweisen

war loan [ˈwɔː ləʊn] *sb* Kriegsanleihe *f*

ware [weə] *sb* Ware *f*, Erzeugnis *n*

warehouse [ˈweəhaʊs] *sb* Lagerhaus *n*, (Waren-)Lager *n*

warehouse costs [ˈweəhaʊs kɒsts] *pl* Lagerhaltungskosten *pl*

warehouse loan [ˈweəhaʊs ləʊn] *sb* Einlagerungskredit *f*

warehouse receipt [ˈweəhaʊs rɪˈsiːt] *sb* Lagerempfangsschein (D/W) *m*

warehouse rent [ˈweəhaʊs rent] *sb* Lagermiete *f*

warehouse warrant [ˈweəhaʊs ˈwɒrənt] *sb* Lagerschein *m*

warehousing [ˈweəhaʊzɪŋ] *sb* Lagerung *f*

warning [ˈwɔːnɪŋ] *sb* (*notice*) Ankündigung *f*, Benachrichtigung *f*

warrant [ˈwɒrənt] *sb* Befehl *m*; (*search* ~) Durchsuchungsbefehl *m*; (*for arrest*) Haftbefehl *m*

warrant for goods [ˈwɒrənt fɔː gʊdz] *sb* Lagerpfandschein *m*

warrant issue [ˈwɒrənt ˈɪʃuː] *sb* Optionsanleihe *f*

warrant of attachment [ˈwɒrənt əv əˈtætʃmənt] *sb* Beschlagnahmeverfügung *f*

warrantor [ˈwɒrəntɔː] *sb* Garantiegeber *m*

warrants [ˈwɒrənts] *sb* Warrants *pl*

warranty [ˈwɒrəntɪ] *sb* Garantie *f*, Gewährleistung *f*

warranty clause [ˈwɒrəntɪ klɔːz] *sb* Gewährleistungsklausel *f*

warranty deed [ˈwɒrəntɪ diːd] *sb* Bürgschaftsurkunde *f*

warranty of authority [ˈwɒrəntɪ əvˈɔːθərətɪ] *sb* Ermächtigung *f*

waste [weɪst] *v* **1.** (*sth*) verschwenden, vergeuden; (*a chance*) vertun; *sb* **2.** Verschwendung *f*; (*rubbish*) Abfall *m*; (~ *material*) Abfallstoffe *pl*

waste disposal [ˈweɪst dɪsˈpəʊzəl] *sb* Abfallbeseitigung *f*

waste management [ˈweɪst ˈmænɪdʒmənt] *sb* Abfallwirtschaft *f*

waterage [ˈwɔːtərɪdʒ] *sb* Transport auf dem Wasserweg *m*

watering of capital stock [ˈwɔːtərɪŋ əv ˈkæpɪtl stɒk] *sb* Kapitalverwässerung *f*

waterproof [ˈwɔːtəpruːf] *adj* wasserundurchlässig, wasserdicht

watt [wɒt] *sb* Watt *n*

wattage [ˈwɒtɪdʒ] *sb* Wattleistung *f*

waybill [ˈweɪbɪl] *sb* Frachtbrief *m*

wealth tax [ˈwelθ tæks] *sb* Vermögenssteuer *f*

wear and tear [ˈweər ənd ˈteə] *sb* Abnutzung und Verschleiß

wearproof [ˈweəpruːf] *adj* strapazierfähig

web [web] *sb the Web* das World Wide Web *n*, das Netz *n*

web browser [ˈweb ˈbraʊzə] *sb* Webbrowser *m*

web page [ˈweb peɪdʒ] *sb* Web-Seite *f*, Webpage *f*

web server [ˈweb ˈsɜːvə] *sb* Webserver *m*, Internetrechner *m*

web site [ˈwebsaɪt] *sb* Website *f*

weekday [ˈwiːkdeɪ] *sb* Wochentag *m*

weekend [wiːkˈend] *sb* Wochenende *n*

weigh [weɪ] *v* **1.** wiegen; (*sth*) wiegen; **2.** (*fig: pros and cons*) abwägen; ~ *one's words* seine Worte abwägen

weight [weɪt] *sb* Gewicht *n*; *lose ~/gain ~ (person)* abnehmen/zunehmen

weight guaranteed (w.g.) [weɪt gærənˈtiːd] garantiertes Gewicht (w.g.) *n*

weighting [ˈweɪtɪŋ] *sb* (*UK: ~ allowance*) Zulage *f*

weight loaded [weɪt ˈləʊdɪd] *sb* Abladegewicht *n*

weight of taxation [weɪt əv tækˈseɪʃən] *sb* Steuerlast *f*

welfare [ˈwelfeə] *sb* Wohlfahrt *f*, Sozialhilfe *f*

welfare state [ˈwelfeə steɪt] *sb* Wohlfahrtsstaat *m*

well-connected [wel kəˈnektɪd] *adj* *be* ~ gute Beziehungen haben

well-deserved [weldɪˈzɜːvd] *adj* wohlverdient

well-equipped [welɪˈkwɪpt] *adj* gut ausgerüstet

well-informed [welɪnˈfɔːmd] *adj* (*person*) gut informiert

well-intentioned [welɪnˈtenʃənd] *adj* wohl gemeint; (*person*) wohlmeinend

well-known [ˈwelnəʊn] *adj* bekannt

wharf [wɔːf] *sb* Kai *m*

wharfage [ˈwɔːfɪdʒ] *sb* Kaigebühren *pl*

whispering campaign [ˈwɪspərɪŋ kæmˈpeɪn] *sb* Verleumdungskampagne *f*

white collar worker [waɪt ˈkɒlə ˈwɜːkə] *sb* Angestellte(r) *f/m*, Büroangestellte(r) *f/m*

white goods [ˈwaɪt gʊdz] *sb* weiße Ware *f*

white knight [waɪt ˈnaɪt] *sb* Investor, der eine Firma vor einer Übernahme rettet *m*, Retter in der Not *m*

white-collar crime [ˈwaɪtkɒlə kraɪm] *sb* White-Collar-Kriminalität *f*, Wirtschaftskriminalität *f*

white-collar union [ˈwaɪtkɒlə ˈjuːnjən] *sb* Angestelltengewerkschaft *f*

whiteout [ˈwaɪtaʊt] *sb* (*fam*) Tipp-Ex *n*

whole-bank interest margin calculation [ˈhəʊlbæŋk ˈɪntrest mɑːdʒɪn kælkjuˈleɪʃn] *sb* Gesamtzinsspannenrechnung *f*

wholesale [ˈhəʊlseɪl] *sb* Großhandel *m*; *adv* im Großhandel

wholesale banking [ˈhəʊlseɪl bæŋkɪŋ] *sb* Firmenkundengeschäft *n*

wholesale insurance [ˈhəʊlseɪl ɪnˈʃʊərəns] *sb* Gruppenversicherung *f*

wholesale market [ˈhəʊlseɪl ˈmɑːkɪt] *sb* Großmarkt *m*

wholesale merchant [ˈhəʊlseɪl ˈmɜːtʃənt] *sb* Großhandelskaufmann/Großhandelskauffrau *m/f*

wholesale price [ˈhəʊlseɪl praɪs] *sb* Großhandelspreis *m*

W

wholesale trade ['həʊlseɪl treɪd] *sb* Großhandel *m*

wholesaler ['həʊlseɪlə] *sb* Großhändler(in) *m/f*, Grossist(in) *m/f*

wholly-owned [həʊlɪ'əʊnd] *adj* a ~ *subsidiary* eine hundertprozentige Tochtergesellschaft *f*

width [wɪdθ] *sb* Breite *f*

wield [wi:ld] *v (power)* ausüben

Wi-Fi ['waɪfaɪ] *sb* WLAN *n*

wildcat ['waɪldkæt] *adj* spekulativ, riskant; ~ *security* unsicheres Wertpapier

wilful ['wɪlfʊl] *adj (deliberate)* vorsätzlich, mutwillig

willingness ['wɪlɪŋnɪs] *sb* Bereitwilligkeit *f*, Bereitschaft *f*

willingness to achieve ['wɪlɪŋnɪs tu: ə'tʃi:v] *sb* Leistungsbereitschaft *f*

windbill ['wɪndbɪl] *sb* Reitwechsel *m*

winding-up [waɪndɪŋ'ʌp] *sb* Geschäftsauflösung *f*, Liquidation *f*

winding-up accounts [waɪndɪŋ'ʌp ə'kaʊnts] *pl* Abwicklungsbilanz *f*

winding-up period [waɪndɪŋ'ʌp 'pɪərɪəd] *sb* Abwicklungszeitraum *m*

winding-up petition [waɪndɪŋ'ʌp pɪ'tɪʃən] *sb* Antrag auf Liquidation *m*

window dressing ['wɪndəʊ dresɪŋ] *sb* **1.** Schaufensterdekoration *f*; **2.** Bilanzschönung *f*

window envelope ['wɪndəʊ 'envələʊp] *sb* Fensterbriefumschlag *m*

winter bonus ['wɪntə 'bəʊnəs] *sb* Winterausfallgeld *n*

wire [waɪə] *v (send a telegram to)* telegrafieren

withdrawal [wɪθ'drɔ:əl] *sb* Entnahme *f*, Abhebung *f*

withdrawal of an order [wɪθ'drɔ:əl əv ən 'ɔ:də] *sb* Auftragsstornierung *f*

withdrawal of shares [wɪθ'drɔ:əl əv 'ʃeəs] *sb* Aktieneinziehung *f*

withdrawal period [wɪθ'drɔ:əl 'pɪərɪəd] *sb* Kündigungsfrist *f*

withhold [wɪð'həʊld] *v* einbehalten, zurückhalten

withholding of income tax [wɪð'həʊldɪŋ əv 'ɪŋkʌm tæks] *sb* Lohnsteuerabzug *m*

withholding of payment [wɪð'həʊldɪŋ əv 'peɪmənt] *sb* Zahlungsverweigerung *f*

withholding rate [wɪð'həʊldɪŋ reɪt] *sb* Kapitalertragssteuersatz *m*, Lohnsteuersatz *m*

without competition [wɪθ'aʊt kɒmpə'tɪʃən] *adv* konkurrenzlos

without guarantee [wɪθ'aʊt gærən'ti:] *adv* ohne Gewähr

without obligation [wɪθ'aʊt ɒblɪ'geɪʃən] *adv* ohne Obligo, *offer* ~ freibleibend

without prior notice [wɪθ'aʊt 'praɪə 'nəʊtɪs] *adv* fristlos

witness ['wɪtnɪs] *v* **1.** bezeugen, Zeuge sein; *sb* **2.** Zeuge/Zeugin *m/f*

word processing [wɜːd 'prəʊsesɪŋ] *sb* Textverarbeitung *f*

work [wɜːk] *v* **1.** arbeiten; ~ *on* arbeiten an; **2.** *(a machine)* bedienen; **3.** *(to be successful)* klappen; **4.** *(function)* funktionieren; *sb* **5.** Arbeit *f*; *to be at ~ on sth* an etw arbeiten; *out of ~* arbeitslos; *make short ~ of sth (fam)* mit etw kurzen Prozess machen; *He's at ~.* Er ist in der Arbeit. *~s pl* **6.** *(factory)* Betrieb *m*, Fabrik *f*

workable ['wɜːkəbl] *adj* **1.** brauchbar, durchführbar; **2.** *(mining)* abbaufähig

workaholic [wɜːkə'hɒlɪk] *sb* Arbeitssüchtige(r) *f/m*, Workaholic *m*

workbench ['wɜːkbentʃ] *sb* Werkbank *f*

worker ['wɜːkə] *sb* Arbeiter(in) *m/f*

worker participation ['wɜːkə pɑːtɪsɪ'peɪʃən] *sb* Arbeitnehmerbeteiligung *f*

work ethic [wɜːk 'eθɪk] *sb* Arbeitsmoral *f*

work experience [wɜːk ɪk'spɪərɪəns] *sb* Berufserfahrung *f*, Berufspraxis *f*

workforce ['wɜːkfɔːs] *sb* Belegschaft *f*, Arbeiterschaft *f*

working assets ['wɜːkɪŋ 'æsets] *sb* Betriebskapital *n*, Umlaufvermögen *n*

working atmospere ['wɜːkɪŋ 'ætməsfɪə] *sb* Betriebsklima *n*

working capital ['wɜːkɪŋ 'kæpɪtl] *sb* Betriebskapital *n*

working credit ['wɜːkɪŋ 'kredɪt] *sb* Betriebskredit *m*

working day ['wɜːkɪŋ deɪ] *sb* Arbeitstag *m*

working expenses ['wɜːkɪŋ ɪks'pensɪz] *pl* Betriebskosten *pl*

working funds [ˈwɜːkɪŋ fʌndz] *pl* Betriebsmittel *n/pl*

working hours [ˈwɜːkɪŋ ˈaʊəz] *pl* Arbeitszeit *f*

working knowledge [ˈwɜːkɪŋ ˈnɒlɪdʒ] *sb (in languages)* Grundkenntnisse *f/pl*

working lunch [ˈwɜːkɪŋ lʌntʃ] *sb* Arbeitsessen *n*

working party [ˈwɜːkɪŋ ˈpɑːtɪ] *sb* Arbeitsgruppe *f*, Arbeitsgemeinschaft *f*

working time standard [ˈwɜːkɪŋ taɪm ˈstændəd] *sb* Regelarbeitszeit *f*

working week [ˈwɜːkɪŋ wiːk] *sb* Arbeitswoche *f*

work injury [wɜːk ˈɪndʒərɪ] *sb* Betriebsunfall *m*, Arbeitsunfall *m*

work in process [wɜːk ɪn ˈprəʊses] *sb* unfertige Erzeugnisse *n/pl*

work in the field [wɜːk ɪn ðə ˈfiːld] *sb* Außendienst *m*

work layout [wɜːk ˈleɪaʊt] *sb* Arbeitsdisposition *f*

workload [ˈwɜːkləʊd] *sb* Arbeitslast *f*

workmanship [ˈwɜːkmənʃɪp] *sb* Arbeitsqualität *f*

workmate [ˈwɜːkmeɪt] *sb* Arbeitskollege *m*

work out [wɜːk ˈaʊt] *v (figures)* ausrechnen

work output [wɜːk ˈaʊtpʊt] *sb* Arbeitsleistung *f*

work performed [wɜːk pəˈfɔːmd] *sb* Arbeitsertrag *m*

work permit [ˈwɜːk ˈpɜːmɪt] *sb* Arbeitserlaubnis *f*

workplace [ˈwɜːkpleɪs] *sb* Arbeitsplatz *m*

work procurement [wɜːk prəˈkjʊəmənt] *sb* Arbeitsbeschaffung *f*

workshop [ˈwɜːkʃɒp] *sb* Werkstatt *f*; *(fig: seminar)* Seminar *n*

works pension [wɜːks ˈpenʃn] *sb* Betriebsrente *f*, Firmenrente *f*

works protection force [wɜːks prəˈtekʃən fɔːs] *sb* Werkschutz *m*

workstandard [wɜːkˈstændəd] *sb* Werknorm *f*

workstation [ˈwɜːksteɪʃn] *sb* Arbeitsplatzrechner *m*

work together [wɜːk təˈgeθə] *v* zusammenarbeiten

work to rule [wɜːk tə ˈruːl] *sb* Dienst nach Vorschrift *m*

World Bank [ˈwɜːld bæŋk] *sb* Weltbank *f*

world economic summit [wɜːld iːkəˈnɒmɪk ˈsʌmɪt] *sb* Weltwirtschaftsgipfel *m*

world economy [wɜːld ɪkˈɒnəmɪ] *sb* Weltwirtschaft *f*

world fair [wɜːld feə] *sb* Weltausstellung *f*

world market [wɜːld ˈmɑːkɪt] *sb* Weltmarkt *m*

world market price [wɜːld ˈmɑːkɪt praɪs] *sb* Weltmarktpreis *m*

world trade [wɜːld ˈtreɪd] *sb* Welthandel *m*

World Trade Organization (WTO) [wɜːld treɪd ɔːgənaɪˈzeɪʃən] *sb* Welthandelsorganisation *f*, WTO *f*

world-wide [ˈwɜːldˈwaɪd] *adj* weltweit

worldwide economic crisis [ˈwɜːldwaɪd iːkəˈnɒmɪk ˈkraɪsɪs] *sb* Weltwirtschaftskrise *f*

worldwide financial statements [ˈwɜːldwaɪd faɪˈnænʃl ˈsteɪtmənts] *sb* Weltbilanz *f*

worst-case [ˈwɜːstkeɪs] *adj ~ scenario* Annahme des ungünstigsten Falles *f*

worth [wɜːθ] *sb* Wert *m*

wrapper [ˈræpə] *sb* Schutzumschlag *m*, Schutzhülle *f*

wrapping [ˈræpɪŋ] *sb* Verpackung *f*

wrapping paper [ˈræpɪŋ ˈpeɪpə] *sb* Packpapier *n*

writ [rɪt] *sb* Verfügung *f*, Anordnung *f*

writ of summons [rɪt əv ˈsʌmənz] *sb* Vorladung *f*

write-down value [ˈraɪtdaʊn ˈvæljuː] *sb* Buchwert *m*

writing down allowance [ˈraɪtɪŋ daʊn əˈlaʊəns] *sb* Abschreibungsfreibetrag *m*

write off [raɪt ˈɒf] *v irr* abschreiben

write-off [ˈraɪtɒf] *sb (tax ~)* Abschreibung *f*

write out [raɪt ˈaʊt] *v irr (cheque)* ausstellen

written [ˈrɪtn] *adj* schriftlich

wrongful [ˈrɒŋfʊl] *adj* unrechtmäßig, widerrechtlich

W

X/Y/Z

XYZ analysis [ˈekswaɪzed əˈnælɪsɪs] *sb* XYZ-Analyse *f*

yard [jɑːd] *sb (UK: 0.914 metres)* Yard *n*

year [ˈjɪə] *sb* Jahr *n*, ... a ~ ... pro Jahr

year-ago [ˈjɪərəgəʊ] *adj* Vorjahres...

yearly [ˈjɪəlɪ] *adj* jährlich, Jahres...

year-on-year [jɪərɒnˈjɪə] *adj* im Jahresvergleich, gegenüber dem Vorjahr

year's high [jɪəz ˈhaɪ] *sb* Jahreshöchststand *m*

Yellow Pages [ˈjeləʊ ˈpeɪdʒɪz] *pl the* ~ die Gelben Seiten *pl*

yen [jen] *sb* Yen *m*

yield [jiːld] *v* **1.** *(a crop, a result)* hervorbringen, ergeben; *(interest)* abwerfen; *sb* **2.** Ertrag *m*, Rendite *f*

yield after tax [jiːld ɑːftə ˈtæks] *sb* Nachsteuerrendite *f*

yield before tax [jiːld bɪfɔː ˈtæks] *sb* Gewinn vor Steuern *m*

yield capacity [jiːld kəˈpæsətɪ] *sb* Ertragspotenzial *n*

yield level [ˈjiːld levl] *sb* Renditenniveau *n*

yield on bonds outstanding [jiːld ɒn ˈbɒndz aʊtˈstændɪŋ] *sb* Umlaufrendite *f*

yield on price [jiːld ɒn ˈpraɪs] *sb* Kursrendite *f*

yield on shares [ˈjiːld ɒn ˈʃeəs] *sb* Aktienrendite *f*

yield rate [ˈjiːld reɪt] *sb* effektiver Zins *m*, Effektivverzinsung *f*

yield to maturity [jiːld tu məˈtjʊərətɪ] *sb* Ablaufrendite *f*

young businessman [jʌŋ ˈbɪznɪsmən] *sb* Jungunternehmer *m*

youth employment protection [ˈjuːθ ɪmˈplɔɪmənt prəˈtekʃn] *sb* Jugendarbeitsschutz *m*

youth representatives [juːθ reprɪˈzentətɪvz] *sb* Jugendvertretung *f*

youth unemployment [ˈjuːθ ˈʌnɪmplɔɪmənt] *sb* Jugendarbeitslosigkeit *f*

zealous [ˈzeləs] *adj* eifrig

zero [ˈzɪərəʊ] *sb* **1.** Null *f*; **2.** *(on a scale)* Nullpunkt *m*

zero balance [ˈzɪərəʊ ˈbæləns] *sb* ausgeglichene Bilanz *f*, Nullsaldo *m*

zero bonds [ˈzɪərəʊ bɒndz] *pl* Zerobonds *pl*

zero growth [ˈzɪərəʊ grəʊθ] *sb* Nullwachstum *n*

zero item [ˈzɪərəʊ ˈaɪtəm] *sb* Nullposten *m*

zero rate [ˈzɪərəʊ reɪt] *sb* Nullsatz *m*

zero-rated [ˈzɪərəʊreɪtɪd] *adj* mehrwertsteuerfrei

ZIP code [ˈzɪp kəʊd] *sb (US)* Postleitzahl *f*

zone [zəʊn] *sb* **1.** Zone *f*, Gebiet *n*; Bereich *m*; *v* **2.** in Zonen einteilen

zonetime [ˈzəʊntaɪm] *sb* Zeitzonensystem *n*

zoning [ˈzəʊnɪŋ] *sb* Gebietsaufteilung *f*, Flächenaufteilung *f*

Deutsch – Englisch

A

ab Bahnhof [ap ˈbaːnhoːf] free on rail
ab Kai [ap ˈkaɪ] ex quay
ab Werk [ap ˈvɛrk] ex works
abändern [ˈapɛndɐn] v alter, change, modify
Abänderung [ˈapɛndərʊŋ] f alteration, change, modification
Abänderungsantrag [ˈapɛndərʊŋsantraːk] m (motion for) amendment
Abänderungsvorschlag [ˈapɛndərʊŋsfoːɐʃlaːk] m proposal for alteration, proposed alteration
Abandon [abãˈdɔ̃ː] m abandonment
abarbeiten [ˈaparbaɪtən] v work off
Abbau [ˈapbau] m **1.** reduction, **2.** (im Bergbau) mining, exploitation, exhaustion
abbaubar [ˈapbaubaːɐ] adj degradable, decomposable
abbauen [ˈapbauən] v **1.** (verringern) reduce; **2.** (zerlegen) dismantle, pull down, take to pieces; **3.** (im Bergbau) mine, work
abbestellen [ˈapbəʃtɛlən] v cancel
Abbestellung [ˈapbəʃtɛlʊŋ] f cancellation
abbezahlen [ˈapbətsaːlən] v pay off, repay
abbrechen [ˈapbrɛçən] v irr break off, abort, sever
abbröckeln [ˈapbrœkəln] v (Börsenkurs) ease off, drop off
abbuchen [ˈapbuːxən] v **1.** deduct, debit; **2.** (abschreiben) write off
Abbuchung [ˈapbuːxʊŋ] f debiting
Abbuchungsauftrag [ˈapbuːxʊŋsauftraːk] m direct debit instruction
Abbuchungsverfahren [ˈapbuːxʊŋsfɛɐfaːrən] n direct debit (procedure)
ABC-Analyse [abeˈtseːanalyːzə] f ABC evaluation analysis
Abendbörse [ˈaːbəntbœrzə] f evening stock exchange
aberkennen [ˈapɛɐkɛnən] v irr deprive, disallow, dispossess
Aberkennung [ˈapɛɐkɛnʊŋ] f deprivation, abjudication, disallowance

Abfahrtszeit [ˈapfaːɐtstsaɪt] f time of departure
Abfall [ˈapfal] m waste
Abfallbeseitigung [ˈapfalbəsaɪtigʊŋ] f waste disposal
Abfallbörse [ˈapfalbœrsə] f recycling exchange
Abfallprodukt [ˈapfalprodukt] n waste product
Abfallverwertung [ˈapfalfɛɐveːrtʊŋ] f recycling, waste utilization
Abfallwirtschaft [ˈapfalvɪrtʃaft] f utilization of waste products, waste management
abfeiern [ˈapfaɪɐn] v Überstunden ~ take time off to make up for overtime
abfertigen [ˈapfɛrtigən] v **1.** (Zoll) clear; **2.** (Kunde) attend to, serve
Abfertigung [ˈapfɛrtigʊŋ] f dispatch, **1.** (Zoll) clearance; **2.** (Kunde) service
abfinden [ˈapfɪndən] v irr settle with, indemnify, pay off; (jdn ~) pay off, (Teilhaber ~) buy out
Abfindung [ˈapfɪndʊŋ] f settlement, indemnification; compensation
Abfindungsangebot [ˈapfɪndʊŋsangəboːt] n compensation offer
Abfindungssumme [ˈapfɪndʊŋszumə] f compensation, severance pay
abflauen [ˈapflauən] v flag, slacken, slow down
Abfrage [ˈapfraːgə] f inquiry
abführen [ˈapfyːrən] v (Gelder) pay
Abführungspflicht [ˈapfyːrʊŋspflɪçt] f pay over duty
Abfülldatum [ˈapfyldaːtum] n filling date, bottling date
Abgabe [ˈapgaːbə] f (Steuer) duty, levy, tax
Abgabemenge [ˈapgaːbəmɛŋə] f quantity sold
abgabenfrei [ˈapgaːbənfraɪ] adj dutyfree, tax-free, tax-exempt
Abgabenordnung [ˈapgaːbənɔrdnʊŋ] f fiscal code
abgabenpflichtig [ˈapgaːbənpflɪçtɪç] adj taxable, liable to tax

Abgabensystem ['apga:bənzʏste:m] *n* taxation system

Abgabetermin ['apga:bətɛrmi:n] *m* submission date, hand-in deadline

Abgang ['apgaŋ] *m (Waren)* outlet, sale, market

abgelten ['apgɛltən] *v irr* pay off, compensate

Abgeltungssteuer ['apgɛltuŋsʃtɔyɐ] *f* settlement tax

Abgleich ['apglaɪç] *m* alignment, balance

Abgrenzung ['apgrɛntsuŋ] *f* demarcation

Abgrenzungspolitik ['apgrɛntsuŋspoliti:k] *f* policy of separation, policy of polarization

Abgrenzungsposten ['apgrɛntsuŋspɔstən] *m/pl* deferred and accrued items *pl*

abheben ['aphe:bən] *v irr (Geld)* withdraw, take out, draw

Abhebung ['aphe:buŋ] *f (von Geld)* withdrawal

abholbereit ['apho:lbərait] *adj* ready for collection

abholen ['apho:lən] *v* collect, come for, fetch, pick up

abkaufen ['apkaufən] *v* buy, purchase

Abkommen ['apkɔmən] *n* deal, agreement

Abladegewicht ['apla:dəgəvıçt] *n* weight loaded

Ablage ['apla:gə] *f* file, filing

Ablagekorb ['apla:gəkɔrp] *m* filing tray

Ablauf ['aplauf] *m* 1. *(Frist)* expiry, expiration *(US)*; 2. procedure, process

ablaufen ['aplaufən] *v irr (Frist)* run out

Ablauffrist ['aplauffrɪst] *f* time limit

ablegen ['aple:gən] *v* 1. *(Akten)* file; 2. *(ein Geständnis)* confess

Ablehnung ['aple:nuŋ] *f* refusal

abliefern ['apli:fɐn] *v* deliver

Ablieferung ['apli:fəruŋ] *f* delivery, submission

Ablöse ['aplø:zə] *f* redemption

ablösen ['aplø:zən] *v (tilgen)* redeem, pay off

Ablösesumme ['aplø:zezumə] *f* redemption price, redemption sum

Ablösung ['aplø:zuŋ] *f (Tilgung)* redemption, repayment

Ablösungsanleihe ['aplø:zuŋsanlaɪə] *f* redemption loan

Abmachung ['apmaxuŋ] *f* agreement, settlement

abmahnen ['apma:nən] *v* caution

Abmahnung ['apma:nuŋ] *f* warning, reminder

ABM [a:be:'ɛm] *f* job creation scheme

Abnahme ['apna:mə] *f* 1. *(Verminderung)* decrease, decline, diminution; 2. *(amtliche ~)* official acceptance, inspection

Abnahmemenge ['apna:məmɛŋə] *f* purchased quantity

Abnahmepflicht ['apna:məpflıçt] *f* obligation to take delivery

abnehmen ['apne:mən] *v irr* 1. *(entgegennehmen)* take; 2. *(abkaufen)* buy; jdm etw ~ relieve s.o. of sth; 3. inspect

Abnehmer ['apne:mɐ] *m* buyer, purchaser

Abnehmerkreis ['apne:mɐkraɪs] *m* consumers *pl,* consumer group, market

Abnehmerland ['apne:mɐlant] *n* buyer country

Abnutzung ['apnutsuŋ] *f* wear, wear and tear

Abonnement [abɔnə'mã:] *n* subscription

abonnieren [abɔ'ni:rən] *v* subscribe

abordnen ['apɔrdnən] *v* delegate, deputize *(US)*

Abordnung ['apɔrdnuŋ] *f* delegation

abrechnen ['aprɛçnən] *v* 1. settle; 2. *(etw abziehen)* deduct

Abrechnung ['aprɛçnuŋ] *f* 1. *(Abzug)* deduction; 2. *(Aufstellung)* statement; 3. *(Schlussrechnung)* settlement (of accounts), bill

Abrechnungsstelle ['aprɛçnuŋsʃtɛlə] *f* clearing house

Abrechnungstag ['aprɛçnuŋsta:k] *m* settling day

Abrechnungstermin ['aprɛçnuŋstɛrmi:n] *m* accounting date

Abrechnungsverfahren ['aprɛçnuŋsfɛrfa:rən] *n* settling procedure

Abrechnungsverkehr ['aprɛçnuŋsfɛrke:ɐ] *m* clearing system

Abrechnungszeitraum [ˈaprɛçnuŋs-tsaɪtraum] *m* accounting period

Abruf [ˈapruːf] *m* retrieval

Abrufauftrag [ˈapruːfauftraːk] *m* call order

abrufbereit [ˈapruːfbərart] *adj* ready on call; retrievable

abrufen [ˈapruːfən] *v irr* request delivery of; retrieve

Absage [ˈapzaːgə] *f* refusal

absagen [ˈapzaːgən] *v* **1.** (*streichen*) cancel; **2.** (*Angebot*) turn down; **3.** (*verzichten*) renounce

Absatz [ˈapzats] *m* sales *pl*

Absatzanalyse [ˈapzatsanalyːzə] *f* sales analysis

Absatzbeschränkung [ˈapzatsbəʃrɛŋkuŋ] *f* restriction on the sale of sth

Absatzchance [ˈapzatsʃɑ̃ːsə] *f* sales prospects

absatzfähig [ˈapzatsfɛːɪç] *adj* marketable, saleable

Absatzfinanzierung [ˈapzatsfɪnantsiːruŋ] *f* sales financing

Absatzflaute [ˈapzatsflautə] *f* slump in sales

Absatzförderung [ˈapzatsfœrdəruŋ] *f* sales promotion

Absatzgebiet [ˈapzatsgəbiːt] *n* marketing area

Absatzkanal [ˈapzatskanaːl] *m* channel of distribution

Absatzkontrolle [ˈapzatskɔntrɔlə] *f* sales control

Absatzkrise [ˈapzatskriːzə] *f* sales crisis

Absatzmarkt [ˈapzatsmarkt] *m* market

Absatzmöglichkeit [ˈapzatsmøːklɪçkaɪt] *f* sales potential, sales prospect

Absatzorganisation [ˈapzatsɔrganizatsjoːn] *f* sales organization

Absatzplanung [ˈapzatsplaːnuŋ] *f* sales planning

Absatzpolitik [ˈapzatspolitiːk] *f* sales policy, marketing policy

Absatzstatistik [ˈapzatsʃtatɪstɪk] *f* sales statistics

Absatzsteigerung [ˈapzatsʃtaɪgəruŋ] *f* increase in sales, increase in trade

Absatzvolumen [ˈapzatsvoluːmən] *n* sales volume

Absatzweg [ˈapzatsveːk] *m* channel of distribution

Absatzwirtschaft [ˈapzatsvɪrtʃaft] *f* marketing

Absatzziel [ˈapzatstsiːl] *n* sales target

Abschlag [ˈapʃlaːk] *m* **1.** (*Rate*) part payment; **2.** (*Preissenkung*) markdown; discount; **3.** (*Kursabschlag*) marking down

Abschlagsdividende [ˈapʃlaːksdividɛndə] *f* dividend on account

Abschlagssumme [ˈapʃlaːkszumə] *f* lump sum

Abschlagszahlung [ˈapʃlaːkstsaːluŋ] *f* down payment, part payment, instalment rate

abschließen [ˈapʃliːsən] *v irr* **1.** (*beenden: Sitzung*) conclude, bring to a close, end; **2.** (*Geschäft*) transact, conclude; **3.** (*Konten, Rechnungen*) settle; **4.** (*Rechnungsbücher*) balance, close

Abschluss [ˈapʃlus] *m* **1.** (*Beendigung*) end; *zum ~ bringen* bring to a conclusion; *zum ~ kommen* come to an end; **2.** (*Vertragsschluss*) signing of an agreement, conclusion of a contract; **2.** (*Geschäftsabschluss*) (business) transaction, (business) deal; *zum ~ kommen* finalize; **4.** (*Bilanz*) financial statement, annual accounts

Abschlussauftrag [ˈapʃlusauftraːk] *m* final order

Abschlussbilanz [ˈapʃlusbɪlants] *m* final annual balance sheet

Abschlusskurs [ˈapʃluskurs] *m* closing rate

Abschlussprovision [ˈapʃlusprovizjoːn] *f* sales commission, acquisition commission

Abschlussprüfer(in) [ˈapʃluspryːfə(rɪn)] *m/f* auditor

Abschlussprüfung [ˈapʃluspryːfuŋ] *f* audit

Abschlussstichtag [ˈapʃlusʃtɪçtaːk] *m* closing date of accounts

Abschlusstechnik [ˈapʃlustɛçnɪk] *f* finishing technique

abschöpfen [ˈapʃœpfən] *v* skim off

Abschöpfung [ˈapʃœpfuŋ] *f* skimming off (of profits), siphoning off

Abschöpfungs-Preispolitik [ˈapʃœpfuŋs-praɪspolitiːk] *f* skimming-the-market pricing policy

Abschöpfungssystem [ˈapʃœpfuŋs-zysteːm] *n* absorption system

abschreiben [ˈapʃraɪbən] *v irr* write off

Abschreibung [ˈapʃraɪbuŋ] *f (Wertverminderung)* depreciation, writing off

Abschreibungsbetrag [ˈapʃraɪbuŋsbətraːk] *m* depreciation allowance, depreciation amount

Abschreibungsfonds [ˈapʃraɪbuŋsfɔː] *m* depreciation fund

Abschreibungsgesellschaft [ˈapʃraɪbuŋsgəzɛlʃaft] *f* write-off company, tax shelter company

Abschreibungsmethode [ˈapʃraɪbuŋsmetoːdə] *f* method of depreciation

Abschreibungsobjekt [ˈapʃraɪbuŋsɔpjɛkt] *n* object of depreciation

Abschreibungssatz [ˈapʃraɪbuŋszats] *m* rate of depreciation

Abschreibungsvergünstigung [ˈapʃraɪbuŋsfergʏnstɪguŋ] *f* tax privilege (in respect of depreciation)

Abschrift [ˈapʃrɪft] *f* copy

Abschwung [ˈapʃvuŋ] *m* recession

absenden [ˈapzɛndən] *v* (send) forward, dispatch

Absendung [ˈapzɛnduŋ] *f* **1.** *(Verschickung)* dispatch, sending, sending off; **2.** *(Abordnung)* delegation

Absendungsvermerk [ˈapzɛnduŋsfermɛrk] *m* note confirming dispatch

Absentismus [apzɛnˈtɪsmus] *m* absenteeism

absetzbar [ˈapzɛtsbaɐ] *adj* **1.** *(verkäuflich)* marketable, saleable; **2.** *(steuerlich ~)* deductible

absetzen [ˈapzɛtsən] *v* **1.** *(verkaufen)* sell; **2.** *(abschreiben)* deduct

Absetzung [ˈapzɛtsuŋ] *f* *(Abschreibung)* deduction, depreciation, allowance

absorbieren [apzɔrˈbiːrən] *v* absorb

Absorption [apzɔrpˈtsjoːn] *f* absorption

abspalten [ˈapʃpaltən] *v* split (off)

abspeichern [ˈapʃpaɪçɐn] *v* save, store

Abspeicherung [ˈapʃpaɪçəruŋ] *f* saving, storing

Absprache [ˈapʃpraːxə] *f* agreement, arrangement

absprachegemäß [ˈapʃpraːxəgəmɛːs] *adj* as agreed, as per arrangement

absprechen [ˈapʃprɛçən] *v irr* **1.** *(vereinbaren)* agree, arrange, settle; **2.** *(aberkennen)* disallow, deny

Abstand [ˈapʃtant] *m* **1.** distance; **2.** *(Zahlung)* indemnity payment

Abstandssumme [ˈapʃtantszumə] *f* compensation, indemnification

Abstandszahlung [ˈapʃtantstsaːluŋ] *f* indemnity

Abstempelung [ˈapʃtɛmpəluŋ] *f* stamping

Abstimmung [ˈapʃtɪmuŋ] *f* voting, vote

Abstimmungsergebnis [ˈapʃtɪmuŋsɛrgeːpnɪs] *n* voting result

abstoßen [ˈapʃtoːsən] *v irr (verkaufen)* get rid of, sell off, dispose of

Abstrich [ˈapʃtrɪç] *m (Abzug)* cut, curtailment

Absturz [ˈapʃturts] *m* crash, fall

abstürzen [ˈapʃtʏrtsən] *v* crash, fall

abtasten [ˈaptastən] *v* read, scan

Abteilung [apˈtaɪluŋ] *f* department, section

Abteilungsleiter(in) [apˈtaɪluŋslaɪtɐ(rɪn)] *m/f* head of department, department manager

abtragen [ˈaptraːgən] *v irr (Schulden)* pay off

Abtragung [ˈaptraːguŋ] *f (von Schulden)* paying off, payment

Abtransport [ˈaptranspɔrt] *m* conveyance, transport

abtransportieren [ˈaptranspɔrtiːrən] *v* transport away, carry off

abtreten [ˈaptreːtən] *v irr (überlassen)* relinquish, transfer, cede

Abtretung [ˈaptreːtuŋ] *f* assignment, cession, transfer

Abtretungsurkunde [ˈaptreːtuŋsuːrkundə] *f* **1.** *(bei Übertragung)* transfer deed, deed of transfer; **2.** *(bei Konkurs)* assignment

Abtretungsverbot [ˈaptreːtuŋsferboːt] *n* prohibition of assignment

Abtretungsvertrag [ˈaptreːtuŋsfertraːk] *m* contract of assignment

Abwärtsentwicklung [ˈapvɛrtsɛntvɪkluŋ] *f* downward trend, downward tendency, downward movement

Abwärtstrend [ˈapvɛrtstrɛnt] *m* downward trend

Abweichung [ˈapvaɪçuŋ] *f* deviation

A

Abweichungsanalyse [ˈapwaɪçuŋsanalyːzə] f cost variance analysis

Abweisung [ˈapvaɪzuŋ] f dismissal

abwerben [ˈapvɛrbən] v irr entice away, contract away, hire away, bid away

Abwerbung [ˈapvɛrbuŋ] f enticement, wooing

abwerfen [ˈapvɛrfən] v irr (einbringen) yield, return

abwerten [ˈapveːrtən] v devaluate, depreciate, devalue

Abwertung [ˈapveːrtuŋ] f devaluation

Abwertungswettlauf [ˈapveːrtuŋsvɛtlauf] m devaluation race

Abwesenheitsquote [ˈapveːzənhaitskvoːtə] f absenteeism rate, absentee figures pl

abwickeln [ˈapvɪkəln] v **1.** (Vorgang) transact; **2.** (abschließen) settle, conclude; **3.** (liquidieren) wind up

Abwickler [ˈapvɪklɐ] m liquidator

Abwicklung [ˈapvɪkluŋ] f completion, settlement, handling, liquidation

Abwicklungskonto [ˈapvɪkluŋskɔnto] n settlement account

abwirtschaften [ˈapvɪrtʃaftən] v mismanage, ruin by mismanagement

Abwurf [ˈapvurf] m yield, profit, return

abzahlen [ˈaptsaːlən] v (Raten) pay off, repay, pay by instalments

Abzahlung [ˈaptsaːluŋ] f (Raten) payment by instalments, repayment

Abzahlungsgeschäft [ˈaptsaːluŋsgəʃɛft] n instalment sale transaction

Abzahlungshypothek [ˈaptsaːluŋshypoteːk] f instalment mortgage

Abzahlungskauf [ˈaptsaːluŋskauf] m instalment contract

Abzahlungskonto [ˈaptsaːluŋskɔnto] n charge account, credit account

Abzahlungsplan [ˈaptsaːluŋsplaːn] m instalment plan

Abzahlungsrate [ˈaptsaːluŋsraːte] f part payment, instalment

Abzahlungsvertrag [ˈaptsaːluŋsfɛrtraːk] m instalment agreement

abzeichnen [ˈaptsaɪçnən] v (unterschreiben) initial, sign, tick off

abziehen [ˈaptsiːən] v irr subtract; take off; (Rabatt) deduct; etwas vom Preis ~ take sth off the price

Abzinsung [ˈaptsɪnzuŋ] f discounting

Abzug [ˈaptsuːk] m **1.** (Kopie) copy, duplicate, print; **2.** (Rabatt) discount, deduction, rebate

abzüglich [ˈaptsyːklɪç] prep less, minus, deducting

abzugsfähig [ˈaptsuːksfɛːɪç] adj deductible, allowable

Achtstundentag [axtˈʃtundəntaːk] m eight-hour day

Achtung [ˈaxtuŋ] f (Recht) observance (of laws)

Ackerbau [ˈakərbau] m agriculture

Addition [adɪˈtsjoːn] f addition

Ad-hoc-Kooperation [atˈhɔkkoɔpəraˈtsjoːn] f ad hoc cooperation

Ad-hoc-Publizität [atˈhɔkpublitsiˈtɛːt] f ad hoc disclosure

Adjustable Peg [əˈdʒʌstəbl peg] m adjustable peg

Administration [atmɪnɪstraˈtsjoːn] f administration

administrativ [atmɪnɪstraˈtiːf] adj administrative

Adoption [adɔpˈtsjoːn] f adoption

Adressant [adrɛˈsant] m sender, consignor

Adressat [adrɛˈsaːt] m addressee, consignee

Adresse [aˈdrɛsə] f address

adressieren [adrɛˈsiːrən] v address

Adverse Selection [ˈædvɜːs sɪˈlekʃən] f adverse selection

Advokat [atvoˈkaːt] m lawyer

Affidavit [afiˈdaːvɪt] n affidavit

Affiliation [afiljaˈtsjoːn] f affiliation

After-Sales-Services [ˈɑftəseɪlzˈsɜːvɪsɪz] f/pl after-sales services pl

Agenda [aˈgɛnda] f agenda

Agent [aˈgɛnt] m agent, representative

Agentur [agɛnˈtuːɐ] f agency, representation

Agglomeration [aglomeraˈtsjoːn] f agglomeration

Agio [ˈadʃo] n agio, premium

Agiopapiere [ˈaːdʒopapiːrə] n/pl securities redeemable pl

Agiotage [aːdʒoˈtaːʒə] f agiotage

Agrarbetrieb [aˈgraːrbətriːp] m agricultural enterprise

Agrarerzeugnis [aˈgraːrɛrtsɔyknɪs] *n* agricultural product, produce

Agrargüter [aˈgraːrgyːtɐ] *n/pl* agricultural goods *pl*

Agrarimporte [aˈgraːrɪmpɔrtə] *m/pl* agricultural imports *pl*

Agrarindustrie [aˈgraːrɪndustriː] *f* agricultural industry

Agrarkrise [aˈgraːrkriːzə] *f* agricultural crisis

Agrarland [aˈgraːrlant] *n* agrarian country, agrarian nation

Agrarmarkt [aˈgraːrmarkt] *m* agricultural market

Agrarpolitik [aˈgraːrpolitiːk] *f* agricultural policy

Agrarpreis [aˈgraːrprais] *m* prices of farm products *pl*

Agrarreform [aˈgraːrəfɔːrm] *f* agricultural reform

Agrarprotektionismus [aˈgraːrprotɛktsjonɪsmus] *m* agricultural protectionism

Agrarstaat [aˈgraːrʃtaːt] *m* agricultural state

Agrarsubventionen [aˈgraːrzubvɛntsjonən] *f/pl* agricultural subsidies *pl*

Agrarüberschüsse [aˈgraːryːbɐʃysə] *m/pl* agricultural surpluses *pl*

Agrarwirtschaft [aˈgraːrvɪrtʃaft] *f* rural economy

Agrarwissenschaften [aˈgraːrvɪsənʃaftən] *f/pl* agricultural economics

Akademiker(in) [akaˈdeːmɪkɐ(rɪn)] *m/f* university graduate

AKA-Kredite [akaˈaˈkreːdɪtə] *m/pl* export credits *pl*

Akkord [aˈkɔrt] *m (Stücklohn)* piece-work wage

Akkordarbeit [aˈkɔrtarbait] *f* piece-work

Akkordarbeiter(in) [aˈkɔrtarbaitɐ(rɪn)] *m/f* pieceworker

Akkordlohn [aˈkɔrtloːn] *m* piece-rate, payment by the job, piece wages *pl*

Akkordsatz [aˈkɔrtzats] *m* piece rate

Akkordsystem [aˈkɔrtzʏsteːm] *n* piecework system

Akkordzulage [aˈkɔrttsuːlaːgə] *f* piece-rate bonus

akkreditieren [akrediˈtiːrən] *v* to open a credit, *jdn für etw ~* credit sth to s.o.'s account

Akkreditierung [akrediˈtiːruŋ] *f* opening a credit

Akkreditiv [akredɪˈtiːf] *n* (commercial) letter of credit

Akkreditivauftrag [akrediˈtiːfauftraːk] *m* order to open a credit

Akkreditiveröffnung [akredɪˈtiːfɛrœfnuŋ] *f* opening of a letter of credit

Akkreditivstellung [akredɪˈtiːfʃtɛluŋ] *f* opening a letter of credit

Akkreditivzwang [akrediˈtiːftsvaŋ] *m* obligation to open a (letter of) credit

Akkumulation [akumulaˈtsjoːn] *f* accumulation

akkumulieren [akumuˈliːrən] *v* accumulate

Akontozahlung [aˈkɔntoˈtsaːluŋ] *f* payment on account

Akquisition [akviziˈtsjoːn] *f* acquisition

Akt [akt] *m* act, deed

Akte [ˈaktə] *f* file

Aktenauszug [ˈaktənaustsuːk] *m* excerpt from the records

Aktendeckel [ˈaktəndɛkl] *m* folder

Akteneinsicht [ˈaktənainzɪçt] *f* inspection of records

Aktenhülle [ˈaktənhʏlə] *f* file cover

Aktenkoffer [ˈaktənkɔfɐ] *m* attaché case

aktenkundig [ˈaktənkundɪç] *adj (Fähigkeit)* on file, on record

Aktenmappe [ˈaktənmapə] *f* portfolio, briefcase, folder

Aktennotiz [ˈaktənnotiːts] *f* memorandum

Aktenordner [ˈaktənɔrdnɐ] *m* file

Aktenschrank [ˈaktənʃraŋk] *m* filing cabinet

Aktentasche [ˈaktəntaʃə] *f* briefcase, portfolio

Aktenzeichen [ˈaktəntsaiçən] *n* reference number, file number, case number

Aktie [ˈaktsjə] *f* share, stock *(US)*

Aktienanalyse [ˈaktsjənanalyːzə] *f* analysis of shares

Aktienausgabe [ˈaktsjənausgaːbə] *f* issuing of shares

Aktienaustausch [ˈaktsjənaustauʃ] *m* exchange of shares

Aktienbank [ˈaktsjənbaŋk] *f* joint-stock bank

Aktienbestand [ˈaktsjənbəʃtant] *m* share-holding

Aktienbezugsrecht [aktsjənbəˈtsuːksrɛçt] *n* subscription right

Aktienbörse [ˈaktsjənbœrzə] *f* stock exchange

Aktienbuch [ˈaktsjənbuːx] *n* share register, stock register

Aktiendepot [ˈaktsjəndepoː] *n* share deposit

Aktieneinziehung [ˈaktsjənaɪntsiːuŋ] *f* withdrawal of shares

Aktienemission [ˈaktsjənemɪsjoːn] *f* issue of shares

Aktienfonds [ˈaktsjənfõː] *m* share fund

Aktiengesellschaft (AG) [ˈaktsjəngəzɛlʃaft] *f* joint stock company *(UK)*, stock corporation *(US)*, public limited company (PLC) *(UK)*

Aktiengesetz [ˈaktsjəngəzɛts] *n* companies act, company law

Aktienindex [ˈaktsjənɪndɛks] *m* share index, stock market index

Aktienkapital [ˈaktsjənkapɪtaːl] *n* share capital, capital stock

Aktienkurs [ˈaktsjənkurs] *m* share price

Aktienmarkt [ˈaktsjənmarkt] *m* stock market, share market

Aktienmehrheit [ˈaktsjənmeːrhaɪt] *f* majority of stock

Aktiennotierung [ˈaktsjənnotiːruŋ] *f* share quotation, stock quotation

Aktienoption [ˈaktsjənɔptsjoːn] *f* share option, stock option *(US)*

Aktienpaket [ˈaktsjənpakeːt] *n* block of shares

Aktienquorum [ˈaktsjənkvoːrum] *n* share quorum

Aktienrecht [ˈaktsjənrɛçt] *n* company law

Aktienregister [ˈaktsjənregɪstɐ] *n* share register

Aktienrendite [ˈaktsjənrendiːtə] *f* earning per share, yield on stocks, yield on shares

Aktienspekulation [ˈaktsjenʃpɛkulatsjoːn] *f* stock speculation, stock jobbing

Aktienumtausch [ˈaktsjənumtauʃ] *m* exchange of share certificates for new

Aktienzeichnung [ˈaktsjəntsaɪçnuŋ] *f* subscription for shares

Aktienzertifikat [ˈaktsjəntsɛrtifikaːt] *n* share certificate, stock certificate

Aktienzusammenlegung [ˈaktsjəntsuzamənleːguŋ] *f* consolidation of shares

Aktion [akˈtsjoːn] *f* campaign

Aktionär [aktsjoˈnɛːɐ] *m* shareholder, stockholder *(US)*

Aktionärsbrief [aktsjoˈnɛːrsbriːf] *m* circular letter from board to shareholders

Aktionärsvereinigungen [aktsjoˈnɛːrsfɛraɪnɪguŋən] *f/pl* associations of shareholders *pl*

Aktionärsversammlung [aktsjoˈnɛːrsfɛrzamluŋ] *f* shareholders' meeting, stockholders' meeting

Aktionsparameter [akˈtsjoːnsparaːmetɐ] *m* action parameters *pl*

Aktionsplakat [akˈtsjoːnsplakaːt] *n* advertising bill

Aktionspreis [akˈtsjoːnspraɪs] *m* special offer price

aktiv [akˈtiːf] *adj (Bilanz)* favourable

Aktiva [akˈtiːva] *pl* assets *pl*

Aktivbestand [akˈtiːfbəʃtant] *m* assets

aktiver Teilhaber [akˈtiːfɐ ˈtaɪlhaːbɐ] *m* active partner

Aktivgeschäft [akˈtiːfgəʃɛft] *n* credit transaction

aktivieren [aktiˈviːrən] *f* enter on the assets side

Aktivierung [aktiˈviːruŋ] *f* entering on the assets side

Aktivierungspflicht [aktiˈviːruŋspflɪçt] *f* legal obligation to capitalize

Aktivierungsverbot [aktiˈviːruŋsfɛrboːt] *n* legal prohibition to capitalize

Aktivierungswahlrecht [aktiˈviːruŋsvaːlrɛçt] *n* option to capitalize

Aktivposten [akˈtiːfpɔstən] *m* assets *pl*, credit item

Aktivsaldo [akˈtiːfzaldo] *n* credit balance, active balance

Aktivtausch [akˈtiːftauʃ] *m* accounting exchange on the asset side

Aktivzins [akˈtiːftsɪns] *m* interest receivable

aktualisieren [aktualiˈziːrən] *v* reload

Aktualisierung [aktualiˈziːruŋ] *f* update

Akzelerationsprinzip [aktseleraˈtsjoːnsprɪntsiːp] *n* acceleration principle

Akzelerator [aktsele'ra:to:ɐ] *m* accelerator

Akzept [ak'tsɛpt] *n* acceptance

akzeptabel [aktsɛp'ta:bəl] *adj* acceptable

Akzeptant [aktsɛp'tant] *m* acceptor

Akzeptanz [aktsɛp'tants] *f* (market) acceptance

Akzeptaustausch [ak'tsɛptaustauʃ] *m* exchange of acceptances

Akzeptbank [ak'tsɛptbaŋk] *f* accepting house, acceptance house

akzeptfähig [ak'tsɛptfɛ:ɪç] *adj* negotiable, bankable

Akzeptgeschäft [ak'tsɛptgəʃɛft] *n* acceptance business

akzeptieren [aktsɛp'ti:rən] *v* (Rechnung) honour

Akzeptkredit [ak'tsɛptkredi:t] *m* acceptance credit

Akzeptlinie [ak'tsɛptli:njə] *f* line of acceptance

Akzeptprovision [ak'tsɛptprovizjo:n] *f* commission for acceptance

Akzeptverbindlichkeit [ak'tsɛptfɛrbɪntlɪçkaɪt] *f* acceptance liability

Akzisen [ak'tsi:zən] *f/pl* excise taxes *pl*

A-Länder ['a: lɛndɐ] *n/pl* A countries *pl*

Alimente [ali'mɛntə] *pl* maintenance, support

Aliud ['a:liut] *n* delivery of goods other than those ordered

Alleinberechtigung [a'laɪnbərɛçtɪguŋ] *f* exclusive right

Alleinbesitz [a'laɪnbəzɪts] *m* sole ownership, exclusive possession

Alleinerbe [a'laɪnɛrbə] *m* sole heir

Alleininhaber [a'laɪnɪnha:bɐ] *m* sole owner, sole holder

Alleinverkaufsrecht [a'laɪnfɛrkaufsrɛçt] *n* exclusive right to sell (sth)

Alleinvertreter [a'laɪnfɛrtre:tɐ] *m* sole representative, sole agent

Alleinvertretung [a'laɪnfɛrtre:tuŋ] *f* sole agency

Alleinvertretungsrecht [a'laɪnfɛrtre:tuŋsrɛçt] *n* monopoly

Alleinvertrieb [a'laɪnfɛrtri:p] *m* sole distribution rights *pl*, exclusive distribution rights *pl*

allgemeine Geschäftsbedingungen (AGB) [algə'maɪnə gə'ʃɛftsbədɪŋuŋən] *f/pl* general terms of contract *pl*, general terms and conditions *pl*

allgemeine Kreditvereinbarungen [algə'maɪnə kre'di:tfɛraɪnba:ruŋən] *f/pl* general credit agreements *pl*

allgemeine Versicherungsbedingungen [algə'maɪnə fɛr'zɪçəruŋsbədɪŋuŋən] *f/pl* general insurance conditions *pl*

Allianz [al'jants] *f* alliance

Allokation [aloka'tsjo:n] *f* allocation

Allokationspolitik [aloka'tsjo:nspoliti:k] *f* allocation policy

Allonge [a'lõ:ʒə] *f* allonge

Altersgrenze ['altərsgrɛntsə] *f* age limit

Altersprofil ['altərsprofi:l] *n* age profile

Altersrente ['altərsrɛntə] *f* old-age pension

Altersruhegeld ['altərsru:əgɛlt] *n* pension

Altersteilzeit ['altərstaɪltsaɪt] *n* semi-retirement

Altersversorgung ['altərsfɛrzɔrguŋ] *f* old-age pension

Altersvorsorge ['altərsfo:rzɔrgə] *f* old-age social security system

Altlast ['altlast] *f* old hazardous waste

Altwährung ['altvɛ:ruŋ] *f* legacy currency

ambulantes Gewerbe [ambu'lantəs gə'vɛrbə] *n* itinerant trade

American National Standards Institute (ANSI) [ə'merɪkən 'næʃənl 'stændədz 'ɪnstɪtju:t] *n* American National Standards Institute

Amerikanische Bankiersvereinigung (ABA) [ameri'ka:nɪʃə baŋ'kie:zfɛɐ-aɪnɪguŋ] *f* American Bankers' Association

amerikanisches Rechnungswesen [ameri'ka:nɪʃəs 'rɛçnuŋsve:zən] *n* American accounting system

Amortisation [amɔrtiza'tsjo:n] *f* amortisation, amortization (US)

Amortisationshypothek [amɔrtiza-'tsjo:nshypote:k] *f* instalment mortgage

amortisieren [amɔrti'zi:rən] *v* write off, amortise

Amt [amt] *n* office, agency

amtlich nicht notierte Werte [ˈamtlɪç nɪçt noˈtiːrtə ˈveːrtə] *m/pl* unquoted securities *pl*

amtlicher Handel [ˈamtlɪçər ˈhandəl] *m* official trading

amtlicher Markt [ˈamtlɪçər markt] *m* official market

Amtsanmaßung [ˈamtsanmaːsuŋ] *f* usurpation of authority, assumption of authority

Amtsgericht [ˈamtsɡərɪçt] *n* local court, County Court *(UK)*, Municipal Court *(US)*

Amtsinhaber(in) [ˈamtsɪnhaːbɐ(rɪn)] *m/f* officeholder

Amtsmiene [ˈamtsmiːnə] *f* bureaucrat's impassive look, official air

Amtsrichter(in) [ˈamtsrɪçtɐ(rɪn)] *m/f* judge of the local court

Amtsschimmel [ˈamtsʃɪməl] *m (fam)* red tape, bureaucracy

an Zahlungs statt [an ˈtsaːluŋs ʃtat] in lieu of payment

analog [anaˈloːk] *adj* analog

Analogrechner [anaˈloːkrɛçnɐ] *m* analog computer

Analogtechnik [anaˈloːktɛçnɪk] *f* analog technology

Analyse [anaˈlyːzə] *f* analysis

Analyst [anaˈlyst] *m* analyst

anbei [anˈbaɪ] *adv (bei Bewerbungsunterlagen)* enclosed, herewith

anbieten [ˈanbiːtən] *v* offer

Anbieter [ˈanbiːtɐ] *m* **1.** *(einer Dienstleistung)* service provider; **2.** *(einer Ware)* supplier

Anderdepot [ˈandɐdepoː] *n* fiduciary deposit, third-party securities deposit

Anderkonto [ˈandɐkɔnto] *n* fiduciary account

Anderskosten [ˈandɐskɔstən] *pl* costing expenditures

Änderungskündigung [ˈɛndəruŋskyndɪɡuŋ] *f* notice of dismissal with offer for reemployment at less favorable terms

Andrang [ˈandraŋ] *m (Ansturm)* run

Anfangsbestand [ˈanfaŋsbəʃtant] *m* opening stock

Anfangsgehalt [ˈanfaŋsɡəhalt] *n* starting salary

Anfangskapital [ˈanfaŋskapitaːl] *n* opening capital

anfechtbar [ˈanfɛçtbaːɐ] *adj* contestable

anfechten [ˈanfɛçtən] *v irr* challenge, appeal

Anfechtung [ˈanfɛçtuŋ] *f* appeal, contestation, challenge

anfertigen [ˈanfɛrtɪɡən] *v* manufacture, produce

Anfertigung [ˈanfɛrtɪɡuŋ] *f* manufacture, production

anfordern [ˈanfɔrdɐn] *v* **1.** request, demand; **2.** *(Material)* indent (for)

Anforderung [ˈanfɔrdəruŋ] *f* **1.** demand; **2.** *(Bestellung)* request

Anforderungsprofil [ˈanfɔrdəruŋsprofiːl] *n* job profile

Anfrage [ˈanfraːɡə] *f* inquiry

anfragen [ˈanfraːɡən] *v* inquire, enquire, ask

Angaben [ˈanɡaːbən] *f/pl* details; statement

Angebot [ˈanɡəboːt] *n* offer; quotation

Angebot und Nachfrage [ˈanɡəboːt unt ˈnaːxfraːɡə] supply and demand

Angebotslage [ˈanɡəboːtslaːɡə] *f* supply situation

Angebotsmenge [ˈanɡəboːtsmɛŋə] *f* supply volume

angebotsorientierte Wirtschaftspolitik [ˈanɡəboːtsɔrjɛntiːrtə ˈvɪrtʃaftspolitiːk] *f* supply-oriented economic policy

Angebotspreis [ˈanɡəboːtspraɪs] *m* asking price, price quoted in an offer

Angebotssteuerung [ˈanɡəboːtsʃtɔyəruŋ] *f* supply control

Angebotsstruktur [ˈanɡəboːtsʃtruktuːɐ] *f* supply structure

angeschmutzt [ˈanɡəʃmutst] *adj* shopsoiled

angestellt [ˈanɡəʃtɛlt] *adj* employed

Angestellte(r) [ˈanɡəʃtɛltə(-ɐ)] *f/m* employee

Angestelltengewerkschaft [ˈanɡəʃtɛltəngəvɛrkʃaft] *f* employees' union

Angestelltenrentenversicherung [ˈanɡəʃtɛltənrɛntənfɛrzɪçəruŋ] *f* salary earners' pension insurance

Angestelltenverhältnis [ˈanɡəʃtɛltənfɛrhɛltnɪs] *n* non-tenured employment

A

angliedern ['angli:dɐn] *v (Betrieb)* affiliate

Angliederung ['angli:dərʊŋ] *f* affiliation, incorporation

Anhang (einer Bilanz) ['anhaŋ] *m* notes (to the financial statement)

anhängig ['anhɛŋɪç] *adj* pending

Anhörung ['anhø:rʊŋ] *f* hearing

Ankauf ['ankauf] *m* purchase

ankaufen ['ankaufən] *v* purchase, acquire

Ankäufer(in) ['ankɔyfɐ(rɪn)] *m/f* buyer, purchaser

Ankaufskurs ['ankaufskurs] *m* buying price, buying rate

Ankaufspreis ['ankaufsprais] *m* purchase price, buying-in price

Ankaufsrecht ['ankaufsrɛçt] *n* purchase right, right to acquire

Anklage ['ankla:gə] *f* charge, accusation, indictment

anklicken ['anklɪkən] *v etw ~* click on sth

Ankunftsdatum ['ankunftsda:tum] *n* date of arrival

Ankunftsort ['ankunftsɔrt] *m* place of arrival, destination

Ankunftszeit ['ankunftstsait] *f* time of arrival, arrival time

Anlage ['anla:gə] *f* **1.** *(Fabrik)* plant, works, factory; **2.** *(Geldanlage)* investment; **3.** *(Briefanlage)* enclosure

Anlageausschuss ['anla:gəausʃus] *m* investment committee

Anlageberater ['anla:gəbəra:tɐ] *m* investment consultant

Anlageberatung ['anla:gəbəra:tuŋ] *f* investment counselling

Anlagegüter ['anla:gəgy:tɐ] *n/pl* capital goods *pl*, capital assets *pl*

Anlagekapital ['anla:gəkapita:l] *n* investment capital

Anlagekonten ['anla:gəkɔntən] *n/pl* investment accounts *pl*

Anlagenbau ['anla:gənbau] *m* plant engineering and construction, systems engineering

Anlagendeckung ['anla:gəndɛkuŋ] *f* ratio of equity capital to fixed assets

Anlagenfinanzierung ['anla:gənfɪnantsi:ruŋ] *f* financing of investment in fixed assets

Anlagenintensität ['anla:gənɪntɛnzitɛ:t] *f* investment volume, volume of investment

Anlagenstreuung ['anla:gənʃtrɔyuŋ] *f* capital diversification, diversification of capital

Anlagepapiere ['anla:gəpapi:rə] *n/pl* investment securities *pl*

Anlagevermögen ['anla:gəfɛrmø:gən] *n* fixed assets *pl*

Anlagevorschriften ['anla:gəfo:rʃrɪftən] *f/pl* rules for investment of resources *pl*

Anlagewagnis ['anla:gəva:knɪs] *n* investment risk

Anlagewährung ['anla:gəvɛ:ruŋ] *f* currency of investment

Anlagewert ['anla:gəvɛ:rt] *m* value of fixed assets, investment securities *pl*

Anlagezinsen ['anla:gətsɪnzən] *m/pl* capital investment interest

Anlaufkosten ['anlaufkɔstən] *pl* launching costs *pl*

Anlaufperiode ['anlaufperjo:də] *f* initial period

anlegen ['anle:gən] *v* **1.** *(Geld)* invest; **2.** *eine Akte ~* start a file

Anleger ['anle:gɐ] *m* investor

Anlegerschutz ['anle:gɐʃuts] *m* protection for the investor

Anleihe ['anlaiə] *f* loan, loan stock, debenture

Anleiheablösung ['anlaiəaplø:zuŋ] *f* loan redemption

Anleihegeschäft ['anlaiəgəʃɛft] *n* loan business

Anleihekapital ['anlaiəkapita:l] *n* bonded debt

Anleihepapiere ['anlaiəpapi:rə] *n/pl* bonds *pl*

Anleiherechnung ['anlaiərɛçnuŋ] *f* loan calculation

Anleiheschuld ['anlaiəʃuld] *f* bonded debt, loan debt

Anleihetreuhänderschaft ['anlaiətrɔyhɛndɐʃaft] *f* loan custodianship

Anleihezins ['anlaiətsɪns] *m* loan interest (rate)

Anlernberuf ['anlɛrnbəru:f] *m* semi-skilled occupation

anlernen ['anlɛrnən] *v* train

Anlernzeit ['anlɛrntsait] *f* training period

anliefern ['anli:fɐn] v supply, deliver

Anlieferung ['anli:fərʊŋ] f supply, delivery

Anmeldefrist ['anmɛldəfrɪst] f period for application

anmeldepflichtige Kartelle ['anmɛldəpflɪçtɪçə kar'tɛlə] n/pl notifiable cartels pl

Anmeldung ['anmɛldʊŋ] f registration

Annahme ['anna:mə] f **1.** (Lieferung) receipt, acceptance; **2.** (Zustimmung) acceptance, approval

Annahmeverweigerung ['anna:məfɛrvaɪɡərʊŋ] f refusal of delivery

Annonce [a'nɔ̃:sə] f advertisement

Annuität [anui'tɛ:t] f annuity

Annuitätenanleihe [anui'tɛ:tənanlaɪə] f annuity bond, perpetual bond

Annuitätendarlehen [anui'tɛ:təndaːrleːən] n annuity loan

annullieren [anu'liːrən] v cancel, annul

anonym [ano'nyːm] anonymous

Anordnung ['anɔrdnʊŋ] f order

Anpassungsinflation ['anpasuŋsɪnflatsjoːn] f adaptive inflation

Anpassungsinvestition ['anpasuŋsɪnvɛstitsjoːn] f adjustment project

Anpassungskosten ['anpasuŋskɔstən] pl adjustment costs pl

anrechnen ['anrɛçnən] v **1.** (berechnen) charge for; **2.** (gutschreiben) take into account

Anrechtscheine ['anrɛçtʃaɪnə] m/pl intermediate share certificate

Anrede ['anreːdə] f form of address, salutation

Anreiz ['anraɪts] m incentives pl, inducement, spur

Anreizsystem ['anraɪtszysteːm] n incentive system

Anruf ['anruːf] m call

Anrufbeantworter ['anruːfbəantvɔrtɐ] m answering machine, automatic answering set

anrufen ['anruːfən] v irr (telefonieren) telephone, call (US), ring up, to give a ring (fam)

Anrufer(in) ['anruːfɐ(rɪn)] m/f caller

anschaffen ['anʃafən] v buy, acquire, purchase

Anschaffung ['anʃafʊŋ] f acquisition

Anschaffungskosten ['anʃafʊŋskostən] pl acquisition cost

Anschaffungspreis ['anʃafʊŋspraɪs] m purchase price, initial cost

Anschaffungswert ['anʃafʊŋsveːrt] f acquisition value

Anschlussfinanzierung ['anʃlusfɪnantsiːrʊŋ] f follow-up financing

Anschrift ['anʃrɪft] f address

Ansprechpartner(in) ['anʃprɛçpartnɐ(rɪn)] m/f contact person

Anspruch ['anʃprux] m claim

anstellen ['anʃtɛlən] v employ

Anstellung ['anʃtɛlʊŋ] f **1.** (Einstellung) employment, engagement, hiring; **2.** (Stellung) job, position, post

Anstellungsvertrag ['anʃtɛlʊŋsfɛrtraːk] m employment contract

Anteil ['antaɪl] m interest, share (US), unit (UK)

Anteilschein ['antaɪlʃaɪn] m share certificate, participating certificate

Anteilseigner(in) ['antaɪlsaɪɡnɐ(rɪn)] m/f shareholder, equity holder

Anteilspapiere ['antaɪlspapiːrə] n/pl equity security

Antidumpingzoll [anti'dʌmpɪŋtsɔl] m anti-dumping duty

Anti-Trust... [anti'trʌst] adj antitrust

antizipative Posten [antitsipa'tiːfə 'pɔstən] m/pl accruals pl

antizyklische Finanzpolitik [anti'tsyːklɪʃə fɪ'nantspolitiːk] f countercyclical fiscal policy

antizyklisches Verhalten [anti'tsyːklɪʃəs fɛr'haltən] n countercyclical development

Antrag ['antraːk] m application; ~ stellen make an application; ~ ablehnen reject a request

Antragsformular ['antraːksfɔrmulaːɐ] n application form

Antragsteller(in) ['antraːkʃtɛlɐ(rɪn)] m/f applicant, proposer, claimant

Antwort ['antvɔrt] f reply

Antwortschreiben ['antvɔrtʃraɪbən] n reply, answer

Anwalt ['anvalt] m lawyer, solicitor (UK), attorney (US)

Anwältin ['anvɛltɪn] f female lawyer

Anwärter(in) ['anvɛrtɐ(rɪn)] m/f (Amtsanwärter) candidate

Anwartschaft ['anvartʃaft] *f* beneficial estate, right in course of acquisition

anwartschaftlich ['anvartʃaftlıç] *adj* reversionary

Anwartschaftsdeckungsverfahren ['anvartʃaftsdɛkuŋsfɛrfaːrən] *n* expectancy cover procedure

anweisen ['anvaɪzən] *v irr* remit, assign, transfer

Anweisung ['anvaɪzuŋ] *f* transfer, remittance, payment order

Anweisungsbetrag ['anvaɪzuŋsbətraːk] *m* amount to be remitted

Anweisungsempfänger(in) ['anvaɪzuŋsɛmpfɛŋɐ(rɪn)] *m/f* payee

Anwender(in) ['anvɛndɐ(rɪn)] *m/f* user

anwenderfreundlich ['anvɛndərfrɔyntlıç] *adj* user-friendly

Anwenderprogramm ['anvɛndərprɔgram] *n* user programme

anwerben ['anvɛrbən] *v irr* recruit

Anwerbung ['anvɛrbuŋ] *f* recruitment

Anzahlung ['antsaːluŋ] *f* down payment (US), deposit (UK)

Anzahlungsbürgschaft ['antsaːluŋsbyrkʃaft] *f* payment guarantee

Anzahlungssumme ['antsaːluŋszumə] *f* amount paid as a part payment

Anzeige ['antsaɪgə] *f* **1.** (Werbung) advertisement; **2.** (Recht) report

Anzeigenformat ['antsaɪgənfɔrmaːt] *n* size of an advertisement

Anzeigenschaltung ['antsaɪgənʃaltuŋ] *f* placement of an advertisement

Anzeigenschluss ['antsaɪgənʃlus] *m* deadline for advertisements

Anzeigenteil ['antsaɪgəntaɪl] *m* advertising section

Anzeigenvermittlung ['antsaɪgənfɛrmɪtluŋ] *f* advertising agency

Anzeigepflicht ['antsaɪgəpflıçt] *f* duty to notify

anzeigepflichtig ['antsaɪgəpflıçtıç] *adj* notifiable

App [ɛp] *f* (IT) app

Application Service Provider (ASP) [æplɪ'keɪʃən 'sɜːvɪs prə'vaɪdə] *m* application service provider

Äquivalenzprinzip [ɛkviva'lɛntsprɪntsiːp] *n* cost-of-service principle, principle of equivalence

Äquivalenzzifferkalkulation [ɛkviva'lɛntstsɪfərkalkulatsjoːn] *f* equivalence coefficient costing

Arbeit ['arbaɪt] *f* **1.** labour, work; **2.** (Berufstätigkeit) employment

arbeiten ['arbaɪtən] *v* work, labour

Arbeiter(in) ['arbaɪtɐ(rɪn)] *m/f* worker, employee, labourer

Arbeiterbewegung ['arbaɪtərbəveːguŋ] *f* labour movement

arbeiterfeindlich ['arbaɪtərfaɪntlıç] *adj* antilabour

arbeiterfreundlich ['arbaɪtərfrɔyntlıç] *adj* prolabour

Arbeitergewerkschaft ['arbaɪtərgəvɛrkʃaft] *f* trade union, labor union (US)

Arbeitermangel ['arbaɪtərmaŋəl] *m* manpower shortage

Arbeiterschaft ['arbaɪtərʃaft] *f* labour force

Arbeiterschutz ['arbaɪtərʃuts] *m* protection of workers, protection of labourers

Arbeiterunfallgesetz ['arbaɪtərunfalgəzɛts] *n* workmen's compensation act

Arbeiterversicherung ['arbaɪtərfɛrzıçəruŋ] *f* industrial insurance

Arbeiterwohlfahrt ['arbaɪtərvoːlfaːrt] *f* industrial welfare organization

Arbeitgeber(in) ['arbaɪtgeːbɐ(rɪn)] *m/f* employer

Arbeitgeberanteil ['arbaɪtgeːbərantaɪl] *m* employer's contribution

Arbeitgeberverband ['arbaɪtgeːbərfɛrbant] *m* employers' association

Arbeitgeberzuschüsse ['arbaɪtgeːbərtsuːʃysə] *m/pl* employer's contributions *pl*

Arbeitnehmer(in) ['arbaɪtneːmɐ(rɪn)] *m/f* employee

Arbeitnehmeraktie ['arbaɪtneːməraktsjə] *f* employees' shares *pl*

Arbeitnehmeranteil ['arbaɪtneːmərantaɪl] *m* employee's contribution

Arbeitnehmerbeteiligung ['arbaɪtneːmərbətaɪlıguŋ] *f* worker participation

Arbeitnehmererfindung ['arbaɪtneːmərɛrfınduŋ] *f* employee invention

Arbeitnehmerfreibetrag ['arbaɪtneːmərfraɪbətraːk] *m* employee's allowable deduction

Arbeitnehmerpauschbetrag [ˈarbaɪt-neːmərpauʃbətraːk] *m* employee's zero bracket amount; general charge; lump sum

Arbeitnehmer-Sparzulage [ˈarbaɪtneː-mərpaːrtsuːlaːgə] *f* employees' savings premium

Arbeitnehmerüberlassung [ˈarbaɪtneː-məryːbərlasuŋ] *f* employee leasing

Arbeitnehmervertretung [ˈarbaɪtneː-mərfɛrtreːtuŋ] *f* employee representatives *pl*

Arbeitsablauf [ˈarbaɪtsaplauf] *m* workflow, working process, sequence of operations

Arbeitsamt [ˈarbaɪtsamt] *n* employment office, labour exchange, employment exchange, local labour office

Arbeitsanfall [ˈarbaɪtsanfal] *m* volume of work

Arbeitsauffassung [ˈarbaɪtsauffasuŋ] *f* attitude to work

Arbeitsauftrag [ˈarbaɪtsauftraːk] *m* job order

Arbeitsaufwand [ˈarbaɪtsaufvant] *m* amount of work involved, expenditure of work

Arbeitsausfall [ˈarbaɪtsausfal] *m* loss of working hours

Arbeitsbedingungen [ˈarbaɪtsbədɪŋuŋən] *f/pl* terms and conditions of employment *pl*

Arbeitsbelastung [ˈarbaɪtsbəlastuŋ] *f* work load

Arbeitsbeschaffung [ˈarbaɪtsbəʃafuŋ] *f* job creation

Arbeitsbeschaffungsmaßnahme (ABM) [ˈarbaɪtsbəʃafuŋsmaːsnaːmə] *f* job creation scheme

Arbeitsbeschaffungsprogramm [ˈarbaɪtsbəʃafuŋsprogram] *n* employment scheme

Arbeitsbesprechung [ˈarbaɪtsbəʃprɛçuŋ] *f* work conference

Arbeitsbewertung [ˈarbaɪtsbəvɛrtuŋ] *f* job evaluation

Arbeitseinkommen [ˈarbaɪtsaɪnkɔmən] *n* earned income

Arbeitsentgelt [ˈarbaɪtsɛntgelt] *n* remuneration

Arbeitserlaubnis [ˈarbaɪtsɛrlaupnɪs] *f* work permit

Arbeitsertrag [ˈarbaɪtsɛrtraːk] *m* work performed

Arbeitsessen [ˈarbaɪtsɛsən] *n* working lunch

Arbeitsfeld [ˈarbaɪtsfɛlt] *n* sphere of work, work sphere

Arbeitsförderungsgesetz (AFG) [ˈarbaɪtsfœrdəruŋsgəzɛts] *n* Labour Promotion Law

Arbeitsgang [ˈarbaɪtsgaŋ] *m* operation, routine

Arbeitsgemeinschaft [ˈarbaɪtsgəmaɪnʃaft] *f* working group, team

Arbeitsgenehmigung [ˈarbaɪtsgəneː-mɪguŋ] *f* work(ing) permit

Arbeitsgericht [ˈarbaɪtsgərɪçt] *n* industrial tribunal

Arbeitsgesetzgebung [ˈarbaɪtsgəzɛtsge:buŋ] *f* labour legislation

Arbeitskosten [ˈarbaɪtskɔstən] *pl* **1.** *(Personal)* labor cost, employment cost; **2.** *(Kostenrechnung)* variable cost

Arbeitskraft [ˈarbaɪtskraft] *f* **1.** *(Person)* worker; **2.** *(Fähigkeit)* working capacity

Arbeitsleistung [ˈarbaɪtslaɪstuŋ] *f* productivity

arbeitslos [ˈarbaɪtsloːs] *adj* unemployed, jobless, out of work

Arbeitslose(r) [ˈarbaɪtsloːzə(-ɐ)] *f/m* unemployed person

Arbeitslosengeld [ˈarbaɪtsloːzəngɛlt] *n* unemployment benefit

Arbeitslosenhilfe [ˈarbaɪtsloːzənhɪlfə] *f* unemployment benefit

Arbeitslosenrate [ˈarbaɪtsloːzənraːtə] *f* unemployment rate

Arbeitslosenversicherung [ˈarbaɪtsloː-zənfɛrzɪçəruŋ] *f* unemployment insurance

Arbeitslosigkeit [ˈarbaɪtsloːzɪçkaɪt] *f* unemployment

Arbeitsmarkt [ˈarbaɪtsmarkt] *m* labour market

Arbeitsmarktpolitik [ˈarbaɪtsmarkt-poliːk] *f* labour market policy, manpower policy

Arbeitsnachfrage [ˈarbaɪtsnaːxfraːgə] *f* job demand

Arbeitsplatz [ˈarbaɪtsplats] *m* place of employment

Arbeitsplatzgestaltung [ˈarbaɪtsplats-gəʃtaltuŋ] *f* job engineering

A

Arbeitsplatzrechner [ˈarbaɪtsplats-rɛçnɐ] *m* workstation

Arbeitsplatzschutz [ˈarbaɪtsplatsʃuts] *m* protection of jobs, employment protection

Arbeitsproduktivität [ˈarbaɪtsproduktivitɛːt] *f* productivity of labour

Arbeitspsychologie [ˈarbaɪtspsyçologiː] *f* industrial psychology

Arbeitsrecht [ˈarbaɪtsrɛçt] *n* labour law

Arbeitsschutz [ˈarbaɪtsʃuts] *m* industrial safety

Arbeitssicherheit [ˈarbaɪtszɪçɐrhaɪt] *f* safety at work

Arbeitsspeicher [ˈarbaɪtsʃpaɪçɐ] *m* main memory

Arbeitsstelle [ˈarbaɪtsʃtɛlə] *f* **1.** place of work; **2.** (*Stellung*) job

Arbeitssuche [ˈarbaɪtszuːxə] *f* looking for work, job search

Arbeitstag [ˈarbaɪtstaːk] *m* workday, working day

Arbeitsteilung [ˈarbaɪtstaɪluŋ] *f* division of labour

arbeitsunfähig [ˈarbaɪtsunfɛːɪç] *adj* unable to work, disabled, unfit for work

Arbeitsunfähigkeit [ˈarbaɪtsunfɛːɪçkaɪt] *f* unability to work, disability

Arbeitsunfall [ˈarbaɪtsunfal] *m* industrial accident

Arbeitsverfahren [ˈarbaɪtsfɛrfaːrən] *n* (working) method, technique

Arbeitsverhältnis [ˈarbaɪtsfɛrhɛltnɪs] *n* employment relationship

Arbeitsvermittlung [ˈarbaɪtsfɛrmɪtluŋ] *f* employment agency

Arbeitsvertrag [ˈarbaɪtsfɛrtraːk] *m* contract of employment

Arbeitsvorbereitung [ˈarbaɪtsfoːrbəraɪtuŋ] *f* job preparation

Arbeitswelt [ˈarbaɪtsvɛlt] *f* world of work

Arbeitszeit [ˈarbaɪtstsaɪt] *f* working hours *pl*

Arbeitszeitverkürzung [ˈarbaɪtstsaɪtfɛrkyrtsuŋ] *f* cut in working hours, reduction of working hours

Arbeitszufriedenheit [ˈarbaɪtstsufriːdənhaɪt] *f* job satisfaction

Arbitrage [arbiˈtraːʒ(ə)] *f* arbitrage

Arbitragegeschäft [arbiˈtraːʒəgəʃɛft] *n* arbitrage dealings *pl*

Arbitrageklausel [arbiˈtraːʒəklausəl] *f* arbitrage clause

Arbitragerechnung [arbiˈtraːʒərɛçnuŋ] *f* arbitrage voucher

Arbitrageur [arbitraːˈʒøːɐ] *m* arbitrager

Arbitragewert [arbiˈtraːʒəveːrt] *m* arbitrage value, arbitrage stocks *pl*

Archiv [arˈçiːf] *n* archives *pl*

archivieren [arçiˈviːrən] *v* file, archive

Archivierung [arçiˈviːruŋ] *f* filing, archiving

Argumentation [argumɛntaˈtsjoːn] *f* argumentation

arithmetisches Mittel [arɪtˈmeːtɪʃəs ˈmɪtəl] *n* arithmetical average

Arrangement [arãʒəˈmãː] *n* deal, package, arrangement

arrangieren [araˈʒiːrən] *v* arrange, come to an arrangement

arrondieren [arɔnˈdiːrən] *v* to round off

Artikel [arˈtɪkəl] *m* product, commodity, goods

Artikelnummernsystem [arˈtɪkəlnumərnzysteːm] *n* article coding system, item numbering system

Artvollmacht [ˈaːrtfɔlmaxt] *f* specialized power of attorney

Asiendollarmarkt [ˈazjəndɔlarmarkt] *m* Asian Dollar market

Assekuranz [asekuˈrants] *f* assurance

Assekuranzprinzip [asekuˈrantsprɪntsiːp] *n* insurance industry principle

Assessment-Center [əˈsɛsmənt'sɛntə] *n* assessment centre

Asset-Management [ˈæsət'mɛnədʒmənt] *n* asset management

Asset-Markt [ˈæset'maːkt] *m* asset market

Asset-Swap [ˈæsetswɔp] *n* asset swap

Assistent(in) [asɪsˈtɛnt(ɪn)] *m/f* assistant

Assoziation [asotsjaˈtsjoːn] *f* association

asynchrone Datenübertragung [ˈazynkroːnə ˈdaːtənyːbɐrtraːguŋ] *f* asynchronous data transfer/transmission

Atomausstieg [aˈtoːmausʃtiːk] *m* nuclear (power) phase-out

Atomwirtschaft [aˈtoːmvɪrtʃaft] *f* nuclear economy

Attentismus [atɛnˈtɪsmus] *m* wait-and-see attitude

Audiokonferenz [ˈaudjokɔnferɛnts] *f* audioconference

Auditing [ˈɔːdɪtɪŋ] *n* auditing

auf Abruf [auf ˈapruːf] on call

Aufbaukonto [ˈaufbaukɔnto] *n* build-up account

Aufbauorganisation [ˈaufbauɔrganizatsjoːn] *f* company organization structure

Aufbauphase [ˈaufbaufaːzə] *f* development phase

aufbereiten [ˈaufbəraɪtən] *v* process, prepare, treat; *wieder* ~ reprocess

Aufbereitung [ˈaufbəraɪtuŋ] *f (Vorbereitung)* processing

Aufbereitungsanlage [ˈaufbəraɪtuŋsanlaːgə] *f* processing plant

aufbessern [ˈaufbɛsɐn] *v (Kurse)* improve

Aufbewahrung [ˈaufbəvaːruŋ] *f* deposit

Aufbewahrungsfrist [ˈaufbəvaːruŋsfrɪst] *f* retention period

Aufbewahrungsgebühr [ˈaufbəvaːruŋsgəbyːɐ] *f* **1.** *(Waren)* storage fee; **2.** *(Bank)* safe deposit charge

Aufbewahrungspflicht [ˈaufbəvaːruŋspflɪçt] *f* obligation to preserve records

Aufenthaltserlaubnis [ˈaufɛnthaltsɛrlaupnɪs] *f* residence permit

Auffanggesellschaft [ˈauffaŋgəzɛlʃaft] *f* recipient company

Aufgabe [ˈaufgaːbə] *f (Arbeit)* task, assignment, responsibility; *mit einer* ~ *betraut sein* to be charged with a task

Aufgabegeschäft [ˈaufgaːbəgəʃɛft] *n* name-to-follow transaction, open transaction

Aufgabenanalyse [ˈaufgaːbənanalyːzə] *f* functional analysis

Aufgabengebiet [ˈaufgaːbəngəbiːt] *n* area of responsibility

Aufgabensynthese [ˈaufgaːbənzynteːzə] *f* task-oriented synthesis

Aufgeld [ˈaufgɛlt] *n* premium, extra charge, agio

aufgenommene Gelder [ˈaufgənɔmənə ˈgɛldɐ] *n/pl* borrowed funds *pl*, creditors' account

aufgerufene Wertpapiere [ˈaufgəruːfənə ˈveːrtpapiːrə] *n/pl* securities publicly notified as lost *pl*

Aufhebung [ˈaufheːbuŋ] *f* cancellation, elimination

Aufhebungsvertrag [ˈaufheːbuŋsfɛrtraːk] *m* agreement to cancel an obligatory relation

aufholen [ˈaufhoːlən] *v* **1.** *(Preise)* pick up; **2.** *(Börsenkurse)* rally

Aufholung [ˈaufhoːluŋ] *f* catching up, gaining ground

aufkaufen [ˈaufkaufən] *v* buy up, take over, acquire

Aufkäufer(in) [ˈaufkɔyfɐ(rɪn)] *m/f* buyer, purchaser

Aufkaufspekulation [ˈaufkaufʃpekulatsjoːn] *f* take-over speculation

Aufkleber [ˈaufkleːbɐ] *m* sticker

Aufkommen [ˈaufkɔmən] *n* yield, revenue

auf Kommissionsbasis [auf kɔmiˈsjoːnsbaːzɪs] on a commission basis

auf Lager [auf ˈlaːgɐ] in stock

Auflassung [ˈauflasuŋ] *f* conveyance by agreement

auflösen [ˈaufløːzən] *v* **1.** *(Geschäft)* liquidate, dissolve; **2.** *(Vertrag)* cancel

Auflösung [ˈaufløːzuŋ] *f (Geschäft)* dissolution, liquidation

Aufnahmefähigkeit (des Marktes) [ˈaufnaːməfɛːɪçkaɪt (dɛs ˈmarktəs)] *f* absorptive capacity (of the market)

Aufpreis [ˈaufpraɪs] *m* additional charge

auf Probe [auf ˈproːbə] on trial

auf Provisionsbasis [auf proviˈzjoːnsbaːzɪs] on a commission basis

Aufrechnung [ˈaufrɛçnuŋ] *f* set-off

aufrufen [ˈaufruːfən] *v irr* call up, retrieve

Aufschiebung [ˈaufʃiːbuŋ] *f* deferment, delay, postponement

Aufschlag [ˈaufʃlaːk] *m (Preisaufschlag)* surcharge, extra charge

Aufschwung [ˈaufʃvuŋ] *m* recovery, boom, upswing

auf Sicht [auf ˈzɪçt] at sight, on demand

Aufsicht [ˈaufzɪçt] *f* supervision

Aufsichtsamt [ˈaufzɪçtsamt] *n* control board

Aufsichtsbehörde [ˈaufzɪçtsbəhœrdə] *f* supervisory authority

Aufsichtspflicht [ˈaufzɪçtspflɪçt] *f* duty of supervision

Aufsichtsrat [ˈaufzɪçtsraːt] *m* supervisory board

Aufsichtsratsvorsitzende(r) [ˈaufzɪçtsraːtsfoːrzɪtsəndə(-ɐ)] *f/m* chairwoman/chairman of the supervisory board

Aufstiegsmöglichkeit [ˈaufʃtiːksmøːklɪçkaɪt] *f* opportunity for advancement

Auftrag [ˈauftraːk] *m (Aufgabe)* assignment, instruction, job, contract, orders *pl*

Auftraggeber(in) [ˈauftraːkgeːbɐ(rɪn)] *m/f* client, customer

Auftragnehmer(in) [ˈauftraːkneːmər (ɪn)] *m/f* contractor, company accepting an order

Auftragsabwicklung [ˈauftraːksapvɪkluŋ] *f* processing of an order

Auftragsbearbeitung [ˈauftraːksbəarbaɪtuŋ] *f* order processing

Auftragsbestätigung [ˈauftraːksbəʃtɛtɪguŋ] *f* confirmation of an order

Auftragseingang [ˈauftraːksaɪngaŋ] *m* incoming order

Auftragserteilung [ˈauftraːksɛrtaɪluŋ] *f* placing of an order

auftragsgemäß [ˈauftraːksgəmɛːs] *adj* as ordered, as per order

Auftragsgröße [ˈauftraːksgrøːsə] *f* lot size

Auftragslage [ˈauftraːkslaːgə] *f* order situation

Auftragsnummer [ˈauftraːksnumɐ] *f* order number, trade number

Auftragsplanung [ˈauftraːksplaːnuŋ] *f* order scheduling

Auftragsrückgang [ˈauftraːksrʏkgaŋ] *m* drop in orders

Aufwand [ˈaufvant] *m* **1.** *(Einsatz)* effort; **2.** *(Kosten)* expense(s), cost, expenditure

Aufwands- und Ertragsrechnung [ˈaufvants unt ɛrˈtraːksrɛçnuŋ] *f* profit and loss account

Aufwandsausgleichkonto [ˈaufvantsausglaɪçkɔnto] *n* account for reimbursements of expenses

Aufwandsentschädigung [ˈaufvantsɛntʃɛːdɪguŋ] *f* expense allowance

Aufwandsfaktor [ˈaufvantsfaktɔr] *m* expenditure factor

Aufwandskonto [ˈaufvantskɔnto] *n* expense account

Aufwandskosten [ˈaufvantskɔstən] *pl* expenses incurred *pl*

Aufwärtskompatibilität [ˈaufvɛrtskɔmpatibilitɛːt] *f* upward compatibility

Aufwärtstrend [ˈaufvɛrtstrɛnt] *m* upward trend, upside trend

Aufwendungen [ˈaufvɛnduŋən] *f/pl (Kosten)* expenses *pl*, charges *pl*

aufwerten [ˈaufvɛrtən] *v* upvalue, appreciate

Aufwertung [ˈaufveːrtuŋ] *f (Währung)* upvaluation, appreciation

Aufzinsung [ˈauftsɪnzuŋ] *f* accumulation addition of accrued interest

Auktion [aukˈtsjoːn] *f* auction

Auktionator [auktsjoˈnaːtɔr] *m* auctioneer

ausarbeiten [ˈausarbaɪtən] *v* work out, develop

Ausbilder(in) [ˈausbɪldɐ(rɪn)] *m/f* trainer, instructor

Ausbildung [ˈausbɪlduŋ] *f* apprenticeship, schooling, education

Ausbildungsbeihilfe [ˈausbɪlduŋsbaɪhɪlfə] *f* grant, tuition aid *(US)*

Ausbildungsverhältnis [ˈausbɪlduŋsfɛrhɛltnɪs] *n* trainee position

Ausbrechen des Kurses [ˈausbrɛçən dɛs ˈkurzəs] *n* erratic price movements *pl*

Ausbringung [ˈausbrɪŋuŋ] *f* output, outturn

Ausfall [ˈausfal] *m* **1.** financial loss; **2.** break-down

Ausfallbürgschaft [ˈausfalbyrkʃaft] *f* deficiency guarantee

ausfallen [ˈausfalən] *v irr (Maschine)* fail, break down

Ausfallforderung [ˈausfalfɔrdəruŋ] *f* bad debt loss

Ausfallrisiko [ˈausfalriːziko] *f* default risk

Ausfallzeit [ˈausfaltsaɪt] *f* downtime, outage time

ausfließen [ˈausfliːsən] *v* flow out

Ausfolgungsprotest [ˈausfɔlguŋsprotɛst] *m* protest for non-delivery

Ausfuhr [ˈausfuːɐ] *f* export, exportation

Ausfuhrabfertigung [ˈausfuːɐapfertiguŋ] *f* customs clearance of exports

Ausfuhrabgaben [ˈausfuːɐapgaːbən] *f/pl* export duties *pl*

Ausfuhrbescheinigung [ˈausfuːɐbəʃaɪnɪguŋ] *f* export certificate

Ausfuhrbeschränkung [ˈausfuːɐ̯bə-ʃrɛŋkuŋ] *f* export restriction

Ausfuhrbestimmungen [ˈausfuːɐ̯bə-ʃtɪmuŋən] *f/pl* export regulations *pl*

Ausfuhrbürgschaften [ˈausfuːɐ̯byrk-ʃaftən] *f/pl* export credit guarantee

Ausfuhrdeckung [ˈausfuːɐ̯dɛkuŋ] *f* export coverage

ausführen [ˈausfyːrən] *v* export

Ausfuhrfinanzierung [ˈausfuːɐ̯fɪnan-tsiːruŋ] *f* export financing

Ausfuhrförderung [ˈausfuːɐ̯fœrdəruŋ] *f* measures to encourage exports *pl*

Ausfuhrgarantie [ˈausfuːɐ̯garantiː] *f* export credit guarantee

Ausfuhrgenehmigung [ˈausfuːɐ̯gəneː-mɪguŋ] *f* export permit, export licence

Ausfuhrhandel [ˈausfuːɐ̯handəl] *m* export trade

Ausfuhrkontrolle [ˈausfuːɐ̯kɔntrɔlə] *f* export control

Ausfuhrkreditanstalt (AKA) [ˈaus-fuːɐ̯krediːtanʃtalt] *f* Export Credit Company

Ausfuhrpapiere [ˈausfuːɐ̯papiːrə] *n/pl* export documents *pl*

Ausfuhrüberschuss [ˈausfuːɐ̯yːbə-ʃus] *m* export surplus

Ausfuhrverbot [ˈausfuːɐ̯fɛɐ̯boːt] *n* export ban, export prohibition

Ausfuhrzoll [ˈausfuːɐ̯rtsɔl] *m* export duty

Ausgaben [ˈausgaːbən] *f/pl* expenses *pl*

Ausgabenkontrolle [ˈausgaːbənkɔnt-rɔlə] *f* expenditure control

Ausgabenplan [ˈausgaːbənplaːn] *m* plan of expenditure

Ausgabensteuer [ˈausgaːbənʃtɔyɐ̯] *f* outlay tax

ausgabenwirksame Kosten [ˈausgaː-bənvɪrkzaːmə ˈkɔstən] *pl* spending costs *pl*

Ausgabepreis [ˈausgaːbəprais] *m* issuing price

Ausgabewert [ˈausgaːbəveːɐ̯t] *m* nominal value

ausgeben [ˈausgeːbən] *v irr (Geld)* spend; *(Aktien)* issue

ausgleichen [ˈausglaiçən] *v irr* equalize, compensate, settle

Ausgleichs- und Deckungsforderung [ˈausglaiçs unt ˈdɛkuŋsfɔrdəruŋ] *f* equalization and covering claim

Ausgleichsabgabe [ˈausglaiçsapgaːbə] *f* countervailing duty

Ausgleichsarbitrage [ˈausglaiçsarbi-traːʒə] *f* offsetting arbitrage

Ausgleichsfonds [ˈausglaiçsfɔː] *m* compensation fund

Ausgleichsforderung [ˈausglaiçsfɔr-dəruŋ] *f* equalization claim

Ausgleichsfunktion des Preises [ˈaus-glaiçsfuŋktsjoːn dɛs ˈpraizəs] *f* invisible hand

Ausgleichsposten [ˈausglaiçspɔstən] *m* balancing item, adjustment item, compensating item

Ausgleichsrecht [ˈausglaiçsrɛçt] *n* equalization right

Ausgleichsverfahren [ˈausglaiçsfɛr-faːrən] *n* composition proceedings *pl*

Ausgleichszahlung [ˈausglaiçstsaːluŋ] *f* deficiency payment, compensation payment

aushandeln [ˈaushandəln] *v* negotiate

Aushängeschild [ˈaushɛŋəʃɪlt] *n (Reklame)* advertisement

Aushilfe [ˈaushɪlfə] *f* temporary help

Aushilfsarbeit [ˈaushɪlfsarbait] *f* temporary work

Aushilfskraft [ˈaushɪlfskraft] *f* temporary worker, casual worker

Auskunft [ˈauskunft] *f* **1.** information; **2.** *(in einem Büro)* information desk; **3.** *(am Telefon)* directory enquiries *(UK)*, directory assistance *(US)*

Auskunftdatei [ˈauskunftdatai] *f* information file

Auskunftei [auskunfˈtai] *f* credit bureau, credit (reporting) agency *(UK)*

Auskunftspflicht [ˈauskunftspflɪçt] *f* obligation to give information

Auslage [ˈauslaːgə] *f (Geld)* expenditure, disbursement, outlay

auslagern [ˈauslaːgɐn] *v* outsource

Ausländer(in) [ˈauslɛndɐ(rɪn)] *m/f* foreigner, non-resident

ausländische Arbeitnehmer [ˈauslɛn-dɪʃə ˈarbaitneːmɐ] *m/pl* foreign workers *pl*

ausländische Betriebsstätte [ˈauslɛn-dɪʃə ˈbətriːpsʃtɛtə] *f* permanent establishment abroad

ausländischer Anteilseigner [ˈauslɛn-dɪʃɐr ˈantailsaignɐ] *m* foreign shareholder

ausländisches Wertpapier [ˈauslɛn-dɪʃəs ˈveːrtpapiːɐ] *n* foreign security

Auslandsakzept [ˈauslantsaktsɛpt] *n* foreign acceptance

Auslandsanleihe [ˈauslantsanlaɪə] *f* foreign loan, foreign bond, external loan

Auslandsbank [ˈauslantsbaŋk] *f* foreign bank

Auslandsbonds [ˈauslantsbɔnds] *m/pl* foreign currency bonds *pl*

Auslandsbondsbereinigung [ˈauslantsbɔndsbəraɪnɪguŋ] *f* external bonds validation

Auslandsgeschäft [ˈauslantsgəʃɛft] *n* business in foreign countries, foreign business

Auslandsinvestitionen [ˈauslantsɪnvɛstitsjoːnən] *f/pl* capital invested abroad, foreign investments *pl*

Auslandskapital [ˈauslantskapitaːl] *n* foreign capital

Auslandskonto [ˈauslantskɔnto] *n* foreign account, rest-of-the-world account

Auslandskredit [ˈauslantskrediːt] *m* foreign credit, foreign lending

Auslandskunde [ˈauslantskundə] *m* foreign customer

Auslandsmärkte [ˈauslantsmɛrktə] *m/pl* foreign markets *pl*

Auslandsnachfrage [ˈauslantsnaːxfraːgə] *f* foreign demand

Auslandsniederlassung [ˈauslantsniːdərlasuŋ] *f* branch abroad

Auslandspatente [ˈauslantspatɛntə] *n/pl* foreign patents *pl*

Auslandsscheck [ˈauslantsʃɛk] *m* foreign cheque

Auslandsschulden [ˈauslantsʃuldən] *f/pl* foreign debts *pl*

Auslandsstatus [ˈauslantsʃtaːtus] *m* foreign assets and liabilities *pl*

Auslandsvermögen [ˈauslantsfɛrmøːgən] *f* foreign assets

Auslandsverschuldung [ˈauslantsfɛrʃulduŋ] *f* foreign debt

Auslandsvertretung [ˈauslantsfɛrtreːtuŋ] *f* agency abroad

Auslandswechsel [ˈauslantsvɛksəl] *m* foreign bill of exchange

auslasten [ˈauslastən] *v* **1.** utilize fully, make full use of; **2.** (*Maschine*) use to capacity

Auslastung [ˈauslastuŋ] *f* utilization to capacity

Auslastungsgrad [ˈauslastuŋsgraːt] *m* degree of utilization

ausliefern [ˈausliːfɐn] *v* deliver, hand over

Auslieferung [ˈausliːfəruŋ] *f* delivery, handing over

Auslieferungslager [ˈausliːfəruŋslaːgɐ] *n* distribution store

Auslobung [ˈausloːbuŋ] *f* offer of reward

Auslosungsanleihe [ˈausloːzuŋsanlaɪə] *f* lottery bond

ausmachender Betrag [ˈausmaxəndər bəˈtraːk] *m* actual amount

Ausnahmeregelung [ˈausnaːməreːgəluŋ] *f* special provision

Ausnahmetarif [ˈausnaːmətariːf] *m* preferential rate

Ausnutzungsgrad [ˈausnutsuŋsgraːt] *m* utilization rate

Ausprägung [ˈausprɛːguŋ] *f* coinage, minting; attribute

ausrechnen [ˈausrɛçnən] *v* calculate, compute

Ausrüster [ˈausrystɐ] *m* fitter

Aussage [ˈausaːgə] *f* testimony, statement, evidence

aussagen [ˈausaːgən] *v* testify

ausschließlich Berechtigungsaktie (exBA) [ˈausʃliːsliç bəˈrɛçtiguŋsaktsjə] ex capitalization issue

ausschließlich Bezugsrecht (exBR) [ˈausʃliːsliç bəˈtsuːksrɛçt] ex cap(italization)

ausschließlich Dividende (exD) [ˈausʃliːsliç dɪvɪˈdɛndə] ex d(ividend), coupon detached; dividend off

Ausschließlichkeitserklärung [ˈausʃliːsliçkaɪtsɛrklɛːruŋ] *f* exclusivity statement

Ausschlussprinzip [ˈausʃlusprɪntsiːp] *n* exclusion principle

ausschreiben [ˈausʃraɪbən] *v irr* (*Scheck*) issue, write out, make out

Ausschreibung [ˈausʃraɪbuŋ] *f* call for tenders, invitation to tender

Ausschussquote [ˈausʃuskvoːtə] *f* defects rate

ausschütten [ˈausʃytən] *v* (*Dividenden*) distribute, pay

Ausschüttung [ˈausʃytuŋ] *f* distribution, payout

Außenbeitrag [ˈausənbaɪtraːk] *m* net export, net foreign demand

Außendienst [ˈausəndiːnst] *m* field work

Außendienstmitarbeiter [ˈausəndiːnstmɪtarbaɪtɐ] *m/pl* field staff

Außenfinanzierung [ˈausənfɪnantsiːruŋ] *f* external financing

Außenhandel [ˈausənhandəl] *m* foreign trade, external trade

Außenhandelsabteilung [ˈausənhandəlsaptaɪluŋ] *f* export department

Außenhandelsbilanz [ˈausənhandəlsbɪlants] *f* balance of trade

Außenhandelsdefizit [ˈausənhandəlsdeːfɪtsɪt] *n* foreign trade deficit

Außenhandelsfinanzierung [ˈausənhandəlsfɪnantsiːruŋ] *f* foreign trade financing

Außenhandelsfreiheit [ˈausənhandəlsfraɪhaɪt] *f* free trade

Außenhandelsgewinn [ˈausənhandəlsgəvɪn] *m* gains from foreign trade *pl*

Außenhandelskammer [ˈausənhandəlskamɐ] *f* chamber of commerce

Außenhandelsmonopol [ˈausənhandəlsmonopoːl] *n* foreign trade monopoly

Außenhandelsmultiplikator [ˈausənhandəlsmultiplikaːtɐ] *m* foreign trade multiplier

Außenhandelsquote [ˈausənhandəlskvoːtə] *f* ratio of total trade turnover to national income

Außenhandelsrahmen [ˈausənhandəlsraːmən] *m* foreign trade structure

Außenhandelsstatistik [ˈausənhandəlsʃtatɪstɪk] *f* foreign trade statistics

Außenhandelsvolumen [ˈausənhandəlsvoluːmən] *n* volume of foreign trade

Außenmarkt [ˈausənmarkt] *m* external market

Außenprüfung [ˈausənpryːfuŋ] *f* **1.** *(Rechnungswesen)* field audit; **2.** *(Steuern)* government audit

Außenstände [ˈausənʃtɛndə] *pl* outstanding accounts *pl*, accounts receivable *pl*

Außenwerbung [ˈausənvɛrbuŋ] *f* outdoor advertising

Außenwert der Währung [ˈausənveːrt deːr ˈvɛːruŋ] *m* external value of the currency

Außenwirtschaft [ˈausənvɪrtʃaft] *f* external economic relations, foreign trade

außenwirtschaftliches Gleichgewicht [ˈausənvɪrtʃaftlɪçəs ˈglaɪçgəvɪçt] *n* external balance

Außenwirtschaftsgesetz [ˈausənvɪrtʃaftsgəzɛts] *n* Act on Foreign Trade and Payments, Foreign Trade Law

Außenwirtschaftspolitik [ˈausənvɪrtʃaftspolitiːk] *f* international economic policy

Außenwirtschaftsverkehr [ˈausənvɪrtʃaftsfɛrkeːɐ] *m* foreign trade and payments transactions *pl*

außergerichtlich [ˈausərgərɪçtlɪç] *adj* extrajudicial, out-of-court

außergerichtlicher Vergleich [ˈausərgərɪçtlɪçər fɛrˈglaɪç] *m* out-of-court settlement

außergewöhnliche Belastungen [ˈausərgəvøːnlɪçə bəˈlastuŋən] *f/pl* extraordinary expenses *pl*, extraordinary financial burden

außerordentliche Abschreibung [ˈausərɔrdəntlɪçə ˈapʃraɪbuŋ] *f* extraordinary depreciation

außerordentliche Aufwendungen [ˈausərɔrdəntlɪçə ˈaufvɛnduŋən] *f/pl* extraordinary expenditures *pl*, non-recurrent expenditures *pl*

außerordentliche Ausgaben [ˈausərɔrdəntlɪçə ˈausgaːbən] *f/pl* extraordinary expenditures *pl*

außerordentliche Einkünfte [ˈausərɔrdəntlɪçə ˈaɪnkynftə] *pl* extraordinary income

außerordentliche Einnahmen [ˈausərɔrdəntlɪçə ˈaɪnnaːmən] *f/pl* extraordinary income

außerordentliche Erträge [ˈausərɔrdəntlɪçə ɛrˈtrɛːgə] *m/pl* extraordinary income

außerordentliche Hauptversammlung [ˈausərɔrdəntlɪçə ˈhauptfɛrzamluŋ] *f* special meeting of stockholders

außerordentliche Kündigung [ˈausərɔrdəntlɪçə ˈkyndɪguŋ] *f* notice to quit for cause

außerordentlicher Haushalt [ˈausərɔrdəntlɪçər ˈhaushalt] *m* extraordinary budget

Aussetzung [ˈauszɛtsuŋ] *f* suspension

Aussonderung [ˈausdondəruŋ] *f* separation, separating

aussortieren [ˈauszɔrtiːrən] *v* **1.** sort out, separate out; **2.** grade

aussperren [ˈausʃpɛrən] *v (Streik)* lock out

Aussperrung [ˈausʃpɛruŋ] *f* lock-out

Ausstand [ˈausʃtant] *m (Streik)* strike; *in den ~ treten* come out on strike, take industrial action

Ausstattung [ˈausʃatuŋ] *f* **1.** *(Kapital)* endowment; *finanzielle ~* funding; **2.** *(Anleihe)* terms; **3.** *(Verpackung)* get-up; *serienmäßige ~* standard fitting

ausstehende Einlagen [ˈausʃteːəndə ˈaɪnlaːgen] *f/pl* outstanding contributions *pl*

Ausstelldatum [ˈausʃtɛldaːtʊm] *n* date of issue

ausstellen [ˈausʃtɛlən] *v (Waren)* display, lay out, exhibit; *(Rechnung, Scheck)* make out (to); *(Quittung, Rezept)* write out

Aussteller [ˈausʃtɛlɐ] *m* exhibitor

Ausstellung [ˈausʃtɛluŋ] *f* exhibition

Ausstellungsfläche [ˈausʃtɛluŋsflɛçə] *f* exhibition space

Austritt [ˈaustrɪt] *m* voluntary retirement (of a partner)

Ausverkauf [ˈausfɛrkauf] *m* clearance sale

Ausverkaufspreise [ˈausfɛrkaufspraɪzə] *m/pl* sale prices *pl*, clearance prices *pl*

ausverkauft [ˈausfɛrkauft] *adj* sold out

Auswahlverfahren [ˈausvaːlfɛrfaːrən] *n* selection procedure

Ausweichkurs [ˈausvaɪçkurs] *m* fictitious security price

Ausweis der Kapitalherabsetzung [ˈausvaɪs deːr kapiˈtaːlhɛrapzɛtsuŋ] *m* return of capital reduction

Ausweisung [ˈausvaɪzuŋ] *f* state-ment

Auswertung [ˈausveːrtuŋ] *f* evaluation

auszahlen [ˈaustsaːlən] *v* pay; *sich ~* pay off, to be worthwhile

Auszahlung [ˈaustsaːluŋ] *f* payment

Auszählung [ˈaustsɛːluŋ] *f* counting

auszeichnen [ˈaustsaɪçnən] *v (Waren)* mark

Auszubildende(r) [ˈaustsubɪldəndə(-ɐ)] *f/m* trainee, apprentice

Auszug [ˈaustsuːk] *m (Kontoauszug)* statement (of account)

Auszug aus dem Grundbuch [ˈaustsuːk aus deːm grʊntbuːx] *m* abstract of title

autark [auˈtark] *adj* self-supporting

Autarkie [autarˈkiː] *f* autarky, autarchy, self-sufficiency

Autokorrelation [autokɔrelaˈtsjoːn] *f* auto-correlation

Automatic Transfer Service (ATS) [ɔːtəˈmætɪk trænsˈfɜː ˈsɜːvɪs] *m* Automatic Transfer Service

Automation [automaˈtsjoːn] *f* automation

Automatisationsgrad [automatizaˈtsjoːnsgraːt] *m* automation degree

automatische Kursanzeige [autoˈmaːtɪʃə ˈkursantsaɪgə] *f* automatic quotation

Automatisierung [automatiˈziːruŋ] *f* automation

Automatismus [automaˈtɪsmus] *m* automatism

Automobilindustrie [automoˈbiːlɪndustriː] *f* automobile industry

autonome Arbeitsgruppen [autoˈnoːmə ˈarbaɪtsgrupən] *f/pl* autonomous teams *pl*

autonome Größen [autoˈnoːmə ˈgrøːsən] *f/pl* autonomous variables *pl*

Autonomie [autonoˈmiː] *f* autonomy

autorisiertes Kapital [autoriˈziːrtəs kapiˈtaːl] *n* authorized capital

autoritär [autoriˈtɛːɐ] *adj* authoritarian

autoritärer Führungsstil [autoriˈtɛːrər ˈfyːruŋsʃtiːl] *m* authoritative style of leadership

Aval [aˈval] *m* guarantee of a bill

Avalkredit [aˈvalkrediːt] *m* collateral guarantee

Avalprovision [aˈvalprovizjoːn] *f* commission on bank guarantee

Averaging [ˈævərɪdʒɪŋ] *n* averaging

Avis [aˈviː] *m/n* advice

avisieren [aviˈziːrən] *v* advise, notify; *Wechsel ~* advise a draft

Azubi [aˈtsuːbi] *m/f (Auszubildende(r))* trainee, apprentice

B

Baby-Bonds ['be:bibɔnds] *pl* baby bonds *pl*

Backwardation ['bækwədeɪʃən] *f* backwardation

Bagatellbetrag [baga'tɛlbətra:k] *m* trifle, trifling amount, petty amount

Bagatelldelikt [baga'tɛldelɪkt] *n* petty offence, minor offence

Bagatellsache [baga'tɛlzaxə] *f* petty case

Bagatellschaden [baga'tɛlʃa:dən] *m* petty damage, trivial damage, minimal damage

Bagatellverfahren [baga'tɛlfɛrfa:rən] *n* summary proceeding

Bahn [ba:n] *f (Eisenbahn)* railway, railroad *(US)*

bahnbrechend ['ba:nbrɛçənt] *adj (fam)* pioneering, trailblazing

Bahnbrecher(in) ['ba:nbrɛçɐ(rɪn)] *m/f* pioneer, trailblazer

Bahnfracht ['ba:nfraxt] *f* rail freight

Bahntransport ['ba:ntranspɔrt] *m* railway transportation

Baisse ['bɛ:sə] *f* bear market, slump

Baisseklausel ['bɛ:sklausəl] *f* bear clause

Baisser ['bɛ:se] *f* bear

Balkencode ['balkənkəud] *m* bar code

Balkendiagramm ['balkəndiagram] *n* bar chart; bar graph

Balkenwaage ['balkənva:gə] *f* balance, beam and scales

Ballen ['balən] *m* bale

Ballungsgebiet ['baluŋsgəbi:t] *n* agglomeration area, area of industrial concentration

Ballungszentrum ['baluŋstsɛntrʊm] *n* **1.** *(Bevölkerung)* centre of population; **2.** *(Industrie)* centre of industry

Band [bant] *n* **1.** *(EDV)* tape; **2.** *(Fließband)* assembly line

Bandbreite ['bantbraɪtə] *f* margin

Bandenwerbung ['bandənvɛrbuŋ] *f* side-line advertising

Bandwagon-Effekt ['bantwagɔ̃efekt] *m* bandwagon effect

Bank [baŋk] *f* bank

Bank für Internationalen Zahlungsausgleich (BIZ) ['baŋk fy:r 'ɪntər-natsjona:len 'tsa:luŋsausglaɪç] *f* Bank for International Settlements (BIS)

Bankakademie ['baŋkakademi:] *f* banking academy

Bankakkreditiv ['baŋkakkrediti:f] *n* bank letter of credit

Bankaktie ['baŋkaktsjə] *f* bank shares

Bankakzept ['baŋkaktsɛpt] *n* bank acceptance

Bankangestellte(r) ['baŋkaŋgəʃtɛl-tə(-ɐ)] *f/m* bank employee, bank clerk

Bankanleihen ['baŋkanlaɪhən] *f/pl* bank bonds *pl*

Bankanweisung ['baŋkanvaɪzuŋ] *f* bank transfer, bank money order

Bankauftrag ['baŋkauftra:k] *m* bank order, instruction to a bank

Bankauskunft ['baŋkauskunft] *f* banker's reference

Bankausweis ['baŋkauswaɪs] *m* bank authorization

Bankauszug ['baŋkaustsu:k] *m* bank statement

Bankautomat ['baŋkautoma:t] *m* automatic cash dispenser

Bankautomation ['baŋkautoma'tsjo:n] *f* bank automation

Bankaval ['baŋkava:l] *n* bank guarantee

Bankavis ['baŋkavi:(s)] *m/n* bank notification (of a letter of credit)

Bankbetriebslehre ['baŋkbətri:ps-le:rə] *f* banking management

Bankbeziehungen ['baŋkbətsi:uŋən] *f/pl* bank relations *pl*

Bankbilanz ['baŋkbilants] *f* bank balance sheet

Bankbuchhaltung ['baŋkbuxhaltuŋ] *f* bank's accounting department; bank accounting system

Bankdarlehen ['baŋkda:rle:ən] *n* bank loan, bank credit

Bankdeckung ['baŋkdəkuŋ] *f* banking cover

Bankdepositen [ˈbaŋkdəpɔsitən] *pl* bank deposits *pl*

Bankdepotgesetz [ˈbaŋkdepoːgezɛts] *n* Bank Custody Act

Bankdirektor(in) [ˈbaŋkdirɛktɔr(ɪn)] *m/f* bank manager, bank director

Bankdiskont [ˈbaŋkdɪskɔnt] *m* bank discount

Bankdiskontsatz [ˈbaŋkdɪskɔntzats] *m* discount rate

Bankeinlage [ˈbaŋkaɪnlaːgə] *f* bank deposit

Bankeinzugsverfahren [ˈbaŋkaɪntsuksfərfaːrən] *n* direct debiting

Bankenaufsicht [ˈbaŋkənaufsiçt] *f* supervision of banking

Bankenerlass [ˈbaŋkənɛrlas] *m* banking decree

Bankengesetzgebung [ˈbaŋkəngezɛtsgebuŋ] *f* banking legislation

Bankenkonsortium [ˈbaŋkənkɔnzɔrtsjum] *n* banking syndicate

Bankenkonzentration [ˈbaŋkənkɔntsəntraˈtsjon] *f* concentration of banks

Bankenkrise [ˈbaŋkənkriːzə] *f* banking crisis

Bankennummerierung [ˈbaŋkənnuməriːruŋ] *f* bank branch numbering

Bankenquete [ˈbaŋkãkɛt] *f* banking inquiry

Bankenstatistik [ˈbaŋkənʃtatɪstɪk] *f* banking statistics

Bankenstimmrecht [ˈbaŋkənʃtɪmrɛxt] *n* banks' voting rights

Bankensystem [ˈbaŋkənsysteːm] *n* banking system

Bankenverband [ˈbaŋkənfɛrband] *m* banking association

Bankfach [ˈbaŋkfax] *n* **1.** (*Gewerbe*) banking business, banking line; **2.** (*Safe*) safe box

bankfähig [ˈbaŋkfɛːɪç] *adj* bankable, negotiable

Bankfähigkeit [ˈbaŋkfɛːɪçkaɪt] *f* bankability, negotiability

Bankfeiertage [ˈbaŋkfaɪərtaːgə] *m/pl* bank holidays *pl*

Bankfiliale [ˈbaŋkfɪljaːlə] *f* branch bank

Bankgarantie [ˈbaŋkgaranti:] *f* bank guarantee

Bankgeheimnis [ˈbaŋkgəhaɪmnɪs] *n* confidentiality in banking, banking secrecy

Bankgeschäft [ˈbaŋkgəʃɛft] *n* banking; banking transactions

Bankgewerbe [ˈbaŋkgəwɛrbə] *n* banking business

bankgirierter Warenwechsel [ˈbaŋkʒiriːrtər waːrənwɛksəl] *m* bank endorsed bill

Bankguthaben [ˈbaŋkguːthaːbən] *n* bank credit balance

Bankhaus [ˈbaŋkhaus] *n* bank, banking house

Bankier [baŋkˈjeː] *m* banker

Bankierbonifikation [baŋkˈjeːbonifikatsjon] *f* placing commission

Bankkalkulation [ˈbaŋkkalkulatsjon] *f* bank's cost and revenue accounting

Bankkapital [ˈbaŋkkapitaːl] *n* bank stock

Bankkauffrau [ˈbaŋkkaufrau] *f* trained bank clerk, trained bank employee

Bankkaufmann [ˈbaŋkkaufman] *m* trained bank clerk, trained bank employee

Bankkonditionen [ˈbaŋkkɔnditsjonən] *f/pl* bank conditions *pl*

Bankkonto [ˈbaŋkkɔnto] *n* bank account

Bankkontokorrent [ˈbaŋkkɔntokɔrɛnt] *n* current account with a bank

Bankkontrolle [ˈbaŋkkɔntrolə] *f* bank supervision

Bankkonzern [ˈbaŋkkɔntsɛrn] *m* bank(ing) group

Bankkredit [ˈbaŋkkrediːt] *m* bank credit

Bankkreise [ˈbaŋkkraɪzə] *pl* banking circles *pl*

Bankkunde [ˈbaŋkkundə] *m* bank client, bank customer

Bankleitzahl [ˈbaŋklaɪttsaːl] *f* bank code number, sort code (UK), bank identification number (US)

Bankliquidität [ˈbaŋklikviditeːt] *f* bank liquidity

banknahes Institut [ˈbaŋknaːəs ɪnstɪˈtuːt] *n* near bank

Banknote [ˈbaŋknoːtə] *f* banknote, bill (US)

Bankobligation [ˈbaŋkɔbliːgatsjon] *f* bank bond

Bankorganisation [ˈbaŋkorganisatsjon] f bank's organization system

Bankplatz [ˈbaŋkplats] m banking centre

Bankprovision [ˈbaŋkprovizjon] f banker's commission

Bankprüfung [ˈbaŋkpryːfuŋ] f audit of the bank balance sheet

Bankpublizität [ˈbaŋkpublitsiteːt] f banks' duty to publish

Bankrate [ˈbaŋkraːtə] f bank discount, (official) discount rate

Bankregel [ˈbaŋkreːgəl] f bank rule

Bankregulierung [ˈbaŋkreguliːruŋ] f bank regulations pl

Bankreserven [ˈbaŋkrezɛrvən] f/pl bank reserves pl, bank savings pl

Bankrevision [ˈbaŋkrevizjon] f bank audit

bankrott [baŋˈkrɔt] adj bankrupt

Bankrott [baŋˈkrɔt] m bankruptcy, insolvency

Bankrotterklärung [baŋˈkrɔtɛrklɛːruŋ] f declaration of bankruptcy

Bankrotteur [baŋkrɔˈtøːɐ] m **1.** (Person) bankrupt (person); **2.** (Firma) bankrupt firm

Banksafe [ˈbaŋkseɪf] m bank safe

Banksaldo [ˈbaŋkzaldo] n bank balance

Bankscheck [ˈbaŋkʃɛk] m cheque, banker's draft

Bankschließfach [ˈbaŋkʃliːsfax] n safe-deposit box, safety-deposit box

Bankschulden [ˈbaŋkʃuldən] pl bank debts pl

Bankschuldverschreibung [ˈbaŋkʃuldfɛrʃraɪbuŋ] f bank bond

Bankspesen [ˈbaŋkʃpeːzən] pl bank charges pl

Bankstatistik [ˈbaŋkʃtatistik] f banking statistics

Bankstatus [ˈbaŋkʃtaːtus] m bank status

Bankstellennetz [ˈbaŋkʃtɛlənnɛts] n bank office network

Bankstichtage [ˈbaŋkʃtiçtaːgə] m/pl settling days pl

Banküberweisung [ˈbaŋkyːbɐvaɪzuŋ] f bank transfer

Bankumsätze [ˈbaŋkumzɛtsə] m/pl bank turnover

Bankverbindung [ˈbaŋkfɛrbɪnduŋ] f **1.** banking details pl; **2.** (Konto) bank account

Bankwesen [ˈbaŋkveːzən] n banking

Bankwirtschaft [ˈbaŋkvɪrtʃaft] f banking industry

bankwirtschaftlich [ˈbaŋkvɪrtʃaftlɪç] adj relating to banking operations

Bankzinsen [ˈbaŋktsinzən] m/pl banking interest

bar [baːɐ] adj cash; ~ bezahlen pay cash, pay in cash

Barabfindung [ˈbaːɐapfɪnduŋ] f settlement in cash

Barakkreditiv [ˈbaːɐakreditiːf] n clean credit

Barcode [ˈbaːɐkəʊd] m bar code

Bardeckung [ˈbaːɐdɛkuŋ] f cash cover

Bardepot [ˈbaːɐdepoː] n cash deposit

Bardividende [ˈbaːɐdividɛndə] f cash dividend

Bareinlage [ˈbaːɐaɪnlagə] f cash deposit

Bareinschuss [ˈbaːɐaɪnʃus] m (cash) margin

Barerlös [ˈbaːɐɛrløːs] m net proceeds pl, cash proceeds pl, takings pl

Barfinanzierung [ˈbaːɐfinantsiːruŋ] f direct financing

Bargaining [ˈbaːgɪnɪŋ] n bargaining

Bargeld [ˈbaːɐgɛlt] n cash, ready money

Bargeldbestand [ˈbaːɐgɛltbəʃtant] m cash in hand

Bargeldkasse [ˈbaːɐgɛltkasə] f petty cash

bargeldlos [ˈbaːɐgɛltloːs] adj non-cash, cashless

bargeldlose Kassensysteme [ˈbaːɐgɛltloːsə ˈkasənzystemə] n/pl cashless checkout systems pl

bargeldloser Zahlungsverkehr [ˈbaːɐgɛltloːsər ˈtsaːluŋsfɛrkɐr] m cashless payments pl; bank giro credit system

Bargeldumlauf [ˈbaːɐgɛltumlauf] m currency in circulation

Bargeldumstellung [ˈbaːɐgɛltumʃtɛluŋ] f conversion of notes and coins

Bargeldverkehr [ˈbaːɐgɛltfɛrkeːɐ] m cash transactions pl

Bargeschäft [ˈbaːɐgəʃɛft] n cash transactions pl

Bargründung [ˈbaːɐgrynduŋ] f formation of stock corporation by cash subscriptions

Barkauf [ˈbaːɐkauf] m cash purchase

Barkredit [ˈbaːɐkrediːt] m cash credit

Barlohn [ˈbaːɐloːn] m wage in cash

B

B

Barrel ['bærəl] *n* barrel

Barren ['barən] *m* (gold)bar, bullion

Barrengold ['barəngɔlt] *n* gold bullion

Barrensilber ['barənsɪlbɐ] *n* silver bullion

Barschaft ['ba:ɐʃaft] *f* cash stock, ready money

Barscheck ['ba:ɐʃɛk] *m* cash cheque, open cheque, uncrossed cheque

Bartergeschäft ['bartərgəʃɛft] *n* barter, barter trade

Barüberweisung ['ba:ry:bərvaizuŋ] *f* cash transfer

Barvergütung ['ba:ɐfɛrgy:tuŋ] *f* cash compensation, cash imbursement

Barverkauf ['ba:ɐfɛrkauf] *m* cash sale

Barvermögen ['ba:ɐfɛrmø:gən] *n* cash assets *pl*, liquid assets *pl*

Barwert ['ba:ɐwɛrt] value in cash

Barzahlung ['ba:ɐtsa:luŋ] *f* cash payment, payment in cash

Barzahlungsgeschäft ['ba:ɐtsa:luŋsgəʃɛft] *n* cash transaction, cash business

Barzahlungsrabatt ['ba:ɐtsa:luŋsrabat] *m* cash discount

Basis ['ba:zɪs] *f* basis, base

Basiseinkommen ['ba:zɪsainkɔmən] *n* basic income

Basisjahr ['ba:zɪsja:ɐ] *n* base year

Basislohn ['ba:zɪslo:n] *m* basic wage

Basispreis ['ba:zɪspraɪz] *m* basic price

Basistrend ['ba:zɪstrɛnt] *m* basic trend

Batterie [batə'ri:] *f* battery

Bau ['bau] *m* construction

Bauabschnitt ['bauapʃnɪt] *m* **1.** (*Gebiet*) building section; **2.** (*Stand der Bauarbeiten*) stage of construction

Bauantrag ['bauan'tra:k] *m* application for building license

Bauarbeiter ['bauarbaɪtɐ] *m* construction worker

Bauboom ['baubu:m] *m* building boom

Baudarlehen ['baudarle:n] building loan

Bauelement ['bauelemɛnt] *n* component part, module

Baufinanzierung ['baufinantsi:ruŋ] *f* financing of building projects

Baufirma ['baufɪrma] *f* construction firm

Baugenehmigung ['baugəne:mɪguŋ] *f* building permission, planning permission, building permit

Baugewerbe ['baugəvɛrbə] *n* construction industry, building trade

Bauindustrie ['bauɪndustri:] *f* construction industry

Baukastensystem ['baukastənsyste:m] *n* building block concept

Baukosten ['baukɔstən] *pl* building costs *pl*, construction costs *pl*

Baukostenzuschuss ['baukɔstəntsu:ʃuz] tenant's contribution to the construction costs

Baukredit ['baukrɛdɪt] *m* building loan

Bauland ['baulant] *n* building site

Baumarkt ['baumarkt] *m* (*Grundbesitz*) property market

Baunorm ['baunɔrm] *f* building standard

Bauplan ['baupla:n] *m* architect's plan

Bauspardarlehen ['bausparda:rle:n] loan granted for building purposes

bausparen ['bauspa:rən] *v* saving through building societies

Bausparfinanzierung ['bausparfinantsɪ:ruŋ] *f* building society funding

Bausparförderung ['bausparførderuŋ] *f* promotion of saving through building societies

Bausparkasse ['bauʃparkasə] *f* home savings bank, building society (*UK*)

Bausparvertrag ['bauʃpa:rfɛrtra:k] *m* building loan agreement, savings agreement with the building society

Baustelle ['bauʃtɛlə] *f* construction site, building site

Bauträger ['bautrɛ:gɐ] *m* property developer

Bauwirtschaft ['bauwɪrtʃaft] *f* building and contracting industry

Bauzinsen ['bautsɪnzən] *m/pl* fixed-interest coupons

Beamte(r) [bə'amtə(-ɐ)] *m* civil servant, public servant, official

beanstanden [bə'anʃtandən] *v* object, complain, challenge

Beanstandung [bə'anʃtanduŋ] *f* objection

beantragen [bə'antra:gən] *v* apply for; (*vorschlagen*) propose

bearbeiten [bə'arbaɪtən] *v* **1.** (*erledigen*) deal with, handle, manage; **2.** work, process

Bearbeitung [bə'arbaɪtuŋ] *f* treatment, processing; *in ~* in preparation

Bearbeitungsgebühr [bə'arbaɪtuŋsgəby:ɐ] *f* handling fee, service charge, processing fee

beaufsichtigen [bə'aufzɪçtɪgən] *v* supervise, control, oversee

beauftragen [bə'auftra:gən] *v* charge, commission, instruct

Beauftragte(r) [bə'auftra:ktə(-ɐ)] *f/m* representative

Beauftragung [bə'auftra:guŋ] *f* instruction, direction

bebauen [bə'bauən] *v* (*Grundstück*) build on

Bebauungsplan [bə'bauuŋsplan] *m* development plan, building scheme

Bedarf [bə'darf] *m* demand, need, requirements *pl*

Bedarfsanalyse [bə'darfsanaly:zə] *f* analysis of requirements

Bedarfsartikel [bə'darfsartɪkəl] *pl* necessities *pl*

Bedarfsbeeinflussung ['bedarfsbeaɪnflusuŋ] *f* influence of demand

Bedarfsdeckungsprinzip ['bedarfsdɛkuŋsprinzi:p] *n* principle of satisfaction of needs

Bedarfsermittlung ['bedarfsɛrmitluŋ] *f* demand assessment

bedarfsformende Faktoren [bedarfsformɛndə fak'to:rən] *m/pl* demand-forming factors *pl*

Bedarfsschwankung [be'darfsʃvaŋkuŋ] *f* fluctuations in requirements *pl*

bedenken [bə'dɛŋkən] *v irr* (*erwägen*) consider, take into consideration, think over

Bedenkzeit [bə'dɛŋktsaɪt] *f* time to think about sth, time to think sth over

bedienen [bə'di:nən] *v* **1.** (*Kunde*) attend; **2.** (*Gerät*) operate

Bedienung [bə'di:nuŋ] *f* (*Gerät*) operation, control

Bedienungsanleitung [bə'di:nuŋsanlaɪtuŋ] *f* operating instructions *pl*, working instructions *pl*

Bedienungsfehler [bə'di:nuŋsfe:lɐ] *m* operating error

Bedienungsgeld [bə'di:nuŋsgɛlt] *n* service charge

bedingt [bə'dɪŋt] *adj* **1.** conditional; ~ *durch* contingent on; **2.** (*beschränkt*) limited; *nur ~ richtig* partially right

bedingte Kapitalerhöhung [bə'dɪŋtə kapi'ta:lɛrhø:uŋ] *f* conditional capital increase

Bedingung [bə'dɪŋuŋ] *f* condition, provision, term; *unter der ~, dass ...* on condition that ...

Bedürfnis [bə'dyrfnɪs] *n* need

Bedürfnisbefriedigung [bə'dyrfnɪsbəfri:dɪguŋ] *f* satisfaction of needs

Bedürfnishierarchie [bə'dyrfnɪshɪrarxi:] *f* hierarchy of needs

beeidigte Erklärung [bəaɪdɪgtə ɛr'klæruŋ] *f* sworn statement

Befähigung [bə'fɛ:ɪguŋ] *f* **1.** capacity, competence, aptitude; **2.** (*Voraussetzung*) qualifications *pl*

befolgen [bə'fɔlgən] *v* **1.** (*Vorschriften*) observe; **2.** (*Befehl*) obey

Beförderer [bə'fœrdərɐ] *m* carrier

befördern [bə'fœrdɐn] *v* **1.** (*transportieren*) transport, convey, carry; **2.** (*dienstlich aufrücken lassen*) promote, advance

Beförderung [bə'fœrdəruŋ] *f* **1.** (*Waren*) transport, conveying, shipping; **2.** (*eines Angestellten, eines Offiziers*) promotion, advancement

Beförderungsbedingungen [bə'fœrdəruŋsbədiŋuŋən] *f/pl* terms of transport *pl*, forwarding conditions *pl*

Beförderungsgebühr [bə'fœrdəruŋsgəby:ɐ] *f* **1.** (*Portokosten*) postage charges *pl*; **2.** (*Transportkosten*) transport charges *pl*

Beförderungsmittel [bə'fœrdəruŋsmɪtəl] *n* means of transport *pl*

Befragung [bə'fra:guŋ] *f* personal interview, consultation, poll

befreien [bə'fraɪən] *v* acquit, discharge, (*von Steuern*) exempt

Befreiung [bə'fraɪuŋ] *f* exemption

befristen [bə'frɪstən] *v* limit

befristet [bə'frɪstət] *adj* limited

befristete Einlagen [bə'frɪstətə 'aɪnla:gən] *f/pl* fixed deposits *pl*

befristetes Arbeitsverhältnis [bə'frɪstətəs 'arbaɪtsfɛrhæltnɪs] *n* limited employment contract

Befristung [be'frɪstuŋ] *f* time limit, setting a deadline

Befugnis [bə'fu:knɪs] *f* jurisdiction, authority, authorization

B

befugt [bə'fuːkt] *adj* authorized, entitled, competent

befürworten [bə'fyːrvɔrtən] *v* advocate, recommend, support

Befürworter(in) [bə'fyːrvɔrtɐ(rɪn)] *m/f* supporter, advocate

Begebung [bə'geːbuŋ] *f* issue

beglaubigen [bə'glaubɪgən] *v* attest, certify, authenticate

Beglaubigung [bə'glaubɪguŋ] *f* authentication, certification, attestation

begleichen [bə'glaɪçən] *v irr* pay, settle

Begleichung [bə'glaɪçuŋ] *f (von Schulden)* payment, settlement

Begleitpapiere [be'glaɪtpapiːrə] *n/pl* accompanying documents *pl*

Begleitschreiben [bə'glaɪtʃraɪbən] *n* accompanying letter

begründen [bə'gryndən] *v* establish, found, set up

Begründer(in) [bə'gryndɐ(rɪn)] *m/f* founder

Begrüßung [bə'gryːsuŋ] *f* salutation

begünstigen [bə'gynstɪgən] *v* favour, help

Begünstigte(r) [bə'gynstɪgtə(-ɐ)] *f/m* beneficiary

begutachten [bə'guːtaxtən] *v* examine, give a professional opinion on

Behälterverkehr [bə'hɛltərferkeːɐ] *m* container transport

Beherrschungsvertrag [bə'hɛrʃuŋsfɛrtraːk] *m* control agreement

behilflich [bə'hɪlflɪç] *adj* jdm ~ sein to be of assistance, to be helpful, to be of service; *Kann ich Ihnen ~ sein?* May I help you?

Behinderte(r) [bə'hɪndərtə(-ɐ)] *f/m* handicapped person, disabled person

Behörde [bə'høːrdə] *f* public authority, administrative agency

behördlich [bə'høːrtlɪç] *adj* official

Beihilfe ['baɪhɪlfə] *f* financial aid

Beilage ['baɪlaːgə] *f* supplement

beilegen ['baɪleːgən] *v* **1.** (*hinzufügen*) insert, enclose; **2.** (*Streit*) settle

Beirat ['baɪrat] *m* advisory council; advisory board

Beistandskredit ['baɪʃtantskrediːt] standby credit

Beistandspakt ['baɪʃtantspakt] *m* mutual assistance treaty

beisteuern ['baɪʃtɔyɐn] *v* contribute, pitch in *(fam)*

Beiträge ['baɪtrɛgə] *m/pl* contributions *pl*

Beitragsbemessungsgrenze ['baɪtraːksbəmɛsuŋsgrɛntsə] *f* income threshold analysis of requirements

Beitragserhöhung ['baɪtraːksɛrhøːuŋ] *f* increased contributions *pl*

Beitragserstattung ['baɪtraːksɛrʃtatuŋ] *f* contribution refund

beitragspflichtig ['baɪtraːkspflɪçtɪç] *adj* liable to contribution

Beitragssatz ['baɪtraːkszats] *m* rate of contribution

Beitragszahlung ['baɪtraːkstsaːluŋ] *f* contribution payment

Beitritt ['baɪtrɪt] *m* joining

Beitrittsbeschluss ['baɪtrɪtsbəʃlus] *m* decision of accession

Beitrittsgesuch ['baɪtrɪtsgəzuːx] *n* admission application

Beitrittskriterien ['baɪtrɪtskriteːriən] *n/pl* criteria for accession *pl*

Beitrittsverhandlungen ['baɪtrɪtsfɛrhantluŋən] *f/pl* membership negotiations *pl*

Beitrittsvoraussetzungen ['baɪtrɪtsforauszɛtsuŋən] *f/pl* conditions for participation *pl*

beizulegender Wert ['baɪtsulɛgəndər 'vɛrt] *m* value to be attached

Bekanntmachung [bə'kantmaxuŋ] *f* notification

Beklagte(r) [bə'klaːktə(-ɐ)] *f/m* defendant

Bekleidungsindustrie [bə'klaɪduŋsɪndustriː] *f* clothing industry

beladen [bə'laːdən] *v irr* load

belangen [bə'laŋən] *v* prosecute, take legal action

Belassungsgebühr [bə'lasuŋsgebyːɐ] *f* prolongation charge

belasten [bə'lastən] *v* **1.** (*laden*) load; **2.** (*beanspruchen*) burden, strain; **3.** (*Haus*) mortgage, encumber; **4.** (*Konto*) debit, charge to; **5.** (*beschuldigen*) charge, incriminate

Belastung [bə'lastuŋ] *f* **1.** (*Hypothek*) mortgage; **2.** (*Steuer*) burden; **3.** (*Konto*) debit; **4.** (*Beschuldigung*) incrimination, charge

Belastungsprobe [bə'lastuŋspro:bə] *f* loading test, test

belaufen [bə'laufən] *v irr sich ~ auf* amount to, come to, add up to; *sich auf hundert Dollar ~* amount to one hundred dollars

Beleg [bə'le:k] *m* **1.** *(Beweis)* proof, evidence; **2.** document, slip, record, receipt, voucher

belegen [bə'le:gən] *v* account for; *(beweisen)* prove, substantiate, furnish proof of

belegloser Datenträgeraustausch (DTA) [be'le:klo:sər 'da:təntrægəraustauʃ] *m* paperless exchange of data media

belegloser Scheckeinzug [be'le:klo:sər 'ʃekaɪntsuk] *m* check truncation procedure

Belegschaft [bə'le:kʃaft] *f* staff

Belegschaftsaktie [bə'le:kʃaftsaktsjə] *f* staff shares *pl*

beleihen [bə'laɪhən] *v* to lend money on sth

Beleihungssatz [bə'laɪhuŋssats] *m* lending limit

Beleihungswert [bə'laɪuŋsvert] *m* value of collateral

bemessen [bə'mɛsən] *v irr* proportion, allocate; *(einteilen)* calculate

Bemessungsgrundlage [bə'mesuŋsgrundla:gə] *f* assessment basis

Bemessungszeitraum [bə'mesuŋstsaɪtraum] *m* income year

benachrichtigen [bə'na:xrɪctɪgən] *v* inform, advise

Benachrichtigung [bə'na:xrɪçtɪguŋ] *f* notification, notice

Benachrichtigungspflicht [bə'naxrɪçtɪguŋspflɪçt] *f* duty of notification

Benchmarking ['bentʃma:kiŋ] *n* benchmarking

benutzen [bə'nutsən] *v* use, make use of

Benutzer(in) [bə'nutsɐ(rɪn)] *m/f* user

benutzerfreundlich [bə'nutsɐrfrɔyntlɪç] *adj* user-friendly

Benutzerfreundlichkeit [bə'nutsɐrfrɔyntlɪçkaɪt] *f* user friendliness

Benutzungsgebühr [bə'nutsuŋsgəby:ɐ] *f* user fee

Benutzungsrecht [bə'nutsuŋsreçt] *n* right to use

Benzin [bɛn'tsi:n] *n* petrol, gasoline (US)

Benzingutschein [bɛn'tsi:ngutʃaɪn] *m* petrol voucher

Benzinpreis [bɛn'tsi:npraɪs] *m* petrol price, gasoline price (US)

Benzinverbrauch [bɛn'tsi:nfɛrbraux] *m* petrol consumption, gasoline consumption (US)

Berater(in) [bə'ra:tɐ(rɪn)] *m/f* adviser, consultant, counsellor

Beraterfirma [bə'ra:tɐrfɪrma] *f* consulting firm

Beraterfunktion [bə'ra:tɐrfunktsjo:n] *f* advisory function

beratschlagen [bə'ra:tʃla:gən] *v irr* confer

Beratung [bə'ra:tuŋ] *f* consultation, advice, counselling

Beratungsgespräch [bə'ra:tuŋsgəʃprɛ:ç] *n* consultation

berechenbar [bə'rɛçənba:ɐ] *adj (abschätzbar)* calculable, computable

berechnen [bə'rɛçnən] *v* calculate, work out, compute; *jdm etw ~* charge s.o. for sth

Berechnung [bə'rɛçnuŋ] *f* calculation, computation; *meiner ~ nach* according to my calculations

berechtigen [bə'rɛçtɪgən] *v* entitle to, give a right to, authorize

berechtigt [bə'rɛçtɪçt] *adj (befugt)* authorized, entitled; *~ zu* entitled to

Berechtigte(r) [bə'rɛçtɪçtə(-ɐ)] *f/m* party entitled

Berechtigung [bə'rɛçtɪguŋ] *f (Befugnis)* authorization, entitlement

Bereich [bə'raɪç] *m (Fachbereich)* field, sphere, area

bereichsfixe Kosten [bə'raɪçsfiksə 'kɔstən] *pl* fixed department costs *pl*

bereinigter Gewinn [bə'raɪnɪgtər 'gɛvɪn] *m* actual profit

bereithalten [bə'raɪthaltən] *v irr* have ready

Bereitschaftskosten [bə'raɪtʃaftskɔstən] *pl* standby costs *pl*

bereitstellen [bə'raɪtʃtɛlən] *v* make available, provide

Bereitstellungskosten [bə'raɪtʃtɛluŋskɔstən] *pl* commitment fee

Bereitstellungsplanung [bə'raɪtʃtɛluŋspla:nuŋ] *f* procurement budgeting

Bergarbeiter ['bɛrkarbaɪtɐ] *m* miner

Bergbau ['bɛrkbau] *m* mining
Bergbaugesellschaft ['bɛrkbaugəzɛl-ʃaft] *f* mining company
Bergwerk ['bɛrkvɛrk] *n* mine
Bericht [bə'rɪçt] *m* report, account, statement
Berichterstattung [bə'rɪçtɛrʃtatuŋ] *f* reporting
berichtigen [bə'rɪçtɪgən] *v* correct, rectify, set right
Berichtigung [bə'rɪçtɪguŋ] *f* correction
Berichtigungsaktie [bə'rɪçtɪguŋs-aktsjə] *f* bonus share
Berichtsperiode [bə'rɪçtsperiodə] *f* period under review
Berichtspflicht [bə'rɪçtspflɪçt] *f* obligation to report
BERI-Index ['bɛrɪ ɪndeks] *m* business environment risk index
berücksichtigen [bə'rykzɪçtɪgən] *v* consider, bear in mind, take into account
Berücksichtigung [bə'rykzɪçtɪguŋ] *f* consideration
Beruf [bə'ru:f] *m* profession
beruflich [bə'ru:flɪç] *adj* professional, occupational
berufliche Fortbildung [bə'ru:flɪçə 'fortbɪlduŋ] *f* advanced vocational training
berufliche Umschulung [bə'ru:flɪçə 'umʃu:luŋ] *f* vocational retraining
berufliche Weiterbildung [bə'ru:flɪçə 'vaɪtərbɪlduŋ] *f* advanced vocational training
Berufsanfänger(in) [bə'ru:fsanfɛŋɐ-(rɪn)] *m/f* young professional
Berufsausbildung [bə'ru:fsausbɪlduŋ] *f* vocational training, professional training, job training
berufsbedingt [bə'ru:fsbədɪŋt] *adj* professional, occupational, due to one's occupation
berufsbegleitend [bə'ru:fsbəglaɪtənt] *adj* in addition to one's job
Berufsbild [bə'ru:fsbɪld] *n* professional activity description
Berufserfahrung [bə'ru:fsɛrfa:ruŋ] *f* professional experience
Berufsförderung [bə'ru:fsfø:rdəruŋ] *f* professional promotion

Berufsfreiheit [bə'ru:fsfraɪhaɪt] *f* freedom of occupation
Berufsgeheimnis [bə'ru:fsgəhaɪmnɪs] *n* professional secret
Berufsgenossenschaften [bə'ru:fsgə-nɔsənʃaftən] *f/pl* **1.** social insurance against occupational accidents; **2.** professional association
Berufshandel [bə'ru:fshandəl] *m* professional trading, professional dealing
Berufskleidung [bə'ru:fsklaɪduŋ] *f* working clothes *pl*, workwear
Berufskrankheit [bə'ru:fskraŋkhaɪt] *f* occupational disease
Berufsleben [bə'ru:fsle:bən] *n* professional life, working life
Berufsrisiko [bə'ru:fsrɪzɪko] *n* occupational hazard
Berufsschule [bə'ru:fsʃu:lə] *f* vocational school
berufstätig [bə'ru:fstɛːtɪç] *adj* working, (gainfully) employed
Berufstätigkeit [bə'ru:fstɛːtɪçkaɪt] *f* employment, work, occupation, professional activity
Berufsunfähigkeit [bə'ru:fsunfɛːɪç-kaɪt] *f* occupational disability
Berufsunfall [bə'ru:fsunfal] *m* occupational accident
Berufsverbot [bə'ru:fsfɛrbo:t] *n* jdm ~ erteilen ban s.o. from a profession
Berufsverkehr [bə'ru:fsfɛrke:ɐ] *m* rush-hour traffic, commuter traffic
Berufswechsel [bə'ru:fsfɛksəl] *m* career change
Berufung [bə'ru:fuŋ] *f* (*Ernennung*) nomination, appointment
Berufungsinstanz [bə'ru:fuŋsɪn-stants] *f* higher court, court of appeal
Berufungsverfahren [bə'ru:fuŋsfɛr-fa:rən] *n* appellate procedure
beschädigen [bə'ʃɛ:dɪgən] *v* damage, harm, injure
beschädigte Aktie [bə'ʃɛ:dɪgtə 'aktsjə] *f* damaged share certificates *pl*
Beschädigung [bə'ʃɛ:dɪguŋ] *f* damage, harm
beschaffen [bə'ʃafən] *v* procure, obtain, get
Beschaffung [bə'ʃafuŋ] *f* procurement
Beschaffungsmarkt [bə'ʃafuŋsmarkt] *m* procurement market

Beschaffungsplanung [bə'ʃafuŋs-planuŋ] *f* procurement planning

beschäftigen [bə'ʃɛftɪgən] *v* **1.** *(jdn ~)* occupy, engage, employ; **2.** *sich mit etw ~* concern o.s. with sth, occupy o.s. with sth, engage in sth; *damit beschäftigt sein, etw zu tun* to be busy doing sth

Beschäftigtenstruktur [bə'ʃɛftɪgtən-ʃtruktuːɐ] *f* employment structure

Beschäftigung [bə'ʃɛftɪguŋ] *f* employment

Beschäftigungsabbau [bə'ʃɛftɪguŋs-apbau] *m* reduction in employment

Beschäftigungsabweichungen [bə-'ʃɛftɪguŋsapvaɪçuŋən] *f/pl* volume variance

Beschäftigungsgrad [bə'ʃɛftɪguŋs-grat] *m* level of employment

Beschäftigungspolitik [bə'ʃɛftɪguŋs-politiːk] *f* employment policy

Bescheid [bə'ʃaɪt] *m* reply, notification

Bescheinigung [bə'ʃaɪnɪguŋ] *f* **1.** *(Dokument)* certificate; **2.** *(das Bescheinigen)* certification

Beschlagnahme [bə'ʃlaːknaːmə] *f* confiscation

beschlagnahmen [bə'ʃlaːknaːmən] *v* confiscate, seize

beschließen [bə'ʃliːsən] *v irr* **1.** *(entscheiden)* decide, resolve; **2.** *(beenden)* terminate, end, conclude

Beschluss [bə'ʃlus] *m* decision

beschlussfähig [bə'ʃlusfɛːɪç] *adj ~ sein* to be a quorum, have a quorum

Beschlussfassung [bə'ʃlusfasuŋ] *f* passing of a resolution

beschränkte Geschäftsfähigkeit [bə-'ʃrɛŋktə gə'ʃɛftsfeɪgkaɪt] *f* limited capacity to enter into legal transactions

Beschuldigung [bə'ʃuldɪguŋ] *f* accusation, charge

Beschwerde [bə'ʃveːrdə] *f* appeal, complaint

beschweren [bə'ʃveːrən] *v sich ~* complain; *sich ~ über* complain about

besetzt [bə'zɛtst] *adj* engaged, busy *(US)*

Besicherungswert [bə'sɪçəruŋsvɛrt] *m* collateral value

Besitz [bə'zɪts] *m* possession, *(Immobilien)* property, estate

Besitzanspruch [bə'zɪtsanʃprux] *m* possessory claim

Besitzeinkommen [bə'zɪtsaɪnkɔmən] *n* property income

besitzen [bə'zɪtsən] *v irr* possess, own, hold

Besitzer(in) [bə'zɪtsɐ(rɪn)] *m/f* owner

Besitznachweis [bə'zɪtsnaːxvaɪs] *m* proof of ownership

Besitzsteuern [bə'zɪtsʃtɔyɛrn] *f/pl* taxes from income and property *pl*

Besitzwechsel [bə'zɪtsvɛksəl] *m* bills receivable

Besoldung [bə'zolduŋ] *f* salary, pay

besprechen [bə'ʃprɛçən] *v irr* discuss, talk over

Besprechung [bə'ʃprɛçuŋ] *f* discussion

Besprechungsraum [bə'ʃprɛçuŋsraum] *m* conference room, meeting room

Besprechungstermin [bə'ʃprɛçuŋstɛr-mɪn] *m* conference date, meeting date

Besserungsschein ['bɛsəruŋsʃaɪn] *m* debtor warrant, income adjustment bond

Besserverdienende(r) ['bɛsərferdiː-nəndə(-ɐ)] *f/m* person in a higher income bracket

Bestand [bə'ʃtant] *m* **1.** *(Kassenbestand)* cash assets *pl;* **2.** *(Vorrat)* stock, stores *pl,* supply

Bestandsaufnahme [bə'ʃtantsaufnaːmə] *f* inventory, stock-taking

Bestandsgröße [bə'ʃtantsgrøːsə] *f* stock variable

Bestandskonto [bə'ʃtantskɔnto] *n* real account

Bestandsveränderung [bə'ʃtantsfɛr-ɛnderuŋ] *f* inventory change

Bestätigung [bə'ʃtɛːtɪguŋ] *f* confirmation

Bestätigungsschreiben [bə'ʃtɛːtɪguŋs-ʃraɪbən] *n* letter of confirmation

bestechen [bə'ʃtɛçən] *v irr* bribe, corrupt

bestechlich [bə'ʃtɛçlɪç] *adj* bribable, corruptible

Bestechlichkeit [bə'ʃtɛçlɪçkaɪt] *f* corruptibility

Bestechung [bə'ʃtɛçuŋ] *f* bribery, corruption

Bestechungsgeld [bə'ʃtɛçuŋsgelt] *n* bribe

Bestelldaten [bə'ʃtɛldaːtən] *pl* details of order *pl*

B

Bestelleingang [bə'ʃtɛlaɪngaŋ] *m* incoming orders *pl*, new orders *pl*, intake of new orders

bestellen [bə'ʃtɛlən] *v (in Auftrag geben)* order, place an order, commission

Besteller(in) [bə'ʃtɛlɐ(rɪn)] *m/f* customer

Bestellformular [bə'ʃtɛlfɔrmulaːɐ] *n* order form

Bestellkosten [bə'ʃtɛlkɔstən] *pl* ordering costs *pl*

Bestellliste [bə'ʃtɛllɪstə] *f* list of orders

Bestellmenge [bə'ʃtɛlmɛŋə] *f* ordered quantity

Bestellnummer [bə'ʃtɛlnumɐ] *f* order number

Bestellschein [bə'ʃtɛlʃaɪn] *m* order form

Bestellung [bə'ʃtɛluŋ] *f* **1.** *(Waren)* order; **2.** *(auf einen Posten, für eine Aufgabe)* appointment (for specific tasks or posts)

bestens ['bɛstəns] *adv* at best

besteuern [bə'ʃtɔyɐn] *v* tax, impose a tax

Besteuerung [bə'ʃtɔyəruŋ] *f* taxation

Besteuerungsgrundlage [bə'ʃtɔyəruŋsgrundlaːgə] *f* tax basis

Besteuerungsverfahren [bə'ʃtɔyəruŋsfɛrfaːrən] *n* taxation procedure

bestimmen [bə'ʃtɪmən] *v* **1.** *(festlegen)* determine, decide; **2.** *(zuweisen)* appoint, assign, appropriate

Bestimmtheitsmaß [bə'ʃtɪmthaɪtsmaːs] *n* determination coefficient

Bestimmung [bə'ʃtɪmuŋ] *f* **1.** *(Vorschrift)* provision, decree, regulations *pl*; **2.** *(Zweck)* purpose

Bestimmungsbahnhof [bə'ʃtɪmuŋsbaːnhoːf] *m* station of destination

Bestimmungskauf [bə'ʃtɪmuŋskauf] *m* sale subject to buyer's specifications

Bestimmungsort [bə'ʃtɪmuŋsɔrt] *m* (place of) destination

Bestleistung ['bɛstlaɪstuŋ] *f* record

bestrafen [bə'ʃtraːfən] *v* punish, penalize

Bestrafung [bə'ʃtraːfuŋ] *f* punishment, penalty

bestreiken [bə'ʃtraɪkən] *v* strike against

Bestseller ['bɛstsɛlɐ] *m* bestseller

Besuch [bə'zuːx] *m* visit

besuchen [bə'zuːxən] *v (besichtigen)* visit

Besuchserlaubnis [bə'zuːxsɛrlaupnɪs] *f* visitor's pass

Betafaktor ['betafaktɔːɐ] *m* beta factor

Betätigung [bə'tɛːtɪguŋ] *f* **1.** operation; **2.** *(Tätigkeit)* activity

Betätigungsfeld [bə'tɛːtɪguŋsfɛlt] *n* range of activities, field of activity

beteiligen [bə'taɪlɪgən] *v sich ~* participate, take part, join; *jdn an etw ~* give a person a share, make a person a partner, let s.o. take part

Beteiligte(r) [bə'taɪlɪçtə(-ɐ)] *f/m* participant

Beteiligung [bə'taɪlɪguŋ] *f* participation

Beteiligungsdarlehen [bə'taɪlɪguŋsdarleːən] *n* loan with profit participation

Beteiligungsfinanzierung [bə'taɪlɪguŋsfɪnantsiːruŋ] *f* equity financing

Beteiligungshandel [bə'taɪlɪguŋshandəl] *m* equity financing transactions *pl*

Beteiligungskonzern [bə'taɪlɪguŋskɔntsɛrn] *m* controlled corporate group

Beteiligungsvermittlung [bə'taɪlɪguŋsfɛrmɪtluŋ] *f* agency of equity financing transactions

Betongold [bə'tɔŋgɔlt] *n* real estate property

Betrag [bə'trak] *m* amount

betragen [bə'traːgən] *v irr (sich belaufen auf)* amount to, add up to, come to

Betreff [bə'trɛf] *m* subject, subject matter; *in ~ einer Sache* with regard to sth

betreffen [bə'trɛfən] *v irr (angehen)* affect, concern, regard

betreffend [bə'trɛfənt] *prep* regarding, concerning

betreffs [bə'trɛfs] *prep* regarding

betreiben [bə'traɪbən] *v irr* **1.** *(leiten)* operate, manage, run; **2.** *(ausüben)* do, pursue

Betreiber(in) [bə'traɪbɐ(rɪn)] *m/f* operator

betreuen [bə'trɔyən] *v* **1.** *(Sachgebiet)* be in charge of; **2.** *(Kunden)* serve

Betreuung [bə'trɔyuŋ] *f (der Kunden)* service

Betrieb [bə'triːp] *m* **1.** *(Firma)* business, enterprise, firm, undertaking; **2.** *(Werk)* factory, works *pl*, plant, operation;

3. *etw in* ~ *nehmen* start using sth, put sth into operation; *außer* ~ out of order
betrieblich [bə'tri:plɪç] *adj* operational, operating, internal
betriebliche Altersversorgung [bə-'tri:plɪçə 'altərsfɛrzɔrguŋ] *f* employee pension scheme
betriebliche Ausbildung [bə'tri:plɪçə 'ausbɪlduŋ] *f* inhouse training
betriebliches Informationssystem [bə-'tri:plɪçəs ɪnfɔrma'tsjonzsyste:m] *n* organizational information system
betriebliches Rechnungswesen [bə-'tri:plɪçəs 'rɛçnuŋsve:zən] *n* operational accountancy
betriebliches Vorschlagswesen [bə-'tri:plɪçəs 'fo:rʃla:ksve:zən] *n* employee suggestion system; company suggestion system
Betriebsabrechnungsbogen (BAB) [bə'tri:psapreçnuŋsbogən] *m* overhead allocation sheet
Betriebsanalyse [bə'tri:psanaly:zə] *f* operational analysis
Betriebsänderung [bə'tri:psɛnderuŋ] *f* change in plant operation
Betriebsangehörige(r) [bə'tri:psan-gəhø:rɪgə(-ɐ)] *f/m* employee
Betriebsanleitung [bə'tri:psanlaɪtuŋ] *f* operating instructions *pl*
Betriebsarzt [bə'tri:psartst] *m* company doctor
Betriebsaufgabe [bə'tri:psaufga:bə] *f* termination of business
Betriebsausflug [bə'tri:psausflu:k] *m* company outing
Betriebsausgaben [bə'tri:psausga:bən] *f/pl* operating expenses *pl*
betriebsbedingte Kündigung [bə-'tri:psbədɪntə 'kyndɪguŋ] *f* notice to terminate for operational reasons
betriebsbereit [bə'tri:psbərait] *adj* operational, ready for use, operative
betriebsblind [bə'tri:psblɪnt] *adj* blind to organizational deficiencies, blunted by habit
Betriebsdauer [bə'tri:psdauɐ] *f* operating period, service life
Betriebsergebnis [bə'tri:psɛrge:pnɪs] *n* results from operations *pl*
Betriebserlaubnis [bə'tri:psɛrlaubnɪs] *f* operating license

Betriebseröffnung [bə'tri:psɛrœfnuŋ] *f* opening of a business
Betriebsferien [bə'tri:psfɛ:rjən] *f* annual holiday, plant holidays *pl*
Betriebsfest [bə'tri:psfɛst] *n* staff party
Betriebsfonds [bə'tri:psfɔ̃] *m* operating fund
betriebsfremder Aufwand [bə'tri:ps-frɛmdər 'aufvant] *m* non-operating expense
betriebsfremder Ertrag [bə'tri:ps-frɛmdər ɛr'trak] *m* non-operating revenue
Betriebsführung [bə'tri:psfy:ruŋ] *f* plant management
Betriebsgeheimnis [bə'tri:psgəhaɪmnɪs] *n* trade secret, industrial secret
Betriebsgröße [bə'tri:psgrø:sə] *f* size of the company
betriebsintern [bə'tri:psɪntɛrn] *adj* internal; *adv* within the company
Betriebskapital [bə'tri:pskapita:l] *n* working capital
Betriebsklima [bə'tri:pskli:ma] *n* working atmosphere
Betriebskosten [bə'tri:pskɔstən] *pl* operating costs *pl*, working expenses *pl*
Betriebsmittel [bə'tri:psmɪtəl] *n/pl* working funds *pl*
Betriebsnachfolge [bə'tri:psna:xfɔlgə] *f* successor company, successor
Betriebsnormen [bə'tri:psnɔrmən] *f/pl* organizational standards *pl*
betriebsnotwendiges Kapital [bə-'tri:psnotvɛndɪgəs kapɪ'ta:l] *n* necessary operating capital
betriebsnotwendiges Vermögen [bə-'tri:psnotvɛndɪgəs 'fɛrmø:gən] *n* necessary business assets *pl*
Betriebsprüfer [bə'tri:pspry:fɐ] *m* auditor
Betriebsprüfung [bə'tri:pspry:fuŋ] *f* fiscal audit of operating results, investigation by the tax authorities
Betriebsrat [bə'tri:psra:t] *m* works council
Betriebsrentabilität [bə'tri:psrɛnta-bɪlɪtɛ:t] *f* operational profitability
Betriebsrente [bə'tri:psrɛntə] *f* company pension
Betriebsspaltung [bə'tri:psʃpaltuŋ] *f* split of a unitary enterprise

Betriebsstatistik [bə'tri:psʃtatɪstik] *f* operations statistics

Betriebsstilllegung [bə'tri:psʃtɪlle:guŋ] *f* plant closure

Betriebsstoffe [bə'tri:psʃtɔfə] *m/pl* **1.** *(Rechnungswesen)* supplies *pl;* **2.** *(Fertigung)* factory supplies *pl*

Betriebssystem [bə'tri:pszyste:m] *n* **1.** *(EDV)* operating system; **2.** production system

Betriebsunfall [bə'tri:psunfal] *m* industrial accident, accident at work

Betriebsunterbrechungsversicherung [bə'tri:psuntərbreçuŋsfɛrsɪçəruŋ] *f* business interruption insurance

Betriebsvereinbarung [bə'tri:psfɛraɪnba:ruŋ] *f* plant agreement

Betriebsverfassungsgesetz (Betr VerfG, BetrVG) [bə'tri:psfɛrfasuŋsgəzets] *n* Industrial Constitution Law

Betriebsvergleich [bə'tri:psfɛrglaɪç] *m* external analysis

Betriebsvermögen [bə'tri:psfɛrmø:gən] *n* operating assets *pl*

Betriebsversammlung [bə'tri:psfɛrsamluŋ] *f* employee meeting

Betriebswirt(in) [bə'tri:psvɪrt(ɪn)] *m/f* business economist, management expert

Betriebswirtschaft [bə'tri:psvɪrtʃaft] *f* business economics

Betriebswirtschaftslehre (BWL) [bə'tri:psvɪrtʃaftsle:rə] *f* business management, business administration

Betrug [bə'tru:k] *m* fraud

betrügerischer Bankrott [bə'try:gərɪʃər baŋ'krɔt] *m* fraudulent bankruptcy

beurkunden [bə'u:rkundən] *v (bezeugen)* prove (by documentary evidence); record (in an official document), document

Beurkundung [bə'u:rkunduŋ] *f (Bezeugung)* documentary evidence; recording, certification, documentation

beurlauben [bə'u:rlaubən] *v* **1.** grant leave, give leave; **2.** *(suspendieren)* suspend

Beurlaubung [bə'u:rlaubuŋ] *f* granting of leave

Beurteilung [bə'urtaɪluŋ] *f* assessment, judgement, judgment *(US)*, opinion

Bevölkerung [bə'fœlkəruŋ] *f* population

Bevölkerungsdichte [bə'fœlkəruŋsdɪçtə] *f* density of population

Bevölkerungsschicht [bə'fœlkəruŋsʃɪçt] *f* demographic stratum

bevollmächtigen [bə'fɔlmɛçtɪgən] *v* authorize, empower, give power of attorney

Bevollmächtigte(r) [bə'fɔlmɛçtɪçtə(-ɐ)] *f/m* authorized person, person holding power of attorney, proxy (for votes), representative

Bevollmächtigung [bə'fɔlmɛçtɪguŋ] *f* power of attorney, authorization

bevorrechtigte Gläubiger [bə'fo:rrɛçtɪçtə 'glɔybɪgɐ] *m/pl* preferential creditors *pl*

bewegliche Güter [bə've:glɪçə 'gy:tɐ] *n/pl* movable goods *pl*

bewegliches Anlagevermögen [bə've:glɪçəs 'anla:gəfɛrmø:gən] *n* non-real-estate fixed assets *pl*

Bewegungsbilanz [bə've:guŋsbɪlants] *f* flow statement

Bewegungsdaten [bə've:guŋsda:tən] *pl* transaction data *pl*

Beweis [bə'vaɪs] *m* proof

Beweismittel [bə'vaɪsmɪtəl] *n* evidence

bewerben [bə'vɛrbən] *v irr sich ~ um* apply for

Bewerber(in) [bə'vɛrbɐ(rɪn)] *m/f* applicant

Bewerbung [bə'vɛrbuŋ] *f* application

Bewerbungsschreiben [bə'vɛrbuŋsʃraɪbən] *n* letter of application

Bewerbungsunterlagen [bə'vɛrbuŋsuntərla:gən] *f/pl* application documents *pl*

Bewertung [bə'vɛrtuŋ] *f* **1.** evaluation, assessment; **2.** *(Feststellung des Werts)* valuation, appraisal

Bewertung von Unternehmen und Kapitalkosten [bə'vɛrtuŋ fɔn untər'ne:mən unt kapɪ'ta:lkɔstən] *f* valuation of enterprises

bewilligen [bə'vɪlɪgən] *v* permit, grant, agree to

Bewilligung [bə'vɪlɪguŋ] *f* allowance, granting, permission, grant

Bewirtung [bə'vɪrtuŋ] *f* hospitality

Bewirtungskostenbeleg [bə'vɪrtuŋskɔstənbəle:k] *m* hospitality expenses form

bezahlen [bə'tsa:lən] *v* pay, pay for

bezahlt [bə'tsa:lt] *adj* paid; *gut* ~ well-paid; *schlecht* ~ low-paid

bezahlt Brief (bB) [bə'tsa:lt bri:f] more sellers than buyers, sellers ahead

bezahlt Geld (bG) [bə'tsa:lt gɛlt] more buyers than sellers, buyers ahead

bezahlter Urlaub [bə'tsa:ltər 'urlaup] *m* paid holidays, paid vacation *(US)*

Bezahlung [bə'tsa:luŋ] *f* **1.** payment; **2.** *(Lohn)* pay

bezeugen [bə'tsɔygən] *v* testify to, bear witness to

beziehen [bə'tsi:ən] *v irr (Gehalt)* receive, draw

Bezieher [bə'tsi:ɐ] *m* subscriber, buyer

Bezogener [bə'tso:gənɐ] *m* drawee

Bezug [bə'tsu:k] *m* reference

Bezüge [bə'tsy:gə] *pl* earnings

Bezug nehmend [bə'tsu:k ne:ment] referring to

Bezugsaktien [bə'tsu:ksaktsjən] *f/pl* preemptive shares *pl*

Bezugsangebot [bə'tsu:ksangəbo:t] *n* right issue

Bezugsbedingungen [bə'tsu:ksbədɪŋuŋən] *f/pl* subscription conditions *pl*

Bezugsfrist [bə'tsu:ksfrɪst] *f* subscription period

Bezugskosten [bə'tsu:kskɔstən] *pl* delivery costs *pl*, purchasing costs *pl*

Bezugskurs [bə'tsu:kskurs] *m* subscription price

Bezugsquelle [bə'tsu:kskvɛlə] *f* source of supply

Bezugsrecht [bə'tsu:ksrɛçt] *n* subscription right, stock option, preemptive right

Bezugsrechtabschlag [bə'tsu:ksrɛçtapʃla:k] *m* ex-rights markdown

Bezugsrechterklärung [bə'tsu:ksrɛçtɛrklɛ:ruŋ] *f* declaration to exercise the subscription right

Bezugsrechthandel [bə'tsu:ksrɛçthandəl] *m* trading in suscription rights

Bezugsrechtnotierung [bə'tsu:ksrɛçtnoti:ruŋ] *f* subscription price

Bezugsrechtsbewertung [bə'tsu:ksrɛçtsbəvɛrtuŋ] *f* subscription rights evaluation

Bezugsrechtsdisposition [bə'tsu:ksrɛçtsdɪspɔsɪtsjo:n] *f* subscription rights disposition

Bezugsrechtskurs [bə'tsu:krɛçtskurs] *m* subscription price

Bezugsrechtsparität [bə'tsu:ksrɛçtspari:tɛ:t] *f* subscription rights parity

Bezugsschein [bə'tsu:ksʃaɪn] *m* purchasing permit, subscription warrant

Bezugstag [bə'tsu:ksta:k] *m* subscription day

bezuschussen [bə'tsu:ʃusən] *v* subsidize

Bezuschussung [bə'tsu:ʃusuŋ] *f* subsidy

BIC [bik] *m* BIC, bank indentifier code

Bietungsgarantie ['bi:tuŋsgaranti:] tender guarantee

Bilanz [bi'lants] *f* balance-sheet, financial statement, balance

Bilanzanalyse [bi'lantsanaly:zə] *f* balance analysis

Bilanzänderung [bi'lantsɛndəruŋ] *f* alteration of a balance sheet

Bilanzberichtigung [bi'lantsbərɪçtɪguŋ] *f* correction of a balance sheet

Bilanzbewertung [bi'lantsbəvɛrtuŋ] *f* balance sheet valuation

Bilanzfälschung [bi'lantsfɛlʃuŋ] *f* falsification of the balance sheet

Bilanzgewinn [bi'lantsgəvɪn] *m* net profit for the year

Bilanzgleichung [bi'lantsglaɪçuŋ] *f* balance sheet equation

Bilanzgliederung [bi'lantsgli:dəruŋ] *f* format of the balance sheet

Bilanzidentität [bi'lantsi:dɛntɪtɛ:t] *f* balance sheet continuity

bilanzieren [bilan'tsi:rən] *v* balance (accounts)

Bilanzierung [bi'lantsi:ruŋ] *f* procedure to draw up a balance sheet

Bilanzierungsgrundsätze [bilan'tsi:ruŋsgrundsɛtsə] *m/pl* accounting principles *pl*

Bilanzierungsvorschriften [bilan'tsi:ruŋsforʃrɪftən] *f/pl* accounting regulations *pl*

Bilanzklarheit [bi'lantsklarhaɪt] *f* balance transparency, accounting transparency

Bilanzkontinuität [bi'lantskɔntinui:tɛ:t] *f* balance sheet continuity

Bilanzkonto [bi'lantskɔnto] *n* balance sheet account

Bilanzkritik [bi'lantskrɪti:k] *f* balance sheet analysis

Bilanzkurs [bi'lantskurs] *m* book value, balance sheet rate

Bilanzpolitik [bi'lantspoliti:k] *f* accounting policy

bilanzpolitische Instrumente [bi'lantspɔlitiʃə ɪnstru'mɛntə] *n/pl* instruments of balance sheet policy *pl*

Bilanzpositionen [bi'lantspɔsɪtsjo:nən] *f/pl* balance-sheet items *pl*

Bilanzprüfung [bi'lantspry:fuŋ] *f* balance sheet audit

Bilanzrichtliniengesetz [bi'lantsrɪçtlɪ:njəngəsɛts] *n* accounting and reporting law

Bilanzstatistik [bi'lantsʃtatɪstɪk] *f* balance sheet statistics

Bilanzstichtag [bi'lantsʃtiçta:k] *m* date of the balance

Bilanzstruktur [bi'lantsʃtruktu:ɐ] *f* structure of the balance sheet

Bilanzsumme [bi'lantssumə] *f* balance sheet total

Bilanzverlängerung [bi'lantsfɛrlɛŋəruŋ] *f* increase in total assets and liabilities

Bilanzverlust [bi'lantsfɛrlust] *m* net loss

Bilanzverschleierung [bi'lantsfɛrʃlaɪəruŋ] *f* doctoring a balance sheet

Bilanzwert [bi'lantsvɛrt] *m* balance sheet value

bilateral ['bilatəra:l] *adj* bilateral

Bildschirm ['bɪltʃɪrm] *m* screen

Bildschirmarbeit ['bɪltʃɪrmarbaɪt] *f* work at a computer terminal

Bildschirmarbeitsplatz ['bɪltʃɪrmarbaɪtsplats] *m* job working at a computer, screen job

Bildschirmtext ['bɪltʃɪrmtɛkst] *m* viewdata

Bildtelefon ['bɪlttelefo:n] *n* videophone, picturephone

Bildungspolitik ['bɪlduŋspoliti:k] *f* educational policy

Bildungsurlaub ['bɪlduŋsu:rlaup] *m* sabbatical, paid educational leave

billig ['bɪlɪç] *adj (preiswert)* cheap, inexpensive

Billigflagge ['bɪlɪçflagə] *f* flag of convenience

billigst [bɪlɪçst] *adv* at best price, at lowest price

Billigware ['bɪlɪçva:rə] *f* marked-down product

binär [bi'nɛ:ɐ] *adj* binary

Binärzahl [bi'nɛ:rtsa:l] *f* binary number

Binnenhandel ['bɪnənhandəl] *m* domestic trade, inland trade

Binnenmarkt ['bɪnənmarkt] *m* common market, domestic market, home market

Binnenwirtschaft ['bɪnənvɪrtʃaft] *f* domestic trade and payments

Binnenzoll ['bɪnəntsɔl] *m* internal customs duty, internal tariff

Biogas ['biogas] *n* biogas

Bit [bɪt] *n* bit

B-Länder ['be: lɛndɐ] *n/pl* B countries *pl*

Black-Box-Methode ['blækbɔksmeto:də] *f* black box method

Black List [blæk 'lɪst] *f* black list

Blankett ['blaŋkɛt] *n* blank form

blanko ['blaŋko] *adj* blank

Blanko-Akzept ['blaŋkoaktsept] *n* acceptance in blank

Blankoformular ['blaŋkofɔrmula:ɐ] *n* blank form

Blanko-Indossament ['blaŋkoɪndɔsamɛnt] *n* blank indorsement

Blankokredit ['blaŋkokredi:t] *m* unsecured credit, open credit

Blankoregister ['blaŋkoregɪstɐ] *n* blank index, plain index

Blankoscheck ['blaŋkoʃɛk] *m* blank cheque, blank check *(US)*

Blanko-Unterschrift ['blaŋkountərʃrɪft] *f* blank signature

Blankoverkauf ['blaŋkofɛrkauf] *m* short sale

Blankovollmacht ['blaŋkofɔlmaxt] *f* carte blanche, full power (of attorney)

Blankowechsel ['blaŋkoveksəl] *m* blank bill

Blankozession ['blaŋkotsesjo:n] *f* transfer in blank

Blitzgiro ['blitsʒi:ro:] *n* direct telex transfer system

Blockdiagramm ['blɔkdiagram] *n* bar chart

Blockfloating ['blɔkfləutɪŋ] *n* block floating

Blockverkauf ['blɔkfɛrkauf] *m* block sale

Blue Chips ['blu:tʃɪps] *pl* blue chips *pl*

Bodenkredit [ˈboːdənkrediːt] *m* loan on landed property

Bodenkreditinstitut [ˈboːdənkrediːt-ɪnstɪtuːt] *n* mortgage bank

Bodenpreis [ˈboːdənpraɪs] *m* land price

Bodenreform [ˈboːdənrəfɔrm] *f* land reform

Bodensatz [ˈboːdənsats] *m* deposit base, undeclared securities *pl*

Bon [bɔŋ] *m* cash register slip, voucher

Bond [bɔnt] *m* bond

Bond-Option [ˈbɔntɔptsjoːn] *f* bond option

Bonifikation [bonifikaˈtsjoːn] *f* bonus

Bonität [boniˈtɛːt] *f* solvency, credit standing, creditworthiness, financial standing

Bonitätsprüfung [boniˈtɛːtspryːfuŋ] *f* credit check

Bonitätsrisiko [boniˈtɛːtsriːsiːko] *n* credit solvency risk

Bonus [ˈboːnus] *m* bonus, extra dividend

Boom [buːm] *m* boom

Börse [ˈbœrzə] *f* stock exchange, market

Börsenabteilung [ˈbœrzənaptaɪluŋ] *f* exchange department

Börsenaufsicht [ˈbœrzənaufsɪçt] *f* stock exchange supervision

Börsenauftrag [ˈbœrzənauftrak] *m* stock exchange order

Börsenauskunft [ˈbœrzənauskunft] *f* stock market information

Börsenausschuss [ˈbœrzənausʃus] *m* stock committee

Börsenbehörde [ˈbœrzənbəhœːrdə] *f* stock exchange authority

Börsenbericht [ˈbœrzənbərɪçt] *m* stock exchange news, stock exchange report

börsengängige Wertpapiere [ˈbœrzən-gɛŋɪgə ˈvɛrtpapiːrə] *n/pl* quoted securities *pl*

Börsengeschäfte [ˈbœrzəngəʃɛftə] *n/pl* stock market transactions *pl*, stock exchange operations *pl*

Börsengesetz [ˈbœrzəngəzets] *n* stock exchange act, German stock exchange law

Börsenhandel [ˈbœrzənhandəl] *m* stock market trading, stock market transactions *pl*, stock market dealing

Börsenindex [ˈbœrzənɪndɛks] *m* stock exchange index

Börsenkrach [ˈbœrzənkrax] *m* stock market crash

Börsenkurs [ˈbœrzənkurs] *m* market price, market rate, stock exchange price, quotation on the stock exchange

Börsenkurszusätze [ˈbœrzənkurstsuː-sɛtsə] *m/pl* stock exchange price additions *pl*

Börsenmakler [ˈbœrzənmaːklɐ] *m* stockbroker, exchange broker

börsennotierter Indexfonds [ˈbœrzən-notiːrtɐ ˈɪndeksfõː] *m* exchange-traded fund, ETF

Börsennotierung [ˈbœrzənnotiːruŋ] *f* market exchange quotation

Börsenordnung [ˈbœrzənɔrdnuŋ] *f* stock exchange regulations *pl*

Börsenorganisation [ˈbœrzənɔrganɪ-satsjoːn] *f* stock exchange organization

Börsenpapier [ˈbœrzənpapiːɐ] *n* listed security, stocks and shares *pl*

Börsenplatz [ˈbœrzənplats] *m* stock exchange centre

Börsenpreis [ˈbœrzənpraɪs] *m* exchange price

Börsenrecht [ˈbœrzənrɛçt] *n* stock exchange rules *pl*

Börsenreform [ˈbœrzənrəfɔrm] *f* reorganization of the stock exchange

Börsenschluss [ˈbœrzənʃlus] *m* closing of the exchange

Börsensegmente [ˈbœrzənsɛgmɛntə] *n/pl* sectors of the stock exchange *pl*

Börsenspekulant [ˈbœrzənʃpekulant] *m* speculator on the stock market

Börsentage [ˈbœrzəntaːgə] *m/f* market days *pl*, trading days *pl*

Börsentendenz [ˈbœrzəntɛndɛnts] *f* stock market trend

Börsentermingeschäfte [ˈbœrzəntɛr-miːngəʃɛftə] *n/pl* trading in futures on a stock exchange, futures dealings *pl*

Börsenumsätze [ˈbœrzənumsɛtsə] *m/pl* stock exchange turnover

Börsenumsatzsteuer [ˈbœrzənumsats-ʃtɔyɐ] *f* stock exchange turnover tax

Börsenusancen [ˈbœrzənusuãzən] *f/pl* stock exchange customs *pl*

Börsenzeit [ˈbœrzəntsaɪt] *f* official trading hours

B

Börsenzulassung ['bœrzəntsu:lasuŋ] *f* admission to the stock exchange

Bottom-Up-Prinzip ['bɔtəmʌpprɪntsi:p] *n* bottom-up principle

Boykott [bɔy'kɔt] *n* boycott

boykottieren [bɔykɔ'ti:rən] *v* boycott

Brainstorming ['bre:nsto:mɪŋ] *n* brainstorming

Branche ['brãʃə] *f* branch, line of business, business, industry, industrial segment

Branchenanalyse ['brãʃənanaly:zə] *f* trade analysis

Branchenbeobachtung ['brãʃənbəo:baxtuŋ] *f* industry survey and appraisal

Branchenerfahrung ['brãʃənerfa:ruŋ] *f* experience in the field

Branchenkenntnis ['brãʃənkɛntnɪs] *f* knowledge of the field

Branchenkennziffer ['brãʃənkɛntsɪfɐ] *f* industry ratio

Branchensoftware ['brãʃənsɔftvɛ:ɐ] *f* industry software

Branchenstatistik ['brãʃənʃtatɪstɪk] *f* industry statistics

Branchenstruktur ['braʃənʃtruktu:ɐ] *f* trade structure

Branchenvergleich ['brãʃənferglaɪç] *m* trade comparison

Branchenverzeichnis ['brãʃənfertsaɪçnɪs] *n* classified directory, yellow pages *pl*

Brand-Image ['brɛndimɛdʃ] *n* brand image

Brandmarketing ['brɛndmarkətiŋ] *n* brand marketing

Brandversicherung ['brantfɛrsɪçəruŋ] *f* fire insurance

Brauchwasser ['brauxvasɐ] *n* water for industrial use, non-potable water

Brauindustrie ['brauindustri:] *f* brewing industry

braune Ware ['braunə va:rə] *f* brown goods *pl*, home entertainment equipment

Break-Even-Analyse [breɪk'i:vən analy:zə] *f* break-even analysis

Break-Even-Point [breɪk'i:vən pɔɪnt] *m* break-even point

Brief ['bri:f] *m* letter

Brief verlost (BV) ['bri:f fɛrlo:zt] *adj* ask drawn by lot

Briefbogen ['bri:fbo:gən] *m* sheet of stationery

Briefgrundschuld ['bri:fgrundʃult] *f* certificated land charge

Briefhypothek ['bri:fhypote:k] *f* certificated mortgage

Briefing ['bri:fɪŋ] *n* briefing

Briefkasten ['bri:fkastən] *m* letter-box

Briefkastenfirma ['bri:fkastənfɪrma] *f* dummy corporation, bogus company

Briefkopf ['bri:fkɔpf] *m* letterhead

Briefkurs ['bri:fkurs] *m* selling price

Briefmarke ['bri:fmarkə] *f* stamp

Briefqualität ['bri:fkvalitɛ:t] *f* letter-quality print

Briefträger ['bri:ftrɛ:gɐ] *m* postman

Briefumschlag ['bri:fumʃla:k] *m* envelope

Briefwechsel ['bri:fvɛksəl] *m* correspondence, exchange of letters

Bringschuld ['brɪŋʃult] *f* debt to be discharged at creditor's domicile

Broker ['bro:kɐ] *m* broker

Broschüre [bro'ʃyrə] *f* brochure

Broterwerb ['bro:tɛrvɛrp] *m* (earning one's) living, (earning one's) livelihood

brotlos ['bro:tlo:s] *adj (fig: nicht einträglich)* unprofitable

Bruch [brux] *m* **1.** *(Vertragsbruch)* breach of contract, **2.** *(Mathematik)* fraction

Bruchschaden ['bruxʃa:dən] *m* breakage

Bruchteil ['bruxtaɪl] *m* fraction

Bruchteilseigentum ['bruxtaɪlsaɪgəntu:m] *n* ownership in fractional shares

Bruchteilseigentümer ['bruxtaɪlsaɪgənty:mɐ] *m* co-owner

brutto ['bruto] *adj* gross

Bruttodividende ['brutodividɛndə] *f* gross dividend

Brutto-Einkommen ['brutoaɪnkɔmən] *n* gross income

Brutto-Einnahme ['brutoaɪnna:mə] *f* gross earnings *pl*

Brutto-Ertrag ['brutoɛrtra:k] *m* gross proceeds *pl,* gross return

Bruttogewicht ['brutogəvɪçt] *n* gross weight

Bruttogewinn ['brutogəvɪn] *m* gross profit, gross profits *pl*

Bruttoinlandsprodukt [bruto'ɪnlantsprodukt] *n* gross domestic product

Bruttolohn ['brutoloːn] *m* gross salary, gross pay, gross wage

Bruttopreis ['brutopraɪs] *m* gross price

Bruttoregistertonne ['brutoregistərtonə] *f* gross register(ed) ton

Bruttosozialprodukt [brutozo'tsjaːlprodukt] *n* gross national product

Bruttoverdienst ['brutofɛrdiːnst] *m* gross earnings *pl*

Bruttowährungsreserve ['brutovɛruŋsrəsɛrvə] *f* gross monetary reserve

Buchbestände ['buːxbəʃtɛndə] *m/pl* book value

Bücher ['byːçɐ] *n/pl (in der Buchhaltung)* books and records (in accounts departments) *pl*

Buchforderung ['buːxfɔrdəruŋ] *f* account receivable

Buch führen ['buːx fyːrən] *v* keep accounts

Buchführung ['buːxfyːruŋ] *f* bookkeeping, accounting

Buchführungspflicht ['buːxfyːruŋspflɪçt] *f* duty to keep books of account

Buchführungsrichtlinien ['buːxfyːruŋsrɪçtliːniən] *f/pl* accounting rules *pl*

Buchgeld ['buːxgɛlt] *n* deposit money, money in account

Buchgeldschöpfung ['buːxgɛltʃœpfuŋ] *f* deposit money creation

Buchgewinn ['buːxgəvɪn] *m* book profit

Buchgrundschuld ['buːxgruntʃult] *f* uncertificated land charge

Buchhalter(in) ['buːxhaltɐ(rɪn)] *m/f* book-keeper

Buchhaltung ['buːxhaltuŋ] *f* accounting

Buchhypothek ['buːxhypoteːk] *f* uncertificated mortgage

Buchkredit ['buːxkrediːt] *m* book credit

Buchprüfung ['buːxpryːfuŋ] *f* audit, auditing

Buchschuld ['buːxʃult] *f* book debt

Buchung ['buːxuŋ] *f* entry

Buchungsbeleg ['buːxuŋsbəleːk] *m* accounting voucher

Buchungsfehler ['buːxuŋsfeːlɐ] *m* book-keeping error

Buchungssatz ['buːxuŋszats] *m* entry formula

Buchwert ['buːxvɛrt] *m* book value, accounting value

Buchwertabschreibung ['buːxvɛrtapʃraɪbuŋ] *f* declining balance depreciation

Budget [by'dʒeː] *n* budget

Budgetausgleich [by'dʒeːausglaɪç] *m* balancing of the budget

Budgetierung [by'dʒeːtiːruŋ] *f* budgeting, drawing up of a budget

Budgetkontrolle [by'dʒeːkɔntrɔlə] *f* budget control

Bullion ['buljən] *m* bullion

Bullionbroker ['buljənbrɔukə] *m* bullion broker

Bundesagentur für Arbeit (BA) ['bundəsagɛntuːɐ fyːr 'arbaɪt] *f* Federal Employment Agency, Federal Labor Office *(US)*

Bundes-Angestellten-Tarifvertrag (BAT) [bundəs'angəʃtɛltəntariːffɛrtraːk] *m* Federal Collective Agreement for Public Employees

Bundesanleihe ['bundəsanlaɪhə] *f* federal loan

Bundesanleihekonsortium ['bundəsanlaɪhəkɔnsɔrtsijum] *n* federal loan syndicate

Bundesanleihen ['bundəsanlaɪhən] *f/pl* federal loan

Bundesanzeiger ['bundəsantsaɪgɐ] *m* Federal Official Gazette

Bundesarbeitsgericht [bundəs'arbaɪtsgərɪçt] *n* Federal Labour Court

Bundesaufsichtsamt [bundəs'aufsɪçtsamt] *n* Federal Supervisory Office

Bundesbank ['bundəsbaŋk] *f* Bundesbank, German Federal Bank

bundesbankfähige Wertpapiere ['bundəsbaŋkfɛːɪgə 'vɛrtpapiːrə] *n/pl* bills rediscountable at the Federal Bank *pl*

Bundesbankgewinn ['bundəsbaŋkgəvɪn] *m* Bundesbank profit

Bundesbankguthaben ['bundəsbaŋkguːthabən] *n* Federal Bank assets *pl*

Bundesbürgschaft ['bundəsbyrgʃaft] *f* Federal guarantee

Bundesfinanzbehörden [bundəsfi'nantsbəhœːrdən] *f/pl* federal revenue authorities *pl*

Bundesfinanzhof (BFH) [bundəsfi'nantshoːf] *m* Federal Fiscal Court

Bundesgericht ['bundəsgərɪçt] *n* Federal Court

Bundesgerichtshof (BGH) [bundəs-gə'rıçtshoːf] *m* Federal Supreme Court

Bundesgesetzblatt (BGBl) [bundəs-gə'zɛtsblat] *n* Official Federal Gazette

Bundeshaushalt ['bundəshaushalt] *m* federal budget

Bundeskartellamt [bundəskar'tɛlamt] *n* Federal Cartel Authority

Bundesobligation ['bundəsopligats-joːn] *f* Federal bonds *pl*

Bundesrechnungshof [bundəs'rɛç-nuŋshoːf] *m* Federal Audit Office

Bundesschatzbrief [bundəs'ʃatsbriːf] *m* federal treasury bill

Bundesschuldbuch [bundəs'ʃultbux] *n* Federal Debt Register

Bundessozialgericht [bundəssoˈtsjaːl-gərıçt] *n* Federal Court for Social Security and Related Matters

Bundessteuer ['bundəsʃtɔyɐ] *f* federal tax

Bundesverfassungsgericht (BVerfG) [bundəsfɛr'fasuŋsgərıçt] *n* Federal Constitutional Court

Bundesverwaltungsgericht (BVerwG) [bundəsfɛr'valtuŋsgərıçt] *n* Federal Administrative Court

Bürge ['byːrgə] *m* guarantor

bürgen ['byrgən] *v* guarantee, vouch for; *jdm für etw* ~ to be answerable to s.o. for sth

bürgerlicher Kauf ['byrgərlıçər kauf] *m* private purchase

Bürgschaft ['byːrgʃaft] *f* guarantee

Bürgschaftskredit ['byːrgʃaftskrediːt] *m* credit by bank guarantee

Bürgschaftsplafond ['byːrgʃaftsplafɔ] *f* guarantee limit

Burn-out-Syndrom [bœrn'autsyn-droːm] *n* burnout, burnout syndrome

Büro [by'roː] *n* office

Büroangestellte(r) [by'roːangəʃtɛl-tə(-ɐ)] *f/m* office clerk, white collar worker (US), office employee

Büroarbeit [by'roːarbaıt] *f* office work, clerical work

Büroautomation [by'roːautomatsjoːn] *f* office automation

Bürobedarf [by'roːbədarf] *m* office supplies *pl*

Büroflächen [by'roːflæçən] *f/pl* office spaces *pl*, office premises *pl*

Bürohaus [by'roːhaus] *n* office building

Bürokauffrau [by'roːkauffrau] *f* office administrator

Bürokaufmann [by'roːkaufman] *m* office administrator

Bürokommunikation [by'roːkɔmuni-katsjoːn] *f* office communication

Bürokrat [byroˈkraːt] *m* bureaucrat

Bürokratie [byrokraˈtiː] *f* bureaucracy

bürokratisch [byroˈkraːtıʃ] *adj* bureaucratic

Bürokratisierung [byrokratiˈziːruŋ] *f* bureaucratization

Büromaschine [by'roːmaʃiːnə] *f* office appliance, office machine

Büromaterial [by'roːmaterjaːl] *n* office supplies *pl*

Büromöbel [by'roːmøːbəl] *pl* office furniture

Büroraum [by'roːraum] *m* office

Büroschluss [by'roːʃlus] *m* closing time

Bürozeit [by'roːtsaıt] *f* office hours

Bußgeld ['buːsgɛlt] *n* penalty

Bußgeldbescheid ['buːsgɛltbəʃaıt] *m* notification of a fine

Business-to-Business (B2B) ['bıznıs tuː 'bıznıs] (*Geschäftsvorgänge zwischen Unternehmen*) business-to-business, B2B

Business-to-Customer (B2C) ['bıznıs tuː 'kʌstəmɐ] (*Geschäftsvorgänge zwischen Unternehmen und Endkunden*) business-to-customer, B2C

Busunternehmen ['busuntərneːmən] *n* bus company

Buying-Center ['baııŋsentə] *n* buying center

Byte [baıt] *n* byte

C

CAD [siːeɪˈdiː] *n* computer aided design

Call [kɔːl] *m* call, option to buy

Call-by-Call [ˈkoːl-baɪ-ˈkoːl] *n* internet by call

Callcenter [ˈkoːlsentə] *n* call centre

Call-Geld [ˈkoːlgɛlt] *n* call money

Call-Geschäft [ˈkoːlgəʃɛft] *n* call transaction

Camcorder [ˈkɛmkoːdə] *m* camcorder

Cap [kæp] *n* cap

Capital flow [ˈkæpɪtəl fləʊ] *m* capital flow

Capped Warrants [ˈkæpt ˈworəntz] *pl* capped warrants *pl*

Cash & Carry (c & c) [ˈkæʃændkeɪ] cash and carry (c & c)

Cash Flow [ˈkæʃfləʊ] *m* cash flow

Cash-and-carry-Klausel [ˈkæʃændkeɪklausəl] *f* cash-and-carry clause

Cash on delivery (COD) [kæʃ ɔn dəˈlɪvəriː] cash on delivery (COD)

CD [tseːˈdeː] *f* Compact Disc, CD

CD-ROM [tseːdeːˈrɔm] *f* CD-ROM

Chance [ˈʃãsə] *f* chance, opportunity

Chancengleichheit [ˈʃãsənglaɪçhaɪt] *f* equal opportunity

chancenlos [ˈʃãsənloːs] *adj (Vorhaben, Plan)* bound to fail

Change-Agent [ˈtʃaɪnʃaɪdʒənt] *m* change agent

Charge [ˈʃaːrʒə] *f* batch

Chargenproduktion [ˈʃaːrʒənproduktsjoːn] *f* batch production

Chartanalyse [ˈtʃaːrtanalyːzə] *f* chart analysis

Charter [ˈtʃaːrtɐ] *m* charter

Charterflug [ˈtʃartərfluːk] *m* charter flight

Charterflugzeug [ˈtʃartərfluːktsɔyk] *n* charter plane, chartered aircraft

Chartergeschäft [ˈtʃartərgəʃɛft] *n* **1.** *(Gewerbe)* charter trade; **2.** *(Geschäftsabschluss)* charter transaction

Chartergesellschaft [ˈtʃartərgəzelʃaft] *f* charter carrier, charter airline

Chartermaschine [ˈtʃartərmaʃiːnə] *f* chartered aircraft

chartern [ˈtʃartən] *v* charter

Chat [tʃɛt] *m* chat

chatten [ˈtʃɛtən] *v* chat

Chauffeur [ʃɔˈføːɐ] *m* chauffeur, driver

checken [ˈtʃɛkən] *v* test, check

Checkliste [ˈtʃɛklɪstə] *f* checklist

Chef(in) [ˈʃɛf(ɪn)] *m/f* head, boss *(fam)*

Chefetage [ˈʃɛfetaːʒə] *f* executive floor

Chefingenieur(in) [ˈʃɛfɪnʒɛnjøːr(ɪn)] *m/f* chief engineer

Chefredakteur(in) [ˈʃɛfredaktøːr(ɪn)] *m/f* editor-in-chief

Chefsekretärin [ˈʃɛfzekretɛːrɪn] *f* executive secretary

Chefunterhändler(in) [ˈʃɛfuntərhɛntlɐ(rɪn)] *m/f* chief negotiator

Chefzimmer [ˈʃɛftsɪmɐ] *n* executive's office

Chemiearbeiter(in) [çeˈmiːarbaɪtɐ(rɪn)] *m/f* worker in the chemical industry

Chemiefaser [çeˈmiːfaːzɐ] *f* chemical fibre, man-made fibre

Chemieindustrie [çeˈmiːindustriː] *f* chemical industry

Chemieunternehmen [çeˈmiːuntərneːmən] *n* chemicals company

Chemikalie [çemɪˈkaːljə] *f* chemical

Chemiker(in) [ˈçeːmikɐ(rɪn)] *m/f* chemist

Chiffre [ˈʃɪfrə] *f* cipher

chiffrieren [ʃɪˈfriːrən] *v* encode, encipher

Chip [tʃɪp] *m* chip

Chipkarte [ˈtʃɪpkartə] *f* chip card

Clearing [ˈklɪrɪŋ] *n* clearing

Clearinghouse [ˈklɪrɪŋhaʊs] *n (Computer)* clearing house

Clearingverkehr [ˈklɪrɪŋfɛɐkeːɐ] *m* clearing

Cliquenwirtschaft [ˈklɪkənvɪrtʃaft] *f* cliquism

Closed-Shop-Prinzip [ˈkloʊzdʃɔpprɪntsiːp] *n* closed shop principle

Cloud [klaud] *f (IT: Datenwolke)* cloud

cloud-basiert [ˈklaudbaziːɐt] *adj (IT)* cloud-based

Cluster ['klastɐ] *m* cluster

Code [ko:d] *m* code

Codeschlüssel ['kəʊdʃlʏsəl] *m* (de)cipher key

codieren ['kodi:rən] *v* code

Commercial Paper [kə'mərʃəl peɪpə] *n* commercial paper

Commodites [kə'mɔdɪti:z] *pl* commodities *pl*

Commodity futures [kə'mɔdɪti 'fju:tʃəz] *pl* commodity futures *pl*

Computer [kɔm'pju:tɐ] *m* computer

Computer Aided Design (CAD) [kɔm'pju:tər 'eɪdəd di'zaɪn] *n* computer-aided design (CAD)

Computer Aided Engineering (CAE) [kɔm'pju:tər 'eɪdəd enʒi'ni:rɪŋ] *n* computer aided engineering (CAE)

Computer Aided Manufacturing (CAM) [kɔm'pju:tər 'eɪdəd menju-'fɛktʃərɪŋ] *n* computer aided manufacturing (CAM)

Computer Aided Quality Assurance (CAQ) [kɔm'pju:tər 'eɪdəd 'kwɔlɪti ə'ʃurənts] *f* computer aided quality assurance (CAQ)

Computer Aided Selling (CAS) [kɔm'pju:tər 'eɪdəd 'sɛlɪŋ] *n* computer aided selling (CAS)

Computer Assisted Instruction (CAI) [kɔm'pju:tər ɛ'sɪstəd in'straktʃən] *f* computer assisted instruction (CAI)

Computer Integrated Manufacturing (CIM) [kɔm'pju:tər 'ɪntəgreitəd menju'fɛktʃərɪŋ] *n* computer integrated manufacturing (CIM)

Computeranimation [kɔm'pju:təranimatsjo:n] *f* computer animation

Computerarbeitsplatz [kɔm'pju:tərarbaɪtsplats] *m* (computer) workplace, work station

Computereinsatz [kɔm'pju:təraɪnzats] *m* use of computers

Computeretiketten [kɔm'pju:təretikɛtən] *f/pl* computer labels *pl*

Computerfachmann [kɔm'pju:tərfaxman] *m* computer expert

Computerfirma [kɔm'pju:tərfirma] *f* computer company

computergerecht [kɔm'pju:tərgəreçt] *adj* compatible for computer, computer-compatible

computergesteuert [kɔm'pju:tərgə-ʃtɔyərt] *adj* computer-controlled

computergestützt [kɔm'pju:tərgə-ʃtytst] *adj* computer-aided

computergestütztes Informationssystem (CIS) [kɔm'pju:tərgəʃtytstəs ɪnfɔrma'tsjo:nszyste:m] *n* computer-aided information system (CIS)

computergestütztes Lernen [kɔm-'pju:tərgəʃtytstəs lɛrnən] computer based training (CBT)

Computergrafik [kɔm'pju:tərgra:fɪk] *f* computer graphics *pl*

Computerindustrie [kɔm'pju:tərɪndustri:] *f* computer industry

computerisieren [kɔmpju:təri'zi:rən] *v* computerize

Computerisierung [kɔm'pju:tərɪzi:-ruŋ] *f* computerization

Computerkriminalität [kɔm'pju:tərkrɪmɪna:lɪtɛt] *f* computer crime, cyber crime

computerlesbar [kɔm'pju:tərle:zba:ɐ] *adj* machine-readable, readable by computer

Computermöbel [kɔm'pju:tərmø:bəl] *pl* computer furniture

Computernetzwerk [kɔm'pju:tərnɛtsvɛ:rk] *n* computer network

Computerprogramm [kɔm'pju:tərprɔgram] *n* computer programme

Computersimulation [kɔm'pju:tərzimula'tsjo:n] *f* computer simulation

computerunterstützt [kɔm'pju:təruntərʃtytst] *adj* computer-aided, computer-controlled

Computervirus [kɔm'pju:tərvi:rus] *n* computer virus

Conférence [kõfe'rã:s] *f* presentation

Conference-Call ['kɔnfərənsko:l] *m* conference call

Container [kɔn'teɪnɐ] *m* container

Containerbahnhof [kɔn'teɪnərba:nho:f] *m* container depot

Containerfracht [kɔn'teɪnərfraxt] *f* containerized fright

Containerhafen [kɔn'teɪnərha:fən] *m* container terminal

Containersendung [kɔn'teɪnərzendʊŋ] *f* container shipment

Controlling ['kɔntrəʊlɪŋ] *n* controlling (US), controllership

Convenience Food [kənˈviːnɪəns fuːd] *n* convenience foods

Convenience Goods [kənˈviːnɪəns guːdz] *pl* convenience goods *pl*

Cookie [ˈkuki:] *m* cookie

Copyright [ˈkɔpɪraɪt] *n* copyright

Copy-Test [ˈkɔpɪtest] *m* copy test

Corporate Design [ˈkɔːpərɪt dɪˈzaɪn] *n* corporate design

Corporate Identity (CI) [ˈkɔːpərɪt aɪˈdentiti:] *f* corporate identity (CI)

Corporate Social Responsibility (CSR) [ˈkɔːpərɪt səʊʃəl rispɒnsəˈbɪlɪtɪ] *f* corporate social responsibility (CSR)

Cost Center [kɔst ˈsentə] *n* cost center

Cote [kəʊt] *f* share list

Counterparts [ˈkaʊntərparts] *m/pl* counterpart funds *pl*

Coupon [kuˈpɔ̃n] *m* coupon

Couponsteuer [kuˈpɔ̃nstɔyə] *f* coupon tax

Courtage [kurˈtaːʒə] *f* brokerage

Courtagepflicht [kurˈtaːʒəpflɪçt] *f* brokerage obligation

Courtagerechnung [kurˈtaːʒəreçnuŋ] *f* brokerage statement, brokerage account

Cracker [ˈkrɛkɐ] *m* cracker, hacker

Crashkurs [ˈkrɛʃkurs] *m* crash course

Crawling peg [ˈkrɔːlɪŋ pɛg] *n* crawling peg

Currency future [ˈkʌrənsɪ fjuːtʃə] *f* currency future

Cursor [ˈkøːrsɐ] *m* cursor

Cutter [ˈkatɐ] *m* **1.** (*Messer*) box cutter; **2.** (*Film*) editor

Cyberspace [ˈsaɪbəspeɪs] *m* cyberspace

D

Dachfonds ['daxfɔ̃] *m* pyramiding fund, holding fund

Dachgesellschaft ['daxgəzɛlʃaft] *f* holding company, parent company

Dachorganisation ['daxɔrganizatsjoːn] *f* roof organization

Dachverband ['daxfɛrbant] *m* umbrella organization

Damnum ['damnum] *n* loss, loan discount

Dankschreiben ['daŋkʃraɪbən] *n* letter of thanks

Darbietung ['daːrbiːtuŋ] *f* presentation

Darlehen ['daːrleːən] *n* loan

Darlehensbank ['daːrleːənsbaŋk] *f* loan bank

Darlehensbedingungen ['daːrleːənsbədɪŋuŋən] *f/pl* terms of the loan *pl*

Darlehensfinanzierung ['daːrleːənsfinantsiːruŋ] *f* loan financing

Darlehensgeber(in) ['daːrleːənsgeːbɐ(rɪn)] *m/f* lender

Darlehenshypothek ['daːrleːənshyːpoːteːk] *f* mortgage as security for a loan

Darlehensnehmer(in) ['daːrleːənsneːmɐ(rɪn)] *m/f* borrower

Darlehensschuld ['daːrleːənsʃult] *f* loan debt

Darlehenszinsen ['daːrleːənstsɪnzən] *m/pl* interest on loans

Datei [daˈtaɪ] *f* file

Dateienpflege [daˈtaɪənpfleːgə] *f* maintenance of a database

Dateimanager [daˈtaɪmɛnɪdʒr] *m* (Computer) file manager

Dateiverwaltung ['daːtaɪfɛrvaltuŋ] *f* file management

Dateiverzeichnis ['daːtaɪfɛrtsaɪçnɪs] *n* (file) directory

Daten ['daːtən] *pl* data *pl*, facts and figures *pl*

Datenanalyse ['daːtənanalyːzə] *f* data analysis

Datenaufbereitung ['daːtənaufbəraɪtuŋ] *f* data preparation

Datenautobahn ['daːtənautobaːn] *f* information highway

Datenbank ['daːtənbaŋk] *f* data bank

Datenbankabfrage ['daːtənbaŋkapfraːgə] *f* database enquiry

Datenbanksystem ['daːtənbaŋkzystem] *n* database system

Datenbestand ['daːtənbəʃtant] *m* database

Datenerfassung ['daːtənɛrfasuŋ] *f* data collection, data acquisition, data logging

Datenerhebung ['daːtənɛrheːbuŋ] *f* data collection

Datenintegration ['daːtənɪntegraːtsjoːn] *f* data integration

Datenmissbrauch ['daːtənmɪsbraux] *m* data abuse

Datennetz ['daːtənnɛts] *n* data network

Datenpflege ['daːtənpfleːgə] *f* data management

Datenschutz ['daːtənʃuts] *m* data protection

Datenschutzbeauftragte(r) ['daːtənʃutsbəauftraːktə(-ɐ)] *f/m* data protection registrar, data protection commissioner (US)

Datenschutzgesetz ['daːtənʃutsgəsɛts] *n* Data Protection Act

Datensicherheit ['daːtənzɪçɐhaɪt] *f* data security, data access security

Datensicherung ['daːtənzɪçəruŋ] *f* data security

Datenspeicher ['daːtənʃpaɪçɐ] *m* data storage, data register

Datensteuerung ['daːtənʃtɔyəruŋ] *f* computer control

Datentausch ['daːtəntauʃ] *m* data interchange

Datenträger ['daːtəntrɛːgɐ] *m* data medium, data carrier

Datenübertragung ['daːtənyːbɐtraːguŋ] *f* data transmission

Datenverarbeitung ['daːtənfɛrarbaɪtuŋ] *f* data processing

Datenverwaltung ['daːtənfɛɐvaltuŋ] *f* data management

Datenzentrale ['daːtəntsɛntraːlə] *f* data centre

datieren [daˈtiːrən] *v* date

Datierung [da'ti:ruŋ] *f* dating
Datowechsel ['da:to:vɛçsəl] *m* after-date bill
Datum ['da:tum] *n* date
Datumsgrenze ['da:tumsgrɛntsə] *f* international date line
Datumsstempel ['da:tumsʃtɛmpəl] *m* date stamp, dater
Dauer ['dauər] *f* duration
Daueraktionär ['dauəraktsjo:nɛ:ɐ] *m* permanent shareholder
dauerarbeitslos ['dauərarbaɪtslo:s] *adj* long-term unemployed
Dauerarbeitslose(r) ['dauərarbaɪtslo:zə(-ɐ)] *f/m* chronically unemployed person
Dauerarbeitslosigkeit ['dauərarbaɪtslo:zɪçkaɪt] *f* chronic unemployment
Dauerauftrag ['dauərauftrak] *m* standing order, banker's order
Dauerbeschäftigung ['dauərbəʃɛftɪguŋ] *f* constant employment
Dauerbesitz ['dauərbəsɪts] *m* permanent holding
Dauerremittent ['dauərrəmɪtənt] *m* constant issuer
Dauerschulden ['dauərʃuldən] *f/pl* permanent debts *pl*
Dauerschuldverschreibung ['dauərʃultfɛrʃraɪbuŋ] *f* unredeemable bond
Dauerschuldzinsen ['dauərʃulttsɪnsən] *m/pl* interest on long-term debts *pl*
DAX-Index ['daksɪndeks] *m* DAX-index
dazurechnen [da'tsu:rɛçnən] *v* add in; *(fig)* factor in
dazuverdienen [da'tsu:fɛrdi:nən] *v* earn additionally, earn on the side
Debatte [de'batə] *f* debate
debattieren [deba'ti:rən] *v* debate
Debet ['de:bɛt] *n* debit
Debet nota (D/N) ['de:bɛt nota] *f* debit note
Debetposten ['de:bɛtpɔstən] *m* debit entry
Debetsaldo ['de:bɛtzaldo] *n* balance due, debit balance
Debetseite ['de:bɛtzaɪtə] *f* (Konto) debit side
debitieren [de:bi'ti:rən] *v* debit, charge
Debitor ['de:bito:ɐ] *m* debtor
Debitoren ['de:bito:rən] *m/pl* **1.** (Schuldner) debtors *pl*; **2.** (Bilanz) accounts receivable *pl*

Debitorenbuchhaltung ['de:bito:rənbu:xhaltuŋ] *f* accounts receivable department, accounts receivable accounting
Debitorenkonto ['de:bito:rənkɔnto] *n* customer account
Debitorenziehung ['de:bito:rəntsi:uŋ] *f* bills drawn on debtors *pl*
Debüt [de'by:] *n* debut
dechiffrieren [deʃɪ'fri:rən] *v* decode, decipher
Deckadresse ['dɛkadrɛsə] *f* address of convenience, cover address
Deckblatt ['dɛkblat] *n* cover
decken ['dɛkən] *v* **1.** (Bedarf) meet, cover; **2.** (Scheck) cover
Deckung ['dɛkuŋ] *f* cover, coverage
Deckungsbeitrag ['dɛkuŋsbaɪtrak] *m* contribution margin
Deckungsbeitragsrechnung ['dɛkuŋsbaɪtraksrɛçnuŋ] *f* confirmation of cover
Deckungsbescheid ['dɛkuŋsbəʃaɪt] *m* cover note
Deckungsbetrag ['dɛkuŋsbətra:k] *m* amount covered, insured sum
Deckungsdarlehen ['dɛkuŋsda:rle:ən] *n* coverage loan
deckungsfähig ['dɛkuŋsfɛ:ɪç] *adj* eligible as cover
deckungsfähige Devisen ['dɛkuŋsfɛ:ɪgə 'devi:sən] *f/pl* foreign currencies eligible as cover *pl*
deckungsfähige Wertpapiere ['dɛkuŋsfɛ:ɪgə 'vɛrtpapi:rə] *n/pl* securities eligible as cover *pl*
Deckungsforderung ['dɛkuŋsfɔrdəruŋ] *f* covering claim
Deckungsgeschäft ['dɛkuŋsgəʃɛft] *n* covering operation
deckungsgleich ['dɛkuŋsglaɪç] *adj* identical
Deckungsgrad ['dɛkuŋsgra:t] *m* liquidity ratio, cover ratio
Deckungsgrenze ['dɛkuŋsgrɛntsə] *f* cover limit
Deckungskapital ['dɛkuŋskapita:l] *n* capital sum required as cover
Deckungsklausel ['dɛkuŋsklauzəl] *f* cover clause
Deckungsloch ['dɛkuŋslox] *n* budget hole, hole in the budget

Deckungsmittel [ˈdɛkuŋsmɪtəl] *n/pl* cover(ing) funds *pl*

Deckungszinsen [ˈdɛkuŋstsɪnzən] *m/pl* coverage interest rate

Deckungszusage [ˈdɛkuŋstsuːsaːgə] *f* confirmation of cover

De-facto-Standard [ˈdeːfaktoʃtandart] *m* de facto standard

defekt [deˈfɛkt] *adj* defective, faulty

Defekt [deˈfɛkt] *m* defect, fault

Defensive [defɛnˈziːvə] *f* defensive

Deficit Spending [ˈdefɪsɪt spɛndɪŋ] *n* deficit spending

Defizit [ˈdeːfɪtsɪt] *n* deficit

defizitär [deːfitsiˈtɛːɐ] *adj* in the deficit

Defizitfinanzierung [ˈdeːfitsɪtfɪnantsiːruŋ] *f* deficit financing

Defizitquote [ˈdeːfitsɪtkvoːtə] *f* deficit ratio

Defizitwirtschaft [ˈdeːfitsɪtvɪrtʃaft] *f* deficit budgeting

Deflation [deflaˈtsjoːn] *f* deflation

Degenerationsphase [ˈdegənəratsjoːnsfaːzə] *f* degeneration phase

Degression [ˈdegrɛsjoːn] *f* degression

degressive Abschreibung [degrɛˈsiːvə ˈapʃraɪbuŋ] *f* degressive depreciation

degressive Kosten [degrɛˈsiːvə ˈkostən] *pl* degressive costs *pl*

Deklaration [ˈdeklaratsjoːn] *f* customs declaration *(Zoll)*; tax return *(Steuer)*

deklarieren [deklaˈriːrən] *v* declare

Dekret [deˈkreːt] *n* decree

Delegation [delegaˈtsjoːn] *f* delegation

Delegationsleiter(in) [delegaˈtsjoːnslaɪtɐ(rɪn)] *m/f* head of the delegation

delegieren [deleˈgiːrən] *v* delegate

Delikt [deˈlɪkt] *n* offence, crime, civil wrong

Delkredere [dɛlˈkredərə] *n* del credere, reserve for bad debts

Dementi [deˈmɛnti] *n* official denial

dementieren [demɛnˈtiːrən] *v* deny officially

Demografie [demɔgrafiː] *f* demography

Demonetisierung [demonetisiːruŋ] *f* demonetization

Demonstration [demɔnstraˈtsjoːn] *f* demonstration

demonstrieren [demɔnˈstriːrən] *v* *(darlegen)* demonstrate, illustrate, show

Demontage [demɔnˈtaːʒə] *f* disassembly, dismantling

demontieren [demɔnˈtiːrən] *v* dismantle, disassemble

Demoskopie [demɔskoˈpiː] *f* public opinion research

demoskopisch [demɔsˈkoːpɪʃ] *adj* opinion poll …

Denkanstoß [ˈdɛŋkanʃtoːs] *m* food for thought

Denkart [ˈdɛŋkaːrt] *f* mentality, way of thinking

Denkschrift [ˈdɛŋkʃrɪft] *f* memorandum, written statement

Deponent [depoˈnɛnt] *m* depositor

Deponie [depoˈniː] *f* dump, disposal site

deponieren [deˈpoːniːrən] *v* deposit

Deport [deˈpɔrt] *m* discount

Depositen [depoˈziːtən] *pl* deposits *pl*

Depositenbank [deˈpoːziːtənbaŋk] *f* bank of deposit

Depositengelder [deˈpoːziːtəngɛldɐ] *n/pl* deposits *pl*

Depositengeschäft [deˈpoːziːtəngəʃɛft] *n* deposit banking

Depositenklausel [deˈpoːziːtənklauzəl] *f* deposit clause

Depositenversicherung [deˈpoːziːtənfɛrzɪçəruŋ] *f* bank deposit insurance

Depot [deˈpoː] *n* **1.** deposit; **2.** storehouse, warehouse, call station

Depotabstimmung [deˈpoːapʃtɪmuŋ] *f* securities deposit reconciliation

Depotabteilung [deˈpoːaptaɪluŋ] *f* safe custody department

Depotaktie [deˈpoːaktsjə] *f* deposited share

Depotanerkenntnis [deˈpoːanɛrkɛntnɪs] *f* deposit acknowledgement

Depotarten [deˈpoːartən] *f/pl* types of deposit *pl*

Depotaufstellung [deˈpoːaufʃtɛluŋ] *f* list of securities deposited

Depotauszug [deˈpoːaustsuːk] *m* statement of securities

Depotbank [deˈpoːbaŋk] *f* custodian bank

Depotbuch [deˈpoːbuːx] *n* deposit book, deposit ledger

Depotbuchhaltung [deˈpoːbuːxhaltuŋ] *f* security deposit account

Depotgebühren [de'po:gəby:rən] *f/pl* safe custody charges *pl*

Depotgeschäft [de'po:gəʃɛft] *n* deposit banking

Depotgesetz [de'po:gəzɛts] *n* Securities Deposit Act

Depotkonto [de'po:kɔnto] *n* security deposit account

Depotprüfung [de'po:pry:fuŋ] *f* securities deposit audit

Depotschein [de'po:ʃaɪn] *m* deposit receipt

Depotstimmrecht [de'po:ʃtɪmrɛçt] *n* voting rights of nominee shareholders *pl*

Depotunterschlagung [de'po:untərʃlaguŋ] *f* misapplication of deposit

Depotvertrag [de'po:fɛrtrak] *m* securities deposit contract

Depotverwaltung [de'po:fɛrvaltuŋ] *f* portfolio management

Depotwechsel [de'po:vɛçsəl] *m* bill on deposit

Depotzwang [de'po:tsvaŋ] *m* compulsory safe custody

Depression [deprɛ'sjo:n] *f* depression

Deputat ['depu:ta:t] *n* payment in kind

Deregulierung [de:'reguli:ruŋ] *f* deregulation

Derivate [de:'rɪva:tə] *n/pl* derivative financial instruments

Deroute [de:'ru:t] *f* collapse

Design [di'zaɪn] *n* design

Designation [de'zɪgnatsjo:n] *f* designation

Designer(in) [dɪ'zaɪnɐ(rɪn)] *m/f* designer

Desinformation [dɛsɪnfɔrma'tsjo:n] *f* misinformation, disinformation

Desinteresse ['desɪntərɛsə] *n* disinterest, indifference

desinteressiert ['dɛsɪntərɛsi:rt] *adj* disinterested, indifferent

Desinvestition ['dezɪnvɛstɪtsjo:n] *f* disinvestment

desolat [deso'la:t] *adj* desolate

detailgetreu [de:'taɪgətrɔy] *adj* accurate

Deutsche Angestellten-Gewerkschaft (DAG) [dɔytʃə 'angəʃtɛltəngəvɛrkʃaft] *f* German Salaried Employee Union

Deutsche Bundesbank [dɔytʃə 'bundəsbaŋk] *f* German Central Bank, Bundesbank

Deutscher Gewerkschaftsbund (DGB) [dɔytʃər 'gəvɛrkʃaftsbund] *m* German Trade Union Federation

Deutscher Industrie- und Handelstag (DIHT) [dɔytʃər 'ɪndustri: unt 'handelsta:k] *m* Association of German Chambers of Industry and Commerce

Devinkulierung [de:'vɪŋkuli:ruŋ] *f* unrestricted transferability

Devisen [de'vi:zən] *pl* foreign currency, foreign exchange

Devisenabfluss [de'vi:zənapflus] *m* foreign exchange outflow

Devisenabkommen [de'vi:zənapkɔmən] *n* foreign exchange agreement

Devisenabteilung [de'vi:zənaptaɪluŋ] *f* foreign exchange department

Devisenankauf [de'vi:zənankauf] *m* purchase of foreign currencies

Devisenarbitrage [de'vi:zənarbɪtra:ʒə] *f* exchange arbitrage, arbitration in foreign exchange

Devisenausgleichsabkommen [de'vi:zənausglaɪçsapkɔmən] *n* foreign exchange offset agreement

Devisenausländer [de'vi:zənauslɛndɐ] *m* non-resident

Devisenberater(in) [de'vi:zənbəra:tɐ(rɪn)] *m/f* foreign exchange advisor

Devisenbeschränkung [de'vi:zənbəʃrɛŋkuŋ] *f* exchange restrictions *pl*

Devisenbestimmung [de'vi:zənbəʃtɪmuŋ] *f* currency regulation

Devisenbewirtschaftung [de'vi:zənbəvɪrtʃaftuŋ] *f* foreign exchange control

Devisenbilanz [de'vi:zənbilants] *f* foreign exchange balance, foreign exchange account

Devisenbörse [de'vi:zənbø:rzə] *f* foreign exchange market, currency market

Devisenbringer [de'vi:zənbrɪŋɐ] *m* foreign-exchange earner

Devisenbuchhaltung [de'vi:zənbu:xhaltuŋ] *f* currency accounting

Devisengeschäft [de'vi:zəngəʃɛft] *n* foreign exchange business, foreign exchange transactions *pl*, foreign exchange trading

Devisenhandel [de'vi:zənhandəl] *m* currency trading, foreign exchange dealings *pl*

D

Devisenhändler [deˈviːzənhɛndlɐ] *m* foreign exchange dealer

Deviseninländer [deˈviːzənɪnlɛndɐ] *m* resident

Devisenkassageschäft [deˈviːzənkasagəʃɛft] *n* foreign exchange spot dealings *pl*

Devisenkassakurs [deˈviːzənkasakurs] *m* foreign exchange spot rate

Devisenkassamarkt [deˈviːzənkasamarkt] *m* foreign exchange spot market

Devisenkommissionsgeschäft [deˈviːzənkɔmɪsjoːnsgəʃɛft] *n* foreign exchange transactions for customers *pl*

Devisenkonto [deˈviːzənkɔnto] *n* foreign exchange account

Devisenkontrolle [deˈviːzənkɔntrɔlə] *f* foreign exchange control

Devisenkredit [deˈviːzənkrɛˈdɪt] *m* foreign exchange loan

Devisenkurs [deˈviːzənkurs] *m* foreign exchange rate

Devisenkursbildung [deˈviːzənkursbɪlduŋ] *f* exchange rate formation

Devisenkursmakler [deˈviːzənkursmaːklɐ] *m* exchange broker, currency broker

Devisenmarkt [deˈviːzənmarkt] *m* foreign exchange market

Devisenmarktinterventionen [deˈviːzənmarktɪntɐvɛntsjoːnən] *f/pl* exchange market intervention

Devisennotierung [deˈviːzənnoːtiːruŋ] *f* foreign exchange quotations *pl*

Devisenoption [deˈviːzənɔptsjoːn] *f* exchange option

Devisenpensionsgeschäft [deˈviːzənpɛnzjoːnsgəʃɛft] *n* purchase of foreign exchange for later sale

Devisenportefeuille [deˈviːzənpɔrtfœɪ] *n* foreign exchange holdings *pl*

Devisenposition [deˈviːzənpozɪtsjoːn] *f* foreign exchange position

Devisenquoten [deˈviːzənkvoːtən] *f/pl* foreign exchange quotas *pl*

Devisenrechnung [deˈviːzənrɛçnuŋ] *f* foreign exchange calculation

Devisenreserve [deˈviːzənrezɛrvə] *f* foreign exchange reserves *pl*

Devisenspekulation [deˈviːzənʃpekuːlatsjoːn] *f* speculation in foreign currency

Devisensperre [deˈviːzənʃpɛrə] *f* exchange embargo

Devisentermingeschäft [deˈviːzəntɛrmiːngəʃɛft] *n* forward exchange dealings *pl*

Devisenterminhandel [deˈviːzəntɛrmiːnhandəl] *m* forward exchange trading

Devisenterminkurs [deˈviːzəntɛrmiːnkurs] *m* forward exchange rate

Devisenterminmarkt [deˈviːzəntɛrmiːnmarkt] *m* forward exchange market

Devisenüberschuss [deˈviːzənyːbɐʃus] *m* foreign exchange surplus

Devisenverkehr [deˈviːzənfɛrkeːɐ] *m* currency transactions *pl*, foreign exchange operations *pl*

Devisenwechsel [deˈviːzənvɛksəl] *m* bill in foreign currency

Devisenwert [deˈviːzenveːrt] *m* foreign exchange asset

dezentralisieren [detsɛntralɪˈziːrən] *v* decentralize

Dezentralisierung [detsɛntralɪˈziːruŋ] *f* decentralisation

Dia [ˈdiːa] *n* slide

Diagramm [diaˈgram] *n* diagram

Dialog [diaˈloːk] *m* dialogue

Dialogbereitschaft [diaˈloːkbəraɪtʃaft] *f* readiness to talk

dialogfähig [diaˈloːkfɛːɪç] *adj* capable of two-way communication

Diebstahlversicherung [ˈdiːpʃtaːlfɛrzɪçəruŋ] *f* theft insurance

Dienstanweisung [ˈdiːnstanvaɪzuŋ] *f* instructions *pl*

Dienstaufsicht [ˈdiːnstaufsɪçt] *f* service control, supervision

dienstfrei [ˈdiːnstfraɪ] *adj* ~er *Tag* day off; ~ *sein* to be off duty

Dienstgang [ˈdiːnstgaŋ] *m* (business) errand

Dienstgeheimnis [ˈdiːnstgəhaɪmnɪs] *n* official secret

Dienstgespräch [ˈdiːnstgəsprɛːç] *n* business call

Dienstleister [ˈdiːnstlaɪstɐ] *m* (service) provider

Dienstleistung [ˈdiːnstlaɪstuŋ] *f* service, business service

Dienstleistungsbilanz [ˈdiːnstlaɪstuŋsbilants] *f* balance of service transactions

Dienstleistungsgesellschaft ['di:nst-laɪstuŋsɡəsɛlʃaft] *f* **1.** *(Volkswirtschaft)* service economy; **2.** *(Recht)* non-trading partnership; **3.** *(Betriebswirtschaft)* service company

Dienstleistungskosten ['di:nstlaɪstuŋs-kɔstən] *pl* cost of services

Dienstleistungsmarketing ['di:nst-laɪstuŋsma:rkətɪŋ] *n* service marketing

Dienstleistungssektor ['di:nstlaɪstuŋs-zɛktor] *m* service sector

Dienstleistungsunternehmen ['di:nst-laɪstuŋsuntərne:mən] *n* service business

Dienstleistungswirtschaft ['di:nst-laɪstuŋsvɪrtʃaft] *f* services *pl*

dienstlich ['di:nstlɪç] *adj* official; *adv* officially, on official business, on business

Dienstpflicht ['di:nstpflɪçt] *f* duty

Dienstreise ['di:nstraɪzə] *f* business trip, business travel

Dienstsache ['di:nstzaxə] *f* official matter

Dienstschluss ['di:nstʃlus] *m* closing time

Dienststelle ['di:nstʃtɛlə] *f* office, department, agency

dienstunfähig ['di:nstunfɛ:ɪç] *adj* not fit for service, unfit for service

Dienstunfähigkeit ['di:nstunfɛ:ɪçkaɪt] *f* incapacity to work

Dienstvereinbarung ['di:nstfɛraɪn-ba:ruŋ] *f* **1.** *(Recht)* contract of service; **2.** *(Personal)* contract of employment

Dienstverhältnis ['di:nstfɛrhɛltnɪs] *n* employment

Dienstvermerk ['di:nstfɛrmɛrk] *m* official entry

Dienstverpflichtung ['di:nstfɛrpflɪç-tuŋ] *f* service obligation

Dienstvertrag ['di:nstfɛrtra:k] *m* **1.** *(Recht)* contract of service; **2.** *(Personal)* contract of employment

Dienstvorschrift ['di:nstfo:rʃrɪft] *f* (service) regulation

Dienstwagen ['di:nstva:gən] *m* company car

Dienstweg ['di:nstve:k] *m* official channels *pl*, authorized channels *pl*

Dienstwohnung ['di:nstvo:nuŋ] *f* official residence

Differenz [dɪfə'rɛnts] *f* **1.** difference; **2.** *(Streit)* dispute, difference of opinion

Differenzbetrag ['dɪfərɛntsbətra:k] *m* difference sum

Differenzgeschäft ['dɪfərɛntsɡəʃɛft] *n* margin business

Differenziallohnsystem ['dɪfərɛntsja:l-lo:nzyste:m] *n* differential piece-rate system

Differenzkostenrechnung ['dɪfərɛnts-kɔstənrɛçnuŋ] *f* marginal cost accounting

Diffusion ['difusjo:n] *f* diffusion process

Diffusionsbarrieren ['difusjo:nsbar-ije:rən] *f/pl* diffusion barriers *pl*

Diffusionsphasen ['difusjo:nsfa:sən] *f/pl* diffusion phases *pl*

Diffusionsstrategie ['difusjo:nsʃtra-tegi:] *f* diffusion strategy

digital [dɪgɪ'ta:l] *adj* digital

digitale Bildverarbeitung [dɪgɪ'ta:le bɪltfɛɐa:baɪtuŋ] *f* digital imaging

digitalisieren [digitali'zi:rən] *v* digitalize, digitize

Digitalisierung [digitali'si:ruŋ] *f* digitalization, digitization

Diktatzeichen [dɪk'tattsaɪçən] *n* reference

diktieren [dɪk'ti:rən] *v* dictate

Diktiergerät [dɪk'ti:rgərɛt] *n* dictaphone

dinglich ['dɪŋlɪç] *adj* in rem

dingliche Sicherung [dɪŋlɪçə 'zɪçəruŋ] *f* real security

dingliches Recht [dɪŋlɪçəs 'rɛçt] *n* real right

Diplomarbeit [di'plo:marbaɪt] *f* dissertation, thesis

Diplomingenieur(in) [di'plo:mɪnʒen-jø:r(ɪn)] *m/f* academically trained engineer

Diplomkauffrau [di'plo:mkauffrau] *f* Bachelor of Commerce

Diplomkaufmann [di'plo:mkaufman] *m* Bachelor of Commerce

Diplomökonom(in) [di'plo:møkonom-(ɪn)] *m/f* master in business economics

Diplomphysiker(in) [di'plo:mfy:zɪ-kɐ(rɪn)] *m/f* Bachelor of Science (in Physics)

Diplomvolkswirt(in) [di'plo:mfolks-wɪrt(ɪn)] *m/f* master's degree in economics

Direct Costing ['daɪrɛkt çɔstɪŋ] *n* direct costing

Direct Marketing ['daɪrɛkt 'maːrkətɪŋ] *n* direct marketing

Direktausfuhr [di'rɛktausfuːɐ] *f* direct export

Direktbank [di'rɛktbaŋk] *f* direct bank

Direktbestellung [di'rɛktbəʃtɛluŋ] *f* direct ordering

Direktdiskont [di'rɛktdɪskɔnt] *m* direct discount

direkter Absatz [di'rɛktər 'apsats] *m* direct selling

direkter Vertrieb [di'rɛktər fer'triːp] *m* direct selling

direkte Steuer [di'rɛktə 'ʃtɔyɐ] *f* direct taxes *pl*

Direktinvestitionen [di'rɛktɪnvɛstitsjoːnən] *f/pl* direct investments *pl*

Direktion [dirɛk'tsjoːn] *f* board of directors

Direktive [dirɛk'tiːvə] *f* directive, general instruction

Direktor(in) [di'rɛktɔr/dirɛk'toːrɪn] *m/f* director

Direktorium [dirɛk'toːrjum] *n* directorate, board of directors

Direktübertragung [di'rɛktybɐtraːguŋ] *f* live transmission

Direktverkauf [di'rɛktfɛrkauf] *m* direct selling

Direktversicherung [di'rɛktfɛrzɪçəruŋ] *f* direct insurance

Direktvertrieb [di'rɛktfɛrtriːp] *m* direct selling

Direktwerbung [di'rɛktvɛrbuŋ] *f* direct advertising

Dirigismus [diri'gɪsmus] *m* controlled economy

Disagio [diz'zaːdʒo] *n* disagio

Discount [dɪs'kaunt] *m* discount

Discounter ['dɪskauntɐ] *m* discounter

Diskont [dɪs'kɔnt] *m* discount

Diskontbank [dɪs'kɔntbaŋk] *f* discount bank

Diskonten [dɪs'kɔntən] *m/pl* bills discounted *pl*

Diskonterhöhung [dɪs'kɔntɛrhøːuŋ] *f* rise of the discount rate

diskontfähig [dɪs'kɔntfɛːɪç] *adj* eligible, eligible for (re)discount

Diskontgeschäft [dɪs'kɔntgəʃɛft] *n* discount business

Diskonthäuser [dɪs'kɔnthɔysɐ] *n/pl* discount houses *pl*

diskontieren [dɪskɔn'tiːrən] *v* discount

Diskontierung [dɪs'kɔntiːruŋ] *f* discounting

Diskontierungsfaktor [dɪs'kɔntiːruŋsfaktɔr] *m* discount factor

Diskontkredit [dɪs'kɔntkre'diːt] *m* discount credit

Diskontmakler(in) [dɪs'kɔntmaːklɐr(ɪn)] *m/f* discount broker, bill broker

Diskontmarkt [dɪs'kɔntmarkt] *m* discount market

Diskontpapier [dɪs'kɔntpapiːɐ] *n* discountable paper

Diskontpolitik [dɪs'kɔntpoli'tɪk] *f* bank rate policy, discount policy

Diskontprovision [dɪs'kɔntprovɪzjoːn] *f* discount commission

Diskontrechnung [dɪs'kɔntrɛçnuŋ] *f* discount calculation

Diskontsatz [dɪs'kɔntzats] *m* discount rate

Diskontsenkung [dɪs'kɔntsɛnkuŋ] *f* lowering of the discount rate

Diskretion [dɪskre'tsjoːn] *f* discretion; *(vertrauliche Behandlung)* confidentiality

diskriminieren [dɪskrɪmi'niːrən] *v* discriminate, *jdn* ~ discriminate against s.o.

Diskussion [dɪskus'joːn] *f* discussion, debate, argument

Diskussionsleiter(in) [dɪskus'joːnslaɪtɐ(rɪn)] *m/f* moderator

Diskussionsrunde [dɪskus'joːnsrundə] *f* round of discussions

Diskussionsteilnehmer(in) [dɪskus'joːnstaɪlneːmɐ(rɪn)] *m/f* participant in a discussion

Diskussionsthema [dɪskus'joːnsteːmaː] *n* topic of discussion

diskutieren [dɪsku'tiːrən] *v* discuss, debate

Disparität [dɪsparitɛːt] *f* disparity

Display ['dɪspleː] *n* display

Disponent(in) [dɪspo'nɛnt(ɪn)] *m/f* managing clerk, fund manager

disponieren [dɪspo'niːrən] *v* make arrangements for; *über etw* ~ have sth at one's disposal

Disposition [dɪspɔzɪˈtsjoːn] *f* **1.** *(Vorbereitung)* preparations, arrangements; **2.** *(Verfügung)* jdm zur ~ stehen to be at s.o.'s disposal; jdn zur ~ stellen send s.o. into temporary retirement; **3.** *(Gliederung)* layout, plan

dispositionsfähig [dɪspɔzɪˈtsjoːnsfɛːɪç] *adj* qualified to contract

Dispositionsfonds [dɪspɔzɪˈtsjoːnsfɔ̃] *m* reserve funds *pl*

Dispositionskredit [dɪspɔzɪˈtsjoːnskrediːt] *m* drawing credit, overdraft facility

Dispositionsschein [dɪspɔzɪˈtsjoːnsʃaɪn] *m* banker's note

Disput [dɪsˈpuːt] *m* dispute

distanzieren [dɪstanˈtsiːrən] *v* sich ~ distance o.s.

distinguiert [dɪstɪŋˈgiːrt] *adj* distinguished

Distribution [ˈdɪstrɪbutsjoːn] *f* distribution

Distributionskosten [ˈdɪstrɪbutsjoːnskɔstən] *pl* distribution cost

Distributionslogistik [ˈdɪstrɪbutsjoːnsloˈgistɪk] *f* marketing logistics

Distributionsorgane [ˈdɪstrɪbutsjoːnsorˈgaːnə] *n/pl* distribution organs *pl*

Distributionspolitik [ˈdɪstrɪbutsjoːnsˈpɔlitɪk] *f* distribution policy

Disziplin [dɪstsiˈpliːn] *f* discipline

disziplinarisch [dɪstsipliˈnaːrɪʃ] *adj* disciplinary

Disziplinarverfahren [dɪstsiˈplinaːrfɛrfaːrən] *n* disciplinary action

disziplinieren [dɪstsipliˈniːrən] *v* discipline

diszipliniert [dɪstsipliˈniːrt] *adj* disciplined

divergieren [divɛrˈgiːrən] *v* diverge

Diversifikation [divɛrzifikaˈtsjoːn] *f* diversification

diversifizieren [diːvɛrzifiˈtsiːrən] *v* diversify

Dividende [diviˈdɛndə] *f* dividend

Dividendenabgabe [diviˈdɛndənˈapgaːbə] *m* dividend tax

Dividendenabschlag [diviˈdɛndənˈapʃlaːg] *m* quotation ex dividend

Dividendenausschüttung [diviˈdɛndənausʃyːtuŋ] *f* dividend distribution, dividend payout

dividendenberechtigt [diviˈdɛndənbəreçtɪçt] *adj* entitled to dividend

Dividendengarantie [diviˈdɛndəngaranˈtiː] *f* dividend guarantee

Dividendenrücklage [diviˈdɛndənryklaːgə] *f* dividend reserve fund

dividieren [diviˈdiːrən] *v* divide

Divisionskalkulation [diviˈzjoːnskalkulaˈtsjoːn] *f* process system of accounting

D-Mark [ˈdeːmark] *f (ehemalige deutsche Währung)* German mark

Dock [dɔk] *n* dock

Doktorarbeit [ˈdɔktorarbaɪt] *f* doctoral thesis

Dokument [dokuˈmɛnt] *n* document

Dokumentation [dokumɛntaˈtsjoːn] *f* documentary report

Dokumente gegen Akzept (d/a) [dokuˈmɛnte gegən akˈtsɛpt] *n/pl* documents against acceptance (D/A) *pl*

Dokumente gegen Bezahlung (d/p) [dokuˈmɛnte gegən bəˈtsaːluŋ] *n/pl* documents against payment (D/P) *pl*

Dokumentenakkreditiv [dokuˈmɛntenˈakrediːtiːf] *f* documentary credit, letter of credit

Dokumententratte [dokuˈmɛntenˈtratə] *f* acceptance bill

dokumentieren [dokumɛnˈtiːrən] *v* document; *(fig)* demonstrate, reveal, show

Dollar [ˈdɔlar] *m* dollar

Dollaranleihe [ˈdɔlarˈanlaɪə] *f* dollar bond

Dollarblock [ˈdɔlarblɔk] *m* dollar area

Dollarklausel [ˈdɔlarˈklauzəl] *f* dollar clause

Dollarkurs [ˈdɔlarkurs] *m* dollar rate

Dollarstandard [ˈdɔlarʃtandart] *m* dollar standard

Dollarzeichen [ˈdɔlartsaɪçən] *n* dollar sign

dolmetschen [ˈdɔlmɛtʃən] *v* interpret

Dolmetscher(in) [ˈdɔlmɛtʃɐ(rɪn)] *m/f* interpreter

Dolmetscherbüro [ˈdɔlmɛtʃɐbyroː] *n* translation bureau, interpreter agency

Domain [doˈmeɪn] *f EDV* domain

Dominanz [domɪˈnants] *f* dominance

Doppelbesteuerung [ˈdɔpəlbəʃtɔɪəruŋ] *f* double taxation of corporate profits

doppelte Buchführung [ˈdɔpəltə buːxfyːruŋ] *f* double entry bookkeeping

doppelte Haushaltsführung [dɔpɛltə ˈhaushaltsfyːruŋ] *f* double housekeeping

doppelte Währungsbuchhaltung [ˈdɔpəltə ˈvɛːruŋsbuːxhaltuŋ] *f* dual currency accounting, dual currency bookkeeping

Doppelverdiener [ˈdɔpəlfɛrdiːnɐ] *m* double wage-earner

Doppelwährung [ˈdɔpəlvɛːruŋ] *f* double currency

Doppelwährungsanleihe [ˈdɔpəlvɛːruŋsanlaɪə] *f* double currency loan

Doppelwährungsphase [ˈdɔpəlvɛːruŋsfaːzə] *f* dual currency phase

Doppelzentner [ˈdɔpəltsɛntnɐ] *m* one hundred kilogrammes *pl*, quintal

Dotation [ˈdɔtaːtsjoːn] *f* endowment

Dotationskapital [ˈdɔtatsjoːnskapitaːl] *n* endowment funds *pl*

dotieren [dɔˈtiːrən] *v* endow, fund

Dotierung [dɔˈtiːruŋ] *f* **1.** donation, grant, endowment; **2.** *(von Posten)* remuneration

Dow-Jones-Index [ˈdəudʒəunzɪndɛks] *m* Dow Jones Index

Dozent(in) [doˈtsɛnt(ɪn)] *m/f* lecturer, assistant professor *(US)*

dozieren [doˈtsiːrən] *v (fig: belehrend vorbringen)* hold forth; give lectures

drahtlos [ˈdraːtloːs] *adj* wireless

Drahtseilakt [ˈdraːtzaɪlakt] *m (fig)* tightrope act

drängen [ˈdrɛŋən] *v (fig)* urge; press, push, force

drastisch [ˈdrastɪʃ] *adj* drastic

Draufgabe [ˈdraufgaːbə] *f* bargain money, earnest money

Drehachse [ˈdreːaksə] *f* rotary axis, pivot

Drehstrom [ˈdreːʃtroːm] *m* three-phase current

Dreiecksarbitrage [ˈdraɪɛksarbitraːʒə] *f* triangular arbitrage, three-point arbitrage

Dreiecksgeschäft [ˈdraɪɛksgəʃɛft] *n* triangular transaction

Dreimonatsgeld [ˈdraɪmonatsgɛlt] *n* three months' money

Dreimonatspapier [ˈdraɪmonatspaːpiːɐ] *n* three months' papers

Dreiviertelmehrheit [draɪˈfɪrtəlmeːrhaɪt] *f* three-fourths majority

dringend [ˈdrɪŋənt] *adj* urgent, pressing, imperative; *(Gründe)* compelling

Dringlichkeit [ˈdrɪŋlɪçkaɪt] *f* urgency

Drittauskunft [ˈdrɪtauskunft] *f* third-party information

Drittel [ˈdrɪtəl] *n* third

Drittschuldner [ˈdrɪtʃuldnɐ] *m* third-party debtor

drohen [ˈdroːən] *v* threaten

Drohung [ˈdroːuŋ] *f* threat

Drosselung [ˈdrɔsəluŋ] *f (fig: Abschwächung)* curbing, restraint

Druck [druk] *m* pressure; *(Belastung)* burden, load; *unter ~ stehen* to be under pressure; *jdn unter ~ setzen* put pressure on s.o.

Druckbuchstabe [ˈdrukbuxʃtaːbə] *m* block letter

drucken [ˈdrukən] *v* print

drücken [ˈdrykən] *v (Preise)* force down

Drucker [ˈdrukɐ] *m (Gerät)* printer

Druckfehler [ˈdrukfeːlɐ] *m* misprint

Druckmittel [ˈdrukmɪtəl] *n* means of exercising pressure, lever

druckreif [ˈdrukraɪf] *adj* ready for printing

Drucksache [ˈdrukzaxə] *f* printed matter

Druckschrift [ˈdrukʃrɪft] *f* block letters

Dualismus [duaˈlɪsmus] *m* dualism

Dualität [duaˈlɪtɛt] *f* duality

dubiose Forderung [ˈdubioːzə ˈfɔrdəruŋ] *f* doubtful debts *pl*

dulden [ˈduldən] *v* **1.** *(hinnehmen)* tolerate, put up with, permit; **2.** *(ertragen)* bear, endure

Dumping [ˈdʌmpɪŋ] *n* dumping

Dunkelziffer [ˈduŋkəltsɪfɐ] *f* estimated number of unreported cases

Duplikat [dupliˈkaːt] *n* duplicate

Duration [ˈduːratsjoːn] *f* duration

durcharbeiten [ˈdurçarbaɪtən] *v* **1.** work without stopping; **2.** *etw ~* work through sth

durchblicken [ˈdurçblɪkən] *v etw ~ lassen* hint at sth

Durchbruch [ˈdurçbrux] *m (fig)* break-through

Durchfuhr [ˈdurçfuːɐ] *f* transit

Durchführbarkeits-Studie [ˈdurçfyːr-barkaɪtsʃtuːdjə] *f* feasibility study

durchführen [ˈdurçfyːrən] *v (ausführen)* carry out, implement, execute

Durchführung [ˈdurçfyːruŋ] *f* carrying out, execution, implementation

Durchgangsschein [ˈdurçgaŋsʃaɪn] *m* transit certificate

durchgreifen [ˈdurçgraɪfən] *v irr (fig)* take drastic measures

durchkreuzen [durçˈkrɔytsən] *v (fig: Pläne)* frustrate

durchlaufende Gelder [ˈdurçlaufəndə ˈgɛldɐ] *n/pl* transmitted accounts *pl*

durchlaufende Kredite [ˈdurçlaufə ndə ˈkrediːtə] *m/pl* transmitted loans *pl*

durchlaufende Posten [ˈdurçlaufəndə ˈpɔstən] *m/pl* self-balancing items *pl*

Durchlaufzeit [ˈdurçlauftsaɪt] *f* processing time, throughput time

Durchsage [ˈdurçzaːgə] *f* announcement

Durchschlag [ˈdurçʃlaːk] *m* (carbon) copy

Durchschlagpapier [ˈdurçʃlaːkpapiːɐ] *n* carbon paper

Durchschnitt [ˈdurçʃnɪt] *m* average

durchschnittlich [ˈdurçʃnɪtlɪç] *adj* average, ordinary; *adv* on average

Durchschnittsbestand [ˈdurçʃnɪtsbə ʃtant] *m* standard inventory

Durchschnittsbewertung [ˈdurçʃnɪts-bəvɛrtuŋ] *f* inventory valuation at average prices

Durchschnittsbürger [ˈdurçʃnɪtsbyr-gɐ] *m* average citizen, man in the street

Durchschnittseinkommen [ˈdurçʃnɪts-aɪnkɔmən] *n* average income

Durchschnittserlöse [ˈdurçʃnɪtsɛr-løːzə] *m/pl* **1.** *(Volkswirtschaft)* average product, **2.** *(Geld)* average yield

Durchschnittsertrag [ˈdurçʃnɪtsɛr-traːk] *m* average yield

Durchschnittskosten [ˈdurçʃnɪtskɔs-tən] *pl* average costs *pl*

Durchschnittsleistung [ˈdurçʃnɪts-laɪstuŋ] *f* average output

Durchschnittspreis [ˈdurçʃnɪtspraɪs] *m* average price

Durchschnittssatz [ˈdurçʃnɪtssats] *m* average rate

Durchschnittsvaluta [ˈdurçʃnɪtsvaluː-ta] *n* average value date

Durchschnittsverdiener(in) [ˈdurç-ʃnɪtsfɛrdiːnɐ(rɪn)] *m/f* average wage earner, average salary earner

Durchschnittswert [ˈdurçʃnɪtsveːrt] *m* average value, mean value

Durchschrift [ˈdurçʃrɪft] *f* carbon copy

durchsetzen [ˈdurçzɛtsən] *v* **1.** *sich ~* prevail, assert o.s.; **2.** *sich ~ (Erzeugnis)* prove its worth

Durchsetzungsvermögen [ˈdurçzet-suŋsfɛrmøːgən] *n* ability to get things done, drive

Durchsicht [ˈdurçzɪçt] *f* looking through, examination, inspection

durchstellen [ˈdurçʃtɛlən] *v (fig: telefonisch)* put through

durchstreichen [ˈdurçʃtraɪçən] *v irr* cross out, delete

Durchsuchung [ˈdurçzuːxuŋ] *f* search

Durchsuchungsbefehl [durçˈzuːxuŋs-bəfeːl] *m* search warrant

Durchwahl [ˈdurçvaːl] *f* extension

Dutzend [ˈdutsənt] *n* dozen

dutzendweise [ˈdutsəntvaɪzə] *adv* by the dozen, in dozens

DVD-ROM [deːfauˈdeː ˈrɔm] *f* DVD-ROM

Dynamik [dyˈnaːmɪk] *f* dynamics

dynamisch [dyˈnaːmɪʃ] *adj* dynamic

Dynamisierung [dyˈnaːmɪziːruŋ] *f* dynamization

Dyopol [dyoˈpoːl] *n* duopoly

E

Ebenmaß ['eːbənmaːs] *n* symmetry, balanced proportions *pl,* evenness

echt [ɛçt] *adj* real, genuine, authentic

echtes Factoring [ɛçtəs 'fæktərɪŋ] *n* clean factoring, old-line factoring

Echtheit ['ɛçthaɪt] *f* genuineness, authenticity

Echtheitszertifikat ['ɛçthaɪtstsɛrtifikaːt] *n* proof of authenticity, authenticity certificate

Echtzeit ['ɛçttsaɪt] *f* real-time

Echtzeitverarbeitung ['ɛçttsaɪtfɛrarbaɪtuŋ] *f* real-time processing

Eckdaten ['ɛkdaːtən] *pl* basic data, key data

Ecklohn ['ɛkloːn] *m* benchmark rate

Eckzins ['ɛktsɪns] *m* basic rate of interest

ECOFIN-Rat ['eːcoːfinˈraːt] *m* ECOFIN council

Edelfaser ['eːdəlfaːsɐ] *f* high-grade fibre

Edelmetall ['eːdəlmetal] *n* precious metal

Edelmetallgeschäft ['eːdəlmetalgəʃɛft] *n* precious metals business, bullion trade

Edelstahl ['eːdəlʃtaːl] *m* high-grade steel

EDV [eːdeːˈfau] *f (elektronische Datenverarbeitung)* electronic data processing; ~... computer ...

EDV-Anlage [eːdeːˈfaunlaːgə] *f* computer equipment, electronic data processing equipment

Effekt [eˈfɛkt] *m* effect

Effekten [eˈfɛktən] *f/pl* securities *pl,* stocks and shares *pl*

Effektenabteilung [eˈfɛktənaptaɪluŋ] *f* securities department, investment department

Effektenbank [eˈfɛktənbaŋk] *f* issuing bank, investment bank

Effektenbörse [eˈfɛktənbœrzə] *f* stock exchange, stock market

Effektenbuch [eˈfɛktənbuːx] *n* stockbook

Effektendepot [eˈfɛktəndeːpoː] *n* deposit of securities

Effektendiskont [eˈfɛktəndɪskɔnt] *m* securities discount

Effekteneigengeschäft [eˈfɛktənaɪgəngəʃɛft] *n* security trading for own account

Effektenemission [eˈfɛktənemɪsjoːn] *f* issue of securities

Effektenfinanzierung [eˈfɛktənfinantsiːruŋ] *f* security financing

Effektengeschäft [eˈfɛktəngəʃɛft] *n* securities business

Effektenhandel [eˈfɛktənhandəl] *m* stockbroking, securities trading

Effektenhändler [eˈfɛktənhɛndlɐ] *m* dealer in securities, securities trader, stock dealer

Effektenindex [eˈfɛktənɪndɛks] *m* share index, stock index *(US)*

Effektenkapitalismus [eˈfɛktənkapitalɪsmus] *m* securities capitalism

Effektenkasse [eˈfɛktənkasə] *f* security department counter

Effektenkauf [eˈfɛktənkauf] *m* purchase of securities

Effektenkommissionär [eˈfɛktənkɔmɪsjoːnɛr] *m* securities commission agent

Effektenkommissionsgeschäft [eˈfɛktənkɔmɪsjoːnsgəʃɛft] *n* securities transactions on commission

Effektenkonto [eˈfɛktənkɔnto] *n* securities account, stock account

Effektenkurs [eˈfɛktənkurs] *m* stock exchange quotation, securities price

Effektenlombard [eˈfɛktənlɔmbaːrd] *m* advances against securities

Effektenmakler [eˈfɛktənmaːklɐ] *m* stock broker

Effektenmarkt [eˈfɛktənmarkt] *m* stock market

Effektennotierung [eˈfɛktənnotiːruŋ] *f* stock quotation, quotation of shares

Effektenpensionsgeschäft [eˈfɛktənpɛnsjoːnsgəʃɛft] *n* security transactions under repurchase agreement *pl*

Effektenplatzierung [eˈfɛktənplatsiːruŋ] *f* securities placing

Effektenrechnung [eˈfɛktənrɛçnuŋ] *f* calculation of effective interest rate

Effektenstatistik [eˈfɛktənʃtatɪstɪk] *f* securities statistics

Effektensubstitution [eˈfɛktənsupstitutsjoːn] *f* securities substitution

Effektenterminhandel [eˈfɛktəntermiːnhandəl] *m* futures trading in stocks and bonds

Effektenverkauf [eˈfɛktənfɛrkauf] *m* sale of securities, over-the-counter trading

Effektenverwaltung [eˈfɛktənfɛrvaltuŋ] *f* portfolio management, *(Bank)* security deposit department

effektiv [efɛkˈtiːf] *adj* effective

Effektivbestand [efɛkˈtiːfbəʃtant] *m* actual stock

Effektivgeschäft [efɛkˈtiːfgəʃɛft] *n* actual transaction

Effektivität [efɛktiviˈtɛːt] *f* effectivity

Effektivklausel [efɛkˈtiːfklausəl] *f* effective clause

Effektivleistung [efɛkˈtiːflaɪstuŋ] *f* effective output

Effektivlohn [efɛkˈtiːfloːn] *m* actual wage

Effektivvermerk [efɛkˈtiːffɛrmɛrk] *m* actual currency clause

Effektivverzinsung [efɛkˈtiːffɛrtsɪnzuŋ] *f* effective interest yield, true yield

Effektivzins [efɛkˈtiːftsɪns] *m* effective interest

effizient [ɛfiˈtsjɛnt] *adj* efficient

Effizienz [ɛfiˈtsjɛnts] *f* efficiency

Effizienzregeln [ɛfiˈtsjɛntsreːgəln] *f/pl* performance regulations *pl*

EFTA (Europäische Freihandelszone) [ˈɛfta] *f* European Free Trade Association (EFTA)

EG (Europäische Gemeinschaft) [eːˈgeː] *f* European Community (EC)

EG-Binnenmarkt [eːgeːˈbɪnənmarkt] *m* European single market

ehemalig [ˈeːəmaːlɪç] *adj* former, ex-...

ehrenamtlich [ˈeːrənamtlɪç] *adj* unpaid, honorary; *adv* without payment, in an honorary capacity

Ehrenerklärung [ˈeːrənɛrklɛːruŋ] *f* public apology

Ehrengast [ˈeːrəngast] *m* guest of honour

Ehrenkodex [ˈeːrənkoːdɛks] *m* code of honour

Ehrenmitglied [ˈeːrənmɪtgliːt] *n* honorary member

Ehrgeiz [ˈeːrgaɪts] *m* ambition

ehrgeizig [ˈeːrgaɪtsɪç] *adj* ambitious

Ehrung [ˈeːruŋ] *f* honour, tribute, homage

eichen [ˈaɪçən] *v* calibrate, gauge

Eichung [ˈaɪçuŋ] *f* adjusting, calibration

eidesstattlich [ˈaɪdəsʃtatlɪç] *adj* in lieu of an oath

eidesstattliche Erklärung [ˈaɪdəsʃtatlɪçə ɛrˈklɛːruŋ] *f* declaration in lieu of an oath

eifrig [ˈaɪfrɪç] *adj* eager, zealous, avid; *adv* eagerly, zealously, avidly

Eigenbeteiligung [ˈaɪgənbətaɪlɪguŋ] *f* self-participation

Eigenbetrieb [ˈaɪgənbətriːp] *m* owner-operated (municipal) enterprise

Eigenbewirtschaftung [ˈaɪgənbevɪrtʃaftuŋ] *f* self management

Eigendepot [ˈaɪgəndepoː] *n* own security deposit

eigene Aktien [ˈaɪgənə ˈaktsjən] *f/pl* company-owned shares *pl*

eigene Effekten [ˈaɪgənə eˈfɛktən] *pl* own security holdings *pl*

eigener Wechsel [ˈaɪgənər ˈvɛksəl] *m* promissory note

Eigenfinanzierung [ˈaɪgənfinantsiːruŋ] *f* self-financing, financing from own resources, equity financing

Eigengeschäft [ˈaɪgəngəʃɛft] *n* transactions on own account

Eigengewicht [ˈaɪgəngəvɪçt] *n* net weight

Eigenhandel [ˈaɪgənhandəl] *m* trading on own account

eigenhändig [ˈaɪgənhɛndɪç] *adj* with one's own hands, *(Brief)* "hand to addressee only"

Eigenhändler(in) [ˈaɪgənhɛndlɐ(rɪn)] *m/f* businessman/businesswoman trading on own account

Eigenheimzulage [ˈaɪgənhaɪmtsuːlaːgə] *f* owner-occupied home premium

Eigeninitiative [ˈaɪgəninitsjatiːvə] *f* own initiative

Eigeninvestition [ˈaɪgənɪnvɛstitsjoːn] *f* self-financed investment

Eigenkapital [ˈaɪgənkapitaːl] *n* equity capital, one's own capital

Eigenkapitalentzug [ˈaɪgənkapitaːlɛntsuːk] *m* own capital withdrawal

Eigenkapitalerhöhung [ˈaɪgənkapitaːlɛrhøːuŋ] *f* increase in own capital

Eigenkapitalgrundsätze [ˈaɪgənkapitaːlgruntsɛtsə] *m/pl* principles on own capital *pl*

Eigenkapitalkonto [ˈaɪgənkapitaːlkɔnto] *n* equity account

Eigenkapitalquote [ˈaɪgənkapitaːlkvoːtə] *f* equity ratio

Eigenkapitalrentabilität [ˈaɪgənkapitaːlrɛntabiliteːt] *f* equity return, income-to-equity ratio

Eigenkapitalzinsen [ˈaɪgənkapitaːltsɪnzən] *m/pl* equity yield rate

Eigenleistungen [ˈaɪgənlaɪstuŋən] *f/pl* own contributions *pl*, own funding

eigenmächtig [ˈaɪgənmɛçtɪç] *adj* arbitrary, high-handed, done on one's own authority

Eigenmächtigkeit [ˈaɪgənmɛçtɪçkaɪt] *f* arbitrary action

Eigenmarke [ˈaɪgənmarkə] *f* private brand, own brand

Eigenmittel [ˈaɪgənmɪtəl] *n/pl* own resources *pl*, own reserves *pl*

Eigennutzung [ˈaɪgənnutsuŋ] *f* internal use, own use

eigenständig [ˈaɪgənʃtɛndɪç] *adj* independent

Eigenständigkeit [ˈaɪgənʃtɛndɪçkaɪt] *f* independence

Eigentum [ˈaɪgəntuːm] *n* property

Eigentümer(in) [ˈaɪgənty:mɐ(rɪn)] *m/f* owner, proprietor

Eigentümergrundschuld [ˈaɪgənty:mərgruntʃult] *f* land charge in favour of the owner

Eigentümerhypothek [ˈaɪgənty:mərhy:poteːk] *f* mortgage for the benefit of the owner, owner's mortgage

Eigentümerversammlung [ˈaɪgənty:mərfɛrsamluŋ] *f* general meeting of condo owners

Eigentumsanspruch [ˈaɪgəntuːmsanʃprux] *m* claim of ownership

Eigentumsaufgabe [ˈaɪgəntuːmsaufgaːbə] *f* relinquishing of ownership

Eigentumsbildung [ˈaɪgəntuːmsbɪlduŋ] *f* creation of private property

Eigentumserwerb [ˈaɪgəntuːmsɛrverp] *m* acquisition of property, property acquisition

Eigentumsnachweis [ˈaɪgəntuːmsnaːxvaɪs] *m* proof of ownership, evidence of ownership

Eigentumsrechte [ˈaɪgəntuːmsrɛçtə] *n/pl* property rights *pl*

Eigentumsübertragung [ˈaɪgəntuːmsy:bərtraːguŋ] *f* transfer of ownership, transfer of property

Eigentumsvorbehalt [ˈaɪgəntuːmsfoːrbəhalt] *m* reservation of title

Eigentumswohnung [ˈaɪgənstuːmsvoːnuŋ] *f* owner occupied apartment, condominium *(US)*

eigenverantwortlich [ˈaɪgənfɛrantvɔrtlɪç] *adj* responsible

Eigenverantwortlichkeit [ˈaɪgənfɛrantvɔrtlɪçkaɪt] *f* responsibility

Eigenverantwortung [ˈaɪgənfɛrantvɔrtuŋ] *f* responsibility

Eigenverbrauch [ˈaɪgənfɛrbraux] *m* personal consumption

Eigenvermögen [ˈaɪgənfɛrmøːgən] *n* own capital

Eigenwechsel [ˈaɪgənvɛksəl] *m* promissory note

eigenwillig [ˈaɪgənvɪlɪç] *adj* with a mind of one's own, highly individual

Eigner(in) [ˈaɪgnɐ(rɪn)] *m/f (Eigentümer)* owner, proprietor

Eigners Gefahr (o.r.) [ˈaɪgnɐrs gəˈfaːɐ] *f* owner's risk

Eignung [ˈaɪgnuŋ] *f* suitability; *(Befähigung)* aptitude

Eignungstest [ˈaɪgnuŋstest] *m* **1.** *(Personal)* aptitude test **2.** *(Betriebswirtschaft)* acceptance test

Eilauftrag [ˈaɪlauftraːk] *m* rush order

Eilbote [ˈaɪlboːtə] *m* express messenger, courier

Eilbrief [ˈaɪlbriːf] *m* express letter

Eilfracht [ˈaɪlfraxt] *f* express goods *pl*, fast freight *(US)*

Eilgut [ˈaɪlguːt] *n* goods sent by express *pl*

eilig [ˈaɪlɪç] *adj* hurried, rushed, hasty; *es ~ haben* to be in a hurry

Eilpaket [ˈaɪlpakeːt] *n* express parcel

Eilschrift [ˈaɪlʃrɪft] *f* high-speed shorthand, abbreviated shorthand

Eilüberweisung [ˈaɪlyːbərvaɪsuŋ] *f* rapid money transfer

Eilzug [ˈaɪltsuːk] *m* express train

Eilzustellung [ˈaɪltsuːʃtɛluŋ] *f* express delivery

einarbeiten [ˈaɪnarbaɪtən] *v* train s.o. for a job, familiarize s.o. with a job

Einarbeitung [ˈaɪnarbaɪtuŋ] *f* getting used to one's work, training, vocational adjustment

Einarbeitungszeit [ˈaɪnarbaɪtuŋstsaɪt] *f* training period, settling-in period

einbehalten [ˈaɪnbəhaltən] *v irr* keep back, retain

einberechnen [ˈaɪnbərɛçnən] *v etw mit ~* factor sth in

einberufen [ˈaɪnbəruːfən] *v irr (Versammlung)* convene, call, summon

Einberufung [ˈaɪnbəruːfuŋ] *f (einer Versammlung)* convening, calling, convocation

einbinden [ˈaɪnbɪndən] *v irr (fig)* include, integrate, involve

Einblick [ˈaɪnblɪk] *m* insight

einbringen [ˈaɪnbrɪŋən] *v* earn, yield, bring in; *(Verlust)* make up for

Einbruch [ˈaɪnbrux] *m* **1.** *(Preise)* slump, fall in prices; **2.** *(Raub)* burglary

Einbruchversicherung [ˈaɪnbruxfɛrzɪçəruŋ] *f* burglary insurance

Einbuße [ˈaɪnbuːsə] *f* loss, damage

einbüßen [ˈaɪnbyːsən] *v* **1.** *(Geld)* lose; **2.** *(Recht)* forfeit

eindecken [ˈaɪndɛkən] *v sich mit etw ~* stock up on sth, lay in a supply of sth; *jdn mit etw ~* provide s.o. with sth

eindeutig [ˈaɪndɔytɪç] *adj* clear, unmistakable; *adv* clearly, unmistakably

eineinhalb [aɪnaɪnˈhalp] *num* one and a half

Einflussgrößenrechnung [ˈaɪnflusgrøːsənrɛçnuŋ] *f* factor impacting calculation

einfordern [ˈaɪnfɔrdɐn] *v* call in, claim

Einfuhr [ˈaɪnfuːɐ] *f* import(ation)

Einfuhrartikel [ˈaɪnfuːrartɪkəl] *m/pl* foreign imports *pl,* imported articles *pl*

Einfuhrbeschränkung [ˈaɪnfuːrbəʃrɛŋkuŋ] *f* import restriction

Einfuhrbewilligung [ˈaɪnfuːrbəvɪlɪguŋ] *f* import permit, import licence

einführen [ˈaɪnfyːrən] *v* **1.** *(etw Neues)* introduce; **2.** *(importieren)* import

Einfuhrerklärung [ˈaɪnfuːrɛrklɛːruŋ] *f* import declaration

Einfuhrerleichterung [ˈaɪnfuːrɛrlaɪçtəruŋ] *f* import facilities *pl*

Einfuhrgenehmigung [ˈaɪnfuːrgəneːmiguŋ] *f* import permit, import licence

Einfuhrhandel [ˈaɪnfuːrhandəl] *f* import trade

Einfuhrhändler(in) [ˈaɪnfuːrhɛndlɐ(rɪn)] *m/f* importer

Einfuhrkontingentierung [ˈaɪnfuːrkɔntɪŋentiːruŋ] *f* quota allocation for imported goods

Einfuhrlenkung [ˈaɪnfuːrlɛŋkuŋ] *f* import control

Einfuhrlizenz [ˈaɪnfuːrlitsɛnts] *f* import licence

Einfuhrpapiere [ˈaɪnfuːrpapiːrə] *n/pl* import documents *pl*

Einfuhrstopp [ˈaɪnfuːrʃtɔp] *m* import embargo, import ban

Einführung [ˈaɪnfyːruŋ] *f (von etw Neuem)* introduction, launch

Einführungsangebot [ˈaɪnfyːruŋsangəboːt] *n* initial offer, introductory offer

Einführungsanzeige [ˈaɪnfyːruŋsantsaɪgə] *f* launch

Einführungskurs [ˈaɪnfyːruŋskurs] *m (Aktien)* issue price

Einführungsphase [ˈaɪnfyːruŋsfaːzə] *f* introduction stage

Einführungspreis [ˈaɪnfyːruŋspraɪs] *m* introductory offer, initial price

Einführungsrabatt [ˈaɪnfyːruŋsrabat] *m* introductory discount

Einführungstest [ˈaɪnfyːruŋstɛst] *m* introductory test

Einfuhrverbot [ˈaɪnfuːrfɛrboːt] *n* import prohibition, ban on imports

Einfuhrzoll [ˈaɪnfuːrtsɔl] *m* import duty, import levy

Eingabe [ˈaɪngaːbə] *f* **1.** *(Daten)* input, entry; **2.** *(Antrag)* petition, application, request

Eingang [ˈaɪngaŋ] *m* **1.** *(Wareneingang)* arrival receipt of goods; **2.** *(Geldeingang)* receipt

Eingang vorbehalten [ˈaɪngaŋ ˈfoːrbəhaltən] due payment reserved

Eingangsbestätigung ['aɪngaŋsbəʃtɛː-tɪguŋ] f confirmation of receipt

Eingangsstempel ['aɪngaŋsʃtɛmpəl] m receipt stamp

Eingangsvermerk ['aɪngaŋsfɛrmɛrk] m notice of receipt, receipt notice

eingeben ['aɪngeːbən] v irr **1.** (Daten) input, enter, feed; **2.** (einreichen) submit, hand in

eingehen ['aɪngeːən] v irr **1.** (auf einen Vorschlag) agree to, consent to; **2.** (Verpflichtung) enter into, embark on

eingeschlossen ['aɪngəʃlɔsən] adj included, cum

eingespielt ['aɪngəʃpiːlt] adj used to working together

Eingeständnis ['aɪngəʃtɛntnɪs] n admission, confession

eingestehen ['aɪngəʃteːən] v irr admit, confess, avow

eingetragen ['aɪngətraːgən] adj registered, entered; nicht ~ unregistered

eingetragener Verein (e.V.) ['aɪngətraːgənər fɛr'aɪn] m registered association

eingezahltes Kapital ['aɪngətsaːltəs kapi'taːl] n paid-up capital

eingreifen ['aɪngraɪfən] v irr (einschreiten) intervene, step in

Eingriff ['aɪngrɪf] m (Einschreiten) intervention, interference

Einhalt ['aɪnhalt] m check; ~ gebieten stop, put a stop to, halt

einhalten ['aɪnhaltən] v **1.** (befolgen) observe, stick to, adhere to; **2.** (Versprechen) keep; **3.** (beibehalten) follow, keep to

Einhaltung ['aɪnhaltuŋ] f **1.** (Befolgung) observance of, compliance to; **2.** (Beibehaltung) holding to, adherence to

einheften ['aɪnhɛftən] v (Akten) file

Einheit ['aɪnhaɪt] f unity; (eine ~) unit

Einheitliche Europäische Artikelnummer (EAN) ['aɪnhaɪtlɪçə ɔyroˈpɛːɪʃə arˈtɪkəlnumɐ] f European article number (EAN)

Einheitsbilanz ['aɪnhaɪtsbilants] f unified balance sheet

Einheitsgesellschaft ['aɪnhaɪtsgəzɛlʃaft] f unified company

Einheitskurs ['aɪnhaɪtskurs] m uniform price, spot price

Einheitsmarkt ['aɪnhaɪtsmarkt] m single-price market

Einheitspreis ['aɪnhaɪtspraɪs] m standard price, uniform price

Einheitssatz ['aɪnhaɪtszats] m standard rate

Einheitsscheck ['aɪnhaɪtsʃɛk] m standard cheque

Einheitssteuer ['aɪnhaɪtsʃtɔyɐ] f uniform tax

Einheitstarif ['aɪnhaɪtstariːf] m uniform rate, uniform tariff

Einheitsvordruck ['aɪnhaɪtsfoːrdruk] m standard form

Einheitswährung ['aɪnhaɪtsvɛːruŋ] f unified currency

Einheitswechsel ['aɪnhaɪtsvɛksəl] m standard bill

Einheitswert ['aɪnhaɪtsˈveːrt] m standard value, rateable value

Einheitszoll ['aɪnhaɪtstsɔl] m uniform duty

einhellig ['aɪnhɛlɪç] adj unanimous

einig ['aɪnɪç] adj **1.** sich über etw ~ werden come to an agreement on sth; wir sind uns ~, dass ... we agree that ..., we are in agreement that ...; **2.** (geeint) united

einigen ['aɪnɪgən] v **1.** sich ~ come to an agreement, agree, come to terms; **2.** sich ~ über agree on

Einigkeit ['aɪnɪçkaɪt] f unity, harmony, unanimity

Einigung ['aɪnɪguŋ] f agreement, understanding, settlement

Einigungsstelle ['aɪnɪguŋsʃtɛlə] f conciliation board

Einigungsversuch ['aɪnɪguŋsfɛrzuːx] m attempt at reconciliation

Einigungsvorschlag ['aɪnɪguŋsfoːrʃlaːk] m conciliatory proposal

einkalkulieren ['aɪnkalkuliːrən] v take into account

Einkauf ['aɪnkauf] m purchasing, purchase

einkaufen ['aɪnkaufən] v buy, purchase, shop (for)

Einkäufer(in) ['aɪnkɔyfɐ(rɪn)] m/f buyer

Einkaufsabteilung ['aɪnkaufsaptaɪluŋ] f purchasing department

Einkaufsagent ['aɪnkaufsagent] m purchasing agent

Einkaufsbedingungen [ˈaɪnkaufsbədɪŋuŋən] f/pl purchasing terms pl
Einkaufsgemeinschaft [ˈaɪnkaufsgəmaɪnʃaft] f purchasing association
Einkaufsgenossenschaft [ˈaɪnkaufsgənɔsənʃaft] f purchasing cooperative
Einkaufsland [ˈaɪnkaufslant] n country of purchase
Einkaufspassage [ˈaɪnkaufspasaːʒə] shopping mall (US), shopping arcade
Einkaufspolitik [ˈaɪnkaufspɔlitiːk] f procurement policy
Einkaufspreis [ˈaɪnkaufspraɪs] m wholesale price, cost price, purchase price
Einkaufszentrum [ˈaɪnkaufstsɛntrum] n shopping centre, shopping mall (US)
einklagen [ˈaɪnklaːgən] v sue for
Einkommen [ˈaɪnkɔmən] n income, earnings; revenue; festes ~ fixed income; regular income; verfügbares ~ disposable income; Jahres~ annual income, annual earnings
Einkommenseffekt [ˈaɪnkɔmənsefɛkt] m income effect; income generating effect
Einkommenserklärung [ˈaɪnkɔmənsɛrklɛːruŋ] f income declaration
Einkommensfonds [ˈaɪnkɔmənsfɔ̃] m income fund
einkommensschwach [ˈaɪnkɔmənsʃvax] adj of low wage
einkommensstark [ˈaɪnkɔmənsʃtark] adj high-income
Einkommenssteuer [ˈaɪnkɔmənsʃtɔyɐ] f income tax
Einkommenssteuerbescheid [ˈaɪnkɔmənsʃtɔyɐrbəʃaɪt] m income tax assessment
Einkommenssteuererklärung [ˈaɪnkɔmənsʃtɔyərɛrklɛːruŋ] f income tax return, declaration of income tax
einkommenssteuerpflichtig [ˈaɪnkɔmənsʃtɔyərpflɪçtɪç] adj liable to income tax
Einkommensstufe [ˈaɪnkɔmənsʃtuːfə] f income bracket
Einkommenstheorie [ˈaɪnkɔmənsteːoriː] f theory of income determination
Einkommensumverteilung [ˈaɪnkɔmənsumfɛrtaɪluŋ] f redistribution of income

Einkommensverteilung [ˈaɪnkɔmənsfɛrtaɪluŋ] f distribution of income
Einkünfte [ˈaɪnkynftə] pl income, earnings pl, (des Staates) revenue
Einladung [ˈaɪnlaːduŋ] f invitation
Einlage [ˈaɪnlaːgə] f stake, investment, money deposited
Einlagekapital [ˈaɪnlaːgəkapitaːl] n invested capital, investment, inital share
Einlagekonto [ˈaɪnlaːgəkɔnto] n 1. (Bank) deposit account; 2. (Unternehmen) investment account
Einlagen [ˈaɪnlaːgən] f/pl deposit
Einlagengeschäft [ˈaɪnlaːgəngəʃɛft] n deposit business
Einlagenpolitik [ˈaɪnlaːgənpolitiːk] f deposit policy
Einlagensicherung [ˈaɪnlaːgənzɪçəruŋ] f guarantee of deposit
Einlagensicherungsfonds [ˈaɪnlaːgənzɪçəruŋsfɔ̃] m deposit guarantee fund
Einlagenzertifikat [ˈaɪnlaːgəntsɛrtifikaːt] n certificate of deposit
einlagern [ˈaɪnlaːgɐn] v store
Einlagerung [ˈaɪnlaːgəruŋ] f storage
einlegen [ˈaɪnleːgən] v 1. put in; 2. Protest ~ lodge a protest; 3. (Geld) deposit
einlesen [ˈaɪnleːzən] v irr read, read in
Einlinienorganisation [ˈaɪnlinjənɔrganizatsjoːn] f straight-line organization
einloggen [ˈaɪnlɔgən] v sich ~ log in, log on
einlösen [ˈaɪnløːzən] v (Scheck) cash
Einlösung [ˈaɪnløːzuŋ] f payment, encashment
Einlösungspflicht [ˈaɪnløːzuŋspflɪçt] f obligation to redeem
Einnahmen [ˈaɪnnaːmən] f/pl receipts pl
Einnahmen-Ausgaben-Rechnung [ˈaɪnnaːmənˈausgaːbənrɛçnuŋ] f bill of receipts and expenditures
Einnahmeposten [ˈaɪnnaːməpɔstən] m item of income, income item
Einnahmequelle [ˈaɪnnaːməkvɛlə] f 1. (privat) source of income; 2. (Staat) source of revenue
einnehmen [ˈaɪnneːmən] v irr (verdienen) earn
Einnehmer(in) [ˈaɪnneːmɐ(rɪn)] m/f collector

E

Einpersonengesellschaft ['aɪnpɛrsoː-nəngəzɛlʃaft] *f* one-man corporation

einplanen ['aɪnplaːnən] *v* include in the plan, plan on

Einproduktbetrieb ['aɪnprɔduktbətriːp] *m* single-product firm

Einpunktklausel ['aɪnpunktklauzəl] *f* one-item clause

Einrede ['aɪnredə] *f* defence, plea

Einsatz ['aɪnzats] *m* **1.** *(Kapitaleinsatz)* investment; **2.** *(Anwendung)* employ-ment, use, application; **3.** *(Hingabe)* ef-fort, commitment, dedication

einsatzbereit ['aɪnzatsbərait] *adj* ready for use

Einsatzfaktor ['aɪnzatsfaktɔr] *m* input factor

einschränken ['aɪnʃrɛŋkən] *v* restrict, limit

Einschränkungsklausel ['aɪnʃrɛŋkuŋs-klauzəl] *f* restrictive clause

Einschränkungsmaßnahmen ['aɪn-ʃrɛŋkuŋsmaːsnaːmən] *f/pl* restrictive measures *pl*, austerity measures *pl*

Einschreibebrief ['aɪnʃraibəbriːf] *m* registered letter

Einschreiben ['aɪnʃraibən] *n* per ~ by registered post, by registered mail *(US)*

Einschreibung ['aɪnʃraibuŋ] *f* registra-tion

Einschuss ['aɪnʃus] *m* margin require-ment

Einschussquittung ['aɪnʃuskvituŋ] *f* contribution receipt

einseitige Übertragung ['aɪnzaitɪgə yːbərˈtraːguŋ] *f* unilateral transfer

einsenden ['aɪnzɛndən] *v irr* send in

Einsender ['aɪnzɛndɐ] *m* sender

Einsendung ['aɪnzɛnduŋ] *f* letter, con-tribution

Einsichtnahme ['aɪnzɪçtnaːmə] *f* in-spection

einsortieren ['aɪnzɔrtiːrən] *v* sort in

einsparen ['aɪnʃpaːrən] *v* economize, save money

Einsparung ['aɪnʃpaːruŋ] *f* saving, economization

Einsparungsmaßnahmen ['aɪnʃpaː-ruŋsmaːsnaːmən] *f/pl* economy meas-ures *pl*

Einspruch ['aɪnʃprux] *m* objection, pro-test

Einspruch erheben ['aɪnʃprux ɛrˈheː-bən] *v* raise an objection, disagree

Einspruchsfrist ['aɪnʃpruxsfrɪst] *f* pe-riod for objection

Einspruchsrecht ['aɪnʃpruxsrɛçt] *n* right to appeal

einstampfen ['aɪnʃtampfən] *v* pulp, crush

Einstandspreis ['aɪnʃtantsprais] *m* cost price

einstellen ['aɪnʃtɛlən] *v* **1.** *(Arbeits-kräfte)* employ, engage; **2.** *(beenden)* stop, cease, leave off; **3.** *(regulieren)* adjust, regulate

Einstellung ['aɪnʃtɛluŋ] *f* **1.** *(Arbeits-kräfte)* employment; **2.** *(Beendigung)* cessation, suspension; **3.** *(Regulierung)* setting, adjustment

Einstellungsbedingung ['aɪnʃtɛluŋs-bədɪŋuŋ] *f* employment condition

Einstellungsgespräch ['aɪnʃtɛluŋsgə-ʃprɛːç] *n* job interview

Einstellungsgesuch ['aɪnʃtɛluŋsgəzuːx] *n* application (for a job), job application

Einstellungsstopp ['aɪnʃtɛluŋsʃtɔp] *m* freeze on further recruitment, job freeze

Einstimmigkeitsregel ['aɪnʃtɪmɪçkaits-regəl] *f* unanimity rule

einstufen ['aɪnʃtuːfən] *v* grade, classify, rate

Einstufung ['aɪnʃtuːfuŋ] *f* classification

einstweilig ['aɪnstvailɪç] *adj* in the in-terim, temporary, ~e Verfügung tempo-rary injunction, temporary restraining order

Eintragung ['aɪntraːguŋ] *f* registration, entering; *amtliche* ~ incorporation

Eintragung im Handelsregister ['aɪn-traːguŋ ɪm ˈhandəlsrəgɪstə] *f* registra-tion in the Commercial Register

Eintrittsbedingung ['aɪntrɪtsbədɪŋuŋ] *f* conditions for participation *pl*

Eintrittsstrategien ['aɪntrɪtsʃtrateː-giːən] *f/pl* entry strategies *pl*

Einvernehmen ['aɪnfɛrneːmən] *n* agree-ment, understanding

einvernehmlich ['aɪnfɛrneːmlɪç] *adj* in mutual agreement

einverstanden ['aɪnfɛrʃtandən] *v mit etw ~ sein* agree with sth, consent to sth, be agreeable to sth; *Einverstanden!* Agreed!

Einverständnis [ˈaɪnfɛrʃtɛntnɪs] *n* agreement, consent, approval

Einverständniserklärung [ˈaɪnfɛrʃtɛntnɪsɛrklɛːruŋ] *f* declaration of consent

Einwand [ˈaɪnvant] *m* objection

einwandfrei [ˈaɪnvantfraɪ] *adj* faultless, impeccable, irreproachable

einwechseln [ˈaɪnvɛksəln] *v* **1.** *(Devisen)* exchange, change; **2.** *(Scheck)* cash

Einwechslung [ˈaɪnvɛksluŋ] *f* **1.** *(Devisen)* exchanging, changing; **2.** *(Scheck)* cashing

Einwegflasche [ˈaɪnveːkflaʃə] *f* nonreturnable bottle

Einwegverpackung [ˈaɪnveːkfɛrpakuŋ] *f* non-returnable packaging

einweihen [ˈaɪnvaɪən] *v* inaugurate

Einweihung [ˈaɪnvaɪuŋ] *f* inauguration, ceremonial opening

einweisen [ˈaɪnvaɪzən] *v irr (anleiten)* introduce, instruct

Einweisung [ˈaɪnvaɪzuŋ] *f* induction; *(Instruktionen)* instructions *pl*

einwilligen [ˈaɪnvɪlɪgən] *v* agree, consent, approve

Einwilligung [ˈaɪnvɪlɪguŋ] *v* approval, consent, agreement

einzahlen [ˈaɪntsaːlən] *v* pay in, deposit

Einzahler(in) [ˈaɪntsaːlɐ(rɪn)] *m/f* depositer, payer

Einzahlung [ˈaɪntsaːluŋ] *f* payment, deposit

Einzahlungsbeleg [ˈaɪntsaːluŋsbəleːk] *m* paying-in slip, deposit slip

Einzahlungspflicht [ˈaɪntsaːluŋspflɪçt] *f* obligation to pay subscription

Einzelabschreibung [ˈaɪntsəlapʃraɪbuŋ] *f* single-asset depreciation

Einzelarbeitsvertrag [ˈaɪntsəlarbaɪtsfɛrtraːk] *m* individual employment contract

Einzelbetrag [ˈaɪntsəlbətraːk] *m* single amount

Einzelbetrieb [ˈaɪntsəlbətriːp] *m* individual enterprise, sole trader

Einzelfall [ˈaɪntsəlfal] *m* individual case, particular case

Einzelfertigung [ˈaɪntsəlfɛrtiguŋ] *f* individual production; single-item manufacturing

Einzelhandel [ˈaɪntsəlhandəl] *m* retail trade

Einzelhandelsgeschäft [ˈaɪntsəlhandəlsgəʃɛft] *n* retail store

Einzelhandelspreis [ˈaɪntsəlhandəlspraɪs] *m* retail price

Einzelhandelsspanne [ˈaɪntsəlhandəlsʃpanə] *f* retail price margin

Einzelhändler [ˈaɪntsəlhɛndlɐ] *m* retailer

Einzelkaufmann [ˈaɪntsəlkaufman] *m* sole trader

Einzelkosten [ˈaɪntsəlkɔstən] *pl* direct cost

Einzelkredit [ˈaɪntsəlkrediːt] *m* personal loan

Einzelkreditversicherung [ˈaɪntsəlkrediːtfɛrzɪçəruŋ] *f* individual credit insurance

Einzellohn [ˈaɪntsəlloːn] *m* individual salary, individual wage

einzeln [ˈaɪntsəln] *adj* individual, single, particular; *im Einzelnen* in detail; *adv* individually, separately, one by one

Einzelposten [ˈaɪntsəlpɔstən] *m* single item, unique item

Einzelprokura [ˈaɪntsəlprokuːra] *n* individual power of procuration

Einzelstück [ˈaɪntsəlʃtyk] *n* unique piece

Einzelverkauf [ˈaɪntselfɛrkauf] *m* retail sale

Einzelverkaufspreis [ˈaɪntsəlfɛrkaufspraɪs] *m* retail price, selling price

Einzelverpackung [ˈaɪntsəlfɛrpakuŋ] *f* unit packing

Einzelvollmacht [ˈaɪntsəlfɔlmaxt] *f* individual power of representation

Einzelwerbung [ˈaɪntsəlvɛrbuŋ] *f* direct advertising

einziehen [ˈaɪntsiːən] *v* **1.** *(beschlagnahmen)* confiscate, impound, withdraw; **2.** *Auskünfte über etw ~* gather information about sth; **3.** *(kassieren)* collect, call in; **4.** *(aus dem Verkehr ziehen)* call in

Einziehungsauftrag [ˈaɪntsiːuŋsauftraːk] *m* direct debit order, collection order, direct debit instruction

Einziehungsermächtigung [ˈaɪntsiːuŋsɛrmeçtiguŋ] *f* direct debit authorization

Einziehungsgeschäft [ˈaɪntsiːuŋsgəʃɛft] *n* collection business

Einziehungsvollmacht [ˈaɪntsiːʊŋs-fɔlmaxt] f right to collect

Einzug [ˈaɪntsuːk] m **1.** (Beschlagnahme) confiscation, seizure, impounding; **2.** (von Geld, Steuern) collection, cashing

Einzugsermächtigung [ˈaɪntsuːksɛrmɛçtɪgʊŋ] f direct debit instruction

Einzugsermächtigungsverfahren [ˈaɪntsuːksɛrmɛçtɪgʊŋsferfaːrən] n collection procedure

Einzugsgebiet [ˈaɪntsuːksgəbiːt] n area of supply, catchment area, trading area

Einzugsquittung [ˈaɪntsuːkskvɪtʊŋ] f collection receipt

Einzugsspesen [ˈaɪntsuːksʃpeːzən] pl collecting charges pl, collecting expenses pl

Einzugsverfahren [ˈaɪntsuːksferfaːrən] n collection procedure

Eisenbahn [ˈaɪzənbaːn] f railway

Eisenbahnnetz [ˈaɪzənbaːnnɛts] n railway network

Eisenbahntarif [ˈaɪzənbaːntariːf] m railway tariff

Eisenbahnwagen [ˈaɪzənbaːnvaːgən] m railway carriage, railroad car (US)

Eisenbörse [ˈaɪzənbøːrzə] f iron exchange

Eisenindustrie [ˈaɪzənɪndustriː] f iron industry

Eisen- und Stahlindustrie [ˈaɪzən unt ˈʃtaːlɪndustriː] f iron and steel industry

Eisen verarbeitend [ˈaɪzən fɛrarbaɪtənt] adj iron-processing

eiserner Bestand [ˈaɪzərnər bəˈʃtant] m (Betriebswirtschaft) minimum inventory level, (Geld) reserve fund

Electronic Banking [ɪlekˈtrɔnɪk ˈbæŋkɪŋ] n electronic banking, e-banking

Electronic Business [ɪlekˈtrɔnɪk ˈbɪznɪs] n electronic business, e-business

Electronic Cash [ɪlekˈtrɔnɪk kæʃ] n electronic cash

Electronic Commerce [ɪlekˈtrɔnɪk ˈkɔmɜs] m electronic commerce, e-commerce

Elefantenhochzeit [eleˈfantənhoxtsaɪt] f (fig) jumbo merger, giant merger, megadollar merger (US)

Elektrik [eˈlɛktrɪk] f **1.** electrical equipment; **2.** (Elektrotechnik) electrical engineering

Elektriker(in) [eˈlɛktrɪkɐ(rɪn)] m/f electrician

elektrisch [eˈlɛktrɪʃ] adj electric, electrical

Elektrizität [elɛktritsiˈtɛːt] f electricity, electric current

Elektrizitätswerk [elɛktritsiˈtɛːtsvɛrk] n power station, generating plant

Elektroindustrie [eˈlɛktroɪndustriː] f electrical engineering industry

Elektronik [elɛkˈtroːnɪk] f electronics

elektronisch [elɛkˈtroːnɪʃ] adj electronic

Elektrotechnik [eˈlɛktroteçnɪk] f electrical engineering

Elektrotechniker(in) [eˈlɛktroteçnɪkɐ(rɪn)] m/f electrical engineer

E-Mail [ˈiːmeɪl] n e-mail

Embargo [ɛmˈbargo] n embargo, ein ~ aufheben to lift an embargo

Emission [emɪsˈjoːn] f issue, issuing

Emissionsabteilung [emɪsˈjoːnsaptaɪlʊŋ] f issue department

Emissionsagio [emɪsˈjoːnsaːdʒo] n issue premium

Emissionsarten [emɪsˈjoːnsartən] f/pl types of issuing pl

Emissionsbank [emɪsˈjoːnsbaŋk] f issuing bank, issuing house

Emissionsbedingungen [emɪsˈjoːnsbədiŋuŋən] f/pl terms and conditions of issue pl

emissionsfähig [emɪsˈjoːnsfɛːɪç] adj issuable

Emissionsgenehmigung [emɪsˈjoːnsgəneːmigʊŋ] f issue permit

Emissionsgeschäft [emɪsˈjoːnsgəʃɛft] n investment business, underwriting business

Emissionsgesetz [emɪsˈjoːnsgəzɛts] n issue law

Emissionshaus [emɪsˈjoːnshaus] n issuing house

Emissionskalender [emɪsˈjoːnskalɛndɐ] m issue calendar

Emissionskonsortium [emɪsˈjoːnskɔnsɔrtsjum] n underwriting syndicate

Emissionskontrolle [emɪsˈjoːnskɔntrɔlə] f security issue control

Emissionskosten [emɪsˈjoːnskɔstən] pl underwriting costs pl

Emissionskredit [emɪsˈjoːnskrediːt] m credit granted to the issuer by the bank

Emissionskurs [emɪsˈjoːnskurs] *m* rate of issue, issue price

Emissionsmarkt [emɪsˈjoːnsmarkt] *m* primary market

Emissionsrendite [emɪsˈjoːnsrɛndiːtə] *f* issue yield

Emissionsreste [emɪsˈjoːnsrɛstə] *m/pl* residual securities of an issue *pl*

Emissionssperre [emɪsˈjoːnsʃpɛrə] *f* ban on new issues

Emissionsstatistik [emɪsˈjoːnsʃtatɪstɪk] *f* new issue statistics

Emissionssyndikat [emɪsˈjoːnszyndikaːt] *n* underwriting syndicate

Emissionsverfahren [emɪsˈjoːnsfɛrfaːrən] *n* issuing procedure

Emissionsvergütung [emɪsˈjoːnsfɛrgyːtuŋ] *f* issue commission

Emissionswährung [emɪsˈjoːnsvɛːruŋ] *f* issue currency, currency of issue

emittieren [emɪˈtiːrən] *v* issue

Empfang [ɛmˈpfaŋ] *m* **1.** *(Erhalt)* receipt; **2.** *(Begrüßung)* reception, welcome; **3.** *(Veranstaltung)* reception; **4.** *(Rezeption)* reception area; **5.** *(TV)* reception

empfangen [ɛmˈpfaŋən] *v irr* **1.** receive; **2.** *(begrüßen)* welcome, greet, meet

Empfänger [ɛmˈpfɛŋɐ] *m* **1.** recipient, **2.** *(Gerät)* receiver

empfangsberechtigt [ɛmˈpfaŋsbərɛçtɪçt] *adj* authorized to receive

Empfangsbescheinigung (rect.) [ɛmˈpfaŋsbəʃainiguŋ] *f* receipt, acknowledgement of receipt

Empfangsbestätigung [ɛmˈpfaŋsbəʃtɛːtɪguŋ] *f* receipt, acknowledgement of receipt

Empfangschef(in) [ɛmˈpfaŋsʃɛf(ɪn)] *m/f* reception clerk

Empfangsdame [ɛmˈpfaŋsdaːmə] *f* receptionist

Empfangshalle [ɛmˈpfaŋshalə] *f* foyer

Empfangszimmer [ɛmˈpfaŋstsɪmɐ] *n* reception room

empfehlen [ɛmˈpfeːlən] *v irr* recommend; *es empfiehlt sich, etw zu tun* it is a good idea to do sth

empfehlenswert [ɛmˈpfeːlənsveːrt] *adj* to be recommended, *(ratsam)* advisable

Empfehlung [ɛmˈpfeːluŋ] *f* recommendation

Empfehlungsschreiben [ɛmˈpfeːluŋsʃraɪbən] *n* letter of recommendation, reference *(UK)*, letter of introduction

empirisch [ɛmˈpiːrɪʃ] *adj* empirical

empirische Marktforschung [ɛmˈpiːrɪʃə ˈmarktfɔrʃuŋ] *f* empirical market research

empirische Wirtschaftsforschung [ɛmˈpiːrɪʃə ˈvɪrtʃaftsfɔrʃuŋ] *f* empirical economic research

empirischer Gehalt [ɛmˈpiːrɪʃɐ gəˈhalt] *m* empirical contents *pl*

Endabnehmer [ˈɛntapneːmɐ] *m* ultimate buyer

Endabrechnung [ˈɛntapreçnuŋ] *f* final account

Endabstimmung [ˈɛntapstɪmuŋ] *f* final vote

Endbetrag [ˈɛntbətraːk] *m* final amount

Endergebnis [ˈɛntergeːpnɪs] *n* final result

Endkontrolle [ˈɛntkɔntrɔlə] *f* final control

Endkostenstelle [ˈɛntkɔstənʃtɛlə] *f* final cost center

endlagern [ˈɛntlaːgɐn] *v* permanently dump, permanently dispose of

Endlagerung [ˈɛntlaːgəruŋ] *f* permanent storage (of radioactive waste)

Endnachfrage [ˈɛntnaːxfraːgə] *f* final demand

endogene Variable [ˈɛndogeːnə variˈaːblə] *f* endogenous variable

Endpreis [ˈɛntpraɪs] *m* final price

Endprodukt [ˈɛntprɔdukt] *n* finished product, final product

Endverbraucher [ˈɛntfɛrbrauxɐ] *m* (ultimate) consumer, end user

Endwert [ˈɛntveːrt] *m* final value

Energie [enɛrˈgiː] *f* energy

energiearm [enɛrˈgiːarm] *adj* low-energy

Energiebedarf [enɛrˈgiːbədarf] *m* energy requirements *pl*

Energiebesteuerung [enɛrˈgiːbəʃtoyəruŋ] *f* energy taxation

energiebewusst [enɛrˈgiːbəvust] *adj* energy-conscious

Energiebilanz [enɛrˈgiːbilants] *f* energy balance statement

Energieersparnis [enɛrˈgiːɛrʃpaːrnɪs] f energy savings pl

Energiefonds [enɛrˈgiːfɔ̃] m electricity and fuels funds pl

Energiekrise [enɛrˈgiːkriːzə] f energy crisis

Energiepolitik [enɛrˈgiːpolitiːk] f energy policy

Energiequelle [enɛrˈgiːkvɛlə] f energy source

Energiesteuer [enɛrˈgiːʃtɔyɐ] f energy tax

Energieverbrauch [enɛrˈgiːfɛrbraux] m energy consumption

Energieversorgung [enɛrˈgiːfɛrzɔrgʊŋ] f energy supply

Energiewende [enɐˈgiːvɛndə] f energy transformation

Energiewirtschaft [enɛrˈgiːvɪrtʃaft] f power-producing industry

Engagement [ɑ̃ngaʒəˈmɑ̃] n 1. (Einsatz) commitment, involvement; 2. (Anstellung) engagement

enger Markt [ˈɛŋər ˈmarkt] m restricted market

Engineering [endʒɪˈniərɪŋ] n engineering

Engpass [ˈɛŋpas] m bottleneck, shortage

Engpassfaktor [ˈɛŋpasfaktoːɐ] m bottleneck factor

Engpassplanung [ˈɛŋpasplaːnʊŋ] f overall planning with special attention to bottleneck areas

en gros [ɑ̃ː ˈgroː] adj in bulk

Entdeckung [ɛntˈdɛkʊŋ] f discovery, detection, finding

enteignen [ɛntˈaignən] v expropriate

Enteignung [ɛntˈaignʊŋ] f expropriation, dispossession

Entgelt [ɛntˈgɛlt] n compensation, payment, remuneration

Entgeltfortzahlung [ɛntˈgɛltfɔrttsaːlʊŋ] f continued pay

entheben [ɛntˈheːbən] v irr 1. (der Verantwortung) dispense, exempt, release; 2. (eines Amtes) remove, dismiss

entladen [ɛntˈlaːdən] v irr (abladen) unload

Entladung [ɛntˈlaːdʊŋ] f 1. (im Transportwesen) unloading; 2. (elektrisch) discharge

Entladungskosten [ɛntˈlaːdʊŋskɔstən] pl discharging expenses pl

entlassen [ɛntˈlasən] v irr discharge; (Arbeitskraft) dismiss, fire (fam), sack (fam)

Entlassung [ɛntˈlasʊŋ] f (einer Arbeitskraft) dismissal

Entlassungsgesuch [ɛntˈlasʊŋsgəzuːx] n petition for release

Entlassungspapiere [ɛntˈlasʊŋspapiːrə] pl marching orders pl, walking papers (US) pl

entlasten [ɛntˈlastən] v 1. settle; 2. (board) discharge

entlastend [ɛntˈlastənt] adj exonerating

Entlastung [ɛntˈlastʊŋ] f relief; Wir schicken Ihnen Ihre Unterlagen zu unserer ~ zurück. We are returning your documents to you for your files.

Entlastungsmaterial [ɛntˈlastʊŋsmaterjaːl] n exonerating evidence

Entlastungszeuge [ɛntˈlastʊŋstsɔygə] m witness for the defence

entlohnen [ɛntˈloːnən] v pay off, remunerate

Entlohnung [ɛntˈloːnʊŋ] f remuneration, paying, paying off

entmündigen [ɛntˈmyndɪgən] v declare incapable of managing his/her own affairs

Entmündigung [ɛntˈmyndɪgʊŋ] f legal incapacitation

Entnahme [ɛntˈnaːmə] f withdrawal

entnehmen [ɛntˈneːmən] v irr (Geld) draw (out), withdraw

entrichten [ɛntˈrɪçtən] v pay

Entrichtung [ɛntˈrɪçtʊŋ] f payment

entschädigen [ɛntˈʃɛːdɪgən] v compensate, repay, reimburse

Entschädigung [ɛntˈʃɛːdɪgʊŋ] f compensation, indemnification, reimbursement

Entschädigungsanspruch [ɛntˈʃɛːdɪgʊŋsanʃprux] m claim to compensation

Entschädigungssumme [ɛntˈʃɛːdɪgʊŋszumə] f amount of compensation

entscheiden [ɛntˈʃaidən] v irr decide, determine, settle; sich gegen etw ~ decide against sth

Entscheidung [ɛntˈʃaidʊŋ] f decision; eine ~ treffen make a decision

Entscheidungsbefugnis [ɛntˈʃaidʊŋsbəfuːknɪs] f competence, jurisdiction

Entscheidungsfindung [ɛnt'ʃaɪduŋs-fɪnduŋ] *f* decision-making

Entscheidungsgrund [ɛnt'ʃaɪduŋs-grunt] *m* decisive factor

Entscheidungshierarchie [ɛnt'ʃaɪduŋs-hierarçi:] *f* decision-making hierarchy

Entscheidungskompetenz [ɛnt'ʃaɪduŋskɔmpetɛnts] *f* competence to decide

Entscheidungskriterien [ɛnt'ʃaɪduŋs-kri:terijən] *pl* decisive criteria *pl*

Entscheidungsregel [ɛnt'ʃaɪduŋs-regəl] *f* decision rule

entschieden [ɛnt'ʃi:dən] *adj* decided, definite, settled; *adv* decidedly, definitely, positively

Entschiedenheit [ɛnt'ʃi:dənhaɪt] *f* determination, resoluteness, decisiveness

entschlackte Produktion [ɛnt'ʃlaktə produk'tsjo:n] *f* lean production

entschließen [ɛnt'ʃli:sən] *v irr sich ~* decide, make up one's mind, determine

entschlossen [ɛnt'ʃlɔsən] *adj* determined, resolved, resolute; *adv* with determination, resolutely

Entschlossenheit [ɛnt'ʃlɔsənhaɪt] *f* determination

Entschluss [ɛnt'ʃlus] *m* resolution, decision

entschuldigen [ɛnt'ʃuldɪgən] *v sich ~* apologize; *sich ~ (sich abmelden)* excuse o.s., ask to be excused

Entschuldigung [ɛnt'ʃuldɪguŋ] *f (Abbitte)* apology; *~!* Excuse me! Sorry! *(Ausrede)* excuse

Entschuldigungsgrund [ɛnt'ʃuldɪguŋs-grunt] *m* excuse

Entschuldung [ɛnt'ʃulduŋ] *f* disencumberment

entsenden [ɛnt'zɛndən] *v irr* dispatch, send out

entsorgen [ɛnt'zɔrgən] *v Abfall ~* dispose of waste

Entsorgung [ɛnt'zɔrguŋ] *f* waste management

Entsorgungswirtschaft [ɛnt'zɔrguŋs-vɪrtʃaft] *f* waste industry

entspannen [ɛnt'ʃpanən] *v (wirtschaftliche Beziehungen)* ease, lose tension

Entspannung [ɛnt'ʃpanuŋ] *f (von wirtschaftlichen Beziehungen)* easing (of tension)

Entspannungsgespräche [ɛnt'ʃpanuŋsgəʃprɛːçə] *n/pl* conciliatory talks *pl*

Entspannungspolitik [ɛnt'ʃpanuŋs-politi:k] *f* policy of détente

Entsparen [ɛnt'ʃpa:rən] *n* dissaving

entwerten [ɛnt'vɛrtən] *v (Geld)* devalue; *(fig)* devalue, depreciate

Entwertung [ɛnt'vɛrtuŋ] *f* depreciation, devaluation, demonetization

entwickeln [ɛnt'vɪkəln] *v* develop, evolve

Entwicklung [ɛnt'vɪkluŋ] *f* development

Entwicklungsbank [ɛnt'vɪkluŋsbaŋk] *f* development bank

entwicklungsfähig [ɛnt'vɪkluŋsfɛːɪç] *adj Es ist ~.* It has potential.

Entwicklungsfähigkeit [ɛnt'vɪkluŋs-fɛːɪçkaɪt] *f* capacity for development, potential to develop

Entwicklungsfonds [ɛnt'vɪkluŋsfɔ̃] *m* development fund

Entwicklungshelfer(in) [ɛnt'vɪkluŋs-hɛlfɐ(rɪn)] *m/f* development aid volunteer

Entwicklungshilfe [ɛnt'vɪkluŋshɪlfə] *f* development aid, aid to developing countries

Entwicklungskosten [ɛnt'vɪkluŋskɔs-tən] *pl* development costs *pl*

Entwicklungsland [ɛnt'vɪkluŋslant] *n* developing country

Entwicklungsplan [ɛnt'vɪkluŋspla:n] *m* development program

Entwicklungsstufe [ɛnt'vɪkluŋsʃtu:fə] *f* developmental stage

Entwicklungswagnis [ɛnt'vɪkluŋs-va:knɪs] *n* research and development risk

Entwurf [ɛnt'vurf] *m* design, plan, draft, rough copy, outline

Equity-Methode ['ɛkvɪti:meto:də] *f* equity accounting

Erachten [ɛɐ'axtən] *n meines ~s* in my opinion

Erbbaurecht ['ɛrpbaurɛçt] *n* hereditary building right

Erben ['ɛrbən] *m/pl* heirs *pl*

Erbenfähigkeit ['ɛrbənfɛːɪçkaɪt] *f* ability to inherit; heritability

Erbengemeinschaft ['ɛrbəngəmaɪnʃaft] *f* community of heirs

Erbenhaftung ['ɛrbənhaftuŋ] f liability of heirs

Erbrecht ['ɛrprɛçt] n law of succession

Erbschaft ['ɛrpʃaft] f inheritance

Erbschaftssteuer ['ɛrpʃaftsʃtɔyɐ] f inheritance tax

Erbschein ['ɛrpʃaɪn] m certificate of inheritance

Erdgas ['eːrtgaːs] n natural gas

Erdöl ['eːrtøːl] n crude oil, petroleum; ~ exportierend oil exporting

Erdölförderung ['eːrtøːlfœrdəruŋ] f oil production

Erdöl importierende Länder ['eːrtøːl ɪmpɔrˈtiːrəndə 'lɛndɐ] oil-importing countries

Erdölproduktion ['eːrtøːlproduktsjoːn] f oil production

Erdölvorkommen ['eːrtøːlfoːrkɔmən] f oil field, source of oil

Erdung ['eːrduŋ] f earthing

Erdwärme ['eːrtvɛrmə] f the Earth's natural heat

erfahren [ɛɐˈfaːrən] adj experienced, skilled, expert

Erfahrung [ɛɐˈfaːruŋ] f experience; in ~ bringen find out

Erfahrungsaustausch [ɛɐˈfaːruŋsaustauʃ] m exchange of experiences, exchange of information

erfahrungsgemäß [ɛɐˈfaːruŋsgəmɛːs] adv according to experience

Erfahrungskurve [ɛɐˈfaːruŋskurfə] f experience curve

erfinden [ɛɐˈfɪndən] v irr invent, devise

Erfinder(in) [ɛɐˈfɪndɐ(rɪn)] m/f inventor

erfinderisch [ɛɐˈfɪndərɪʃ] adj inventive, imaginative

Erfolg [ɛɐˈfɔlk] m success; ~ haben succeed, ~ versprechend promising

erfolglos [ɛɐˈfɔlkloːs] adj unsuccessful, fruitless

Erfolglosigkeit [ɛɐˈfɔlkloːzɪçkaɪt] f ineffectiveness, lack of success

erfolgreich [ɛɐˈfɔlkraɪç] adj successful

Erfolgsaussicht [ɛɐˈfɔlksauszɪçt] f chances of success pl

Erfolgsbeteiligung [ɛɐˈfɔlksbətaɪlɪguŋ] f profit-sharing

Erfolgsbilanz [ɛɐˈfɔlksbilants] f results accounting; income statement

Erfolgskonto [ɛɐˈfɔlkskɔnto] n statement of costs

Erfolgskontrolle [ɛɐˈfɔlkskɔntrɔlə] f efficiency review

Erfolgskurve [ɛɐˈfɔlkskurvə] f success cycle

erfolgsorientiert [ɛɐˈfɔlksoriːjɛntiːrt] adj success-oriented

Erfolgsrechnung [ɛɐˈfɔlksrɛçnuŋ] f income; earnings statement

Erfolg versprechend [ɛɐˈfɔlk fɛrˈʃprɛçənt] adj promising

erforderlich [ɛɐˈfɔrdərlɪç] adj necessary, required

Erfordernis [ɛɐˈfɔrdərnɪs] n requirement, necessity

erforschen [ɛɐˈfɔrʃən] v 1. explore; 2. (prüfen) examine, investigate

erfreulich [ɛɐˈfrɔylɪç] adj pleasant, welcome

erfreulicherweise [ɛɐˈfrɔylɪçərˈvaɪzə] adj fortunately, happily

erfüllbar [ɛɐˈfylbaːɐ] adj satisfiable

erfüllen [ɛɐˈfylən] v 1. (Pflicht) fulfil, carry out; 2. (Wunsch) fulfil

Erfüllung [ɛɐˈfyluŋ] f execution, compliance, performance

Erfüllungsgeschäft [ɛɐˈfyluŋsgəʃɛft] n delivery; legal transaction in fulfillment of an obligation

Erfüllungsort [ɛɐˈfyluŋsɔrt] m 1. (bei einem Scheck) place of payment; 2. (bei einem Vertrag) place where a contract is to be fulfilled, place of performance

Erfüllungsprinzip [ɛɐˈfyluŋsprɪntsiːp] n performance principle

Erfüllungstag [ɛɐˈfyluŋstaːk] m duedate

Ergänzung [ɛɐˈgɛntsuŋ] f supplementing; (Vervollständigung) completion

Ergänzungsabgabe [ɛɐˈgɛntsuŋsapgaːbə] f supplementary levy

Ergänzungshaushalt [ɛɐˈgɛntsuŋshaushalt] m supplementary budget

Ergebnis [ɛɐˈgeːpnɪs] n 1. result, outcome; 2. (Folgen) consequences pl; 3. (Wirkung) effect; 4. (einer Untersuchung) findings pl

Ergebnisabführungsvertrag [ɛɐˈgeːpnɪsapfyːruŋsfɛrtraːk] m profit and loss transfer agreement

Ergebnisbeteiligung [ɛɐˈgeːpnɪsbətaɪlɪguŋ] f participating in yield

ergebnislos [ɛɐˈgeːpnɪsloːs] *adj* fruitless, ineffective, without success

Ergebnisrechnung [ɛɐˈgeːpnɪsrɛçnʊŋ] *f* statement of operating results

ergiebig [ɛɐˈgiːbɪç] *adj* productive, lucrative, rich

Ergiebigkeit [ɛɐˈgiːbɪçkaɪt] *f* productiveness

Ergonomie [ɛɐgonoˈmiː] *f* ergonomics

ergreifen [ɛɐˈgraɪfən] *v irr Maßnahmen ~* take measures

erhältlich [ɛɐˈhɛltlɪç] *adj* obtainable

Erhaltungsaufwand [ɛɐˈhaltʊŋsaufvant] *m* maintenance expenditure

Erhaltungsinvestition [ɛɐˈhaltʊŋsɪnvɛstitsjoːn] *f* replacement investment

erheben [ɛɐˈheːbən] *v irr* **1.** *(Steuern)* levy, impose; **2.** *(Klage)* file (a complaint), bring an action against

Erhebung [ɛɐˈheːbʊŋ] *f* **1.** *(Steuer)* imposition, levy; investigation, inquiry, **2.** *(Statistik)* survey, census

Erhebungszeitraum [ɛɐˈheːbʊŋstsaɪtraum] *m* period under survey

erhöhen [ɛɐˈhøːən] *v* increase, raise, elevate

Erhöhung [ɛɐˈhøːʊŋ] *f* increase, raising, heightening

Erholung [ɛɐˈhoːlʊŋ] *f* recuperation, recreation, relaxation, recovery

Erholungsurlaub [ɛɐˈhoːlʊŋsurlaup] *m* holiday, vacation *(US); (aus gesundheitlichen Gründen)* convalescent leave

erkennen [ɛɐˈkɛnən] *v* recognize

erkenntlich [ɛɐˈkɛntlɪç] *adj* grateful, thankful

Erkenntnisobjekt [ɛɐˈkɛntnɪsɔpjɛkt] *n* object of discernment

Erklärung [ɛɐˈklɛːrʊŋ] *f (Erläuterung)* explanation

erkundigen [ɛɐˈkʊndɪgən] *v sich ~* inquire, enquire

Erlass [ɛɐˈlas] *m* decree

erlassen [ɛɐˈlasən] *v irr* **1.** *(Strafe)* remit; **2.** *(Gebühren)* waive; **3.** *(Verpflichtung)* exempt, release

Erlaubnis [ɛɐˈlaupnɪs] *f* permission; *(Schriftstück)* permit

erläutern [ɛɐˈlɔytən] *v* explain, clarify

Erläuterung [ɛɐˈlɔytərʊŋ] *f* explanation, clarification

Erlebensfallversicherung [ɛɐˈleːbənsfalfɛrzɪçərʊŋ] *f* pure endowment insurance

Erlebnis-Marketing [ɛɐˈleːpnismarkətɪŋ] *n* adventure marketing

erledigen [ɛɐˈleːdɪgən] *v* handle, deal with, take care of; finish

erledigt [ɛɐˈleːdɪçt] *adj* **1.** *(abgeschlossen)* completed; **2.** *(ruiniert)* finished, through with

Erledigung [ɛɐˈleːdɪgʊŋ] *f* handling, dealing with, carrying out

Erlös [ɛɐˈløːs] *m* proceeds *pl,* revenue, profit

Erlösberichtigung [ɛɐˈløːsbərɪçtigʊŋ] *f* revenue correction

Erlöskonten [ɛɐˈløːskɔntən] *n/pl* revenue accounts *pl*

Erlösminderung [ɛɐˈløːsmɪndərʊŋ] *f* revenue reduction

Erlösplanung [ɛɐˈløːsplaːnʊŋ] *f* revenue planning

Erlösrechnung [ɛɐˈløːsrɛçnʊŋ] *f* revenue accounting

ermächtigen [ɛɐˈmɛçtigən] *v* authorize, empower

Ermächtigung [ɛɐˈmɛçtigʊŋ] *f* **1.** authorization, power; **2.** *(Urkunde)* warrant, licence

Ermächtigung zur Verfügung [ɛɐˈmɛçtigʊŋ tsuːr fɛrˈfyːgʊŋ] *f* proxy for disposal

Ermächtigungsdepot [ɛɐˈmɛçtigʊŋsdeːpoː] *n* authorized deposit

Ermahnung [ɛɐˈmaːnʊŋ] *f* admonition

ermäßigte Tarife [ɛɐˈmɛːsɪçtə taˈriːfə] *m/pl* reduced tariffs *pl*

Ermäßigung [ɛɐˈmɛːsɪgʊŋ] *f* reduction, discount

Ermattung [ɛɐˈmatʊŋ] *f* exhaustion

Ermessen [ɛɐˈmɛsən] *n (Einschätzung)* estimation; *nach menschlichem ~* as far as it is possible to tell; *(Gutdünken)* discretion

ermitteln [ɛɐˈmɪtəln] *v* investigate, inquire into

Ermittlungsverfahren [ɛɐˈmɪtlʊŋsfɛrfaːrən] *n* preliminary investigation

Ermüdung [ɛɐˈmyːdʊŋ] *f (Material)* fatigue

ernennen [ɛɐˈnɛnən] *v irr* nominate, appoint, designate

E

Ernennung [ɛɐˈnɛnuŋ] *f* nomination, appointment, designation

Ernennungsurkunde [ɛɐˈnɛnuŋsuːr-kundə] *f* letter of appointment, deed of appointment

Erneuerungsfonds [ɛɐˈnɔyəruŋsfɔ̃] *m* renewal reserve

Erneuerungsrücklagen [ɛɐˈnɔyəruŋs-ryklaːgən] *f/pl* renewal funds *pl;* replacement funds *pl*

Erneuerungsschein [ɛɐˈnɔyəruŋsʃaɪn] *m* talon

Erneuerungswert [ɛɐˈnɔyəruŋsvɛrt] *m* replacement value

Erniedrigung [ɛɐˈniːdrɪguŋ] *f (Verminderung)* reduction

ernst [ɛɐnst] *adj* **1.** serious; ~ *gemeint* serious, genuine; ~ *zu nehmend* serious, to be taken seriously; **2.** *(streng)* severe; **3.** *(bedenklich)* grave; *adv* seriously

ernst zu nehmend [ˈɛrnst tsu neːmənt] *adj* serious, to be taken seriously

Ernte [ˈɛrntə] *f* **1.** *(Tätigkeit)* harvest; **2.** *(Ertrag)* crop

Ernteausfälle [ˈɛrntəausfɛlə] *m/pl* crop failures *pl*

eröffnen [ɛɐˈœfnən] *v* open; set up

Eröffnung [ɛɐˈœfnuŋ] *f* **1.** opening; **2.** *(Einweihung)* inauguration; **3.** *(Mitteilung)* revelation, notification, disclosure

Eröffnungsbilanz [ɛɐˈœfnuŋsbilants] *f* opening balance sheet

Eröffnungskurs [ɛɐˈœfnuŋskurs] *m* opening price

Eröffnungsrede [ɛɐˈœfnuŋsreːdə] *f* opening address

erörtern [ɛɐˈœrtɐn] *v* discuss, argue, debate

Erörterung [ɛɐˈœrtəruŋ] *f* discussion, debate

erpressen [ɛɐˈprɛsən] *v jdn* ~ blackmail s.o.

Erpressung [ɛɐˈprɛsuŋ] *f* blackmail

erproben [ɛɐˈproːbən] *v* test, put to the test

erprobt [ɛɐˈproːpt] *adj* tested, reliable

Erprobung [ɛɐˈproːbuŋ] *f* test, testing

errechnen [ɛɐˈrɛçnən] *v* calculate, work out, compute

erreichbar [ɛɐˈraɪçbaːɐ] *adj* **1.** achievable, reachable, attainable, within reach; **2.** *(verfügbar)* available

Erreichbarkeit [ɛɐˈraɪçbaːrkaɪt] *f* **1.** attainability; **2.** *(Verfügbarkeit)* availability

erreichen [ɛɐˈraɪçən] *v* reach; *(fig)* reach, attain, achieve; *(fig: erlangen)* obtain

errichten [ɛɐˈrɪçtən] *v* **1.** build, construct, erect; **2.** *(gründen)* open, set up, establish

errichtende Umwandlung [ɛɐˈrɪçtɛndə ˈumvandluŋ] *f* setting up conversion

Errichtung [ɛɐˈrɪçtuŋ] *f* **1.** construction, erection, building; **2.** *(Gründung)* establishment, foundation

Ersatz [ɛɐˈzats] *m* **1.** *(Vergütung)* compensation; **2.** *(Austauschstoff)* substitute, ersatz; **3.** *(Ersetzendes)* replacement, alternative; **4.** *(Entschädigung)* indemnification

Ersatzaktie [ɛɐˈzatsaktsjə] *f* replacement share certificate

Ersatzanspruch [ɛɐˈzatsanʃprux] *m* claim for damages

Ersatzbeschaffung [ɛɐˈzatsbəʃafuŋ] *f* replacement

Ersatzdeckung [ɛɐˈzatsdɛkuŋ] *f* substitute cover

Ersatzinvestition [ɛɐˈzatsɪnvɛstitsjoːn] *f* replacement of capital assets

Ersatzkasse [ɛɐˈzatskasə] *f* (private) health insurance society

Ersatzkauf [ɛɐˈzatskauf] *m* substitute purchase

Ersatzlieferung [ɛɐˈzatsliːfəruŋ] *f* replacement delivery, substitute delivery

Ersatzscheck [ɛɐˈzatsʃɛk] *m* substitute cheque

Ersatzteil [ɛɐˈzatstaɪl] *n* spare part, replacement part

Ersatzüberweisung [ɛɐˈzatsyːbɐvaɪsuŋ] *f* substitute transfer

Erscheinen [ɛɐˈʃaɪnən] *n (einer Aktie)* issuing

erschließbar [ɛɐˈʃliːsbaːɐ] *adj (Rohstoffe)* exploitable

erschließen [ɛɐˈʃliːsən] *v irr* **1.** *(Märkte)* open up; **2.** *(Baugelände)* develop

Erschließung [ɛɐˈʃliːsuŋ] *f* **1.** *(Märkte)* opening up; **2.** *(eines Baugeländes)* development

Erschließungsbeiträge [ɛɐˈʃliːsuŋsbaɪtrɛːgə] *m/pl* development costs *pl*

erschöpfen [ɛɐ̯ˈʃœpfən] v exhaust; *sich in etw* ~ to be limited to sth
erschöpft [ɛɐ̯ˈʃœpft] *adj* exhausted
erschweren [ɛɐ̯ˈʃveːrən] v make difficult, complicate; *(hemmen)* hinder
Erschwernis [ɛɐ̯ˈʃveːrnɪs] f difficulty, additional burden
Erschwerniszulage [ɛɐ̯ˈʃveːrnɪstsuːlaːɡə] f allowance for aggravating circumstances
erschwinglich [ɛɐ̯ˈʃvɪŋlɪç] *adj* attainable, affordable, within one's means
ersetzbar [ɛɐ̯ˈzɛtsbaːɐ̯] *adj* replaceable
Ersetzbarkeit [ɛɐ̯ˈzɛtsbaːrkaɪt] f replaceability
ersetzen [ɛɐ̯ˈzɛtsən] v **1.** *(austauschen)* replace; **2.** *(entschädigen)* compensate for; **3.** *(Unkosten)* reimburse for
ersichtlich [ɛɐ̯ˈzɪçtlɪç] *adj* obvious, clear, evident
Ersparnis [ɛɐ̯ˈʃpaːrnɪs] f savings *pl*
erstatten [ɛɐ̯ˈʃtatən] v **1.** *(Kosten)* reimburse; **2.** *Anzeige* ~ file charges; **3.** *Bericht* ~ report
Erstattung [ɛɐ̯ˈʃtatuŋ] f *(Kosten)* repayment, refund, reimbursement
Erstauftrag [ˈeːrstauftraːk] m initial order
Erstausgabe [ˈeːrstausgaːbə] f first edition
Erstausstattung [ˈeːrstausʃtatuŋ] f initial allowance set
ersteigern [ɛɐ̯ˈʃtaɪgɐn] v buy at an auction
erstellen [ɛɐ̯ˈʃtɛlən] v *(Rechnung, Übersicht)* draw up
Erstemission [ˈeːrstemɪsjoːn] f first issue
Ersterwerb [ˈeːrstɛrvɛrp] m first acquisition
erstklassig [ˈeːrstklasɪç] *adj* first-class, first-rate, prime
erstrebenswert [ɛɐ̯ˈʃtreːbənsvert] *adj* desirable
Erstzulassung [ˈeːrsttsuːlasuŋ] f initial registration
Ersuchen [ɛɐ̯ˈzuːxən] n request, petition
ersuchen [ɛɐ̯ˈzuːxən] v request
Ertrag [ɛɐ̯ˈtraːk] m return, profit, income, proceeds *pl*, revenue
Ertragfähigkeit [ɛɐ̯ˈtraːkfɛːɪçkaɪt] f productivity, earning capacity

ertragreich [ɛɐ̯ˈtraːkraɪç] *adj* productive, profitable, lucrative
ertragsabhängig [ɛɐ̯ˈtraːksaphɛŋɪç] *adj* depending on profits
Ertragsbesteuerung [ɛɐ̯ˈtraːksbəʃtɔyəruŋ] f tax treatment of yield
Ertragsbeteiligung [ɛɐ̯ˈtraːksbətaɪliɡuŋ] f profit sharing
Ertragsbilanz [ɛɐ̯ˈtraːksbilants] f statement of earnings
Ertragseinbruch [ɛɐ̯ˈtraːksaɪnbrux] m profit shrinkage
Ertragsgesetz [ɛɐ̯ˈtraːksɡəzɛts] n law of non-proportional returns
Ertragslage [ɛɐ̯ˈtraːkslaːɡə] f profit situation, profitability
Ertragsrate [ɛɐ̯ˈtraːksraːtə] f profitability rate
Ertragsrechnung [ɛɐ̯ˈtraːksreçnuŋ] f profit and loss account
Ertragsteuer [ɛɐ̯ˈtraːkʃtɔyɐ] f tax on earnings
Ertragswert [ɛɐ̯ˈtraːksvert] m capitalized value
erwägen [ɛɐ̯ˈvɛːɡən] v *irr* consider, think about, ponder
Erwägung [ɛɐ̯ˈvɛːɡuŋ] f consideration; *in* ~ *ziehen* take into consideration
erwarten [ɛɐ̯ˈvartən] v expect, anticipate
Erwartung [ɛɐ̯ˈvartuŋ] f expectation, anticipation
Erwartungswert [ɛɐ̯ˈvartuŋsvert] m anticipation term
Erweiterung [ɛɐ̯ˈvaɪtəruŋ] f extension, expansion, distension
erweiterungsfähig [ɛɐ̯ˈvaɪtəruŋsfɛːɪç] *adj* expandable
Erweiterungsinvestition [ɛɐ̯ˈvaɪtəruŋsɪnvɛstitsjoːn] f expansion investment
Erwerb [ɛɐ̯ˈvɛrp] m *(Kauf)* purchase, acquisition
erwerben [ɛɐ̯ˈvɛrbən] v *irr* **1.** acquire, obtain; **2.** *(durch Arbeit)* earn; **3.** *(kaufen)* purchase, buy
Erwerbermodell [ɛɐ̯ˈvɛrbərmodɛl] n acquirer model
Erwerbsbetrieb [ɛɐ̯ˈvɛrpsbətriːp] m business enterprise
Erwerbseinkommen [ɛɐ̯ˈvɛrpsaɪnkomən] n earned income
Erwerbseinkünfte [ɛɐ̯ˈvɛrpsaɪnkynftə] *pl* business income

E

erwerbsfähig [ɛɐˈvɛrpsfɛːɪç] *adj* able to work, capable of gainful employment, capable of earning a living
Erwerbsfähigkeit [ɛɐˈvɛrpsfɛːɪçkaɪt] *f* earning capacity
erwerbslos [ɛɐˈvɛrpsloːs] *adj* unemployed
Erwerbslose(r) [ɛɐˈvɛrpsloːsə(-ɐ)] *f/m* unemployed person
Erwerbsperson [ɛɐˈvɛrpspɛrzoːn] *f* gainfully employed person
Erwerbsquote [ɛɐˈvɛrpskvoːtə] *f* activity rate
Erwerbssteuer [ɛɐˈvɛrpsʃtɔyɐ] *f* profit tax
erwerbstätig [ɛɐˈvɛrpstɛːtɪç] *adj* gainfully employed
Erwerbstätige(r) [ɛɐˈvɛrpstɛːtɪgə(-ɐ)] *f/m* gainfully employed person
erwerbsunfähig [ɛɐˈvɛrpsunfɛːɪç] *adj* incapable of gainful employment, incapacitated, disabled
Erwerbsunfähigkeit [ɛɐˈvɛrpsunfɛːɪçkaɪt] *f* disability, inability to work, disability to earn a living
Erwerbsunfähigkeitsrente [ɛɐˈvɛrpsunfɛːɪçkaɪtsrɛntə] *f* pension for general disability
erwerbswirtschaftliches Prinzip [ɛɐˈvɛrpsvɪrtʃaftlɪçəs prɪnˈtsiːp] *n* commercial principle
erwirtschaften [ɛɐˈvɪrtʃaftən] *v* make a profit, earn
Erwirtschaftung [ɛɐˈvɪrtʃaftuŋ] *f* profit making, earning
erzeugen [ɛɐˈtsɔygən] *v* **1.** (*herstellen*) produce, manufacture, make; **2.** (*hervorrufen*) evoke, bring about, give rise to
Erzeuger [ɛɐˈtsɔygɐ] *m* manufacturer
Erzeugerland [ɛɐˈtsɔygərlant] *n* country of origin
Erzeugerpreis [ɛɐˈtsɔygərpraɪs] *m* producer price
Erzeugnis [ɛɐˈtsɔyknɪs] *n* product
Erziehungsgeld [ɛɐˈtsiːuŋsgɛlt] *n* child raising allowance
Erziehungsurlaub [ɛɐˈtsiːuŋsuːrlaup] *m* (*der Mutter*) maternity leave; (*des Vaters*) paternity leave
Erziehungszeiten [ɛɐˈtsiːuŋstsaɪtən] *f/pl* child-rearing periods *pl*

erzielen [ɛɐˈtsiːlən] *v* achieve, realize, reach
eskomptieren [ɛskɔmpˈtiːrən] *v* discount
etablieren [etaˈbliːrən] *v* **1.** *sich ~* establish o.s., settle down; **2.** (*geschäftlich*) set up
Etage [eˈtaːʒə] *f* floor, storey
Etat [eˈtaː] *m* budget
Etatkürzung [eˈtaːkyrtsuŋ] *f* budget cut
etatmäßig [eˈtaːmɛːsɪç] *adj* budgeted
ETF [eːteːˈef] *m* ETF, exchange-traded fund
Ethik [ˈeːtɪk] *f* ethics, morality
ethischer Fonds [etɪʃɐ ˈfõː] *m* ethical fund
Etikett [etiˈkɛt] *n* label, tag
etikettieren [etikɛˈtiːrən] *v* label, tag
Etikettierung [etikɛˈtiːruŋ] *f* labelling
etwas bezahlt Brief (ebB) [ɛtvas bəˈtsaːlt ˈbriːf] only some of the limited sell orders were executed
etwas bezahlt Geld (ebG) [ɛtvas bəˈtsaːlt ˈgɛlt] only a portion of the buy orders limited to the fixed price were executed
EU-Kommission [eːukɔmɪˈsjoːn] *f* Commission of the European Union
EU-Mitgliedsstaat [eːuˈmɪtgliːtsʃtaːt] *m* EU member state
Euro [ˈɔyro] *m* euro
Euro-Aktienmarkt [ˈɔyroaktsjənmarkt] *m* Euro share market
Euro-Anleihe [ˈɔyroanlaɪə] *f* Eurocurrency loans *pl*
Euro-Anleihenmarkt [ˈɔyroanlaɪənmarkt] *m* Eurocurrency loan market
Euro-Bank [ˈɔyrobaŋk] *f* Eurobank
Euro-Banknote [ˈɔyrobaŋknoːtə] *f* euro banknote
Euro-Bond [ˈɔyrobɔnd] *m* Eurobond
Euro-Bondmarkt [ˈɔyrobɔndmarkt] *m* Eurobond market
Euro-Devisen [ˈɔyrodəviːzən] *pl* Euro currencies *pl*
Euro-Dollar [ˈɔyrodɔlar] *m* Eurodollar
Euro-Dollarmarkt [ˈɔyroˈdɔlarmarkt] *m* Eurodollar market
Euro-Emission [ˈɔyroemɪsjoːn] *f* Euro security issue

Eurogeld ['ɔyrogɛlt] *n* Eurocurrency
Euro-Geldmarkt ['ɔyrogɛltmarkt] *m* Eurocurrency market
Euro-Kapitalmarkt ['ɔyrokapitaːlmarkt] *m* Eurocapital market
Eurokrise ['ɔyrokriːsə] *m* euro crisis
Euro-Markenzeichen ['ɔyromarkəntsaɪçən] *n* Eurobrand
Euromarkt ['ɔyromarkt] *m* Euromarket
Euronorm ['ɔyronɔrm] *f* Eurostandard
Europäische Bankenaufsicht [ɔyro-'pɛːɪʃə 'baŋkənaufzɪçt] *f* European Financial Supervisory Authority
europäische Börsenrichtlinien [ɔyro-'pɛːɪʃə 'børzənrɪçtlinjən] *f/pl* European stock exchange guide-lines *pl*
Europäische Gemeinschaft [ɔyro'pɛːɪʃə gə'maɪnʃaft] *f* European Community
Europäische Handelsgesellschaft [ɔyro'pɛːɪʃə 'handəlsgəzɛlʃaft] *f* European trading company
Europäische Investitionsbank [ɔyro-'pɛːɪʃə ɪnvɛsti'tsjoːnsbaŋk] *f* European Investment Bank
Europäische Kommission [ɔyro'pɛːɪʃə kɔmɪ'sjoːn] *f* European Commission
europäische Norm [ɔyro'pɛːɪʃə nɔrm] *f* European standard specification
Europäische Union [ɔyro'pɛːɪʃə un'joːn] *f* European Union (EU)
Europäische Währungseinheit (ECU) [ɔyro'pɛːɪʃə 'vɛːruŋsaɪnhaɪt] *f* European Currency Unit (ECU)
Europäische Währungsunion [ɔyro-'pɛːɪʃə 'vɛːruŋsunjoːn] *f* European monetary union (EMU)
Europäische Wirtschafts- und Währungsunion [ɔyro'pɛːɪʃə vɪrtʃaftsunt 'vɛːruŋsunjoːn] *f* European Economic and Monetary Union
Europäische Zahlungsunion [ɔyro-'pɛːɪʃə 'tsaːluŋsunjoːn] *f* European Payments Union
Europäische Zentralbank (EZB) [ɔyro-'pɛːɪʃə tsen'traːlbaŋk] *f* European Central Bank
Europäischer Binnenmarkt [ɔyro-'pɛːɪʃər 'bɪnənmarkt] *m* Internal Market of the European Community
Europäischer Börsenverband [ɔyro-'pɛːɪʃər 'børzənfɛrbant] *m* Federation of European Stock exchanges

Europäischer Entwicklungsfonds [ɔyro'pɛːɪʃər ɛnt'vɪkluŋsfɔ̃] *m* European Development Fund (EDF)
Europäischer Fonds für regionale Entwicklung (EFRE) [ɔyro'pɛːɪʃər fɔ̃ fyːr regjo'naːlə ɛnt'vɪkluŋ] *m* European Regional Development Fund (ERDF)
Europäischer Gerichtshof (EuGH) [ɔyro'pɛːɪʃər gə'rɪçtshoːf] *m* Court of Justice of the European Communities
Europäischer Rat [ɔyro'pɛːɪʃər raːt] *m* European Council
Europäischer Rechnungshof (EuRH) [ɔyro'pɛːɪʃər 'rɛçnuŋshoːf] *m* European Court of Auditors
Europäischer Stabilitätsmechanismus (ESM) [ɔyro'pɛːɪʃɐ stabɪlitɛːtsmeçanɪsmus] *m* European Stability Mechanism (ESM)
Europäisches Parlament [ɔyro'pɛːɪʃəs paːrla'mɛnt] *n* European Parliament
Europäisches Patentamt [ɔyro'pɛːɪʃəs pa'tɛntamt] *n* European Patent Office
Europäisches System der Zentralbanken (ESZB) [ɔyro'pɛːɪʃəs zʏs'teːm deːr tsɛn'traːlbaŋkən] *n* European System of Central Banks (ESCB)
Europäisches Währungsabkommen [ɔyro'pɛːɪʃəs 'vɛːruŋsapkɔmən] *n* European Monetary Agreement
Europäisches Währungssystem (EWS) [ɔyro'pɛːɪʃəs 'vɛːruŋszysteːm] *n* European Monetary System (EMS)
Europapatent [ɔy'roːpapatɛnt] *n* European patent
Europarat [ɔy'roːparaːt] *m* European Council
Euro-Rettungsfond [ɔyro'rɛtuŋsfɔː] *m* euro shield
Euro-Währungsgebiet ['ɔyrovɛːruŋsgəbiːt] *n* European currency area
Eurozone ['ɔyrotsoːnə] *f* eurozone
Eventualhaushalt [ɛvɛntuˈaːlhaushalt] *m* contingency budget
Eventualität [ɛvɛntualiˈtɛːt] *f* eventuality
Eventualverbindlichkeit [ɛvɛntuˈaːlfɛrbɪndlɪçkaɪt] *f* contingent liability
Evidenzzentrale [eviˈdɛntstsɛntraːlə] *f* information centre
ewige Anleihe ['eːvɪgə 'anlaɪə] *f* perpetual loan

ewige Rente [ˈeːvɪgə ˈrɛntə] f perpetual annuity

ewige Schuld [ˈeːvɪgə ˈʃult] f perpetual debt

Examen [ɛˈksaːmən] n examination

ex ante [ɛks ˈantə] adj in prospect

Existenzaufbaudarlehen [ɛksɪsˈtɛntsaufbaudarleːən] n business set-up loan

Existenzgründung [ɛksɪsˈtɛntsgrynduŋ] f company start-up

Existenzminimum [ɛksɪsˈtɛntsmɪnɪmum] n subsistence minimum

exklusiv [ɛkskluˈziːf] adj exclusive; select; adv exclusively

Exklusivrechte [ɛkskluˈziːfrɛçtə] n/pl exclusive rights pl

Exklusivvertrag [ɛkskluˈziːffɛrtraːk] m exclusive distribution contract, exclusive licensing agreement

exogene Variable [eksogenə variˈaːblə] f exogenous variable

exogenes Geld [eksogenəs ˈgɛlt] n exogenous money base

Exoten [eˈksoːtən] m/pl highly speculative securities pl

Exotenfonds [eˈksoːtənfɔ̃] m securities offered by issuers from exotic countries

expandieren [ɛkspanˈdiːrən] v expand

Expansion [ɛkspansˈjoːn] f expansion

expansiv [ɛkspanˈziːf] adj expansive

Experiment [ɛksperɪˈmɛnt] n experiment

experimentell [ɛksperɪmɛnˈtɛl] adj experimental

experimentieren [ɛkspɛrɪmɛnˈtiːrən] v experiment; mit etw ~ experiment with sth; an etw ~ experiment on sth

Experte [ɛksˈpɛrtə] m expert

Expertenbefragung [ɛksˈpɛrtənbəfraːguŋ] f expert interview

Expertensystem [ɛksˈpɛrtənzysteːm] n expert system

Expertise [ɛkspɛrˈtiːzə] f expert assessment, survey

Exponat [ɛkspoˈnaːt] n exhibit

Export [ɛksˈpɔrt] m export, exportation

Exportartikel [ɛksˈpɔrtartɪkəl] m export article

Exportauftrag [ɛksˈpɔrtauftraːk] m export order

Exportbeschränkung [ɛksˈpɔrtbəʃrɛŋkuŋ] f export restriction

Exportdevisen [ɛksˈpɔrtdəviːsən] pl export exchange

Exporteur [ɛkspɔrˈtøːɐ] m exporter

Export-Factoring [ɛksˈpɔrtfæktɔrɪŋ] f export factoring

Exportfinanzierung [ɛksˈpɔrtfɪnantsiːruŋ] f financing of exports

Exportförderung [ɛksˈpɔrtføːrdəruŋ] f export promotion

Exportgeschäft [ɛksˈpɔrtgəʃɛft] n export business

Exporthandel [ɛksˈpɔrthandəl] m export trade

Exporthilfe [ɛksˈpɔrthɪlfə] f export subsidy

exportieren [ɛkspɔrˈtiːrən] v export

Exportkontrolle [ɛksˈpɔrtkɔntrɔlə] f export control

Exportkredit [ɛksˈpɔrtkrediːt] m export credits pl

Exportprämie [ɛksˈpɔrtprɛːmjə] f export premium

Exportquote [ɛksˈpɔrtkvoːtə] f export quota

Exportsubvention [ɛksˈpɔrtsubvɛntsjoːn] f export subsidy

Exportüberschuss [ɛksˈpɔrtyːbərʃus] m export surplus

Exportware [ɛksˈpɔrtwaːrə] f exported articles pl

Exportwirtschaft [ɛksˈpɔrtvɪrtʃaft] f export trade, export-oriented economy

Expressgut [ɛksˈprɛsguːt] n express goods pl

extern [ɛksˈtɛrn] adj external

externe Effekten [ɛksˈtɛrnə eˈfɛktən] m/pl external effects

externe Erträge [ɛksˈtɛrnə ɛrˈtrɛːgə] m/pl external income

externes Rechnungswesen [ɛksˈtɛrnəs ˈrɛçnuŋsveːzən] n external accounting

Extrapolation [ɛkstrapolaˈtsjoːn] f extrapolation

Extremkurs [ɛksˈtreːmkurs] m peak quotation

F

Fabrik [faˈbriːk] *f* factory, works *pl*, plant

Fabrikant [fabriˈkant] *m* factory owner, manufacturer

Fabrikarbeit [fabˈriːkarbaɪt] *f* **1.** factory work; **2.** *(Erzeugnis)* factory-made goods *pl*

Fabrikarbeiter(in) [faˈbriːkarbaɪtɐ(rɪn)] *m/f* factory worker

Fabrikat [fabriˈkaːt] *n* manufactured article, product, make

Fabrikation [fabrikaˈtsjoːn] *f* manufacture

Fabrikationsfehler [fabrikaˈtsjoːnsfeːlɐ] *m* manufacturing defect

Fabrikationskapazität [fabrikaˈtsjoːnskapatsitɛːt] *f* manufacturing capacity

Fabrikationskosten [fabrikaˈtsjoːnskɔstən] *pl* manufacturing costs *pl*

Fabrikationsrisiko [fabrikaˈtsjoːnsriːzikoː] *n* production risk

Fabrikationszweig [fabrikaˈtsjoːnstsvaɪk] *m* line of production, production line

Fabrikgelände [faˈbriːkɡəlɛndə] *n* factory site, factory premises, plant premises

Fabrikhalle [faˈbriːkhalə] *f* factory building

fabrikmäßig [faˈbriːkmɛːsɪç] *adj* industrial

fabrikneu [faˈbriːknɔy] *adj* brand new, sparkling new

Fabriknummer [faˈbriːknumɐ] *f* serial number

Fabrikpreis [faˈbriːkpraɪs] *m* factory price, manufacturer's price

Fabrikverkauf [fabriːkfɛrˈkauf] *m* factory outlet store

Fabrikware [faˈbriːkvaːrə] *f* factory product

Fach [fax] *n (Spezialgebiet)* subject, special area

Fachakademie [ˈfaxakadeˈmiː] *f* specialist college

Fachanwalt [ˈfaxanwalt] *m* specialized lawyer

Fachanwältin [ˈfaxanwɛltɪn] *f* (female) specialized lawyer

Facharbeiter(in) [ˈfaxarbaɪtɐ(rɪn)] *m/f* skilled worker, craftsman

Fachaufsicht [ˈfaxaufzɪçt] *f* government supervision of certain economic branches

Fachausbildung [ˈfaxausbɪlduŋ] *f* professional education, specialized training, technical training

Fachausschuss [ˈfaxausʃus] *m* committee of experts, blue ribbon committee *(US)*

Fachausstellung [ˈfaxausʃtɛluŋ] *f* trade fair

Fachbereich [ˈfaxbəraɪç] *m* special field, speciality

fachbezogen [ˈfaxbətsoːɡən] *adj* specialised, technical

Fachbuch [ˈfaxbuːx] *n* technical book

Fachgebiet [ˈfaxɡəbiːt] *n* special field; *jds ~ sein* to be one's area of expertise

fachgemäß [ˈfaxɡəmɛːs] *adj* skilled, professional, specialized

Fachgeschäft [ˈfaxɡəʃɛft] *n* specialty store

Fachgruppe [ˈfaxɡrupə] *f* trade group

Fachhandel [ˈfaxhandəl] *m* speciality shops *pl*, specialized trade

Fachhochschule (FH) [ˈfaxhoːxʃuːlə] *f* technical college

Fachkenntnis [ˈfaxkɛntnɪs] *f* specialized knowledge

Fachkompetenz [ˈfaxkɔmpetɛnts] *f* expertise

Fachkreis [ˈfaxkraɪs] *m (branchenbezogen)* experts in trade *pl*

Fachlehrgang [ˈfaxleːrɡaŋ] *m* technical course, technical training

Fachliteratur [ˈfaxlitəratuːɐ] *f* specialized literature, technical literature

Fachmann [ˈfaxman] *m* expert, specialist

fachmännisch [ˈfaxmɛnɪʃ] *adj* expert

Fachmesse [ˈfaxmɛsə] *f* trade fair

Fachoberschule [ˈfaxoːbərʃuːlə] *f* specialized upper high school

Fachsprache ['faxʃpraːxə] f technical language, technical terminology
Fachwirt(in) ['faxvɪrt(ɪn)] m/f business administrator, (operational) specialist
Fachwörterbuch ['faxvœrtərbuːx] n technical term dictionary, specialist dictionary
Fachzeitschrift ['faxtsaɪtʃrɪft] f professional journal, technical journal
Factoring ['fɛktəriŋ] n factoring
Fahrgelderstattung ['faːrgəlterʃtatuŋ] f reimbursement of travel expenses
Fahrkarte ['faːrkartə] f ticket; *einfache ~* one-way-ticket
Fahrkosten ['faːrkɔstən] pl travelling expenses pl
fahrlässig ['faːrlɛsɪç] adj negligent
Fahrlässigkeit ['faːrlɛsɪçkaɪt] f negligence, carelessness, recklessness
Fahrplan ['faːrplaːn] m schedule, timetable
fahrplanmäßig ['faːrplaːnmɛːsɪç] adj scheduled; adv on schedule, on time
Fahrstuhl ['faːrʃtuːl] m lift, elevator (US)
Fahrt [faːrt] f drive, ride
Fahrtenbuch ['faːrtənbuːx] n (Auto) log book
Fahrtenschreiber ['faːrtənʃraɪbɐ] m recording speedometer, tachograph
Fahrverbot ['faːrfɛrboːt] n (Durchfahrverbot) no thoroughfare, no entry
Fahrzeug ['faːrtsɔyk] n vehicle
Fahrzeugbau ['faːrtsɔykbau] m vehicle construction, vehicle production
Fahrzeugbrief ['faːrtsɔykbriːf] m vehicle registration (document)
Fahrzeughalter(in) ['faːrtsɔykhaltɐ(rɪn)] m/f vehicle owner
Fahrzeugschein ['faːrtsɔykʃaɪn] m motor vehicle certificate
faktischer Konzern ['faktɪʃər kɔntsɛrn] m de facto group
faktisches Arbeitsverhältnis ['faktɪʃəs 'arbaɪtsfərhɛltnɪs] n de facto employer/employee relationship
Faktor ['faktoːɐ] m factor
Faktur [fak'tuːɐ] f invoice
fakturieren [faktu'riːrən] v invoice
Fall [fal] m case, matter
fällen ['fɛlən] v (eine Entscheidung ~) take a decision, make a decision

fallieren [fa'liːrən] v go bankrupt, become insolvent
fällig ['fɛlɪç] adj due, matured, payable; *~ werden* become due
Fälligkeit ['fɛlɪçkaɪt] f maturity
Fälligkeitsdatum ['fɛlɪçkaɪtsdaːtum] n due date, maturity date
fälschen ['fɛlʃən] v falsify, fake, forge
Falschbuchung ['falʃbuːxuŋ] f false entry, fraudulent entry
Falschgeld ['falʃgɛlt] n counterfeit money
Falschmeldung ['falʃmelduŋ] f false report
Fälschung ['fɛlʃuŋ] f fake, falsification, forgery
fälschungssicher ['fɛlʃuŋszɪçɐ] adj forge-proof
Faltblatt ['faltblat] n leaflet
Faltschachtel ['faltʃaxtəl] f folding carton
Falz [falts] m fold
falzen ['faltsən] v fold
Familienbetrieb [fa'miːljənbətriːp] m family-run company
Familiengesellschaft [fa'miːljəngəzelʃaft] f family-owned company
Familienname [fa'miːljənnaːmə] m surname, last name (US)
Familienpackung [fa'miːljənpakuŋ] f family-size package
Familienstand [fa'miːljənʃtant] m marital status
Familienzulage [fa'miːljəntsuːlaːgə] f family allowance
Farbabstufung ['farpapʃtuːfuŋ] f colour gradation, colour graduation, shade
Farbband ['farpbant] n ink ribbon
farbecht ['farpeçt] adj colourfast
Farbfoto ['farpfoːtoː] n colour photo
farbig ['farbɪç] adj coloured
Farbkopierer ['farpkopiːrɐ] m colour copier
Farbkorrektur ['farpkɔrɛktur] f adjustment in colour
Farbstoff ['farpʃtɔf] m colouring, pigment, dye
Fass [fas] n barrel, cask, (kleines) keg
Fax [faks] n fax, facsimile transmission
Faxanschluss ['faksanʃlus] m fax line
faxen ['faksən] v fax
Faxgerät ['faksgərɛːt] n fax machine

Faxnummer [ˈfaksnumɐ] *f* fax number

Faxpapier [ˈfakspapiːɐ] *n* fax paper

Fazilität [fatsɪliteːt] *f* credit facility, facility

Fazit [ˈfaːtsɪt] *n* net result; *das ~ aus etw ziehen* sum sth up

federführend [ˈfeːdərfyːrənt] *adj* leading, handling a contract

Federung [ˈfeːdəruŋ] *f* springs *pl,* springiness, elasticity

Fehlbetrag [ˈfeːlbətraːk] *m* deficit, shortfall, shortage

Fehlentscheidung [ˈfeːlɛntʃaɪduŋ] *f* wrong decision

Fehler [ˈfeːlɐ] *m* **1.** mistake, error; **2.** *(Defekt)* defect, fault, imperfection

fehlerhaft [ˈfeːlərhaft] *adj* faulty, defective, unsound

fehlerlos [ˈfeːlərloːs] *adj* faultless, flawless

Fehlerquelle [ˈfeːlerkvɛlə] *f* source of error

Fehlerquote [ˈfeːlərkvoːtə] *f* error rate

Fehlfunktion [ˈfeːlfuŋktsjoːn] *f* disfunction, malfunction

Fehlinvestition [ˈfeːlɪnvɛstɪtsjoːn] *f* unprofitable investment

Fehlkalkulation [ˈfeːlkalkulatsjoːn] *f* miscalculation

Fehlkonstruktion [ˈfeːlkɔnstruktsjoːn] *f* misconstruction

Fehlschlag [ˈfeːlʃlaːk] *m (fig: Misserfolg)* failure

fehlschlagen [ˈfeːlʃlaːgən] *v irr (fig)* fail, go wrong

Fehlspekulation [ˈfeːlʃpekulatsjoːn] *f* **1.** *(in der Branche)* wrong speculation; **2.** *(gescheiterter Plan)* wrong assumption

Fehlverhalten [ˈfeːlfɛrhaltən] *n* inappropriate behaviour, lapse

Fehlzeiten [ˈfeːltsaɪtən] *f/pl* time off; absence

Fehlzeitenquote [ˈfeːltsaɪtənkvoːtə] *f* absence rate

Feierabend [ˈfaɪəraːbənt] *m* finishing time, quitting time; *~ machen* finish work, stop working

Feierschicht [ˈfaɪərʃɪçt] *f* idle shift

Feiertag [ˈfaɪərtaːk] *m* holiday

Feiertagsarbeit [ˈfaɪərtaːksarbaɪt] *f* Sunday and holiday working

feilschen [ˈfaɪlʃən] *v* bargain, haggle, dicker *(US)*

Feinmechanik [ˈfaɪnmeçaːnɪk] *f* high-precision engineering

Feldforschung [ˈfeltfɔrʃuŋ] *f* field research

Fensterbriefumschlag [ˈfɛnstərbriːfumʃlaːk] *m* window envelope

Ferien [ˈfeːrjən] *pl* holidays *pl,* vacation *(US)*

Ferienjob [ˈfeːrjəndʒɔp] *m* holiday job, vacation job *(US)*

Fernbedienung [ˈfɛrnbədiːnuŋ] *f* remote control

Fernfahrer(in) [ˈfɛrnfaːrɐ(rɪn)] *m/f* long-distance lorry driver, long-haul truck driver

ferngelenkt [ˈfɛrngəlɛnkt] *adj* remote controlled

Ferngespräch [ˈfɛrngəʃprɛːç] *n* long-distance call, trunk call

ferngesteuert [ˈfɛrngəʃtɔyɐt] *adj* remote-controlled

Fernkurs [ˈfɛrnkurs] *m* correspondence course

Fernlehrinstitut [ˈfɛrnleːrinstituːt] *n* correspondence school

Fernmeldetechnik [ˈfɛrnmɛldəteçnɪk] *f* telecommunications engineering

Fernsehen [ˈfɛrnzeːən] *n* television

Fernsteuerung [ˈfɛrnʃtɔyəruŋ] *f* remote control

Ferntransport [ˈfɛrntranspɔrt] *m* long distance transport

Fernuniversität [ˈfɛrnunivɛrziteːt] *f* distance learning institute

Fernverkehr [ˈfɛrnfɛrkeːɐ] *m* long distance traffic

Fernwärme [ˈfɛrnvɛrmə] *f* district heating

Fernwartung [ˈfɛɐnvaːɐtuŋ] *f* remote maintenance, teleservice

fertigen [ˈfɛrtɪgən] *v* produce, manufacture

Fertigerzeugnis [ˈfɛrtɪçɛrtsɔyknɪs] *n* finished product

Fertigprodukt [ˈfɛrtɪçprodukt] *n* finished product

Fertigung [ˈfɛrtɪguŋ] *f* manufacture, production, manufacturing

Fertigungsbereich [ˈfɛrtɪguŋsbəraɪç] *m (Branche)* manufacturing sector

Fertigungsbetrieb [ˈfɛrtɪɡuŋsbətriːp] *m* production plant

Fertigungskosten [ˈfɛrtɪɡuŋskɔstən] *pl* production costs *pl*

Fertigungslos [ˈfɛrtɪɡuŋsloːs] *n* **1.** *(Kostenrechnung)* direct and indirect material; **2.** *(Fertigung)* charge material

Fertigungssteuerung [ˈfɛrtɪɡuŋsʃtɔyəruŋ] *f* production control

Fertigungsvorbereitung [ˈfɛrtɪɡuŋsfoːrbəraɪtuŋ] *f* production planning

Fertigungswagnis [ˈfɛrtɪɡuŋswaːgnis] *n* production risk

fertig verpackt [ˈfɛrtɪç fɛrˈpakt] *adj* already packed, prepacked

Fertigware [ˈfɛrtɪçwaːrə] *f* finished product

Festakt [ˈfɛstakt] *m* ceremony

fest angelegt [fɛst ˈanɡəleːkt] *adj* tied-up

Festangestellte(r) [ˈfɛstanɡəʃtɛltə(-ɐ)] *f/m* permanent employee

Festauftrag [ˈfɛstauftraːk] *m* firm order

Festbetrag [ˈfɛstbətraːk] *m* fixed amount

Festbewertung [ˈfɛstbəveːrtuŋ] *f* permanent evaluation

Festgeld [ˈfɛstɡɛlt] *n* *(Rücklagen)* fixed deposit

festhalten [ˈfɛsthaltən] *v irr* detain

Festigkeit [ˈfɛstɪçkaɪt] *f* **1.** *(von Preisen, Währung)* stability, steadiness; **2.** *(Standhaftigkeit)* firmness

Festkosten [ˈfɛstkɔstən] *pl* fixed costs *pl*

Festkurs [ˈfɛstkurs] *m* *(Börse)* fixed quotation

festlegen [ˈfɛstleːɡən] *v* **1.** set, fix, specify; **2.** *(verpflichten)* commit; *sich ~* commit o.s.

festliegen [ˈfɛstliːɡən] *v irr* *(Gelder)* to be frozen, to be locked up

Festlohn [ˈfɛstloːn] *m* fixed salary, fixed wage

Festplatte [ˈfɛstplatə] *f* *(EDV)* hard disk

Festplattenlaufwerk [ˈfɛstplatənlaufvɛrk] *n* *(EDV)* hard disk drive

Festpreis [ˈfɛstpraɪs] *m* fixed price

festsetzen [ˈfɛstzɛtsən] *v* lay down, fix, determine

Festsetzung [ˈfɛstzɛtsuŋ] *f* setting, determination

feststehen [ˈfɛstʃteːən] *v* *(Termin)* to be set

festverzinslich [ˈfɛstfɛrtsɪnslɪç] *adj* fixed-interest bearing

festverzinsliche Wertpapiere [ˈfɛstfɛrtsɪnslɪçə ˈwertpapiːrə] *n/pl* fixed-interest securities *pl*

feuerbeständig [ˈfɔyərbəʃtɛndɪç] *adj* fire-resistant, fireproof

feuergefährlich [ˈfɔyərɡəfɛːrlɪç] *adj* flammable, combustible, inflammable

Feuermelder [ˈfɔyərmɛldɐ] *m* fire alarm

Feuerwehrfonds [ˈfɔyərweːrfɔ̃] *m* fire-fighting fund

Fiasko [ˈfjasko] *n* fiasco

Filialbetrieb [filˈjaːlbətriːp] *m* branch operation; chain store

Filiale [filˈjaːlə] *f* branch, branch office

Filialgeschäft [filˈjaːlɡəʃɛft] *n* branch store

Filialleiter(in) [filˈjaːllaɪtɐ(rɪn)] *m/f* branch manager

Filter [ˈfɪltɐ] *m/n* filter

Filzstift [ˈfɪltsʃtɪft] *m* felt-tip pen

Finanzamt [fɪˈnantsamt] *n* inland revenue, tax office

Finanzanlage [fɪˈnantsanlaːɡə] *f* financial investment

Finanzausgleich [fɪˈnantsausɡlaɪç] *m* tax revenue sharing

Finanzbeamter [fɪˈnantsbəamtɐ] *m* revenue official

Finanzbeamtin [fɪˈnantsbəamtɪn] *f* (female) revenue official

Finanzbuchhaltung [fɪˈnantsbuːxhaltuŋ] *f* financial accounting

Finanzdienstleistungen [fɪˈnantsdiːnstlaɪstuŋən] *f/pl* financial services *pl*

Finanzen [fɪˈnantsən] *pl* finances *pl*

Finanzexperte [fɪˈnantsɛkspɛrtə] *m* financial expert

Finanzgeschäft [fɪˈnantsɡəʃɛft] *n* financing

Finanzgruppe [fɪˈnantsɡrupə] *f* group of financiers

Finanzhoheit [fɪˈnantshoːhaɪt] *f* financial autonomy

finanziell [fɪnanˈtsjɛl] *adj* financial

finanzielle Mittel [fɪnanˈtsjɛlə ˈmɪtəl] *pl* financial resources *pl*, funds *pl*

finanzielles Gleichgewicht [fɪnanˈtsjeləs ˈglaɪçgəwɪçt] *n* financial equilibrium

Finanzier [fɪnanˈtsjeː] *m* financier

finanzieren [fɪnanˈtsiːrən] *v* finance

Finanzierungsart [fɪnanˈtsiːruŋsart] *f* financing type, type of financing

Finanzierungsgesellschaft [fɪnanˈtsiːruŋsgəzɛlʃaft] *f* finance company

Finanzierungshilfe [fɪnanˈtsiːruŋshɪlfə] *f* financing aid

Finanzierungskosten [fɪnanˈtsiːruŋskɔstən] *pl* financing costs *pl*

Finanzimperium [fɪˈnantsɪmpeːrium] *n* financial empire

finanzkräftig [fɪˈnantskrɛftɪç] *adj* financially strong, financially sound

Finanzkrise [fɪˈnantskriːzə] *f* financial crisis

Finanzlage [fɪˈnantslaːgə] *f* financial state, financial situation

Finanzloch [fɪˈnantslɔx] *n* fiscal gap

Finanzmanagement [fɪˈnantsmɛnɪtʃmənt] *n* financial management

Finanzmärkte [fɪˈnantsmɛrktə] *m/pl* financial markets *pl*

Finanzminister(in) [fɪˈnantsminɪstɐ(rɪn)] *m/f* Finance Minister, Chancellor of the Exchequer (UK), Secretary of the Treasury (US)

Finanzplan [fɪˈnantsplaːn] *m* financing scheme, budget scheme

Finanzplatz [fɪˈnantsplats] *m* financial centre

Finanzpolitik [fɪˈnantspolitiːk] *f* financial policy, fiscal policy

finanzpolitisch [fɪˈnantspoliːtɪʃ] *adj* of fiscal policy

Finanzschulden [fɪˈnantsʃuldən] *f/pl* corporate borrowings *pl*

finanzschwach [fɪˈnantsʃvax] *adj* financially weak

Finanzspritze [fɪˈnantsʃprɪtsə] *f (fam)* cash injection

Finanztransaktionssteuer [fɪˈnantstransaktsjoːnsʃtoyɐ] *f* financial transaction tax (FTT)

Finanzverwaltung [fɪˈnantsfɛrvaltuŋ] *f* finance administration

Finanzwesen [fɪˈnantsveːzən] *n* finance

Finanzzoll [fɪˈnantstsɔl] *m* revenue tariff

Firma [ˈfɪrma] *f* firm, company; *die ~ Coors* the Coors company

Firmenbeständigkeit [ˈfɪrmənbəʃtɛndiçkaɪt] *f* company stability

Firmenchef(in) [ˈfɪrmənʃɛf(ɪn)] *m/f* head of the firm, head of the company

Firmeninhaber(in) [ˈfɪrmənɪnhaːbɐ(rɪn)] *m/f* owner of the firm, owner of the company

Firmenkundengeschäft [ˈfɪrmənkundəngəʃɛft] *n* wholesale banking

Firmenname [ˈfɪrmənnaːmə] *m* firm name, company name

Firmenöffentlichkeit [ˈfɪrmənœfəntliçkaɪt] *f* public relations of the company

Firmenregister [ˈfɪrmənregɪstɐ] *n* register of companies

Firmenschild [ˈfɪrmənʃɪlt] *n* company name-plate

Firmenstempel [ˈfɪrmənʃtɛmpəl] *m* company stamp

Firmenwagen [ˈfɪrmənvaːgən] *m* company car

Firmenwahrheit [ˈfɪrmənvaːrhaɪt] *f* company truth

Firmenwert [ˈfɪrmənveːrt] *m* goodwill

Fischerei [fɪʃəˈraɪ] *f* fishing

fiskalisch [fɪsˈkaːlɪʃ] *adj* fiscal

Fiskus [ˈfɪskus] *m* treasury, fiscal authorities *pl*, Exchequer (UK)

Fixer(in) [ˈfɪksɐ(rɪn)] *m/f* bear seller

Fixkosten [ˈfɪkskɔstən] *pl* fixed costs *pl*

Fixkostendeckungsrechnung [ˈfɪkskɔstəndɛkuŋsreçnuŋ] *f* analysis of fixed-cost allocation

Fixkostendegression [ˈfɪkskɔstəndegrɛsjoːn] *f* fixed cost degression

Fixpreis [ˈfɪkspraɪs] *m* fixed price

Flächenmaße [ˈflɛçənmaːsə] *n/pl* square measurement

Flaute [ˈflautə] *f* slump, recession, slackness

Fleiß [flaɪs] *m* diligence, industry, assiduousness

fleißig [ˈflaɪsɪç] *adj* diligent, hard-working, industrious

flexibel [flɛkˈsiːbəl] *adj* flexible

Flexibilität [flɛksibɪliˈtɛːt] *f* flexibility, versatility

flexible Altersgrenze [flɛkˈsiːblə ˈaltərsgrɛntsə] *f* flexible age limit

flexible Plankostenrechnung [flɛk-'si:blə 'pla:nkɔstənrɛçnuŋ] *f* flexible budgeting

flexible Wechselkurse [flɛk'si:blə 'vɛkzəlkursə] *m/pl* flexible currency rates *pl*

Fließband ['fli:sbant] *n* conveyor belt; *(als Einrichtung)* assembly line

Fließbandarbeiter(in) ['fli:sbantarbaɪtɐ(rɪn)] *m/f* assembly line worker

Fließfertigung ['fli:sfɛrtiguŋ] *f* continuous flow production

Floor [flo:ɐ] *m* floor

Flugblatt ['flu:kblat] *n* leaflet, handbill

Flugdauer ['flu:kdauɐ] *f* duration of the flight, flight duration

Fluggesellschaft ['flu:kgəzɛlʃaft] *f* airline

Flughafen ['flu:kha:fən] *m* airport

Fluglinie ['flu:kli:njə] *f* **1.** *(Strecke)* air route; **2.** *(Fluggesellschaft)* airline

Flugplan ['flu:kpla:n] *m* flight schedule, timetable

Flugverkehr ['flu:kvɛrke:ɐ] *m* air traffic

Flugzeug ['flu:ktsɔyk] *n* airplane, plane, aircraft

Flugzeugbau ['flu:ktsɔykbau] *m* aircraft construction

Fluktuation [fluktua'tsjo:n] *f* fluctuation

fluktuieren [fluktu'i:rən] *v* fluctuate

Flussbild ['flusbɪlt] *n* flow chart

Folgekosten ['fɔlgəkɔstən] *pl* consequential costs *pl*

Folie ['fo:ljə] *f* foil

folienverpackt ['fo:ljənfɛrpakt] *adj* in foil packaging

Fonds [fɔ̃] *m* fund

forcieren [fɔr'si:rən] *v* force

Förderanlage ['fœrdəranla:gə] *f* transporting plant, transporting equipment, transporter

Förderband ['fœrdərbant] *n* conveyor belt

Fördermenge ['fœrdərmɛngə] *f* output, transporting capacity, conveying capacity, hauling capacity

Forderung ['fɔrdəruŋ] *f* *(Geldforderung)* claim, debt

Form [fɔrm] *f* **1.** form, shape; *zu großer ~ auflaufen* to be in great shape; **2.** *(Gussform)* mould, casting mould, mold *(US)*

Formalität [fɔrmali'tɛ:t] *f* formality

Format [fɔr'ma:t] *n* *(Maß)* format, shape, size

formatieren [fɔrma'ti:rən] *v* format

Formatierung [fɔrma'ti:ruŋ] *f* formatting

formbeständig ['fɔrmbəʃtɛndɪç] *adj* shape-retaining

Formblatt ['fɔrmblat] *n* form

Formel ['fɔrməl] *f* formula

Formfehler ['fɔrmfe:lɐ] *m* irregularity

Formkaufmann ['fɔrmkaufman] *m* merchant by legal form

formlos ['fɔrmlo:s] *adj (fig)* informal, unconventional, unceremonious; *adv (fig)* informally

Formsache ['fɔrmzaxə] *f* mere formality

Formular [fɔrmu'la:ɐ] *n* form

Formvorschriften ['fɔrmfo:rʃrɪftən] *f/ pl* formal requirements *pl*

Formwechsel ['fɔrmvɛksəl] *m* modification

forschen ['fɔrʃən] *v (wissenschaftlich)* research

Forscher ['fɔrʃɐ] *m (wissenschaftlicher ~)* researcher, research scientist

Forschung ['fɔrʃuŋ] *f* research, study, investigation

Forschung & Entwicklung (F & E) ['fɔrʃuŋ unt ɛnt'vɪkluŋ] *f* research and development (R & D)

Forschungsauftrag ['fɔrʃuŋsauftra:k] *m* research assignment

Forschungsinstitut ['fɔrʃuŋsɪnstitu:t] *n* research institute

Forschungslabor ['fɔrʃuŋslabo:ɐ] *n* research laboratory

Forschungszentrum ['fɔrʃuŋstsɛntrum] *n* research centre

Fortbildung ['fɔrtbɪlduŋ] *f* further education, advanced training

Fortschritt ['fɔrtʃrɪt] *m* progress, advancement

fortschrittlich ['fɔrtʃrɪtlɪç] *adj* progressive

Foto ['fo:to] *n* photograph, picture, photo; *~-Handy* (mobile) camera phone

Foto-CD ['fo:totse:de:] *f* photo CD

Fotografie [fo:togra'fi:] *f* photography

fotografieren [fo:togra'fi:rən] *v* photograph

Fotokopie [fo:toko'pi:] *f* photocopy

fotokopieren [fo:toko'pi:rən] *v* photocopy, make a photocopy

Fotokopierer [fo:toko'pi:rɐ] *m* copier, photocopier

Fracht [fraxt] *f* **1.** *(Preis)* freight; **2.** *(Ware)* cargo, freight

Fracht nach Gewicht oder Maß (w/m) ['fraxt na:ç gə'vıçt o:dər 'ma:s] freight per weight or measurement (w/m)

Fracht vorausbezahlt (frt. pp.) ['fraxt fo'rausbətsa:lt] freight prepaid (frt. pp.)

Frachtbasis ['fraxtba:zis] *m* freight basis

Frachtbrief ['fraxtbri:f] *m* consignment note, bill of lading

Frachtbuchung ['fraxtbu:xuŋ] *f* freight booking

Frachter ['fraxtɐ] *m* cargo ship, freighter

frachtfrei ['fraxtfraı] *adj* freight paid, carriage paid

Frachtführer ['fraxtfy:rɐ] *m* carrier, freight forwarder

Frachtgut ['fraxtgu:t] *n* freight, freight goods *pl*

Frachtkosten ['fraxtkɔstən] *pl* freightage, freight charges *pl,* carrying charges *pl*

Frachtnachnahme (frt. fwd.) ['fraxtna:xna:mə] *f* freight forward (frt.fwd.)

Frachtraum ['fraxtraum] *m* cargo compartment

Frachtschiff ['fraxtʃıf] *n* freighter

Frachtzettel (w/b) ['fraxttsetəl] *m* freight bill (w/b), waybill

Fragebogen ['fra:gəbo:gən] *m* questionnaire

frei [fraı] *adj (kostenlos)* free, complimentary, gratis, free of charge

frei an Bord (FOB) ['fraı an 'bort] *adj* free on board (FOB)

frei Schiff (FOS) ['fraı 'ʃif] *adj* free on steamer (FOS)

frei von jeder Beschädigung (FAA) ['fraı fɔn 'je:dər bə'ʃe:dıguŋ] *adj* free of all average (FAA)

frei von Teilbeschädigung (FPA) ['fraı fɔn 'taılbəʃe:diguŋ] *adj* free of particular average (FPA)

freiberuflich ['fraıbəru:flıç] *adj* self-employed, freelance; *adv* freelance

Freibetrag ['fraıbətra:k] *m* tax allowance, tax-exempt amount

freibleibend ['fraıblaıbənt] *adj* subject to confirmation, not binding, subject to change without notice

freie Ein- und Ausladung (FIO) ['fraıə 'aın unt 'auzla:duŋ] *f* free in and out (FIO)

freie Güter ['fraıə gy:tɐ] *n/pl* free goods

freie Marktwirtschaft ['fraıə 'marktvırtʃaft] *f* free market economy

freie(r) Mitarbeiter(in) ['fraıə(-ɐ) 'mıtarbaıtɐ(rın)] *m/f* freelance

freier Beruf ['fraıər bə'ru:f] *m* liberal profession

Freihandel ['fraıhandəl] *m* free trade, over-the-counter trade

Freihandelszone ['fraıhandəlstso:nə] *f* free trade zone

freihändig ['fraıhendıç] *adv (Verkauf)* directly, in the open market, over the counter *(US)*

freimachen ['fraımaxən] *v (frankieren)* stamp

Freizeit ['fraıtsaıt] *f* free time, spare time, leisure time

Freizone ['fraıtso:nə] *f* free zone

Fremdfinanzierung ['fremtfınantsi:ruŋ] *f* outside financing, debt financing

Fremdkapital ['fremtkapita:l] *n* borrowed capital, debt capital

Fremdleistung ['fremtlaıstuŋ] *f* outside services *pl*

Fremdsprache ['fremtʃpra:xə] *f* foreign language

fremdsprachig ['fremtʃpra:xıç] *adj* in a foreign language, foreign-language

Fremdverschulden ['fremtferʃuldən] *n* third-party fault

Fremdwährung ['fremtvε:ruŋ] *f* foreign currency

Fremdwährungswechsel ['fremtvε:ruŋsweksəl] *m* foreign currency bill

Friedenspflicht ['fri:dənspflıçt] *f* peacekeeping duty

Frist [frıst] *f* period, *(äußerste ~)* deadline, time span, time limit

Frühinvalide ['fry:ınvali:də] *m* person disabled before retirement age

Frührentner(in) ['fry:rentnɐ(rın)] *m/f* person taking early retirement

Frühschicht [ˈfryːʃɪçt] f early shift
führen [ˈfyːrən] v **1.** lead, direct, guide; **2.** (leiten) manage, lead, run; **3.** (Ware) carry; Verhandlungen ~ negotiate; eine Liste ~ keep a list
Fuhrpark [ˈfuːrpark] m fleet
Führung [ˈfyːruŋ] f **1.** (Leitung) control, management, leadership; **2.** (Benehmen) behaviour, conduct
Führungshierarchie [ˈfyːruŋshierarçiː] f managerial hierarchy
Führungsinformationssystem [ˈfyːruŋsɪnfɔrmatsjoːnszysteːm] n management information system
Führungskraft [ˈfyːruŋskraft] f manager, executive
Führungsposition [ˈfyːruŋspositsjoːn] f management position
Führungsstil [ˈfyːruŋsʃtiːl] m management style, leadership style
Führungstechniken [ˈfyːruŋstɛçnikən] f/pl management techniques pl
Führungswechsel [ˈfyːruŋsvɛksəl] m change in leadership
Führungszeugnis [ˈfyːruŋstsɔyknɪs] n certificate of conduct
Fuhrunternehmen [ˈfuːruntərneːmən] n haulage company, trucking company (US)
Fuhrunternehmer [ˈfuːruntərneːmɐ] m haulage contractor, carrier
Füllmaterial [ˈfylmaterjaːl] n filler
fungieren [funˈgiːrən] v ~ als function as, act as
Funkanlage [ˈfuŋkanlaːgə] f radio equipment, radio set

Funkstörung [ˈfuŋkʃtøːruŋ] f radio interference
Funktion [fuŋkˈtsjoːn] f function; beratende ~ advisory function
funktional [fuŋktsjoˈnaːl] adj functional
Funktionalorganisation [fuŋktjoˈnaːlorganisatsjoːn] f functional organization
Funktionär [fuŋktsjoˈnɛːɐ] m functionary
funktionell [fuŋktsjoˈnɛl] adj functional
funktionieren [fuŋktjoˈniːrən] v function, work, operate; Dieses Gerät funktioniert nicht. This device doesn't work.
funktionstüchtig [fuŋkˈtsjoːnstyçtɪç] adj efficient, functional
Funktionsmanager [fuŋkˈtsjoːnsmænædʒɐ] m functional manager
für Konto (a/c) [fyːr ˈkɔntoː] f account current (a/c)
Fürsorgepflicht des Arbeitgebers [ˈfyːrzɔrgəpflɪçt dɛs ˈarbaɪtgeːbɐs] f employer's duty of care
Fürsprache [ˈfyːrʃpraːxə] f ~ für jdn einlegen put in a good word for s.o.
Fürsprecher [ˈfyːrʃprɛçɐ] m advocate, interceder, intercessor
Fusion [fuˈzjoːn] f merger
fusionieren [fuzjoˈniːrən] v merge, consolidate
Fusionsbilanz [fuzˈjoːnsbilants] f merger balance sheet
Fusionsvertrag [fuˈzjoːnsfɛrtraːk] m merger agreement
Futures [ˈfjuːtʃərs] pl futures pl

G

Gage [ˈgaːʒə] *f* fee, salary

galoppierend [galoˈpiːrənt] *adj (Preise, Kurse)* galloping, runaway

galoppierende Inflation [galoˈpiːrəndə inflaˈtsjoːn] *f* galloping inflation

gängig [ˈgɛŋɪç] *adj (gut verkaufbar)* marketable

Gängigkeit [ˈgɛŋɪçkaɪt] *f* marketability

ganzjährig [ˈgantsjɛːrɪç] *adj* all year (round), twelvemonth

ganztägig [ˈgantstɛːgɪç] *adj* all day

Ganztagsbeschäftigung [ˈgantstaːksbəʃɛftɪgʊŋ] *f* full time job

Gap-Analyse [ˈgæpanalyːzə] *f* gap analysis

Garant [gaˈrant] *m (Bürge)* guarantor

Garantie [gaːranˈtiː] *f* **1.** guaranty, guarantee; **2.** warranty

Garantieanspruch [gaːranˈtiːanʃprux] *m* warranty claim, claim under warranty

Garantiebedingung [gaːranˈtiːbədɪŋʊŋ] *f* term of a guarantee

Garantiefonds [gaːranˈtiːfɔ̃] *m* guaranty fund

Garantiegeschäft [gaːranˈtiːgəʃɛft] *n* guaranty business

Garantiehaftung [gaːranˈtiːhaftʊŋ] *f* liability for breach of warranty

Garantiekapital [gaːranˈtiːkapitaːl] *n* capital serving as a guarantee

Garantiekarte [gaːranˈtiːkartə] *f* certificate of warranty

Garantiekonsortium [gaːranˈtiːkɔnzɔrtsium] *n* underwriting syndicate

Garantieleistung [gaːranˈtiːlaɪstʊŋ] *f* providing of guarantee

Garantiertes Gewicht (w. g.) [gaːranˈtiːrtəs gəˈvixt] *n* weight guaranteed (w. g.)

Garantiestempel [gaːranˈtiːʃtɛmpəl] *m* warranty stamp

Garantieverpflichtung [gaːranˈtiːfərpflɪçtʊŋ] *f* guarantee obligation

Garantiewechsel [gaːranˈtiːvɛksəl] *m* security bill

Garantiezeit [gaːranˈtiːtsaɪt] *f* guarantee, warranty

GATT [gat] *(Allgemeines Zoll- und Handelsabkommen)* General Agreement on Tariffs and Trade (GATT)

Gattungskauf [ˈgatuŋskauf] *m* sale by description

Gattungsschuld [ˈgatuŋsʃult] *f* obligation to supply certain articles

Gattungsvollmacht [ˈgatuŋsfɔlmaxt] *f* generic power

Gebietsansässiger [gəˈbiːtsaːnzɛsigɐ] *m* resident

Gebietsfremder [gəˈbiːtsfrɛmdɐ] *m* non-resident

Gebietskartell [gəˈbiːtskartɛl] *n* market sharing cartel

Gebietskörperschaft [gəˈbiːtskørpərʃaft] *f* regional authority

Gebietsleiter(in) [gəˈbiːtslaɪtɐ(rɪn)] *m/f* regional manager

Gebietsvertreter [gəˈbiːtsfɐrtreːtɐ] *m* area representative

gebietsweise [gəˈbiːtsvaɪzə] *adj* regionally, locally

Gebilde [gəˈbɪldə] *n* entity

geborene Orderpapiere [gəˈboːrənə ˈɔrdərpaːpiːrə] *n/pl* original order papers *pl*; instruments to order by law *pl*

Gebot [gəˈboːt] *n (Vorschrift)* rule

Gebrauchsanweisung [gəˈbrauxsanvaɪzʊŋ] *f* instructions *pl*, instructions for use *pl*

Gebrauchsartikel [gəˈbrauxsartɪkəl] *m/pl* utility articles *pl*, durable consumer goods *pl*

gebrauchsfertig [gəˈbrauxsfɛrtɪç] *adj* ready for use

Gebrauchsgüter [gəˈbrauxsgyːtɐ] *n/pl* durable consumer goods *pl*

Gebrauchsmuster [gəˈbrauxsmustɐ] *n* utility-model patent

Gebrauchsschutz [gəˈbrauxsʃuts] *m* protection of patents

Gebrauchswert [gəˈbrauxsvɛrt] *m* value in use

Gebrauchtwagen [gəˈbrauxtvaːgən] *m* used car

G

Gebrauchtwaren [gə'brauxtva:rən] *f/pl* second-hand articles *pl*

gebrochene Preise [gə'brɔxənə 'praizə] *m/pl* odd prices *pl*

gebrochener Schluss [gə'brɔxənər ʃlus] *m* odd lot

Gebrüder [gə'bry:dɐ] *pl* Brothers *pl*

Gebühr [gə'by:ɐ] *f* fee

Gebührenerhöhung [gə'by:rənɛrhø:uŋ] *f* increase in fees

Gebührenerlass [gə'by:rənɛrlas] *m* remission of fees

gebührenfrei [gə'by:rənfrai] *adj* free of charge

gebührenpflichtig [gə'by:rənpflɪçtɪç] *adj* liable to charge

Gebührensatz [gə'by:rənzats] *m* rate

gebundene Währung [gə'bundənə 'vɛːruŋ] *f* linked currency

Geburtsdatum [gə'burtsda:tum] *n* date of birth

Geburtsort [gə'burtsɔrt] *m* place of birth

Geburtstag [gə'burtsta:g] *m* birthday

gedeckt [gə'dɛkt] *adj (Scheck)* covered

gedeckter Kredit [gə'dɛktər krə'di:t] *m* covered credit

gedeckter Scheck [gə'dɛktər ʃɛk] *m* covered cheque

gedeihen [gə'daiən] *v irr (Umsätze)* prosper, flourish

gediehen [gə'di:ən] *adj* good-quality, solid(-quality)

gedrückt [gə'drʏkt] *adj (Kurse)* depressed

geeignet [gə'aignət] *adj* suitable, proper

Gefahr [gə'fa:ɐ] *f* risk, peril, danger

Gefahrenbereich [gə'fa:rənbəraiç] *m* danger area, danger zone

Gefahrenherd [gə'fa:rənhɛrt] *m* source of trouble, hot spot

Gefahrenmoment [gə'fa:rənmo:mɛnt] *n* hazard, risk

Gefahrenzulage [gə'fa:rəntsu:la:gə] *f* danger money

Gefahrgüter [gə'fa:rgy:tɐ] *n/pl* hazardous materials *pl*

Gefahrgütertransport [gə'fa:rgy:tərtranspɔrt] *m* transport of hazardous materials

gefährlich [gə'fɛ:rlɪç] *adj* hazardous

Gefahrübergang [gə'fa:ry:bərgaŋ] *m* passage of risk

gefahrvoll [gə'fa:rfɔl] *adj* dangerous, risky

Gefälligkeitsakzept [gə'fɛlɪçkaitsaktsəpt] *n* accommodation acceptance

Gefälligkeitsgiro [gə'fɛlɪçkaitsʃi:ro] *n* accommodation endorsement

Gefälligkeitsvertrag [gə'fɛlɪçkaitsfertra:k] *m* accomodation contract, accomodation agreement

gefälscht [gə'fɛlʃt] *adj* counterfeit, forged, fake

gefälschter Scheck [gə'fɛlʃtər ʃɛk] *m* forged cheque

gefragt [gə'fra:kt] *adj (Ware)* (much) in demand, sought after

gegen Akkreditiv ['ge:gən akredi'ti:f] against letter of credit

gegen Barzahlung ['ge:gən 'ba:rtsa:luŋ] against cash

gegen Bezahlung ['ge:gən bə'tsa:luŋ] for (ready) money

gegen Nachnahme ['ge:gən 'na:xna:mə] cash on delivery

Gegenakkreditiv ['ge:gənakrediti:f] *n* back-to-back letter of credit

Gegenangebot ['ge:genangəbo:t] *n* counter offer

Gegenauslese ['ge:genausle:zə] *f* adverse selection

Gegenbuchung ['ge:gənbu:xuŋ] *f* counter entry

Gegenentwurf ['ge:gənɛntvurf] *m* counter project, alternative (project)

Gegenforderung ['ge:gənfɔrdəruŋ] *f* counterclaim

Gegengeschäft ['ge:gəngəʃɛft] *n* countertrade, counterdeal, back-to-back transaction

Gegenleistung ['ge:genlaistuŋ] *f* **1.** return; **2.** *(wirtschaftlich)* valuable consideration

Gegenmaßnahmen ['ge:gənma:sna:mən] *f/pl* countermeasures *pl*

Gegenposten ['ge:gənpɔstən] *m* contra entry

Gegenquittung ['ge:gənkvituŋ] *f* counterreceipt

Gegenrechnung ['ge:gənrɛçnuŋ] *f* contra account, check account, counterclaim

Gegensaldo ['ge:gǝnzaldo] *m* counter-balance

gegenseitiger Vertrag ['ge:gǝnsaɪtɪgǝr fɛr'tra:k] *m* reciprocal contract

Gegenseitigkeitsabkommen ['ge:gǝnzaɪtɪçkaɪtsapkɔmǝn] *n* reciprocal (trade) agreement

Gegenseitigkeitsklausel ['ge:gǝnzaɪtɪçkaɪtsklauzǝl] *f* reciprocity clause

Gegenstromverfahren ['ge:gǝnʃtro:mfɛrfa:rǝn] *n* mixed top-down/bottom-up planning system

Gegenwartswert ['ge:gǝnvartsvɛrt] *m* present value

Gehalt [gǝ'halt] *n* salary

Gehaltsabrechnung [gǝ'haltsaprɛçnuŋ] *f* salary statement

Gehaltsabzug [gǝ'haltsaptsu:k] *m* deduction from salary

Gehaltserhöhung [gǝ'haltsɛrhø:uŋ] *f* rise in salary (UK), salary raise, pay raise (US)

Gehaltsforderung [gǝ'haltsfɔrdǝruŋ] *f* salary claim

Gehaltskonto [gǝ'haltskɔnto:] *n* salary account

Geheimkonferenz [gǝ'haɪmkɔnferɛnts] *f* secret conference

Geheimkonto [gǝ'haɪmkɔnto] *n* secret account

Geheimvertrag [gǝ'haɪmfɛrtra:k] *m* secret treaty

gekreuzter Scheck [gǝ'krɔytstǝr ʃɛk] *m* crossed cheque

Geld [gɛlt] *n* money

Geldabfindung ['gɛltapfɪnduŋ] *f* compensation, monetary compensation

Geldakkord ['gɛltakɔrt] *m* money piece rate

Geldangebot ['gɛltangǝbo:t] *n* supply of money

Geldanlage ['gɛltanla:gǝ] *f* investment

Geldanleihe ['gɛltanlaɪǝ] *f* loan

Geldautomat ['gɛltautoma:t] *m* ATM, automated teller machine

Geldbasis ['gɛltba:zɪs] *f* monetary base

Geldbasiskonzept ['gɛltba:zɪskɔntsɛpt] *n* monetary base principle

Geldbetrag ['gɛltbǝtra:k] *m* amount of money

Geldbörse ['gɛltbœrzǝ] *f* money market

Gelddeckung ['gɛltdɛkuŋ] *f* sum total of liquid funds

Gelddisposition ['gɛltdɪspozɪtsjo:n] *f* money operations; cash management

Geldeingang ['gɛltaɪngaŋ] *m* receipt of money

Geldeinlage ['gɛltaɪnla:gǝ] *f* investments *pl*, invested capital

Geldexport ['gɛltɛkspɔrt] *m* money export

Geldfaktor ['gɛltfakto:ɐ] *m* monetary factor

Geldforderung ['gɛltfɔrdǝruŋ] *f* outstanding debt, money claim

Geldfrage ['gɛltfra:gǝ] *f* financial matter

Geldfunktionen ['gɛltfunktsjo:nǝn] *f/pl* functions of money *pl*

Geldgeber(in) ['gɛltge:bɐ(rɪn)] *m/f* sponsor

Geldgeschäft ['gɛltgǝʃɛft] *n* **1.** (Vorgang) money transaction, financial transaction; **2.** (Branche) financial business, banking business

Geldhaltung ['gɛlthaltuŋ] *f* money management

Geldherrschaft ['gɛlthɛrʃaft] *f* plutocracy

Geldimport ['gɛltɪmpɔrt] *m* money import

Geldkapital ['gɛltkapita:l] *n* monetary capital

Geldkreislauf ['gɛltkraɪslauf] *m* money circulation, money circuit

Geldkrise ['gɛltkri:zǝ] *f* monetary crisis

Geldkurs ['gɛltkurs] *m* buying rate, bid price, demand price, money rate

Geldleistung ['gɛltlaɪstuŋ] *f* payment

Geldlohn ['gɛltlo:n] *m* money wage

Geldmacherei ['gɛltmaxǝraɪ] *f* money-making

Geldmacht ['gɛltmaxt] *f* financial power

Geldmarkt ['gɛltmarkt] *m* money market

Geldmarktfonds ['gɛltmarktfõ:] *m* money market funds *pl*

Geldmarktkonto ['gɛltmarktkɔnto] *n* money market account

Geldmarktkredit ['gɛltmarktkredi:t] *m* money market credit

Geldmarktpapier [ˈgɛltmarktpapiːɐ] *n* money market securities *pl*

Geldmarktpolitik [ˈgɛltmarktpolitiːk] *f* money market policy

Geldmarktsatz [ˈgɛltmarktzats] *m* money market rate

Geldmenge [ˈgɛltmɛŋə] *f* money supply, monetary supply

Geldmengenziel [ˈgɛltmɛŋəntsiːl] *n* money supply target

Geldnachfrage [ˈgɛltnaːxfraːgə] *f* demand for money

Geldnutzen [ˈgɛltnutsən] *m* utility of funds

Geldpolitik [ˈgɛltpolitiːk] *f* monetary policy

Geldrechnung [ˈgɛltrɛçnuŋ] *f* cash basis of accounting

Geldsatz [ˈgɛltzats] *m* money rate

Geldschleier [ˈgɛltʃlaɪɐ] *m (falscher Fokus)* veil of money

Geldschöpfung [ˈgɛltʃœpfuŋ] *f* creation of money

Geldschöpfungsmultiplikator [ˈgɛltʃœpfuŋsmultiplikaːtor] *m* money creation ratio

Geldsortiermaschine [ˈgɛltsɔrtiːrmaʃiːnə] *f* money sorting machine

Geldstrafe [ˈgɛltʃtraːfə] *f* fine

Geldstromanalyse [ˈgɛltʃtroːmanalyːzə] *f* flow-of-funds analysis

Geldsubstitut [ˈgɛltzubstituːt] *n* money substitute

Geldsurrogate [ˈgɛltzurogaːtə] *n/pl* substitute money

Geldüberhang [ˈgɛltyːbərhaŋ] *m* excessive supply of money

Geldüberweisung [ˈgɛltyːbərvaɪzuŋ] *f* money transfer, transfer of money

Geldumlauf [ˈgɛltumlauf] *m* money circulation, money circuit

Geldumlaufsgeschwindigkeit [ˈgɛltumlaufsgəʃvɪndɪçkaɪt] *f* velocity of circulation of money

Geldumsatz [ˈgɛltumzats] *m* turnover of money

Geldumstellung [ˈgɛltumʃtɛluŋ] *f* currency conversion, money conversion

Geldverdiener(in) [ˈgɛltfɛrdiːnɐ(rɪn)] *m/f* moneymaker

Geldverfassung [ˈgɛltfɛrfasuŋ] *f* monetary structure

Geldverknappung [ˈgɛltfɛrknapuŋ] *f* monetary restriction, contraction of money supply

Geldverlust [ˈgɛltfɛrlust] *m* financial loss, pecuniary loss

Geldvermögen [ˈgɛltfɛrmøːgən] *n* financial assets *pl*

Geldvermögenswert [ˈgɛltfɛrmøːgənsveːrt] *m* financial asset

Geldvernichtung [ˈgɛltfɛrnɪçtuŋ] *f* reduction of the volume of money

Geldverschwendung [ˈgɛltfɛrʃvɛnduŋ] *f* waste of money

Geldvolumen [ˈgɛltvoluːmən] *n* volume of money

Geldwachstum [ˈgɛltvakstuːm] *n* money growth

Geldwäsche [ˈgɛltvɛʃə] *f* money laundering

Geldwechselgeschäft [ˈgɛltvɛksəlgəʃɛft] *n* currency exchange business

Geldwert [ˈgɛltveːrt] *m* value of money

geldwerter Vorteil [ˈgɛltveːrtər ˈfoːrtaɪl] *m* financial advantage

Geldwertbestimmungen [ˈgɛltveːrtbəʃtɪmuŋən] *f/pl* valuation

Geldwertschwund [ˈgɛltveːrtʃvunt] *m* currency erosion

Geldwertsicherungsklausel [ˈgɛltveːrtzɪçəruŋsklauzəl] *f* money guarantee clause

Geldwertstabilität [ˈgɛltveːrtʃtabilitɛːt] *f* monetary stability

Geldwesen [ˈgɛltveːzən] *n* monetary system

Geldwirtschaft [ˈgɛltvɪrtʃaft] *f* money economy

geldwirtschaftlich [ˈgɛltvɪrtʃaftlɪç] *adj* monetary, financial

Geldzählautomat [ˈgɛlttsɛːlautomaːt] *m* money counting machine

Geldzahlung [ˈgɛlttsaːluŋ] *f* payment

Geldzins [ˈgɛlttsɪns] *m* interest on money

Geldzirkulation [ˈgɛlttsɪrkulatsjoːn] *f* money circulation, money circuit

Gelegenheitsgesellschaft [gəˈleːgənhaɪtsgəzɛlʃaft] *f* temporary joint venture

Geltung [ˈgɛltuŋ] *f (Gültigkeit)* validity

Geltungsdauer [ˈgɛltuŋsdauɐ] *f* **1.** validity; **2.** *(Vertrag)* term; **3.** *(Patent)* life

Gemeinde [gəˈmaɪndə] *f* community

Gemeineigentum [gə'maɪnaɪgəntuːm] *n* public property

gemeiner Wert [gə'maɪnər veːrt] *m* market value

Gemeinkostenwertanalyse (GWA) [gəmaɪnkɔstənveːrtanalyːzə] *f* overhead value analysis

Gemeinlastprinzip [gə'maɪnlastprɪntsiːp] *n* principle of common burden

gemeinnütziges Unternehmen [gə'maɪnnytsɪgəs untər'neːmən] *n* public institution

gemeinsamer Markt [gə'maɪnsaːmər markt] *m* common market

Gemeinschaftsanleihe [gə'maɪnʃaftsanlaɪə] *f* joint loan, community loan

Gemeinschaftsdepot [gə'maɪnʃaftsdepoː] *n* joint security deposit

Gemeinschaftseigentum [gə'maɪnʃaftsaɪgəntuːm] *n* collective property

Gemeinschaftsemission [gə'maɪnʃaftsemisjoːn] *f* joint issue

Gemeinschaftsfinanzierung [gə'maɪnʃaftsfɪnantsiːruŋ] *f* group financing

Gemeinschaftsfonds [gə'maɪnʃaftsfõː] *m* joint funds *pl*

Gemeinschaftskonto [gə'maɪnʃaftskɔntoː] *n* joint account

Gemeinschaftsschuldner [gə'maɪnʃaftsʃuldnɐ] *m* common debtor

Gemeinschaftssparen [gə'maɪnʃaftsʃpaːrən] *n* joint saving

Gemeinschaftswerbung [gə'maɪnʃaftsvɛrbuŋ] *f* joint publicity

Gemeinschuldner [gə'maɪnʃuldnɐ] *m* adjudicated bankrupt

Gemeinsteuer [gə'maɪnʃtɔyɐ] *f* local tax

Gemeinwirtschaft [gə'maɪnvɪrtʃaft] *f* social economy

gemeinwirtschaftlich [gə'maɪnvɪrtʃaftlɪç] *adj* non-profit, public

gemischte Firma [gə'mɪʃtə 'fɪrma] *f* mixed company

gemischter Fonds [gə'mɪʃtər fõː] *m* mixed fund

genannt [gə'nant] *adj* indicated

genehmigen [gə'neːmɪgən] *v* **1.** (*Vorschlag*) accept; **2.** (*offizieller Antrag*) approve, grant; **3.** (*Vertrag*) ratify

genehmigte Bilanz [gə'neːmɪgtə biː'lants] *f* authorized balance sheet

genehmigtes Kapital [gə'neːmɪgtəs kapi'taːl] *n* authorized capital

Genehmigungsbescheid [gə'neːmɪguŋsbəʃaɪt] *m* notice of approval

Genehmigungspflicht [gə'neːmɪguŋspflɪçt] *f* duty to obtain a permit

genehmigungspflichtig [gə'neːmɪguŋspflɪçtɪç] *adj* requiring approval

genehmigungspflichtige Kartelle [gə'neːmɪguŋspflɪçtɪgə kar'tɛlə] *n/pl* cartel to be registered

Generalausnahmeklausel [genə'raːlausnaːməklauzəl] *f* general exception clause

Generalbevollmächtigte(r) [genə'raːlbəfɔlmɛçtɪçtə(-ɐ)] *f/m* universal agent

Generaldirektor(in) [genə'raːldirɛktoːr(ɪn)] *m/f* director general, CEO (*US*)

Generalpolice [genə'raːlpoliːsə] *f* floating policy

Generalstreik [genə'raːlʃtraɪk] *m* general strike

Generalunternehmer [genə'raːlunterneːmɐ] *m* general contractor

Generalvertreter [genə'raːlfɛrtreːtɐ] *m* general agent

Generationenvertrag [genəra'tsjoːnənfɛrtraːk] *m* intergeneration compact

genormt [gə'nɔrmt] *adj* standardized

Genossenschaft [gə'nɔsənʃaft] *f* cooperative society

genossenschaftliche Zentralbanken [gə'nɔsənʃaftlɪçə tsən'traːlbankən] *f/pl* cooperative central banks *pl*

genossenschaftlicher Bankensektor [gə'nɔsənʃaftlɪçɐ 'bankənsɛktoːɐ] *m* cooperative banking sector

Genussrecht [gə'nusrɛçt] *n* participation rights *pl*

Genussrechtskapital [gə'nusrɛçtskapitaːl] *n* participating rights capital

Genussschein [gə'nusʃaɪn] *m* participating certificate

gerechtfertigt [gə'rɛçtfɛrtɪçt] *adj* justified

geregelter Freiverkehr [gə're:gɛltər 'fraɪfɛrkeːɐ] *adj* unofficial market

gerichtliches Mahnverfahren [gə'rɪçtlɪçəs 'maːnfɛrfaːrən] *n* court collection proceedings *pl*

Gerichtsstand [gə'rɪçtsʃtant] *m* place of jurisdiction

Gerichtsvollzieher(in) [gə'rɪçtsfɔltsi:-ɐ(rɪn)] *m/f* bailiff *(UK)*, U.S. Marshal *(US)*

geringfügige Beschäftigung [gə'rɪŋfy:gɪgə bə'ʃɛftɪguŋ] *f* low-paid employment, part-time employment

geringwertige Wirtschaftsgüter [gə-'rɪŋveːrtɪgə 'vɪrtʃaftsgy:tɐ] *n/pl* depreciable movable fixed assets of low value *pl*

Gesamtabsatz [gə'zamtapzats] *m* overall sales *pl*

Gesamtausgaben [gə'zamtausga:bən] *f/pl* overall expenditure, total expenditure

Gesamtbetriebsrat [gə'zamtbətri:psra:t] *m* central works council

Gesamtertrag [gə'zamtɛrtra:k] *m* total proceeds

Gesamtforderung [gə'zamtfɔrdəruŋ] *f* total claim

Gesamthandeigentum [gə'zamthandaɪgəntu:m] *n* joint tenancy

Gesamthandforderung [gə'zamthandfɔrdəruŋ] *f* jointly owned claim

Gesamthandschuld [gə'zamthandʃuld] *f* joint debt

Gesamthypothek [gə'zamthypote:k] *f* general mortgage

Gesamtkapitalrentabilität [gə'zamtkapita:lrɛntabilitɛ:t] *f* total capital profitability

Gesamtkosten [gə'zamtkɔstən] *pl* total costs *pl*, overall costs *pl*

Gesamtkurs [gə'zamtkurs] *m* total market value

Gesamtlieferung [gə'zamtli:fəruŋ] *f* total delivery

Gesamtplanung [gə'zamtpla:nuŋ] *f* master planning, general planning

Gesamtprokura [gə'zamtproku:ra:] *f* joint proxy

Gesamtschuld [gə'zamtʃuld] *f* total debt

Gesamtschuldner [gə'zamtʃuldnɐ] *m* joint and several debtor

gesamtschuldnerische Bürgschaft [gə-'zamtʃuldnərɪʃə 'byrgʃaft] *f* joint and several guaranty

Gesamtsumme [gə'zamtzumə] *f* total amount, grand total

Gesamtvermögen [gə'zamtfɛrmø:gən] *n* aggregate property; total assets *pl*

Gesamtvollmacht [gə'zamtfɔlmaçt] *f* joint power of attorney

Gesamtzinsspannenrechnung [gə-'zamttsɪnsʃpanənrɛçnuŋ] *f* wholebank interest margin calculation

Geschäftsbank [gə'ʃɛftsbank] *f* commercial bank

Geschäftsbedingungen [gə'ʃɛftsbədɪŋuŋən] *f/pl* terms and conditions of business *pl*

Geschäftsbereichsorganisation [gə-'ʃɛftsbəraɪçsɔrganizatsjo:n] *f* divisional organization

Geschäftsbesorgung [gə'ʃɛftsbəzɔrguŋ] *f* business errand

Geschäftsbesorgungsvertrag [gə'ʃɛftsbəzɔrguŋsfɛrtra:k] *m* agency agreement

Geschäftsbeziehung [gə'ʃɛftsbətsi:uŋ] *f* business connections *pl*

Geschäftsbücher [gə'ʃɛftsby:çɐ] *n/pl* account books and balance-sheets *pl*

Geschäftsfreund [gə'ʃɛftsfrɔynt] *m* business friend

Geschäftsführer(in) [gə'ʃɛftsfy:rɐ(rɪn)] *m/f* manager, chief executive

Geschäftsgeheimnis [gə'ʃɛftsgəhaɪmnɪs] *n* business secret

Geschäftsgrundlage [gə'ʃɛftsgrundla:gə] *f* implicit basis of a contract

Geschäftsguthaben [gə'ʃɛftsgu:tha:bən] *n* proprietor's capital holding

Geschäftsjahr [gə'ʃɛftsja:ɐ] *n* financial year

Geschäftsjubiläum [gə'ʃɛftsju:bilɛum] *n* anniversary

Geschäftspapier [gə'ʃɛftspapi:ɐ] *n* commercial papers

Geschäftspapiere [gə'ʃɛftspapi:rə] *n/pl* business papers *pl*

Geschäftsprozess [gə'ʃɛftsprotsəs] *m* course of business

geschäftsschädigend [gə'ʃɛftsʃɛ:dɪgənt] *adj* damaging to business, damaging to interests

Geschäftsschädigung [gə'ʃɛftsʃɛ:dɪguŋ] *f* malpractice, trade libel

Geschäftssinn [gə'ʃɛftszɪn] *m* a sense for business, business sense

Geschäftsspartenkalkulation [gə'ʃɛftsspartənkalkulatsjo:n] *n* business category costing

Geschäftsträger(in) [gə'ʃɛftstrɛ:-gɐ(rɪn)] *m/f* representative
geschäftstüchtig [gə'ʃɛftstʏçtɪç] *adj* capable in business
Geschäftsübergabe [gə'ʃɛftsy:bər-ga:bə] *f* handing over of business
Geschäftsübernahme [gə'ʃɛftsy:bər-na:mə] *f* takeover of a business
Geschäftsvolumen [gə'ʃɛftsvolu:-mən] *n* volume of business
Geschäftswert [gə'ʃɛftsve:rt] *m* value of the subject matter at issue
Geschäftszeit [gə'ʃɛftstsaɪt] *f* business hours *pl*, opening hours *pl*
Geschenksparbuch [gə'ʃɛŋkʃpa:rbu:x] *n* gift savings book
geschlossener Immobilienfonds [gə-ʃlɔsənər ɪmo'bi:ljənfõ:] *m* closed-end real estate fund
geschlossener Markt [gə'ʃlɔsənər markt] *m* self-contained market
Geschmacksmuster [gə'ʃmaksmustɐ] *n* design patent
Gesellschaft bürgerlichen Rechts (GbR) [gə'zɛlʃaft 'byrgərlıçən 'reçts] *f* civil-law association
Gesellschaft mit beschränkter Haftung (GmbH) [gə'zɛlʃaft mɪt bə'ʃrɛŋktər 'haftuŋ] *f* limited liability company
Gesellschafterdarlehen [gə'zɛlʃaftər-da:rle:hən] *n* proprietor's loan
Gesellschafterversammlung [gə'zɛl-ʃaftərfɛrsamluŋ] *f* meeting of shareholders
Gesellschaftsformen [gə'zɛlʃaftsfor-mən] *f/pl* legal forms of commercial entities *pl*
Gesellschaftsschulden [gə'zɛlʃafts-ʃuldən] *f/pl* company's debts *pl*
Gesellschaftssteuer [gə'zɛlʃaftsʃtɔyɐ] *f* company tax
Gesellschaftsvermögen [gə'zɛlʃafts-fɛrmø:gən] *n* company assets *pl*, partnership assets *pl*
Gesetz [gə'zɛts] *n* law, act
Gesetzesänderung [gə'zɛtsəsɛndəruŋ] *f* amendment of a law
Gesetzgebungshoheit [gə'zɛtsge:-buŋsho:haɪt] *f* legislative sovereignty
gesetzliche Krankenversicherung [gə-'zɛtslıçə 'kraŋkənfɛrzıçəruŋ] *f* statutory health insurance fund

gesetzliche Kündigungsfrist [gə'zɛts-lıçə 'kyndıguŋsfrɪst] *f* statutory period of notice
gesetzliche Rentenversicherung [gə-'zɛtslıçə 'rɛntənfɛrzıçəruŋ] *f* statutory pension insurance fund
gesetzliche Rücklage [gə'zɛtslıçə 'ryk-la:gə] *f* legal reserves *pl*
gesetzliche Unfallversicherung [gə-'zɛtslıçə 'unfalfɛrzıçəruŋ] *f* statutory accident insurance
gesetzliches Zahlungsmittel [gə'zɛts-lıçes 'tsa:luŋsmɪtəl] *n* legal tender
gesetzlich geschützt [gə'zɛtslıç gə-'ʃytst] *adj* patented; proprietary
gespaltene Wechselkurse [gə'ʃpaltənə 'vɛksəlkurzə] *m/pl* two-tier exchange rate
gespaltener Devisenmarkt [gə'ʃpal-tənər də'vi:zənmarkt] *m* two-tier foreign exchange market
gespaltener Tarif [gə'ʃpaltənər ta'ri:f] *m* differentiated tariffs *pl*
gespaltener Wechselkurs [gə'ʃpaltə-nər 'vɛksəlkurs] *m* multiple exchange rates *pl*
gesperrtes Depot [gə'ʃpɛrtəs də'po:] *n* blocked deposit
gesperrtes Konto [gə'ʃpɛrtəs 'kɔnto] *n* blocked account
Gesprächstermin [gə'ʃprɛ:çstərmi:n] *m* appointment for a meeting
gestaffelt [gə'ʃtafəlt] *adj* graduated
gestrichen Geld (-G) [gə'ʃtrıçən gɛlt] *n* quotation cancelled-money
gestrichen Taxe (-T) [gə'ʃtrıçən 'taksə] *f* quotation cancelled-government-fixed price
Gesundheitsschutz [gə'zunthaɪtsʃuts] *m* health protection
Gesundheitswesen [gə'zunthaɪtsve:-zən] *n* public health
Gesundheitszeugnis [gə'zunthaɪts-tsɔyknɪs] *n* health certificate
Gesundschrumpfung [gə'zuntʃrump-fuŋ] *f* paring down
Getränkesteuer [gə'trɛŋkəʃtɔyer] *f* beverage tax
Getreidebörse [gə'traɪdəbœrzə] *f* grain exchange
Gewährleistung [gə've:rlaɪstuŋ] *f* warranty, guarantee

G

Gewährleistungsgarantie [gə'vɛːrlaɪs-tuŋsgaranti:] f guarantee of proper execution

Gewährleistungsvermögen [gə'vɛːr-laɪstuŋsfɛrmøːgən] n capability to warrant

Gewerbeaufsichtsamt [gə'vɛrbəaufzɪçtsamt] n trade supervisory authority, the factory inspectorate

Gewerbebank [gə'vɛrbəbaŋk] f industrial bank

Gewerbeertragssteuer [gə'vɛrbəɛrtraksʃtɔyɐ] f trade earnings tax

Gewerbefreiheit [gə'vɛrbəfraɪhaɪt] f freedom of trade

Gewerbekapitalsteuer [gə'vɛrbəkapitaːlʃtɔyɐ] f trade tax on capital

Gewerbeordnung (GewO) [gə'vɛrbəɔrdnuŋ] f Trade Regulation Act

gewerblicher Betrieb [gə'vɛrbliçər bə'triːp] m industrial undertaking

Gewerkschaft [gə'vɛrkʃaft] f trade union, labor union (US)

Gewerkschaftsbank [gə'vɛrkʃaftsbaŋk] f trade union bank

Gewichtszoll [gə'vɪçtstsɔl] m duty based on weight

gewillkürte Orderpapiere [gə'vɪlkyːrtə 'ɔrdərpapiːrə] n/pl instruments to order by option pl

Gewinn [gə'vɪn] m profit, gain; return

Gewinn- und Verlustrechnung [ge-'vɪn- und fɛrlustrɛçnuŋ] f profit and loss account

Gewinnabführung [gə'vɪnapfyːruŋ] f transfer of profit

Gewinnanteil [gə'vɪnantaɪl] m share in the profits

Gewinnanteilsschein [gə'vɪnantaɪlsʃaɪn] m dividend coupon; profit sharing certificate

Gewinnaufschlag [gə'vɪnaufʃlaːk] m profit mark-up

Gewinndruck [gə'vɪndruk] m profit squeeze

Gewinnermittlung [gə'vɪnɛrmɪtluŋ] f determination of profits

Gewinngemeinschaft [gə'vɪngəmaɪnʃaft] f profit pool

Gewinnmarge [gə'vɪnmarʒə] f profit margin

Gewinnmaximierung [gə'vɪnmaksimiːruŋ] f maximisation of profits

Gewinnobligation [gə'vɪnɔbligatsjoːn] f participating debenture, income bond

Gewinnpoolung [gə'vɪnpuːluŋ] f profit-pooling

Gewinnrücklagen [gə'vɪnryklaːgən] f/pl revenue reserves pl

Gewinnschuldverschreibung [gə'vɪnʃultfɛrʃraɪbuŋ] f participating bond

Gewinnschwelle [gə'vɪnʃvɛlə] f breakeven point

Gewinnschwellenanalyse [gə'vɪnʃvɛlənanalyːzə] f breakeven analysis

Gewinnsparen [gə'vɪnʃpaːrən] n lottery premium saving

Gewinnthesaurierung [gə'vɪnteːzauriːruŋ] f earnings retention

Gewinnvortrag [gə'vɪnfoːrtraːk] f profit carried forward

gezeichnetes Kapital [gə'tsaɪçnətəs kapi'taːl] n subscribed capital

gezogener Wechsel [gə'tsoːgənər 'vɛksəl] m drawn bill

Giralgeld [ʒi'raːlgɛlt] n book money, money in account

Giralgeldschöpfung [ʒi'raːlgɛltʃøpfuŋ] f creation of deposit money

Girant [ʒi'rant] m endorser

Giroabteilung ['ʒiːroaptaɪluŋ] f clearing department, giro department

Girobank ['ʒiːrobaŋk] f deposit clearing bank

Giro-Einlage ['ʒiːroaɪnlaːgə] f deposit on a current account

Girogeschäft ['ʒiːrogəʃɛft] n bank's transaction dealing with cashless payment

Girosammeldepot ['ʒiːrozaməldepoː] n omnibus deposit, safe custody account

Girosammelverkehr ['ʒiːrozaməlfɛrkeːɐ] m collective securities deposit operations pl

Giroverkehr ['ʒiːrofɛrkeːɐ] m giro transaction, transfer of money by means of a clearing

glaubhafte Zusicherung ['glauphaftə 'tsuːzɪçəruŋ] f credible promise

Gläubigerausschuss ['glɔybɪgərausʃus] m committee of inspection

Gläubigerpapier ['glɔybɪgərpapiːɐ] n creditor paper

Gläubigerschutz [ˈglɔybɪɡərʃuts] *m* protection of creditors

Gläubigerversammlung [ˈglɔybɪɡərfɛrzamluŋ] *f* creditors' meeting

Gleichgewicht [ˈɡlaɪçɡəvɪçt] *n* balance, equilibration; *wirtschaftliches* ~ economic equilibrium

Gleichgewichtspreis [ˈɡlaɪçɡəvɪçtspraɪs] *m* equilibrium price

gleitende Arbeitszeit [ˈɡlaɪtəndə ˈarbaɪtstsaɪt] *f* flexible working hours *pl*, flexitime

gleitende Paritätsanpassung [ˈɡlaɪtəndə pariˈtɛːtsanpasuŋ] *f* crawling exchange rate adjustment

gleitender Ruhestand [ˈɡlaɪtəndər ˈruːəʃtant] *m* flexible retirement

Gleitklausel [ˈɡlaɪtklauzəl] *f* escalator clause

Gleitparität [ˈɡlaɪtpaːriːtɛːt] *f* escalator parity, crawling peg

Globalanleihe [gloˈbaːlanlaɪhə] *f* all-share certificate, blanket loan

Globalsteuerung [gloˈbaːlʃtɔyəruŋ] *f* global control

Globalwertberichtigung [gloˈbaːlveːrtbərɪçtiɡuŋ] *f* overall adjustment

Globalzession [gloˈbaːltsesjoːn] *f* overall assignment

GmbH & Co. KG [ˈɡeːəmbeːha: unt ˈkoː kaːɡeː] *f* limited commercial partnership with a limited liability company as general partner and members of the GmbH or others as limited partners

Gold [gɔlt] *n* gold

Gold- und Devisenbilanz [gɔlt unt deˈviːzənbilants] *f* gold and foreign exchange balance

Goldaktie [ˈɡɔltaktsjə] *f* gold share

Goldanleihe [ˈɡɔltanlaɪhə] *f* loan on a gold basis

Goldarbitrage [ˈɡɔltarbitraːʒə] *f* arbitrage in bullion

Goldauktion [ˈɡɔltauktsjoːn] *f* gold auction

Goldbarren [ˈɡɔltbarən] *m* gold bar

Golddeckung [ˈɡɔltdɛkuŋ] *f* gold cover

Gold-Devisen-Standard [ˈɡɔltdeˈviːzenˈʃtandart] *m* gold exchange standard

goldene Finanzierungsregel [ˈɡɔldənə finanˈtsiːruŋsreːɡəl] *f* golden rule of financing

Goldfeingehalt [gɔltˈfaɪnɡəhalt] *m* fine gold content

Goldgehalt [ˈɡɔltɡəhalt] *m* gold content

Goldgeschäft [ˈɡɔltɡəʃɛft] *n* gold transactions *pl*

Goldgewichte [ˈɡɔltɡəvɪçtə] *n/pl* troy weights *pl*

Goldhandel [ˈɡɔlthandəl] *m* gold trade

Goldkonvertibilität [ˈɡɔltkɔnvɛrtibiliːtɛːt] *f* gold convertibility

Goldmarkt [ˈɡɔltmarkt] *m* gold market

Goldmünze [ˈɡɔltmyntsə] *f* gold coin

Goldoption [ˈɡɔltɔptsjoːn] *f* gold option

Goldparität [ˈɡɔltpariːtɛːt] *f* gold parity

Goldpreis [ˈɡɔltpraɪs] *m* gold price, price of gold

Goldpreisbildung [ˈɡɔltpraɪsbɪlduŋ] *f* gold pricing

Goldproduktion [ˈɡɔltprɔduktsjoːn] *f* gold production

Goldpunkt [ˈɡɔltpuŋkt] *m* gold point

Goldreserve [ˈɡɔltrəzɛrvə] *f* gold reserves *pl*

Goldstandard [ˈɡɔltʃtandart] *m* gold standard

Goldswap [ˈɡɔltsvɔp] *m* gold swap

Goldzertifikat [ˈɡɔlttsertifikaːt] *n* gold certificate

googeln [ˈɡuːɡəln] *v* google

Gratisaktie [ˈɡraːtɪsaktsiːə] *f* bonus share

Grenzerlös [ˈɡrɛntsɛrløːz] *m* marginal earnings *pl*, marginal revenue

Grenzkosten [ˈɡrɛntskɔstən] *pl* marginal cost

Grenzkostenkalkulation [ˈɡrɛntskɔstənkalkulatsjoːn] *f* marginal costing

Grenzkostenrechnung [ˈɡrɛntskɔstənrɛçnuŋ] *f* marginal costing

Grenzleistungsfähigkeit des Kapitals [ˈɡrɛntslaɪstuŋsfɛːɪçkaɪt dɛs kapiˈtaːls] *f* marginal efficiency of capital

Grenznutzen [ˈɡrɛntsnutsən] *m* marginal utility

Grenzproduktivität [ˈɡrɛntsprɔduktiviːtɛːt] *f* marginal productivity

Grenzwert [ˈɡrɛntsveːrt] *m* limiting value

Großabnehmer [ˈɡroːsapneːmɐ] *m* bulk buyer

G

Großcontainer ['groːskɔnteɪnɐ] *m* large container

Größenvorteile ['grøːsənfortaɪlə] *m/pl* economies of scale *pl*

Großhandel ['groːshandəl] *m* wholesale

Großhandelskontenrahmen ['groːshandəlskɔntənraːmən] *m* uniform system of accounts for the wholesale trade

Großhandelspreis ['groːshandəlspraɪs] *m* wholesale price, trade price

Grossist ['grosɪst] *m* wholesaler

Großkredit ['groːskrediːt] *m* large-scale lending

Großmarkt ['groːsmarkt] *m* wholesale market

Grundbuch ['gruntbuːx] *n* register of land titles

Grunderwerbssteuer ['gruntɛrwɛrpsʃtɔyɐ] *f* property acquisition tax

Grundgehalt ['gruntgəhalt] *n* basic salary

Grundkapital ['gruntkapitaːl] *n* capital stock

Grundkenntnisse ['gruntkɛntnɪsə] *f/pl* basic knowledge

Grundkosten ['gruntkɔstən] *pl* organization costs *pl*

Grundkredit ['gruntkrediːt] *m* real estate credit

Grundkreditanstalt ['gruntkrediːtanʃtalt] *f* mortgage bank

Grundpfandbrief ['gruntpfantbriːf] *m* mortgage bond

Grundrente ['gruntrɛntə] *f* ground rent

Grundsätze ordnungsgemäßer Buchführung und Bilanzierung (GoB) ['gruntzɛtsə 'ɔrdnuŋsgəmɛːsər 'buxfyːruŋ unt bilanˈtsiːruŋ] *m/pl* principles of orderly bookkeeping and balance-sheet makeup *pl*

Grundschuld ['gruntʃult] *f* mortgage, land charge

Grundschuldbrief ['gruntʃultbriːf] *m* mortgage certificate, land charge certificate

grundstücksgleiche Rechte ['gruntʃtyksglaɪçə 'rɛçtə] *n/pl* rights equivalent to real property *pl*

Gründungsbericht ['grynduŋsbərɪçt] *m* formation report

Gründungsbilanz ['grynduŋsbilants] *f* commencement balance sheet

Gründungsfinanzierung ['grynduŋsfɪnantsiːruŋ] *f* start-up funding, establishment funding

Grundvermögen ['gruntfɛrmøːgən] *n* real property

Gruppenakkord ['grupənakɔrt] *m* group piecework

Gruppenarbeit ['grupənarbaɪt] *f* team work

Gruppenfertigung ['grupənfɛrtɪguŋ] *f* mixed manufacturing

günstigstes Angebot ['gynstigstəs 'angəboːt] *n* most favourable offer

Güteklasse ['gyːtəklasə] *f* grade, class

Güter ['gyːtɐ] *n/pl* goods *pl*

guter Glaube ['guːtər 'glaubə] *m* good faith

Güterbeförderung ['gyːtərbəfœrdəruŋ] *f* carriage of goods

Gütergruppe ['gyːtərgrupə] *f* category of goods

Gütermarkt ['gyːtərmarkt] *m* commodity market

Gütertarif ['gyːtərtariːf] *m* goods tariff

Gütertrennung ['gyːtərtrɛnuŋ] *f* separation of property, separate estate

Güterzustellung ['gyːtərtsuʃtɛluŋ] *f* delivery of goods

Gütezeichen ['gyːtətsaɪçən] *n* (*Marketing*) quality label, (*Patente*) mark of quality

Guthabensaldo [guˈthaːbnˈzaldo] *n* credit balance

Gutschein ['guːtʃaɪn] *m* coupon, voucher

gutschreiben ['guːtʃraibn] *v* credit

Gutschrift ['guːtʃrift] *f* credit entry

Gutschriftsanzeige ['guːtʃriftsantsaɪgə] *f* credit advice

H

Habe [ˈhaːbə] *f* possessions *pl*, property; bewegliche ~ moveables *pl; unbewegliche* ~ real estate
Haben [ˈhaːbən] *n* credit side, credit item
Habenbestand [ˈhaːbənbəʃtant] *m* assets *pl*
Habensaldo [ˈhaːbənzaldo] *m* credit balance
Habenseite [ˈhaːbənzaɪtə] *f* credit side
Habenzinsen [ˈhaːbəntsɪnzən] *m/pl* credit interest
Hafen [haːfən] *m* port
Hafenanlagen [ˈhaːfənanlaːgən] *f/pl* docks *pl*
Hafengebühren [ˈhaːfəngəbyːrən] *f/pl* harbour dues *pl*
haftbar [ˈhaftbaːɐ] *adj* liable
Haftbarkeit [ˈhaftbaːrkaɪt] *f* liability
haften [ˈhaftən] *v (einstehen)* be liable
haftendes Eigenkapital [ˈhaftəndəs eɪgənkapitaːl] *n* liable funds *pl*
Haftpflicht [ˈhaftpflɪçt] *f* liability
Haftpflichtversicherung [ˈhaftpflɪçtfɛrzɪçərʊŋ] *f* liability insurance, third party insurance
Haftsumme [ˈhaftsumə] *f* guarantee
Haftungsausschlussklausel [ˈhaftuŋsausʃlusklausəl] *f* disclaimer
Haftungsbeschränkungen [ˈhaftuŋsbəʃrɛnkuŋən] *f/pl* restrictions of liability *pl*, limitations of liability *pl*
Haftungskapital [ˈhaftuŋskapitaːl] *n* liable equity capital
Halberzeugnis [ˈhalpɛrtsɔyknɪs] *n* semi-finished goods *pl*
Halbfabrikat [ˈhalpfabrikaːt] *n* semi-finished article
halbfertig [ˈhalpfərtɪç] *adj (Erzeugnis)* semi-finished
Halbjahresbericht [ˈhalpjaːrəsbərɪçt] *m* bi-annual report, half-yearly report
Halbjahresbilanz [ˈhalpjaːrəsbilants] *f* bi-annual balance sheet
halbjährlich [ˈhalpjɛːrlɪç] *adj* half-yearly, bi-annual
halbmonatlich [ˈhalpmoːnatlɪç] *adj* half-monthly, bi-monthly

Halbtagsarbeit [ˈhalptaːksarbaɪt] *f* part-time job
Halbtagsbeschäftigte(r) [ˈhalptaːksbəʃɛftɪgtə(-ɐ)] *f/m* part-time employee
Handel [ˈhandəl] *m* trade, commerce, business; ~ treibend trading, dealing, selling
handelbar [ˈhandəlbaːɐ] *adj* 1. *(verkäuflich)* saleable, marketable; 2. *(verhandelbar)* negotiable
handeln [ˈhandəln] *v* 1. *(aktiv werden)* act, take action; 2. *(Waren)* deal, trade, sale; 3. *(feilschen)* bargain
Handelsabkommen [ˈhandəlsapkomən] *n* trade agreement
Handelsagentur [ˈhandəlsagɛntuːɐ] *f* merchandise agency
Handelsartikel [ˈhandəlsartɪkəl] *m/pl* commercial goods *pl*, commodities *pl*, articles *pl*
Handelsbank [ˈhandəlsbaŋk] *f* merchant bank
Handelsbarriere [ˈhandəlsbarjeːrə] *f* trade barrier
Handelsbedingungen [ˈhandəlsbədɪŋuŋən] *f/pl* terms of trade *pl*, trade terms *pl*
Handelsbericht [ˈhandəlsbərɪçt] *m* market report
Handelsbeschränkungen [ˈhandəlsbəʃrɛːŋkuŋən] *f/pl* trade restrictions *pl*
Handelsbesprechung [ˈhandəlsbəʃprɛçuŋ] *f* commercial talks *pl*, trade talks *pl*
Handelsbetrieb [ˈhandəlsbətriːp] *m* business, trade business
Handelsbevollmächtigte(r) [ˈhandəlsbəfɔlmɛːçtɪçtə(-ɐ)] *f/m* general agent
Handelsbezeichnung [ˈhandəlsbətsaɪçnuŋ] *f* trade name, trademark, brand
Handelsbeziehungen [ˈhandəlsbətsiːuŋən] *f/pl* trade relations *pl*
Handelsbilanz [ˈhandəlsbilants] *f* trade balance
Handelsblatt [ˈhandəlsblat] *n* trade journal

Handelsbrauch [ˈhandəlsbraux] *m* trade practice, commercial usage

Handelsbrief [ˈhandəlsbriːf] *m* business letter, commercial letter

Handelsbuch [ˈhandəlsbuːx] *n* commercial book of account

Handelsdefizit [ˈhandəlsdeːfɪtsɪt] *n* trade deficit

Handelseinheit [ˈhandəlsaɪnhaɪt] *f* (Börse) trade unit, unit of trade

handelseinig [ˈhandəlsaɪnɪç] *adj* ~ werden come to terms, agree (upon)

Handelsembargo [ˈhandəlsɛmbargoː] *n* trade embargo

Handelserlaubnis [ˈhandəlsɛrlaupnɪs] *f* trading licence, trading permit

handelsfähig [ˈhandəlsfɛːɪç] *adj (Aktien)* negotiable

Handelsfaktura [ˈhandəlsfaktuːra] *f* commercial invoice

Handelsfreiheit [ˈhandəlsfraɪhaɪt] *f* freedom of trade, liberty of trade

handelsgängig [ˈhandəlsgɛŋɪç] *adj* commercial, marketable, saleable

Handelsgeist [ˈhandəlsgaɪst] *m* commercial spirit

Handelsgeschäfte [ˈhandəlsgəʃɛftə] *n/pl* commercial transactions *pl*

Handelsgesellschaft [ˈhandəlsgəzɛlʃaft] *f* trading enterprise, (trading) cooperative

Handelsgesetz [ˈhandəlsgəzɛts] *n* commercial law

Handelsgesetzbuch [ˈhandəlsgəzɛtsbuːx] *n* Commercial Code

Handelsgewerbe [ˈhandəlsgəwɛrbə] *n* commercial enterprise

Handelsgewinne [ˈhandəlsgəvɪnə] *m/pl* trading profits *pl*

Handelsindex [ˈhandəlsɪndɛks] *m* business index

Handelskammer [ˈhandəlskamɐ] *f* Chamber of Commerce

Handelskapital [ˈhandəlskapitaːl] *n* trading stock

Handelskette [ˈhandəlskɛtə] *f* sales chain

Handelsklasse [ˈhandəlsklasə] *f* grade

Handelsklausel [ˈhandəlsklausəl] *f* trade clause

Handelskreditbrief [ˈhandəlskreditbriːf] *m* commercial letter of credit

Handelskredite [ˈhandəlskreditə] *m/pl* commercial credits *pl*

Handelskrieg [ˈhandəlskriːk] *m* trading warfare

Handelskrise [ˈhandəlskriːzə] *f* commercial crisis

Handelsmakler [ˈhandəlsmaːklɐ] *m* commercial broker

Handelsmarke [ˈhandəlsmarkə] *f* dealer's brand

Handelsmesse [ˈhandəlsmɛsə] *f* trade fair

Handelsmission [ˈhandəlsmɪsjoːn] *f* trade mission

Handelsmonopol [ˈhandəlsmonopoːl] *n* trade monopoly

Handelsniederlassung [ˈhandəlsniːdɐlasuŋ] *f* business establishment

Handelspapiere [ˈhandəlspapiːrə] *n/pl* commercial papers *pl*

Handelspartner [ˈhandəlspaːrtnɐ] *m* trading partner

Handelspolitik [ˈhandəlspolitiːk] *f* trade policy

handelspolitisch [ˈhandəlspoliːtɪʃ] *adj* commercial

Handelsqualität [ˈhandəlskvalitɛːt] *f* trading quality

Handelsrecht [ˈhandəlsrɛçt] *n* commercial law

handelsrechtlich [ˈhandəlsrɛçtlɪç] *adj* under commercial law

Handelsregister [ˈhandəlsregɪstɐ] *n* commercial register

Handelsschranke [ˈhandəlsʃrankə] *f* trade barrier

Handelsschule [ˈhandəlsʃuːlə] *f* business school

Handelssitz [ˈhandəlszɪts] *m* registered seat

Handelsspanne [ˈhandəlsʃpanə] *f* (profit) margin

Handelsstadt [ˈhandəlsʃtat] *f* commercial town, commercial centre

Handelsstraße [ˈhandəlsʃtraːsə] *f* trade route, commercial route

Handelsstreitigkeiten [ˈhandəlsʃtraɪtɪçkaɪtən] *f/pl* trade disputes *pl*

Handelsüberschüsse [ˈhandəlsyːbɐʃʏsə] *m/pl* trading surplus

handelsüblich [ˈhandəlsyːplɪç] *adj* commercial; ~e Bezeichnung trade name, (trade) brand

Handelsusancen [ˈhandəlsyzãːsən] *f/pl* trade practice, custom of trade

Handelsverbot [ˈhandəlsfɛrboːt] *n* prohibition, embargo

Handelsverkehr [ˈhandəlsfɛrkeːɐ] *m* trading, commerce

Handelsvertreter(in) [ˈhandəlsfɛrtreːtɐ(rɪn)] *m/f* commercial representative, salesman, saleswoman

Handelsvertretung [ˈhandəlsfɛrtreːtuŋ] *f* commercial agency

Handelswechsel [ˈhandəlsvɛksəl] *m* trade bill

Handelswert [ˈhandəlsveːrt] *m* trade value, commercial value

Handelszentrum [ˈhandəlstsɛntrum] *n* trading centre

Handelszweig [ˈhandəlstsvaɪk] *m* line of business, business sector

handgearbeitet [ˈhantgəarbaɪtət] *adj* handmade

Handgeld [ˈhantgɛlt] *n* earnest money

handhaben [ˈhanthaːbən] *v (anwenden)* handle, deal with, take care of

Handhabung [ˈhanthaːbuŋ] *f* handling, dealing

Handikap [ˈhɛndikɛp] *n (geschäftlicher Nachteil)* drawback

Handlanger [ˈhantlaŋɐ] *m* helper, handy man *(US)*

Händler(in) [ˈhɛndlɐ(rɪn)] *m/f* trader, merchant

Händlergeschäft [ˈhɛndlɐrgəʃɛft] *n* dealer transaction

Händlerorganisation [ˈhɛndlɐrɔrganizatsjoːn] *f* dealers' organization

Händlerpreis [ˈhɛndlɐrpraɪs] *m* trade price, retail price

Händlerrabatt [ˈhɛndlɐrrabat] *m* discount (price)

Handlungsagent(in) [ˈhandluŋsagɛnt (ɪn)] *m/f* mercantile agent

Handlungsbevollmächtigte(r) [ˈhandluŋsbəfɔlmɛçtɪçtə(-ɐ)] *f/m* (authorized) agent

Handlungsgehilfe [ˈhandluŋsgəhɪlfə] *m* commercial employee, commercial clerk

Handlungsgehilfin [ˈhandluŋsgəhɪlfɪn] *f* (female) commercial employe, commercial clerk

Handlungsreisende(r) [ˈhandluŋsraɪzəndə(-ɐ)] *f/m* travelling salesman, travelling saleswoman

Handlungsspielraum [ˈhandluŋsʃpiːlraum] *m* scope (of action), room for manoeuvre

Handlungsvollmacht [ˈhandluŋsfɔlmaxt] *f* commercial power of attorney

Harmonisierung [harmoniˈziːruŋ] *f* harmonization

harte Währung [ˈhartə ˈvɛːruŋ] *f* hard currency

Härtefall [ˈhɛrtəfal] *m* hardship case, case of hardship

Härtefonds [ˈhɛrtəfõː] *m* hardship fund

Härteklausel [ˈhɛrtəklausəl] *f* hardship clause

Hartgeld [ˈhartgɛlt] *n* metallic currency

Hauptabnehmer(in) [ˈhauptapneːmɐ(rɪn)] *m/f* biggest buyer, biggest purchaser

Hauptaktionär(in) [ˈhauptaktsjoːnɛːr(ɪn)] *m/f* principal shareholder

Hauptanteil [ˈhauptantaɪl] *m* lion's share, principal share

Hauptartikel [ˈhauptartɪkəl] *m* **1.** *(erhältliche Ware)* main article; **2.** *(Herstellung)* major product

Hauptbank [ˈhauptbaŋk] *f* head bank, parent bank

Hauptbeschäftigung [ˈhauptbəʃɛftɪguŋ] *f* main job

Hauptbilanz [ˈhauptbilants] *f* general balance (sheet)

Hauptbuchhaltung [ˈhauptbuːxhaltuŋ] *f* chief accountancy

Hauptfiliale [ˈhauptfiljaːlə] *f* main branch

Hauptgeschäft [ˈhauptgəʃɛft] *n* head office

Hauptgewinn [ˈhauptgəvɪn] *m (finanzieller Ertrag)* main profit

Hauptgläubiger(in) [ˈhauptglɔybɪgɐ(rɪn)] *m/f* main creditor, principal creditor

Hauptkostenstellen [ˈhauptkɔstənʃtelən] *f/pl* production cost centres *pl*

Hauptplatz [ˈhauptplats] *m* main centre

Hauptschuld [ˈhauptʃult] *f* main debt, principal debt

H

Hauptschuldner(in) [ˈhauptʃuldnər (ɪn)] *m/f* main debtor, principal debtor

Hauptsitz [ˈhauptzɪts] *m* head office, main office

Hauptversammlung [ˈhauptfɛrzamluŋ] *f* general meeting, general assembly

Hauptvollmacht [ˈhauptfɔlmaxt] *f* primary power

Hausbank [ˈhausbaŋk] *f* company's bank, firm's bank

Haushaltsdefizit [ˈhaushaltsdeːfitsɪt] *n* budgetary deficit

Haushaltsgesetz [ˈhaushaltsgəsɛts] *n* budget law

Haushaltsjahr [ˈhaushaltsjaːɐ] *n* fiscal year, financial year

Haushaltskredit [ˈhaushaltskrediːt] *m* budget credit

Haushaltsloch [ˈhaushaltslɔx] *n* budget deficit, whole in the budget

Haushaltsplan [ˈhaushaltsplaːn] *m* budget; in *den ~ aufnehmen* include in the budget

Haushaltsüberschuss [ˈhaushaltsyːbərʃus] *f* budget surplus

Haushaltsvorlage [ˈhaushaltsfoːrlaːgə] *f* proposed budget, estimated budget

Haussier [(h)oˈsjeː] *m* bull

Havarie [havaˈriː] *f* damage at sea

Havariezertifikat [havaˈriːtsɛrtifikaːt] *n* damage report

Headhunter [ˈhɛdˈhantɐ] *m* head hunter

Hedgefonds [ˈhɛdʒfɔ̃] *n* hedge fund

Hedgegeschäft [ˈhɛdʒgəʃɛft] *n* hedge operation

Hedging [ˈhɛdʒɪŋ] *n* hedging

heißes Geld [ˈhaisəs ˈgɛlt] *n* hot money

Herabsetzung des Grundkapitals [hɛˈrapsɛtsuŋ dɛs ˈgruntkapitaːls] *f* reduction of the share capital

Herausgabeanspruch [hɛˈrausgaːbəanʃprux] *m* claim for return

Herbstmesse [ˈhɛrpstmɛsə] *f* autumn fair

Herkunftsland [ˈheːrkunftsland] *n* country of origin

herstellen [ˈherstɛlən] *v* manufacture, produce, fabricate

Hersteller(in) [ˈherstɛlɐ(rɪn)] *m/f* manufacturer

Herstellkosten [ˈherstɛlkɔstən] *pl* product cost, cost of production

heterogene Güter [ˈheteroɡeːnə ˈgyːtɐ] *n/pl* heterogeneous goods *pl*

Hifo (highest in – first out) [ˈhiːfo] *adj* highest in – first out (hifo)

Hifo-Verfahren [ˈhiːfoɐˈfaːrən] *n* Hifo-procedure

Hilfskostenstelle [ˈhɪlfskɔstənʃtɛlə] *f* service cost centres *pl*

Hilfsstoffe [ˈhɪlfsʃtɔfə] *m/pl* supplies *pl*

Hinterlegung [ˈhɪntərleːguŋ] *f* deposit

Hinterziehung [ˈhɪntərtsiːuŋ] *f* evasion of taxes

historische Wertpapiere [hɪstoːrɪʃə ˈveːrtpapiːrə] *n/pl* historical securities *pl*

Hochkonjunktur [hoːxˈkɔnjunktuɐ] *f* booming economy; *~ haben* boom; *finanzielle ~* financial boom; *wirtschaftliche ~* economic boom; *Inflation bei ~* boomflation

Hochregallager [ˈhoːxregaːllaːgɐ] *n* high-bay storage

Höchstkurs [ˈhøːçstkurs] *m* highest rate

Höchstpreis [ˈhøːçstprais] *m* top price, maximum price

Höchststimmrecht [ˈhøːçstʃtɪmrɛçt] *n* maximum voting right

Höchstwertprinzip [ˈhøːçstweːrtprɪntsiːp] *n* principle of highest value

Hochzinspolitik [ˈhoːxtsɪnspolitiːk] *f* high interest rate policy

Hoffnungswert [ˈhɔfnuŋsweːrt] *m* speculative security

Höherversicherung [ˈhøːərfɛrsɪxəruŋ] *f* upgraded insurance

Holdinggesellschaft [ˈhoːldɪŋgəsɛlʃaft] *f* holding company

Holschuld [ˈhoːlʃult] *f* collectible by the debtor/creditor

Homebanking [ˈhoːmbɛŋkɪŋ] *n* home banking

homogene Güter [hoːmoˈgeːnə ˈgyːtɐ] *n/pl* homogeneous products *pl*

Honorar [ˈhonoraːɐ] *n* fee

horizontale Diversifikation [horitsɔnˈtaːlə ˈdivɛrzifikatsjoːn] *f* horizontal diversification

horizontale Finanzierungsregeln [horitsɔnˈtaːlə finatsiːruŋsreːgəln] *f/pl* horizontal financing rules *pl*

H

horizontale Unternehmenskonzentration [horitsɔn'taːlə untər'neːmənskɔntsɛntratsjoːn] f horizontal corporate concentration

horizontale Wettbewerbsbeschränkung [horitsɔn'taːlə 'vɛtbəwərpsbəʃrɛŋkuŋ] f horizontal restraints of competition pl

Humankapital [huˈmaːnkapɪtaːl] n human resources pl, human capital

Human Relations ['juːmɛn riːˈleːʃəns] f/pl human relations pl

Human Resources ['juːmɛn riːˈzɔrsəs] f/pl human resources pl

Hybridantrieb [hyˈbriːdantriːp] m hybrid drive

hybride Finanzierungsinstrumente [hyˈbriːdə finanˈtsiːruŋsɪnstrumɛntə] n/pl hybrid financing instruments pl

hybride Organisationsformen [hyˈbriːdə ɔrganizatsjoːnsfɔrmən] f/pl hybrid forms of organization pl

hybride Wettbewerbsstrategien [hyˈbriːdə 'vɛtbəwɛrbsʃtrategiːən] f/pl hybrid competitive strategies pl

Hyperinflation ['hyːpərɪnflatsjoːn] f hyperinflation

Hypothek [hypoˈteːk] f mortgage (loan); eine ~ aufnehmen take out a mortgage

Hypothekarkredit [hypoteːˈkaːrkreːdit] m mortgage loan

Hypothekenbank [hypoˈteːkənbaŋk] f mortgage bank

Hypothekenbankgesetz [hypoˈteːkənbaŋkgəsets] n mortgage bank law

Hypothekenbrief [hypoˈteːkənbriːf] m mortgage deed

Hypothekengewinnabgabe [hypoˈteːkəngəvɪnapgaːbə] f levy on mortgage profits

Hypothekenpfandbrief [hypoˈteːkənpfandbriːf] m mortgage debenture

Hypothekenregister [hypoˈteːkənreːgɪstɐ] n mortgage register

Hypothekenversicherung [hypoˈteːkənfɛrzɪçəruŋ] f mortgage insurance

Hypothese [hypoˈteːzə] f hypothesis

hypothetisch [hypoˈteːtiʃ] adj hypothetical

H

I

IBAN [ˈiːbaːn] *f* international bank account number, IBAN

Icon [ˈaɪkɔn] *n (EDV)* icon

Identifikationsnummer (PIN, PIN-Code) [identifikatsˈjoːnsnumɐ] *f* personal identity number

identifizierbar [identifiˈtsiːrbaːɐ] *adj* identifiable

Identität [identiˈtɛːt] *f* identity

Identitätsnachweis [identiˈtɛːtsnaxvaɪz] *m* proof of identity

Illiquidität [ɪlikvidiˈtɛːt] *f* non-liquidity, illiquidity

im Auftrag [ɪm ˈaʊftraːk] by order

im Aufwind [ɪm ˈaʊfvɪnt] on the way up

im Ausland [ɪm ˈaʊslant] abroad

im Markt sein [ɪm ˈmarkt saɪn] *v* to be in the market

im Preis inbegriffen [ɪm praɪz ˈɪnbəgrɪfən] *adj* included in the price

Image [ˈɪmɪtʃ] *n* image

Imagepflege [ˈɪmɪtʃpfleːgə] *f* image cultivation, building of (an) image

imaginärer Gewinn [ˈɪmaːginɛːrər gəˈvin] *m* imaginary profit

Imitation [imitaˈtsjoːn] *f* 1. *(Fälschung)* fake; 2. *(Imitation)* copy

immaterielle Werte [ˈɪmaterjɛlə ˈveːrtə] *m/pl* intangible assets *pl*

immaterielles Vermögen [ˈɪmaterjɛləs fɛrˈmøːgən] *n* intangible assets *pl*

Immobiliarkredit [ɪmobilˈjaːrkrediːt] *m* real estate credit

Immobilie [imoˈbiːljə] *f* item of real estate

Immobilien [imoˈbiːljən] *f/pl* immovables *pl*

Immobilienfonds [imoˈbiːljənfɔ̃] *m* real estate fund

Immobilienleasing [imoˈbiːljənliːsɪŋ] *n* real estate leasing

Immobilienmakler(in) [imoˈbiːljənmaːklɐ(rɪn)] *m/f* (real) estate agent

Immobilienmarkt [imoˈbiːljənmarkt] *m* property market

Immunität [imuˈniːtɛːt] *f* immunity

Implementierung [ɪmpləmənˈtiːruŋ] *f* implementation

Importartikel [ɪmˈpɔrtartɪkəl] *m* imported goods *pl*

Importbeschränkungen [ɪmˈpɔrtbəʃrɛŋkuŋən] *f/pl* import restrictions *pl*

Import [ɪmˈpɔrt] *m* import

Importdepot [ɪmˈpɔrtdeːpoː] *n* import deposit

Importfinanzierung [ɪmˈpɔrtfinantsiːruŋ] *f* import financing

Importhandel [ɪmˈpɔrthandəl] *m* import trade

importierte Inflation [ɪmpɔrˈtiːrtə ɪnflaˈtsjoːn] *f* imported inflation

Importkartell [ɪmˈpɔrtkartɛl] *n* import cartel

Importkontingent [ɪmˈpɔrtkɔntiŋgɛnt] *n* import quota

Importquote [ɪmˈpɔrtkvoːtə] *f* import quota, propensity of import

Importrestriktionen [ɪmˈpɔrtreːstrɪktsjoːnən] *f/pl* import restrictions *pl*

Importrückgang [ɪmˈpɔrtrʏkgaŋ] *m* decline in import

Importstopp [ɪmˈpɔrtʃtɔp] *m* ban on imports

Importzoll [ɪmˈpɔrttsɔl] *m* import duty

Impulskauf [ɪmˈpulzkauf] *m* impulse purchase

in bar [ɪn ˈbaːɐ] in cash

in Kraft [ɪn ˈkraft] effective, in force

in Liquidation [ɪn lɪkvidatˈsjoːn] in liquidation

in zweifacher Ausfertigung [ɪn ˈtsvaɪfaxər ˈaʊzfɛrtiguŋ] in duplicate

Inanspruchnahme von Kredit [ɪnˈanʃpruxnaːmə fɔn kreˈdiːt] *f* availment of credit

Incentives [ɪnˈzɛntɪfs] *f/pl* incentives *pl*

Incoterms (International Commercial Terms) [ˈɪŋkotœrms (ɪntərˈnɛʃənəl kɔˈmərʃəl ˈtœrms)] *m/pl* Incoterms *pl*

Index [ˈɪndɛks] *m* index

Indexanleihe [ˈɪndɛksanlaɪjə] *f* index-linked loan

Indexbindung [ˈɪndɛksbɪnduŋ] *f* index-linking

Indexierung [ɪndɛks'i:ruŋ] *f* indexation
Indexklausel ['ɪndɛksklauzəl] *f* index clause
Indexlohn ['ɪndɛkslo:n] *m* index-linked wage
Indexwährung ['ɪndɛksvɛ:ruŋ] *f* index-linked currency
indifferentes Geschäft ['ɪndɪfərɛntəs 'geʃɛft] *n* neutral banking transactions
Indikator [ɪndi'ka:tor] *m* indicator
indirekte Abschreibung ['ɪndirɛktə 'apʃraibuŋ] *f* indirect method of depreciation
indirekte Investition ['ɪndirɛktə ɪnvɛsti'tsjo:n] *f* portfolio investments *pl*
indirekte Steuern ['ɪndirɛktə 'ʃtɔyɐn] *f/pl* indirect taxes *pl*
indirekter Absatz ['ɪndirɛktər 'apzats] *m* indirect selling
Individualarbeitsrecht [ɪndividu'a:larbaitsrɛçt] *n* individual labor law
Individualbedürfnis [ɪndividu'a:lbədyrfnɪs] *n* individual need
Individualeinkommen [ɪndividu'a:laɪnkɔmən] *n* individual income
Individualverkehr [ɪndividu'a:lfɛrke:ɐ] *m* private transportation
individuelles Sparen [ɪndividu'ɛləs 'ʃpa:rən] *n* saving by private households
indossable Wertpapiere [ɪndɔ'sa:blə 've:rtpapi:rə] *n/pl* endorsable securities *pl*
Indossament [ɪndɔsa'mɛnt] *n* endorsement
Indossamentverbindlichkeiten [ɪndɔsa'mɛntfərbɪndlɪçkaɪtən] *f/pl* endorsement liabilities *pl*
Indossant [ɪndɔ'sant] *m* endorser
Indossatar [ɪndɔsa'ta:ɐ] *m* endorsee
Industrial Design [ɪn'dastriəl di'zaɪn] *n* industrial design
Industrieabfall [ɪndus'tri:apfal] *m* industrial waste
Industrieaktie [ɪndus'tri:aktsjə] *f* industrial shares *pl*
Industrieanleihe [ɪndus'tri:anlaɪjə] *f* industrial loan, corporate loan
Industrieberater(in) [ɪndus'tri:bəra:tɐ(rɪn)] *m/f* industrial consultant
Industriebetrieb [ɪndus'tri:bətri:p] *m* industrial enterprise
Industriebörse [ɪndus'tri:bœrzə] *f* industrial stock exchange

Industrieerzeugnisse [ɪndus'tri:ɛrtsɔyknɪsə] *n/pl* industrial products *pl*
Industriegebiet [ɪndus'tri:gəbi:t] *n* industrial area, industrial region
Industriegesellschaft [ɪndus'tri:gəzɛlʃaft] *f* industrial society, industrial association
Industriegewerkschaft (IG) [ɪndus'tri:gevɐrkʃaft] *f* industry-wide union
Industriekonsortium [ɪndus'tri:kɔnzɔrtsjum] *n* industrial syndicate
Industriekontenrahmen (IKR) [ɪndus'tri:kɔntənra:mən] *m* uniform classification of accounts for industrial enterprises
Industriekonzern [ɪndus'tri:kɔntsɛrn] *m* industrial enterprise
Industriekredit [ɪndus'tri:kredi:t] *m* industrial loan
Industriekreditbank [ɪndus'tri:kredi:tbaŋk] *f* industrial credit bank
Industrienorm [ɪndus'tri:nɔrm] *f* industrial standard
Industrieobligation [ɪndus'tri:ɔpligatsjo:n] *f* industrial bond
Industriepotenzial [ɪndus'tri:potɛntsja:l] *n* industrial capacity
Industrieroboter [ɪndus'tri:ro:botɐ] *m* industrial robot
Industriespionage [ɪndus'tri:ʃpiona:ʒə] *f* industrial espionage
Industriestandard [ɪndus'tri:ʃtandart] *m* industry standard
Industrie- und Handelskammer (IHK) [ɪndus'tri: unt 'handəlskamɐ] *f* Chamber of Industry and Commerce
Industriewirtschaft [ɪndus'tri:vɪrtʃaft] *f* industry
inferiore Güter [ɪnfər'jo:rə 'gy:tɐ] *n/pl* inferior goods *pl*
Inflation [ɪnflats'jo:n] *f* inflation
inflationär [ɪnflatsjo'nɛ:ɐ] *adj* inflationary
Inflationsausgleich [ɪnflats'jo:nsausglaɪç] *m* inflationary adjustment, adjustment in inflation
Inflationsbekämpfung [ɪnflats'jo:nsbəkempfuŋ] *f* struggle against inflation
Inflationsbeschleunigung [ɪnflats'jo:nsbəʃlɔyniguŋ] *f* acceleration of inflation

Inflationserscheinungen [ɪnflats'joːnsɛrʃaɪnuŋən] f/pl inflationary symptoms pl

Inflationserwartung [ɪnflats'joːnsɛrvartuŋ] f expected inflation

inflationshemmend [ɪnflats'joːnshɛmənt] adj anti-inflationary, against inflation

Inflationsimport [ɪnflats'joːnsɪmpɔrt] m inflation import

Inflationsrate [ɪnflats'joːnsraːtə] f rate of inflation

Inflationsrückgang [ɪnflats'joːnsrʏkgaŋ] m drop in inflation

Inflationszeit [ɪnflats'joːnstsait] f inflationary period

Informatik [ɪnfɔr'maːtɪk] f data processing

Informatiker(in) [ɪnfɔr'maːtikɐ(rɪn)] m/f computer scientist

Information [ɪnfɔrma'tsjoːn] f information

Informationsaustausch [ɪnfɔrma'tsjoːnsaustauʃ] m information exchange, exchange of information

Informationsbedarf [ɪnfɔrma'tsjoːnsbədarf] m information demand

Informationsbeschaffung [ɪnfɔrma'tsjoːnsbəʃafuŋ] f information search

Informationsbroker(in) [ɪnfɔrma'tsjoːnsbroːkɐ(rɪn)] m/f information broker

Informationsdienste [ɪnfɔrma'tsjoːnsdiːnstə] m/pl information services pl

Informationsinhalt [ɪnfɔrma'tsjoːnsɪnhalt] m information content

Informationsmanagement [ɪnfɔrma'tsjoːnsmɛnɛtʃmɛnt] n information resource management

Informationsmärkte [ɪnfɔrma'tsjoːnsmɛrktə] m/pl information markets pl

Informationsrecht [ɪnfɔrma'tsjoːnsrɛçt] n right to information

Informationssystem [ɪnfɔrma'tsjoːnszysteːm] n information system

Informationstechnologie [ɪnfɔrma'tsjoːnstɛçnologiː] f information technology

Informationstheorie [ɪnfɔrma'tsjoːnsteːoriː] f information theory

Informations- und Kommunikationssystem (IuK-System) [ɪnfɔrma'tsjoːns- unt 'kɔmunikatsjoːnszysteːm] n information and communications system

Informationsweg [ɪnfɔrma'tsjoːnsveːk] m information channel

Informationswert [ɪnfɔrma'tsjoːnsveːrt] m information value

informelle Gruppen ['ɪnfɔrmɛlə 'grupən] f/pl informal groups pl

informelle Organisation ['ɪnfɔrmɛlə ɔrganiza'tsjoːn] f informal organization

Infrastruktur ['ɪnfraʃtruktuːɐ] f infrastructure

Infrastrukturkredit ['ɪnfraʃtruktuːrkrediːt] m infrastructural credit

Infrastrukturmaßnahmen ['ɪnfraʃtruktuːrmaznaːmən] f/pl infrastructural measures pl

Infrastrukturpolitik ['ɪnfraʃtruktuːrpolitiːk] f infrastructure policy

Ingangsetzung [ɪn'gaŋsɛtsuŋ] f start-up; ~en f/pl startings

Ingangsetzungskosten [ɪn'gaŋsɛtsuŋskɔstən] pl startup costs pl

Inhaber(in) ['ɪnhaːbɐ(rɪn)] m/f proprietor, occupant, holder

Inhaberaktie ['ɪnhaːbəraktsje:] f bearer share

Inhabergrundschuld ['ɪnhaːbərgruntʃʌlt] f bearer land charge

Inhaberhypothek ['ɪnhaːbərhypoteːk] f bearer-type mortgage

Inhaberindossament ['ɪnhaːbərɪndɔsament] n endorsement made out to bearer

Inhaberklausel ['ɪnhaːbərklauzəl] f bearer clause

Inhaberpapier ['ɪnhaːbərpapiːɐ] n bearer instrument, bearer securities pl

Inhaberscheck ['ɪnhaːbərʃɛk] m bearer cheque

Inhaberschuldverschreibung ['ɪnhaːbərʃʌltfɛrʃraɪbuŋ] f bearer bond

Inhaberzertifikat ['ɪnhaːbɐtsertifikaːt] n bearer certificate, certificate of bearer

Inhaltsnormen ['ɪnhaltsnɔrmən] f/pl content norms pl

Inhouse-Banking ['ɪnhauzbɛŋkɪŋ] n inhouse banking

Initiativrecht [ɪnitsja'tiːfsrɛçt] n initiative right

Initiator(in) [ini'tsja:toːr/initsja'toːrɪn] m/f initiator

Inkasso [ɪn'kaso] n 1. collection, collection procedure; 2. cash against documents

Inkassoabteilung [ɪn'kasoaptailuŋ] f collection department

Inkassoakzept [ɪnˈkasoaktsɛpt] *n* acceptance for collection

inkassoberechtigt [ɪnˈkasobərɛçtiçt] *adj* authorised to undertake collection

Inkassogebühr [ɪnˈkasogəbyːɐ] *f* collection fee

Inkassogeschäft [ɪnˈkasogəʃɛft] *n* collection business

Inkasso-Indossament [ɪnˈkasoɪndɔsamɛnt] *n* endorsement for collection

Inkassoprovision [ɪnˈkasoprovizjoːn] *f* collection commission

Inkassovollmacht [ɪnˈkasofɔlmaxt] *f* right to collect

Inkassowechsel [ɪnˈkasovɛksəl] *m* bill for collection, collection draft

Inklusivpreise [ɪnkluˈziːfpraizə] *m/pl* inclusive prices *pl*, all-in-all prices *pl*

inkulant [ˈɪnkulant] *adv* unaccommodating, petty

Inländer [ˈɪnlɛndɐ] *m* national resident

Inländerkonvertibilität [ˈɪnlɛndɐkɔnvɛrtibiliteːt] *f* convertibility for residents

inländisch [ˈɪnlɛndɪʃ] *adj* home, domestic

Inlandsabsatz [ˈɪnlantsapzats] *m* domestic sales *pl*

Inlandshandel [ˈɪnlantshandəl] *m* domestic trade

Inlandsmarkt [ˈɪnlantsmarkt] *m* domestic market

Inlandsnachfrage [ˈɪnlantsnaːxfraːgə] *f* home demand

Inlandstarif [ˈɪnlantstariːf] *m* domestic rate

Inlandsvermögen [ˈɪnlantsfɐrmøːgən] *n* domestic capital

Innenfinanzierung [ˈɪnənfinantsiruŋ] *f* internal financing

Innenfinanzierungskennzahl [ˈɪnənfinantsiːruŋskɛntsaːl] *f* self-generated financing ratio

Innengeld [ˈɪnəngɛlt] *n* inside money

Innengesellschaft [ˈɪnəngəsɛlʃaft] *f* internal partnership

Innenkonsortium [ˈɪnənkɔnzɔrtsjum] *n* internal syndicate

innerbetrieblich [ˈɪnərbətriːpliç] *adj* internal

innerbetriebliche Leistungen [ˈɪnərbətriːpliçə ˈlaɪstuŋən] *f/pl* internal services *pl*

innerbetriebliche Weiterbildung [ˈɪnərbətriːpliçə ˈvaɪtərbɪlduŋ] *f* in-service training

innere Kündigung [ˈɪnərə ˈkyndiguŋ] *f* inner notice to terminate

innerer Wert [ˈɪnərər veːrt] *m* intrinsic value

innergemeinschaftliche Lieferungen [ˈɪnərgəmaɪnʃaftliçə ˈliːfəruŋən] *f/pl* intra-community deliveries *pl*

innergemeinschaftlicher Verkehr [ˈɪnərgəmaɪnʃaftliçər fərˈkeːɐ] *m* intra-community trade

Innovation [ɪnovaˈtsjoːn] *f* innovation

Innovationsförderung [ɪnovaˈtsjoːnsfœrdəruŋ] *f* promotion of original innovation

innovationsfreudig [ɪnovaˈtsjoːnsfrɔydiç] *adj* innovative

Innovationsmanagement [ɪnovaˈtsjoːnsmɛnɛtʃmɛnt] *n* innovation management

Innovationspotenzial [ɪnovaˈtsjoːnspotɛntsjaːl] *n* innovative capabilities *pl*, innovative potential

Innovationsschub [ɪnovaˈtsjoːnsʃup] *m* technology push

Innung [ˈɪnuŋ] *f* trade guild

Innungsverband [ˈɪnuŋsfɛrbant] *m* society of trade guilds

Input [ˈɪnput] *m* input

Input-Output-Analyse [ˈɪnputˈautputanaˈlyːzə] *f* input-output analysis

Insichgeschäft [ˈɪnsɪçgəʃɛft] *n* self-dealing, self contracting

Insiderhandel [ˈɪnzaɪdərhandəl] *m* insider trading

Insiderinformation [ˈɪnzaɪdərɪnfɔrmatsjoːn] *f* insider information

Insiderpapier [ˈɪnzaɪdərpapiːɐ] *n* insider security

insolvent [ɪnzɔlˈvɔnt] *adj* insolvent

Insolvenz [ɪnzɔlˈvɛnts] *f* insolvency, inability to pay

Insolvenzverfahren [ɪnzɔlˈvɛntsfɛɐfaːrən] *n* insolvency proceedings *pl*

Insolvenzverwalter [ɪnzɔlˈvɛntsfɛɐvaltə] *m* insolvency administrator

Instanz [ɪnˈstants] *f* **1.** *(Rechtswesen)* instance; **2.** *(Organisation)* management unit, authority

institutionelle Anleger ['ɪnstitutsjonɛlə 'anleːgɐ] *m/pl* institutional investors *pl*

intangible Effekte [ɪntaŋ'giːblə e'fɛktə] *m/pl* intangible stocks and bonds *pl*

Interaktionstheorie [ɪntərak'tsjoːnsteːoriː] *f* theory of interaction

Interbankensätze ['ɪntərbaŋkənsɛtsə] *m/pl* interbank rates *pl*

Interbankrate ['ɪntərbaŋkraːtə] *f* interbank rate

Interdependenz [ɪntərdeːpɛn'dɛnts] *f* interdependence

Interesse [ɪntə'rɛsə] *n* interest

Interessenausgleich [ɪntə'rɛsənausglaɪç] *m* accommodation of conflicting interests

Interessengemeinschaft [ɪntə'rɛsəngəmaɪnʃaft] *f* pooling of interests, community of interests

Interessent [ɪntərɛ'sɛnt] *m* interested party

Interessentenkreis [ɪntərɛ'sɛntənkrais] *m* prospective purchasers *pl*

Interessenverband [ɪntə'rɛsənfɛrbant] *m* interest group, pressure group

Interessenvertretung [ɪntə'rɛsənfɛrtreːtuŋ] *f* lobby

Interessenwert [ɪntə'rɛsənveːrt] *m* vested interest stock

Interimsabkommen ['ɪntərɪmsapkɔmən] *n* temporary agreement, temporary solution

Interimslösung ['ɪntərɪmsløːzuŋ] *f* interim solution

Internalisierung externer Effekte [ɪntɛrnaliˈziːruŋ ɛksˈtɛrnər eˈfɛktə] *f* internalization of external effects

international ['ɪntɛrnatsjonaːl] *adj* international

International Commercial Terms (Incoterms) [ɪntərˈnɛʃənəl kɔˈmœrʃəl tœrms ('ɪnkɔtœrms)] *pl* International Commercial Terms (Incoterms)

Internationale Devisenbörsen ['ɪntərnatsjonaːlə dəˈviːzənbœrzən] *f/pl* international foreign exchange markets *pl*

Internationale Entwicklungsorganisation ['ɪntɛrnatsjonaːlə ɛntˈvikluŋsɔrganiːzatsjoːn] *f* International Development Association (IDA)

Internationale Finanzierungsgesellschaft ['ɪntɛrnatsjonaːlə finanˈtsiː-ruŋsgəsɛlʃaft] *f* International Finance Corporation (IFC)

internationale Kreditmärkte ['ɪntɛrnatsjonaːlə kreˈdiːtmɛrktə] *m/pl* international credit markets *pl*

internationale Liquidität ['ɪntɛrnatsjonaːlə likvidiˈtɛːt] *f* international cash position

internationale Produkthaftung ['ɪntɛrnatsjonaːlə proˈdukthaftuŋ] *f* international product liability

Internationale Vereinigung der Wertpapierbörsen ['ɪntɛrnatsjonaːlə fərˈainiguŋ deːr ˈveːrtpapiːrbœrzən] *f* International Federation of Stock Exchanges

internationale Verschuldung ['ɪntɛrnatsjonaːlə fərˈʃulduŋ] *f* international indebtedness

internationale Warenbörsen ['ɪntɛrnatsjonaːlə ˈvaːrənbœrzən] *f/pl* international commodity exchange

internationaler Frachtbrief ['ɪntɛrnatsjonaːlər ˈfraxtbriːf] *m* international consignment note

internationaler Kapitalverkehr ['ɪntɛrnatsjonaːlər kapiˈtaːlfərkeːɐ] *m* international capital transactions *pl*, international capital movements *pl*

internationaler Preiszusammenhang ['ɪntɛrnatsjonaːlər ˈpraɪtszuzamənhaŋ] *m* international price system

Internationaler Währungsfonds (IWF) ['ɪntɛrnatsjonaːlər ˈveːruŋsfõː] *m* International Monetary Funds (IMF)

internationaler Zahlungsverkehr ['ɪntɛrnatsjonaːlər ˈtsaːluŋsfərkeːɐ] *m* international payments *pl*

internationales Finanzsystem ['ɪntɛrnatsjonaːləs fɪˈnantszʏsteːm] *n* international financial system

internationales Währungssystem ['ɪntɛrnatsjonaːləs ˈveːruŋszyste:m] *n* international monetary system

Internationalisierungsgrad ['ɪntɛrnatsjonalizi:ruŋsgraːt] *m* level of internationalization

Internationalisierungsstrategie ['ɪntɛrnatsjonalizi:ruŋsʃtrategiː] *f* internationalization strategy

interne Revision [ɪnˈtɛrnə reːviˈzjoːn] *f* internal audit

interner Zinsfuß [ɪnˈtɛrnər ˈtsɪnsfuːz] *m* internal interest rate

internes Kontrollsystem (IKS) [ɪnˈtɛrnəs kɔnˈtrɔlzysteːm] *n* system of internal audits

internes Rechnungswesen [ɪnˈtɛrnəs ˈrɛçnuŋsveːzən] *n* internal accounting

internes Überwachungssystem [ɪnˈtɛrnəs ybərˈvaxuŋszysteːm] *n* internal supervision system

Internet-Ökonomie [ˈɪntərnɛtœkonomiː] *f* Internet economy

Interpolation [ɪntərpolaˈtsjoːn] *f* interpolation

intertemporaler Handel [ɪntərtɛmpoˈraːlər ˈhandəl] *m* intertemporal trade

intervenieren [ɪntərvɛnˈiːrən] *v* interfere

Intervention [ɪntərvɛnˈtsjoːn] *f* intervention

Interventionskäufe [ɪntərvɛnˈtsjoːnskɔyfə] *m/pl* intervention buying

Interventionspflicht [ɪntərvɛnˈtsjoːnspflɪçt] *f* obligation to intervene

Intrahandelsstatistik [ˈɪntrahandəlsʃtatɪstɪk] *f* intra-trade statistics

Intranet [ˈɪntranɛt] *n* intranet

intrinsische Motivation [ɪnˈtrɪnzɪʃə motivaˈtsjoːn] *f* intrinsic motivation

Inventar [ɪnvɛnˈtaːɐ] *n* inventory

Inventarwert [ɪnvɛnˈtaːrveːrt] *m* inventory value

Inventur [ɪnvɛnˈtuːɐ] *f* stocktaking, inventory

Inventurbilanz [ɪnvɛnˈtuːrbiːlants] *f* inventory balance sheet

Inventurbuch [ɪnvɛnˈtuːrbuːx] *n* inventory book

inverse Zinsstruktur [ɪnˈvɛrzə ˈtsɪnsʃtruktuːɐ] *f* inverse interest rate structure

investiertes Kapital [ɪnvɛsˈtiːrtəs kapiˈtaːl] *n* invested capital

Investition [ɪnvɛstiˈtsjoːn] *f* investment

Investitionsabgaben [ɪnvɛstiˈtsjoːnsapgaːbən] *f/pl* investment taxes *pl*

Investitionsbank [ɪnvɛstiˈtsjoːnsbaŋk] *f* investment bank

investitionsfördernde Maßnahmen [ɪnvɛstiˈtsjoːnsfœrdərndə ˈmaːsnaːmən] *f/pl* measures of investment assistance *pl*

Investitionsförderung [ɪnvɛstiˈtsjoːnsfœrdəruŋ] *f* investment promotion

Investitionsgüter [ɪnvɛstiˈtsjoːnsgyːtə] *n/pl* capital goods *pl*

Investitionskennzahl [ɪnvɛstiˈtsjoːnskɛntsaːl] *f* investment index

Investitionskraft [ɪnvɛstiˈtsjoːnskraft] *f* investment potential, investment capacity

Investitionskredit [ɪnvɛstiˈtsjoːnskrediːt] *m* investment loan

Investitionsobjekt [ɪnvɛstiˈtsjoːnsɔpjɛkt] *n* object of capital expenditure

Investitionsplan [ɪnvɛstiˈtsjoːnsplaːn] *m* investment scheme

Investitionsquote [ɪnvɛstiˈtsjoːnskvotə] *f* investment ratio

Investitionsrechnung [ɪnvɛstiˈtsjoːnsreçnuŋ] *f* investment appraisal

Investitionsrisiko [ɪnvɛstiˈtsjoːnsrisiko] *n* business risk

Investitionsschutz [ɪnvɛstiˈtsjoːnsʃuts] *m* protection of investment

Investitionsstau [ɪnvɛstiˈtsjoːnsʃtau] *m* investment bottleneck, slowdown in investment

Investitionssteuer [ɪnvɛstiˈtsjoːnsʃtɔyɐ] *f* investment tax

Investitionsverbot [ɪnvɛstiˈtsjoːnsfərboːt] *n* prohibition of investment

Investitionszulage [ɪnvɛstiˈtsjoːnstsuːlaːgə] *f* investment grant

Investmentanteil [ɪnˈvɛstmɛntantaɪl] *m* investment share

Investmentbank [ɪnˈvɛstmɛntbaŋk] *f* investment bank

Investmentgesellschaft [ɪnˈvɛstmɛntgəzelʃaft] *f* investment company

Investmentzertifikat [ɪnˈvɛstmɛnttsɛrtifikaːt] *n* investment certificate

Irrtum vorbehalten [ˈɪrtuːm foːrbəhaltən] errors excepted

Irrtümer und Auslassungen vorbehalten (E. & O.E.) [ˈɪrtyːmər unt ˈauslasuŋən ˈfoːrbəhaltən] errors and omissions excepted (E. & O.E.)

ISO-Normen [ˈiːzonɔrmən] *f/pl* ISO standards *pl*

Istanalyse [ˈɪstanalyːzə] *f* analysis of actual performance

Istkosten [ˈɪstkɔstən] *pl* actual costs *pl*

Istkostenrechnung [ˈɪstkɔstənreçnuŋ] *f* actual cost system

Istzahlen [ˈɪsttsaːlən] *f/pl* actual figures *pl*, actuals *pl*

J/K

Jahresabschluss [ˈjaːrəsapʃlʊs] *m* annual accounts *pl*, year-end results *pl*

Jahresabschlussprüfung [ˈjaːrəsapʃlʊspryːfʊŋ] *f* annual audit

Jahresarbeitsvertrag [ˈjaːrəsarbaɪtsfɛrtraːk] *m* one-year contract of employment

Jahresbedarf [ˈjaːrəsbədarf] *m* annual demand, annual requirement

Jahresbilanz [ˈjaːrəsbilants] *f* annual balance sheet

Jahreseinkommen [ˈjaːrəsaɪnkɔmən] *n* annual income

Jahresfehlbetrag [jaːrəsˈfeːlbətraːk] *m* net loss for the year

Jahresfixum [ˈjaːrəsfɪksʊm] *n* fixed annual salary

Jahresgewinn [ˈjaːrəsgəvɪn] *m* annual profits *pl*

Jahresgutachten [ˈjaːrəsguːtaxtən] *n* annual report

Jahreshauptversammlung [jaːrəsˈhauptfɛrzamlʊŋ] *f* annual general meeting (AGM)

Jahresplaner [ˈjaːrəsplaːnɐ] *m* year planner

Jahresüberschuss [ˈjaːrəsyːbɐʃʊs] *m* annual surplus

Jahreswirtschaftsbericht [jaːrəsˈvɪrtʃaftsbərɪçt] *m* Annual Economic Report

jährlich [ˈjɛːrlɪç] *adj* annual

Job Enlargement [ˈtʃɔp ɪnˈlartʃmɛnt] *n* job enlargement

Job Enrichment [ˈtʃɔp ɪnˈrɪtʃmɛnt] *n* job enrichment

Job Evaluation [ˈtʃɔp ˈivɛljueɪʃən] *f* job evaluation

Jobkiller [ˈtʃɔpˈkɪlɐ] *m* job killer

Job Rotation [ˈtʃɔp rotaˈtsjoːn/roˈteɪʃən] *f* job rotation

Jobsharing [ˈtʃɔpˈʃɛːrɪŋ] *n* job sharing

Jobber [ˈtʃɔbɐ] *m* jobber

Joint Venture [ˈtʃɔynt ˈvɛntʃɐ] *n* joint venture

Journal [ʒurˈnaːl] *n* journal

Jubiläumsverkauf [juːbiˈlɛːumsfɛrkauf] *m* anniversary sales *pl*

Jugendarbeitsschutz [jugəndˈarbaɪtsʃʊts] *m* youth employment protection

Jugendvertretung [ˈjuːgəndfɛrtreːtuŋ] *f* youth representatives *pl*

junge Aktien [jʊŋə ˈaktsiːən] *f/pl* new shares *pl*

Jungscheinverkehr [ˈjʊŋʃaɪnfɛrkeːɐ] *m* new issue giro transfer system

juristische Person [juˈrɪstɪʃə pɛrˈzoːn] *f* legal person, legal entity

just in time (JIT) [tʃast ɪn taɪm] *adj* just in time (JIT)

Kabel [ˈkaːbəl] *n* cable

Kabotage [kabɔˈtaːʒ(ə)] *f* cabotage

kaduzieren [kaduˈtsiːrən] *v* cancel

Kaduzierung [kaduˈtsiːruŋ] *f* forfeiture of shares, exclusion of defaulting shareholders

Kahlpfändung [ˈkaːlpfɛnduŋ] *f* seizure of all the debtor's goods

Kaizen [kaɪˈtsɛn] *n* kaizen

Kalenderjahr [kaˈlɛndərjaːɐ] *n* calendar year

Kalkül [kalˈkyːl] *n* calculation, consideration

Kalkulation [kalkulaˈtsjoːn] *f* calculation, estimation

Kalkulationsfehler [kalkulaˈtsjoːnsfeːlɐ] *m* miscalculation, misestimation

Kalkulationszinssatz [kalkulaˈtsjoːnstsɪnszats] *m* calculation interest rate

Kalkulator(in) [kalkuˈlaːtoːr/kalkulaˈtoːrɪn] *m/f* cost accountant, cost clerk

kalkulatorische Kosten [kalkulaˈtoːrɪʃə ˈkɔstən] *pl* implicit costs *pl*

kalkulierbar [kalkuˈliːrbaːɐ] *adj* calculable

Kammer [ˈkamɐ] *f* **1.** (Handels~) chamber; **2.** (Gericht) court division

Kämmerei [kɛməˈraɪ] *f* financing department

Kämmerer [kɛməˈrɐ] *m* treasurer

Kampfpreis [ˈkampfpraɪs] *m* cut rate price

Kanban-System [kanˈbaːnzysteːm] *n* canban system

Kannkaufmann [ˈkankaufman] *m* obtionally registrable trader
Kapazitäten [kapatsiˈtɛːtən] *f/pl* capacities *pl*
Kapazitätsabbau [kapatsiˈtɛːtsapbau] *m* capacity cutback, cutback in capacity
Kapital [kapiˈtaːl] *n* capital, funds *pl*
Kapitalabdeckung [kapiˈtaːlapdɛkuŋ] *f* capital cover, coverage of capital
Kapitalabfindung [kapiˈtaːlapfɪnduŋ] *f* lump sum settlement
Kapitalabfluss [kapiˈtaːlapflus] *m* capital outflows *pl*
Kapitalakkumulation [kapiˈtaːlakumulatsjoːn] *f* accumulation of capital
Kapitalallokation [kapiˈtaːllokatsjoːn] *f* allocation of capital
Kapitalanalyse [kapiˈtaːlanalyzə] *f* capital analysis
Kapitalangebot [kapiˈtaːlangəboːt] *n* supply of capital
Kapitalanlagegesellschaft [kapiˈtaːlanleːgəgəzɛlʃaft] *f* capital investment company
Kapitalanlagegesetz [kapiˈtaːlanlaːgəgəzɛts] *n* capital investment law
Kapitalanlagen [kapiˈtaːlanlaːgən] *f/pl* investments *pl*, capital investments *pl*
Kapitalanlegearten [kapiˈtaːlanleːgəartən] *f/pl* types of capital investment
Kapitalanleger(in) [kapiˈtaːlanleːgɐ(rɪn)] *m/f* investor
Kapitalanteil [kapiˈtaːlantaɪl] *m* capital share
Kapitalaufstockung [kapiˈtaːlaufstokuŋ] *f* increase in capital
Kapitalausfuhr [kapiˈtaːlausfuːɐ] *f* export of capital
Kapitalausstattung [kapiˈtaːlausʃtatuŋ] *f* capital resources *pl*
Kapitalbasis [kapiˈtaːlbaːzis] *f* capital base
Kapitalbedarf [kapiˈtaːlbədarf] *m* capital requirements *pl*, funding needs *pl*
Kapitalbedarfsrechnung [kapiˈtaːlbedarfsrɛçnuŋ] *f* capital requirement calculation
Kapitalbeschaffung [kapiˈtaːlbəʃafuŋ] *f* procurement of capital
Kapitalbesitz [kapiˈtaːlbəzits] *m* capital holdings *pl*

Kapitalbestand [kapiˈtaːlbəʃtant] *m* total capital stock
Kapitalbeteiligung [kapiˈtaːlbətaɪliguŋ] *f* equity participation
Kapitalbewegungen [kapiˈtaːlbəveːguŋən] *f/pl* capital movements *pl*
Kapitalbewilligung [kapiˈtaːlbəvɪliguŋ] *f* appropriation of funds, appropriation of capital
Kapitalbilanz [kapiˈtaːlbiːlants] *f* balance of capital transactions
Kapitalbildung [kapiˈtaːlbɪlduŋ] *f* formation of capital
Kapitalbindung [kapiˈtaːlbɪnduŋ] *f* capital tie-up
Kapitalbindungsdauer [kapiˈtaːlbɪnduŋsdauɐ] *f* duration of capital tie-up
Kapitaldienst [kapiˈtaːldiːnst] *m* service of capital, debt service
Kapitaleinkommen [kapiˈtaːlaɪnkɔmən] *n* unearned income
Kapitaleinlagen [kapiˈtaːlaɪnlaːgen] *f/pl* capital contributions *pl*
Kapitalerhaltung [kapiˈtaːlɛrhaltuŋ] *f* maintenance of capital
Kapitalerhöhung [kapiˈtaːlɛrhøːuŋ] *f* increase of capital
Kapitalertrag [kapiˈtaːlɛrtraːk] *m* return on capital, capital yield
Kapitalexport [kapiˈtaːlɛkspɔrt] *m* capital export, export of capital
Kapitalfehlleitung [kapiˈtaːlfeːllaɪtuŋ] *f* misguided investment
Kapitalflucht [kapiˈtaːlfluxt] *f* flight of capital
Kapitalfluss [kapiˈtaːlflus] *m* capital flow, flow of funds
Kapitalflussrechnung [kapiˈtaːlflusrɛçnuŋ] *f* funds statement
Kapitalfonds [kapiˈtaːlfɔ̃] *m* capital fund
Kapitalförderung [kapiˈtaːlfœrdəruŋ] *m* capital support
Kapitalfreisetzung [kapiˈtaːlfraɪzɛtsuŋ] *f* liberation of capital
Kapitalgeber(in) [kapiˈtaːlgeːber(ɪn)] *m/f* sponsor, donator
Kapitalgesellschaft [kapiˈtaːlgəzɛlʃaft] *f* corporation
Kapitalgewinn [kapiˈtaːlgəvɪn] *m* capital gains *pl*, capital profits *pl*
Kapitalgüter [kapiˈtaːlgyːtɐ] *n/pl* capital goods *pl*, capital products *pl*

J
K

Kapitalherabsetzung [kapiˈtaːlhərap-zɛtsuŋ] *f* capital reduction

Kapitalhilfe [kapiˈtaːlhɪlfə] *f* capital aid

Kapitalimport [kapiˈtaːlɪmpɔrt] *m* capital import

kapitalintensiv [kapiˈtaːlɪntɛnziːf] *adj* capital-intensive

kapitalisieren [kapitaːliˈziːrən] *v* capitalize

Kapitalisierung [kapitaːliˈziːruŋ] *f* capitalization

Kapitalisierungsanleihe [kapitaːliˈziː-ruŋsanlaɪə] *f* funding loan

Kapitalknappheit [kapiˈtaːlknaphaɪt] *f* shortage of capital, capital shortage

Kapitalkonto [kapiˈtaːlkɔnto] *n* capital account

Kapitalkonzentration [kapiˈtaːlkɔn-tsəntratsjoːn] *f* concentration of capital

Kapitalkosten [kapiˈtaːlkɔstən] *pl* cost of capital, cost of borrowed funds

Kapitalkraft [kapiˈtaːlkraft] *f* financial strength

kapitalkräftig [kapiˈtaːlkrɛftɪç] *adj* financially powerful

Kapitalmangel [kapiˈtaːlmaŋəl] *m* lack of capital, scarcity of capital

Kapitalmarkt [kapiˈtaːlmarkt] *m* capital market

Kapitalmarkteffizienz [kapiˈtaːlmarkt-ɛfitsjɛnts] *f* capital market efficiency

Kapitalmarktfinanzierung [kapiˈtaːl-marktfinantsiːruŋ] *n* capital market financing

Kapitalmarktforschung [kapiˈtaːl-marktfɔrʃuŋ] *f* capital market research

Kapitalmarktkommission [kapiˈtaːl-marktkɔmisjoːn] *f* capital market committee

Kapitalmarktzins [kapiˈtaːlmarkttsins] *m* capital market interest rate

Kapitalmehrheit [kapiˈtaːlmeːrhaɪt] *f* capital majority

Kapitalproduktivität [kapiˈtaːlpro-duktiviːt] *f* productivity of capital

Kapitalrendite [kapiˈtaːlrəndiːtə] *f* return on investment

Kapitalrentabilität [kapiˈtaːlrɛntabili-tɛːt] *f* return on investment, return on capital employed, earning power of capital employed

Kapitalrücklage [kapiˈtaːlryklaːgə] *f* capital reserves *pl*

Kapitalsammelstelle [kapiˈtaːlzaməl-ʃtɛlə] *f* institutional investors *pl*

Kapitalsammlungsverträge [kapiˈtaːl-zamluŋsfɛrtrɛːgə] *m/pl* contracts on capital collecting *pl*

Kapitalschutz [kapiˈtaːlʃuts] *m* capital protection

Kapitalschutzvertrag [kapiˈtaːlʃuts-fɛrtraːk] *m* capital protection agreement

Kapitalspritze [kapiˈtaːlʃprɪtsə] *f (fam)* cash injection

Kapitalübertragung [kapiˈtaːly:bər-traːguŋ] *f* transfer of capital, capital transfer

Kapitalumschlag [kapiˈtaːlumʃlaːk] *m* capital turnover

Kapitalverkehr [kapiˈtaːlfɛrkeːɐ] *m* turnover of capital, capital transaction

Kapitalverkehrssteuer [kapiˈtaːlfɛrke:rsʃtɔyɐ] *f* capital transaction tax

Kapitalvermögen [kapiˈtaːlfɛrmøːgən] *n* capital assets *pl*

Kapitalverwässerung [kapiˈtaːlfɛr-wɛsəruŋ] *f* watering of capital stock

Kapitalwert [kapiˈtaːlveːrt] *m* capital value, net present value

Kapitalzins [kapiˈtaːltsɪns] *m* interest on capital

Kapitalzufluss [kapiˈtaːltsuːflus] *m* capital influx

Kapitalzuwachs [kapiˈtaːltsuːvaks] *m* capital gain, increase in capital

Karenzentschädigung [kaˈrɛntsɛnt-ʃeːdiguŋ] *f* compensation paid for the period of prohibition of competition

Karenzzeit [kaˈrɛntstsaɪt] *f* cooling period, qualifying period

Kartell [karˈtɛl] *n* cartel

Kartellabsprache [karˈtɛlapʃpraːxə] *f* cartel agreement, monopoly agreement

Kartellbildung [karˈtɛlbɪlduŋ] *f* cartel formation, formation of a cartel

Kartellgesetz [karˈtɛlgəzɛts] *n* cartel act, cartel law

Kartellpolitik [karˈtɛlpolitiːk] *f* antitrust policy

Kartellregister [karˈtɛlregɪstɐ] *n* Federal Cartel Register

Kartellvorschrift [karˈtɛlfoːrʃrɪft] *f* cartel regulation

Kaskadensteuer [kas'ka:dənʃtɔyɐ] *f* cascade tax

Kassadevisen ['kasadevi:zən] *f/pl* spot exchange

Kassageschäft ['kasagəʃɛft] *n* cash transactions *pl*, cash bargain

Kassakurs ['kasakurs] *m* spot price

Kassamarkt ['kasamarkt] *m* spot market

Kassazahlungen ['kasatsa:luŋən] *f/pl* cash payments *pl*, payments in cash *pl*

Kassenabrechnung ['kasənapreçnuŋ] *f* accounts *pl*

Kassenanweisung ['kasənanvaɪzuŋ] *f* payment order

Kassenbericht ['kasənbərɪct] *m* financial report

Kassenbilanz ['kasənbilants] *f* cash balance

Kassenbuch ['kasənbu:x] *n* cash book

Kassenhaltung ['kasənhaltuŋ] *f* cash accountancy

Kassenkredite ['kasənkredi:tə] *m/pl* cash credit, cash advance

Kassenkurs ['kasənkurs] *m* spot price

Kassenobligationen ['kasənɔbliga-tsjo:nən] *f/pl* medium-term bonds *pl*

Kassenprüfer(in) ['kasənpry:fɐ(rɪn)] *m/f* auditor

Kassenprüfung ['kasənpry:fuŋ] *f* audit

Kassensturz ['kasənʃturts] *m* cashing-up

Kassenverstärkungskredit [kasənfɐr-'ʃtɛrkuŋskredi:t] *m* cash lending

Kassenwart(in) ['kasənvart(ɪn)] *m/f* treasurer

Kassenzettel ['kasəntsɛtəl] *m* receipt

Katalogkauf [kata'lo:gkauf] *m* catalogue based purchase

Katalogpreis [kata'lo:kpraɪs] *m* list price, catalogue price

Kataster [ka'tastɐ] *m/n* cadastre, land register

Katasteramt [ka'tastəramt] *n* land registry (office)

Kauf [kauf] *m* buy, purchase

Kauf auf Probe [kauf auf 'pro:bə] *m* sale on approval

Kauf gegen Vorauszahlung [kauf 'ge:gən fo'raustsa:luŋ] *m* purchase against cash in advance

Kaufentscheidung ['kaufɛntʃaɪduŋ] *f* decision to purchase

Käufer(in) ['kɔyfɐ(rɪn)] *m/f* buyer, purchaser

Käufergruppe ['kɔyfərgrupə] *f* **1.** group of buyers; **2.** *(Kunden)* group of customers

Käufermarkt [kɔyfərmarkt] *m* buyer's market, loose market

Käuferprovision ['kɔyfərprovizjo:n] *f* buyer's commission

Käuferwanderung ['kɔyfərvandəruŋ] *f* migration of buyers

Kaufgelegenheit ['kaufgəle:gənhaɪt] *f* opportunity to purchase

Kaufkraft ['kaufkraft] *f* purchasing power

Kaufkraftanalyse ['kaufkraftanaly:zə] *f* analysis of purchasing power

Kaufkraftelastizität ['kaufkraftelas-titsite:t] *f* elasticity of purchasing power

kaufkräftig ['kaufkrɛftɪç] *adj* well-funded

Kaufkraftparität ['kaufkraftpa:rite:t] *f* purchasing power parity

Kaufkraftschwund ['kaufkraftʃvunt] *m* decrease in purchasing power

Kaufkredit ['kaufkredi:t] *m* purchasing credit, loan to finance purchases

Kauflust ['kauflust] *f* inclination to buy, urge to spend

kaufmännische Orderpapiere ['kauf-mɛniʃə 'ɔrdərpapi:rə] *n/pl* commercial instruments to order *pl*

kaufmännische Vorsicht ['kaufmɛniʃə 'fo:rzɪçt] *f* commercial caution

kaufmännische(r) Angestellte(r) ['kaufmɛniʃə(-ɐ) 'angəʃtɛltə(-ɐ)] *m/f* clerk

Kaufoption ['kaufɔptsjo:n] *f* call option

Kaufpreis ['kaufpraɪs] *m* purchase price

Kaufvertrag ['kauffɛrtra:k] *m* sales contract, purchase contract

Kaufverhalten ['kaufferhaltən] *n* purchasing behaviour

Kaufwert ['kaufve:rt] *m* market value, purchase value

Kaution [kau'tsjo:n] *f* security

Kautionseffekten [kau'tsjo:nsefɛktən] *f/pl* guarantee securities *pl*

J
K

keine Beschädigung (FOD) [ˈkaɪnə bəˈʃɛːdiguŋ] *adj* free of damage (FOD)

Kellerwechsel [ˈkɛlərvɛksəl] *m* fictitious bill, windmill

Kennwort [ˈkɛnvɔrt] *n* code word

Kennzahl [ˈkɛntsaːl] *f* code number

Kennzeichnungsverordnung [ˈkɛntsaɪçnuŋsfɛrɔrdnuŋ] *f* labelling regulations *pl*

Kernarbeitszeit [ˈkɛrnarbaɪtstsaɪt] *f* core time

Kette [ˈkɛtə] *f (Warenhäuser)* chain

Kettengeschäft [ˈkɛtəngəʃɛft] *n* chain store

Key-Account-Manager [ˈkiːəkaunt-ˈmɛnɛtʃɐ] *m* key account manager

Kiste [ˈkɪstə] *f* crate

Kladde [ˈkladə] *f* memo book

Klage [ˈklaːgə] *f (Recht)* action, lawsuit, process in law

Klageschrift [ˈklaːgəʃrɪft] *f* statement of claim

Klageweg [ˈklaːgeveːk] *m* legal proceedings *pl*

Klasse [ˈklasə] *f (Güteklasse)* quality

Klassifikation [klasifikaˈtsjoːn] *f* classification

klassifizieren [klasifiˈtsiːrən] *v* classify

Klausel [ˈklauzəl] *f* clause

Kleinaktie [ˈklaɪnaktsjə] *f* share with low par value

Kleinaktionär [ˈklaɪnaktsjonɛːɐ] *m* small shareholder

Kleinbetrieb [ˈklaɪnbətriːp] *m* small business

Kleincontainer [ˈklaɪnkɔnteːnɐ] *m* small container

Kleinerzeuger [ˈklaɪnɛrtsɔygɐ] *m* small-scale manufacturer

Kleinhandel [ˈklaɪnhandəl] *m* retail trade, retail business

Kleinhändler(in) [ˈklaɪnhɛndlɐ(rɪn)] *m/f* retailer

Kleinkredit [ˈklaɪnkrediːt] *m* small personal loan, loan for personal use

Kleinsparer [ˈklaɪnʃpaːrɐ] *m* small saver

Kleinstücke [ˈklaɪnʃtykə] *n/pl* fractional amount

Klient(in) [kliˈɛnt(ɪn)] *m/f* client

Klientel [kliɛnˈteːl] *f* clientele

Knappheit [ˈknaphaɪt] *f (Waren, Gelder)* shortage

Knappschaftsversicherung [ˈknapʃaftsfɛrziçəruŋ] *f* miners' social insurance system

Knebelungsvertrag [ˈkneːbəluŋsfɛrtraːk] *m* adhesion contract

Know-how [noːˈhau] *n* know-how

Kohäsionsfonds [kohɛˈzjoːnsfõ] *m* Cohesion Fund

Kolchose [kɔlˈço:zə] *f* kolchose, collective farm

Kollaps [ˈkɔlaps] *m* breakdown, collapse

Kollektion [kɔlɛkˈtsjon] *f* collection

Kollektivarbeitsrecht [kɔlɛkˈtiːfaːrbaɪtsrɛçt] *n* collective labour law

Kollektivgüter [kɔlɛkˈtiːfgyːtɐ] *n/pl* collective goods *pl*

Kollektivsparen [kɔlɛkˈtiːfʃpaːrən] *n* collective saving

Kollektivwirtschaft [kɔlɛkˈtiːfvɪrtʃaft] *f* collective economy

Komitee [komiˈteː] *n* committee, body

Kommanditaktionär [kɔmanˈditaktsjoːnɛːɐ] *m* limited liability shareholder

Kommanditgesellschaft (KG) [kɔmanˈditgəzɛlʃaft] *f* limited commercial partnership

Kommanditgesellschaft auf Aktien (KgaA) [kɔmanˈditgəzɛlʃaft auf ˈaktsjən] *f* partnership limited by shares

Kommanditist [kɔmandiˈtɪst] *m* limited partner

Kommerz [kɔˈmɛrts] *m* commerce

kommerziell [kɔmɛrˈtsjɛl] *adj* commercial

Kommission [kɔmɪsˈjoːn] *f* commission

Kommissionär [kɔmɪsjoˈnɛːɐ] *m* commission agent

Kommissionsgeschäft [kɔmɪsˈjoːnsgəʃɛft] *n* commission business

Kommissionshandel [kɔmɪsˈjoːnshandəl] *m* commission trade

Kommissionslager [kɔmɪsˈjoːnslaːgɐ] *n* consignment stock

Kommissionstratte [kɔmɪsˈjoːnstratə] *f* bill of exchange drawn for third-party account

Kommissionswaren [kɔmɪsˈjoːnsvaːrən] *f/pl* consigned goods *pl*

Kommittenten [kɔmiˈtɛntən] *m/pl* consigners *pl*

Kommunalabgabe [kɔmuˈnaːlapgaːbə] *f* local rate, local tax *(US)*
Kommunalanleihen [kɔmuˈnaːlanlaɪən] *f/pl* local authority loan
Kommunalbank [kɔmuˈnaːlbaŋk] *f* local authorities bank
Kommunaldarlehen [kɔmuˈnaːldarleːən] *n* loan granted to a local authority
kommunale Wirtschaftsförderung [ˈkɔmunaːle ˈvɪrtʃaftsfœrdəruŋ] *f* municipal measures to spur the economy *pl*
Kommunalkredit [kɔmuˈnaːlkrediːt] *m* credit granted to a local authority
Kommunalobligation [kɔmuˈnaːlɔbligatsjoːn] *f* local bond
Kommunalpolitik [kɔmuˈnaːlpolitiːk] *f* local politics *pl*
Kommunalwirtschaft [kɔmuˈnaːlvɪrtʃaft] *f* municipal economy
Kommunikationsfluss [kɔmunikaˈtsjoːnsflus] *m* communication flow, intercommunication
Kommunikationsmittel [kɔmunikaˈtsjoːnsmɪtəl] *n* means of communication *pl*
Kommunikationspolitik [kɔmunikaˈtsjoːnspolitiːk] *f* communications policy
Kompensation [kɔmpɛnzaˈtsjoːn] *f* compensation
Kompensationsgeschäft [kɔmpənzaˈtsjoːnsgəʃɛft] *n* barter transaction, offset transaction
Kompensationskurs [kɔmpənzaˈtsjoːnskurs] *m* making-up price
Kompensationssteuer [kɔmpənzaˈtsjoːnsʃtɔyɐ] *f* offset tax
kompensatorische Kosten [kɔmpənzaˈtoːrɪʃə ˈkɔstən] *pl* offsetting costs *pl*
kompensierte Valuta [kɔmpənˈziːrtə vaˈluːta] *f* value compensated
Komplementär [kɔmpləmɛnˈtɛːɐ] *m* general partner
komplementäre Güter [kɔmpləmɛnˈtɛːrə ˈgyːtɐ] *n/pl* complementary goods *pl*, joint goods *pl*
Konditionenkartell [kɔndiˈtsjoːnənkartɛl] *n* condition cartel
Konferenz [kɔnfəˈrɛnts] *f* conference
Konferenzschaltung [kɔnfeˈrɛntsʃaltuŋ] *f* conference circuit
Konglomerat [kɔnglomeˈraːt] *n* conglomerate group

Konjunktur [kɔnjuŋkˈtuːɐ] *f* economic cycle, business cycle
Konjunkturanalyse [kɔnjuŋkˈtuːranalyːzə] *f* economic analysis
Konjunkturausgleichsrücklage [kɔnjuŋkˈtuːrausglaɪçsryklaːgə] *f* anticyclical reserve
Konjunkturbarometer [kɔnjuŋkˈtuːrbaromeːtɐ] *n* business barometer
Konjunkturbelebung [kɔnjuŋkˈtuːrbəleːbuŋ] *f* economic upturn
konjunkturelle Arbeitslosigkeit [kɔnjuŋktuˈrɛlə ˈarbaɪtsloːziçkaɪt] *f* cyclical unemployment
Konjunkturentwicklung [kɔnjuŋkˈtuːrɛntvɪkluŋ] *f* economic trend
Konjunkturerwartungen [kɔnjuŋkˈtuːɐɐvartuŋən] *f/pl* economic outlook, market prospects *pl*
Konjunkturflaute [kɔnjuŋkˈtuːrflautə] *f* economic slowdown, economic halt
Konjunkturphasen [kɔnjuŋkˈtuːrfaːzən] *f/pl* phases of business cycles *pl*
Konjunkturpolitik [kɔnjuŋkˈtuːrpolitiːk] *f* economic policy
Konjunkturschwankung [kɔnjuŋkˈtuːrʃvankuŋ] *f* business fluctuation
Konjunkturspritze [kɔnjuŋkˈtuːrʃprɪtsə] *f (fam)* fiscal shot
Konjunkturwende [kɔnjuŋkˈtuːrvɛndə] *f* economic turnabout
Konjunkturzyklus [kɔnjuŋkˈtuːrtsyːklus] *m* business cycle
Konkurilanz [kɔnkuriˈlants] *f* statement of bankrupt's assets and liabilities
Konkurrenz [kɔnkuˈrɛnts] *f* competition
Konkurrenzanalyse [kɔnkuˈrɛntsanalyːzə] *f* analysis of competitors
Konkurrenzfirma [kɔnkuˈrɛntsfɪrma] *f* competing firm
Konkurrenzunternehmen [kɔnkuˈrɛntsuntɐneːmən] *n* competitor
Konkurs [kɔnˈkurs] *m* bankruptcy
Konkursantrag [kɔnˈkursantraːk] *m* bankruptcy petition
Konkursausfallgeld [kɔnˈkursausfalgɛlt] *n* payment of net earnings for three months prior to start of bankruptcy proceedings
Konkursdelikt [kɔnˈkursdelɪkt] *n* bankruptcy offence

J
K

Konkurserklärung [kɔnˈkursɛrklɛ:-ruŋ] f declaration of bankruptcy, notice of bankruptcy

Konkursgericht [kɔnˈkursgərɪçt] n bankruptcy court

Konkursgläubiger [kɔnˈkursglɔybɪ-gɐ] m bankrupt's creditor

Konkursmasse [kɔnˈkursmasə] f bankrupt's assets pl

Konkursordnung [kɔnˈkursɔrdnuŋ] f Bankruptcy Act

Konkursquote [kɔnˈkurskvo:tə] f dividend in bankruptcy

Konkursverwalter(in) [kɔnˈkursfɛr-valtɐ(rɪn)] m/f receiver, liquidator

Konnossement (B/L) [kɔnɔsəˈmɛnt] n bill of lading (B/L)

Konsignatar [kɔnzɪgnaˈta:ɐ] m consignee

Konsignationslager [kɔnzɪgnaˈtsjo:nsla:gɐ] n consignment stock

konsolidierte Bilanz [kɔnzoliˈdi:rtə biˈlants] f consolidated balance sheet

Konsortialabteilung [kɔnzɔrˈtsja:laptaɪluŋ] f syndicate department

Konsortialgeschäft [kɔnzɔrˈtsja:lgəʃɛft] n syndicate transaction

Konsortialkredit [kɔnzɔrˈtsja:lkredi:t] m syndicated credit

Konsulatsfaktura [kɔnzuˈla:tsfaktu:ra] f consular invoice

Konsumausgabe [kɔnˈzu:mausga:bə] f consumer spending

Konsumentenkredit [kɔnzuˈmɛntənkredi:t] m consumer credit

Konsumerismus [kɔnzuməˈrismus] m consumerism

Konsumforschung [kɔnˈzu:mfɔrʃuŋ] f consumer research, market research

Konsumgenossenschaft [kɔnˈzu:mgənɔsənʃaft] f consumer cooperative

Konsumklima [kɔnˈzu:mkli:ma] n purchaser demand, buyer demand

Konsumkredit [kɔnˈzu:mkredi:t] m consumer credit

Konsumquote [kɔnˈzu:mkvo:tə] f consumption rate

Konsumverhalten [kɔnˈzu:mfɛrhaltən] n consumer behaviour, consumer habits pl

Kontakthäufigkeit [kɔnˈtakthɔyfiçkaɪt] f frequency of contact

Kontenkalkulation [ˈkɔntənkalkulatsjo:n] f account costing

Kontennummerierung [ˈkɔntənnuməri:ruŋ] f account numbering

Kontenplan [ˈkɔntənpla:n] m chart of accounts

Kontenrahmen [ˈkɔntənra:mən] m standard form of accounts

Kontingent [kɔntɪŋˈgɛnt] n quota

Kontingentierung [kɔntɪŋgɛnˈti:ruŋ] f fixing of a quota

Konto [ˈkɔnto] n account

Kontoauszug [ˈkɔntoaustsu:k] m statement of account

Kontoeröffnung [ˈkɔntoɛrœfnuŋ] f opening of an account

Kontoführung [ˈkɔntofy:ruŋ] f keeping of an account

Kontogebühren [ˈkɔntogəby:rən] f/pl bank charges pl

Kontokorrent [kɔntokɔˈrɛnt] n current account

Kontokorrentkonto [kɔntokɔˈrɛntkɔnto] n current account, open account

Kontokorrentkredit [kɔntokɔˈrɛntkredi:t] m current account credit

Kontonummer [ˈkɔntonumɐ] f account number

Kontoüberziehung [ˈkɔntoy:bɐtsi:uŋ] f overdraft of an account

Kontovollmacht [ˈkɔntofɔlmaxt] f power to draw on an account

Kontrahierung [kɔntraˈhi:ruŋ] f contraction

Kontrahierungszwang [kɔntraˈhi:ruŋstsvaŋ] m obligation to contract

Kontraktgüter [kɔnˈtraktgy:tɐ] n/pl contract goods pl

Kontrollmitteilung [kɔnˈtrɔlmɪtaɪluŋ] f tracer note

Kontrollspanne [kɔnˈtrɔlʃpanə] f span of control

Konvergenz [kɔnvɛrˈgɛnts] f convergence

Konvergenzkriterien [kɔnvɛrˈgɛntskri:te:rjən] n/pl convergence criteria pl

Konvergenzphase [kɔnvɛrˈgɛntsfa:zə] f convergence phase

Konvergenzpolitik [kɔnvɛrˈgɛntspoliti:k] f convergence policy

Konvergenzprogramm [kɔnvɛrˈgɛntsprogram] n convergence programme

Konversionskurs [kɔnvɛrˈzjoːnskurs] *m* conversion rate

Konvertibilität [kɔnvɛrtibiliˈtɛːt] *f* convertibility

Konvertierung [kɔnvɛrˈtiːruŋ] *f* conversion

Konzentration [kɔntsəntraˈtsjoːn] *f* concentration

Konzernabschluss [kɔnˈtsɛrnapʃlus] *m* consolidated financial statement

Konzernanhang [kɔnˈtsɛrnanhaŋ] *m* notes to group financial statements *pl*

Konzernaufträge [kɔnˈtsɛrnauftrɛːɡə] *m/pl* group orders *pl*

Konzernbilanz [kɔnˈtsɛrnbilants] *f* group balance sheet

konzernintern [kɔnˈtsɛrnintɛrn] *adj* intercompany, intragroup

Konzernzwischengewinn [kɔntsɛrnˈtsvɪʃəngəvɪn] *m* group interim benefits *pl*

konzertierte Aktion [kɔntsɛrˈtiːrtə akˈtsjoːn] *f* concerted action

Konzertzeichnung [kɔnˈtsɛrttsaɪçnuŋ] *f* stagging

Kooperationsdarlehen [koopəraˈtsjoːnsdaːrleːən] *n* cooperation loan

Kopfsteuer [ˈkɔpfʃtɔyɐ] *f* per capita tax

Koppelproduktion [ˈkɔpəlproduktsjoːn] *f* combined production

Korbwährung [ˈkɔrpvɛːruŋ] *f* basket currency

Körperschaftssteuer [ˈkœrpərʃaftsʃtɔyɐ] *f* corporation tax

Korrelation [korəlaˈtsjoːn] *f* correlation

Korrespondenzbank [korəspɔnˈdɛntsbaŋk] *f* correspondent bank

korrigieren [koriˈgiːrən] *v* correct, rectify, remedy

Kosten und Fracht (C & F) [ˈkɔstən unt ˈfraxt] cost and freight (C & F)

Kosten und Versicherung (C & I) [ˈkɔstən unt fɛrˈziçəruŋ] cost and insurance (C & I)

Kosten, Versicherung, Fracht eingeschlossen (CIF) [ˈkɔstən fɛrˈziçəruŋ fraxt ˈaɪngəʃlɔsən] cost, insurance, freight (CIF)

Kosten, Versicherung, Fracht und Kommission eingeschlossen (CIF&C) [ˈkɔstən fɛrˈziçəruŋ fraxt unt kɔmiˈsjoːn ˈaɪngəʃlɔsən] cost, insurance, freight, commission (CIF & C)

Kosten, Versicherung, Fracht, Abholung und Zinsen (CIFC & I) [ˈkɔstən fɛrˈziçəruŋ fraxt ˈaphoːluŋ unt ˈtsɪnzən] cost, insurance, freight, collection, interest (CIFC & I)

Kostenart [ˈkɔstənaːrt] *f* cost type

Kostendämpfung [ˈkɔstəndɛmpfuŋ] *f* combating rising costs *pl*

Kostendeckung [ˈkɔstəndɛkuŋ] *f* cost recovery

Kostendruck [ˈkɔstəndruk] *m* cost pressure

Kostenexplosion [ˈkɔstənɛksplozjoːn] *f* cost escalation

Kostenfaktor [ˈkɔstənfaktoːɐ] *m* cost factor

kostenfrei (FOC) [ˈkɔstənfraɪ] *adj* free of charge (FOC)

Kostenminimierung [ˈkɔstənminimiːruŋ] *f* minimisation of costs

Kosten-Nutzen-Analyse [ˈkɔstənˈnutsənanalyːzə] *f* cost-benefit analysis

Kostenplan [ˈkɔstənplaːn] *m* cost schedule

Kostenrechnung [ˈkɔstənrɛçnuŋ] *f* statement of costs

Kostenremanenz [ˈkɔstənrəmanɛnts] *f* lagged adjustment of variable costs

Kostensenkung [ˈkɔstənzɛŋkuŋ] *f* cost reduction

Kostenstelle [ˈkɔstənʃtɛlə] *f* cost (accounting) centre

Kostenträger [ˈkɔstəntrɛːɡɐ] *m* paying authority, cost unit

Kostenverrechnung [ˈkɔstənfɛrrɛçnuŋ] *f* cost allocation

Kotierung [koˈtiːruŋ] *f* admission of shares to official quotation

Kraftfahrzeug [ˈkraftfaːrtsɔyk] *n* motor vehicle

Kreditabteilung [kreˈdiːtaptaɪluŋ] *f* credit department

Kreditaktie [kreˈdiːtaktsjə] *f* credit share

Kreditakzept [kreˈdiːtaktsɛpt] *n* financial acceptance

Kreditaufnahmeverbot [kreˈdiːtaufnaːməfɛrboːt] *n* prohibition of raising of credits

J

K

Kreditaufsicht [kreˈdiːtaufzɪçt] *f* state supervision of credit institutions

Kreditauftrag [kreˈdiːtauftraːk] *m* credit-extending instruction

Kreditauskunft [kreˈdiːtauskunft] *f* credit information, banker's reference *(UK)*

Kreditausschuss [kreˈdiːtausʃus] *m* credit committee

Kreditausweitung [kreˈdiːtausvaɪtuŋ] *f* expansion of credit

Kreditbedarf [kreˈdiːtbədarf] *m* credit demand

Kreditbrief (L/C) [kreˈdiːtbriːf] *m* letter of credit *(L/C)*

Krediteröffnungsvertrag [kreˈdiːtɛrœfnuŋsfɛrtraːk] *m* credit agreement

Kreditfähigkeit [kreˈdiːtfɛːiçkaɪt] *f* financial standing

Kreditfinanzierung [kreˈdiːtfinantsiːruŋ] *f* financing by credit

Kreditfrist [kreˈdiːtfrɪst] *f* credit period

Kreditgarantie [kreˈdiːtgaˈrantiː] *f* credit guarantee

Kreditgefährdung [kreˈdiːtgəfɛːrduŋ] *f* endangering the credit of a person or a firm

Kreditgeld [kreˈdiːtgɛlt] *n* credit money

Kreditgenossenschaft [kreˈdiːtgənɔsənʃaft] *f* credit cooperative

Kreditgeschäft [kreˈdiːtgəʃɛft] *n* credit business

Kreditgewinnabgabe [kreˈdiːtgəvɪnapgaːbə] *f* debts profit levy

Kreditinflation [kreˈdiːtɪnflatsjoːn] *f* credit inflation

Kreditkarte [kreˈdiːtkartə] *f* credit card

Kreditkauf [kreˈdiːtkauf] *m* credit purchase

Kreditkontrolle [kreˈdiːtkɔntrɔlə] *f* credit control

Kreditkosten [kreˈdiːtkɔstən] *pl* cost of credit

Kreditkultur [kreˈdiːtkultuːɐ] *f* credit culture

Kreditlaufzeit [kreˈdiːtlauftsaɪt] *f* duration of credit

Kreditleihe [kreˈdiːtlaɪə] *f* loan of credit

Kreditlimit [kreˈdiːtlɪmɪt] *n* borrowing limit, credit limit

Kreditlinie [kreˈdiːtliːnjə] *f* credit line

Kreditmarkt [kreˈdiːtmarkt] *m* money and capital market

Kreditnehmer(in) [kreˈdiːtneːmɐ(rɪn)] *m/f* borrower

Kreditoren [krediˈtoːrən] *m/pl* creditors *pl*

Kreditorenbuchhaltung [krediˈtoːrənbuːxhaltuŋ] *f* accounts payable department

Kreditplafond [kreˈdiːtplafɔ̃] *m* credit ceiling

Kreditplafondierung [kreˈdiːtplafɔ̃diːruŋ] *f* credit limitation

Kreditpolitik [kreˈdiːtpolitiːk] *f* credit policy

Kreditprovision [kreˈdiːtprovizjoːn] *f* credit commission

Kreditprüfung [kreˈdiːtpryːfuŋ] *f* credit status investigation

Kreditprüfungsblätter [kreˈdiːtpryːfuŋsblɛtɐ] *n/pl* credit checking sheets *pl*

Kreditrahmen [kreˈdiːtraːmən] *m* credit margin, credit facilities *pl*

Kreditrestriktion [kreˈdiːtrɛstrɪktsjoːn] *f* credit restriction

Kreditrisiko [kreˈdiːtriziko:] *n* credit risk

Kreditschöpfung [kreˈdiːtʃœpfuŋ] *f* creation of credit

Kreditschutz [kreˈdiːtʃuts] *m* protection of credit

Kreditsicherheit [kreˈdiːtzɪçərhaɪt] *f* security of credit

Kreditsicherung [kreˈdiːtzɪçəruŋ] *f* safeguarding of credit

Kreditspritze [kreˈdiːtʃprɪtsə] *f (fam)* injection of credit

Kreditstatus [kreˈdiːtʃtaːtus] *m* credit standing

Kredittranche [kreˈdiːttrãʃ(ə)] *f* credit tranche, credit facilities *pl*

Kreditvermittler [kreˈdiːtfɛrmɪtlɐ] *m* money broker

Kreditvermittlung [kreˈdiːtfɛrmɪtluŋ] *f* arranging for a credit

Kreditversicherung [kreˈdiːtfɛrzɪçəruŋ] *f* credit insurance

Kreditvertrag [kreˈdiːtfɛrtraːk] *m* credit agreement

Kreditvolumen [kreˈdiːtvoːluːmən] *n* total credit outstanding

Kreditwesen [kreˈdiːtveːzən] *n* credit system

Kreditwesengesetz [kreˈdiːtveːzəngəzɛts] *n* banking law

Kreditwürdigkeit [kreˈdiːtvyrdiçkaɪt] *f* creditworthiness

Kreditzinsen [kreˈdiːttsɪnsən] *m/pl* interest on borrowings, loan interest

Kreditzusage [kreˈdiːttsuzaːgə] *f* promise of credit

Kreuzparität [ˈkrɔytspariteːt] *f* cross rate

Kriegsanleihe [ˈkriːksanlaɪhə] *f* war loan

krisenfest [ˈkriːzənfɛst] *adj* crisis-proof

Krisenstaat [ˈkriːzənʃtaːt] *m* crisis state, fragile state

Krisenstab [ˈkriːzənʃtaːp] *m* crisis committee, action committee

Krisensitzung [ˈkriːzənsɪtsuŋ] *f* crisis meeting

Krisenstimmung [ˈkriːzənʃtɪmuŋ] *f* mode of crisis, crisis feeling

kritische Erfolgsfaktoren [ˈkritɪʃə ɛrˈfɔlksfaktoːrən] *m/pl* critical factors of performance *pl*

krummer Auftrag [ˈkrumər ˈauftraːk] *m* uneven order

Kulisse [kuˈlɪsə] *f* unofficial stock market

Kulissenwert [kuˈlɪsənveːrt] *m* quotation on the unofficial market

kumulative Dividende [ˈkumulativə diviˈdɛndə] *f* cumulative dividend

Kumulierungsverbot [kumuˈliːruŋsfərboːt] *n* rule against accumulation

kündbar [ˈkyntbaɐ] *adj* redeemable

Kundenauftrag [ˈkundənauftraːk] *m* customer's order

Kundenberatung [ˈkundənbɛraːtuŋ] *f* consumer advice

Kundengeschäft [ˈkundəngəʃɛft] *n* transactions for third account *pl*

Kundenkalkulation [ˈkundənkalkulatsjoːn] *f* customer costing

Kundennummer [ˈkundənumɐ] *f* customer's reference number, customer number

kundenorientiert [ˈkundənorjɛntiːrt] *adj* customer-oriented

Kundenorientierung [ˈkundənorjɛntiːruŋ] *f* customer orientation

Kundenpflege [ˈkundənpfleːgə] *f* customer care, customer relationship management (CRM)

Kundenpotenzial [ˈkundənpotɛntsjaːl] *n* prospective customer, customer potencial

Kundenprofil [ˈkundənprofiːl] *n* customer profile

Kundenrabatt [ˈkundənrabat] *m* sales discount

Kundenreklamation [ˈkundənreklamatsjoːn] *f* customer complaint

Kundenschutz [ˈkundənʃuts] *m* customer protection

Kundenstamm [ˈkundənʃtam] *m* regular customers *pl*

Kundenstock [ˈkundənʃtɔk] *m* regular clientele

Kündigungsfrist [ˈkyndigungsfrɪst] *f* period of notice, cancellation period

Kündigungsgeld [ˈkyndɪguŋsgɛlt] *n* deposit at notice

Kündigungsgrundschuld [ˈkyndɪguŋsgruntʃult] *f* land charge not repayable until called

Kündigungssperrfrist [ˈkyndɪguŋsʃpɛrfrɪst] *f* non-calling period

Kundschaft [ˈkuntʃaft] *f* clientele

Kundschaftskredit [ˈkuntʃaftskrediːt] *m* customers' credit

Kupon [kuˈpɔ̃] *m* coupon, warrant

Kuponbogen [kuˈpɔ̃boːgən] *m* coupon sheet

Kuponkasse [kuˈpɔ̃kasə] *f* coupon collection department

Kuponkurs [kuˈpɔ̃kurs] *m* coupon price

Kuponmarkt [kuˈpɔ̃markt] *m* coupon market

Kuponsteuer [kuˈpɔ̃ʃtɔyɐ] *f* coupon tax

Kuppelprodukte [ˈkupəlproduktə] *n/pl* complementary products *pl*

Kur [kuːɐ] *f* cure

Kurantmünze [kuˈrantmyntsə] *f* specie

Kuratorium [kuraˈtoːrjum] *n* board of trustees

Kursanzeige [ˈkursantsaɪgə] *f* quotation

Kursblatt [ˈkursblat] *n* quotations list

Kursfestsetzung [ˈkursfɛstzɛtsuŋ] *f* fixing of prices

Kursgewinn [ˈkursgəvɪn] *m* stock price gain, exchange profit, market profit

J
K

Kurs-Gewinn-Verhältnis [kursgə'vɪn-ferhɛltnɪs] *n* price-earnings ratio

Kursindex ['kursɪndɛks] *m* stock exchange index

Kursindexniveau ['kursɪndɛksnivoː] *n* price level

Kursintervention ['kursɪntərvɛntsjoːn] *f* price intervention

Kurslimit ['kurslɪmɪt] *n* price limit

Kursmakler ['kursmaːklɐ] *m* stock broker

Kursnotierung ['kursnotiːruŋ] *f* quotation of prices

Kursparität ['kurspariteːt] *f* parity of rates

Kurspflege ['kurspfleːgə] *f* price management

Kursregulierung ['kursreguliːruŋ] *f* price regulation

Kursrisiko ['kursriːziko] *n* **1.** price risk; **2.** *(currency)* foreign-exchange risk

Kursspanne ['kursʃpanə] *f* difference between purchase and hedging price

Kurssprung ['kursʃpruŋ] *m* jump in prices

Kurssteigerung ['kursʃtaɪgəruŋ] *f* price advance

Kursstreichung ['kursʃtraɪçuŋ] *f* non-quotation

Kursstützung ['kursʃtytsuŋ] *f* price pegging

Kursvergleich ['kursfɛrglaɪç] *m* comparison of prices

Kursverlauf ['kursfɛrlauf] *m* price development, price performance

Kursverlust ['kursfɛrlust] *m* loss on stock prices

Kursverwässerung ['kursfɛrvɛsəruŋ] *f* price watering

Kurszettel ['kurstsɛtəl] *m* stock exchange list

Kurszusammenbruch ['kurstsuzamənbrux] *m* collapse of prices

Kurszusätze ['kurstsuːzɛtsə] *m/pl* notes appended to quotation *pl*

Kurtage [kur'taːʒ(ə)] *f* courtage

Kurve ['kurvə] *f* curve, graph

kurzfristige Erfolgsrechnung ['kurtsfrɪstɪgə ɛr'fɔlksrɛçnuŋ] *f* monthly income statement

kurzfristiger Kredit ['kurtsfrɪstɪgər kre'diːt] *m* short-term credit

Kurzindossament ['kurtsɪndɔsamɛnt] *n* short-form endorsement

Kurzmitteilung ['kurtsmɪttaɪluŋ] *f* memo, memo letter

Küstengewässer ['kʏstəngəvɛsɐ] *n/pl* coastal waters *pl*

Kuvert [ku'vɛrt] *n* envelope

Kux [kuks] *m* mining share

Kybernetik [kybɐ'neːtɪk] *f* cybernetics

kybernetisch [kybɐ'neːtɪʃ] *f* cybernetic

L

Labor [laˈboːɐ] *n* laboratory

Lack [lak] *m* varnish, lacquer

Ladebühne [ˈlaːdəbyːnə] *f* loading platform, elevating platform

Ladefläche [ˈlaːdəflɛçə] *f* loading surface

Ladegebühren [ˈlaːdəgəbyːrən] *f/pl* loading charges *pl*

Ladegerät [ˈlaːdəgərɛːt] *n* battery charger

laden [ˈlaːdən] *v irr* **1.**(*LKW, Schiff*) load; **2.** (*Batterie*) charge; **3.**(*vor Gericht*) summon, cite

Laden [ˈlaːdən] *m* shop

Ladenhüter [ˈlaːdənhyːtɐ] *m/pl* slow seller, slow-moving goods *pl*

Ladenöffnungszeiten [ˈlaːdənœfnuŋstsaɪtən] *f/pl* shop hours *pl*

Ladenpreis [ˈlaːdənpraɪs] *m* retail price

Ladenschluss [ˈlaːdənʃlus] *m* closing time

Ladenschlussgesetz [ˈlaːdənʃlusgəzɛts] *n* shop closing hours law

Ladeplatz [ˈlaːdəplats] *m* loading area

Laderampe [ˈlaːdərampə] *f* loading ramp

Laderaum [ˈlaːdəraum] *m* loading space

Ladeschein [ˈlaːdəʃaɪn] *m* bill of lading

lädiert [lɛˈdiːrt] *adj* (*beschädigt*) damaged, battered

Ladung [ˈlaːduŋ] *f* **1.** load, cargo, freight; **2.** (*elektrische ~*) charge, amount of electricity; **3.** (*am Gericht*) summons *pl*

Lagebericht [ˈlaːgəbərɪçt] *m* status report; annual report

Lager [ˈlaːgɐ] *n* (*Warenlager*) store, stock, inventory, warehouse; *auf ~ haben* have in store

Lagerbestand [ˈlaːgɐbəʃtant] *m* stock, goods in stock *pl*, stock on hand

Lagerbestandsaufnahme [ˈlaːgɐbəʃtantsaufnaːmə] *f* inventory, stocktaking

Lagerbuchführung [ˈlaːgɐbuːxfyːruŋ] *f* inventory accounting

Lagerempfangsschein (D/W) [laːgɐɛmˈpfaŋsʃaɪn] *m* warehouse receipt

lagerfähig [ˈlaːgɐfɛːɪç] *adj* storable

Lagergebühr [ˈlaːgɐgəbyːɐ] *f* storage, storage charge

Lagerhalle [ˈlaːgɐhalə] *f* warehouse

Lagerhaltung [ˈlaːgɐhaltuŋ] *f* stockkeeping, warehousing

Lagerhaus [ˈlaːgɐhaus] *n* warehouse

Lagerist [laːgəˈrɪst] *m* stockkeeper, stockroom clerk, storekeeper

Lagerkosten [ˈlaːgɐkɔstən] *pl* storage cost

Lagerkapazität [ˈlaːgɐkapatsitɛːt] *f* storage capacity

Lagerliste [ˈlaːgɐlɪstə] *f* stock list, inventory list

Lagermenge [ˈlaːgɐmɛŋə] *f* stock quantity, quantity in store

Lagermiete [ˈlaːgɐmiːtə] *f* warehouse rent

lagern [ˈlaːgɐn] *v* store, stock, put in storage

Lagerplatz [ˈlaːgɐplats] *m* depot

Lagerraum [ˈlaːgɐraum] *m* storage space

Lagerschein [ˈlaːgɐʃaɪn] *m* warehouse warrant

Lagerung [ˈlaːgəruŋ] *f* storage, storing, warehousing

Lagerverwaltung [ˈlaːgɐfɛrvaltuŋ] *f* warehouse management

lancieren [lãˈsiːrən] *v* launch (a product)

Länderrisiko [ˈlɛndɐriːziko] *n* country risk

Landesbank [ˈlandəsbaŋk] *f* regional bank

Landeserzeugnisse [ˈlandəsɛrtsɔyknɪsə] *n/pl* domestic products *pl*

Landesgrenze [ˈlandəsgrɛntsə] *f* national border, frontier

landesüblich [ˈlandəsyːplɪç] *adj* common in the country, normal for the country

Landeswährung [ˈlandəsvɛːruŋ] *f* national currency

Landeszentralbank (LZB) [landəstsɛn'tra:lbaŋk] *f* regional central bank

Landweg ['lantve:k] *m auf dem ~* overland

Landwirtschaft ['lantvɪrtʃaft] *f* agriculture, farming

landwirtschaftlich ['lantvɪrtʃaftlɪç] *adj* agricultural, farming

Landwirtschaftskredit ['lantvɪrtʃaftskredi:t] *m* agricultural loan

lange Sicht ['laŋə 'zɪçt] *f* long run

Längenmaße ['lɛŋənma:sə] *n/pl* linear measures *pl*

langfristig ['laŋfrɪstɪç] *adj* long-term

langfristige Anleihen ['laŋfrɪstɪgə 'anlaiən] *f/pl* long-term bonds *pl*

langfristige Einlagen ['laŋfrɪstɪgə 'ainla:gən] *f/pl* long-term deposits *pl*

langfristiger Kredit ['laŋfrɪstɪgər kre'di:t] *m* long-term credit

langlebig ['laŋle:bɪç] *adj* durable

Langlebigkeit ['laŋle:bɪçkait] *f* durability

Langzeitarbeitslose(r) ['laŋtsaitarbaitslo:zə(-ɐ)] *f/m* long-term unemployed person

Langzeitarbeitslosigkeit ['laŋtsaitarbaitslo:zɪçkait] *f* long-term unemployment

Laptop ['læptɔp] *m* laptop

Lärmbekämpfung ['lɛrmbəkɛmpfuŋ] *f* noise control, sound-level control

Lärmbelästigung ['lɛrmbəlɛstɪguŋ] *f* noise pollution

Lärmpegel ['lɛrmpe:gəl] *m* noise level

Lärmschutz ['lɛrmʃuts] *m* noise protection

Laserdrucker ['le:izərdrukɐ] *m* laser printer

Lasertechnik ['le:izərtɛçnɪk] *f* laser technology

Lasten ['lastən] *f/pl (finanzielle Belastungen)* expense, costs *pl*

Lastenaufzug ['lastənauftsu:k] *m* goods lift, freight elevator *(US)*

Lastenausgleich ['lastənausglaiç] *m* burden sharing

Lastenausgleichsbank [lastən'ausglaiçsbaŋk] *f* equalization of burdens bank

Lastenausgleichsfonds [lastən'ausglaiçsfɔ̃:] *m* equalization of burdens fund

Lastenverteilung ['lastənfɛrtailuŋ] *f* burden-sharing

Lastkraftwagen ['lastkraftva:gən] *m (LKW)* lorry *(UK)*, truck *(US)*

Lastschrift ['lastʃrɪft] *f* debit entry

Lastschrifteinzugsverfahren [lastʃrɪft'aintsu:ksferfa:rən] *n* direct debiting

Lastschriftkarte ['lastʃrɪftkartə] *f* debit card

Lastschriftverkehr ['lastʃrɪftferke:ɐ] *m* direct debiting transactions *pl*

Lastwagen ['lastva:gən] *m* lorry *(UK)*, truck *(US)*

Lastzug ['lasttsu:k] *m* pulley

latente Steuern [la'tɛntə 'ʃtɔyɐn] *f/pl* deferred taxes *pl*

Laufbahn ['laufba:n] *f (fig)* career

laufende Rechnung ['laufəndə 'rɛçnuŋ] *f* current account

Laufkundschaft ['laufkuntʃaft] *f* walk-in business

Laufwerk ['laufvɛrk] *n* drive

Laufzeit ['lauftsait] *f* term, duration, life

Laufzeitfonds ['lauftsaitfɔ̃:s] *m/pl* term funds *pl*

Laufzettel ['lauftsetəl] *m* batch card, controll card

Lean Management ['li:n 'mænɪdʒmənt] *n* lean management

Lean Production [li:n prə'dʌkʃən] *f* lean production

leasen ['li:zən] *v* lease

Leasing ['li:zɪŋ] *n* leasing

Leasing-Geber [li:zɪŋ'ge:bɐ] *m* lessor

Leasing-Nehmer [li:zɪŋ'ne:mɐ] *m* lessee

Leasing-Rate ['li:zɪŋra:tə] *f* leasing payment

Leasing-Vertrag ['li:zɪŋfɛrtra:k] *m* leasing contract

Lebensbedingungen ['le:bənsbədɪŋuŋən] *f/pl* living conditions *pl*, standard of living

Lebensbedürfnisse ['le:bənsbədʏrfnɪsə] *n/pl* (bare) necessities of life *pl*

Lebensdauer [le:bənsdauɐ] *f* life

Lebenshaltung ['le:bənshaltuŋ] *f* standard of living

Lebenshaltungskosten [ˈleːbənshal-tuŋskɔstən] *pl* cost of living

Lebenslauf [ˈleːbənslauf] *m* curriculum vitae, resumé *(US)*

Lebensmittel [ˈleːbənsmɪtəl] *n (als Kaufware)* groceries *pl*

Lebensmittelgesetz [ˈleːbənsmɪtəl-gəzɛts] *n* law on food processing and distribution

Lebensqualität [ˈleːbənskvaliˈtɛːt] *f* quality of life

Lebensstandard [ˈleːbənsʃtandart] *m* standard of living

Lebensunterhalt [ˈleːbənsuntərhalt] *m* livelihood

Lebensverhältnisse [ˈleːbənsfɛrhɛlt-nɪsə] *pl* living conditions *pl*

Lebensversicherung [ˈleːbənsfɛrzɪçə-ruŋ] *f* life assurance

Lebenszyklus eines Produkts [ˈleː-bənstsyːklus ˈainəs proˈdukts] *m* life cycle of a product

Leeraktie [ˈleːraktsjə] *f* corporate share not fully paid up

Leerfracht (d. f.) [ˈleːrfraxt] *f* dead freight (d. f.)

Leergewicht [ˈleːrgəvɪçt] *n* unloaded weight, tare weight

Leergut [ˈleːrguːt] *n* empties *pl*

Leerlauf [ˈleːrlauf] *m (Motor, Maschine)* neutral, idle running

Leerpackung [ˈleːrpakuŋ] *f* empty package

Leerposition [ˈleːrpozitsjoːn] *f* bear selling position

Leerstelle [ˈleːrʃtɛlə] *f* space

Leerverkauf [ˈleːrfɛrkauf] *m* forward sale, bear selling

Leerwechsel [ˈleːrvɛksəl] *m* finance bill

legal [leˈgaːl] *adj* legal, legitimate

Legat [leˈgaːt] *n (Vermächtnis)* legacy

Legitimation [legitimaˈtsjoːn] *f* proof of identity

Legitimationspapiere [legitimaˈtsjoːns-papiːrə] *n/pl* title-evidencing instrument

Lehre [ˈleːrə] *f (Ausbildung)* apprenticeship

Lehrgang [ˈleːrgaŋ] *m* course, class, training course

Lehrling [ˈleːrlɪŋ] *m* apprentice

Lehrstelle [ˈleːrʃtɛlə] *f* apprenticeship, traineeship

leichte Papiere [ˈlaɪçtə paˈpiːrə] *n/pl* low-priced securities *pl*

Leichtlohngruppen [ˈlaɪçtloːngrupən] *f/pl* bottom wage groups *pl*

Leihanstalt [ˈlaɪanʃtalt] *f* pawnshop

Leiharbeit [ˈlaɪarbaɪt] *f* casual labour

Leiharbeiter(in) [ˈlaɪarbaɪtɐ(rɪn)] *m/f* subcontracted employee

Leiharbeitsverhältnis [ˈlaɪarbaɪtsfɛr-hɛltnɪs] *n* secondment

Leihkapital [ˈlaɪkapitaːl] *n* debt capital

Leihwagen [ˈlaɪvaːgən] *m* hired car

Leihzins [ˈlaɪtsɪns] *m* interest rate on a loan

Leistung [ˈlaɪstuŋ] *f* **1.** performance, achievement; **2.** *(technisch)* power, capacity, output

Leistungsabfall [ˈlaɪstuŋsapfal] *m* drop in performance, decrease in performance

Leistungsbereitschaft [ˈlaɪstuŋsbərait-ʃaft] *f* **1.** *(Produktion)* readiness to operate **2.** *(Personal)* willingness to achieve

Leistungsbilanz [ˈlaɪstuŋsbilants] *f* balance of goods and services

leistungsfähig [ˈlaɪstuŋsfɛːɪç] *adj* efficient, capable, productive

Leistungsfähigkeit [ˈlaɪstuŋsfɛːɪçkaɪt] *f* efficiency

Leistungsgarantie [ˈlaɪstuŋsgaranti:] *f* performance guarantee

Leistungslohn [ˈlaɪstuŋsloːn] *m* piece rate

leistungsorientiert [ˈlaɪstuŋsorjen-tiːrt] *adj* performance-oriented

Leistungsorientierung [ˈlaɪstuŋs-orjentiːruŋ] *f* performance-orientation

Leistungspflicht [ˈlaɪstuŋspflɪçt] *f* liability

leistungssteigernd [ˈlaɪstuŋsʃtaɪgərnt] *adj* performance-increasing

Leistungssteigerung [ˈlaɪstuŋsʃtaɪgə-ruŋ] *f* increase in efficiency

Leistungstiefe [ˈlaɪstuŋstiːfə] *f* performance depth

leiten [ˈlaɪtən] *v* **1.** *(führen)* lead; **2.** *(lenken)* guide, direct, conduct; **3.** *(technisch)* conduct, transmit

leitend [ˈlaɪtənt] *adj* managing; ~e Angestellte executive

leitende(r) Angestellte(r) [ˈlaɪtəndə(-ɐ) ˈanɡəʃtɛltə(-ɐ)] *f/m* executive employee, executive

Leiter [ˈlaɪtɐ] *m (technisch)* conductor

Leiter(in) [ˈlaɪtɐ(rɪn)] *m/f (Vorgesetzte(r))* head, director, manager

Leitkurs [ˈlaɪtkurs] *m* central rate

Leitung [ˈlaɪtuŋ] *f* **1.** *(Geschäftsleitung)* management; **2.** *(Rohrleitung)* pipeline; **3.** *(Kabel)* wire, line

Leitwährung [ˈlaɪtvɛːruŋ] *f* key currency

Leitzins [ˈlaɪttsɪns] *m* base rate, key rate

Lernkurve [ˈlɛrnkurvə] *f* learning curve

Letter of intent [ˈletə əv ɪnˈtent] *m* letter of intent

Leumund [ˈlɔymunt] *m* reputation

Leumundszeugnis [ˈlɔymuntstsɔyknɪs] *n* certificate of good character, character reference

Leveraged Buyout (LBO) [ˈliːvərɪdʒt ˈbaɪaʊt] *m* leveraged buyout

Leverage-Effekt [ˈliːvərɪdʒɛˈfɛkt] *m* leverage effect

liberalisieren [liberaliˈziːrən] *v* liberalize foreign trade, decontrol

Liberalisierung [liberaliˈziːruŋ] *f* liberalization of foreign trade

Libor-Anleihen [ˈliːborˈanlaɪən] *f/pl* Libor loans *pl*

Lieferant [lɪfəˈrant] *m* supplier

Lieferantenkredit [lɪfəˈrantənkrediːt] *m* supplier's credit

lieferbar [ˈliːfərbaːɐ] *adj* available

lieferbares Wertpapier [ˈliːfərbaːrəs ˈveːrtpapiːɐ] *n* deliverable security

Lieferbarkeit [ˈliːfərbaːɐkaɪt] *f* availability, deliverability

Lieferbedingung [ˈliːfərbədɪŋuŋ] *f* terms of delivery *pl*, terms and conditions of sale *pl*

Lieferengpass [ˈliːfərɛŋpas] *m* supply shortage

Lieferfirma [ˈliːfərfɪrma] *f* supplier

Lieferfrist [ˈliːfərfrɪst] *f* time for delivery, deadline for delivery

Liefergarantie [ˈliːfərɡarantiː] *f* guarantee of delivery

Lieferklausel [ˈliːfərklauzəl] *f* delivery clause, commercial term

Lieferkonto [ˈliːfərkɔnto] *n* accounts payable *pl*

Lieferkosten [ˈliːfərkɔstən] *pl* charges for delivery *pl*, delivery charges *pl*

Liefermenge [ˈliːfərmɛŋə] *f* ordered quantity

liefern [ˈliːfɐn] *v* supply, deliver, provide

Lieferschein [ˈliːfərʃaɪn] *m* delivery note

Liefertermin [ˈliːfərtermiːn] *m* date of delivery

Lieferung [ˈliːfəruŋ] *f* delivery, supply

Lieferung gegen Nachnahme [ˈliːfəruŋ ˈɡeːɡən ˈnaːxnaːmə] *f* cash on delivery

Lieferungsverzögerung [ˈliːfəruŋsfɛrtsøːɡəruŋ] *f* delay in delivery

Liefervertrag [ˈliːfərfɛrtraːk] *m* supply contract

Lieferverzug [ˈliːfərfɛrtsuːk] *m* default of delivery

Lieferwagen [ˈliːfərvaːɡən] *m* van

Lieferzeit [ˈliːfərtsaɪt] *f* **1.** *(Zeitraum)* delivery period; **2.** *(Termin)* delivery deadline

Liegenschaften [ˈliːɡənʃaftən] *f/pl* real estate, property

Lifo (last in – first out) [ˈliːfoː] last in – first out (lifo)

Limit [ˈlɪmɪt] *n (Beschränkung)* limit, ceiling

limitieren [limiˈtiːrən] *v (beschränken)* put a limit on

limitierte Dividende [limiˈtiːrtə diviˈdɛndə] *f* limited dividend

lineare Abschreibung [lineˈaːrə ˈapʃraɪbuŋ] *f* linear depreciation

lineares Wachstum [lineˈaːrəs ˈvakstuːm] *n* linear growth

Linienflug [ˈliːnjənfluːk] *m* scheduled flight

Linienverkehr [ˈliːnjənfɛrkeːɐ] *m* scheduled service, regular traffic

Liquidation [likvidaˈtsjoːn] *f* liquidation, winding-up *(UK)*

Liquidationsauszahlungskurs [likvidaˈtsjoːnsaustsaːluŋskurs] *m* liquidation outpayment rate

Liquidationsbilanz [likvidaˈtsjoːnsbilanz] *f* liquidation balance sheet, winding-up balance sheet *(UK)*

Liquidationserlös [likvidaˈtsjoːnsɛrløːs] *m* remaining assets after liquidation *pl*

Liquidationsgebühr [likvida'tsjo:ns-gəby:ɐ] *f* liquidation fee
Liquidationskurs [likvida'tsjo:nskurs] *m* making-up price
Liquidationsrate [likvida'tsjo:nsra:tə] *f* liquidating dividend
Liquidationstermin [likvida'tsjo:nstɛrmi:n] *m* pay day
Liquidationsüberschuss [likvida'tsjo:nsy:bərʃus] *m* realization profit
Liquidator [likvi'da:to:ɐ] *m* liquidator
liquide [li'kvi:də] *adj* liquid, solvent, flush with cash
liquidieren [lɪkvɪ'di:rən] *v* liquidate, wind up *(UK)*
Liquidität [likvidi'tɛ:t] *f* **1.** *(Zahlungsfähigkeit)* liquidity, solvency; **1.** *(Zahlungsmittel)* liquid assets *pl*
Liquiditätsanleihe [likvidi'tɛ:tsanlaɪə] *f* liquidity loan
Liquiditätsengpass [likvidi'tɛ:tsɛŋpas] *m* liquidity squeeze
Liquiditätsgrad [likvidi'tɛ:tsgra:t] *m* liquidity ratio
Liquiditätskonsortialbank [likvidi-'tɛ:tskonzortsja:lbaŋk] *f* liquidity syndicate bank
Liquiditätspapier [likvidi'tɛ:tspapi:ɐ] *n* liquidity papers *pl*
Liquiditätsquote [likvidi'tɛ:tskvo:tə] *f* liquidity ratio
Liquiditätsreserve [likvidi'tɛ:tsrezɛr-və] *f* liquidity reserves *pl*
Liquiditätsrisiko [likvidi'tɛ:tsri:ziko] *n* liquidity risk
Liquiditätsschwemme [likvidi'tɛ:tsʃvɛmə] *f* excess liquidity, liquidity glut
Liquiditätsstatus [likvidi'tɛ:tsʃta:tus] *m* liquidity status
Liquiditätstheorie [likvidi'tɛ:tsteori:] *f* liquidity theory
Listenpreis ['lɪstənpraɪs] *m* list price
Liter ['li:tɐ] *m* litre, liter *(US)*
Lizenz [li'tsɛnts] *f* licence, license *(US)*
Lizenzgeber [li'tsɛntsge:bɐ] *m* licencer
Lizenzgebühr [li'tsɛntsgəby:ɐ] *f* royalty, licence fee
Lizenznehmer [li'tsɛntsne:mɐ] *m* licencee
Lizenzvertrag [li'tsɛntsfɛrtra:k] *m* licence agreement
Lobby ['lɔbi] *f* lobby, pressure group

Lockangebot ['lɔkangəbo:t] *n* loss leader
Lockartikel ['lɔkartɪkəl] *m* loss leader
Logistik [lo'gɪstɪk] *f* logistics
logistisch [lo'gɪstɪʃ] *adj* logistic, logistical
Logo ['lo:go] *n* logo, logograph
Lohn [lo:n] *m* *(Bezahlung)* wage(s), pay, earnings *pl*
Lohnabkommen ['lo:napkɔmən] *n* wage agreement, salary agreement
Lohnabrechnung ['lo:naprɛçnuŋ] *f* wage slip
Lohnanstieg ['lo:nanʃti:k] *m* rise in wages, salary raise
Lohnausgleich ['lo:nausglaɪç] *m* levelling of wages, cost of living adjustment, wage adjustment
Lohnbuchhaltung ['lo:nbu:xhaltuŋ] *f* *(Lohnbuchführung)* payroll accounting; *(Betriebsabteilung)* payroll department
Lohndifferenz ['lo:ndɪfərɛnts] *f* wages gap, salary gap
Lohnempfänger ['lo:nɛmpfɛŋɐ] *m* wage earner
Lohnerhöhung ['lo:nɛrhø:uŋ] *f* pay increase, wage increase, pay raise *(US)*
Lohnforderung ['lo:nfɔrdəruŋ] *f* wage claim, pay claim
Lohnfortzahlung ['lo:nfɔrttsa:luŋ] *f* *(im Krankheitsfall)* sick pay, continuing payment of wages
lohnintensiv ['lo:nɪntɛnzi:f] *adj* wage-intensive, man power intensive
Lohnkosten ['lo:nkɔstən] *pl* labour costs *pl,* payload, costs incurred in wages *pl*
Lohnkürzung ['lo:nkyrtsuŋ] *f* pay cut
Lohnnebenkosten [lo:n'ne:bənkɔstən] *pl* incidental labour costs *pl,* nonwage labour costs *pl*
Lohnniveau ['lo:nnivo:] *n* average wage, going rate of pay
Lohnpolitik ['lo:npoliti:k] *f* wages policy
Lohn-Preis-Spirale [lo:n'praɪsʃpira:lə] *f* wage-price spiral
Lohnrunde ['lo:nrundə] *f* pay round
Lohnsteuer ['lo:nʃtɔyɐ] *f* wage tax, withholding tax
Lohnsteuerkarte ['lo:nʃtɔyərkartə] *f* tax card

Lohnsteuerklasse [ˈloːnʃtɔyərklasə] *f* wage tax class

Lohnstopp [ˈloːnʃtɔp] *m* wage freeze

Lohnstreifen [ˈloːnʃtraɪfən] *m* payroll

Lohnvereinbarung [ˈloːnfɛraɪnbaːruŋ] *f* wage agreement

Lokalbörse [loˈkaːlbœrzə] *f* local stock exchange

Lokalmarkt [loˈkaːlmarkt] *m* *(Börse)* local stocks *pl*

Lokaltermin [loˈkaːltɛrmiːn] *m* hearing at the locus in quo, on-the-spot investigation

Lokogeschäft [ˈloːkogəʃɛft] *n* spot transaction

Lombard [ˈlɔmbart] *m/n* collateral holdings *pl*

Lombarddepot [ˈlɔmbartdepoː] *n* collateral deposit

Lombardeffekten [ˈlɔmbartɛfɛktən] *pl* securities serving as collateral *pl*

Lombardfähigkeit [ˈlɔmbartfɛːɪçkaɪt] *f* acceptability as collateral

Lombardgeschäft [ˈlɔmbartgəʃɛft] *n* collateral loan business

Lombardkredit [ˈlɔmbartkrediːt] *m* advance against securities, collateral credit

Lombardsatz [ˈlɔmbartzats] *m* lombard rate, bank rate of loans on securities

Lombardverzeichnis [ˈlɔmbartfɛrtsaɪçnɪs] *n* list of securities eligible as collateral

Lombardzinsfuß [ˈlɔmbarttsɪnsfuːs] *m* lending rate

Loroguthaben [ˈloːroguːthaːbən] *n* loro balance

Lorokonto [ˈloːrokɔnto] *n* loro account

löschen [ˈlœʃən] *v* **1.** *(Fracht)* unload; **2.** *(Daten)* delete, erase

Löschgebühren [ˈlœʃgəbyːrən] *f/pl* discharging expenses *pl*

Löschtaste [ˈlœʃtastə] *f* delete key

Löschung [ˈlœʃuŋ] *f* **1.** cancellation, deletion; **2.** *(Ausladen)* unloading

Loseblattausgabe [loːzəˈblatausgaːbə] *f* loose-leaf edition

Losgröße [ˈloːsgrøːsə] *f* *(Statistik)* lot size, *(Produktion)* batch size

Loskurs [ˈloːskurs] *m* lottery quotation

Losnummer [ˈloːsnumɐ] *f* *(Produktion)* lot number

Lotterieanleihen [lɔtəˈriːanlaɪən] *f/pl* lottery bonds *pl*

loyal [loˈjaːl] *adj* loyal, staunch

Loyalität [lojaːlɪˈtɛːt] *f* loyalty

Lückenanalyse [ˈlykənanalyːzə] *f* gap analysis

Luftfracht [ˈluftfraxt] *f* air freight

Luftfrachtbrief [ˈluftfraxtbriːf] *m* airwaybill

Luftpolsterversandtasche [ˈluftpɔlstərfɛrzanttaʃə] *f* air-padded envelope

Luftpost [ˈluftpɔst] *f* air mail

Luftpostbriefumschlag [ˈluftpɔstbriːfumʃlaːk] *m* airmail envelope

Luftverschmutzung [ˈluftfɛrʃmutsuŋ] *f* air pollution

lukrativ [lukraˈtiːf] *adj* lucrative, profitable

Luxusgüter [ˈluksusgyːtɐ] *n/pl* luxury goods *pl*, luxuries *pl*

Luxussteuer [ˈluksusʃtɔyɐ] *f* luxury tax

M

Maastrichter Vertrag ['ma:strɪçtər 'fɛrtra:k] *m* Maastricht Treaty

Machart ['maxa:rt] *f* style, design

machbar ['maxba:ɐ] *adj* feasible

Machbarkeit ['maxba:rkaɪt] *f* feasibility

Macher(in) ['maxɐ(rɪn)] *m/f* man of action, woman of action, doer, mover

Magazin [maga'tsi:n] *n (Lager)* warehouse, storehouse, stacker

magazinieren [magatsi'ni:rən] *v* store

magisches Viereck ['ma:gɪʃəs 'fi:rɛk] *n* uneasy quadrangle

Mahnbescheid ['ma:nbəʃaɪt] *m* court notice to pay a debt

Mahnbrief ['ma:nbri:f] *m* reminder

mahnen ['ma:nən] *v* **1.** *(warnen)* admonish, warn; **2.** *(auffordern)* urge

Mahnformular ['ma:nfɔrmula:ɐ] *n* reminder form

Mahngebühr ['ma:ngəby:ɐ] *f* dunning charge, reminder fee

Mahnschreiben ['ma:nʃraɪbən] *n* reminder, letter demanding payment

Mahnung ['ma:nuŋ] *f* demand for payment, reminder

Mahnverfahren ['ma:nfɛrfa:rən] *n* summary proceedings *pl*

Mailbox ['meɪlbɔks] *f* mailbox

Mailingliste ['meɪlɪŋlɪstə] *f* mailing list

majorisieren [majori'si:rən] *v* outvote

Majorisierung [majori'zi:ruŋ] *f* holding of the majority

Majorität [majori'tɛ:t] *f* majority ownership, majority

Majoritätsbeschluss [majori'tɛ:tsbəʃlus] *m* majority vote

Majoritätsprinzip [majori'tɛ:tsprɪntsi:p] *n* majority rule principle

Makel ['ma:kəl] *m (Erzeugnisse)* flaw, imperfection, defect

makellos ['ma:kəllo:s] *adj (Erzeugnisse)* flawless, perfect

Makler(in) ['ma:klɐ(rɪn)] *m/f* broker

Maklerbank ['ma:klərbaŋk] *f* brokerage bank

Maklerbuch ['ma:klərbu:x] *n* broker's journal

Maklerfirma ['ma:klərfɪrma] *f* firm of brokers

Maklergebühr ['ma:klərgəby:ɐ] *f* broker's commission

Maklergeschäft ['ma:klərgəʃɛft] *n* broker's business, broker's line

Maklerordnung ['ma:klərɔrdnuŋ] *f* brokers' code of conduct

Makroökonomie ['makroøkonomi:] *f* macroeconomics

Makulatur [makula'tu:ɐ] *f* waste paper, waste

Management ['mænɪdʒmənt] *n* management

Managementberatung ['mænɪdʒməntbəra:tuŋ] *f* management consulting

Managementinformationssystem ['mænɪdʒməntɪnfɔrma'tsjo:nszyste:m] *n* management information system

Manager(in) [mænɪdʒɐ(rɪn)] *m/f* manager

Managerkrankheit ['mænɪdʒɐrkraŋkhaɪt] *f* executive stress, executivitis *(fam)*

Mandant [man'dant] *m* client

Mandat [man'da:t] *n* authorization, brief, retainer

Mandatsträger(in) [man'da:tstrɛ:gɐ(rɪn)] *m/f* representative

Mangel ['maŋəl] *m* **1.** *(Fehlen)* lack, deficiency, want; **2.** *(Fehler)* defect, shortcoming, fault

Mängelanzeige ['mɛŋlantsaɪgə] *f* notice of defect

Mangelberufe ['maŋəlbəru:fə] *m/pl* understaffed professions *pl*

Mängelbeseitigung ['mɛŋəlbəzaɪtiguŋ] *f* correction of defects, correction of faults

mangelfrei ['maŋlfraɪ] *adj* free of defects

mangelhaft ['maŋəlhaft] *adj* **1.** *(unvollständig)* lacking, deficient, imperfect; **2.** *(fehlerhaft)* defective, faulty

Mängelliste ['mɛŋəllɪstə] *f* complaint list, complaint sheet

Mängelrüge ['mɛŋəlry:gə] *f* complaint letter, notification of a defective product

Mangelware ['maŋəlva:rə] *f* product in short supply

Manipulierbarkeit [manipu'li:rba:rkaɪt] *f* manipulability

manipulieren [manipu'li:rən] *v* manipulate

manipulierte Währung [manipu'li:rtə 'vɛ:ruŋ] *f* managed currency

Manipulierung [manipu'li:ruŋ] *f* manipulation

Manko ['maŋko] *n* *(Fehlbetrag)* deficit

Mantel ['mantl] *m* *(zu einer Aktie)* share certificate

Manteltarif ['mantəltari:f] *m* industry-wide collective agreement

Manteltarifvertrag [mantlta'ri:ffɛrtra:k] *m* basic collective agreement

manuell [manu'ɛ:l] *adj* manual; *adv* manually

Manufaktur [manufak'tu:ɐ] *f* manufacture

Marge ['marʒə] *f* margin

marginal [margi'na:l] *adj* marginal

Marginalwert [margi'na:lvɛ:rt] *m* marginal value

Marke ['markə] *f* brand, mark, trademark

Markenartikel ['markənartɪkəl] *m* name brand, trade-registered article

Markenartikler ['markənartɪklɐ] *m* producer of brand-name products

Markenbewusstsein ['markənbəvustzaɪn] *n* brand awareness

Markenfamilie ['markənfami:ljə] *f* brand family

Markenname ['markənna:mə] *m* brand name, proprietary label

Markenschutz ['markənʃuts] *m* trademark protection, protection of proprietary rights

Markentreue ['markəntrɔyə] *f* brand name loyalty, brand loyalty

Markenwechsel ['markənvɛksəl] *m* brand switching

Markenzeichen ['markəntsaɪçən] *n* trademark, brand figure

Marketing ['markətɪŋ] *n* marketing

Marketingabteilung ['markətɪŋaptaɪluŋ] *f* marketing department

Marketingberater(in) ['markətɪŋbəra:tɐ(rɪn)] *m/f* marketing consultant

Marketingdirektor(in) ['markətɪŋdirɛkto:r(ɪn)] *m/f* marketing manager, marketing director

Marketingkonzept ['markətɪŋkɔntsɛpt] *n* marketing concept

Marketing-Mix ['markətɪŋmiks] *m* mixture of marketing strategies

Markt ['markt] *m* market, marketplace

Marktanalyse ['marktanaly:zə] *f* market analysis

Marktanpassung ['marktanpasuŋ] *f* market adjustment

Marktanteil ['marktantaɪl] *m* share of the market, market share

marktbeherrschend ['marktbəhɛrʃənt] *adj* dominant

Marktbeherrschung ['marktbəhɛrʃuŋ] *f* market dominance

Marktbeobachtung [marktbə'o:baxtuŋ] *f* observation of markets

Marktbericht ['marktbərɪçt] *m* market report

Marktchancen ['marktʃansən] *f/pl* market prospects *pl*, sales opportunities *pl*

Marktdurchdringung [marktdurç'drɪŋuŋ] *f* market penetration

Markteintrittsbarrieren ['marktaɪntritsbarje:rən] *f/pl* barriers to entry *pl*

Marktentwicklung ['marktɛntvɪkluŋ] *f* market trend

Marktergebnis ['marktɛrge:pnɪs] *n* market performance

Markterschließung ['marktɛrʃli:suŋ] *f* opening of new markets

marktfähig ['marktfɛ:iç] *adj* marketable

Marktform ['marktfɔrm] *f* market form

Marktforscher(in) ['marktfɔrʃɐ(rɪn)] *m/f* market researcher, market analyst

Marktforschung ['marktfɔrʃuŋ] *f* market research

Marktforschungsinstitut ['marktfɔrʃuŋsinstitu:t] *n* market research institute

Marktführer ['marktfy:rɐ] *m* market leader

marktgängig ['marktgɛŋɪç] *adj* marketable, saleable

marktgerecht ['marktgəreçt] *adj* in accordance with market requirements, according to market requirements

Marktlage ['marktla:gə] *f* state of the market, market situation

Marktlücke ['marktlykə] *f* market niche, market gap

Marktmacht ['marktmaxt] *f* market power

Marktordnung ['marktɔrdnuŋ] *f* market organization

Marktposition ['marktpozitsjo:n] *f* market position

Marktpotenzial ['marktpotɛntsja:l] *n* market potential

Marktpreis ['marktpraɪs] *m* market price

marktreif ['marktraɪf] *adj* ready for the market, fully developed, market ripe

Marktsättigung ['marktzɛtɪguŋ] *f* market saturation

Marktschwankung ['marktʃvaŋkuŋ] *f* market fluctuation

Marktsegmentierung ['marktzɛgmɛnti:ruŋ] *f* market segmentation

Marktstruktur ['marktʃtruktu:ɐ] *f* market structure

Marktstudie ['marktʃtu:diə] *f* market analysis, market research

Marktübersättigung ['markty:bɐrzɛtɪguŋ] *f* market saturation

Markttest ['markttɛst] *m* acceptance test

Markttransparenz ['markttransparɛnts] *f* transparency of the market

marktüblicher Zins ['markty:pliçɐr 'tsɪns] *m* interest rate customary in the market

Marktuntersuchung ['marktuntɐrzu:xuŋ] *f* market survey

Marktvolumen ['marktvolu:mən] *n* market volume

Marktwert ['marktve:rt] *m* fair market value, commercial value

Marktwirtschaft ['marktvɪrtʃaft] *f* free market economy, free enterprise economy

marktwirtschaftlich ['marktvɪrtʃaftlɪç] *adj* free-enterprise, free-economy

Marktzins ['markttsɪns] *m* market rate of interest

Maschine [ma'ʃi:nə] *f* machine

maschinell [maʃi'nɛl] *adj* mechanical; *adv* mechanically

Maschinenanlagen [ma'ʃi:nənanla:gən] *f/pl* plants *pl*

Maschinenbau [ma'ʃi:nənbau] *m* mechanical engineering

Maschinenbauer(in) [ma'ʃi:nənbauɐ(rɪn)] *m/f* mechanical engineer

maschinenlesbar [ma'ʃi:nənle:sba:ɐ] *adj* machine-readable

Maschinenschaden [ma'ʃi:nənʃa:dən] *m* engine trouble, engine failure

Maschinenschlosser(in) [ma'ʃi:nənʃlɔsɐ(rɪn)] *m/f* mechanic, fitter

Maschinenversicherung [ma'ʃi:nənfɛrzɪçəruŋ] *f* machine insurance

Maschinenzeitalter [ma'ʃi:nəntsaɪtaltɐ] *n* machine age

Maschinist(in) [maʃi'nɪst(ɪn)] *m/f* machine operator

Maß [ma:s] *n* measure

Maßarbeit ['ma:sarbaɪt] *f* work made to measure

Mass-Customization ['mæskastəmaɪ'zeɪʃən] *f* mass customization

Massegläubiger ['masəglɔybigɐ] *m* preferential creditor

Maßeinheit ['ma:saɪnhaɪt] *f* unit of measurement

Massenabsatz ['masənapzats] *m* bulk selling, bulk vending

Massenarbeitslosigkeit ['masənarbaɪtslo:zɪçkaɪt] *f* mass unemployment

Massenartikel ['masənartɪkəl] *m* high-volume product, mass-produced article

Massenbedarf ['masənbədarf] *m* mass demand, mass requirement

Massenentlassung ['masənɛntlasuŋ] *f* mass dismissal, layoff

Massenfabrikation ['masənfabrikatsjo:n] *f* mass production

Massenfertigung ['masnfɛrtɪguŋ] *f* mass production

Massenfilialbetrieb [masn'filja:lbətri:p] *m* large-scale chain operation

Massengüter ['masngy:tɐ] *n/pl* bulk goods *pl,* commodities *pl*

Massenkommunikation ['masnkɔmunikatsjo:n] *f* mass communication

M

Massenproduktion ['masənproduk-tsjo:n] *f* mass production

maßgebliche Beteiligung ['ma:sge:p-lıçə bə'taılıguŋ] *f* controlling interest

maßgefertigt ['ma:sgəfɛrtıct] *adj* custom-made

Maßstab ['ma:sʃta:p] *m* **1.** criterion; **2.** yardstick

Master of Business Administration (MBA) ['ma:stər ɔv 'bıznəs ədmınə-'streıʃən] *m* Master of Business Administration (MBA)

Material [mate'rja:l] *n* material

Materialanforderung [mate'rja:lan-fərdəruŋ] *f* material request

Materialaufwand [mate'rja:laufvant] *m* expenditure for material

Materialbuchhaltung [mate'rja:lbu:x-haltuŋ] *f* inventory accounting

Materialfehler [mate'rja:lfe:lɐ] *m* defect in the material

Materialknappheit [mater'ja:lknap-haıt] *f* shortage of material, material shortage

Materialkosten [mate'rja:lkɔstən] *pl* material costs *pl*

Materialprüfung [mater'ja:lpry:fuŋ] *f* material test

Materialschaden [mater'ja:lʃa:dən] *m* material defect, defective material

Materialwert [mater'ja:lve:rt] *m* material value

Matrix ['ma:trıks] *f* matrix

Matrix-Organisation ['ma:trıksɔrga-nizatsjo:n] *f* matrix organization

Maus ['maus] *f (EDV)* mouse

Mautgebühr ['mautgəby:ɐ] *f* toll

Maximalbetrag [maksi'ma:lbətra:k] *m* maximum amount

Maximalgewicht [maksi'ma:lgəvıçt] *n* maximum weight

Maximierung ['maksimı:ruŋ] *f* maximization

Maximum ['maksimum] *n* maximum

Mechaniker(in) [me'ça:nıkɐ(rın)] *m/f* mechanic

mechanisch [me'ça:nıʃ] *adj* mechanical

mechanisieren [meçani'zi:rən] *v* mechanize

Mechanisierung [meçani'zi:ruŋ] *f* mechanization

Mediaplanung ['me:djapla:nuŋ] *f* media planning

Megabyte ['megabaıt] *n* megabyte

Megatonne ['megatɔnə] *f* megaton

Mehrarbeit ['me:rarbaıt] *f* additional work, overtime

Mehraufwand ['me:raufvant] *m* additional expenditure, additional expenses *pl*

Mehrausgaben ['me:rausga:bən] *f/pl* extra costs *pl*, additional costs *pl*

Mehrbedarf ['me:rbədarf] *m* increased demand

Mehrbeteiligung ['me:rbətaılıguŋ] *f* majority holding

Mehreinnahme ['me:raınna:mə] *f* additional receipt, additional income

Mehrfachfertigung ['me:rfaxfɛrtı-guŋ] *f* multiple-process production

Mehrheitsbeschluss ['me:rhaıtsbə-ʃlus] *m* majority decision

Mehrheitsbeteiligung ['me:rhaıtsbə-taılıguŋ] *f* majority interest

Mehrkosten ['me:rkɔstən] *pl* additional costs *pl*

Mehrlieferung ['me:rli:fəruŋ] *f* additional delivery

Mehrlinienorganisation ['me:rli:njən-ɔrganisatjo:n] *f* multiple-line organization

Mehrproduktunternehmen ['me:r-produktuntərne:mən] *n* multi-product company

mehrstellig ['me:rʃtɛlıç] *adj (Zahlen)* multidigit

Mehrstimmrecht ['me:rʃtımrɛxt] *n* multiple voting right

Mehrstimmrechtsaktie ['me:rʃtım-rɛxtsaktsjə] *f* multiple voting share

Mehrwegverpackung ['me:rve:kfɛr-pakuŋ] *f* two-way package

Mehrwert ['me:rve:rt] *m* value added

Mehrwertsteuer ['me:rvɛrtʃtɔyɐ] *f* value-added tax

Meineid ['maınaıt] *m* perjury

Meinung ['maınuŋ] *f* opinion

Meinungsforschung ['maınuŋsfɔr-ʃuŋ] *f* public opinion research

Meinungsführer(in) ['maınuŋsfy:-rɐ(rın)] *m/f* opinion leader

Meinungskäufe ['maınuŋskɔyfə] *m/pl* speculative buying

M

Meinungsumfrage ['maɪnʊŋsumfra:-gə] *f* opinion poll

Meistbegünstigung ['maɪstbəgyns-tɪgʊŋ] *f* most-favoured nation treatment

Meistbegünstigungsklausel ['maɪst-bəgynstɪgʊŋsklauzl] *f* most-favoured nation clause

meistbietend ['maɪstbi:tənt] *adj* highest-bidding

Meistbietende(r) ['maɪstbi:təndə(-ɐ)] *f/m* highest bidder

Meister(in) ['maɪstɐ(rɪn)] *m/f (Handwerker)* master craftsman/craftswoman, foreman/forewoman

Meisterbetrieb ['maɪstərbətri:p] *m* master craftsman's business

Meisterbrief ['maɪstərbri:f] *m* master craftsman's diploma

Meisterprüfung ['maɪstərpry:fuŋ] *f* master craftsman qualifying examination

Meldebehörde ['mɛldəbəhœrdə] *f* registration office

Meldebestand ['mɛldəbəʃtant] *m* reordering quantity, reorder point

Meldefrist ['mɛldəfrɪst] *f* registration deadline

melden ['mɛldən] *v* **1.** *(mitteilen)* report; **2.** *(ankündigen)* announce; **3.** *(anmelden)* register; **4.** *(am Telefon) sich ~* answer

Meldepflicht ['mɛldəpflɪçt] *f* obligation to register, compulsory registration, duty to report

meldepflichtig ['mɛldəpflɪçtɪç] *adj* required to register

Menge ['mɛŋə] *f (bestimmte Anzahl)* amount, quantity

Mengenabschreibung ['mɛŋənapʃraɪ-buŋ] *f* production-method of depreciation

Mengenangabe ['mɛŋənanga:bə] *f* statement of quantity

Mengenkontingent ['mɛŋənkɔntɪn-gɛnt] *n* quantity quota

Mengenkurs ['mɛŋənkurs] *m* direct exchange

Mengennotierung ['mɛŋənnoti:ruŋ] *f* indirect quotation, indirect method of quoting foreign exchange

Mengenrabatt ['mɛŋənrabat] *m* quantity discount, bulk discount, volume discount

Mengenzoll ['mɛŋəntsɔl] *m* quantitative tariff

Menschenführung ['mɛnʃənfy:ruŋ] *f* leadership, management

Mergers & Acquisitions (M & A) ['mɛ:dʒərs ən ækvɪ'zɪʃəns] *pl* mergers & acquisitions

Merkantilismus [mɛrkanti'lɪsmus] *m* mercantile system

Merkposten ['mɛrkpɔstn] *m* memorandum item

messbar ['mɛsba:ɐ] *adj* measurable

Messdaten ['mɛsda:tən] *pl* measurements *pl*

Messe ['mɛsə] *f (Ausstellung)* fair, trade show

Messebesucher(in) ['mɛsəbəzu:xər (ɪn)] *m/f* visitor to the fair, visitor to the trade show

Messegelände ['mɛsəgəlɛndə] *n* exhibition grounds *pl*

Messeneuheit ['mɛsənɔyhaɪt] *f* newcomer

Messestand ['mɛsəʃtant] *m* booth at a trade show

Messtechnik ['mɛstɛçnɪk] *f* measuring technology

Messung ['mɛsuŋ] *f* measuring

Messwert ['mɛsve:rt] *m* measured value, reading

Metallarbeiter(in) [me'talarbaɪtɐ(rɪn)] *m/f* metalworker

Metallbörse [me'talbœrzə] *f* metal exchange

Metalldeckung [me'taldekuŋ] *f* metal cover

Metallgeld [me'talgɛlt] *n* metallic money

Metallindustrie [me'talɪndustri:] *f* metalworking industry

Metallwährung [me'talvɛ:ruŋ] *f* metallic currency

Meter ['me:tɐ] *m* metre *(UK)*, meter *(US)*

Miete ['mi:tə] *f* rent, lease, tenancy

mieten ['mi:tən] *v* rent, hire

Mieter(in) ['mi:tɐ(rɪn)] *m/f* tenant

Mietkauf ['mi:tkauf] *m* lease with option to purchase

Mietpreis ['mi:tpraɪs] *m* rent

Mietpreisbindung ['mi:tpreɪsbɪnduŋ] *f* rent control

M

Mietspiegel ['miːtʃpiːgəl] *m* representative list of rents

Mietverlängerungsoption ['miːtfɛr-lɛŋəruŋsɔptsjoːn] *f* lease renewal option

Mietvertrag ['miːtfɛrtraːk] *m* tenancy agreement, lease

Mietwagen ['miːtvaːgən] *m* hire car, rented car

Mietwucher ['miːtvuːxɐ] *m* exorbitant rent

Mietzins ['miːttsɪns] *m* rent

Mikrochip ['miːkrotʃɪp] *m* microchip

Mikrocomputer ['mikrokɔmpjuːtɐ] *m* microcomputer

Mikroelektronik [miːkroelɛk'troːnɪk] *f* microelectronics

Mikrofiche ['miːkrofɪʃ] *m/n* microfiche

Mikrofilm ['miːkrofɪlm] *m* microfilm

Mikrofinanzierung ['miːkrofinantsiː-ruŋ] *f* microfinance

Mikroökonomie ['mikroøkonomiː] *f* microeconomics

Mikroprozessor [miːkropro'tsɛsɔr] *m* microprocessor

Milliarde [mil'jardə] *f* billion

Milligramm ['mɪligram] *n* milligramme, milligram *(US)*

Milliliter ['mɪliliːtɐ] *m* millilitre, milliliter *(US)*

Millimeter [mili'meːtɐ] *m* millimetre, millimeter *(US)*

Million [mil'joːn] *f* million

Minderertrag ['mɪndərɛrtraːk] *m* reduced profit

Minderkaufmann ['mɪndərkaufman] *m* small trader

Minderlieferung ['mɪndərliːfəruŋ] *f* short delivery, short shipment

mindern ['mɪndɐn] *v (verringern)* diminish, lessen, reduce

Minderung ['mɪndəruŋ] *f* reduction

minderwertig ['mɪndərveːrtɪç] *adj* inferior, substandard

Minderwertigkeit ['mɪndərveːrtɪçkait] *f (Waren)* inferior quality

Mindestabnahme ['mɪndəstapnaːmə] *f* minimum purchase quantity

Mindestbestellmenge ['mɪndəst-bəʃtɛlmɛŋə] *f* minimum quantity order

Mindestbetrag ['mɪndəstbətraːk] *m* minimum amount

Mindesteinfuhrpreise ['mɪndəstainfuːrpraizə] *m/pl* minimum import price

Mindesteinlage ['mɪndəstainlaːgə] *f* minimum investment

Mindestfracht ['mɪndəstfraːxt] *f* minimum freight rate

Mindestgehalt ['mɪndəstgəhalt] *n* minimum wage

Mindestgebot ['mɪndəstgəboːt] *n* minimum bid

Mindesthöhe ['mɪndəsthøːə] *f* minimum amount

Mindestkapital ['mɪndəstkapitaːl] *n* minimum capital

Mindestlohn ['mɪndəstloːn] *m* minimum wage

Mindestpreis ['mɪndəstprais] *m* minimum price

Mindestreserve ['mɪndəstrezɛrvə] *m* minimum (legal) reserves *pl*

Mindestreservesystem ['mɪndəstre-zɛrvəzysteːm] *n* minimum reserve system

Mindestzins ['mɪndəsttsɪns] minimum interest rate

Mineralöl [mine'raːløːl] *n* mineral oil

Mineralölkonzern [mine'raːløːlkɔn-tsɛrn] *m* oil company

Mineralölsteuer [mine'raːløːlʃtɔyɐ] *f* mineral oil tax

Minimalkosten [mini'malkɔstən] *pl* minimum cost

Minimum ['mɪnimum] *n* minimum

Minus ['miːnus] *n* deficit

Mischfinanzierung ['mɪʃfinantsiːruŋ] *f* mixed financing

Mischkalkulation ['mɪʃkalkulatsjoːn] *f* compensatory pricing

Mischzoll ['mɪʃtsɔl] *m* mixed tariff

Misfit-Analyse ['mɪsfitanaˈlyːzə] *f* misfit analysis

Missbrauch ['mɪsbraux] *m* improper use

missbrauchen [mɪs'brauxən] *v* abuse; *(falsch gebrauchen)* misuse

Misswirtschaft ['mɪsvɪrtʃaft] *f* mismanagement

mit getrennter Post [mɪt gə'trɛntər 'pɔst] under separate cover

Mitarbeit ['mɪtarbait] *f* collaboration

Mitarbeiter(in) [ˈmɪtarbaɪtɐ(rɪn)] *m/f* **1.** coworker; **2.** *(Angestellte(r))* employee; **3.** *(an Projekt)* collaborator; **4.** *freie(r)* ~ freelancer

Mitarbeiterbeurteilung [ˈmɪtarbaɪtɐbəurtaɪluŋ] *f* performance appraisal

Mitarbeitergespräch [ˈmɪtarbaɪtɐgəʃprɛːç] *n* employee interview

Mitbegründer(in) [ˈmɪtbəgryndɐ(rɪn)] *m/f* cofounder

mitbestimmen [ˈmɪtbəʃtɪmən] *v* share in a decision

Mitbestimmung [ˈmɪtbəʃtɪmuŋ] *f* codetermination, workers' participation

Mitbewerber(in) [ˈmɪtbəverbɐ(rɪn)] *m/f* other applicant, competitor

Miteigentum [ˈmɪtaɪgəntum] *n* coownership

Mitglied [ˈmɪtgliːt] *n* member

Mitgliedschaft [ˈmɪtgliːtʃaft] *f* membership

Mitinhaber(in) [ˈmɪtinhaːbɐ(rɪn)] *m/f* co-owner

Mitläufereffekt [ˈmɪtlɔyfərɛfɛkt] *m* bandwagon effect

Mitteilungspflicht [ˈmɪtaɪluŋspflɪçt] *f* obligation to furnish information

Mittel [ˈmɪtəl] *pl (Geld)* means *pl,* funds *pl,* money

mittelfristig [ˈmɪtəlfrɪstɪç] *adj* medium-term, medium-range

Mittelkurs [ˈmɪtəlkurs] *m* medium price

Mittelstand [ˈmɪtəlʃtant] *m* medium-sized companies

mittelständisch [ˈmɪtəlʃtɛndɪʃ] *adj* medium-sized

Mittelwert [ˈmɪtlveːrt] *m* average value

mittlere Verfallszeit [ˈmɪtlərə fɛrˈfalstsaɪt] *f* mean due date

Mitunternehmer(in) [ˈmɪtuntɐrneːmɐ(rɪn)] *m/f* co-partner, co-entrepreneur

Mitwirkung [ˈmɪtvɪrkuŋ] *f* intermediation

Mobbing [ˈmobɪŋ] *n* mobbing, bullying, harassment at work

mobil [moˈbiːl] *adj* movable

Mobilfunk [moˈbiːlfuŋk] *m* mobile communications

Mobilien [moˈbiːljən] *pl* movable goods *pl*

Mobilisierungspapiere [mobiliˈziːruŋspapiːrə] *n/pl* mobilization papers *pl*

Mobilisierungspfandbriefe [mobiliˈziːruŋspfantbriːfə] *m/pl* mobilization mortgage bond

Mobilisierungstratte [mobiliˈziːruŋstratə] *f* mobilization draft

Mobilität [mobiliˈtɛːt] *f* mobility

Mobiltelefon [moˈbiːltelefoːn] *n* mobile phone, cell(ular) phone *(US)*

Mode [ˈmoːdə] *f* fashion

Modeartikel [ˈmoːdɐartɪkəl] *m* fashionable article

Modell [moˈdɛl] *n* model

Modellreihe [moˈdɛlˈraɪə] *f* model range

Modellversuch [moˈdɛlfɛrzuːx] *m* test

Modem [ˈmoːdəm] *m/n* modem

modern[1] [moˈdɛrn] *adj* **1.** modern; **2.** *(modisch)* fashionable

modern[2] [moˈdɛn] *v (faulen)* moulder

modifizieren [modifiˈtsiːrən] *v* modify

monatlich [ˈmoːnatlɪç] *adj* monthly

monatliche Erfolgsrechnung [ˈmoːnatlɪçə ɛrˈfɔlgsrɛçnuŋ] *f* monthly income statement

Monatsbericht [ˈmoːnatsbərɪçtə] *m* monthly report

Monatsbilanz [ˈmoːnatsbilants] *f* monthly balance sheet

Monatsgeld [ˈmoːnatsgɛlt] *n* monthly allowance

Mondpreis [ˈmoːntpraɪs] *m* unreal (high or low) price

monetär [monetɛːɐ] *adj* monetary

Monetary Fund (IMF) [ˈmʌnɪtri ˈfant] *m* Monetary Fund

Monetisierung [ˈmonetiˈziːruŋ] *f* monetization

Monitor [ˈmoːnɪtoːɐ] *m* monitor

Monitoring [ˈmonɪtorɪŋ] *n* monitoring

Monokultur [ˈmoːnokultuːɐ] *f* monoculture

Monopol [monoˈpoːl] *n* monopoly

Monopolkommission [monoˈpoːlkɔmɪsjoːn] *f* monopolies commission

Monopolpreis [monoˈpoːlpraɪs] *m* monopoly price

Montage [mɔnˈtaːʒə] *f (Einrichten)* installation

Montagehalle [mɔnˈtaːʒəhalə] *f* assembly shop, assembly building

M

Montanindustrie [mɔn'ta:nɪndustri:] *f* coal and steel industry

Monteur(in) [mɔn'tø:r(ɪn)] *m/f* fitter, assembler

montieren [mɔn'ti:rən] *v* mount, fit; *(zusammenbauen)* assemble

Moratorium [mora'to:rjum] *n* **1.** *(Recht)* standstill agreement; **2.** *(Geld)* debt deferral

Motor ['mo:tɔr] *m* engine, motor

Müll [myl] *m* waste, rubbish, refuse

Mülldeponie ['myldeponi:] *f* rubbish dump, waste disposal site

Müllverbrennung ['mylfɛrbrɛnuŋ] *f* refuse incineration

Müllvermeidung ['mylfɛrmaɪduŋ] *f* avoidance of excess rubbish

multifunktional [multifuŋktsjo'na:l] *adj* multifunctional

multilateral [multilate'ra:l] *adj* multilateral

multilateraler Handel ['multilatera:-lər 'handəl] *m* multilateral trade

Multimedia [multi'me:dja] *n* multimedia

multimedial [multi'me:djal] *adj* multimedia

multinationales Unternehmen ['multinatsjona:ləs untər'ne:mən] *n* multinational company

Multiplikation [multiplika'tsjo:n] *f* multiplication

multiplizieren [multipli'tsi:ɐn] *v* multiply

Multitasking ['multita:skɪŋ] *n (Computer)* multitasking

Mündelgeld ['myndəlgɛlt] *n* money held in trust for a ward

mündelsichere Papiere ['myndəl-zɪçəre pa'pi:rə] *n/pl* trustee securities *pl*

Mündigkeit ['myndɪçkaɪt] *f* majority

mündlich ['myndlɪç] *adj* **1.** oral, verbal; *adv* **2.** orally, verbally

Münze ['myntsə] *f* coin

Münzgeld ['myntsgɛlt] *n* species *pl*

Münzgewinn ['myntsgəvɪn] *m* seigniorage

Münzhandel ['myntshandəl] *m* dealings in gold and silver coins *pl*

Münzhoheit ['myntshohaɪt] *f* monetary sovereignty

Münzregal ['myntsrega:l] *n* exclusive right of coinage

Musskaufmann ['muskaufman] *m* mandatory merchant

Muster ['mustɐ] *n* **1.** *(Vorlage)* pattern; **2.** *(Probe)* sample, specimen; **3.** *(Design)* pattern, design

Musterbrief ['mustərbri:f] *m* specimen letter

Musterkoffer ['mustərkɔfɐ] *m* samples case

Mustermappe ['mustərmapə] *f* sample bag

Mustermesse ['mustərmɛsə] *f* samples fair

Muster ohne Wert ['mustər 'o:nə 've:rt] *n* sample with no commercial value

Mustersendung ['mustərzɛnduŋ] *f* sample consignment

Muttergesellschaft ['mutərgəzɛlʃaft] *f* parent company

Mutterschaftsgeld ['mutərʃaftsgɛlt] *n* maternity allowance

Mutterschaftsurlaub ['mutərʃaftsurlaup] *m* maternity leave

Mutterschutz ['mutərʃuts] *m* protective legislation for working mothers

Muttersprache ['mutərʃpra:xə] *f* native language, mother tongue

M

N

nachahmen [ˈnaːxaːmən] *v* **1.** *(imitieren)* imitate, copy; **2.** *(fälschen)* fake, forge

Nachahmung [ˈnaːxaːmuŋ] *f* **1.** *(Imitation)* imitation, copy; **2.** *(Fälschung)* fake, forgery

Nachbarrecht [ˈnaxbaːrrɛçt] *n* adjacent right

Nachbau [ˈnaxbau] *m* copy, reproduction, imitation

nachbehandeln [ˈnaːxbəhandəln] *v* give sth a follow-up treatment

Nachbehandlung [ˈnaːxbəhandluŋ] *f* follow-up treatment

nachberechnen [ˈnaːxbərɛçnən] *v* make a supplementary charge

Nachbereitung [ˈnaːxbəraituŋ] *f* after treatment

nachbessern [ˈnaːxbɛsɐn] *v* touch up, apply finishing touches to

Nachbesserung [ˈnaːxbɛsəruŋ] *f* rectification of defects, rework

nachbestellen [ˈnaːxbəʃtɛlən] *v* reorder, repeat an order, place a repeat order

Nachbestellung [ˈnaːxbəʃtɛluŋ] *f* repeat order, reorder, additional order

nachbezahlen [ˈnaːxbətsaːlən] *v* pay afterwards, pay later

Nachbezahlung [ˈnaːxbətsaːluŋ] *f* **1.** *(zu einem späteren Zeitpunkt)* supplementary payment; **2.** *(zusätzliche Zahlung)* additional payment

Nachbezugsrecht [ˈnaːxbətsuːksrɛçt] *n* right to a cumulative dividend

Nachbörse [ˈnaːxbœrzə] *f* after-hours dealing

Nachbürgschaft [ˈnaːxbyrkʃaft] *f* collateral guarantee

nachdatiert [ˈnaːxdatiːrt] *adj* postdated

Nachdividende [ˈnaːxdividɛndə] *f* dividend payable for previous years

nach Erhalt der Rechnung [naːx ɛrˈhalt deːr ˈrɛçnuŋ] on receipt of the invoice

Nachfasswerbung [ˈnaːxfasvɛrbuŋ] *f* follow-up publicity

Nachfolge [ˈnaːxfɔlgə] *f* succession

Nachfolgekonferenz [ˈnaːxfɔlgəkɔnferɛnts] *f* follow-up conference

Nachfolger(in) [ˈnaːxfɔlgɐ(rɪn)] *m/f* successor

nachfordern [ˈnaːxfɔrdɐn] *v* request in addition

Nachforderung [ˈnaːxfɔrdəruŋ] *f* additional demand, additional requirement

Nachfrage [ˈnaːxfraːgə] *f (Bedarf)* demand

Nachfragerückgang [ˈnaːxfraːgərykgaŋ] *m* decrease in demand

Nachfrageschub [ˈnaːxfraːgəʃuːp] *m* surge in demand

Nachfrist [ˈnaːxfrɪst] *f* period of grace, extension of time

Nachgebühr [ˈnaːxgəbyːɐ] *f* surcharge, additional postage

Nachgründung [ˈnaːxgrynduŋ] *f* post-formation acquisition

nachhelfen [ˈnaːxhɛlfən] *v irr (einer Sache)* help sth along, push sth further

Nachholbedarf [ˈnaːxhoːlbədarf] *m (auf den Markt bezogen)* demand, additional demand

Nachindossament [ˈnaːxɪndɔsamɛnt] *n* endorsement of an overdue bill of exchange

Nachkalkulation [ˈnaːxkalkulatsjoːn] *f* statistical cost accounting, actual costing

nachkontrollieren [ˈnaːxkɔntrɔliːrən] *v* check again, doublecheck

Nachlass [ˈnaːxlas] *m* inheritance

Nachlassgericht [ˈnaːxlasgərɪçt] *n* probate court

Nachlässigkeit [ˈnaːxlɛsɪçkait] *f* negligence, carelessness

Nachlasssteuer [ˈnaːxlasʃtɔyɐ] *f* estate tax

Nachlassverwalter(in) [ˈnaːxlasfɛrvaltɐ(rɪn)] *m/f* executor (of the estate)

nachliefern [ˈnaːxliːfɐn] *v* furnish an additional supply, deliver subsequently

Nachlieferung [ˈnaːxliːfəruŋ] *f* additional supply, subsequent delivery

N

Nachnahme ['naːxnaːmə] *f* cash on delivery, collect on delivery *(US)*

Nachnahmegebühr ['naːxnaːməgəbyːɐ] *f* cash on delivery charges (COD charges)

Nachnahmesendung ['naːxnaːməzɛnduŋ] *f* COD delivery, consignment

Nachname ['naːxnaːmə] *m* last name, surname, family name

Nachorder ['naːxɔrdɐ] *f* follow-up order

Nachporto ['naːxpɔrto] *n* postage due

nachprüfen ['naːxpryːfən] *v* check, make sure, verify

Nachprüfung ['naːxpryːfuŋ] *f* re-examination

nachrangige Finanzierung ['naːxraŋɪgə finanˈtsiːruŋ] *f* junior financing

nachrechnen ['naːxrɛçnən] *v* recalculate, check a calculation, examine

Nachricht ['naːxrɪçt] *f* news

Nachrichtentechnik ['naːxrɪçtəntɛçnɪk] *f* telecommunications

nachrüsten ['naːxrystən] *v (Gerät)* upgrade, modernize, refit

Nachrüstung ['naːxrʏstuŋ] *f (Gerät)* upgrade, modernization

Nachsaison ['naːxzɛzɔŋ] *f* postseason

Nachschub ['naːxʃuːp] *m (Waren)* additional supply

Nachschuss ['naːxʃus] *m (an der Börse)* margin

Nachschusspflicht ['naːxʃuspflɪçt] *f* obligation to make an additional contribution

Nachschusszahlung ['naːxʃustsaːluŋ] *f* additional payment

Nachsendeanschrift ['naːxzɛndəanʃrɪft] *f* forwarding address

Nachsendeauftrag ['naːxzɛndəauftraːk] *m* application to have mail forwarded

nachsenden ['naːxzɛndən] *v irr* forward, redirect

Nachsichtwechsel ['naːxzɪçtvɛksəl] *m* after-sight bill

Nachtarbeit ['naxtarbaɪt] *f* night work

Nachtdienst ['naxtdiːnst] *m* night duty, night service

Nachteil ['naːxtaɪl] *m* disadvantage, draw-back

nachteilig ['naːxtaɪlɪç] *adj* disadvantageous, detrimental, harmful

Nachtragshaushalt ['naːxtraːkshaushalt] *m* interim budget, supplementary budget

Nachtschicht ['naxtʃɪçt] *f* night shift

Nachttarif ['naxttariːf] *m* off-peak rate, night rate

Nachttresor ['naxttrezoːɐ] *m* night safe

Nachweis ['naːxvaɪs] *m (Echtheitszertifikat)* certificate, proof

nachzahlen ['naːxtsaːlən] *v* pay afterwards, make a back payment

Nachzahlung ['naːxtsaːluŋ] *f* supplementary payment

Nachzugsaktie ['naːxtsuːksaktsjə] *f* deferred stock

Nadeldrucker ['naːdəldrukɐ] *m* matrix printer, wire printer

nagelneu ['naːgəlnɔy] *adj* brand new

Näherungswert ['nɛːəruŋsveːrt] *m* approximate value

Nährwert ['nɛːrveːrt] *m (Nutzen)* practical value

Nahverkehr ['naːfɛrkeːɐ] *m* local traffic

Nahverkehrszug ['naːfɛrkeːrstsuːk] *m* commuter train

Nahziel ['naːtsiːl] *n* short-term target

Namensaktie ['naːmənsaktsjə] *f* registered share

Namensetikett ['naːmənsetikɛt] *n* name badge

Namenspapier ['naːmənspapiːɐ] *n* registered security

Namensschild ['naːmənsʃɪlt] *n* nameplate

nasse Stücke ['nasə 'ʃtykə] *n/pl* unissued mortgage bonds still in trustee's hands *pl*

national [natsjoˈnaːl] *adj* national

nationale Souveränitätsrechte [natsjoˈnaːlə zuvərɛniˈtɛːtsrɛçtə] *n/pl* national sovereignty rights *pl*

Nationalfeiertag [natsjoˈnaːlfaɪərtaːk] *m* national holiday

Nationalökonomie [natsjoˈnaːləkonomiː] *f* economics

Naturalabgabe [natuˈraːlapgaːbə] *f* payment in kind

Naturalbezüge [natuˈraːlbətsyːgə] *pl* payment in kind, remuneration in kind

Naturalgeld [natuˈraːlgɛlt] *n* payment in kind

Naturalkredit [natuˈraːlkrediːt] *m* credit granted in kind

Naturallohn [natuˈraːlloːn] *m* wages paid in kind *pl*

Naturaltilgung [natuˈraːltɪlguŋ] *f* redemption in kind

Naturalwirtschaft [natuˈraːlvɪrtʃaft] *f* barter economy

natürliche Person [naˈtyːrlɪçə ˈpɛrzoːn] *f* natural person

Naturwissenschaft [naˈtuːrvɪsənʃaft] *f* natural science

Nearbanken [ˈniːrbaŋkən] *f/pl* near banks *pl*

Nebenabreden [ˈneːbənapreːdən] *f/pl* subsidiary agreement

Nebenanschluss [ˈneːbənanʃlus] *m* extension

Nebenausgabe [ˈneːbənausgaːbə] *f* incidental expense

Nebenberuf [ˈneːbənbəruːf] *m* secondary occupation, second job, sideline

nebenberuflich [ˈneːbənbəruːflɪç] *adj* part-time

Nebenbeschäftigung [ˈneːbənbəʃɛftɪguŋ] *f* second occupation, spare time work, additional occupation

Nebeneinkünfte [ˈneːbənaɪnkynftə] *pl* additional income, side income

Nebenerwerb [ˈneːbənɛrvɛrp] *m* extra income, sideline, job on the side

Nebengebühr [ˈneːbəngəbyːɐ] *f* extra charge, extra fee

Nebenklage [ˈneːbənklaːgə] *f* civil action incidental to criminal proceedings

Nebenkläger [ˈneːbənklɛːgɐ] *m* co-plaintiff

Nebenkosten [ˈneːbənkɔstən] *pl* incidental expenses *pl*, additional expenses *pl*, ancillary costs *pl*

Nebenkostenstelle [ˈneːbənkɔstənʃtɛlə] *f* indirect centre

Nebenprodukt [ˈneːbənprodukt] *n* by-product

Nebenrechte [ˈneːbənrɛçtə] *n/pl* subsidiary rights *pl*

Nebenstellenanlagen [ˈneːbənʃtɛlənanlaːgən] *f/pl* private automatic branch exchanges *pl*

Nebentätigkeit [ˈneːbəntɛːtɪçkaɪt] *f* secondary occupation

Nebenverdienst [ˈneːbənfɛrdiːnst] *m* extra income, additional earnings *pl*

Nebenzweck [ˈneːbəntsvɛk] *m* secondary aim

Negativbilanz [ˈnegatiːfbilants] *f* debit balance

Negativerklärung [ˈnegatiːfɛrklɛːruŋ] *f* negative declaration

Negativimage [ˈneːgatiːfɪmɪdʒ] *n* negative image

Negativklausel [ˈnegatiːfklauzl] *f* negative clause

Negativwerbung [ˈnegatiːfvɛrbuŋ] *f* negative advertising

Negativzins [ˈnegatiːftsɪns] *m* negative interest

negieren [neˈgiːrən] *v* (*verneinen*) negate

Negierung [neˈgiːruŋ] *f* (*Verneinung*) negation, denial

Negotiation [negotsjaˈtsjoːn] *f* negotiation

Negotiationskredit [negotsjaˈtsjoːnskrediːt] *m* credit authorizing negotiation of bills

Neigung [ˈnaɪguŋ] *f* (*wirtschaftlich*) trend, tendency

Nennbetrag [ˈnɛnbətraːk] *m* nominal amount

Nennwert [ˈnɛnveːrt] *m* nominal value, face-value

Nennwertaktie [ˈnɛnveːrtaktsjə] *f* par value share

nennwertlose Aktie [ˈnɛnveːrtloːzə ˈaktsjə] *f* no par value share

netto [ˈnɛto] *adv* net

Nettoanlagevermögen [ˈnɛtoanlaːgəfɛrmøːgən] *n* net fixed assets *pl*

Nettodividende [ˈnɛtodividɛndə] *f* net dividend

Netto-Einkommen [ˈnɛtoaɪnkɔmən] *n* net income

Nettoertrag [ˈnɛtoɛrtraːk] *m* net earnings *pl*, net proceeds *pl*, net return, net yield

Nettogehalt [ˈnɛtogəhalt] *n* net salary

Nettogeschäft [ˈnɛtogəʃɛft] *n* net-price transaction

Nettogewicht [ˈnɛtogəvɪçt] *n* net weight

Nettogewinn [ˈnɛtogəvɪn] *m* net profit, net earnings *pl*

Nettoinvestition ['nɛtoɪnvɛstitsjoːn] *f* net investment

Nettokreditaufnahme ['nɛtokrediːtaufnaːme] *f* net (government) borrowing, net credit intake

Nettokurs ['nɛtokurs] *m* net price

Nettolohn ['nɛtoloːn] *m* net wages *pl*

Nettoneuverschuldung [nɛto'nɔyfɛrʃuldʊŋ] *f* net new indebtedness

Nettopreis ['nɛtopraɪs] *m* net price

Nettosozialprodukt [nɛtoso'tsjaːlprodukt] *n* net national product

Nettoumsatz ['nɛtoumzats] *m* net turnover

Nettoverdienst ['nɛtofɛrdiːnst] *m* net earnings *pl*

Nettovermögen ['nɛtofɛrmøːgən] *n* net assets *pl*

Nettoverschuldung ['nɛtofɛrʃuldʊŋ] *f* net indebtedness

Nettozinssatz ['nɛtotsɪnszats] *m* net interest rate

Netzanschluss ['nɛtsanʃlus] *m* (*Stromnetz*) mains connection, power supply line

Netzgerät ['nɛtsgɛrɛːt] *n* power pack

Netzplan ['nɛtsplaːn] *m* network planning

Netzplantechnik (NPT) ['nɛtsplaːnteçnɪk] *f* network planning technique

Netzstecker ['nɛtsʃtɛkɐ] *m* (*Stromanschluss*) plug

Netzwerk ['nɛtsvɛrk] *n* network

Netzzugang ['nɛtstsuːgaŋ] *m* net access, Internet access

Neuanschaffung ['nɔyanʃafʊŋ] *f* new acquisition

neuartig ['nɔyaːrtɪç] *adj* novel, original

Neuartigkeit ['nɔyartɪçkaɪt] *f* novelty, originality

Neuauflage ['nɔyauflaːgə] *f* (*von Erzeugnissen*) new edition

Neubauhypothek ['nɔybauhypoteːk] *f* mortgage loan to finance building of new dwelling-house

Neuentwicklung ['nɔyɛntvɪklʊŋ] *f* innovation, recent development, new development

Neuer Markt ['nɔyər 'markt] *m* new market

Neueröffnung ['nɔyɛrœfnʊŋ] *f* opening; (*Wiedereröffnung*) reopening

Neuerung ['nɔyərʊŋ] *f* **1.** (*neues Produkt*) innovation; **2.** (*Änderung*) change

Neuerwerb ['nɔyɛrvɛrp] *m* new acquistion

Neugestaltung ['nɔygəʃtaltʊŋ] *f* rearrangement, redesign

Neugiro ['nɔyʒiːro] *n* new endorsement

Neugründung ['nɔygrʏndʊŋ] *f* new foundation

Neuheit ['nɔyhaɪt] *f* novelty

Neupreis ['nɔypraɪs] *m* new price

Neuregelung ['nɔyreːgəlʊŋ] *f* new regulation

neutraler Aufwand [nɔy'traːlər 'aufvant] *m* nonoperating expense

neutraler Ertrag [nɔy'traːlər ɛr'traːk] *m* nonoperating income

neutrales Geld [nɔy'traːləs gɛlt] *n* neutral money

Neutralität [nɔytraliˈtɛːt] *f* neutrality

Neuveranlagung ['nɔyfɛranlaːgʊŋ] *f* new assessment

Neuverschuldung ['nɔyfɛrʃuldʊŋ] *f* incurring new debt

Neuwert ['nɔyveːrt] *m* value when new; (*eines versicherten Gegenstandes*) replacement value

Neuwertversicherung ['nɔyveːrtfɛrzɪçərʊŋ] *f* new for old insurance

Newsletter ['njuːslɛtər] *m* (*abonnierbarer E-Mail-Service*) newsletter

nicht testamentarisch geregelt [nɪçt tɛstamenˈtaːriʃ gəˈreːgəlt] *adj* intestate

nicht übertragbar [nɪçt yːbərˈtraːkbaːɐ] *adj* non-negotiable

nichtamtlich ['nɪçtamtlɪç] *adj* non-official

Nicht-Bank ['nɪçtbaŋk] *f* non-bank

Nichtberufstätige(r) ['nɪçtbəruːfstɛːtigə(-ɐ)] *f/m* non-employed person, person without employment

Nichteinhaltung ['nɪçtaɪnhaltʊŋ] *f* non-compliance

nichtig ['nɪçtɪç] *adj* void

Nichtmitglied ['nɪçtmɪtgliːt] *n* non-member

nichtnotierte Aktie ['nɪçtnotiːrtə 'aktsjə] *f* unquoted share

nichttarifäre Handelshemmnisse [nɪçttariˈfɛːrə 'handəlshɛmnɪsə] *n/pl* non-tariff trade barriers *pl*

Niederlassung [ˈniːdərlasuŋ] *f* site, location, place of business, branch office

Niederlegung [ˈniːdərleːguŋ] *f (der Arbeit)* stoppage

Niederstwertprinzip [ˈniːdərstveːrtprɪntsiːp] *n* lowest value principle

Niedrigstkurs [ˈniːdrɪçstkurs] *m* floor price

Nießbrauch [ˈniːsbraux] *m* usufruct, life-long right of use

Nießbraucher [ˈniːsbrauxɐ] *m* usuardfructuary

Nischenstrategie [ˈniːʃənʃtrategiː] *f* concentration strategy

Niveau [niˈvoː] *n* level; ~ *haben (fig)* to be of a high standard

Niveau-Unterschied [niˈvoːuntərʃiːt] *m* difference in standard

Nominalbetrag [nomiˈnaːlbətraːk] *m* nominal amount

Nominaleinkommen [nomiˈnaːlaɪnkɔmən] *n* nominal income

Nominalkapital [nomiˈnaːlkapitaːl] *n* nominal capital

Nominallohn [nomiˈnaːlloːn] *m* nominal wage

Nominalverzinsung [nomiˈnaːlfɛrtsɪnzuŋ] *f* nominal interest rate

Nominalwert [nomiˈnaːlveːrt] *m* face value

Nominalzins [nomiˈnaːltsɪns] *m* nominal rate of interest

nominelles Eigenkapital [nomiˈnɛləs ˈaɪɡənkapitaːl] *n* nominal capital borrowed

No-Name-Produkt [noʊneɪmproˈdukt] *n* generic product

Nonprofit-Organisation [nɔnprofɪtɔrganizaˈtsjoːn] *f* nonprofit organization

Nordamerikanische Freihandelszone (NAFTA) [ˈnɔrtamerɪkaːnɪʃə fraɪˈhandəlstsoːnə (ˈnafta)] *f* North American Free Trade Area (NAFTA)

Norm [nɔrm] *f* norm, standard; *(Regel)* rule

normal [nɔrˈmaːl] *adj* normal, regular, standard

Normalbeschäftigung [ˈnɔrmaːlbəʃɛftɪɡuŋ] *f* normal level of capacity utilization, standard capacity

Normalgewinn [nɔrˈmaːlɡəvɪn] *m* normal profit

Normalkosten [nɔrˈmaːlkostən] *pl* normal cost

Normalverbraucher(in) [nɔrˈmaːlfɛrbrauxɐ(rɪn)] *m/f* average consumer; *Otto ~ Joe Bloggs*, Mr Average, John Smith, Joe Sixpack

Normalverkehr [nɔrˈmaːlfɛrkeːɐ] *m* normal transactions *pl*

Normung [ˈnɔrmuŋ] *f* standardization

Nostroeffekten [ˈnɔstroɛfɛktən] *pl* securities owned by a bank

Nostroguthaben [ˈnɔstroguːthaːbən] *n* nostro balance

Nostrokonto [ˈnɔstrokɔnto] *n* nostro account

Nostronotadresse [nɔstroˈnoːtadrɛsə] *f* nostro address in case of need

Nostroverbindlichkeit [ˈnɔstroferbɪntlɪçkaɪt] *f* nostro liability

Notanzeige [ˈnoːtantsaɪɡə] *f* notice of dishonour

Notar(in) [noˈtaːr(ɪn)] *m/f* notary

notariell [notarˈjɛl] *adj* notarial; *adv* ~ *beglaubigt* notarized

Note [ˈnoːtə] *f (Banknote)* banknote, bill *(US)*

Notebook [ˈnəʊtbʊk] *n* notebook

Notenabstempelung [ˈnoːtənapʃtempəluŋ] *f* stamping of bank notes

Notenausgabe [ˈnoːtənausgaːbə] *f* note issue

Notenbank [ˈnoːtənbaŋk] *f* central bank

Notendeckung [ˈnoːtəndɛkuŋ] *f* cover of note circulation

Noteneinlösungspflicht [ˈnoːtənaɪnløːzuŋspflɪçt] *f* obligation to redeem notes

Notenkontingent [ˈnoːtənkɔntɪŋɡɛnt] *n* fixed issue of notes

Notenumlauf [ˈnoːtənumlauf] *m* notes in circulation *pl*

Notfall [ˈnoːtfal] *m* emergency

Notgeld [ˈnoːtɡɛlt] *n* emergency money

notieren [noˈtiːrən] *v* quote, list

Notierung [noˈtiːruŋ] *f* quotation

Notifikation [notifikaˈtsjoːn] *f* notification

Notiz [noˈtiːts] *f* note

Notizblock [noˈtiːtsblɔk] *m* note pad

Notizbuch [noˈtiːtsbuːx] *n* notebook

Notizzettel [noˈtiːtstsɛtəl] *m* note slip

N

notleidende Forderung [ˈnoːtlaɪ-dəndə ˈfɔrdəruŋ] *f* claim in default

notleidender Kredit [ˈnoːtlaɪdəndɐ krediːt] *m* bad loan, non-performing loan

notleidende Wirtschaft [ˈnoːtlaɪ-dəndə ˈviːɐtʃaft] *f* ailing economy

notwendiges Betriebsvermögen [ˈnoːt-vɛndɪɡəs bəˈtriːpsfɛrmøːɡn] *n* necessary business property

notwendiges Privatvermögen [ˈnoːt-vɛndɪɡəs priˈvaːtfɛrmøːɡn] *n* necessary private property

Nullrunde [ˈnulrundə] *f* wage freeze, pay freeze

Nulltarif [ˈnultariːf] *m* free of charge, for free

Nullwachstum [ˈnulvakstuːm] *n* zero growth

Nummerierung [numəˈriːruŋ] *f* numbering

Nummernkonto [ˈnumɐrnkɔnto] *n* number account, numbered account

Nummernverzeichnis [ˈnumɐrnfɛr-tsaɪçnɪs] *n* list of serial numbers of securities purchased

nur gegen Totalverlust versichert (TLO) [nuːr ˈɡeːɡən toˈtaːlfɛrlust fɛrˈzɪçɐt] total loss only (TLO)

nur zur Verrechnung [nuːɐ tsuːɐ fɛɐɛçnuŋ] for account only

Nutzbarmachung [ˈnutsbaːrmaxuŋ] *f* exploitation

Nutzeffekt [ˈnutsɛfɛkt] *m* efficiency, practical use

Nutzen [ˈnutsən] *m* **1.** use; *von ~ sein* to be of use; **2.** *(Vorteil)* advantage, benefit

Nutzfahrzeug [ˈnutsfaːrtsɔyk] *n (Last-kraftwagen)* lorry *(UK)*, truck *(US)*

Nutzkosten [ˈnutskɔstən] *pl* utility costs *pl*

nutzlos [ˈnutsloːs] *adj* useless, futile, pointless

Nutznießer(in) [ˈnutsniːsɐ(rɪn)] *m/f* beneficiary

Nutzung [ˈnutsuŋ] *f* use

Nutzungsdauer [ˈnutsuŋsdauɐ] *f* service life, operating life, working life

Nutzungsrecht [ˈnutsuŋsrɛçt] *n* usufructury right, right of use

Nutzwertanalyse [ˈnutsveːrtanalyːzə] *f* benefit analysis

N

O

oben genannt [ˈoːbən gəˈnant] *adj* above, mentioned above, as said before

Obergesellschaft [oːbərˈgəzelʃaft] *f* common parent company, umbrella company

Obergrenze [ˈoːbərgrɛntsə] *f* upper limit

Oberlandesgericht (OLG) [oːbərˈlandəsgəriçt] *n* Intermediate Court of Appeals

Oberverwaltungsgericht (OVG) [oːbərfɛrˈvaltuŋsgəriçt] *n* Higher Administrative Court

Objekt [ɔpˈjɛkt] *n (Eigentum)* property

Objektbesteuerung [ɔpˈjɛktbəʃtɔyəruŋ] *f* taxation of specific property

Objektkredit [ɔpˈjɛktkrediːt] *m* loan for special purposes

Objektprinzip [ɔpˈjɛktprintsiːp] *n* object principle

Obligation [ɔbligaˈtsjoːn] *f* bond, debenture, debenture bond

Obligationär(in) [ɔbligatsjoˈnɛːr(ɪn)] *m/f* bondholder, debenture holder

Obligationsanleihe [ɔbligaˈtsjoːnsanlaɪə] *f* debenture loan

Obligationsausgabe [ɔbligaˈtsjoːnsausgaːbə] *f* bond issue

obligatorisch [ɔbligaˈtoːrɪʃ] *adj* obligatory, compulsory, mandatory

Obligo [ˈɔbligo] *n* financial obligation, liability

Obligobuch [ˈɔbligobux] *n* bills discounted ledger

Obsoleszenz [ɔpzolɛsˈtsɛnts] *f* obsolescence

Oderdepot [ˈoːdərdepoː] *n* joint deposit

Oderkonten [ˈoːdərkɔntən] *n/pl* joint account

offen [ˈɔfən] *adj* **1.** *(geöffnet)* open; ~ *bleiben* stay open; ~ *halten (geöffnet lassen)* leave open; **2.** *(fig: nicht besetzt)* vacant; **3.** *(Rechnung)* outstanding

Offenbarungseid [ɔfənˈbaːruŋsait] *m* oath of disclosure, oath of manifestation

offene Ausschreibung [ˈɔfənə ˈausʃraɪbuŋ] *f* public tender

Offene Handelsgesellschaft (OHG) [ˈɔfənə ˈhandəlsgəzelʃaft] *f* general partnership

Offene Police (O. P.) [ˈɔfənə poˈliːsə] *f* floating policy

offene Position [ˈɔfənə poziˈtsjoːn] *f* open position

Offene-Posten-Buchhaltung [ˈɔfənəˈpɔstənbuxhaltuŋ] *f* open-item accounting

offene Rechnung [ˈɔfənə ˈrɛçnuŋ] *f* out-standing account, unsettled account

offener Fonds [ˈɔfənər ˈfɔ̃ː] *m* open-end fund

offener Immobilienfonds [ˈɔfənər imoˈbiːljənfɔ̃ː] *m* open-end real estate fund

offenes Depot [ˈɔfənəs deˈpoː] *n* safe custody account

offenes Konto [ˈɔfənəs ˈkɔnto] *n* open account

Offenlegung [ˈɔfənleːguŋ] *f* disclosure

Offenlegungspflicht [ˈɔfənleːguŋspfliçt] *f* duty to disclose one's financial situation

Offenmarktpolitik [ˈɔfənmarktpolitiːk] *f* open market policy

öffentlich [ˈœfəntliç] *adj* public; *adv* publicly

öffentliche Anleihe [ˈœfəntliçə ˈanlaɪə] *f* government security

öffentliche Ausgaben [ˈœfəntliçə ˈausgaːbən] *f/pl* public spending

öffentliche Bank [ˈœfəntliçə baŋk] *f* public bank

öffentliche Beglaubigung [ˈœfəntliçə bəˈglaubiguŋ] *f* public certification

öffentliche Beurkundung [ˈœfəntliçə bəˈuːrkunduŋ] *f* public authentication

öffentliche Güter [ˈœfəntliçə ˈgyːtɐ] *n/pl* public goods *pl*

öffentliche Kredite [ˈœfəntliçə kreˈdiːtə] *m/pl* credits extended to public authorities *pl*

öffentliche Schuld [ˈœfəntliçə ʃult] *f* public debt

O

öffentliche Verkehrsmittel [ˈœfəntlɪçə fɛrˈkeːrsmɪtəl] *n/pl* public transport(ation)

öffentlicher Haushalt [ˈœfəntlɪçər ˈhaushalt] *m* public budget

öffentlicher Schuldenstand [ˈœfəntlɪçər ʃuldənʃtant] *m* government debt

Öffentliches Recht [ˈœfəntlɪçəs rɛçt] *n* public law

Öffentlichkeit [ˈœfəntlɪçkaɪt] *f* public

Öffentlichkeitsarbeit [ˈœfəntlɪçkaɪtsarbaɪt] *f* public relations work, PR, PR activities *pl*

öffentlich-rechtliche Körperschaft [ˈœfəntlɪçrɛçtlɪçə ˈkœrpərʃaft] *f* public body

offerieren [ɔfəˈriːrən] *v* offer

Offerte [ɔˈfɛrtə] *f* offer

offiziell [ɔfiˈtsjɛl] *adj* official; *adv* officially

offizielles Kursblatt [ɔfiˈtsjɛləs ˈkursblat] *n* offical stock exchange list

Öffnungszeiten [ˈœfnuŋstsaɪtən] *f/pl* opening hours *pl*, hours of business *pl*

Offshore-Auftrag [ˈɔfʃoːrauftraːk] *m* off-shore purchase order

Offshore-Steuergesetz [ˈɔfʃoːrˈʃtɔyərgəsets] *n* offshore tax agreement

Offshore-Zentrum [ˈɔfʃoːrˈtsɛntrum] *n* offshore centre

ohne Dividende [ˈoːnə dɪvɪˈdɛndə] ex dividend

ohne Gewähr [ˈoːnə gəˈvɛːɐ̯] without guarantee

ohne Kupon [ˈoːnə kuˈpõː] ex coupon

ohne Obligo [ˈoːnə ˈɔbligo] without obligation

Ökobilanz [ˈøkobilants] *f* ecological balance

Ökologie [økoloˈgiː] *f* ecology

ökologisch [økoˈloːgɪʃ] *adj* ecological

ökologische Steuerreform [økoˈloːgɪʃə ˈʃtɔyərefɔrm] *f* ecological tax reform

Ökonom(in) [økoˈnoːm(ɪn)] *m/f* economist

Ökonomie [øːkonoˈmiː] *f* economy

ökonomieverträglich [økonomiˈfɛrtrɛːklɪç] *adj* economically sustainable

ökonomisch [øːkoˈnoːmɪʃ] *adj* economic

ökonomischer Unterschied [økoˈnoːmɪʃər ˈuntərʃiːt] *m* economic divergence

Ökosteuer [ˈøkoʃtɔyɐ] *f* ecological tax, ecotax

Ökosystem [ˈøːkozysteːm] *n* ecological system

Ölembargo [ˈøːlɛmbargo] *n* oil embargo

Ölförderland [ˈøːlfœrdərlant] *n* oil-producing country, oil-producing nation

Ölförderung [ˈøːlfœrdəruŋ] *f* oil extraction, oil production

Oligopol [oligoˈpoːl] *n* oligopoly

Ölindustrie [ˈøːlɪndustriː] *f* oil industry

Ölkrise [ˈøːlkriːzə] *f* oil crisis

Ölpreis [ˈøːlpraɪs] *m* price of oil

Ölraffinerie [ˈøːlrafinəriː] *f* oil refinery

Ölterminbörse [ˈøːltɛrmiːnbœrzə] *f* oil futures exchange

Ölterminhandel [ˈøːltɛrmiːnhandl] *m* oil futures dealings *pl*

Ombudsfrau [ˈɔmbutsfrau] *f* ombudswoman, spokeswoman

Ombudsmann [ˈɔmbutsman] *m* ombudsman, representative, spokesman

One-Stop-Banking [wanstɔpˈbæŋkɪŋ] *n* one-stop banking

One-Stop-Shopping [wanstɔpˈʃɔpɪŋ] *n* one-stop shopping

online [ˈɔnlaɪn] *adj* online

Onlinebanking [ˈɔnlaɪnbæŋkɪŋ] *n* online banking

Onlinebetrieb [ˈɔnlaɪnbətriːp] *m* online operation

Onlinedienst [ˈɔnlaɪndiːnst] *m* online service

Onlinezahlungssystem [ˈɔnlaɪntsaːluŋszysteːm] *n* online payment system

Onshore-Geschäft [ˈɔnʃɔːrgəˈʃɛft] *n* onshore business

OPEC (Organisation Erdöl exportierender Länder) [opec (organizaˈtsjoːn ˈerdøːl ɛkspɔrˈtiːrəndər ˈlɛndə)] *f* OPEC (Organization of Petroleum Exporting Countries)

Operations Research (OR) [ɔpəˈreiʃəns rɪˈsɛːtʃ] *n* operations research

operative Planung [opəraˈtiːvə ˈplaːnuŋ] *f* operational planning

Operator [opəˈraːtɔr] *m* operator, computer operator

Opportunitätskosten [ɔpɔrˈtuniteːtskɔstən] *pl* opportunity costs *pl*

Opposition [ɔposiˈtsjoːn] *f* opposition

oppositionell [ɔpositsjoː'nel] *adj* oppositional

Oppositionsführer(in) [ɔposi'tsjoːnsfyːrɐ(rɪn)] *m/f* leader of the opposition

optimal [ɔpti'maːl] *adj* ideal, optimal; *adv* to an optimum, optimally

optimale Bestellmenge [ɔpti'maːlə bə'ʃtɛlmɛŋə] *f* economic purchasing quantity

Optimalleistung [ɔpti'maːllaɪstuŋ] *f* optimum capacity

optimieren [ɔpti'miːrən] *v* optimize, optimalize

Optimierung [ɔpti'miːruŋ] *f* optimization

optimistisch [ɔpti'mɪstɪʃ] *adj* optimistic; *adv* optimistically

optimistische Börse [ɔpti'mɪstɪʃə 'bœrzə] *f* bullish market

Optimum ['ɔptimum] *n* optimum

Option [ɔp'tsjoːn] *f* option, choice

Optionsanleihe [ɔp'tsjoːnsanlaɪə] *f* option bond

Optionsdarlehen [ɔp'tsjoːnsdaːrleːən] *n* optional loan

Optionsgeschäft [ɔp'tsjoːnsgəʃɛft] *n* options tradings *pl*, options dealings *pl*, option bargain

Optionspreis [ɔp'tsjoːnspraɪs] *m* option price

Optionsrecht [ɔp'tsjoːnsrɛçt] *n* option right

Optionsschein [ɔp'tsjoːnsʃaɪn] *m* share purchase warrant

ordentliche Ausgaben ['ɔrdəntlɪçə 'ausgaːbən] *f/pl* ordinary expenditure

ordentliche Einnahmen ['ɔrdəntlɪçə 'aɪnnaːmən] *f/pl* ordinary revenue

ordentliche Kapitalerhöhung ['ɔrdəntlɪçə kapi'taːlɛrhøːuŋ] *f* ordinary increase in capital

ordentlicher Haushalt ['ɔrdəntlɪçər 'haushalt] *m* ordinary budget

Order ['ɔrdɐ] *f* order

Orderklausel ['ɔrdərklauzl] *f* order clause

Orderkonnossement ['ɔrdərkɔnɔsəmɛnt] *n* order bill of lading

ordern ['ɔrdəɐn] *v* order

Orderpapier ['ɔrdərpapiːɐ] *n* order paper, order instrument

Orderscheck ['ɔrdərʃɛk] *m* order cheque

Ordner ['ɔrdnɐ] *m* (*Hefter*) folder, standing file

Ordnerrückenschild ['ɔrdnərrykənʃɪlt] *n* file support label

Ordnungsamt ['ɔrdnuŋsamt] *n* town clerk's office

ordnungsgemäß ['ɔrdnuŋsgəmɛːs] *adj* correct, proper; *adv* correctly, according to the regulations, properly

Ordnungsmappe ['ɔrdnuŋsmapə] *f* file folder

ordnungsmäßige Bilanzierung ['ɔrdnuŋsmɛːsɪgə bilan'tsiːruŋ] *f* adequate and orderly preparation of a balance sheet

Ordnungsstrafe ['ɔrdnuŋsʃtraːfə] *f* administrative fine, disciplinary penalty

ordnungswidrig ['ɔrdnuŋsviːdrɪç] *adj* irregular, illegal; *adv* contrary to regulations, illegally

Organgesellschaft [ɔr'gaːngəzɛlʃaft] *f* controlled company

Organhaftung [ɔr'gaːnhaftuŋ] *f* liability of a legal person for its executive organs

Organigramm [ɔrgaːnɪ'gram] *n* organizational chart

Organisation [ɔrganiza'tsjoːn] *f* organization

Organisation für wirtschaftliche Zusammenarbeit und Entwicklung (OECD) [ɔrganiza'tsjoːn fyːr 'wɪrtʃaftlɪçə tsu'zamənarbaɪt unt ɛnt'vɪkluŋ] *f* Organization for Economic Cooperation and Development (OECD)

Organisationsabteilung [ɔrganiza'tsjoːnsaptaɪluŋ] *f* organization and methods department

Organisationsdiagramm [ɔrganiza'tjoːnsdiagram] *n* organizational chart

Organisationsgrad [ɔrganiza'tsjoːnsgraːt] *m* **1.** (*Betrieb*) level of organization; **2.** (*Personal*) degree of unionization

Organisationskosten [ɔrganiza'tsjoːnskɔstən] *pl* organization expense

Organisationsplanung [ɔrganiza'tsjoːnsplaːnuŋ] *f* organizational planning

Organisationsstruktur [ɔrganiza'tsjoːnsʃtruktuːɐ] *f* organizational structure

O

organisatorisch [ɔrganiza'toːrɪʃ] *adj* organizational

organisieren [ɔrgani'ziːrən] *v* organize

Organkredit [ɔrgaːnkre'diːt] *m* loans granted to members of a managing board

Organschaftsvertrag [ɔr'gaːnʃaftsfɛrtraːk] *m* intergroup agreement

Orientierungspreis [orjɛn'tiːruŋsprais] *m* guide price

Original [origi'naːl] *n (Dokument, Brief etc.)* original

örtlich ['ørtlɪç] *adj* local; *adv* locally

ortsansässig ['ɔrtsanzɛsɪç] *adj* resident, local

Ortsgespräch ['ɔrtsgəʃprɛːç] *n* local call

Ortsnetz ['ɔrtsnɛts] *n* local telephone exchange network

Ortsverkehr ['ɔrtsfɛrkeːɐ] *m* local calls *pl*

Ortszeit ['ɔrtstsait] *f* local time

Österreichische Nationalbank (ÖNB) ['øːstəraiçɪʃə natsjo'naːlbaŋk] *f* National Bank of Austria

Otto Normalverbraucher ['ɔto nɔr'maːlfɛrbrauxɐ] *m* John Smith, Joe Sixpack, Mr Average *(fam)*

Outplacement ['autpleismənt] *n* outplacement

Output ['autput] *m* output

Output-Analyse ['autputanalyːzə] *f* output analysis

Outright-Termingeschäft ['autraittɛrmiːngəʃɛft] *n* outright futures transactions *pl*

outsourcen ['autsɔːsən] *v* outsource

Outsourcing ['autsɔːsɪŋ] *n* outsourcing

Overheadprojektor ['oːvɐrhɛdprojɛktɔr] *m* overhead projector

Over-the-counter-Markt [əuvərðə'kauntɐrmarkt] *m* over-the-counter market

O

P

Paar [pɑːɐ] *n* pair
paarweise [ˈpɑːrvaɪzə] *adv* in pairs, two by two
Pacht [paxt] *f* **1.** *(Überlassung)* lease; **2.** *(Entgelt)* rent
Pachtdauer [ˈpaxtdauɐ] *f* duration of a lease
pachten [ˈpaxtən] *v* lease, take on lease, rent
Pächterkredit [ˈpɛçtərkrediːt] *m* tenant's credit
Pachtverlängerung [ˈpaxtfɛrlɛŋəruŋ] *f* extension of a lease
Pachtvertrag [ˈpaxtfɛrtraːk] *m* lease, lease agreement, concession
Pachtzins [ˈpaxttsɪns] *m* rent
Päckchen [ˈpɛkçən] *n* small package, small parcel
Packpapier [ˈpakpapiːɐ] *n* wrapping paper, packing paper
Packung [ˈpakuŋ] *f* packet, pack
pagatorisch [pagaˈtoːrɪʃ] *adj* cash-based, financial
Paket [paˈkeːt] *n* package, packet, parcel
Pakethandel [paˈkeːthandl] *m* dealing in large lots
Paketzustellung [paˈkeːttsuʃtɛluŋ] *f* parcel delivery
Palette [paˈlɛtə] *f* **1.** *(Auswahl)* selection, choice, range; **2.** *(Transporteinheit)* pallet
Panel [ˈpɛnl] *n* panel
Papier [paˈpiːɐ] *n* **1.** *(Wertpapier)* security, share; **2.** *(Dokument)* document, paper
Papiergeld [paˈpiːrgɛlt] *n* paper money
Papierindustrie [paˈpiːrɪndustriː] *f* paper industry
Pappe [ˈpapə] *f* cardboard
Paragraph [paraˈgraːf] *m* **1.** paragraph; **2.** *JUR* section, article
Parallelanleihe [paraˈleːlanlaɪə] *f* parallel loan
Parallelmarkt [paraˈleːlmarkt] *m* parallel market
Parallelumlauf [paraˈleːlumlauf] *m* parallel circulation

Parallelwährung [paraˈleːlvɛːruŋ] *f* parallel currency
pari [ˈpaːri] *adj* par
Pariemission [ˈpaːriemisjoːn] *f* issue at par
Parikurs [ˈpaːrikurs] *m* par price
Parität [pariˈtɛːt] *f* parity, equality
Paritätengitter [pariˈtɛːtəngitɐ] *n* parity grid
paritätisch [pariˈtɛːtɪʃ] *adj* on an equal footing, in equal numbers
paritätische Mitbestimmung [pariˈtɛːtiʃə ˈmɪtbəʃtɪmuŋ] *f* parity codetermination
Parkett [parˈkɛt] *n* *(Börse)* floor
parteiisch [parˈtaɪʃ] *adj* prejudiced, biased
Partie [parˈtiː] *f* *(größere Menge einer Ware, Posten)* batch
Partizipationsschein [partitsipaˈtsjoːnsʃaɪn] *m* participating receipt
Partner(in) [ˈpartnɐ(rɪn)] *m/f* **1.** *(Geschäftspartner)* business partner, associate; **2.** *(Vertragspartner)* party (to a contract)
Partnerschaft [ˈpartnərʃaft] *f* partnership
Parzelle [parˈtsɛlə] *f* plot, parcel (of land)
Passierschein [paˈsiːrʃaɪn] *m* pass, permit
passiv [ˈpasiːf] *adj* passive; *adv* passively
Passiva [paˈsiːva] *pl* liabilities *pl*
passive Rechnungsabgrenzung [ˈpasiːvə ˈrɛçnuŋsapgrɛntsuŋ] *f* accrued expense
passive Rückstellungen [ˈpasiːvə ˈrykʃtɛluŋən] *f/pl* passive reserves *pl*
passiver Partner [ˈpasiːvər ˈpartnɐ] *m* sleeping partner
Passivgeschäft [ˈpasiːfgəʃɛft] *n* passive deposit transactions *pl*
Passivhandel [ˈpasɪːfhandəl] *m* passive trade
Passivierung [pasiˈviːruŋ] *f* inclusion on the liabilities side

Passivierungspflicht [pasiˈviːruŋs-pflɪçt] *f* requirement to accrue in full

Passivkredit [ˈpasiːfkrediːt] *m* passive borrowing

Passivposten [ˈpasiːfpɔstən] *m* debit item

Passivtausch [ˈpasiːftauʃ] *m* accounting exchange on the liabilities side

Passivzins [ˈpasiːftsɪns] *m* interest payable

Passkontrolle [ˈpaskɔntrɔlə] *f* passport control, examination of passports

Passus [ˈpasus] *m* passage

Patent [paˈtɛnt] *n* patent

Patentamt [paˈtɛntamt] *n* Patent Office

Patentanwalt [paˈtɛntanvalt] *m* patent attorney

Patenterteilung [paˈtɛntɛrtaɪluŋ] *f* issue of a patent

patentfähig [paˈtɛntfɛːɪç] *adj* patentable

patentieren [patɛnˈtiːrən] *v* patent

Patentinhaber(in) [paˈtɛntɪnhaːbɐ(rɪn)] *m/f* patentee

Patentlizenz [paˈtɛntlitsɛnts] *f* patent licence

Patentrecht [paˈtɛntrɛçt] *n* patent law

Patentregister [paˈtɛntregɪstɐ] *n* patent rolls *pl*

Patentschutz [paˈtɛntʃuts] *m* patent protection

Patentverschluss [paˈtɛntfɛrʃlus] *m* (*bei Chemikalien, Medikamenten etc.*) childproof cap

pauschal [pauˈʃaːl] *adj* lump-sum, overall; *adv* on a flat-rate basis

Pauschalabschreibung [pauˈʃaːlapʃraɪbuŋ] *f* group depreciation

Pauschalbetrag [pauˈʃaːlbətraːk] *m* flat rate

Pauschalbewertung [pauˈʃaːlbəveːrtuŋ] *f* group valuation

Pauschaldeckung [pauˈʃaldɛkuŋ] *f* blanket coverage

Pauschaldelkredere [pauˈʃaːldɛlkreːdərə] *n* global delcredere

Pauschale [pauˈʃaːlə] *f* lump sum payment, flat charge

Pauschalgebühr [pauˈʃaːlgəbyːɐ] *f* flat fee, flat charge

Pauschalpreis [pauˈʃaːlpraɪs] *m* flat rate, lump-sum price

Pauschalsumme [pauˈʃaːlzumə] *f* lump sum

Pauschaltarif [pauˈʃaːltariːf] *m* flat rate

Pauschalwert [pauˈʃaːlveːrt] *m* overall value

Pauschalwertberichtigung [pauˈʃaːlveːrtbərɪçtɪguŋ] *f* general bad-debt provision

Pause [ˈpauzə] *f* break, interval, interruption

pausieren [pauˈziːrən] *v* pause, take a break

pekuniär [pɛkuˈnjɛːɐ] *adj* pecuniary

Pendelverkehr [ˈpɛndəlferkeːɐ] *m* commuter traffic, shuttle service (flights)

Pendler(in) [ˈpɛndlɐ(rɪn)] *m/f* commuter

Pendlerzug [ˈpɛndlɐrtsuːk] *m* commuter train

Pension [pɛ̃ˈzjoːn] *f* (*Ruhestand*) retirement; (*Rente*) retirement pension

pensionieren [pɛ̃nzjoˈniːrən] *v* pension off, retire; *sich ~ lassen* retire

Pensionsalter [pɛ̃ˈzjoːnsaltɐ] *n* retirement age

Pensionsanspruch [pɛ̃ˈzjoːnsanʃprux] *m* pension claim

Pensionsanwartschaft [pɛ̃ˈzjoːnsanvartʃaft] *f* pension expectancy

Pensionsfonds [pɛ̃ˈzjoːnsfɔ:] *m* (*Finanzwesen*) retirement fund, (*Personal*) pension fund

Pensionsgeschäft [pɛ̃ˈzjoːnsgəʃɛft] *m* security transactions under repurchase *pl*

Pensionskasse [pɛ̃ˈzjoːnskasə] *f* staff pension fund

Pensionsrückstellungen [pɛ̃ˈzjoːnsrykʃtɛluŋən] *f/pl* pension reserve

Pensionszusage [pɛ̃ˈzjoːnstsuːsaːgə] *f* employer's pension commitment

Pensum [ˈpɛnzum] *n* workload

Pensumlohn [ˈpɛnzumloːn] *m* quota wage

per aval [pɛr aˈval] *adv* as guarantor of payment

per Einschreiben [pɛr ˈaɪnʃraɪbn] *adv* by registered post

per Express [pɛr ɛksˈpres] by express

per Lastkraftwagen [pɛr ˈlastkraftwaːgən] by lorry

per procura [pɛr proˈkuːra] *adv* by procuration

per Ultimo [pɛr ˈultimo] *adv* for the monthly settlement

perfekt [pɛrˈfɛkt] *adj* perfect; *adv* perfectly

Perfektion [pɛrfɛkˈtsjoːn] *f* perfection

Peripheriegeräte [pɛrifeˈriːgərɛtə] *n/pl* peripheral units *pl*

permanent [pɛrmaˈnɛnt] *adj* permanent; *adv* permanently

Personal [pɛrzoˈnaːl] *n* staff, personnel, employees *pl*

Personal Computer (PC) [ˈpɜːsənəl kɔmˈpjuːtɐ] *m* personal computer

Personalabbau [pɛrzoˈnaːlapbau] *m* reduction of staff, reduction of personnel

Personalabteilung [pɛrzoˈnaːlaptaɪluŋ] *f* personnel department

Personalakte [pɛrzoˈnaːlaktə] *f* personnel file, personnel dossier

Personalaufwand [pɛrzoˈnaːlaufvant] *m* personnel costs *pl,* employment costs *pl*

Personalauswahl [pɛrzoˈnaːlausvaːl] *f* employee selection

Personalbedarf [pɛrzoˈnaːlbədarf] *m* requirement of manpower

Personalbüro [pɛrzoˈnaːlbyroː] *n* personnel office

Personalchef(in) [pɛrzoˈnaːlʃɛf(ɪn)] *m/f* personnel manager

Personalentwicklung [pɛrzoˈnaːlɛntvɪkluŋ] *f* personnel development

Personalfreisetzung [pɛrzoˈnaːlfraɪzɛtsuŋ] *f* personnel layoff

Personalführung [pɛrzoˈnaːlfyːruŋ] *f* personnel management

Personalkosten [pɛrzoˈnaːlkɔstən] *pl* employment costs *pl*

Personalkredit [pɛrzoˈnaːlkrediːt] *m* personal loan

Personalleasing [ˈpɛːsənəlˈliːzɪŋ] *n* personnel leasing

Personalleiter(in) [pɛrzoˈnaːllaɪtɐ(rɪn)] *m/f* staff manager

Personalmanagement [pɛːrzoˈnaːlmænɪdʒmənt] *n* personnel management

Personalmangel [pɛrzoˈnaːlmaŋl] *m* short-age of staff

Personalnebenkosten [pɛrzoˈnaːlneːbənkɔstən] *pl* supplementary staff costs *pl*

Personalplanung [pɛrzoˈnaːlplaːnuŋ] *f* personnel planning, manpower planning, human resources planning, forecasting of labour requirements

Personalrat [pɛrzoˈnaːlraːt] *m* personnel committee

Personalstand [pɛrzoˈnaːlʃtant] *m* staff number

Personalstrategie [pɛrzoˈnaːlʃtrategiː] *f* personnel strategy

Personalwechsel [pɛrzoˈnaːlvɛksl] *m* staff changes *pl*

Personalwesen [pɛrzoˈnaːlveːzən] *n* personnel management

Personendepot [pɛrˈzonəndepoː] *n* customer's security deposit

Personengesellschaft [pɛrˈzoːnəngəzɛlʃaft] *f* partnership

Personenkonten [pɛrˈzonənkɔntən] *n/pl* personal accounts *pl*

Personenkraftwagen [pɛrˈzoːnənkraftvaːgən] *m* motor car, automobile

Personensteuern [pɛrˈzonənʃtɔyɐn] *f/pl* taxes deemed to be imposed on a person

persönlich [pɛrˈzøːnlɪç] *adj* personal, private; *adv* personally

persönliche Identifikations-Nummer (PIN) [pɛrˈzøːnlɪçə idɛntifikaˈtsjoːnsnumɐ] *f* personal identification number (PIN)

pessimistisch [pɛsiˈmɪstɪʃ] *adj* pessimistic

Petrochemie [petroçeˈmiː] *f* petrochemistry

Petrodollar [ˈpetrodɔlar] *m* petrodollar

Pfand [pfant] *n* pledge

Pfandbrief [ˈpfantbriːf] *m* mortgage bond, mortgage debenture

Pfandbriefanstalt [ˈpfantbriːfanʃtalt] *f* mortgage bank

Pfandbriefdarlehen [ˈpfantbriːfdaːrleːn] *n* mortgage loan

Pfandbriefgesetz [ˈpfantbriːfgəzɛts] *n* mortgage law

Pfanddepot [ˈpfantdepoː] *n* pledged securities deposit

pfänden [ˈpfɛndən] *v* impound, seize

Pfandgeld [ˈpfantgɛlt] *n* deposits *pl*

Pfandindossament [ˈpfantɪndɔsamɛnt] *n* pledge endorsement

Pfandleihe [ˈpfantlaɪə] *f* pawnbroking

P

Pfandrecht ['pfantrɛçt] *n* pledge, lien

Pfandschein ['pfantʃaɪn] *m* certificate of pledge

Pfändung ['pfɛnduŋ] *f* attachment of property, levy of attachment, seizure

Pfandvertrag ['pfantfɛrtraːk] *m* contract of pledge

Pfandverwertung ['pfantfɛrveːrtuŋ] *f* realization of pledge

Pflegegeld ['pfleːgəgɛlt] *n* nursing allowance

Pflegekasse ['pfleːgəkasə] *f* nursing insurance scheme

Pflegekrankenversicherung ['pfleːgə-kraŋkənfɛrzɪçəruŋ] *f* nursing insurance fund

Pflegerentenversicherung ['pfleːgə-rɛntənfɛrzɪçəruŋ] *f* nursing pension insurance fund

Pflegeversicherung ['pfleːgəfɛrzɪçə-ruŋ] *f* long-term-care insurance

Pflicht [pflɪçt] *f* duty, obligation

pflichtbewusst ['pflɪçtbəvust] *adj* responsible, conscious of one's duties, dutiful; *adv* responsibly, dutifully, conscientiously

Pflichtbewusstsein ['pflɪçtbəvustzaɪn] *n* sense of duty

Pflichteinlage ['pflɪçtaɪnlaːgə] *f* compulsory contribution

Pflichtkrankenkasse ['pflɪçtkraŋkən-kasə] *f* compulsory health insurance funds *pl*

Pflichtreserve ['pflɪçtrezɛrvə] *f* minimum reserve

Pflichtteil ['pflɪçttaɪl] *m* compulsory portion, obligatory share

pflichtvergessen ['pflɪçtfɛrgesən] *adj* irresponsible, derelict in one's duty

Pflichtversicherung ['pflɪçtfɛrzɪçe-ruŋ] *f* compulsory insurance

Pfund [pfunt] *n* **1.** *(Maßeinheit)* pound; **2.** *(Währungseinheit)* pound sterling

Pharmaindustrie ['farmaɪndustriː] *f* pharmaceutical industry

pharmazeutisch [farma'tsɔytɪʃ] *adj* pharmaceutical

Pilotstudie [pi'loːtʃtuːdjə] *f* pilot study

plädieren [plɛ'diːrən] *v* plead

Plädoyer [plɛdo'jeː] *n* address to the jury, closing argument, summation *(US)*

Plafond [pla'fɔ̃ː] *m* ceiling

Plagiat [plag'jaːt] *n* plagiarism

Plakat [pla'kaːt] *n* placard, poster

Plakatwand [pla'kaːtvant] *f* billboard

Plakatwerbung [pla'kaːtvɛrbuŋ] *f* poster advertising, outdoor advertising

Planbeschäftigung ['plaːnbəʃɛftɪguŋ] *f* activity base

Planbilanz ['plaːnbilants] *f* budgeted balance sheet

Planer ['plaːnɐ] *m* planner

Plankalkulation ['plaːnkalkulatsjoːn] *f* target calculation

Plankostenrechnung ['plaːnkɔstən-rɛçnuŋ] *f* calculation of the budget costs

Planrevision ['plaːnrevizi̯oːn] *f* budget adjustment

Planspiel ['plaːnʃpiːl] *n* planning exercise, scenario

Planung ['plaːnuŋ] *f* planning, layout, policy-making

Planungsabteilung ['plaːnuŋsaptaɪ-luŋ] *f* planning department

Planungsausschuss ['plaːnuŋsausʃus] *m* planning committee

Planungsbüro ['plaːnuŋsbyroː] *n* planning office

Planungskontrolle ['plaːnuŋskɔntrɔlə] *f* planning control

Planungsstadium ['plaːnuŋsʃtaːdjum] *n* planning stage

Planwerte ['plaːnveːrtə] *m/pl* planning figures *pl*

Planwirtschaft ['plaːnvɪrtʃaft] *f* planned economy

Planziel ['plaːntsiːl] *n* planned target, operational target

Plastik ['plastɪk] *n (Kunststoff)* plastics

Platine [pla'tiːnə] *f* board

Platzanweisung ['platsanvaɪzuŋ] *f* cheques and orders payable at a certain place

Platzbedarf ['platsbədarf] *m* space requirements *pl*

platzieren [pla'tsiːrən] *v* place, locate, position

Platzierung [pla'tsiːruŋ] *f* placing

Platzkauf ['platskauf] *m* purchase on the spot

Platzspesen ['platsʃpeːzən] *pl* local expenses *pl*

Platzübertragung ['platsybɐrtraːgʊŋ] *f* local transfer

Platzwechsel ['platsvɛksəl] *m* local bill

pleite ['plaɪtə] *adj* broke, bankrupt; ~ *sein* not have a bean; ~ *gehen* go bust, go broke

Pleite ['plaɪtə] *f* bankruptcy; ~ *machen* go bankrupt

Pleitier [plaɪ'tjeː] *m (fam)* bankrupt

Plotter ['plɔtɐ] *m (EDV)* plotter

Plus [plus] *n (Überschuss)* surplus; *(fig)* advantage, asset, plus *(fam)*

Point of Information (POI) [pɔɪnt ɔv ɪnfɔ'meɪʃən] *m (Ort der Information)* point of information

Point of Sale (POS) [pɔɪnt ɔv 'seɪl] *m (Ort des Verkaufs)* point of sale

Point of Sale Banking [pɔɪnt ɔv 'seɪl 'bæŋkɪŋ] *n* point of sale banking

Police [po'liːs(ə)] *f* policy

Polier [po'liːɐ] *m* site foreman

Politik [poli'tiːk] *f* politics; policy

Polypol [poly'poːl] *n* polypoly

populär [popu'lɛːɐ] *adj* popular

Popularität [populaɪ'tɛːt] *f* popularity

POP-Werbung ['pɔpvɛrbʊŋ] *f* point of purchase promotion

Portfeuillesteuerung [pɔrt'føːjʃtɔyə-rʊŋ] *f* portfolio controlling

Portfolio [pɔrt'foːljo] *n* portfolio

Portfolio Selection [pɔrt'foːljo səlek-ʃən] *f* portfolio selection

Portfolio-Analyse [pɔrt'foːljoanalyːzə] *f* portfolio analysis

Portfolio-Management [pɔrt'foːljo-mænɪdʒmənt] *n* portfolio management

Porto ['pɔrto] *n* postage

Portoabzug ['pɔrtoaptsuːk] *m* postage deduction

portofrei ['pɔrtofraɪ] *adj/adv* post-paid, prepaid, postage-free

portopflichtig ['pɔrtopflɪçtɪç] *adj* subject to postage

Post [pɔst] *f* post, mail; *(~amt)* post office; *(~dienst)* postal service

postalisch [pɔs'taːlɪʃ] *adj* postal; *auf ~em Weg* by mail

Postamt ['pɔstamt] *n* post office

Postanweisung ['pɔstanvaɪzʊŋ] *f* postal order, money order

Postbank ['pɔstbaŋk] *f* post office bank

Posten ['pɔstən] *m* **1.** *(Anstellung)* position, post, job; **2.** *(Warenmenge)* quantity, lot; **3.** *(Einzelziffer)* item, entry

Postfach ['pɔstfax] *n* post office box, P. O. box

Postformular ['pɔstfɔrmulaːɐ] *n* postal form

Postgiro ['pɔstʒiːro] *n* postal giro

Postkarte ['pɔstkartə] *f* postcard

postlagernd ['pɔstlaːgɐrnt] *adj* poste restante, left till called for

Postleitzahl ['pɔstlaɪttsaːl] *f* postal code, postcode, ZIP code *(US)*

Postscheck ['pɔstʃɛk] *m* girocheque *(UK)*, postal cheque

Postscheckkonto ['pɔstʃɛkkɔnto] *n* postal giro account

Postsparbuch ['pɔstʃpaːrbux] *n* post office savings book

Poststempel ['pɔstʃtɛmpəl] *m* postmark

Postüberweisung ['pɔstybɐrvaɪzʊŋ] *f* postal transfer

postwendend ['pɔstvɛndənt] *adv* by return of post, by return mail *(US)*

Postwurfsendung ['pɔstvurfzɛnduŋ] *f* direct mail advertising, unaddressed mailing, bulk mail

Potenzial [poten'tsjaːl] *n* potential

potenzielles Bargeld [poten'tsjɛləs 'baːrgɛlt] *n* potential cash

PR-Abteilung [peː'ɛraptaɪlʊŋ] *f* PR department

Prädikat [predi'kaːt] *n (Bewertung)* rating, grade, mark

Präexport-Finanzierung ['preːɛkspɔrt-finantsiːrʊŋ] *f* pre-export financing

Präferenz [prɛfə'rɛnts] *f* preference

Prägung ['prɛːgʊŋ] *f* minting

präjudizierter Wechsel ['prɛːjuditsiːr-tɐr 'vɛksl] *m* void bill

Praktikant(in) [praktɪ'kant(ɪn)] *m/f* trainee, intern

Praktiker(in) ['praktɪkɐ(rɪn)] *m/f* practicioner

Praktikum ['praktɪkum] *n* practical course, internship

praktisch ['praktɪʃ] *adj* **1.** practical, useful; *adv* **2.** practically, to all practical purposes *(UK)*, for all practical purposes *(US)*

Prämie ['prɛːmjə] *f* premium, bonus

P

Prämienanleihe [ˈprɛːmjənanlaɪə] f lottery loan

prämienbegünstigtes Sparen [ˈprɛːmjənbəgynstɪgtəs ˈʃpaːrən] n premium-aided saving

Prämienbrief [ˈprɛːmjənbriːf] m option contract

Prämiendepot [ˈprɛːmjəndepoː] n deposit for insurance payments

Prämiengeschäft [ˈprɛːmjəngəʃɛft] n option dealing

Prämienlohn [ˈprɛːmjənloːn] m time rate plus premium wage

Prämiensparen [ˈprɛːmjənʃpaːrən] n bonus-aided saving

Prämiensparvertrag [ˈprɛːmjənʃpaːrfɛrtraːk] m bonus savings contract

Prämisse [prɛˈmɪsə] f premise

Präsentation [prɛzəntaˈtsjoːn] f presentation

Präsentationsfrist [prɛzəntaˈtsjoːnsfrɪst] f presentation period

Präsentationsklausel [prɛzəntaˈtsjoːnsklauzəl] f presentation clause

Präsentationsmappe [prɛzəntaˈtsjoːnsmapə] f presentation folder

präsentieren [prɛzənˈtiːrən] v present

Präsenzbörse [prɛˈzɛntsbœrzə] f attendance stock exchange

Präsident(in) [prɛziˈdɛnt(ɪn)] m/f president

präsidieren [prɛziˈdiːrən] v preside; etw ~ preside over sth

Präsidium [prɛˈziːdjum] n (Vorsitz) presidency, chairmanship

Präzisionsarbeit [prɛtsiˈzjoːnsarbaɪt] f precision work

Preis [praɪs] m price

Preis frei bleibend [praɪs ˈfraɪ blaɪbənt] open price, price subject to change

Preisabsatzfunktion [praɪsapˈzatsfunktsjoːn] f price-demand function

Preisabsprache [ˈpraɪsapʃpraːxə] f price fixing, price rigging, price cartel

Preisabweichung [ˈpraɪsapvaɪçuŋ] f price variance

Preisabzug [ˈpraɪsaptsuːk] m price deduction

Preisangabeverordnung [ˈpraɪsangaːbəfɛrɔrdnuŋ] f price marking regulations pl

Preisanstieg [ˈpraɪsanʃtiːk] m price increase, rise in prices

Preisausschreiben [ˈpraɪsausʃraɪbən] n competition

Preisauszeichnung [ˈpraɪsaustsaɪçnuŋ] f price-marking

Preisbildung [ˈpraɪsbɪlduŋ] f price formation

Preisbindung [ˈpraɪsbɪnduŋ] f price fixing

Preisdifferenzierung [ˈpraɪsdɪfərɛntsiruŋ] f price differentiation

Preiselastizität [ˈpraɪselastitsiɛːt] f price elasticity

Preisempfehlung [ˈpraɪsɛmpfeːluŋ] f price recommendation; unverbindliche ~ suggested retail price

Preisentwicklung [ˈpraɪsɛntvɪkluŋ] f price trend

Preiserhöhung [ˈpraɪserhøːuŋ] f price increase

preisgebunden [ˈpraɪsgəbundən] adj price-controlled

Preisgefälle [ˈpraɪsgəfɛlə] n price differential

preisgünstig [ˈpraɪsgynstɪç] adj reasonably priced, worth the money, favourably priced

Preisindex [ˈpraɪsɪndɛks] m price index

Preiskartell [ˈpraɪskartɛl] n price fixing cartel

Preiskontrolle [ˈpraɪskɔntrɔlə] f price control

Preislage [ˈpraɪslaːgə] f price, price range

Preisliste [ˈpraɪslɪstə] f price list, list of prices

Preis-Lohn-Spirale [praɪsloːnʃpiˈraːlə] f wage-price spiral

Preisnachlass [ˈpraɪsnaːxlas] m price reduction

Preisniveau [ˈpraɪsnivoː] n price level

Preisnotierung [ˈpraɪsnotiːruŋ] f price quotation

Preisobergrenze [praɪsˈoːbərgrɛntsə] f price ceiling

Preispolitik [ˈpraɪspolitiːk] f price policy

Preisrückgang [ˈpraɪsrykgaŋ] m drop in prices, fall in prices, price recession

Preisschere [ˈpraɪsʃeːrə] *f* price gap

Preisschild [ˈpraɪsʃɪlt] *n* price tag, price label

Preisschwankung [ˈpraɪsʃvaŋkuŋ] *f* price fluctuation

Preissenkung [ˈpraɪszɛnkuŋ] *f* price reduction

Preisstabilität [ˈpraɪsʃtabiliteːt] *f* stability of prices

Preissteigerung [ˈpraɪsʃtaɪɡəruŋ] *f* price increase

Preisstopp [ˈpraɪsʃtɔp] *m* price stop

Preisuntergrenze [praɪsˈuntərɡrɛntsə] *f* price floor

Preisverfall [ˈpraɪsfɛrfal] *m* decline in prices, collapse of prices, large-scale slide of prices, crumbling of prices

preiswert [ˈpraɪsveːrt] *adj* reasonably priced, worth the money

Premium [ˈpreːmjum] *n* premium

Pre-Sales-Services [ˈpriːˈseɪlszøːvɪsəs] *f/pl* pre-sales services *pl*

Presse [ˈprɛsə] *f* press

Presseaktion [ˈprɛsəaktsjoːn] *f* press campaign

Presseerklärung [ˈprɛsəɛrkleːruŋ] *f* **1.** *(mündlich)* statement to the press; **2.** *(schriftlich)* press release

Pressekonferenz [ˈprɛsəkɔnfərɛnts] *f* press conference

Pressemitteilung [ˈprɛsəmɪtailuŋ] *f* press release

Pressesprecher(in) [ˈprɛsəʃprɛçɐ(rɪn)] *m/f* spokesman, spokeswoman

Pressezentrum [ˈprɛsətsɛntrum] *n* press office, press centre

Prestige [prɛsˈtiːʒ] *n* prestige

Prestigeverlust [prɛsˈtiːʒfɛrlust] *m* loss of prestige

Pretest [ˈpriːtɛst] *m* pretest

Price Earnings Ratio [praɪz ɜːnɪŋs reɪʃɔ] *f (Kurs-Gewinn-Verhältnis)* price earnings ratio

Primanota [primaˈnoːta] *f* daybook

Primapapiere [ˈprimapapiːrə] *n/pl* prime papers *pl*

Primawechsel [ˈpriːmavɛksəl] *m* first of exchange

Primäraufwand [priˈmɛːraufvant] *m* primary expenses *pl*

Primärbedarf [priˈmɛːrbədarf] *m* primary demand

Primärenergie [priˈmɛːrenɛrgiː] *f* primary energy

primärer Sektor [priˈmɛːrər ˈzɛktor] *m* primary sector of the economy

Primärmarkt [priˈmɛːrmarkt] *m* primary market

Prime Rate [ˈpraɪm ˈreɪt] *f* prime rate

Printmedien [ˈprɪntmeːdjən] *pl* print media *pl*

Printwerbung [ˈprɪntvɛrbuŋ] *f* print advertising

Prioritätsaktien [prioriˈtɛːtsaktsjən] *f/pl* preference shares *pl*

Prioritätsobligationen [prioriˈtɛːtsobligatsjoːnən] *f/pl* priority bonds *pl*

privat [priˈvaːt] *adj* private; *adv* privately; ~ versichert privately insured

Privatadresse [priˈvaːtadrɛsə] *f* home address, private address

Privatbank [priˈvaːtbaŋk] *f* private bank

Privatdiskont [priˈvaːtdɪskɔnt] *m* prime acceptance

Private Banking [ˈpraɪvət ˈbæŋkɪŋ] *n* private banking

private Güter [priˈvaːtə ˈgyːtɐ] *n/pl* private goods *pl*

private Kranken- und Unfallversicherung [priˈvaːtə ˈkraŋkən unt ˈunfalfɛrzɪçəruŋ] *f* private medical/health and accident insurance

Privateigentum [priˈvaːtaɪgəntum] *n* private property

Privateinlagen [priˈvaːtaɪnlaːgən] *f/pl* private contribution

Privatentnahme [priˈvaːtɛntnaːmə] *f* personal withdrawals *pl*

privater Verbrauch [priˈvaːtər fɛrˈbraux] *m* private consumption, personal consumption, expenditure

Privatgeschäft [priˈvaːtgəʃɛft] *n* private transaction

Privathaushalt [priˈvaːthaushalt] *m* private household

Privatinitiative [priˈvaːtɪnɪtsjatiːvə] *f* private initiative, private enterprise

privatisieren [privatiˈziːrən] *v* privatize, transfer to private ownership, denationalize *(UK)*

Privatisierung [privatiˈziːruŋ] *f* privatization

Privatkonto [priˈvaːtkɔnto] *n* private account, personal account

Privatmittel [pri'va:tmɪtəl] *n/pl* private means *pl*

Privatrecht [pri'va:trɛçt] *n* private law

Privatversicherung [pri'va:tfɛrzɪçəruŋ] *f* private insurance

Privatwirtschaft [pri'va:tvɪrtʃaft] *f* private industry, private enterprise *(US)*

privatwirtschaftlich [pri'va:tvɪrtʃaftlɪç] *adj* private-enterprise

pro Kopf [pro: kɔpf] per capita

Probe ['pro:bə] *f* **1.** *(Versuch)* experiment, test, trial; **2.** *(Muster)* sample, specimen, pattern

Probearbeitsverhältnis ['pro:bəarbaitsfɛrhɛltnɪs] *n* probationary employment

Probeauftrag ['pro:bəauftra:k] *m* trial order

Probeexemplar ['pro:bəɛksəmpla:ɐ] *n* sample copy

Probefahrt ['pro:bəfa:rt] *f* trial run

Probelieferung ['pro:bəli:fəruŋ] *f* trial shipment

Probepackung ['pro:bəpakuŋ] *f* trial package

probeweise ['pro:bəvaɪzə] *adv* on a trial basis, as a test

Probezeit ['pro:bətsaɪt] *f* probationary period, trial period

Problemanalyse [pro'ble:manaly:zə] *f* problem analysis

Product-Management ['prɔdakt 'mænɪdʒmənt] *n* product management

Product-Placement ['prɔdakt 'pleɪsmənt] *n* product placement

Produkt [pro'dukt] *n* product

Produkt/Markt-Matrix [pro'dukt'markt'ma:trɪks] *f* product/market matrix

Produktdifferenzierung [pro'duktdɪfərɛntsi:ruŋ] *f* product differentiation

Produktdiversifikation [pro'duktdiverzifikatsjo:n] *f* product diversification

Produkteinführung [pro'duktaɪnfy:ruŋ] *f* launch of a product, product launch

Produktelimination [pro'dukteliminatsjo:n] *f* product elimination

Produktenbörse [pro'duktənbœrzə] *f* merchantile exchange, produce exchange

Produktenhandel [pro'duktənhandl] *m* trade in agricultural produce

Produktfamilie [pro'duktfami:ljə] *f* product family

Produktgeschäft [pro'duktgəʃɛft] *n* product business

Produktgestaltung [pro'duktgəʃtaltuŋ] *f* product design

Produkthaftung [pro'dukthaftuŋ] *f* product liability

Produktion [produk'tsjo:n] *f* production, output

Produktionsanlagen [produk'tsjo:nsanla:gən] *f/pl* production plant

Produktionsausfall [produk'tsjo:nsausfal] *m* loss of production

Produktionsfaktoren [produk'tsjo:nsfakto:rən] *m/pl* production factors *pl*

Produktionsgenossenschaft [produk'tsjo:nsgənɔsənʃaft] *f* producers' co-operative

Produktionsgüter [produk'tsjo:nsgy:tɐ] *n/pl* producer goods *pl,* producers' capital goods *pl*

Produktionskapazität [produk'tsjo:nskapatsite:t] *f* production capacity

Produktionskosten [produk'tsjo:nskɔstən] *pl* production costs *pl*

Produktionsplanung [produk'tsjo:nspla:nuŋ] *f* production planning

Produktionspotenzial [produk'tsjo:nspotɛntsja:l] *n* production potential

Produktionsprogramm [produk'tsjo:nsprogram] *n* production programme

Produktionsschwankung [produk'tsjo:nsʃvaŋkuŋ] *f* fluctuations in production *pl*

Produktionstheorie [produk'tsjo:nsteori:] *f* production theory

Produktionswert [produk'tsjo:nsve:rt] *m* production value

produktiv [produk'ti:f] *adj* productive; *adv* productively

Produktivität [produktivi'tɛ:t] *f* productivity, productiveness, productive efficiency

Produktivvermögen [produk'ti:ffɛrmø:gən] *n* productive wealth

Produktlinie [pro'duktli:njə] *f* production line

Produktpalette [pro'duktpalɛtə] *f* range of products

Produktpiraterie [pro'duktpiratəri:] *f* counterfeiting, piracy

Produktplanung [pro'duktpla:nuŋ] *f* product planning

Produktplatzierung [pro'duktplatsi:ruŋ] *f* product placement

Produktstandardisierung [pro'duktʃtandardizi:ruŋ] *f* product standardization

Produzent(in) [produ'tsɛnt(ɪn)] *m/f (Hersteller)* producer

Produzentenhaftung [produ'tsɛntənhaftuŋ] *f* product liability

Produzentenrente [produ'tsɛntənrɛntə] *f* producer's surplus

produzieren [produ'tsi:rən] *v* produce, manufacture

professionell [profɛsjo'nɛ:l] *adj* professional; *adv* professionally

profilieren [profi'li:rən] *v sich ~* distinguish o.s.

Profit [pro'fi:t] *m* profit

profitabel [profi'ta:bəl] *adj* profitable, lucrative

Profit-Center [pro'fi:tsɛntɐ] *n* profit centre

profitieren [profi'ti:rən] *v* profit, benefit, take advantage of

Profitrate [pro'fi:tra:tə] *f* profit rate

Profitstreben [pro'fi:tʃtre:bən] *n* profit-seeking

Proformarechnung [pro'fɔrmarɛçnuŋ] *f* pro forma invoice

Prognose [prog'no:zə] *f* prognosis, prediction, forecast

Programm [pro'gram] *n* programme, program *(US)*

Programmfehler [pro'gramfe:lɐ] *m* bug

Programmgesellschaft [pro'gramgəzɛlʃaft] *f* investment program(me)

programmgesteuert [pro'gramgəʃtɔyɐt] *adj* programme-controlled

programmieren [progra'mi:rən] *v* programme, program *(US)*

Programmierer(in) [progra'mi:rɐ(rɪn)] *m/f* programmer

Programmiersprache [progra'mi:rʃpra:xə] *f* programming language

Programmierung [progra'mi:ruŋ] *f* programming

Programmzertifikat [pro'gramtsɛrtifika:t] *n* programme certificate

Progression [progrɛ'sjo:n] *f* progression

progressiv [progrɛ'si:f] *adj* progressive

progressive Abschreibung [progrɛ'si:və 'apʃraɪbuŋ] *f* progressive depreciation

Prohibitivpreis [prohibi'ti:fpraɪs] *m* prohibitive price

Prohibitivzoll [prohibi'ti:ftsɔl] *m* prohibitive duty

Projekt [pro'jɛkt] *n* project, plan, scheme

Projektfinanzierung [pro'jɛktfinantsi:ruŋ] *f* project financing

Projektgesellschaft [pro'jɛktgəzɛlʃaft] *f* joint-venture company

Projektleiter(in) [pro'jɛktlaɪtɐ(rɪn)] *m/f* project manager

Projektmanagement [pro'jɛktmænɪdʒmənt] *n* project management

Projektor [pro'jɛkto:ɐ] *m* projector

Projektorganisation [pro'jɛktɔrganizatsjo:n] *f* projecttype organization

Pro-Kopf-Einkommen [pro:'kopfaɪnkɔmən] *n* per capita income

Prokura [pro'ku:ra] *f* full power of attorney

Prokuraindossament [pro'ku:raɪndɔsamɛnt] *n* per procuration endorsement

Prokurist(in) [proku'rɪst(ɪn)] *m/f* holder of special statutory, company secretary, authorised representative

Prolongation [prolɔŋga'tsjo:n] *f* extension, prolongation

Prolongationsgeschäft [prolɔŋga'tsjo:nsgəʃɛft] *n* prolongation business

Prolongationssatz [prolɔŋga'tsjo:nssats] *m* renewal rate

Promesse [pro'mɛsə] *f* promissory note

Promotion [promo'tsjo:n] *f (Verkaufsförderung)* (sales) promotion

Promptgeschäft ['prɔmptgəʃɛft] *n* sale for quick delivery

Promptklausel ['prɔmptklauzəl] *f* prompt clause

Propaganda [propa'ganda] *f* propaganda

proportionale Kosten [propɔrtsjo'na:lə 'kɔstən] *pl* proportional cost

Prospekt [pro'spɛkt] *m* prospectus, brochure, catalogue, catalog *(US)*

Prospekt bei Emissionen [pro'spɛkt baɪ emɪ'sjo:nən] *m* underwriting prospectus

P

Prospektprüfung [pro'spɛktpry:fuŋ] f audit of prospectus

Prosperität [prosperi'tɛ:t] f prosperity

Protektion [protɛk'tsjo:n] f (Begünstigung) patronage, protection

Protektionismus [protɛktsjo:'nɪsmus] m protectionism

Protest [pro'tɛst] m protest

Protestverzicht [pro'tɛstfɛrtsɪçt] m waiver of protest

Protestwechsel [pro'tɛstvɛksəl] m protested bill

Protokoll [proto'kɔl] n record, minutes pl

Protokollführer(in) [proto'kɔlfy:rɐ(rɪn)] m/f clerk of the court, secretary

protokollieren [protokɔ'li:rən] v 1. record, keep a record of; 2. (bei einer Sitzung) take the minutes

Prototyp [proto'ty:p] m prototype

Provenienz [prove'njɛnts] f provenance, origin

Provinzbank [pro'vɪntsbaŋk] f country bank

Provinzbörse [pro'vɪntsbœrzə] f regional stock exchange

Provision [provi'zjo:n] f commission

Provisionsabrechnung [provi'zjo:nsapreçnuŋ] f statement of commission

Provisionsbasis [provi'zjo:nsba:zɪs] f auf ~ on commission

provisionsfrei [provi'zjo:nsfraɪ] adj free of commission

provisionsfreies Konto [provi'zjo:nsfraɪəs 'kɔnto] n commission-free account

Provisionsgarantie [provi'zjo:nsgaranti:] f commission guarantee

provisionspflichtiges Konto [provi'zjo:nspflɪçtɪgəs 'kɔnto] n commission-bearing account

Provisionszahlung [provi'zjo:nstsa:luŋ] f commission payment

Prozent [pro'tsɛnt] n per cent, percent (US), percentage

Prozentkurs [pro'tsɛntkurs] m percentage quotation

Prozentrechnung [pro'tsɛntreçnuŋ] f percentage arithmetic

Prozentsatz [pro'tsɛntzats] m percentage

Prozess [pro'tsɛs] m 1. (Entwicklung) action, proceedings; 2. (Strafverfahren) trial, lawsuit

Prozessakte [pro'tsɛsaktə] f case file, court record

Prozessbevollmächtigte(r) [pro'tsɛsbəfɔlmɛçtɪçtə(-ɐ)] f/m counsel, representing lawyer, attorney (US)

Prozessgegner(in) [pro'tsɛsge:gnɐ (rɪn)] m/f opposing party

prozessieren [protsɛ'si:rən] v go to court, carry on a lawsuit, litigate

Prozesskosten [pro'tsɛskɔstən] pl legal costs pl, costs of the proceedings pl, costs of litigation pl

Prozessor [pro'tsɛsor] m (EDV) processor

Prozessorganisation [pro'tsɛsɔrganizatsjo:n] f process organization

Prüfer(in) ['pry:fɐ(rɪn)] m/f inspector; (Rechnungsprüfer) auditor

Prüfung ['pry:fuŋ] f inspection, examination

Prüfungsbericht ['pry:fuŋsbərɪçt] m audit report

Prüfungskommission ['pry:fuŋskɔmɪsjo:n] f examining commission

Prüfungspflicht ['pry:fuŋspflɪçt] f statutory audit

Prüfungsverband ['pry:fuŋsfɛrbant] m auditing association

Prüfungsvermerk ['pry:fuŋsfɛrmɛrk] m certificate of audit

Public Management ['pablɪk 'mænɪdʒmənt] n public management

Public Relations (PR) ['pablɪk rɪ'leɪʃənz] pl public relations (PR)

Publikationspflicht [publika'tsjo:nspflɪçt] f compulsory disclosure

Publikumsaktie ['pu:blikumsaktsjə] f popular share

Publikumsfonds ['pu:blikumsfɔ:] m public fund

Publizität [publitsi'tɛ:t] f publicity

Pull-Strategie ['pulʃtrategi:] f pulling strategy

pünktlich ['pyŋktlɪç] adv punctually, on time

Pünktlichkeit ['pyŋktlɪçkaɪt] f punctuality

Push-Strategie ['puʃʃtrategi:] f pushing strategy

Q/R

Quadratkilometer [kva'dra:tki:lome:-
tɐ] *m* square kilometre
Quadratmeter [kva'dra:tme:tɐ] *m*
square metre
Quadratmeterpreis [kva'dra:tme:tər-
praıs] *m* price per square metre
Quadratzentimeter [kva'dra:ttsɛnti-
me:tɐ] *m* square centimetre
Qualifikation [kvalifika'tsjo:n] *f* qualification, capacity, ability
qualifiziert [kvalifi'tsi:rt] *adj* qualified
qualifizierte Gründung [kvalifi'tsi:rtə
'gryndun] *f* formation involving subscription in kind
qualifizierte Legitimationspapiere
[kvalifi'tsi:rtə legitima'tsjo:nspapi:rə]
n/pl eligible title-evidencing instrument
qualifizierte Mehrheit [kvalifi'tsi:rtə
'me:rhaıt] *f* qualified majority
qualifizierte Minderheit [kvalifi'tsi:r-
tə 'mındərhaıt] *f* qualified minority
Qualität [kvali'tɛ:t] *f* quality; *erstklassige* ~ high quality, top quality
qualitativ [kvalita'ti:f] *adj* qualitative
qualitatives Wachstum [kvalita'ti:vəs
'vakstum] *n* qualitative growth
Qualitätsabweichung [kvali'tɛ:tsap-
vaıçun] *f* deviation from quality
Qualitätsarbeit [kvali'tɛ:tsarbaıt] *f*
quality work
Qualitätsbezeichnung [kvali'tɛ:tsbə-
tsaıçnun] *f* designation of quality,
grade
Qualitätserzeugnis [kvali'tɛ:tsɛr-
tsɔyknıs] *n* quality product, quality article
Qualitätskontrolle [kvali'tɛ:tskɔn-
trɔlə] *f* quality control
Qualitätsmanagement [kvali'tɛ:ts-
mɛnɛdʒmənt] *n* quality management
Qualitätsmerkmal [kvali'tɛ:tsmɛrk-
ma:l] *n* mark of quality, quality characteristic
Qualitätsminderung [kvali'tɛ:tsmın-
dərun] *f* reduction in quality
Qualitätssicherung [kvali'tɛ:tszıçə-
run] *f* quality assurance

Qualitätssteigerung [kvali'tɛ:tsʃtaı-
gərun] *f* improvement in quality
Qualitätsunterschied [kvali'tɛ:tsʊn-
tərʃi:t] *m* quality difference, difference
in quality
Qualitätszirkel [kvali'tɛ:tstsırkl] *m*
quality circle
Quantität [kvanti'tɛ:t] *f* quantity,
amount
quantitativ [kvantita'ti:f] *adj* quantitative
Quantitätsgleichung [kvanti'tɛ:ts-
glaıçun] *f* quantity equation
Quantitätsnotierung [kvanti'tɛ:tsno-
ti:run] *f* fixed exchange
Quantitätstheorie [kvanti'tɛ:tsteori:]
f quantity theory
Quantum ['kvantum] *n* quantum, quantity, ration
Quartal [kvar'ta:l] *n* quarter
Quartalsbericht [kvar'ta:lsbərıçt] *m*
quarterly report
Quartalsende [kvar'ta:lsɛndə] *n* end
of the quarter
Quartalsrechnung [kvarta:lsrɛçnun] *f*
quarterly invoice
quartalsweise [kvar'ta:lsvaızə] *adj*
quarterly; *adv* quarterly
Quasigeld ['kva:zigɛlt] *n* quasi money
Quasimonopol ['kva:zimonopo:l] *n*
quasi monopoly
Quasirente ['kva:zirɛntə] *f* quasi rent
Quasipapiere ['kva:zipapı:rə] *n/pl*
quasi-paper
Quellenabzugsverfahren ['kvɛlənap-
tsu:ksfɛrfa:rən] *n* pay as you earn
(PAYE)
Quellenprinzip ['kvɛlənprıntsi:p] *n*
source principle
Quellensteuer ['kvɛlənʃtɔyɐ] *f* tax col-
lected at the source, withholding tax
Quick Ratio ['kvık 'reıʃiəʊ] *f (Liquidität ersten Grades)* quick ratio
quitt [kvıt] *adj* quits *(UK)*, square, even
quittieren [kvı'ti:ɐn] *v (bestätigen)* receipt, give a receipt, acknowledge receipt

Quittung [ˈkvɪtuŋ] *f* receipt, voucher

Quittungsblock [ˈkvɪtuŋsblɔk] *m* receipt pad

Quittungseinzugsverfahren [ˈkvɪtuŋsˈaɪntsuːksfɛrfaːrən] *n* receipt collection procedure

Quorum [ˈkvoːrum] *n* quorum

Quotation [kvotaˈtsjoːn] *f* quotation

Quote [ˈkvoːtə] *f* quota; *(Verhältnisziffer)* rate; *(Anteil)* proportional share

Quotenaktie [ˈkvoːtənaktsjə] *f* share of no par value

Quotenhandel [ˈkvoːtənhandl] *m* quota transactions *pl*

Quotenkartell [ˈkvoːtənkartɛl] *n* commodity restriction scheme

Quotensystem [ˈkvoːtənzysteːm] *n* quota system

quotieren [kvoˈtiːrən] *v (Börse)* quote

Quotierung [kvoˈtiːruŋ] *f (Börse)* quotation

Rabatt [raˈbat] *m* discount, rebate, allowance

Rabattvereinbarung [raˈbatfɛraɪnbaːruŋ] *f* rebate agreement

Rack Jobbing [ˈræk ˈdʒɔbɪŋ] *n* rack jobbing

Rahmenabkommen [ˈraːmənapkɔmən] *n* outline agreement, skeleton agreement

Rahmenbedingungen [ˈraːmənbədɪŋuŋən] *f/pl* general conditions *pl*

Rahmenkredit [ˈraːmənkrediːt] *m* credit line, loan facility

Rahmentarif [ˈraːməntariːf] *m* collective agreement

Rahmenvereinbarung [ˈraːmənfɛraɪnbaːruŋ] *f* blanket agreement

Rahmenvertrag [ˈraːmənfɛrtraːk] *m* basic agreement, skeleton agreement, framework contract

Ramschkauf [ˈramʃkauf] *m* rummage sale, jumble sale

Randerscheinung [ˈrantɛrʃaɪnuŋ] *f* secondary phenomenon

Random-Walk-Theorie [rændəmˈwɔːk teoriː] *f* random-walk theory

Randproblem [ˈrantprobleːm] *n* marginal problem, side issue

Rang [raŋ] *m* **1.** rank; **2.** *(Qualität)* quality, grade, rate

Rangfolge [ˈraŋfɔlgə] *f* order of rank

Rangierbahnhof [raŋˈʒiːrbaːnhoːf] *m* shunting yard *(UK)*, switchyard *(US)*

rangieren [raŋˈʒiːrən] *v* **1.** *(Eisenbahn)* shunt, switch *(US)*; **2.** *(Rang einnehmen)* rank; *an erster Stelle ~* rank first, to be in first place

Rangstufe [ˈraŋʃtuːfə] *f* **1.** *(Abfolge)* rank; **2.** *(Wichtigkeit)* priority

Ranking [ˈræŋkɪŋ] *n* ranking

rapide [raˈpiːdə] *adj* rapid

rapider Anstieg [raˈpiːdər ˈanʃtiːk] *m (Preise, Nachfrage)* rapid rise

Rat [raːt] *m (Empfehlung)* advice

Rat für gegenseitige Wirtschaftshilfe (RGW) [raːt fyːr ˈgeːgənzaɪtɪgə ˈvɪrtʃaftshɪlfə] *m* Council for Mutual Economic Aid (COMECON)

Rate [ˈraːtə] *f* instalment *(UK)*; installment *(US)*

Ratenanleihen [ˈraːtənanlaɪən] *f* instalment loans *pl*

Ratenkauf [ˈraːtənkauf] *m* instalment purchase, hire purchase

Ratenkredit [ˈraːtənkrediːt] *m* instalment sales credit

Ratensparvertrag [ˈraːtənʃpaːrfɛrtraːk] *m* saving-by-instalments contract

Ratenwechsel [ˈraːtənvɛksəl] *m* bill payable in instalments

ratenweise [ˈraːtənvaɪzə] *adj* in instalments

Ratenzahlung [ˈraːtəntsaːluŋ] *f* payment by instalments, deferred payment

Ratifikationsklausel [ratifikaˈtsjoːnsklausəl] *f* ratification clause

Ratifikation [ratifikaˈtsjoːn] *f* ratification

rationalisieren [ratsjonaliˈziːrən] *v* rationalize

Rationalisierung [ratsjonaliˈziːruŋ] *f* rationalisation

Rationalisierungsgewinn [ratsjonaliˈziːruŋsgəvɪn] *m* rationalization profit

Rationalisierungsinvestition [ratsjonaliˈziːruŋsɪnvɛstitsjoːn] *f* rationalization investment

Rationalisierungsmaßnahme [ratsjonaliˈziːruŋsmaːsnaːmə] *f* efficiency measure

Rationalität [ratsjonaliˈtɛt] *f* efficiency

Rationalkauf [ratsjoˈnaːlkauf] *m* rational buying

Rationalverhalten [ratsjoˈnaːlfɛrhaltən] *n* rational behaviour

rationell [ratsjoˈnɛl] *adj* efficient; *(wirtschaftlich)* economical

rationieren [ratsjoˈniːrən] *v* ration

Rationierung [ratsjoˈniːruŋ] *f* rationing

ratsam [ˈraːtzaːm] *adj* advisable

Ratschlag [ˈraːtʃlaːk] *m* piece of advice, advice

Raubbau [ˈraupbau] *m* ruinous exploitation

Raubkopie [ˈraupkopiː] *f* pirate copy

Raumbedarf [ˈraumbədarf] *m* required space

räumen [ˈrɔymən] *v (Lagerbestände)* clear, sell, sell off

Raummangel [ˈraummaŋəl] *m* lack of room, restricted space

Raummaße [ˈraummaːsə] *n/pl* cubic measures *pl*

Räumung [ˈrɔymuŋ] *f* clearance

Räumungsklage [ˈrɔymuŋsklaːgə] *f* action for eviction

Räumungsverkauf [ˈrɔymuŋsfɛrkauf] *m* clearance sale, closing-down sale, liquidation sale

Rausschmiss [ˈrausʃmɪs] *m (fam: Entlassung)* ouster

Reaktor [reˈaktɔr] *m* reactor

real [reˈal] *adj* real, in real terms, in terms of real value

Realeinkommen [reˈaːlaɪnkɔmən] *n* real income

Realignment [riːəˈlaɪnmənt] *n* realignment of parities

Realinvestition [reˈaːlɪnvɛstitsjoːn] *f* real investment

Realisation [realizaˈtsjoːn] *f* realization

realisierbar [realiˈziːrbaːɐ] *adj* practicable, feasible, achievable

Realisierbarkeit [realiˈziːrbaːrkaɪt] *f* feasibility, viability

realisieren [realiˈziːrən] *v* realize, convert into money; *(Pläne)* carry out

Realisierung [realiˈziːruŋ] *f* **1.** realization, liquidation, conversion into money; **2.** carrying out, implementation

realistisch [reaˈlɪstɪʃ] *adj* realistic; *adv* realistically

Realkapital [reˈaːlkapitaːl] *n* **1.** *(Volkswirtschaft)* real capital; **2.** *(Betriebswirtschaft)* tangible fixed assets *pl*

Realkauf [reˈaːlkauf] *m* cash sale

Realkredit [reˈaːlkrediːt] *m* credit on real estate

Realkreditinstitut [reˈaːlkrediːtɪnstituːt] *n* real-estate credit institution

Reallohn [reˈaːlloːn] *m* real wages *pl*

Realsteuern [reˈaːlʃtɔyɐn] *f/pl* tax on real estate

Realvermögen [reˈaːlfɛrmøːgən] *n* real wealth

Realzins [reˈaːltsɪns] *m* real rate of interest, interest rate in real terms

Recheneinheit [ˈrɛçənaɪnhaɪt] *f* calculation unit

Rechenkapazität [ˈrɛçənkapatsiteːt] *f* computing capacity

Rechenprüfung [ˈrɛçənpryːfuŋ] *f* arithmetic check

Rechenschaft [ˈrɛçənʃaft] *f* account; *jdn zur ~ ziehen* hold s.o. responsible; *über etw ~ ablegen* account for sth

Rechenschaftsbericht [ˈrɛçənʃaftsbərɪçt] *m* report, status report, accounting

Rechenschaftslegung [ˈrɛçənʃaftsleːguŋ] *f* rendering of account

Rechenzentrum [ˈrɛçəntsɛntrum] *n* computer centre

Recherche [reˈʃɛrʃə] *f* investigation, enquiry

recherchieren [reʃɛrˈʃiːrən] *v* investigate

rechnen [ˈrɛçnən] *v* calculate, compute; *auf etw ~* count on sth; *mit etw ~* expect sth; *(zählen)* count

Rechner [ˈrɛçnɐ] *m (Elektronenrechner)* computer; *(Taschenrechner)* calculator

rechnergesteuert [ˈrɛçnɐgəʃtɔyɐt] *adj* computer controlled

Rechnung [ˈrɛçnuŋ] *f* **1.** invoice, bill; *auf eigene ~* on one's own account; *jdm etw in ~ stellen* bill s.o. for sth; **2.** calculation, arithmetic

Rechnungsabgrenzung [ˈrɛçnuŋsapgrɛntsuŋ] *f* apportionment between accounting periods

Rechnungsabgrenzungsposten [ˈrɛçnuŋsapgrɛntsuŋspɔstən] *m/pl* accruals and deferrals *pl*

Rechnungsbetrag [ˈrɛçnuŋsbətraːk] *m* invoice total

Rechnungsbuch ['rɛçnuŋsbuːx] *n* accounts book

Rechnungseinheit ['rɛçnuŋsaınhaıt] *f* unit of account

Rechnungseinzugsverfahren ['rɛçnuŋsaıntsuːksfɛrfaːrən] *n* accounts collection method, direct debit

Rechnungshof ['rɛçnuŋshoːf] *m* Court of Auditors

Rechnungsjahr ['rɛçnuŋsjaːɐ] *n* financial year, fiscal year

Rechnungslegung ['rɛçnuŋsleːguŋ] *f* accounting

Rechnungsnummer ['rɛçnuŋsnumɐ] *f* invoice number

Rechnungsposten ['rɛçnuŋspɔstən] *m* entry, audit

Rechnungsprüfer(in) ['rɛçnuŋsspryːfɐ(rın)] *m/f* auditor

Rechnungsprüfung ['rɛçnuŋspryːfuŋ] *f* audit

Rechnungsstellung ['rɛçnuŋsʃtɛluŋ] *f* invoicing, rendering in account

Rechnungssumme ['rɛçnuŋszumə] *f* invoice amount

Rechnungswesen ['rɛçnuŋsveːzən] *n* accountancy, accounting, bookkeeping

Rechnungszins ['rɛçnuŋstsıns] *m* interest rate for accounting purposes

Recht [rɛçt] *n* **1.** law; ~ *sprechen* administer justice; **2.** *(Anspruch)* right; *sein* ~ *fordern* demand sth as a right; *zu* ~ *rightly;* ~ *haben* to be right; ~ *bekommen* have been right; ~ *behalten* turn out to be right

rechtfertigen ['rɛçtfɛɐtigən] *v* justify

rechtlich ['rɛçtlıç] *adj* legal, lawful; *adv* legally, lawfully

rechtmäßig ['rɛçtmɛːsıç] *adj* lawful; *adv* in a lawful manner

rechts [rɛçts] *adv* on the right

Rechtsabteilung ['rɛçtsaptaıluŋ] *f* legal department

Rechtsanspruch ['rɛçtsanʃprʊx] *m* legal claim

Rechtsanwalt ['rɛçtsanvalt] *m* lawyer, solicitor *(UK)*, attorney *(US)*

Rechtsanwältin ['rɛçtsanvɛltın] *f* (female) lawyer, solicitor *(UK)*, attorney *(US)*

Rechtsanwaltsbüro ['rɛçtsanvaltsbyroː] *n* law office

Rechtsaufsicht ['rɛçtsaufzıçt] *f* legal supervision

Rechtsausschuss ['rɛçtsausʃus] *m* committee on legal affairs

Rechtsbehelf ['rɛçtsbəhɛlf] *m* legal remedy

Rechtsbeistand ['rɛçtsbaıʃtant] *m* legal aid

Rechtsberater(in) ['rɛçtsbəraːtɐ(rın)] *m/f* legal counsel

Rechtsberatungsstelle ['rɛçtsbəraːtuŋsʃtɛlə] *f* legal aid office

Rechtsbeschwerde ['rɛçtsbəʃveːrdə] *f* legal appeal, appeal

rechtsfähig ['rɛçtsfɛːıç] *adj* having legal capacity, judicable

Rechtsfähigkeit ['rɛçtsfɛːıçkaıt] *f* legal capacity

Rechtsfall ['rɛçtsfal] *m* case

Rechtsform ['rɛçtsfɔrm] *f* legal structure

Rechtsfrage ['rɛçtsfraːgə] *f* point of law, legal matter

Rechtsgeschäft ['rɛçtsgəʃɛft] *n* legal transaction

Rechtsgrundlage ['rɛçtsgruntlaːgə] *f* legal grounds *pl*

rechtsgültig ['rɛçtsgyltıç] *adj* legally valid, legal

Rechtshaftung ['rɛçtshaftuŋ] *f* legal responsibility

Rechtshilfe ['rɛçtshılfə] *f* legal aid

rechtskräftig ['rɛçtskrɛftıç] *adj* legally binding; *(Urteil)* final

Rechtslage ['rɛçtslaːgə] *f* legal situation, legal position

Rechtsmittel ['rɛçtsmıtəl] *n* legal remedy, appeal

Rechtsnachfolge ['rɛçtsnaːçfɔlgə] *f* legal succession

Rechtsnachfolger(in) ['rɛçtsnaːxfɔlgɐ(rın)] *m/f* legal successor

Rechtsnorm ['rɛçtsnɔrm] *f* legal norm

Rechtsordnung ['rɛçtsɔrdnuŋ] *f* legal system

Rechtsprechung ['rɛçtʃprɛçuŋ] *f* administration of justice, judicial decision, court rulings *pl*

Rechtsschutz ['rɛçtsʃuts] *m* legal protection

Rechtsstaat ['rɛçtsʃtaːt] *m* state bound by the rule of law

Rechtsstaatlichkeit ['rɛçtsʃtaːtlıçkaıt] *f* rule of law

Rechtsstellung [ˈrɛçtsʃtɛluŋ] *f* legal status

Rechtsstreit [ˈrɛçtsʃtraɪt] *m* legal action, lawsuit, litigation

rechtsverbindlich [ˈrɛçtsfɛrbɪntlɪç] *adj* legally binding

Rechtsverhältnis [ˈrɛçtsfɛrhɛltnɪs] *n* legal relationship

Rechtsweg [ˈrɛçtsveːk] *m* legal recourse; *der ~ ist ausgeschlossen* the judges' decision is final

Rechtswesen [ˈrɛçtsveːzən] *n* legal system

rechtswidrig [ˈrɛçtsviːdrɪç] *adj* unlawful, illegal; *adv* unlawfully, illegally

recycelbar [riˈsaɪkəlbaːɐ] *adj* recyclable

recyceln [riˈsaɪkəln] *v* recycle

Recycling [riˈsaɪklɪŋ] *n* recycling

Recyclingpapier [riˈsaɪklɪŋpapiːɐ] *n* recycled paper

Recyclingverfahren [riˈzaɪklɪŋfɛrfaːrən] *n* recycling process

redegewandt [ˈreːdəgəvant] *adj* articulate, eloquent

Redegewandtheit [ˈreːdəgəvanthaɪt] *f* eloquence

Redezeit [ˈreːdetsaɪt] *f* time allowed, speaking time

Rediskont [redɪsˈkɔnt] *m* rediscount

rediskontieren [redɪskɔnˈtiːrən] *v* rediscount

Rediskontierung [redɪskɔnˈtiːruŋ] *f* rediscount

Rediskontkontingent [redɪsˈkɔntkɔntɪŋgɛnt] *n* rediscount quota

Redner(in) [ˈreːdnɐ(rɪn)] *m/f* speaker

Reduktion [redukˈtsjoːn] *f* reduction

Redundanz [redunˈdants] *f* redundancy

reduzieren [reduˈtsiːrən] *v* reduce, cut

Reeder(in) [ˈreːdɐ(rɪn)] *m/f* shipowner

Reederei [reːdəˈraɪ] *f* shipping company, shipping line

Referent(in) [refeˈrɛnt(ɪn)] *m/f* **1.** *(Redner)* speaker, orator, reader of a paper; **2.** *(Sachbearbeiter)* consultant, expert

Referenz [refeˈrɛnts] *f* reference

Referenzkurs [refeˈrɛntskurs] *m* reference rate

referieren [refeˈriːrən] *v* report

Refinanzierung [refinanˈtsiːruŋ] *f* refinancing, refunding

Refinanzierungspolitik [refinanˈtsiːruŋspolitiːk] *f* refinancing policy

Reform [reˈfɔrm] *f* reform

reformbedürftig [reˈfɔrmbədyrftɪç] *adj* in need of reform

Reformbestrebung [reˈfɔrmbəʃtreːbuŋ] *f* reformatory effort

reformieren [refɔrˈmiːrən] *v* reform

Reformkurs [reˈfɔrmkurs] *m* reform policy

Regel [ˈreːgəl] *f* rule

Regelbindung [ˈreːgəlbɪnduŋ] *f* rule-bound policy

Regelmäßigkeit [ˈreːgəlmɛːsɪçkaɪt] *f* regularity

Regelung [ˈreːgəluŋ] *f* regulation, settlement

Regelwidrigkeit [ˈreːgəlviːdrɪçkaɪt] *f* irregularity

Regiebetrieb [reˈʒiːbətriːp] *m* publicly owned enterprise, municipal enterprise operated by an administrative agency

regieren [reˈgiːrən] *v* govern, rule

Regierung [reˈgiːruŋ] *f* government

Regionalbank [regjoˈnaːlbaŋk] *f* regional bank

regionale wirtschaftliche Integration [regjoˈnaːlə ˈvɪrtʃaftlɪçə ɪntegraˈtsjoːn] *f* regional economic integration

Regionalförderung [regjoˈnaːlfœrdəruŋ] *f* regional promotion

Register [reˈgɪstɐ] *n* register, index

Registratur [regɪstraˈtuːɐ] *f* *(Abteilung)* records office; *(Aktenschrank)* filing cabinet

registrieren [regɪsˈtriːrən] *v* register, record

Registrierung [regɪsˈtriːruŋ] *f* registration, entry

reglementieren [reglemɛnˈtiːrən] *v* regulate

Reglementierung [reglemɛnˈtiːruŋ] *f* regimentation

Regress [reˈgrɛs] *m* recourse

Regressanspruch [reˈgrɛsanʃprux] *m* recourse claim, claim of recourse

Regression [regrɛˈsjoːn] *f* regression

regresspflichtig [reˈgrɛspflɪçtɪç] *adj* liable to recourse

Regulierung [reguˈliːruŋ] *f* regulation

Rehabilitation [rehabilitaˈtsjoːn] *f* rehabilitation

Q
R

reich [raıç] *adj* rich

Reifezeugnis [ˈraıfətsɔyknıs] *n (Abitur)* school-leaving certificate, university entrance certificate

Reihenfertigung [ˈraıənfɛrtıguŋ] *f* flow shop production

Reihenuntersuchung [ˈraıənuntərzu:xuŋ] *f* mass screening

Reimport [ˈreımpɔrt] *m* reimportation

Reinerlös [ˈraınɛrlø:s] *m* net proceeds *pl*

Reinertrag [ˈraınɛrtra:k] *m* net proceeds *pl*, net profit

reines Konossement [ˈraınəs kɔnɔsəˈmɛnt] *n* clean bill of lading

Reingewicht [ˈraıngəvıçt] *n* net weight

Reingewinn [ˈraıngəvın] *m* net profit, net earnings *pl*

Reinvermögen [ˈraınfɛrmø:gən] *n* net assets *pl*

Reinvestition [ˈreınvɛstıtsjo:n] *f* reinvestment

Reisekosten [ˈraızəkɔstən] *pl* travel expenses *pl*

Reisekostenabrechnung [ˈraızəkɔstənapreçnuŋ] *f* deduction of travelling expenses

Reisekostenbuch [ˈraızəkɔstənbu:x] *n* travelling expenses book

Reisekreditbrief [ˈraızəkredi:tbri:f] *m* traveller's letter of credit

Reisescheck [ˈraızəʃɛk] *m* traveller's cheque

Reisespesen [ˈraızəʃpe:zən] *pl* travelling expenses *pl*

Reiseversicherung [ˈraızəfɛrzıçəruŋ] *f* travel insurance, tourist policy

REIT-Aktie [ˈraıt aktsıə] *f* REIT share

Reklamation [reklamaˈtsjo:n] *f* complaint

Reklame [reˈkla:mə] *f* advertising, publicity; *(Einzelwerbung)* advertisement

reklamieren [reklaˈmi:rən] *v (beanstanden)* complain about, object to

Rektaindossament [ˈrɛktaındɔsamɛnt] *n* restrictive endorsement

Rektapapiere [ˈrɛktapapi:rə] *n/pl* non-negotiable instruments *pl*

Rektawechsel [ˈrɛktavɛksl] *m* non-negotiable bill of exchange

Relaunch [ˈrılɔ:ntʃ] *m* relaunch

Rembourskredit [ˈrãbu:rskredi:t] *m* documentary acceptance credit

Remittent [remıˈtɛnt] *m* payee

Rendite [rɛnˈdi:tə] *f* yield, return

Renommee [renɔˈme:] *n* reputation

renommiert [renɔˈmi:rt] *adj* renowned, famous

rentabel [rɛnˈta:bəl] *adj* profitable, lucrative, profit-earning

Rentabilität [rɛntabiliˈtɛ:t] *f* profitability, earning power

Rentabilitätsschwelle [rɛntabiliˈtɛ:tsʃvɛlə] *f* break-even point

Rente [ˈrɛntə] *f* **1.** *(Altersrente)* pension; **2.** *(aus einer Versicherung)* annuity

Rentenabteilung [ˈrɛntənaptaıluŋ] *f* annuity department

Rentenalter [ˈrɛntənaltɐ] *n* retirement age

Rentenanleihe [ˈrɛntənanlaıə] *f* perpetual bonds *pl*, annuity bond

Rentenberater(in) [ˈrɛntənbəra:tɐ(rın)] *m/f* consultant on pensions, pension consultant

Rentenbrief [ˈrɛntənbri:f] *m* annuity certificate

Rentenfonds [ˈrɛntənfɔ̃:] *m* pension fund, fixed interest securities fund

Rentenhandel [ˈrɛntənhandl] *m* bond trading

Rentenmarkt [ˈrɛntənmarkt] *m* bond market, fixed interest market

Rentenpapiere [ˈrɛntənpapi:rə] *n/pl* bonds *pl*

Rentenreform [ˈrɛntənrefɔrm] *f* reform of the national pension system, social security reform *(US)*

Rentenversicherung [ˈrɛntənfɛrzıçəruŋ] *f* annuity insurance, social security pension insurance

Rentenwert [ˈrɛntənve:rt] *m* fixed-interest security

rentieren [rɛnˈti:rən] *v sich ~* to be worthwhile, to be profitable, yield a profit

Rentner(in) [ˈrɛntnɐ(rın)] *m/f* pensioner, recipient of a pension

Reorganisation [ˈreɔrganizatsjo:n] *f* reorganization

reorganisieren [ˈreɔrganizı:rən] *v* reorganize, reconstruct, regroup, revamp

Reparatur [reparaˈtu:ɐ] *f* repair

reparaturanfällig [reparaˈtu:ranfɛlıç] *adj* breakdown-prone

reparieren [repa'ri:rən] *v* repair, mend, fix

Repartierung [repar'ti:ruŋ] *f* apportionment

Report [re'pɔrt] *m (Kursaufschlag)* contango

Reporteffekten [re'pɔrtɛfɛktə] *pl* contango securities *pl*

Reportgeschäft [re'pɔrtgəʃɛft] *n* contango transaction

Repräsentant(in) [reprɛzɛn'tant(ɪn)] *m/f* representative

repräsentieren [reprɛzɛn'ti:rən] *v* represent, act as representative for

Repressalie [reprɛ'sa:ljə] *f* reprisals *pl*

Reprise [re'pri:zə] *f* reprise

Reprivatisierung [reprivati'si:ruŋ] *f* reprivatisation, reversion to private ownership

Reproduktion [reproduk'tsjo:n] *f* reproduction, copy

Reproduktionskosten [reproduk'tsjo:nskɔstən] *pl* reproduction cost

Reproduktionswert [reproduk'tsjo:nsve:rt] *m* reproduction value

Reserve [re'zɛrvə] *f* reserve; *stille ~n* secret reserves

Reservebank [re'zɛrvəbaŋk] *f* reserve bank

Reservefonds [re'zɛrvəfɔ̃:] *m* reserve fund

Reservehaltung [re'zɛrvəhaltuŋ] *f* reserve management

Reserven [re'zɛrvən] *f/pl* reserves *pl*

Reservewährung [re'zɛrvəvɛ:ruŋ] *f* reserve currency

reservieren [rezɛr'vi:rən] *v* reserve

Reservierung [rezɛr'vi:ruŋ] *f* reservation

Ressort [rɛ'so:ɐ] *n* department; decision unit, organizational unit

Ressource [rɛ'sʊrsə] *f* resources *pl*

Ressourcenknappheit [rɛ'sʊrsənknaphaɪt] *f* scarcity of resources

Ressourcennutzung [rɛ'sʊrsənnutsuŋ] *f* use of resources

Ressourcentransfer [rɛ'sʊrsəntransfe:ɐ] *m* transfer of resources

Restbestand ['rɛstbəʃtant] *m* remaining stock

Restbetrag ['rɛstbətra:k] *m* remainder, balance, residual amount

Restdarlehen ['rɛstda:rle:ən] *n* purchase-money loan

Restlaufzeit ['rɛstlauftsaɪt] *f* remaining time to maturity

Restnutzungsdauer ['rɛstnutsuŋsdauɐ] *f* remaining life expectancy

Restposten ['rɛstpɔstən] *m* remaining stock, remnant, odd lot

Restquote ['rɛstkvo:tə] *f* residual quota

Restriktion [restrɪk'tsjo:n] *f* restriction

restriktiv [restrɪk'ti:f] *adj* restrictive

Restrisiko ['rɛstri:ziko] *n* remaining risk, acceptable risk

Restschuld ['rɛstʃult] *f* residual debt, unpaid balance in account, remaining debt

Restschuldversicherung ['rɛstʃultfɛrzɪçəruŋ] *f* residual debt insurance

Resturlaub ['rɛstu:rlaup] *m* paid holidays not yet taken *(UK)*, paid vacation days not yet taken *(US)*

Restwert ['rɛstve:rt] *m* net book value

Retention Marketing [rɪ'tenʃən 'markətɪŋ] *n* retention marketing

Retouren [re'tu:rən] *pl* goods returned *pl; (Finanzwesen)* bills and checks returned unpaid *pl*

retrograde Erfolgsrechnung [retro'gra:də ɛr'fɔlgsrɛçnuŋ] *f* inverse method of determining income

retrograde Kalkulation [retro'gra:də kalkula'tsjo:n] *f* inverse method of cost estimating

Return on Investment (ROI) [rɪ'tɛːn ɔn ɪn'vestmənt] *m* return on investment (ROI)

revidieren [revi'di:rən] *v (prüfen)* examine, check; *(ändern)* revise

Revision [revi'zjo:n] *f* audit

Revisionsabteilung [revi'zjo:nsaptaɪluŋ] *f* audit department

Revisionspflicht [revi'zjo:nspflɪçt] *f* auditing requirements *pl*

revolvierendes Akkreditiv [revɔl'vi:rəndəs akredi'ti:f] *n* revolving letter of credit

Revolving-Kredit [rɪ'vɔlvɪŋkre'di:t] *m* revolving credit

Rezession [retsɛ'sjo:n] *f* recession

Reziprozität [retsiprotsi'tɛ:t] *f* reciprocity

Q
R

R-Gespräch [ˈɛrɡəʃprɛːç] *n* reversed-charge call, collect call *(US)*
Rhetorik [reˈtoːrɪk] *f* rhetoric
Richter(in) [ˈrɪçtɐ(rɪn)] *m/f* judge
Richtlinie [ˈrɪçtliːnjə] *f* guideline, standard directive
Richtpreis [ˈrɪçtpraɪs] *m* standard price, suggested price, recommended (retail) price
Richtwert [ˈrɪçtveːrt] *m* approximate value
Rimesse [riˈmɛsə] *f* remittance
Risiko [ˈriːziko] *n* risk; *Risiken abwägen* weigh the risks
Risikobereitschaft [ˈriːzikobəraɪtʃaft] *f* willingness to take risks
Risikodeckung [ˈriːzikodɛkuŋ] *f* risk cover
Risikokosten [ˈriːzikokɔstən] *pl* risk-induced costs *pl*
Risikolebensversicherung [ˈriːzikoleːbənsfɛrzɪçəruŋ] *f* term life insurance
Risikoprämie [ˈriːzikoprɛːmjə] *f* risk premium
Risikozuschlag [ˈriːzikotsuːʃlaːk] *m* additional risk premium
Risk Management [ˈrɪsk mænɪdʒmənt] *n* risk management
riskant [rɪsˈkant] *adj* risky
riskieren [rɪsˈkiːrən] *v* risk
Roboter [ˈrɔbotɐ] *m* robot
Rohbilanz [ˈroːbilants] *f* rough balance
Rohgewinn [ˈroːɡəvɪn] *m* gross profit on sales
Rohmaterial [ˈroːmaterjaːl] *n* raw material
Rohöl [ˈroːøːl] *n* crude oil
Rohstoff [ˈroːʃtɔf] *m* raw material
Rohstofffonds [ˈroːʃtɔffɔ̃ː] *m* raw material funds *pl*
Rohstoffkartell [ˈroːʃtɔfkartɛl] *n* commodities cartel
Rohstoffknappheit *f* raw material shortage
Rohstoffmangel [ˈroːʃtɔfmaŋəl] *m* shortage of raw materials
Rohstoffmarkt [ˈroːʃtɔfmarkt] *m* commodity forward transaction
Rohstoffvermarktung [ˈroːʃtɔffɛrmarktuŋ] *f* marketing of raw materials

Rohzustand [ˈroːtsuːʃtant] *m* natural condition, unprocessed condition, unfinished condition
Roll-on-/Roll-off-Verkehr (RoRo) [rəʊl-ˈɔn rəʊlˈɔffɛrˈkeːɐ] *m* roll on/roll off transportation (roro)
Rollgeld [ˈrɔlɡɛlt] *n* haulage
Roll-over-Kredit [rəʊlˈəʊvərkreˈdiːt] *m* roll-over credit
rote Zahlen [ˈroːtə ˈtsaːlən] *f/pl (fig)* red figures *pl*, the red *(fig)*
Route [ˈruːtə] *f* route
Routine [ruˈtiːnə] *f* routine, experience, daily practice
Rubel [ˈruːbəl] *m* rouble, rubel *(US)*
Rückantwort [ˈrykantvɔrt] *f* reply; *(frankierte Postkarte)* postage-paid reply card
Rückantwort bezahlt (RP) [ˈrykantvɔrt bəˈtsaːlt] reply-paid (RP)
rückdatieren [ˈrykdatiːrən] *v* backdate, antedate
Rückdelegation [ˈrykdelegatsjoːn] *f* back delegation
rückerstatten [ˈrykɛrʃtatən] *v* refund, reimburse
Rückerstattung [ˈrykɛrʃtatuŋ] *f* reimbursement, repayment
Rückfahrkarte [ˈrykfaːrkartə] *f* return ticket
Rückfahrt [ˈrykfaːrt] *f* return journey
Rückfluss [ˈrykflus] *m* reflux
Rückflussstücke [ˈrykflusʃtykə] *n/pl* securities repurchased *pl*
Rückfrage [ˈrykfraːɡə] *f* question, further inquiry
Rückgabe [ˈrykgaːbə] *f* return, restitution, restoration
Rückgaberecht [ˈrykgabəreçt] *n* **1.** right of return; **2.** *(Fonds)* return privilege
Rückgang [ˈrykgaŋ] *m* decline, drop, decrease
rückgängig [ˈrykgɛŋɪç] *adj* ~ *machen* cancel, undo
Rückgarantie [ˈrykgarantiː] *f* counter guarantee
Rückgriff [ˈrykgrɪf] *m* recourse
Rückkauf [ˈrykkauf] *m* repurchase, buying back
Rückkaufdisagio [ˈrykkaufdɪzaːdʒo] *n* discount on repurchase

Q
R

Rückkaufgeschäfte [ˈrʏkkaufgəʃɛftə] *n/pl* buy-back arrangements *pl*

Rückkaufswert [ˈrʏkkaufsveːrt] *m* redemption value

Rückkoppelung [ˈrʏkkɔpəluŋ] *f* feedback

Rücklage [ˈrʏklaːgə] *f* **1.** reserve; **2.** *(Ersparnisse)* savings *pl*

rückläufig [ˈrʏklɔyfɪç] *adj* declining

Rücknahme [ˈrʏknaːmə] *f* taking back

Rückporto [ˈrʏkpɔrto] *n* return postage

Rückruf [ˈrʏkruːf] *m* call back

Rückscheck [ˈrʏkʃɛk] *m* returned cheque

Rückscheckprovision [ˈrʏkʃɛkprovizjoːn] *f* commission on returned cheque

Rückschein [ˈrʏkʃaɪn] *m* advice of delivery

Rückschlag [ˈrʏkʃlaːk] *m* *(fig)* setback

Rückseite [ˈrʏkzaɪtə] *f* reverse, back

Rücksendung [ˈrʏkzɛnduŋ] *f* return

Rücksprache [ˈrʏkʃpraːxə] *f* consultation; *mit jdm ~ halten* consult with s.o.

Rückstand [ˈrʏkʃtant] *m* **1.** *(Außenstände)* arrears *pl*; **2.** *(Lieferrückstand, Arbeitsrückstand)* backlog; **3.** *(Abfallprodukt)* residue; **4.** *(Rest)* remains *pl*

rückständig [ˈrʏkʃtɛndɪç] *adj* **1.** *(Zahlung)* overdue, outstanding; **2.** *(fig: überholt)* out-dated

Rückstellung [ˈrʏkʃtɛluŋ] *f* reserves *pl*

Rücktransport [ˈrʏktranspɔrt] *m* return transport

Rücktritt [ˈrʏktrɪt] *m* *(Amtsniederlegung)* resignation, retirement; *(von einem Vertrag)* rescission

Rücktrittsklausel [ˈrʏktrɪtsklauzl] *f* escape clause, opt-out clause

Rücktrittsrecht [ˈrʏktrɪtsrɛçt] *n* right to rescind a contract

Rückvergütung [ˈrʏkfɛrgytuŋ] *f* refund

Rückversicherung [ˈrʏkfɛrzɪçəruŋ] *f* reinsurance

Rückwaren [ˈrʏkvaːrən] *pl* goods returned *pl*

Rückwechsel [ˈrʏkvɛksəl] *m* unpaid bill of exchange

rückwirkend [ˈrʏkvɪrkənt] *adj* retroactive, retrospective

rückzahlbar [ˈrʏktsaːlbaːɐ] *adj* repayable

Rückzahlung [ˈrʏktsaːluŋ] *f* repayment, refund, reimbursement

Rückzahlungsagio [ˈrʏltsaːluŋsaːdʒo] *n* premium payable on redemption

Rückzoll [ˈrʏktsɔl] *m* customs drawback

Rufnummer [ˈruːfnumɐ] *f* telephone number, dial sequence

rufschädigend [ˈruːffɛːdɪgənt] *adj* defamatory

Rüge [ˈryːgə] *f* reprimand, reproof, rebuke

Rügepflicht [ˈryːgəpflɪçt] *f* obligation to lodge a complaint

Ruhestand [ˈruːəʃtant] *m* retirement

Ruhestörung [ˈruːəʃtøːruŋ] *f* disturbance of the peace

Ruhetag [ˈruːətaːk] *m* day off, day of rest; „*Montags ~*" closed Mondays

Rumpfwirtschaftsjahr [ˈrumpfvɪrtʃaftsjaːɐ] *n* short fiscal year

Run [ran] *m* run

runder Tisch [ˈrundər tɪʃ] *m* *(fig)* round table

Rundfunkwerbung [ˈrundfunkvɛrbuŋ] *f* radio advertising

Rundschreiben [ˈruntʃraɪbən] *n* circular

Rüstkosten [ˈrʏstkɔstən] *pl* preproduction cost

Rüstungsauftrag [ˈrʏstuŋsauftraːk] *m* defence contract, arms contract

Rüstungskontrolle [ˈrʏstuŋskɔntrɔlə] *f* arms control

Rüstungsunternehmen [ˈrʏstuŋsuntərnɛːmən] *n* armaments manufacturer

Q
R

S

Sabbatical [səˈbætɪkəl] *n* Sabbatical

Sabotage [zaboˈtaːʒə] *f* sabotage

sabotieren [zaboˈtiːrən] *v* sabotage

Sachanlagen [ˈzaxanlaːgən] *f/pl* fixed assets *pl*, tangible assets *pl*, physical assets *pl*

Sachanlagevermögen [ˈzaxanlaːgə-fɛrmøːgən] *n* tangible fixed assets *pl*

Sachbearbeiter(in) [ˈzaxbəarbaɪtɐ(rɪn)] *m/f* official in charge, clerk in charge

Sachbeschädigung [ˈzaxbəʃɛːdɪguŋ] *f* damage to property

Sachbezüge [ˈzaxbətsyːgə] *f/pl* remuneration in kind

Sachdepot [ˈzaxdepoː] *n* impersonal security deposit

Sachdiskussion [ˈzaxdɪskusjoːn] *f* factual discussion

Sache [ˈzaxə] *f* case, lawsuit, action

Sacheinlage [ˈzaxaɪnlaːgə] *f* investment in kind, contribution in kind

Sachenrecht [ˈzaxənrɛçt] *n* law of real and personal property

sachenrechtliche Wertpapiere [ˈza-xənrɛçtlɪçə ˈveːrtpapiːrə] *n/pl* property law securities *pl*

Sachfehler [ˈzaxfeːlɐ] *m* factual error

Sachfirma [ˈzaxfɪrma] *f* object company name

Sachgebiet [ˈzaxgəbiːt] *n* field

Sachkapital [ˈzaxkapitaːl] *n* real capital

Sachkapitalerhöhung [ˈzaxkapitaːl-ɛrhøːuŋ] *f* capital increase through contribution in kind, increase in noncash capital

Sachkenntnis [ˈzaxkɛntnɪs] *f* expertise

Sachkredit [ˈzaxkrediːt] *m* credit based on collateral security

sachkundig [ˈzaxkundɪç] *adj* expert, competent

Sachleistung [ˈzaxlaɪstuŋ] *f* payment in kind, allowance

sachlich [ˈzaxlɪç] *adj* objective

Sachlichkeit [ˈzaxlɪçkaɪt] *f* objectivity

Sachmangel [ˈzaxmaŋəl] *m* material defect, material fault

Sachschaden [ˈzaxʃaːdən] *m* damage to property, physical damage

Sachverhalt [ˈzaxfɛrhalt] *m* facts *pl*, circumstances *pl*

Sachvermögen [ˈzaxfɛrmøːgən] *n* material assets *pl*, fixed capital

Sachverstand [ˈzaxfɛrʃtant] *m* expertise, knowledge

Sachverständige(r) [ˈzaxfɛrʃtɛndɪgə(-ɐ)] *f/m* expert (witness), authority, specialist

Sachverständigenrat [ˈzaxfɛrʃtɛndɪ-gənraːt] *m* panel of experts; German Council of Economic Experts

Sachwert [ˈzaxveːrt] *m* real value

Sachwertanleihen [ˈzaxveːrtanlaɪən] *f/pl* material value loans *pl*

Sachwert-Investmentfonds [ˈzaxveːrt-ɪnvɛstmɛntfɔ̃] *m* material asset investment funds *pl*

Safe [seɪf] *m* safe

Saison [zɛˈzɔ̃] *f* season

saisonabhängig [zɛˈzɔ̃aphɛŋɪç] *adj* seasonal

Saisonarbeit [zɛˈzɔ̃arbaɪt] *f* seasonal work

Saisonarbeiter(in) [zɛˈzɔ̃arbaɪtɐ(rɪn)] *m/f* seasonal worker

Saisonartikel [zɛˈzɔ̃artɪkəl] *m* seasonal article

Saisonausverkauf [zɛˈzɔ̃ausfɛrkauf] *m* end-of-season sale

Saisonbedarf [zɛˈzɔ̃bədarf] *m* seasonal consumption, seasonal demand

saisonbedingt [zɛˈzɔ̃bədɪŋt] *adj* seasonal

saisonbereinigt [zɛˈzɔ̃bəraɪnɪçt] *adj* seasonally adjusted

Saisonbereinigung [zɛˈzɔ̃bəraɪnɪguŋ] *f* seasonal adjustment

Saisonbeschäftigung [zɛˈzɔ̃bəʃɛftɪ-guŋ] *f* seasonal employment

Saisongeschäft [zɛˈzɔ̃gəʃɛft] *n* seasonal business

Saisonkredit [zɛˈzɔ̃krediːt] *m* seasonal loan

Saisonreserven [zɛˈzɔ̃rezɛrvən] *f/pl* seasonal reserves *pl*

Saisonschwankungen [zɛ'zɔ̃ʃvaŋ-kuŋən] *f/pl* seasonal fluctuations *pl*

Saldenbilanz ['zaldənbilants] *f* list of balances

saldieren [zal'di:rən] *v* balance

Saldo ['zaldo] *m* balance

Saldoübertrag ['zaldoy:bərtra:k] *m* balance carried forward

Sales Promotion ['seɪlz prɔ'mo:ʃən] *f* (*Verkaufsförderung*) sales promotion

Sammelaktie ['zaməlaktsjə] *f* multiple share certificate, global share

Sammelanleihe ['zaməlanlaɪə] *f* joint loan issue

Sammelauftrag ['zaməlauftra:k] *m* collective (giro) order

Sammelbestellung ['zaməlbəʃtɛluŋ] *f* consolidated order, joint order

Sammeldepot ['zaməldepo:] *n* collective deposit

Sammelinkassoversicherung ['zaməl-ɪnkasofɛrzɪçəruŋ] *f* group collection security

Sammelkonto ['zaməlkɔnto] *n* collective account

Sammelmappe ['zaməlmapə] *f* collecting folder

Sammel-Schuldbuchforderung ['zaməlʃultbuxfɔrdəruŋ] *f* collective debt register claim

Sammeltransport ['zaməltranspɔrt] *m* collective transport

Sammeltratte ['zaməltratə] *f* collective bill

Sammelüberweisung ['zaməly:bərvaɪzuŋ] *f* combined bank transfer

Sammelwertberichtigung ['zaməlve:rtbərɪçtɪguŋ] *f* global value adjustment

sanieren [za'ni:rən] *v* sanify, recapitalize

Sanierung [za'ni:ruŋ] *f* reconstruction, urban renewal

Sanierungsprogramm [za'ni:ruŋsprogram] *n* rescue package, rescue scheme

Sanktion [zaŋk'tsjo:n] *f* sanction, penalty

sanktionieren [zaŋktsjo'ni:rən] *v* sanction, put sanctions on

Sanktionsmaßnahme [zaŋkt'tsjo:nsma:sna:mə] *f* sanction

sättigen ['zɛtɪgən] *v* (*Markt*) saturate

Sättigung ['zɛtɪguŋ] *f* saturation

Sättigungspunkt ['zɛtɪguŋspuŋkt] *m* (*Markt*) point of saturation

Satz [zats] *m* **1.** (*Menge*) set, batch; **2.** (*fester Betrag*) rate

Satzung ['zatsuŋ] *f* statutes *pl*

satzungsgemäß ['zatsuŋsgəmɛ:s] *adv* according to the rules/statutes/bylaws

säumig ['zɔymɪç] *adj* (*Schuldner*) defaulting, dilatory

Säumnis ['zɔymnɪs] *n* **1.** (*Verzug*) delay; **2.** (*Nichteinhaltung*) delay

Säumniszuschlag ['zɔymnɪstsu:ʃla:k] *m* delay penalty

Scanner ['skænɐ] *m* scanner

Scannerkasse ['skænɐkasə] *f* checkout scanner

Schaden ['ʃa:dən] *m* **1.** damage, loss, harm; **2.** (*Personenschaden*) injury

Schadenersatz ['ʃa:dənɛrzats] *m* **1.** compensation, indemnity, indemnification; **2.** (*festgesetzte Geldsumme*) damages *pl*

Schadenersatzansprüche ['ʃa:dənɛrzatsanʃpryçə] *m/pl* claim for damages

Schadenhöhe ['ʃa:dənhø:ə] *f* amount of loss

Schadensbegrenzung ['ʃa:dənsbəgrɛntsuŋ] *f* damage control, damage limitation

Schadensersatz ['ʃa:dənsɛrzats] *m* compensation for loss suffered, recovery of damages

Schadensersatzklage ['ʃa:dənsɛrzatskla:gə] *f* action for damages

Schadensersatzpflicht ['ʃa:dənsɛrzatspflɪçt] *f* liability for damages

Schadensfall ['ʃa:dənsfal] *m* case of damage

Schadensforderung ['ʃa:dənsfɔrdəruŋ] *f* claim for damages

Schadensleistung ['ʃa:dənslaɪstuŋ] *f* compensation

Schadensmeldung ['ʃa:dənsmɛlduŋ] *f* notification of damage

Schadensversicherung ['ʃa:dənsfɛrzɪçəruŋ] *f* casualty insurance

schadhaft ['ʃa:thaft] *adj* damaged; (*mangelhaft*) defective, faulty

schädigen ['ʃɛ:dɪgən] *v* damage; (*jdn ~*) harm

schädlich ['ʃɛ:tlɪç] *adj* harmful, damaging, detrimental

Schädlichkeit ['ʃɛːtlɪçkaɪt] *f* harmfulness, noxiousness, injuriousness

Schadstoff ['ʃaːtʃtɔf] *m* harmful substance, harmful chemical

schadstoffarm ['ʃaːtʃtɔfarm] *adj* low in harmful chemicals

Schalldämmung ['ʃaldɛmuŋ] *f* soundproofing

Schaltbild ['ʃaltbɪlt] *n* connection diagram, wiring diagram

Schalter ['ʃaltɐ] *m* (*Theke, Bank~*) counter

Schaltergeschäft ['ʃaltɐɡəʃɛft] *n* business over the counter

Schalterprovision ['ʃaltɐprovizjoːn] *f* selling commission

Schaltkreis ['ʃaltkraɪs] *m* circuit

Schaltzentrale ['ʃalttsɛntraːlə] *f* central control station; (*fig*) central control, systems control, control centre

Scharfsinn ['ʃarfzɪn] *m* (*geschäftlich*) acumen

Schattenwirtschaft ['ʃatənvɪrtʃaft] *f* underground economy

Schatzanweisung ['ʃatsanvaɪzuŋ] *f* treasury bond

Schatzbrief ['ʃatsbriːf] *m* treasury bond, exchequer bond (*UK*)

Schätze ['ʃɛtsə] *m/pl* treasury bonds *pl*

schätzen ['ʃɛtsən] *v* (*ungefähr berechnen*) estimate; (*annehmen*) suppose, reckon

Schätzer(in) ['ʃɛtsɐ(rɪn)] *m/f* appraiser, valuer, evaluator, assessor

Schätzung ['ʃɛtsuŋ] *f* (*ungefähre Berechnung*) estimate, valuation; (*Annahme*) estimation

Schatzwechsel ['ʃatsvɛksəl] *m* treasury bill

Schätzwert ['ʃɛtsveːrt] *m* estimated value, appraised value

Schaufenster ['ʃaufɛnstɐ] *n* shop window, store window (*US*)

Schaufensterwerbung ['ʃaufɛnstɐverbuŋ] *f* shop-window advertising, store-window advertising (*US*)

Scheck [ʃɛk] *m* cheque, check (*US*); *einen ~ einlösen* cash a cheque

Scheckabrechnung ['ʃɛkapreçnuŋ] *f* cheque clearance

Scheckabteilung ['ʃɛkaptaɪluŋ] *f* cheque department

Scheckbetrug ['ʃɛkbətruːk] *m* cheque fraud

Scheckeinzug ['ʃɛkaɪntsuːk] *m* cheque collection

Scheckfähigkeit ['ʃɛkfɛːɪçkaɪt] *f* capacity to draw cheques

Scheckformular [ʃɛkfɔrmulaːɐ] *n* cheque form

Scheckheft ['ʃɛkhɛft] *n* cheque book (*UK*), checkbook (*US*)

Scheckkarte ['ʃɛkkartə] *f* cheque card

Scheckklausel ['ʃɛkklauzəl] *f* cheque clause

Scheckrecht ['ʃɛkreçt] *n* negotiable instruments law concerning cheques

Scheckregress ['ʃɛkregrɛs] *m* cheque recourse

Schecksperre ['ʃɛkʃpɛrə] *f* stop payment order, cancellation of a check

Scheckverkehr ['ʃɛkfɛrkeːɐ] *m* cheque transactions *pl*

Scheckwiderruf ['ʃɛkviːdərruːf] *m* cheque stopping

Scheckzahlung ['ʃɛktsaːluŋ] *f* payment by cheque

Scheinblüte [ʃaɪnblyːtə] *f* (*scheinbare Hochkonjunktur*) illusory boom

Scheinfirma ['ʃaɪnfɪrma] *f* bogus company, dummy firm

Scheingeschäft ['ʃaɪnɡəʃɛft] *n* fictitious transaction, sham deal

Scheingesellschaft ['ʃaɪnɡəzɛlʃaft] *f* bogus company, dummy company

Scheingewinn ['ʃaɪnɡəvɪn] *m* fictitious profit, sham gains *pl*

Scheingründung ['ʃaɪnɡrynduŋ] *f* fictitious formation

Scheinkaufmann ['ʃaɪnkaufman] *m* bogus trader

Scheinkurs ['ʃaɪnkurs] *m* fictitious quotation price

Scheinselbstständigkeit ['ʃaɪnzɛlpʃtɛndɪçkaɪt] *f* disguised employment

scheitern ['ʃaɪtɐn] *v* fail

Schema [ʃeːma] *n* (*Entwurf, Plan*) sketch, plan

Schenkung ['ʃɛŋkuŋ] *f* gift, donation

Schenkungssteuer ['ʃɛŋkuŋsʃtɔyɐ] *f* gift tax

Schenkungsurkunde ['ʃɛŋkuŋsuːrkundə] *f* deed of donation

Schicht [ʃɪçt] *f* **1.** layer; **2.** *(Arbeitsschicht)* shift

Schichtarbeit [ˈʃɪçtarbaɪt] *f* shift work

Schichtwechsel [ˈʃɪçtvɛksəl] *m* change of shift

Schieber [ˈʃiːbɐ] *m (Betrüger)* profiteer, racketeer

Schiedsgericht [ˈʃiːtsgərɪçt] *n* court of arbitration, arbitral court

Schiedsrichter(in) [ʃiːtsrɪçtɐ(rɪn)] *m/f* JUR arbitrator

Schiedsspruch [ˈʃiːtsʃprux] *m* arbitration

Schiff [ʃɪf] *n* ship, vessel

schiffbar [ˈʃɪfbaːɐ] *adj* navigable

Schiffbau [ˈʃɪfbau] *m* shipbuilding

Schifffahrt [ˈʃɪffaːrt] *f* navigation, shipping

Schiffsregister [ˈʃɪfsregɪstɐ] *n* register of ships

Schiffswerft [ˈʃɪfsvɛrft] *f* shipyard

schlechte Qualität [ˈʃlɛçtə kvaliˈtɛːt] *f* poor quality

Schlechtwettergeld [ʃlɛçtˈvɛtərgɛlt] *n* bad-weather compensation

schleichende Inflation [ˈʃlaɪçəndə ɪnflaˈtsjoːn] *f* creeping inflation

Schleichhandel [ˈʃlaɪçhandəl] *m* illicit trade, illicit traffic

Schleichwerbung [ˈʃlaɪçvɛrbuŋ] *f* covert advertising, surrepticious advertising

Schleuderpreis [ˈʃlɔydərpraɪs] *m* giveaway price, rock-bottom price

Schleuderware [ˈʃlɔydərvaːrə] *f* giveaway article, giveaway product

Schlichtung [ˈʃlɪçtuŋ] *f* arbitration, settlement

Schlichtungsausschuss [ˈʃlɪçtuŋsausʃus] *m* arbitration committee

Schließfach [ˈʃliːsfax] *n* **1.** *(Bankschließfach)* safe deposit box; **2.** *(Postschließfach)* post-office box

Schluss [ʃlus] *m* closure

Schlussbilanz [ˈʃlusbilants] *f* closing balance

Schlussbrief [ˈʃlusbriːf] *m* sales note

Schlussdividende [ˈʃlusdividɛndə] *f* final dividend

Schlussnotierung [ˈʃlusnotiːruŋ] *f (Börse)* closing rate

Schlüsselindustrien [ˈʃlysəlɪndustriːn] *f/pl* key industries *pl*

Schlüsselqualifikation [ˈʃlysəlkvalifikatsjoːn] *f* key qualification

Schlüsseltechnologie [ˈʃlysəlteçnoloːgiː] *f* key technology

Schlusskurs [ˈʃluskurs] *m* closing price

Schlussverkauf [ˈʃlusfɛrkauf] *m* seasonal clearance sale, end-of-season clearance sale

Schmiergeld [ˈʃmiːrgɛlt] *n (fam)* bribe

Schmuggel [ˈʃmugəl] *m* smuggling

schmuggeln [ˈʃmugəln] *v* smuggle, bootleg

Schmuggelware [ˈʃmugəlvaːrə] *f* smuggled goods *pl*, contraband

Schmutzzulage [ˈʃmutstsuːlaːgə] *f* dirty work bonus, dirty work pay

Schneeballsystem [ˈʃneːbalzysteːm] *n* snowball sales system

Schnellhefter [ˈʃnɛlhɛftɐ] *m* binder

Schnellverfahren [ˈʃnɛlfɛrfaːrən] *n (fig: rasche Abwicklung)* expeditious handling, rapid processing

Schnitt [ʃnɪt] *m (Muster)* pattern

Schnittstelle [ˈʃnɪtʃtɛlə] *f* interface

Schrankenwert [ˈʃraŋkənveːrt] *m* officially quoted security

Schreibmaschine [ˈʃraɪpmaʃiːnə] *f* typewriter

Schreibtisch [ˈʃraɪptɪʃ] *m* desk

schriftlich [ˈʃrɪftlɪç] *adj* written; *adv* in writing

Schriftstück [ˈʃrɪftʃtyk] *n* document, record, deed

Schriftverkehr [ˈʃrɪftfɛrkeːɐ] *m* correspondence

Schriftwechsel [ˈʃrɪftvɛksəl] *m* correspondence

Schulabschluss [ˈʃuːlapʃlus] *m* school qualification *(UK)*, diploma *(US)*

Schuld [ʃult] *f (Geldschuld)* debt

Schuldanerkenntnis [ˈʃultanɛrkɛntnɪs] *f* acknowledgement of a debt

Schuldbrief [ˈʃultbriːf] *m* certificate of indebtedness

Schulden [ˈʃuldən] *f/pl* debts *pl*, liabilities *pl; sich etw zu ~ kommen lassen (fig)* do sth wrong

schulden [ˈʃuldən] *v* owe

Schuldenabkommen [ˈʃuldənapkɔmən] *n* debt agreement

S

Schuldendienst [ˈʃʊldəndiːnst] *m* debt service
Schuldenerlass [ˈʃʊldənɛrlas] *m* debt relief
schuldenfrei [ˈʃʊldənfraɪ] *adj* free from debt
Schuldenkonsolidierung [ˈʃʊldənkɔnzolidiːrʊŋ] *f* **1.** (Recht) offsetting of receivables and payables in the consolidated financial statements; **2.** (Finanzen) consolidation of debts
Schuldenkriterium [ˈʃʊldənkriteːrjum] *n* debt criterion
Schuldenmasse [ˈʃʊldənmasə] *f* liabilities *pl*
Schuldenstand [ˈʃʊldənʃtant] *m* debt position
Schuldentilgung [ˈʃʊldəntɪlgʊŋ] *f* debt liquidation
schuldhaft [ˈʃʊlthaft] *adj* culpable
schuldig [ˈʃʊldɪç] *adj* **1.** (Geld) due, owing; **2.** (verantwortlich) guilty
Schuldner(in) [ˈʃʊltnɐ(rɪn)] *m/f* debtor, party liable
Schuldrecht [ˈʃʊltrɛçt] *n* law of obligations
Schuldschein (p. n.) [ˈʃʊltʃaɪn] *m* promissory note (p.n.)
Schuldscheindarlehen [ˈʃʊltʃaɪndaːrleːn] *n* promissory note bond
Schuldspruch [ˈʃʊltʃprux] *m* conviction
Schuldübernahme [ˈʃʊltyːbərnaːmə] *f* assumption of an obligation
Schuldverhältnis [ˈʃʊltfɛrhɛltnɪs] *n* obligation
Schuldverschreibung [ˈʃʊltfɛrʃraɪbʊŋ] *f* debenture bond
Schuldversprechen [ˈʃʊltfɛrʃprɛçən] *n* promise to fulfil an obligation
Schuldwechsel [ˈʃʊltvɛksəl] *m* bill payable
Schuldzins [ˈʃʊltsɪns] *m* interest on debts, interest on borrowing
Schulung [ˈʃuːlʊŋ] *f* schooling, training
Schulungspersonal [ˈʃuːlʊŋspɛrzonaːl] *n* training staff
Schutzbrille [ˈʃʊtsbrɪlə] *f* protective goggles *pl*
Schutzfrist [ˈʃʊtsfrɪst] *f* term of protection

Schutzgemeinschaft für allgemeine Kreditsicherung (Schufa) [ˈʃʊtsgəmaɪnʃaft fyːr ˈalgəmaɪnə kreˈdiːtsɪçərʊŋ] *f* Schufa (group for general credit protection)
Schutzhelm [ˈʃʊtshɛlm] *m* safety helmet
Schutzkleidung [ˈʃʊtsklaɪdʊŋ] *f* protective clothing
Schutzmarke [ˈʃʊtsmarkə] *f* trademark
Schutzzoll [ˈʃʊtstsɔl] *m* protective duty
schwach [ʃvax] *adj* (Geschäft) slack
Schwangerschaftsurlaub [ˈʃvaŋərʃaftsuːrlaup] *m* maternity leave
Schwankung [ˈʃvaŋkʊŋ] *f* (Abweichung) fluctuation, variation
Schwänze [ˈʃvɛntsə] *pl* (planmäßig herbeigeführter Kursanstieg) corners *pl*
Schwarzarbeit [ˈʃvartsarbaɪt] *f* illicit work
schwarze Börse [ˈʃvartsə ˈbœrzə] *f* black stock exchange
schwarze Liste [ˈʃvartsə ˈlɪstə] *f* black bourse
schwarze Zahlen [ˈʃvartsə ˈtsaːlən] *f/pl* (fig) black figures *pl*, „the black"
Schwarzhandel [ˈʃvartshandəl] *m* black market operations *pl*, black marketeering
schwebende Geschäfte [ˈʃveːbəndə gəˈʃɛftə] *n/pl* pending transactions *pl*
schwebende Schuld [ˈʃveːbəndə ˈʃult] *f* floating debt
schwebende Unwirksamkeit [ˈʃveːbəndə ˈʊnvɪrkzaːmkaɪt] *f* provisionally inefficacy
Schweigepflicht [ˈʃvaɪgəpflɪçt] *f* confidentiality
Schweizerische Nationalbank [ˈʃvaɪtsərɪʃə natsjoˈnaːlbaŋk] *f* National Bank of Switzerland
Schwellenland [ˈʃvɛlənlant] *n* country undergoing industrialization
Schwemme [ˈʃvɛmə] *f* (Überangebot) glut
schwere Papiere [ˈʃveːrə paˈpiːre] *n/pl* heavy-priced securities *pl*
Schwergut [ˈʃveːrguːt] *n* heavy freight
Schwestergesellschaft [ˈʃvɛstərgəzɛlʃaft] *f* affiliated company
schwimmend [ˈʃvɪmənd] *adj* floating
Schwindel [ˈʃvɪndəl] *m* (Betrug) swindle, fraud, cheat

S

Schwindelgründung ['ʃvɪndəlgryn-duŋ] *f* fraud foundation

Schwund [ʃvʊnt] *m* dwindling, fading, decrease; *(Schrumpfen)* shrinkage

Schwundgeld ['ʃvʊntgɛlt] *n* scalage

Seefracht ['ze:fraçt] *f* sea freight, maritime freight

Seefrachtbrief ['ze:fraxtbri:f] *m* bill of lading

seemäßige Verpackung ['ze:mɛ:sɪɡə fɛɐ'pakuŋ] *f* sea-worthy packing

Seeweg ['ze:ve:k] *m* sea route

Sekretariat [zekreta'rja:t] *n* secretary's office, secretariat *(UK)*

Sekretär(in) [zekre'tɛ:r(ɪn)] *m/f* secretary

Sektor ['zɛktɔr] *m* sector, branch

Sektoren der Volkswirtschaft [zɛk-'to:rən de:r 'fɔlksvɪrtʃaft] *m/pl* sectors of the economy *pl*

sekundärer Sektor [zekun'dɛ:rər 'zɛkto:ɐ] *m* secondary sector

Sekundärliquidität [zekun'dɛ:rlikvidite:t] *f* secondary liquidity

Sekundärmarkt [zekun'dɛ:rmarkt] *m* secondary market

Sekundawechsel [ze'kundavɛksəl] *m* second of exchange

Sekurisation [zekuriza'tsjo:n] *f* securization

Selbstauskunft ['zɛlpstauskunft] *f* voluntary disclosure

Selbstbeteiligung ['zɛlpstbətaɪlɪɡuŋ] *f* retention

Selbstfinanzierung ['zɛlpstfinantsi:-ruŋ] *f* self-financing

Selbstkostenpreis ['zɛlpstkɔstən-praɪs] *m* cost price

selbstständig ['zɛlpʃtɛndɪç] *adj* independent; *sich ~ machen* go into business for o.s.

Selbstständige(r) ['zɛlpʃtɛndɪɡə(-ɐ)] *f/m* self-employed (person), independent (person)

Selbstständigkeit ['zɛlpʃtɛndɪçkaɪt] *f* independence

Sendung ['zɛnduŋ] *f* (Versand) shipment, consignment

Senioritätsprinzip [ze:njori'tɛ:tsprɪn-tsi:p] *n* principle of seniority

Serie ['ze:rjə] *f* series

seriell [ze:'rjɛl] *adj* serial

Serienanfertigung ['ze:rjənanfɛrtɪ-ɡuŋ] *f* serial production

Serienfertigung ['ze:rjənfɛrtɪɡuŋ] *f* series production

Seriengröße ['ze:rjəngrø:sə] *f* batch size

serienmäßig ['ze:rjənmɛ:sɪç] *adj* serial; *adv* in series

Serienproduktion ['ze:rjənprɔdukts-jo:n] *f* mass production

serienreif ['ze:rjənraɪf] *adj* ready for series production, ready for multiple production

seriös [ze'riø:s] *adj* reliable, honest

Seriosität [zerjozi'tɛ:t] *f* seriousness

Server ['sə:və] *m* (EDV) server

Service ['zø:rvɪs] *m* (Kundendienst) service

Servicenetz ['zø:rvɪsnɛts] *n* service network

Shareholdervalue ['ʃeəhəuldər'vælju:] *m* shareholder value

Shelf-Space-Competition ['ʃelfspeɪs-kɔmpə'tɪʃən] *f* shelf space competition

Shop-in-the-Shop-Konzept ['ʃɔpɪnðə ʃɔpkɔn'tsɛpt] *n* shop-in-the-shop conception

Shoppingcenter ['ʃɔpɪŋsentɐ] *n* shopping centre

sicherer Server ['zɪçərər sɛ:və] *m* secure server

Sicherheit ['zɪçərhaɪt] *f* (Gewähr) collateral, security

Sicherheitskopie ['zɪçərhaɪtskopi:] *f* back-up copy

Sicherheitsmangel ['zɪçərhaɪtsmaŋəl] *m* security gap

Sicherheitsmaßnahmen ['zɪçərhaɪts-ma:sna:mən] *f/pl* safety measures *pl*, security measures *pl*

Sicherheitsvorschriften ['zɪçərhaɪts-fo:rʃrɪftən] *f/pl* safety regulations *pl*

Sicherungsabtretung ['zɪçəruŋsap-tre:tuŋ] *f* assignment by security

Sicherungsgeschäft ['zɪçəruŋsgəʃɛft] *n* security transaction

Sicherungsgrundschuld ['zɪçəruŋs-gruntʃult] *f* cautionary land charge

Sicherungshypothek ['zɪçəruŋshypo-te:k] *f* cautionary mortgage

Sicherungsschein ['zɪçəruŋsʃaɪn] *m* security note

S

Sicherungsübereignung [ˈzɪçəruŋsy:bəraɪgnuŋ] *f* transfer of ownership by way of security

Sichteinlagen [ˈzɪçtaɪnlaːgən] *f/pl* sight deposits *pl*

Sichthülle [ˈzɪçthylə] *f* transparent cover

Sichtkurs [ˈzɪçtkurs] *m* sight rate

Sichtvermerk [ˈzɪçtfɛrmɛrk] *m* indication that one has looked over a document

Sichtwechsel [ˈzɪçtvɛksəl] *m* demand bill

Signet [zɪnˈjeː] *n* publisher's mark

Silbermünze [ˈzɪlbərmyntsə] *f* silver coin

Silberwährung [ˈzɪlbərvɛːruŋ] *f* silver standard

SIM-Karte [ˈzimkaːtə] *f* SIM card

simsen [ˈzimzən] *v* text, *jmd ~* text s.o.

Simulation [zimulaˈtsjoːn] *f* simulation

Simulator [zimuˈlaːtɔr] *m* simulator

Single Sourcing [ˈsɪŋl ˈsɔːsɪŋ] *n* single sourcing

Sitz [zɪts] *m (Firmensitz)* headquarters

Sitzung [ˈzɪtsuŋ] *f* session, meeting

Skonto [ˈskɔnto] *n/m* discount

Skontoabzug [ˈskɔntoaptsuːk] *m* discount deduction

Skontration [skɔntratsˈjoːn] *f* settlement of time bargains

Smartphone [ˈsmaːtfoʊn] *n* smartphone

sofort (ppt.) [zoˈfɔrt] *adv* prompt (ppt.)

sofortige Lieferung [zoˈfɔrtɪgə ˈliːfəruŋ] *f* immediate delivery

sofortige Regulierung [zoˈfɔrtɪgə reguˈliːruŋ] *f* settlement with immediate effect

sofortiger Versand (i.t.) [zoˈfɔrtɪgər fɛrˈzant] *m* prompt shipment

sofortige Zahlung [zoˈfɔrtɪgə ˈtsaːlun] *f* immediate payment

Sofortnachricht [zoˈfɔrtnaːxrɪçt] *f* instant message

Software [ˈsɔftveːɐ] *f* software

Solarenergie [zoˈlaːenɛgiː] *f* solar energy, solar power

Solawechsel [ˈzoːlavɛksəl] *m* promissory note

Solidarhaftung [zoliˈdaːrhaftuŋ] *f* joint and several liability

Solidaritätszuschlag [zolidariˈtɛːtstsuːʃlaːk] *m* solidarity surcharge, solidarity taxes

Soll [zɔl] *n* debit

Soll-Ist-Vergleich [zɔlˈɪstfɛrglaɪç] *m* **1.** *(Betriebswirtschaft)* target-performance comparison actual; **2.** *(Produktion)* value comparison

Sollkosten [ˈzɔlkɔstən] *pl* budgeted costs *pl*

Sollzahlen [ˈzɔltsaːlən] *f/pl* target figures *pl*

Sollzinsen [ˈzɔltsɪnsən] *m/pl* debtor interest rates *pl*

Sologeschäft [ˈzoːlogəʃɛft] *n* single operation

Solvenz [zɔlˈvɛnts] *f* solvency

Sonderabgabe [ˈzɔndərapgaːbə] *f* special tax, special levy

Sonderabschreibungen [ˈzɔndərapʃraɪbuŋən] *f/pl* special depreciation

Sonderaktion [ˈzɔndəraktsjoːn] *f* special offer

Sonderanfertigung [ˈzɔndəranfɛrtɪguŋ] *f* manufactured to customer's specifications

Sonderangebot [ˈzɔndərangəboːt] *n* special offer, special bargain

Sonderauftrag [ˈzɔndərauftraːk] *m* special order

Sonderausgaben [ˈzɔndərausgaːbən] *f/pl* special expenses *pl*

Sonderausgaben-Pauschbetrag [ˈzɔndərausgaːbənˈpauʃbətraːk] *m* blanket allowance for special expenses

Sonderausschüttung [ˈzɔndərausʃytuŋ] *f* extra dividend

Sonderbetriebsvermögen [ˈzɔndərbətriːpsfɛrmøːgən] *n* special business property

Sonderbewegung [ˈzɔndərbəveːguŋ] *f* extraordinary trend

Sonderdepot [ˈzɔndərdepoː] *n* separate deposit

Sonderfall [ˈzɔndərfal] *m* special case

Sonderfazilitäten [ˈzɔndərfatsilitɛːtən] *f/pl* special credit facilities *pl*

Sondergenehmigung [ˈzɔndərgəneːmɪguŋ] *f* special permission, special permit, waiver

Sonderkonto [ˈzɔndərkɔnto] *n* separate account

S

Sonderlombard ['zɔndərlɔmbart] *m* special lombard facility

Sondermüll ['zɔndərmyl] *m* special (toxic) waste

Sonderposten ['zɔndərpɔstən] *m* separate item

Sonderpreis ['zɔndərpraɪs] *m* special price, exceptional price

Sonderrabatt ['zɔndərrabat] *m* special discount

Sondervergütung ['zɔndərfɛrgy:tuŋ] *f* special allowance

Sondervermögen ['zɔndərfɛrmø:gən] *n* special fund

Sonderziehungsabteilung ['zɔndər-tsi:uŋsaptailuŋ] *f* special drawing rights department

Sonderziehungsrechte ['zɔndərtsi:-uŋsrɛçtə] *n/pl* special drawing rights *pl*

Sonderzinsen ['zɔndərtsɪnzən] *m/pl* special interests *pl*

sondieren [zɔn'di:rən] *v* study, probe

Sonnenenergie ['zɔnənenɛgi:] *f* solar energy, solar power

Sonntagsarbeit ['zɔnta:ksarbaɪt] *f* sunday work

sonstige Verbindlichkeiten ['zɔnstɪgə fɛr'bɪndlɪçkaɪtən] *f/pl* other liabilities *pl*

Sorte ['zɔrtə] *f (Marke)* brand; *(Sorte)* sort

Sorten ['zɔrtən] *pl* foreign notes and coins *pl*

Sortengeschäft ['zɔrtəngəʃɛft] *n* dealings in foreign notes and coins *pl*

Sortenhandel ['zɔrtənhandəl] *m* dealing in foreign notes and coins

Sortenkurs ['zɔrtənkurs] *m* rate for foreign notes and coins, foreign currency rate

sortieren [zɔr'ti:rən] *v (nach Qualität)* grade

Sortiment [zɔrti'mɛnt] *n* assortment, range, variety

Sozialabgaben [zo'tsja:lapga:bən] *f/pl* social welfare contributions *pl*

soziale Marktwirtschaft [zo'tsia:lə 'marktvɪrtʃaft] *f* social market economy

Soziales Netzwerk [zot'sja:ləs 'nɛts-vɛrk] *n* social network

Sozialfonds [zo'tsia:lfõ:] *m* social fund

Sozialhilfe [zo'tsja:lhɪlfə] *f* social welfare assistance

Sozialisierung [zotsia:li'zi:ruŋ] *f* socialization

Sozialismus [zotsja'lɪsmus] *m* socialism

Sozialist(in) [zotsja'lɪst(ɪn)] *m/f* socialist

Sozialkosten [zo'tsia:lkɔstən] *pl* social costs *pl*

Sozialleistungen [zo'tsja:llaɪstuŋən] *f/pl* employers' social security contributions *pl*, social security benefits *pl*, social services *pl*

Sozialpfandbrief [zo'tsia:lpfantbri:f] *m* mortgage bond serving a social purpose

Sozialplan [zo'tsia:lpla:n] *m* social compensation plan

Sozialpolitik [zo'tsia:lpoliti:k] *f* social policy

Sozialprodukt [zo'tsja:lprodukt] *n* national product

Sozialstaat [zo'tsja:lʃta:t] *m* welfare state

Sozialversicherung [zo'tsja:lfɛrzɪçə-ruŋ] *f* social insurance, Social Security *(US)*

Sozietät [zotsje'tɛ:t] *f* partnership

Sozius ['zotsjus] *m* partner

Spanne ['ʃpanə] *f (Preisspanne)* range, margin

Sparbrief ['ʃpa:rbri:f] *m* savings certificate

Sparbuch ['ʃpa:rbu:x] *n* savings book

Spareinlage ['ʃpa:raɪnla:gə] *f* savings deposit

sparen ['ʃpa:rən] *v* save, economize

Sparer(in) ['ʃpa:rɐ(rɪn)] *m/f* saver

Sparerfreibetrag ['ʃpa:rərfraɪbətra:k] *m* savers' tax-free amount

Sparguthaben ['ʃpa:rgu:tha:bən] *n* savings account

Sparkasse ['ʃpa:rkasə] *f* savings bank

Sparkonto ['ʃpa:rkɔnto] *n* savings account

Sparmaßnahme ['ʃpa:rma:sna:mə] *f* economy measure

Sparobligation ['ʃpa:robligatsjo:n] *f* savings bond

Sparpläne ['ʃpa:rplɛ:nə] *m/pl* savings plans *pl*

S

Sparpolitik ['ʃpaːrpoliːtiːk] *f* austerity policy, budgetary restraint

Sparprämie ['ʃpaːrprɛːmjə] *f* savings premium

Sparte ['ʃpartə] *f* line of business, division

Sparzulage ['ʃpaːrtsuːlaɡə] *f* savings bonus

Spätschalter ['ʃpɛːtʃaltɐ] *m* night safe deposit

Spätschicht ['ʃpɛːtʃɪçt] *f* late shift

Speciality Goods ['speʃəlti ɡʊdz] *pl* speciality goods *pl*

Spediteur(in) [ʃpediˈtøːr(ɪn)] *m/f* forwarding agent, shipper

Spediteurkonnossement [ʃpediˈtøːr-kɔnɔsəmɛnt] *n* house bill

Spediteurübernahmebescheinigung [ʃpediˈtøːryːbərnaːməbəʃaɪnɪɡuŋ] *f* forwarder's receipt

Spedition [ʃpediˈtsˈjoːn] *f (Firma)* forwarding agency, shipping agency

Speditionsgut [ʃpediˈtsjoːnsɡuːt] *n* forwarding goods *pl*

Speditionsunternehmen [ʃpediˈtsjoːns-untərneːmən] *n* shipping company

Speicher ['ʃpaɪçɐ] *m EDV* memory

Speicherkapazität ['ʃpaɪçɐrkapatsiːtɛːt] *f* memory, storage capacity

speichern ['ʃpaɪçɐn] *v* save, store

Speicherplatz ['ʃpaɪçɐrplats] *m* memory space, storage space

Speicherung ['ʃpaɪçɐruŋ] *f* storage, saving

Spekulant(in) [ʃpekuˈlant(ɪn)] *m/f* speculator, speculative dealer

Spekulation [ʃpekulaˈtsjoːn] *f* speculation

Spekulationsgeschäft [ʃpekulaˈts-joːnsɡəʃɛːft] *n* speculative transaction, speculative operation

Spekulationsgewinn [ʃpekulatsˈjoːns-ɡəvɪn] *m* speculative profit

Spekulationssteuer [ʃpekulatsˈjoːns-ʃtɔyɐ] *f* tax on speculative gains

spekulieren [ʃpekuˈliːrən] *v* speculate

Spenden ['ʃpɛndən] *f/pl* donations *pl;* voluntary contributions *pl*

Sperrdepot ['ʃpɛrdepoː] *n* blocked safe-deposit

sperren ['ʃpɛrən] *v (Konto)* block

Sperrgut ['ʃpɛrɡuːt] *n* bulky goods *pl*

Sperrguthaben ['ʃpɛrɡuːthaːbən] *n* blocked balance

Sperrkonto ['ʃpɛrkɔnto] *n* blocked account, frozen account

Spesen ['ʃpeːzən] *pl* expenses *pl*

Spesenabrechung ['ʃpeːzənapreçnuŋ] *f* statement of expenses

Spesenpauschale ['ʃpeːzənpauʃaːlə] *f* allowance for expenses

Spesenrechnung ['ʃpeːzənrɛçnuŋ] *f* expense report

Spezialbank [ʃpeˈtsjaːlbaŋk] *n* specialized commercial bank

Spezialfonds [ʃpeˈtsjaːlfɔ̃ː] *m* specialized fund

Spezialgeschäft [ʃpeˈtsjaːlɡəʃɛft] *n* specialty shop

spezialisieren [ʃpetsjaliˈziːrən] *v sich auf etw ~* specialize in sth

Spezialisierung [ʃpetsjaliˈziːruŋ] *f* specialization

Spezialist(in) [ʃpetsjaˈlɪst(ɪn)] *m/f* specialist

Spezialitätenfonds [ʃpetsjaliˈtɛːtən-fɔ̃ː] *m* speciality fund

Spezialvollmacht [ʃpeˈtsjaːlfɔlmaxt] *f* special power

Spezialwerte [ʃpeˈtsjaːlveːrtə] *m/pl* specialties *pl*

Spezifikation [ʃpetsifikaˈtsjoːn] *f* specification

Spielraum ['ʃpiːlraum] *m* margin

Spin-off ['ʃpɪnɔf] *n (Ausgliederung einer Tochtergesellschaft)* spin off (a subsidiary company)

Spitzenleistung ['ʃpɪtsənlaɪstuŋ] *f* top performance, best achievement; peak output

Spitzenlohn ['ʃpɪtsənloːn] *m* maximum pay, top wage

Splittingverfahren ['ʃplɪtɪŋfɛrˈfaːrən] *n* splitting method

sponsern ['ʃpɔnzɐn] *v* sponsor

Sponsor(in) ['ʃpɔnzoːr(ɪn)] *m/f* sponsor

Spotgeschäft ['ʃpɔtɡəʃɛft] *n* spot transactions *pl*

Spotmarkt ['ʃpɔtmarkt] *m* spot market

Staat [ʃtaːt] *m* state

staatlich ['ʃtaːtlɪç] *adj* state, public, governmental; *adv* by the state

Staatsangehörigkeit [ˈʃtaːtsangəhørɪçkaɪt] *f* nationality, citizenship, national status

Staatsanleihen [ˈʃtaːtsanlaɪən] *f/pl* government loan, public bonds *pl*

Staatsanwalt [ˈʃtaːtsanvalt] *m* public prosecutor, Crown Prosecutor *(UK)*, district attorney *(US)*

Staatsanwältin [ˈʃtaːtsanvɛltɪn] *f* (female) public prosecutor, Crown Prosecutor *(UK)*, district attorney *(US)*

Staatsausgaben [ˈʃtaːtsausgaːbən] *f/pl* public spending

Staatsbank [ˈʃtaːtsbaŋk] *f* state bank

Staatsbankrott [ˈʃtaːtsbaŋkrɔt] *m* national bankruptcy

Staatsbetrieb [ˈʃtaːtsbətriːp] *m* nationalized enterprise

Staatseigentum [ˈʃtaːtsaɪgəntum] *n* state property, public property

Staatseinnahmen [ˈʃtaːtsaɪnaːmən] *f/pl* public revenue

Staatshaushalt [ˈʃtaːtshaushalt] *m* state budget

Staatskasse [ˈʃtaːtskasə] *f* treasury

Staatspapiere [ˈʃtaːtspapiːrə] *n/pl* public securities *pl*

Staatsschulden [ˈʃtaːtsʃuldən] *f/pl* national debt

Staatsverschuldung [ˈʃtaːtsfɛrʃulduŋ] *f* state indebtedness

Staatszuschuss [ˈʃtaːtstsuːʃus] *m* government grant

stabil [ʃtaˈbiːl] *adj* **1.** *(robust)* stable; **2.** *(konstant)* steady

stabile Wechselkurse [ʃtaˈbiːlə ˈvɛksəlkurzə] *m/pl* stable exchange rates *pl*

Stabilisierung [ʃtabiliˈziːruŋ] *f* stabilization

Stabilität [ʃtabiliˈtɛːt] *f* stability

Stabilität der Wechselkurse [ʃtabiliˈtɛːt deːr ˈvɛksəlkurzə] *f* exchange rate stability

stabilitätsgerechte Eintrittsbedingungen [ˈʃtabiliˈtɛːtsgərɛçtə ˈaɪntrɪtsbədɪŋuŋən] *f/pl* convergence conditions of participation *pl*

Stabilitätspolitik [ʃtabiliˈtɛːtspolitiːk] *f* stability policy

Stabilitäts- und Wachstumspakt [ʃtabiliˈtɛːts unt ˈvakstuːmspakt] *m* Stability and Growth Pact

Stab-Linien-Organisation [ˈʃtaːpliːnjənɔrganizatsjoːn] *f* line-staff organization structure

Städtebauförderung [ˈʃtɛtəbaufœrdəruŋ] *f* city planning development

städtisch [ˈʃtɛtɪʃ] *adj* municipal

Stadtwerke [ˈʃtatvɛrkə] *pl* municipal utilities *pl*

Staffelanleihe [ˈʃtafəlanlaɪə] *f* graduated-interest loan

Staffelpreis [ˈʃtafəlpraɪs] *m* graduated price

Staffelung [ˈʃtafəluŋ] *f* graduation

Stagflation [ʃtagflaˈtsjoːn] *f* stagflation

Stagnation [ʃtagnaˈtsjoːn] *f* stagnation

stagnieren [ʃtagˈniːrən] *v* stagnate

Stahl [ʃtaːl] *m* steel

Stahlindustrie [ˈʃtaːlɪndustriː] *f* steel industry

Stammaktie [ˈʃtamaktsjə] *f* ordinary share

Stammbelegschaft [ˈʃtambəleːkʃaft] *f* key workers *pl*

Stammeinlage [ˈʃtamaɪnlaːgə] *f* original capital contribution, original investment

Stammhaus [ˈʃtamhaus] *n* parent company

Stammkapital [ˈʃtamkapitaːl] *n* original stock, original capital, share capital

Stammkunde [ˈʃtamkundə] *m* regular (customer), patron

Stammkundin [ˈʃtamkundɪn] *f* (female) regular (customer), patron

Stammrecht [ˈʃtamrɛçt] *n* customary law

Stand [ʃtant] *m* **1.** *(Messestand)* booth, stand; **2.** *(Situation)* position, situation; *auf dem neuesten ~ sein* to be up to date; *der ~ der Dinge* the situation; *im ~e sein, etw zu tun* to be capable of doing sth, to be able to do sth; *zu ~e kommen* come about, come off; **3.** *(Rang)* rank, class, status

Standard [ˈʃtandart] *m* standard

Standardabweichung [ˈʃtandartapvaɪçuŋ] *f* standard deviation

Standardausrüstung [ˈʃtandartausrystuŋ] *f* standard equipment

Standardbrief [ˈʃtandartbriːf] *m* standard-size letter, standard letter

S

Standardeinstellung ['ʃtandartaɪnʃtɛ-luŋ] *f EDV* default

Standardformat ['ʃtandartfɔrmaːt] *n* standard size

Standardisierung [ʃtandardiˈziːruŋ] *f* standardization

Standardmodell ['ʃtandartmodɛl] *n* standard model

Standardwerte ['ʃtandartveːrtə] *m/pl* standard values *pl*

Stand-by-Kredit [stænd'baɪkrediːt] *m* stand-by credit

Standing ['stændɪŋ] *n* standing

Standort ['ʃtantɔrt] *m* location, station

Standortfaktoren ['ʃtantɔrtfaktoːrən] *m/pl* location factors *pl*

Standortwahl ['ʃtantɔrtvaːl] *f* choice of location

stanzen ['ʃtantsən] *v* stamp, punch

Stapel ['ʃtaːpəl] *m* pile, heap, stack; *vom ~ laufen* to be launched

Stapelbestand ['ʃtaːpəlbəʃtant] *m* stockpile

Stapelplatz ['ʃtaːpəlplats] *m* store, depot

Stapelware ['ʃtaːpəlvaːrə] *f* staple goods *pl*

Starkstrom ['ʃtarkʃtroːm] *m* high voltage

starrer Wechselkurs ['ʃtarər 'vɛksəl-kurs] *m* fixed exchange rate

Startbildschirm ['ʃtartbɪltʃɪrm] *m EDV* splash page, splash screen

Starthilfe ['ʃtarthɪlfə] *f (für ein Unternehmen)* launching aid, starting-up aid

Startkapital ['ʃtartkapitaːl] *n* startup money

Startseite ['ʃtartzaɪtə] *f EDV* homepage

Start-Up ['startap] *m* start up

Statistik [ʃtaˈtɪstɪk] *f* statistics

statistisch [ʃtaˈtɪstɪʃ] *adj* statistical; *adv* statistically

Statistisches Bundesamt [ʃtaˈtɪstɪʃəs 'bundəsamt] *n* Federal Statistical Office

Status ['ʃtaːtus] *m* status, state

Statussymbol ['ʃtaːtuszymboːl] *n* status symbol

Statut [ʃtaˈtuːt] *n* statute, regulation

Stecker ['ʃtɛkɐ] *m* plug, connector

steigend ['ʃtaɪgənt] *adj* rising, ascending, mounting

steigern ['ʃtaɪgɐn] *v (erhöhen)* increase, raise, advance

Steigerung ['ʃtaɪgəruŋ] *f (Erhöhung)* increase, raising

Steigerungsrate ['ʃtaɪgəruŋsraːtə] *f* rate of escalation

Stellagegeschäft [ʃtɛˈlaːʒəgəʃɛft] *n* double option operation

Stelle ['ʃtɛlə] *f (Anstellung)* position, job; *(Dienststelle)* authority, office, agency

Stellenangebot ['ʃtɛlənangəboːt] *n* position offered, vacancy, offer of employment

Stellenanzeige ['ʃtɛlənantsaɪgə] *f* position offered, employment ad

Stellenausschreibung ['ʃtɛlənausʃraɪ-buŋ] *f* advertisement of a vacancy

Stellengesuch ['ʃtɛləngəzuːx] *n* situation wanted

Stellenmarkt ['ʃtɛlənmarkt] *m* job market

Stellensuche ['ʃtɛlənzuːxə] *f* job search

Stellenvermittlung ['ʃtɛlənfɛrmɪtluŋ] *f* job placement

Stellgeld ['ʃtɛlgɛlt] *n* premium for double option

Stellgeschäft ['ʃtɛlgəʃɛft] *n* put and call

Stellkurs ['ʃtɛlkurs] *m* put and call price

Stellung ['ʃtɛluŋ] *f (Anstellung)* position, post, job

Stellungnahme ['ʃtɛluŋnaːmə] *f* comment

stellvertretend ['ʃtɛlfɛrtreːtənt] *adj* representative, deputy, acting

Stellvertreter(in) ['ʃtɛlfɛrtreːtɐ(rɪn)] *m/f* representative, agent, deputy

Stellvertretung ['ʃtɛlfɛrtreːtuŋ] *f* representation, proxy

Stempel ['ʃtɛmpəl] *m* stamp, postmark; *jdm seinen ~ aufdrücken* leave one's mark on s.o. *den ~ von jdm tragen* bear the stamp of s.o.

Stempelgebühr ['ʃtɛmpəlgəbyːɐ] *f* stamp duty

stempeln ['ʃtɛmpəln] *v* stamp, mark; *~ gehen* to be on the dole

Stempelsteuer ['ʃtɛmpəlʃtɔyɐ] *f* stamp duty

Stenografie [ʃtenograˈfiː] *f* shorthand, stenography

stenografieren [ʃtenogra'fiːrən] *v* stenograph, write in shorthand

Sterilisierungsfonds [ʃterili'ziːruŋsfɔ̃ː] *m* sterilization funds *pl*

Sterilisierungspolitik [ʃterili'ziːrunspolitiːk] *f* policy of sterilization funds

Sternchen ['ʃternçən] *n EDV* asterisk

Steuer ['ʃtɔyɐ] *f (Abgabe)* tax

Steuerabzug ['ʃtɔyəraptsuːk] *m* tax deduction

Steueraufkommen ['ʃtɔyəraufkɔmən] *n* tax yield, tax revenue, receipts from taxes *pl*

Steuerbefreiung ['ʃtɔyərbəfraɪuŋ] *f* tax exemption

steuerbegünstigt ['ʃtɔyərbəgynstɪçt] *adj* tax sheltered, eligible for tax relief

steuerbegünstigte Wertpapiere ['ʃtɔyərbəgynstɪçtə 'veːrtpapiːrə] *n/pl* tax-privileged securities *pl*

steuerbegünstigtes Sparen ['ʃtɔyərbəgynstɪçtəs 'ʃpaːrən] *f* tax-privileged saving

Steuerbehörde ['ʃtɔyərbəhøːrdə] *f* tax authority

Steuerberater(in) ['ʃtɔyərbəraːtɐ(rɪn)] *m/f* tax advisor, tax consultant

Steuerbescheid ['ʃtɔyərbəʃaɪt] *m* notice of tax assessment

Steuerbetrug ['ʃtɔyərbetruːk] *m* fiscal fraud, tax fraud

Steuerbilanz ['ʃtɔyərbilants] *f* tax balance sheet

Steuererhöhung ['ʃtɔyərerhøːuŋ] *f* tax increase

Steuererklärung ['ʃtɔyərɛrklɛːruŋ] *f* tax return, tax declaration

Steuerermäßigung ['ʃtɔyərɛrmɛːsiguŋ] *f* tax reduction

Steuerfahndung ['ʃtɔyərfaːnduŋ] *f* investigation into tax evasion

Steuerflucht ['ʃtɔyərfluxt] *f* tax evasion by leaving the country, becoming a tax exile

steuerfrei ['ʃtɔyɔrfraɪ] *adj* tax-free, exempt from taxation

Steuerfreibetrag ['ʃtɔyərfraɪbətraːk] *m* statutory tax exemption

Steuerhinterziehung ['ʃtɔyərhɪntərtsiːuŋ] *f* tax evasion

Steuerhoheit ['ʃtɔyərhoːhaɪt] *f* jurisdiction to tax

Steuerklasse ['ʃtɔyərklasə] *f* tax bracket

steuerlich ['ʃtɔyərlɪç] *adj* for tax purposes

steuern ['ʃtɔyɐn] *v* control

Steuernachzahlung ['ʃtɔyərnaːxtsaːluŋ] *f* additional payment of taxes

Steuernummer ['ʃtɔyərnumɐ] *f* taxpayer's reference number

Steueroase ['ʃtɔyəroaːzə] *f* tax haven

Steuerparadies ['ʃtɔyərparadiːs] *n* tax haven

steuerpflichtig ['ʃtɔyərpflɪçtɪç] *adj* taxable, subject to tax

Steuerpolitik ['ʃtɔyərpolitiːk] *f* fiscal policy

Steuerrecht ['ʃtɔyərrɛçt] *n* law of taxation, fiscal law

Steuerreform ['ʃtɔyərrefɔrm] *f* tax reform

Steuerstundung ['ʃtɔyərʃtunduŋ] *f* tax deferral

Steuerung ['ʃtɔyəruŋ] *f* control

Steuerveranlagung ['ʃtɔyərfɛranlaːguŋ] *f* tax assessment

Steuerzahler(in) ['ʃtɔyərtsaːlɐ(rɪn)] *m/f* taxpayer

Steuerzahlung ['ʃtɔyərtsaːluŋ] *f* payment of taxes

Steuerzeichen ['ʃtɔyərtsaɪçən] *n* control character

Stichkupon ['ʃtɪçkupõː] *m* renewal coupon

Stichprobe ['ʃtɪçproːbə] *f* spot check, random test

stichprobenartig ['ʃtɪçproːbənartɪç] *adj* random; *adv* on a random basis

Stichtag ['ʃtɪçtaːk] *m* effective date, key date

Stichtagsinventur ['ʃtɪçtaːksɪnvɛntuːɐ] *f* end-of-period inventory

Stichtagskurs ['ʃtɪçtaːkskurs] *m* market price on reporting date

Stichtagsumstellung ['ʃtɪçtaːksumʃtɛluŋ] *f* changeover on E-day

Stichwort ['ʃtɪçvɔrt] *n* key word

Stift [ʃtɪft] *m (Bleistift)* pencil; *(Filzstift)* pen, felt-tip pen

Stiftung ['ʃtɪftuŋ] *f* **1.** *(Schenkung)* donation, bequest; **2.** *(Gründung)* establishment, foundation

stille Gesellschaft ['ʃtɪlə ge'zɛlʃaft] *f* dormant partnership

S

stille Reserve ['ʃtɪlə re'zɛrvə] *f* hidden reserves *pl*

stille Rücklage ['ʃtɪlə 'rykla:gə] *f* latent funds *pl*

stille Zession ['ʃtɪlə tsɛ'sjo:n] *f* undisclosed assignment

stiller Teilhaber ['ʃtɪlər 'taɪlhɑ:bɐ] *m* silent partner, sleeping partner

Stillhaltekredit ['ʃtɪlhaltəkredi:t] *m* stand-still credit

stillhalten ['ʃtɪlhaltən] *v* to sell an option

Stillhalter ['ʃtɪlhaltɐ] *m* option seller

Stilllegung ['ʃtɪlle:guŋ] *f* shutdown, closure

Stillstand ['ʃtɪlʃtant] *m* standstill, stop, stagnation

stillstehen ['ʃtɪlʃte:ən] *v* (*Maschine*) to be idle

Stimmabgabe ['ʃtɪmapga:bə] *f* vote

stimmberechtigt ['ʃtɪmbəreçtɪçt] *adj* entitled to vote

Stimme ['ʃtɪmə] *f* (*Wahlstimme*) vote

Stimmenmehrheit ['ʃtɪmənme:rhaɪt] *f* majority of votes

Stimmenthaltung ['ʃtɪmɛnthaltuŋ] *f* abstention

Stimmrecht ['ʃtɪmrɛçt] *n* right to vote, suffrage

Stimmrechtsaktie ['ʃtɪmrɛçtsaktsjə] *f* voting share

stimmrechtslose Vorzugsaktie ['ʃtɪmrɛçtslo:zə 'fo:rtsu:ksaktsjə] *f* non-voting share

Stimmzettel ['ʃtɪmtsɛtəl] *m* ballot, voting paper

Stipendium [ʃtɪ'pɛndjum] *n* scholarship

Stock Exchange ['stɔk ɪks'tʃeɪndʒ] *m* stock exchange

Stockdividende ['stɔkdivi'dɛndə] *f* stock dividend

stocken ['ʃtɔkən] *v* **1.** (*zum Stillstand kommen*) come to a standstill, stop; **2.** (*Geschäfte*) drop off

Stoppkurs ['ʃtɔpkurs] *m* stop price

störanfällig ['ʃtø:ranfɛlɪç] *adj* breakdown-prone

Störanfälligkeit ['ʃtø:ranfɛlɪçkaɪt] *f* breakdown proneness

stören ['ʃtø:rən] *v* disturb, trouble, bother

Störfall ['ʃtø:rfal] *m* breakdown, accident, malfunction

stornieren [ʃtɔr'ni:rən] *v* cancel

Stornierung [ʃtɔr'ni:ruŋ] *f* cancellation

Storno ['ʃtɔrno] *m* contra entry, reversal; (*Auftragsstorno*) cancellation

Stornobuchung ['ʃtɔrnobuxuŋ] *f* reversing entry

Stornorecht ['ʃtɔrnoreçt] *n* right to cancel credit entry

Störung ['ʃtø:ruŋ] *f* disturbance, inconvenience, annoyance

Straddle ['strædl] *n* straddle

Strafanstalt ['ʃtra:fanʃtalt] *f* penal institution

Strafanzeige ['ʃtra:fantsaɪgə] *f* criminal charge; ~ *erstatten gegen* bring a criminal charge against

strafbar ['ʃtra:fba:ɐ] *adj* punishable, subject to prosecution

Strafe ['ʃtra:fə] *f* sentence, penalty

strafen ['ʃtra:fən] *v* punish

Strafsanktionen ['ʃtra:fzaŋktsjo:nən] *f/pl* punitive sanctions *pl*

Strafzins ['stra:ftsɪns] *m* penalty interest

strapazierfähig [ʃtrapa'tsi:rfɛ:ɪç] *adj* sturdy, resilient, heavy-duty

Straßengebühr ['ʃtra:səngəby:ɐ] *f* toll

Straßennetz ['ʃtra:sənnɛts] *n* road network, road system

Strategie [ʃtrate'gi:] *f* strategy

strategisch [ʃtra'te:gɪʃ] *adj* strategic

strategische Allianz [ʃtra'te:gɪʃə al'jants] *f* strategic alliance

strategische Führung [ʃtra'te:gɪʃə 'fy:ruŋ] *f* strategic management

strategische Planung [ʃtra'te:gɪʃə 'pla:nuŋ] *f* strategic planning

strategisches Geschäftsfeld [ʃtra'te:gɪʃəs ge'ʃɛftsfɛlt] *n* strategic business area

streichen ['ʃtraɪçən] *v irr* **1.** (*durch~*) cross out, delete, strike out; **2.** (*Plan*) cancel; (*annullieren*) cancel

Streichung ['ʃtraɪçuŋ] *f* deletion

Streifband ['ʃtraɪfbant] *n* postal wrapper

Streifbanddepot ['ʃtraɪfbantdepo:] *n* individual deposit of securities

Streik [ʃtraɪk] *m* strike

Streikaufruf ['ʃtraɪkaufruːf] *m* union strike call

Streikbrecher ['ʃtraɪkbrɛçɐ] *m* strike-breaker, blackleg *(fam)*

streiken ['ʃtraɪkən] *v* strike

Streikgelder ['ʃtraɪkgɛldɐ] *n/pl* strike pay

Streikposten ['ʃtraɪkpɔstən] *m* picketer

Streit [ʃtraɪt] *m (Unstimmigkeit)* disagreement, difference; *(Wortgefecht)* argument, dispute, quarrel, debate, discussion

Streitwert ['ʃtraɪtvɛrt] *m* amount in dispute

streng [ʃtrɛŋ] *adj* strict, severe, exacting; *adv* strictly, severely; ~ *genommen* strictly speaking

streng vertraulich [ʃtrɛŋ fɛr'traulɪç] *adj* strictly confidential

Stress [ʃtrɛs] *m* stress

Stresssituation ['ʃtrɛszɪtuatsjoːn] *f* stressful situation

Stresstest ['ʃtrɛstɛst] *m* stress test

Streubesitz ['ʃtrɔybəzɪts] *m* diversified holdings

Strichkode ['ʃtrɪçkoːd] *m* bar code, UPC code *(US)*

strittig ['ʃtrɪtɪç] *adj* controversial, debatable

Strom [ʃtroːm] *m (elektrischer ~)* current

Stromabnehmer ['ʃtroːmapneːmɐ] *m (Stromverbraucher)* consumer of electricity, power user

Stromausfall ['ʃtroːmausfal] *m* power failure, power outage

Stromgröße ['ʃtroːmgrøːse] *f* rate of flow

Stromkabel ['ʃtroːmkaːbəl] *n* electrical cable, power cable

Stromkreis ['ʃtroːmkraɪs] *m* circuit

Stromrechnung ['ʃtroːmrɛçnuŋ] *f* electricity bill

Stromverbrauch ['ʃtroːmfɛrbraux] *m* power consumption, electricity consumption

Stromzähler ['ʃtroːmtsɛːlɐ] *m* current meter

Struktur [ʃtruk'tuːɐ] *f* structure

strukturell [ʃtruktu'rɛl] *adj* structural; *adv* structurally

strukturieren [ʃtruktu'riːrən] *v* structure

Strukturkredit [ʃtruk'tuːrkrediːt] *m* structural loan

Strukturkrise [ʃtruk'tuːrkrɪzə] *f* structural crisis

Strukturpolitik [ʃtruk'tuːrpolitiːk] *f* structural policy

Strukturreform [ʃtruk'tuːrrefɔrm] *f* structural reform

strukturschwach [ʃtruk'tuːrʃvax] *adj* lacking in infrastructure, underdeveloped, structurally imbalanced

Strukturwandel [ʃtruk'tuːrvandəl] *m* structural change

Stück [ʃtyk] *n* **1.** piece, bit; **2.** *(Abschnitt)* part, portion, fragment; **3.** *am ~* at a time

Stückdeckungsbeitrag ['ʃtykdɛkuŋsbaɪtraːk] *m* unit contribution margin

Stücke ['ʃtykə] *pl* securities *pl*

Stückekonto ['ʃtykəkɔnto] *n* shares account

Stückelung ['ʃtykəluŋ] *f* fragmentation

Stückgut ['ʃtykguːt] *n* mixed cargo

Stückgutverkehr ['ʃtykguːtfɛrkeːɐ] *m* part-load traffic

Stückkosten ['ʃtykkɔstən] *pl* unit cost, cost per unit

Stückkurs ['ʃtykkurs] *m* price per share

Stücklohn ['ʃtykloːn] *m* piece-work wage, piece-work pay

stückweise ['ʃtykvaɪzə] *adv* ~ *verkaufen* sell individually

Stückzahl ['ʃtyktsaːl] *f* number of pieces, quantity

Stückzinsen ['ʃtyktsɪnzən] *m/pl* broken-period interest

Student(in) [ʃtu'dɛnt(ɪn)] *m/f* student

Studie ['ʃtuːdjə] *f* study

Stufentarif ['ʃtuːfəntariːf] *m* graduated scale of taxes

stufenweise ['ʃtuːfənvaɪzə] *adv* by steps, gradually, progressively

stufenweise Fixkostendeckungsrechnung ['ʃtuːfənvaɪzə 'fɪkskɔstəndɛkuŋsrɛçnuŋ] *f* multi-stage fixed-cost accounting

stunden ['ʃtundən] *v jdm etw ~* give s.o. time to pay sth

Stundenlohn ['ʃtundənloːn] *m* hourly wage

Stundung ['ʃtunduŋ] *f* extension, respite, deferral (of payment)

S

Stützungskauf [ˈʃtytsuŋskauf] *m* support buying

subjektiv [zupjɛkˈtiːf] *adj* subjective; *adv* subjectively

Subsidiaritätsprinzip [zupzidjariˈtɛːtsprɪntsiːp] *n* principle of subsidiarity

Subskription [zupskrɪpˈtsjoːn] *f* subscription

Substanzerhaltung [zupˈstantsɛrhaltuŋ] *f* preservation of real-asset values

substanzielle Abnutzung [zupstanˈtsjɛlə ˈapnutsuŋ] *f* asset erosion

Substanzwert [zupˈstantsveːrt] *m* real value

substituierbar [zupstituˈiːrbaːɐ] *adj* replaceable

Substitution [zupstituˈtsjoːn] *f* substitution

Substitutionsgüter [zupstituˈtsjoːnsgyːtɐ] *n/pl* substitute goods *pl*

Subunternehmer(in) [ˈzupuntɐneːmɐ(rɪn)] *m/f* subcontractor

Subvention [zupvɛnˈtsjoːn] *f* subsidy

subventionieren [zupvɛntsjoˈniːrən] *v* subsidize

Suchabfrage [ˈzuːxapfraːgə] *f EDV* query

Suchmaschine [ˈzuːxmaʃiːnə] *f EDV* search engine

Summe [ˈzumə] *f* sum, amount

Summenaktie [ˈzumənaktsjə] *f* share at a fixed amount

Summenbilanz [ˈzumənbilants] *f* turnover balance

summieren [zuˈmiːrən] *v* sum up, add up

Sunk Costs [ˈsaŋk ˈkɔsts] *pl* sunk costs *pl*

superiore Güter [zuperˈjoːrə ˈgyːtɐ] *n/pl* superior goods *pl*

Supermarkt [ˈzuːpɐmarkt] *m* supermarket

surfen [ˈzøːrfən] *v (im Internet)* surf the Internet

suspendieren [zuspɛnˈdiːrən] *v* suspend

Swap [swɔp] *m* swap

Swapabkommen [ˈswɔpapkɔmən] *n* swap agreement

Swapgeschäft [ˈswɔpgəʃɛft] *n* swap transaction

Swaplinie [ˈswɔpliːnjə] *f* swap line

Swappolitik [ˈswɔppolitiːk] *f* swap policy

Swapsatz [ˈswɔpzats] *m* swap rate

Swing [swɪŋ] *m (Kreditlinie)* swing

Switch-Geschäft [ˈswɪtʃgəˈʃɛft] *n* switch

Symbol [zymˈboːl] *n* symbol

Synchronfertigung [zynˈkroːnfɛrtiguŋ] *f* synchronous production

Syndikat [zyndiˈkaːt] *n* syndicate

Syndikatskonto [zyndiˈkaːtskɔnto] *n* syndicate account

Syndikus [ˈzyndikus] *m* legal adviser, syndic

Syndizierung [zyndiˈtsiːruŋ] *f* syndication

Synergie [zynɛrˈgiː] *f* synergy

System [zysˈteːm] *n* system

Systemanalyse [zysˈteːmanalyːzə] *f* system analysis

Systemanalytiker(in) [zysˈteːmanalyːtikɐ(rɪn)] *m/f* systems analyst

systematisch [zysteˈmaːtɪʃ] *adj* systematic

Systemberater [zysˈteːmbəraːtɐ] *m* system engineer

Systemplaner [zysˈteːmplaːnɐ] *m* system planner

Systemsteuerung [zysˈteːmʃtɔyəruŋ] *f* system control

Systemverwalter [zysˈteːmfɛrvaltɐ] *m* administrator

T

tabellarisch [tabɛˈlaːrɪʃ] *adj* tabular, arranged in tables

Tabelle [taˈbɛlə] *f* table, chart

Tablet [ˈtɛblət] *n (PC)* tablet

Tabulator [tabuˈlaːtoːɐ] *m* tabulator

Tabulatortaste [tabuˈlaːtoːrtastə] *f* tab key

Tagegeld [ˈtaːgəgɛlt] *n* **1.** *(Reisekosten)* daily allowance, per diem allowance; **2.** *(Krankenversicherung)* daily benefit

Tagelohn [ˈtaːgəloːn] *m* daily wage, daily salary

Tagelöhner(in) [ˈtaːgəløːnɐ(rɪn)] *m/f* day labourer

Tagesablauf [ˈtaːgəsaplauf] *m* daily routine

Tagesauszug [ˈtaːgəsaustsuːk] *m* daily statement

Tagesbericht [ˈtaːgəsbərɪçt] *m* daily report, daily bulletin

Tagesbilanz [ˈtaːgəsbilants] *f* daily trial balance sheet

Tageseinnahme [ˈtaːgəsainnaːmə] *f* day's receipts *pl*

Tageskurs [ˈtaːgəskurs] *m (von Devisen)* current rate; *(von Effekten)* current price

Tagesleistung [ˈtaːgəslaistuŋ] *f* daily output

Tagesordnung [ˈtaːgəsordnuŋ] *f* agenda; *an der ~ sein (fig)* to be the order of the day; *zur ~ übergehen* carry on as usual

Tagespensum [ˈtaːgəspɛnzum] *n* daily quota

Tagessatz [ˈtaːgəszats] *m* daily rate

Tagesumsatz [ˈtaːgəsumzats] *m* daily turnover

Tageswechsel [ˈtaːgəsvɛksəl] *m* day bill

Tageswert [ˈtaːgəsveːrt] *m* current value

täglich [ˈtɛːglɪç] *adj* daily, every day

täglich fälliges Geld [ˈtɛːglɪç ˈfɛlɪgəs gɛlt] *n* deposit at call

Tagschicht [ˈtaːkʃɪçt] *f* day shift

Tagung [ˈtaːguŋ] *f* meeting, conference, session

Tagungsbericht [ˈtaːguŋsbərɪçt] *m* conference report

Tagungsort [ˈtaːguŋsɔrt] *m* meeting place, conference site, venue

Take Over [ˈteɪk əʊvər] *m* take over

taktieren [takˈtiːrən] *v* manoeuvre, maneuver *(US)*

Taktik [ˈtaktɪk] *f* tactics

Taktproduktion [ˈtaktproduktsjoːn] *f* cycle operations *pl*

Talfahrt [ˈtaːlfaːrt] *f* **1.** *(Devisen)* downward trend; **2.** *(Währung)* downward slide

Tantieme [tanˈtjeːmə] *f* percentage, share in profits, *(Aufsichtsratstantieme)* directors' fee, percentage of profits

Tara [ˈtara] *n* tare

tarieren [taˈriːrən] *v* tare

Tarif [taˈriːf] *m* tariff, rate, scale of charges

tarifäre Handelshemmnisse [tariˈfɛːrə ˈhandəlshɛmnɪsə] *n/pl* tariff barriers *pl*

Tarifautonomie [taˈriːfautonomiː] *f* autonomous wage bargaining

tarifbesteuerte Wertpapiere [taˈriːfbəʃtɔyɐtə ˈveːrtpapiːrə] *n/pl* fully-taxed securities *pl*

Tariferhöhung [taˈriːfɛrhøːuŋ] *f* **1.** rate increase; **2.** *(Gehalt)* pay rate increase

Tarifgruppe [taˈriːfgrupə] *f* pay grade

Tarifkonflikt [taˈriːfkɔnflɪkt] *m* conflict over wages

Tariflohn [taˈriːfloːn] *m* standard wage, collectively negotiated wage

Tarifpartner [taˈriːfpartnɐ] *m/pl* both sides of industry, unions and management, parties to a collective pay deal/ agreement, labour and management

Tarifpolitik [taˈriːfpolitiːk] *f* pay policy, wages policy

Tarifrunde [taˈriːfrundə] *f* bargaining round, contract renegotiation round

Tarifverhandlung [taˈriːffɛrhandluŋ] *f* collective bargaining, collective negotiations *pl*

Tarifvertrag [taˈriːffɛrtraːk] *m* collective bargaining agreement

Tarifwert [ta'riːfveːrt] *m* tariff value

Taschenrechner ['taʃənrɛçnɐ] *m* pocket calculator

Tastatur [tasta'tuːɐ] *f* keyboard

tätigen ['tɛːtɪgən] *v* transact

Tätigkeit ['tɛːtɪçkaɪt] *f* (*Beruf*) occupation, job

Tätigkeitsbereich ['tɛːtɪçkaɪtsbəraɪç] *m* range of activities, sphere of action, field of action

Tätigkeitsfeld ['tɛːtɪçkaɪtsfɛlt] *n* field of activity

Tausch [tauʃ] *m* trade, exchange, swap

Tauschdepot ['tauʃdepoː] *n* security deposit

tauschen ['tauʃən] *v* trade, exchange, swap

Tauschgeschäft ['tauʃgəʃɛft] *n* exchange deal, swap

Tauschhandel ['tauʃhandəl] *m* barter (trade)

Täuschung ['tɔyʃuŋ] *f* deceit

Tauschwaren ['tauʃvaːrən] *f/pl* barter goods *pl*, barter articles *pl*

Tauschwirtschaft ['tauʃvɪrtʃaft] *f* barter economy

taxieren [ta'ksiːrən] *v* appraise, value; (*Wert*) estimate

Taxierung [ta'ksiːruŋ] *f* appraisal

Taxwert ['taksveːrt] *m* estimated value

Team [tiːm] *n* team

Teamarbeit ['tiːmarbaɪt] *f* teamwork

Teamfähigkeit ['tiːmfɛːɪçkaɪt] *f* ability to be part of a team

Teamgeist ['tiːmgaɪst] *m* team spirit

Technik ['tɛçnɪk] *f* technology; (*Aufbau*) mechanics; (*Verfahren*) technique

Techniker(in) ['tɛçnɪkɐ(rɪn)] *m/f* technician

technisch ['tɛçnɪʃ] *adj* technical; *adv* technically

technische Aktienanalyse ['tɛçnɪʃə 'aktsjənanalyːzə] *f* technical analysis

technische Normen ['tɛçnɪʃə 'nɔrmən] *f/pl* technical standards *pl*

technisches Personal ['tɛçnɪʃəs pɛrzoˈnaːl] *n* technical staff

Technischer Überwachungsverein (TÜV) ['tɛçnɪʃər yːbərˈvaxuŋsfɛraɪn] *m* Technical Control Board

Technisierung [tɛçniˈziːruŋ] *f* mechanization

Technologie [tɛçnoloˈgiː] *f* technology

Technologietransfer [tɛçnoloˈgiːtransfɛːɐ] *m* transfer of technology

Technologiezentren [tɛçnoloˈgiːtsɛntrən] *n/pl* technology centres *pl*

technologisch [tɛçnoˈloːgɪʃ] *adj* technological

Teilakzept ['taɪlaktsɛpt] *n* partial acceptance

Teilauszahlung ['taɪlaustsaːluŋ] *f* partial payment

Teilbeschädigung (P.A.) ['taɪlbəʃɛːdiguŋ] *f* partial average (p.a.); partial damage

Teilbetrag ['taɪlbətraːk] *m* partial amount, instalment, fraction

Teilefertigung ['taɪləfɛrtiguŋ] *f* production of parts and subassemblies

Teilerfolg ['taɪlɛrfɔlk] *m* partial success

Teilerfüllung ['taɪlɛrfʏluŋ] *f* partial fulfilment

Teilforderung ['taɪlfɔrdəruŋ] *f* partial claim

Teilhaber(in) ['taɪlhaːbɐ(rɪn)] *m/f* partner, associate

Teilindossament ['taɪlɪndɔsamɛnt] *n* partial endorsement

Teilkonnossement ['taɪlkɔnɔsəmɛnt] *n* partial bill of lading

Teilkosten ['taɪlkɔstən] *pl* portion of overall costs

Teillieferung ['taɪlliːfəruŋ] *f* partial delivery

Teilnahmebedingung ['taɪlnaːməbədiŋuŋ] *f* condition of entry, condition of participation

Teilnahmebestätigung ['taɪlnaːməbəʃtɛːtiguŋ] *f* confirmation of attendance

Teilnehmer(in) ['taɪlneːmɐ(rɪn)] *m/f* subscriber, party

Teilnehmerland ['taɪlneːmərlant] *n* participant country

Teilnehmerwährung ['taɪlneːmərvɛːruŋ] *f* participating currency, currency of a euro-participating country; *die bilateralen Kurse zwischen den ~en* bilateral conversion rates between participating currencies

Teilprivatisierung ['taɪlprivatiziːruŋ] *f* partial privatisation

Teilrechte ['taɪlrɛçtə] *n/pl* partial rights *pl*

Teilverlust (P. L.) ['taɪlfɛrlust] *m* partial loss (p.l.)

Teilwert ['taɪlveːrt] *m* partial value

Teilzahlung ['taɪltsaːluŋ] *f* instalment payment, partial payment

Teilzahlungsbank ['taɪltsaːluŋsbaŋk] *f* instalment sales financing institution

Teilzahlungskauf ['taɪltsaːluŋskauf] *m* hire purchase

Teilzahlungskredit ['taɪltsaːluŋskreːdiːt] *m* instalment credit

Teilzahlungsrate ['taɪltsaːluŋsraːtə] *f* monthly instalment

Teilzeitarbeit ['taɪltsaɪtarbaɪt] *f* part-time work

Teilzeitbeschäftigung ['taɪltsaɪtbəʃɛftɪguŋ] *f* part-time employment

Telearbeit ['teːləarbaɪt] *f* telework

Telearbeiter(in) ['teːləarbaɪtɐ(rɪn)] *m/f* teleworker

Telebanking ['teːləbæŋkɪŋ] *n* telebanking

Telefax ['telefaks] *n* fax, facsimile transmission

Telefaxgerät ['telefaksgɔrɛːt] *n* fax machine, facsimile machine

Telefon [tele'foːn] *n* telephone, phone

Telefonat [telefo'naːt] *n* telephone call

telefonieren [telefo'niːrən] *v* phone, make a telephone call

Telefonkarte [tele'foːnkartə] *f* phonecard

Telefonmarketing [tele'foːnmarkətɪŋ] *n* telephone marketing

Telefonnummer [tele'foːnnumɐ] *f* telephone number

Telefonverkauf [tele'foːnfɛrkauf] *m* telephone selling

Telefonzelle [tele'foːntsɛlə] *f* call-box (UK), pay phone, phone booth (US)

telegrafische Anweisung [tele'graːfɪʃə 'anvaɪzuŋ] *f* cable payment order

Telegramm [tele'gram] *n* telegram

Telekommunikation ['telekɔmunikatsjoːn] *f* telecommunications *pl*

Telekommunikationsanbieter [telekɔmunika'tsjoːnsanbiːtɐ] *m* telecommunications provider

Telekonferenz ['telekɔnfɛrɛnts] *f* teleconference

Telematik [teːlə'maːtɪk] *f* telematics *pl*

Teleservice ['teleːzɜːrvɪs] *m* teleservice

Teleshopping ['teleʃɔpɪŋ] *n* teleshopping

temporär [tempo'rɛːɐ] *adj* temporary

Tendenz [tɛn'dɛnts] *f* tendency

Tender ['tɛndɐ] *m* tender

Tenderverfahren ['tɛndɐrfɛrfaːrən] *n* tender procedure

Termin [tɛr'miːn] *m* **1.** (Datum) date; **2.** (Frist) term, deadline; **3.** (Verabredung) appointment; **4.** (Verhandlung) hearing

Terminal ['tɜːrminəl] *m* terminal

Terminbörse [tɛr'miːnbørzə] *f* futures market

Termindevisen [tɛr'miːndeviːzən] *pl* exchange for forward delivery

Termindruck [tɛr'miːndruk] *m* deadline pressure

Termineinlagen [tɛr'miːnaɪnlaːgən] *f/pl* time deposit

Termingeld [tɛr'miːngɛlt] *n* time deposit

termingerecht [tɛr'miːngərɛçt] *adj* on schedule, punctual; *adv* on schedule, at the right time, punctually

Termingeschäft [tɛr'miːngəʃɛft] *n* futures business

Terminkalender [tɛr'miːnkalɛndɐ] *m* appointment book, appointment calendar, docket

Terminkontrakt [tɛr'miːnkɔntrakt] *m* forward contract, futures contract

Terminkurs [tɛr'miːnkurs] *m* forward price

Terminmarkt [tɛr'miːnmarkt] *m* futures market

Terminpapiere [tɛr'miːnpapiːrə] *n/pl* forward securities *pl*

Terminplan [tɛrm'iːnplaːn] *m* schedule, agenda

Terminplaner [tɛr'miːnplaːnɐ] *m* personal organizer

Terminplanung [tɛr'miːnplaːnuŋ] *f* scheduling

Terminverlängerung [tɛr'miːnfɛrlɛngəruŋ] *f* extension, prolongation

Terms of Payment [tɛːmz ɔv 'peɪmənt] *pl* (Zahlungsbedingungen) terms of payment *pl*

Terms of Trade (TOT) [tɛːmz ɔv 'treɪd] *pl* (Austauschverhältnis zwischen importierten und exportierten Gütern) terms of trade *pl*

T

Tertiärbedarf [tɛr'tsjɛːrbədarf] *m* tertiary demand

tertiärer Sektor [tɛr'tsjɛːrər 'zɛktoːɐ] *m* tertiary sector

Testat [tɛs'taːt] *n* audit opinion

Testbetrieb ['tɛstbətriːp] *m* EDV test mode

Testmarkt ['tɛstmarkt] *m* test market

Testreihe ['tɛstraɪə] *f* battery of tests

Teuerung ['tɔyəruŋ] *f* inflation, rising prices

Teuerungsrate ['tɔyəruŋsraːtə] *f* rate of price increase

Teuerungswelle ['tɔyəruŋsvɛlə] *f* wave of price increase

texten ['tɛkstən] *v* **1.** (Werbetext) write copy; **2.** text

Texter(in) ['tɛkstɐ(rɪn)] *m/f* (Werbetexter) copywriter

Textgestaltung ['tɛkstgəʃtaltuŋ] *f* text configuration

Textilarbeiter(in) [tɛks'tiːlarbaɪtɐ(rɪn)] *m/f* textile worker

Textilindustrie [tɛks'tiːlɪndustriː] *f* textile industry

Textilwaren [tɛks'tiːlvaːrən] *f/pl* textiles *pl*

Textverarbeitung ['tɛkstfɛrarbaɪtuŋ] *f* word processing

Thesaurierung [tezau'riːruŋ] *f* accumulation of capital

Thesaurierungsfonds [tezau'riːruŋsfɔ̃ː] *m* accumulative investment fund

Tiefpunkt ['tiːfpuŋkt] *m* low

tilgbar ['tɪlkbaːɐ] *adj* redeemable, repayable

tilgen ['tɪlgən] *v* redeem, repay, pay off

Tilgung ['tɪlguŋ] *f* repayment, redemption, amortization

Tilgungsanleihe ['tɪlguŋsanlaɪə] *f* redemption loan

Tilgungsaussetzung ['tɪlguŋsauszɛtsuŋ] *f* suspension of redemption payments

Tilgungsfonds ['tɪlguŋsfɔ̃ː] *m* redemption fund

Tilgungshypothek ['tɪlguŋshypoteːk] *f* amortizable mortgage loan

Tilgungsrate ['tɪlguŋsraːtə] *f* amortization instalment

Tilgungsrückstände ['tɪlguŋsrykʃtɛndə] *m/pl* redemption in arrears

Tilgungsstreckung ['tɪlguŋsʃtrɛkuŋ] *f* repayment extension

Tilgungszeitraum ['tɪlguŋstsaɪtraum] *m* amortization period, redemption period

Timesharing ['taɪmʃarɪŋ] *n* time sharing

Timing ['taɪmɪŋ] *n* timing

tippen ['tɪpən] *v* (Maschine schreiben) type

Tippfehler ['tɪpfeːlɐ] *m* typing error, typographical error

Tochtergesellschaft ['tɔxtərgəzɛlʃaft] *f* subsidiary, affiliate

Top-Down-Prinzip [tɔp'daunprɪntsiːp] *n* top-down principle

Topmanagement [tɔp'mænɪdʒmənt] *n* top management

Total Quality Management (TQM) [təutl 'kvɔlɪti mænɪdʒmənt] *n* total quality management (TQM)

Totalanalyse [to'taːlanalyːzə] *f* total analysis

Totalausverkauf [to'taːlausfɛrkauf] *m* **1.** clearance sale; **2.** (Geschäftsaufgabe) closing-down sale

Totalschaden [to'taːlʃaːdən] *m* total loss

totes Depot ['toːtəs de'poː] *n* dormant deposit

totes Kapital ['toːtəs kapi'taːl] *n* dead capital

totes Konto ['toːtəs 'kɔnto] *n* inoperative account

totes Papier ['toːtəs pa'piːɐ] *n* inactive security

Trade Marts ['treɪd maːrts] *pl* trade marts *pl*

Trade Terms ['treɪd tɛːmz] *pl* trade terms *pl*

Trading-Down ['treɪdɪŋdaun] *n* trading down

Trading-Up ['treɪdɪŋap] *n* trading up

traditionell [traditsjo'nɛl] *adj* traditional; *adv* traditionally

Traditionspapier [tradi'tsjoːnspapiːɐ] *n* negotiable document of title

Trainee [treːɪ'niː] *m/f* trainee

Training on the Job [treɪnɪŋ ɔn ðə 'dʒɔb] *n* training on the job

Tranche ['trãʃ(ə)] *f* tranche

Transaktion [transak'tsjoːn] *f* transaction

Transaktionsanalyse [transak'tsjo:ns-analy:zə] *f* transactional analysis

Transaktionskasse [transak'tsjo:ns-kasə] *f* transaction balance

Transaktionskosten [transak'tsjo:ns-kɔstən] *pl* conversion charge

Transaktionsnummer (TAN) [transak'tsjo:nsnumɐ] *f* transaction number

Transaktions- und Kurssicherungs-kosten [transak'tsjo:ns unt 'kurszɪçə-ruŋskɔstən] *pl* transaction costs and costs of exchange cover *pl*

Transfer [trans'fe:ɐ] *m* transfer

Transferabkommen [trans'fe:rap-kɔmən] *n* transfer agreement

Transferausgaben [trans'fe:rausga:-bən] *f/pl* transfer expenditure

Transfergarantie [trans'fe:rgaranti:] *f* guarantee of foreign exchange transfer

Transferleistungen [trans'fe:rlaɪs-tuŋən] *f/pl* transfer payments *pl*

Transferrisiko [trans'fe:rri:ziko] *n* risk of transfer

Transit ['tranzɪt] *m* transit

Transitgüter ['tranzɪtgy:tɐ] *n/pl* transit goods *pl*, transit articles *pl*

Transithandel [tran'zɪthandəl] *m* transit trade

Transitklausel [tran'zɪtklauzəl] *f* transit clause

Transitverkehr ['tranzɪtferke:ɐ] *m* transit trade

Transitzoll [tran'zɪttsɔl] *m* transit duty

transnationale Unternehmung ['trans-natsjona:lə untɐ'ne:muŋ] *f* transnational corporations *pl*

Transparenz [transpa'rɛnts] *f* transparency

Transport [trans'pɔrt] *m* transport, transportation (*US*)

transportabel [transpɔr'ta:bəl] *adj* transportable

Transportbehälter [trans'pɔrtbəhɛl-tɐ] *m* container

Transporter [trans'pɔrtɐ] *m* **1.** (*Last-wagen*) van; **2.** (*Flugzeug*) cargo plane

Transporteur [transpɔrt'ø:ɐ] *m* carrier

transportieren [transpɔr'ti:rən] *v* transport

Transportkette [trans'pɔrtkɛtə] *f* transport chain

Transportkosten [trans'pɔrtkɔstən] *pl* transport costs *pl*, forwarding charges *pl*, shipping charges *pl*

Transportmittel [trans'pɔrtmɪtəl] *n* means of transport, means of conveyance

Transportpapiere [trans'pɔrtpapi:rə] *n/pl* transport documents *pl*

Transportschaden [trans'pɔrtʃa:dən] *m* loss during transport, damage in transit, transport loss

Transportunternehmen [trans'pɔrt-untɐne:mən] *n* haulage company

Transportunternehmer(in) [trans'pɔrt-untɐne:mɐ(rɪn)] *m/f* hauler, haulier

Transportversicherung [trans'pɔrt-fɛrzɪçəruŋ] *f* transport insurance

Transportversicherung gegen alle Risiken (AAR) [trans'pɔrtfɛrzɪçəruŋ 'ge:gən alə 'ri:zikən] *f* transportation insurance against all risks (AAR)

Transportweg [trans'pɔrtve:k] *m* route of transportation

Transportwesen [trans'pɔrtve:zən] *n* transportation

Trassant [tra'sant] *m* drawer

Trassat [tra'sa:t] *m* drawee

Trassierung [tra'si:ruŋ] *f* drawing

Trassierungskredit ['trasi:ruŋskredi:t] *m* acceptance credit

Tratte ['tratə] *f* draft

Treasury Bill ['trɛʒəri bɪl] *f* treasury bill

Treasury Bond ['trɛʒəri bɔnd] *m* treasury bond

Treasury Note ['trɛʒəri nəʊtə] *f* treasury note

Trend [trɛnt] *m* trend

Trendanalyse ['trɛntanaly:zə] *f* trend analysis

Trendforschung ['trɛntfɔrʃuŋ] *f* trend research

Trendumkehr ['trɛntumke:ɐ] *f* trend change, trend reversal

Trendwende ['trɛntvɛndə] *f* reversal of a trend

Trennbanksystem ['trɛnbaŋkzyste:m] *n* system of specialized banking

Trennblatt ['trɛnblat] *n* page divider

Trennungsentschädigung ['trɛnuŋs-ɛntʃɛ:dɪguŋ] *f* severance pay

Tresor [tre'zo:ɐ] *m* safe

T

Tresorfach [treˈzoːrfax] *n* safe deposit box

Tresorraum [treˈzoːrraum] *m* strongroom

Treu und Glaube [ˈtrɔy unt glaubə] good faith

Treuepflicht [ˈtrɔyəpflɪçt] *f* allegiance, duty of loyality

Treuerabatt [ˈtrɔyərabat] *m* fidelity rebate, patronage discount

Treuhand [ˈtrɔyhant] *f* trust

Treuhandanstalt [ˈtrɔyhantanʃtalt] *f* institutional trustee

Treuhandbank [ˈtrɔyhantbaŋk] *f* trust bank

Treuhanddepots [ˈtrɔyhantdepoːs] *n/pl* trust deposits *pl*

Treuhänder [ˈtrɔyhɛndɐ] *m* fiduciary, trustee

treuhänderisch [ˈtrɔyhɛndərɪʃ] *adj* fiduciary; *adv* in trust

Treuhandfonds [ˈtrɔyhantfɔ̃ː] *m* trust funds *pl*

Treuhandgelder [ˈtrɔyhantgɛldɐ] *pl* trust funds

Treuhandgesellschaft [ˈtrɔyhantgəzɛlʃaft] *f* trust company

Treuhandkredit [ˈtrɔyhantkrediːt] *m* loan on a trust basis

Treuhandschaft [ˈtrɔyhantʃaft] *f* trusteeship

Triade [triˈaːdə] *f* company operating in Japan, USA and Europe; triad

Trittbrettverfahren [ˈtrɪtbrɛtfɛrfaːrən] *n* free rider principle

trockener Wechsel [ˈtrɔkənər ˈvɛksəl] *m* negotiable promissory note

Trust [trast] *m* trust

Trust Center [ˈtrast sɛntɐ] *n* trust centre

Trust Fonds [ˈtrast fɔ̃ː] *m* trust fund

Tuch [tuːx] *n* cloth

Turnaround [tɜːnəraund] *m* (*Trendwende*) turnaround

Turn-Key-Projekte [ˈtɜːnkiːproˈjɛktə] *n/pl* turnkey projects *pl*

Turnus [ˈturnus] *m* rota

TÜV [tyf] *m* **1.** Technical Inspection Agency; **2.** (*technische Überprüfung von Fahrzeugen*) motor vehicle inspection, MOT

twittern [ˈtwitɐn] *v* twitter

Twitternutzer(in) [ˈtwitɐnutsɐ(rɪn)] *m/f* twitter user

Typ [ˈtyːp] *m* type, model

Typenkauf [ˈtyːpənkauf] *m* type purchase

Typisierung [typiˈziːruŋ] *f* typification

U

Überangebot [ˈyːbərangəboːt] *n* oversupply, glut
überarbeiten [yːbərˈarbaɪtən] *v* **1.** *(etw ~)* revise; **2.** *sich ~* overwork o.s.
Überarbeitung [yːbərˈarbaɪtʊŋ] *f* **1.** revision; **2.** *(Überanstrengung)* overwork
Überbelastung [ˈyːbərbəlastʊŋ] *f* overloading, overtaxing, overworking, strain
Überbeschäftigung [ˈyːbərbəʃɛftɪɡʊŋ] *f* overemployment
überbesetzt [ˈyːbərbəzɛtst] *adj* overstaffed
Überbesetzung [ˈyːbərbəzɛtsʊŋ] *f* overstaffing
Überbewertung [ˈyːbərbəveːrtʊŋ] *f* overvaluation
überbezahlen [ˈyːbərbətsaːlən] *v* overpay
überbezahlt [ˈyːbərbətsaːlt] *adj* overpaid
überbieten [yːbərˈbiːtən] *v irr* **1.** *(Preis)* overbid, outbid; **2.** *(Leistung)* outdo, beat, surpass
Überbringer(in) [yːbərˈbrɪŋɐ(rɪn)] *m/f* bearer
Überbringerscheck [yːbərˈbrɪŋɐrʃɛk] *m* bearer-cheque
Überbrückungsfinanzierung [yːberˈbrykʊŋsfinantsiːrʊŋ] *f* interim financing
Überbrückungsgeld [yːbərˈbrykʊŋsɡɛlt] *n* temporary assistance
Überbrückungskredit [yːbərˈbrykʊŋskreːdiːt] *m* bridging loan, tide-over credit
Überbrückungsrente [yːbərˈbrykʊŋsrɛntə] *f* interim retirement pension
Überdividende [ˈyːbərdividɛndə] *f* super-dividend
übereignen [yːbərˈaɪknən] *v jdm etw ~* make sth over to s.o., transfer sth to s.o.
Übereignung [yːbərˈaɪknʊŋ] *f* transfer of ownership, transfer of title
Übereinkommen [yːbərˈaɪnkɔmən] *n* agreement, understanding
übereinkommen [yːbərˈaɪnkɔmən] *v irr* agree, come to an agreement, come to an understanding
Übereinkunft [yːbərˈaɪnkʊnft] *f* agreement
Übereinstimmung [ˈyːbəraɪnʃtɪmʊŋ] *f* match, agreement
überfällig [ˈyːbərfɛlɪç] *adj (zu spät)* overdue; *(abgelaufen)* expired, overdue
Überfinanzierung [ˈyːbərfinantsiːrʊŋ] *f* overfinancing
Überfluss [ˈyːbərflʊs] *m* **1.** *(Überschuss)* surplus; **2.** *(Überangebot)* glut
Überflussgesellschaft [ˈyːbərflʊsɡəzɛlʃaft] *f* affluent society
überfordern [yːbərˈfɔrdən] *v* overtax, demand too much of
überfordert [yːbərˈfɔrdɐt] *adj* overtaxed, overstrained
überführen [yːbərˈfyːrən] *v (transportieren)* transport, transfer
Überführung [yːbərˈfyːrʊŋ] *f (Transport)* transport, transportation
Übergabe [ˈyːbərɡaːbə] *f* handing over, delivery
Übergangsbestimmungen [ˈyːbərɡaŋsbəʃtɪmʊŋən] *f/pl* provisional regulations *pl*, temporary regulations *pl*
Übergangserscheinung [ˈyːbərɡaŋsɛrʃaɪnʊŋ] *f* transitional phenomenon
Übergangsfrist [ˈyːbərɡaŋsfrɪst] *f* transition phase, interim period
Übergangsgeld [ˈyːbərɡaŋsɡɛlt] *n* transitional pay
Übergangskonten [ˈyːbərɡaŋskɔntən] *n/pl* suspense accounts *pl*
Übergangslösung [ˈyːbərɡaŋsløːzʊŋ] *f* temporary solution
Übergangsregelung [ˈyːbərɡaŋsreːɡəlʊŋ] *f* interim arrangement, transitional arrangement
Übergangszeit [ˈyːbərɡaŋstsaɪt] *f* period of transition
übergeben [yːbərˈɡeːbən] *v irr (etw ~)* deliver, hand over; *jdm etw ~* deliver sth over to s.o.
Übergebot [ˈyːbərɡəboːt] *n* higher bid

U

Übergewicht ['y:bərgəviçt] *n* overweight

Überhang ['y:bərhaŋ] *m (Überschuss)* surplus

überhöht [y:bər'hø:t] *adj* excessive

Überkapazität ['y:bərkapatsite:t] *f* overcapacity

Überkapitalisierung ['y:berkapitalizi:ruŋ] *f* overcapitalization

Überkreuzverflechtung [y:bər'krɔytsfɛrflɛçtuŋ] *f* interlocking directorate

Überliquidität ['y:bərlikvidite:t] *f* excess liquidity

übermitteln [y:bər'mɪtəln] *v* transmit, convey, deliver

Übermittlung [y:bər'mɪtluŋ] *f* conveyance, transmission

Übernahme ['y:bərna:mə] *f* takeover, taking over, taking possession; *(Amtsübernahme)* entering

Übernahmeangebot ['y:bərna:məangəbo:t] *n* takeover bid

Übernahmegewinn ['y:bərna:məgəvɪn] *m* takeover profit

Übernahmegründung ['y:bərna:məgrynduŋ] *f* foundation in which founders take all shares

Übernahmekonsortium ['y:bərna:məkɔnzɔrtsjum] *n* security-taking syndicate

Übernahmekurs ['y:bərna:məkurs] *m* underwriting price

Übernahmeverlust ['y:bərna:məfɛrlust] *m* loss on takeover

übernehmen [y:bər'ne:mən] *v irr* **1.** *(entgegennehmen)* accept; **2.** *(Amt)* take over; **3.** sich ~ *(sich überanstrengen)* overstrain, overextend, undertake too much

überordnen ['y:bərɔrdnən] *v* give priority to; *jmd ist jdm übergeordnet* s.o. ranks above s.o.

Überpreis ['y:bərpraɪs] *m* excessive price

Überproduktion ['y:bərprɔduktsjo:n] *f* overproduction, excess production

überprüfen [y:bər'pry:fən] *v* check, examine, inspect

Überprüfung [y:bər'pry:fuŋ] *f* inspection, overhaul, examination

Überqualifikation ['y:bərkvalifikatsjo:n] *f* overqualification

überqualifiziert ['y:bərkvalifitsi:rt] *adj* overqualified

übersättigt [y:bər'zɛtɪçt] *adj (Markt)* glutted

Übersättigung [y:bər'zɛtɪguŋ] *f* repletion, glutting

Überschlag ['y:bərʃla:k] *m* rough calculation, rough estimate

überschlagen [y:bər'ʃla:gən] *v (ausrechnen)* estimate, approximate; *(Kosten)* make a rough estimate of

überschreiben [y:bər'ʃraɪbən] *v irr* **1.** transfer by deed, convey; **2.** write over

Überschreibung [y:bər'ʃraɪbuŋ] *f* conveyance, transfer by deed, transfer in a register

überschuldet [y:bər'ʃuldət] *adj* heavily indebted

Überschuldung [y:bər'ʃulduŋ] *f* overindebtedness, excessive indebtedness

Überschuldungsbilanz [y:bər'ʃulduŋsbilants] *f* statement of overindebtedness

Überschuss ['y:bərʃus] *m* surplus, excess

überschüssig ['y:bərʃysɪç] *adj* surplus, excess, left over

Überschussproduktion ['y:bərʃusprɔduktsjo:n] *f* surplus production

Überschussrechnung ['y:bərʃusrɛçnuŋ] *f* surplus accounting, profit calculation

Überschussreserve ['y:bərʃusrezɛrvə] *f* surplus reserve

Überschusssparen ['y:bərʃusʃpa:rən] *n* surplus saving

überschwemmen [y:bər'ʃvɛmən] *v (Markt)* glut, flood

überschwemmt [y:bər'ʃvɛmt] *adj (Markt)* glutted

Übersee ['y:bərze:] *f in* ~ overseas; *von* ~ from overseas

Überseehandel ['y:bərze:handəl] *m* oversea(s) trade

übersenden [y:bər'zɛndən] *v irr* send, forward, transmit

Übersendung [y:bər'zɛnduŋ] *f* sending, conveyance, consignment

Übersetzungssoftware ['y:bər'zɛtsuŋssɔftvɛɐ] *f* translation software

Übersicht ['y:bərzɪçt] *f* **1.** *(Überblick)* general picture, overall view; **2.** *(Zusammenfassung)* outline, summary, review

U

Übersichtstabelle ['yːbərzɪçtstabɛlə] *f* chart

übersteigen ['yːbərʃtaɪɡən] *v irr (Preise)* top

Überstunde ['yːbərʃtundə] *f* overtime; *~n machen* work overtime, put in overtime

übertariflich ['yːbərtariːflɪç] *adj* above rate

übertarifliche Bezahlung ['yːbərtariːf-lɪçə bəˈtsaːluŋ] *f* payment in excess of collectively agreed scale

Überteuerung [yːbərˈtɔyəruŋ] *f* overcharge, excessive prices *pl*

Übertrag ['yːbərtraːk] *m* sum carried over

übertragbar [yːbərˈtraːkbaɐ] *adj (Papiere)* assignable, transferable, conveyable

Übertragbarkeit [yːbərˈtraːkbarkaɪt] *f (Papiere)* transferability

übertragen [yːbərˈtraːɡən] *v (Auftrag)* transfer, transmit; *(Papiere)* assign, transfer

Übertragung [yːbərˈtraːɡuŋ] *f* transfer, assignment

Übertragungsfehler [yːbərˈtraːɡuŋs-feːlɐ] *m* transcription error

Überversicherung ['yːbərfɛrzɪçəruŋ] *f* overinsurance

übervorteilen [yːbərˈfoːrtaɪlən] *v* defraud, cheat

Übervorteilung [yːbərˈfoːrtaɪluŋ] *f* cheating

überwachen [yːbərˈvaxən] *v* supervise, monitor

Überwachung [yːbərˈvaxuŋ] *f* supervision, surveillance, observation

überweisen [yːbərˈvaɪzən] *v irr* transfer

Überweisung [yːbərˈvaɪzuŋ] *f (von Geld)* transfer, remittance

Überweisungsauftrag [yːbərˈvaɪzuŋs-auftraːk] *m* transfer instruction

Überweisungsformular [yːbərˈvaɪ-zuŋsfɔrmulaːɐ] *n* credit transfer form

Überweisungsscheck [yːbərˈvaɪzuŋs-ʃɛk] *m* transfer cheque

Überweisungsträger [yːbərˈvaɪzuŋs-trɛːɡɐ] *m* remittance slip

Überweisungsverkehr [yːbərˈvaɪzuŋs-fɛrkeːɐ] *m* money transfer transactions *pl*

überzeichnen [yːbərˈtsaɪçnən] *v* oversubscribe

Überzeichnung [yːbərˈtsaɪçnuŋ] *f* oversubscription

überzeugen [yːbərˈtsɔyɡən] *v* convince; *(überreden)* persuade; *(juristisch)* satisfy

Überzeugungskraft [yːbərˈtsɔyɡuŋs-kraft] *f* powers of persuasion *pl*

überziehen [yːbərˈtsiːən] *v irr (Konto)* over-draw an account

Überziehung [yːbərˈtsiːuŋ] *f (Konto)* overdraft

Überziehungsgrenze ['yːbərtsiːuŋs-grɛntsə] *f* credit line, credit limit

Überziehungskredit [yːbərˈtsiːuŋs-krɛdiːt] *m* overdraft provision, overdraft credit

Überziehungsprovision [yːbərˈtsiːuŋs-provizjoːn] *f* overdraft commission

überzogen [yːbərˈtsoːɡən] *adj* **1.** *(Preise)* excessive; **2.** *(Konto)* overdrawn

Überzug ['yːbərtsuːk] *m (Beschichtung)* coating

üblich ['yːplɪç] *adj* usual, customary, conventional, ordinary

übliche Bedingungen (u. c., u. t.) ['yːb-lɪçə bəˈdɪŋuŋən] *f/pl* usual conditions (u.c.) *pl;* usual terms (u.t.) *pl*

Uhrzeit ['uːrtsaɪt] *f* time (of day)

Ultimatum [ultiˈmaːtum] *n* ultimatum

ultimo ['ultimo] *adv* end of the month

Ultimoabrechnung ['ultimoapreçnuŋ] *f* end-of-month settlement

Ultimogeld ['ultimogɛlt] *n* last-day money

Ultimogeschäft ['ultimogəʃɛft] *n* last-day business

umbilden ['umbɪldən] *v (neu organisieren)* reorganize

Umbrella-Effekt [amˈbrelə ɛˈfɛkt] *m* umbrella effect

Umbruch ['umbrux] *m* upheaval, change

Umbruchszeit ['umbruxstsaɪt] *f* time of upheaval, time of change

umbuchen ['umbuːxən] *v (Konto)* transfer to another account

Umbuchung ['umbuːxuŋ] *f (Kontoumbuchung)* transfer (of an entry)

Umbuchungsgebühr ['umbuːxuŋsɡə-byːɐ] *f* alteration charge

U

umdisponieren [ˈumdɪsponiːrən] *v* make new arrangements

Umfang [ˈumfaŋ] *m (fig: Ausmaß)* scope, scale

Umfinanzierung [ˈumfinantsiːruŋ] *f* switch-type financing, refinancing

Umfrage [ˈumfraːgə] *f* public opinion poll, opinion survey

umgehend [ˈumgeːənt] *adj* immediate; *adv* immediately

umgestalten [ˈumgəʃtaltən] *v* reshape, reformat, redesign

Umgestaltung [ˈumgəʃtaltuŋ] *f* reshaping, reorganization, reformatting, reconfiguration

Umgründung [ˈumgrynduŋ] *f* reorganization

umgruppieren [ˈumgrupiːrən] *v (einer Firma)* reshuffle

Umgruppierung [ˈumgrupiːruŋ] *f (einer Firma)* reshuffling

umladen [ˈumlaːdən] *v irr* reload; *(einer Schiffsladung)* transship

Umlage [ˈumlaːgə] *f* levy contribution, allocation, charge; *eine ~ machen* split the costs

umlagern [ˈumlaːgɐn] *v* move, put in another place

Umlageverfahren [ˈumlaːgəfɛrfaːrən] *n (Kostenrechnung)* method of cost allocation; *(Sozialversicherung)* social insurance on a pay-as-you-go basis

Umlauf [ˈumlauf] *m* circulation

umlaufen [ˈumlaufən] *v irr (Geld)* circulate

Umlaufkapital [ˈumlaufkapitaːl] *n* current liabilities *pl*

Umlaufmappe [ˈumlaufmapə] *f* circular file

Umlaufmarkt [ˈumlaufmarkt] *m* secondary market

Umlaufrendite [ˈumlaufrɛndiːtə] *f* running yield, flat yield

Umlaufgeschwindigkeit [ˈumlaufgəʃwɪndɪgkaɪt] *f (des Geldes)* velocity of circulation

Umlaufvermögen [ˈumlauffɛrmøːgən] *n* floating assets *pl,* current assets *pl*

umlegen [ˈumleːgən] *v (verteilen)* allocate, distribute, apportion

umpacken [ˈumpakən] *v* repack

umprogrammieren [ˈumprogramiːrən] *v* reprogram

umrechnen [ˈumrɛçnən] *v* convert

Umrechnung [ˈumrɛçnuŋ] *f* conversion

Umrechnungsfaktor [ˈumrɛçnuŋsfaktoːɐ] *m* conversion factor

Umrechnungsgebühren [ˈumrɛçnuŋsgebyːren] *f/pl* conversion charges *pl*

Umrechnungskurs [ˈumrɛçnuŋskurs] *m* exchange rate, rate of conversion

Umrechnungstabelle [ˈumrɛçnuŋstabɛlə] *f* conversion table

umrüsten [ˈumrystən] *v (technisch)* retool, adapt, convert

umsatteln [ˈumzatəln] *v (fig: Beruf)* change one's profession

Umsatz [ˈumzats] *m* turnover, sales volume

Umsatzbeteiligung [ˈumzatsbətaɪlɪguŋ] *f (Provision)* commission

Umsatzentwicklung [ˈumzatsɛntvɪkluŋ] *f* turnover trend

Umsatzplan [ˈumzatsplaːn] *m* turnover plan

Umsatzprognose [ˈumzatsprognoːzə] *f* turnover forecast

Umsatzprovision [ˈumzatsprovizjoːn] *f* sales commission, commission on turnover

Umsatzrendite [ˈumzatsrɛndiːtə] *f* net income percentage of turnover

Umsatzrentabilität [ˈumzatsrɛntabiliteːt] *f* net profit ratio

Umsatzrückgang [ˈumzatsrʏkgaŋ] *m* drop in sales, decline in sales

Umsatzsteigerung [ˈumzatsʃtaɪgəruŋ] *f* increase in sales, turnover increase

Umsatzsteuer [ˈumzatsʃtɔyɐ] *f* turnover tax

Umschlag [ˈumʃlaːk] *m* **1.** *(Kuvert)* envelope; **2.** *(Schutzhülle)* cover, wrapping; **3.** *(Umladung)* transshipment, reloading

umschlagen [ˈumʃlaːgən] *v irr (umladen)* transfer, transship

Umschlagplatz [ˈumʃlaːkplats] *m* reloading point; *(Handelsplatz)* trade centre

Umschlagshäufigkeit eines Lagers [ˈumʃlaːkshɔyfɪçkaɪt ˈaɪnəs ˈlaːgɐs] *f* inventory sales ratio; rate of inventory turnover

umschreiben ['umʃraɪbən] *v irr (übertragen)* transfer

umschulden ['umʃuldən] *v (Anleihen)* convert

Umschuldung ['umʃuldʊŋ] *f* debt restructuring

umschulen ['umʃu:lən] *v* retrain

Umschulung ['umʃu:lʊŋ] *f (für einen anderen Beruf)* retraining

Umschwung ['umʃvʊŋ] *m (Meinung)* change, revearsal

umsetzbar ['umzɛtsba:ɐ] *adj (verkäuflich)* marketable, salable, sellable

Umsetzbarkeit ['umzɛtsba:rkaɪt] *f (Verkäuflichkeit)* marketability, salability

umsetzen ['umzɛtsən] *v (verkaufen)* turn over, sell

umsonst [um'zɔnst] *adv* **1.** *(vergeblich)* in vain, to no avail, uselessly; **2.** *(erfolglos)* without success; **3.** *(unentgeltlich)* free, for nothing, gratis

umstellen ['umʃtɛlən] *v (umorganisieren)* reorganize; *sich ~ (anpassen)* accommodate o.s., adapt, adjust

Umstellung ['umʃtɛlʊŋ] *f* **1.** *(Umorganisierung)* reorganization; **2.** *(Anpassung)* adaptation

Umstellungstermin ['umʃtɛlʊŋstɐmi:n] *m* changeover date

Umstellungszeitplan ['umʃtɛlʊŋstsaɪtpla:n] *m* changeover timetable

umstrukturieren ['umʃtrukturi:rən] *v* restructure

Umstrukturierung ['umʃtrukturi:rʊŋ] *f* restructuring, reorganization

Umtausch ['umtauʃ] *m* exchange; *(in eine andere Währung)* conversion

umtauschen ['umtauʃən] *v* exchange, convert

Umtauschrecht ['umtauʃrɛçt] *n* right to exchange goods

umverteilen ['umfɛrtaɪlən] *v* redistribute

Umverteilung ['umfɛrtaɪlʊŋ] *f* redistribution

umwechseln ['umvɛksəln] *v* change, exchange

Umwechslung ['umvɛkslʊŋ] *f* exchange

Umwelt ['umvɛlt] *f* environment

Umweltabgabe ['umvɛltapga:bə] *f* environmental levy

Umweltbelastungen ['umvɛltbəlastuŋən] *f/pl* environmentally damaging activities *pl*

umweltfreundlich ['umvɛltfrɔyndlɪç] *adj* non-polluting, environment-friendly

Umwelthaftungsgesetz (UmweltHG) ['umvɛlthaftuŋsgəzɛts] *n* law on environmental issues

Umweltpolitik ['umvɛltpoliti:k] *f* environmental policy

umweltpolitisch ['umvɛltpoli:tɪʃ] *adj* ecopolitical

Umweltschutz ['umvɛltʃuts] *m* protection of the environment, pollution control, conservation

Umweltverschmutzung ['umvɛltfɐʃmutsuŋ] *f* environmental pollution

Umweltverträglichkeit ['umvɛltfɐtrɛ:klɪçkaɪt] *f* environmental impact, effect on the environment

Umweltzeichen ['umvɛlttsaɪçən] *n* environmental label

Unabhängigkeit ['unaphɛŋɪçkaɪt] *f* independence

unabkömmlich ['unapkœmlɪç] *adj* indispensable

Unabkömmlichkeit ['unapkœmlɪçkaɪt] *f* indispensability

unaufgefordert ['unaufgəfɔrdɐt] *adj* unasked, unsolicited; *adv* without being asked

unausgebildet ['unausgəbɪldət] *adj* untrained, unskilled

unbar ['unba:ɐ] *adj/adv* non cash

unbeantwortet ['unbəantvɔrtət] *adj* unanswered

unbefristet ['unbəfrɪstət] *adj* for an indefinite period, permanent

unbefugt ['unbəfu:kt] *adj* unauthorized

Unbefugte(r) ['unbəfu:ktə(-ɐ)] *f/m* unauthorized person, trespasser

unberechenbar ['unbərɛçənba:ɐ] *adj* incalculable, unpredictable

unbeschränkte Steuerpflicht ['unbəʃrɛŋktə 'ʃtɔyərpflɪçt] *f* unlimited tax liability

unbeständig ['unbəʃtɛndɪç] *adj (Markt)* unsettled

Unbeständigkeit ['unbəʃtɛndɪçkaɪt] *f (Markt)* unsettledness

U

unbewegliche Vermögen ['unbəve:k-lıçə fɛr'mø:gən] *n/pl* immovable property

unbezahlbar [unbə'tsa:lba:ɐ] *adj* unaffordable, prohibitively expensive

unbezahlter Urlaub ['unbətsa:ltɐ 'urlaup] *m* unpaid vacation

unbeziffert ['unbətsıfɐt] *adj* uncosted

unbrauchbar ['unbrauxba:ɐ] *adj* useless, of no use

unbürokratisch ['unbyrɔkratıʃ] *adj* unbureaucratic

undurchführbar ['undurçfy:rba:ɐ] *adj* impracticable, infeasible

unechte Gemeinkosten ['unɛçtə gə-'maınkɔstən] *pl* fictitious overheads *pl*

unechtes Factoring ['unɛçtəs 'fæktərıŋ] *n* false factoring

uneinbringliche Forderung ['unaınbrıŋlıçə 'fɔrdərʊŋ] *f* irrecoverable debt

uneingeschränkt ['unaıngəʃrɛŋkt] *adj* unrestricted, unlimited

uneinheitlich ['unaınhaıtlıç] *adj (Preise)* irregular

unentgeltlich ['unɛntgɛltlıç] *adj* free of charge; *adv* free of charge, gratis

unerfahren ['unɛrfa:rən] *adj* inexperienced

unfähig ['unfɛ:ıç] *adj* incapable, unable

Unfähigkeit ['unfɛ:ıçkaıt] *f* incompetence, inability

Unfallverhütungsvorschriften ['unfalfɛrhy:tʊŋsfo:rʃrıftən] *f/pl* accident-prevention rules *pl*

Unfallversicherung ['unfalfɛrzıçərʊŋ] *f* accident insurance

unfertige Erzeugnisse ['unfɛrtıgə ɛr'tsɔyknısə] *n/pl* **1.** *(Recht)* work in process; **2.** *(Produktion)* partly finished products *pl*

unfrankiert ['unfraŋki:rt] *adj* unpaid, not prepaid

Unfriendly Takeover ['anfrendli 'teıkəʊvər] *n (feindliche Übernahme)* unfriendly take over

ungedeckter Kredit ['ungədɛktər kre-'di:t] *m* uncovered credit

ungedeckter Scheck ['ungədɛktər ʃɛk] *m* uncovered cheque

ungenutzt ['ungənutst] *adj/adv* unused, unutilized

ungesetzlich ['ungəzɛtslıç] *adj* illegal, illicit, unlawful

ungültig ['ungyltıç] *adj* invalid, void

Ungültigkeit ['ungyltıçkaıt] *f* invalidity, nullity

ungünstig ['ungynstıç] *adj* unfavourable, inopportune; *adv* unfavourably

Unifizierung [unifi'tsi:rʊŋ] *f* consolidation

Union [un'jo:n] *f* union

Universalbank [univɛr'za:lbaŋk] *f* all-round bank

unkompensierte Bilanz ['unkɔmpenzi:rtə bi'lants] *f* unoffset balance sheet

Unkosten ['unkɔstən] *pl* expenses *pl*, costs *pl; sich in ~ stürzen* go to a great deal of expense

Unkostenbeitrag ['unkɔstənbaıtra:k] *m* contribution towards expenses

unkündbar [un'kyntba:ɐ] *adj* permanent, binding, not terminable

unlautere Werbung ['unlautərə 'vɛrbʊŋ] *f* unfair advertising

unlauterer Wettbewerb ['unlautərər 'vɛtbəvɛrp] *m* unfair competition

Unmündigkeit ['unmyndıçkaıt] *f* minority

unnotierte Werte ['unnoti:rtə 've:rtə] *m/pl* unlisted securities *pl*

unnötig ['unnø:tıç] *adj* unnecessary, needless

unpraktisch ['unpraktıʃ] *adj* unpractical *(UK)*, impractical *(US)*

unrealistisch ['unrealıstıʃ] *adj* unrealistic

unrechtmäßig ['unrɛçtmɛ:sıç] *adj* illegal, unlawful

unregelmäßig ['unre:gəlmɛ:sıç] *adj* irregular; *adv* irregularly

Unregelmäßigkeit ['unre:gəlmɛ:sıçkaıt] *f* irregularity

unrentabel ['unrɛnta:bəl] *adj* unprofitable

unsachgemäß ['unzaxgəmɛ:s] *adj* improper, inexpert

unschlüssig ['unʃlysıç] *adj* uncertain, undetermined, irresolute

Unsicherheit ['unzıçərhaıt] *f* uncertainty

unter dem Strich [untər de:m 'ʃtrıç] *adv* on balance, the bottom line is …

U

Unterbeschäftigung [ˈʊntərbəʃɛftɪ-guŋ] *f* underemployment
unterbesetzt [ˈʊntərbəzɛtst] *adj* understaffed
unterbewerten [ˈʊntərbəvɛrtən] *v* undervalue
Unterbewertung [ˈʊntərbəveːrtuŋ] *f* undervaluation
Unterbilanz [ˈʊntərbilants] *f* deficit balance
unterbreiten [ʊntərˈbraɪtən] *v* submit
Unterfinanzierung [ˈʊntərfinantsiː-ruŋ] *f* underfinancing
unterfordern [ʊntərˈfɔrdən] *v* demand too little of, ask too little of
Untergebene(r) [ʊntərˈgeːbənə(-ɐ)] *f/m* (*Mitarbeiter*) subordinate
untergeordnet [ˈʊntərgəɔrdnət] *adj* subordinate, secondary
Unterhalt [ˈʊntərhalt] *m* support, maintenance
Unterhändler(in) [ˈʊntərhɛndlɐ(rɪn)] *m/f* negotiator, mediator
Unterkapitalisierung [ˈʊntərkapitali-ziːruŋ] *f* undercapitalization
Unterkonto [ˈʊntərkɔnto] *n* subsidiary account, adjunct account, subaccount
Unterkunft [ˈʊntərkunft] *f* accommodation
Unterlagen [ˈʊntərlaːgən] *f/pl* (*Dokumente*) documents *pl*, materials *pl*, papers *pl*
unterlassen [ʊntərˈlasən] *v irr* fail to do, refrain from doing
Unterliquidität [ˈʊntərlikviditɛːt] *f* lack of liquidity
Untermakler [ˈʊntərmaːklɐ] *m* intermediate broker
Unternehmen [ʊntərˈneːmən] *n* (*Firma*) business, enterprise, business firm, business undertaking, firm, concern
Unternehmensberater(in) [ʊntərˈneː-mənsbəraːtɐ(rɪn)] *m/f* business consultant, management consultant
Unternehmensbesteuerung [ʊntər-ˈneːmənsbəʃtɔyəruŋ] *f* business taxation
Unternehmenseinheit [ʊntərˈneːməns-aɪnhait] *f* unit company, unit of organization
Unternehmensführung [ʊntərˈneː-mənsfyːruŋ] *f* business management,

company management, corporation management; (*leitende Personen*) top management
Unternehmensfusion [ʊntərˈneːməns-fuzjoːn] *f* merger of companies
Unternehmensgewinn [ʊntərˈneːməns-gəvɪn] *m* company profit, profit of the enterprise, business profit
Unternehmenskonzentration [ʊntər-ˈneːmənskɔntsɛntratsjoːn] *f* business concentration
Unternehmenskultur [ʊntərˈneːməns-kultuːɐ] *f* corporate culture
Unternehmensleitung [ʊntərˈneːməns-laɪtuŋ] *f* corporate management, business management, company management
Unternehmensphilosophie [ʊntərˈneː-mənsfilozofiː] *f* company philosophy
Unternehmensplanung [ʊntərˈneː-mənsplaːnuŋ] *f* company planning
Unternehmenspolitik [ʊntərˈneːməns-politiːk] *f* company policy
Unternehmensstrategie [ʊntərˈneː-mənsʃtrategiː] *f* corporate strategy
Unternehmensvernetzung [ʊntərˈneː-ənsfɛrnɛtsuŋ] *f* group relationships *pl*
Unternehmensverträge [ʊntərˈneː-mənsfɛrtrɛːgə] *f* intercompany agreements *pl*
Unternehmensziel [ʊntərˈneːməns-tsiːl] *n* company objective
Unternehmenszusammenschluss [ʊntər-ˈneːmənstsuzamənʃlus] *m* merger, consolidation
Unternehmer(in) [ʊntərˈneːmɐ(rɪn)] *m/f* entrepreneur, industrialist, contractor
Unternehmergewinn [ʊntərˈneːmər-gəvɪn] *m* corporate profit
unternehmerisch [ʊntərˈneːmərɪʃ] *adj* entrepreneurial
Unternehmerlohn [ʊntərˈneːmərloːn] *m* owner's salary
Unternehmung [ʊntərˈneːmuŋ] *f* business enterprise
Unternehmungswert [ʊntərˈneːmuŋs-veːrt] *m* corporate value
Unter-Pari-Emission [ʊntərˈpaːriemɪs-joːn] *f* issue below par
Unterredung [ʊntərˈreːduŋ] *f* conference, interview, business talk
unterschlagen [ʊntərˈʃlaːgən] *v irr* (*Geld*) embezzle

Unterschlagung [untər'ʃlaːguŋ] *f* embezzlement

unterschreiben [untər'ʃraɪbən] *v irr* sign

Unterschrift ['untərʃrɪft] *f* signature

Unterschriftenmappe ['untərʃrɪftənmapə] *f* signature folder

unterschriftsberechtigt ['untərʃrɪftsbəreçtɪçt] *adj* authorized to sign

unterschriftsreif ['untərʃrɪftsraɪf] *adj* ready for signing, ready to be signed, final

unterschwellige Werbung ['untərʃvɛlɪgə 'vɛrbuŋ] *f* subliminal advertising

Unterstützungslinie [untər'ʃtytsuŋsliːnjə] *f* support level

Untersuchung [untər'zuːxuŋ] *f* examination

unterversichert ['untərfɛrzɪçɐt] *adj* underinsured

unterversorgt ['untərfɛrzɔrgt] *adj* undersupplied

Unterversorgung ['untərfɛrzɔrguŋ] *f* undersupply

Untervertreter ['untərfɛrtreːtɐ] *m* subagent

Untervollmacht ['untərfɔlmaxt] *f* delegated authority

unterweisen [untər'vaɪzən] *v irr* instruct

unterzeichnen [untər'tsaɪçnən] *v* sign, subscribe, affix one's signature

Unterzeichnete(r) [untər'tsaɪçnətə(-ɐ)] *f/m* undersigned

untilgbar [un'tɪlkbaɐ] *adj* irredeemable

untragbar ['untraːkbaɐ] *adj* intolerable, unbearable, (*Preise*) prohibitive

Untreue ['untrɔyə] *f* disloyalty

unverbindlich ['unfɛrbɪndlɪç] *adj/adv* not binding

unverbindliche Preisempfehlung ['unfɛrbɪndlɪçə 'praɪsɛmpfeːluŋ] *f* recommended retail price

Unverfallbarkeit ['unfɛrfalbaːrkaɪt] *f* non-forfeitability

unverkäuflich ['unfɛrkɔyflɪç] *adj* unsaleable; (*nicht feil*) not for sale

unverpackt ['unfɛrpakt] *adj/adv* unpacked

unverzollt ['unfɛrtsɔlt] *adj/adv* duty-free

unvollkommener Markt ['unfɔlkɔmənɐ markt] *m* imperfect market

unvollständig ['unfɔlʃtɛndɪç] *adj* incomplete

Unvollständigkeit ['unfɔlʃtɛndɪçkaɪt] *f* incompleteness

unvorhergesehen ['unfoːrheːrgəzeːən] *adj* unforeseen, unanticipated

unwirksam ['unvɪrkzaːm] *adj* null and void

unwirtschaftlich ['unvɪrtʃaftlɪç] *adj* uneconomical, inefficient

Unwirtschaftlichkeit ['unvɪrtʃaftlɪçkaɪt] *f* inefficiency, wastefulness

Unzumutbarkeit der Weiterbeschäftigung ['untsuːmuːtbaːrkaɪt deːr 'vaɪtərbəʃɛftɪguŋ] *f* unacceptability of continued employment

Urabstimmung ['uːrapʃtɪmuŋ] *f* strike vote

Urheber(in) ['uːrheːbɐ(rɪn)] *m/f* author, originator

Urheberrecht ['uːrheːbəreçt] *n* copyright

urheberrechtlich ['uːrheːbəreçtlɪç] *adj* copyright

Urkunde ['uːrkundə] *f* certificate, document, deed

urkundlich ['uːrkuntlɪç] *adj* documentary; *adv* authentically; ~ *belegt* documented

Urlaub ['uːrlaup] *m* holidays *pl*, vacation (*US*); *im ~* on holiday, on vacation (*US*)

Urlaubsgeld ['uːrlaupsgɛlt] *n* holiday allowance

Urlaubsvertretung ['uːrlaupsfɛrtreːtuŋ] *f* replacement (for s.o. who is on holiday/on vacation)

Ursprungsland ['uːrʃpruŋslant] *n* country of origin

Ursprungszeugnis ['uːrʃpruŋstsɔyknɪs] *n* certificate of origin

Usance [y'zãːs] *f* custom, usage, practice

Usancenhandel [y'zãːsənhandəl] *m* trading in foreign exchange

U-Schätze ['uʃɛtsə] *pl* non-interest bearing treasury bond

USB-Anschluss [uːɛs'beːanʃlus] *m* USB-port

USB-Stick [uːɛs'beːstɪk] *m* USB-drive

USP [uːɛs'piː] *m* USP, unique selling proposition

V

vakant [va'kant] *adj* vacant

Vakanz [va'kants] *f* vacancy

vakuumverpackt ['va:kuumfɛrpakt] *adj* vacuum-packed

Vakuumverpackung ['va:kuumfɛrpakuŋ] *f* vacuum packaging

vakuumversiegelt ['va:kuumfɛrzi:gəlt] *adj* vacuum-sealed

Vakuumversiegelung ['va:kuumfɛrzi:gəluŋ] *f* vacuum sealing

Valoren [va'lo:rən] *pl* securities *pl*

Valorisation [valoriza'tsjo:n] *f* valorization

Valuta [va'lu:ta] *f* currency

Valuta-Akzept [va'lutaaktsɛpt] *n* foreign currency acceptance

Valuta-Anleihen [va'lutaanlaɪən] *f/pl* foreign currency loan

Valutageschäft [va'lutagəʃɛft] *n* currency transactions *pl*

Valutaklausel [va'lutaklauzəl] *f* foreign currency clause

Valutakonto [va'lutakɔnto] *n* foreign currency account

Valutakredit [va'lutakredi:t] *m* foreign currency loan

Valutapolitik [va'lutapoliti:k] *f* currency policy

Valutarisiko [va'lutari:ziko] *n* exchange risk

Valutaschuldschein [va'lutaʃultʃaɪn] *m* foreign currency certificate of indebtedness

Valutierung [valu'ti:ruŋ] *f* fixing of exchange rate

variabel [vari'a:bəl] *adj* variable

variable Kosten [va'rja:blə 'kɔstən] *pl* variable costs *pl*

variabler Kurs [va'rja:blər kurs] *m* variable price

variabler Markt [va'rja:blər markt] *m* variable market

variabler Wert [va'rja:blər ve:rt] *m* variable value

variabler Zins [va'rja:blər tsɪns] *m* variable rate of interest

Varianz [va'rjaŋts] *f* variance

verabschieden [fɛɐ'apʃi:dən] *v* dismiss, discharge

Verabschiedung [fɛɐ'apʃi:duŋ] *f* dismissal, discharge

veraltet [fɛɐ'altət] *adj* obsolete, antiquated, out of date

veranlagt [fɛɐ'anla:kt] *adj (steuerlich ~)* assessed, rated

Veranlagung [fɛɐ'anla:guŋ] *f (steuerliche ~)* tax assessment

veranlassen [fɛɐ'anlasən] *v* cause, bring about, arrange for

Veranlassung [fɛɐ'anlasuŋ] *f* cause, occasion, initiative

veranschlagen [fɛɐ'anʃla:gən] *v irr* estimate

Veranschlagung [fɛɐ'anʃla:guŋ] *f* estimate

veranstalten [fɛɐ'anʃtaltən] *v* arrange, organize

Veranstaltung [fɛɐ'anʃtaltuŋ] *f* arrangement, organization

Veranstaltungskalender [fɛɐ'anʃtaltuŋskalɛndɐ] *m* calender of events

Veranstaltungsort [fɛɐ'anʃtaltuŋsɔrt] *m* venue

verantworten [fɛɐ'antvɔrtən] *v* answer for, take responsibility for, to be accountable for; *sich für etw ~* answer for sth

verantwortlich [fɛɐ'antvɔrtlɪç] *adj* responsible, answerable; *(juristisch)* liable

Verantwortlichkeit [fɛɐ'antvɔrtlɪçkaɪt] *f* responsibility, liability, accountability

Verantwortung [fɛɐ'antvɔrtuŋ] *f* responsibility; *jdn für etw zur ~ ziehen* call s.o. to account for sth

Verantwortungsträger(in) [fɛɐ'antvɔrtuŋstrɛ:gɐ(rɪn)] *m/f* person responsible

verarbeiten [fɛɐ'arbaɪtən] *v (bearbeiten)* manufacture, process

Verarbeitung [fɛɐ'arbaɪtuŋ] *f (Bearbeitung)* manufacturing, processing, working

veräußern [fɛɐˈɔysɐn] *v (verkaufen)* sell, dispose of, *(übereignen)* transfer

Veräußerung [fɛɐˈɔysərʊŋ] *f (von Rechten)* alienation; *(Verkauf)* sale

Veräußerungsgewinn [fɛɐˈɔysərʊŋsgəvɪn] *m* gain on disposal

Verband [fɛɐˈbant] *m* association

verbessern [fɛɐˈbɛsɐn] *v* improve, change for the better; *(korrigieren)* correct, revise

Verbesserung [fɛɐˈbɛsərʊŋ] *f* improvement; *(Korrektur)* correction, amendment

verbesserungsbedürftig [fɛɐˈbɛsərʊŋsbədyrftɪç] *adj* in need of improvement, requiring improvement

verbesserungsfähig [fɛɐˈbɛsərʊŋsfɛːɪç] *adj* capable of improvement

Verbesserungsvorschlag [fɛɐˈbɛsərʊŋsfoːrʃlaːk] *m* suggested improvement, proposed improvement

verbilligen [fɛɐˈbɪlɪɡən] *v* lower the price of, reduce

verbilligter Tarif [fɛɐˈbɪlɪçtər taˈriːf] *m* cheap rate

verbinden [fɛɐˈbɪndən] *v irr* connect

verbindlich [fɛɐˈbɪntlɪç] *adj (verpflichtend)* binding

Verbindlichkeiten [fɛɐˈbɪntlɪçkaɪtən] *f/pl* liabilities *pl*

Verbindung [fɛɐˈbɪndʊŋ] *f* connection, line, combination

Verbot [fɛɐˈboːt] *n* prohibition

verbotene Aktienausgabe [fɛɐˈboːtənə ˈaktsjənausgaːbə] *f* prohibited share issue

Verbrauch [fɛɐˈbraux] *m* consumption

verbrauchen [fɛɐˈbrauxən] *v* consume, use up; *(ausgeben)* spend

Verbraucher(in) [fɛɐˈbrauxɐ(rɪn)] *m/f* consumer

Verbraucherberatung [fɛɐˈbrauxərbəraːtʊŋ] *f* **1.** *(Vorgang)* consumer advice; **2.** *(Geschäftsstelle)* consumer advice centre

verbraucherfreundlich [fɛɐˈbrauxərfrɔyntlɪç] *adj* consumer-friendly

Verbraucherfreundlichkeit [fɛɐˈbrauxərfrɔyntlɪckaɪt] *f* consumer-friendliness

Verbraucherkreditgesetz [fɛɐˈbrauxərkrediːtgəzɛts] *n* consumer credit act

Verbrauchermarkt [fɛɐˈbrauxərmarkt] *m* consumer market

Verbrauchernachfrage [fɛɐˈbrauxərnaːxfraːgə] *f* consumer demand

Verbraucherschutz [fɛɐˈbrauxərʃuts] *m* consumer protection

Verbrauchersteuern [fɛɐˈbrauxərʃtɔyɐn] *f/pl* general tax on consumption

Verbraucherzentrale [fɛɐˈbrauxərtsɛntraːlə] *f* consumer advice centre

Verbrauchsgüter [fɛɐˈbrauxsɡyːtɐ] *n/pl* consumer goods *pl*

Verbrauchslenkung [fɛɐˈbrauxslɛŋkʊŋ] *f* consumer control

Verbrauchssteigerung [fɛɐˈbrauxsʃtaɪgərʊŋ] *f* consumption increase

verbuchen [fɛɐˈbuːxən] *v* **1.** *(eintragen)* entry; **2.** *(fig: Erfolg)* notch up

Verbuchung [fɛɐˈbuːxʊŋ] *f* entry

Verbund [fɛɐˈbunt] *m* union

verbundene Unternehmen [fɛɐˈbundənə untərˈneːmən] *n/pl* associated companies *pl*

Verbundwirtschaft [fɛɐˈbuntvɪrtʃaft] *f* integrated economy

verbürgen [fɛɐˈbyrgən] *v* guarantee, vouch

verderblich [fɛɐˈdɛrblɪç] *adj* perishable

verderbliche Ware [fɛɐˈdɛrplɪçə vaːrə] *f* perishables *pl*

verdienen [fɛɐˈdiːnən] *v (Geld)* earn

Verdienst [fɛɐˈdiːnst] *m* **1.** earnings *pl*, income; **2.** *(Gehalt)* salary; *n* **3.** *(Anspruch auf Anerkennung)* merit

Verdienstausfall [fɛɐˈdiːnstausfal] *m* loss of earnings, loss of salary

Verdienstmöglichkeit [fɛɐˈdiːnstmøːklɪçkaɪt] *f* income opportunity

Verdienstspanne [fɛɐˈdiːnstʃpanə] *f* profit margin

verdient [fɛɐˈdiːnt] *adj* **1.** *(Person)* deserving, outstanding; **2.** *(Erfolg)* well-earned

Verdrängungswettbewerb [fɛɐˈdrɛŋʊŋsvɛtbəvɛrp] *m (Kartell)* destructive price cutting; *(Finanzwesen)* crowding-out competition

veredeln [fɛɐˈeːdəln] *v (Rohstoffe)* process

Veredelung [fɛɐˈeːdəlʊŋ] *f* processing

Verein [fɛɐˈaɪn] *m* association

Vereinbarung [fɛɐˈaɪnbaːrʊŋ] f agreement, arrangement

vereinbarungsgemäß [fɛɐˈaɪnbaːrʊŋsgəmɛːs] adj/adv as agreed

vereinheitlichen [fɛɐˈaɪnhaɪtlɪçən] v standardize

Vereinheitlichung [fɛɐˈaɪnhaɪtlɪçʊŋ] f standardization

vereinigen [fɛɐˈaɪnɪgən] v (fusionieren) amalgamate, merge

Vereinigung [fɛɐˈaɪnɪgʊŋ] f (Fusion) amalgamation, merger

Verfahren [fɛɐˈfaːrən] n **1.** (Vorgehen) procedure, process; **2.** (Methode) method, practice; **3.** (juristisch) proceedings pl, procedure, suit

Verfahrensfehler [fɛɐˈfaːrənsfeːlɐ] m procedural error

Verfahrenstechnik [fɛɐˈfaːrənsteçnɪk] f process engineering; chemische ~ chemical engineering

Verfahrensweise [fɛɐˈfaːrənsvaɪzə] f method, approach

Verfall [fɛɐˈfal] m (Fristablauf) maturity, expiry, expiration (US)

verfallen [fɛɐˈfalən] v irr (ungültig werden) expire, lapse

Verfallsdatum [fɛɐˈfalsdaːtum] n expiry date, expiration date (US)

Verfallstag [fɛɐˈfalstaːk] m due date, day of expiry, expiration date (US)

Verfallzeit [fɛɐˈfaltsaɪt] f expiry time

verflechten [fɛɐˈflɛçtən] v irr integrate

verfrachten [fɛɐˈfraxtən] v ship

verfügbar [fɛɐˈfyːkbaɐ] adj available; ~ haben have at one's disposal

verfügbares Einkommen [fɛɐˈfyːkbaːrəs ˈaɪnkɔmən] n disposable income

verfügbares Geld [fɛɐˈfyːkbaːrəs ˈgɛlt] n available cash

Verfügbarkeit [fɛɐˈfyːkbaːrkaɪt] f availability

verfügen [fɛɐˈfyːgən] v ~ über have at one's disposal, have use of

Verfügung [fɛɐˈfyːgʊŋ] f disposal, order

verfügungsberechtigt [fɛɐˈfyːgʊŋsbərɛçtɪçt] adj free to dispose

Verfügungsrecht [fɛɐˈfyːgʊŋsrɛçt] n right of disposal

Verfügungsrechte [fɛɐˈfyːgʊŋsrɛçtə] n/pl property rights pl

Vergabe [fɛɐˈgaːbə] f (Auftrag) placing, award

vergeben [fɛɐˈgeːbən] v irr (Aufträge) place, award

vergesellschaften [fɛɐˈgəzɛlʃaftən] v nationalize, convert into a company

Vergleich [fɛɐˈglaɪç] m comparison; (Einigung) settlement

vergleichen [fɛɐˈglaɪçən] v irr compare; (sich ~) settle

Vergleichsbilanz [fɛɐˈglaɪçsbilants] f comparative balance sheet

Vergleichsjahr [fɛɐˈglaɪçsjaːɐ] n base year

Vergleichsverfahren [fɛɐˈglaɪçsfɛrfaːrən] n composition proceedings pl

Vergleichswert [fɛɐˈglaɪçsveːrt] m comparative value

vergriffen [fɛɐˈgrɪfən] adj (nicht verfügbar) unavailable

vergüten [fɛɐˈgyːtən] v reimburse, compensate

Vergütung [fɛɐˈgyːtʊŋ] f reimbursement, compensation

Verhältnis [fɛɐˈhɛltnɪs] n proportion

verhandeln [fɛɐˈhandəln] v negotiate

Verhandlung [fɛɐˈhandlʊŋ] f negotiation

Verhandlungsbasis [fɛɐˈhandlʊŋsbaːzɪs] f basis for negotiations

Verhandlungsbereitschaft [fɛɐˈhandlʊŋsbəraɪtʃaft] f readiness to negotiate, willingness to negotiate

verhandlungsfähig [fɛɐˈhandlʊŋsfɛːɪç] adj able to stand trial

Verhandlungsgeschick [fɛɐˈhandlʊŋsgəʃɪk] n negotiation skills pl

Verhandlungspartner(in) [fɛɐˈhandlʊŋspartnɐ(rɪn)] m/f negotiating partner

Verhandlungsposition [fɛɐˈhandlʊŋspozitsjoːn] f bargaining position

verjähren [fɛɐˈjɛːrən] v come under the statute of limitations, become barred by the statute of limitations

Verjährung [fɛɐˈjɛːrʊŋ] f statutory limitation, prescription

Verjährungsfrist [fɛɐˈjɛːrʊŋsfrɪst] f statutory period of limitation

verkalkulieren [fɛɐkalkuˈliːrən] v sich ~ miscalculate

Verkauf [fɛɐˈkauf] m sale, selling

verkaufen [fɛɐˈkaufən] v sell

V

Verkäufer(in) [fɛɐ̯ˈkɔyfɐ(rɪn)] *m/f*
1. seller, vendor; **2.** *(in einem Geschäft)*
salesman/saleswoman
Verkäufermarkt [fɛɐ̯ˈkɔyfɐrmarkt] *m*
seller's market
Verkäuferprovision [fɛɐ̯ˈkɔyfɐrproviz-
joːn] *f* sales commission
verkäuflich [fɛɐ̯ˈkɔyflɪç] *adj* saleable
Verkaufsabschluss [fɛɐ̯ˈkaufsapʃlus]
m sales contract
Verkaufsabteilung [fɛɐ̯ˈkaufsaptaɪluŋ]
f sales department
Verkaufsauftrag [fɛɐ̯ˈkaufsauftraːk]
m order to sell, selling order
Verkaufsbericht [fɛɐ̯ˈkaufsbərɪçt] *m*
sales report
Verkaufschance [fɛɐ̯ˈkaufsʃɑ̃ːsə] *f*
sales possibilities *pl*
Verkaufserlös [fɛɐ̯ˈkaufsɛrløːs] *m* sale
proceeds *pl*
Verkaufsfläche [fɛɐ̯ˈkaufsflɛçə] *f* sales
space, selling space
Verkaufsförderung [fɛɐ̯ˈkaufsfœrdə-
ruŋ] *f* sales promotion
Verkaufsgespräch [fɛɐ̯ˈkaufsgəʃprɛːç]
n sales talk
Verkaufsknüller [fɛɐ̯ˈkaufsknʏlɐ] *m*
(fam) moneyspinner, hit
Verkaufsleiter(in) [fɛɐ̯ˈkaufslaɪtɐ(rɪn)]
m/f sales manager
Verkaufsmethoden [fɛɐ̯ˈkaufsmetoː-
dən] *f/pl* sales strategy
Verkaufsniederlassung [fɛɐ̯ˈkaufsniː-
dərlasuŋ] *f* sales office
Verkaufsoption [fɛɐ̯ˈkaufsɔptsjoːn] *f*
option to sell
Verkaufspreis [fɛɐ̯ˈkaufspraɪs] *m* selling price
Verkaufsrückgang [fɛɐ̯ˈkaufsrʏkgaŋ]
f drop in sales, decline in sales
Verkaufsstab [fɛɐ̯ˈkaufsʃtaːp] *m* sales
staff
Verkaufstechnik [fɛɐ̯ˈkaufsteçnɪk] *f*
sales technique
Verkaufswert [fɛɐ̯ˈkaufsveːrt] *m* selling value
Verkaufszahlen [fɛɐ̯ˈkaufstsaːlən] *f/pl*
sales figures *pl*
verkehrsgünstig [fɛɐ̯ˈkeːrsgynstɪç]
adj conveniently located
Verkehrshypothek [fɛɐ̯ˈkeːrshypoteːk]
f ordinary mortgage

Verkehrssteuern [fɛɐ̯ˈkeːrsʃtɔyɐn] *f/pl*
taxes on transactions *pl*
Verkehrswert [fɛɐ̯ˈkeːrsveːrt] *m* market value
verklagen [fɛɐ̯ˈklaːgən] *v* sue, bring
action against, take to court
Verladekosten [fɛɐ̯ˈlaːdəkɔstən] *pl*
loading charges *pl*
verladen [fɛɐ̯ˈlaːdən] *v irr* load, ship,
freight
Verladeplatz [fɛɐ̯ˈlaːdəplats] *m* loading point, entraining point
Verladerampe [fɛɐ̯ˈlaːdərampə] *f* loading platform
Verladung [fɛɐ̯ˈlaːduŋ] *f* loading, shipment, shipping
Verlag [fɛɐ̯ˈlaːk] *m* publishing house,
publishers *pl*, publishing firm
Verlängerung [fɛɐ̯ˈlɛŋəruŋ] *f* extension
Verleger(in) [fɛɐ̯ˈleːgɐ(rɪn)] *m/f* publisher
verloren gegangene Sendung [fɛɐ̯-
ˈloːrən gəgaŋənə ˈzɛnduŋ] *f* lost shipment
Verlust [fɛɐ̯ˈlust] *m* loss, damage
Verlustausgleich [fɛɐ̯ˈlustausglaɪç] *m*
loss-compensation
Verlust bringend [fɛɐ̯ˈlust brɪngənt]
adj (Geschäfte) loss-making
Verlustgeschäft [fɛɐ̯ˈlustgəʃɛft] *n*
money-losing deal, loss-making business
Verlustkonto [fɛɐ̯ˈlustkɔnto] *n* deficit
account
Verlustrücktrag [fɛɐ̯ˈlustryktraːk] *m*
tax loss carryback
Verlustvortrag [fɛɐ̯ˈlustfoːrtraːk] *m*
carry-forward of the losses
Verlustzuweisung [fɛɐ̯ˈlusttsuːvaɪ-
zuŋ] *f* loss allocation
Vermächtnis [fɛɐ̯ˈmɛçtnɪs] *n* legacy
vermarkten [fɛɐ̯ˈmarktən] *v* market,
place on the market; *(fig)* commercialize
Vermarktung [fɛɐ̯ˈmarktuŋ] *f* marketing
Vermerk [fɛɐ̯ˈmɛrk] *m* note, entry, re-
mark
Verminderung [fɛɐ̯ˈmɪndəruŋ] *f* reduction, decrease
vermitteln [fɛɐ̯ˈmɪtəln] *v* **1.** mediate,
act as intermediary, negotiate; **2.** *(beschaffen)* obtain sth for s.o.

V

Vermittler(in) [fɛɐ'mɪtlɐ(rɪn)] *m/f* mediator; intermediary, agent

Vermittlung [fɛɐ'mɪtluŋ] *f* **1.** mediation; **2.** *(Übereinkunft)* arrangement, negotiation; **3.** *(Telefonvermittlung)* operator; **4.** *(Stellenvermittlung)* agency

Vermittlungsgebühr [fɛɐ'mɪtluŋsgəby:ɐ] *f* commission

Vermittlungsgeschäft [fɛɐ'mɪtluŋsgəʃɛft] *n* brokerage business

Vermittlungsstelle [fɛɐ'mɪtluŋsʃtɛlə] *f* agency

Vermögen [fɛɐ'mø:gən] *n (Besitz)* assets *pl*, wealth, fortune

Vermögensabgabe [fɛɐ'mø:gənsapga:bə] *f* capital levy

Vermögensanlage [fɛɐ'mø:gənsanla:gə] *f* investment

Vermögensarten [fɛɐ'mø:gənsa:rtən] *f/pl* types of property *pl*

Vermögensberater(in) [fɛɐ'mø:gənsbəra:tɐ(rɪn)] *m/f* investment consultant

Vermögensbilanz [fɛɐ'mø:gənsbilants] *f* assets and liability statement

Vermögensbildung [fɛɐ'mø:gənsbɪlduŋ] *f* wealth creation

Vermögenseffekten [fɛɐ'mø:gənsɛfɛktən] *pl* real balance effect

Vermögenseinkommen [fɛɐ'mø:gənsaɪnkɔmən] *n* real balance effect

Vermögenspolitik [fɛɐ'mø:gənspoliti:k] *f* policy relating to capital formation

Vermögenssteuer [fɛɐ'mø:gənsʃtɔyɐ] *f* wealth tax

Vermögenswerte [fɛɐ'mø:gənsve:rtə] *m/pl* property assets *pl*, assets *pl*

vermögenswirksame Leistungen [fɛɐ'mø:gənsvɪrkza:mə 'laɪstuŋən] *f/pl* capital forming benefits *pl*

vernetzen [fɛɐ'nɛtsən] *v* network

Vernetzung [fɛɐ'nɛtsuŋ] *f* networking

Veröffentlichung [fɛɐ'œfəntlɪçuŋ] *f* publication

Veröffentlichungspflicht [fɛɐ'œfəntlɪçuŋspflɪçt] *f* statutory public disclosure

Verordnung [fɛɐ'ɔrdnuŋ] *f* decree

verpacken [fɛɐ'pakən] *v* package, pack

Verpackung [fɛɐ'pakuŋ] *f* packaging, packing, wrapping

Verpackungsmaterial [fɛɐ'pakuŋsmatərja:l] *n* packing material

Verpackungsmüll [fɛɐ'pakuŋsmyl] *m* packing waste

Verpackungstechnik [fɛɐ'pakuŋstɛçnɪk] *f* packaging technology

Verpackungsvorschriften [fɛɐ'pakuŋsfo:rʃrɪftən] *f/pl* packing instructions *pl*

verpfänden [fɛɐ'pfɛndən] *v (hypothekarisch)* mortgage

Verpfändung [fɛɐ'pfɛnduŋ] *f* pawning, hocking, pledge

verpflichten [fɛɐ'pflɪçtən] *v* oblige, engage; *(unterschriftlich)* sign on

verpflichtend [fɛɐ'pflɪçtənt] *adj* binding

Verpflichtung [fɛɐ'pflɪçtuŋ] *f* commitment, obligation, undertaking; *(finanziell)* liability

verrechnen [fɛɐ'rɛçnən] *v* **1.** etw ~ set off against, charge against, settle up; **2.** sich ~ miscalculate

Verrechnung [fɛɐ'rɛçnuŋ] *f* settlement, compensation; *nur zur ~* not negotiable

Verrechnungseinheit [fɛɐ'rɛçnuŋsaɪnhaɪt] *f* clearing unit

Verrechnungskonto [fɛɐ'rɛçnuŋskɔnto] *n* offset account

Verrechnungspreise [fɛɐ'rɛçnuŋspraɪzə] *m/pl* transfer prices *pl*

Verrechnungsscheck [fɛɐ'rɛçnuŋsʃɛk] *m* crossed cheque *(UK)*, voucher check *(US)*

Verruf [fɛɐ'ru:f] *m* discredit; *in ~ kommen* fall into disrepute; *jdn in ~ bringen* ruin s.o.'s reputation

Versammlung [fɛɐ'zamluŋ] *f* meeting, gathering, assembly

Versand [fɛɐ'zant] *m* shipment, delivery, dispatch

Versandabteilung [fɛɐ'zantaptaɪluŋ] *f* dispatch department

versandbereit [fɛɐ'zantbəraɪt] *adj/adv* ready for dispatch

Versandbox [fɛɐ'zantbɔks] *f* dispatch box

Versandform [fɛɐ'zantfɔrm] *f* manner of delivery

Versandhandel [fɛɐ'zanthandəl] *m* mail order business, mail order firm

Versandhaus [fɛɐ'zanthaus] *n* mail-order house

Versandtasche [fɛɐ'zanttaʃə] *f* padded envelope

V

verschieben [fɛɐ̯'ʃiːbən] *v irr (aufschieben)* postpone

Verschiebung [fɛɐ̯'ʃiːbuŋ] *f (eines Termins)* postponement

verschiffen [fɛɐ̯'ʃɪfən] *v* ship, transport

Verschiffung [fɛɐ̯'ʃɪfuŋ] *f* shipment

Verschleierung der Bilanz [fɛɐ̯'ʃlaɪ̯əruŋ deːr bi'lants] *f* doctoring a balance sheet

Verschleiß [fɛɐ̯'ʃlaɪ̯s] *m* wear and tear

verschmelzen [fɛɐ̯'ʃmɛltsən] *v irr* merge, amalgamate

Verschmelzung [fɛɐ̯'ʃmɛltsuŋ] *f* merger

verschrotten [fɛɐ̯'ʃrɔtən] *v* scrap

Verschrottung [fɛɐ̯'ʃrɔtuŋ] *f* scrapping, junking

verschulden [fɛɐ̯'ʃuldən] *v* get into debt

Verschulden vor Vertragsabschluss (culpa in contrahendo) [fɛɐ̯'ʃuldən foːr fɛr'traːksapʃlus (kulpa ɪn kɔntrahendo)] *n* culpa in contrahendo

Verschuldung [fɛɐ̯'ʃulduŋ] *f* indebtedness

Versehen [fɛɐ̯'zeːən] *n (Irrtum)* mistake, error; *aus ~* inadvertently, by mistake

versehentlich [fɛɐ̯'zeːəntlɪç] *adv* inadvertently, by mistake

versenden [fɛɐ̯'zɛndən] *v irr* dispatch, send, forward

Versendung [fɛɐ̯'zɛnduŋ] *f* shipment, sending

versichern [fɛɐ̯'zɪçɐn] *v (Versicherung abschließen)* assure, insure *(US)*

Versicherung [fɛɐ̯'zɪçəruŋ] *f* **1.** *(Eigentumsversicherung)* insurance; **2.** *(Lebensversicherung)* assurance, life insurance *(US)*

Versicherung auf Gegenseitigkeit [fɛɐ̯'zɪçəruŋ auf 'geːgənzaɪ̯tɪçkaɪ̯t] *f* mutual insurance

Versicherungsagent(in) [fɛɐ̯'zɪçəruŋsagent(ɪn)] *m/f* insurance agent

Versicherungsaktie [fɛɐ̯'zɪçəruŋsaktsjə] *f* insurance company share

Versicherungsanstalt [fɛɐ̯'zɪçəruŋsanʃtalt] *f* Social Insurance Office

Versicherungsbeitrag [fɛɐ̯'zɪçəruŋsbaɪ̯traːk] *m* insurance premium, premium

Versicherungsbetrug [fɛɐ̯'zɪçəruŋsbətruːk] *m* insurance fraud

Versicherungsfall [fɛɐ̯'zɪçəruŋsfal] *m* insurance case, insured loss

Versicherungskauffrau [fɛɐ̯'zɪçəruŋskauffrau] *f* (female) insurance broker

Versicherungskaufmann [fɛɐ̯'zɪçəruŋskaufman] *m* insurance broker

Versicherungsmakler(in) [fɛɐ̯'zɪçəruŋsmaːklɐ(rɪn)] *m/f* insurance agent

Versicherungsnehmer(in) [fɛɐ̯'zɪçəruŋsneːmɐ(rɪn)] *m/f* insured person, policy holder

Versicherungspflicht [fɛɐ̯'zɪçəruŋspflɪçt] *f* liability to insure

Versicherungspolice [fɛɐ̯'zɪçəruŋspoliːs(ə)] *f* insurance policy

Versicherungsprämie [fɛɐ̯'zɪçəruŋsprɛːmjə] *f* insurance premium

Versicherungsschutz [fɛɐ̯'zɪçəruŋsʃuts] *m* insurance coverage

Versicherungssumme [fɛɐ̯'zɪçəruŋszumə] *f* insured sum

Versicherungsverein auf Gegenseitigkeit (VVaG) [fɛɐ̯'zɪçəruŋsfɛraɪ̯n auf 'geːgənzaɪ̯tɪçkaɪ̯t] *m* mutual life insurance company

Versicherungsvertrag [fɛɐ̯'zɪçəruŋsfɛrtraːk] *m* insurance contract

Versicherungszertifikat (C/I) [fɛɐ̯'zɪçəruŋstsertifikaːt] *n* certificate of insurance (C/I)

Versorgung [fɛɐ̯'zɔrguŋ] *f (Beschaffung)* provision, supply

verspäten [fɛɐ̯'ʃpɛːtən] *v sich ~* to be late; *sich ~ (aufgehalten werden)* to be delayed

Verspätung [fɛɐ̯'ʃpɛːtuŋ] *f (Verzögerung)* delay

Verstaatlichung [fɛɐ̯'ʃtaːtlɪçuŋ] *f* nationalization, transfer to state ownership

Verständigung [fɛɐ̯'ʃtɛndɪguŋ] *f* **1.** notification; **2.** *(Einigung)* agreement

Verständigungsbereitschaft [fɛɐ̯'ʃtɛndɪguŋsbəraɪ̯tʃaft] *f* willingness to negotiate, eagerness to reach an agreement, communicativeness

versteckte Arbeitslosigkeit [fɛɐ̯'ʃtɛktə 'arbaɪ̯tsloːzɪçkaɪ̯t] *f* hidden unemployment

versteckte Inflation [fɛɐ̯'ʃtɛktə infla'tsjoːn] *f* hidden inflation

Versteigerung [fɛɐ̯'ʃtaɪ̯gəruŋ] *f* auction, public sale

Verstoß [fɛɐˈʃtoːs] *m* offence, breach, infringement

verstoßen [fɛɐˈʃtoːsən] *v irr gegen etw* ~ infringe upon sth, violate sth

Vertagung [fɛɐˈtaːɡuŋ] *f* postponement

Verteilung [fɛɐˈtaɪluŋ] *f* distribution

Verteuerung [fɛɐˈtɔyəruŋ] *f* rise in price, price increase

vertikale Integration [ˈvɛrtikaːlə ɪntegraˈtsjoːn] *f* vertical integration

vertikale Konzentration [ˈvɛrtikaːlə kɔntsɛntraˈtsjoːn] *f* vertical concentration

Vertrag [fɛɐˈtraːk] *m* contract

vertraglich [fɛɐˈtraːklɪç] *adj* contractual; *adv* according to contract

Vertragsabschluss [fɛɐˈtraːksapʃlus] *m* conclusion of a contract

Vertragsänderung [fɛɐˈtraːksɛndəruŋ] *f* amendment of a contract

Vertragsbedingungen [fɛɐˈtraːksbədɪŋuŋən] *f/pl* conditions of a contract *pl*, terms of a contract *pl*, provisions of a contract *pl*

Vertragsbestimmung [fɛɐˈtraːksbəʃtɪmuŋ] *f* provisions of a contract *pl*, stipulations of a contract *pl*, terms of a contract *pl*

Vertragsbindung [fɛɐˈtraːksbɪnduŋ] *f* contractual obligations *pl*

Vertragsbruch [fɛɐˈtraːksbrux] *m* breach of contract, violation of a treaty

Vertragsdauer [fɛɐˈtraːksdauɐ] *f* term of a contract

Vertragsfreiheit [fɛɐˈtraːksfraɪhaɪt] *f* freedom of contract

Vertragsgegenstand [fɛɐˈtraːksgeːgənʃtant] *m* subject matter of a contract, object of agreement

Vertragskontinuität [fɛɐˈtraːkskɔntinuitɛːt] *f* continuity of contracts, contractual continuity

Vertragspartner(in) [fɛɐˈtraːkspartnɐ(rɪn)] *m/f* party to the contract, party to a contract

Vertragsstrafe [fɛɐˈtraːksʃtraːfə] *f* penalty for breach of contract, contractual penalty

vertragswidrig [fɛɐˈtraːksviːdrɪç] *adj* contrary to the contract

vertrauensbildend [fɛɐˈtrauənsbɪldənt] *adj* trust-building, confidence-building

Vertrauensbruch [fɛɐˈtrauənsbrux] *m* breach of s.o.'s trust

Vertrauensgüter [fɛɐˈtrauənsɡyːtɐ] *n/pl* credence goods *pl*, trust-based goods *pl*

Vertrauensverhältnis [fɛɐˈtrauənsfɛrhɛltnɪs] *n* confidential relationship

vertraulich [fɛɐˈtraulɪç] *adj* confidential; *adv* in confidence, confidentially

vertreiben [fɛɐˈtraɪbən] *v irr (verkaufen)* sell, market

Vertreter(in) [fɛɐˈtreːtɐ(rɪn)] *m/f (Repräsentant(in))* representative, delegate; *(Stellvertreter(in))* deputy, proxy

Vertretung [fɛɐˈtreːtuŋ] *f (Repräsentanz)* agency, representation; *(Stellvertretung)* replacement; *(Vertreten)* representation

Vertrieb [fɛɐˈtriːp] *m* marketing, sale, distribution

Vertriebsabteilung [fɛɐˈtriːpsaptaɪluŋ] *f* sales department

Vertriebsfirma [fɛɐˈtriːpsfɪrma] *f* distributor, marketing company

Vertriebsgesellschaft [fɛɐˈtriːpsɡəzɛlʃaft] *f* distribution company

Vertriebswagnis [fɛɐˈtriːbsvaːɡnɪs] *n* accounts receivable risk

Vertriebsweg [fɛɐˈtriːpsveːk] *m* distribution channel

veruntreuen [fɛɐˈuntrɔyən] *v* embezzle, misappropriate

Veruntreuung [fɛɐˈuntrɔyuŋ] *f* embezzlement, misappropriation

Verursacherprinzip [fɛɐˈurzaxɐprɪntsiːp] *n* polluter pays principle

Vervielfältigung [fɛɐˈfiːlfɛltɪɡuŋ] *f* reproduction

Verwahrung [fɛɐˈvaːruŋ] *f* custody

Verwahrungsbetrag [fɛɐˈvaːruŋsbetraːk] *m* value of custody

Verwahrungsbuch [fɛɐˈvaːruŋsbuːx] *n* custody ledger

Verwahrungskosten [fɛɐˈvaːruŋskɔstən] *pl* custody fee

verwalten [fɛɐˈvaltən] *v* administer, manage, supervise

Verwalter(in) [fɛɐˈvaltɐ(rɪn)] *m/f* administrator, manager

Verwaltung [fɛɐˈvaltuŋ] *f* administration, management

Verwaltungsaktien [fɛɐˈvaltuŋsaktsjən] *f/pl* treasury stock

V

Verwaltungsgebühr [fɛɐ'valtuŋsɡə-by:ɐ] *f* official fees *pl*

verwendbar [fɛɐ'vɛntba:ɐ] *adj* usable, serviceable

verwenden [fɛɐ'vɛndən] *v irr* use, utilize, employ; *wieder* ~ reuse

Verwendung [fɛɐ'vɛnduŋ] *f* use, application, utilization; *für etw* ~ *finden* find a purpose for sth

Verwertungsgesellschaft [fɛɐ've:rtuŋsɡəzɛlʃaft] *f* collecting society

verzinsen [fɛɐ'tsɪnzən] *v* pay interest on

Verzinsung [fɛɐ'tsɪnzuŋ] *f* payment of interest, interest yield

verzollen [fɛɐ'tsɔlən] *v* pay duty on, declare

verzollt [fɛɐ'tsɔlt] *adj/adv* duty-paid

Verzollung [fɛɐ'tsɔluŋ] *f* payment of duty

Verzug [fɛɐ'tsu:k] *m* delay, default; *mit etw in* ~ *geraten* fall behind with sth; *mit etw in* ~ *sein* to be behind in sth, to be in arrears with sth

Verzugszinsen [fɛɐ'tsu:kstsɪnzən] *m/pl* default interest

Videokonferenz ['videokɔnfərɛnts] *f* video conference

vierteljährlich ['fɪrtəljɛ:rlɪç] *adj/adv* quarterly

Vinkulation [vɪŋku'la:tsjon] *f* restriction of transferability

vinkulierte Aktie [vɪŋku'li:rtə 'aktsjə] *f* restricted share

Virtualisierung [vɪrtuali'zi:ruŋ] *f* virtualization

virtuelle Realität [vɪrtu'ɛlə reali'tɛ:t] *f* virtual reality

virtuelles Unternehmen [vɪr'tuɛləs untər'ne:mən] *n* virtual company

Virus ['vi:rus] *m* EDV virus

Visitenkarte [vi'zi:tənkartə] *f* visiting card, business card

Visum ['vi:zum] *n* visa

Voice Mail ['vɔɪsmeɪl] *f* voice mail

Volatilität [volatili'tɛ:t] *f* volatility

Volkseinkommen ['fɔlksaɪnkɔmən] *n* national income

Volksvermögen ['fɔlksfɛrmø:ɡən] *n* national wealth

Volkswirt(in) ['fɔlksvɪrt(ɪn)] *m/f* economist

Volkswirtschaft ['fɔlksvɪrtʃaft] *f* national economy, political economy

volkswirtschaftlich ['fɔlksvɪrtʃaftlɪç] *adj* national economic, economic

volkswirtschaftliche Gesamtrechnung ['fɔlksvɪrtʃaftlɪçə ɡə'zamtrɛçnuŋ] *f* national accounting

Volkswirtschaftslehre ['fɔlksvɪrtʃaftsle:rə] *f* economics

Volkszählung ['fɔlkstsɛ:luŋ] *f* census

Vollbeschäftigung ['fɔlbəʃɛftiɡuŋ] *f* full employment

Vollkaskoversicherung ['fɔlkaskɔfɛrzɪçəruŋ] *f* fully comprehensive insurance

Vollkaufmann ['fɔlkaufman] *m* registered trader

Vollkosten ['fɔlkɔstən] *pl* full cost

Vollmacht ['fɔlmaxt] *f* authority; *(juristisch)* power of attorney

vollstrecken [fɔl'ʃtrɛkən] *v* execute, enforce

Volumen [vo'lu:mən] *n* volume

Vorankündigung ['fo:rankyndɪɡuŋ] *f* initial announcement, preliminary announcement

Voranschlag ['fo:ranʃla:k] *m* estimate

Vorarbeiter(in) ['fo:rarbaɪtɐ(rɪn)] *m/f* foreman/forewoman

vorausbezahlt (ppd.) [fo'rausbətsa:lt] *adj/adv* prepaid (ppd.) *adj*

Vorausklage [fo'rauskla:ɡə] *f* preliminary injunction

Vorauszahlung [for'austsa:luŋ] *f* prepayment, payment in advance, advance payment, cash in advance (c.i.a.)

Vorbehalt ['fo:rbəhalt] *m* reservation; *unter dem* ~, *dass* provided that

vorbehalten ['fo:rbəhaltən] *v irr* reserve; *alle Rechte* ~ all rights reserved; *jdm* ~ *bleiben* to be reserved for

Vorbesprechung ['fo:rbəʃprɛçuŋ] *f* briefing

vorbestellen ['fo:rbəʃtɛlən] *v* order in advance, reserve, make a reservation

Vorbestellrabatt ['fo:rbəʃtɛlrabat] *m* discount on advance orders

Vorbestellung ['fo:rbəʃtɛluŋ] *f* advance order, advance booking, reservation

Vorbörse ['fo:rbørzə] *f* dealing before official hours

vordatierter Scheck [ˈfoːrdatiːrtɐ ʃɛk] *m* antedated cheque

Vordruck [ˈfoːrdruk] *m* printed form

Vorentscheidung [ˈfoːrɛntʃaɪduŋ] *f* precedent

vorfinanzieren [ˈfoːrfɪnantsiːrən] *v* provide advance financing

Vorfinanzierung [ˈfoːrfɪnantsiːruŋ] *f* advance financing

Vorführung [ˈfoːrfyːruŋ] *f* (*Präsentation*) display, demonstration, presentation

Vorgang [ˈfoːrɡaŋ] *m* (*Akte*) file, record

Vorjahr [ˈfoːrjaːɐ] *n das ~* the previous year, last year, the preceding year

Vorkalkulation [ˈfoːrkalkulatsjoːn] *f* estimation of cost

Vorkaufsrecht [ˈfoːrkaufsrɛçt] *n* right of first refusal, right of preemption

Vorleistung [ˈfoːrlaɪstuŋ] *f* advance performance

Vormerkung [ˈfoːrmɛrkuŋ] *f* order, advance order

Vormonat [ˈfoːrmoːnat] *m* preceding month

Vorprodukte [ˈfoːrproduktə] *n/pl* intermediate products *pl*

Vorrat [ˈfoːrraːt] *m* store, stock, supply

vorrätig [ˈfoːrrɛːtɪç] *adj* in stock, on hand, available

Vorratsaktie [ˈfoːraːtsaktsjə] *f* disposable share

Vorrecht [ˈfoːrrɛçt] *n* privilege, preferential right, prerogative

Vorruhestand [ˈfoːrruːəʃtant] *m* early retirement

vorsätzlich [ˈfoːrzɛtslɪç] *adj* deliberate, intentional; *adv* deliberately, intentionally

Vorschaltkonditionen [ˈfoːrʃaltkɔnditsjoːnən] *f/pl* preliminary conditions *pl*

Vorschlag [ˈfoːrʃlaːk] *m* suggestion, proposal

vorschlagen [ˈfoːrʃlaːɡən] *v irr* propose, suggest

Vorschrift [ˈfoːrʃrɪft] *f* regulation, rule; (*Anweisung*) instruction

vorschriftsmäßig [ˈfoːrʃrɪftsmɛːsɪç] *adj* correct, proper; *adv* in due form, according to regulations, as prescribed

Vorschuss [ˈfoːrʃus] *m* advance

Vorschusszinsen [ˈfoːrʃustsɪnzən] *m/pl* negative advance interest

Vorsichtskasse [ˈfoːrzɪçtskasə] *f* precautionary holding

Vorsitz [ˈfoːrzɪts] *m* chairmanship

Vorstand [ˈfoːrʃtant] *m* **1.** board, board of directors, management board; **2.** (*~smitglied*) member of the board, director; (*erster ~*) managing director

Vorstandsvorsitzende(r) [ˈfoːrʃtantsfoːrzɪtsəndə(-ɐ)] *f/m* chairman/chairwoman of the board, CEO (*US*)

Vorstellungstermin [ˈfoːrʃtɛluŋstermiːn] *m* interview appointment

Vorsteuer [ˈfoːrʃtɔyɐ] *f* input tax

Vorsteuerabzug [ˈfoːrʃtɔyəraptsuːk] *m* deduction of input tax

Vorteil [ˈfoːrtaɪl] *m* advantage

Vorverkauf [ˈfoːrfɛrkauf] *m* advance sale

Vorvertrag [ˈfoːrfɛrtraːk] *m* preliminary contract, provisional contract

Vorwahl [ˈfoːrvaːl] *f* dialling code, area code

Vorwoche [ˈfoːrvɔxə] *f* preceding week

Vorzimmer [ˈfoːrtsɪmɐ] *n* (*eines Büros*) outer office

Vorzugsaktie [ˈfoːrtsuːksaktsjə] *f* preference share, preference stock

Vorzugsdividende [ˈfoːrtsuːksdividendə] *f* preferential dividend

Vorzugskurs [ˈfoːrtsuːkskurs] *m* preferential price

Vorzugsobligation [ˈfoːrtsuːksobligatsjoːn] *f* preference bond

Vorzugsrabatt [ˈfoːrtsuːksrabat] *m* preferential discount

Vostrokonto [ˈvɔstrokɔnto] *n* vostro account

V

W

Waage ['va:gə] *f* scales *pl,* balance

wachsen ['vaksən] *v irr (zunehmen)* increase, mount, grow

Wachstum ['vakstu:m] *n* growth, *(Zunahme)* increase

Wachstumsfonds ['vakstu:msfɔ̃:] *m* growth fund

wachstumsfördernd ['vakstu:msfœrdərnt] *adj* growth-stimulating, growth-promoting

wachstumshemmend ['vakstu:mshɛmənt] *adj* growth-retarding

Wachstumskurve ['vakstu:mskurvə] *f* growth curve

Wachstumsrate ['vakstu:msra:tə] *f* growth rate

Wachstumsziel ['vakstu:mstsi:l] *n* growth target

Wagenladung ['va:gənla:duŋ] *f* lorry-load

Waggon [va'gɔ̃:] *m* goods wagon, freight car *(US),* carriage

Wagnis ['va:knɪs] *n* venture

Wahl [va:l] *f* **1.** *(Auswahl)* choice; *erste* ~ top quality; **2.** *(Abstimmung)* election

Wahlausgang ['va:lausgaŋ] *m* election results *pl*

wählen ['vɛ:lən] *v* **1.** *(auswählen)* choose, select; **2.** *(eine Telefonnummer)* dial; **3.** *(stimmen für)* vote for; **4.** *(durch Wahl ermitteln)* elect

Wahlgeheimnis ['va:lgəhaɪmnɪs] *n* secrecy of the ballot

Wahlstimme ['va:lʃtɪmə] *f* vote

Wahrheitsfindung ['va:rhaɪtsfɪnduŋ] *f* ascertaining the truth

Wahrscheinlichkeit [va:r'ʃaɪnlɪçkaɪt] *f* probability

Wahrscheinlichkeitsrechnung [var-'ʃaɪnlɪçkaɪtsrɛçnuŋ] *f* calculation of probabilities

Wahrung ['va:ruŋ] *f* **1.** *(Instandhaltung)* maintenance; **2.** *von Interessen)* protection, safeguarding

Währung ['vɛ:ruŋ] *f* currency

Währungsabkommen ['vɛ:ruŋsapkɔ-mən] *n* currency agreement, monetary agreement

Währungsabsicherung ['vɛ:ruŋsap-zɪçəruŋ] *f* currency hedging

Währungsausgleich ['vɛ:ruŋsausglaɪç] *m* currency conversion compensation

Währungsausgleichsfonds [vɛ:ruŋs-'ausglaɪçsfɔ̃:] *m* equalization fund

Währungseinheit ['vɛ:ruŋsaɪnhaɪt] *f* currency unit, monetary unit

Währungsfonds ['vɛ:ruŋsfɔ̃:] *m* monetary fund

Währungsgebiet ['vɛ:ruŋsgəbi:t] *n* currency area

Währungsklausel ['vɛ:ruŋsklauzəl] *f* currency clause

Währungskonto ['vɛ:ruŋskɔnto] *n* currency account

Währungskorb ['vɛ:ruŋskɔrp] *m* currency basket

Währungskrise ['vɛ:ruŋskri:zə] *f* monetary crisis

Währungsordnung ['vɛ:ruŋsɔrdnuŋ] *f* monetary system

Währungsparität ['vɛ:ruŋsparitɛ:t] *f* monetary parity

Währungspolitik ['vɛ:ruŋspoliti:k] *f* currency policy, monetary policy

Währungspool ['vɛ:ruŋspu:l] *m* currency pool

Währungsreform ['vɛ:ruŋsrefɔrm] *f* currency reform, monetary reform

Währungsreserven ['vɛ:ruŋsrezɛrvən] *f/pl* monetary reserves *pl*

Währungsrisiko ['vɛ:ruŋsri:ziko] *n* currency risk, monetary risk

Währungsschlange ['vɛ:ruŋsʃlaŋə] *f* currency snake

Währungsschwankung ['vɛ:ruŋs-ʃvaŋkuŋ] *f* currency fluctuation

Währungsswap ['vɛ:ruŋsswɔp] *m* currency swap

Währungssystem ['vɛ:ruŋszyste:m] *n* monetary system, currency system

Währungsumstellung ['vɛ:ruŋsum-ʃtɛluŋ] *f* currency conversion

Währungsunion ['vɛ:ruŋsunjo:n] *f* monetary union

Währungszone [ˈvɛːruŋstsoːnə] f currency zone, currency area

Wahrzeichen [ˈvaːrtsaɪçən] n symbol, emblem

Wandelanleihen [ˈvandəlanlaɪən] f/pl convertible bonds pl

Wandelgeschäft [ˈvandəlgəʃɛft] n callable forward transaction

Wandelobligationen [ˈvandəlobligatsjoːnən] f/pl convertible bonds pl

Wandelschuldverschreibung [ˈvandəlʃultfɛrʃraɪbuŋ] f convertible bonds pl, convertibles pl, convertible loan stock (US)

Wandlung [ˈvandluŋ] f cancellation (of a sale)

Ware [ˈvaːrə] f merchandise, product, goods pl, ware

Warenabkommen [ˈvaːrənapkɔmən] n trade agreement

Warenabsatz [ˈvaːrənapzats] m sale of goods

Warenangebot [ˈvaːrənangəboːt] n range of merchandise

Warenannahme [ˈvaːrənannaːmə] f 1. (Empfang) receiving merchandise, receiving deliveries; 2. (Betriebsabteilung) receiving department

Warenausfuhr [ˈvaːrənausfuːɐ] f export, export of goods

Warenausgang [ˈvaːrənausgaŋ] m sale of goods, goods out

Warenaustausch [ˈvaːrənaustauʃ] m exchange of goods

Warenbeleihung [ˈvaːrənbəlaɪuŋ] f lending on goods

Warenbestand [ˈvaːrənbəʃtant] m stock in hand, stock on hand, inventory

Warenbörse [ˈvaːrənbœrzə] f commodity exchange

Wareneinfuhr [ˈvaːrənaɪnfuːɐ] f import

Wareneingang [ˈvaːrənaɪngaŋ] m arrival of goods

Wareneingangsbuch [ˈvaːrənaɪngaŋsbuːx] n purchase ledger

Warenhaus [ˈvaːrənhaus] n department store, departmental store

Warenknappheit [ˈvaːrənknaphaɪt] f shortage of goods

Warenkorb [ˈvaːrənkɔrp] m batch of commodities

Warenkredit [ˈvaːrənkrediːt] m trade credit

Warenlager [ˈvaːrənlaːgɐ] n warehouse, stockroom, storeroom

Warenmuster [ˈvaːrənmustɐ] n commercial sample

Warenpapier [ˈvaːrənpapiːɐ] n document of title

Warenprobe [ˈvɑːrənproːbə] f sample

Warensendung [ˈvaːrənzɛnduŋ] f (Senden von Waren) shipment of merchandise, (gesandte Waren) consignment of goods

Warenterminbörse [ˈvaːrəntɛrmiːnbœrzə] f commodity futures exchange

Warentermingeschäft [ˈvaːrəntɛrmiːngəʃɛft] n commodity futures trading, forward merchandise dealings pl

Warenterminhandel [ˈvaːrəntɛrmiːnhandəl] m commodity forward trading

Warentest [ˈvaːrəntɛst] m product test

Warenumsatz [ˈvaːrənumzats] m turnover of goods

Warenverkehr [ˈvaːrənfɛrkeːɐ] m goods traffic

Warenverkehrsbescheinigung [ˈvaːrənfɛrkeːɐsbəʃaɪnɪguŋ] f movement certificate

Warenverzeichnis [ˈvaːrənfɛrtsaɪçnɪs] n inventory, list of stocks, list of goods

Warenwechsel [ˈvaːrənvɛksəl] m commercial bill

Warenwertpapiere [ˈvaːrənveːrtpapiːrə] n/pl commodity securities pl

Warenzeichen [ˈvaːrəntsaɪçən] n trademark

Wärmetechnik [ˈvɛrmətɛçnɪk] f heat technology, thermal engineering, thermodynamics

Warnanlage [ˈvarnanlaːgə] f warning device

Warnleuchte [ˈvarnlɔyçtə] f warning light

Warnsignal [ˈvarnzɪgnaːl] n warning signal

Warnstreik [ˈvarnʃtraɪk] m token strike, warning strike

warten [ˈvartən] v (instand halten) maintain, service

Wartung [ˈvartuŋ] f service, maintenance, servicing

W

Wartungsarbeit [ˈvartuŋsarbaɪt] *f* maintenance work

Wartungstechniker(in) [ˈvartuŋsteçnɪkɐ(rɪn)] *m/f* service engineer

Wasserkraft [ˈvasərkraft] *f* hydraulic power

Wasserschaden [ˈvasərʃaːdən] *m* water damage

Wasserwerk [ˈvasərverk] *n* waterworks *pl*

Watt [vat] *n (Maßeinheit)* watt

Webseite [ˈwebzaɪtə] *f* web page

Wechsel [ˈveksəl] *m (Geldwechsel)* exchange; *(Zahlungsmittel)* promissory note, bill of exchange, bill

Wechselakzept [ˈveksəlaktsept] *n* acceptance of a bill

Wechselaussteller [ˈveksəlausʃtelɐ] *m* drawer of a bill

Wechseldiskont [ˈveksəldɪskɔnt] *m* discount of bills

Wechseldiskontkredit [ˈveksəldɪskɔntkrediːt] *m* credit by discount of bills

Wechselgeld [ˈveksəlgelt] *n* change

Wechselgeschäft [ˈveksəlgəʃeft] *n* bill transaction

Wechselinkasso [ˈveksəlɪnkaso] *n* collection of bills of exchange

Wechselkredit [ˈveksəlkrediːt] *m* acceptance credit

Wechselkurs [ˈveksəlkurs] *m* exchange rate

Wechselkursmechanismus [ˈveksəlkursmeçanɪsmus] *m* exchange rate mechanism

Wechselkursparität [ˈveksəlkursparitɛːt] *f* exchange rate parity

Wechselkursrisiko [ˈveksəlkursriːziko] *n* foreign exchange risk

Wechselkursschwankungen [ˈveksəlkursʃvaŋkuŋən] *f/pl* exchange rate fluctuations *pl*, currency fluctuations *pl*

Wechselkurssystem [ˈveksəlkurszysteːm] *n* system of exchange rates

Wechsellombard [ˈveksəllɔmbart] *m* collateral loan based on a bill of exchange, lending on bills

Wechselnehmer [ˈveksəlneːmɐ] *m* payee of a bill of exchange

Wechselobligo [ˈveksəlɔbligo] *n* customer's liability on bills

Wechselprolongation [ˈveksəlprolɔŋgatsjoːn] *f* exention of a bill of exchange

Wechselprotest [ˈveksəlprotest] *m* protest

Wechselregress [ˈveksəlregres] *m* legal recourse for non-payment of a bill

Wechselreiterei [ˈveksəlraɪtəraɪ] *f* bill jobbing

Wechselschuld [ˈveksəlʃult] *f* bill debt

Wechselschuldner(in) [ˈveksəlʃuldnɐ(rɪn)] *m/f* bill debtor

wechselseitig [ˈveksəlzaɪtɪç] *adj* **1.** *(gegenseitig)* reciprocal; **2.** *(von beiden Seiten)* mutual

Wechselseitigkeit [ˈveksəlzaɪtɪçkaɪt] *f* reciprocity

Wechselsteuer [ˈveksəlʃtɔyɐ] *f* tax on drafts and bills of exchange

Wechselstrom [ˈveksəlʃtroːm] *m* alternating current (A.C.)

Wechselstube [ˈveksəlʃtuːbə] *f* exchange bureau

Wegeunfall [ˈveːgəunfal] *m* commuting accident

Wegfall der Geschäftsgrundlage [ˈvekfal deːr gəˈʃeftsgrundlaːgə] *m* frustration of contract

wegwerfen [ˈvekverfən] *v irr* throw away

Wegwerfgesellschaft [ˈvekverfgəzelʃaft] *f* throwaway society

weiche Währung [ˈvaɪçə ˈveːruŋ] *f* soft currency

weiße Ware [ˈvaɪsə ˈvaːrə] *f* white goods *pl*

Weisung [ˈvaɪzuŋ] *f* directive, instructions *pl*

Weisungsbefugnis [ˈvaɪzuŋsbəfuːknɪs] *f* right to issue instructions to employees

weisungsgebunden [ˈvaɪzuŋsgəbundən] *adj* subject to instructions

weisungsgemäß [ˈvaɪzuŋsgəmɛːs] *adj* as instructed, according to instructions

weiterbefördern [ˈvaɪtərbəfœrdɐn] *v* forward, send on

Weiterbeförderung [ˈvaɪtərbəfœrdəruŋ] *f* forwarding

weiterentwickeln [ˈvaɪtərentvɪkəln] *v* continue to develop

Weiterentwicklung [ˈvaɪtərentvɪkluŋ] *f* further development

W

weiterverarbeiten [ˈvaɪtərfɛrarbaɪtən] *v* process

Weiterverarbeitung [ˈvaɪtərfɛrarbaɪtuŋ] *f* processing

Weiterverkauf [ˈvaɪtərfɛrkauf] *m* resale

weiterverkaufen [ˈvaɪtərfɛrkaufən] *v* resell

Weitsicht [ˈvaɪtzɪçt] *f (Weitblick)* foresight, vision

Weltbank [ˈvɛltbaŋk] *f* World Bank

Welterfolg [ˈvɛltɛrfɔlk] *m* worldwide success

Welthandel [ˈvɛlthandəl] *m* world trade, international trade

Welthandelskonferenzen [vɛltˈhandəlskɔnferɛntsən] *f/pl* United Nations Conferences on Trade and Development *pl*

Welthandelsorganisation [vɛltˈhandəlsɔrganizatsjoːn] *f* World Trade Organization (WTO)

Weltmarke [ˈvɛltmarkə] *f* world-famous brand

Weltmarkt [ˈvɛltmarkt] *m* international market, world market

Weltmarktpreis [ˈvɛltmarktpraɪs] *m* world market price

weltumspannend [ˈvɛltumʃpanənt] *adj* global, worldwide

Weltwährungssystem [vɛltˈvɛːruŋszysteːm] *n* international monetary system

Weltwirtschaft [ˈvɛltvɪrtʃaft] *f* world economy

Weltwirtschaftsgipfel [vɛltˈvɪrtʃaftsgɪpfəl] *m* world economic summit

Weltwirtschaftskrise [vɛltˈvɪrtʃaftskriːzə] *f* worldwide economic crisis

Weltwirtschaftsordnung [vɛltˈvɪrtʃaftsɔrdnuŋ] *f* international economic system

Werbeabteilung [ˈvɛrbəaptaɪluŋ] *f* publicity department

Werbeagentur [ˈvɛrbəagəntuːʁ] *f* advertising agency

Werbeaktion [ˈvɛrbəaktsjoːn] *f* advertising activity

Werbebanner [ˈvɛrbəbanɐ] *n* ad banner, banner

Werbebudget [ˈvɛrbəbydʒeː] *n* advertising budget

Werbeerfolgskontrolle [vɛrbəɛrˈfɔlkskɔntrɔlə] *f* control of advertising effectiveness

Werbefachmann [ˈvɛrbəfaxman] *m* advertising expert

Werbegeschenk [ˈvɛrbəgəʃɛŋk] *n* promotional gift

Werbekampagne [ˈvɛrbəkampanjə] *f* advertising campaign, promotion campaign

Werbemittel [ˈvɛrbəmɪtəl] *pl* means of advertising *pl*

werben [ˈvɛrbən] *v irr* advertise, promote

Werbeprospekt [ˈvɛrbəprospɛkt] *m* advertising prospectus

Werber(in) [ˈvɛrbɐ(rɪn)] *m/f* canvasser

Werbeslogan [ˈvɛrbəsloːgən] *m* advertising slogan

Werbespot [ˈvɛrbəspɔt] *m* commercial

Werbetext [ˈvɛrbətɛkst] *m* advertising copy

Werbeveranstaltung [ˈvɛrbəfɛranʃtaltuŋ] *f* publicity event

Werbeverbot [ˈvɛrbəfɛrboːt] *n* advertising ban

werbewirksam [ˈvɛrbəvɪrkzaːm] *adj* effective; *ein ~er Auftritt* good advertising

Werbung [ˈvɛrbuŋ] *f* advertising, publicity, promotion; *(Fernsehwerbung)* commercial

Werbungskosten [ˈvɛrbuŋskɔstən] *pl* advertising expenses *pl*

Werk [vɛrk] *n (Fabrik)* plant, works, factory

Werksangehörige(r) [ˈvɛrksangəhøːrɪgə(-ɐ)] *f/m* employee, plant employee

Werkschutz [ˈvɛrkʃuts] *m* works protection force

Werkstatt [ˈvɛrkʃtat] *f* workshop

Werkstattfertigung [ˈvɛrkʃtatfɛrtiguŋ] *f* job shop operation

Werkstoff [ˈvɛrkʃtɔf] *m* material

Werkstoffprüfer(in) [ˈvɛrkstɔfpryːfɐ(rɪn)] *m/f* material tester

Werkvertrag [ˈvɛrkfɛrtraːk] *m* contract for work and services

Werkzeug [ˈvɛrktsɔyk] *n* tool

Wert [veːrt] *m* value, worth

Wertangabe [ˈveːrtangaːbə] *f* declared value, declaration of value

W

Wertarbeit ['veːrtarbaɪt] *f* quality work, high-class workmanship

Wertaufholung ['veːrtaufhoːluŋ] *f* **1.** *(Recht)* reinstatement of original values; **2.** *(Steuer)* increased valuation on previous balance-sheet figures

Wertberichtigung ['veːrtbərɪçtɪguŋ] *f* adjustment of value

wertbeständig ['veːrtbəʃtɛndɪç] *adj* of stable value

Wertbrief ['veːrtbriːf] *m* insured letter

Wertermittlung ['veːrtɛrmɪtluŋ] *f* determination of the value

Wertgegenstand ['veːrtgeːgənʃtant] *m* article of value, valuable

Wertminderung ['veːrtmɪndəruŋ] *f* depreciation, decrease in value

Wertpapier ['veːrtpapiːɐ] *n* security

Wertpapieranalyse ['veːrtpapiːranalyːzə] *f* securities research

Wertpapieranlage ['veːrtpapiːranlaːgə] *f* investment in securities

Wertpapierarbitrage ['veːrtpapiːrarbitraːʒə] *f* arbitrage in securities

Wertpapierbörse ['veːrtpapiːrbœrzə] *f* stock exchange

Wertpapiere ['veːrtpapiːrə] *pl* securities *pl*

Wertpapieremission ['veːrtpapiːremɪsjoːn] *f* issue of securities

Wertpapierfonds ['veːrtpapiːrfɔ̃ː] *m* securities fund

Wertpapiergeschäft ['veːrtpapiːrgəʃɛft] *n* securities business

Wertpapierleihe ['veːrtpapiːrlaɪə] *f* lending on securities

Wertpapiermarkt ['veːrtpapiːrmarkt] *m* securities market

Wertpapierpensionsgeschäft [veːrtpapiːrpɛnˈzjoːnsgəʃɛft] *n* repurchase agreement, repo

Wertpapiersammelbank [veːrtpapiːrˈzaməlbaŋk] *f* central depository for securities

Wertpapiersparvertrag [veːrtpapiːrˈʃpaːrfertraːk] *m* securities-linked savings scheme

Wertpapier-Terminhandel [veːrtpapiːrtɛrˈmiːnhandəl] *m* trading in security futures

Wertrechtanleihe ['veːrtreçtanlaɪə] *f* government-inscribed debt

Wertschöpfung ['veːrtʃœpfuŋ] *f* net product

Wertsendung ['veːrtzɛnduŋ] *f* consignment with value declared

Wertsicherung ['veːrtzɪçəruŋ] *f* value guarantee

Wertsteigerung ['veːrtʃtaɪgəruŋ] *f* increase in value

Wertstellung ['veːrtʃtɛluŋ] *f* availability date

Wertstoff ['veːrtʃtɔf] *m* material worth recycling, recyclable material

Wertstoffsammlung ['veːrtʃtɔfzamluŋ] *f* collection of recyclables

Wertverfall ['veːrtfɛrfal] *m* loss of value

Wertzuwachs ['veːrttsuːvaks] *m* appreciation

Wettbewerb ['vɛtbəvɛrp] *m* competition; *unlauterer ~* unfair competition

Wettbewerbaufsicht ['vɛtbəvɛrpsaufzɪçt] *f* competition supervisory office

Wettbewerbsbeschränkung ['vɛtbəvɛrpsbəʃrɛŋkuŋ] *f* restriction on competition

wettbewerbsfähig ['vɛtbəvɛrpsfɛːɪç] *adj* competitive

Wettbewerbsfähigkeit ['vɛtbəvɛrpsfɛːɪçkaɪt] *f* competitiveness

Wettbewerbsklausel ['vɛtbəvɛrpsklauzəl] *f* restriction on competition clause; exclusive service clause

Wettbewerbsnachteil ['vɛtbəvɛrpsnaːxtaɪl] *m* competitive disadvantage

Wettbewerbspolitik ['vɛtbəvɛrpspolitiːk] *f* competitive policy

Wettbewerbsrecht ['vɛtbəvɛrpsreçt] *n* law on competition

Wettbewerbsverbot ['vɛtbəvɛrpsferboːt] *n* no competition clause

Wettbewerbsverzerrung ['vɛtbəvɛrpsfertseruŋ] *f* distortion of competition

Wettbewerbsvorteil ['vɛtbəvɛrpsfoːrtaɪl] *m* competitive advantage

White-Collar-Crime [waɪtkɔlərkraɪm] *f* *(Wirtschaftskriminalität)* white-collar crime

Widerruf ['viːdərruːf] *m* revocation, cancellation

widerrufen [viːdərˈruːfən] *v* revoke

Widerrufsklausel ['viːdərruːfsklauzəl] *f* revocation clause

W

Widerrufsrecht ['viːdərruːfsrɛçt] *n* right of revocation

widersprechen [viːdər'ʃprɛçən] *v irr* contradict, oppose

Widerspruch ['viːdərʃprux] *m* contradiction; discrepancy

Widerspruchsvormerkung ['viːdərʃpruxsfoːrmɛrkuŋ] *f* provisional filing of an objection

Widerstandslinie ['viːdərʃtantsliːnjə] *f* line of resistance

wieder verwerten ['viːdər fɛr'veːrtən] *v* recycle

Wiederanlage ['viːdəranlaːgə] *f* reinvestment

Wiederaufbau ['viːdəraufbau] *m* reconstruction

Wiederaufbereitung [viːdər'aufbəraituŋ] *f* reprocessing

Wiederaufbereitungsanlage [viːdər'aufbəraituŋsanlaːgə] *f* reprocessing plant

Wiederausfuhr ['viːdərausfuːɐ] *f* reexportation

Wiederbeschaffung ['viːdərbəʃafuŋ] *f* replacement

Wiederbeschaffungswert ['viːdərbəʃafuŋsveːrt] *m* replacement value

Wiedereröffnung ['viːdərerœfnuŋ] *f* reopening

Wiedererstattung ['viːdərerʃtatuŋ] *f* reimbursement, refunding

Wiedergutmachung [viːdər'guːtmaxuŋ] *f* reparation

Wiederinstandsetzung [viːdərin'ʃtantzɛtsuŋ] *f* repair

Wiederverkaufspreis ['viːdərfɛrkaufsprais] *m* resale price

Wiederverwendung ['viːdərfɛrvenduŋ] *f* reuse

Wiederverwertung ['viːdərfɛrveːrtuŋ] *f* reuse, recycling

wilder Streik ['vildər 'ʃtraik] *m* unauthorized strike, wildcat strike

Willenserklärung ['vilənsɛrklɛːruŋ] *f* declaration of intention

Windenergie ['vintenɛrgiː] *f* wind energy, wind power

Windhundverfahren ['vinthuntfɛrfaːrən] *n* first-come-first served principle

Winterausfallgeld ['vintərausfalgɛlt] *n* winter bonus

Wirtschaft ['virtʃaft] *f* **1.** (*Volkswirtschaft*) economy; **2.** (*Handel*) industry, business

wirtschaftlich ['virtʃaftliç] *adj* economic; (*sparsam*) economical

wirtschaftliche Nutzung ['virtʃaftliçə 'nutsuŋ] *f* economic use

Wirtschaftlichkeit ['virtʃaftliçkait] *f* economic efficiency, profitability

Wirtschaftsabkommen ['virtʃaftsapkomən] *n* trade agreement

Wirtschaftsanalyse ['virtʃaftsanalyːzə] *f* economic analysis

Wirtschaftsaufschwung ['virtʃaftsaufʃvuŋ] *m* economic recovery

Wirtschaftsembargo ['virtʃaftsɛmbargo] *n* economic embargo

Wirtschaftsexperte ['virtʃaftsɛkspɛrtə] *m* economic expert

Wirtschaftsexpertin ['virtʃaftsɛkspɛrtin] *f* (female) economic expert

Wirtschaftsförderung ['virtʃaftsfœrdəruŋ] *f* measures to spur the economy *pl*

Wirtschaftsgemeinschaft ['virtʃaftsgəmainʃaft] *f* economic community

Wirtschaftsgut ['virtʃaftsguːt] *n* economic goods *pl*

Wirtschaftshilfe ['virtʃaftshilfə] *f* economic aid, economic assistance

Wirtschaftsinformatik ['virtʃaftsinfɔrmaːtik] *f* business data processing

Wirtschaftsjahr ['virtʃaftsjaːɐ] *n* business year

Wirtschaftskreislauf ['virtʃaftskraislauf] *m* economic process

Wirtschaftskriminalität ['virtʃaftskriminaliteːt] *f* white-collar crime

Wirtschaftskrise ['virtʃaftskriːzə] *f* economic crisis

Wirtschaftsministerium ['virtʃaftsministeːrjum] *n* Ministry of Economics

Wirtschaftsordnung ['virtʃaftsɔrdnuŋ] *f* economic order

Wirtschaftsplan ['virtʃaftsplaːn] *m* economic plan

Wirtschaftspolitik ['virtʃaftspolitiːk] *f* economic policy

wirtschaftspolitisch ['virtʃaftspoliːtiʃ] *adj* economic; ~e Zusammenarbeit economic policy cooperation

Wirtschaftsprüfer(in) ['virtʃaftspryːfɐ(rin)] *m/f* auditor, chartered accountant

W

Wirtschaftsprüfung [ˈvɪrtʃaftsspryːfʊŋ] *f* auditing

Wirtschaftsrecht [ˈvɪrtʃaftsrɛçt] *n* economic law

Wirtschaftssanktionen [ˈvɪrtʃaftszaŋktsjoːnən] *f/pl* economic sanctions *pl*

Wirtschaftsunion [ˈvɪrtʃaftsunjoːn] *f* economic union

Wirtschaftswachstum [ˈvɪrtʃaftsvakstuːm] *n* growth of the economy, economic growth, expansion of business activity

Wirtschaftswissenschaften [ˈvɪrtʃaftsvɪsənʃaftən] *f/pl* economics

Wirtschaftswunder [ˈvɪrtʃaftsvundɐ] *n* German economic miracle

Wirtschaftszweig [ˈvɪrtʃaftstsvaɪk] *m* economic sector, branch of industry

wissen [ˈvɪsən] *v irr* know

Wissen [ˈvɪsən] *n* knowledge

Wissenschaft [ˈvɪsənʃaft] *f* science

wissenschaftlich [ˈvɪsənʃaftlɪç] *adj* scientific; *adv* scientifically

Wissensmanagement [ˈvɪsənsmænɪdʒmənt] *n* knowledge management

WLAN [ˈveːlaːn] *n* Wi-Fi

Wochenarbeitszeit [ˈvɔxənarbaɪtstsaɪt] *f* standard weekly hours *pl*

Wochenausweis [ˈvɔxənausvaɪs] *m* weekly return

Wochenbericht [ˈvɔxənbərɪçt] *m* weekly report

Wochenlohn [ˈvɔxənloːn] *m* weekly wage, weekly pay

Wochenplaner [ˈvɔxənplaːnɐ] *m* weekly planner

wöchentlich [ˈvœçəntlɪç] *adj* weekly; *adv* weekly, every week

Wohlfahrt [ˈvoːlfaːrt] *f* welfare

Wohlfahrtsökonomie [ˈvoːlfaːrtsøkonomiː] *f* welfare economics

Wohlfahrtsstaat [ˈvoːlfaːrtsʃtaːt] *m* welfare state

Wohlstand [ˈvoːlʃtant] *m* prosperity, wealth, affluence

Wohlstandsgesellschaft [ˈvoːlʃtantsgəzɛlʃaft] *f* affluent society

Wohneigentumsförderung [ˈvoːnaɪgəntumsfœrdəruŋ] *f* promotion of residential property

Wohngeld [ˈvoːngɛlt] *n* accommodation allowance, housing benefit

Wohnungsbau [ˈvoːnuŋsbau] *m* housing construction

Wohnungsbauförderung [ˈvoːnuŋsbaufœrdəruŋ] *f* promotion of housing construction

Workstation [ˈwɜːksteɪʃn] *f* work station

World Wide Web (WWW) [wɜːld waɪdˈweb] *n* world wide web (WWW)

Wucherpreis [ˈvuːxərpraɪs] *m* exorbitant price

Wucherverbot [ˈvuːxərfɛrboːt] *n* prohibition of usurious money-lending

Wuchsaktie [ˈvuksaktsjə] *f* growth share

W

X/Y/Z

XYZ-Analyse [ɪksypsilɔn'tsɛtana'ly:zə] *f* XYZ analysis

Zahl [tsa:l] *f* **1.** number; *rote ~en schreiben* to be in the red; *schwarze ~en schreiben* to be in the black; **2.** *(Ziffer)* figure

zahlbar ['tsa:lba:ɐ] *adj* payable

zahlbar bei Ablieferung (POD) ['tsa:lba:r baɪ 'apli:fərʊŋ] *adv* payable on delivery (POD)

zahlbar bei Verschiffung (COS) ['tsa:lba:r baɪ fɛr'ʃɪfʊŋ] *adv* cash on shipment (COS)

zahlen ['tsa:lən] *v* **1.** pay; *~!* The bill, please! The check, please! *(US)*; **2.** effect, make payment

zählen ['tsɛ:lən] *v* count

Zahlenregister ['tsa:lənrɛgɪstɐ] *n* numbered index

Zähler ['tsɛ:lɐ] *m* *(Messgerät)* meter, counter

Zahlkarte ['tsa:lkartə] *f* Giro inpayment form

Zahlschein ['tsa:lʃaɪn] *m* payment slip

Zahlstelle ['tsa:lʃtɛlə] *f* payments office

Zahltag ['tsa:lta:k] *m* payday

Zahlung ['tsa:lʊŋ] *f* payment

Zahlung bei Auftragserteilung (CWO) ['tsa:lʊŋ baɪ 'aʊftra:ksɛrtaɪlʊŋ] cash with order (CWO)

Zahlung gegen Dokumente (CAD) ['tsa:lʊŋ 'ge:gən doku'mɛntə] cash against documents (CAD)

Zahlung per Nachnahme (COD) ['tsa:lʊŋ pɛr 'na:xna:mə] cash on delivery (COD)

Zahlungsabkommen ['tsa:lʊŋsapkɔmən] *n* payments agreement

Zahlungsanweisung ['tsa:lʊŋsanvaɪzʊŋ] *f* order for payment

Zahlungsaufforderung ['tsa:lʊŋsaʊffɔrdərʊŋ] *f* request for payment

Zahlungsaufschub ['tsa:lʊŋsaʊfʃu:p] *m* extension of credit

Zahlungsauftrag ['tsa:lʊŋsaʊftra:k] *m* order for payment

Zahlungsavis ['tsa:lʊŋsavi:s] *n/m* advice of payment

Zahlungsbedingungen ['tsa:lʊŋsbədɪŋʊŋən] *f/pl* terms of payment *pl*

Zahlungsbefehl ['tsa:lʊŋsbəfe:l] *m* order for payment

Zahlungsbefreiung ['tsa:lʊŋsbəfraɪʊŋ] *f* exemption from payment

Zahlungsbilanz ['tsa:lʊŋsbɪlants] *f* balance of payments

Zahlungsbilanzdefizit [tsa:lʊŋsbilants'defitsɪt] *n* balance of payments deficit

Zahlungsbilanzgleichgewicht [tsa:lʊŋsbilants'glaɪçgəvɪçt] *n* balance of payments equilibrium

Zahlungsbilanzstatistik [tsa:lʊŋsbilants'ʃtatɪstɪk] *f* statistic on the balance of payments

Zahlungsbilanzüberschuss [tsa:lʊŋsbilants'y:bərʃus] *m* balance of payments surplus

Zahlungseinstellung ['tsa:lʊŋsaɪnʃtɛlʊŋ] *f* suspension of payments

Zahlungsempfänger(in) ['tsa:lʊŋsɛmpfɛŋɐ(rɪn)] *m/f* payee

Zahlungserinnerung ['tsa:lʊŋsɛrɪnərʊŋ] *f* reminder, collection reminder

zahlungsfähig ['tsa:lʊŋsfɛ:ɪç] *adj* solvent, able to pay

Zahlungsfähigkeit ['tsa:lʊŋsfɛ:ɪçkaɪt] *f* solvency

Zahlungsform ['tsa:lʊŋsfɔrm] *f* payment system

Zahlungsfrist ['tsalʊŋsfrɪst] *f* time allowed for payment, term of payment

zahlungskräftig ['tsa:lʊŋskrɛftɪç] *adj* solvent

Zahlungsmittel ['tsa:lʊŋsmɪtəl] *n* means of payment

Zahlungsmittelumlauf ['tsa:lʊŋsmɪtlumlauf] *m* notes and coins in circulation

zahlungspflichtig ['tsa:lʊŋspflɪctɪç] *adj* liable to pay

Zahlungsrisiko ['tsa:lʊŋsri:ziko] *n* payment risk

Zahlungsrückstand ['tsa:lʊŋsrykʃtant] *m* payment in arrears

X
Y
Z

Zahlungsschwierigkeit [ˈtsaːluŋsʃviːrɪçkaɪt] *f* financial difficulties *pl*

Zahlungssitte [ˈtsaːluŋszɪtə] *f* payment habit

Zahlungsstockung [ˈtsaːluŋsʃtɔkuŋ] *f* liquidity crunch

Zahlungstermin [ˈtsaːluŋstɛrmiːn] *m* date of payment

zahlungsunfähig [ˈtsaːluŋsunfɛːɪç] *adj* insolvent, unable to pay

Zahlungsunfähigkeit [ˈtsaːluŋsunfɛːɪçkaɪt] *f* insolvency, inability to pay

Zahlungsverkehr [ˈtsaːluŋsfɛrkeːɐ] *m* payment transaction

Zahlungsverzug [ˈtsaːluŋsfɛrtsuːk] *m* failure to pay on due date

Zahlungsweise [ˈtsaːluŋsvaɪzə] *f* payment method

Zahlungsziel [ˈtsaːluŋstsiːl] *n* period for payment

Zahlung unter Protest [ˈtsaːluŋ ˈuntər proˈtɛst] payment supra protest

Zedent [tseˈdɛnt] *m* assignor

Zehnerklub [ˈtseːnərkluːp] *f* club of ten

Zeichen [ˈtsaɪçən] *n* character, symbol

zeichnen [ˈtsaɪçnən] *v (unterschreiben)* sign, *(fig)* subscribe; *(entwerfen)* design

Zeichnung [ˈtsaɪçnuŋ] *f* subscription

zeichnungsberechtigt [ˈtsaɪçnuŋsbəˌrɛçtɪçt] *adj* authorized to sign

Zeichnungsberechtigung [ˈtsaɪçnuŋsbərɛçtɪguŋ] *f* authorisation to sign

Zeichnungsfrist [ˈtsaɪçnuŋsfrɪst] *f* subscription period

Zeichnungsschein [ˈtsaɪçnuŋsʃaɪn] *m* subscription form

Zeichnungsvollmacht [ˈtsaɪçnuŋsfɔlmaxt] *f* authority to sign

Zeitabschreibung [ˈtsaɪtapʃraɪbuŋ] *f* depreciation per period

Zeitarbeit [ˈtsaɪtarbaɪt] *f* temporary work

Zeitaufwand [ˈtsaɪtaufvant] *m* expenditure of time

Zeitdruck [ˈtsaɪtdruk] *m* deadline pressure, time pressure

Zeiteinteilung [ˈtsaɪtaɪntaɪluŋ] *f (Zeitplan)* time plan

Zeitersparnis [ˈtsaɪtɛrʃpaːrnɪs] *f* time saved

zeitgemäß [ˈtsaɪtgəmɛːs] *adj* timely, up to date, modern

Zeitguthaben [ˈtsaɪtguːthaːbən] *n (bei gleitender Arbeitszeit)* time credit

Zeitkauf [ˈtsaɪtkauf] *m* sale on credit terms

Zeitlohn [ˈtsaɪtloːn] *m* time wages *pl*

Zeitraum [ˈtsaɪtraum] *m* space of time, period

Zeitstudie [ˈtsaɪtʃtuːdjə] *f* time study

Zeitungsinserat [ˈtsaɪtuŋsɪnzəraːt] *n* newspaper advertisement

Zeitverschwendung [ˈtsaɪtfɛrʃvenduŋ] *f* waste of time

Zeitvertrag [ˈtsaɪtfɛrtraːk] *m* fixed-term contract, fixed-duration contract, short-term contract

Zeitwert [ˈtsaɪtveːrt] *m* current market value

Zentiliter [ˈtsɛntiliːtɐ] *m* centilitre

Zentimeter [ˈtsɛntimeːtɐ] *m* centimetre, centimeter *(US)*

Zentner [ˈtsɛntnɐ] *m* hundredweight

Zentnergewicht [ˈtsɛntnərgəvɪçt] *n* metric hundredweight

zentral [tsɛnˈtraːl] *adj* central; *adv* centrally

Zentralbank [tsɛnˈtraːlbaŋk] *f* central bank

Zentralbankgeld [tsɛnˈtraːlbaŋkgɛlt] *n* central bank money

Zentralbankpräsident(in) [tsɛnˈtraːlbaŋkprɛzidɛnt(ɪn)] *m/f* President of the Central Bank

Zentralbankrat [tsɛnˈtraːlbaŋkraːt] *m* Central Bank Council

Zentralbankstatus [tsɛnˈtraːlbaŋkʃtaːtus] *m* status of the Central Bank

Zentrale [tsɛnˈtraːlə] *f* central office, head office, headquarters *pl*

Zentraleinkauf [tsɛnˈtraːlaɪnkauf] *m* centralized purchasing

Zentralisation [tsɛntralisaˈtsjoːn] *f* centralization

zentralisieren [tsɛntraliˈziːrən] *v* centralize

Zentralisierung [tsɛntraliˈsiːruŋ] *f* centralization

Zentralkasse [tsɛnˈtraːlkasə] *f* central credit institution

Zentralverband [tsɛnˈtraːlfɛrbant] *m* central federation, national federation, national association

Zerobond [ˈzeːrobɔnt] *m* zero bond

X
Y
Z

Zertifikat [tsɛrtifiˈkaːt] *n* certificate
zertifizierte Bonds [tsɛrtifiˈtsiːrtə bɔnts] *m/pl* certified bonds *pl*
Zession [tsɛˈsjoːn] *f* assignment
Zessionar(in) [tsɛsjoˈnaːr(ɪn)] *m/f* assignee
Zessionskredit [tsɛˈsjoːnskrediːt] *m* advance on receivables
Zeugenaussage [ˈtsɔygənauszaːgə] *f* evidence, testimony
Zeugnis [ˈtsɔyknɪs] *n* testimonial, letter of reference
Ziehung [ˈtsiːuŋ] *f* drawing
Ziehungsrechte [ˈtsiːuŋsrɛçtə] *n/pl* drawing rights *pl*
Ziel [tsiːl] *n (fig: Absicht)* aim, purpose, objective
Zielgruppe [ˈtsiːlgrupə] *f* target group
Zielhierarchie [ˈtsiːlhierarçiː] *f* hierarchy of goals
Zielkauf [ˈtsiːlkauf] *m* purchase on credit
Zielkosten [ˈtsiːlkɔstən] *pl* target costs *pl*
Zielkostenrechnung [ˈtsiːlkɔstənrɛçnuŋ] *f* target cost accounting
Zielpreis [ˈtsiːlprais] *m* target price; norm price
Zielvorgabe [ˈtsiːlfoːrgaːbə] *f* objective, target
Zinsänderungsrisiko [ˈtsɪnsɛndəruŋsriːziko] *n* risk of change in interest rates
Zinsanleihe [ˈtsɪnsanlaiə] *f* (fixed) interest security
Zinsarbitrage [ˈtsɪnsarbitraːʒə] *f* interest rate arbitrage
Zinsbesteuerung [ˈtsɪnsbəʃtɔyəruŋ] *f* taxation of interest
Zinsbindung [ˈtsɪnsbɪnduŋ] *f* interest rate control
Zins bringend [ˈtsɪns brɪngənt] *adj* interest-bearing
Zinselastizität [ˈtsɪnselastitsiːtɛt] *f* interest elasticity
Zinsen [ˈtsɪnzən] *m/pl* interest, interests *pl*
Zinsendienst [ˈtsɪnzəndiːnst] *m* interest service
Zinserhöhung [ˈtsɪnsɛrhøːuŋ] *f* interest rate increase
Zinserleichterung [ˈtsɪnsɛrlaiçtəruŋ] *f* reduction of interest

Zinsertrag [ˈtsɪnsɛrtraːk] *m* income from interest
Zinseszins [ˈtsɪnzəstsɪns] *m* compound interest
Zinseszinsrechnung [ˈtsɪnzəstsɪnsrɛçnuŋ] *f* calculation of compound interest
Zinsfuß [ˈtsɪnsfuːs] *m* interest rate
Zinsgarantie [ˈtsɪnsgarantiː] *f* guaranteed interest
Zinsgefälle [ˈtsɪnsgəfɛlə] *n* gap between interest rates, margin between interest rates
Zinskappe [ˈtsɪnskapə] *f* cap rate of interest
Zinskappenvereinbarung [ˈtsɪnskapənfɛrainbaːruŋ] *f* cap rate of interest agreement
zinslos [ˈtsɪnsloːs] *adj* interest-free, non-interest-bearing
zinsloses Darlehen [ˈtsɪnsloːzəs ˈdaːrleːən] *n* interest-free loan
Zinsmarge [ˈtsɪnsmarʒə] *m* interest margin
Zinsniveau [ˈtsɪnsnivoː] *n* interest rate level
Zinsparität [ˈtsɪnsparitɛːt] *f* interest parity
Zinspolitik [ˈtsɪnspolitiːk] *f* interest rate policy
Zinsrückstand [ˈtsɪnsrykʃtant] *m* arrears on interests
Zinssatz [ˈtsɪnszats] *m* interest rate, rate of interest
Zinsschein [ˈtsɪnsʃain] *m* coupon
Zinssenkung [ˈtsɪnszɛŋkuŋ] *f* interest rate decrease, reduction of interest
Zinsspanne [ˈtsɪnsʃpanə] *f* interest margin
Zinsstabilität [ˈtsɪnsʃtabilitɛːt] *f* interest rate stability
Zinsstaffel [ˈtsɪnsʃtafəl] *f* interest rate table
Zinsstruktur [ˈtsɪnsʃtruktuːɐ] *f* interest rate structure
Zinsswap [ˈtsɪnsswɔp] *m* interest rate swap
Zinstage [ˈtsɪnstaːgə] *m/pl* quarter days *pl*
Zinstender [ˈtsɪnstɛndɐ] *m* interest tender
Zinstermin [ˈtsɪnstɛrmiːn] *m* interest payment date

X
Y
Z

Zinstheorie [ˈtsɪnsteoriː] *f* theory of interest

Zinsüberschuss [ˈtsɪnsyːbərʃus] *m* interest surplus

zinsvariable Anleihe [ˈtsɪnsvarjablə ˈanlaɪə] *f* loan at variable rates

Zinsverlust [ˈtsɪnsfɛrlust] *m* interest loss

Zinswettbewerb [ˈtsɪnsvɛtbəvɛrp] *m* interest rate competition

Zinswucher [ˈtsɪnsvuːɐ] *m* usury

Zirkulation [tsɪrkulaˈtsjoːn] *f* circulation

zitieren [tsiˈtiːrən] *v* summon

Zivilprozessordnung (ZPO) [tsiviːlproˈtsɛsɔrdnuŋ] *f* Code of Civil Procedure

Zivilrecht [tsiˈviːlrɛçt] *n* civil law

Zoll [tsɔl] *m* **1.** *(Behörde)* customs *pl*; **2.** *(Maßeinheit)* inch; **3.** *(Gebühr)* customs duty, duty

Zollabfertigung [ˈtsɔlapfɛrtɪguŋ] *f* customs clearance

Zollabkommen [ˈtsɔlapkɔmən] *n* customs convention

Zollamt [ˈtsɔlamt] *n* customs office

Zollausland [ˈtsɔlauslant] *n* countries outside the customs frontier

Zollbeamte(r) [ˈtsɔlbəamtə(-ɐ)] *f/m* customs official, customs officer

Zollbereich [ˈtsɔlbəraɪç] *m* customs matters *pl*

Zolleinfuhrschein [tsɔlˈaɪnfuːrʃaɪn] *m* bill of entry

Zollerklärung [ˈtsɔlɛrklɛːruŋ] *f* customs declaration

Zollfaktura [ˈtsɔlfaktuːra] *f* customs invoice

zollfrei [ˈtsɔlfraɪ] *adj* duty-free

Zollgebiet [ˈtsɔlgəbiːt] *n* customs territory

Zollgebühren [ˈtsɔlgəbyːrən] *f/pl* customs duties *pl*

Zollgrenze [ˈtsɔlgrɛntsə] *f* customs frontier

Zollinland [tsɔlˈɪnlant] *n* domestic customs territory

Zollkontrolle [ˈtsɔlkontrɔlə] *f* customs control, customs inspection

Zolllager [ˈtsɔllaːgɐ] *n* customs warehouse, bonded warehouse

Zolllagerung [ˈtsɔllaːgəruŋ] *f* customs warehouse procedure

Zollpapiere [ˈtsɔlpapiːrə] *n/pl* customs documents *pl*

zollpflichtig [ˈtsɔlpflɪçtɪç] *adj* dutiable, subject to customs

Zollstation [ˈtsɔlʃtatsjoːn] *f* customs post, customs office

Zolltarif [ˈtsɔltariːf] *m* customs tariff

Zollunion [ˈtsɔlunjoːn] *f* customs union

Zollverkehr [ˈtsɔlfɛrkeːɐ] *m* customs procedure

Zollverschluss [ˈtsɔlfɛrʃlus] *m* customs seal

Zollvertrag [ˈtsɔlfɛrtraːk] *m* customs agreement

Zone [ˈtsoːnə] *f* zone

Zug um [tsuːk um] concurrent

Zugabe [ˈtsuːgaːbə] *f* extra, bonus

Zugang [ˈtsuːgaŋ] *m (Warenzugang)* supply, receipt

Zugriffsberechtigung [ˈtsuːgrɪfsbəreçtɪguŋ] *f EDV* access authorisation

Zukunftswert [ˈtsuːkunftsveːrt] *m* future bonds *pl*

Zulage [ˈtsuːlaːgə] *f* additional pay, bonus; *(Gehaltserhöhung)* rise *(UK)*, raise *(US)*

zulässig [ˈtsuːlɛsɪç] *adj* permissible, allowed, admissible

Zulassung [ˈtsuːlasuŋ] *f* admission; *(eines Autos)* registration

Zulassungsbeschränkung [ˈtsuːlasuŋsbəʃrɛŋkuŋ] *f* restricted admission

Zulassungsstelle [ˈtsuːlasuŋsʃtɛlə] *f* registration office

zu Lasten [tsu ˈlastən] chargeable to

Zulauf [ˈtsuːlauf] *m* popularity; *großen ~ haben* to be very popular, to be in great demand

Zulieferbetrieb [ˈtsuːliːfərbətriːp] *m* component producer

Zulieferer [ˈtsuːliːfərɐ] *m* supplier, component supplier, subcontractor

Zulieferung [ˈtsuːliːfəruŋ] *f* supply

Zunahme [ˈtsuːnaːmə] *f* increase, growth, rise

Zuname [ˈtsuːnaːmə] *m* family name, surname

zunehmen [ˈtsuːneːmən] *v irr* increase, grow, rise

zur Ansicht [tsuːr ˈanzɪçt] on approval

zurückerstatten [tsuˈrykɛrʃtatən] *v* refund, pay back, reimburse

X
Y
Z

zurückfordern [tsuˈrykfɔrdɐn] *v etw ~* ask for sth back, demand sth back

zurückgestaute Inflation [ˈtsurykgə-ʃtautə ɪnflaˈtsjoːn] *f* pent-up inflation

zurückgewinnen [tsuˈrykgəvɪnən] *v irr* win back, regain, recoup

zurückrufen [tsuˈrykruːfən] *v irr (eine bereits ausgelieferte Ware)* call back

zurücktreten [tsuˈryktreːtən] *v irr (Rücktritt erklären)* resign, retire

zurückweisen [tsuˈrykvaɪzən] *v irr* reject, refuse

zurückzahlen [tsuˈryktsaːlən] *v* pay back, repay

Zurückzahlung [tsuˈryktsaːluŋ] *f* repayment

Zusage [ˈtsuːzaːgə] *f (Verpflichtung)* commitment; *(Versprechen)* promise

zusagen [ˈtsuːzaːgən] *v* confirm; *(versprechen)* promise

Zusammenarbeit [tsuˈzamənarbaɪt] *f* cooperation, collaboration

zusammenarbeiten [tsuˈzamənarbaɪtən] *v* work together, cooperate, collaborate, act in concert, team up

Zusammenbau [tsuˈzamənbau] *m* assembly

zusammenbauen [tsuˈzamənbauən] *v* assemble

zusammenfassen [tsuˈzamənfasən] *v* sum up, summarize

zusammenschließen [tsuˈzamənʃliːsən] *v irr sich ~* get together, team up

Zusammenschluss [tsuˈzamənʃlus] *m* union, alliance, merger

Zusammensetzung [tsuˈzamənzɛtsuŋ] *f* composition, make-up, construction

zusammenstellen [tsuˈzamənʃtɛlən] *v (fig)* make up, put together, combine; *(Daten)* compile

Zusatzaktie [ˈtsuːzatsaktsjə] *f* bonus share

Zusatzkapital [ˈtsuːzatskapitaːl] *n* additional capital

Zusatzkosten [ˈtsuːzatskɔstən] *pl* additional cost

Zusatzverkauf [ˈtsuːzatsfɛrkauf] *m* additional sale

Zusatzversicherung [ˈtsuːzatsfɛrzɪçəruŋ] *f* additional insurance

Zuschlag [ˈtsuːʃlaːk] *m* extra charge, surcharge, addition

Zuschlagskalkulation [ˈtsuːʃlaːkskalkulatsjoːn] *f* job order costing

zuschlagspflichtig [ˈtsuːʃlaːkspflɪçtɪç] *adj* subject to a supplementary charge

Zuschlagssatz [ˈtsuːʃlaːkszats] *m* costing rate

Zuschrift [ˈtsuːʃrɪft] *f* letter

Zuschuss [ˈtsuːʃus] *m* allowance, contribution, subsidy

zusetzen [ˈtsuːzɛtsən] *v Geld ~* lose money

Zusicherung [ˈtsuːzɪçəruŋ] *f* assurance, guarantee

zustellen [ˈtsuːʃtɛlən] *v (liefern)* deliver, hand over

Zusteller(in) [ˈtsuːʃtɛlɐ(rɪn)] *m/f* deliverer; *(Postbote)* letter carrier, postman/postwoman, mailman

Zustellgebühr [ˈtsuːʃtɛlgəbyːɐ] *f* delivery fee, delivery charge

Zustellung [ˈtsuːʃtɛluŋ] *f* delivery

Zustimmung [ˈtsuːʃtɪmuŋ] *f* consent

Zuteilung [ˈtsuːtaɪluŋ] *f* allocation

Zuteilungsrechte [ˈtsuːtaɪluŋsrɛçtə] *n/pl* allotment right

zu treuen Händen [tsu ˈtrɔyən ˈhɛndən] for safekeeping

zuverlässig [ˈtsuːfɛrlɛsɪç] *adj/adv* reliable

Zuwachs [ˈtsuːvaks] *m* growth

Zuwachsrate [ˈtsuːvaksraːtə] *f* growth rate

zuweisen [ˈtsuːvaɪzən] *v irr* assign, allocate, allot

Zuweisung [ˈtsuːvaɪzuŋ] *f* assignment, transfer from profits

Zuwendung [ˈtsuːvɛnduŋ] *f (Geldbeitrag)* grant, contribution, donation

zuwiderhandeln [tsuˈviːdərhandəln] *v einer Sache ~* act contrary to sth, go against sth; *(einer Vorschrift)* violate

Zuzahlung [ˈtsuːtsaːluŋ] *f* additional contribution

zuzüglich [ˈtsutsyːklɪç] *prep* plus

Zwangsabgabe [ˈtsvaŋsapgaːbə] *f* compulsory charge

Zwangsanleihe [ˈtsvaŋsanlaɪə] *f* compulsory loan

Zwangsgeld [ˈtsvaŋsgɛlt] *n* enforcement fine

Zwangsmittel [ˈtsvaŋsmɪtəl] *n/pl* enforcement measures *pl*

Zwangssparen [ˈtsvaŋsʃpaːrən] *n* compulsory saving

Zwangsvergleich [ˈtsvaŋsfɛrglaɪç] *m* legal settlement in bankruptcy

Zwangsverkauf [ˈtsvaŋsfɛrkauf] *m* forced sale

Zwangsversteigerung [ˈtsvaŋsfɛrʃtaɪgərʊŋ] *f* compulsory auction

Zwangsvollstreckung [ˈtsvaŋsfɔlʃtrɛkuŋ] *f* enforcement, compulsory execution, levy upon property

zweckentfremden [ˈtsvɛkɛntfrɛmdən] *v* misappropriate, redesignate, misuse

Zweckentfremdung [ˈtsvɛkɛntfrɛmduŋ] *f* misappropriation, misuse

zweckgebunden [ˈtsvɛkgəbundən] *adj* earmarked, appropriated, bound to a specific purpose

Zweckgemeinschaft [ˈtsvɛkgemaɪnʃaft] *f* partnership of convenience

zweckmäßig [ˈtsvɛkmɛːsɪç] *adj* expedient, practical, proper

Zwecksparen [ˈtsvɛkʃpaːrən] *n* target saving

Zweigniederlassung [ˈtsvaɪkniːdərlasuŋ] *f* branch

Zweigstelle [ˈtsvaɪkʃtɛlə] *f* branch office, branch

Zweitnutzen [ˈtsvaɪtnutsən] *m* secondary benefit

Zwischenaktionär [ˈtsvɪʃənaktsjoneːɐ] *m* interim shareholder

Zwischenbericht [ˈtsvɪʃənbərɪçt] *m* interim report

Zwischenbilanz [ˈtsvɪʃənbɪlants] *f* interim results *pl,* interim balance sheet

Zwischenfinanzierung [ˈtsvɪʃənfinantsiːruŋ] *f* interim financing

Zwischengesellschaft [ˈtsvɪʃəngəzɛlʃaft] *f* intermediate company

Zwischenhändler(in) [ˈtsvɪʃənhɛndlɐ(rɪn)] *m/f* middleman, intermediate dealer

Zwischenkonto [ˈtsvɪʃənkɔnto] *n* interim account

Zwischenkredit [ˈtsvɪʃənkrediːt] *m* interim loan, intermediate loan

Zwischenlager [ˈtsvɪʃənlaːgɐ] *n* intermediate inventory

Zwischenschein [ˈtsvɪʃənʃaɪn] *m* provisional receipt

Zwischensumme [ˈtsvɪʃənzymə] *f* subtotal

Zwischenzinsen [ˈtsvɪʃəntsɪnzən] *m/pl* interim interest

zyklisch [ˈtsyːklɪʃ] *adj* cyclical, cyclic

Zyklus [ˈtsyːklus] *m* cycle

X Y Z

Begriffe und Wendungen

1. Unternehmen und Management

Lines and Forms of Business	Branchen und Unternehmensformen
We have invested heavily in the **mining industry** in South Africa.	Wir haben in großem Umfang in die **Montanindustrie** Südafrikas investiert.
Coal mines in Yorkshire provide much of Britain's coal.	**Kohlenbergwerke** in Yorkshire liefern einen großen Teil der britischen Kohle.
The **north sea oil industry** has raised oil prices.	Die **Nordseeölindustrie** hat die Ölpreise erhöht.
The majority of our electricity comes from the **coal-fired power station** you drove past on your way here.	Der Großteil unserer Elektrizität kommt von dem **Kohlekraftwerk**, an dem Sie auf dem Weg hierher vorbeigefahren sind.
We are trying to close a deal for cheap electricity from the **nuclear power station** nearby.	Wir versuchen einen Handel mit dem nahegelegenen **Atomkraftwerk** abzuschließen, um billige Elektrizität zu bekommen.
We buy our barley direct from several different **farmers** in the area.	Wir kaufen unsere Gerste direkt bei einigen **Bauern** aus der Gegend.
The agricultural crisis is effecting the **brewing industry**.	Die Agrarkrise wirkt sich in der **Brauereiindustrie** aus.
Our **paper processing business** is dependent upon the **forestry industry**.	Unsere **Papier verarbeitende Industrie** hängt von der **Holzindustrie** ab.
Our factory **reprocesses** fish by-products to produce fertilizer.	Unsere Fabrik **verarbeitet** Fischabfälle zur Produktion von Düngemitteln.

In the seventies, Maurice Motors was one of the most notable car manufacturers in Europe.

In den siebziger Jahren war Maurice Motors einer der namhaftesten Autohersteller in Europa.

We have good business relations with the manufacturer of our components.

Wir haben gute Geschäftsbeziehungen mit dem Hersteller unserer Einzelteile.

Many of our manufactured articles are exported to other EU nations.

Viele unserer Fabrikate werden in andere EU-Staaten exportiert.

We are a long-established insurance company with many years' experience behind us.

Wir sind eine alteingesessene Versicherung mit langjähriger Erfahrung.

I think that the JA Bank can offer us the best deal for our company account.

Ich glaube, dass die JA Bank uns das beste Angebot für unser Firmenkonto machen kann.

The most successful mail order business in Britain for 2012 was Warmers Catalogues.

Das erfolgreichste Versandhandelsunternehmen in Großbritannien war 2012 Warmers Catalogues.

We have got in touch with the publishers regarding our "Millennium Catalogue".

Wir haben mit dem Verlag wegen unseres „Millennium Katalogs" Kontakt aufgenommen.

In our line of business, one must be prepared to move with the times.

In unserer Branche muss man darauf vorbereitet sein mit der Zeit zu gehen.

I need to get in contact with an accounting firm.

Ich muss mit einer Buchhaltungsfirma Kontakt aufnehmen.

The advertising company that we use has always produced satisfactory results in the past.

Die Werbefirma, mit der wir arbeiten, hat in der Vergangenheit immer zufrieden stellende Ergebnisse geliefert.

My firm of solicitors was founded in 1997.

Meine Anwaltskanzlei wurde 1997 gegründet.

Unternehmen

I will have to consult my solicitor.

Ich werde meinen **Anwalt** konsultieren müssen.

As a marketing company, we feel that relations with our customers are important.

Wir glauben, dass für uns als **Marketingunternehmen** das Verhältnis zu unseren Kunden entscheidend ist.

Our firm of management consultants advises companies of ways to increase production through improved management.

Unsere **Unternehmensberatungs-firma** berät Unternehmen, wie sie ihre Produktion durch verbessertes **Management** steigern können.

Part of our service as a computer consultancy is free follow-up advice to customers, via e-mail.

Ein Teil unseres **Services** als **EDV-Berater** ist es, unseren Kunden anschließend umsonst per E-mail Ratschläge zu geben.

We are considering referring the problem to an I.T. (Information Technology) consultancy firm.

Wir erwägen hinsichtlich dieses Problems eine **EDV-Beratungsfirma** hinzuzuziehen.

Our head office is in Liverpool.

Unser **Hauptbüro** ist in Liverpool.

Our headquarters are located in Camberwell, London.

Unsere **Zentrale** ist in Camberwell in London.

Our business began in the eighteenth century as a small group of craft traders.

Unser Unternehmen entstand im achtzehnten Jahrhundert aus einer kleinen Gruppe von **Handwerkern**.

Our family has been involved in this business for centuries.

Unsere Familie ist seit Jahrhunderten an diesem Unternehmen beteiligt.

Our ancestors were guildsmen in the middle ages.

Unsere Vorfahren waren im Mittelalter **Mitglieder einer Zunft**.

We are only a small enterprise.

Wir sind nur ein **Kleinbetrieb**.

Our company name plate until recently contained the family coat of arms.

Unser **Firmenschild** enthielt bis vor kurzem noch unser Familien-wappen.

As a **medium size enterprise,** we are proud of our friendly working atmosphere.

Als **mittelständischer Betrieb** sind wir stolz auf unser freundliches Arbeitsklima.

My father used to be the **sole owner** of our company.

Früher war mein Vater der **Allein-eigentümer** unseres Unternehmens.

Our **company name** is a combination of the names of our **co-founders.**

Unser **Firmenname** ist eine Kombination der Namen der **Mitbegründer.**

Could I please speak to the **proprietor**?

Könnte ich bitte den **Besitzer** sprechen?

The **factory owner** is away on business.

Der **Fabrikeigentümer** ist geschäftlich unterwegs.

The **parent company** of the TEHV group is today an extremely profitable enterprise.

Die **Muttergesellschaft** der TEHV Gruppe ist heute ein enorm profitables Unternehmen.

Our **holding company** was founded in 1997.

Unsere **Dachgesellschaft** wurde 1997 gegründet.

Our company is **based** in Britain, but we have factories and outlets all over the world.

Unser Unternehmen hat seinen **Unternehmenssitz** in Großbritannien, aber wir haben Fabriken und Verkaufsstellen auf der ganzen Welt.

We have **branches** all over the world. Our most important **branches abroad** are in Brazil and Mexico.

Wir haben **Filialen** auf der ganzen Welt. Unsere wichtigsten **Auslandsniederlas-sungen** sind in Brasilien und Mexiko.

They are one of the largest **multina-tionals** in the world.

Sie sind eines der größten **multinatio-nalen Unternehmen** auf der ganzen Welt.

Our most notable **agency abroad** is based in Canada.

Unsere namhafteste **Auslands-vertretung** hat ihren Geschäftssitz in Kanada.

TEHV is a **multinational group.**

TEHV ist ein **multinationaler Konzern.**

The private sector in the USA is much stronger than the public sector.	Der private Sektor ist in den USA sehr viel stärker als der öffentliche Sektor.
We have only limited liability in the event of bankruptcy.	Im Falle eines Bankrotts übernehmen wir nur beschränkte Haftung.
SIDA is a private limited liability company.	SIDA ist eine Gesellschaft mit beschränkter Haftung.
We became a public limited company in 1993 (US: incorporated company).	Wir wurden 1993 zu einer Aktiengesellschaft umgewandelt.
I have sent our major share-holders our sales figures for 2013.	Ich habe unseren Großaktionären die Verkaufszahlen für 2013 geschickt.
The shareholders meeting is due to take place next week.	Die Aktionärsversammlung ist für nächste Woche geplant.
How many will attend the annual general meeting (AGM)?	Wie viele Teilnehmer wird die Jahreshauptversammlung haben?
Our company is a limited partnership.	Unser Unternehmen ist eine Kommanditgesellschaft.
He is a limited partner in AHB.	Er ist ein Kommanditist bei AHB.
May I introduce my general partner, Frank.	Darf ich Ihnen meinen Komplementär Frank vorstellen.
She is the youngest person ever to be made junior partner in the firm.	Sie ist die jüngste Person, die jemals Juniorteilhaber in unserem Unternehmen geworden ist.
Mr. Taylor is a silent partner in our business.	Mr. Taylor ist stiller Teilhaber an unserem Unternehmen.
We are considering going into partnership with ABC.	Wir überlegen uns, eine Partnerschaft mit ABC einzugehen.
Our trading partner has not been in contact regarding our factories in Africa.	Unser Handelspartner hat uns bisher nicht wegen unserer Fabriken in Afrika kontaktiert.

One of our subsidiaries (US: affiliates) is based almost wholly in the Far East.	Eine unserer **Tochtergesellschaften** ist fast ausschließlich im Nahen Osten ansässig.
AMV is a subsidiary (US: affiliate) of the TEHV Group.	AMV ist eine Tochtergesellschaft der TEHV Gruppe.
We are hoping to arrange a video conference in July with the managers of all our subsidiaries.	Wir hoffen, im Juli eine **Video-konferenz** mit den Leitern aller unserer **Tochtergesellschaften** abhalten zu können.

Dialogbeispiele

A: We have recently renewed the machinery of our assembly line.	A: Wir haben erst neulich die Maschinenausstattung unseres Fließbandes erneuert.
B: Do you think it will pay off in the long run?	B: Glauben Sie, dass sich das auf lange Sicht auszahlen wird?
A: Definitely. Control has already recorded a drop in manufacturing defects.	A: Auf jeden Fall. Die Aufsicht hat jetzt schon ein Abnehmen der Fabrikationsfehler gemeldet.
A: We distribute hand-made **jewellery made by trained gold- and silversmiths.**	A: Wir vertreiben **handgearbeiteten** Schmuck, der von ausgebildeten Gold- und Silberschmieden gefertigt wird.
B: Are they all original designs?	B: Sind das alles **Originalentwürfe**?
A: Yes. We also produce designs to order from our customers.	A: Ja. Wir entwerfen auch nach den speziellen Wünschen unserer Kunden.

B: I think we could certainly be of assistance for your business. Marketing of genuine handicrafts is our speciality.

B: Ich glaube, dass wir sehr nützlich für ihr Unternehmen sein könnten. Das Marketing von echtem Kunsthandwerk ist unsere Spezialität.

A: We were considering sending you to our branch office in Chile for six months, Mrs. Richards.

B: That sounds very challenging.

A: Are you aware of business protocol in South America?

B: I have some basic knowledge.

A: Wir überlegen uns, Sie für sechs Monate in unsere Geschäftsstelle in Chile zu schicken, Frau Richards.

B: Das klingt nach einer interessanten Herausforderung.

A: Sind Sie sich über das südmerikanische Geschäftsprotokoll im Klaren?

B: Ich besitze ein paar grundlegende Kenntnisse.

A: One of our affiliates distributes and markets our products in Thailand. They receive our goods at a discounted price and can make a greater profit for themselves.

A: Ein mit uns befreundetes Unternehmen vertreibt und verkauft unsere Produkte in Thailand. Sie bekommen unsere Produkte zu einem ermäßigten Preis und können daher einen größeren Profit machen.

B: That's an ideal arrangement for you both – you must make large savings in distribution costs.

A: Yes. It undoubtedly pays off for both our companies.

B: Das ist eine ideale Vereinbarung für Sie beide – Sie müssen große Einsparungen bei den Vertriebskosten haben.

A: In der Tat. Es zahlt sich zweifellos für beide Unternehmen aus.

Business Organisation

Unternehmensorganisation

The board of directors meets in the boardroom to discuss future strategies.

Die Direktion trifft sich im Sitzungssaal, um zukünftige Strategien zu besprechen.

I will have to bring the matter up in front of the supervisory board.

Ich werde das Thema vor dem Aufsichtsrat ansprechen.

Our production department employs thirty per cent fewer people than in 2007.

Unsere Produktionsabteilung beschäftigt dreißig Prozent weniger Leute als 2007.

Quality control is not satisfied with the standard of goods produced on the factory floor.

Die Qualitätskontrolle ist mit dem Standard der Güter, die in der Fabrikhalle produziert werden, nicht zufrieden.

Administration has been ploughing through red tape all week.

Die Verwaltung hat sich die ganze Woche lang durch den Amtsschimmel gegraben.

Our administration department has arranged an interview for you on Friday 22nd January.

Die Verwaltungsabteilung hat ein Bewerbungsgespräch für Sie am Freitag, den 22. Januar vereinbart.

The administration of our company has been improved considerably over the last few years.

Die Verwaltung unseres Unternehmens hat sich in den letzten Jahren erheblich verbessert.

Our administration department is having some difficulty coping with new European bureaucracy.

Unsere Verwaltungsabteilung hat einige Schwierigkeiten, mit der neuen europäischen Bürokratie zurechtzukommen.

Planning control is based at our headquarters in London. They have produced these planning figures regarding possible developments in East Asia.

Die Planungskontrolle ist in unserer Zentrale in London stationiert. Sie haben diese Planwerte für mögliche Entwicklungen in Ostasien erstellt.

The accounts department will deal with your query – I'll e-mail your details to them now.

Die Rechnungsabteilung wird sich um Ihre Anfrage kümmern – ich werde ihnen sofort die Einzelheiten Ihres Falles e-mailen.

Could you please take these calculations to accounts.

Könnten Sie bitte diese Berechnungen in die Rechnungsabteilung bringen.

Our cost accounting centre is on the second floor.

Unsere Kostenstelle ist im zweiten Stock.

Most of our budgetary planning is developed in our finance department.

Der Großteil unserer Budgetplanung wird in der Finanzabteilung entwickelt.

Only very large companies require a legal department.

Nur sehr große Unternehmen benötigen eine Rechtsabteilung.

Staff of the data processing division are taking part in a training course this morning.

Das Personal der EDV-Abteilung nimmt heute Morgen an einem Trainingskurs teil.

Most of our data processing takes place in our other building.

Ein Großteil der Datenverarbeitung findet in unserem anderen Gebäude statt.

Marketing is more important than ever in the highly competitive world of multinational business.

Marketing ist in der enorm wettbewerbsorientierten Welt des multinationalen Geschäfts wichtiger denn je zuvor.

The marketing department wishes to employ more staff to cope with their increasing workload.

Die Marketingabteilung möchte gerne mehr Personal einstellen, um mit der wachsenden Arbeitslast fertig zu werden.

Our marketing division is on the fifth floor of our main office building.

Unsere Marketingabteilung ist im fünften Stock in unserem Hauptgebäude.

Our advertising department has just completed our new informercial; it will be screened on September the fifth.

Unsere Werbeabteilung hat gerade unsere neue Werbesendung fertig gestellt. Sie wird am fünften September ausgestrahlt.

Our publicity department is working on our new series of billboard advertisements.

Unsere Werbeabteilung arbeitet gerade an einer neuen Serie von Plakatwerbungen.

Our public relations department has suggested holding an open day to combat environmental objections from the public to our proposed expansion.

Unsere Public-Relations-Abteilung hat vorgeschlagen einen Tag der offenen Tür abzuhalten, um Befürchtungen der Öffentlichkeit hinsichtlich der Umwelt aufgrund unserer vorgeschlagenen Expansion entgegenzuwirken.

The sales department is on the second floor.

Die Vertriebsabteilung ist im zweiten Stock.

Our salesroom was understaffed due to illness in January.

Unser Verkaufsraum war im Januar wegen Krankheit unterbesetzt.

The Board of Directors has been considering possibilities for expansion of our business into new areas.

Die Direktion hat die Möglichkeiten einer Expansion unseres Unternehmens in neue Bereiche abgewägt.

Our chairman has had connections to our company for many years.

Unser Vorsitzender hatte seit vielen Jahren Beziehungen zu unserer Firma.

The **chairman of the board** has called a **meeting** for next week.	Der **Vorstandsvorsitzende** hat ein **Meeting** für nächste Woche anberaumt.
The **chairman of the supervisory board** is on holiday (US: vacation) at present.	Der **Aufsichtratsvorsitzende** ist im Moment in Urlaub.
I believe she was delighted to receive the **chairmanship**.	Ich glaube, sie war sehr erfreut den **Vorsitz** zu erhalten.
Our **managing director** (US: **chief executive officer**) originally comes from Japan.	Unser **Generaldirektor** kommt ursprünglich aus Japan.
Our **executives** are currently in a meeting.	Unsere **Verwaltung** ist im Moment bei einem Meeting.
We need to make an **executive** decision as soon as possible.	Wir müssen so bald wie möglich eine **geschäftsführende** Entscheidung treffen.
The **branch manager** is currently away on business.	Die **Filialleiterin** ist im Moment geschäftlich unterwegs.
Her **deputy** can help you with any further enquiries.	Ihr **Stellvertreter** kann Ihnen bei weiteren Fragen helfen.
I think it would be more fitting if you spoke to the **manageress** regarding this matter.	Ich denke, es wäre angebrachter, wenn Sie diese Angelegenheit mit der **Managerin** besprechen würden.
The **manager** is in a meeting at present. The scheduling of his appointments is organised by his **secretary**.	Der **Geschäftsführer** ist im Moment in einem Meeting. Die Terminplanung organisiert sein **Sekretär**.
Our **production manager** has been criticised for the inefficiency of production on the factory floor.	Unser **Produktionsleiter** ist für die Ineffizienz in der Fabrikhalle kritisiert worden.
Our **purchasing manager** is abroad visiting one of our component manufacturers.	Unser **Einkaufsleiter** ist im Ausland, um einen unserer Zulieferer zu besuchen.

Unternehmen

Good morning, my name is Allen, John Allen – I'm the financial manager of JMC.

Guten Tag, mein Name ist Allen, John Allen – Ich bin der **Finanzdirektor** von JMC.

The accounts manager is out of the office this afternooon.

Der **Leiter des Rechnungswesens** ist heute Nachmittag nicht in seinem Büro.

Mrs. Adam is our accounting division manager.

Frau Adam ist die **Leiterin unserer Buchhaltung**.

Our public relations department has made several valid suggestions for the improvement of our firm's image.

Unsere **Öffentlichkeitsabteilung** hat einige sinnvolle Vorschläge zur Verbesserung unseres **Firmenimages** gemacht.

I would like to introduce the manager of our data processing division, Ms. Meyer.

Ich würde Ihnen gerne die **Leiterin der EDV-Abteilung** vorstellen, Frau Meyer.

Our advertising manager is not available at present.

Unser **Werbeleiter** ist momentan nicht erreichbar.

Mr. Mann has been marketing manager of the company since 1989 and will retire next year.

Herr Mann ist seit 1989 unser **Marketingleiter** und wird nächstes Jahr in Rente gehen.

The human resources manager has arranged a staff meeting for Friday.

Der **Personalleiter** hat für Freitag ein Personalmeeting vereinbart.

The personnel manager will take six months maternity leave in summer.

Die **Personalmanagerin** wird im Sommer für sechs Monate in den **Mutterschaftsurlaub** gehen.

Our research director is in charge of all aspects of scientific research within our company.

Unser **Forschungsdirektor** ist für alle Bereiche der wissenschaftlichen Forschung in unserem Unternehmen verantwortlich.

We employ several scientists to research and develop new products for our firm.

Wir beschäftigen einige **Wissenschaftler** um neue Produkte für unsere Firma zu erforschen und zu entwickeln.

Our research laboratory is not situated on our main site.	Unser Forschungslabor ist nicht auf unserem Hauptgelände.
My personal assistant can answer any further questions you might have.	Falls Sie noch Fragen haben sollten, steht Ihnen mein persönlicher Assistent zur Verfügung.
I will have my P.A. prepare the necessary documentation.	Ich werde meine P.A. (persönliche Assistentin) die notwendigen Dokumente vorbereiten lassen.
Our skilled seamstresses prefer shift work.	Unsere ausgebildeten Näherinnen bevorzugen Schichtarbeit.
Our firm employs over a hundred semi-skilled workers in our production team.	Unsere Firma beschäftigt über einhundert angelernte Arbeiter in unserem Produktionsteam.
Our foreign workers are mainly from Southern Europe.	Unsere ausländischen Arbeitnehmer kommen vor allem aus Südeuropa.
Our factory workers have been complaining regarding the lighting in the factory building.	Unsere Fabrikarbeiter haben sich über die Beleuchtung in unserer Fabrikhalle beschwert.
Many of our apprentices are based here in our main factory.	Viele unserer Lehrlinge arbeiten hier in unserer Hauptfabrik.
An apprenticeship takes at least three years to complete within our firm.	Eine Lehre dauert in unserem Unternehmen mindestens drei Jahre.
Our blue-collar workers earn less than our white-collar workers.	Unsere Arbeiter verdienen weniger als unsere Büroangestellten.
Our office staff are based in the office block on our other site.	Unsere Bürokräfte sind in dem Bürogebäude auf unserem anderen Gelände.
We have two office juniors under our employ at present.	Wir haben im Moment zwei Bürogehilfen beschäftigt.

Unternehmen

My secretary can deal with any further queries you might have.

Bei weiteren Fragen wird Ihnen meine **Sekretärin** zur Verfügung stehen.

Clerical work is vital to the smooth running of our firm.

Büroarbeit ist entscheidend für das gute Funktionieren einer Firma.

At the moment, we have a temp covering for Josephine's maternity leave.

Im Moment haben wir eine **Aushilfe**, die während Josephines Elternzeit für uns arbeitet.

Our receptionist will direct you to our conference room.

Unsere **Empfangsdame** wird sie in den Konferenzraum bringen.

We have two trainees (US: interns) working for us at the firm.

Wir haben zwei **Praktikanten** in unserem Unternehmen beschäftigt.

I think we are slightly understaffed.

Ich denke, wir sind leicht **unterbesetzt**.

We have called in a marketing consultant to help us in our decision making within the department.

Wir haben einen **Marketingberater** eingeschaltet, um uns bei der Entscheidungsfindung in der Abteilung zu unterstützen.

We do not have an accounts department – we have our own accountant with an accounting firm based in London.

Wir haben keine Buchhaltungsabteilung, wir haben unseren eigenen Buchhalter bei einer **Buchhaltungsagentur** in London.

The firm has its own personal banker, whom we can contact if we have any problems.

Die Firma hat einen persönlichen **Bankier**, den wir kontaktieren, wenn wir irgendwelche Probleme haben.

I would propose that we call in a management consultant.

Ich würde vorschlagen, dass wir einen **Unternehmensberater** hinzuziehen.

I have had my secretary contact the company solicitor (US: lawyer).

Ich hatte meinem Sekretär aufgetragen, den **Firmenanwalt** zu kontaktieren.

Have you met our middleman in South America, Mr. Tetley?	Kennen Sie unseren Zwischenhändler in Südamerika, Mr. Tetley?
One of our main distributors is due to meet the manager this afternoon.	Einer unserer Großhändler soll heute Nachmittag unseren Geschäftsführer treffen.
I have contacted a subcontractor for our latest building project.	Ich habe einen Subunternehmer für unser neuestes Bauprojekt kontaktiert.
We need to contact a transatlantic shipping company to firm-up our transport costs.	Wir müssen eine Übersee-Reederei kontaktieren, um unsere Transportkosten abzustützen.
Our sales team is trying to find suitable suppliers for the new components in the USA.	Unser Vertriebsteam versucht, passende Lieferanten für die neuen Teile in den USA zu finden.
Our business structure has hardly changed at all over the past forty years.	Unsere Betriebsstruktur hat sich in den letzten vierzig Jahren kaum verändert.
Many companies have been c hanging their pattern of organisation (US: organization) to move with the times.	Viele Unternehmen haben ihre Organisationsform gewechselt, um mit der Zeit zu gehen.
Old-fashioned strictly hierarchical business structures are often replaced by centre organisation (US: center organization) structures.	Altmodische hierarchische Geschäftsstrukturen werden oftmals durch die Center-Organisationsform ersetzt.
We have taken expert advice and decided against restructuring.	Wir haben Expertenrat eingeholt und uns gegen die Umstrukturierung entschieden.
Management consultancy firms are booming due to widespread industrial reorganisation.	Unternehmensberatungsfirmen boomen wegen der weit verbreiteten industriellen Restrukturierung.

Unternehmen

The board has decided in favour of centre organisation (US: center organization) for our firm.

Die Direktion hat sich für die Centerorganisationsform in unserer Firma entschieden.

Our reorganisation will divide the company into divisions, each targeting a particular geographical area.

Unsere Neuorganisierung wird das Unternehmen in Abteilungen gliedern, von denen jede für eine bestimmte geografische Gegend zuständig ist.

My colleagues are very interested in introducing matrix organisation (US: organization) to our firm.

Meine Kollegen sind sehr interessiert daran, die Matrixorganisation in unserem Unternehmen einzuführen.

Dialogbeispiele

A: Where's Francis?

A: Wo ist Francis?

B: She's in admin (fam).

B: Sie ist in der Verwaltung.

A: What do you think of our planning department's proposal for possible future expansion?

A: Was denken Sie über den Vorschlag der Planungsabteilung über eine mögliche zukünftige Expansion?

B: Well, I think we need to bring it before the board.

B: Ich denke, wir müssen ihn der Direktion vorlegen.

A: Would you like a tour of our premises, Mr. Davies?

A: Möchten Sie unser Gelände besichtigen, Mr. Davies?

B: I think that would be very informative. As a management consultant I always try to investigate companies in depth.

B: Ich denke, das wäre sehr informativ. Als Unternehmensberater versuche ich immer die Unternehmen genau zu untersuchen.

A: Here is our reception area, where we have two receptionists on duty during busy periods. They are both multilingual to handle our worldwide business partners.

A: Hier ist unser Empfang, an dem während betriebsamen Zeiten zwei Empfangsdamen arbeiten. Beide sind mehrsprachig, um sich um unsere weltweiten Geschäftspartner kümmern zu können.

B: Which languages do they speak?

B: Welche Sprachen sprechen sie?

A: English, of course, and French, Spanish and German.

A: Natürlich Englisch, außerdem Französisch, Spanisch und Deutsch.

B: Where are your clerical staff based?

B: Wo sitzen Ihre Bürokräfte?

A: The majority are on the ground floor of our main building. Shall we go to our accounting and finance department? Our business requires precise budgeting – that's why this division is so large.

A: Die Meisten sind im Erdgeschoss des Hauptgebäudes. Sollen wir zu unserer Buchhaltungs- und Finanzabteilung gehen? Unsere Geschäfte verlangen eine präzise Budgetierung – das ist der Grund, warum diese Abteilung so groß ist.

B: Very interesting. Where is your marketing department?

B: Sehr interessant. Wo ist Ihre Marketingabteilung?

A: On the third floor.

A: Im dritten Stock.

B: Your departments seem very self-contained. Perhaps you could consider changing your management strategies. The spatial structure of your main premises could be improved. I hope you would like to engage my services. I will leave you my business card (US: calling card) and you can contact me regarding our next steps.

B: Ihre Abteilungen scheinen mir sehr abgeschottet. Vielleicht sollten Sie sich überlegen, Ihre Leitungsstrategien zu ändern. Die Raumstruktur Ihres Hauptgebäudes könnte verbessert werden. Ich hoffe, Sie wollen meine Dienste in Anspruch nehmen. Ich werde Ihnen meine Geschäftskarte dalassen und Sie können dann mit mir wegen unserer nächsten Schritte Kontakt aufnehmen.

A: Great. I will have to discuss the matter with the board of directors.

A: Ausgezeichnet. Ich muss die Angelegenheit auch noch mit der Direktion besprechen.

A: We are planning to design joint publicity with our business partners, Smith and Jones Ltd.

A: Wir planen eine Gemeinschaftswerbung mit unseren Geschäftspartnern von Smith and Jones Ltd. zu entwerfen.

Unternehmen

B: **What** means of advertising **had you considered using?**

B: An welche **Werbemittel** hatten Sie gedacht?

A: **We were considering sending out** mailshots **describing our new range of products.**

A: Wir haben uns überlegt, **Direktwerbung** zu verschicken, die unser neues Sortiment beschreibt.

B: **Have you carried out any** market research?

B: Haben Sie **Marktforschung** betrieben?

A: **We have consulted a** market research institute **in Birmingham.**

A: Wir haben ein **Marktforschungsinstitut** in Birmingham konsultiert.

B: **I don't know what they concluded, but I would suggest that you need a broader** marketing mix **to increase sales and reach a wider audience.**

B: Ich weiß nicht, was die herausgefunden haben, aber ich würde behaupten, dass Sie einen breiteren **Marketing Mix** brauchen, um die Verkäufe zu erhöhen und ein breiteres Publikum zu erreichen.

A: **We were also hoping to make the launch of the range a** media event.

A: Außerdem hoffen wir, die Einführung des Sortiments zu einem **Medienereignis** zu machen.

B: **Offering** discounts **to your loyal** patrons **could be another possible strategy of promoting initial sales of your new products.**

B: Wenn Sie Ihren **Stammkunden** einen **Preisnachlass** anbieten, könnte das eine weitere mögliche Strategie sein, um den Anfangsverkauf Ihrer neuen Produkte zu fördern.

A: **Our** marketing team **has pro-**
duced a detailed survey based
on observation **of markets.**

A: Unser **Marketingteam** hat eine
detaillierte Studie ausgearbeitet,
die auf **Marktbeobachtung** beruht.

B: **What did they conclude?**

B: Zu welchem Schluss sind sie
gekommen?

A: **We should** schedule **our adver-**
tisements to coincide with
seasonal increases in demand.

A: Wir sollten unsere Anzeigen
so **planen,** dass sie mit der
saisonbedingten Steigerung der
Nachfrage zusammenfallen.

A: **I demand to speak to the**
manager!

A: Ich verlange den **Geschäftsführer**
zu sprechen!

B: **I'm afraid he's in a meeting at**
the moment, sir. Could his
deputy **be of assistance?**

B: Es tut mir leid, aber er ist gerade
in einem Meeting. Würde
Ihnen sein **Stellvertreter** weiter-
helfen?

A: **Would you like to discuss your**
marketing suggestions with our
sales manager?

A: Möchten Sie die Marketing-
Vorschläge gerne mit unserem
Verkaufsleiter besprechen?

B: **I think that would be the best**
option open to us.

B: Ich denke, dass wäre die beste
Option für uns.

A: I am telephoning to request a meeting with your production manager.

A: Ich rufe an mit der Bitte um ein Treffen mit dem Leiter der Produktion.

B: I'm afraid he's not available at the moment. Would it be possible for a representative from the department to help you?

B: Es tut mir leid, aber er ist im Moment nicht verfügbar. Wäre es möglich, dass Ihnen ein Vertreter der Abteilung helfen könnte?

A: I don't know. It was regarding methods of reducing production costs.

A: Ich weiß es nicht. Es handelt sich um Methoden zur Produktionskostenreduzierung.

B: He's very busy at the moment. Perhaps you could discuss the matter with one of his subordinates?

B: Er ist im Moment sehr beschäftigt. Vielleicht könnten Sie die Angelegenheit mit einem seiner Mitarbeiter besprechen?

A: I think for a preliminary meeting that would be fine.

A: Ich denke für ein Vorgespräch wäre das in Ordnung.

A: We have agreed to promote you to distributions manager, Miss Green.

A: Wir haben uns darauf geeinigt, Sie zur Vertriebsleiterin zu befördern, Miss Green.

B: Thank you. I'm delighted.

B: Danke. Ich bin sehr erfreut.

A: Well, as you're already familiar with our structure of

A: Nun, da Sie schon mit unserer Vertriebsstruktur vertraut sind,

distribution, I'm sure you'll prove to be a worthy successor to Mr Dobson.

bin ich sicher, dass Sie sich als würdige Nachfolgerin von Mr Dobson herausstellen werden.

A: Our project leader has suggested several changes to previous plans.

A: Unsere Projektleiterin hat einige Änderungen an unseren bisherigen Plänen vorgeschlagen.

B: For what reasons?

B: Aus welchen Gründen?

A: I think she just disagrees with our overall project management strategy.

A: Ich denke, sie stimmt unserer gesamten Projektmanagement-Strategie nicht zu.

A: Has your company been achieving its sales targets this year?

A: Hat Ihr Unternehmen das Absatzziel für dieses Jahr erreicht?

B: Not as yet. We were considering introducing payment on a commission basis for all our sales staff.

B: Noch nicht. Wir erwägen Bezahlung auf Provisionsbasis für unseren gesamten Verkaufsstab einzuführen.

A: That might provide them with the necessary incentive.

A: Das könnte ihnen den notwendigen Anreiz geben.

A: Do you have many unskilled workers here in your factory?

B: Yes, although most of our workers undergo at least some training during their employment.

A: Haben Sie viele ungelernte Arbeiter in Ihrer Fabrik?

B: Ja, obwohl die meisten unserer Arbeiter während ihrer Beschäftigungszeit zumindest irgendeine Ausbildung bekommen.

A: Along what lines have you restructured your firm?

B: Our workers are now organised into production-oriented teams instead of divided into different departments.

A: What effect does that have upon the production process?

B: Well, our workers are more motivated because they are able to follow the production process from beginning to end. It is far less monotonous as the permanent work on the production line.

A: Nach welchen Richtlinien haben Sie Ihre Firma umstrukturiert?

B: Unsere Arbeiter sind jetzt in produktionsorientierten Teams organisiert anstatt in verschiedenen Abteilungen.

A: Was für einen Effekt hat das auf das Fertigungsverfahren?

B: Unsere Arbeiter sind höher motiviert, weil sie in der Lage sind, den Herstellungsprozess von Anfang bis Ende zu verfolgen. Es ist sehr viel weniger monoton als die dauernde Arbeit am Fließband.

A: We have allotted a very young, dynamic team to target teens and twens.

A: Wir haben ein sehr junges, dynamisches Team eingeteilt, das sich gezielt an Teenager und Twens richtet.

B: And has this increased your appeal within this target group?

B: Und konnten sie so diese Zielgruppe stärker ansprechen?

A: Yes. The method allows us to maximise the potential of our employees and to target potential customers precisely.

A: Ja. Die Methode erlaubt es uns, das Potenzial unserer Mitarbeiter optimal auszuschöpfen und unsere potenziellen Kunden präzise anzusprechen.

A: We experimented with matrix organisation in one of our subsidiaries last year. But it failed to live up to our expectations. The staff never knew which manager to contact, when they had a problem.

A: Wir haben letztes Jahr in einer unserer Tochtergesellschaften mit der Matrixorganisation experimentiert. Aber unsere Erwartungen wurden nicht erfüllt. Das Personal wusste nie, welchen Manager es bei Problemen kontaktieren sollte.

B: What do you mean?

B: Was meinen Sie?

A: Well, for example, with a faulty component, they could go to their team leader or to the chief buyer.

A: Mit einem fehlerhaften Teil beispielsweise, konnten sie entweder zum Teamleiter oder zum Beschaffungsleiter gehen.

B: That does sound too confusing.

B: Das klingt sehr verwirrend.

IT and Internet

IT und Internet

Due to a **malfunction** our entire computer network has **crashed** and we are unable to see your **homepage** at the present time.

Wegen einer **Fehlfunktion** ist unser gesamtes Computer-Netzwerk **abgestürzt** und wir sind daher nicht in der Lage, Ihre **Homepage** zum jetzigen Zeitpunkt anzuschauen.

We have finally **debugged** the **new Homepage**.

Wir haben es endlich geschafft, unsere neue Homepage von **Fehlern zu befreien**.

Please follow the **link** to see the information you requested about our latest special offer.

Folgen Sie dem **Link**, um die gewünschte Information über unser jüngstes Sonderangebot zu erhalten.

If you need to use my PC, to **log in** type FOG.

Wenn Sie meinen PC benutzen müssen, geben Sie FOG ein, um sich **einzuloggen**.

Our **Internet connection** is very slow this afternoon.

Heute Nachmittag ist unsere **Internet-verbindung** sehr langsam.

You can **access** the **files** on our **webserver**.

Sie haben **Zugriff** auf diese **Dateien** auf unserem **Webserver**.

I have downloaded the **data** onto a **hard disk**.

Ich habe die **Daten** auf die **Festplatte** heruntergeladen.

Please don't forget to **save** your work.

Bitte vergessen Sie nicht, Ihre Arbeit zu **speichern**.

We have a **scanner** here in the office.

Wir haben einen **Scanner** hier im Büro.

Our **programmer** lost the **best part** of a day's work yesterday because of a **disk crash**.

Unser **Programmierer** hat gestern einen großen Teil seiner Tagesarbeit wegen der **Störung eines Laufwerkes** verloren.

I think the new **update** has **overloaded** our system.

Ich glaube, dass das neue **Update** unser System **überlastet** hat.

Since the update, the program doesn't work properly.	Seit dem Update funktioniert das **Programm** nicht mehr richtig.
Have you tried out the new software?	Haben Sie die neue **Software** schon ausprobiert?
There seems to be a problem with the CD drive.	Es scheint ein Problem mit dem **CD-Laufwerk** zu geben.
Are you online?	Sind Sie **online**?
The address of our web page is as follows ...	Die Adresse unserer **Webseite** ist folgende ...
I was very interested in the web site design concepts described in your e-mail yesterday.	Ich war sehr an den **Entwurfs-konzepten der Webseite** in Ihrer **E-Mail** von gestern interessiert.
The attachment is in PDF format.	Das **Attachment** ist im PDF-Format.
I had problems reading your message sent 12/12/14.	Ich hatte Schwierigkeiten, Ihre Mail vom 12.12.14 zu lesen.
I had problems converting your attachment, sent yesterday.	Ich hatte Schwierigkeiten, Ihr gestriges Attachment zu **konvertieren**.
Could you re-send it in PDF format?	Könnten Sie es **noch einmal** als PDF **schicken**?
I could not open your attachment this morning; my virus check program detected a virus.	Ich konnte heute Morgen Ihr Attachment nicht öffnen; mein **Anti-Virus-Programm** hat einen Virus entdeckt.
Our WiFi does not have the capacity needed to download the information.	Unser **WLAN** hat nicht die erforder-liche Kapazität, um die Informationen **herunterzuladen**.

2. Personalwesen

Staff retraining is necessary following modernisation of production methods.

Eine **Personalumschulung** ist seit der Modernisierung unserer Herstellungsmethoden notwendig geworden.

She works in personnel.

Sie arbeitet in der **Personalabteilung**.

Personnel are currently reviewing pay scales.

Die Personalabteilung überprüft gerade die **Lohntarife**.

We have informed all members of staff that a meeting will take place in the conference room.

Wir haben alle **Mitglieder des Personals** informiert, dass ein Meeting im Konferenzraum stattfinden wird.

Can we have a copy of the minutes of the meeting posted in all departments, please?

Können wir eine Kopie des **Protokolls** des Meetings an alle Abteilungen verschickt bekommen, bitte?

I have sent an e-mail to all our office staff informing them of the power cut on Tuesday.

Ich habe unserem gesamten **Büropersonal** eine E-Mail geschickt, die sie über den **Stromausfall** am Dienstag informiert.

Dialogbeispiel

A: I was not informed that the meeting was scheduled for Friday.

A: Ich war nicht informiert, dass das Meeting für Freitag **vorgesehen** war.

B: It was clearly an administrative error. We have postponed it until further notice.

B: Das war ganz klar ein **Verwaltungsfehler**. Wir haben es bis auf Weiteres **verschoben**.

Personalwesen

Job Applications

Bewerbungen

During April, it became apparent that we had severe **staff shortages**.

Im April wurde es klar, dass wir einen ernsthaften **Personalmangel** hatten.

We are hoping to **take on** two new members of staff with degrees in business administration.

Wir hoffen, zwei neue Mitarbeiter mit Abschlüssen in Betriebswirtschaftslehre **einzustellen**.

We **advertised** our **vacancy** for deputy manager in the Herald.

Wir haben unsere **freie Stelle** für einen stellvertretenden Geschäftsführer im Herald **inseriert**.

I have informed the **job centre** (UK) of our vacancies.

Ich habe die **Agentur für Arbeit** über unsere offenen Stellen informiert.

We have designed our **advert** for the Financial Times.

Wir haben ein **Inserat** für die Financial Times entworfen.

The **personnel manager** has instructed his secretary to publish the **position** in the national newspapers and online.

Der **Personalleiter** hat seinen Sekretär angewiesen, die **Stelle** in den überregionalen Tageszeitungen und online auszuschreiben.

We have received hundreds of **applications** for the **post**.

Wir haben hunderte **Bewerbungen** für die **Stelle** erhalten.

I would like to **apply for the position of ...**

Ich möchte mich **um die Stelle als ... bewerben**.

I think we should **interview** this **candidate** – her **C.V.** (**curriculum vitae**) looks very promising.

Ich denke, wir sollten mit dieser **Bewerberin ein Gespräch führen** – ihr **Lebenslauf** sieht sehr viel versprechend aus.

This **applicant** has all the qualities we are looking for, if his **résumé** (US) is anything to go by.

Dieser **Bewerber** hat alle Eigenschaften, nach denen wir gesucht haben, wenn man auf den Lebenslauf etwas geben kann.

During the first stage of our **recruitment procedure**, reading application documents, we reject over fifty per cent of applicants.

Während der ersten Phase des **Einstellungsverfahrens**, nach dem Lesen der Bewerbungsunterlagen, lehnen wir über fünfzig Prozent der Bewerber ab.

We would like to offer you the position of **chief secretary** here at JMC.

Wir möchten Ihnen gerne die Stelle als **Chefsekretärin** bei JMC anbieten.

We feel that you will make a valuable contribution to our finance division.

Wir glauben, dass sie einen wertvollen Beitrag zu unserer Finanzabteilung leisten werden.

We will prepare a **contract of employment** for signing by the end of the week.

Wir werden einen **Arbeitsvertrag** unterschriftsreif für das Ende der Woche vorbereiten.

That is a definite **offer of employment**.

Dies ist ein verbindliches **Stellenangebot**.

We offer a comprehensive package for our sales employees – a **company pension**, **company car** and an **expense account**.

Wir bieten ein umfassendes Paket für all unsere Verkaufsangestellten – **Betriebsrente**, **Firmenwagen** und **Spesenkonto**.

The **recruitment** of new staff is particularly difficult this year.

Die **Anwerbung** neuen Personals ist dieses Jahr besonders schwierig.

Staff changes are necessary.

Ein **Personalwechsel** ist notwendig.

Dialogbeispiele

A: We have advertised our **graduate training scheme** in university magazines and national newspapers.

A: Wir haben unser **Graduierten-Trainingsprogramm** in den Universitätszeitschriften und den überregionalen Zeitungen inseriert.

Personalwesen

Personalwesen

B: Are you anticipating a large response?

B: Erwarten Sie eine große Reaktion?

A: Last year, we had over four hundred applicants.

A: Letztes Jahr hatten wir über vierhundert Bewerber.

A: Good morning. I wanted to ask a few questions regarding your advertisement for the position in your computing department.

A: Guten Morgen. Ich habe nur ein paar Fragen bezüglich Ihres Inserates für die Stelle in Ihrer EDV-Abteilung.

B: The position would involve almost exclusively work at a computer terminal.

B: Die Stelle ist fast ausschließlich Bildschirmarbeit.

A: I have ten years' experience as a computer programmer.

A: Ich habe zehn Jahre Erfahrung als Programmierer.

B: Then I would certainly recommend that you apply for the position. I will have my secretary send you the application forms.

B: Dann würde ich auf jeden Fall empfehlen, dass Sie sich auf die Stelle bewerben. Ich werde meine Sekretärin anweisen, Ihnen die Antragsformulare zuzuschicken.

A: We expect the initial interviews to take place over two days.

A: Wir erwarten, dass die Vorbewerbungsgespräche zwei Tage dauern werden.

B: **What is the next stage in your selection process?**

A: **From all those interviewed we select the ten we feel could be most suitable for the position. Then we send them to an assessment centre (US: center) for a weekend. During the weekend at the assessment centre, you will participate in a planning game.**

B: Was ist der nächste Schritt in Ihrem **Auswahlverfahren**?

A: Von all denen, mit denen wir gesprochen haben, wählen wir zehn, von denen wir glauben, dass sie für die Position geeignet sind, aus. Dann schicken wir sie für ein Wochenende in ein **Assessment Center**. Während des Wochenendes im **Assessment Center** werden Sie an **Planspielen** teilnehmen.

Working Hours

What kind of working hours would the job entail?

As a secretary, we would employ you to work Monday to Friday, office hours.

We cannot offer this position as anything other than a full-time job.

We have introduced a degree of flexitime in our office, but the majority nevertheless work nine to five.

Our employees have different working schedules according to their personal preferences and the nature of their work.

Arbeitszeiten

Was für **Arbeitszeiten** würde der Job beinhalten?

Als Sekretär würden wir Sie von Montag bis Freitag zu den normalen **Dienststunden** beschäftigen.

Wir können Ihnen diese Stelle nur als **Ganztagsstellung** anbieten.

Wir haben ein gewisses Maß an **Gleitzeit** eingeführt, aber die meisten arbeiten trotzdem **von neun bis fünf**.

Unsere Angestellten haben verschiedene **Arbeitszeitpläne**, die von ihren persönlichen Vorlieben und der Art ihrer Arbeit abhängen.

Personalwesen

We could offer you a part-time position.	Wir können Ihnen eine Teilzeitstelle anbieten.
All our factories base their production on shift work.	Alle unsere Fabriken verlassen sich bei der Produktion auf Schichtarbeit.
The afternoon shift has been producing consistently less than the morning shift this week.	Die Nachmittagsschicht hat diese Woche durchgehend weniger produziert als die Frühschicht.
We are finding it difficult to find enough people to work the night shift.	Es ist schwierig für uns, genügend Leute zu finden, die während der Nachtschicht arbeiten.
When you arrive in the morning, you must clock on.	Wenn Sie morgens ankommen, müssen Sie einstempeln (an der Stechuhr).
Don't forget to clock off for lunch and on your way out in the evening.	Vergessen Sie nicht auszustempeln, wenn Sie zum Mittagessen oder nach Hause gehen.

Dialogbeispiele

A: I don't know if I would be interested in a full-time job.

A: Ich weiß nicht, ob ich an einer Ganztagsstellung interessiert wäre.

B: We also have flexitime positions available.

B: Wir können Ihnen auch Gleitzeit anbieten.

A: That would be of interest to me in particular. My wife works part-time as a nurse, so we need to juggle our working hours to pick up our children from school.

A: Das wäre für mich besonders interessant. Meine Frau arbeitet Teilzeit als Krankenschwester, sodass wir unsere Arbeitszeiten so koordinieren müssen, dass wir die Kinder von der Schule abholen können.

A: Would you be interested in job sharing? We could take that into account as another alternative.

B: Definitely.

A: Wären Sie daran interessiert eine Arbeitsstelle zu teilen? Das könnten wir als Alternative in Betracht ziehen.

B: Auf jeden Fall.

Pay

Lohn und Gehalt

Your salary will be paid on the fifteenth of each month.

Ihr Gehalt wird zum Fünfzehnten jeden Monats bezahlt.

If your promotion is agreed within the department, you will receive a salary increase.

Wenn Ihrer Beförderung in der Abteilung zugestimmt wird, dann werden Sie eine Gehaltserhöhung bekommen.

Our managerial team are all in the same salary bracket.

In unserem Direktionsteam sind alle in einer Gehaltsgruppe.

Staff in our distribution department are not all salaried.

Nicht das ganze Personal in unserer Vertriebsabteilung ist angestellt.

If you do go on the business trip with Mr. Allen, we will pay all your expenses.

Wenn Sie mit Mr. Allen auf Geschäftsreise gehen, werden wir die Spesen übernehmen.

Have you received your travelling expenses for the trip to Britain?

Haben Sie Ihre Reisespesen für die Reise nach Großbritannien bekommen?

Does your secretary receive a wage or a salary?

Bekommt Ihre Sekretärin einen Lohn oder ein Gehalt?

Our workers can collect their wages on Friday afternoons.

Unsere Arbeiter können ihren Lohn freitags abholen.

Your wages will be paid every second week.	Ihr Lohn wird **vierzehntägig** bezahlt.
We have awarded all our office staff a pay rise (US: pay raise) as from this week.	Wir haben unserem gesamten Büropersonal von dieser Woche an den **Lohn erhöht**.
We have reached a wage agreement with our unskilled labour force.	Wir haben eine **Lohnvereinbarung** mit unseren ungelernten **Arbeitskräften** getroffen.
Is Friday pay-day?	Ist am Freitag **Zahltag**?
What is the wage scale within your company?	Welchen **Lohntarif** haben Sie in Ihrem Unternehmen?
The tax on earnings for Ms Walker has been miscalculated.	Die **Ertragssteuer** von Frau Walker ist falsch berechnet worden.
All our factory employees work two weeks in hand.	All unsere Fabrikarbeiter arbeiten **zwei Wochen im Voraus**.
Did you work any overtime last week?	Haben Sie letzte Woche **Überstunden** gemacht?
Overtime for your shift is paid time and a half before midnight.	Überstunden werden bei Ihrer Schicht vor Mitternacht **mit 150 %** bezahlt.
If you do want to work the night shift, you'll receive double time after midnight.	Wenn Sie die Nachtschicht arbeiten wollen, bekommen Sie **doppelten Lohn** nach Mitternacht.
We pay our workers an hourly wage.	Wir bezahlen unsere Arbeiter **nach Stunden**.
Although we obviously don't pay wages in kind our workers often take surplus produce home with them.	Obwohl wir natürlich keinen **Naturallohn** bezahlen, nehmen unsere Arbeiter doch oftmals überschüssige Produkte mit nach Hause.
Have you received your bonus?	Haben Sie Ihre **Sondervergütung** erhalten?

Many of our sales staff earn on commission basis only.	Ein Großteil unseres Personals verdient nur auf Provisionsbasis.
We pay our sales staff a commission bonus for every sale they make, but we also pay them a basic salary.	Wir bezahlen unserem Verkaufspersonal eine Provision für jeden Verkauf, aber wir zahlen ihnen auch ein Grundgehalt.
Although piece work is becoming out-dated in Europe, our factory workers in India are paid a piece-work wage.	Obwohl Akkordarbeit in Europa aus der Mode kommt, bekommen unsere Arbeiter in Indien einen Akkordlohn.

Dialogbeispiele

A: I didn't pay for my hotel last week from the expenses account.	**A:** Ich habe das Hotel letzte Woche nicht vom Spesenkonto bezahlt.
B: Have you still got the receipt?	**B:** Haben Sie die Quittung noch?
A: Yes – I have it here.	**A:** Ja – ich habe sie hier.
B: Then we can reimburse you with your salary for this month.	**B:** Dann werden wir Ihnen das zusammen mit Ihrem Monatsgehalt erstatten.
A: This receipt here details the special expenses I incurred on the trip.	**A:** Diese Quittung hier führt detailliert die Sonderausgaben auf, die ich während der Reise hatte.
B: We can credit those to your account with your salary.	**B:** Wir werden sie mit Ihrem Gehalt auf Ihr Konto überweisen.

A: I don't seem to have received my earnings for last week.

B: Just a moment ... I can't find your name on the payroll.

A: Ich habe meinen **Verdienst** von letzter Woche noch nicht bekommen.

B: Einen Moment bitte ... ich kann Ihren Namen nicht auf der **Lohn**-liste finden.

A: The wage-price spiral is out of control in Britain at the moment.

B: Yes. The government is considering introducing a wage freeze to combat the problem.

A: Momentan ist die **Lohn-Preis-Spirale** in Großbritannien außer Kontrolle geraten.

B: Ja. Die Regierung erwägt einen **Lohnstopp** einzuführen, um das Problem zu bekämpfen.

A: I think I paid too much wage tax last week – here is my pay cheque (**US:** pay check).

B: Yes – you paid for the wrong tax bracket – we will reimburse you with next week's wages.

A: Ich glaube ich habe letzte Woche zu viel **Lohnsteuer** bezahlt. Hier ist mein **Lohnscheck**.

B: Ja – Sie haben für die falsche **Steuergruppe** bezahlt – wir werden Ihnen das zusammen mit Ihrem Lohn für nächste Woche zurückerstatten.

A: **When will I receive my first pay cheque (US: check)?**

B: **We require all our employees to work a week in hand. That means that you will have to wait until the Friday of your second week with us before you receive your first week's pay.**

A: Wann werde ich meinen ersten **Lohnscheck** bekommen?

B: Wir erwarten von all unseren Arbeitnehmern, dass sie **eine Woche im Voraus** arbeiten. Das bedeutet, dass Sie bis zum Freitag der zweiten Woche warten müssen, bevor Sie den Lohn für die erste Woche ausgezahlt bekommen.

A: **We were considering introducing a bonus for factory workers with a higher than average output.**

B: **It might provide an effective incentive to increase production.**

A: **We are considering introducing a piece work wage for our production team, to make sure the order is completed on time.**

B: **Will they also retain their basic wage?**

A: **Yes – we anticipate it being a short-term measure only.**

A: Wir überlegen uns, eine **Sondervergütung** für Fabrikarbeiter, die ein überdurchschnittliches Ergebnis haben, einzuführen.

B: Das könnte ein effektiver **Anreiz** sein, um die Produktivität zu erhöhen.

A: Wir erwägen es, **Akkordlohn** für unser **Produktionsteam** einzuführen, um sicherzustellen, dass der Auftrag rechtzeitig fertig wird.

B: Werden Sie außerdem Ihren **Grundlohn** behalten?

A: Ja – wir gehen davon aus, dass es nur eine kurzfristige Maßnahme sein wird.

Working Relations

Do you think we **could try** to work in the office with a little less noise?

Would it be possible to complete the project by Wednesday?

Could you **kindly refrain** from making such comments during working hours?

Would it be possible for us **to discuss this in my office**?

Anthony, **could you make sure** that my correspondence is posted this afternoon?

I don't want to ask you again, Alan, to remain at your post at all times during the shift.

Might I have a word with you regarding this matter, John? How are you enjoying your **internship** with us, Rachel?

We hope you'll find our company a suitable **place of employment**.

It is important to us that all members of staff obtain **job satisfaction** from their work.

As **employers**, it is important for us that our workers develop a **team spirit**.

Betriebsklima

Könnten wir nicht **versuchen**, die Arbeit im Büro etwas leiser zu gestalten?

Wäre es möglich, das Projekt bis Mittwoch fertig zu machen?

Könnten Sie es **bitte unterlassen** solche Kommentare während der Arbeitszeit zu machen?

Wäre es möglich, dass wir **das in meinem Büro besprechen**?

Anthony, **könntest** du bitte **sicherstellen**, dass meine Korrespondenz heute Nachmittag rausgeht.

Alan, **ich möchte dich nicht nochmal darum bitten müssen**, während der Schicht immer auf deinem Posten zu bleiben.

John, **könnte** ich dich mal kurz in dieser Angelegenheit sprechen? Wie gefällt dir dein **Praktikum** bei uns, Rachel?

Wir hoffen in unserer Firma einen geeigneten **Arbeitsplatz** für Sie zu finden.

Es ist sehr wichtig für uns, dass all unsere Angestellten mit ihrer **Arbeit zufrieden sind.**

Als **Arbeitgeber** ist es sehr wichtig für uns, dass unsere Arbeiter **Teamgeist** entwickeln.

Personell have been doing all they can to encourage greater **worker participation**.	Die **Personalabteilung** hat alles getan, um eine stärkere **Arbeitnehmerbeteiligung** zu fördern.
Many of our **employees** have been working with us for many years.	Viele unserer **Arbeitnehmer** sind schon seit vielen Jahren bei uns beschäftigt.
We must ensure that we maintain standards of **working conditions and human relations**.	Wir müssen sicherstellen, dass der Standard unseres **Betriebsklimas** erhalten bleibt.
We have to consider managing our **manpower** in greater depth than previously.	Wir müssen erwägen, unser Potenzial an **Arbeitskraft** intensiver als bisher zu verwalten.
JMC has always been a **performance-oriented company**.	JMC waren schon immer ein **leistungsorientiertes Unternehmen**.
We like to be considered fair **employers**.	Wir möchten als faire **Arbeitgeber** eingeschätzt werden.
Labour relations (US: **labor**) are the worst they've been for several years.	Die **Beziehungen zwischen Arbeitgeber und Arbeitnehmer in den Firmen** sind die schlechtesten seit einigen Jahren.
I think that **mismanagement** has resulted in our present problems.	Ich denke, dass **Missmanagement** unsere jetzigen Probleme verursacht hat.
We are struggling to settle the present **trade dispute** in Asia; the workers are demanding that we introduce a higher **piece rate**.	Wir tun uns schwer, den momentanen **Arbeitskampf** in Asien zu beenden. Die Arbeiter verlangen, dass wir einen höheren **Leistungslohn** einführen.
The **reduction of staff** in October was unavoidable in the face of falling turnover.	Der **Personalabbau** im Oktober war angesichts des fallenden Umsatzes unvermeidbar.
Our workers have voiced strong objections to **piece work pay**.	Unsere Arbeiter haben großen Widerstand gegen den **Stücklohn** zum Ausdruck gebracht.

Personalwesen

He has threatened to give his notice.	Er hat gedroht zu kündigen.
There has not been a general strike for many years in the UK.	In Großbritannien gab es seit vielen Jahren keinen Generalstreik mehr.
The workers of Maurice Motors have begun a go-slow to protest against lay offs.	Die Arbeiter von Maurice Motors haben einen Bummelstreik begonnen, um gegen die Entlassungen zu protestieren.
There have been increasing demands for a fair minimum wage in the UK.	In Großbritannien hat es immer lautere Forderungen nach einem fairen Mindestlohn gegeben.
We have agreed to the demands of the trade union (US: labor union) with one proviso – that they return to work immediately.	Wir sind übereingekommen, die Forderungen der Gewerkschaft zu erfüllen, unter dem Vorbehalt, dass sie sofort wieder zu arbeiten beginnen.
I'm afraid that we're going to have to let you go, George.	Es tut mir leid, George, aber wir werden Sie gehen lassen müssen.
Your work has simply not been up to scratch over the past months.	Ihre Arbeit hat in den letzten Monaten einfach nicht unseren Erwartungen entsprochen.
I'm afraid we find your consistent lateness and absenteeism to be something of a problem.	Ich bedauere, aber Ihr ständiges Zuspätkommen und Ihr unentschuldigtes Fernbleiben finden wir etwas problematisch.
Your absence rate is consistently the highest in the department.	Ihre Fehlzeitenquote ist dauernd die höchste der ganzen Abteilung.
We have to consider laying off some staff.	Wir müssen erwägen, etwas Personal zu entlassen.
I have given him his notice.	Ich habe ihm gekündigt.

We have given your case deep consideration and we have no alternative than to **ask you to leave**.	Wir haben lange über Ihren Fall nachgedacht und es bleibt uns keine andere Wahl, als Sie zu **bitten uns zu verlassen**.
Your reputation seems to indicate that you are something of a **floater**.	Ihr Ruf scheint anzudeuten, dass Sie etwas von einem **Springer** haben.
We have made fifty workers **redundant**.	Wir haben fünfzig Arbeitsplätze abgebaut.
We have recently **dismissed** our chief accountant, for fraudulent activities.	Wir haben neulich unseren Chef-buchhalter wegen betrügerischer Aktivitäten **entlassen**.
That's it – you're **fired**!	Sie sind **gefeuert**!
We have **given her the sack**.	Wir haben sie **rausgeworfen**.
This time you've gone too far – **you're sacked**!	Dieses Mal sind Sie zu weit gegangen – **Sie sind raus**!
We should have **given him the boot** years ago.	Wir hätten ihn schon vor Jahren **vor die Tür setzen** sollen.
She has been **given her cards**.	Sie hat ihre **Entlassungspapiere bekommen**.
I **quit** my job because I didn't enjoy working in that kind of atmosphere.	Ich **kündigte** meinen Job, weil es mir keinen Spaß machte, in dieser Atmosphäre zu arbeiten.
I've given them **six weeks notice**.	Ich habe ihnen eine **sechswöchige Frist** gegeben.
I **resign** – I cannot work under such conditions.	Ich **höre auf**. Unter diesen Umständen kann ich nicht arbeiten.
I **tendered my resignation** this Monday.	Ich habe diesen Montag **meine Kündigung eingereicht**.

Dialogbeispiele

A: The new trainees are in the waiting room. Can you contact the training staff for me to let them know?

B: Certainly. I'll call them right away.

A: Die neuen Auszubildenden sind im Wartezimmer. Können Sie das Schulungspersonal für mich benachrichtigen?

B: Natürlich. Ich werde sie sofort anrufen.

A: We have considered introducing a job rotation scheme to encourage teamwork.

B: That's certainly one method of improving working relationships.

A: Another strategy we have seen implemented in other companies is team oriented production.

B: I think that can help increase worker motivation, particularly on the production line.

A: It's definitely a sound method of optimising production potential.

A: Wir haben uns überlegt, einen systematischen Arbeitsplatz-wechsel einzuführen, um Team-arbeit zu fördern.

B: Das ist sicherlich einen Möglich-keit um das Betriebsklima zu verbessern.

A: Eine andere Strategie, die wir bei anderen Unternehmen angewen-det gesehen haben, ist team-orientierte Produktion.

B: Ich denke, dass das die Motivation bei den Arbeitern erhöhen kann, besonders am Fließband.

A: Es ist sicherlich eine vernünftige Methode, um das Produktions-potenzial zu optimieren.

A: I would like to discuss possible personell management strategies within the firm.

A: Ich würde gerne die möglichen Personalmanagement-Strategien innerhalb des Unternehmens besprechen.

B: I will call a meeting of all department managers for this afternoon.

B: Ich werde ein Meeting aller Abteilungsleiter für heute Nachmittag einberufen.

A: Thank you. Once we have clearly defined our objectives, we should have fewer problems with our labour force (US: labor force).

A: Danke. Sobald wir klar definierte Ziele haben, sollten wir weniger Probleme mit unserer Arbeiterschaft haben.

Personalwesen

3. Einkauf und Verkauf

Enquiries

Anfragen

We visited your stand at the Frankfurt fair last week.

Wir haben letzte Woche Ihren Stand auf der Frankfurter **Messe** besucht.

We saw your advertisement in the latest edition of ...

Wir haben Ihre **Anzeige** in der aktuellen Ausgabe von ... gesehen.

The British Chamber of Commerce was kind enough to pass on the name and address of your company.

Die britische Handelskammer hat uns freundlicherweise **den Namen und die Adresse** Ihrer Firma **gegeben**.

We have previously bought material from your competitors, but they are presently having difficulties with their production.

Wir haben früher Material von Ihren **Konkurrenten** gekauft, aber sie haben zurzeit **Produktions- schwierigkeiten**.

We see a good opportunity to sell your products here in the German market.

Wir sehen gute Chancen, Ihre Produkte hier **auf dem deutschen Markt** zu vertreiben.

We would be interested in pocket notebooks, do you stock such items?

Wir sind an Taschennotizbüchern **interessiert**, führen Sie solche Artikel?

At the show in New York you let us have some samples; we would now like to receive your offer for...

Auf der Messe in New York haben Sie uns einige **Muster** mitgegeben; wir würden jetzt gerne Ihr **Angebot** über ... erhalten.

Please send us a detailed offer based on ...

Bitte schicken Sie Ihr **detailliertes Angebot auf der Basis von** ...

We would need an offer for shipments ex works including price and present lead time.

Wir benötigen ein Angebot für **Lieferungen ab Werk** einschließlich Preisen und **aktueller Lieferzeit**.

Do you offer a discount for large quantities?

Gewähren Sie **Mengenrabatte**?

Please quote on basis of a regular monthly quantity of 500kg.

Bitte machen Sie Ihr Angebot auf der Basis einer regelmäßigen monatlichen Menge von 500 kg.

We would appreciate you letting us have a company brochure and some samples showing your product range.

Wir wären Ihnen sehr dankbar, wenn Sie uns eine Firmenbroschüre und einige Muster Ihrer Produktpalette zukommen lassen würden.

Are you presently represented in the Japanese market?

Werden Sie zurzeit im japanischen Markt vertreten?

Looking forward to receiving your offer.

In Erwartung Ihres Angebotes.

Do you have the following material in stock: …?

Haben Sie folgendes Material auf Lager: …?

We have received an enquiry for two bottles of item 4379, is this presently available?

Wir haben eine Anfrage für zwei Flaschen vom Artikel 4379 erhalten, ist er zurzeit vorrätig?

Yes, this could be dispatched immediately.

Ja, wir könnten ihn sofort verschicken.

No, I'm sorry, we're completely out of this item at the moment.

Nein, tut mir leid, wir haben diesen Artikel im Moment nicht mehr auf Lager.

We will have this item ready for dispatch by the beginning of next week.

Dieser Artikel wird bis Anfang nächster Woche wieder lieferbar sein.

Do you supply item 776 in 50-kg packets?

Liefern Sie Artikel 776 in 50-kg-Packungen?

Could you let us have the following samples?

Könnten Sie uns bitte die folgenden Muster zukommen lassen?

Yes, I'll make sure they are put in the post this afternoon.

Ja, ich werde dafür sorgen, dass sie heute Nachmittag mit der Post weggeschickt werden.

I only have the samples in brown, would this be **acceptable**?	Ich habe die Muster nur in Braun, wäre das **akzeptabel**?
I'll have to check first whether we can accept this.	Ich muss zuerst überprüfen, ob wir das annehmen können.
Do you have any **special items** that you would like to **clear**?	Haben Sie irgendwelche **Sonderartikel**, die Sie **räumen** möchten?
We would be very **interested** in **regularly receiving advertisements concerning special offers**.	Wir wären sehr daran **interessiert, regelmäßig Anzeigen über Sonderangebote zu erhalten**.
Please leave your e-mail address and I will put you on our **mailing list**.	Bitte hinterlassen Sie Ihre E-Mail-Adresse und ich werde Sie auf unsere **Mailingliste** setzen.

Dialogbeispiele

A: Would you be able to dispatch three **units** at the end of this week?

A: Könnten Sie Ende dieser Woche drei **Einheiten** zum Versand bringen?

B: Yes, of course, should I enter this for **shipment**?

B: Ja, natürlich, soll ich das jetzt zur **Lieferung** eintragen?

A: We would need three boxes this week and two more boxes at the end of next week. Is this possible?

A: Wir bräuchten diese Woche drei Kartons und Ende nächster Woche weitere zwei Kartons. Wäre das möglich?

B: The three boxes will be OK, but the two additional boxes won't be here until the week after next.

B: Die drei Kartons gehen in Ordnung, aber die zwei weiteren Kartons sind vor übernächster Woche nicht hier.

Einkauf/Verkauf

A: **We saw your** advertisement **in "Business Week". We have previously bought material from your** competitors**, but they are having difficulties with their production. Are you in a position to** deliver at short notice?

A: Wir haben Ihre Anzeige in der „Business Week" gesehen. Wir haben früher Material von Ihren Konkurrenten gekauft, aber sie haben zurzeit Produktionsschwierigkeiten. Sind Sie in der Lage, kurzfristig zu liefern?

B: **Yes, which products are you interested in?**

B: Ja, für welche Produkte interessieren Sie sich?

A: **We would need twelve silver frames 36' x 24' by the end of next week.**

A: Wir bräuchten zwölf Silberrahmen im Format 36'x 24' bis Ende nächster Woche.

B: **We would have these ready by the middle of next week.**

B: Wir würden sie bis Mitte nächster Woche fertig stellen.

Einkauf/Verkauf

A: **We received the name of your company from** mutual business associates **in the USA. We are** wholesalers **and would be interested in selling your products in the Far East.**

A: Wir haben den Namen Ihrer Firma von gemeinsamen Geschäftspartnern in den USA erhalten. Wir sind Großhändler und wären daran interessiert, Ihre Produkte im Fernen Osten zu vertreiben.

B: **I'm sorry, but we are represented by a company in Tokyo. They have** exclusive rights **for Asia.**

B: Es tut mir leid, aber wir werden von einer Firma in Tokio vertreten. Sie hat die Alleinvertriebsrechte für Asien.

A: **Could you e-mail me your de-tailed offer based on ex works prices? Please also quote on the basis of a regular monthly quantity of 12 units.**

A: Könnten Sie mir bitte Ihr detail-liertes Angebot **per E-Mail schi-cken**, basierend auf **Preisen ab Werk**? Bitte offerieren Sie auch auf der Basis einer **regelmäßigen monatlichen Menge** von 12 Einhei-ten.

B: **Certainly, we'll send it this afternoon. I am sure that we can make you a favourable offer.**

B: Natürlich, wir schicken es heute Nachmittag ab. Ich bin sicher, dass wir Ihnen ein **günstiges Angebot** machen können.

A: **I saw on your homepage yester-day that you have article no. 669 also in green, now. We would be very interested. When would it be available?**

A: Ich habe gestern auf Ihrer Home-page gesehen, dass es jetzt Artikel Nr. 669 auch in Grün gibt. Wir wären sehr interessiert. Wann wäre er **lieferbar**?

B: **According to the latest informa-tion, we could dispatch by next Tuesday. Would that be accept-able?**

B: Nach dem aktuellsten Stand könnten wir **bis nächsten Diens-tag liefern**. Würde das gehen?

A: **I will ring (US: call) my customer and get back to you this after-noon.**

A: Ich werde meinen Kunden an-rufen und mich heute Nachmittag wieder melden.

A: What is the present lead time for item 557 in green?

A: Wie ist die aktuelle **Lieferzeit** für Artikel 557 in Grün?

B: At the moment we have five in stock and four in preparation.

B: Zurzeit haben wir fünf Stück **auf Lager** und vier in Vorbereitung.

A: Would you be able to dispatch three units at the end of the week?

A: Könnten Sie Ende dieser Woche drei Einheiten versenden?

B: Yes, of course, should I enter this as a firm order?

B: Ja, natürlich, soll ich das als **verbindlichen Auftrag** buchen?

A: Yes, and please reserve two of the other four for dispatch at the end of the month.

A: Ja, und bitte **reservieren** Sie zwei von den anderen vier für Versand Ende des Monats.

Einkauf/Verkauf

A: Do you supply **item 778 in 50-kg packets?**

A: **Liefern Sie** Artikel 778 in 50-kg-Packungen?

B: No, I'm sorry, the largest **packet** we supply is 30kg.

B: Nein, es tut mir leid, die größte lieferbare **Packung** hat 30 kg.

A: OK, we'll have to order two 30-kg packets then.

A: Gut, dann müssen wir zwei 30-kg-Packungen bestellen.

B: Yes, that would be most helpful.

B: Ja, das wäre sehr hilfreich.

A: Do you have any **samples** of this item that you could send me?

A: Hätten Sie irgendwelche **Muster** von diesem Artikel, die Sie mir zuschicken könnten?

B: Yes, certainly, but I only have them in brown. Would this be all right?

A: That will be OK for now, we would just like to see how the product looks.

B: I could also send you our catalogue, so that you can see our other materials.

B: Ja, selbstverständlich, aber ich habe sie nur in Braun. Wäre das in Ordnung?

A: Im Moment reicht es, wir wollen nur sehen, wie das Produkt aussieht.

B: Ich könnte Ihnen auch unseren Katalog schicken, damit Sie unsere anderen Materialien sehen können.

A: We would be interested in regularly receiving advertisements concerning special offers.

B: Of course, let me put your e-mail address on our mailing list. Our offers are updated weekly.

A: Here's my address: tmistry@talcumind.de.

B: Thank you. You'll receive our advertisement regularly starting next week.

A: That would be great. Thank you.

A: Wir wären daran interessiert, regelmäßig Ankündigungen von Sonderangeboten zu erhalten.

B: Sicher. Ich setze Ihre E-Mail-Adresse auf unsere Mailingliste. Die Angebote werden wöchentlich aktualisiert.

A: Hier ist meine Adresse: tmistry@talcumind.de.

B: Danke. Sie werden ab nächster Woche unsere Angebote regelmäßig erhalten.

A: Das wäre wunderbar. Danke.

Einkauf/Verkauf

Offers

Angebote

Last week you visited our stand at the Cologne fair and **expressed interest** in our products.

Letzte Woche haben Sie unseren Stand auf der Kölner Messe besucht und **Interesse** an unseren Produkten **bekundet**.

We noticed your **advert** (US: **ad**) in the latest edition of ...

Wir haben Ihre **Anzeige** in der letzten Ausgabe von ... gesehen.

You were advertising for partners in the European market.

Sie haben für Partner im europäischen Markt inseriert.

Thank you for your interest.

Vielen Dank für Ihr Interesse.

We would first of all like to tell you something about our company.

Wir würden Ihnen zuerst gerne ein bisschen über unsere Firma erzählen.

We are pleased to hear of your **interest in our products**, but would like more information as to your **specific needs**.

Wir haben uns über Ihr **Interesse an unseren Produkten** gefreut, möchten aber genauere Informationen über Ihre **speziellen Anforderungen**.

We will then be in a position to make an offer **based on** the required application.

Wir werden dann in der Lage sein, Ihnen ein Angebot **basierend auf** der gewünschten Anwendung zu machen.

On what **terms** should we quote?

Zu welchen **Bedingungen** sollen wir anbieten?

Should we base our offer on **full shipments** or on **smaller quantities**?

Sollen wir auf der Basis von **vollen Sendungen** oder **kleineren Mengen** anbieten?

The present **lead time** is ex works three weeks after receipt of firm order.

Die aktuelle **Lieferzeit** ab Werk beträgt drei Wochen nach Erhalt des festen Auftrages.

At the moment there is a tremendous increase in raw material prices, but I'm sure that we can **agree on a price**.

Zurzeit steigen die Rohstoffpreise erheblich an, aber ich bin sicher, dass wir uns **preislich einigen** können.

Einkauf/Verkauf

We offer a quantity discount if the annual quantity exceeds 50 units.

Wir bieten einen **Mengenrabatt** an, falls mehr als 50 Einheiten pro Jahr gekauft werden.

All our prices are quoted in euro.

Alle Preise sind in Euro errechnet.

Our general payment term for overseas business is Letter of Credit, less 3% discount, or cash in advance.

Unsere allgemeinen Zahlungsbedingungen für Auslandsgeschäfte lauten gegen **Akkreditiv**, abzüglich 3% **Skonto**, oder **Vorauskasse**.

We would of course be delighted to send you our company brochure and some samples.

Wir würden Ihnen natürlich gerne eine Firmenbroschüre sowie einige Muster zusenden.

We will confirm this by e-mail.

Wir werden dies per E-Mail **bestätigen**.

We are pleased to offer as follows:

Wir bieten Ihnen wie folgt an:

All our prices are to be understood FOB German port including packing.

Unsere Preise verstehen sich FOB deutscher Hafen einschließlich Verpackung.

These prices are based on a minimum quantity of 50 units per order.

Diese Preise basieren auf einer **Mindestabnahmemenge** von 50 Stück pro Auftrag.

For CIF (cost, insurance, freight) deliveries we would have to charge an extra 10% on list price.

Für CIF (**Kosten, Versicherung, Fracht**) **Lieferungen** müssen wir einen Aufschlag von 10% auf den Listenpreis berechnen.

We hope that we have made you a favourable offer and look forward to hearing from you.

Wir hoffen, Ihnen ein **günstiges Angebot** gemacht zu haben, und würden uns freuen, von Ihnen zu hören.

Please visit our homepage. You can find our latest price lists there.

Bitte besuchen Sie auch unsere Homepage. Hier finden Sie unsere **aktuellsten Preislisten**.

This offer is subject to availability.

Dieses Angebot gilt, **solange der Vorrat reicht**.

Please advise whether this offer is of interest to you.

Würden Sie uns bitte mitteilen, ob dieses Angebot für Sie von Interesse ist.

Dialogbeispiele

A: **Mr. Davis from Sundale mentioned that you had shown interest in our products.**

A: Herr Davis von der Firma Sundale hat erwähnt, **dass Sie Interesse an unseren Produkten** geäußert haben.

B: **Yes, I saw some of your locks when I visited his premises last week.**

B: Ja, ich habe einige Ihrer Schlösser gesehen, als ich letzte Woche sein **Werk** besucht habe.

A: **For what sort of application do you need the locks?**

A: Für welche Art von **Anwendung** brauchen Sie die Schlösser?

B: **For high-quality attaché cases.**

B: Für hochwertige Aktenkoffer.

A: **Then I will send you an offer. On what terms should we quote?**

A: Dann **schicke ich Ihnen ein Angebot zu.** Zu welchen **Bedingungen** sollen wir anbieten?

B: **Please quote based on full lorry (US: truck) loads free German border.**

B: Bitte bieten Sie auf der Basis von vollen LKW-Ladungen frei deutsche Grenze an.

A: **For a first order, we could only offer a payment term of Cash against Documents, less 2% discount. For further deliveries we could consider open payment terms.**

A: Für einen ersten Auftrag können wir nur eine Zahlungsbedingung **Kasse gegen Dokumente,** abzüglich 2% Skonto anbieten. Für weitere Lieferungen können wir ein **offenes Zahlungsziel** berücksichtigen.

B: **All right, I agree. Could you also let me have some catalogues and a few sample locks?**

B: Einverstanden. Könnten Sie mir auch ein paar Kataloge und einige Musterschlösser zuschicken?

Einkauf/Verkauf

A: Of course. We will dispatch them today together with our offer.

A: Natürlich. Wir schicken sie heute zusammen mit unserem Angebot los.

A: At the moment we have some items in stock which we would like to clear. We could offer these items at a discount of 15 – 20% depending on quality. Would this be of interest?

A: Zurzeit haben wir einige Posten auf Lager, die wir gerne **räumen** möchten. Wir können diese Posten **abhängig von der Qualität** zu einem Rabatt von 15 – 20 % anbieten. Wäre das interessant für Sie?

B: What kind of items are they?

B: Was für Posten sind das?

A: This material is stock remaining from discontinued lines. Should we send you some samples?

A: Dieses Material ist ein Restvorrat an **Auslaufmodellen**. Sollen wir Ihnen einige Muster zuschicken?

B: Yes, that would be helpful.

B: Ja, das wäre sehr hilfreich.

A: The material has of course been offered to other customers and is subject to being unsold. Please advise whether this offer is of interest to you.

A: Das Material ist natürlich auch anderen Kunden angeboten worden und **Zwischenverkauf ist vorbehalten**. Bitte sagen Sie mir Bescheid, ob dieses Angebot für Sie interessant wäre.

Einkauf/Verkauf

New developments

Neuheiten

We are pleased to announce that this item is now available in three different new versions.

Wir freuen uns, Ihnen mitteilen zu können, dass dieser Artikel jetzt in drei **neuen Ausführungen** lieferbar ist.

We have updated our existing technology.

Wir haben unsere jetzige Technologie **auf den neuesten Stand** gebracht.

We are in the process of developing a new cleaning system.

Wir sind gerade dabei, ein neues Reinigungssystem zu entwickeln.

We have adjusted our machines to better suit the present market requirements.

Wir haben unsere Maschinen **geändert**, um den aktuellen Anforderungen am Markt besser zu entsprechen.

Would you be interested in seeing some brochures about this material?

Wären Sie daran interessiert, einige **Broschüren** über dieses Material zu sehen?

Should we send some with your next order?

Sollen wir Ihnen einige mit Ihrem nächsten Auftrag schicken?

We have now appointed a salesman to concentrate on your part of the country.

Wir haben jetzt einen **Verkäufer** für Ihre Region eingestellt.

Could you send us some information on your new product, please?

Könnten Sie uns bitte **Informationen** zu Ihrem neuen Produkt zusenden?

This will enable you to benefit from on-the-spot service.

Sie werden jetzt die Vorteile des „**Vor-Ort-Services**" genießen können.

We have just had our catalogues translated into English.

Wir haben unsere Kataloge gerade ins Englische übersetzen lassen.

We are pleased to inform you that Mr. H. Müller is now responsible for all dealings with your company.

Wir freuen uns, Ihnen mitteilen zu können, dass Herr H. Müller jetzt für **Geschäfte** mit Ihnen zuständig ist.

You place your orders directly per Internet.

Sie können direkt über das Internet bestellen.

Einkauf/Verkauf

Dialogbeispiele

A: We are pleased to announce that we have updated our technology and developed a new series of machines for the cleaning industry.

A: Wir freuen uns, Ihnen mitteilen zu können, dass wir unsere Technologie auf den neuesten Stand gebracht und eine neue Reihe von Maschinen für die Reinigungsindustrie entwickelt haben.

B: How do these differ from the previous ones?

B: Wie unterscheiden sie sich von den vorherigen?

A: They clean more thoroughly and are more economical. This is something that we have been working on for the last 12 months.

A: Sie reinigen gründlicher und sind wirtschaftlicher. Daran haben wir seit zwölf Monaten gearbeitet.

B: Do you know how much they will cost?

B: Wissen Sie, wie viel sie kosten werden?

A: We will send you more information as soon as we have completed our testing.

A: Wir schicken Ihnen mehr Informationen zu, sobald wir unsere Tests beendet haben.

A: We are proud to tell you that we have added five new colours (US: colors) to our range.

A: Wir sind stolz, Ihnen mitteilen zu können, dass wir fünf neue Farben in unsere Produktpalette aufgenommen haben.

Einkauf/Verkauf

B: What kind of colours?

A: Five new pastel colours. These were actually developed for the American market, but they were so successful that we have decided to extend them to other markets.

B: Please send me more details.

A: You can also go to our homepage. There we have samples of all our colours.

B: Welche Farben?

A: Fünf neue Pastelltöne. Diese wurden eigentlich für den amerikanischen Markt entwickelt, aber sie waren so erfolgreich, dass wir sie nun auch auf anderen Märkten vertreiben werden.

B: Bitte schicken Sie mir nähere Informationen zu.

A: Sie können auch unsere Homepage besuchen. Wir haben dort Muster aller unserer Farben.

Einkauf/Verkauf

A: We have extended our range to include accessories and belts.

B: That sounds interesting.

A: We have catalogues showing this new range and would be happy to send you one.

B: Yes, that would be great.

A: Samples of these new items will be available in a few days. Have a look through the catalogue and then we can forward some.

A: Wir haben unsere Palette jetzt um Accessoires und Gürtel erweitert.

B: Das klingt interessant.

A: Wir haben Kataloge, die unsere neue Reihe zeigen und würden Ihnen sehr gerne einen zusenden.

B: Ja, das wäre gut.

A: Muster dieser neuen Artikel werden in ein paar Tagen verfügbar sein. Sehen Sie sich den Katalog an, und dann können wir Ihnen welche zusenden.

A: We are now in a position to offer a more comprehensive service, as we have just opened a second office in Cologne.

A: Wir sind jetzt in der Lage, Ihnen einen umfassenderen Service anzubieten, da wir jetzt ein zweites Büro in Köln eröffnet haben.

B: Where is this office situated?

B: Wo befindet sich dieses Büro?

A: In the city centre (US: center), not far from the main post office.

A: In der Stadtmitte nicht weit von der Hauptpost.

A: We are pleased to inform you that we now have a representative in the United States.

A: Wir freuen uns, Ihnen mitteilen zu können, dass wir jetzt eine Vertretung in den Vereinigten Staaten haben.

B: In which part of the country?

B: In welchem Teil des Landes?

A: Not far from Boston.

A: Nicht weit von Boston.

B: How will this affect the present situation?

B: Wie wird sich das auf die aktuelle Situation auswirken?

A: You will order as you always do, but they will arrange for customs clearance and domestic transport from within the USA.

A: Sie bestellen wie üblich, aber Verzollung und Inlandstransport werden in den USA organisiert.

B: This will be a great help for us, can you let us have their name and address?

B: Das wird uns sehr helfen, können Sie uns bitte den Namen und die Adresse dieser Firma geben?

Prices	Preise
What is your current list price for item 472?	Wie ist der aktuelle Listenpreis für Artikel 472?
Our latest price list is from January of last year.	Unsere aktuelle Preisliste ist vom Januar letzten Jahres.
Could you guarantee that you will take this quantity?	Können Sie garantieren, dass Sie diese Menge abnehmen?
We would then have to reduce the commission from 5% to 4%.	Wir müssten die Provision dann von 5 % auf 4 % reduzieren.
Our prices include 5% commission which will be paid monthly as agreed.	Unsere Preise verstehen sich einschließlich 5 % Provision, die, wie vereinbart, monatlich bezahlt wird.
Commission will be paid on all orders.	Eine Provision wird auf alle Aufträge bezahlt.
The prices are subject to change.	Die Preise sind unverbindlich.
At the moment the exchange rate is very weak, could you grant a currency rebate?	Zurzeit ist der Währungskurs sehr schlecht, können Sie uns einen Währungsrabatt gewähren?
Unfortunately we have no other choice than to increase our prices.	Leider bleibt uns nichts anderes übrig, als unsere Preise zu erhöhen.
The increasing costs of raw materials make it impossible for us to hold our prices any longer.	Die zunehmenden Kosten für Rohstoffe lassen nicht zu, dass wir unsere Preise weiter halten können.
The costs of the required environmental measures force us to adjust our prices accordingly.	Die Kosten der erforderlichen Umweltmaßnahmen zwingen uns dazu, unsere Preise entsprechend zu korrigieren.

Einkauf/Verkauf

We are, however, prepared to **guarantee** these prices until the end of this year.	Wir sind jedoch in der Lage, diese Preise bis Jahresende zu **garantieren**.
After that time we would have to **reconsider the cost situation**.	Nach dieser Zeit müssen wir die **Kostensituation neu überdenken**.
We also accept **payment** in US dollar.	Wir akzeptieren auch **Zahlungen** in US-Dollar.
Please keep exchange rates in mind when paying in euro.	Bitte bedenken Sie die Wechselkurse, wenn Sie in Euro bezahlen.

Dialogbeispiele

A: Would you be able to **accept an order** for 400kg at the 500-kg price?	**A:** Können Sie **einen Auftrag** über 400 kg zum 500-kg-Preis **annehmen**?
B: Only if really necessary, we like to keep to the price list.	**B:** Nur wenn zwingend notwendig, wir halten uns lieber an die Preisliste.
A: Could we then place a **larger order with call off** to achieve a cheaper price?	**A:** Können wir dann einen **größeren Auftrag auf Abruf** erteilen, um einen billigeren Preis zu bekommen?
B: How big would the order be?	**B:** Wie groß wäre der Auftrag?
A: About 2,500kg.	**A:** Ungefähr 2.500 kg.
B: Could you **guarantee** that you will really take this quantity?	**B:** Können Sie **garantieren**, dass Sie diese Menge wirklich abnehmen?

A: Yes, this is a large project.

A: Ja, es ist ein großes Projekt.

B: OK, but we would have to draw up an agreement that the quantity will be called off within 9 months.

B: OK, aber wir müssten eine Vereinbarung aufsetzen, dass die Menge innerhalb von 9 Monaten abgerufen wird.

A: At the moment the exchange rate is very weak, could you grant us a currency rebate?

A: Zurzeit ist der Währungskurs sehr schlecht, können Sie uns einen Währungsrabatt gewähren?

B: How much would you need?

B: Wie viel würden Sie brauchen?

A: We would need at least 2%. The dollar has lost 4% against the euro. This means for us an indirect price increase of 4%.

A: Wir würden mindestens 2% brauchen. Der Dollar hat gegenüber dem Euro 4% verloren. Das bedeutet für uns eine indirekte Preiserhöhung von 4%.

B: Let me talk it over with my boss and get back to you.

B: Lassen Sie mich mit meinem Chef reden, dann melde ich mich wieder.

Einkauf/Verkauf

A: Our price list has now been in effect for three years. It is time to bring our prices up to date.

A: Unsere Preisliste ist jetzt schon seit drei Jahren gültig. Es ist an der Zeit, unsere Preise wieder zu aktualisieren.

B: This will weaken our market position considerably.

B: Dies wird unsere Marktposition erheblich schwächen.

Einkauf/Verkauf

A: Unfortunately we have no other choice. The costs of the required environmental measures force us to adjust our prices accordingly.

A: Leider bleibt uns nichts anderes übrig. Die Kosten der erforderlichen Umweltmaßnahmen zwingen uns dazu, unsere Preise entsprechend zu korrigieren.

B: Will this be the only increase this year?

B: Wird es die einzige Erhöhung in diesem Jahr sein?

A: Yes, we are prepared to guarantee our prices until the end of March next year.

A: Ja, wir sind bereit, unsere Preise bis Ende März nächsten Jahres zu garantieren.

B: Would you also be willing to accept payments in euro?

B: Wären Sie auch bereit, Zahlungen in Euro zu akzeptieren?

A: Yes we would. But please keep the exchange rates in mind when placing your order.

A: Ja dazu wären wir bereit. Aber bitte bedenken Sie bei Ihrer Bestellung die Wechselkurse.

Orders	Bestellungen
We would like to place an order.	Wir möchten **einen Auftrag erteilen**.
Enclosed our firm order for ...	Anbei unser **verbindlicher Auftrag** über ...
May we confirm the following order:	Hiermit **bestätigen** wir den folgenden Auftrag:
We are pleased to order as follows:	Wir freuen uns, wie folgt zu **bestellen:**
Please accept the following order: 5 cartons of item 4567 in colour navy blue. Price as per our current price list dated November 15th, 2014. Including 5% discount as usual.	Bitte nehmen Sie folgenden Auftrag an: 5 Kartons von Artikel 4567 in Farbe Marineblau. Preis gemäß unserer **aktuellen Preisliste vom** 15. November 2014. Einschließlich 5 % **Rabatt** wie üblich.
Our commission for this order would be 4%.	Unsere **Provision** für diesen Auftrag wäre 4 %.
Price as per your offer dated September 5th.	Preis **gemäß Ihrem Angebot** vom 5. September.
Delivery, as agreed on the telephone, on December 7th ex works.	**Lieferung,** wie telefonisch besprochen, am 7. Dezember ab Werk.
Please fly this order to New York and bill us for the freight.	Bitte schicken Sie den Auftrag nach New York und **stellen Sie uns die Fracht in Rechnung**.
Please confirm in writing.	Bitte **bestätigen Sie dies schriftlich.**
Please confirm dispatch date by return e-mail immediately.	Bitte bestätigen Sie den **Versandtermin** sofort per E-Mail.
Please be sure to supply this item as per our previous order.	Bitte achten Sie darauf, dass dieser Artikel **gemäß vorherigem Auftrag** geliefert wird.

Einkauf/Verkauf

We have an order from a new customer.	Wir haben einen Auftrag von einem neuen **Kunden**.
This is a new account.	Es handelt sich dabei um einen **Neukunden**.

Dialogbeispiele

A: We would like to place an order.

A: Wir möchten einen **Auftrag** erteilen.

B: Yes, for which item?

B: Ja, für welchen **Artikel**?

A: For five cartons of item 4567.

A: Für fünf Kartons von Artikel 4567.

B: In which colour?

B: In welcher Farbe?

A: Navy blue.

A: Marineblau.

B: Price would be as per our current price list dated November 15th.

B: Der Preis entspricht unserer aktuellen **Preisliste** vom 15. November.

A: No, I spoke to Mr. Jones yesterday and we agreed on a price of EUR 5.20 less the usual 5% discount.

A: Nein, ich habe gestern mit Herrn Jones gesprochen, und wir haben uns auf einen Preis von EUR 5,20 geeinigt, abzüglich der üblichen 5% **Rabatt**.

B: I'll have to check with him.

B: Ich muss es mit ihm abklären.

A: Please fly this order to Sydney and bill us for the freight.

A: Bitte fliegen Sie diesen Auftrag nach Sydney und stellen Sie uns die Fracht in Rechnung.

B: OK, fine.

B: Gut, alles klar.

A: Could you please confirm dispatch date and price by return e-mail?

A: Bitte bestätigen Sie uns den Versandtermin und den Preis sofort per E-Mail.

A: Please note the following order for 300 yards of material with the pattern name "Jasmine". Price as per your offer dated September 5th, including commission of 4%.

A: Bitte notieren Sie folgenden Auftrag über 300 Yards vom Stoff mit dem Musternamen „Jasmine". Preis gemäß Ihrem Angebot vom 5. September, einschließlich 4 % Provision.

B: Thank you, yes, I'll make a note of it. The usual delivery term?

B: Danke, ich werde es notieren. Die übliche Lieferbedingung?

A: Yes, FOB German port.

A: Ja, FOB deutscher Hafen.

B: OK, I'll confirm in writing.

B: Gut, ich bestätige schriftlich.

A: This is an important new customer, please send your best quality material.

A: Es handelt sich um einen wichtigen Neukunden, bitte schicken Sie Stoff von bester Qualität.

B: I'll make a note on the order.

B: Ich notiere es auf dem Auftrag.

A: Could you please also add to this order a sample book and some samples of your material "Primrose"?

A: Können Sie bitte diesem Auftrag ein Musterbuch und einige Muster Ihres Stoffes „Primrose" beifügen?

B: Of course.

B: Selbstverständlich.

A: Please mark the samples FAO. (US: Attn.) Mr. Matthews.

A: Bitte senden Sie die Muster zu Händen von Herrn Matthews.

Einkauf/Verkauf

Order confirmation	Auftragsbestätigung
We have just received your fax and can confirm the order as stated.	Wir haben gerade Ihr Fax erhalten und können den Auftrag so bestätigen.
Confirm price as per our offer dated November 15th.	Wir bestätigen den Preis gemäß unserem Angebot vom 15. November.
We received your e-mail concerning the order of article 289 in colour yellow this morning and would like to confirm this order as stated.	Wir haben Ihre E-Mail, die Bestellung über Artikel 289 in Gelb, heute Morgen erhalten und möchten sie hiermit so bestätigen.
We confirm your e-mail order dated June 2nd.	Wir bestätigen Ihre Bestellung per E-Mail vom 2. Juni.
We have attached our current price list.	Unsere aktuelle Preisliste haben wir angehängt.

Dialogbeispiele

A: We are pleased to confirm the order as per your e-mail dated May 15th.	A: Wir freuen uns, den Auftrag gemäß Ihrer E-Mail vom 15. Mai zu bestätigen.
B: How many chairs will the container hold?	B: Wie viele Stühle passen in den Container?
A: The maximum load is 100 chairs.	A: Die maximale Auslastung ist 100 Stühle.
B: What is your present price?	B: Wie sind Ihre aktuellen Preise?
A: We confirm 100 chairs at a price of EUR 30 each. The container	A: Wir bestätigen 100 Stühle zu einem Preis von EUR 30, – pro

will be loaded on June 1st for shipment ex German port on June 4th, ETA Washington on June 18th.

Stück. Der Container wird am 1. Juni für **Verschiffung ab deutschem Hafen** am 4. Juni geladen, **voraussichtliche Ankunft** Washington am 18. Juni.

B: Thank you. Could you put this in writing for me?

B: Danke. Können Sie mir dies schriftlich geben?

A: Of course, could you also confirm the forwarding agents for us?

A: Natürlich, können Sie uns bitte auch die Spediteure bestätigen?

B: I'll e-mail you the details.

B: Ich maile Ihnen die Details.

Fairs and exhibitions

Messen und Ausstellungen

Next month there is an exhibition in Munich.

Nächsten Monat ist eine Ausstellung in München.

We would like to be presented at the "CEBIT Home" next year.

Wir wären gerne nächstes Jahr auf der „CEBIT Home" vertreten.

Last year our company had a stand on the first floor.

Letztes Jahr hatte unsere Firma einen Stand im Erdgeschoss.

The main attractions of the fair will be found in hall no. 7.

Die Hauptattraktionen der Messe werden in Halle Nr. 7 zu finden sein.

We had to rent a booth at the "New York Spring Fair".

Wir mussten auf der „New Yorker Frühlingsmesse" einen Stand mieten.

It would be good for our company if we could exhibit in hall 1.

Es wäre gut für unsere Firma, wenn wir in Halle 1 ausstellen könnten.

Dialogbeispiele

A: We would like to exhibit at the "CEBIT Home" fair. Could you please send us an application form?

A: Wir möchten gerne auf der „CEBIT Home" ausstellen. Könnten Sie uns bitte ein Anmeldeformular zusenden?

B: Of course, in which hall were you thinking of exhibiting?

B: Natürlich, in welcher Halle möchten Sie ausstellen?

A: Would it be possible to exhibit in hall 4?

A: Wäre es möglich, in Halle 4 auszustellen?

B: That hall is very popular, make a note on the form and I will see what I can do.

B: Diese Halle ist sehr beliebt, notieren Sie es auf dem Formular und ich werde sehen, was sich machen lässt.

A: Thank you.

A: Vielen Dank.

B: How large should the stand be?

B: Wie groß soll der Stand sein?

A: Large enough to fit three coffee tables and twelve chairs.

A: Groß genug, dass drei Bistrotische und zwölf Stühle Platz haben.

B: Then tick (US: check) the box for size B.

B: Dann kreuzen Sie das Kästchen für Größe B an.

A: Could you provide us with refreshments?

A: Können Sie Erfrischungen für uns organisieren?

B: We will send all the details with the form.

B: Wir werden alle Details mit dem Formular schicken.

A: Fine. And how about accommodation?

A: In Ordnung. Und wie ist es mit der Unterkunft?

B: We have three hotels on site, I will send the brochures as well. But be sure to book early!

B: Wir haben drei Hotels auf dem Gelände, ich schicke Ihnen dann auch die Broschüren mit. Aber **reservieren** Sie rechtzeitig!

A: We will be at the "Ideal Home Exhibition" next month. We are exhibiting there for the first time.

A: Wir werden nächsten Monat auf der „Ideal Home Exhibition" sein. Wir stellen dort zum ersten Mal aus.

B: Where will you be?

B: Wo werden Sie sein?

A: We have a stand in hall 6 on the second floor (US: third floor). Will you be there, too?

A: Wir haben einen Stand in Halle 6 im zweiten Stock. Werden Sie auch dort sein?

B: Yes, but I'm not sure exactly when.

B: Ja, aber ich weiß nicht genau wann.

A: Come along and visit us. I will be at the stand on Wednesday and Thursday and my colleague Frank Marshall will be there on Friday and Saturday.

A: Kommen Sie uns einfach besuchen. Ich werde am Mittwoch und Donnerstag am Stand sein und mein Kollege Frank Marshall am Freitag und Samstag.

B: OK, I'll try and stop by on Wednesday or Thursday. I don't really know Frank very well.

B: Gut, ich werde versuchen, am Mittwoch oder Donnerstag vorbeizuschauen. Ich kenne Frank nicht so gut.

Einkauf/Verkauf

4. Auftragsabwicklung

Transport and Forwarding

Transport- und Versandwesen

How should we **forward** this order?

Wie sollen wir diesen Auftrag **verschicken**?

Should we **ship** to Singapore as usual?

Sollen wir wie üblich nach Singapur **verschiffen**?

It is possible for us to **load** this order tomorrow, otherwise it will be next week.

Wir haben eine Möglichkeit, diesen Auftrag morgen zu **verladen**, ansonsten in der nächsten Woche.

We could **dispatch** this on Thursday for **shipment** in a **TEU container**. ETA Busan Port on May 15th.

Wir könnten es am Donnerstag **wegschicken**, für die **Verschiffung** in einem **TEU-Container**. Voraussichtliche Ankunft Busan Hafen am 15. Mai.

The **lorry** (US: **truck**) arrived in London yesterday at 4 p.m., but there was no one there to accept the goods.

Der **LKW** kam gestern um 16 Uhr in London an, aber es war niemand da, um die Ware entgegenzunehmen.

We will be charged for the second **delivery**.

Man wird uns die zweite **Zustellung** berechnen.

Is a specific **forwarding agent** named?

Wird ein bestimmter **Spediteur** genannt?

As we are delivering **CIF** (**cost insurance, freight**) Dublin, we reserve the right to choose the forwarder.

Da wir **CIF** (**Verladekosten, Versicherung, Fracht inbegriffen**) Dublin liefern, behalten wir uns das Recht vor, den Spediteur auszusuchen.

This forwarding agent has increased his **rates**, we are looking for another partner.

Dieser Spediteur hat die **Preise** erhöht, wir suchen nach einem anderen Partner.

Auftragsabwicklung

We will send a **trial shipment** with this forwarder next week, please keep us informed about the service.	Wir werden nächste Woche eine **Probelieferung** mit diesem Spediteur schicken, bitte halten Sie uns auf dem Laufenden über den Service.
The order was due to leave tomorrow, but the forwarders haven't got any lorries **available**.	Der Auftrag sollte morgen weggehen, aber die Spediteure haben keine LKWs **verfügbar**.
The lorry has been held up at the border, as the **customs officers** are on strike.	Der LKW ist an der Grenze aufgehalten worden, da die **Zollbeamten** zurzeit streiken.
On Sundays and public holidays **HGVs** are banned from the motorways (US: highways), and so this will hold things up even longer.	An Sonn- und Feiertagen haben **LKWs** auf Autobahnen Fahrverbot, was alles noch weiter verzögern wird.
All HGVs (heavy goods vehicles) have to pay **motorway** (US: **highway**) **tolls**.	Alle LKWs müssen **Autobahngebühren** bezahlen.
The necessary repair work was not finished **on time**.	Die notwendigen Reparaturarbeiten wurden nicht **rechtzeitig** beendet.
We will now have to send this material on the ship next week.	Wir werden das Material jetzt mit dem Schiff nächste Woche schicken müssen.
This ship will only take nine days.	Dieses Schiff hat eine Laufzeit von nur neun Tagen.
Is there really no **quicker alternative**?	Gibt es wirklich keine **schnellere Alternative**?
We will forward the **bill of lading** as soon as possible to speed up the **customs clearance** at your end.	Wir werden das **Konnossement** (Seefrachtbrief) sofort weiterleiten, um bei Ihnen die **Verzollung** zu beschleunigen.
Could you send us a box by **air freight**?	Könnten Sie uns eventuell einen Karton per **Luftfracht** schicken?

Auftragsabwicklung

They have quoted us €3.20 per kg.

Sie haben uns € 3,20 pro kg angeboten.

This airline has increased its prices, should we try another?

Diese Fluglinie hat die Preise erhöht, sollen wir eine andere probieren?

We are still waiting for the airway bill.

Wir erwarten immer noch den Luftfrachtbrief.

As this is an inner-community purchase we would need your VAT (value added tax) registration number.

Da es sich um einen Kauf innerhalb der EU handelt, brauchen wir Ihre Umsatzsteuernummer.

We have checked with the Federal Finance Office in Saarlouis, but they have no record of your company under this name and address.

Wir haben beim Bundesamt für Finanzen in Saarlouis nachgefragt, aber Sie werden nicht unter diesem Namen und dieser Adresse geführt.

The pallets were broken and the goods were damaged on arrival.

Die Paletten waren kaputt, und die Ware war bei der Ankunft bereits beschädigt.

The boxes were not properly sealed.

Die Kartons waren nicht richtig ver-schlossen.

The material was wet on opening.

Das Material war beim Öffnen nass.

The consignment was not insured at our end.

Die Sendung war bei uns nicht versichert.

Please get in touch with this insurance broker.

Bitte setzen Sie sich mit diesem Versicherungsmakler in Verbindung.

Please have the damage assessed.

Bitte lassen Sie den Schaden schätzen.

Then we can hand in the claim.

Dann können wir den Schadensanspruch einreichen.

Dialogbeispiele

A: It is possible for us to load this order tomorrow, otherwise it will be next week.

A: Wir haben die Möglichkeit, diesen Auftrag morgen zu **verladen**, ansonsten erst in der nächsten Woche.

B: No, I can't wait that long, please go ahead with dispatch tomorrow.

B: Nein, so lange kann ich nicht warten, bitte schicken Sie den Auftrag morgen weg.

A: This **consignment** was due to leave tomorrow, but the **forwarders haven't got any lorries available.**

A: Diese **Sendung** sollte morgen abgehen, aber die **Spediteure** haben keine LKWs verfügbar.

B: When is the next possibility?

B: Wann ist die nächste Möglichkeit?

A: On Monday morning, this will cause a **delay** of three days.

A: Am Montagmorgen, dies wird eine **Verzögerung** von drei Tagen verursachen.

B: That will be all right, I will inform my **customer** straight away.

B: Das wird in Ordnung sein, ich werde meinen **Kunden** sofort informieren.

A: This order has arrived in Hamburg, but we cannot **clear it through customs,** as we are missing the **commercial invoice.**

A: Dieser Auftrag ist in Hamburg angekommen, aber wir können die Ware nicht **verzollen,** da die **Handelsrechnung** fehlt.

Auftragsabwicklung

B: We sent it threefold with the shipment, it must have got lost.

B: Wir haben sie der Sendung in dreifacher Ausführung beigelegt, sie muss verloren gegangen sein.

A: Could you e-mail one directly to our customs broker?

A: Können Sie bitte eine direkt an unseren Zollagenten e-mailen?

A: Please put this and the other two orders in a TEU container.

A: Können Sie bitte diesen und die anderen zwei Aufträge in einen TEU-Container laden?

B: This really isn't quite enough for a container.

B: Es ist eigentlich nicht genug für einen Container.

A: We would be prepared to pay the difference between consolidated and full shipment, as this speeds up the customs clearance.

A: Wir wären bereit, den Unterschied zwischen Stückgut und Voll-container zu bezahlen, da die Zollabwicklung damit beschleu-nigt wird.

B: Fine. Could you give me the name and address of your forwarding agent?

B: In Ordnung. Könnten Sie mir bitte den Namen und die Adresse Ihres Spediteurs mitteilen?

A: We are sorry to inform you that the order was not loaded on the MS "Marie" as planned.

A: Wir müssen Ihnen leider mitteilen, dass der Auftrag nicht wie geplant auf die MS „Marie" geladen wurde.

Auftragsabwicklung

B: What happened?

A: The necessary repair work was not finished on time. We will now have to send this material on the ship next week, but this will only take nine days.

B: Is there really no quicker alternative?

A: No, I'm sorry. We will forward the bill of lading as soon as possible to speed up the customs clearance at your end.

B: Was ist passiert?

A: Die notwendigen Reparaturarbeiten wurden nicht rechtzeitig fertig. Wir werden das Material jetzt mit dem Schiff nächste Woche schicken müssen, aber dieses hat eine Laufzeit von nur neun Tagen.

B: Gibt es wirklich keine schnellere Alternative?

A: Nein, es tut mir leid. Wir werden das Konnossement (Seefrachtbrief) sofort weiterleiten, um bei Ihnen die Verzollung zu beschleunigen.

A: Unfortunately the goods are still at Frankfurt airport. The freight space was double-booked.

B: When can they be flown now?

A: On Saturday, we can get a better rate for a weekend flight.

B: What would this cost?

A: They have quoted us €3.20 per kg.

A: Die Ware ist leider noch am Frankfurter Flughafen. Der Frachtraum war doppelt gebucht.

B: Wann kann sie jetzt transportiert werden?

A: Am Samstag, wir bekommen bessere Preise für einen Wochenendflug.

B: Was würde es kosten?

A: Sie haben uns € 3,20 pro kg angeboten.

Auftragsabwicklung

Terms of Payment

Zahlungsbedingungen

cash in advance

Vorauskasse

cash on delivery (COD)

per Nachnahme

cash against documents (CAD)

Kasse gegen Dokumente

Sixty days after date of invoice, net.

Sechzig Tage nach Rechnungsdatum, netto.

The order will be shipped with payment term 30 days after date of invoice, net.

Der Versand des Auftrages erfolgt unter der Zahlungsbedingung 30 Tage nach Rechnungsdatum, netto.

We need a bank guarantee.

Wir benötigen eine Bankgarantie.

The pro forma invoice will be e-mailed.

Die Proformarechnung wird gemailt.

When the invoice is paid, we will arrange for the goods to be sent.

Nachdem die Rechnung bezahlt ist, werden wir den Versand vornehmen.

Payable immediately after receipt of the goods.

Zahlbar sofort nach Erhalt der Ware.

Please open the L/C as follows: Part shipments allowed. Tolerance of 5% for quantity and amount. Latest date of shipment: 31/07/2015.

Bitte eröffnen Sie den Akkreditiv wie folgt: Teillieferungen erlaubt, Toleranzbereich von 5% für Menge und Betrag. Verschiffung spätestens am: 31.07.2015.

Would it be possible to issue the invoice in US dollars?

Wäre es möglich, die Rechnung in US-Dollar auszustellen?

It is our company policy only to invoice in euros.

Es entspricht unserer Firmenpolitik, nur in Euro zu fakturieren.

What is your usual payment term?

Wie ist Ihre übliche Zahlungsbedingung?

We could offer you cash in advance less 3% discount.

Wir könnten Ihnen Vorauskasse abzüglich 3% Skonto anbieten.

Auftragsabwicklung

Dialogbeispiel

A: **Would it be possible to amend the term of payment to 60 days after date of invoice, net?**

A: Wäre es möglich, die Zahlungskondition auf 60 Tage **nach Rechnungsdatum** netto **abzuändern**?

B: **In this case, we would have to apply for credit insurance and a credit limit.**

B: In diesem Fall müssten wir eine **Kreditversicherung** und ein **Limit** anfordern.

A: **Could you apply and let me know what happens?**

A: Könnten Sie ein Limit beantragen und mir Bescheid sagen, was passiert?

Reminders	Mahnungen
I'm ringing to enquire about .../ I'm calling regarding ...	Ich rufe an wegen ...
We are still waiting for ...	Wir **warten immer noch auf** ...
We have not yet received ...	Wir haben ... **immer noch nicht bekommen**.
This order was due to dispatch on ...	Dieser Auftrag sollte am ... zum Versand kommen.
When placing the order, we were assured that it would be ready on time.	Als wir den Auftrag erteilt haben, hat man uns versichert, dass er **rechtzeitig fertig** werden würde.
Can you tell me/give me any idea when ...?	Können Sie mir sagen, wann ...?

I have this order entered in my schedule for dispatch on ...	Ich habe diesen Auftrag in meiner Terminliste für den Versand am ... eingetragen.
We are now planning to dispatch this material on ...	Wir haben den Versand dieses Materials jetzt für den ... eingeplant.
At the moment we are experiencing production difficulties because of ...	Zur Zeit haben wir Produktionsprobleme wegen ...
We were not able to complete the order any earlier due to a lack of parts/raw materials/manpower.	Wir konnten diesen Auftrag wegen eines Mangels an Teilen/Rohstoffen/Arbeitskräften leider nicht früher fertig stellen.
We're in urgent need of the goods.	Wir brauchen die Ware ganz dringend.
This will cause us problems.	Das wird bei uns Probleme verursachen.
Is there any chance of ...?	Gibt es irgendeine Möglichkeit ...?
Could you maybe dispatch part of the order?	Könnten Sie eventuell eine Teillieferung vornehmen?
This order is to be shipped to our customer in France next week.	Dieser Auftrag soll nächste Woche an unseren Kunden in Frankreich geschickt werden.
Our schedules are very tight.	Unser Terminplan ist sehr eng.
Let me check again with ...	Lassen Sie mich noch einmal mit ... reden.
I'll get back to you.	Ich melde mich wieder bei Ihnen.
If we don't receive the material on time, this will cause us contractual problems.	Wenn wir das Material nicht pünktlich erhalten, wird dies zu vertragsrechtlichen Problemen führen.
We really must insist that the goods be dispatched tomorrow.	Wir müssen wirklich darauf bestehen, dass die Ware morgen zum Versand kommt.

Auftragsabwicklung

This order has top priority now.

Dieser Auftrag hat jetzt **erste Priorität**.

This invoice has actually been overdue for payment for … days.

Diese **Rechnung** ist eigentlich seit … Tagen **überfällig**.

We seem to have overlooked this invoice.

Wir haben diese Rechnung anscheinend **übersehen**.

We'll send you a cheque (US: check) this afternoon.

Wir schicken Ihnen heute Nachmittag einen Scheck.

The payment was made yesterday. You should receive the transfer by tomorrow.

Die **Zahlung** wurde gestern angewiesen, die Überweisung sollte bis morgen **eingehen**.

Our records show that the invoice still has not been paid.

Laut unseren Unterlagen **ist die Rechnung noch offen**.

We actually paid the invoice last week, I will contact our bank and see why the payment has been delayed.

Wir haben die Rechnung eigentlich schon letzte Woche bezahlt. Ich werde mich **mit unserer Bank in Verbindung setzen**, um festzustellen, warum sich die Zahlung verzögert.

When we spoke last week, you assured me that the invoice would be paid.

Als wir letzte Woche miteinander gesprochen haben, haben Sie mir **versichert**, dass die Rechnung bezahlt wird.

We must receive at least a part payment.

Wir brauchen **zumindest** eine Teilzahlung.

We have many outstanding obligations.

Wir haben viele **Verpflichtungen** zu begleichen.

The book-keeping department will only release this order for shipment if we receive a copy of your cheque/transfer.

Die **Buchhaltungsabteilung** gibt diesen Auftrag nur zur Lieferung frei, wenn wir von Ihnen eine Kopie des Schecks/der **Überweisung** erhalten.

Auftragsabwicklung

Dialogbeispiele

A: I'm calling to enquire about the status of our order no. 452 dated June 5th. On the order confirmation it states delivery ex works on September 5th. When placing the order, we were assured that it would be ready on time. However, today is September 7th and we still have not received any advice of dispatch. Do you know, by any chance, when the order will be dispatched?

A: Ich rufe wegen unseres Auftrages Nr. 452 vom 5. Juni an. In der Auftragsbestätigung steht als Liefertermin ab Werk der 5. September. Als wir den Auftrag erteilt haben, hat man uns versichert, dass der Auftrag rechtzeitig fertig werden würde. Heute ist aber bereits der 7. September, und wir haben immer noch keine Versandanzeige von Ihnen erhalten. Wissen Sie zufällig, wann wir mit der Lieferung dieses Auftrages rechnen können?

B: I have this order entered in my schedule for dispatch on September 12th. Unfortunately we were not able to complete this order any earlier due to production delays caused by the late delivery of certain parts.

B: Dieser Auftrag ist jetzt in meinem Terminplan für den Versand am 12. September eingetragen. Wir konnten diesen Auftrag leider nicht früher fertig stellen, da die verspätete Lieferung von einigen Teilen zu Verzögerungen in der Produktion geführt hat.

A: September 12th is rather late, this would cause us considerable problems, as the order is to be

A: Der 12. September ist ein bisschen spät, das würde uns erhebliche Probleme bereiten, da der Auftrag

sent on to our depot in Manchester. Is there any chance of sending it a bit earlier than that?

B: Let me check again with our production department and get back to you.

A: Could you get back to me this morning? My customer is waiting for an answer.

B: Of course, and I'm sorry for any inconvenience that this delay will cause.

an unser Lagerhaus in Manchester weiter verschickt wird. Gibt es irgendeine Möglichkeit, die Waren früher zu schicken?

B: Lassen Sie mich noch einmal mit der Produktionsabteilung reden, dann melde ich mich wieder bei Ihnen.

A: Könnten Sie mich heute Vormittag zurückrufen? Mein Kunde wartet nämlich auf eine Antwort.

B: Selbstverständlich und entschuldigen Sie bitte die Unannehmlichkeiten, die Ihnen diese Verzögerung bereitet.

A: I'm calling once again regarding our order no. 452. Last week you promised us delivery by Friday at the latest. This order has now been delayed by two weeks. If we don't receive the goods by the day after tomorrow, we'll have no other choice but to cancel the

A: Ich rufe jetzt noch einmal an bezüglich unseres Auftrags Nr. 452. Letzte Woche haben Sie uns die Lieferung bis spätestens Freitag versprochen. Dieser Auftrag ist nun seit zwei Wochen überfällig. Wenn wir die Ware nicht bis übermorgen bekommen haben, sehen wir uns gezwungen,

Auftragsabwicklung

order and look for another
supplier.

den Auftrag zu **stornieren** und
einen anderen **Lieferanten** zu
suchen.

B: I'm really sorry **about that,**
but the delay is due to circum-
stances beyond our control. At
the moment there is a strike at
the docks and our deliveries are
all still waiting to be unloaded.

B: Es tut mir wirklich leid, aber die
Verzögerung beruht auf **höherer**
Gewalt. Zurzeit streiken die
Hafenarbeiter und unsere Liefe-
rungen sind immer noch nicht
entladen worden.

A: Please check if there is anything
you can do, as this order is now
top priority.

A: Bitte überprüfen Sie noch einmal,
ob Sie irgendetwas erreichen
können, da dieser Auftrag mittler-
weile **erste Priorität** hat.

A: I'm calling regarding our invoice
no. 5562 dated June 5th. It has
actually now been overdue for
payment for seven days.

A: Ich rufe wegen unserer Rechnung
Nr. 5562 vom 5. Juni an. Diese
Rechnung ist nun seit sieben
Tagen **überfällig.**

B: Invoice no. 5562, let me see. Oh
yes, here it is. This invoice seems
to have been overlooked, I'm
sorry about that. We'll transfer
the invoice amount this after-
noon.

B: Rechnung Nr. 5562, lassen Sie
mich nachsehen. O ja, hier habe
ich es. Diese Rechnung haben wir
anscheinend **übersehen,** es tut
mir leid. Wir **überweisen** den
Rechnungsbetrag gleich heute
Nachmittag.

A: May I remind you that our invoice dated April 4th is still overdue?

A: Darf ich Sie daran erinnern, dass unsere Rechnung vom 4. April immer noch überfällig ist?

B: We actually paid the invoice last week, I will contact our bank and see why the payment has been delayed.

B: Wir haben die Rechnung eigentlich schon letzte Woche bezahlt, ich werde bei unserer Bank nachfragen, warum sich die Zahlung verzögert.

A: I'm sorry, but I must ask once again for payment of our outstanding invoices. We have four orders for dispatch next week and I cannot let them be shipped unless we receive at least a part payment of your outstanding balance.

A: Entschuldigen Sie, aber ich muss noch einmal um die Bezahlung Ihrer fälligen Rechnungen bitten. Wir haben vier Aufträge zur Lieferung nächste Woche, und ich kann sie nicht verschicken, ohne zumindest eine Teilzahlung Ihrer Außenstände zu erhalten.

B: Unfortunately, at the moment we have many outstanding obligations, could we agree on the part payment for the moment?

B: Zurzeit haben wir leider ausstehende Verbindlichkeiten, könnten wir uns für den Augenblick auf eine Teilzahlung einigen?

A: Aren't there any other acceptable solutions?

A: Gibt es keine anderen annehmbaren Möglichkeiten?

Auftragsabwicklung

Delays and problems

Verzögerungen und Probleme

We regret to have to inform you that this order will not be ready for dispatch tomorrow.

Wir bedauern, Ihnen mitteilen zu müssen, dass dieser Auftrag morgen nicht zum Versand fertig sein wird.

We are sorry to have to tell you that the material cannot be completed on time. At the moment we are having problems with the acquisition of materials.

Leider müssen wir Ihnen mitteilen, dass das Material nicht rechtzeitig fertig sein wird. Zurzeit haben wir Probleme mit der Beschaffung von Materialien.

Our production schedule is very tight.

Unser Produktionszeitplan ist sehr eng.

One of our machines has to be repaired.

Eine unserer Maschinen muss repariert werden.

Unfortunately one of our suppliers has let us down.

Leider hat uns einer unserer Lieferanten im Stich gelassen.

We are still waiting for these parts to complete your order.

Wir warten immer noch auf diese Teile, um Ihren Auftrag fertig zu stellen.

This material did not meet the high standards set by our quality control department.

Dieses Material hat die hohen Standards, die unsere Qualitätskontrolle festlegt, nicht erfüllt.

The colour does not correspond to the previous deliveries.

Die Farbe entspricht nicht den früheren Lieferungen.

We are therefore not prepared to release this for dispatch.

Wir sind daher nicht bereit, die Ware zum Versand freizugeben.

We could accept this if you were prepared to grant us a discount.

Wir könnten es akzeptieren, wenn Sie bereit wären, uns einen Rabatt zu gewähren.

We miscalculated the amount required and did not obtain sufficient supplies.

Wir haben die Menge falsch kalkuliert und nicht genügend Vorräte besorgt.

Auftragsabwicklung

We will **do our best** to dispatch earlier.

Wir werden **unser Bestes tun**, um früher zu liefern.

We have only received three of the four boxes ordered.

Wir haben nur drei der vier bestellten Kartons erhalten.

Should we go ahead with shipment?

Sollen wir die Ware verschicken?

Should we send the three boxes or wait and send all four together?

Sollen wir die drei Kartons schicken oder warten und alle vier zusammen schicken?

We would of course pay the freight for the **extra shipment**.

Wir würden natürlich die Frachtkosten für die **zusätzliche Lieferung** übernehmen.

Unfortunately our computer system was not working properly and the material confirmed for dispatch is actually **not in stock**.

Leider funktionierte unser Computersystem nicht, und das Material, das wir zum Versand bestätigt haben, ist gar **nicht auf Lager**.

The **next possible dispatch** would be in about two weeks.

Der **nächstmögliche Versand** wäre in ungefähr zwei Wochen.

We could offer you two 25-kg bags as an alternative.

Als Alternative könnten wir Ihnen zwei 25-kg-Beutel anbieten.

We could send the delivery by express.

Wir könnten die Lieferung per Express schicken.

Unfortunately we quoted the **wrong price**.

Leider haben wir den **falschen Preis** angegeben.

We **mixed up** the lists for ex works and FOB.

Wir haben die Listen für die Preise ab Werk und FOB **vertauscht**.

We entered your order for the **wrong item**.

Wir haben Ihren Auftrag für den **falschen Artikel** eingetragen.

We will send you the order confirmation with the correct price.

Wir schicken Ihnen die Auftragsbestätigung mit dem korrekten Preis.

Auftragsabwicklung

The product you ordered is no longer in our range.	Das von Ihnen bestellte Produkt ist nicht mehr in unserer Produktpalette.
May we offer you product 437 as an alternative?	Dürfen wir Ihnen Produkt 437 als Alternative anbieten?
We sincerely apologise (US: apologize) for this mistake.	Wir entschuldigen uns für diesen Fehler.
We are truly sorry about this delay.	Wir bedauern diese Verzögerung sehr.
Please accept our apologies.	Wir bitten Sie um Entschuldigung.
We will make sure that this does not happen again.	Wir werden darauf achten, dass dies nie wieder passiert.
Thank you for your understanding.	Vielen Dank für Ihr Verständnis.
Thank you for your cooperation.	Vielen Dank für Ihre Hilfe.

Dialogbeispiele

Auftragsabwicklung

A: We are sorry to have to tell you that the material cannot be completed on time.	**A:** Leider müssen wir Ihnen mitteilen, dass das Material nicht rechtzeitig fertig sein wird.
B: What exactly is the problem?	**B:** Was genau ist das Problem?
A: Unfortunately one of our suppliers has let us down. A delivery has been delayed. We need these parts to complete your order.	**A:** Leider hat uns einer unserer Lieferanten im Stich gelassen. Eine Lieferung ist verzögert worden. Wir brauchen diese Teile, um Ihren Auftrag fertig zu stellen.
B: How long a delay will this be?	**B:** Wie lange wird die Verzögerung dauern?

A: **About four days.**

B: **OK, but please dispatch on Friday, and** thank you for letting me know.

A: **Unfortunately the material for your order did not meet the high standards set by our** quality control department.

B: **What is wrong with the material?**

A: **The colour does not correspond to the previous deliveries, therefore we cannot dispatch this order without** your consent.

B: **How long will I have to wait for a new production?**

A: **About four weeks.**

B: **No, that's too long. The colour is not that important, it isn't a series.**

A: **We could send you a sample today by** courier service. **If the colour is acceptable, we will send the whole order on Thursday.**

A: Ungefähr vier Tage.

B: In Ordnung, aber bitte verschicken Sie es am Freitag, und **vielen Dank für die Information.**

A: Leider hat das Material für Ihren Auftrag die hohen Standards, die von unserer **Qualitätskontrolle** festgelegt werden, nicht erfüllt.

B: Was stimmt nicht mit dem Material?

A: Die Farbe entspricht nicht den früheren Lieferungen, wir können diesen Auftrag daher nicht ohne **Ihre Zustimmung** verschicken.

B: Wie lange muss ich dann auf eine neue Produktion warten?

A: Ungefähr vier Wochen.

B: Nein, das ist zu lang. Die Farbe ist nicht so wichtig, es ist keine Serie.

A: Wir könnten Ihnen heute per **Kurierdienst** ein Muster zuschicken. Wenn die Farbe akzeptabel wäre, würden wir den ganzen Auftrag am Donnerstag versenden.

Auftragsabwicklung

Auftragsabwicklung

A: We regret to have to inform you that this order will not be ready for dispatch tomorrow. We only have three of the four boxes ordered.

A: Wir bedauern, Ihnen mitteilen zu müssen, dass dieser Auftrag morgen nicht zum Versand fertig sein wird. Wir haben nur drei der vier bestellten Kartons.

B: When will the order be complete?

B: Wann wird der Auftrag komplett sein?

A: The remaining box would be ready by next Wednesday. Should we send the three boxes or wait and send all four together?

A: Der noch ausstehende Karton wäre bis nächsten Mittwoch fertig. Sollen wir die drei Kartons schicken oder warten und alle vier zusammen schicken?

B: That would mean additional transport costs for us.

B: Dies würde für uns zusätzliche Transportkosten bedeuten.

A: We would of course be prepared to pay the freight for the extra shipment.

A: Wir würden natürlich die Frachtkosten für die zusätzliche Lieferung übernehmen.

B: OK. Please ship the three boxes, we'll expect the fourth box by the end of next week.

B: Gut. Bitte schicken Sie die drei Kartons, wir erwarten dann den vierten Karton bis Ende nächster Woche.

A: Thank you, and please accept our apologies for this delay.

A: Danke, und bitte entschuldigen Sie die Verzögerung.

A: We are sorry to have to tell you that our computer system was not working properly and the material confirmed for dispatch is actually not in stock.

A: Wir müssen Ihnen leider mitteilen, dass unser Computersystem nicht richtig funktioniert hat, und dass das zum Versand bestätigte Material gar nicht auf Lager ist.

B: When could we have it then?

B: Wann können wir es dann haben?

A: The next possible dispatch would be in two weeks' time.

A: Der nächstmögliche Versandtermin wäre in ungefähr zwei Wochen.

B: That will be difficult.

B: Das wird schwierig.

A: We could offer you two 25-kg bags as an alternative.

A: Als Alternative könnten wir Ihnen zwei 25-kg-Beutel anbieten.

B: OK, we need the material urgently, so we'll have to take them.

B: In Ordnung, wir brauchen das Material sehr dringend. Dann müssen wir also die Beutel nehmen.

A: Thank you for your help. We are really sorry about this mistake.

A: Vielen Dank für Ihre Hilfe. Wir bedauern diesen Fehler sehr.

Auftragsabwicklung

A: Unfortunately we quoted the wrong price for this item. We mixed up the lists for ex works and FOB.

A: Leider haben wir den falschen Preis für diesen Artikel angegeben. Wir haben die Listen für die Preise ab Werk und FOB vertauscht.

B: **How could that happen? I specifically said that I needed the FOB price.**

B: Wie konnte das passieren? Ich habe **ausdrücklich gesagt,** dass ich den FOB-Preis brauche.

A: **The person usually in charge of your orders was on holiday (US: on vacation) at that time. We will send you the** order confirmation **with the correct price.**

A: Der Mitarbeiter, der normalerweise für Ihre Aufträge zuständig ist, war zu der Zeit im Urlaub. Wir schicken Ihnen die **Auftragsbestätigung** mit dem korrekten Preis.

B: **OK, but please** make sure it doesn't happen again. **This makes things quite difficult.**

B: Gut, aber bitte **achten Sie darauf,** dass es nicht wieder passiert. Es macht alles ziemlich schwierig.

A: **Of course. Thank you for your understanding and please accept our apologies.**

A: Selbstverständlich. Danke für Ihr Verständnis und entschuldigen Sie nochmals.

Complaints

Beschwerden

The material ordered was green and the material we have just received is brown.
Please check **what has happened.**

Wir haben grünes Material bestellt und das Material, das wir bekommen haben, ist braun. **Bitte überprüfen Sie,** was passiert ist.

Both the order confirmation **and the delivery note show three boxes, but we have only received two, what has happened?**

Die **Auftragsbestätigung** und der **Lieferschein** zeigen beide drei Kartons, aber wir haben nur zwei bekommen, was ist passiert?

Auftragsabwicklung

We ordered 5mm screws and you have sent us 6mm. We are prepared to keep these, but would need a delivery of 5mm screws by the end of this week.

Wir haben 5-mm-Schrauben bestellt, und Sie haben uns 6-mm-Schrauben geschickt. Wir wären bereit, diese zu behalten, bräuchten aber bis Ende dieser Woche eine Lieferung von 5-mm-Schrauben.

Two of the chairs are badly damaged, the cushion material is ripped.

Zwei der Stühle sind schwer beschädigt, das Kissenmaterial ist aufgerissen.

Could you give them back to our driver when he comes on Friday? We will arrange for two replacement chairs to be dispatched tomorrow.

Könnten Sie sie am Freitag dem Fahrer wieder mitgeben? Wir werden dann morgen zwei Ersatzstühle wegschicken.

The quality of this material is not up to your usual standard.

Die Qualität dieses Materials entspricht nicht Ihrem üblichen Standard.

The paper we received is too thin.

Das Papier, das wir bekommen haben, ist zu dünn.

Could you send us a few leaves so that we can have our quality control people check this?

Könnten Sie uns ein paar Blätter zuschicken, damit unsere Leute in der Qualitätskontrolle diese überprüfen können?

The material is within our standard tolerance level.

Das Material liegt innerhalb unserer Standardtoleranzgrenze.

I cannot accept your claim.

Ich kann Ihre Reklamation nicht annehmen.

I will let you know.

Ich werde mich wieder melden./ Ich werde Ihnen Bescheid geben.

I have passed this on to the person in charge and will get back to you when we have the results.

Ich habe es an die zuständige Person weitergeleitet und werde mich melden, wenn die Ergebnisse vorliegen.

Auftragsabwicklung

You promised to get back to me.	Sie haben **versprochen**, sich noch einmal bei mir zu melden.
When will I hear from you?	Wann höre ich von Ihnen?
I have sent you an e-mail placing an order last week and I still haven't received any confirmation.	Ich habe Ihnen letzte Woche eine E-Mail über eine Bestellung geschickt und habe immer noch keine Bestätigung erhalten.
We had server problems.	Wir hatten Probleme mit dem Server.
We didn't get your e-mail.	Wir haben Ihre E-Mail nicht bekommen.

Dialogbeispiele

A: We have just received our order no. 156. Upon opening the box, we found that only eleven bottles were sent. We actually ordered twelve.

A: Wir haben soeben unseren Auftrag Nr. 156 erhalten. Als wir den Karton geöffnet haben, fanden wir nur elf Flaschen vor. Wir haben eigentlich zwölf bestellt.

B: I'm sorry about that, there seems to have been a mistake in the packing department on that day.

B: Das tut mir leid, aber es scheint an dem Tag einen **Fehler** in der Verpackungsabteilung gegeben zu haben.

A: Could you make sure that the invoice is altered?

A: Könnten Sie dafür sorgen, dass die Rechnung abgeändert wird?

A: We ordered 5mm screws and you have sent us 6mm.

A: Wir haben 5-mm-Schrauben bestellt, und sie haben uns 6-mm-Schrauben geschickt.

B: Oh yes, the delivery note was incorrectly typed.

B: Oh ja, der Lieferschein wurde falsch getippt.

A: We are prepared to keep this delivery, but would need one of 5mm screws by the end of this week.

A: Wir wären bereit, diese Lieferung zu behalten, bräuchten aber bis Ende dieser Woche eine von 5-mm-Schrauben.

B: Yes, we'll dispatch them tomorrow.

B: Ja, wir werden sie morgen verschicken.

A: As we do not need the 6mm screws until the beginning of next month, could you extend the due date of the invoice by two weeks?

A: Da wir die 6-mm-Schrauben erst Anfang nächsten Monats brauchen, könnten Sie das Fälligkeitsdatum der Rechnung um zwei Wochen verlängern?

B: Of course, no problem.

B: Natürlich, kein Problem.

Auftragsabwicklung

A: After unpacking and examining the material, we noticed that two of the items are damaged.

A: Nachdem wir das Material ausgepackt und überprüft hatten, stellten wir fest, dass zwei Artikel beschädigt sind.

B: Are the items badly damaged?

B: Sind die Artikel schwer beschädigt?

Auftragsabwicklung

A: They have slight scratch marks on the case.

A: Sie haben leichte Kratzer am Gehäuse.

B: Would you be able to keep them if we granted you a discount?

B: Könnten Sie sie behalten, wenn wir Ihnen einen Rabatt gewährten?

A: Yes, we should be able to sell them.

A: Ja, wir müssten sie eigentlich verkaufen können.

B: OK, we'll credit 20% of the invoice.

B: In Ordnung, dann schreiben wir 20 % des Rechnungsbetrages gut.

A: The quality is not up to your usual standard, the paper we received is too thin.

A: Die Qualität entspricht nicht Ihrem üblichen Standard, das Papier, das wir bekommen haben, ist zu dünn.

B: Our samples show that the material is within our tolerance level. I am sorry, but I cannot accept your claim.

B: Unsere Muster zeigen, dass das Material innerhalb unserer Toleranzgrenze liegt. Es tut mir leid, aber ich kann Ihre Reklamation nicht annehmen.

A: When we ordered, we specifically stated that the colour was to be the same as previously supplied.

A: Als wir bestellten, haben wir ausdrücklich darauf hingewiesen, dass die Farbe genauso wie bei früheren Lieferungen sein muss.

B: I'm very sorry about that.

A: This material is for a special series and must be the same colour.

B: Could you let us have a sample, we will have this checked and get back to you.

A: We sent you a sample last week.

B: Yes, we have had it examined and must agree that this material is not acceptable. How can we solve this problem? Would you be able to sell this as a closeout item at 20% discount?

A: No, I don't think so. I will have to return this material.

B: Das tut mir sehr leid.

A: Dieses Material ist für eine Sonderreihe und muss die gleiche Farbe haben.

B: Könnten Sie uns ein Muster zuschicken, wir werden es überprüfen und uns wieder melden.

A: Wir haben Ihnen bereits letzte Woche ein Muster zugesandt.

B: Ja, wir haben es überprüfen lassen und müssen zugeben, dass dieses Material nicht akzeptabel ist. Wie können wir dieses Problem lösen? Würden Sie die Ware als **Sonderposten** zu einem Rabatt von 20 % verkaufen können?

A: Nein, ich glaube nicht. Ich werde dieses Material **zurückschicken** müssen.

Auftragsabwicklung

5. Rechnungswesen und Finanzen

Accounting

Rechnungswesen

He is our **chief accountant**.

Er ist unser **Buchhalter**.

Book-keeping plays a vital role in every business.

Buchhaltung spielt in jedem Unternehmen eine zentrale Rolle.

Accounting methods vary from business to business.

Die **Buchführungsmethoden** sind von Unternehmen zu Unternehmen verschieden.

Our **balance sheets** of the past ten years show a steady rate of growth.

Unsere **Handelsbilanz** der letzten zehn Jahre zeigt ein stetiges Wachstum.

Our **budget** for 2015 is complete.

Unser **Haushalt** für 2015 ist vollständig.

John, could you fetch our **account books and balance sheets**?

John, könnten Sie bitte unsere **Geschäftsbücher** holen?

Ms. Clarke is in charge of our **financial accounting**.

Frau Clarke ist für unsere **Finanzbuchhaltung** verant-wortlich.

According to our **calculations**, the profits for this year are less than those for 2013.

Nach unseren **Berechnungen** sind die diesjährigen Gewinne geringer ausgefallen als die von 2013.

Our **sales analysis** for 2013 showed a 10% increase in sales within the EU.

Unsere **Absatzanalyse** für 2013 zeigte einen Zuwachs von 10% bei den Verkäufen innerhalb der EU.

We insist that members of staff provide a **receipt** for purchases from the **petty cash**.

Wir bestehen darauf, dass unsere Mitarbeiter eine **Quittung** für Einkäufe aus der **Portokasse** abliefern.

Finanzen

Our **gross profits** are up on this time last year.	Unsere **Bruttogewinne** sind höher als zum selben Zeitpunkt des letzten Jahres.
Neil's work is a fine example of **adequate and orderly accounting.**	Neils Arbeit ist ein ausgezeichnetes Beispiel **ordnungsgemäßer Buchführung.**
The **end of our first quarter** is in July.	Unser **erstes Quartalsende** ist im Juli.
When does your **accounting reference day** fall?	Wann ist Ihr **Bilanzstichtag?**
Our **accounting year** will end in May.	Unser **Buchführungsjahr** endet im Mai.
We have published and filed our **annual accounts** in Companies House.	Wir haben unseren **Jahresabschluss** veröffentlicht und im Companies House archiviert.
Our **internal accounting period** is three months long.	Unser **Abrechnungszeitraum** beträgt drei Monate.
Our accounting manager will present the **annual economic report.**	Der Leiter der Buchhaltung wird den **Jahreswirtschaftsbericht** vorlegen.
Our **interim accounts** were published in the Financial Times in September.	Unsere **Zwischenkonten** wurden im September in der Financial Times veröffentlicht.
The TEHV group have also released **interim balance sheets.**	Die TEHV Gruppe hat auch ihre **Zwischenbilanz** veröffentlicht.
We have completed our **profit and loss accounts.**	Wir haben unsere **Ertragsrechnung** fertig gestellt.
Our **opening balance sheets** for this month are being prepared.	Unsere **Eröffnungsbilanz** für diesen Monat wird vorbereitet.
Our annual **audit** will take place in April.	Unsere jährliche **Buchprüfung** findet im April statt.

Finanzen

Auditing will be carried out later this month.

Die **Wirtschaftsprüfung** wird gegen Ende dieses Monats stattfinden.

The **audit fees** have been paid for 2014.

Die **Kosten der Abschlussprüfung** für 2014 sind bezahlt worden.

The **fiscal audit of operating results** for 2014 is complete.

Die **Betriebsprüfung** für 2014 ist abgeschlossen.

Can you get in touch with our **auditor** regarding the matter?

Könnten Sie wegen dieses Problems mit unserem **Betriebsprüfer** Kontakt aufnehmen?

The **fiscal audit of operating results** was completed in May.

Die **Betriebsprüfung** wurde im Mai abgeschlossen.

We predict, applying **discounting**, that our cash flow will remain consistent.

Nach durchgeführter **Abzinsung** nehmen wir an, dass der Geldfluss konstant bleiben wird.

Our **accounting profit** shows a marked improvement in comparison to 2013.

Unser **Buchgewinn** zeigt einen deutlichen Zuwachs gegenüber 2013.

The **closing balance** of our June accounts has already been carried forward to July.

Die **Schlussbilanz** unserer Bücher vom Juni ist schon auf den Juli übertragen worden.

Our **actual outlay** decreased considerably following **restructuring** in 2013.

Unsere **Istausgaben** haben seit der 2013 durchgeführten **Umstrukturierung** erheblich abgenommen.

The **total costs** of our recent reorganisation were minimal.

Die **Gesamtkosten** unserer unlängst durchgeführten Reorganisation waren minimal.

The **variable costs** of commission to be paid to our sales staff cannot be approximated in view of the current unstable economic situation.

Die **variablen Kosten**, die durch unserem Verkaufspersonal gezahlte Kommissionen entstehen, können in Anbetracht der instabilen wirtschaftlichen Situation nicht abgeschätzt werden.

Finanzen

Our **turnover forecasts** for the years 2010 to 2013 proved to be incorrect.

Die **Umsatzprognose** für 2010 bis 2013 hat sich als falsch herausgestellt.

Our company's **turnover** increased tenfold in comparison to the previous decade.

Der **Umsatz** unseres Unternehmens hat sich, im Vergleich zu vor zehn Jahren, verzehnfacht.

The **turnover increase** last year fulfilled our expectations.

Der **Umsatzanstieg** letztes Jahr hat unsere Erwartungen erfüllt.

The **appreciation** of our assets is mainly due to the current **rate of inflation**.

Der **Wertzuwachs** unserer Aktiva liegt hauptsächlich an der momentanen **Inflationsrate**.

Accounts payable and **accruals** are to be entered as current liabilities on the balance sheet.

Verbindlichkeiten und **Rückstellungen** müssen als laufende Passiva in die Bilanz eingetragen werden.

I instructed her to e-mail me details of our **accounts receivable**.

Ich habe sie angewiesen, mir Details über die **Außenstände** zu mailen.

You should enter that under **special expenses**.

Sie sollten das unter **Sonderausgaben** eintragen.

Deterioration of our premises has been taken into account as **amortization**.

Die Wertminderung unserer Gebäude wurde als **Amortisation** in die Bücher aufgenommen.

The purchase of our new factory will be entered in the books as a **capital transaction**.

Der Kauf unserer neuen Fabrik wird als **Kapitalverkehr** in die Bücher eingetragen.

The costs incurred during the **renovation** of our office buildings will be treated as **capital investment**.

Die Kosten, die uns durch die **Renovierung** unserer Geschäftsgebäude entstanden sind, werden als **Kapitaleinlage** behandelt.

Our **calculation of the budget costs** for 2015 has changed little from that of 2014.

Unsere **Plankostenrechnung** für 2015 hat sich gegenüber 2014 kaum verändert.

Finanzen

Our **prime costs** are low in relation to our profits.

Unsere **Selbstkosten** sind im Vergleich zum Gewinn gering.

We need to look at ways of lessening our **indirect labour costs** (**US: labor**).

Wir müssen Wege finden, die **Lohnnebenkosten** zu senken.

The **rationalisation profits** following the modernisation of our factory last year were considerable.

Der **Rationalisierungsgewinn** nach der Modernisierung unserer Fabrik letztes Jahr war beachtlich.

Our **return on capital** was higher in 2012 than in the following years.

Unser **Kapitalertrag** war 2012 höher als in den darauf folgenden Jahren.

I think this **entry** is incorrect.

Ich glaube, diese **Buchung** ist nicht korrekt.

Our accounts don't **balance**.

Unsere Bücher **saldieren** nicht.

It must be due to a **book-keeping error**.

Es muss an einem **Buchungsfehler** liegen.

Our **overhead costs** don't seem to be entered in the books.

Unsere **Gemeinkosten** sind scheinbar nicht in die Bücher eingetragen worden.

The **tax assessment** we received for 2013 appears to be incorrect.

Die **Steuerveranlagung**, die wir für 2013 bekommen haben, scheint nicht korrekt zu sein.

Someone has completed our **tax return** incorrectly.

Jemand hat unsere **Steuererklärung** falsch ausgefüllt.

We can reclaim **value added tax** at the end of the year.

Wir können die **Mehrwertsteuer** am Ende des Jahres zurückfordern.

Unfortunately, it seems we are liable for an **additional payment of taxes**.

Leider scheint es so, als ob wir zu einer **Steuernachzahlung** verpflichtet wären.

Taking into account the linear depreciation of the value of our assets, there seems to be no alternative than to declare ourselves bankrupt.	Unter Berücksichtigung der linearen Abschreibung des Wertes unserer Aktiva scheint es keine Alternative zu einer Bankrotterklärung zu geben
The annual profits are fifteen per cent down on last year's figures.	Der Jahresgewinn liegt fünfzehn Prozent unter dem des Vorjahres.
Despite stringent measures to bring our budget under control, we seem to be unable to reach break-even point this summer.	Trotz drastischer Maßnahmen um unseren Haushalt unter Kontrolle zu bringen, werden wir in diesem Sommer wohl nicht in der Lage sein, die Gewinnschwelle zu erreichen.
We will have to introduce budget cuts in all departments.	Wir werden Etatkürzungen in allen Abteilungen durchführen müssen.
Their budgetary deficit is huge.	Ihr Haushaltsdefizit ist riesig.
Although we may have saved money in respect of the initial outlay required, the operating expenses of our factory in Nigeria have exceeded all expectations.	Obwohl wir vielleicht Geld bei der anfänglichen Auslage gespart haben, haben die Betriebskosten unserer Fabrik in Nigeria unsere Befürchtungen übertroffen.
Our basic income has proved to be less than consistent.	Es hat sich gezeigt, dass unsere Basiseinkünfte nicht konstant genug sind.
We will have to plough-back the majority of our 2013 profits.	Wir werden den Großteil unserer Gewinne von 2013 reinvestieren müssen.
We have no alternative than to write off our obsolete machinery in our overseas factories.	Wir haben keine andere Wahl als die veraltete Maschinenanlage unserer Fabriken in Übersee abzuschreiben.

Finanzen

Dialogbeispiele

A: Good morning, Ms. Parkin.

A: Guten Morgen, Frau Parkin.

B: Good morning. Would you like to see our boockkeeping accounts?

B: Guten Morgen. Möchten Sie die Buchhaltungsunterlagen sehen?

A: Yes, please. I think that will be very informative. What accounting system do you use here?

A: Ja bitte. Ich denke, das wäre sehr aufschlussreich. Was für ein Buchführungssystem benutzen Sie hier?

B: We use double entry bookkeeping for our accounts.

B: Wir benutzen doppelte Buchführung für unsere Bücher.

A: And what does this column show?

A: Und was bedeutet diese Spalte?

B: They are the debits.

B: Das sind unsere Belastungen.

A: And on this sheet – this figure – what does that represent?

A: Und auf diesem Sheet – diese Zahl – was bedeutet die?

B: They're the development costs we needed for the refurbishing of our old premises.

B: Das sind die Entwicklungskosten, die bei der Renovierung unserer alten Gebäude anfallen.

A: Do you keep your real accounts in a separate file?

A: Führen Sie Ihre Bestandskonten in einer separaten Datei?

B: No, we don't. It is all in this file here.

B: Nein, es ist alles in dieser Datei.

A: Have you valued your assets using historical costing?

A: Haben Sie Ihre Aktiva mit einer Nachkalkulation bewertet?

B: Yes, we have.

A: And here are details of all assets and liabilities?

B: Yes. You can see the net book value of our assets here.

A: Thank you. Do you have details of net profits made in the previous ten years?

B: Certainly. Will that be all?

A: For the moment, thank you.

B: Ja, haben wir.

A: Und hier sind die Details über Aktiva und Passiva?

B: Ja. Hier können Sie den Nettobuchwert unseres Vermögens sehen.

A: Danke schön. Haben Sie Details über die Nettogewinne, die Sie in den letzten zehn Jahren gemacht haben?

B: Sicherlich. War das dann alles?

A: Im Moment ja, danke.

A: Our debtors have been slow settling their accounts this month.

B: Settlement day should have been this Tuesday for the Berry consignment.

A: Unsere Schuldner haben diesen Monat Ihre Rechnungen spät bezahlt.

B: Abrechnungstag für die Berry Sendung hätte dieser Dienstag sein sollen.

Financial Policy

Finanzpolitik

Our **financial standing** has improved considerably.

Unsere **Kreditfähigkeit** hat erheblich zugenommen.

Next year **sales financing** will take up a considerable percentage of our budget.

Die **Absatzfinanzierung** wird kommendes Jahr einen beträchtlichen Teil unseres Budgets ausmachen.

If our **financial status** does not improve, we will have to go into **liquidation**.

Wenn unsere **Vermögenslage** sich nicht verbessert, werden wir in die **Liquidation** gehen müssen.

Maurice Motors have sold some of their **assets** to pay off their debts.

Maurice Motors haben einige ihrer **Vermögenswerte** verkauft, um ihre Schulden zu bezahlen.

They have only their **fixed assets** remaining.

Sie haben nur noch ihr **Vermögen** übrig.

We will have to sell everything except our **non-core assets** to prevent takeover.

Wir werden alles außer dem **Kernvermögen** verkaufen müssen, um eine Übernahme zu vermeiden.

The **fiscal year** begins in April in the UK.

Das **Geschäftsjahr** beginnt in Großbritannien im April.

Our **finances** are in dire straits.

Unsere **Finanzen** befinden sich in einer Notlage.

WSC went into **receivership**.

WSC ist in **Konkurs** gegangen.

Fiona will present our **financial report** for 2014.

Fiona wird uns den **Finanzbericht** für 2014 vorstellen.

Since 2013 we have faced increasing **financial difficulties**.

Seit 2013 stehen wir wachsenden **finanziellen Schwierigkeiten** gegenüber.

Our financial assets are steadily
increasing.

Unser Geldvermögen wächst stetig.

I think we should consider
taking the advice of a financier.

Ich denke, wir sollten uns überlegen
einen Finanzier hinzuzuziehen.

Our fiscal policy in Indonesia
must adapt with the change of
government.

Unsere Steuerpolitik in Indonesien
muss nach dem Regierungswechsel
angepasst werden.

Did you hear about the fiscal
fraud of AW Enterprises?

Haben Sie von dem Steuerbetrug
von AW Enterprises gehört?

Banks and activities

Banken und Bankgeschäfte

Many building societies in
Britain converted to banks in
the 1990s.

Viele Bausparkassen in Großbritannien wurden in den 90ern
zu Banken umgewandelt.

I would like to invest in the
ANA mortgage bank.

Ich würde gerne in die ANA
Hypothekenbank investieren.

The MSG bank is one of the
best-known investment banks
in Asia.

Die MSG Bank ist eine der
bekanntesten Investmentbanken
Asiens.

We use the NRR merchant
bank for our main company
accounts.

Wir haben unsere Hauptgeschäfts-
konten bei der NRR Handelsbank.

The regional banks of this area
are not to be recommended.

Die Regionalbanken dieser
Gegend kann man nicht
empfehlen.

Our savings bank in Switzerland
has neglected to send us our
account balance.

Unsere Sparkasse in der Schweiz
hat vergessen, uns unseren Kontoauszug zu senden.

We have our business account
with TNT bank.

Wir haben unser Geschäftskonto
bei der TNT Bank.

Finanzen

We have arranged acceptance credit with the MK bank in Japan.	Wir haben einen **Akzeptkredit** mit der MK Bank in Japan ausgehandelt.
Our account balance looks very positive at the present time.	Unser **Kontostand** sieht im Moment sehr gut aus.
Are you an account holder with this branch?	Sind Sie **Kontoinhaber** bei dieser Filiale?
I would like to open an interest account, please.	Ich würde gerne ein **Zinskonto** eröffnen, bitte.
May I speak to someone from your loan department, please?	Könnte ich mit jemanden aus Ihrer **Kreditabteilung** sprechen, bitte?
Can you tell me your account number, please?	Können Sie mir bitte Ihre **Kontonummer** geben?
I have special drawing rights on that account.	Ich habe **Sonderziehungsrechte** von diesem Konto.
There seems to be some mistake in our company's bank statement.	Der **Kontoauszug** unseres Unternehmens ist scheinbar fehlerhaft.
Your bank charges are too high.	Ihre **Bankgebühren** sind zu hoch.
I demand to see the manager!	Ich verlange den **Filialleiter** zu sprechen!
We will repay the bank loan over a period of five years.	Wir werden das **Bankdarlehen** über einen Zeitraum von fünf Jahren zurückzahlen.
We could apply for a bridging loan to tide us over the first six months.	Wir könnten versuchen, einen **Überbrückungskredit** für die ersten sechs Monate zu bekommen.
Overdrafts will be subject to interest six per cent above our base rate.	**Kontoüberziehungen** werden mit sechs Prozent über dem **Leitzins** verzinst.

Finanzen

We will pay for the goods, upon delivery, by bank transfer.	Bei Lieferung werden wir für die Waren per **Banküberweisung** bezahlen.
OL Incorporated have set up a **banker's order** to pay for their regular shipments of goods.	OL Incorporated haben einen **Dauerauftrag** erteilt, um für die regelmäßige Verschiffung ihrer Waren zu bezahlen.
A **banking consortium** has loaned ten billion dollars to Mozambique.	Ein **Bankenkonsortium** hat Mosambik einen Kredit in Höhe von 10 Milliarden Dollar gewährt.
I have brought a **bank letter of credit** with me from the SK bank, Germany.	Ich habe ein **Bankakkreditiv** der SK Bank aus Deutschland dabei.

International Financial Markets

Internationale Finanzmärkte

Shares (US: **stocks**) are **at a premium** at the moment.	Die **Aktien** sind im Moment **über dem Nennwert**.
Our **shares** fell 2.9% yesterday.	Unser **Aktienkurs** fiel gestern um 2,9 %.
I would like to check out share prices on the **stock exchange** this afternoon.	Ich würde mich heute Nachmittag gerne über die Aktienpreise an der **Börse** erkundigen.
I would like a **quotation** of **share** (US: **stock**) **prices** for Megamarkets P.L.C.	Ich hätte gerne die **Notierung** des **Aktienkurses** von Megamarkets P.L.C.
Could I have a **quotation** for the **market price** for shares in MK Enterprises?	Könnte ich die **Notierung** des **Börsenkurses** der Aktien von MK Enterprises haben?
The **bottom price** for shares in our company has dropped to a new low.	Der **Niedrigstkurs** der Aktien unseres Unternehmens ist auf einen neuen Tiefststand gefallen.

Finanzen

We are planning to launch
a euro-dominated bond.

Wir überlegen uns, Euro-dominierte
Rentenpapiere einzuführen.

If we reinvest the money we made
from selling our assets under the
enterprise investment scheme, we
can avoid paying capital gains tax.

Wenn wir das Geld, das wir durch
den Verkauf unserer Aktiva nach
dem Investitionsentwurf verdient
haben, reinvestieren, können
wir die Kapitalertragssteuer
vermeiden.

JMC Limited have recently
made a loss on their foreign
bonds in Switzerland.

JMC Limited haben in der letzten
Zeit mit ihren Auslandsanleihen in
der Schweiz Verluste gemacht.

The stock exchange index
is showing signs of improvement.

Der Börsenindex zeigt Indizien
einer Verbesserung.

Did you take note of the
Dow Jones share index?

Haben Sie den Dow-Jones-Aktien-
index zur Kenntnis genommen?

Stock Markets

Aktienmärkte

Stock markets all over the world
were particularly unstable in September.

Die Aktienmärkte auf der ganzen
Welt waren im September besonders
instabil.

Dealing before official hours
is taking place in Tokyo.

Die Vorbörse findet in Tokio statt.

Stock market trading will begin
at eight a.m.

Der Börsenhandel wird um acht Uhr
morgens beginnen.

Closing of the exchange is due
to take place at seventeen
hundred hours in London.

Der Börsenschluss wird um siebzehn
Uhr in London stattfinden.

Allen and Walsh are a firm of
stockbrokers.

Allen und Walsh haben eine
Börsenmakler-Firma.

Global markets are currently
experiencing a boom.

Die globalen Märkte erleben im
Moment einen Boom.

The stock market crash of 1929 was the worst last century.	Der Börsenkrach von 1929 war der Schlimmste im letzten Jahrhundert.
Taking the strong global bull market into account, I think we can view the situation positively.	Wenn man den globalen Haussemarkt miteinbezieht, dann denke ich, dass wir die Situation positiv beurteilen können.
He's a bull.	Er ist ein Haussier.
The stock market this year has been a buyers market.	Der Aktienmarkt war dieses Jahr ein Käufermarkt.
The market's reaction was not too bearish.	Die Reaktion des Marktes war nicht übermäßig pessimistisch.
That stockbroker is participating in bear sales.	Dieser Börsenmakler beteiligt sich an Leerverkäufen.
At the moment, I fear we're looking at a bear market.	Ich befürchte, dass es zu einem ständigen Fallen der Kurse am Markt (Baissemarkt) kommen wird.
He's a bear.	Er ist ein Baissier.
It's a seller's market at the moment.	Im Moment gibt es einen Verkäufermarkt.
The bottom has fallen out of the market.	Die Nachfrage und die Preise sind auf einem Tiefstand.
A good place to find stock exchange news throughout Europe is the Financial Times.	Börsenberichte aus ganz Europa findet man zum Beispiel in der „Financial Times".
Our share capital played a part in our survival during the recession.	Unser Aktienkapital hat einen Teil zu unserem Überleben während der Rezession beigetragen.
They have invested heavily in securities.	Sie haben in großem Umfang in Wertpapiere investiert.

Finanzen

The Bank of Taiwan announced that it is trying to strengthen **securities business**.

Die Bank von Taiwan hat angekündigt, dass sie versuchen wird, ihre **Effekten-geschäfte** zu verstärken.

Futures markets reached an all-time low in May.

Die **Terminbörse** hat im Mai einen Rekordtiefstand erreicht.

A round of buying boosted Healthman Tea **futures** on the London International Financial Futures and Options Exchange.

Eine Phase hoher Kaufbereitschaft hat **Termingeschäfte** der Healthman Tea auf der Londoner Börse für Finanz- und Terminkontrakte in die Höhe getrieben.

JMC have been conducting **futures business** on the MATIF (Marché à Terme des Instruments Financiers).

JMC haben **Termingeschäfte** an der MATIF abgewickelt.

Sugar sold extremely well on the **commodity futures exchange** last month.

Zucker hat sich an der **Warentermin-börse** im letzten Monat ausgezeichnet verkauft.

We have recently purchased shares in your company.

Wir haben neulich Aktien Ihres Unternehmens gekauft.

Internet share trading is the standard.

Aktienhandel über das Internet ist der Standard.

The internet provides **potential investors** with an easy method of gathering information.

Das Internet gibt **potenziellen Investoren** die Möglichkeit, sich auf einem einfachen Weg zu informie-ren.

Firms trading in stocks on the internet have gained a huge **competitive advantage**.

Unternehmen, die Aktien über das Internet verkaufen, haben dadurch einen riesigen **Wettbewerbsvorteil** erlangt.

We offer online trading as part of a **package**.

Wir bieten Online-Handel als Teil eines **Pakets** an.

The **flotation** of our company raised 120 million euro.

Die **Emission von Aktien** brachte unserem Unternehmen 120 Millionen Euro ein.

They are shareholders in our business.	Sie sind Aktionäre unseres Unternehmens.
We are interested in buying a parcel of shares (US: stocks) in your business.	Wir sind daran interessiert, ein Aktienpaket Ihres Unternehmen zu kaufen.
We are planning to invest more heavily in blue chip companies.	Wir planen, mehr in Unternehmen mit erstklassigen Aktien zu investieren.
Geiger's PLC holds the controlling interest in our company.	Geigers PLC hält in unserem Unternehmen die Aktienmehrheit.
JMC is a public limited company (US: joint stock company).	JMC ist eine Aktiengesellschaft.
The issuing of shares (US: stock) took place yesterday.	Die Aktienausgabe fand gestern statt.
The face value of our shares is lower than their market value.	Der Nennwert unserer Aktien ist niedriger als ihr Marktwert.
Did you make a satisfactory earning per share (US: yield on stocks)?	Haben Sie eine zufrieden stellende Aktienrendite erreicht?
The risk premium for shares in the TEHV group was greater than expected last year.	Die Risikoprämie für Aktien der TEHV Gruppe war letztes Jahr größer als erwartet.
The price-earnings ratio for shares in JMC reflects the fast growth rate of the company.	Das Kurs-Gewinn-Verhältnis für JMC-Aktien spiegelt das schnelle Wachstum des Unternehmens wider.
Last year, our shareholders received a dividend of ninety pence per share.	Letztes Jahr erhielten unsere Aktionäre eine Dividende von neunzig Pence pro Aktie.
The TEHV group have paid out a distribution from their profits.	Die TEHV Gruppe hat eine Gewinnausschüttung durchgeführt.
Their shares have become ex-dividend.	Ihre Aktien sind jetzt ohne Dividende.

Finanzen

The executive board has decided to make a **one-off pay-out** of sixty pence per share to all our shareholders.

Der Vorstand hat entschieden, eine **einmalige Ausschüttung** von sechzig Pence pro Aktie an alle Aktionäre durchzuführen.

We will pay a **percentage of profits** to all our investors.

Wir werden all unseren Investoren **Tantiemen** zahlen.

We are planning to issue bonus shares with our profits from **share premiums** (**or agio**).

Wir planen mit unseren Gewinnen aus dem **Agio** Bonusaktien auszugeben.

The next **shareholders' meeting** will take place on the 25th of January.

Die nächste **Hauptversammlung** findet am 25. Januar statt.

The **annual general meeting** (**AGM**) is scheduled to take place in March.

Die **Jahreshauptversammlung** ist für März angesetzt.

The company hopes that the introduction of a **profit sharing scheme** will inspire greater loyalty among its workers.

Das Unternehmen hofft, dass die Einführung einer **Gewinnbeteiligung** die Arbeiter zu größerer Loyalität bewegen wird.

He has a **subscription right** (**or share option**) to shares (US: stocks) in Wharmby Foods.

Er hat ein **Aktienbezugsrecht** für Aktien von Wharmby Foods.

Mergers and **acquisitions** are the favoured means of growth and expansion for many companies.

Fusionen und **Akquisitionen** sind für viele Unternehmen die bevorzugten Instrumente für Wachstum und Expansion.

The **hostile takeover** of Runge Ltd. by the TEHV group was the largest this year in the manufacturing sector.

Die **feindliche Übernahme** von Runge Ltd. durch die TEHV Gruppe war im herstellenden Bereich die größte in diesem Jahr.

The **hostile bid** to take over JLC failed last week.

Das **feindliche Übernahmeangebot** für JLC scheiterte letzte Woche.

Finanzen

Walker Developments took advantage of recent economic crises to take over STV of Italy.	Walker Developments nutzte die vor kurzem aufgetretenen wirtschaftlichen Krisen aus, um die italienische STV zu übernehmen.
Maurice Motors have sold some of their assets to pay off their debts.	Maurice Motors haben einige ihrer Vermögenswerte verkauft, um ihre Schulden zu bezahlen.
It seems that they have only their fixed assets and some securities remaining.	Es scheint so, als ob sie nur noch ihre festen Anlagen und einige Sicherheiten übrig hätten.
A black knight company has made a bid for JMC.	Ein „schwarzer Ritter" (Investor, der eine Firma mit einer Übernahme bedroht) hat ein Übernahmeangebot für JMC gemacht.
A white knight rescued Maurice Motors from a hostile takeover last week.	Ein „weißer Ritter" (Investor, der eine Firma vor einer Übernahme rettet) hat Maurice Motors vor einer feindlichen Übernahme bewahrt.
OL Incorporated and TRIX Products have amalgamated.	OL Incorporated und TRIX Products haben fusioniert.
One of our more recent business acquisitions was ABC Limited.	Eines unserer neueren Geschäfte war die Geschäftsübernahme von ABC Limited.
We will have to sell some of our non-core assets to resist takeover.	Wir werden einige unserer Aktiva verkaufen müssen, um die Übernahme zu vermeiden.
TRIX Products also have debts in the form of debenture loans.	TRIX Products haben zudem Schulden in Form von Obligationsanleihen.
CDSA have gone into liquidation.	CDSA sind in Liquidation getreten.
Holders of preference shares will receive some of their share capital, others may not be so lucky.	Die Besitzer von Vorzugsaktien werden einen Teil Ihres Aktienkapitals wiederbekommen. Andere werden vielleicht nicht so viel Glück haben.

Finanzen

Our **floating assets** have remained stable.	Unser **Umlaufvermögen** ist stabil geblieben.
The figures suggest that we will be able to retain **financial sovereignty**.	Die Zahlen sprechen dafür, dass wir in der Lage sein sollten, unsere **Finanzhoheit** zu behaupten.

Dialogbeispiel

A: It seems that wrangles over the eventual fate of JLC are becoming more complicated.	**A:** Es scheint, als ob der Streit über das endgültige Schicksal von JLC immer komplizierter werden würde.
B: I know that two firms have already expressed their interest.	**B:** Ich weiß, dass schon zwei Firmen ihr Interesse angemeldet haben.
A: But now there is a third on the scene – a **grey knight**.	**A:** Aber es gibt noch einen dritten – einen „grauen Ritter" (**Investor mit unklaren Absichten**).
B: What are his intentions?	**B:** Was sind seine Absichten?
A: Well, that's the problem, nobody knows what his plans are.	**A:** Das ist das Problem. Niemand weiß, was er will.

Finanzen

Currencies and Foreign Exchange

Währungen und Devisen

The **monetary zone** covered by the euro will expand in the future.	Die **Währungszone**, die vom Euro abgedeckt wird, wird in der Zukunft expandieren.
Currency risk was lessened by the introduction of the euro.	Das **Währungsrisiko** hat sich durch die Einführung des Euro vermindert.

The value of the US dollar is subject to the fluctuations of the **international monetary system**.	Der Wert des US-Dollars ist den Schwankungen der **internationalen Währungsordnung** unterworfen.
We would like the **currency unit of payment** to be the yen.	Als **Zahlungsmittel** hätten wir gerne den Yen.
Although Scotland has its own parliament, the British Isles still has a **unified currency**.	Obwohl Schottland ein eigenes Parlament hat, haben die Britischen Inseln auch weiterhin eine **Einheitswährung**.
We will accept payment only in **hard currency**.	Wir werden die Bezahlung ausschließlich in **harter Währung** akzeptieren.
The Malawian Kwacha is a **soft currency**.	Der Kwacha Malavis ist eine **weiche Währung**.
It is predicted that **devaluation** of the Indian rupee will take place in the near future.	Es wird davon ausgegangen, dass es in der nahen Zukunft eine **Abwertung** der indischen Rupie geben wird.
We need to invest in a country with prospects of long-term **monetary stability**.	Wir müssen in einem Land mit Aussicht auf dauerhafte **Währungsstabilität** investieren.
Has the **monetary policy** of New Zealand changed since the elections?	Hat sich die **Währungspolitik** Neuseelands seit den Wahlen verändert?
The rate of inflation in Brazil is problematic for our investments.	Die **Inflationsrate** in Brasilien ist für unsere Investitionen problematisch.
There have been considerable **currency reforms** in the area.	In der Region gab es beachtliche **Währungsreformen**.
The **monetary agreement** between Canada and the USA has collapsed.	Das **Währungsabkommen** zwischen den USA und Kanada ist zusammengebrochen.

Finanzen

Does your company have sufficient foreign exchange to pay immediately? Where is the nearest exchange bureau?

Hat ihr Unternehmen genügend **Devisen** um sofort zu bezahlen? Wo ist die nächste **Wechselstube**?

What is the foreign currency rate for yen in the USA at present?

Wie ist der momentane **Sortenkurs** für Yen in den USA?

We have participated in foreign exchange dealings in the past.

In der Vergangenheit haben wir uns am **Devisenhandel** beteiligt.

Our foreign exchange operations play an important role in our overseas business ventures.

Unsere **Devisenverkehrabkommen** spielen eine wichtige Rolle bei unseren Geschäftsvorhaben in Übersee.

I think we failed to take the two-tier exchange rate into consideration.

Ich glaube, dass wir den **gespaltenen Wechselkurs** nicht in unsere Überlegungen einbezogen haben.

One way to minimize risk of loss when dealing in foreign currency are forward exchange dealings.

Ein Weg das Verlustrisiko bei Geschäften mit fremden Währungen zu minimieren, sind **Devisentermingeschäfte**.

Foreign exchange markets show that the dollar is weakening in relation to the euro.

Die **Devisenmärkte** zeigen, dass der Dollar im Vergleich zum Euro schwächer wird.

What is the current exchange rate of sterling against the dollar? The euro fell to a new low against the dollar yesterday.

Wie ist der **Devisenkurs** des Pfund Sterling gegenüber dem Dollar? Der Euro fiel gestern auf ein neues Tief gegenüber dem Dollar.

The fluctuation margins of the South African Rand have been extreme in the last few months.

Die **Schwankungsbandbreite** des südafrikanischen Rand war in den letzten paar Monaten enorm hoch.

Fixed exchange rates may help the Brazilian economy.

Feste Wechselkurse könnten der brasilianischen Wirtschaft helfen.

Sterling has a flexible exchange rate.

Das Pfund Sterling hat einen **flexiblen Wechselkurs**.

Dialogbeispiele

A: Hello, I seem to be having a problem with my bank card.

A: Hallo, ich habe anscheinend ein Problem mit meiner Geldkarte.

B: What exactly is the problem?

B: Was genau ist es für ein Problem?

A: A little while ago, I tried to buy something with my bank card and the card was rejected. I have enough money in my account, so I don't understand why there should be a problem.

A: Neulich habe ich versucht, mit meiner Geldkarte etwas zu kaufen, und die Karte wurde abgewiesen. Ich habe genug Geld auf meinem Konto, also verstehe ich nicht, warum es ein Problem geben soll.

B: Did the sales clerk try a second machine?

B: Hat die Verkäuferin ein anderes Gerät ausprobiert?

A: Yes, she did, but it still didn't work. And the person who paid before me also paid with a card, so it couldn't be the machine.

A: Ja, das hat sie, aber es funktionierte immer noch nicht. Und die Person, die vor mir bezahlt hat, hat auch mit einer Karte bezahlt, also lag es nicht am Gerät.

B: Did you put the card on anything magnetic?

B: Haben Sie die Karte auf etwas Magnetisches gelegt?

A: I don't believe so. It worked yesterday, when I withdrew some money.

A: Das glaube ich nicht. Gestern hat sie noch funktioniert, als ich Geld abhob.

Finanzen

B: Okay, let's go and see what happens when we try it here.

A: Yes, please do.

B: Hmm. What kind of account do you have with us, Ms Carter?

A: A gold account.

B: Okay, now I know what's wrong, ma'am. Didn't you get a letter from us several weeks ago, informing you of the change in our accounts?

A: I don't remember such a letter.

B: Well, we have reorganised our bank accounts and the gold account no longer exists. That's why the card no longer works. You were supposed to fill out a form and tell us what kind of account you want.

A: And since I didn't do that, you just closed my account.

B: Okay, sehen wir, was passiert, wenn wir sie hier ausprobieren.

A: Ja, bitte.

B: Hmm. Was für ein Konto haben Sie bei uns, Frau Carter?

A: Ein Goldkonto.

B: Okay, jetzt weiß ich, was das Problem ist. Haben Sie nicht vor einigen Wochen einen Brief von uns bekommen, der Sie über die Änderungen zu unseren Konten informierte?

A: Ich kann mich an einen solchen Brief nicht erinnern.

B: Also, wir haben unsere Bankkonten umgestellt, und das Goldkonto existiert nicht mehr. Daran liegt es, dass die Karte nicht mehr funktioniert. Sie sollten ein Formular ausfüllen, um uns mitzuteilen, was für ein Konto Sie haben möchten.

A: Und weil ich das nicht gemacht habe, haben Sie mein Konto einfach geschlossen.

Finanzen

B: I'm sorry, but all customers were sent two letters and one email requesting them to fill in a form and select a new account.

B: Es tut mir leid, aber allen Kunden wurden zwei Briefe und eine Mail zugeschickt, in denen sie gebeten wurden, ein Formular auszufüllen und ein neues Konto auszusuchen.

A: That's absurd ...

A: Das ist absurd ...

B: I understand, but we can take care of everything right now, if you have a moment. It just takes five minutes. I just need you to fill this in and sign here.

B: Ich verstehe, aber wir können gleich jetzt alles regeln, wenn Sie einen Augenblick Zeit haben. Es dauert nur fünf Minuten. Sie müssen nur das hier ausfüllen und hier unterschreiben.

Europe

Europa

The European Union has brought with it many benefits for our company.

Die Europäische Union hat unserem Unternehmen viele Vorteile gebracht.

The European Monetary System (EMS) controlled the exchange rates of European currencies in relation to each other.

Das Europäische Währungssystem (EWS) kontrollierte die Wechselkurse der europäischen Währungen untereinander.

The European Exchange Rate Mechanism (ERM) was designed to keep currencies within laid down fluctuation margins.

Der Europäische Wechselkursmechanismus wurde entwickelt, um die Währungen nur innerhalb einer festgelegten Bandbreite fluktuieren zu lassen.

Finanzen

The **European Monetary Union** has improved our profit margins on exported goods.

Die **Europäische Währungsunion** hat die Gewinnspanne unserer Exporte verbessert.

We pay for the goods by bank transfer in **euro** when we receive them.

Wir zahlen für die Waren per Überweisung in **Euro**, sobald wir sie erhalten haben.

The **European Annuities Market** is the second largest in the world after the USA since the **monetary union**.

Der **Europäische Rentenmarkt** ist seit der **Währungsunion** der zweitgrößte der Welt hinter den USA.

Our company's **Eurobonds** are selling well, particularly in Japan.

Die **Eurobonds** unseres Unternehmens verkaufen sich sehr gut, vor allem in Japan.

The **Euromarket** is worth billions of dollars.

Der **Euromarkt** ist Milliarden von Dollar wert.

Their Polish company received a loan from the **European Bank for Reconstruction and Development**.

Ihr polnisches Unternehmen erhielt einen Kredit von der **Europäischen Bank für Wiederaufbau und Entwicklung**.

The **European Investment Bank** loaned us the necessary capital to upgrade our plant in Cork.

Die **Europäische Investitionsbank** hat uns das notwendige Kapital zum Ausbau unserer Fabrik in Cork geliehen.

If we do not win in the British courts, we will take our case to the **European Parliament**.

Sollten wir unseren Fall nicht vor britischen Gerichten gewinnen können, dann wenden wir uns an das **Europäische Parlament**.

The **European Central Bank** is based in Frankfurt.

Die **Europäische Zentralbank** hat ihren Sitz in Frankfurt.

Despite the **euro-crisis** we managed to further increase our exports to other **EU countries**.

Trotz der **Eurokrise** konnten wir unsere Exporte in andere **EU-Länder** weiter steigern.

Finanzen

6. Telefonieren

Telephone Calls

Telefonanrufe

Is that Smith & Co.? (US: Is this ...)	Bin ich richtig bei Smith & Co.?
David Jones here from Smith & Co., may I speak to .... please?	Hier David Jones von Smith & Co., kann ich bitte mit ... sprechen?
Could you put me through to ... please?	Könnten Sie mich bitte mit ... verbinden?
Is ... available?	Ist ... zu sprechen?
I'm sorry, I've dialled (US: dialed) the wrong number.	Es tut mir leid, ich habe mich verwählt.
I can't hear you very clearly, it's a bad line.	Ich kann Sie nur schlecht verstehen, die Verbindung ist sehr schlecht.
Who would you like to speak to?	Wen möchten Sie sprechen?
Who's speaking please?/ May I ask who's calling?	Mit wem spreche ich bitte?
Could I have your name, please?	Könnten Sie mir bitte Ihren Namen sagen?
I'm sorry, he's on the other line at the moment.	Es tut mir leid, er spricht gerade auf der anderen Leitung.
Sorry, he's not in right now.	Tut mir leid, er ist im Augenblick nicht im Büro.
Please hold the line.	Bleiben Sie am Apparat.
Would you like to hold, or should he call you back?	Möchten Sie warten oder soll er Sie zurückrufen?

Telefonieren

I'm sorry, but he has recently left the company, Mr. Jones is now in charge of that department.	Es tut mir leid, aber er hat vor kurzem die Firma verlassen, Herr Jones ist jetzt Leiter dieser Abteilung.
May I **give him a message**?	Kann ich **ihm etwas ausrichten**?
Can he **call** you **back**?	Kann er Sie **zurückrufen**?
Would you hold the line for a moment, I'll just **put you through**.	Warten Sie einen Moment, ich **verbinde** Sie.
Speaking./This is …	**Am Apparat.**
How can I help you?	Wie kann ich Ihnen behilflich sein?
What is the reason for your call?	Worum geht es bitte?
I'm afraid she's away on business this week.	Leider ist sie diese Woche geschäftlich unterwegs.
I'm sorry, but he's at the Munich fair all week.	Es tut mir leid, aber er ist die ganze Woche auf der Münchener Messe.
He's **on holiday** (US: **on vacation**) until the end of next week.	Er befindet sich bis Ende nächster Woche **in Urlaub**.
May I **put** you **through** to her assistant/her secretary?	Kann ich Sie mit ihrer Assistentin/ihrer Sekretärin **verbinden**?
I have already called twice today.	Ich habe heute schon zweimal angerufen.
May I **take your name and number** and get someone to call you back?	Kann ich **Ihren Namen und Ihre Telefonnummer notieren**? Es wird Sie dann jemand zurückrufen.
All of our sales team are presently **unavailable**.	Alle unsere Verkäufer sind zurzeit **nicht zu erreichen**.
He's just taking his lunch break.	Er hat gerade Mittagspause.

He's in a meeting this morning, could you call back again this afternoon?	Heute Vormittag hat er eine Besprechung, könnten Sie heute Nachmittag **wieder anrufen**?
She has asked for no calls to be put through.	Sie hat mich gebeten, **keine Anrufe durchzustellen**.
OK, I'll call back later.	Gut, ich **rufe später zurück**.
All right, I'll try again this afternoon.	In Ordnung, ich **probiere es noch einmal** heute Nachmittag.
Could he give me a call back?	Könnte er mich zurückrufen?
I would just like to reconfirm our meeting tomorrow at 11 a.m.	Ich möchte nur unsere Besprechung morgen um 11.00 Uhr **bestätigen**.
When would be the best time to reach you?	Wann wäre die beste Zeit, Sie zu **erreichen**?
I'll be out of the office for the rest of the day.	Ich bin den Rest des Tages nicht mehr im Büro.

Talking   Gespräche führen

A: David Jones here from Smith & Co., may I speak to Mr. Müller please?	A: Hier David Jones von Smith & Co., kann ich bitte mit Herrn Müller sprechen?
B: I'm sorry, he's on the other line at the moment. May I take a message?	B: Es tut mir leid, aber **er spricht gerade auf der anderen Leitung**. **Kann ich ihm etwas ausrichten**?
A: Yes. Could you please tell him to call me back this afternoon?	A: Ja. Könnten Sie ihm bitte sagen, dass er mich heute Nachmittag **zurückrufen soll**?
B: Yes, of course.	B: Ja, natürlich.

A: **Could you put me through to John Smith please?**

A: Könnten Sie mich bitte mit John Smith **verbinden?**

B: **May I ask who's calling?**

B: Mit wem spreche ich bitte?

A: **Jane Dawson, Reeve Electronics.**

A: Jane Dawson, Reeve Electronics.

B: **Please hold the line for a moment, I'll just put you through.**

B: Einen Moment bitte, ich verbinde.

A: **May I speak to someone in the sales department?**

A: Könnten Sie mich bitte mit der Verkaufsabteilung verbinden?

B: **I'm sorry, they are all at lunch until 1.30 p.m.** May I take your name and number **and get someone to call you back?**

B: Es tut mir leid, dort sind alle bis 13.30 Uhr in der Mittagspause. Kann ich Ihren Namen und Ihre Telefonnummer notieren? Es wird Sie dann jemand zurückrufen.

A: **That's all right, I'll try again this afternoon.**

A: In Ordnung, ich probiere es noch einmal heute Nachmittag.

A: **I'd like to speak to Harald Wagner, please.**

A: Ich hätte gerne Harald Wagner gesprochen.

B: **He's just taking his lunch break. May I help you at all?**

B: Er hat gerade Mittagspause. Kann ich Ihnen vielleicht behilflich sein?

A: Yes, you could give him a message.

A: Ja, Sie könnten ihm etwas ausrichten.

B: Yes, of course. What would you like me to tell him?

B: Selbstverständlich. Was soll ich ihm ausrichten?

A: I would just like to reconfirm our meeting tomorrow at 11.30 a.m. If there is a problem maybe he can call me back.

A: Ich möchte nur unsere Bespre-chung morgen um 11.30 Uhr bestätigen. Vielleicht kann er mich zurückrufen, wenn es Probleme gibt.

B: When would be the best time to reach you?

B: Wann wäre die beste Zeit, Sie zu erreichen?

A: I'm also just going to lunch, but will be back in the office after 2 p.m.

A: Ich gehe jetzt auch gerade zum Mittagessen, werde aber nach 14 Uhr wieder im Büro sein.

A: Hello, Peter. How are you?

A: Hallo Peter, wie geht's Ihnen?

B: I'm fine, thank you. How are you?

B: Gut, danke. Und Ihnen?

A: I'm having a really busy day. And with this wonderful weather outside ... I wish I could go home early.

A: Ich bin furchtbar beschäftigt heute. Und das bei diesem wun-derbaren Wetter draußen ... Ich wünschte, ich könnte heute früher nach Hause.

B: Then why don't you?

B: Warum tun Sie es nicht?

Telefonieren

A: Because we're having trouble with one of our machines. This is actually the reason for my call. I need to see you and talk over our production schedules as soon as possible. Do you have time for a short meeting tomorrow morning at 10?

B: Yes, I think I'll be able to make it.

A: Wonderful. See you tomorrow, then.

B: Yes, see you tomorrow.

A: Weil wir Schwierigkeiten mit einer unserer Maschinen haben. Übrigens ist das der Grund, weshalb ich anrufe. Wir müssen uns so bald wie möglich treffen und den Produktionszeitplan besprechen. Haben Sie morgen Vormittag um 10 Uhr Zeit für ein kurzes Meeting?

B: Ja, ich denke ich kann es einrichten.

A: Wunderbar. Dann also bis morgen.

B: Ja, bis morgen.

7. Korrespondenz

Letters and E-mails

Briefe und E-Mails

Dear Sir,	Sehr geehrter Herr ...,
Dear Madam,	Sehr geehrte Frau ...,
Dear Sirs,	Sehr geehrte Damen und Herren,
Dear Sir or Madam,	Sehr geehrte Damen und Herren, (Adressat unbekannt)
To whom it may concern,	Sehr geehrte Damen und Herren, (Adressat unbekannt)
Dear Mr. Walsh,	Sehr geehrter Herr Walsh,
Dear Mrs. Walsh,	Sehr geehrte Frau Walsh, (verheiratete Frau)
Dear Ms. Walsh,	Sehr geehrte Frau Walsh, (Familienstand nicht bekannt)
Dear Andrew,	Lieber Andrew,
Gentlemen, (US)	Meine Herren,
Enc./Encl.	Anlage
cc.	Verteiler
Att:/Attn:	zu Händen von
F.A.O. (For attention of)	zu Händen von
Your ref.	Ihr Betreff
Our ref.	Unser Betreff
dd. (dated)	datiert

Yours sincerely,/ Sincerely yours, (US)	Mit freundlichen Grüßen
Yours faithfully,	Mit freundlichen Grüßen
Yours truly, (US)	Mit freundlichen Grüßen
Best regards,	Mit freundlichen Grüßen
Kind regards,	Mit herzlichem Gruß
With kindest regards,	Herzliche Grüße Mit herzlichen Grüßen
P.P.	i.A, i.V. oder ppa.
to sign	unterschreiben, abzeichnen
memo	Hausmitteilung/interne Mitteilung
registered letter	Einschreiben
by registered letter	per Einschreiben
recorded delivery (UK)	per Einschreiben
certificate of posting	Einlieferungsschein
express	Eilzustellung
air mail	Luftpost
parcel	Paket
small packet	Päckchen
courier service	Kurierdienst
overnight service	per Eilbote
desk	Schreibtisch
typewriter	Schreibmaschine

photocopier/xerox copier/ copy machine	Fotokopierer
printer	Drucker
e-mail/mail	E-Mail, e-mailen
to dictate	diktieren
shorthand	Kurzschrift/Stenografie
envelope	Umschlag/Kuvert
label	Etikett
letterhead	Briefkopf
business card (US: calling card)	Visitenkarte
index card/filing card	Karteikarte
to file	ablegen, ordnen
We are referring to …/Referring to …	Wir beziehen uns auf …
Further to …/With reference to …	Bezug nehmend auf …/ Mit Bezug auf …
With reference to …	In Bezugnahme auf …
Thank you for your letter of …/ dated …	Vielen Dank für Ihr Schreiben vom …
We are writing to you …	Wir wenden uns an Sie …
We are pleased to note from your e-mail …	Ihrer E-Mail entnehmen wir gerne …
We received your address from …/… (kindly) provided us with your address.	Ihre Anschrift hat uns … (freundlicher-weise) zur Verfügung gestellt.
Let us draw your attention to …/ We would like to point out to you …	Wir möchten Sie darauf aufmerksam machen …

We learned from ... that ...	Wie wir von ... erfahren haben ...
You have been mentioned/ recommended to us as one of the leading suppliers of ...	Sie wurden uns als einer der führenden Lieferanten für ... genannt/empfohlen.
We would be grateful if you would ...	Wir wären Ihnen dankbar, wenn ...
Please send us further information.	Bitte senden Sie uns weiteres Informationsmaterial zu.
We require ... /We need the following goods ...	Wir benötigen die folgenden Waren ...
May we draw your attention to ... / point out to you ...	Dürfen wir Sie darauf aufmerksam machen ...
We look forward to hearing from you soon.	Wir freuen uns darauf, bald von Ihnen zu hören.
If you have any further questions ...	Sollten Sie noch weitere Fragen haben ...
Please do not hesitate to contact us if you have any queries.	Für Rückfragen stehen wir Ihnen gerne zur Verfügung.
If we can be of further assistance to you, please do not hesitate to contact us (at any time).	Sollten wir Ihnen noch anderweitig behilflich sein können, zögern Sie nicht, uns (jederzeit) zu kontaktieren.
Please let us know if you need any more help.	Sollten Sie noch weitere Hilfestellung benötigen, lassen Sie es uns einfach wissen.
Please refax.	Bitte noch einmal faxen.
Someone using this fax number tried to fax us this morning.	Jemand mit dieser Faxnummer hat heute Morgen versucht uns etwas zu faxen.
Our fax machine ran out of paper. Please resend.	Unser Faxgerät hatte kein Papier mehr. Bitte schicken Sie es noch einmal.

Korrespondenz

I apologize for not forwarding this message sooner, but due to a typing error your mail was returned marked "user unknown" on several occasions.	Ich bedauere, Ihre Nachricht nicht früher weitergeleitet zu haben, aber wegen eines Tippfehlers bekam ich Ihre Mail mehrere Male zurück mit dem Vermerk „user unknown".
There's a lot of spam in my inbox, I think the spam filter doesn't work.	In meinem Postfach sind viele Spammails, ich glaube der Spam-filter funktioniert nicht.
For further information please consult our web site at www.ert.blag.	Für weitere Informationen besuchen Sie bitte unsere Webseite unter www.ert.blag.
Our WiFi does not have the capacity needed to download the information.	Unser W-Lan hat nicht die erforderliche Kapazität, um die Information herunterzuladen.
To access our site, please use the XYZ web browser.	Zugang zu unserer Webseite ist nur mit einem XYZ Webbrowser möglich.
The attachment is in PDF format.	Das Attachment ist im PDF-Format.
I had problems reading your message sent 12/12/14.	Ich hatte Schwierigkeiten, Ihre Mail vom 12.12.14 zu lesen.
I had problems converting your attachment, sent yesterday.	Ich hatte Schwierigkeiten, Ihr gestriges Attachment zu konvertieren.
Could you re-send it in PDF format?	Könnten Sie es noch einmal als PDF schicken?
I could not open your attachment this morning; my virus check program detected a virus.	Ich konnte heute Morgen Ihr Attachment nicht öffnen; mein Anti-Virus-Programm hat einen Virus entdeckt.

Sending an attachment

From: viertill@gfd.bav.de

To: wyattjl@dds.bham.uk

Subject: RE: draft amendments

Hi Jeremy,
Many thanks for your mail which I received yesterday.

I have taken into account the changes you suggested and have attached what I would suggest should be the final draft of the marketing concept for your new range of products.

If you have any problems reading the attachment, please let us know and we can adapt the file.

I look forward to hearing from you soon,
Till

Eine Anlage verschicken

Von: viertill@gfd.bav.de

An: wyattjl@dds.bham.uk

Betreff: AW: Änderungen zum Entwurf

Hallo Jeremy,

vielen Dank für deine Mail, die ich gestern bekommen habe.

Ich habe deine Änderungen berücksichtigt und übersende dir jetzt ein Attachment mit meinem endgültigen Vorschlag für das Marketingkonzept für eure neue Produktpalette.

Solltest du irgendwelche Probleme haben, das Attachment zu lesen, bitte sage uns Bescheid, dann passen wir die Datei an.

Ich hoffe bald von dir zu hören.
Till

Confirming an order

From:	phildaniel@erba.arl
To:	ugreen@xxtu.cam
Subject:	Your order no. 123 of 12 units of article 2 in colour grey

Dear Ms. Green,

I would like to confirm your order dated December 4th 2014. Since we have this article in stock, we will be able to dispatch it this week. The invoice will be enclosed as usual.
Please note that we will shut down our plant for Christmas from December 22nd 2014 to January 7th 2015.

With best regards,

P. Daniel

Auftragsbestätigung

Von:	phildaniel@erba.arl
An:	ugreen@xxtu.cam
Betreff:	Ihr Auftrag Nr. 123 über 12 Einheiten des Artikels 2 in Grau

Sehr geehrte Frau Green,

hiermit möchte ich Ihren Auftrag vom 4.12.2014 bestätigen. Da wir diesen Artikel auf Lager haben, können wir ihn noch diese Woche verschicken. Die Rechnung wird, wie immer, beigelegt.
Bitte beachten Sie, dass unser Werk über Weihnachten vom 22.12.14 bis zum 7.1.15 geschlossen bleibt.

Mit freundlichen Grüßen

P. Daniel

Replying to a customer enquiry

From:	auction@data.ca
To:	cjk.mark@lds.us
Subject:	Your enquiry

Dear all,

In response to your enquiry regarding our online auction site, we would like to propose a visit to your company, where we could explain the different packages we provide. Then we can better assess which would be most appropriate for your company's requirements.
Our attachment describes how the online auction system works and details various options available to your firm.

We look forward to meeting you,
F. Watkins – marketing manager

Eine Kundenanfrage beantworten

Von:	auction@data.ca
An:	cjk.mark@lds.us
Betreff:	Ihre Anfrage

An Alle,

als Antwort auf Ihre Frage nach unserer Online-Auktionsseite möchten wir Sie einen Besuch in unserem Unternehmen vorschlagen, bei dem wir Ihnen die verschiedenen Pakete, die wir anbieten, erklären können. Dann können wir abzuschätzen, welches für die Bedürfnisse Ihres Unternehmens am besten geeignet ist.
Unser Attachment beschreibt wie ein Online-Auktions-System funktioniert und stellt genau die verschiedenen Optionen, die für Ihre Firma verfügbar sind, dar.

Wir freuen uns, Sie bald begrüßen zu dürfen.
F. Watkins – Marketingmanagerin

Replying to an offer

From:	cjk.mark@lds.us
To:	auction@data.ca
Subject:	RE: Your offer

Dear Miss Watkins,

We have a couple of questions before we set a date for you to visit our company and make your presentation. Firstly, are your packages user-friendly? We are concerned that we will have difficulties designing our entries for the online auction site – or would you do that for us in any event?
Secondly, we would like to see some figures regarding the performance of your service. Please forward them ASAP.
Pending receipt of your info, I would like to suggest a visit to us next week – how about Tuesday 19th January?
Best regards,
The team at CJK

Korrespondenz

Auf ein Angebot antworten

Von:	cjk.mark@lds.us
An:	auction@data.ca
Betreff:	AW: Ihr Angebot

Sehr geehrte Frau Watkins,

wir haben ein paar Fragen, bevor wir einen Termin für Ihren Besuch in unserem Unternehmen und Ihre Präsentation vereinbaren. Erstens, sind Ihre Pakete benutzerfreundlich? Wir befürchten, dass wir Schwierig-keiten haben könnten, unsere Einträge für die Online-Seite zu entwer-fen – oder würden Sie das sowieso für uns erledigen?
Zweitens würde ich gerne einige Zahlen über die Leistungsfähigkeit Ihrer Dienstleistung haben. Bitte senden Sie sie so schnell wie möglich an uns weiter.
Nach Erhalt dieser Informationen würde ich einen Besuch bei uns für nächste Woche vorschlagen – wie wäre es mit Dienstag, den 19. Januar?
Herzliche Grüße,
Ihr CJK Team

Letter of application

368 East 13th Avenue
Chicago Heights
Illinois 36597
U.S.A

May 5, 2015

Dear Sir/Madam,

Application

I am writing to apply for the position of public relations manager, which I saw advertised in the Chicago Herald on May 2 of this year. I have had several years of experience in the field of public relations and feel that I am fully capable of fulfilling your requirements.

I completed my first class business degree at the University of Chicago in 2009 and was subsequently selected for the graduate training programme with LVL, an affiliate of the TEHV Group. Following my year's training with LVL, I worked for four years in various subsidiaries of the TEHV Group, including six months in Brazil and two years in Europe. Thus I am fully aware of the business culture in South America and in the European Union. My time overseas has taught me to be versatile and flexible in my approach to public relations and to adjust my strategies in accordance with the expectations of very different cultures.

I am multilingual and can speak and write Spanish, French and Portuguese to the high standard necessitated by your company.

I have enclosed my current résumé as requested, including details of two referees and hope to be able to discuss the position with you in more depth at interview.

Yours sincerely,

Mary Hughes (Ms.)

Bewerbungsanschreiben

368 East 13th Avenue
Chicago Heights
Illinois 36597
U.S.A

5. Mai 2015

Bewerbung

Sehr geehrte Damen und Herren,

ich schreibe, um mich für die Stelle eines Public Relations Managers
zu bewerben, die ich im Chicago Herald vom 2. Mai dieses Jahres
inseriert gesehen habe. Ich habe einige Jahre Erfahrung auf dem Public
Relations Sektor und glaube, dass ich absolut in der Lage sein werde,
Ihre Anforderungen zu erfüllen.

Ich habe mein Studium der Betriebswirtschaftslehre an der Universität
von Chicago 209 mit „Eins" abgeschlossen. Danach wurde ich für das
Graduierten-Trainings-Programm der LVL, einer Tochtergesellschaft
der TEHV Gruppe, ausgewählt. Nach meinem Trainingsjahr bei LVL
arbeitete ich vier Jahre lang bei verschiedenen Tochtergesellschaften
der TEHV Gruppe, unter anderem sechs Monate lang in Brasilien und
zwei Jahre in Europa. Daher bin ich sowohl mit der südamerikanischen
wie auch mit der europäischen Geschäftskultur gut vertraut. Die Zeit
in Übersee hat mich gelehrt, vielseitig und flexibel in meinen Methoden
in der Öffentlichkeitsarbeit zu sein, und meine Strategien den Erwartungen von verschiedenen Kulturen anzupassen.

Ich bin mehrsprachig und beherrsche Spanisch, Französisch und
Portugiesisch in Wort und Schrift auf dem hohen Standard, der von
Ihrem Unternehmen benötigt wird.

Wie gewünscht habe ich meinen aktuellen Lebenslauf inklusive zweier
Referenzen beigefügt und hoffe, die Stelle mit Ihnen in größerer Aus-
führlichkeit beim Bewerbungsgespräch besprechen zu können.

Mit freundlichen Grüßen

Mary Hughes (Ms.)

Job offer

Highland Hideouts
Aviemore
Inverness-shire
PH21 7AW
Scotland

Kincardine Cottage
Pityoulish
Aviemore
Inverness-shire
PH22 6JL

7th February 2015

Dear Mrs Norman,

We are delighted to offer you the position of accountant within our firm. We feel that you are fully capable of becoming a valuable and efficient member of our team. We hope that you will accept the position and would be extremely grateful if you could contact us as soon as possible to inform us of your decision.

If at all possible, we would like you to start work with us on Monday 1th March, although we realize that you may have to work a month's notice with your present company and, because of this, will perhaps not be available for work on this date.

I look forward to hearing from you.

Kind regards,

Geraldine Craig

Bewerbungszusage

Highland Hideouts
Aviemore
Inverness-shire
PH21 7AW
Scotland

Kincardine Cottage
Pityoulish
Aviemore
Inverness-shire
PH22 6JL

7. Februar 2015

Sehr geehrte Frau Norman,

wir schätzen uns glücklich, Ihnen die Stelle als Buchhalterin in unserer
Firma anbieten zu können. Wir glauben, dass Sie dazu in der Lage sind,
ein wertvolles und effizientes Mitglied unseres Teams zu werden. Wir
hoffen, dass Sie unser Angebot wahrnehmen und wären Ihnen sehr
dankbar, wenn Sie uns so früh wie möglich über Ihre Entscheidung
informieren könnten.

Wenn möglich, würden wir unsere Zusammenarbeit gerne am Montag
dem 1. März beginnen, obwohl uns klar ist, dass Sie wahrscheinlich bei
Ihrem jetzigen Unternehmen eine einmonatige Kündigungsfrist einhalten müssen und uns deshalb zu diesem Zeitpunkt vielleicht noch nicht
zur Verfügung stehen werden.

Ich freue mich darauf, von Ihnen zu hören.

Mit freundlichen Grüßen

Geraldine Craig

Rejection of a job application

Stanley Products Limited
Endon
Staffordshire
ST17 6TG
England

Oak Cottage
Bagnall Lane
Endon
ST16 8UG

5th September 2014

Dear Miss Mills,

We are sorry to inform you that despite your extremely convincing interview on August 23rd and your subsequent good performance during our assessment weekend in the Lake District, we cannot offer you the position of trainee marketing manager within our company. We were astonished by the unusually high standard of applicants and our decision was an extremely difficult one.

Your C.V. and application forms are enclosed.

We wish you all the best in your future career.

Yours sincerely,

Sue Hancock
Personnel Manager

Enc.

Absage einer Bewerbung

Stanley Products Limited
Endon
Staffordshire
ST17 6TG
England

Oak Cottage
Bagnall Lane
Endon
ST16 8UG

5. September 2014

Liebe Frau Mills,

es tut uns sehr leid, Ihnen mitteilen zu müssen, dass wir Ihnen trotz Ihres sehr überzeugenden Bewerbungsgesprächs vom 23. August und Ihrer nachfolgenden guten Leistung während unseres Assessment-Wochenendes im Lake District die Stelle als Marketingmanagertrainee in unserem Unternehmen nicht anbieten können. Wir waren selbst von dem ungewöhnlich hohen Standard der Bewerber überrascht und die Entscheidung ist uns sehr schwergefallen.

Ihren Lebenslauf und die Bewerbungsunterlagen haben wir beigefügt.

Für Ihre berufliche Zukunft wünschen wir Ihnen alles Gute.

Mit freundlichen Grüßen,

Sue Hancock
Leiterin der Personalabteilung

Anlage

Memo

Maurice Motors, Pentonville Industrial Estate, Newcastle-upon-Tyne.

MEMO 07/15

TO: All members of staff

FROM: The Board of Directors

SUBJECT: Planned flotation of Maurice Motors

All our staff are already aware of our future plans to float Maurice Motors on the stock market. The Board has now fixed a definite date: Sales of our shares are as from today scheduled to begin on 1st September of this year.

As loyal members of staff within our company, we consider you deserving of receiving a share option to shares in our company. This means that you will be able to buy shares in Maurice Motors, at a reduction of ninety per cent per share. We have agreed, after much discussion, to offer one hundred shares per employee at this special price.

We realize that many of our staff may never have purchased shares before and therefore are unaware of the advantages of doing so. We have decided therefore to give a presentation on shareholding and what you can expect to gain from being a shareholder. This is scheduled to take place on August 3rd.

If employees have any questions before this date or cannot attend the presentation, our financial manager Miss Joyce is prepared to give advice on the matter. Please contact her either via e-mail, address SJB.fin@mm.newc.uk, or by telephone on extension 257. Please do not visit her in her office without prior appointment.

Please note that employees wishing to buy shares must notify us of their interest on or before 14th August, in order to allow enough time for their issue before flotation on 1st September.

Mitteilung

Maurice Motors, Pentonville Industrial Estate, Newcastle-upon-Tyne.

MEMO 07/15

An: Alle Mitarbeiter

Von: Verwaltungsrat

Betreff: Geplanter Börsengang von Maurice Motors

Allen unseren Mitarbeitern ist bekannt, dass wir planen, mit Maurice Motors an die Börse zu gehen. Die Direktion hat jetzt einen endgültigen Termin festgelegt. Der Verkauf unserer Aktien beginnt nach dem heute fixierten Zeitplan am 1. September dieses Jahres.

Wir sind der Meinung, dass Sie als loyale Mitarbeiter unserer Firma ein Aktienbezugsrecht für Aktien unseres Unternehmens verdienen. Das bedeutet, dass Sie die Gelegenheit haben werden, Aktien von Maurice Motors mit einem Preisnachlass von 90 Prozent pro Aktie zu erwerben. Wir sind nach langer Diskussion übereingekommen, jedem Mitarbeiter 100 Aktien zu diesem Vorzugspreis anzubieten.

Es ist uns klar, dass viele unserer Mitarbeiter niemals zuvor Aktien erworben haben und daher die Vorteile eines solchen Kaufes nicht kennen. Wir haben uns daher entschieden eine Informationsveranstaltung zum Aktienbesitz und den damit verbundenen Vorteilen abzuhalten. Diese Veranstaltung wird am 3. August stattfinden.

Wenn Mitarbeiter vor diesem Zeitpunkt Fragen haben sollten oder an der Veranstaltung nicht teilnehmen können, so ist unsere Finanzleiterin Frau Joyce bereit, in dieser Sache zu beraten. Bitte kontaktieren Sie sie entweder über E-Mail unter SJB.fin@mm.newc.uk oder telefonisch unter der Durch-wahl 257. Bitte besuchen Sie sie nicht in ihrem Büro ohne vorherige Anmeldung.

Bitte berücksichtigen Sie, dass Mitarbeiter, die Aktien zu kaufen wünschen, uns dies bis zum 14. August mitteilen müssen, sodass genügend Zeit für ihre Anfrage vor dem Börsengang am 1. September verbleibt.

Delay of delivery

SMITH & CO.,
19 STATION ROAD, LIVERPOOL

Jones Bros. Ltd.
5 Newton Street
Newport, Gwent

7th September 2015
Ref.: Our order no. 452 dated June 5th

Dear Mr Jones,

We refer to our order no. 452 dated June 5th for five boxes of article 372 in green and your order confirmation no. 1357 dated 11th June.

This order, which is the third part of our annual order, was due to leave your factory on the 5th of September to arrive in Liverpool by today, the 7th of September. Up to now, we have received neither your advice of dispatch, nor information as to the status of this order. This material is now required by our depot in Manchester, as it is needed to make up a large order which we need to ship by the end of next week. If we delay our shipment, there is a danger of us losing the order altogether. Therefore we really must insist that the goods are dispatched tomorrow, otherwise this will cause us contractual difficulties.

Please let us know by return email when we can expect delivery of these goods.
We look forward to your positive reply.

Yours sincerely,

D. Smith (Mrs)
smith@smithcompany.co.uk

Lieferverzögerung

SMITH & CO.,
19 STATION ROAD, LIVERPOOL

Jones Bros. Ltd.
5 Newton Street
Newport, Gwent

07. 09. 2015
Unser Auftrag Nr. 452 vom 5. Juni

Sehr geehrter Herr Jones,

wir beziehen uns auf unseren Auftrag Nr. 452 vom 5. Juni über fünf
Kisten des Artikels 372 in Grün und Ihre Auftragsbestätigung Nr. 1357
vom 11. Juni.

Dieser Auftrag, der dritte Teil unserer jährlichen Bestellung, sollte am
5. September Ihr Werk verlassen, um spätestens heute, am 7. September,
in Liverpool anzukommen. Bis jetzt haben wir weder eine Versandanzeige noch Informationen über den Stand dieses Auftrags erhalten. Das
Material wird nun in unserem Lager in Manchester dringend benötigt,
um unsererseits einen Auftrag fertigzustellen, den wir bis Ende nächster
Woche verschiffen müssen. Wenn wir unsere Lieferung verzögern, be-
steht die Gefahr, dass wir den Auftrag ganz verlieren. Wir müssen daher darauf bestehen, dass die Ware morgen zum Versand kommt, ansonsten könnte es für uns zu vertragsrechtlichen Problemen kommen.

Bitte lassen Sie uns unverzüglich per E-Mail wissen, wann wir mit der
Lieferung der Ware rechnen können.
Wir freuen uns auf Ihre positive Antwort.

Mit freundlichen Grüßen

D. Smith
smith@smithcompany.co.uk

Enquiry

Miller Machines Inc.
1552 South Cherry Avenue
Chicago, IL 60607

Fa. Georg Schmid GmbH
Neckarstraße 15
70469 Stuttgart
Germany

04/30/2015 ff/gn

Ref.: Enquiry

Dear Sirs,

The German Chamber of Commerce was kind enough to pass on the
name and address of your company as a manufacturer of small motors for
industrial uses. We would like to import your products to the American
market and would also be interested to learn whether you are
represented in this part of America. We are a medium-sized company
with thirty employees. We have seven salesmen in the Chicago area and
twelve more across the states of Illinois, Ohio and Indiana.
Please let us have your detailed offer as follows: For full 20' containers
CIF port of Chicago via Montreal Gateway, including price per unit and
present lead time.
As payment we would suggest 60 days after date of invoice, net.
Would you offer a discount for large quantities or for regular orders?
Please send us a company brochure and some catalogues showing the
different kinds of motors and the different applications that you can
offer.

We look forward to hearing from you.

Sincerely,

Frank Fitzpatrick
Purchasing Manager

Angebotsanfrage

Miller Machines Inc.
1552 South Cherry Avenue
Chicago, IL 60607

Fa. Georg Schmid GmbH
Neckarstraße 15
70469 Stuttgart
Germany

30. 4. 2015

Angebotsanfrage

Sehr geehrte Damen und Herren,

die Deutsche Handelskammer hat uns freundlicherweise den Namen
und die Adresse Ihrer Firma als Hersteller von Kleinmotoren für industrielle Zwecke gegeben. Wir würden gerne Ihre Produkte in den ameri-
kanischen Markt importieren und wären auch interessiert zu erfahren,
ob Sie in diesem Teil der Vereinigten Staaten vertreten sind. Wir sind
ein mittelständisches Unternehmen mit 30 Angestellten. Im Raum
Chicago beschäftigen wir sieben Verkäufer sowie zwölf weitere in den
Staaten Illinois, Ohio und Indiana.
Bitte schicken Sie uns Ihr detailliertes Angebot wie folgt:
Auf Basis von vollen TEU Containern CIF Chicago über Montreal
Gateway, einschließlich Preis pro Einheit und aktueller Lieferzeit.
Als Zahlungsbedingung würden wir 60 Tage nach Rechnungsdatum,
netto vorschlagen. Gewähren Sie Mengenrabatte oder Rabatte für
regelmäßige Bestellungen?
Könnten Sie uns bitte auch eine Firmenbroschüre sowie Kataloge
über die verschiedenen Motoren und deren Verwendungsmöglich-
keiten zukommen lassen?

Wir freuen uns auf Ihre baldige Antwort.
Mit freundlichen Grüßen

Frank Fitzpatrick
Einkaufsleiter

Korrespondenz

Offer to a new customer

Georg Schmid GmbH, Neckarstraße 15, D-70469 Stuttgart

Miller Machines Inc.
Attn: Mr. Fitzpatrick
Purchasing Manager
1552 South Cherry Avenue
Chicago, IL 60607
USA

May 6, 2015 gs/st

Ref.: Your enquiry dated April 30, 2015

Dear Mr. Fitzpatrick,

Thank you for your letter of April 30, 2015 and the interest you show in our products. We would first of all like to tell you something about our company: Our company was founded in 1935, has at present 120 employees and we are hoping to expand our export activities.
At the moment we are not represented in the eastern United States, and we would be very interested in arranging a meeting to discuss your proposal.
We have enclosed our current price list. Please note the following:
All our prices are to be understood FOB German port including packing. For CIF deliveries we would have to charge an extra 10% on list price. These prices are based on a minimum quantity of 50 units per order in TEU containers. For regular orders we would offer a discount of 5%. Present lead time is ex works four weeks after receipt of order.
For the first order we would prefer payment "Cash against Documents", for which we would offer a discount of 3%. For further orders we would consider an open payment term.
We have enclosed the requested company brochure and various catalogues.
We hope that we have made you a favorable offer and look forward to hearing from you soon.

With best regards,

G. Schmid
Sales Manager

Enc.

Angebot an einen neuen Kunden

Georg Schmid GmbH, Neckarstraße 15, D-70469 Stuttgart

Miller Machines Inc.
Mr. Fitzpatrick
Purchasing Manager
1552 South Cherry Avenue
Chicago, IL 60607
USA

06.05.2015 gs/st

Ihre Anfrage vom 30.04.2015

Sehr geehrter Herr Fitzpatrick,

vielen Dank für Ihren Brief vom 30.04.15 und Ihr Interesse an unseren Produkten. Wir möchten Ihnen zunächst etwas über unsere Firma erzählen. Sie wurde 1935 gegründet und hat zurzeit 120 Mitarbeiter und wir hoffen, unsere Exportaktivitäten weiter ausbauen zu können. Zurzeit sind wir nicht im Osten der USA vertreten und wir wären sehr daran interessiert, ein Treffen zu vereinbaren, um Ihren Vorschlag zu diskutieren.
Anbei unsere aktuelle Preisliste, bitte beachten Sie Folgendes: Unsere Preise verstehen sich FOB deutscher Hafen einschließlich Verpackung. Für CIF-Lieferungen müssen wir einen Aufschlag von 10 % auf den Listenpreis berechnen. Diese Preise basieren auf einer Mindestabnahmemenge von 50 Stück pro Auftrag in TEU Containern. Für regelmäßige Bestellungen können wir einen Rabatt von 5 % anbieten. Aktuelle Lieferzeit ab Werk ist vier Wochen nach Auftragserhalt. Für den ersten Auftrag würden wir eine Zahlungsbedingung „Kasse gegen Dokumente" vorziehen, wofür wir aber einen Rabatt von 3 % anbieten würden. Für weitere Aufträge könnten wir ein offenes Zahlungsziel berücksichtigen. Wir haben die gewünschte Firmenbroschüre und verschiedene Kataloge beigelegt.
Wir hoffen, Ihnen ein günstiges Angebot gemacht zu haben und würden uns freuen, bald von Ihnen zu hören.

Mit freundlichen Grüßen

G. Schmid
Verkaufsleiter

Anlage

Contract

Dandy Distributions Poland
Attn: Mr. George
21 Zapikamke Street
Gdansk
Poland

Candy Computer Components
Wall Grange Industrial Estate
Buxton
Derbyshire
DB26 8TG
Great Britain

16th October 2014

Re: Agency Agreement

Dear Mr. George,

Following our meeting last week and in reply to yesterday's fax message, I would like to suggest terms, as enclosed, for our proposed agency agreement. This will, as agreed, award you sole agency for the distribution and sale of our products in Poland.

I have enclosed two copies of our proposed contract. I hope you find the terms acceptable for your company. If you would like to make any amendments or have any questions regarding the terms of contract, please do not hesitate to contact me and we can discuss the matter further.

Please read the provisions in the agreement carefully. If you find them to be acceptable, please sign both copies and return them to me as soon as possible.

I look forward to our doing business together and hope that this marks the beginning of a mutually profitable business relationship.

Best regards,

Andy Bartler
Sales Manager

Enc.

Vertragszusendung

Dandy Distributions Poland
z. Hd. Herrn George
21 Zapikamke Street
Gdansk
Poland

Candy Computer Components
Wall Grange Industrial Estate
Buxton
Derbyshire
DB26 8TG
Great Britain

16. Oktober 2014

Vertretungsvertrag

Sehr geehrter Herr George,

nach unserem Treffen letzte Woche und als Antwort auf Ihr gestriges
Fax möchte ich Ihnen hiermit die Bedingungen für unseren vorgeschlagenen Vertretungsvertrag übersenden. Diese geben Ihnen wie
vereinbart das alleinige Vertretungsrecht für Vertrieb und Verkauf unserer Produkte in Polen.

Ich habe zwei Kopien des vorgeschlagenen Vertrages beigefügt. Ich
hoffe, dass die Konditionen für Ihr Unternehmen annehmbar sind.
Sollten Sie irgendwelche Nachbesserungen vornehmen wollen oder
Fragen hinsichtlich der Vertragsbedingungen haben, so zögern Sie
bitte nicht, mich zu kontaktieren, sodass wir die Angelegenheit
weiter besprechen können.

Bitte lesen Sie die Bestimmungen des Vertrages sorgfältig. Sollten
Sie sie annehmbar finden, so unterzeichnen Sie bitte beide Kopien
und schicken Sie sie sobald als möglich an mich zurück.

Ich freue mich darauf, mit Ihnen zusammenzuarbeiten und hoffe, dass
dies den Beginn einer für beide Seiten profitablen Geschäftsbeziehung
darstellt.

Mit freundlichen Grüßen

Andy Bartler
Verkaufsleiter

Anlage

Korrespondenz

Sending information broschures

Korrespondenz

Hans Müller GmbH & Co., Rosenstraße 76, D-60313 Frankfurt

Lloyd Automation Ltd.
Attn: Mr. Patrick Hughes
15 River Bank Industrial Estate
Birmingham B4 8FG
Great Britain

27 May 2015 hm/fe

Ref.: Addition to our product range

Dear Mr Hughes,

We are pleased to announce that item no. 12967 is now available in three different versions: the existing two products and now a third alternative in black leather. This is something we have been working on for almost six months and after extensive tests the new version has been released for sale.
This is an important addition to our product range and we are sure that this will serve to complement the present products. We now have the unique opportunity to cover three different sectors of the market at once and to update our present technology.
We have enclosed a brochure and a revised price list which now includes this item. For initial orders we would be prepared to offer an introductory discount of 5%.
We hope that this new addition to our product range will enable you to consolidate and even to increase your sales, and we look forward to receiving your trial order.

With best regards,

H. Müller
Sales Manager

Encl.: Brochure
       Revised price list

Informationsmaterial versenden

Hans Müller GmbH & Co., Rosenstraße 76, D-60313 Frankfurt

Lloyd Automation Ltd.
z. Hd. Herrn Patrick Hughes
15 River Bank Industrial Estate
Birmingham B4 8FG
Großbritannien

27. Mai 2015 hm/fe

Ergänzung unserer Produktpalette

Sehr geehrter Herr Hughes,

wir freuen uns, Ihnen mitteilen zu können, dass unser Artikel Nr. 12967 jetzt in drei verschiedenen Ausführungen lieferbar ist: Die zwei bereits existierenden Versionen und nun eine dritte Alternative in schwarzem Leder. Wir haben fast sechs Monate daran gearbeitet, und nach ausführlichen Tests ist die neue Version nun für den Verkauf freigegeben worden.
Es handelt sich um eine wichtige Erweiterung unserer Produktpalette und wir sind sicher, dass dies unsere bestehenden Produkte ergänzen wird. Wir haben jetzt die einmalige Möglichkeit, drei verschiedene Marktsektoren gleichzeitig abzudecken und unsere jetzige Technologie auf den neuesten Stand zu bringen.
Anbei eine Broschüre und eine revidierte Preisliste, die jetzt diesen Artikel enthält. Für Erstaufträge wären wir bereit, einen Sondereinführungsrabatt von 5 % zu gewähren.
Wir hoffen, dass diese neue Ergänzung unserer Produktpalette es Ihnen ermöglichen wird, Ihre Umsätze zu konsolidieren oder sogar zu steigern. Wir freuen uns auf den Erhalt Ihrer Probebestellung.

Mit freundlichen Grüßen

H. Müller
Verkaufsleiter

Anlage: Broschüre
           Revidierte Preisliste

Adjustment of prices

Hans Huber GmbH & Co., Isarweg 1, D-80469 München

C. Bryan Chemicals Ltd.
Attn: Mr John Perkins
5 Green Lane
Brighton, BR5 7AF East Sussex
Great Britain

10 December 2014 fh/me

Ref.: Price increase as from 1st of January, 2015

Dear Mr Perkins,

Unfortunately we have to inform you that as of the 1st of January we
will be increasing our prices by 5%. This is the first adjustment in two
years and has been made necessary by several factors.
The price of raw materials has increased by up to 20% within a matter of
months. The prices for natural rubber in particular have been affected.
The introduction of motorway tolls for lorries at the beginning of this
year has lead to a 5-10% increase in freight costs, which, as our orders
are delivered CIP Brighton, has also to be covered by us.
The increasingly stringent environmental legislation in Great Britain
makes it more and more difficult for us to ensure cost-effective
production. Also the new laws make it more expensive for us to dispose
of our waste and packing materials.
All of these factors leave us no other choice than to adjust our prices
accordingly. We are, however, prepared to guarantee these new prices
until the end of April 2016. The new price list will be forwarded in the
near future.
We sincerely regret having to take this step, but hope that we can
nevertheless maintain our position in the European market.

With kindest regards,

F. Huber
Sales Manager

Preisanpassung

Hans Huber GmbH & Co., Isarweg 1, D-80469 München

C. Bryan Chemicals Ltd.
z. Hd. Herrn John Perkins
5 Green Lane
Brighton, BR5 7AF East Sussex
Großbritannien

10. Dezember 2014 fh/me

Preiserhöhung ab 1. Januar 2015

Sehr geehrter Herr Perkins,

leider müssen wir Ihnen mitteilen, dass wir ab 1. Januar 2015 eine Preiserhöhung von 5 % vornehmen werden. Es ist die erste Angleichung seit
zwei Jahren und sie ist wegen verschiedener Faktoren notwendig
geworden.
 Die Preise für Rohstoffe sind innerhalb der letzten Monate um bis zu
20 % gestiegen; besonders die Preise für Naturkautschuk
sind davon betroffen. Die Einführung von Autobahngebühren für LKW
Anfang dieses Jahres haben zu einer Anhebung der Frachtkosten um
5–10 % geführt, die, da unsere Aufträge CIP Brighton geliefert werden,
auch von uns gedeckt werden müssen.
Die zunehmend strengen Umweltgesetze Großbritanniens erschweren
es uns, eine kosteneffektive Produktion zu sichern. Zudem machen die
neuen Verordnungen es für uns immer teurer, unseren Abfall und unser
Verpackungsmaterial zu entsorgen.
All diese Faktoren lassen uns keine andere Wahl als unsere Preise entsprechend anzupassen. Wir sind jedoch bereit, diese neuen Preise bis
Ende April 2016 zu garantieren. Die neue Preisliste erhalten Sie in Kürze.
Wir bedauern sehr, diesen Schritt unternehmen zu müssen, hoffen
aber, dass wir dennoch unsere Position auf dem europäischen Markt
beibehalten können.

Mit freundlichen Grüßen

F. Huber
Verkaufsleiter

Korrespondenz

Negotiating

Accounting Services,
159 Gastown Street, Vancouver, V1 7KH, British Columbia.

Marie Bardel
Software Showmen
145 Tenth Avenue West
Vancouver
V23 9HG

5th June 2015

Dear Marie,

I am sorry to persist in contacting you regarding this matter, but I remain doubtful of the quality of the service you have provided regarding the training of our staff in the new, "user-friendly" software packages you installed in our offices.

I realize that my employees may share the blame for this problem, but I must admit that it seems to me that they have quite simply been misinformed regarding some aspects of the potential uses of the software you provided. I wonder if it would perhaps be possible for us to arrange a second training day, perhaps at a reduced price with a more senior member of your team, in order to ensure that we can use the new accounting systems to our full advantage.

I do realize that you have made a considerable effort to help us in every way possible thus far and would be most grateful if you would assist us further in this matter.

I look forward to hearing from you.

Best regards,

Paul Bernard
Accounts Manager

Nachverhandlung

Accounting Services,
159 Gastown Street, Vancouver, V1 7KH, British Columbia.

Marie Bardel
Software Showmen
145 Tenth Avenue West
Vancouver
V23 9HG

5. Juni 2015

Liebe Marie,

es tut mir leid, Sie ein weiteres Mal in dieser Angelegenheit zu kontaktieren, aber ich habe immer noch Zweifel an der Qualität des von Ihnen zur Verfügung gestellten Services. Dabei beziehe ich mich auf das Training unserer Mitarbeiter an dem von Ihnen in unseren Büros installierten „benutzerfreundlichen" Softwarepaket.

Es ist mir klar, dass ein Teil des Problems bei unseren Mitarbeitern liegt, aber ich muss zugeben, dass es mir so scheint, als ob sie einfach falsch über einige Aspekte des von Ihnen gelieferten Softwarepakets informiert worden sind. Ich frage mich, ob es vielleicht möglich wäre, einen zweiten Trainingstag für uns zu arrangieren, und zwar möglicherweise zu einem reduzierten Preis und mit einem erfahreneren Mitglied Ihres Teams, sodass sichergestellt ist, dass wir das neue Buchhaltungsprogramm zu unserem größtmöglichen Vorteil ausnützen können.

Es ist mir klar, dass Sie sich bisher große Mühe gegeben haben, uns soweit wie möglich zu unterstützen und ich wäre sehr dankbar, wenn Sie uns auch weiterhin in dieser Angelegenheit helfen würden.

Ich freue mich darauf, von Ihnen zu hören.

Mit herzlichen Grüßen

Paul Bernard
Leiter der Buchhaltung

Delay in delivery

Taylor and Ball Constructions, 189 Paisley Road, Hamilton, Scotland.

Gulliver's Distributions
Attn: Mr J Swift
23 Lilliput Lane
Stoke-on-Trent, S8A 2BR
England

5th October 2014

Ref: Delivery of copper piping

Dear Mr Swift,

Following several telephone conversations with both your secretary and yourself, I feel I have no choice but to inform you that if we do not receive our delivery of copper piping by 10th October 2014 at the very latest, we will be forced to take legal action and sue for damages. I realise that problems can and do occur and I am always reasonable in respect of short delays. As yet, however, your firm has failed to provide a valid reason for the inexcusable delay and we have waited for more than two weeks for our consignment.

Obviously, I would like to avoid the time and trouble involved in a legal case, but feel that there is scarcely another option remaining open to me. We enjoy an extremely good reputation in the Hamilton area and have many loyal customers throughout Scotland who rely on our prompt service. The absence of the copper piping has brought our construction project in the Tomintoul Estate for our loyal customer, Lord Yahoo, to a standstill, as our engineers cannot work without their raw materials.

I expect a response from you or a member of your staff immediately.

Yours sincerely,

Christine Peters
Purchase Manager

Lieferverzögerung

Taylor and Ball Constructions, 189 Paisley Road, Hamilton, Scotland.

Gulliver's Distributions
Mr J Swift
23 Lilliput Lane
Stoke-on-Trent, S8A 2BR
England

5. Oktober 2014

Lieferung von Kupferrohren

Sehr geehrter Herr Swift,

nach mehreren Telefongesprächen mit Ihrem Sekretär und Ihnen, sehe ich keine andere Möglichkeit, als Sie darauf aufmerksam zu machen, dass wir uns gezwungen sehen, rechtliche Schritte einzuleiten und auf unseren Schaden zu klagen, wenn wir unsere Lieferung Kupferrohre nicht bis spätestens zum 10. Oktober 2014 erhalten. Es ist mir bewusst, dass Probleme auftreten können und ich bin sehr verständnisvoll bei kurzen Verzögerungen. Doch Ihre Firma hat bis heute keinen vernünftigen Grund für die unentschuldbare Verzögerung angegeben und wir haben bereits mehr als zwei Wochen auf Ihre Lieferung gewartet.

Natürlich möchte ich gerne die Zeit und den Ärger, die ein Gerichtsverfahren mit sich bringt, vermeiden, aber ich habe kaum noch eine andere Möglichkeit. Wir haben einen sehr guten Ruf in der Region um Hamilton und viele loyale Kunden in ganz Schottland, die sich auf unseren prompten Service verlassen. Das Fehlen der Kupferrohre hat unser Bauprojekt auf dem Tomitoul Besitz für unseren treuen Kunden, Lord Yahoo, zum Stillstand gebracht, da unsere Ingenieure nicht ohne ihre Rohmaterialien arbeiten können.

Ich erwarte umgehend eine Antwort von Ihnen oder einem Ihrer Mitarbeiter.

Hochachtungsvoll,

Christine Peters
Einkaufsleiterin

Reply: delay in delivery

Gulliver's Distributions, 23 Lilliput Lane, Stoke-on-Trent, England

Taylor and Ball Constructions
189 Paisley Road
Hamilton N12 3BT
Scotland

7th October 2014

Ref: Delivery of copper piping

Dear Miss Peters,

I cannot apologise enough for the inconvenience caused by the delay in delivering the copper piping and am pleased to inform you that the piping left the yard this morning and should be with you by the time you receive this letter.

As I explained in our telephone conversation yesterday, our driver was injured during the loading of the piping and as a result, we have been very short-staffed over the past two weeks. I'm afraid to say that in the aftermath of the accident, my secretary failed to realize that the consignment had not been delivered. This meant that the delay went unnoticed.

In view of the unfortunate situation which has arisen, I would like to offer you a discount of fifty per cent on the normal delivery charge. I hope this settles the matter to your satisfaction and I hope that we can continue to do business together in the future.

Once again, please accept my sincere apologies.

Yours sincerely,

Jon Swift
Sales Manager

Antwortschreiben Lieferverzögerung

Gulliver's Distributions, 23 Lilliput Lane, Stoke-on-Trent, England

Taylor and Ball Constructions
189 Paisley Road
Hamilton N12 3BT
Scotland

7. Oktober 2014

Lieferung von Kupferrohren

Sehr geehrte Frau Peters,

ich kann mich nicht genug für die Unannehmlichkeiten entschuldigen, die Ihnen durch die Verzögerung bei der Lieferung der Kupferrohre entstanden sind und bin glücklich, Ihnen mitteilen zu können, dass die Rohre heute Morgen unseren Hof verlassen haben und zu dem Zeitpunkt, zu dem Sie diesen Brief erhalten, bei Ihnen eingetroffen sein sollten.

Wie ich Ihnen in unserem gestrigen Telefonat erklärt hatte, hat sich unser Fahrer beim Verladen der Rohre verletzt und infolgedessen waren wir während der letzten zwei Wochen ziemlich unterbesetzt. Ich befürchte, dass mein Sekretär auf Grund der Nachwirkungen des Unfalls übersehen hatte, dass die Lieferung noch nicht überbracht war. Aus diesem Grund wurde der Lieferverzug leider übersehen.

Angesichts der unglücklichen Situation, die entstanden ist, möchte ich Ihnen einen fünfzigprozentigen Nachlass unseres üblichen Lieferpreises anbieten. Ich hoffe, dass die Angelegenheit auf diese Weise für Sie zufriedenstellend geklärt ist und ich hoffe, dass wir auch in Zukunft noch miteinander Geschäfte machen werden.

Ich möchte Sie noch einmal aufrichtig um Entschuldigung bitten.

Mit freundlichen Grüßen

Jon Swift
Verkaufsleiter

Credit application

TRIX Products
78 South Richmond
Avenue
Palm Springs
50227
California

The Nicey Bank
67 Generous Avenue
Palm Springs
50702
California

April 1st 2015

Re: Credit Application

Dear Sir/Madam,

Having obtained credit from your bank at a competitive rate of interest in the past, we would like to ask whether you would consider offering our company a loan for $100,000.

As you are aware, we have always been very reliable patrons of your bank and can provide good credit references if necessary. We are a large firm with considerable assets, which we could offer as ample security for a loan of this size. If you were nevertheless to require additional securities, these could also be obtained.

We have enclosed details of our accounts and our balance sheets for the past five years. If you require any further information please do not hesitate either to contact myself or a member of our book-keeping division.

I look forward to receiving your reply.

Yours sincerely,

Alan Zimmerman
General Director, TRIX Products
Enc.

Kreditantrag

TRIX Products
78 South Richmond
Avenue
Palm Springs
50227
California

The Nicey Bank
67 Generous Avenue
Palm Springs
50702
California

1. April 2015

Kreditantrag

Sehr geehrte Damen und Herren,

da wir bereits in der Vergangenheit von Ihrer Bank einen Kredit zu einem günstigen Zinssatz erhalten haben, wollten wir Sie bitten, in Erwägung zu ziehen, uns einen weiteren Kredit über $100.000 einzuräumen.

Wie Ihnen bekannt ist, waren wir immer äußerst zuverlässige Kunden Ihrer Bank und sind in der Lage, gute Kreditreferenzen beizubringen, wenn es nötig sein sollte. Wir sind ein großes Unternehmen mit einem beträchtlichem Vermögen, das wir als ausreichende Sicherheit für einen Kredit dieser Größenordnung anbieten können. Sollten Sie trotzdem zusätzliche Sicherheiten benötigen, so können diese beigebracht werden.

Wir haben eine detaillierte Aufstellung unserer Konten und Bilanzen der letzten fünf Jahre beigefügt. Sollten Sie noch zusätzliche Informationen benötigen, so zögern Sie nicht, mich oder einen Mitarbeiter unserer Buchhaltung zu kontaktieren.

Ich freue mich auf Ihre Antwort.

Hochachtungsvoll

Alan Zimmerman
Generaldirekor TRIX Products

Anlage

Reminder for payment

Barmy Books
139 West Richmond
Street
San Fransisco
58739 CA
USA

Tardy Tattlers
35 Late Lane
San Fransisco
12345 CA
USA

July 22nd 2015

Ref: SH 371772/hb

First Reminder

Dear Mr. Tardy,

When balancing our accounts for this month, it came to my attention that there appears to be a payment for $599 outstanding, for a consignment of goods delivered on July 10th, invoice number SH 371772/hb.

As you have always settled your accounts with us punctually in the past, I assume that this was an oversight in your accounts department.

I would be extremely grateful if you could send the outstanding amount to us within the next few days or contact us if you have any queries regarding the payment.

If you have already settled the account, please disregard this notice and accept our thanks for your payment.

Yours sincerely,

Ian Mickleson
Accounts Department

Zahlungserinnerung

Barmy Books
139 West Richmond
Street
San Fransisco
58739 CA
USA

Tardy Tattlers
35 Late Lane
San Fransisco
12345 CA
USA

22. Juli 2015

SH 371772/hb

Erste Erinnerung

Sehr geehrter Herr Tardy,

beim diesmonatigen Abschluss unserer Konten ist mir aufgefallen, dass noch eine Zahlung über $599 für eine Lieferung von Gütern mit der Rechnungsnummer SH 371772/hb vom 10. Juli aussteht.

Da Sie Ihre Rechnungen in der Vergangenheit stets pünktlich beglichen haben, nehme ich an, dass es Ihre Buchhaltung diesmal nur übersehen hat.

Ich wäre Ihnen äußerst dankbar, wenn Sie uns den ausstehenden Betrag innerhalb der nächsten Tage zukommen lassen würden oder uns kontaktieren, falls Sie irgendwelche Fragen hinsichtlich der Bezahlung haben sollten.

Sollten Sie die Rechnung bereits beglichen haben, so betrachten Sie dieses Schreiben als hinfällig und wir bedanken uns für Ihre Bezahlung.

Mit freundlichen Grüßen

Ian Mickleson
Buchhaltung

Annual General Meeting

Brite-on Chemicals Limited
Smithfield Industrial Estate
Brighton
England

16th February 2015 ed/sh

Dear shareholder,

We would like to thank you for your support during the past year and to invite you to our Annual General Meeting, which has been scheduled for 27th March 2015.

This has perhaps been the most successful year for Brite-on since our inauguration in 1963. Our researchers have successfully developed several exciting new products and despite increasingly intense competition we have succeeded in keeping our position at the forefront of chemical dye production. Two of these new products have already been launched and are on the market, one is to be introduced in 2015.

We are pleased to inform you that over the past economic year our net profits have increased by over ten per cent. Consequently, we are hoping to expand into eastern European markets in the coming year and have already signed distribution contracts to maximize the possibilities for sales in the region. If all goes according to plan, we hope to open a regional office there in the year 2018.

Consequently, we anticipate that our dividend payments for 2014 will be higher than those paid in 2013. We will have precise figures available at the AGM next month.

We hope to enjoy your company on 27th March and would like to thank you once again for your support.

Yours sincerely,

Ewan Davidson
Managing Director

Jahreshauptversammlung

Brite-on Chemicals Limited
Smithfield Industrial Estate
Brighton
England

16. Februar 2015 ed/sh

Sehr geehrte(r) Aktionär(in),

wir möchten Ihnen für Ihre Unterstützung während des letzten Jahres unseren Dank aussprechen und Sie zu unserer Jahreshauptversammlung am 27. März 2015 einladen.

Dieses Jahr war vielleicht das erfolgreichste seit unserer Gründung im Jahr 1963. Unsere Forscher haben einige neue aufregende Produkte erfolgreich entwickelt und trotz des zunehmenden Wettbewerbs ist es uns gelungen, unsere Position an der Spitze der chemischen Farbstoffproduktion zu behaupten. Zwei unserer neuen Produkte sind bereits lanciert und auf dem Markt, ein weiteres wird 2015 eingeführt.

Wir freuen uns, Ihnen mitteilen zu können, dass unsere Nettogewinne im Laufe des letzten Wirtschaftsjahres um zehn Prozent zugenommen haben. Folglich hoffen wir, im nächsten Jahr in die osteuropäischen Märkte zu expandieren und haben bereits Vertriebsverträge abgeschlossen, um Verkaufsmöglichkeiten in der Region zu maximieren. Wenn alles gut geht, hoffen wir, im Jahr 2018 dort ein Regionalbüro einzurichten.

Deshalb gehen wir davon aus, dass unsere Dividende für 2014 höher sein wird als die von 2013. Wir werden die exakten Zahlen bei der Hauptversammlung nächsten Monat zur Verfügung haben.

Wir hoffen, uns am 27. März über Ihre Anwesenheit freuen zu können und möchten uns nochmals für Ihre Unterstützung bedanken.

Mit freundlichen Grüßen

Ewan Davidson
Generaldirektor

Travel itinerary

From:	wagner@mueller-gmbh.de
To:	williams@clarkindustries.co.uk
Subject:	My visit next week

Dear Mr Williams,

As discussed, here my itinerary for next week's visit to England:

20th January
9.30 a.m.   Arrival London Heathrow on flight BA 723.
2.00 p.m.   Meeting at Clark Industries with Messrs. Smith, Jones
              and Williams.
              Subject: Market Strategy in Great Britain.
7.00 p.m.   Dinner with Mr. West from Smith & Partners.

21st January
10.00 a.m.   Visit to Brighton Seals & Coatings in Maidenhead.

22nd January
9.00 a.m.   Visit to Smiths Coatings.
              Subject: Market development.
3.00 p.m.   Depart London Heathrow on flight BA 724.

Could you please arrange for me to be picked up from the airport
and book me a room for two nights in a hotel near you?

I look forward to seeing you again next week.

Best regards,
Ralf Wagner

Reiseplanung

Von:	wagner@mueller-gmbh.de
An:	williams@clarkindustries.co.uk
Betreff:	Mein Besuch in der nächsten Woche

Sehr geehrter Herr Williams,

wie besprochen mein Programm für den Besuch nächste Woche in England:

20. Januar
9.30 Uhr Ankunft London Heathrow mit Flug BA 723
14.00 Uhr Besprechung bei Clark Industries mit den Herren Smith, und Williams.
     Thema: Marktstrategie in Großbritannien
19.00 Uhr Abendessen mit Herrn West von Smith & Partners

21. Januar
10.00 Uhr Besuch bei Brighton Seals & Coatings in Maidenhead

22. Januar
9.00 Uhr Besuch bei Smiths Coatings.
     Thema: Marktentwicklung
15.00 Uhr Abflug London Heathrow mit Flug BA 724

Könnten Sie bitte meine Abholung vom Flughafen arrangieren und ein Zimmer für zwei Nächte in einem Hotel in Ihrer Nähe buchen?

Ich freue mich, Sie nächste Woche wiederzusehen.

Mit freundlichen Grüßen
Ralf Wagner

Complaint

From:	mtaylor@liverpool-int.co.uk
To:	bclarke@wayview.co.uk
Subject:	Our order no. 159/15, your invoice no. 3479, 21st May, 2015

Dear Mr Clarke,

We refer to our order no. 159/15 and your invoice no. 3479 dated 21st May, 2015.
The material which was delivered the week before last is not acceptable. The cloth is torn in the middle and the edges are not neatly sewn. We have examined all the material and unfortunately must confirm that the contents of all boxes are faulty.

We have contacted our customer, who is also of our opinion. We must therefore ask you to cancel the invoice no. 3479 and to deliver replacement material without delay.

When could we expect this replacement delivery? The material is needed for some important samples that we need to dispatch to our customer by the end of next week.

Awaiting your comments.

Best regards,

Michael Taylor

cc. Mr Phillips
   Mrs Green

Beschwerde

Von:	mtaylor@liverpool-int.co.uk
An:	bclarke@wayview.co.uk
Betreff:	Auftrag Nr. 159/15, Ihre Rechnung Nr. 3479 21. Mai 2015

Sehr geehrter Herr Clarke,

wir beziehen uns auf unseren Auftrag Nr. 159/15 und Ihre Rechnung Nr. 3479 vom 21. Mai 2015.
Das Material, das Sie vorletzte Woche geliefert haben, ist nicht akzeptabel. Der Stoff ist in der Mitte zerrissen und die Ränder sind nicht sauber genäht. Wir haben das ganze Material überprüft und müssen leider feststellen, dass der Inhalt aller Kartons fehlerhaft ist.

Wir haben mit unserem Kunden Kontakt aufgenommen und er ist völlig unserer Meinung. Wir müssen Sie daher bitten, die Rechnung Nr. 3479 zu stornieren und sofort eine Ersatzlieferung vorzunehmen.

Wann können wir diese Ersatzlieferung erwarten? Wir brauchen das Material für einige wichtige Muster, die wir bis Ende nächster Woche an unseren Kunden abschicken müssen.

Ich freue mich auf Ihre schnelle Rückmeldung.

Mit freundlichen Grüßen

Michael Taylor

Verteiler: Herr W. Phillips
          Frau C. Green

Korrespondenz

Delay in delivery

From:	cschmidt@wagner-maschinenbau.de
To:	robert.jeffries@walsh-electronics.co.uk
Subject:	Your order 729/15, dated 2nd September

Dear Claudia,

We regret to have to inform you that order 729/15 dd. 2nd September will not be ready for dispatch on this coming Friday as originally confirmed.

One of our machines has broken down, which in turn affects the whole production line, and until this can be mended our production is at a complete standstill. As a result all our orders are affected, not just yours for this particular item. We are hoping that the maintenance people will be able to start work this morning, and all being well our machines will be running again by tomorrow afternoon.

Unfortunately, I cannot let you have a more concrete answer as concerns dispatch until we know how long the repair work will take. I will, of course, let you know as soon as we have some firm answers. Half of the order is already complete and so we could at least send a part of the order if necessary. Please advise how we should proceed.

We apologize again for this delay and for any inconvenience that this may cause, but hope that we can settle this matter promptly.

Thank you and kind regards,
Robert Jeffries

Lieferverspätung

Von:	cschmidt@wagner-maschinenbau.de
An:	robert.jeffries@walsh-electronics.co.uk
Betreff:	Ihre Bestellung 729/15 vom 2. September

Liebe Claudia,

wir bedauern, Ihnen mitteilen zu müssen, dass der Auftrag 729/15 vom 2. September nicht wie ursprünglich bestätigt am kommenden Freitag zum Versand kommen kann.

Eine unserer Maschinen ist defekt, wovon wiederum die ganze Fertigungsstraße betroffen ist, und bis diese repariert ist, steht unsere gesamte Produktion still. Dies hat Auswirkungen auf alle unsere Aufträge, nicht nur Ihren, die diesen bestimmten Artikel betreffen. Wir hoffen, dass unser Wartungspersonal noch heute Vormittag mit der Reparatur anfangen kann, und wenn alles gut geht, können die Maschinen schon morgen Nachmittag wieder anlaufen.

Ich kann Ihnen leider, was den Versand betrifft, keine konkretere Antwort geben, bis wir wissen, wie lange die Reparaturarbeiten dauern werden. Ich werde Sie selbstverständlich informieren, sobald wir genauere Antworten haben. Die Hälfte des Auftrags ist bereits fertig, und wir könnten – wenn notwendig – zumindest einen Teil des Auftrags verschicken. Bitte geben Sie mir Bescheid.

Wir bitten nochmals um Entschuldigung für diese Verzögerung und für eventuelle Unannehmlichkeiten. Wir hoffen aber, dass wir diese Angelegenheit schnellstens abschließen können.

Mit freundlichen Grüßen
Robert Jeffries

Korrespondenz

Consultancy meeting

From:	colins@taff-management-consultancy.co.uk
To:	lampard@aden-products-limited.co.uk
Subject:	Results

Dear Katherine,

I am pleased to inform you that following your initial consultation with us on 13th August, our team of management consultants have now completed their plans for what we consider to be the most appropriate restructuring programme for ADEN Products Limited.

The next step forward in our advisory process usually takes the form of a meeting with your executive, to present our recommendations and answer any queries they might have regarding implementation of our strategies. This is subsequently followed by a meeting with all company staff, where we explain the actual effect our measures will have upon the workers themselves. Only after both management and all other members of staff are fully informed of the changes our programme will introduce, do we advise implementing reforms of the company's structure.

Because we suggest that our clients should begin reorganisation as soon as possible to gain maximum benefit from our advice, I have attached a copy of our up-to-date appointments calendar. I have clearly marked when I am personally available. Please reply promptly to ensure that your preferred date remains available, or to make alternative arrangements.

I look forward to hearing from you in the near future,

Simon

Beratungstermin

Von:	colins@taff-management-consultancy.co.uk
An:	lampard@aden-products-limited.co.uk
Betreff:	Ergebnisse

Liebe Katherine,

ich freue mich, dir mitteilen zu können, dass auf der Grundlage unserer ersten Beratung vom 13. August unser Unternehmens-beratungsteam jetzt unsere Pläne für eine nach unseren Vor-stellungen angemessene Umstrukturierung von Aden Products Limited fertiggestellt haben.

Der nächste Schritt in unserem üblichen Beratungsprozess ist jetzt ein Meeting mit Eurer Verwaltung, um unsere Empfehlungen vorzu-stellen und um mögliche Fragen zur Anwendung unserer Strategien zu beantworten. Danach folgt ein Meeting mit dem gesamten Personal, bei dem wir die tatsächlichen Konsequenzen unserer Maß-nahmen für die Arbeiter selbst erklären. Erst nachdem sowohl die Geschäftsleitung als auch alle anderen Mitarbeiter voll über die Änderungen, die unser Programm mit sich bringen wird, informiert worden sind, empfehlen wir die Anwendung der Reformen der Unternehmensstruktur.

Da wir glauben, dass unsere Kunden so früh wie möglich mit der Reorganisation beginnen sollten, um maximalen Vorteil durch unseren Rat zu erlangen, habe ich eine Kopie unseres aktuellen Terminkalenders angehängt. Ich habe deutlich markiert, wann ich persönlich zur Verfügung stehe.
Bitte antworte unverzüglich, um sicherzustellen, dass dein bevor-zugter Termin noch zur Verfügung steht, oder um alternative Ver-einbarungen zu treffen.

Ich freue mich auf deine baldige Antwort.

Simon

Arranging a business trip

From:	oliver.pebble@ol-incorporated.us
To:	linda.lombada@toronto-trinx.ca
Subject:	RE: Conference delegation

Dear Linda,

Here are the details you requested regarding our delegation for the forthcoming conference in Toronto.

We will be a party of six, requiring four single rooms and one double room with cot for a child, and we expect to arrive in Toronto on 06/03/15. Our flight is scheduled to arrive at 6 p.m., flight number TWA 9874 and we would be grateful if you could send your driver to collect us from the airport.

Our return flight is provisionally booked for 06/10/15, leaving at 9 p.m. in the evening, flight number TWA 9875. Please confirm by e-mail that these dates are suitable.

If you require any further information please do not hesitate to contact me. I am planning to be in the office all day today, so I should be comparitively easy to get hold of.

I'm looking forward to seeing you on June 3rd.

Kind regards,

Oliver Pebble

Reiseplanung

Von:	oliver.pebble@ol-incorporated.us
An:	linda.lombada@toronto-trinx.ca
Betreff:	RE: Information zur Konferenzdelegation

Liebe Linda,

hier sind die von dir gewünschten Einzelheiten über unsere Delegation für die bevorstehende Konferenz in Toronto.

Wir werden eine Gruppe von sechs Personen sein und benötigen vier Einzelzimmer und ein Doppelzimmer mit einer Wiege für ein Kind. Wir werden voraussichtlich am 3.6.15 um 18.00 Uhr in Toronto landen. Die Flugnummer ist TWA 98749. Wir wären dankbar, wenn du uns einen Fahrer schicken könntest, der uns vom Flughafen abholt.

Unser Rückflug ist vorläufig für den 10.6.15 gebucht und startet um 21.00 Uhr. Die Flugnummer ist TWA 9875. Ich bitte dich, mir per E-Mail zu bestätigen, dass diese Daten in Ordnung gehen.

Solltest du noch zusätzliche Informationen benötigen, zögere bitte nicht mich zu kontaktieren. Ich bin heute wahrscheinlich den ganzen Tag im Büro, sodass es relativ einfach sein sollte, mich zu erreichen.

Ich freue mich darauf, dich am 3. Juni zu treffen.

Mit freundlichen Grüßen

Oliver Pebble

Hotel booking enquiry

From: michael.weber@possum.au

To: info@wallaby-hotel.au

Subject: conference enquiry

Dear Sir/Madam,

Our company is planning to organise a conference in Brisbane this May and business associates of ours recommended your hotel facilities to us. We would like information regarding your facilities and your availability between the 12th and the 14th of December.

We require fifteen en-suite single rooms for all three nights, a large conference room with audio-visual equippment, a flip chart, suitable seating facilities for at least forty people (preferably in a circular formation) and both lunch and dinner on all three days. If possible, we would like to keep numbers approximate at this stage and confirm them nearer the time.

We were also interested in other facilities available at your hotel: do you have a swimming pool or squash courts? Are you centrally located in the city of Brisbane? How many bars are there within the hotel itself?

I would be grateful if you could reply as soon as possible, including a detailed description of your hotel's facilities and a quotation of your best conference rates.

Best regards,

Michael Weber

Hotelbuchungsanfrage

Von:	michael.weber@possum.au
An:	info@wallaby-hotel.au
Betreff:	Konferenzanfrage

Sehr geehrte Damen und Herren,

unser Unternehmen plant, diesen Mai eine Konferenz in Brisbane zu organisieren. Geschäftsfreunde von uns haben uns Ihr Hotel empfohlen. Wir hätten daher gerne Informationen über Ihre Ausstattung und über Ihre Raumauslastung für den Zeitraum vom 12. bis zum 14. Dezember.

Wir benötigen fünfzehn Einzelzimmer mit Bad für alle drei Nächte, einen großen Konferenzraum mit Beamer, Flipchart, geeigneten Sitzgelegenheiten (vorzugsweise kreisförmig angeordnet) und sowohl Mittag- als auch Abendessen für alle drei Tage. Wenn möglich, würden wir die Zahlen im Moment gerne offen lassen und sie zu einem späteren Zeitpunkt bestätigen.

Wir sind zudem auch an den anderen Einrichtungen in Ihrem Hotel interessiert: Haben Sie ein Schwimmbad oder Squash-Courts? Liegen Sie im Zentrum von Brisbane? Wie viele Bars gibt es innerhalb des Hotels?

Ich wäre Ihnen dankbar, wenn Sie mir sobald als möglich antworten und mir eine detaillierte Aufstellung der Ausstattung Ihres Hotels und ein Angebot über den günstigsten Konferenztarif beifügen könnten.

Mit freundlichen Grüßen

Michael Weber

Korrespondenz

Minutes

Minutes of the meeting held on 15th July 2015 at Walter Hughes Ltd.

Participants:
Mr. W. Hughes
Mr. S. Davies
Mr. R. Humphries
Mr. L. Collins

1. Annual sales to date.
Mr. S. Davis of the sales department reported that the sales as per
30 June 2015 showed an increase of 12% compared to the previous year.
This was seen as a positive development and could partly be attributed
to the generally positive market trends in all lines of business.

2. Sales strategy.
It was agreed that the present sales strategies are successful and should
be continued. New sales should be sought in the Far East, particularly in
China. Mr. S. Davies will report on the development at our next
quarterly meeting in October.

3. Production.
Mr. R. Humphries of the production department presented the figures
for the half year to 30th June. These showed a trend to more
cost-effective production which should be continued. There are still too
many stoppages for repair and maintenance work. It was agreed to
further analyse this area and present more detailed results in October.

4. Miscellaneous.
Several complaints from the staff regarding the new computer system.
Mr. W. Hughes will discuss this personally with Mr. Matthews from the
EDP department. Christmas shutdown agreed from 23rd December to
3rd. January.
Customers to be informed by the sales department.

The date for the next meeting was set for 20th October.

18/07/15 wh/fl

Protokoll

Protokoll der Besprechung vom 15. Juli 2015 bei Walter Hughes Ltd.

Teilnehmer:
Herr W. Hughes
Herr S. Davies
Herr R. Humphries
Herr L. Collins

1. Jahresumsatz bis dato
Herr S. Davies, Vertrieb, berichtete, dass die Umsätze bis 30. Juni 2015 einen Zuwachs von 12 % gegenüber dem Vorjahr aufwiesen. Dies wurde als eine positive Entwicklung bewertet und könnte teilweise auf die allgemein positiven Markttrends in allen Branchen zurückzuführen sein.

2. Verkaufsstrategie
Man war sich einig, dass die gegenwärtigen Verkaufsstrategien erfolgreich sind und daher weitergeführt werden sollen. Neue Märkte sollen im Fernen Osten, vor allem in China, gesucht werden. Herr S. Davies wird bei der nächsten Quartalsbesprechung im Oktober über die Entwicklung berichten.

3. Produktion
Herr R. Humphries, Produktion, präsentierte die Zahlen für das Halbjahr bis zum 30. Juni. Es zeigte sich ein Trend zu einer kosteneffektiveren Produktion, die fortgeführt werden sollte. Immer noch gibt es zu viele Unterbrechungen für Reparatur- und Wartungsarbeiten. Es wurde vereinbart, diesen Bereich weiter zu analysieren und detailliertere Ergebnisse im Oktober vorzustellen.

4. Sonstiges
Mehrere Beschwerden vom Personal wegen des neuen Computersystems. Herr W. Hughes wird dies mit Herrn Matthews von der EDV-Abteilung persönlich besprechen. Weihnachtsferien wurden festgelegt vom 23. Dezember bis zum 3. Januar. Die Kunden werden von der Verkaufsabteilung informiert.

Der Termin für die nächste Besprechung wurde für den 20. Oktober vorgemerkt.

18.07.15 wh/fl

Korrespondenz

Invitations	Einladungen
We take pleasure in inviting you to join us in celebrating this year's Christmas party.	Wir möchten Sie zu unserer diesjährigen Weihnachtsfeier einladen.
We would be delighted if you could come.	Über Ihr Kommen würden wir uns sehr freuen.
Enclosed you will find a map of how to get there.	Anbei finden Sie eine Anfahrtsskizze.
We should like to take the opportunity of the presentation of our new ... We hope that you will give us the pleasure of your company.	Wir möchten die Vorstellung unseres neuen ... zum Anlass nehmen ... Wir hoffen, Sie bereiten uns die Freude und nehmen teil.
I am looking forward to meeting you in person at this function.	Ich freue mich, Sie zu diesem Anlass persönlich kennenzulernen.
Accommodation will be provided at ...	Für Ihre Unterkunft ist im Hotel ... gesorgt.
Many thanks for your invitation.	Vielen Dank für Ihre Einladung.
We were delighted to receive your invitation.	Über Ihre Einladung haben wir uns sehr gefreut.
We look forward to seeing you again.	Wir freuen uns darauf, Sie wiederzusehen.
Thank you very much for your invitation which we accept with the greatest pleasure.	Vielen Dank für Ihre Einladung, die wir mit größtem Vergnügen annehmen.
We would love to come.	Wir kommen sehr gerne.
I will be delighted to join you on Thursday.	Ich freue mich sehr, am Donnerstag dabei zu sein.
I hereby register Mr Goody for the conference.	Ich melde hiermit Herrn Goody für die Teilnahme an der Konferenz an.

Thank you for the directions of how to get there.	Vielen Dank für die **Wegbeschreibung**.
We would like to express our gratitude for your invitation and would like to confirm …	Wir möchten Ihnen für Ihre Einladung **herzlich danken** und bestätigen …
Many thanks for the invitation to lunch, which we will be delighted to accept.	Vielen Dank für die **Einladung zum Mittagessen**, die wir sehr gerne annehmen.
We deeply regret being unable to …	Wir **bedauern außerordentlich**, dass es uns unmöglich ist …
Ms Schmidt is deeply sorry to have to decline your invitation due to family commitments.	Frau Schmidt bedauert außerordentlich, Ihre Einladung aus familiären Verpflichtungen **ablehnen zu müssen**.
Unfortunately, Mr Dräger will be on a business trip at this time.	Unglücklicherweise befindet sich Herr Dräger zu diesem Zeitpunkt auf Geschäftsreise.
Unfortunately I am unable to come to this event as I will be abroad in January.	Leider **kann** ich zu dieser Veranstaltung **nicht kommen**, da ich mich im Januar im Ausland aufhalte.

Invitation acceptance

Annahme einer Einladung

Dear Mr Harper,	Sehr geehrter Herr Harper,
Ms Daisy Angel thanks you for the kind invitation to the opening of your new gallery on Sunday, 13th February at the Pittsburgh Mall in Cambridge and gladly accepts it.	Frau Daisy Angel dankt Ihnen für die **freundliche Einladung** zur Eröffnung Ihrer neuen Galerie am Sonntag, dem 13. Februar, im Pittsburgh Einkaufszentrum in Cambridge, **die sie mit Freuden akzeptiert**.
Yours sincerely, **Lisa Backhouse** **(Secretary to Ms Angel)**	Mit freundlichen Grüßen Lisa Backhouse (Sekretariat Frau Angel)

Declining an invitation

Ablehnung einer Einladung

Dear Mr Smith,

Many thanks for your invitation. It is with deep regret that we inform you that Ms Davidson will not be able to join you due to other commitments.

Ms Davidson appreciates your inviting her and she hopes that she will soon have the opportunity to meet you on a similar occasion.

Yours sincerely,
Delia Lawson

Sehr geehrter Herr Smith,

vielen Dank für Ihre Einladung. Wir bedauern zutiefst, dass es Frau Davidson aufgrund anderweitiger Verpflichtungen leider nicht möglich ist, an den Feierlichkeiten teilzunehmen.
Frau Davidson hat sich sehr über Ihre Einladung gefreut und hofft, Sie bald bei einem ähnlichen Anlass kennenzulernen.

Mit freundlichen Grüßen
Delia Lawson

Invitation
On the occasion of the presentation of this year's Bullog Design Award,
we request the pleasure of the company of Mr David Glan.
The celebrations will be held on Sunday 5th June
at the Winston Churchill Hotel in London.
Following a brief reception by Nick Miller, chairman of the Modern Art
Association, presentation of the awards will take place
in the Regent's Ball Room followed by a 5-course dinner.
R.S.V.P.
black tie

Einladung
Aus Anlass der diesjährigen Verleihung des Bullog Design Award,
möchten wir um die Teilnahme von Herrn David Glan bitten.
Die Feierlichkeiten finden am Sonntag, den 5. Juni,
im Winston Churchill Hotel in London statt.
Nach einer kurzen Begrüßung durch Herrn Nick Miller, Vorsitzender
der Modern Art Association erfolgt die Verleihung der Auszeichnung
im Regent Ballsaal gefolgt von einem fünfgängigen Menü.
u.A.w.g.
Smoking, Abendkleid

8. Geschäftsreisen

Making Appointments

Terminvereinbarungen

Can we arrange a **meeting**?	Können wir ein **Treffen** vereinbaren?
I think we should meet.	Ich glaube, wir sollten uns treffen.
I would like an **appointment** to see Mr. Green, please.	Ich möchte bitte einen **Termin** bei Herrn Green.
This is best discussed **face to face**.	Wir sollten es besser **persönlich** besprechen.
When could we meet?	Wann könnten wir uns treffen?
When would it **suit** you?	Wann würde es Ihnen **passen**?
Is next Tuesday OK with you?	Passt Ihnen nächsten Dienstag?
Let me check my **organizer**.	Lassen Sie mich in meinem **Terminplaner** nachsehen.
I'll just see if I have any appointments on that day.	Ich sehe nur nach, ob ich an dem Tag irgendwelche Termine habe.
Four o'clock next Thursday? I'll see **if he's free**.	16 Uhr nächsten Donnerstag? Ich sehe nach, **ob er frei ist**.
He won't be in until about 10 a.m.	Er wird nicht vor 10 Uhr hier sein.
I have a meeting in the morning.	Ich habe vormittags eine Besprechung.
Could we make it **a bit earlier/later**?	Ginge es **ein bisschen früher/später**?
I have a meeting **all day**, how about Tuesday morning?	Ich habe **den ganzen Tag** eine Besprechung, wie wäre es mit Dienstagvormittag?
Can you **join** us next Monday at 4 p.m.?	Können Sie am nächsten Montag um 16 Uhr **teilnehmen**?

Should we say **Monday at 10 a.m.**? Let me check with John whether he can make it as well.	**Sollen wir** Montag um 10 Uhr **sagen**? Lassen Sie mich bei John nachfragen, ob er auch kommen kann.
Where should we meet, in your office?	Wo sollen wir uns treffen, in Ihrem Büro?
In the reception hall (**US:** lobby).	In der **Eingangshalle**.
Thursday is a holiday.	Donnerstag ist **ein Feiertag**.

Dialogbeispiele

Geschäftsreisen

A: **We have a problem with the new system.**

A: Wir haben ein Problem mit dem neuen System.

B: **I think this is best discussed face to face. Can we arrange a meeting?**

B: Ich glaube, dass wir es besser **persönlich** besprechen sollten. Können wir ein **Treffen** vereinbaren?

A: **Yes, fine. How would next Tuesday at 11 o'clock suit you?**

A: Ja, in Ordnung. Würde Ihnen nächsten Dienstag um 11 Uhr passen?

B: **Let me check my organizer. No, that's no good. How about Monday, would 10.30 a.m. suit you?**

B: Lassen Sie mich in meinem **Termin-planer** nachsehen. Nein, das geht nicht. Wie wäre es mit Montag, passt es Ihnen gegen 10.30 Uhr?

A: **Yes, that'll be fine.**

A: Ja, das passt mir gut.

B: **OK, see you next Monday then.**

B: Gut, dann bis nächsten Montag.

A: May I come and visit you?

A: Kann ich Sie besuchen?

B: Yes, is next Wednesday OK with you?

B: Ja, passt es Ihnen nächsten Mittwoch?

A: Yes, fine, I'll make a note in my diary (US: calendar).

A: Ja, in Ordnung, ich werde es in meinem Terminkalender notieren.

A: I would like an appointment to see Mr. Green, please.

A: Ich möchte bitte einen Termin bei Herrn Green.

B: Yes, when would you like to come?

B: Ja, wann möchten Sie kommen?

A: Friday the 20th would suit me best.

A: Am Freitag, den 20., würde es mir am besten passen.

B: I'm sorry, but he has a meeting in the city on that day. How about Monday the 23rd?

B: Es tut mir leid, aber er hat an diesem Tag eine Besprechung in der Stadt. Wie wäre es am Montag, den 23.?

A: No, that's a holiday.

A: Nein, da ist ein Feiertag.

B: Oh yes, I overlooked that. On Tuesday the 24th then?

B: Ach ja, das habe ich übersehen. Dann am Dienstag, den 24.?

A: That's OK. At what time?

A: Ja, in Ordnung. Um wie viel Uhr?

B: About 3 o'clock?

B: Gegen 15 Uhr?

A: Fine. Thank you. See you then.

A: Gut. Danke. Bis dann.

A: **Could we meet for breakfast tomorrow?**

A: Können wir uns morgen zum Frühstück treffen?

B: **Let me check with my secretary if I've any appointments.**

B: Lassen Sie mich bei meiner Sekretärin nachfragen, ob ich schon Termine habe.

A: **OK, I'll wait.**

A: Gut, dann warte ich so lange.

B: **Yes, seems to be OK.**

B: Ja, scheint in Ordnung zu sein.

A: **Should we say 8.30?**

A: Sagen wir 8.30 Uhr?

B: **Fine, see you tomorrow.**

B: In Ordnung, bis morgen.

A: **When is the meeting due to take place?**

A: Wann soll die Besprechung stattfinden?

B: **On Wednesday afternoon at 2 p.m.**

B: Am Mittwochnachmittag um 14 Uhr.

A: **Do you have the agenda?**

A: Haben Sie die Tagesordnung?

B: **Yes, we are supposed to make a presentation of the sales figures.**

B: Ja, wir sollen die Verkaufszahlen präsentieren.

A: **Maybe we should meet for lunch to discuss this.**

A: Vielleicht sollten wir uns zum Mittagessen treffen, um dies zu besprechen.

B: **OK, tomorrow at 1 p.m. at "Dusty's"?**

B: OK, morgen um 13 Uhr im „Dusty's"?

A: Fine. Who else will be at the
   meeting?

B: Stephen and John.

A: OK. I'll tell them to be there at 1.

A: In Ordnung. Wer nimmt sonst
   noch an der Besprechung teil?

B: Stephen und John.

A: In Ordnung. Ich sage ihnen, dass
   sie um 13 Uhr da sein sollen.

A: Sorry to trouble you again, but
   I can't make it tomorrow at 4.
   Can we make it a bit earlier,
   say 2.30?

B: Fine, I'll change it.

A: Thank you. See you then.

A: Es tut mir leid, dass ich noch mal
   störe, aber morgen um 16 Uhr
   passt mir nicht. Geht es ein
   bisschen früher, sagen wir um
   14.30 Uhr?

B: In Ordnung, ich ändere es.

A: Danke. Bis dann.

Geschäftsreisen

Reservations/Hotel

Reservierungen/Hotel

Do you have any vacancies?

Haben Sie **freie Zimmer**?

I would like to book a room.

Ich würde gerne **ein Zimmer buchen**.

We have singles and doubles.

Wir haben **Einzel- und Doppel-zimmer**.

I would need the room for two nights.

Ich bräuchte das Zimmer für zwei Nächte.

Is there frei WiFi available in the rooms?

Ist in den Zimmern **kostenloses WLAN** verfügbar?

How will I get there from the bus station?	Wie werde ich von der **Bushaltestelle** dorthin kommen?
We would like to **place a reservation for a conference room.**	Wir würden gerne **einen Konferenzraum reservieren.**
Could you **fax** this for me?	Können Sie mir das **durchfaxen**?
Please **charge everything to my account.**	Bitte schreiben Sie **alles auf meine Rechnung.**
Please **charge this to my credit card.**	Bitte **buchen Sie das von meiner Kreditkarte ab.**
I would need an overhead projector.	Ich bräuchte einen Overheadprojektor.
I'm sorry, we're **fully booked** due to the exhibition starting next week.	Es tut mir leid, wir sind **völlig ausgebucht** wegen der Messe nächste Woche.
Maybe you could **try** the Regency.	Vielleicht **versuchen** Sie es beim Hotel Regency.
Do you have **special rates for business travellers**?	Haben Sie **Sondertarife für Geschäftsreisende**?
How much do you charge for two nights with **half board**?	Wieviel kostet das Zimmer für zwei Nächte mit **Halbpension**?
Could you **confirm** the reservation by e-mail?	Können Sie die Reservierung bitte per E-Mail **bestätigen**?
Could you let me have the full address and telephone number, please?	Können Sie mir bitte die vollständige Adresse sowie Telefonnummer geben?
Is it possible to get more information through the internet?	Ist es möglich, über das Internet mehr Informationen zu bekommen?
There are photos of our hotel on our homepage and you can also **book online.**	Es gibt Fotos unseres Hotels auf unserer Homepage, und Sie können auch **online buchen.**
Thank you for your **assistance.**	Vielen Dank für Ihre **Hilfe.**

What is the best way to get to the hotel from the airport?	Wie kommt man am besten vom Flughafen zum Hotel?
There is a shuttle bus to the main station every twenty minutes, the hotel is just around the corner.	Ein Pendelbus fährt alle zwanzig Minuten zum Hauptbahnhof, das Hotel ist gleich um die Ecke.
There is a map on our homepage where you can see how to get to us.	Auf unserer Homepage ist eine Karte, der Sie entnehmen können, wie Sie zu uns finden.

Dialogbeispiele

A: I would like to book a single room for two nights from the 21st to 23rd April in the name of Jones. The company is Jones & Son, London.

A: Ich möchte vom 21. bis zum 23. April ein Einzelzimmer auf den Namen Jones reservieren. Die Firma ist Jones & Son, London.

B: Yes, we have rooms left.

B: Ja, wir haben noch Zimmer frei.

A: Do you have small conference rooms available? We would need a room for eight people, refreshments and lunch included.

A: Stehen kleine Konferenzräume zur Verfügung? Wir bräuchten einen Raum für acht Personen, inklusive Erfrischungen und Mittagessen.

B: That would be no problem.

B: Das wäre kein Problem.

A: Could you send us a brochure and a price list?

A: Können Sie uns eine Broschüre und eine Preisliste zuschicken?

B: We'll send it off today.

B: Schicken wir heute weg.

Geschäftsreisen

A: Is it possible to rent a car there?

A: Ist es möglich, dort ein Auto zu mieten?

B: I would recommend renting a car at the airport. We have sufficient parking here.

B: Ich würde empfehlen, ein Auto am Flughafen zu mieten. Wir haben hier genügend Parkplätze.

A: Is it also possible to place a reservation by e-mail?

A: Ist es auch möglich, per E-Mail zu reservieren?

B: Yes, you can do that.

B: Ja, das können Sie tun.

A: Fine, thank you for your help.

A: In Ordnung, vielen Dank für Ihre Hilfe.

B: You are welcome.

B: Gern geschehen.

A: Are there any messages for me?

A: Gibt es irgendwelche Nachrichten für mich?

B: Yes, here, a fax.

B: Ja, hier, ein Fax.

A: Is everything prepared for our meeting tomorrow?

A: Ist alles für unsere morgige Besprechung vorbereitet?

B: Yes, in the Berkeley room.

B: Ja, im Berkeley Zimmer.

A: Do you have a television and DVD player available?

A: Stehen ein Fernseher und ein DVD-Spieler zur Verfügung?

B: Yes, I'll have them brought over.

B: Ja, ich sorge dafür, dass sie herübergebracht werden.

A: **And we would like to have a coffee break at 10 a.m.**

A: Und wir möchten um 10 Uhr eine **Kaffeepause** machen.

B: **No problem.**

B: Kein Problem.

A: **When Mr. Smith arrives, can you please tell him that I am waiting in the bar?**

A: Wenn Herr Smith ankommt, könnten Sie ihm bitte sagen, dass ich in der Bar auf ihn warte?

Transportation

Verkehrsmittel

When does the next flight to London leave?

Wann geht der nächste **Flug** nach London?

Is it possible to change my ticket to stop over in Chicago for two days?

Kann ich eventuell **mein Ticket umtauschen**, damit ich zwei Tage in Chicago bleiben kann?

Is there somewhere here where I can rent a car?

Kann ich hier irgendwo **ein Auto mieten**?

Could you please tell me where I can find the closest car rental?

Könnten Sie mir bitte sagen, wo ich die nächste **Autovermietung** finden kann?

How much are the costs for a rental car?

Was kostet ein **Mietwagen**?

Does the price include tax, insurance and free mileage?

Beinhaltet der Preis Steuer, Versicherung und unbeschränkte Meilen?

What about oneway rentals?

Wie ist es mit „Oneway"-Mieten?

Where is the nearest taxi stand?

Wo ist der nächste **Taxistand**?

Dialogbeispiele

A: When does the next flight to London leave?	A: Wann geht der nächste Flug nach London?
B: 7.30 p.m. via New York.	B: 19.30 Uhr über New York.
A: Is it possible to change my ticket to stop over in New York for two days?	A: Kann ich eventuell mein Ticket umtauschen, damit ich zwei Tage in New York bleiben kann?
B: Of course, no problem, but we would have to charge you $50.	B: Natürlich, kein Problem, aber wir müssen eine Gebühr von $50 berechnen.

A: My name is Smith, you have a car reserved for me.	A: Mein Name ist Smith, für mich ist ein Auto reserviert.
B: Yes, the white car over there.	B: Ja, das weiße Auto da drüben.
A: There has been a change of plan, can I hand it back in Boston?	A: Meine Pläne haben sich geändert, kann ich das Auto in Boston wieder abgeben?
B: No problem, but that would cost a little more.	B: Kein Problem, aber das kostet ein bisschen mehr.
A: Please charge it to my credit card.	A: Bitte buchen Sie es von meiner Kreditkarte ab.

Geschäftsreisen

A: From which **platform** is the train to London leaving?	**A:** Von welchem **Gleis** fährt der Zug nach London ab?
B: From platform 5. It **is delayed by** 15 minutes.	**B:** Von Gleis 5. Der Zug **hat** 15 Minuten **Verspätung**.

Arrival and Reception

Ankunft und Empfang

Good morning, how are you?	Guten Morgen, wie geht es Ihnen?
I am fine, thank you.	Mir geht es gut, danke.
Nice to meet you.	Schön, Sie kennenzulernen.
How do you do?	Wie geht es Ihnen?
Hello, it's nice to see you again.	Guten Tag, schön, Sie wiederzusehen.
I'm here to see Mr. Lewis.	Ich bin mit Herrn Lewis verabredet.
I have an appointment with Mr. Green.	Ich habe eine **Verabredung** mit Herrn Green.
Is he expecting you?	**Erwartet** er Sie?
Would you like to wait for him in this room?	Möchten Sie hier in diesem Zimmer auf ihn **warten**?
Please take a seat.	Bitte **nehmen Sie Platz**.
Please make yourself comfortable.	Bitte **machen Sie es sich bequem**.
He'll be along shortly.	**Er kommt sofort.**
Ms Rogers will be right with you.	Frau Rogers wird **sofort da sein**.

May I offer you a cup of coffee?	Darf ich Ihnen eine Tasse Kaffee anbieten?
With milk and sugar?	Mit Milch und Zucker?
Would you like some tea?	Möchten Sie eine Tasse Tee?
Would you like something to drink?	Möchten Sie etwas trinken?
Can I get you some more tea?	Kann ich Ihnen noch etwas Tee anbieten?
I'm afraid we have run out of biscuits (US: cookies).	Es tut mir leid, aber wir haben keine Kekse mehr.
Is there somewhere I can hang my coat?	Kann ich irgendwo meinen Mantel aufhängen?
May I use the phone?	Darf ich telefonieren?
Is there a phone here I can use?	Kann ich hier irgendwo telefonieren?
Could you dial this number for me?	Könnten Sie für mich diese Nummer anwählen?
Could you fax this through to my company in London?	Könnten Sie dies bitte an meine Firma in London faxen?
Did you have a good flight?	Hatten Sie einen guten Flug?
How was your trip?	Wie war die Reise?/ Wie war Ihr Flug?
I'll have our driver pick you up at about 1.30 p.m.	Ich werde unserem Fahrer sagen, dass er Sie gegen 13.30 Uhr abholen soll.
When are you leaving Germany?	Wann verlassen Sie Deutschland?
When are you going back to the States?	Wann fliegen Sie zurück in die Vereinigten Staaten?
What time are you leaving?	Um wie viel Uhr fliegen/fahren Sie ab?

Geschäftsreisen

Dialogbeispiele

A: Hello, it's nice to see you again.	A: Guten Tag, schön, Sie wiederzu-sehen.
B: Yes, it's been a long time. I'm here to see Mr. Williams.	B: Ja, ist schon lange her. Ich bin mit Herrn Williams verabredet.
A: I'll just call him. Would you like to take a seat?	A: Ich rufe ihn schnell an. Möchten Sie Platz nehmen?
A: He'll be along shortly, may I offer you a cup of coffee?	A: Er kommt sofort, kann ich Ihnen eine Tasse Kaffee anbieten?
B: Yes, please.	B: Ja, bitte.
A: If you would like to wait in here, I'll bring the coffee.	A: Wenn Sie hier warten möchten, dann bringe ich den Kaffee.

A: Mr. Gregory, how nice to see you. Mr. Frank has been called away, but should be back in ten minutes. Would you like some coffee while you're waiting?	A: Mr. Gregory, schön Sie wiederzu-sehen. Mr. Frank musste kurz weg, aber er sollte in zehn Minu-ten wieder hier sein. Möchten Sie eine Tasse Kaffee, während Sie warten?
B: I would prefer tea. Is there a phone here I can use?	B: Ich trinke lieber Tee. Kann ich hier irgendwo telefonieren?
A: Yes, please follow me.	A: Ja, bitte folgen Sie mir.

A: Can I get you some tea?

A: Kann ich Ihnen etwas Tee anbieten?

B: No, thank you. Do you have any cold drinks?

B: Nein, danke. Haben Sie auch kalte Getränke?

A: Yes, we also have orange juice, cola (US: coke) or mineral water.

A: Ja, wir haben auch Orangensaft, Cola oder Mineralwasser.

B: I'll have some orange juice, then.

B: Dann nehme ich einen Orangensaft.

A: Here you are.

A: Bitte sehr.

B: Thank you.

B: Danke.

A: Not at all.

A: Bitte schön.

Small talk

Small Talk

Is it much colder in Germany than here in winter?

Ist es in Deutschland viel kälter im Winter als hier?

I hope that the weather was better in Hannover than it is here this morning.

Ich hoffe, dass das Wetter in Hannover heute Morgen besser war als hier.

Isn't it an awful day today?

Ist es nicht ein scheußlicher Tag heute?

The sun shone every day last week but that's very unusual for this time of year.

Letzte Woche schien die Sonne jeden Tag, aber das ist sehr ungewöhnlich zu dieser Jahreszeit.

This rain is terrible, it's a shame that you can't see Liverpool on a sunny day.

Dieser Regen ist schrecklich, es ist schade, dass Sie Liverpool nicht an einem sonnigen Tag sehen können.

Is doing business here very different from doing business in Britain?	Unterscheidet sich das Geschäftsleben hier sehr stark von dem in Großbritannien?
How long have you been working for H.G.C. Limited?	Wie lange sind Sie schon bei H.G.C. Limited?
Are you a member of an employer's association?	Sind Sie ein Mitglied des Arbeitgeberverbandes?
His latest business venture is proving to be a cash cow.	Sein letztes Geschäft hat sich als wahrer Goldesel herausgestellt.
Do you travel abroad much on business?	Machen Sie viele Geschäftsreisen ins Ausland?
Is there a strong work ethic in the US?	Gibt es eine starke Arbeitsmoral in den USA?
The Chancellor of the Exchequer (US: Finance Minister) resigned at the weekend.	Der Finanzminister ist am Wochenende zurückgetreten.
The balance of payments deficit in the UK contrasts starkly with the balance of payments surplus in Germany.	Das Zahlungsbilanzdefizit in Großbritannien steht in völligem Gegensatz zum Zahlungsbilanzüberschuss in Deutschland.
The economic recovery in New Zealand won't last.	Der Konjunkturaufschwung in Neuseeland wird nicht von Dauer sein.
I don't know if you enjoy the theatre ...?	Mögen Sie Theater?
I don't know whether this exhibition would interest you ...?	Würde Sie diese Ausstellung interessieren?
If you are interested in art, one possibility for this afternoon would be visiting the Alte Pinakothek here in Munich.	Wenn Sie an Kunst interessiert sind, gäbe es hier in München die Alte Pinakothek, die wir nachmittags besuchen könnten.

Geschäftsreisen

Would an evening in the opera be of interest to you?	Wären Sie an einem Abend in der Oper interessiert?
I don't know whether you were considering any sight-seeing ...?	Hatten Sie geplant, einige Sehenswürdigkeiten zu besuchen?
Are you interested in history?	Sind Sie an Geschichte interessiert?
Do you like classical music?	Mögen Sie klassische Musik?
Do you enjoy shopping?	Gehen Sie gerne einkaufen?
It's half-day closing today – if you need anything from the shops you should go this morning.	Die Geschäfte schließen heute schon mittags. Wenn Sie noch etwas einkaufen wollen, sollten Sie das heute Morgen erledigen.
There are some very good shops in the town centre.	Es gibt einige sehr gute Geschäfte in der Stadtmitte.
Market day is Wednesday in Leek.	In Leek ist am Mittwoch Markttag.
In London, one of the most famous shopping streets is Oxford Street.	Eine der bekanntesten Einkaufsstraßen in London ist die Oxford Street.
What is it like in Frankfurt?	Wie ist es in Frankfurt?
Where do you live in Germany?	Wo leben Sie in Deutschland?
Do you like living in London?	Leben Sie gerne in London?
Do you prefer living in Leipzig or in Berlin?	Leben Sie lieber in Leipzig oder in Berlin?
Are you married?	Sind Sie verheiratet?
No, I'm divorced/separated/single.	Nein, ich bin geschieden/lebe getrennt/bin ledig.
Do you have a family?	Haben Sie Familie?

Geschäftsreisen

Does your husband work?	Arbeitet Ihr Mann?
What does he do?	Was macht er?
How old are your children?	Wie alt sind Ihre Kinder?
Do you have a large family?	Haben Sie eine große Familie?
Do you ski?	Fahren Sie Ski?
Have you ever been horse-riding?	Sind Sie schon mal geritten?
Do you like playing squash?	Spielen Sie gerne Squash?
Have you ever tried sailing?	Haben Sie schon mal Segeln versucht?
Do you enjoy jogging?	Mögen Sie Jogging?
Do you play tennis?	Spielen Sie Tennis?
Do you like doing crosswords?	Lösen Sie gerne Kreuzworträtsel?
Do you play chess?	Spielen Sie Schach?
Have you ever been to Italy?	Waren Sie schon mal in Italien?
Can you speak French?	Sprechen Sie Französisch?
Where did you go on holiday (US: vacation) last summer?	Wo haben Sie letzten Sommer Ihren Urlaub verbracht?
Was the weather nice?	Hatten Sie gutes Wetter?
What did you do?	Was haben Sie gemacht?
Did you have a nice time?	Hat es Ihnen gefallen?
What was it like there?	Wie war es da?
Was it very different to the US?	War es sehr anders als in den USA?

Where would you like to go for lunch?	Wo möchten Sie **zu Mittag essen**?
Do you like Japanese food?	Mögen Sie japanisches Essen?
Would you like to try traditional German food?	Mögen Sie die traditionelle **deutsche Küche**?
Are you vegetarian?	Sind Sie **Vegetarier**?
I am allergic to nuts.	Ich bin gegen Nüsse **allergisch**.
I don't like spicy food.	Ich esse nicht gerne scharf.
Are you ready to order?	Möchten Sie jetzt **bestellen**?
I think I need a few more minutes to read the menu.	Ich denke ich brauche noch ein paar Minuten, um die **Speisekarte** zu lesen.
I would like the dish of the day with a side salad, please.	Ich hätte gerne das **Tagesgericht** und als Beilage einen Salat, bitte.
Would you like a starter?	Möchten Sie eine **Vorspeise**?
Yes, please. I would like the smoked salmon paté.	Gerne. Ich möchte die Pastete vom geräucherten Lachs.
What would you like to drink?	Was möchten Sie trinken?
I would like a glass of mineral water, please.	Ich hätte gerne ein Glas Mineralwasser, bitte.
Could I have a glass of water, please?	Kann ich ein Glas Leitungswasser haben, bitte?
Would you prefer red or white wine?	**Möchten Sie lieber** Rotwein oder Weißwein?
Would you like some coffee?	Möchten Sie einen Kaffee?
Yes please, white, no sugar.	Ja, bitte, **mit Milch** und ohne Zucker.

Can I get you anything else?	Möchten Sie etwas anderes?
No, I'm fine, thank you.	Nein danke.
Could we have the bill, please?	**Können wir zahlen**, bitte?
Keep the change.	Es stimmt so.
I would like a pint of lager and half of bitter, please.	Ich hätte gern ein großes Bier und ein kleines Bitter (britisches Bier).
I'll get these.	**Ich werde diese Runde zahlen.**
Is it my round?	Ist es meine Runde?
I'd like two brandys, please – and have one yourself.	Ich hätte gerne zwei Weinbrand, bitte – und nehmen Sie auch einen (als Trinkgeld in Großbritannien).
Same again, please.	**Dasselbe nochmal**, bitte.
Are we allowed to smoke here?	Darf man hier rauchen?
Last orders at the bar, please!	Letzte Bestellungen vor der Schließung, bitte!
What time does your train leave?	Um wie viel Uhr geht Ihr Zug?
I hope you **enjoyed your stay** in Germany.	Ich hoffe, Sie **hatten einen angenehmen Aufenthalt** in Deutschland.
If you have any **queries**, please do not hesitate to contact us.	Sollten Sie noch **irgendwelche** Fragen haben, zögern Sie bitte nicht, mit uns in Kontakt zu treten.
It was **a pleasure** doing business with you.	Es war **ein Vergnügen** mit Ihnen Geschäfte zu machen.
Likewise.	Danke, gleichfalls.
I hope that we can continue to work together in the future.	Ich hoffe, dass wir auch in Zukunft zusammenarbeiten werden.

Geschäftsreisen

I'll e-mail you to keep you posted **of new developments.**	Ich werde Ihnen mailen, um Sie über neue Entwicklungen **auf dem Laufenden zu halten.**
We'll see each other at the conference next month.	Wir sehen uns nächsten Monat auf der Tagung.
I hope we have the opportunity to discuss these developments face to face **in the near future.**	Ich hoffe, wir werden in naher Zukunft die Gelegenheit haben diese Entwicklungen **persönlich** zu besprechen.
Goodbye. It was a pleasure to meet you.	Auf Wiedersehen. Es war ein Vergnügen, Sie kennen gelernt zu haben.
I'm glad to have made your acquaintance.	Ich bin sehr erfreut, Ihre **Bekannt-schaft** gemacht zu haben.

Dialogbeispiele

A: How was your business year **in comparison to last year?**	A: Wie war Ihr **Wirtschaftsjahr** im Vergleich zum letzten Jahr?
B: Our business report **shows a considerable improvement.**	B: Unser **Geschäftsbericht** zeigt eine beachtliche Verbesserung.
A: What is the unemployment rate **in Switzerland?**	A: Gibt es eine hohe **Arbeitslosen-quote** in der Schweiz?
B: Nowhere in Europe has full employment.	B: In Europa gibt es nirgendwo **Vollbeschäftigung.**
A: We have introduced many job creation schemes **in Cape-town to combat the problem.**	A: In Kapstadt haben wir viele **Arbeitbeschaffungsmaßnahmen** eingeführt, um das Problem zu bekämpfen.

A: Do you think the US economy is on the upturn at the moment?

A: Glauben Sie, dass sich die US-Wirtschaft im Moment im Aufschwung befindet?

B: The balance of trade does seem to indicate that it is improving.

B: Die Handelsbilanz scheint anzuzeigen, dass sie stärker wird.

A: Have you visited Berlin before?

A: Waren Sie schon mal in Berlin?

B: Only briefly, in 2008.

B: Nur kurz, 2008.

A: Were you hoping to do some sightseeing?

A: Hatten Sie eine Sightseeingtour geplant?

B: Certainly. What can you recommend?

B: Natürlich. Was würden Sie empfehlen?

A: Perhaps a walking tour of the city centre – to take advantage of the good weather. Afterwards, I can heartily recommend the Shiva restaurant for lunch.

A: Vielleicht einen Spaziergang durch das Stadtzentrum – bei diesem schönen Wetter. Danach empfehle ich dringend das Restaurant Shiva zum Mittagessen.

Geschäftsreisen

A: Does your wife work?

A: Arbeitet Ihre Frau?

B: Yes, she works part-time as a midwife. After we had the children she gave up full-time work.

B: Ja, sie arbeitet Teilzeit als Hebamme. Seit wir die Kinder haben, hat sie aufgehört, Vollzeit zu arbeiten.

A: Is your daughter in school?

B: No, she has already graduated (UK: finished school).

A: Ist Ihre Tochter in der Schule?

B: Nein. Sie ist bereits fertig.

A: What subject is your daughter reading at university?

B: She is reading law at the University of Queensland.

A: My son graduated from Oxford last year.

B: Where does your son work?

A: Was studiert Ihre Tochter?

B: Sie studiert Jura an der Universität von Queensland.

A: Mein Sohn hat letztes Jahr seinen Abschluss in Oxford gemacht.

B: Wo arbeitet Ihr Sohn?

A: What sports do you enjoy?

B: I like golf and enjoy fishing in summer, if I have the time.

A: You should go to Scotland – there are a lot of golf courses and good fishing rivers there.

B: I'd like to visit Scotland some day, especially the highlands.

A: Welche Sportarten mögen Sie?

B: Ich spiele gerne Golf und im Sommer gehe ich Fischen, wenn ich Zeit habe.

A: Sie sollten Schottland besuchen – es gibt dort viele Golfplätze und gute fischreiche Flüsse.

B: Ich würde gerne mal nach Schottland fahren, besonders in die Highlands.

A: **Nicola, I'd like to introduce you to one of our overseas partners, Mr. Franz Deffner. Mr. Deffner, Mrs. Adam, our chief accountant.**

A: Nicola, ich würde dich gerne einem unserer ausländischen Partner **vorstellen**, Herrn Franz Deffner. Herr Deffner, Frau Adam, unsere Chefbuchhalterin.

B: **Pleased to meet you, Mrs. Adam.**

B: Es freut mich Sie kennenzulernen, Frau Adam.

C: **Please, call me Nicola.**

C: Bitte, **nennen Sie mich** Nicola.

A: **Have a seat, Mr. Deffner.**

A: Setzen Sie sich, Herr Deffner.

B: **Thank you. Please call me Franz.**

B: Danke, **nennen Sie mich** Franz.

Geschäftsreisen

A: **Did you enjoy your meal?**

A: Hat es Ihnen geschmeckt?

B: **It was delicious, thank you.**

B: Es war hervorragend, danke der Nachfrage.

A: **Can I get you anything else?**

A: Möchten Sie noch etwas Anderes?

B: **I would like a cup of coffee, please. Black, no sugar.**

B: Ich hätte gerne eine Tasse Kaffee, bitte. Schwarz, ohne Zucker.

A: **Can we have the bill, please?**

A: Können wir zahlen, bitte?

B: **Let me get this.**

B: Darf ich das übernehmen?

A: **No, please, allow me.**

A: Bitte überlassen Sie es mir.

B: **Thank you.**

B: Danke schön.

9. Besprechungen

Presentations

Präsentationen

We will schedule our next quarterly meeting **for ...**

Wir werden unsere nächste **Quartalsbesprechung** für ... ansetzen.

We should notify the participants **of the next annual production meeting as soon as possible.**

Wir sollten die **Teilnehmer** der nächsten Jahresproduktionsbesprechung so schnell wie möglich **benachrichtigen**.

Handouts **containing the** agenda **should be sent out beforehand to everybody.**

Handouts mit der **Tagesordnung** sollten vorab an alle verschickt werden.

Will all the staff **be able to come?**

Wird die gesamte **Belegschaft** kommen können?

Shall we postpone **the meeting?**

Sollen wir die Besprechung **auf später verschieben**?

Should we settle on a later date**?**

Sollten wir uns auf einen **späteren Termin** einigen?

Would it be better to cancel **the meeting altogether?**

Wäre es besser, die Besprechung ganz **abzusagen**?

Ladies and gentlemen, welcome **to today's meeting.**

Meine Damen und Herren, **ich begrüße Sie** zu der heutigen Sitzung.

Ladies and gentlemen, I am happy to welcome you to our annual business meeting**.**

Meine Damen und Herren, ich freue mich, Sie zu unserer jährlichen **Geschäftsbesprechung** willkommen zu heißen.

Welcome and thank you for coming today.

Herzlich willkommen und vielen Dank, dass Sie heute erschienen sind.

Ladies and gentlemen, we are here today to listen to Mrs. Smith's presentation on ...

Meine Damen und Herren, wir haben uns heute hier, um Frau Smiths Präsentation über ... zu hören.

We have an extremely important session today.

Wir haben heute eine ausgesprochen wichtige Sitzung.

This month's meeting will have the following subject: ...

Die Besprechung dieses Monats hat folgendes Thema: ...

The subject of tomorrow's session has been decided on by Mr. ...

Das Thema der morgigen Sitzung hat Herr ... bestimmt.

Mr. Daniel's talk on ... will introduce us to today's topic.

Herrn Daniels Vortrag ... wird uns in das heutige Thema einführen.

It is my pleasure to introduce our guest, Mrs. Green, to you.

Es ist mir eine Freude, Ihnen unseren Gast, Frau Green, vorzustellen.

We are pleased to have Mr. Alfons as our guest.

Wir freuen uns, Herrn Alfons als unseren Gast zu haben.

I am sorry to announce that Mr. Wilbert will be late.

Es tut mir leid, Ihnen mitteilen zu müssen, dass Herr Wilbert sich verspäten wird.

We will begin the meeting in five minutes.

Wir werden in fünf Minuten mit der Besprechung beginnen.

I hope that we will have an interesting discussion.

Ich hoffe, dass wir eine interessante Diskussion haben werden.

We will start even if not everybody has arrived.

Wir werden beginnen, auch wenn noch nicht alle da sind.

Handouts are provided for every member.

Jedes Mitglied bekommt ein Handout (Informationsblatt).

The agenda has been handed out in advance.

Die Tagesordnung ist schon vorab ausgeteilt worden.

Besprechungen

Besprechungen

Everybody should be in possession of a detailed description of today's topic.

Jeder sollte im Besitz einer detaillierten Beschreibung des **heutigen Themas** sein.

On the handout you can see this meeting's agenda.

Der Tischvorlage können Sie die Tagesordnung dieser Besprechung entnehmen.

The meeting will follow the items on the agenda.

Die Sitzung wird den **Punkten** der Tagesordnung folgen.

Items can be added to today's agenda.

Der Tagesordnung können Punkte **hinzugefügt** werden.

Items can be deleted from the agenda.

Es können Punkte von der Tagesordnung **gestrichen** werden.

We need somebody to keep the minutes.

Wir brauchen jemanden, der **Protokoll führt**.

Somebody has to be appointed to keep the minutes.

Irgendjemand muss dazu ernannt werden, **Protokoll** zu führen.

Mr. Wilson, would you be so kind as to keep the minutes today?

Herr Wilson, wären Sie so freundlich, heute Protokoll zu führen?

If nobody volunteers I will have to appoint someone.

Falls **sich** niemand **freiwillig meldet**, muss ich jemanden bestimmen.

Before going into detail I will give you the necessary background information.

Bevor ich ins Detail gehe, werde ich Ihnen die notwendigen **Hintergrund-informationen** geben.

I am going to confront you with some controversial issues.

Ich werde Sie mit einigen **sehr umstrittenen Punkten** konfrontieren.

Some problematic aspects will be raised during Mr. Daniel's talk.

Während Herrn Daniels Vortrag werden einige **problematische Aspekte aufgeworfen** werden.

Due to the controversial topic of the presentation we will probably have a very lively discussion.	Aufgrund des umstrittenen Themas der Präsentation werden wir wahrscheinlich eine sehr **lebhafte** Diskussion haben.
Could you please hold back all questions and comments until after I am done?	Könnten Sie bitte alle Fragen und Anmerkungen **zurückhalten** bis ich fertig bin?
I would prefer answering any questions after having finished my talk.	Ich würde es vorziehen, Fragen erst zu beantworten, nachdem ich meinen Vortrag beendet habe.
If any questions arise please do not hesitate to interrupt me.	Falls irgendwelche Fragen aufkommen, scheuen Sie sich bitte nicht, mich zu **unterbrechen**.
Ms. Maier will be happy to react to your comments any time.	Frau Maier wird gerne **jederzeit** auf Ihre Kommentare eingehen.
Please feel free to interrupt me any time.	Bitte **zögern Sie nicht**, mich jederzeit zu unterbrechen.
There will be enough time for questions and comments after the presentation.	Im Anschluss an die Präsentation wird genug Zeit für Fragen sein.
After the first half of the presentation there will be a break of ten minutes.	Nach der ersten Hälfte der Präsentation wird es eine **Pause** von zehn Minuten geben.
I will begin my presentation with giving you an overview of ...	Ich werden meine Präsentation damit beginnen, Ihnen einen **Überblick** über ... zu geben.
We will use slides to present the facts.	Wir werden **Folien** verwenden, um die Sachverhalte darzustellen.
Pie charts are best suited for the presentation of percentages.	**Kreisdiagramme** sind am geeignetsten für prozentuale Darstellungen.
He will be using flip charts to illustrate ...	Er wird **Flipcharts** zur Verdeutlichung von ... benutzen.

Besprechungen

To show you ... I have prepared a short presentation.	Um Ihnen ... zu zeigen, habe ich eine kurze **Präsentation** vorbereitet.
This short film will introduce you to ...	Dieser kurze Film wird **Sie mit** ... **vertraut** machen.
I have brought a film to demonstrate ...	Ich habe einen Film mitgebracht, um zu **zeigen**, ...
From this table you can see ...	Aus dieser **Tabelle** können Sie ... entnehmen.
For this, two factors are responsible.	Hierfür sind zwei Faktoren **verantwortlich**.
First, ... Second, ...	Erstens, ... Zweitens, ...
I believe that there are several reasons. **Firstly, ... Secondly, ...**	Ich glaube, dass es verschiedene Gründe gibt. Erstens, ... Zweitens, ...
The main reason for this is, ...	Der **Hauptgrund** hierfür ist, ...
Furthermore, ...	**Darüber hinaus/des Weiteren ...**
Consequently, ...	**Folglich ...**
Therefore/because of this ...	**Deshalb/deswegen ...**
In addition, ...	**Zusätzlich, ...**
There are still the following aspects of the problem to talk about ...	Über folgende **Aspekte** des Problems müssen wir noch sprechen ...
I almost forgot to tell you ...	Beinahe vergaß ich, Ihnen zu sagen, dass...
I think that we have finally found a compromise.	Ich glaube, dass wir endlich einen **Kompromiss** gefunden haben.
The following suggestions have been made.	Folgende **Vorschläge** sind gemacht worden.

To present a possible way out of this conflict was the **intention** of my presentation.	**Ziel** meiner Präsentation war, einen möglichen Weg aus diesem Konflikt aufzuzeigen.
I hope that no **misunderstandings** will result from this paper, which I have presented here.	Ich hoffe, dass aus dem Bericht, den ich hier vorgestellt habe, keine **Missverständnisse** erwachsen.
To **sum up** ...	Um es **zusammenzufassen** ...
Finally I should say that ...	**Abschließend** sollte ich sagen, dass ...
With the following **quotation** I will bring my presentation to an end.	Mit dem folgenden **Zitat** möchte ich meine Präsentation beenden.
With this last **statement** we should open the discussion.	Mit dieser letzten **Feststellung** sollten wir die Diskussion eröffnen.
You may now ask all questions that arose during my presentation.	Sie dürfen jetzt sämtliche Fragen stellen, die während meiner Präsentation aufgekommen sind.
I am now willing to answer any questions.	Ich bin jetzt bereit, Fragen zu beantworten.
We can now **discuss** whatever you would like to be discussed.	Wir können jetzt alles **diskutieren**, was Sie zur Diskussion stellen möchten.
Now is the time to comment on Mr. Wilbur's **point of view**, which he has elaborated on this past hour.	Jetzt ist der Zeitpunkt gekommen, Herrn Wilburs **Ansicht** zu kommentieren, die er in der letzten Stunde ausführlich dargelegt hat.
Thank you, ladies and gentlemen, for being here today.	Meine Damen und Herren, vielen Dank, dass Sie heute gekommen sind.
Thats's all for now, **thank you for listening**.	Das ist fürs Erste alles; **danke, dass Sie zugehört haben**.
I think we should **call it a day** and leave this problem for the time being.	Ich denke, wir sollten **Feierabend machen** und dieses Problem vorläufig beiseite lassen.

Besprechungen

Dialogbeispiele

A: I think we should schedule our next quarterly meeting for Monday next week.

A: Ich denke, wir sollten unsere nächste Quartalsbesprechung für Montag kommender Woche ansetzen.

B: That's a good idea, but then we should notify everybody as soon as possible. We should also send out handouts containing the agenda.

B: Das ist eine gute Idee, aber wir sollten dann jeden so schnell wie möglich benachrichtigen. Außerdem sollten wir Handzettel mit der Tagesordnung verschicken.

A: O.K., I will do this tomorrow. Do you think that all the staff will be able to come?

A: In Ordnung. Das werde ich morgen machen. Glauben Sie, dass die gesamte Belegschaft kommen kann?

B: I don't know. If not, we can always postpone the meeting to a later date.

B: Ich weiß nicht. Falls nicht, können wir die Besprechung immer noch auf einen späteren Termin verschieben.

A: I hope that we will not have to cancel the meeting altogether.

A: Ich hoffe, dass wir die Besprechung nicht ganz absagen müssen.

A: Ladies and gentlemen, welcome to today's meeting. We are here to listen to Mrs. Smith's presentation on the recent marketing strategies of our European branches. Mrs. Smith, thank you

A: Meine Damen und Herren, herzlich willkommen zur heutigen Besprechung. Wir sind hier, um Frau Smiths Präsentation der aktuellen Marketingstrategien unserer europäischen Filialen zu

for being here. **Will you be kind and tell us how you will proceed?**

hören. Frau Smith, vielen Dank, dass Sie heute hier sind. Würden Sie uns bitte sagen, wie Sie verfahren werden?

B: **Thank you.** I am pleased to be here today. **Before I begin, I will show you a short film about the changes in the European market situation over the last years. My presentation will then cover several very** controversial aspects **and I hope that we will have a very** lively discussion **afterwards. If you have any questions, feel free to interrupt me any time.**

B: Danke. Ich freue mich, heute hier zu sein. Bevor ich anfange, werde ich Ihnen einen kurzen Film über die Veränderungen der europäischen Marktsituation in den letzten Jahren zeigen. Meine Präsentation wird dann einige sehr umstrittene Aspekte abhandeln und ich hoffe, dass wir danach eine sehr lebhafte Diskussion haben werden. Sollten Sie irgendwelche Fragen haben, können Sie mich jederzeit gerne unterbrechen.

A: **We are pleased to have Mr. Alfons, sales coordinator of our Russian branch, as our guest today. His presentation is not on the agenda but will nevertheless be an important** addition **to our topic.**

A: Wir freuen uns, Herrn Alfons, den Verkaufskoordinator unserer russischen Filiale, heute als unseren Gast zu haben. Seine Präsentation steht zwar nicht auf der Tagesordnung, aber sie wird dennoch eine wichtige Ergänzung unseres Themas sein.

A: Good morning, ladies and gentlemen. I am pleased to welcome Mr. Daniel of Talcum Industries as our guest. Mr. Daniel's talk on the possibilities of entry into the Chinese market will introduce us to today's topic. Mr. Daniel would you please begin?

A: Guten Morgen, meine Damen und Herren. Ich freue mich, Herrn Daniel von Talcum Industries als unseren Gast willkommen zu heißen. Herrn Daniels Vortrag über die Möglichkeiten des Markteinstiegs in China wird uns in das heutige Thema einführen. Herr Daniel, würden Sie bitte beginnen?

B: Thank you. I am glad to be here. I will begin my presentation with giving you an overview of last year's development of the sales figures of different European companies. In order to present the facts, I will use slides. To illustrate the percentage of European companies in the Chinese market, I have decided that pie charts are most convenient.

B: Danke. Ich freue mich, hier zu sein. Ich werde meine Präsentation damit beginnen, Ihnen einen Überblick über die Entwicklung der Verkaufszahlen des letzten Jahres verschiedener europäischer Firmen zu geben. Um die Fakten darzustellen, werde ich Folien verwenden. Ich habe beschlossen, dass für die Darstellung der Prozentanteile europäischer Firmen auf dem chinesischen Markt Kreisdiagramme am geeignetsten sind.

A: Mr. Daniel, sorry to interrupt you, but before you go into detail could you please give us

A: Herr Daniel, entschuldigen Sie, dass ich Sie unterbreche, aber könnten Sie uns bitte die nötigen

the necessary background information?

Hintergrundinformationen geben, bevor Sie ins Detail gehen?

B: Of course. That is what I had in mind. But could you then please hold back any questions and comments until after the first part of my presentation?

B: Sicher. Das hatte ich vor. Aber könnten Sie dann bitte alle Fragen und Anmerkungen bis nach dem ersten Teil meiner Präsentation zurückhalten?

A: To show you the present situation, I have brought some slides. Later on we can watch a short film which shows how our Brazilian partners have set up the production.

A: Um Ihnen die aktuelle Situation zu zeigen, habe ich einige Folien mitgebracht. Später können wir uns einen kurzen Film anschauen, der zeigt, wie unsere brasilianischen Partner die Produktion eingerichtet haben.

A: From this table you can see how much the foundation of the NAFTA has affected import rates from Mexico. The following suggestions have been made to end this intolerable situation.

A: Aus dieser Tabelle können Sie entnehmen, wie stark sich die Gründung der NAFTA auf die Importraten aus Mexiko ausgewirkt hat. Folgende Vorschläge sind zur Beendigung dieser unerträglichen Situation gemacht worden.

Besprechungen

A: I come now to the last point of my presentation. ... To sum up, we can say that there seem to be several ways to solve this problem. The intention of my talk was to confront you with different alternative solutions. Thank you for your attention.

A: Ich komme nun zum letzten Punkt meiner Darstellung. ... Zusammenfassend können wir sagen, dass es mehrere Wege zu geben scheint, dieses Problem zu lösen. Ziel meines Vortrags war es, Sie mit verschiedenen alternativen Lösungen zu konfrontieren. Vielen Dank für Ihre Aufmerksamkeit.

A: Finally, all I have to say is that I think we should leave this aspect of the problem for the time being and call it a day. Good bye, ladies and gentlemen, and thank you for being here. We will meet here again next week.

A: Abschließend bleibt mir nur zu sagen, dass ich denke, wir sollten diesen Aspekt des Problems für heute beiseite lassen und Feierabend machen. Auf Wiedersehen, meine Damen und Herren, vielen Dank, dass Sie hier waren. Nächste Woche treffen wir uns wieder hier.

Argumentation

Argumentation

I think that ...

Ich denke, dass ...

I believe that ...

Ich glaube, dass ...

I am sure/certain that ...

Ich bin sicher, dass ...

I am absolutely sure that ...	Ich bin absolut sicher, dass ...
In my opinion ...	**Meiner Ansicht nach ...**
From my point of view ...	Nach meiner **Auffassung** ...
In my eyes ...	In meinen Augen ....
I presume/assume that ...	Ich **nehme an/vermute**, dass ...
As I see it ...	So wie ich das sehe ...
I am convinced that ...	Ich bin **überzeugt**, dass ...
I am positive that ...	Ich bin (mir) **ganz sicher**, dass ...
The first reason for this I would like to mention is ...	Der erste **Grund** hierfür, den ich erwähnen möchte ist ...
Second/secondly there is ... to talk about.	Zweitens sollten wir über ... sprechen.
In addition, we shouldn't forget that ...	**Zusätzlich** sollten wir nicht vergessen, dass ...
Furthermore ...	**Ferner/des Weiteren ...**
Moreover ...	**Darüber hinaus ...**
I would like to add ...	**Ich würde gerne ... hinzufügen.**
Not only ... but also ...	**Nicht nur ... sondern auch.**
On the one hand ... on the other hand ...	**Einerseits ... andererseits ...**
In general ...	**Im Allgemeinen ...**
Generally speaking ...	**Allgemein gesprochen ...**
On the whole ...	**Im Großen und Ganzen ...**
All in all ...	**Alles in allem ...**

Besprechungen

Nevertheless I should not forget to mention ...	**Nichtsdestotrotz** sollte ich nicht vergessen zu erwähnen ...
In spite of ...	**Trotz ...**
Despite the fact that ...	**Trotz der Tatsache, dass ...**
However ...	**Aber/trotzdem/jedoch ...**
Although ...	**Obwohl ...**
Instead of ...	**Statt/anstatt ...**
Instead, ...	**Stattdessen ...**
Therefore ...	**Deshalb/deswegen ...**
For that reason ...	**Darum/aus diesem Grund ...**
I am not at all **convinced.**	Ich bin überhaupt nicht davon **überzeugt.**
I am **not quite sure if I** can agree.	Ich bin **nicht ganz sicher**, ob ich dem zustimmen kann.
What if you are wrong?	Was ist, wenn Sie sich irren?
Could it be that you got something wrong here?	Könnte es sein, dass Sie hier **etwas falsch verstanden haben**?
I am afraid I cannot follow your argument.	**Ich fürchte**, ich kann Ihrem Argument nicht folgen.
Could you please go more into detail?	Könnten Sie bitte mehr ins Detail gehen?
Wouldn't it be better if we stuck to the subject?	Wäre es nicht besser, wenn wir beim Thema blieben?
It might be better if ...	Es wäre vielleicht besser, wenn ...
What about Mr. Fielding's proposal?	Was ist mit Herrn Fieldings **Vorschlag**?

Shouldn't we take into account other opinions on this subject?	Sollten wir nicht andere Meinungen zu diesem Thema **berücksichtigen**?
Maybe you should consider what Ms. Green said earlier.	Vielleicht sollten Sie **bedenken**, was Frau Green vorhin gesagt hat.
Why don't you tell us more about ...?	Warum erzählen Sie uns nicht mehr zu ... ?
I agree with most of what you presented here, yet don't you think that ...	Dem meisten von dem, was Sie hier vorgestellt haben, **stimme ich zu**, **aber** denken Sie nicht, dass ...
Have you thought about looking at this problem from a different angle?	Haben Sie daran gedacht, dieses Problem **aus einem anderen Blickwinkel** zu betrachten?
Everything you said is fine, but one could also take other aspects into account.	Was Sie gesagt haben ist schön und gut, aber man könnte auch **andere Aspekte in Betracht ziehen**.
I wonder if you have taken into account that ...	Ich **frage mich**, ob Sie berücksichtigt haben, dass ...
Aren't there more sides to this issue?	Hat diese **Angelegenheit** nicht mehrere Seiten?
You are right with what you are saying.	**Sie haben recht**, mit dem was Sie sagen.
Yes, you could also look at it from this point of view.	Ja, Sie könnten es auch aus dieser Sicht sehen.
Let me see!	Lassen Sie mich überlegen!
Yes, you could actually be right.	Ja, Sie könnten tatsächlich recht haben.
No, I think you are mistaken.	Nein, ich denke, dass Sie hier **falsch liegen**.
Really, I am convinced that one couldn't say it this way at all.	Wirklich, ich bin davon überzeugt, dass man das so überhaupt nicht sagen kann.

Besprechungen

Are you really convinced that this is a realistic project?	Sind Sie wirklich überzeugt davon, dass es sich um ein realistisches Projekt handelt?
Excuse me, Madam/Sir, may I interrupt you?	Entschuldigen Sie, meine Dame/mein Herr, darf ich Sie unterbrechen?
Sorry to break in, but ...	Tut mir leid, dass ich Sie unterbreche, aber ...
Excuse me, may I ask you a question?	Entschuldigen Sie, darf ich Ihnen eine Frage stellen?
I would like to say a few words.	Ich würde gerne einige Worte sagen.
There is something I would like to say.	Ich würde gerne etwas sagen.
It would be good if we could have other opinions on that.	Es wäre gut, wenn wir auch andere Meinungen dazu hören könnten.
If I might just add something?	Wenn ich dazu etwas ergänzen dürfte?
Let me conclude with the following statement: ...	Lassen Sie mich mit der folgenden Feststellung abschließen: ...
To wrap up this discussion, ...	Um diese Diskussion zusammenzufassen ...
Before coming to a hasty decision we should leave it here.	Bevor wir zu einer übereilten Entscheidung kommen, sollten wir es hierbei belassen.
I believe that most of us are opposed to this suggestion.	Ich glaube, dass die meisten von uns diesen Vorschlag ablehnen.
I am afraid we cannot back up your proposal.	Ich befürchte, dass wir diesen Vorschlag nicht unterstützen können.
I am sorry, but we cannot support your idea.	Es tut mir leid, aber wir können Ihre Idee nicht unterstützen.

Besprechungen

It is impossible to accept **this offer.**	Es ist (uns) unmöglich, dieses Angebot anzunehmen.
I am absolutely sure that this point will not be accepted.	Ich bin absolut sicher, dass dieser Punkt nicht akzeptiert werden wird.
We will definitely not **pursue this option.**	Wir werden diese Option auf keinen Fall weiterverfolgen.

Dialogbeispiele

A: Mr. Daniel, I am sure that most of us agree **with you when you are saying that we should change our marketing strategies.** However, **I am not at all convinced that the suggestions you made are feasible.**

A: Herr Daniel, ich bin sicher, dass die meisten von uns zustimmen, wenn Sie sagen, dass wir unsere Marketingstrategien ändern sollten. Trotzdem bin ich überhaupt nicht davon überzeugt, dass die Vorschläge, die Sie gemacht haben, umsetzbar sind.

B: Despite the fact that you seem to disagree, **I believe that those strategies are realistic.** Not only **do we have to look at the future of our company in Germany,** but **we also have to** take into account **developments in other European countries.** Therefore, **in my eyes, new ideas are absolutely necessary.**

B: Trotz der Tatsache, dass Sie mir nicht zuzustimmen scheinen, halte ich diese Strategien für realistisch. Wir müssen nicht nur die Zukunft unserer Firma in Deutschland sehen, sondern auch Entwicklungen in anderen europäischen Ländern in Betracht ziehen. Deshalb sind in meinen Augen neue Ideen absolut notwendig.

Besprechungen

A: What you are saying is fine, yet don't you think that we have to keep in mind our budget as well?

A: Was Sie sagen ist schön und gut, aber denken Sie nicht, dass wir auch unser Budget im Auge behalten müssen?

C: Sorry for interrupting. May I just ask a question? I am afraid I cannot follow your arguments. Could you go more into detail, please?

C: Tut mir leid, wenn ich Sie unterbreche. Darf ich Sie etwas fragen? Ich fürchte, ich kann Ihren Argumenten nicht folgen. Könnten Sie bitte etwas mehr ins Detail gehen?

A: The main reason for this decline in sales figures is that we have lost one of our best clients. Secondly, the increase in prices that we introduced last year has also affected the sales of this product.

A: Der Hauptgrund für den Rückgang der Verkaufszahlen ist der, dass wir einen unserer besten Kunden verloren haben. Zweitens hat sich auch die Preiserhöhung, die wir letztes Jahr eingeführt haben, auf den Absatz ausgewirkt.

B: Excuse me, Sir, may I interrupt you? I would like to add something.

B: Entschuldigen Sie, darf ich Sie unterbrechen? Ich würde gerne etwas hinzufügen.

A: Go ahead, please.

A: Bitte sehr, fahren Sie fort/Nur zu!

B: Thank you. I assume that you are working with the sales figures from last month. In addition, we

B: Danke. Ich vermute, dass Sie mit den Verkaufszahlen des letzten Monats arbeiten. Zusätzlich

should not forget that our company is also affected by the closing of one of our American subsidiaries.

A: Agreeing with all that you talked about I still think that we should go more into detail in certain points. First, in my opinion, there is more than one solution to the problem. Moreover, I am sure that we will find a much cheaper alternative if we tried to adapt our production lines to the new technology. Finally, there is the question of timing that we should talk about. I am absolutely positive that we can save a lot more time than you have estimated.

B: I wonder if you realize that we are talking about different things here. I was not trying to point out just one solution. Instead, I intended to set off a discussion that would help

sollten wir nicht vergessen, dass unsere Firma auch von der Schließung einer unserer amerikanischen Tochterfirmen betroffen ist.

A: Obwohl ich allem zustimme, worüber Sie gesprochen haben, denke ich trotzdem, dass wir in gewissen Punkten mehr ins Detail gehen sollten. Erstens gibt es meiner Ansicht nach mehr als eine Lösung für das Problem. Darüber hinaus bin ich sicher, dass wir eine viel billigere Alternative finden können, wenn wir versuchen, die Produktion an die neue Technologie anzupassen. Schließlich ist da noch die Frage des Timings, über die wir reden sollten. Ich bin ganz sicher, dass wir viel mehr Zeit einsparen können, als Sie veranschlagt haben.

B: Ich frage mich, ob Sie sich bewusst sind, dass wir über verschiedene Dinge sprechen. Ich habe nicht versucht, nur eine Lösung aufzuzeigen. Stattdessen war mein Ziel, eine Diskussion in Gang

Besprechungen

to find the best of several options.

A: There seems to have been some slight misunderstanding. Could you please go back to your first point and clarify it?

B: Certainly. Let me show this slide again to illustrate what I had in mind.

zu bringen, die uns helfen würde, die beste von mehreren Optionen herauszufinden.

A: Hier scheint ein kleines Missverständnis vorzuliegen. Könnten Sie bitte Ihren ersten Punkt noch einmal aufgreifen und klären?

B: Sicherlich. Lassen Sie mich diese Folie noch einmal zeigen, um zu veranschaulichen, was ich im Sinn hatte.

A: Ladies and gentlemen, thank you again for coming to this important meeting today. To wrap up our session, the only thing there to say for me is that I think that we have had a very fruitful discussion. On the one hand it is true that we have not come to an agreement concerning the marketing strategies of our different foreign branches in the future. On the other hand we have decided on many other points that are equally

A: Meine Damen und Herren, nochmals vielen Dank, dass Sie zu dieser wichtigen Besprechung heute gekommen sind. Um unsere Sitzung zusammenfassend abzuschließen, bleibt mir nur zu sagen, dass ich denke, dass wir eine sehr ergiebige Diskussion hatten. Einerseits konnten wir uns zwar nicht über die Marketingstrategien unserer Auslandsfilialen einigen. Andererseits haben wir über viele andere wichtige Punkte entschieden. Im Großen

important. **All in all**, I am very **satisfied** with the result of this meeting. For this reason let me thank you for your **participation**. I am positive that everybody has learned very much today.

und Ganzen bin ich mit dem Ergebnis dieser Sitzung sehr **zufrieden**. Lassen Sie mich Ihnen aus diesem Grund für ihre **Teilnahme** danken. Ich bin ganz sicher, dass jeder heute sehr viel gelernt hat.

Agreement/Disagreement

Zustimmung/Ablehnung

I **agree**.

Ich **stimme zu/bin einverstanden.**

I agree with you.

Ich bin Ihrer Meinung.

I can agree with what you said.

Ich kann dem, was Sie sagen, zustimmen.

I **can see his point.**

Ich **verstehe, was er meint.**

I **absolutely/completely** agree with you.

Ich bin **absolut/völlig** Ihrer Meinung.

We have come to an **agreement.**

Wir sind zu einer **Übereinstimmung** gelangt./Wir sind uns einig.

Yes, **you are right.**

Ja, **Sie haben recht.**

Maybe you are right.

Vielleicht haben Sie recht.

This is a very **good concept.**

Dies ist ein sehr **gutes Konzept.**

This is a great idea.

Das ist eine großartige Idee.

I hope that we can continue on such good terms.

Ich hoffe, dass wir unser gutes Verhältnis weiterhin aufrechterhalten können.

Besprechungen

Besprechungen

I am definitely positive that this is correct.

Ich bin absolut sicher, dass das richtig ist.

I sympathize with your ideas very much.

Ich bin von Ihren Ideen sehr angetan.

I can support your concept.

Ich kann Ihr Konzept unterstützen.

This is exactly how I see it.

Genauso sehe ich es.

This is exactly my opinion.

Das ist genau meine Meinung.

Me too, I think that this is the only feasible way.

Auch ich denke, dass das der einzig gangbare Weg ist.

In my opinion this is the best solution.

Meiner Meinung nach ist dies die beste Lösung.

We couldn't have found a better solution.

Wir hätten keine bessere Lösung finden können.

That's what I think.

Das ist genau, was ich denke.

These are exactly my words.

Das sind genau meine Worte.

There is no need to worry.

Es gibt keinen Grund zur Sorge.

I disagree.

Ich stimme nicht zu./Ich bin anderer Meinung.

I disagree with you.

Ich bin anderer Meinung als Sie.

We do not agree.

Wir stimmen nicht zu.

I cannot share your point of view.

Ich kann Ihre Ansicht nicht teilen.

I don't think I can agree with your idea.

Ich denke nicht, dass ich Ihrer Idee zustimmen kann.

I am absolutely opposed to his point of view.

Ich bin absolut gegen seine Ansicht.

In my opinion, his figures are wrong.	**Meiner Meinung nach** sind seine Zahlen falsch.
As a matter of fact, I am convinced that you are **on the wrong track**.	**Ehrlich gesagt** bin ich davon überzeugt, dass Sie **auf dem falschen Weg** sind.
Actually, I do think that you are mistaken.	**Eigentlich** denke ich wirklich, dass Sie sich irren.
No, I believe that you are wrong.	Nein, ich glaube, dass Sie falsch liegen.
I absolutely/completely disagree with you.	Ich kann Ihnen absolut/überhaupt nicht zustimmen.
To be honest, don't you think that his suggestion is more realistic?	**Um ehrlich zu sein**, denken Sie nicht, dass sein Vorschlag realistischer ist?
I'm afraid that we cannot come to an agreement.	**Ich fürchte**, wir können zu keiner Übereinstimmung kommen.
We still have our **doubts** about the increase in sales.	Wir haben immer noch **Zweifel** an einer Verkaufssteigerung.
I doubt that you have considered everything.	**Ich bezweifle**, dass Sie alles in Betracht gezogen haben.
I can't quite agree with your statement.	Ich kann Ihrer Feststellung nicht ganz zustimmen.
I am afraid that **I cannot share your point of view**.	Ich fürchte, dass **ich Ihre Ansicht nicht teilen kann.**
I am sorry to say that you are gravely **mistaken**.	Leider muss ich Ihnen sagen, dass Sie sich sehr **irren.**
I am sorry, but I disagree entirely.	Es tut mir leid, aber ich bin ganz anderer Meinung.
We cannot agree at all.	Wir können überhaupt nicht zustimmen.

Besprechungen

I would like to contradict you in this point.

In diesem Punkt würde ich Ihnen gerne widersprechen.

I really have to contradict you here.

Hier muss ich Ihnen wirklich widersprechen.

I am afraid we cannot support your proposal.

Ich fürchte, wir können Ihren Vorschlag nicht unterstützen.

Unfortunately we have to reject your offer.

Leider müssen wir Ihr Angebot ablehnen.

We cannot back up your suggestion.

Wir können Ihren Vorschlag nicht unterstützen.

In principle, I disagree with your concept, but there are certain points with which I can agree.

Im Prinzip stimme ich mit Ihrem Konzept nicht überein, aber einigen Punkten kann ich zustimmen.

I can see what you mean, yet I still think ...

Ich verstehe, was Sie meinen, aber trotzdem denke ich ...

I think that your proposition is very good, however, ...

Ich denke, dass Ihr Antrag sehr gut ist, dennoch ...

I can agree with you on this point, but ...

Ich stimme Ihnen in diesem Punkt zu, aber ...

Although I respect your attitude towards this development, I still think ...

Obwohl ich Ihre Einstellung gegenüber dieser Entwicklung respektiere, denke ich ...

Even though I can understand what you mean, I am opposed to your strategy.

Obwohl ich verstehe, was Sie meinen, lehne ich Ihre Strategie ab.

Although I am not convinced that this is feasible, I believe that we should give it a try.

Obwohl ich nicht überzeugt bin, dass das machbar ist, glaube ich, dass wir einen Versuch wagen sollten.

Wouldn't it be better if we tried to settle on a compromise?

Wäre es nicht besser, wenn wir versuchten, uns auf einen Kompromiss zu einigen?

Besprechungen

What about leaving the differences aside and finding a solution?	Wie wäre es, wenn wir die Meinungs-verschiedenheiten beiseite ließen und eine Lösung fänden?
Why can't we decide on the most important issues today and postpone everything else to the next meeting?	Warum können wir nicht über die wichtigsten Punkte heute entscheiden und alles andere auf die nächste Besprechung verschieben?
Would you be willing to support such a proposition?	Würden Sie einen solchen Antrag unterstützen?
Do you think that this would be satisfactory?	Denken Sie, dass dies zufrieden-stellend wäre?
Would you have any objections to this idea?	Hätten Sie Einwände gegen diese Idee?
This should be negotiable, don't you think?	Darüber sollten wir verhandeln können, denken Sie nicht?
Would you be prepared to accept this offer?	Wären Sie bereit, dieses Angebot anzunehmen?
If you don't try to understand our point of view, we will not be willing to strike a compromise.	Wenn Sie nicht versuchen, unseren Standpunkt zu verstehen, werden wir nicht bereit sein, einen Kom-promiss zu finden.
Provided that ..., I will accept your conditions.	Vorausgesetzt, dass ..., werde ich Ihre Bedingungen akzeptieren.
His solution is as good as mine.	Seine Lösung ist so gut wie meine.
I assume that, in fact, my example is less realistic than yours.	Ich nehme an, dass mein Beispiel in der Tat weniger realistisch ist als Ihres.
This sounds good to me and I think I can accept it.	Das klingt gut und ich denke, ich kann es akzeptieren.
Good then, I will accept your suggestion.	Also gut, ich werde Ihren Vorschlag annehmen.

Besprechungen

I am glad that we found a common solution.	Ich bin froh, dass wir eine gemeinsame Lösung gefunden haben.
No, we will not support this **compromise**.	Nein, wir werden diesen **Kompromiss** nicht unterstützen.
I still have to **reject** your offer.	Ich muss Ihr Angebot immer noch **zurückweisen.**
That's all I have to say.	Das ist alles, was ich zu sagen habe.
This is **my last offer**.	Das ist **mein letztes Angebot.**
There is no way that you can convince me.	Sie werden es nie schaffen, mich zu überzeugen.
There is no chance that we will **give in**.	Wir werden nie **nachgeben.**
He won't ever agree.	Er wird niemals zustimmen.
We will never say yes.	**Wir werden niemals ja sagen.**

Besprechungen

Dialogbeispiele

A: Mr. Wilson, I'm afraid I cannot agree with you on the concept of new marketing strategies. Even though I can accept certain points, I still have my doubts about the realization of your idea.

A: Mr. Wilson, ich fürchte, ich **kann** Ihnen bei Ihrem Konzept neuer Marketingstrategien **nicht zustimmen.** Obwohl ich einige Punkte akzeptieren kann, habe ich **Zweifel** an der Realisierung Ihrer Idee.

B: I cannot see your point here and I am absolutely convinced that I am right.

B: Ich verstehe nicht, was Sie meinen, und ich bin absolut überzeugt davon, dass ich recht habe.

A: I am sorry, but in my opinion the figures that you presented in your table are wrong.

A: Es tut mir leid, aber meiner Meinung nach sind die Zahlen, die Sie in Ihrer Tabelle gezeigt haben, falsch.

A: I hope that we can settle on a compromise between our two companies. We have heard Ms. Green's presentation on the new prototype. Mr. Daniel, would you be willing to support such a proposition and start with the production?

A: Ich hoffe, dass wir uns auf einen Kompromiss zwischen unseren beiden Firmen einigen können. Wir haben Frau Greens Präsentation über den neuen Prototyp gehört. Herr Daniel, würden Sie einen solchen Antrag unterstützen und mit der Produktion beginnen?

B: I am not sure if I can agree with everything Ms. Green said. Although I am not convinced that this plan is feasible, I believe that we should give it a try. Yet, I doubt that you have considered the problem of our tight schedule for the next year.

B: Ich bin nicht sicher, ob ich allem, was Frau Green gesagt hat, zustimmen kann. Obwohl ich nicht davon überzeugt bin, dass der Plan machbar ist, glaube ich, dass wir einen Versuch wagen sollten. Trotzdem bezweifle ich, dass Sie das Problem unseres engen Zeitplans für das kommende Jahr in Betracht gezogen haben.

A: I can see your point, but I think that there is no need to worry. In my opinion this plan is very good. Of course we could change the timing a little bit. Would this be satisfactory for you?

B: Yes, I think that this is the only feasible way. This sounds good to me and I think we can accept it.

A: I see that we have come to an agreement.

A: Ich verstehe, was Sie meinen, aber ich denke, dass es keinen Grund zur Sorge gibt. Meiner Meinung nach ist der Plan sehr gut. Natürlich könnten wir das Timing ein wenig ändern. Wäre das für Sie zufrieden stellend?

B: Ja, ich denke, dass das der einzig machbare Weg ist. Das klingt gut und ich denke, wir können es akzeptieren.

A: Ich sehe, wir sind uns einig.

A: I can support your concept, Mr. Alfons. Would you be willing to support Mr. Black's proposition?

B: No, I'm afraid I cannot share your point of view. I am sorry, but I think that you are gravely mistaken concerning the future market developments in Europe. You are wrong when you are saying that imports will become easier in the future.

A: Ich kann Ihr Konzept unterstützen, Herr Alfons. Wären Sie bereit, Herrn Blacks Antrag zu unterstützen?

B: Nein, ich fürchte, ich kann Ihre Ansicht nicht teilen. Es tut mir leid, aber ich denke, dass Sie sich in Bezug auf die zukünftigen Marktentwicklungen in Europa sehr irren. Sie liegen falsch, wenn Sie sagen, dass Importgeschäfte in Zukunft einfacher sein werden.

Besprechungen

To be honest, don't you think that Mr. Miller's suggestion is more realistic?	Um ehrlich zu sein, denken Sie nicht, dass Herrn Millers Vorschlag realistischer ist?
A: I assume that, in fact, my example is less realistic than his. Even though I can understand what you mean, I am opposed to Mr. Miller's strategy. That's all I have to say.	A: Ich nehme an, dass mein Beispiel tatsächlich weniger realistisch ist. Obwohl ich verstehe, was Sie meinen, bin ich gegen Herrn Millers Strategie. Das ist alles, was ich dazu zu sagen habe.
B: Well then, if you don't try to understand our point of view, we will not be willing to strike a compromise.	B: Gut, wenn Sie nicht versuchen, unseren Standpunkt zu verstehen, werden wir nicht bereit sein, einen Kompromiss einzugehen.
A: I am sorry, but I have to contradict you. We have to find a solution. Provided that Mr. Miller and I can work out a new strategy together, I will accept your conditions. Would you be prepared to accept this offer?	A: Es tut mir leid, aber ich muss Ihnen widersprechen. Wir müssen eine Lösung finden. Vorausgesetzt, dass Herr Miller und ich gemeinsam eine neue Strategie erarbeiten können, werde ich Ihre Bedingungen akzeptieren. Wären Sie bereit, dieses Angebot anzunehmen?
B: There's no need trying to convince us how good your ideas	B: Sie brauchen gar nicht versuchen, uns davon zu überzeugen, wie gut

Besprechungen

are. As a matter of fact, I am convinced that you are on the wrong track. I'm afraid that we cannot come to an agreement. There's no chance that we will give in.

Ihre Ideen sind. Ehrlich gesagt, bin ich überzeugt, dass Sie auf dem falschen Weg sind. **Ich fürchte**, wir werden uns nicht einigen können. Wir werden auf keinen Fall **nach-geben**.

A: This was a very fruitful discussion. I hope that we can continue on such good terms. Therefore I think that we should leave the differences aside and try to find a solution together.

A: Das war eine sehr ergiebige Diskussion. Ich hoffe, dass wir weiterhin ein so gutes Verhältnis aufrechterhalten können. Deshalb denke ich, dass wir die Meinungsverschiedenheiten beiseite lassen und versuchen sollten, gemeinsam eine Lösung zu finden.

B: This is exactly how I see it. I sympathize with your ideas very much and I can support your concept. If Talcum Industries agrees it should be negotiable, don't you think?

B: Genauso sehe ich es auch. **Ich bin** von Ihren Ideen sehr **angetan** und kann Ihr Konzept unter-stützen. Wenn Talcum Industries zustimmt, sollten wir darüber verhandeln können, meinen Sie nicht auch?

C: I disagree with you. I doubt that you have considered everything.

C: Ich bin nicht Ihrer Meinung. Ich bezweifle, dass Sie alles bedacht haben.

B: I really have to contradict you here. We have taken every aspect related to the problem into account.

C: Not only do I have my doubts about the figures you presented, but I also believe that your estimation of future sales is wrong.

B: Excuse me, you are the one who is wrong: the charts and diagrams showed exactly the percentages of different goods sold on the American market.

A: Sirs, I think we should end the discussion. I propose that we decide on the most important issues today and postpone everything else to the next meeting.

B: Hier muss ich Ihnen wirklich widersprechen. Wir haben jeden Aspekt, der mit dem Problem in Verbindung steht, in Betracht gezogen.

C: Ich habe nicht nur meine Zweifel was die Zahlen angeht, die Sie vor-gestellt haben, sondern ich glaube auch, dass Ihre Schätzung zukünftiger Verkäufe falsch ist.

B: Entschuldigen Sie, Sie liegen falsch: die Schaubilder und Diagramme zeigten genau die Prozentanteile verschiedener Güter, die auf dem amerikani-schen Markt verkauft werden.

A: Meine Herren, ich denke, dass wir die Diskussion beenden soll-ten. Ich schlage vor, dass wir über die wichtigsten Punkte heute entscheiden und alles andere auf die nächste Bespre-chung verschieben.

Besprechungen

Idioms

Idioms	Typische Redewendungen
I have heard that their finances are in a **sorry state of affairs.**	Ich habe gehört, dass Ihre Finanzen in **einem traurigen Zustand** sind.
I think **both were to blame** for the dispute.	Ich glaube, der Streit war sicherlich **von beiden Seiten gleichermaßen verursacht.**
I am determined to **get to the bottom** of this issue.	Ich bin entschlossen, dieser Sache **auf den Grund zu gehen.**
Our new product will be launched and **on the market** next week.	Unser neues Produkt wird nächste Woche **auf dem Markt** lanciert.
I must say, we don't seem to have much **room for manoeuvre.**	Ich muss sagen, wir haben **nur begrenzten Handlungsspielraum.**
At least we had the **last word.**	Zumindest hatten wir **das letzte Wort.**
There is undoubtedly **room for improvement** in your management strategies.	Es gibt zweifellos **noch Raum für Verbesserungen** in Ihren Managementstrategien.
He knows **all the tricks of the trade.**	Er kennt **alle Tricks in seinem Geschäft.**
His arguments **cut no ice** with me.	Seine Argumente machen **keinen Eindruck** auf mich.
Our latest series of advertisements is designed **with the man in the street in mind.**	Unsere letzte Anzeigenserie wurde **für den Mann auf der Straße** entworfen.
I would be grateful if you could **show Clare the ropes.**	Ich wäre sehr dankbar, wenn Sie **Clare herumführen könnten.**
She doesn't seem able to **make up her mind.**	Sie scheint nicht zu **wissen, was sie will.**
I had the feeling they were **looking down their noses** at me.	Ich hatte das Gefühl, dass sie äußerst **hochnäsig mir gegenüber waren.**

When I caught her secretary's eye I had the feeling that she knew something.	Als ich ihrer Sekretärin einen Blick zuwarf, hatte ich das Gefühl, dass sie etwas wusste.
My suggestion was met with a general raising of eyebrows.	Mein Vorschlag rief ein allgemeines Stirnrunzeln hervor.
Your experience here with us will stand you in good stead when furthering your career.	Ihre Erfahrung hier bei uns wird sehr nützlich für Ihre weitere Karriere sein.
A stitch in time saves nine.	Vorsicht ist besser als Nachsicht.
It would have been better to have fully repaired our machinery in 2013 – as they say, a stitch in time...	Es wäre besser gewesen, wenn wir unsere Maschinenanlage 2013 vollständig repariert hätten – das hätte uns viel Ärger erspart.
When the cat's away, the mice will play.	Wenn die Katze aus dem Haus ist, tanzen die Mäuse.
I'm not at all surprised that deadlines were not met in your absence – when the cat's away...	Ich bin überhaupt nicht überrascht, dass die Deadlines in deiner Abwesenheit nicht eingehalten wurden – wenn die Katze aus dem Haus ist...
Birds of a feather flock together.	Gleich und gleich gesellt sich gern.
In for a penny, in for a pound.	Wer A sagt, muss auch B sagen.
Two's company, three's a crowd.	Drei sind einer zu viel.
What you make on the swings you lose on the roundabouts.	Wie gewonnen so zerronnen.
He has really put his foot in it.	Da ist er wirklich ins Fettnäpfchen getreten.
I think she is quite down in the dumps about the whole thing.	Ich glaube, sie ist ziemlich am Boden zerstört wegen dieser Geschichte.

Besprechungen

She can't stand the sight of him. | Sie kann ihn nicht ausstehen.

The Clodock Herald has dragged our name through the mud. | Der Clodock Herald hat unseren Namen durch den Schmutz gezogen.

He seems to have taken quite a shine to her. | Ich glaube, er ist sehr von ihr eingenommen.

Dialogbeispiele

A: I was quite annoyed by his behaviour on Wednesday.

B: You have to take him with a pinch of salt.

A: Yes – but I don't suffer fools gladly.

A: Ich war ziemlich verärgert über sein Verhalten am Mittwoch.

B: Du darfst ihn nicht zu ernst nehmen.

A: Ja – aber ich toleriere Ignoranten ungern.

A: This delay is extremely annoying – I wish they'd come to a decision.

B: I fear they might chicken out eventually.

A: I think you've hit the nail on the head. Perhaps we should go ahead without them.

A: Diese Verzögerung ist sehr ärgerlich – ich wünschte, sie würden zu einer Entscheidung kommen.

B: Ich fürchte, dass sie im letzten Moment kalte Füße bekommen werden.

A: Ich glaube, Sie haben den Nagel auf den Kopf getroffen. Vielleicht sollten wir ohne sie weitermachen.

Besprechungen

A: I would be grateful **if you could inform me promptly of any further developments.**

B: **We'll keep our** ears to the ground.

A: Ich wäre dankbar, wenn Sie mich über weitere Entwicklungen auf dem Laufenden halten könnten.

B: Wir werden unsere Augen offen halten.

A: **Would you be interested in participating in a joint marketing scheme?**

B: **I could certainly** bear it in mind **at the next board meeting.**

A: Wären Sie daran interessiert, an einem gemeinsamen Marketing-Projekt teilzunehmen?

B: Ich werde sicherlich bei der nächsten Direktionssitzung daran denken.

A: **Our sales have declined by ten per cent since we stopped doing business with JMC.**

B: **Perhaps we will have to** swallow our pride **and** settle our differences **with them.**

A: Unsere Verkäufe sind um zehn Prozent zurückgegangen seit wir aufgehört haben, mit JMC Geschäfte zu machen.

B: Vielleicht sollten wir unseren Stolz herunterschlucken und unsere Streitigkeiten mit ihnen beilegen.

Besprechungen

A: How have you found working with our new deputy manager?

B: Well, I preferred working just with Sarah – two's company, after all.

A: Wie fandest du es, mit unserem neuen stellvertretenden Leiter zusammenzuarbeiten?

B: Ich habe lieber nur mit Sarah gearbeitet – schließlich sind drei einer zu viel.

A: May I explain my plans to you in more depth?

B: Certainly. I'm all ears.

A: Kann ich Ihnen meine Pläne etwas ausführlicher erklären?

B: Selbstveständlich. Ich bin ganz Ohr.

A: I was considering pulling out if I still could.

B: I honestly don't think that's possible. You might as well carry on now you've got this far – in for a penny, you know?

A: Ich habe mir überlegt, mich zurückzuziehen, wenn ich es noch könnte.

B: Ich glaube wirklich nicht, dass das noch möglich ist. Du kannst jetzt auch weiter machen, nachdem du so weit gekommen bist – wer A sagt, muss auch B sagen.

10. Konversation

Welcome	Begrüßung
Greeting people for the first time	**Erste Begegnung**

Mr .../Ms ...?	Herr .../Frau ...?
Excuse me, are you ...?	Entschuldigen Sie, sind Sie ...?
Hello, you must be Mr/Ms ...	Hallo, **Sie müssen** Herr/Frau ... **sein.**
Pleased to meet you. I'm ...	**Freut mich, Sie kennenzulernen.** Ich bin ...
I'm glad to meet you, too.	Freut mich ebenfalls, Sie kennenzulernen.

Introducing someone	Jemanden vorstellen
I'd like you to meet ...	**Ich möchte, dass Sie** ... kennenlernen.
Let me introduce you to ...	**Darf ich Ihnen ... vorstellen?**
May I introduce you to ...?	Darf ich Ihnen ... vorstellen?
Do you happen to know ...?	**Kennen Sie bereits ...?**
How do you do ...	Guten Tag ...
I'm honoured to meet you.	**Es ist mir eine Ehre, Sie kennenzulernen.**
I'm delighted to meet you.	Sehr erfreut, Sie kennenzulernen.
I'm very pleased to meet you.	Sehr erfreut, Sie kennenzulernen.
Nice to meet you.	Es freut mich, Sie kennenzulernen.

Glad to meet you, too.	Ganz meinerseits.
The pleasure is mine.	**Ganz meinerseits.**
I'm very pleased to make your acquaintance.	Sehr erfreut, Ihre **Bekanntschaft** zu machen.
I'd be honoured if you ...	Es wäre mir eine Ehre, wenn Sie ...
This is ... I've been telling you about.	Das ist ... , **von dem/der ich Ihnen erzählt habe.**
Come and join us!	Kommen Sie und leisten Sie uns Gesellschaft!
Any friend of ...'s is a friend of mine.	...s Freunde sind auch meine Freunde.

Greeting an acquaintance

Eine(n) Bekannte(n) begrüßen

Hello ..., good to see you again.	Hallo ..., **schön, Sie wiederzusehen.**
Nice to see you again.	Schön, Sie wiederzusehen.
How do you do?	Guten Tag.
Hello, how are you?	Hallo, **wie geht es Ihnen**?
How are things?	Wie läuft es so?
How's work?	Wie ist die Arbeit?
How are you keeping?	**Wie geht es bei Ihnen so**?
How about you?	Und Ihnen?
Fine, thanks.	Danke, **gut.**
I'm very well.	Mir geht es **sehr gut.**
Great.	Großartig.

Not so bad, thanks.	Ganz gut, danke.
OK, thanks.	Gut, danke.
I've been very busy.	Ich war sehr beschäftigt./ Ich hatte viel zu tun.
Very busy, as usual.	Ich bin wie immer sehr beschäftigt.
No complaints.	Kein Grund zur Klage.
Can't complain.	Ich kann mich nicht beschweren.
Pretty good, thanks.	Ziemlich gut, danke.
Things could be worse.	Es könnte schlimmer sein.
So-so.	So lala.
Well, surviving, thanks.	Mittelprächtig.
Not so good, actually.	Eigentlich nicht so gut.
And you?	Und Sie?
All right. It's been some time.	Gut. Es ist schon lange her, dass wir uns gesehen haben.
I haven't seen you for a while.	Ich habe Sie eine Weile nicht gesehen.

Asking someone's profession

Jemanden nach dem Beruf fragen

What do you do?	Was machen Sie (beruflich)?
I'm assistant director of sales.	Ich bin stellvertretender Direktor der Verkaufsabteilung.
And what do you do?	Und was machen Sie (beruflich)?
I'm (working) in finance.	Ich arbeite im Finanzwesen.
I used to ..., now I ...	Früher habe ich ..., heute ...

Talking about hobbies

Über Hobbys reden

What do you do at the weekend?	Was machen Sie am Wochenende?
How do you spend your weekends?	Wie **verbringen** Sie Ihre Wochenenden?
Have you got a hobby?	Haben Sie ein Hobby?
What are your hobbies?	Welche Hobbys haben Sie?
I love ... in my spare time.	Ich ... sehr gern in meiner **Freizeit.**
It's very relaxing.	Es ist sehr entspannend.
It's very absorbing.	Es **füllt** mich sehr **aus.**
Are you interested in sports?	Interessieren Sie sich für Sport?
What kind of sports do you do?	Welche **Sportarten** betreiben Sie?
Yes, I'm interested in most kinds of sports and enjoy playing myself.	Ja, ich interessiere mich für die meisten Sportarten und bin **selbst begeisterter Sportler.**
What do you enjoy reading?	Was lesen Sie **gern**?
I like non-fiction.	Ich lese gern **Sachbücher**.
I enjoy reading the daily papers.	Ich lese gern die **Tageszeitungen.**
What are you reading at the moment?	Was lesen Sie denn im Moment?
Who's your favourite author?	Wer ist Ihr **Lieblingsschriftsteller**?
I love ...'s books.	Ich liebe die Bücher von ...
This book reads well.	Dieses Buch **liest sich sehr gut**.

Konversation

Have you read the editorial today?	Haben Sie heute den **Leitartikel** gelesen?
The editorial is very controversial today.	Der Leitartikel ist heute sehr **kontrovers**.

Making a date

Sich verabreden

Do let me invite you to ...	**Darf ich Sie** zu ... einladen?
May I come and visit you?	**Darf ich Sie** besuchen kommen?
I think **we should meet**.	Ich glaube, **wir sollten uns treffen**.
How about meeting in ...?	**Wie wäre es**, wenn wir uns in ... treffen würden?
What about meeting after ...?	Vielleicht können wir uns nach ... treffen?
Would you like to meet for lunch?	Sollen wir gemeinsam zu Mittag essen?
I suggest that I come and meet you at ...	**Ich schlage vor**, ich treffe Sie in/bei ...
When could we meet?	Wann könnten wir uns treffen?
When would it **suit you**?	Wann würde es **Ihnen passen**?
Is next Thursday OK with you?	Passt es Ihnen nächsten Donnerstag?
How about ...?	Wie wäre es mit ...?
Could we make it a bit earlier/later?	**Ginge es** etwas früher/später?

Should we say Tuesday at 3 p.m.?	**Sollen wir** Dienstag um 15 Uhr **sagen**?
Where shall we meet, in ...?	Wo sollen wir uns treffen, in ...?
Yes, that'll be fine.	Ja, **das passt mir gut.**

Social activites

Gemeinsame Unternehmungen

I would like to visit the museum.	Ich würde gern **das Museum besuchen.**
There are some very interesting galleries **in the city centre.**	Es gibt einige sehr interessante **Galerien** in der Innenstadt.
I would like to see the exhibition about French Impressionism.	Ich würde gern die **Ausstellung über den französischen Impressionismus** besuchen.
Have you already visited the cathedral?	Haben Sie schon die **Kathedrale** besucht?
Let's take a look at the sights.	Lassen Sie uns **die Sehenswürdig-keiten** besichtigen.
Why don't we get through the cultural part **first?**	Warum **nehmen** wir uns nicht zuerst **den kulturellen Teil vor?**
There's so much to see **at the ... museum.**	**Es gibt** im ... Museum **so viel zu sehen.**
I never pass an opportunity **to visit it.**	**Ich lasse nie eine Gelegenheit aus,** es zu besuchen.
The current exhibition **has received** major exposures **in the press.**	Die **aktuelle Ausstellung** hat einen **großen Anklang** in der Presse erfahren.
Would you like a guide?	Hätten Sie gern einen **Führer?**

I'll take a catalogue.

Ich nehme einen **Katalog.**

We'll **tackle** this gallery **first.**

Nehmen wir uns diese Galerie **zuerst vor**.

Let's go to the cinema this evening.

Lassen Sie uns heute Abend **ins Kino gehen**.

What do you think about going to the cinema?

Was halten Sie davon, **ins Kino zu gehen**?

What's on at the moment?

Was läuft im Moment?

That film is very popular at the moment.

Der Film ist im Moment sehr **populär**.

The film has received very good reviews.

Der Film **hat sehr gute Kritiken bekommen**.

We should reserve tickets.

Wir sollten **Karten reservieren.**

I've seen that film before.

Ich habe diesen Film schon gesehen.

I'd love to see that film.

Ich würde diesen Film gern sehen.

Did you enjoy the film?

Hat Ihnen der Film **gefallen**?

I really enjoyed the film.

Mir hat der Film sehr gut gefallen.

I think it's overrated.

Ich glaube, er wird **überschätzt**.

The acting was very good.

Die **schauspielerischen Leistungen** waren sehr gut.

The plot was rather weak.

Die **Handlung** war etwas schwach.

The performance was a success.

Die (**Theater-**)**Aufführung** war ein Erfolg.

It's a very old play.

Es ist ein sehr altes Theaterstück.

Konversation

This is a controversial production.

Die Inszenierung ist umstritten.

The set was wonderful.

Das Bühnenbild war fantastisch.

I was very impressed by the acting.

Die schauspielerische Leistung hat mich sehr beeindruckt.

The acting was not very convincing.

Die schauspielerische Leistung war nicht sehr überzeugend.

An unknown actress is cast in the leading role.

Die Hauptrolle hat eine unbekannte Schauspielerin.

The play has a well-known cast.

Das Stück ist mit bekannten Schauspielern besetzt.

Saying goodbye

Sich verabschieden

Goodbye.

Auf Wiedersehen.

Have a good journey.

Gute Reise.

Give my regards to ...

Grüßen Sie ... von mir.

See you again soon!

Bis bald!

Say hello to ... from me.

Grüßen Sie ... von mir.

I'll take you to the ...

Ich bringe Sie noch zu ...

I enjoyed it very much.

Es hat mir sehr gut gefallen.

When are you leaving?

Um wie viel Uhr reisen Sie ab?

See you then!

Bis dann!

I'll be back in touch once ...

Ich melde mich bei Ihnen sobald ...

I definitely look forward to hearing from you.

Ich freue mich wirklich darauf, von Ihnen zu hören.

Konversation

I'm really looking forward to it.	Ich freue mich schon darauf.
It was nice to see you again.	Es hat mich gefreut, Sie wiederzusehen.
Nice to meet you, too.	Es hat mich auch gefreut.
You're leaving already? I'm sorry I didn't get more of a chance to speak to you.	Sie gehen schon? Es tut mir leid, dass ich nicht mehr Gelegenheit hatte, mit Ihnen zu reden.
I'm sure we'll have more opportunities later.	Ich bin sicher, dass wir dazu später noch Gelegenheiten haben werden.
It's been a pleasure talking to you.	Es war mir ein Vergnügen, mich mit Ihnen zu unterhalten.
Here's my card.	Hier ist meine Karte.
And do take mine.	Und hier ist meine.
I can put you in touch with some useful contacts.	Ich kann Ihnen einige nützliche Kontakte vermitteln.
I'll be pleased to see you whenever you get over to London.	Es würde mich freuen, Sie wiederzusehen, wenn Sie einmal wieder nach London kommen.
It's been lovely talking to you, but I'm afraid I really have to go now.	Es war schön, mit Ihnen zu reden, aber ich muss jetzt wirklich gehen.
We'll have to get together again soon.	Wir müssen uns unbedingt bald einmal wieder treffen.
Give me a ring when you're free.	Rufen Sie mich an, wenn Sie Zeit haben.

Konversation

Dialogbeispiele

Welcome	Begrüßung
A: Hello, you must be **Mr Pale! I'm so pleased to meet you.**	**A:** Guten Tag, Sie müssen Herr Pale sein! Es freut mich sehr, Sie kennenzulernen.
B: Hello, **Mrs Jones?** I'm glad to meet you, too.	**B:** Guten Tag, Frau Jones? **Freut mich ebenfalls, Sie kennen-zulernen.**
A: Did you have a good trip?	**A:** Hatten Sie eine gute Reise?
B: Yes, thank you. The flight was very comfortable.	**B:** Ja, vielen Dank. Der Flug war sehr angenehm.
A: I'm glad to hear that.	**A:** Freut mich, das zu hören.

A: Oh, there's Trevor Sharp, the **Senior Consultant of Mino Ltd. Trevor! Over here! Come and join us! Trev,** I haven't seen you for ages.	**A:** Ah. Da ist Trevor Sharp, der leitende Berater von Mino Ltd. Trevor! Hier drüben! Komm und leiste uns Gesellschaft! Trev, ich habe dich eine Ewigkeit nicht gesehen.
B: Hi, Mike. Nice to meet you. How are things?	**B:** Hallo Mike. Schön, dich zu sehen. Wie läuft's so?
A: Pretty good, thanks.	**A:** Ziemlich gut, danke.
B: I'm glad to hear that.	**B:** Freut mich zu hören.

Konversation

A: **Trevor, I'd like you to meet my two friends from London. They're businessmen, too. Boys! This is Trevor Sharp, Senior Consultant of a big electronic company. Trev,** let me introduce you to **Peter Ross and Arthur May.**

B: How do you do, I'm pleased to meet you.

C: **How do you do,** I'm delighted to meet you.

A: Trevor, ich möchte, dass du meine beiden Freunde aus London kennen lernst. Sie sind ebenfalls Geschäftsleute. Jungs! Das ist Trevor Sharp, leitender Berater einer großen Elektrofirma. Trev, lass mich dir Peter Ross und Arthur May **vorstellen.**

B: Guten Tag, sehr erfreut, Sie kennenzulernen.

C: Guten Tag, sehr erfreut, Sie kennenzulernen.

Becoming acquainted with someone

Miteinander bekannt werden

A: **And you, John,** what do you do? I know Janet just told me, but I didn't catch it.

B: **Actually,** I'm assistant director of sales. **Our** director is away on business at the moment, so I'm filling in for him. And what do you do?

A: Und Sie, John, was machen Sie? Ich weiß, Janet hat es mir gerade erzählt, aber ich habe es nicht richtig verstanden.

B: Eigentlich bin ich stellvertretender Leiter der Verkaufsabteilung. Unser Abteilungsleiter ist gerade auf Geschäftsreise, also vertrete ich ihn. Und was machen Sie?

Konversation

A: I used to **design websites;** now I just tell other people how to do it and when they have to be done with it.

A: Früher habe ich Webseiten gestaltet; jetzt sage ich einfach anderen Mitarbeitern, wie sie es machen sollen, und bis wann sie fertig sein müssen.

B: **Oh.**

B: Ach so.

A: **Yeah, everybody says that. But** it's really an interesting job **and it's creative, too. You have to solve quite a variety of technical problems.**

A: Ja, das sagen alle. Aber es ist wirklich ein interessanter Job, und auch kreativ. Man muss viele verschiedene technische Probleme lösen.

A: And what do you do at the weekend, **Peter?**

A: Und was machen Sie am Wochenende, Peter?

B: **It depends on the time of year. I** go biking **in the summer. In winter,** I often go swimming. **And you?**

B: Es kommt auf die Jahreszeit an. Im Sommer fahre ich Rad. Im Winter gehe ich oft schwimmen. Und Sie?

A: **I shop, go swimming, sometimes** go for bike rides **with a friend. And** I go to museums, **too, if there's an interesting** exhibition. **I get ideas for making adverts more interesting while walking around a museum.**

A: Ich gehe einkaufen, gehe schwimmen, manchmal mache ich mit einer Freundin eine Fahrradtour. Und ich besuche Museen, wenn es eine interessante Ausstellung gibt. Beim Gang durch ein Museum komme ich auf Ideen, wie man Werbung interessanter gestalten kann.

Konversation

C: Yes, I get ideas in museums too – in the Manchester museums. We have quite a few. What about you, John, how do you spend your weekends?

C: Ja, ich komme in Museen auch auf Ideen – in den Museen von Manchester. Wir haben ziemlich viele davon. Und was ist mit Ihnen, John, wie verbringen Sie Ihre Wochenenden?

D: I work out, spend some time with my daughters.

D: Ich trainiere, und ich verbringe Zeit mit meinen Töchtern.

A: Oh, so you have children.

A: Ach, Sie haben Kinder?

D: Yes, two daughters. My wife and I are divorced, but I get the girls every other weekend.

D: Ja, zwei Töchter. Meine Frau und ich sind geschieden, aber ich bekomme die Mädchen jedes zweite Wochenende.

A: What are your hobbies?

A: Welche Hobbys haben Sie?

B: Well, I love painting. It's very absorbing. What about you?

B: Also, ich male sehr gern. Es füllt mich sehr aus. Und Ihr Hobby?

A: I enjoy riding very much.

A: Ich reite unheimlich gern.

B: Isn't that a bit expensive?

B: Ist das nicht ein bisschen teuer?

A: Yes, sometimes. But I love it so much that it's worth it.

A: Ja, schon. Aber ich habe solche Freude daran, dass es mir das wert ist.

Konversation

A: Have you got any children?

B: Yes, two. A girl and a boy.

A: And how old are they?

B: The elder one is 17 and the younger is only nine.

A: That's a big difference! Are they both still at school?

B: My son is still at primary school, of course, but my daughter is doing an apprenticeship and has already left home.

A: That's interesting. What kind of apprenticeship is she doing?

B: She's training to be a jeweller.

A: Haben Sie Kinder?

B: Ja, zwei. Ein Mädchen und einen Jungen.

A: Und wie alt sind sie?

B: Die Ältere ist 17 und der Jüngere ist erst neun.

A: Das ist ja ein großer Unterschied! Besuchen beide noch die Schule?

B: Mein Sohn besucht natürlich noch die Grundschule, aber meine Tochter macht eine Lehre und ist schon aus dem Haus.

A: Das ist interessant. Was für eine Lehre macht sie denn?

B: Sie macht eine Ausbildung zur Juwelierin.

Konversation

A: Are you interested in sports?

B: Yes, I'm interested in most kinds of sports and enjoy playing myself.

A: Interessieren Sie sich für Sport?

B: Ja, ich interessiere mich für die meisten Sportarten und bin selbst begeisterter Sportler.

A: What kind of sports do you do?

A: Welchen Sport betreiben Sie?

B: I play tennis **and I also** play football **with some friends sometimes. And you?**

B: Ich spiele Tennis und manchmal spiele ich auch mit ein paar Freunden Fußball. Und Sie?

A: **Oh, I prefer to watch it on TV.**

A: Oh, ich bevorzuge Sport im Fernsehen.

Making a date

Sich verabreden

A: When do you leave for **Berlin, Peter?**

A: Wann fahren Sie nach Berlin zurück, Peter?

B: **The day after tomorrow, Ben.**

B: Übermorgen, Ben.

A: **I'm here until the following week, you know. So we should have a little** farewell party. **I'll call around and see if people are free tomorrow evening. Unless you have something else in mind?**

A: Ich bin bis nächste Woche hier, wissen Sie. Also sollten wir eine kleine Abschiedsparty machen. Ich werde herumtelefonieren und schauen, ob die Leute morgen Abend Zeit haben. Das heißt, wenn Sie nichts anderes vorhaben?

B: **No, Ben.** I'd like that.

B: Nein, Ben. Das würde mir Spaß machen.

Konversation

A: I'm free tomorrow afternoon, so let's make **an excursion together. Do you know Staten Island?**

B: **I know it's there, but** I **haven't been there yet.**

A: **It's not the island that's so interesting, but the means of getting there and back – by ferry. If you want to get to know a city on the water then take a boat. So,** I'll pick you up **at the hotel at two o'clock.**

B: **Great!** I'm really looking forward to it, **Ben.**

A: Morgen Nachmittag habe ich frei, lassen Sie uns einen Ausflug zusammen machen. Kennen Sie Staten Island?

B: Ich weiß, dass es das gibt, aber ich bin bisher noch nicht dort gewesen.

A: Die Insel ist nicht so interessant, aber die Art und Weise, wie man hin- und zurückkommt – mit der Fähre. Wenn Sie eine Stadt am Wasser kennen lernen wollen, nehmen Sie ein Boot. Also, ich hole Sie dann um zwei vom Hotel ab.

B: Großartig! Ich freue mich sehr darauf, Ben.

Konversation

A: **Will you be staying for the** final session, **John?**

B: **No, I have to get moving. But, look, join me for a drink afterwards. You can then fill me in on the rest of the day's proceedings.** I'll wait for you in the lobby

A: Werden Sie bis zur Abschlusssitzung bleiben, John?

B: Nein, ich muss weiter. Aber gehen wir danach doch noch auf einen Drink. Sie können mich dann über den Rest des Tagesverlaufs informieren. Ich warte in der Lobby

– if you have nothing else in mind, I mean.

auf Sie – wenn Sie nichts anderes vorhaben, meine ich.

A: No, of course. That's a great idea. I'll come straight to the hotel after the session ends.

A: Nein, natürlich nicht. Eine großartige Idee. Ich komme nach Ende der Sitzung direkt ins Hotel.

Social Activites

Gemeinsame Unternehmungen

A: I would like to see some art.

A: Ich würde mir gern ein wenig Kunst ansehen.

B: That's an excellent idea. Do you mind if I accompany you to the museum?

B: Das ist eine hervorragende Idee. Hätten Sie etwas dagegen, wenn ich Sie ins Museum begleiten würde?

A: On the contrary, I would appreciate it! But I would like to visit some art galleries, too.

A: Im Gegenteil, das wäre sehr angenehm. Aber ich würde auch gern einige Kunstgalerien besuchen.

B: There are some excellent ones in the city centre. Very modern. Very avant-garde.

B: Es gibt einige sehr gute in der Innenstadt. Sehr modern. Sehr avantgardistisch.

A: Indeed? So, let's tackle the galleries first, then go to the museum ...

A: Tatsächlich? Nun, nehmen wir uns zuerst die Galerien vor, anschließend gehen wir ins Museum ...

Konversation

B: ... and after getting through the cultural part, we should have dinner together.

B: ... und wenn wir den kulturellen Teil hinter uns haben, sollten wir gemeinsam zu Abend essen.

A: Brilliant idea! I'm convinced you know a pretty good restaurant in town.

A: Tolle Idee! Ich bin überzeugt davon, dass Sie ein wirklich gutes Restaurant in der Stadt kennen.

A: Have you any plans for this evening?

A: Haben Sie heute Abend schon etwas vor?

B: **Actually,** I have nothing special in mind.

B: Eigentlich habe ich nichts besonderes vor.

A: What do you think about **going to the cinema?**

A: Was halten Sie davon, ins Kino zu gehen?

B: **Good idea!** What's on **at the moment?**

B: Gute Idee! Was läuft zur Zeit?

A: **The new film by NN: It's very popular in Britain at the moment.**

A: Der neue Film von NN: Er ist in England momentan sehr populär.

B: **Yes, I've heard of it. It has received excellent** reviews.

B: Ja, ich habe davon gehört. Er hat hervorragende Kritiken bekommen.

Saying goodbye	Sich verabschieden
A: When are you leaving?	A: Um wie viel Uhr reisen Sie ab?
B: My airplane leaves at 5.15, so I will arrive in Berlin in time to have dinner with my family.	B: Mein Flugzeug startet um 17.15 Uhr, so dass ich in Berlin rechtzeitig ankomme, um mit meiner Familie zu Abend zu essen.
A: Well, goodbye then, and have a good journey. And remember: I'll be visiting Germany next spring.	A: Nun, dann auf Wiedersehen und eine gute Reise. Und denken Sie daran: Ich komme im nächsten Frühjahr nach Deutschland.
B: I'm really looking forward to it. See you then!	B: Ich freue mich schon darauf. Bis dann!

A: It was nice to see you again, Angela.	A: Es hat mich gefreut, Sie wiederzusehen, Angela.
B: Nice to see you, too, Harry.	B: Es hat mich auch gefreut, Harry.
A: I'll be back in touch once I've had a few more meetings and made some decisions.	A: Ich melde mich bei Ihnen, sobald ich einige weitere Besprechungen geführt und ein paar Entscheidungen getroffen habe.
B: Well, I definitely look forward to hearing from you. Goodbye.	B: Also, ich freue mich wirklich darauf, von Ihnen zu hören. Auf Wiedersehen.

Konversation

A: **Oh,** you're leaving already?

A: Ach, Sie gehen schon?

B: **Yes,** I've got to catch an early flight **tomorrow morning.**

B: Ja, ich muss morgen einen fruhen Flug nehmen.

A: **Well, I'm sorry I** didn't get more of a chance to speak to you.

A: Also, es tut mir leid, dass ich nicht mehr Gelegenheit hatte, mit Ihnen zu reden.

B: **I'm sure we'll** have more opportunities later.

B: Ich bin sicher, dass wir dazu später noch Gelegenheiten haben werden.

A: ... It's been a pleasure talking to you, **Mr. Grant.** Here's my card.

A: ... Es war mir ein Vergnügen, mich mit Ihnen zu unterhalten, Mr. Grant. Hier ist meine Karte.

B: And do take mine. I'll be pleased to see you **whenever you get over to London.**

B: Und hier ist meine. Es würde mich freuen, Sie wiederzusehen, wenn Sie einmal in London sind.

A: **If you ever have to go to Ger-many** I can put you in touch with **some useful contacts there, too.**

A: Sollten Sie jemals nach Deutsch-land müssen, kann ich Ihnen auch dort einige nützliche Kontakte vermitteln.

Anhang

Rechtsformen

Deutschland	UK	USA
Aktiengesellschaft (AG)	joint-stock company, public limited company (plc)	(stock) corporation, public corporation (Inc.)
eingetragene Gesellschaft	registered company	incorporated company (Inc.)
eingetragene Genossenschaft (eG)	(registered) cooperative	(incorporated) cooperative
Einzelunternehmen	sole proprietor(ship), sole trader	sole proprietor(ship)
gemeinnützige Gesellschaft	non-profit organization	non-profit organization
Gesellschaft bürgerlichen Rechts (GbR)	civil-law company	civil-law company
Gesellschaft mit beschränkter Haftung (GmbH)	private limited company (Ltd., Limited)	close(d) corporation, limited liability company (LLC)
Kapitalgesellschaft	joint-stock company	corporation (Inc., incorporated)
Kommanditgesellschaft (KG)	limited partnership	limited (liability) partnership (LLP)
Kommanditgesellschaft auf Aktien (KGaA)	commercial partnership limited by shares	commercial partnership limited by shares
Offene Handelsgesellschaft (OHG)	general partnership	general partnership (GP)
öffentlich-rechtliche Gesellschaft	public-law corporation	public-law corporation
Personengesellschaft	partnership	partnership

Unternehmensaufbau

Chairman and Managing Director
Aufsichtsratsvorsitzende(r)/Vorstandsvorsitzende(r)

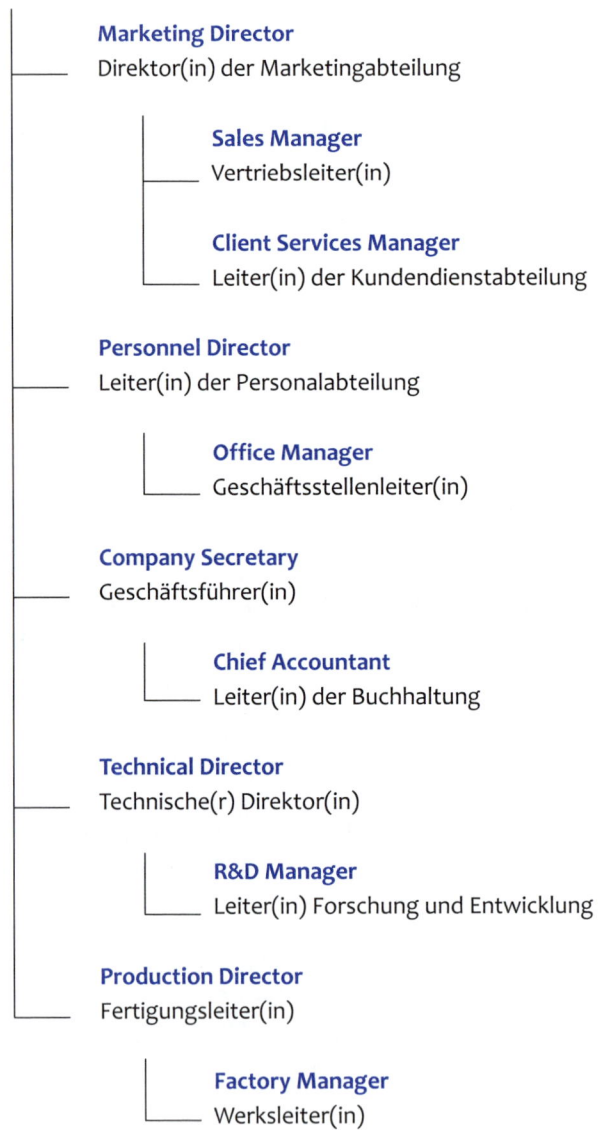

Marketing Director
Direktor(in) der Marketingabteilung

Sales Manager
Vertriebsleiter(in)

Client Services Manager
Leiter(in) der Kundendienstabteilung

Personnel Director
Leiter(in) der Personalabteilung

Office Manager
Geschäftsstellenleiter(in)

Company Secretary
Geschäftsführer(in)

Chief Accountant
Leiter(in) der Buchhaltung

Technical Director
Technische(r) Direktor(in)

R&D Manager
Leiter(in) Forschung und Entwicklung

Production Director
Fertigungsleiter(in)

Factory Manager
Werksleiter(in)

Die deutschen Übersetzungen sind nur ungefähre Entsprechungen und können je nach Unternehmen variieren.

Occupational Titles

accountant	Buchhalter(in), Rechnungsprüfer(in)
accounts manager	Leiter(in) der Buchhaltung
administrative manager	Verwaltungsdirektor(in), Geschäftsführer(in)
advertising director/manager	Leiter(in) der Werbeabteilung, Werbeleiter(in)
agent	Vertreter(in)
area manager	Bereichsleiter(in), Gebietsleiter(in)
assistant	Assistent(in), Mitarbeiter(in), Stellvertreter(in)
assistant ...	...assistent(in), stellvertretende(r) ...
auditor	Wirtschaftsprüfer(in), Rechnungsprüfer(in)
bank director/manager	Bankdirektor(in)
branch manager	Filialleiter(in), Zweigstellen- leiter(in)
broker	(Börsen-)Makler(in), Broker(in)
business (sales) manager	kaufmännische(r) Direktor(in)
business consultant	Unternehmensberater(in)
buyer	Einkäufer(in)
chairman	Vorsitzender, Präsident
chairperson	Vorsitzende(r), Präsident(in)
chairperson of the board (of directors)	Vorstandsvorsitzende(r)
chairperson of the supervisory board	Aufsichtsratsvorsitzende(r)
chairperson and managing director (UK)	Vorstandsvorsitzende(r)
chairwoman	Präsidentin, Vorsitzende
chief ...	Chef..., Haupt..., leitende(r) ...
chief accountant	Hauptbuchhalter(in), Leiter(in) der Buchhaltung
chief engineer	leitende(r) Ingenieur(in)
chief executive (officer) (US), **CEO**	Hauptgeschäftsführer(in), Vorstandsvorsitzende(r)

chief financial officer *(US)*, **CFO**	Leiter(in) der Finanzabteilung
civil servant	Staatsbedienstete(r), Beamte(r)
commercial representative	Handelsvertreter(in)
consultant	Berater(in)
copywriter	Werbetexter(in)
customer relations manager	Kundendienstleiter(in)
customer service manager	Kundendienstleiter(in)
data processing manager	Leiter(in) der EDV-Abteilung, Leiter(in) des Rechenzentrums
departmental manager	Abteilungsleiter(in), Referatsleiter(in)
department head	Abteilungsleiter(in), Referatsleiter(in)
deputy	...assistent(in), stellvertretende(r) ...
design engineer	Konstrukteur(in)
development director/manager	Leiter(in) der Entwicklungsabteilung
development engineer	Entwicklungsingenieur(in)
director	Direktor(in), Leiter(in), Vorstandsmitglied
director general	Generaldirektor(in), Hauptgeschäfts-führer(in)
director of finance	Leiter(in) der Finanzabteilung
director of marketing	Marketingleiter(in)
director of planning	Leiter(in) der Planungsabteilung
director of public relations/PR	PR-Leiter(in), Leiter(in) der Abteilung Öffentlichkeitsarbeit
director of sales	Verkaufsleiter(in)
director of the ... department	Abteilungsleiter(in) ...
distribution director/manager	Vertriebsleiter(in)
district manager	Gebietsleiter(in), Bezirksleiter(in)
divisional director/manager	Geschäftsbereichsleiter(in)
editor	Redakteur(in)
editor-in-chief	Chefredakteur(in)
employee	Angestellte(r)
engineer	Ingenieur(in)
engineering manager	Leiter(in) der technischen Abteilung
export director/manager	Leiter(in) der Exportabteilung

factory manager	Fabrikdirektor(in), Werksleiter(in)
field sales manager	Außendienstleiter(in)
financial manager	Leiter(in) der Finanzabteilung
general (executive) manager, GM	Generaldirektor(in), leitende(r) Direktor(in), Geschäftsführer(in)
head	Chef(in), Leiter(in), Direktor(in)
head of department/division/section	Abteilungsleiter(in)
head of staff	Personalleiter(in), Leiter(in) der Personalabteilung
human resources manager	Personalleiter(in), Leiter(in) der Personalabteilung
import director/manager	Leiter(in) der Importabteilung
lawyer, solicitor (UK); attorney (US)	Rechtsanwalt/Rechtsanwältin
lecturer	Dozent(in), Lektor(in)
logistics manager	Leiter(in) der Logistikabteilung
management consultant	Unternehmensberater(in)
manager	Geschäftsführer(in), (Abteilungs-) Leiter(in)
managing director (UK), MD	geschäftsführende(r) Direktor(in), Hauptgeschäftsführer(in)
managing partner	geschäftsführende(r) Gesellschafter(in)
marketing (and sales) manager	Verkaufsleiter(in), Vertriebsleiter(in)
marketing assistant	Assistent(in) der Marketingabteilung
marketing manager	Leiter(in) der Marketingabteilung
office manager	Geschäftsstellenleiter(in)
office staff	Bürokräfte
partner	Gesellschafter(in), Teilhaber(in), Partner(in)
personal assistant to managing director, PA (UK)	Sekretär(in) der Geschäftsleitung, Direktionsassistent(in)
personnel director/manager	Personalleiter(in)
planning director	Leiter(in) der Planungsabteilung
plant manager	Fabrikdirektor(in), Werksdirektor(in)
president	Vorstandsvorsitzende(r)

press officer	Pressereferent(in), Pressesprecher(in)
principal	Direktor(in)
private secretary	Privatsekretär(in)
product manager	Produktmanager(in), Produkt-betreuer(in)
production director/manager	Fertigungsleiter(in), Produktions-leiter(in), Betriebsleiter(in)
programmer	Programmierer(in)
project leader/manager	Projektleiter(in)
public relations/PR director	Leiter(in) der Abteilung Öffentlichkeits-arbeit, Leiter(in) der PR-Abteilung, Pressesprecher(in)
public servant	Staatsbedienstete(r), Beamte(r)
publicity manager	Werbeleiter(in)
purchasing executive/officer	Einkäufer(in)
purchasing manager	Einkaufsleiter(in), Leiter(in) der Abteilung Einkauf
regional director/manager	Bezirksleiter(in), Gebietsleiter(in)
research director/manager	Leiter(in) der Forschungsabteilung
sales director/manager	Verkaufsleiter(in), Vertriebsleiter(in)
sales engineer	Verkaufsingenieur(in), Vertriebs-ingenieur(in)
salesman	Verkäufer
salesperson	Verkäufer(in)
sales representative	Handelsvertreter(in), Verkäufer(in)
saleswoman	Verkäuferin
semi-skilled worker	angelernte(r) Arbeiter(in)
senior manager	leitende(r) Mitarbeiter(in)
service manager	Leiter(in) der Kundendienstabteilung
shareholder (UK)	Aktionär(in), Anteilseigner(in)
shipping agent	Spediteur(in)
skilled worker	Facharbeiter(in)
special assistant to managing director	Sekretär(in) der Geschäftsleitung, Direktionsassistent(in) mit besonderen Aufgaben

staff director/manager	Leiter(in)/Direktor(in) der Personal- abteilung, Personalleiter(in), Personalchef(in)
stockholder *(US)*	Aktionär(in), Anteilseigner(in)
(computer) systems manager	Leiter(in) der EDV-Abteilung
team leader	Gruppenleiter(in), Teamleiter(in)
technical director/manager	technische(r) Direktor(in)/Leiter(in)
treasurer *(US)*	Finanzdirektor(in)
unskilled worker	ungelernte Arbeitskraft
vice chairman, vice president *(US)*	stellvertretende(r) Generaldirektor(in)
works manager	Werksleiter(in), Fabrikdirektor(in)

Berufsbezeichnungen

Abteilungsleiter(in)	department head, (departmental) manager
Abteilungsleiter(in) ...	director of the ... department, head of the ... department/ division/section
Aktionär(in)	shareholder *(UK)*, stockholder *(US)*
angelernte(r) Arbeiter(in)	semi-skilled worker
Angestellte(r)	employee
Assistent(in)	assistant
...assistent(in)	assistant ..., deputy ...
Assistent(in) der Marketingabteilung	marketing assistant
Aufsichtsratsvorsitzende(r)	chairperson of the supervisory board
Außendienstleiter(in)	field sales manager
Bankdirektor(in)	bank director/manager
Beamte(r)	civil servant, public servant
Berater(in)	consultant
Bereichsleiter(in)	area manager
Betriebsleiter(in)	production director/manager
Bezirksleiter(in)	district manager, regional director/ manager
Börsenmakler(in)	broker
Buchhalter(in)	accountant
Bürokräfte	office staff
Chefredakteur(in)	editor-in-chief
Direktionsassistent(in)	personal assistant to managing director *(UK)*
Direktor(in)	director, principal
Dozent(in)	lecturer
Einkäufer(in)	buyer, purchaser, purchasing executive/officer
Einkaufsleiter(in)	purchasing manager
Entwicklungsingenieur(in)	development engineer
Fabrikdirektor(in)	factory/plant manager

Facharbeiter(in)	skilled worker
Filialleiter(in)	branch manager
Finanzdirektor(in)	financial director, treasurer *(US)*
Gebietsleiter(in)	district manager, area manager
Generaldirektor(in)	director general; managing director, MD *(UK)*; chief executive (officer), CEO *(US)*
Geschäftsbereichsleiter(in)	divisional director/manager
Gesellschafter(in)	partner, director
geschäftsführende(r) Direktor(in)	managing director, MD *(UK)*, chief executive (officer), CEO *(US)*
geschäftsführende(r) Gesellschafter	managing partner
Geschäftsführer(in)	manager
Geschäftsstellenleiter(in)	office manager
Gruppenleiter(in)	team leader
Handelsvertreter(in)	commercial representative, sales representative
Hauptbuchhalter(in)	chief accountant
Hauptgeschäftsführer(in)	general (executive) manager, GM; managing director, MD *(UK)*
Ingenieur(in)	engineer
kaufmännische(r) Direktor(in)	business (sales) manager
Konstrukteur(in)	design engineer
Kundenbetreuer(in)	account manager
Kundendienstleiter(in)	customer relations/service manager
leitende(r) Ingenieur(in)	chief engineer
leitende(r) Mitarbeiter(in)	senior manager, executive
Leiter(in) der Abteilung Öffentlichkeitsarbeit	public relations director, PR director
Leiter(in) der Buchhaltung	accounts manager
Leiter(in) der EDV-Abteilung	data processing manager, (computer) systems manager
Leiter(in) der Entwicklungsabteilung	development director/manager
Leiter(in) der Exportabteilung	export director/manager
Leiter(in) der Finanzabteilung	director of finance, financial manager, chief financial officer, CFO *(US)*

Leiter(in) der Forschungsabteilung	research director/manager
Leiter(in) der Importabteilung	import manager
Leiter(in) der Kundendienstabteilung	customer service manager
Leiter(in) der Logistikabteilung	logistics manager
Leiter(in) der Marketingabteilung	marketing manager
Leiter(in) der Personalabteilung	personnel director/manager, staff director/manager, human resources manager
Leiter(in) der Planungsabteilung	director of planning, planning director
Leiter(in) des Rechenzentrums	data processing manager, (computer) systems manager
Leiter(in) der technischen Abteilung	engineering manager
Leiter(in) der Werbeabteilung	advertising director/manager
Marketingleiter(in)	director of marketing
Personalleiter(in)	head of staff, human resources manager, personnel director/ manager
Präsident(in)	chairman, chairwoman, chairperson
Pressesprecher(in)	press officer, PR director, spokes-person
Privatsekretär(in)	private secretary
PR-Leiter(in)	director of public relations, PR director
Produktionsleiter(in)	production director/manager
Produktmanager(in)	product manager
Programmierer(in)	programmer
Projektleiter(in)	project leader/manager
Rechnungsprüfer(in)	accountant, auditor
Rechtsanwalt/Rechtsanwältin	lawyer, solicitor (UK), attorney (US)
Redakteur(in)	editor
Spediteur(in)	shipping agent
stellvertretende(r) ...	assistant ..., deputy ..., vice ...
stellvertretende(r) Generaldirektor(in)	vice chairman, vice president (US)
technische(r) Direktor(in)/Leiter(in)	technical director/manager
Teilhaber(in)	partner, director
ungelernte Arbeitskraft	unskilled worker

Unternehmensberater(in)	business/management consultant
Verkäufer(in)	salesman, saleswoman, salesperson
Verkaufsleiter(in)	director of sales, sales director/ manager, marketing (and sales) manager
Vertreter(in)	agent, sales representative
Vertriebsleiter(in)	distribution director/manager, sales director/manager
Verwaltungsdirektor(in)	administrative manager
Vorsitzende(r)	chairman, chairwoman, chairperson
Vorstandsvorsitzende(r)	chairman/chairwoman/chairperson of the board (of directors), chairman/chairwoman/chairperson and managing director (UK), chief executive officer, CEO (US)
Werbeleiter(in)	publicity manager, advertising director/manager
Werbetexter(in)	copywriter
Werksleiter(in)	factory/plant/works manager
Wirtschaftsprüfer(in)	auditor
Zweigstellenleiter(in)	branch manager

Im Englischen werden Berufsbezeichnungen bei der Anrede, auch in Briefen, üblicherweise groß geschrieben.

In deutschen Unternehmen werden zunehmend Titel aus dem anglo-amerikanischen Raum zu verwenden. Dabei ist allerdings zu beachten, dass sich die Aufgabenbereiche und Funktionen der einzelnen Positionen in der deutschen und der amerikanischen bzw. britischen Unternehmensstruktur stark unterscheiden.

„Manager", zum Beispiel, bedeutet vor allem im amerikanischen Englisch nicht generell Abteilungsleiter, sondern wird für eine verantwortungsvolle Position in einem bestimmten Bereich verwendet. Differenziert wird der Grad an Verantwortung anhand des Artikels:

He's the sales manager.	Er ist (der) Verkaufsleiter.
He's a sales manager.	sinngemäß: Er ist Leiter eines Verkaufsteams.

Curriculum Vitae *(UK)*/**Resumé** *(US)*

Personal Information:
Name: Thomas Smith
Address: 5 Harbour Street, London, SW9 8RU
Telephone: 0181-1234567
Mobile: 0734-9876432
Email: thomas.smith@mail.uk
Nationality: British

Education:

10/08 – 05/09	**Know-How Institute of Management**, London: Advanced Diploma Advertising, E-Business & PR
10/07 – 08/08	**University of London, Business School**, final year B.A. International Business
10/06 – 07/07	**Philipps University Marburg**, Germany: one year Erasmus exchange programme - International Business
10/04 – 08/06	**University of London**, Business School, B.A. International Business & German
09/98 – 06/04	**Two Towers Secondary School**, London: A levels German and Mathematics

Professional Experience:

02/12 – 05/15	**AIC Bank Headquarters**, London: Investment Administrator
04/09 – 10/11	**Gilderoy**, London: Temporary Account Manager
01/06 – 10/06	**Brown David International**, London: internship with focus on market research and analysis
06/04 – 04/05	Guppi, London: Sales Consultant

Skills and Interests:

fluent German, good working knowledge of French, sailing, web design, photography

References can be requested from:

Mrs Sarah McLean	Prof. John Knower
Human Resources Management	Business School
AIC Bank Headquarters	University of London
sarah.mclean@aicbank.co.uk	knower@uol.ac.uk

Lebenslauf

Persönliche Daten:
Name: Thomas Smith
Adresse: 5 Harbour Street, London, SW9 8RU
Telefon: 0181-1234567
Mobil: 0734-9876432
Email: thomas.smith@mail.uk
Nationalität: Brite
Geburtsdatum: 29.01.1985

Ausbildung:

10/08 – 05/09	**Know-How Management Institut**, London: Abschluss Werbung, E-Business & PR
10/07 – 08/08	**Universität London**, Fakultät für Wirtschaftswissenschaften: Abschluss: B.A. International Business (VWL)
10/06 – 07/07	**Philipps-Universität Marburg**, Deutschland: Auslandsjahr als Erasmus Student (VWL)
10/04 – 08/06	**Universität London**, Fakultät für Wirtschaftswissenschaften: B.A. International Business (VWL)
09/98 – 06/04	**Two Towers Secondary School**, London: A-Levels in Deutsch und Mathematik

Beruflicher Werdegang:

02/12 – 05/15	AIC Bank Headquarters, London: Sachbearbeiter Investment
04/09 – 10/11	Gilderoy, London: Kundenbetreuer
01/06 – 10/06	Brown David International, London: Praktikum im Bereich Marktforschung und Datenanalyse
06/04 – 04/05	Guppi, London: Verkaufsberater

Sonstige Qualifikationen und Interessen:
Deutsch (fließend), Französisch (gut), Segeln, Webdesign, Fotografie

Thomas Smith
London, 16.05.2015

Die Zahlen

Die Grundzahlen		Die Ordnungszahlen	
0	nought, zero	1st	first
1	one	2nd	second
2	two	3rd	third
3	three	4th	fourth
4	four	5th	fifth
5	five	6th	sixth
6	six	7th	seventh
7	seven	8th	eighth
8	eight	9th	ninth
9	nine	10th	tenth
10	ten	11th	eleventh
11	eleven	12th	twelfth
12	twelve	13th	thirteenth
13	thirteen	14th	fourteenth
14	fourteen	15th	fifteenth
15	fifteen	16th	sixteenth
16	sixteen	17th	seventeenth
17	seventeen	18th	eighteenth
18	eighteen	19th	nineteenth
19	nineteen	20th	twentieth
20	twenty	21st	twenty-first
21	twenty-one	22nd	twenty-second
22	twenty-two	23rd	twenty-third
etc.		24th	twenty-fourth
30	thirty	25th	twenty-fifth
40	forty	26th	twenty-sixth
50	fifty	27th	twenty-seventh
60	sixty	28th	twenty-eighth
70	seventy	29th	twenty-ninth
80	eighty	30th	thirtieth
90	ninety	40th	fortieth
100	one hundred	50th	fiftieth
101	one hundred and one	60th	sixtieth
200	two hundred	70th	seventieth
1,000	one thousand	80th	eightieth
1,001	one thousand and one	90th	ninetieth
1,000,000	one million	100th	(one) hundredth
		137th	(one) hundred and thirty-seventh
		1,000th	(one) thousandth

Numbers

cardinal numbers		ordinal numbers	
0	null	1.	erste
1	eins	2.	zweite
2	zwei	3.	dritte
3	drei	4.	vierte
4	vier	5.	fünfte
5	fünf	6.	sechste
6	sechs	7.	sieb(en)te
7	sieben	8.	achte
8	acht	9.	neunte
9	neun	10.	zehnte
10	zehn	11.	elfte
11	elf	12.	zwölfte
12	zwölf	13.	dreizehnte
13	dreizehn	14.	vierzehnte
14	vierzehn	15.	fünfzehnte
15	fünfzehn	16.	sechzehnte
16	sechzehn	17.	siebzehnte
17	siebzehn	18.	achtzehnte
18	achtzehn	19.	neunzehnte
19	neunzehn	20.	zwanzigste
20	zwanzig	21.	einundzwanzigste
21	einundzwanzig	22.	zweiundzwanzigste
22	zweiundzwanzig	23.	dreiundzwanzigste
23	dreiundzwanzig	24.	vierundzwanzigste
30	dreißig	25.	fünfundzwanzigste
40	vierzig	26.	sechsundzwanzigste
50	fünfzig	27.	siebenundzwanzigste
60	sechzig	28.	achtundzwanzigste
70	siebzig	29.	neunundzwanzigste
80	achtzig	30.	dreißigste
90	neunzig	40.	vierzigste
100	(ein)hundert	50.	fünfzigste
101	hundert(und)eins	60.	sechzigste
230	zweihundert(und)dreißig	70.	siebzigste
538	fünfhundert(und)achtunddreißig	80.	achtzigste
1 000	(ein)tausend	90.	neunzigste
10 000	zehntausend	100.	(ein)hundertste
100 000	(ein)hunderttausend	230.	zweihundert(und)-dreißigste
1 000 000	eine Million	1 000.	(ein)tausendste

0 is always read as *null*.

Maße und Gewichte

Seit 1996 gilt in Großbritannien parallel das internationale Einheitensystem
(Système International d'Unités = SI).

Längenmaße

1 mm		0.03937 inches
1 cm	10 mm	0.3937 inches
1 m	100 cm	3.281 feet
1 km	1000 m	0.62138 miles
1 inch		2,54 cm
1 foot	12 inches	30,48 cm
1 yard	3 feet	91,44 cm
1 mile	5280 feet	1,609 km
1 acre		4046,8 m²

Handelsgewichte

1 Tonne	1.000 kg	0.984 ton (UK)/ 1.102 tons (US)
1 dt. Pfund	0,5 kg	
1 ounce		28,35 g
1 pound	16 ounces	453,59 g
1 ton	2,240 s. (UK) 2,000 lbs. (US)	1016,05 kg (UK) 907,19 kg (US)
1 stone	14 pounds	6,35 kg

Flüssigkeitsmaße

1 l	1.76 pints (UK) 0.88 quarts (UK) 0.22 gallons (UK)	2.11 pints (US) 1.06 quarts (US) 0.26 gallons (US)
1 gill	0,142 l (UK)	0,118 l (US)
1 pint	0,568 l (UK)	0,473 l (US)
1 quart 2 pints	1,136 l (UK)	0,946 l (US)
1 gallon 4 quarts	4,546 l (UK)	3,785 l (US)

Temperaturumrechnung

Grad Celsius in Grad Fahrenheit: Grad Celsius mal 9 geteilt durch 5 plus 32
Grad Fahrenheit in Grad Celsius: Grad Fahrenheit minus 32 mal 5 geteilt durch 9

Celsius °C	Fahrenheit °F	Celsius °C	Fahrenheit °F	Celsius °C	Fahrenheit °F
−20	−4	0	32	25	77
−17,8	0	5	41	30	86
−15	5	10	50	35	95
−10	14	15	59	37,8	100
−5	23	20	68		

Each headword is highlighted in blue •——

Pronunciation is given in international phonetic alphabet (IPA) •

Main spoken emphasis is indicated •

The gender of German nouns is given •

Irregular verbs are marked •

Arabic numerals separate different meanings of a headword •

A swung dash replaces the headword •

Mineralöl [mineˈraːløːl] *n* mineral oil
Mineralölkonzern [mineˈraːløːlkɔntsɛrn] *m* oil company
Mineralölsteuer [mineˈraːløːlʃtɔyɐ] *f* mineral oil tax
Minimalkosten [miniˈmalkɔstən] *pl* minimum cost
Minimum [ˈmɪnimum] *n* minimum
Minus [ˈmiːnus] *n* deficit
Mischfinanzierung [ˈmɪʃfinantsiːruŋ] *f* mixed financing
Mischkalkulation [ˈmɪʃkalkulatsjoːn] *f* compensatory pricing
Mischzoll [ˈmɪʃtsɔl] *m* mixed tariff
Misfit-Analyse [ˈmɪsfɪtanaˈlyːzə] *f* misfit analysis
Missbrauch [ˈmɪsbraux] *m* improper use
missbrauchen [mɪsˈbrauxən] *v* abuse; *(falsch gebrauchen)* misuse
misslingen [ˈmɪslɪŋən] *v irr* fail, to be a failure
Misswirtschaft [ˈmɪsvɪrtʃaft] *f* mismanagement
mit getrennter Post [mɪt ɡəˈtrɛntɐ ˈpɔst] under separate cover
Mitarbeit [ˈmɪtarbaɪt] *f* collaboration
Mitarbeiter(in) [ˈmɪtarbaɪtɐ(rɪn)] *m/f* **1.** coworker; **2.** *(Angestellte(r))* employee; **3.** *(an Projekt)* collaborator; **4.** *freie(r)* ~ freelancer
Mitarbeiterbeurteilung [ˈmɪtarbaɪtɐbəurtaɪluŋ] *f* performance appraisal
Mitarbeitergespräch [ˈmɪtarbaɪtɐɡəʃprɛːç] *n* employee interview
Mitbegründer(in) [ˈmɪtbəɡryndɐ(rɪn)] *m/f* cofounder
mitbestimmen [ˈmɪtbəʃtɪmən] *v* share in a decision
Mitbestimmung [ˈmɪtbəʃtɪmuŋ] *f* codetermination, workers' participation
Mitbewerber(in) [ˈmɪtbəvɛrbɐ(rɪn)] *m/f* other applicant, competitor
Mitglied [ˈmɪtɡliːt] *n* member
Mitgliedschaft [ˈmɪtɡliːtʃaft] *f* membership
Mitinhaber(in) [ˈmɪtinhaːbɐ(rɪn)] *m/f* co-owner
Mitläufereffekt [ˈmɪtlɔyfərɛfɛkt] *m* bandwagon effect
Mitteilungspflicht [ˈmɪtaɪluŋspflɪçt] *f* obligation to furnish information